Schlie, Friedrich

Die Kunst-und Geschichtsdenkmäler des Grossherzogtums Mecklenburg-Schwerin

5. Band

Schlie, Friedrich

Die Kunst-und Geschichtsdenkmäler des Grossherzogtums Mecklenburg-Schwerin

5. Band

Inktank publishing, 2018

www.inktank-publishing.com

ISBN/EAN: 9783747769300

which is marked with an invisible watermark.

Die

Kunst- und Geschichts-Denkmäler

des Grossherzogthums Mecklenburg-Schwerin.

Im Auftrage
des Grossherzoglichen Ministeriums des Innern
herausgegeben
von der
Commission zur Erhaltung der Denkmäler.

V. Band:

Die Amtsgerichtsbezirke
Teterow, Malchin, Stavenhagen, Penzlin,
Waren, Malchow und Röbel

bearbeitet

von Geh. Hofr. Prof. Dr. Friedrich Schlie,
Direktor des Grossh. Museums und der Grossh. Kunstsammlungen.

**Mit einem Anhang über einige ältere Denkmäler ausserhalb Landes
und einem Generalregister über alle fünf Bände.**

Schwerin i. M. 1902.
Druck und Vertrieb der Bärensprungschen Hofbuchdruckerei.
Kommissionär K. F. Köhler, Leipzig.

Vorrede.

Nach den Vorreden in den voraufgehenden vier Bänden hat der Verfasser zu dem jetzt vollendeten fünften und letzten Band des Werkes der mecklenburgischen Kunst- und Geschichts-Denkmäler nichts weiter zu sagen, als dass er hierin zum ersten Mal bei der Herstellung des Textes selber einen freiwilligen Mitarbeiter gefunden hat, dem er sich zu lebhaftem Danke verpflichtet fühlt. Es ist Herr Kammerherr Ulrich Graf von Oeynhausen, der seine Musse dazu benutzt hat, um die Güter-Geschichten in den Amtsgerichtsbezirken Malchin, Stavenhagen, Waren, Malchow, und zum Theil auch im Amtsgerichtsbezirk Röbel, in gleicher Weise, wie es der Verfasser gewohnt war, zusammenzustellen, und der nun mit Erfolg dazu übergegangen ist, solche Lokalgeschichten auch für andere Plätze, die durch den Plan des Werkes ausgeschlossen waren, anzufertigen, und zwar auf breiterer Grundlage, als es in dem Werk der mecklenburgischen Kunst- und Geschichts-Denkmäler thunlich war. Es ist nicht daran zu zweifeln, dass derartige Ergänzungen überall sehr willkommen werden geheissen werden. Im Uebrigen sind es besonders die von Herrn Pastor Karsten (jetzt in Vellahn) in den Kirchen des Amtsgerichtsbezirkes Röbel mit grosser Gewissenhaftigkeit gemachten Aufzeichnungen gewesen, welche des Verfassers Arbeit in bequemer Weise erleichtert haben.

Bei der mühseligen Herstellung des viertheiligen Generalregisters zu allen fünf Bänden, das diesem fünften Bande angeschlossen ist, haben Herr Oberleutnant a. D. Plüschow, der am Museum als Volontär thätig ist, und Herr Ministerialkanzlist Passow nützliche Dienste geleistet, theils durch Herstellung von Zettelauszügen, theils durch

Nachprüfung der Seitenzahlen in der Druck-Korrektur. Der letztgenannte hat auch den Verfasser während der ganzen zehnjährigen Arbeitszeit, in der das Werk entstanden ist, unablässig durch Abschriften dessen, was von den Vertrauensmännern der Kommission und von dem Verfasser und einzelnen Mitgliedern der Kommission als Revisoren in die in der Vorrede des ersten Bandes erwähnten Formulare eingetragen worden war, aufs Beste unterstützt. Beiden Herren soll dafür an dieser Stelle gedankt sein.

Der dem Generalregister voraufgehende Anhang enthält einige ältere mecklenburgische Kunst- und Geschichts-Denkmäler ausserhalb Landes, welche bis dahin nicht so bekannt waren, wie es z. B. die herrliche Bronzefigur der Herzogin Katharina von Carlo de Cesare im Dom zu Freiberg und die Marmorgruppe der Herzoginnen Marie Louise und Friederike von Gottfried Schadow im Schloss zu Berlin sind, auf welche deshalb nicht weiter einzugehen war.

Zuletzt kann der Verfasser nicht unterlassen, seine Freude darüber auszusprechen, dass es ihm gelungen ist, das Werk der mecklenburgischen Kunst- und Geschichts-Denkmäler, welches von dem hochseligen Grossherzog Friedrich Franz III. ins Leben gerufen und von dem gnädigen Wohlwollen Seiner Hoheit des Herzogs Johann Albrecht als Herzog-Regenten getragen worden, schon in dem ersten Regierungsjahr Seiner Königlichen Hoheit des Grossherzogs Friedrich Franz IV. zu vollenden. Auch drängt es den Verfasser, hier darauf hinzuweisen, dass dieses Werk die ganze Zeit hindurch von einer freundlichen Haltung der Kommissionsmitglieder, im Besonderen von der des Vorsitzenden, des Herrn Ministerialdirektors Schmidt, dessen rühmlich bekanntes Verwaltungsgeschick keine Schwierigkeiten aufkommen liess, begleitet gewesen ist. Es hätte ja in der langen Zeit auch anders kommen und z. B. der einheitliche Guss des Ganzen gestört werden können. Sehr viele Arbeit hat es gegeben, aber auch sehr viele werthvolle Anregung, an die der Verfasser sein Leben lang gerne zurück denken wird. Darum am Schluss ein

DEO GRATIAS.

Schwerin, den 17. Januar 1902.

Friedrich Schlie.

Inhalts-Verzeichniss.

	Seite
I. Amtsgerichtsbezirk Teterow	1—83
Teterow	1
Hohen-Mistorf	24
Thürkow	29
Levitzow	32
Jördenstorf	35
Warnkenhagen	41
Diekhof	44
Gross-Wokern	45
Klaber	48
Langhagen	51
Grubenhagen	53
Schorssow	63
Bulow	66
Bristow	71
Hohen-Demzin	79
Burg Schlitz	82
Vorgeschichtliche Stellen	224
II. Amtsgerichtsbezirk Malchin	84—152
Malchin	84
Gorschendorf	111
Remplin	114
Panstorf	117
Basedow	118
Faulenrost	136
Gessin	137
Dahmen	138
Schwinkendorf	140
Rittermannshagen	145
Gielow	148
Vorgeschichtliche Stellen	225
III. Amtsgerichtsbezirk Stavenhagen	153—227
Stavenhagen	153
Ritzerow	162
Jürgenstorf	164
Pribbenow	168
Kloster Ivenack	169
Borgfeld	185
Röckwitz	187
Zwiedorf	191
Wolde	193
Kastorf	198
Rosenow	200
Kittendorf	203
Sülten	210
Varchentin	211
Varchow	216
Bredenfelde	219
Briggow	220
Tarnow	222
Vorgeschichtliche Stellen	226
IV. Amtsgerichtsbezirk Penzlin	228—325
Penzlin	228
Lübkow	249
Lapitz	250
Puchow	252
Wrodow	253
Gross-Helle	254
Alt-Rehse	255
Krukow	257
Mallin	258
Breesen	260
Pinnow	263
Chemnitz	265
Woggersin	268
Mölln	270
Klein-Helle	277
Schwandt	279
Passentin	280
Gross-Lukow	283
Marin	285
Gross-Flotow	287
Lapitz	288

	Seite
Ankershagen	290
Möllenhagen	303
Rumpshagen	304
Gross-Vielen	306
Zahren	310
Mollenstorf	315
Peckatel	318
Liepen	322
Kraase	324
Vorgeschichtliche Stellen	455

V. Amtsgerichtsbezirk Waren 326—390

Waren	326
Federow	346
Kargow	350
Speck	351
Boek	353
Schlön	356
Klein-Plasten	361
Gross-Dratow	362
Deven	364
Gross-Gievitz	365
Alt-Schönau	371
Lansen	375
Rambow	377
Ulrichshusen	380
Vielist	383
Sommerstorf	387
Klink	389
Vorgeschichtliche Stellen	459

VI. Amtsgerichtsbezirk Malchow 391—463

Malchow	391
Lexow	414
Alt-Schwerin	416
Nossentin	420
Jabel	422
Kieth	424
Wangelin	427
Lütgendorf	429
Grüssow	432
Walow	436
Sietow	437
Poppentin	441
Satow	442
Zislow	444
Stuer	445
Vorgeschichtliche Stellen	461

VII. Amtsgerichtsbezirk Röbel 464—597

Röbel	464
Ludorf	512
Nätebow	520
Leizen	523
Minzow	526
Dambeck	527
Karchow	534
Bütow	537
Finken	538
Massow	540
Kambs	541
Grabow	545
Kiewe	547
Wredenhagen	551
Zepkow	560
Melz	562
Buchholz	566
Krümmel	568
Vipperow	570
Priborn	574
Zielow	576
Rechlin	578
Laerz	580
Schwarz	584
Diemitz	585
Ahrensberg	586
Rossow	587
Netzeband	593
Schönberg	595
Vorgeschichtliche Stellen	596

Anhang I:

Amelungsborn	601
Havelberg	608
Wisby	609
Freiberg	610
Gandersheim	613

Anhang II:

Orts-, Personen-, Künstler- und Kunsthandwerker-Register	615

Verzeichniss der Illustrationen.

Teterow.

Blick auf Teterow (Kopfleiste) 1.
Kirche (Nordseite) 7.
Querschnitt 8.
Grundriss 8.
Längsschnitt 8.
Inneres, Blick auf den Altar (Lichtdruck) 8.
Inneres, Blick auf die Orgel (Lichtdruck) 9.
Frühgothisches Portal (Sakristei) 9.
Laubwerk-Kapitelle 9.
Hochgothisches Triptychon 10.
Spätgothisches Triptychon 11.
Hl. Maria mit dem Kinde 12.
Ehemalige Kanzel 13.
Messingschüssel 14.
Grabstein des Pleban Gerh. Vogelsang 15.
Wandgemälde (östliches Gewölbe) 16.
Zwei Fürsten von Werle 17.
Wandmalerei (westliches Gewölbe) 18.
Kelch [1] 19.

Rostocker Thor 20.
Malchiner Thor 21.
Aufriss und Grundrisse des Malchiner Thor 22.
Aufriss und Grundrisse des Rostocker Thor 23.

Hohen-Mistorf.

Kirche 25.
Kirche, Aufriss und Grundrisse 27.
Ostgiebel 28.
Fenster- und Thürlaibungen 28.

Levitzow.

Ansicht 33.

Jördensdorf.

Kirche 36.
Aufriss und Grundriss 37.
Giebel und Südseite 38.
Bogenfries und Laibungen 38.
Aeltestes Christusbild 40.

Schloss Diekhof 44.

Gr.-Wockern.

Ansicht der Kirche 46.
Portal (Nordseite) 47.

Klaber.

Grabstein des Christoffer Moltsan 50.

Grubenhagen.

Blick auf Grubenhagen 55.
Inneres der Kirche 57.
Maltzahn'sche Epitaphien 59.
Leichenstein der Katharina von Maltzahn 60.
Leichenstein des Ulrich von Maltzahn 61.
Willkomm als Kelch der Kirche (Lichtdruck) 62.

Bülow.

Kirche 67.
Aufriss und Grundriss der Kirche 68.
Von der Ostseite der Kirche 69.

Bristow.

Kirche mit Umgebung 72.
Altaraufsatz (Lichtdruck) 74.
Kanzel (Lichtdruck) 75.
Orgel-Empore 75.
Epitaph als Stuhlbekrönung 75.
Taufständer 76.
Messingschüssel 77.
Grabstein des Hans Hahn 78.

Hohen-Demzin.

Wappen des H. A. v. der Osten 80.

Burg Schlitz (Lichtdruck) 82.

Malchin.

Ansicht der Stadt (Kopfleiste) 84.
Bombardement der Stadt 1. Januar 1761 (Lichtdruck) 92.
Grundriss der Kirche 94.
Querschnitt der Kirche 95.
Friese an der Kirche 96.
Inneres, Blick auf den Altar (Lichtdruck) 96.
Inneres, Blick auf die Orgel (Lichtdruck) 97.
Früherer Altaraufsatz 98.
Flügel des Altaraufsatzes 99.
Alte Kanzel 100.
Taufständer 101.
Grabstein des Nikolaus Breide 103.
Frühgothischer Kelch 104.
Fuss des Kelches 105.

Kalensches Thor 106. 107.
Steinthor 108. 109.
Alter Wartthurm 110.

Gorschendorf.

Kelch [1] 114.

Schloss Remplin (Lichtdruck) 114.

Basedow.

Kirche 119.
Orgel-Empore 120.
Altaraufsatz (Lichtdruck) 120.
Prozessionsstangen 121.
Taufbehälter 122.
Messingschüssel 123.
Schulenburg-Hahn'sches Epitaph 124.
Epitaph des Werner Hahn (Lichtdruck) 124.
Epitaph des Kuno Hahn 125.
Epitaph des Paris Hahn 126.
Grabstein des Kone Hahn 127.
Grabstein des Joachim Hahn und der Lucie Fineke 128.
Grabstein des Joachim Hahn und der Dorothea von Putlitz 128.
Grabstein der Anna Hahn 129.

Alter Theil des Schlosses 131.
Aeltere Theile des Schlosses 132.
Ausgrabungen im Schlossgarten 133.
Schloss zur Zeit der Stüler'schen Umbauten 134.
Schloss Basedow (von Haupt) 134.
Schloss (innerer Hof) 135.
Schloss, Gartenseite 135.

Schloss Faulenrost 136.

Schwinkendorf.

Inneres der Kirche 141.
Grabstein des Otto Hahn 142.
Grabstein des Dietrich van dem Werder 143.

Rittermannshagen.

Strebepfeiler an der Kirche 146.

Gielow.

Grundriss der Kirche 150.
Granitfünte 151.

Stavenhagen.

Blick auf die Stadt (Kopfleiste) 153.
Altes Siegel der Stadt 154.
Kirche, Südseite 159.
Kirche mit Thurm 160.
Schloss 162.

Jürgensdorf.

Altaraufsatz 165.
Grabstein des Henning Christoph v. Hobe 166.
Taufbecken 167.

Pribbenow.

Altaraufsatz 168.

Ivenack.

Fernblick auf das Schloss 170.
Ehemal. Kloster-Wirthschafsshaus [1707] 176.
Facciata und inwendige Gestalt des fürstlichen Hauses 176.
Uralte Eichen 178.

Kirche 179.
Grabstein des Klosterprobstes A. Gilow 180.
v. Koppelow'sches Marmor-Epitaph (Lichtdruck) 180.
Glockenbild 181.

Parkanlagen 182. 183. 184. 223.
Schloss 183.

Röckwitz.

Kirche 189.
Inneres der Kirche 190.

Zwiedorf.

Kirche, Südseite 192.
Kirche, Westseite 193.

Wolde.

Kirche 195.
Altaraufsatz 196.
Kelch, Ciborium und Kanne (Lichtdruck) 196.
Taufschale 197.

Rosenow.

Mittelstück eines gothischen Triptychons 201.

Kittendorf.

Kirche 203.
3 Portale 204. 205.
Inneres der Kirche 206.
Altar (Lichtdruck) 206.
Empore 207.

Schloss 209.

Varchentin.

Ansicht 213.
Inneres der Kirche 214.

Schloss 216.

Penzlin.

Stadtansicht (Kopfleiste) 228.
Kirche, Ostseite 240.
Grundriss 241.
2 Friese 242.
Inneres der Kirche (Lichtdruck) 242.
Gesims, Laibungen, Blenden 243.

Alte Burg 245.
Theile der Burg 246. 247.

Klein-Helle.

Spätgothisches Triptychon 278.

Ankershagen.

Kirche 293.
Grundriss 294.
Inneres der Kirche (Lichtdruck) 294.
Querschnitt, Laibungs-Profile 295.
Altes Fenster im Schiff der Kirche 296.
Gewölbe und Pfeiler 297.
Taufbehälter 298.

Herrenhaus (Vorderansicht) 299.
Herrenhaus (Gartenansicht) 300.
Alte Festungsmauer im Garten 301.
2 Pläne zum alten Haus auf dem Wickenwerder 302.

Zahren.

Blick auf die Kirche 311.
Grundriss 312.
Ostseite 312.
Längsschnitt 313.
Nordseite 313.
Pforte, Gesims, Rippe 314.

Peckatel.

Ansicht 319.
Spätgothisches Triptychon 320.
Glockeninschrift 321.

Liepen.

Blick auf die Kirche 322.

Waren.

Blick auf die Stadt 326.
Altes Siegel 334.
Grundriss der St. Georgen-Kirche 338.
Inneres der Kirche, Blick auf den Altar (Lichtdruck) 338.
Inneres, Blick auf die Orgel (Lichtdr.) 339.
Obergaden, Profile 339.
Grundriss der Marien-Kirche 341.
Fenster, Kaffgesimse, Fries 341.
Thurmeingangs-Halle, Chorgiebel 342.
Thurmportal 343.
Altar und Kanzel 344.
Taufständer 345.

Schlon.
Grundriss der Kirche 357.
Kirche und Langsschnitt 358. 359.
Fenster der Südseite 360.

Gross-Gievitz.
Ansicht 366.
Kirche, Grundriss und Längsschnitt 367.
Thurmeingang 368.
Romanische Steinfünte 369.
Marmor-Epitaph des E. Chr. v. Voss 370.

Alt-Schönau.
Kapelle 372.
West- und Ostgiebel 373.
Grundriss 373.
Fenster- und Thüren-Profile 374.

Ulrichshusen.
Schloss (Lichtdruck) 380.

Vielist.
Grundriss der Kirche 384.
Kirche 385.
Ostseite des Chors 386.

Malchow.

Blick auf die Stadt (Kopfleiste) 391.
Flotow'sches Wappen 405.
Malchower Stadtsiegel 405.
Blick auf die Klosterkirche (Kopfleiste) 408.
Klosterkirche 409.
Inneres der früheren Kirche 410.
Inneres der jetzigen Kirche 410.
Kelch [1] 411.
Kelch [3] 412.
Kelch [7] 413.

Grüssow.
Kirche 435.

Sietow.
Kirche 438.
Portal der Südseite 439.

Burg Stuer 447. 451. 452.
Burg Stuer (Lichtdruck) 448.
Gothisches Triptychon 449.
Burg-Grundriss 453. 454.
Grundriss der Burg auf dem Werder bei Penzlin 456.
Grundplan der alten Befestigung zu Freidorf 458.

Röbel.

Blick auf die Stadt (Kopfleiste) 464.
Blick auf St. Marien (Kopfleiste) 479.
Marienkirche 480.
Inneres der Marienkirche, Blick auf den Altar (Lichtdruck) 481.
Inneres der Marienkirche, Blick auf die Orgel (Lichtdruck) 482.
Zwei frühgothische Portale 481.
Hauptansicht des Chors (Farbendruck) 482.
Wandmalereien der Gewölbe 483. 484. 485.
Wandmalereien (Farbendruck) 483.
Spätgothisches Triptychon 486.
Zwei Hochreliefs: Erschaffung der Eva; Der Sündenfall 487.
Ehemalige Triumphbogen-Gruppe 488.
Kelch [1] 489.
Altes Taufbecken 490.
Kelch [3] 491.

Grundplan von St. Nikolai 492.
Inneres der Kirche, Blick auf den Altar (Lichtdruck) 492.
Inneres der Kirche, Blick auf die Orgel (Lichtdruck) 493.
Chorgiebel 493.
Sakristei-Giebel 493.
Nordportal 494.
Südportal 495.
Bogenband 496.
Fenster im Chor 496.
Altes Portal in den Altarraum 496.
Pfeiler 496.
Portal zwischen Thurm und Kirche 496.
Wappenschild des Probstes Werner 497.
Ehemaliger Altaraufsatz 498.
Flügel zum Altaraufsatz 499.
Glas aus dem XV. Jahrhundert 501.
Weihurkunde von 1490 501.
Einzelheiten vom Dominikaner-Gestühl 504. 505.
Dominikaner-Gestühl (Doppel-Lichtdruck) 504. 505.
Stuhlbekrönungen 505.

Vom ehemaligen Gestuhl 506.
Stuhlbekronung 507.
Stuhlwangen 508.
Kelch [1] 509.
Belt 510.

Gerathschaften des Amtes der Maurer in Röbel (Lichtdruck) 510.
Zwei Pulverhorner 511.
Hifthorn 511.

Ludorf.

Kirche 513.
Grundriss 514.
Langsschnitt 515.
Querschnitt 515.
Inneres der Kirche 517.

Leizen.

Knuth'scher Grabstein 525.

Minzow.

Schwedenschanze 527.

Dambeck.

Kirchenruine 530.
Priesterpforte 531.
Zwei Messingschüsseln 532. 533.

Karchow.

Altaraufsatz 535.

Kambs.

Schnitzwerk aus der Kirche 543.
Kelch [1] 544.
Monstranz 545.

Wredenhagen.

Blick auf Wredenhagen (Kopfleiste) 551.
Schloss und Kirche (1827) 554.
Wredenhagen (1860) 555.
Aufgang zur Burg 556.
Plan der Burg 558.
Grundrisse der ältesten Gebäude der Burg 559.
Theile der Umfassungsmauer der Burg 560.

Melz.

Gothisches Triptychon 564.

Laerz.

Kelch [1] 582.
Leuchter 583.

Rossow.

Gothisches Triptychon 591.

Silberne Schale, gefunden bei Gross-Kelle 597.

Anhang I.

Amelungsborn.

Klosteransicht 601.
Westliches Langhaus der Klosterkirche 604.
Querschiff und Chor der Klosterkirche 605.
Schild des Hauses Werle 607.

Havelberg.

Schild des Hauses Werle 608.

Wisby.

Wappenschild des Herzogs Erich 609.

Freiberg.

Herzogin Katharina mit ihrem Sohn (nach Lukas Kranach) 610.
Grabplatte der Herzogin Katharina 611.

Gandersheim.

Denkmal der Herzoginnen Christine und Marie Elisabeth 612.

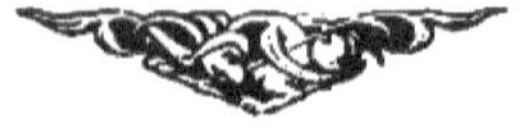

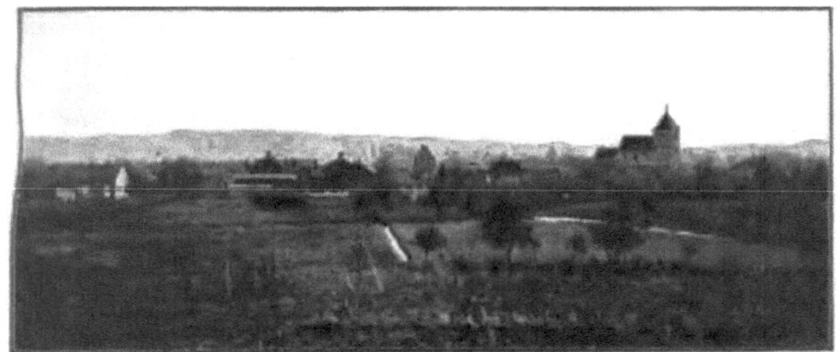

Blick auf die Stadt Teterow von Süden her.

Amtsgerichtsbezirk Teterow.

Die Stadt Teterow.[1]

Geschichte der Stadt.

Geschichte der Stadt. Schon im XII. Jahrhundert fällt ein heller Lichtstreif in das geschichtliche Dunkel, in welchem derjenige Theil des alten Circipanerlandes ruht, dem Teterow mit seinem mitten im See gelegenen ehemaligen wendischen Burgwall angehört. Es ist jene Zeit, in der zwei mächtige politische Grössen, der Baiern- und Sachsenherzog Heinrich der Löwe und der Dänenkönig Waldemar, beide im Dienste der Kirche stehend und gemeinsam das Werk Gottes fördernd, beide aber von ehrgeizigen Machtplänen und zum Theil einander widerstrebenden politischen Interessen geleitet, ihre Hand auf das heidnische Wendenland legen, der eine von Süden und Westen her, der andere von Norden und Osten her. Selbstverständlich kann hier nicht auf Alles eingegangen werden, was zur Beleuchtung dieser Zeiten und Verhältnisse dient. Es mag deshalb besonders auf das neunte und zehnte Kapitel in dem Leben Bischof Berno's von Wigger und auf den von Lisch in wörtlicher Uebersetzung veröffentlichten Bericht des Saxo Grammaticus über den Zug Waldemar's ins Circipanerland verwiesen werden,

[1]) Im XIII. Jahrhundert Thiterow, Teterowe, Theterowe, Thitterowe, von teterev, Auerhahn, also soviel wie Auerhahnstädt. Vgl. Kühnel, M. Jahrb. XLVI, S. 144. Siemssen, M. Jahrb. VI, S. 53. Als Abkürzung könnte das Reuter'sche »Rhanstädt« gelten.

1

nach welchem der König und der dem Saxo Grammaticus befreundete Bischof Absalon von Roskilde im Jahre 1171 von Stralsund aus durch Festland Rügen zieht, mit unsäglichen Schwierigkeiten den Durchgang durch die Trebelmoore bewerkstelligt, dann den Hartwald zwischen Malchin, Neu-Kalen und Teterow durchquert und zu der Burg des Chotimar vordringt, welche keine andere als die im Teterower See gelegene sein kann, die damals als die am schwersten zu erobernde Trutzburg des Circipanerlandes gegolten haben muss.[1]) Den Bericht kann Saxo sehr wohl direkt aus dem Munde des Bischofs Absalon, der als streitbarer Herr an allen Fährlichkeiten der Fahrt und des Krieges den lebhaftesten und thatkräftigsten Antheil nimmt, empfangen haben. Zwar kommen die ebengenannten Ortsnamen nicht darin vor, aber die ungemein anschauliche, echt epische Darstellung, die an die klassischsten Beispiele der Alten erinnert, und das starke Lokal-Kolorit der Erzählung haben für den, der die Gegenden kennt, eine solche Ueberzeugungskraft, dass, da auch Anfang, Richtung und Ziel des Zuges sowie die noch heute vorhandenen Burg-, Wall- und Damm-Reste im Teterower See aufs Allerbeste zu der Erzählung passen, jeder Zweifel an der Richtigkeit der topographischen Deutung des Berichtes durch Lisch und Wigger verschwindet.[2]) Mit der Eroberung der Burg und ihrer Wiek ist der Zweck des Heerzuges erreicht, und es erfolgt nun, wie bereits im ersten Bande des Werkes erzählt worden ist, unter Betheiligung Chotimar's und seiner Brüder die Gründung des Klosters Dargun durch dänische Mönche aus Esrom, welche die Aufgabe haben, im Circipanerlande einen solchen Stützpunkt für christliche Kultur zu schaffen, wie ihn die Schöpfungen Heinrich's des Löwen in Ratzeburg und Schwerin im Westen und das von Bischof Berno gegründete Kloster Doberan im Norden des Wendenlandes darstellen. Dass aber das dänische Kloster in Dargun nicht von Bestand bleibt, sondern schon 1188 nach Hilda bei Greifswald übersiedelt und 1209 durch eine Tochtergründung des Klosters Doberan ersetzt wird, ist ebenfalls im ersten Bande auseinandergesetzt worden. Hier kommt es ja auch nur darauf an, daran zu erinnern, dass die Geschichte der Stadt Teterow mit der Erzählung des Saxo Grammaticus vom Zuge des Königs Waldemar von Dänemark ins Circipanerland und der Erstürmung der Feste im Teterower See einzusetzen hat.[3])

[1]) Saxonis Grammatici Historia danica, Liber XIV (Edd. Müller & Velschow, Pars IIa. Pag. 883—886). Lisch, M. Jahrb. XXVI, S. 181—195. Wigger, M. Jahrb. XXVIII, S. 143—186. Vgl. dazu dessen Annalen, S. 126/127. 148.

[2]) An anderer Stelle, in der Knytlinga-Sage über diesen Zug, werden Stralsund (Straela), Triebsees (Tribuzis) und das östlich von Güstrow gelegene Land Tribeden (Atripuden), zu dem auch Teterow gehört, genannt. Vgl. Lisch, a. a. O., S. 186.

[3]) Es kann nicht auffallen, dass die älteren Geschichtsforscher, welche den Zug des Waldemar nach den Quellen erzählen, ohne Gegenden und Verhältnisse im alten Circipanien von den Trebel-Mooren über den Hartwald weg bis zum Teterower See zu kennen (wie z. B. Ludwig Giesebrecht, Wend. Geschichten III, S. 203/4, Barthold, Gesch. von Rügen und Pommern II, S. 223/24 und Quandt in Balt. Studien X, 2, S. 162), zu Darstellungen und Auffassungen kommen, welche mit denen der jüngeren mecklenburgischen Forscher, die mit den in Betracht kommenden örtlichen Verhältnissen vertrauter sind, nicht übereinstimmen.

Indessen der Faden spinnt sich nicht weiter. Zwischen dieser Geschichte und der ersten urkundlichen Nachricht über Teterower Verhältnisse liegen hundert Jahre. Damals sind die von Moltke die Grundherrn sowohl über den Teterower See als auch über die an seiner Ostseite liegenden Güter Sührkow und Niendorf (ehemals Teschow), über deren Verkauf an das Kloster Dargun am 1. Januar 1297 der landesherrliche Konsens durch den Fürsten Nikolaus von Rostock erfolgt.[1]) Diese Gegend gehört somit (und wie wir auch sonst wissen) in jener Zeit vorübergehend zur Herrschaft Rostock, welche im Jahre 1300 unter dänische Oberlehnsherrlichkeit geräth, und Ritter Friedrich von Moltke ist wenigstens in Bezug auf den See als Rechtsnachfolger des Chotimar anzusehen, der hundert Jahre früher als Burgherr des Sees die dänische Eroberung erduldet. Dass das aber nicht ausreicht, um die Vermuthung einer Blutsverwandtschaft zwischen beiden zu begründen, ist selbstverständlich.[2])

Zur selben Zeit aber ist auch Teterow längst eine kleine Stadt (oppidum) mit Rath und Bürgerschaft, welche sich als solche schon am 17. December 1272 dreiundvierzig im Dorfe Baudorf angekaufte Hufen von Fürst Nikolaus von Werle hat zu Stadtrecht legen lassen.[3]) Andererseits kommen am 18. März 1285 zweiundzwanzig Hufen der städtischen Feldmark durch Kauf an das Lübecker Heiligengeist-Stift und mit diesen Hufen zugleich das ganze 14 km nordwestlich von Teterow gelegene Dorf Striesenow, damals ein Bauerndorf.[4]) Aus einer Urkunde vom 20. December 1312 ersehen wir, dass das Dominikaner-Kloster zu Rostock ein eigenes Haus in der Stadt besitzt, und aus der bekannteren Urkunde vom 2. December 1316 über die werlesche Landestheilung, dass Teterow zu demjenigen Landestheil gelegt wird, von welchem Parchim die Vorderstadt ist.[5]) Diese Zeit des XIV. Jahrhunderts, in welcher die Stadtvertretung nicht selten als Zeuge bei grösseren Staatsaktionen der werleschen Fürsten mitwirkt,[6]) ist die Zeit, in welcher die prächtigen hohen gothischen Thore entstehen, wenn auch keine besondere Urkunde darüber vorhanden ist. Teterow hat sich diese seine Stadtzierden besser zu bewahren gewusst als die Vorderstadt Parchim, obgleich diese als die grössere und führende Stadt im alten werleschen Landestheil der kleineren Stadt mit gutem Beispiele hätte vorangehen sollen. Von guten ökonomischen Verhältnissen in der Stadt zeugt auch der Kirchenbau, der, wenn er auch nach seinem älteren

[1]) M. U.-B. 2431. 2432. Vgl. M. Kunst- u. Gesch.-Denkm. IV, S. 2. Ueber das zeitweise Condominium der Linien Rostock und Werle vgl. Rudloff, Hdb. II, S. 89. 190.

[2]) M. Jahrb. XXVI, S. 195.

[3]) M. U.-B. 1261.

[4]) M. U.-B. 1788. Vgl. 3956. Wie die Lübecker Rechte in Vergessenheit kommen und den Bauern neue Gerechtsame von den Herzögen und den Gottiner Erbherrn von Lehsten auferlegt werden, wie sich dann aus diesen Wirren am Ende des XVI. Jahrhunderts eine Reihe von Prozessen entwickelt, woran die Bauern zu Grunde gehen: darüber handelt G. W. Dittmer im M. Jahrb. VIII, S. 161—176: »Der reichsgerichtliche Pfändungsprozess in besonderer Anwendung auf das mecklenburgische Dorf, jetzt Lehngut Striesenow.«

[5]) M. U.-B. 3581. 3860.

[6]) M. U.-B. 6098. 7771. 7772. 9394. 9491. 9560. 10334. 10672. 10678. 11009.

1*

Theil, dem Chor, bereits dem Anfange des XIII. oder gar schon dem Ende des XII. Jahrhunderts angehören wird, die grössere und höhere Ausführung des Schiffes erst im XIV. Jahrhundert erhalten haben wird, und dessen Mauerwerk den Eindruck grösster Gediegenheit macht. Auch hören wir in den zwanziger und dreissiger Jahren des XIV. Jahrhunderts wiederholt von der Stiftung einer grösseren Vikarei in der Kirche zu Teterow durch den Priester Dietrich Glashagen, deren Patronat die Fürsten von Werle übernehmen.[1]) Um die Verbesserung der Teterower Pfarre mit Ackerland und Wiesen macht sich besonders der Magister Johann Sternberg verdient, der zugleich Domherr zu Güstrow und Kirchherr zu Teterow ist, und dem wir von 1334 bis 1359 sehr häufig in den Urkunden begegnen.[2]) Ein dritter Geistlicher, der sich durch Stiftung eines Altars in der Teterower Kirche bemerkbar macht, und von dem noch heute ein sehr schöner Abendmahlskelch und ein wohlerhaltener trefflicher Grabstein in der Kirche Zeugniss geben, ist der in den achtziger Jahren des XIV. Jahrhunderts genannte Pleban Gerhard Vogelsang.[3]) Im Jahre 1403 kommen die Wangelin'schen Vikarei-Stiftungen hinzu.[4]) Im Uebrigen aber hebt die anscheinende Wohlhabenheit ihrer Bürger die Stadt doch nicht aus der Reihe der kleineren Städte hinaus, wie an ihrer Stellung in den verschiedenen Landfriedenstraktaten jener Zeit zu erkennen ist. Nachdem nämlich Teterow im werle-mecklenburgischen Vertrag vom 16. Oktober 1351, gleich den Städten Grevesmühlen, Gadebusch, Gnoien, Ribnitz, Barth, Lychen, Robel, Penzlin, Malchow und Kalen mit zehn Helmen eingesetzt worden und damit doppelt soviel wie Laage, halbsoviel wie Sternberg und ein Drittel soviel wie Malchin zu leisten hat, erscheint es in dem vom 14. März 1354 gleich der kleineren Stadt Laage nur mit fünf Mann.[5]) Als Mittelpunkt einer werleschen Vogtei wird Teterow im Jahre 1336 zum ersten Mal urkundlich genannt; auch 1359, als Fürst Nikolaus von Werle dem Henneke Moltke auf Kossewitz für Kriegskosten einen Theil der Bede aus den Vogteien Güstrow, Krakow, Laage, Teterow, Malchin, Neukalen, Goldberg und Parchim verschreibt;[6]) und besonders 1380, als am 24. April d. J. Fürst Lorenz von Werle Stadt und Land Teterow an die von Smeker verpfändet und nur Kirchlehn, Mannschaft und Rossdienst sich vorbehält.[7]) Wann dieses Pfandverhältniss seine Endschaft

[1]) M. U.-B. 4621. 5274. 9953, Anmkg.

[2]) M. U.-B. 4621. 7116. 7583. 7921 (honorabilis vir magister J. St.). 8579.

[3]) M. U.-B. 11260. 11505. Den Altar des Gerhard Vogelsang weiht am 23. April 1380 Johann von Tana, Weihbischof des Bischofs Philipp von Kammin (altare in angulo ecclesie parrochialis opidi Theterowe fundatum et dotatum ob preces et rogatum honorabilis viri domini Gherardi Vogelsanck in honorem omnipotentis dei, sancte virginis Marie, Laurencii martyris, Katherine virginis et omnium sanctorum beatorum). Ein Altar des hl. Laurentius wird auch in einer bis jetzt nicht gedruckten Urkunde vom 15. Juni 1461 genannt.

[4]) Nach noch nicht gedruckten Urkunden im Grossh. Archiv.

[5]) M. U.-B. 7524. 7911. Vgl. dazu 7731. 9174. 11378.

[6]) M. U.-B. 5689. 8561.

[7]) M. U.-B. 11261. Für 8000 Mark lub. Pfennige »de nu ghenghe vnde gheue sint, alsze dat dre Lubesche marck ene lodighe marck maken.«

erreicht hat, ist unbekannt. Als Vögte von Teterow werden im XIV. Jahrhundert Berend von Lehsten (1362) und Hartmann von Oldenburg (1363, 1364) genannt.[1])

Wie sich im Jahre 1374, als die Parchim-Goldberger Linie des werleschen Hauses erlischt, die Städte Parchim, Malchin, Teterow und Laage zum Schutze ihrer Privilegien mit einander verbinden, ist früher bereits erwähnt worden, ebenso aber auch, wie unbegründet die Sorge war, dass ihnen davon etwas durch die beiden anderen Linien des Hauses, die erbenden Linien zu Güstrow und Waren, verloren gehen könne.[2]) Teterow geht damals, wie nicht bloss zu vermuthen, sondern auch urkundlich zu belegen ist, an die Güstrower Linie über.[3]) Die erste mecklenburgische Privilegienbestätigung erfolgt nach dem Aussterben des werleschen Mannesstammes im Jahre 1436, die nachfolgenden vertheilen sich auf die Jahre 1469, 1588, 1613, 1619, 1660 und 1702. Bei den mecklenburgischen Ländertheilungen gehört die Vogtei Teterow Anfangs (1520) zur Hälfte der Schweriner und zur andern Hälfte der Güstrower Linie, bei der zweiten und dritten Theilung (1556 und 1611) ausschliesslich zur Güstrower Linie.[4])

Im Uebrigen ist nichts Erhebliches aus der weiteren Geschichte der Stadt zu berichten. Einzelheiten aus den Jahren der Pest, der Kriegsunruhen und der Stadtbrände werden weiter unten in der Pastoren-Liste vorkommen. Die bekannten »Teterower Stücke«, lustige kleine Erzählungen, welche zum Theil den Weg in Fritz Reuter's »Olle Kamellen« gefunden haben, beweisen, dass guter plattdeutscher Humor in der von hübschen Hügeln und Waldbergen eingeschlossenen weiten Wiesenniederung, in welcher Stadt und See gelegen sind, noch nicht ausgestorben ist.

Ausser den schon genannten Geistlichen des Mittelalters, die dem XIV. Jahrhundert angehören, ist für das letzte Viertel des XIII. Jahrhunderts noch der Pfarrer Johann von Reez zu nennen, der als Notar, Kaplan und Beichtvater der Fürsten von Werle häufig genug vorkommt. Fürs XIV. Jahrhundert, und zwar dessen erstes Drittel, ist der Pfarrer Konrad nachzuholen, unter dessen Kirchenrektorat der Priester Dietrich Glashagen, wie oben bemerkt worden, eine Vikarei stiftet. Dem Pfarrer Konrad folgt der oben bereits erwähnte Pfarrer Johann Sternberg, und neben diesem wird in der zweiten Hälfte des XIV. Jahrhunderts ein Vikar Nikolaus von Kalen aufgeführt. Die zeitweise Verbindung von Teterower Pfarrlehn und Güstrower Kanonikat, wie sie sich in der Person des Johann Sternberg darstellt, wird 1489 durch Inkorporierung der Teterower Pfarre in eine schon seit dem Jahre 1301 mit der Pfarre zu Malchin verbundene Güstrower Domherrnstelle zu einer dauernden Institution, d. h. zu einer Pfründen-Anhäufung, die von vornehmen Herren gesucht wird, welche dafür gering besoldete Vikare mit dem

---

[1]) M. U.-B. 9033. 9174. 9307.

[2]) M. U.-B. 10635. Vgl. M. Kunst- u. Gesch.-Denkm. IV. S. 426.

[3]) M. U.-B. 11378 (8. November 1381). Vgl. Rudloff, Hdb. d. m. Gesch. II, S. 645.

[4]) Rudloff, Hdb. III a, S. 55. 228. III b, S. 119 120 (Amt Güstrow).

Dienst betrauen.[1]) So macht es z. B. der Doctor utriusque juris und Professor an der Universität Rostock Liborius Meyer mit Genehmigung des Bischofs von Kammin im Jahre 1494, da er selbst dem Dienst in Teterow nicht nachzukommen vermag.[2])

Und der vielbeschäftigte Kanzler Brandanus Schöneich, welcher am 25. Januar 1503 von den Herzögen Magnus und Balthasar dem Güstrower Domstift als Nachfolger des Liborius Meyer präsentiert wird, und dem ein paar Wochen später vom Offizial der Präpositur Güstrow auch die seiner Präbende inkorporierte Pfarre zu Teterow verliehen wird, hat es ohne Zweifel ebenso gemacht.[3]) Die Teterower Kirche muss damals überhaupt viel haben hergeben können, denn auch der in der Reformationsgeschichte Mecklenburgs häufig genannte stark papistisch gesinnte Detlev Danquardi, Rostocker Dom-Thesaurarius, bischöflicher Offizial, Archidiakon und Pfarrherr zu Kessin, zehrt, anscheinend bis an seinen Tod im Jahre 1556, von zwei Fürstenlehnen der Kirche zu Teterow.[4])

Der erste evangelische Prediger zu Teterow, der den Papisten gegenüber einen schweren Stand hat, ist Joachim Mesekow, er predigt die neue Lehre 1541 und auch noch 1564 oder länger. Zu seiner Zeit hat die Kirche ausser dem Hauptaltar noch elf Nebenaltäre und führt den in früherer Zeit nicht nachzuweisenden Titel »St. Petri und Pauli Pfarrkirche«, der auch in späteren Visitationsprotokollen des XVII. Jahrhunderts vorkommt. Schröder nennt für das Jahr 1564 neben dem alten Mesekow dessen Sohn N. Mesekow als Diakon und als zweiten Pastor den David Quade, sowie später, etwa um 1570, den Diakonus Griphan.[5]) Nach den im Grossh. Archiv bewahrten Teterower Kirchenakten heisst er richtiger Nikolaus Grifanck (Gryfanck) und ist um 1580 sicher im Dienst, aber vor ihm muss Magister Heimradus Rinckwich (Ringwicht) berufen sein, da dieser 1595 und 1596 als erster vor Nikolaus Grifanck unterzeichnet. Uebrigens wird neben dem alten Mesekow 1564 auch ein Er Heinrich Bansow genannt, dem die in Verfall gerathene Kirchenökonomie übertragen wird. Nach Grifancks Tode 1608 folgt Magister Siegfried Neumeister als zweiter Pastor und nach Rinckwich's Tode Petrus Scharling (seit 1614, stirbt 1629 an der Pest). Neben Scharling wirkt seit 1616 Kaspar Mester. Dieser erhält 1629 in dem von Wallenstein berufenen Nikolaus Ringwicht einen Kollegen, welcher 1638 stirbt. Beide erleben im Jahre 1632 die erste grosse Feuersbrunst, von der berichtet wird. Mester versieht nun den Dienst einige Jahre hindurch allein. 1643 soll er an seinem Sohn Johannes einen Gehülfen haben. Aber die kaiserliche Armee rückt heran, und der

---

[1]) Lisch, M. Jahrb. XII, S. 16/17. XVI, S. 98. XXXI, S. 85. XXXIX, S. 206.

[2]) Schröder, Pap. M., S. 2542.

[3]) Lisch, M. Jahrb. XII, S. 338—340. Vgl. dazu VIII, S. 44 (Zustände in Teterow um 1535).

[4]) Visitationsprotokolle der Kirche zu Teterow von 1535, 1541 und 1552.

[5]) Schröder, Kirchenhist. d. ev. M. I, S. 429. II, S. 465. III, S. 50. Er wird derselbe sein, der 1577 die Formula Concordiae unterschreibt: Schröder III, S. 328 (Nicolaus Gryfanius). Der Sohn N. Mesekow ist vielleicht der in Ketzow (bei Gorschendorf) genannte Elias Mesekow.

Sohn, um nicht eingezogen zu werden, macht sich aus dem Staube. Erst 1646 wird er wirklich der Gehülfe des Vaters, stirbt aber schon im Frühsommer 1651. Nun wird Johannes Schultz zweiter Pastor neben dem alten Mester, der erst 1658 oder 1659 stirbt und in seinem Schwiegersohn Joachim Kruger einen Nachfolger erhält. Aber schon 1661 tritt Felix Fidlerus (Fiedler) als zweiter Pastor an dessen Stelle. Schultz stirbt 1672, während Fiedler als

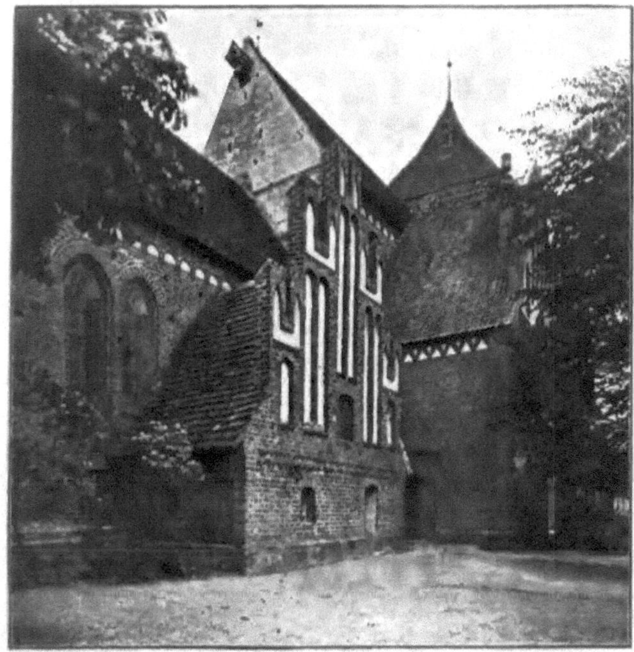

Kirche zu Teterow (Nordseite).

Präpositus (seit 1673) noch 1704 am Leben und im Amte ist.[1]) Als zweite Prediger wirken neben ihm Christian Netzeband (seit 1673), Joachim Mowius (seit 1694, † 1701), und seit 1702 Jakobus Brasch (Brasche), der noch 1743 im Amte ist. Zur Zeit des alten Fiedler und des Jakob Brasch, im Jahre 1702, erlebt Teterow die zweite grosse Feuersbrunst; Brasch erlebt auch die dritte im Jahre 1722. Neben Brasch wirkt seit 1704 der aus Mölln berufene Konstantin Fiedler (zuerst als Adjunkt des Vaters), und seit 1727 (auch wieder als

[1]) Er ist der Stifter des Fiedler'schen Legates zu Gunsten armer Schulkinder. Vgl. Millies, die kirchlichen Stiftungen in Mecklenburg (1900). S. 35.

Substitut des Vaters) Konstantin's Sohn Heinrich Christoph Fiedler. 1741 bittet Brasch, der 1717, als dänisches Kriegsvolk in der Stadt lag, von einem trunkenen Soldaten schwer verwundet worden war, um einen Substituten. Er erhält ihn in seinem Schwiegersohn Vollrath Heinrich Hane, der 1760 stirbt. Sechs Jahre vorher (1754) hat auch Fiedler in Michael Sigismund Herrlich einen Nachfolger erhalten. Neben Herrlich wirken an zweiter Stelle: von 1762 an J. F. Haeger, der 1770 nach Gadebusch geht, von 1770 an Joh. Wilhelm Schultz, der 1778 Pastor und Präpositus in Schwaan wird, und von 1779 an Joh. Christian Gramm aus Rey, der 1807 aus dem Leben scheidet. Herrlich stirbt schon 1780. Es folgen nun an zweiter Stelle neben Gramm zuerst Karl Leopold Hintze (1782 bis 1794) und nachher Joh. Rudolph Brinckmann (bis 1811 in Teterow, bis 1838 in Neukalen, † 1843 als Emeritus). Zur Zeit von Gramm und Hintze, im Jahre 1793, findet die vierte grössere Feuersbrunst statt. Vgl. Walter a. a. O.

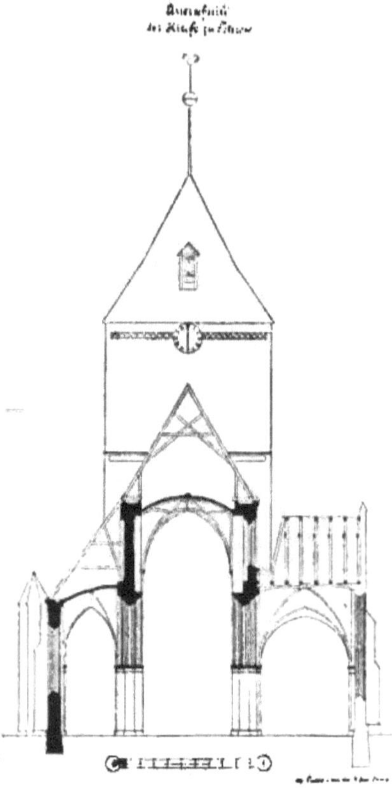

Die Kirche.

Beschreibung des Baues.

Baubeschreibung. Die Kirche zu Teterow[1]) ist von 1877 bis 1880 einem grösseren Durchbau unterzogen, bei dem man die Nordseite stark verändert und auch die Sakristei von der Nordseite auf die Südseite verlegt hat. Der dem Anfange des XIII. Jahrhunderts angehörende spätromanisch gestaltete Chor ist ein Backsteinbau mit Lisenen und ruht auf einem Granitsockel. Er wird im Innern von zwei anscheinend erst dem XIV. Jahrhundert angehörenden Kreuzgewölben, mit gothischem Rippenprofil, überdeckt, deren Kappen mit Gemälden

[1]) Lisch, M. Jahrb. XII, S. 464/65. XLII, S. 161 ff. Crull, M. Jahrb. XLV, S. 274. 280.

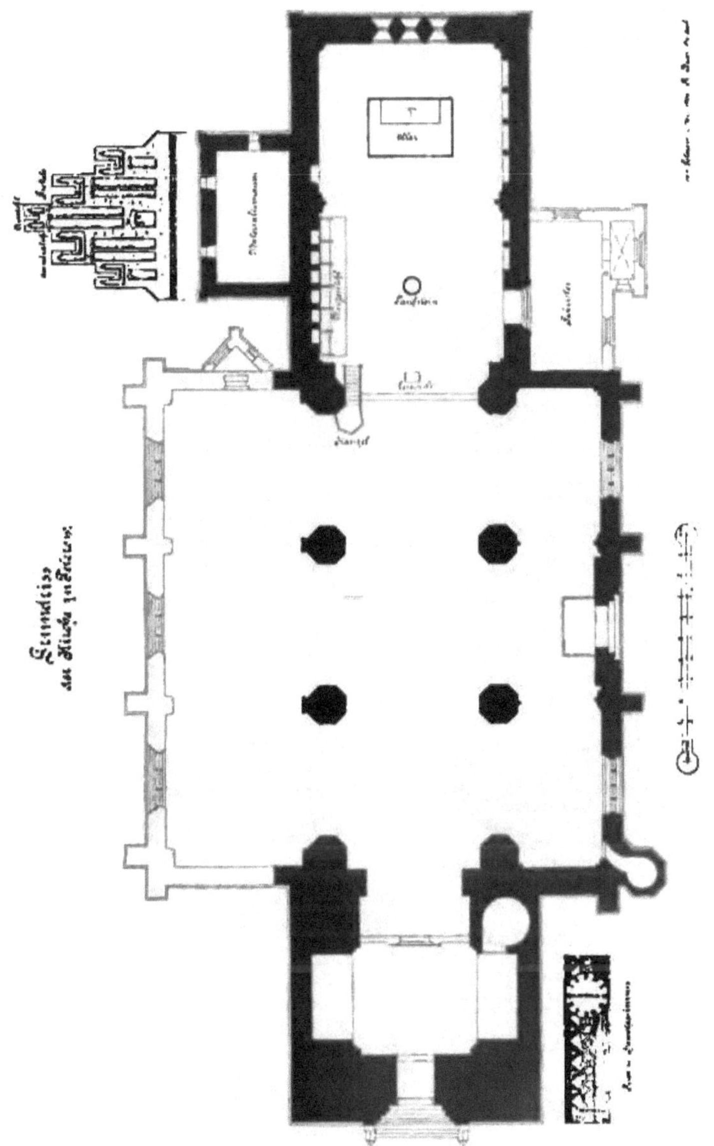

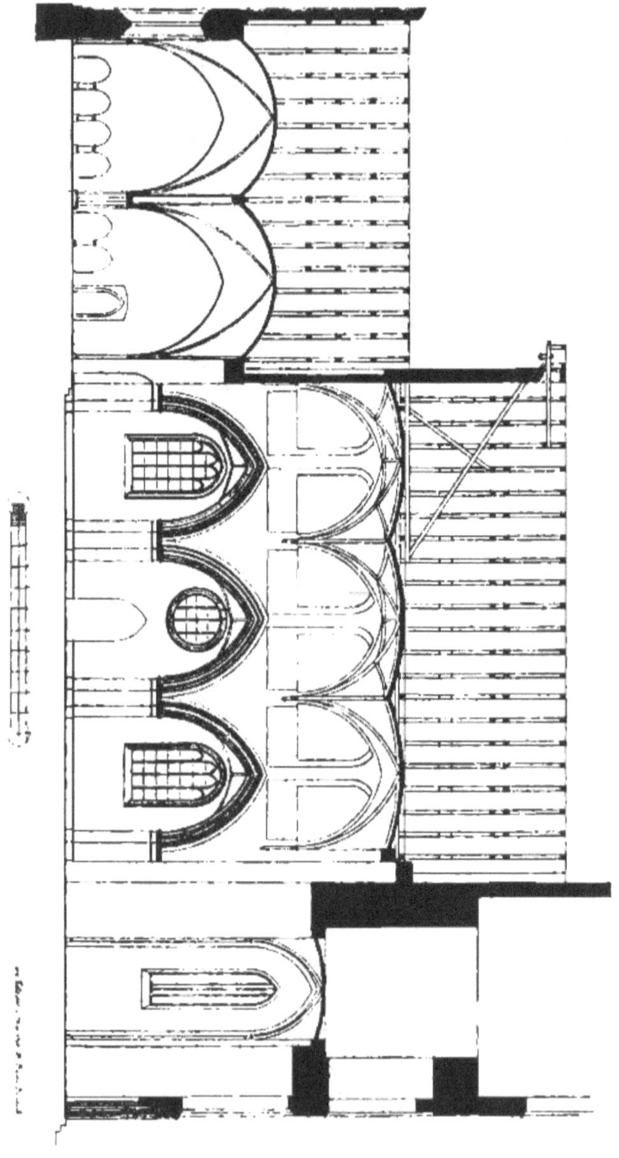

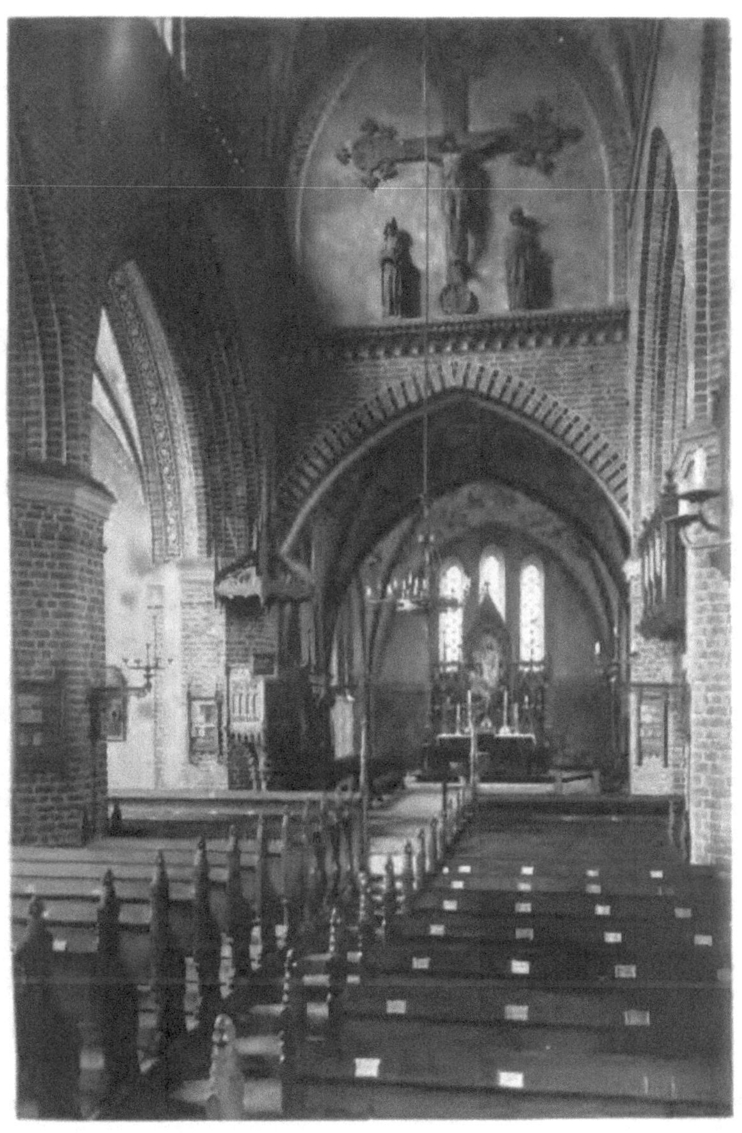

Inneres der Kirche zu Teterow. Blick auf den Altar.

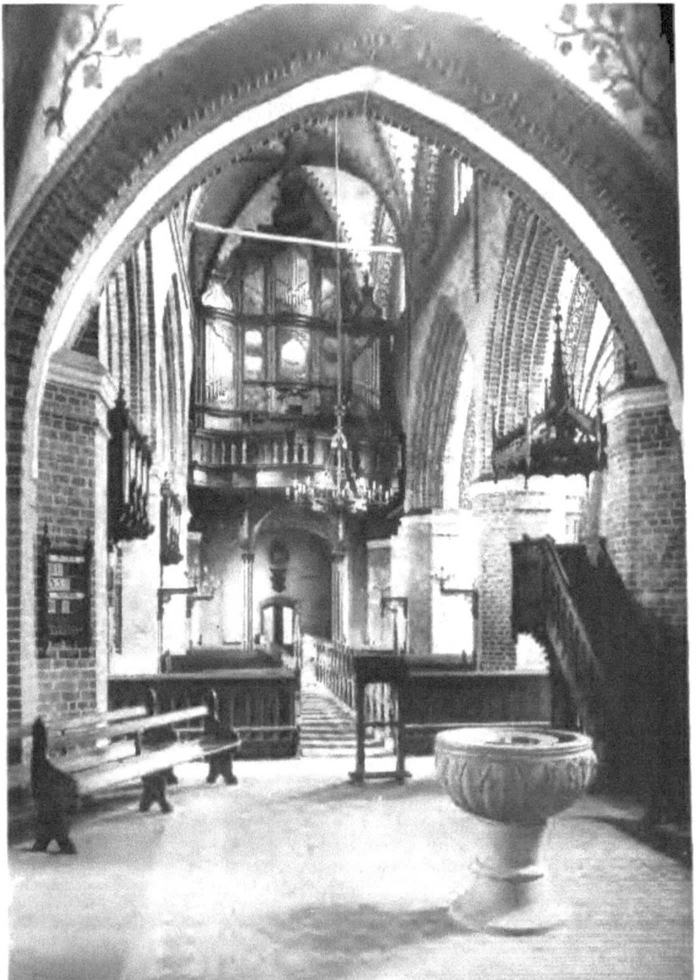

Inneres der Kirche zu Teterow. Blick auf die Orgel.

gefüllt sind. Die mit hübschen Laubwerk-Kapitellen verzierten Dienste der Gewölberippen gehen bis zum Fussboden herunter. Zu beachten sind auch die theils romanischen, theils frühgothischen Nischenbildungen unten an der Nord- und an der Südwand des Chors. In der Ostwand drei, in den Seitenwänden je zweimal zwei Schlitzfenster romanischen Stils. Das gothische Langhaus ist jünger als der Chor: es gehört in seinen Anfängen ohne Zweifel der frühgothischen Zeit am Ende des XIII. oder am Anfange des XIV. Jahrhunderts an und war zuerst wahrscheinlich, wie so viele andere Kirchen dieser Zeit, mit einer flachen Balken-

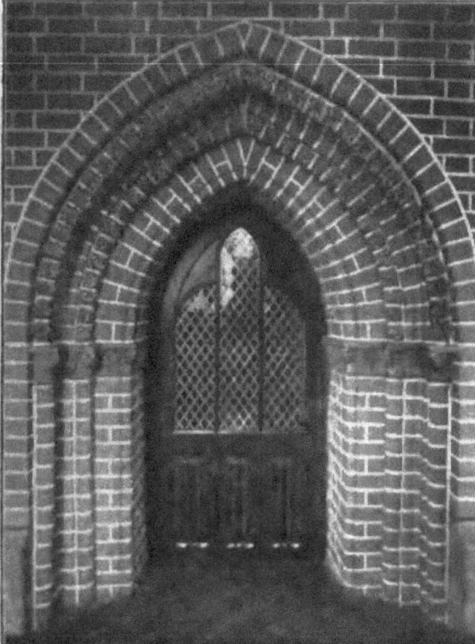

Frühgothisches Portal (in der Sakristei).

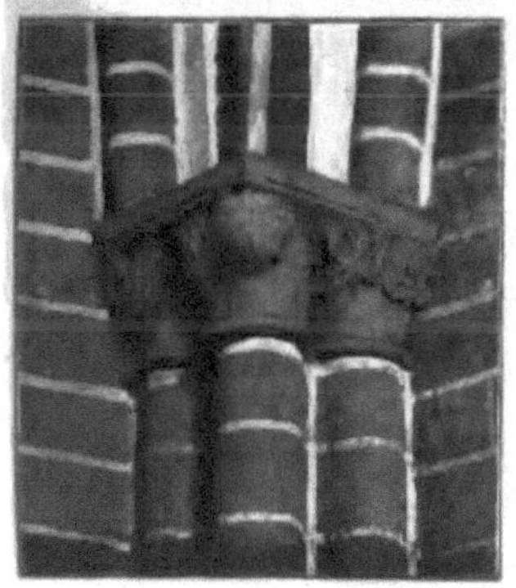

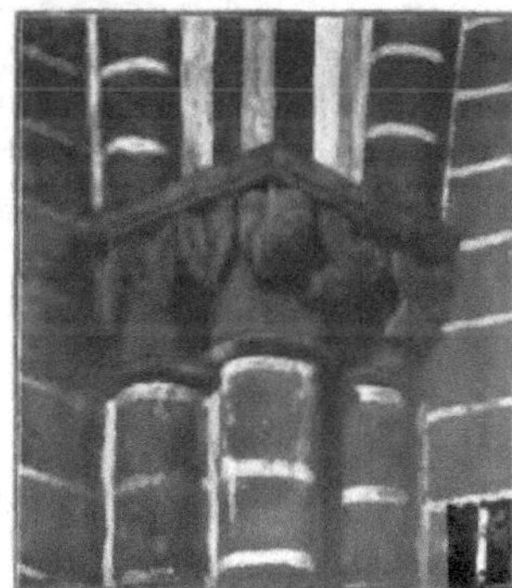

Laubwerk-Kapitelle im Chor.

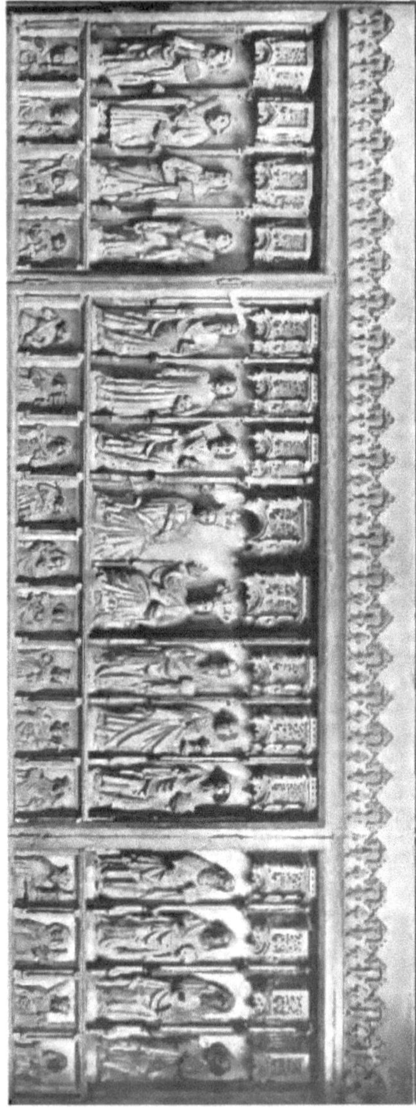

und Bretterdecke geschlossen. Das stark erhöhte Mittelschiff wird auf jeder Seite von zwei freistehenden achtseitigen Pfeilern von grosser Massigkeit getragen und durch drei spätgothische Sterngewölbe im Charakter des XV. Jahrhunderts geschlossen. Das anscheinend gleichaltrige schmälere südliche Seitenschiff wird durch drei achttheilige Gewölbe geschlossen, während in dem sehr viel breiteren nördlichen Seitenschiff mit Oberlicht drei viertheilige Kreuzgewölbe den Raum überdecken. In der Sakristei, die an Stelle einer früheren Vorhalle neu angebracht ist, sieht man ein frühgothisches Prachtportal mit reichem Kapitell- und Blätterschmuck, ähnlich denen in Reinshagen bei Güstrow und an anderen Orten. Das Rundbogenportal der alten Sakristei auf der Nordseite ist zugesetzt, aber noch schön erhalten. Ein vierseitiger Thurm, gleich der ganzen Kirche aus Backsteinen aufgeführt, trägt einen Helm in der Form einer niedrigen vierseitigen Pyramide.

In den Visitationsprotokollen von 1552 bis 1646 wird die Kirche, wie schon bemerkt worden, wiederholt als S. S. Petri- und Pauli-Pfarrkirche bezeichnet. Ob sie diesen Namen auch schon im Mittelalter führte, ist aus älteren Urkunden nicht zu ersehen. Sie hatte ausser dem Hauptaltar elf Nebenaltäre. Es waren die Altäre: 1. S. Crucis; 2. S. Petri; 3. S. Catharinae; 4. St. Laurentii; 5. S. Magdalenae; 6. St. Andreae et Johannis Evangelistae; 7. S. Mariae im Thurm; 8. St. Bartholomaei; 9. St. Jacobi; 10. S. Mariae; 11. Trium regum.[1])

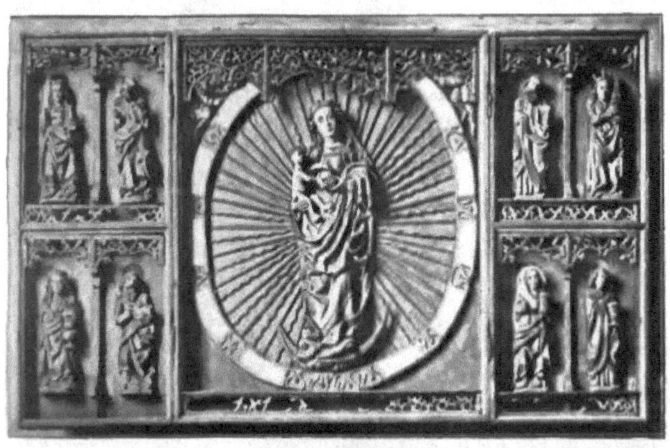

Spätgothisches Triptychon.

Ausser der Hauptkirche gab es noch eine S. Marien-Kapelle vor dem Malchiner Thor mit zwei Altären, eine S. Gertruden-Kapelle ebendaselbst mit einem Altar, und eine S. Georgen-Kapelle vor dem Rostocker Thor mit einem Altar. Sie scheinen schon am Ende des XVI. Jahrhunderts verschwunden zu sein. Das St. Georgs- und Armbudenstift dagegen ist von Bestand geblieben. Von Kalands-Einkünften ist noch im XVII. Jahrhundert die Rede.

Altar und Kanzel sind neu, ebenso das Altarbild (der auferstandene Christus), eine Kopie nach Plockhorst. Altar und Kanzel.

Das frühere Triptychon, ein treffliches hochgothisches Werk aus der zweiten Hälfte des XIV. Jahrhunderts, ist, soweit es auf die Schnitzwerke Triptychon.

[1]) Vgl. Lisch, M. Jahrb. XLII, S. 165.

ankommt, noch gut erhalten. Es hat seinen Platz an der Westwand des nördlichen Seitenschiffes gefunden. Man sieht in der Mitte die Krönung Mariae und die stehenden Gestalten der Apostel, denen St. Paulus und der erste Märtyrer der Kirche, St. Stephanus, zugesellt sind. Unten siebenzehn Halbfiguren. Es sind zu nennen: in der Mitte die hl. Anna und die hl. Maria mit dem Kinde und rechts acht weibliche Heilige (Magdalena, Katharina, Margaretha, Dorothea, Barbara, Gertrud, eine Heilige mit Palme [Christine?] und eine Heilige in Nonnentracht, anscheinend einen Teller mit Fischen haltend [Elisabeth? Amelberga? Eanswida?]). Links von der Annaselbdrittgruppe: Erzengel Michael, die Heiligen Joh. Baptista, Laurentius, Georg, Mauritius und drei Bischöfe (Nikolaus, Otto, Erasmus?).

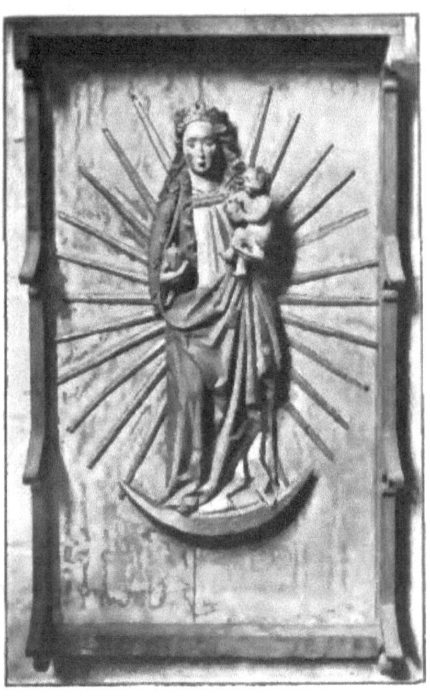

Die hl. Maria mit dem Kinde.

Triptychon. An der Ostwand desselben Schiffes noch ein kleineres spätgothisches **Triptychon** aus der zweiten Hälfte des XV. Jahrhunderts. Ausser der hl. Maria mit dem Kinde erkennt man oben zwei Apostel sowie die hl. Katharina und die hl. Barbara, unten aber die beiden hl. Johannes Baptista und Evangelista sowie die hl. Magdalena und die hl. Elisabeth.[1])

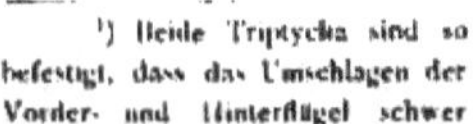

[1]) Beide Triptycha sind so befestigt, dass das Umschlagen der Vorder- und Hinterflügel schwer ist. Sobald die Vorderflügel des Hauptwerkes zusammengeschlagen sind, erblickt man auf ihnen und den Vorderseiten der Hinterflügel sechzehn Bilder aus der Passionsgeschichte, die im Inventar von 1811 einzeln beschrieben sind: 1. Einzug in Jerusalem: 2. Essen des Osterlamms; 3. Gebet im Garten Gethsemane; 4. Verrath: 5. Verhöhnung im Palast des Kaiphas; 6. Christus vor Pilatus; 7. Geisselung: 8 Dornenkrönung; 9. Ecce homo; 10. Händewaschen des Pilatus; 11. Kreuztragung; 12. Kreuzigung; 13. Christus am Kreuz, mit Johannes und Maria; 14. Grablegung; 15. Auferstehung; 16. Christi Himmelfahrt. — Das andere Triptychon hat auf den Rückseiten acht Bilder mit Heiligen-Martyrien. Vgl. die ausführliche Beschreibung des Hauptaltars bei Lisch, M. Jahrb. XLII, S. 161–164. Lisch hat Neigung, diesen Schrein mit jener Altarstiftung des Gerhard Vogelsang in Verbindung zu bringen, welche von Kammin her am 23. April 1380

Ausserdem in einem besonderen gothischen Rahmen noch eine zweite geschnitzte **hl. Maria mit dem Kinde** in einer Strahlenmandorla, gleich dem vorhergehenden Schnitzwerk aus dem XV. Jahrhundert stammend. Die hl. Maria mit dem Kinde.

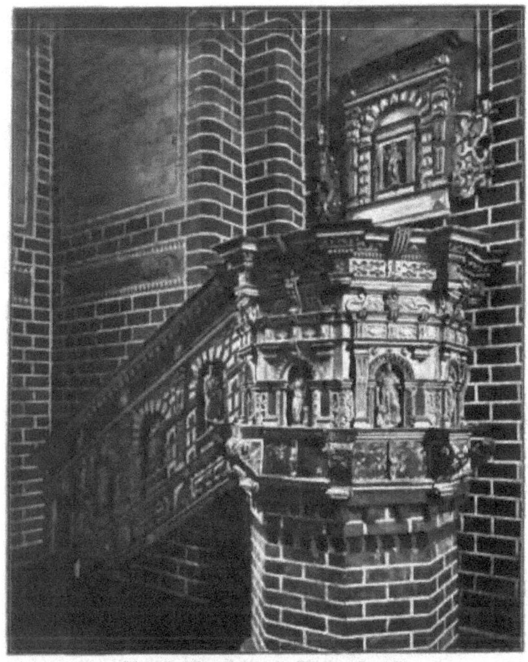

Ehemalige Kanzel (jetzt im Thurm aufgestellt).

Die **ehemalige Kanzel**, ein treffliches Werk der Renaissance vom Ende des XVI. Jahrhunderts, ist jetzt an einer Wand im Thurm aufgestellt. Ehemalige Kanzel.

die bischöfliche Weihe erhält: M. U.-B. 11260. Der Altar wird geweiht »in honorem omnipotentis dei sueque gloriose genitricis virginis Marie, Laurencii martiris, Katherine virginis et omnium sanctorum beatorum.« Das könnte stimmen, und da auch das Schnitzwerk dieses Altars sehr wohl zu der Zeit des Gerhard Vogelsang passt, so wäre es nicht unmöglich, dass Lisch mit seiner Vermuthung Recht hätte. — Von dem kleineren nicht so werthvollen Triptychon hat Lisch die Meinung, es möchte zu dem Altar in der Marien-Kapelle zum Thurm (s. o. S. 11) gehört haben.

Orgel-Prospekt. An der Westseite des Mittelschiffes der grosse **Barock-Prospekt** der **Orgel**, der aus dem XVIII. Jahrhundert stammt. Das **Pfeifenwerk** der **Orgel** wurde 1877/80 erneuert.

Taufbehälter mit Messingschüssel. Vor dem Altar ein alter gothischer steinerner **Taufbehälter**; in ihm eine schöne alte **Messingschüssel** mit der Darstellung der Verkündigung des Engels an die hl. Maria. In der Schüssel eine ungewöhnliche Legende, bestehend aus den sich wiederholenden Buchstaben RAHWISHRBI.

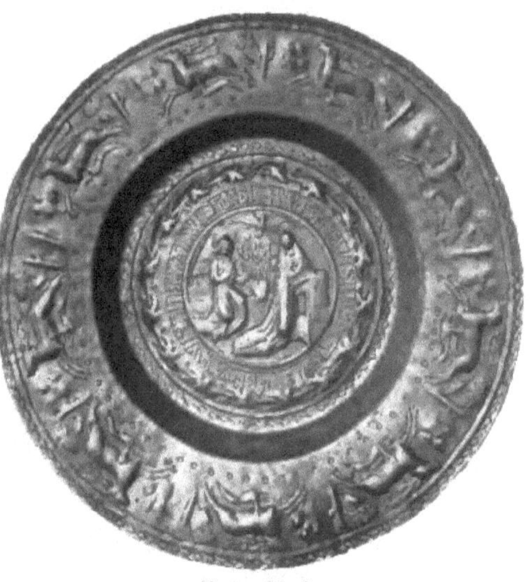

Messingschüssel.

Triumphkreuz. Oberhalb des Triumphbogens das grosse **Triumphkreuz** mit den überlebensgrossen Nebenfiguren des hl. Johannes und der hl. Maria.

Unterschrift eines Epitaphs. In der Thurmhalle, hinter der Orgel, die **Unterschrift** eines **Epitaphs** (nicht mehr das Epitaph selber) auf CUNO HANS VON OLDENBURG, geb. 25. März 1656, gest. 17. November 1735 auf seinem Erbgut Köthel, und seiner beiden Gemahlinnen DOROTHEA MARGARETHA VON OLDENBURG a. d. H. Köthel (Kotel), geb. 14. December 1656, gest. 24. November 1703, und MARIA CHRISTINA VON LOVTZOW (Lautzowe) a. d. H. Rensow, geb. 28. Januar 1677, gest. 28. Juli 1711.

Wappen. Oberhalb der Eingangsthür vom Thurm her, im Innern der Kirche, die **Wappen** des ADAM CHRISTOFFER VON OLDENBURG auf Köthel, geb. 13. April 1691, gest. 3. Januar 1736, und das seiner Gattin EVA KATHARINA VON ZEPLIN a. d. H. Klenz, geb. 1. Oktober 1712, gest. 10. Juli 1730.[1])

Glocken. Im Thurm zwei grosse **Glocken**, die grössere ist 1871 von **Ed. Albrecht** in Wismar, die zweite 1749 von **Otto Gerhard Meyer** in Rostock gegossen.

[1]) Das Inventar von 1811 beschreibt noch einige andere Denkmäler der Familie von Oldenburg, die nicht mehr vorhanden sind.

Eine dritte kleinere Glocke hängt aussen am Chorgiebel. Spuren einer Inschrift von unten nicht zu entdecken. Im Thurm ganz oben, nach draussen gehängt, noch eine vierte kleine Glocke, welche der Kirchenuhr dient.[1])

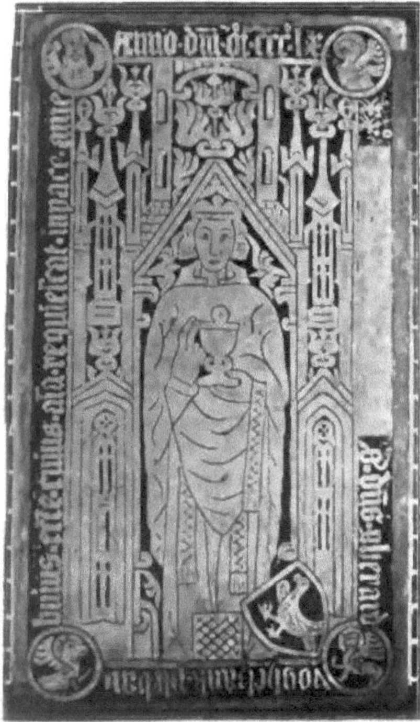

Grabstein des Plebans Gerhard Vogelsang.

Grabsteine. Im Chor an der Nordseite der Grabstein des Plebanus **Gerhard Vogelsang**, gestorben nach dem Jahre 1383: Grabsteine.

Anno domini mccclx' xx

[ ]

obiit dominus gherardus | voghelzank plebanus huius ecclesie · cuius anima requiescat in pace.[2])

Auf dem Grabstein ist der Schild des Geistlichen zu beachten.

Hinter dem Altar der anscheinend dem Ende des XVI. Jahrhunderts angehörende Stein des OTTE WOTZENITZ und der ELSE BELOW mit Wappen. Der Wotzenitz'sche Schild enthält drei gewässerte Querbalken, und die Helmzier darüber drei Pfauenfedern, der Below'sche den bekannten Doppeladler.[3])

[1]) Nach dem Inventar von 1811 war die grosse Glocke 1779 zur Zeit der Pastoren M. S. Herrlich und Joh. Christian Gramm von Joh. Val. Schulz gegossen worden. Die zweite von O. G. Meyer-Rostock 1749 gegossene Glocke enthält die Namen der Pastoren Jakob Brasch, Heinr. Christ. Fiedler und Volrath Heinrich Hane. Von der dritten heisst es, sie habe die Inschrift TETRO ANNO 1683, und von der vierten, sie sei ohne Inschrift.

[2]) Vogelsang ist noch am 29. März 1383 am Leben: M. U.-B. 11505. Die bei Lebzeiten des Plebanus auf dem Stein gelassene Lücke, welche nach dem Tode ergänzt werden sollte, ist unausgefüllt geblieben. Im mecklenburgischen Urkundenbuch fehlt bei 11505 der Hinweis auf 11260, wo die Inschrift dieser Grabplatte und ebenso auch die des von Vogelsang gestifteten Kelches (nach Lisch, M. Jahrb. XII, S. 464 465, und XLII, S. 165—167), bereits veröffentlicht sind. Lisch will ihm auch das ehemalige Triptychon des Hochaltars beigelegt wissen (s. o.).

[3]) Vgl. Lisch, M. Jahrb. XII, S. 465. Crull, Geschl. d. Mannschaft, N. 14 und N. 603.

Die übrigen Steine sind sehr abgetreten, auch der von Lisch aufgeführte Stein der **Lutgard von Rumpeshagen**: Anno domini mccexcix in profesto beatorum apostolorum phi(lippi) et iacobi obiit (lut)ghart uxor vickonis rumpeshagen et ghertrudis filia eius · ora pro eis.[1])

Wandgemälde.

Wandgemälde.[2]) Bei der Restauration der Kirche in den Jahren von 1877 bis 1880 fanden sich im Chor unter der Kalktünche der Gewölbe eine Menge wohlerhaltener Gemälde des XIV. Jahrhunderts. Sie wurden behutsam blossgelegt und bilden jetzt, nach ihrer Auffrischung durch den Maler **Michaelsen** aus Wismar, eine werthvolle Zierde der Kirche.

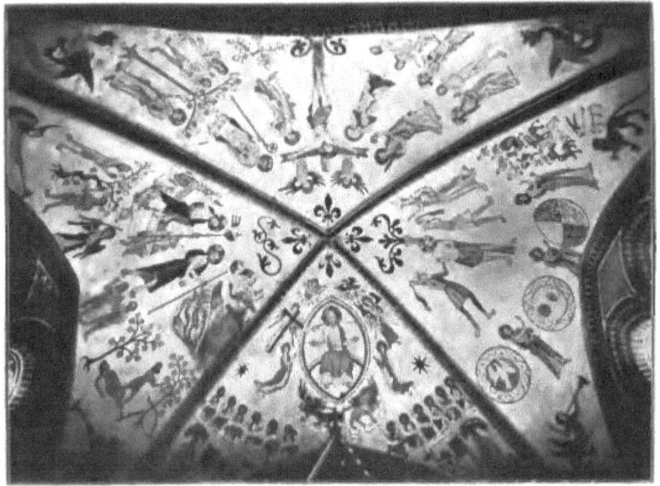

Wandgemälde (östliches Gewölbe).

I. **Oestliches Gewölbe, südliche Kappe, unterer Theil**: Schöpfungsgeschichte der Welt in vier Bildern (1. Geist Gottes über den Wassern; 2—4. Erschaffung von Sonne und Mond, den vier Elementen und den Thieren); Fortsetzung davon: in der westlichen Kappe mit den Bildern der Erschaffung des Adam und der Eva sowie mit der Darstellung des Baumes der Erkenntniss, und in der südlichen Kappe mit dem Sündenfall, der Austreibung aus dem Paradiese und dem Brudermorde. Als Zwickelfiguren in diesen drei Kappen phantastische Thier- und Menschengebilde. In demselben östlichen Gewölbe sieht man als grössere, bis zum Scheitel des Gewölbes reichende Darstellungen

[1]) Lisch, M. Jahrb. XII, S. 465. XLV, S. 289.

[2]) Eine ausführliche Beschreibung aller dieser Bilder, auch mit Berücksichtigung der Farben, giebt Crull, M. Jahrb. XLV (1880), S. 274—282.

erstens in der Südkappe die Geisselung, in der Westkappe die Kreuzigung, in welcher als Figuren neben dem Kreuz ausser Maria und Johannes die hl. Katharina und ein heiliger Bischof (welcher?)[1]) zu bemerken sind, und in der Nordkappe die Auferstehung und die Höllenfahrt. Die Ostkappe desselben Gewölbes dagegen ist mit der Darstellung des jüngsten Gerichts gefüllt: Christus in einer Mandorla auf dem Regenbogen thronend, mit dem Schwert der Gerechtigkeit und der Lilie der Gnade, die aus seinem Munde gehen. Dazu die vier Evangelisten-Symbole, zwei geflügelte Engel und zwei knieende

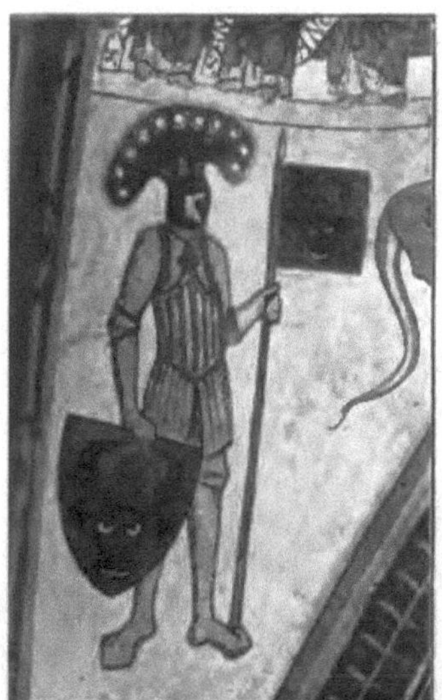

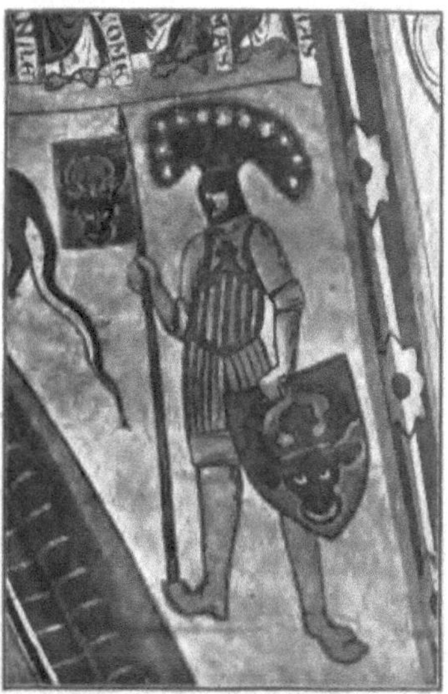

Zwei Fürsten von Werle (Zwickelfiguren vom östlichen Gewölbe).

Gestalten, die ohne Zweifel die hl. Maria und den hl. Johannes Baptista darstellen sollen, wenngleich der letztere nicht charakteristisch genug erscheint. Darunter, als kleineres Figurenband, die zwölf Apostel, alle sitzend; und endlich als Zwickelfiguren zwei gepanzerte Fürstengestalten mit dem Schild und der Fahne der Herren von Werle, also zwei Fürsten dieses Hauses.[2])
Neben jedem eine phantastische Thiergestalt.

[1]) Nach Crull wird wohl der hl. Nikolaus anzunehmen sein, oder auch der hl. Otto, der Apostel der Pommern (mit Rücksicht auf die Zugehörigkeit der Teterower Kirche zur Camminer Diöcese).

[2]) Mit Rücksicht auf den Helmschmuck der Fürsten kommt Crull zu der Meinung, dass an Nikolaus III. von Werle Güstrow († 1360 oder 61), der zuerst den Federkamm des Hauses

II. Westliches Gewölbe. Als unterer Figurenring durch alle vier Kappen die Geschichte Christi von der Verkündigung bis zum Einzug in Jerusalem in vierzehn Bildern. Als grössere Darstellungen darüber: in der Südkappe die Dingung des Judas und der Verrath, in der Westkappe Christus vor Pilatus, in der Nordkappe die Dornenkrönung und Kreuztragung und in der Ostkappe die Krönung Mariae. Als Zwickelfiguren in diesen vier Kappen der erhängte Judas, zwei phantastische Thier- und Menschenbildungen und fünf Bäume.

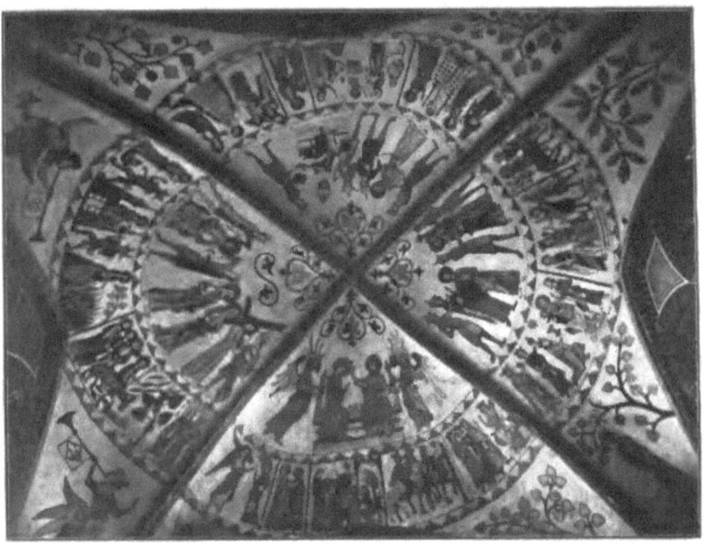

Wandmalerei (westliches Gewölbe).

Von dem verstorbenen Restaurator **Michaelsen**-Wismar sagt Crull a. a. O. S. 281, dass er seiner glaubhaften Versicherung gemäss mit gewissenhafter Treue und Pietät den alten Umrissen nachgegangen sei. »Verbessert hat er nur die Gestalten der beiden Büttel in der Darstellung der Geisselung, welche einer späteren Restauration angehören, die sie unförmlich stark gebildet hatte, und die Banner, in denen die Stierköpfe weiss geblieben waren, und ganz neu

Mecklenburg auf seinen Helm gesetzt habe, und an dessen Bruder und Mitregenten, Bernhard von Waren († 1382), gedacht werden müsse. Es bleibt aber auch der Gedanke an die beiden Söhne von Nikolaus III., Fürst Lorenz († 1399) und Fürst Johann V. († 1377 oder 78), die beide gemeinschaftlich das Land Werle-Güstrow regierten, nicht ausgeschlossen. Auffallend ist die Rüstung.

gemacht ein paar Zwickel, indem er an die Stelle der völlig verloschenen Grotesken Laubwerk malte, sowie die gleichfalls fast unkenntlich gewordenen Gruppen, welche Kain's Mord, die Geburt Jesu und Jesus im Tempel lehrend darstellen, die er nach alten Vorlagen ergänzte.«

Kleinkunstwerke. 1. 2. Silbervergoldeter Kelch auf sechseckigem Fuss, der nach innen geschweifte Seiten und eine durchbrochen gearbeitete Basis hat. An den Rotuli des etwas flachgedrückten Kelches der Name IhUSVS. Am Fuss ein plastischer Krucifixus als Signaculum. Um den Fuss in gothischen Minuskeln die Umschrift: **hunc · calicem dedit · dns ̄ gherardus uogelzanck + plebanus · in theterow.** Die zugehörige Patene ist ohne Inschrift und nur mit einem vertieften Vierpass geschmückt. Keine Stempel, weder am Kelch noch an der Patene. — 3. Silbervergoldeter Kelch auf sechspassigem Fuss, an den Rotuli des Knaufes abwechselnd Rosen und Christusköpfe. Am oberen Theil des sechseckigen Schaftes **help got**, am unteren **oc maria**. Am Fuss als Signaculum ein plastischer frühgothischer Krucifixus und ein späterer silberner Tartschenschild mit drei Adlerköpfen. Stempel fehlen. — 4. Silbervergoldete Patene, 1715 geschenkt von GOTFRID ADELER und ANNA CATARINA ADELERS. Mit den Stempeln des Güstrower Goldschmiedes Lenhard Mestlin (G mit Krone und L M). — 5. 6. Silbervergoldeter Kelch auf sechspassigem Fuss, mit dem eingravierten Oldenburg'schen Wappen, sammt der silbervergoldeten Patene gestiftet 1737 von dem Major JOACH. FRIEDR. VON OLDENBURG. Beide Stücke, Kelch und Patene, von demselben Güstrower Goldschmied wie 4. — 7. Kleiner silbervergoldeter Krankenkelch, 1672 von JOCHIM SCHMIDT und ELISABETH MEYLANS gestiftet. Von dem Güstrower Goldschmied Heinrich Hölscher (1658 bis 1706). — 8. Silberne Oblatenpyxis mit Doppelmonogramm, gebildet aus

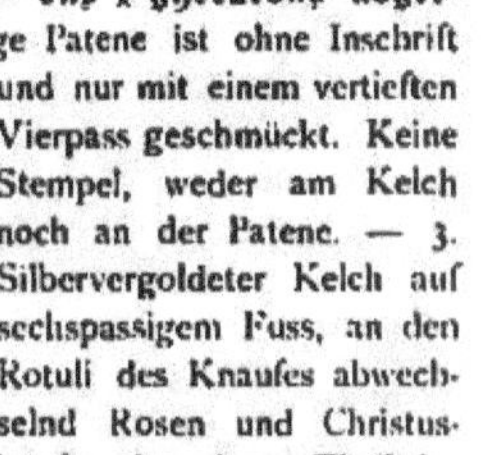

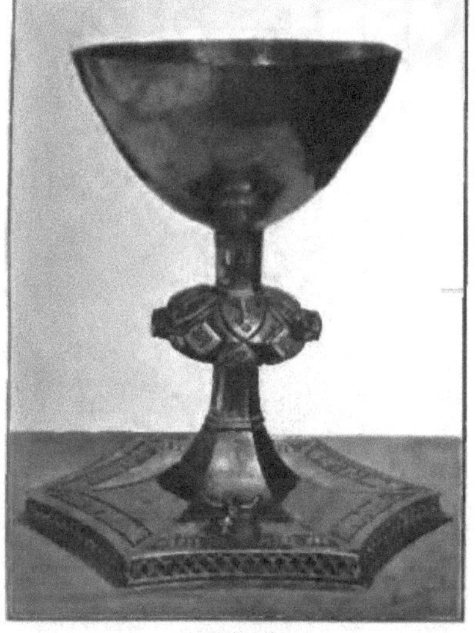

Kelch (1).

[1]) Crull, Güstrower Goldschmiede, M. Jahrb. LXIII, S. 149/150.

2*

den Buchstaben **H. D. H. ANNO 1760.** Werkzeichen des Güstrower Goldschmiedes **Caspar Joh. Livonius** (C I L).[1]) — 9. Abendmahlskanne, neu, 1855 vom Grossherzog **FRIEDRICH FRANZ II.** gestiftet. — 10. Taufbecken, neu,

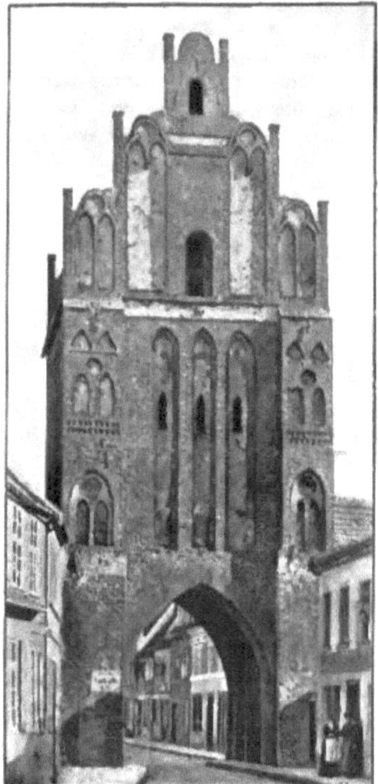

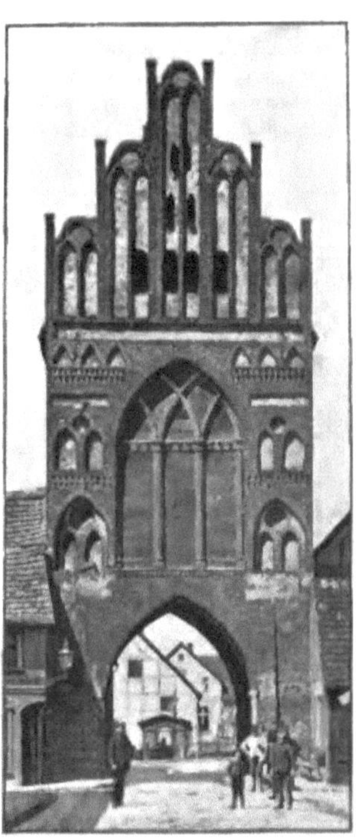

Das Rostocker Thor zu Teterow.

ebenfalls von 1855. — 11. 12. Zwei Leuchter von Alfenide, gestiftet 1880 von Gutsbesitzer **HELD**-Kl.-Roge.

* * *

Thore der Stadt.

Ausser der Kirche verdienen die beiden stattlichen **Thore**, das **Rostocker** und das **Malchiner Thor**, als gothische Bauten des XIV. Jahrhunderts die grösste Aufmerksamkeit. Zwar haben die Giebel, die ursprünglich ohne Zweifel nach hochgothischer Art scharf abgetreppt waren, in späterer Zeit (wahrscheinlich erst im XVII. Jahrhundert) Veränderungen erlitten, indem die Abstufungen ihre jetzige Umbildung in Kurven erhielten, wie sie dem Geschmack

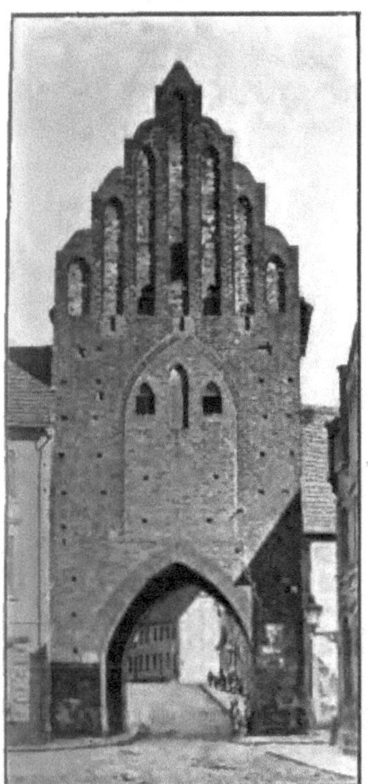
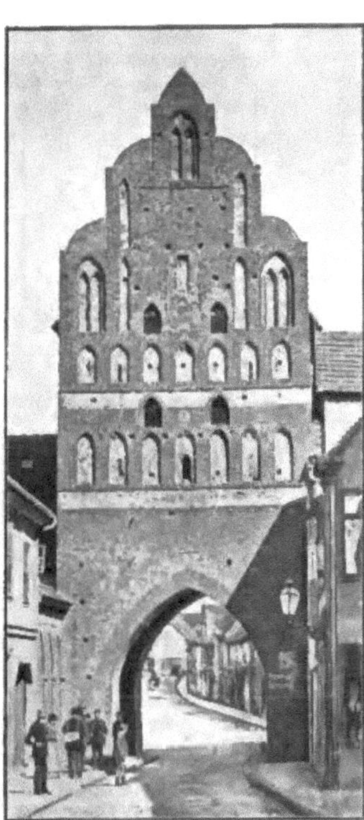

Das Malchiner Thor zu Teterow.

der Renaissance entsprechend waren, auch ist die grosse Mittelnische auf der Innenseite des Rostocker Thors im Charakter der klassicierenden Phantasie-Gothik aus dem ersten Viertel des XIX. Jahrhunderts (vgl. Ludwigslust, katholische Kirche; Parchim, Rathhaus; dazu die der romantischen Kulturperiode angehörende »modificierte Schinkel-Gothik« in Dobbertin u. a. m.) umgestaltet worden: indessen thut der kleine Verlust an Ursprünglichkeit der grossen monumentalen Wirkung dieser beiden untrüglichen Zeugen einstmaliger

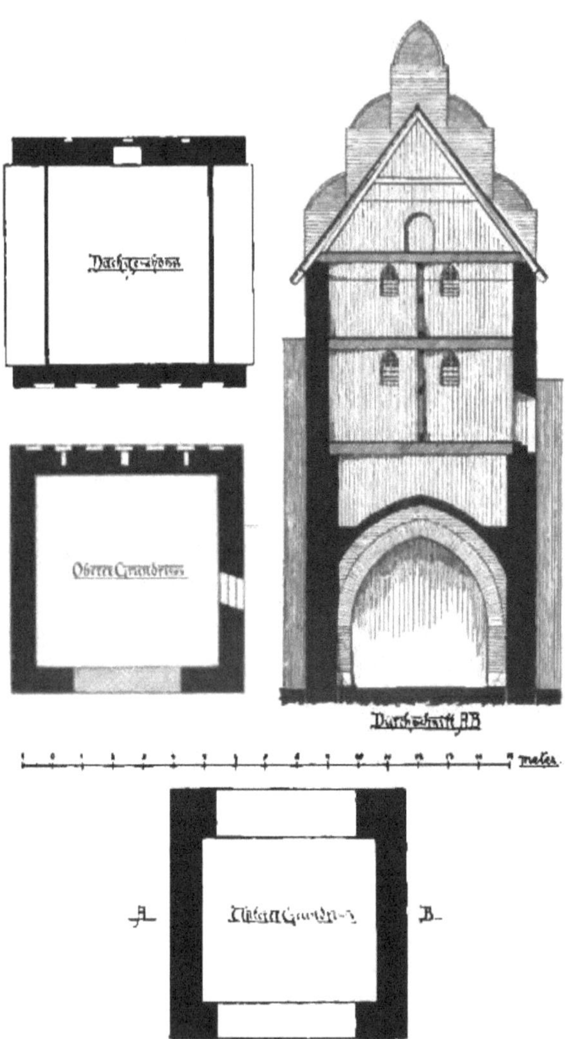

Aufriss und Grundrisse vom Malchiner Thor.

Städte-Blüthe des Mittelalters keinen Eintrag. Die Stadt Teterow wird wie heute, so auch hoffentlich für alle zukünftigen Zeiten sich das Verständniss für den historischen und künstlerischen Werth dieser Bauten zu erhalten wissen

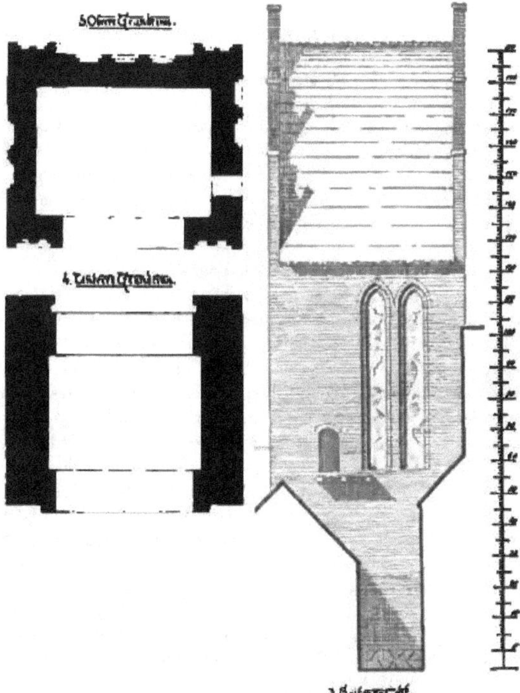

Aufriss und Grundrisse vom Rostocker Thor.

und niemals der Stimme derjenigen nachgeben, welche für die Verwirklichung moderner Verkehrsbedürfnisse nicht anders als mit Zerstörung geschichtlicher Denkmäler und mit Verleugnung der Pietät und des historischen Sinnes sich zu helfen wissen. In dieser Beziehung giebt es auch in Mecklenburg schon viel zu viel, dessen Verlust aufrichtig zu beklagen ist.

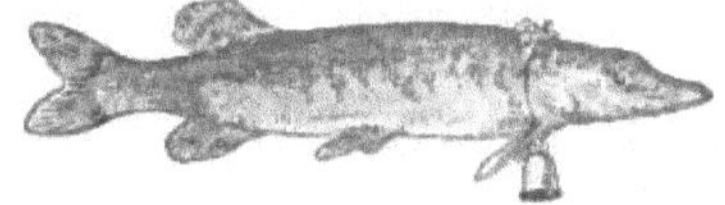

Das Kirchdorf Hohen-Mistorf.[1]

Geschichte des Dorfes.

Dass der in einer zu Dargun am 12. März 1249 von Bischof Wilhelm von Kammin ausgestellten Urkunde als Zeuge vorkommende Pfarrer Johannes von Mistorf, der zugleich Kaplan des Fürsten Borwin von Rostock ist, nicht, wie Lisch annahm, dem erst im Jahre 1342 zu einem Filialdorf mit Kapelle erhobenen Dorfe Mistorf bei Schwaan angehören kann, sondern nach Hohen-Mistorf bei Teterow zu versetzen ist, und dass die Register des Urkundenbuches zwischen beiden Dörfern nicht scharf genug unterscheiden, hat der Verfasser bereits früher darzuthun Gelegenheit gehabt.[2] Um 1249 ist somit Hohen-Mistorf bereits ein Kirchdorf. Dazu passt der frühgothische Ziegelbau der Kirche, die mit ihrem eigenartigen, auf der Nord- und Südseite verhältnissmässig schmal angelegten, aber auf der Westseite mit der vollen Breite des Schiffes emporgeführten und mit einem nördlich und südlich abgewalmten Satteldach versehenen Thurm an verschiedene Kirchen dieser Zeit in der Mark erinnert. Wenn schon aus der Berufung ihres Plebans durch den Kamminer Bischof am 12. März 1249 zur Zeugenschaft nach Dargun und aus ihrer Lage mitten im mecklenburgischen Circipanien auf Zugehörigkeit zur Kamminer Diöcese geschlossen werden durfte, so wird dies ganz direkt durch eine Urkunde vom 16. Juni 1305 bezeugt. Damals weilt Bischof Heinrich von Kammin zu Hohen-Mistorf und beurkundet von dort aus, dass er die von dem Ritter Dietrich Moltke zu Schlakendorf bei Neukalen gegründete Kirche geweiht, mit Pfarrgut bestätigt und von der Mutterkirche (ab ecclesia matrice) zu Schorrentin abgetrennt habe.[3]

In der werleschen Theilung der Länder Hart und Kalen nach dem Jahre 1314 wird Hohen-Mistorf mit einem Rossdienst sowie mit dreissig Hufen aufgeführt, von denen sechzehn bedepflichtig sind.[4] Im Jahre 1328 machen

[1] 7 km östlich von Teterow, in Luftlinie nur 6 km. Mistisdorph. Mist. Mikist = Ort des Mik, Mika, wie auch Mickow: Kühnel, M. Jahrb. XLVI, S. 95. Also wendisch und deutsch mit einander verbunden: Dorf des Mik, Mika, Mića.

[2] M. Kunst- u. Gesch.-Denkm. IV, S. 18, Anmkg. 2. Dazu M. U.-B. 622: »Johannes plebanus de Mistisdorph capellanus domini Buriuwini.« Lisch, M. Jahrb. VI, S. 96. Ebenso ist der in den Urkunden zwischen 1306 und 1339 mehrfach vorkommende Priester und spätere Pleban Hermann von Lage, wie auch aus Nebenumständen zu ersehen ist, der Kirche in Hohen-Mistorf zuzuweisen. Vgl. besonders M. U.-B. 3597, ferner 3072 n., 4691 und 5939 n.

[3] M. U.-B. 3007. Mit Hohen-Mistorf werden somit auch Schlakendorf, Schorrentin (und weiterhin durch die Zeugen-Namen) Röcknitz und Levin als zur Kamminer Diöcese gehörig urkundlich bezeugt. Ueber die ehemalige Kirche zu Schlakendorf vgl. M. Kunst- u. Gesch.-Denkmäler I, S. 591 (612).

[4] M. U.-B. 3721. »Mystorpe in deme lande tome Kalende,« heisst es bei der werleschen Theilung im Jahre 1347: M. U.-B. 6779.

sich die Brüder Raven, Henning und Reimar von Buck durch eine Memorienstiftung für das Seelenheil ihres Vaters, des Ritters Raven von Buck, um die Kirche zu Hohen-Mistorf verdient, indem ihr dafür Einkünfte aus einer Hufe des Greifswalder Stadtgutes Trent (Tremete) zugeführt werden.[1]) Am 3. November 1352 gründen die von Wozenitz und von Stahl eine unter ihrem Familien-Patronat stehende gemeinsame Vikarei zu Ehren der Apostel Petrus und Paulus in der Kirche zu Mistorf und bewidmen sie mit Hebungen aus Damen und »Siden«-Remplin[2]) Auch dreizehn Jahre später, als die von Stahl ihren Hof zu »Siden«-Remplin nebst der Mühle an Heinrich Schnakenburg verkaufen, bedenken sie ihre Mistorfer Vikarei aufs Neue mit Einkünften durch Belastung des verkauften Gutes mit einer an sie abzugebenden Rente.[3]) Um 1367 giebt es wieder einen Pfarrer Johann zu Hohen-Mistorf, der mit dem 1376 genannten Johann Rûcze identisch ist.[4]) Dass hier der Probst zu Güstrow die geistliche Zwischen-Instanz zwischen der bischöflichen Gewalt und der Kirchenökonomie ist, beweist ein Tausch von Reinshäger Vikarei-Aeckern in dem untergegangenen Dorfe Lulow mit Vikarei-Aeckern in Hohen-Mistorf, worüber sich der Ritter Hartwig von Wozenitz und der Reinshäger Vikar Hermann Prange im Jahre 1379 mit einander vertragen.[5])

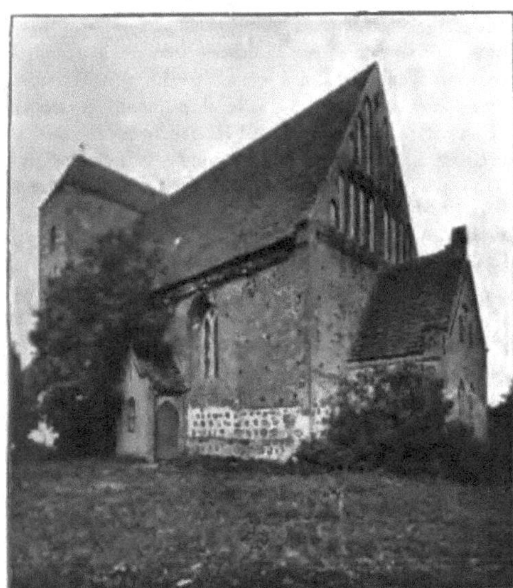

Kirche zu Hohen-Mistorf.

---

[1]) Nach einem Transsumt in zwei bisher nicht gedruckten Urkunden vom 27. und 28. August 1503.

[2]) M. U.-B. 7673.

[3]) M. U.-B. 9154.

[4]) M. U.-B. 9580. 10928.

[5]) M. U.-B. 11183. 11255. Lulow einstmals bei Bartelshagen ($2^1/_2$ km südlich vom Kirchdorf Warnkenhagen). Vgl. Register des Urkundenbuches. Der Vikar Prange erhält die Mistorfer

Noch zu Anfang des XVI. Jahrhunderts sitzen die schon genannten werleschen Vasallenfamilien von Wozenitz und Stahl auf oder an den waldreichen Hartbergen zwischen Neukalen, Teterow und Malchin, jene auf Teschow, diese auf Pohnstorf. Neben ihnen werden Eler Levetzow (to Gorloess, Gorschendorf?), Hinrick vom Hagen und Kersten Passow, beide mit Antheilen an Hohen-Mistorf, als zum Rossdienst pflichtige Ritter des Hartlandes (vpp Harthe) aufgeführt.[1]) Aber um das Ende des XVI. Jahrhunderts sind alle diese alten Vasallenfamilien, mit Ausnahme des Passow'schen und Levetzow'schen Geschlechts, in Mecklenburg erloschen.[2]) Zu Anfang des XVI. Jahrhunderts haben auch die erst im XVII. Jahrhundert ausgestorbenen von Marin (Morin) Antheile von Hohen-Mistorf. Doch der Besitz wechselt von einer Hand in die andere. Immer aber sind es ausser ihnen entweder die von Wozenitz, oder die von Passow, oder die von Levetzow, die ihre Hand in Hohen-Mistorf haben.[3]) Im XVII. und im Anfange des XVIII. Jahrhunderts sind es dann ausser den von Levetzow auch die von Möller[4]) und von Lowtzow, bis im Jahre 1730 das Gut Hohen-Mistorf dauernd an die von Levetzow kommt, die es noch heute besitzen.

Die bis jetzt bekannt gewordenen Namen mittelalterlicher Geistlicher sind schon genannt. Um 1534 ist der Küchenmeister Vicke Hildebrand zu Bützow Inhaber des ihm von Herzog Heinrich verliehenen Kirchlehns. Später — nach der Handschrift und den im Schreiben genannten Personen zu schliessen, ungefähr von 1560 bis 70 — ist Jochim Protzen »Prediger« zu Hohen-Mistorf. 1575 schreibt Christoph von Stralendorff auf Pohnstorf von einem flüchtig gewordenen Mistorfer Pastor, nennt ihn aber nicht. Zwischen 1585 und 1590 finden wir dort den Pastor Joh. Albrecht. Die eingepfarrten Gutsherrn wünschen den Erasmus Hohlschacht an seine Stelle gesetzt zu sehen. Aber wir haben nicht ermitteln können, ob dieser wirklich Nachfolger geworden. 1610 verlässt Petrus Paschedag die Pfarre zu Hohen-Mistorf, um Gehülfe seines Vaters zu werden. Für ihn wird der Teterower Rektor Johann Zimmer berufen. Zwischen 1619 und 1634 (seinem Todesjahr) wirkt dort Aegidius Othmann, vielleicht schon vor 1619; von 1634 bis 1642 Andreas Wendt; von 1643 bis 1660 Johannes Conradi; von 1661 bis 1682 Christoph Meyer; von 1683 bis 1723, volle vierzig Jahre lang, Jakobus Erdmann Krönicke († 1724); nach ihm sein Sohn Samuel Joachim Krönicke, der, weil er solitarie eingesetzt ist, in Folge der politisch-geistlichen Wirren zwischen Herzog Karl

Vikarei-Aecker. Wozenitz nimmt dafür die Lulowschen Aecker, die bis dahin zur Reinshäger Vikarei gehört haben.

[1]) Lisch, M. Jahrb. IX, S. 399/400. — Das Dorf Hagensruhm, nicht von Ruhm, sondern von Raum abgeleitet, mag noch an die von Hagen auf dem Hart-Lande erinnern, die lange Sührkow, dessen Pertinenz es ist, im Besitz hatten.

[2]) Gamm, M. Jahrb. XI, S. 427—458.

[3]) Akten im Grossh. Archiv.

[4]) Im Jahre 1811 befand sich noch in der Kirche zu Hohen-Mistorf ein Epitaph des 1639 den 10. Oktober zu Heiligenthal geborenen Herrn Heinrich Wilhelm von Möller, der im Jahre 1672 vor seinem eigenen Hofe ermordet worden war.

Leopold und der Kaiserlichen Reichskommission 1739 sein Amt niederlegen muss; zwischen 1739 und 1744 Joh. Christoph Martini; von 1745 bis zum

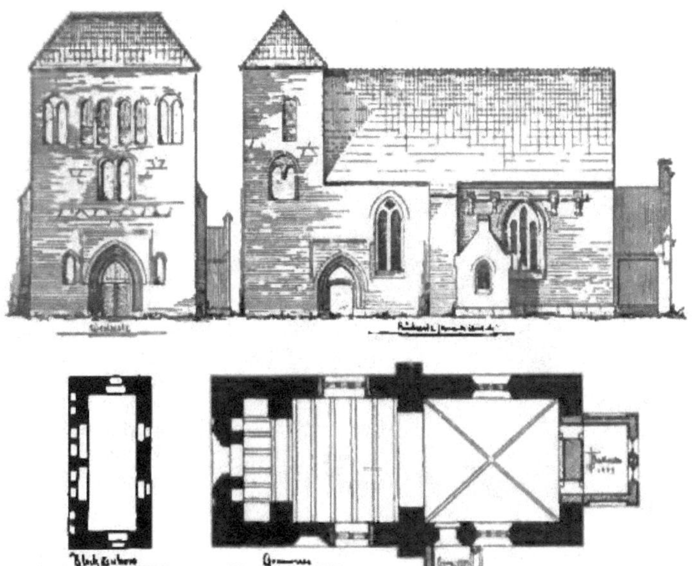

Kirche zu Hohen-Mistorf.

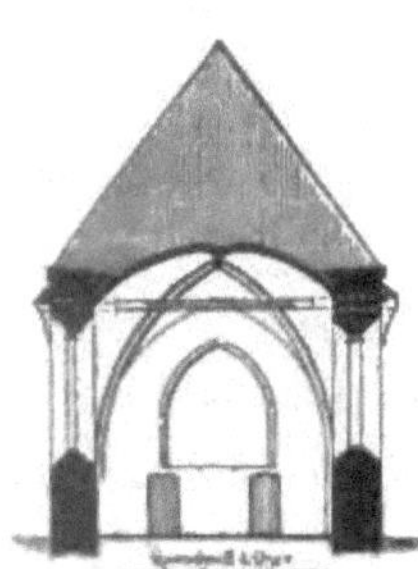

31. Januar 1799 Nikolaus Andreas Ockel; und nach ihm sein 1791 eingetretener zweiter Substitut (sein erster Kollaborator von 1786 an hiess Suderow) Jakob Augustin Giesenhagen, dessen Hauptzeit den ersten vier Jahrzehnten des XIX. Jahrhunderts angehört.[1]) S. Walter a. a. O.

Kirche. Die hier gegebenen Abbildungen, Grundrisse und a. m. überheben uns einer Beschreibung. Leider hat sich die prächtige wettergraue Ostwand des Chors durch einen Anbau in neuerer Zeit eine Erweiterung und damit einen Verlust an ihrer Ursprünglichkeit gefallen lassen müssen, ebenso die Südseite des Chors durch eine Vorhalle. Das gothische Kreuzgewölbe, welches den Kirche.

[1]) Akten im Grossh. Archiv.

Innenraum des Chores deckt, wird durch untergelegte Balken zusammengehalten, während die Deckbalken des Bodens oberhalb des Gewölbes über die seitlichen Aussenmauern hinausragen und hier mit derb geschnitzten Holzkonsolen verklammert sind. Ob das Kreuzgewölbe des Chors erst nach einem Dachsturz zu Anfang des XIX. Jahrhunderts eingewölbt ist, wie die lokale Ueberlieferung wissen will, erscheint fraglich. Das durch einen steilen schweren Triumphbogen vom Chor getrennte, im Uebrigen aber flach gedeckte Gemeindehaus ist kleiner als der Chor, wird aber durch einen Theil des Thurmraumes vergrössert, der sich zum Gemeindehaus hin mit einem gleichen Spitzbogen wie der Triumphbogen vom Chor her öffnet. Der Thurm soll noch im vorigen Jahrhundert eine Spitze gehabt haben, die bei ihrem Niederfallen, wie man an der Ostwand des Thurmes sehen will, das innere Gewölbe des Schiffes weggebrochen hat.

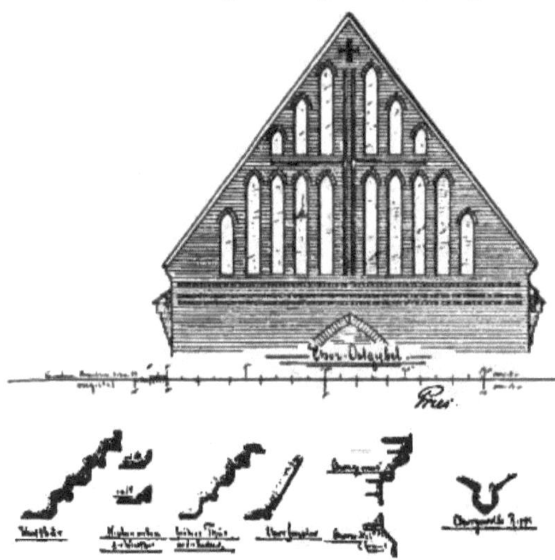

Kirche zu Hohen-Mistorf.

Die **innere Einrichtung** ist neu.

Tafel. An der Wand eine **Tafel** mit kleinen Wappenschilden der Familie **VON BLÜCHER**-Teschow.[1])

Glocken. Im Thurm hängen drei **Glocken** (Dm. 1,10, 0,82, 0,68 m); alle drei sind 1839 von **F. Schünemann** in Demmin gegossen worden.[2])

[1]) Es sind die Wappen von 1. Helmuth Hartwig von Blücher, geb. 10. Januar 1745, gest. 12. April 1817, vermählt mit Sophie Hedwig von Rieben, geb. 5. September 1756, gest. 10. März 1821. 2. Landrath Ernst Anton von Blücher, geb. 26. April 1793, gest. 26. August 1863, vermählt mit Karoline von Levetzow, geb. 21. December 1793, gest. 28. April 1833. 3. Oberst Helmuth von Blücher, geb. 3. Mai 1818, gest. 19. November 1882, vermählt mit Auguste von Blücher, geb. von Meyenn, geb. 7. Mai 1827, gest. 19. März 1883. 4. Karl Wilhelm von Meyenn, Kammerherr und Drost, geb. 8. September 1790, gest. 10. August 1831, vermählt mit Pauline von Bassewitz, geb. 12. December 1804, gest. 23. Oktober 1873.

[2]) Von den Vorgängerinnen dieser Glocken hatte die grösste (nach dem Inv. von 1811 mit einem Dm. von 3½ Fuss) gar keine Schrift, während die kleinste von 2 Fuss Dm. »Mönchsschrift«

Kleinkunstwerke. 1. Grosser silberner Kelch auf rundem Fuss. An der Kupa das Wappen des **Dr. C. STURTZ 1698.**[1]) Als Stempel eine dreithurmige Burg mit Krone darüber (Hamburg?). — 2. Silbervergoldete Patene, gestiftet 1859 vom Hausgutspächter **C. SCHMIDT** zu Niendorf.[2]) — 3. 4. Grosse runde Oblatenschachtel und eine Abendmahlskanne, beide mit der Jahreszahl **1856** und dem Namen des **ERNST ANTON V. BLÜCHER** auf Teschow.[3]) Kleinkunstwerke.

Das Kirchdorf Thürkow.[1])

Aus einer Urkunde vom 8. April 1371 — eher erfahren wir nichts — geht hervor, dass Thürkow ein Gut der mit den Levetzow's verschwägerten Familie von Sukow ist, und dass der damalige Besitzer Dietrich von Sukow, als Erbe und Vormund des jungen unmündigen Werner von Sukow zu Kleverhof, seinem ebenfalls zu Kleverhof wohnenden Oheim Werner von Levetzow im Namen seines Mündels dessen Besitz den damaligen Rechtsbedingungen der Vormundschaft gemäss käuflich überlässt.[5]) Nun vergehen über hundert Jahre, ehe es wieder eine Nachricht giebt. Inzwischen aber ist Thürkow ein Gut der Familie von Barold geworden, als deren Hauptsitze im Mittelalter Dobbin bei Krakow, Dudinghausen bei Schwaan und Moisall bei Bützow erscheinen. Aber am 17. März 1481 (nicht 1418) verkaufen die Brüder Henneke und Roloff von Barold die Güter Thürkow und Appelhagen (Abelenhagen) an den mit ihnen verschwägerten Hermann von Zepelin.[6]) Und nun bleibt Thürkow bis zum Jahre 1796 in Zepelin'schen Händen. Von 1796 bis 1831 wird es Besitz des Domdechanten Hans Graf von Schlitz. 1831 erwirbt es Geschichte des Dorfes.

---

und die Jahreszahl 1487, die mittlere aber von 3 Fuss Dm. 1750 von Otto Gerhard Meyer in Rostock gegossen war und die Namen des Pastors Nikolaus Andreas Ockel und der Vorsteher Friedrich Kanseyer und Jochim Lüders trug.

[1]) Aeltester Sohn des Jakob Sturtz (1602—1672), welcher Besitzer der nach Hohen Mistorf eingepfarrten Güter Suhrkow und Bukow wurde. Der hier genannte Christoph wurde im Juni 1642 noch als Knabe in Rostock immatrikuliert, Dr. juris zu Altorf 1656, und starb 1698 als vielbeschäftigter Sachwalter zu Hamburg. Nach Hofmeister, Allgem. deutsche Bibliographie. Das Inv. von 1811 fügt zu dem Sturtz'schen Kelche hinzu: »Dieser Kelch ist im November 1806 gerettet, da die beiden kleinen silbernen weggenommen sind sammt den Patenen.«

[2]) Niendorf ist eingepfarrt nach Hohen-Mistorf.

[3]) Teschow ist ebenfalls nach Hohen-Mistorf eingepfarrt.

[4]) 6 km nördlich von Teterow. Von Kühnel mit dem altslavischen Stamm turŭ = Auer verbunden: Ort des Turek, Auerhagen, Auerdorf.

[5]) M. U.-B. 10180. 10183.

[6]) Dieser Hermann von Zepelin war mit Margaretha von Barold a. d. H. Dobbin vermählt. Vgl. Fromm, Gesch. d. Fam. von Zepelin, S. 128. Die Annahme 1418 für 1481 beruht, wie die Verkaufs-Urkunde im Grossh. Archiv beweist, auf einem Schreib- oder Lesefehler in Claus Joseph von Behr's Genealogie der Familie von Zepelin: Fromm, a. a. O., Urkunden, S. 68. Der Fehler ist in Lehsten, Adel Mecklenburgs, übergegangen und für die genealogischen Zusammenstellungen Fromm's verhängnissvoll geworden. Im Jahre 1555 lösen die von Zepelin eine Reihe landesherrlicher Gerechtsame ab, doch bleibt das Kirchlehn ausgenommen.

Friedrich Graf von Hahn, und aus Hahn'schen Händen kommt es 1890 an Wilhelm Blohm. Appelhagen aber ist noch heute, also bereits über vierhundertundzwanzig Jahre, ein Zepelin'sches Gut.

Ueber den Bau der Kirche ist uns nichts überliefert. Da aber Thürkow im Lande Circipanien liegt, das seit der Mitte des XIII. Jahrhunderts zum Bisthum Kammin gehört, so wird das Gotteshaus von dorther seine Weihe empfangen haben. Namen von mittelalterlichen Geistlichen fehlen ganz. Um 1534 haben die herzoglichen Vögte zu Güstrow die Kirche zu verleihen: Herr Jochim Keding beschwert sich über Cord von Zepelin. 1541 ist Nikolaus Schönicke der erste Prediger im Sinne der Reformation. Er wird gelobt und ist auch 1552 im Dienst. Nach ihm werden Joh. Deneke und Wolfgang Siegfried genannt, jener in der Zeit zwischen 1572 und 1579, dieser um 1580, aber die Akten lauten über beide nicht erfreulich. 1580 wird Joh. Koster (Coster) von Herzog Ulrich berufen, er ist auch 1616 noch im Dienst. 1638 wird Pastor Zacharias Altenkirch vom Tode hingerafft, das Kirchspiel und die Pfarre werden als völlig verwüstet geschildert. Die wenigen Hofbesitzer, die übrig geblieben sind, bitten den Herzog Adolf Friedrich, sich zur Kirche nach Levitzow und an den von Hans von Lowtzow dort eingesetzten jungen Pastor Heinrich Neusenius halten zu dürfen. Doch 1643 bekommen sie bereits wieder ihren eigenen Pastor in Balthasar Hüttenheber. Diesem folgt schon 1647 der Teterower Kantor Joachim Geist, der aber auch nur kurze Zeit dableibt. Denn 1652 tritt Joh. Georg Denstedt an seine Stelle. Es folgen weiter: 1655 Michael Blancke, 1689 Daniel Perlensticker, 1697 Paulus Roht (Rohte, Rathke), der am 6. Mai 1724 stirbt. Von 1726 bis 1786 wirken Joh. Jakob Sievert und sein Sohn Georg Vollrath Jakob Sievert, letztgenannter erst seit den siebenziger Jahren. Er stirbt im Frühsommer 1786. 1787 wird Daniel Knöchel berufen († 28. Januar 1831). S. Walter a. a. O.

Kirche. **Kirche.** Die Kirche ist ein kleiner auf einem Granitfundament ruhender niedriger frühgothischer Ziegelbau in Form eines länglichen Vierecks. Im Innern eine flache Decke. Der Ostgiebel ist mit Blenden verziert. Auf der Südseite ein Eingangs-Anbau und auf der Westseite ein mit der Kirche verbundenes Fachwerk-Glockenhaus, dessen First niedriger ist als der der Kirche.

Altar. Die **innere Einrichtung** ist ohne Bedeutung. Auf dem **Altar** ein Bild der hl. Maria mit dem Leichnam Christi (Pietas) von **Fr. Oesterreich**.

Gestühl. Beachtenswerth ist der alte **Appelhäger Hofstuhl** des CHRIST : FRIEDRICH VON ZEPELIN[1]) und seiner Gemahlin IDA DOROTHEA VON LEVETZOW, mit übergesetztem geschnitzten Allianz-Prunk-Wappen von 1746.

Glocken. Im Glockenstuhl zwei **Glocken**. Die erste ist laut Inschrift im Jahre 1805 unter dem regierenden Herzog FRIEDRICH FRANZ von **Valentin Schultz** zu Rostock umgegossen worden. — Die zweite hat die Inschrift: O • rex •

[1]) Weiland Besitzer des nach Thürkow eingepfarrten Rittergutes Appelhagen.

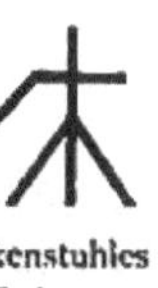

glorie · xpe · ven̄ꝫ · cum · pace · ano · dni (Jahreszahl fehlt, der Schriftring ist geschlossen). Unter dem oberen Schriftring kleine Rundbilder, ebenso zwischen den einzelnen Worten. Am Mantel eingeritzt das nebenstehende Giesserzeichen und ein ✝. Die Buchstaben sind ungeschickt behandelt. — Auf dem Boden des Glockenstuhles liegt noch eine dritte kleine Glocke, die weder Zeichen noch Inschrift hat.

Kleinkunstwerke. 1. 2. Silbervergoldeter Kelch auf rundem Fuss und mit rundem Knauf. Am Fusse das Zepelin'sche Wappen, darüber: **O · F · ZIEPLIEN ANNO 1707.** Als Stadtstempel eine dreithürmige Burg mit dem Jahresbuchstaben **C**, und als Meisterzeichen ein aus der Wolke ragender Arm, der einen Schlüssel hält. Die dazu gehörige Patene hat dieselbe Umschrift wie der Kelch. — 3. Silbervergoldeter Kelch auf rundem Fuss und mit rundem Knauf. Am Fuss ein Drieberg-Zepelin'sches Allianzwappen, dazu die Anfangsbuchstaben **A. D.** und **D. Z.**[1]) An ihm auch die Stempel des Güstrower Goldschmiedes **Heinr. Hölscher** (1658—1706). — 4. Ovale silberne Oblatendose, auf dem Boden die Buchstaben **A · M · T ·** Dazu Güstrower Werkzeichen: **G** und **C L** (**Christian von Lohe**, 1698—1701?). — 5. Neue silberne Abendmahlskanne in gothischer Form, in der Verzierung dem Kelch und der Patene von 1707 angepasst. Am Fuss das Zepelin'sche Wappen und die Buchstaben **S · V · Z · 1893.** Werkzeichen fehlen. — 6. 7. Zwei alte Zinnleuchter. Der eine trägt die Inschrift: **DAVIDT ✕ SCHONOW ✕ 1646 ✕ DOROTHEA ✕ ZEPELIEN.** Der andere: **HANS SCHRÖDER THO TVRC'W IN DAT GOTTES HVS — 1646 —.** Werkzeichen bei beiden verhämmert.

Kleinkunstwerke.

Ein Vergleich des jetzigen Inhalts der Kirche mit dem von 1811 zeigt, dass hier seitdem mit Kunst- und Geschichts-Denkmälern stark aufgeräumt ist. Die ehemaligen Kancellen des Altars stammten von 1581, der Altaraufsatz selbst mit einem Bilde der Grablegung Christi war ein Geschenk des in dänischen Diensten gewesenen Oberstleutnants **JOHANN VON ZEPELIN** vom Jahre 1686. Zu seinem Gedächtniss (geb. 1645, gest. 1720) war auch eine Fahne mit Inschrift und Wappen in der Kirche aufgehängt. Ein dritter silberner Kelch war mit dem Zepelin-Plessen'schen Allianzwappen und den beiden Namen **JOHANN ZEPELIN** und **HENRICA VON PLESSEN** versehen, und eine zweite silberne Oblatenschachtel von runder Form trug die Jahreszahl **1652** und die Namen und Wappen des **JOHANN VON ZEPELIN** und der **HEDWIG MARGARETHA VON BARSTORFF.** Statt zweier zinnerner Altarleuchter gab es 1811 deren fünf. Auch war noch ein beim Absterben des auf Wotrum erbgesessenen **JULIUS GEORG OTTO VON OLDENBURG** im Jahre 1754 aufgestellter Krucifixus von Zinn vorhanden. Am Thürkower Hofstuhl sah man in Farben das Zepelin-Holck'sche Allianzwappen mit den beiden Namen **VOLRATH HARTWIG VON ZEPELIN** und **LOUISE FRIEDERICA GRÄFIN VON HOLCKEN,** die auch an der im Jahre 1745 aufgestellten Kanzel wiederkehrten. An dieser Kanzel ausserdem das Wappen der **DOROTHEA EVA ELISABETH VON OLDENBURG.**

---

[1]) Adam von Drieberg auf Sprenz, vor 1650 vermählt mit Dorothea von Zepelin a. d. H. Vietgelhagen.

Das Kirchdorf Levitzow.[1])

Geschichte des Dorfes.

Die Geschichte des Gutes und Dorfes beginnt mit der Gründung der Kirche durch den Ritter Johann von Levetzow im Jahre 1304. Der Gründer selbst freilich kommt schon von 1292 an in mecklenburgischen Urkunden vor, er ist das Haupt jener Adelsfamilie, die ihren Namen von der Mitte des XVI. Jahrhunderts an in Loutzouw, Lautzau, Lowtzow verändert hat, und nicht mit den ein anderes Wappen führenden Herren von Levetzow verwechselt werden darf.[2]) Bis 1304 gehören Gut und Dorf Levitzow zur Jördenstorfer Plebanie. In diesem Jahre aber werden die Dörfer Todendorf und Perow ausgeschieden und mit dem neuerstandenen Kirchdorf Levitzow zu einer besonderen Parochie verbunden.[3]) Der Kirchherr zu Jordenstorf (damals Herr Gerdes), wird mit Einkünften aus Gross-Methling entschädigt, für deren Aufbringung das Kloster Dargun die Bürgschaft übernimmt, der Bischof von Kammin giebt zu dieser Veränderung in seiner Diöcese die Zustimmung, und Markgraf Otto von Brandenburg, der damals als Oberlehnsherr des südlichen Mecklenburg und im Besonderen des Hauses Werle auftritt und den Ritter Johann von Levetzow seinen Vasallen nennt, fügt seine weltliche Bestätigung hinzu. Zugleich verleiht er dem Kloster Dargun das Patronat über die Kirche.[4]) Dass im Jahre 1305 zwei Priester an der Kirche wirken, deren Einkünfte durch Ritter Johann von Levitzow verbessert werden, erfahren wir aus einer Urkunde vom 30. September 1305.[5]) Damit aber ist unsere Kunde aus dem Mittelalter zu Ende. Nur noch von den in ununterbrochener Reihe auf Levitzow wohnenden Herren von Levetzow (Lowtzow) giebt es einige Nachrichten, die Lisch im M. Jahrb. XI, S. 476–481, zusammengestellt hat, und auf die wir daher hier nicht zurückzukommen brauchen. Erwähnt soll nur werden, dass Ritter Johann, der Erbauer der Levitzower Kirche, für sich und seine Frau Gertrud im Jahre 1308 eine Grabstätte in der Klosterkirche zu Dargun erwirbt und mit vieler Freigiebigkeit allerlei Anordnungen für seine Bestattung trifft.[6]) Doch hat sich keine Spur von der letzten Stätte beider erhalten.

Bis 1796 bleiben die von Lowtzow auf Levitzow. In diesem Jahre übernimmt die Frau Geh. Etatsräthin Gräfin von Lüttichau das Gut. 1799

[1]) 8 km nördlich von Teterow. »Ort des Levik, Levĕa«: Kühnel, M. Jahrb. XLVI, S. 83.

[2]) Lisch, M. Jahrb. XI, S. 476–81. Lehsten, Adel M.'s, S. 152.

[3]) M. U.-B. 2930. Ueber den Hufenstand dieser drei Dörfer, ihre Bede und Verpflichtung zum Rossdienst giebt die Urkunde 3721 (werlescher Theilungsvertrag über die Länder Kalen und Hart im Jahre 1314) weitere Auskunft.

[4]) M. U.-B. 2931. 2936. Vgl. Rudloff, Hdb. d. m. Gesch. II, S. 178. 190.

[5]) M. U.-B. 3027.

[6]) M. U.-B. 3236.

folgt ihr der Oberjägermeister Kaspar Heinrich von Sierstorpff, welcher achtunddreissig Jahre im Besitz bleibt. Seit 1837 aber ist das Gut in den Händen der Familie Nahmmacher.

Die Quellen über die Geistlichkeit fliessen nur spärlich.[1]) Den Namen des Bartholomaeus Theophilus entnehmen wir dem Kelch von 1596 (s. u.). Reichlichere Nachweise giebt es für Heinrich Neusenius (1641—1681), Joh. Brügge (1682—1699), Joh. Reineccius (1700—1719) und Joachim Nochland (1720—1730). Nach Nochland's Tode bittet der Patron der Kirche Eler Detlev von Lowtzow (s. Glocke und Kirchenstuhl) um Kombinierung seiner Kirche mit der in Thürkow. Aber es ist die Zeit der Wirren unter Herzog Karl

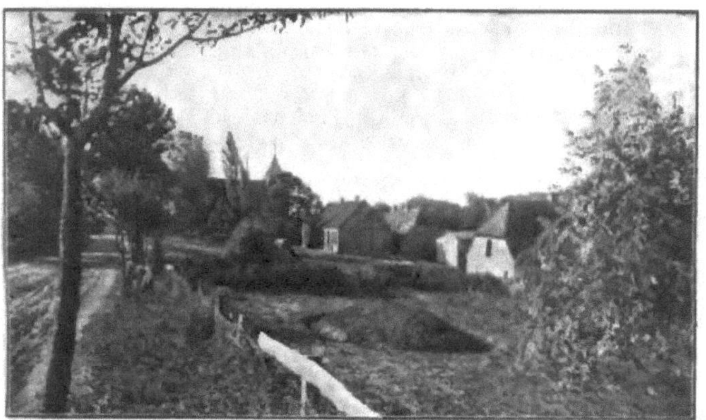

Levitzow.

Leopold, und er bleibt ohne Antwort, so auch noch 1743. Zuletzt geht aus den Thürkower Kirchenakten hervor, dass die Kombinierung thatsächlich eingetreten und auf keinen Widerstand gestossen ist.

Kirche. Die Kirche, ein noch stark romanisch anmuthendes schlichtes Bauwerk aus Backstein, mit kleinen Rundbogenfenstern (drei im Osten, vier im Suden und drei im Norden) ruht auf einem Granitfundament und bildet ein längliches Viereck mit plattem Chorschluss. Im Mauerwerk überall der wendische Verband. Am Westende ein Fachwerkthurm mit einem vierseitigen niedrigen Helm. An der Nordseite eine Grabkapelle vom Jahre 1604, an ihr als Schmuck ein Lowtzow-Winterfeld'sches Allianzwappen in Terrakotta. Dieselben Wappen in Terrakotta an der im Renaissancestil erbauten kleinen steinernen Eingangshalle vom Jahre 1619. Dies Datum findet sich hier an einem Balken. Kirche.

[1]) Vgl. Evangel. Mecklenburg I, S. 286, 379. Durch ein Versehen hat hier Schröder Lewsower und Levitzower Pastoren mit einander verbunden (Grotefend).

Der Innenraum der Kirche ist mit einer im Barockstil bemalten Balken- und Bretterdecke überspannt, die das Jahr 1710 aufweist.[1])

Altar und Kanzel. Gothisches Schnitzwerk.

Altar und **Kanzel** sind zu einem Körper verbunden.

Noch erhalten ein kleiner **Johannes Baptista** mit einem knieenden **Engel** zur Seite. Ein ursprünglich auch auf der anderen Seite vorhanden gewesener Engel ist weggebrochen. Gothisches Schnitzwerk aus Eichenholz.

Allianzwappen.

An der Nordwand ein polychrom behandeltes **Allianzwappen** des **JOCHIM V. LOWTZOW** und der **MARGARETHA VON WINTERFELD** mit dem Datum **1620**.

Prunkstuhl.

An der Südwand ein grosser **Prunkstuhl** mit dem Lowtzow-Stralendorff'schen Allianzwappen von **1732** (**E · D · V · L. — J · M · V · S.**).[2])

Glocken.

Im Thurm zwei **Glocken.** Die eine mit der Umschrift: O REX GLORIE VENI CVM PACE. Die zweite hat oben als Inschrift: **LAURENTIUS STRAHLBORN ME FUDIT LUBECAE ANNO 1738.** Im Felde auf der einen Seite das Lowtzow'sche Wappen und die Anfangsbuchstaben **E · D · V · L.**, auf der anderen Engelsköpfe und dazwischen **SOLI DEO GLORIA.**

Kleinkunstwerke.

Kleinkunstwerke. 1. Silbervergoldeter spätgothischer Kelch auf sechspassigem Fuss, mit dem Namen **ihesus** am Knauf. Am Fuss die Inschrift: **JOCH : LOVZ : EX · MORBO · GRAVI · LIBERAT' · CVM · CONIVGE · MAR : WINT · DEDIT · GRATITUDINIS · ERGO · ANNO · 1596.** Dazu die eingravierten Wappen beider. Unter dem Fusse: **EO TEMPORE PASTOR BARTHOLV MEUS THEOPHILUS.** Ohne Werkzeichen. — 2. Kleiner silberner Kelch auf rundem Fuss, vom Rostocker Goldschmied **Peter Quistorp** (1611, 1632). An der Kupa die Inschrift **ADAM LOWTZOW** und das Lowtzow'sche Wappen. 3. Silbervergoldete Patene ohne jedes Zeichen. — 4. Ovale Oblatendose, vom Güstrower Goldschmied **Lenhard Mestlin** (1705—1739). — 5. 6. Zwei zinnerne Henkelvasen von 1733. Malchiner Stadtzeichen: Büffelskopf. Meisterzeichen: Pelikan mit **C K.** — 7. 8. 9. Drei grosse zinnerne Leuchter aus der Zopfzeit. Malchiner Stadtzeichen: Büffelskopf; Meisterzeichen: **I C P.** — 9. Kleiner Leuchter mit der Marke des englischen Zinns von 1786.

---

[1]) Lisch, M. Jahrb. XII, S. 470.

[2]) Eler Detlev von Lowtzow (s. o.) auf Levitzow und Sührkow, vermählt mit der »Edlen Jungfrau« Juliane Margarethe von Stralendorff a. d. H. Greven.

Das Kirchdorf Jördenstorf.[1])

Als ältere und grössere Plebanie ist uns das »in der vogedeye thom Kalande« gelegene deutsche Bauerndorf Jördenstorf (Jordanstorp, Jordensdorpe) schon im Jahre 1304 bei der Gründung der Kirche zu Levitzow entgegengetreten (s. o. S 32). Damals ist Herr Gerdes der Pleban. Weiteres hören wir über Jördenstorf im Jahre 1305. Da giebt es hier am 3. April eine grosse Fürsten-Versammlung, deren Spitze gegen den König von Dänemark gekehrt ist, die aber z. Zt. gar keinen praktischen Erfolg gehabt hat: es ist eine Berathung zwischen den Fürsten der drei Linien Rostock, Mecklenburg und Werle und den brandenburger Markgrafen Otto, Johann, Hermann und Woldemar über die Wiederauslösung des Landes Rostock aus der dänischen Oberlehnshoheit.[2]) Im Jahre 1318 kommt abermals eine Kunde von Jördenstorf. Damals ist Konrad Gamm der Kirchherr. Im Auftrage seines Landesherrn, des Fürsten Johann von Werle, hat er für dessen Seelenheil eine Pilgerreise zum heiligen Grabe gemacht. Zum Dank dafür bestätigt ihm der Fürst nicht nur das von seinen Vorfahren gestiftete und ausgestattete Kirchlehn, sondern er verbessert auch dessen Einkünfte in erheblicher Weise durch eine Schenkung von vier Hufen in der Jördenstorfer Feldmark und durch Genehmigung des Besitzes einer fünften Hufe, welche Reimar von Moltke Gott zu Ehren der Pfarre überwiesen hat. Dazu giebt er das Gericht und schenkt der Pfarre sieben Kathen (aus jedem Kathen das Rauchhuhn), sowie Holz- und Weide-Nutzung. Nur knüpft er daran einige Bedingungen für das geistliche Amt, wie gebührenfreie Verabreichung des heiligen Sakraments der Oelung (»vnd vor de houe schal de kerckher, de dar den ist, tho allen krancken luden ghan vnd in sinen (!) bedde mith dem hilligen sacrament de hilligen oligen [geuen] vnd nene penninge daraff eschen«) und Abhaltung von Vigilien und Seelenmessen für das werlesche Haus zweimal im Jahre (twyge des jares).[3])

Geschichte des Dorfes.

Um 1345 ist Johannes Dähn (Dacus) Pleban in Jördenstorf, dem wir ein Jahr später in Stavenhagen begegnen, wenn es derselbe ist, und 1367 giebt es wieder einen Dominus Johann zu Jördenstorf.[4]) Dass es hier im Mittelalter ritterschaftlichen Hufenbesitz gab, wird sowohl durch die Moltke'sche Schenkung im Jahre 1318 als auch durch zwei Kaufverträge bewiesen. Am 10. Februar 1359 überlassen die von Brizkow (Brützkow), welche den von Bülow stamm-

[1]) Gut 12 km nördlich von Teterow, 14 km nordwestlich von Neukalen.

[2]) M. U.-B. 2979. Rudloff, Hdb. II, S. 202.

[3]) M. U. B. 4026. Die durch diese Urkunde geschaffenen grossen Einkünfte der Pfarre bestehen noch heute. Auch die Jurisdiktion bei der Pfarre hat bis ins XIX. Jahrhundert hinein gedauert, ist aber seitdem auf das Amtsgericht übergegangen.

[4]) M. U.-B 6550. 6667. 9673.

verwandt sind,[1]) zwei Jördenstorfer Hufen, die sie vom Kamminer Bischof zu Lehn tragen, den Herren von Moltke auf Strietfeld, und am 30. April 1373 gewähren diese wieder der Familie Hasse in Gnoien eine Kornhebung von neun Drömt aus ihren Jördenstorfer Hufen (in duobus mansis sitis in campo ville Jordenstorp, in aduocacia Nygencaland).[2])

Als letzten vorreformatorischen Geistlichen werden wir den von Herzog Albrecht eingesetzten Matthaeus Stime um 1534 anzusehen haben. Um 1544 wird Nikolaus Borch (Barg) genannt.[3]) Nachher Er Melchior Brandt, der noch 1585 als Pastor in Rittermannshagen lebt. 1575 wird Joachim Grape berufen,

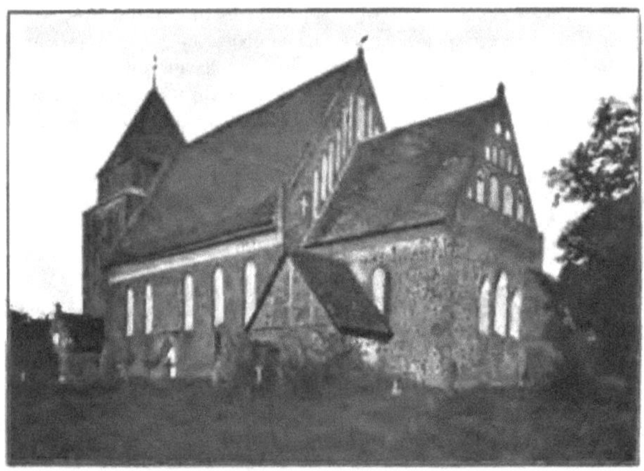

Kirche zu Jördenstorf.

der über 90 Jahre alt wird. Er wird 1629 emeritiert, und an seine Stelle tritt der von Wallenstein eingesetzte Christian Netzeband.[4]) Aber schon 1632 folgt, noch bei Grape's Lebzeiten, der von Herzog Hans Albrecht von Mecklenburg berufene Kaspar Schwarz. Diesem wird 1647 Andreas Rosenow substituiert. Es sind die Kriegszeiten: 1648 werden in Jördenstorf, wo es vordem neun Bauern und sieben Kossaten gab, nur vier Personen gezählt.[5]) Auch später giebt es noch viele Drangsale dieser Art bei Truppen-Durchmärschen, welche

---

[1]) Lisch, M. Jahrb. XXXIII, S. 88—93.

[2]) M. U.-B. 8565. 10432.

[3]) In einem uns vorliegenden Verzeichniss von 1544 wird auch Jürgenstorf bei Stavenhagen als Jordenstorf aufgeführt. In dem einen ist Nik. Borch (Barg) Pastor, in dem andern Joachim Krüger. Wenn nun Schröder den Nik. Borch richtig nach Jördenstorf setzt (Evang. M. III, S. 203) dann gehört der andere nach Jürgenstorf hin. Vgl. ebendaselbst I, S. 455.

[4]) Im Verzeichniss bei Lisch, M. Jahrb. XXXVII, S. 7ff., nicht mit aufgeführt.

[5]) Groth, M. Jahrb. VI, S. 138. 1703 sind wieder 66 Beichtkinder im Dorfe.

den Pastor Rosenow im Jahre 1660 veranlassen, um eine »Salva guardia« zu bitten. Auf Rosenow folgt 1698 Kaspar Mantzel. Nach dessen Tode (30. September 1735) tritt eine Vakanz von dreizehn Jahren ein. Als Patronatsherrin in allen Kirchen des Darguner Amtes will die Herzogin Auguste einen Prediger

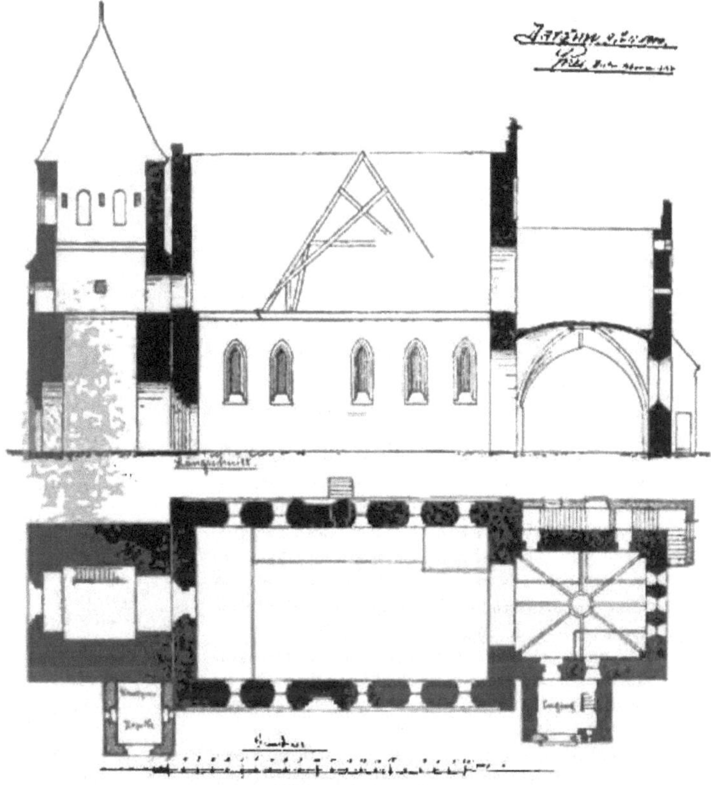

Kirche zu Jördenstorf.

im Sinne ihrer Darguner Geistlichen [1]) nach Jördenstorf gesetzt haben. Aber die ganze Gemeinde widersteht. Auch die Wirren zwischen dem Herzog Karl Leopold und der Kaiserlichen Reichskommission halten die Ordnung der Verhältnisse auf. Endlich kommt auf Vorschlag der Herzogin Auguste Pastor

[1]) Vgl. M. Kunst- u. Gesch.-Denkm. I, S. 527 (546).

Ernst Ludwig Franck ins Jördenstorfer Pfarramt.[1]) Indessen Anfang und Ende bei ihm haben keinen gleichen Klang. Die Akten berichten in den sechziger Jahren des XVIII. Jahrhunderts allerlei Nachtheiliges über ihn. Ihm folgt 1768 Joh. Andreas Hetschack († 12. Mai 1795), und diesem 1796 Dr. Joh. Georg Becker, später Dr. theol. und Konsistorialrath in Rostock. Vgl. Walter a. a. O.

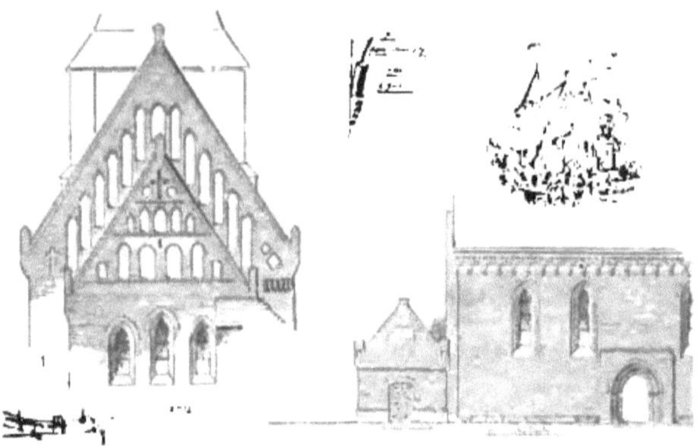

Kirche zu Jördenstorf.

Kirche.

Kirche. Den beigegebenen Abbildungen der Kirche sieht man sofort an, dass es sich um einen Bau von grösserer Bedeutung aus dem Anfange des XIII. Jahrhunderts handelt, dessen ältester Theil, der Chor, vielleicht schon dem letzten Viertel des XII. Jahrhunderts angehört. Sein Gewölbe ist zwar ein achttheiliges Rippengewölbe, aber nicht nach gothischer Art, sondern von jener romanischen Kuppel- oder Backofen-Form, wie sie in den älteren mecklenburgischen Stadt- und Landkirchen nicht selten ist. Der Kalkputz am Chor und der südlichen Eingangshalle oberhalb der Granitplatten ist quadriert. Schiff und Chor werden durch einen schweren Triumphbogen in Form eines gedrückten Spitzbogens von einander getrennt. Der Rundbogenfries ist neu, aber durch alte Reste auf der Westseite vorgezeichnet. Wie Chor und Langhaus ist auch der Thurm ein massiger Ziegelbau, der immerhin noch dem XIII. Jahrhundert angehört,

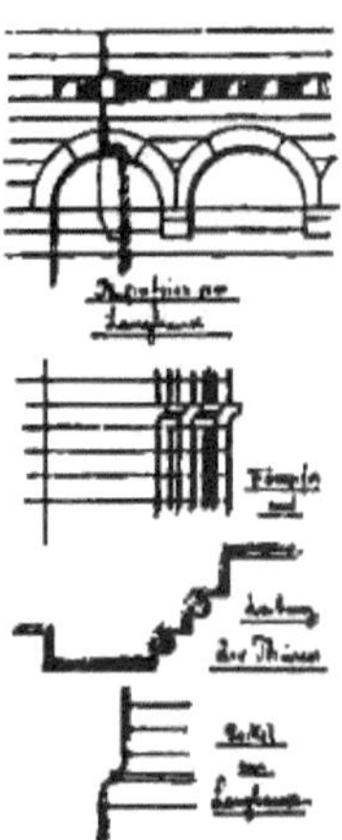

[1]) Wilhelmi, M. Jahrb. XLVIII, S. 186—197 (Besetzung der Jördenstorfer Pfarre).

wenn auch wohl mehr dessen Ende. Er hat ein rundbogiges Portal sowie auch rundbogige Blenden und Schallöffnungen, aber es fehlen die feineren Profilierungen der älteren Zeit. Wandungen und Laibungen sind in jener einfacheren Art ausgeführt, die z. B. die spätromanische Kirche zu Levitzow am Ende des XIII. Jahrhunderts aufzuweisen hat. Dagegen giebt es auf der Südseite ein zugesetztes gutes frühgothisches Portal mit hübscher Laibung in einem vorgeschobenen Mauerkern, geradeso auf der Nordseite ein solches mit einem Kapitellglied in der Kämpferlinie. Leider haben der trefflichen alten Kirche störende Anbauten und stillose Zuthaten in späterer Zeit nicht erspart werden können.

Das **Innere** der Kirche ist mit Werken der letzten Jahrhunderte gefüllt. Der **Altaraufsatz** ist eine Stiftung des **HELMUTH HARTWIG VON BLÜCHER** auf Sukow, Wasdow und Bobbin und seiner Frau **ELEONORA MARIA VON OERTZEN** vom Jahre 1793, das **Altargemälde** in ihm aber ein Geschenk von **ANTON SCHRÖDER** auf Schrödershof und seiner Ehefrau **SOPHIE**, geb. **HELD**. Es stellt den Krucifixus nach Guido Reni von **Andrea Guglielmi** in Rom dar. Altaraufsatz.

Die **Kanzel** ist von 1734, die **Orgel** von 1777. — Neben der Kanzel ein **Blücher**'sches **Epitaph**, gesetzt von **JÜRGEN VON BLÜCHER** auf Sukow, 1710 renoviert auf Kosten der Wittwe des **ERNST LUDWIG VON BLÜCHER, MARIE VON BREDOW**. Auf dem Epitaph das Gemälde der Auferstehung Christi. Kanzel, Orgel, Epitaph.

Im Chor auf der Südseite die **Remliner Empore** mit Wappen der Familien **VON KARDORFF** und **VON OERTZEN**.[1]) — Auf der Nordseite die **Klenzer** und **Sukower Empore**, jene mit den Wappen der Familien **VON LEVETZOW** und **VON TREUENFELS**, diese (Sukower) mit einer Reihe von Wappen der Familie **VON BLÜCHER**.[2]) — Im Langhaus auf der Südseite die **Schrödershöfer Empore** mit einem Monogramm (**SCHRÖDER**) von 1868, die **Klenzer Leute-Empore** mit denselben Wappen wie die Klenzer Empore im Chor; auf der Nordseite aber die jetzige **Poggelower Empore** mit dem **LEHSTEN-BÜLOW**'schen Allianzwappen, die jetzige **Schwetziner Empore** mit dem **KETTENBURG-BARNER**'schen Wappen und die jetzige **Schwasdorfer Empore** ohne dergleichen Schmuck.[3]) — Zu beachten sind ferner zwei **Sukower Kirchenstühle** mit geschnitzten Wangen und Familienwappen. Der eine, an der Nordseite des Altarplatzes, zeigt die Namen und Wappen von **LUDER BLUCHER + ELSE SMEKER + TONS BLUCHER + ELSE PENS** (Preen'sches Wappen, also wohl »**PRENS**« zu lesen), **JURGEN BLUCHER, LUDER BLUCHER TONS SONE + ELSE BLUCHER ANNO 1569.** Der zweite Stuhl (der erste der Mittelreihe) hat die Namen und Wappen von **LUDER BLUCHER TONS SON +** Emporen.

[1]) Remlin von 1494 bis 1860 in Kardorff'schem, seitdem in Oertzen'schem Besitz.

[2]) Klenz noch heute im Besitz der Familie von Treuenfels, früher, von 1372 bis 1653 und von 1707 bis 1789, im Besitz der Familie von Levetzow. — Sukow von 1505 bis vor wenigen Jahren im Besitz der Familie von Blücher.

[3]) Die von Lehsten hatten das nach Jördenstorf eingepfarrte Gut Schwasdorf in der Zeit von 1607 bis 1619 und nachher wieder von 1735 an. — Die von der Kettenburg haben das nach Jördenstorf eingepfarrte Gut Schwetzin seit 1683.

JURGEN BLUCHER + JURGEN PRENNEN + LUDER BLUCHER + ILSE SMEKER + ABEL LUZOW + MADDELEN BLUCHER + ELSE BLUCHER ANNO 1569. — In der Kirche auch zwei **Brustbilder** ehemaliger Pastoren der Gemeinde: **JOACHIM GRAPIUS**, † 1632, und **JOH. ANDREAS HETSCHACK**, † 1795 (s. o.).

Eucharistie-Schrank. In der Ostwand, nördlich vom Altar, ein **Eucharistie-Schrank**, so alt wie die Kirche. Auf der Innenseite das Brustbild des Heilandes in schwarzen Umrissen und mit rother Füllung (Blutstropfen). Das Bild ist so alt wie der Chor und kann daher sehr wohl dem Ende des XII. Jahrhunderts angehören. Es hat in seiner ländlichen Schlichtheit etwas von jener herben und strengen Auffassung des Königs der Könige, d. h. gewisse Züge, die an die normannischen Christusbilder in Sicilien erinnern.

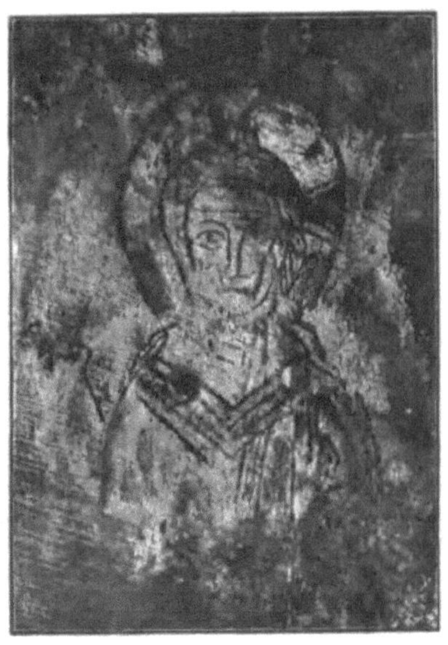

Aeltestes Christusbild in Mecklenburg.
(Auf der Innenseite der Thür eines Eucharistie-Schrankes.)

Glocken. Im Thurm hängen drei **Glocken**. Die grösste ist 1744 von **Otto Gerhard Meyer** in Rostock gegossen und trägt die Wappen des Herzogs **CARL LEOPOLD** und der Herzogin **AUGUSTA** zu Mecklenburg. Die zweite trägt die Wappen des Herzogs **CHRISTIAN LUDEWIG** und der Herzogin **AUGUSTA** und ist von **Otto Gerhard Meyer** in Rostock 1749 gegossen worden. Die dritte, ohne Embleme, goss **P. M. Hausbrandt** in Wismar 1866.

Das Inventar von 1811 führt vier Glocken auf, eine dritte ältere mit (nicht gelesener) »Mönchsschrift« und eine vierte mit der blossen Jahreszahl 1749. Als Lisch die Kirche sah (es war vor dem Jahre 1847), fand er drei Glocken vor. Er beschreibt nur die älteste, welche die Inschrift hatte:

o xpe rex glorie veni cum pace · Anno dni Mcccccxvii.

M. Jahrb. XII, S 465.

Vasa sacra. **Vasa sacra.** 1. Grosser silbervergoldeter gothischer Kelch auf rundem Fuss. Am verkehrt angeschrobenen Knauf der Name ihesus. Am Fuss die Inschrift: **DIESER · ANNO 1677 DEN 11 · AUGUSTY IN ROSTOCK VORBRANT**

VND EBENDENSELBEN JAHRE IM MONAT NOVEMBER RENOVIRTER KELCH GEHÖRET IN DIE KIRCH ZV JÖRDENSDORFF. Dazu das Güstrower Stadtzeichen **G** und das Meisterzeichen HH des **Heinrich Hölscher**. An der Kupa zwei Allianzwappen eingraviert, als älteres das des **ANTONIES VON BLÜCHER** und der **SOFFIA CATRINA VON KNUTTEN**, und als jüngeres das des **ERNST VON BLÜCHER** und der **INA VON SCHACK** mit dem Datum **1866**. Ohne Patene. — 2. 3. Grosser silbervergoldeter gothischer Kelch auf sechspassigem Fuss. Am Knauf die Buchstaben **I S N C R N** (In sancto nomine Christi redemptoris nostri?). Am Fuss die Inschrift: **ANNA DORROTIEA VON WARNSTÄDT HAT DIESEN KELCH ZU GÖRNSTORFF IN DIE KIRCHE ZUM STETTEN GEDÄCHTNIS VOREHREN WOLLEN.** Dazu ihr eingraviertes Wappen, sowie ein Kreuz und eine Dornenkrone. Am Rande die Stempel des Rostocker Goldschmiedes **Jürgen Müller**: I M.[1]) Dazu eine Patene mit denselben Werkstempeln. — 4. 5. Grosser innen vergoldeter Kelch auf rundem Fuss, gestiftet 1756 von **O • F • H •** und **D • M • H •** Am Rande die Zeichen des Rostocker Goldschmiedes **Daniel Halbeck**. Patene mit derselben Bezeichnung. — 6. Neue runde Oblatendose von 1869. — 7. Neue Abendmahlskanne von 1878, gestiftet von **ERNST VON BLÜCHER** und **INA VON SCHACK**.

Das Kirchdorf Warnkenhagen.[2])

Geschichte des Dorfes.

Mittelalterliche Urkunden vor dem XV. Jahrhundert haben sich bis heute nicht gefunden. Auffallend bleibt es, dass jenes Dorf Warnkenhagen, welches die noch im XIV. Jahrhundert auf Wattmannshagen sitzenden Herren von Ketelhodt im Jahre 1290 dem Kloster Rühn überlassen, nicht das in Rede stehende benachbarte, sondern jenes fünfzig Kilometer westwärts auf Wismar zu gelegene Warnkenhagen ist: allein spätere Nachrichten machen es unzweifelhaft, dass nur dieses Warnkenhagen das wirkliche Rühner Klosterdorf ist, nicht das bei Teterow gelegene.[3]) Hier ist es, wo von 1458 bis zur Mitte des XVII. Jahrhunderts die von Adrum über Höfe, Hufen und Pflugdienste verfügen. 1656 haben die Gläubiger des Augustin von Adrum, des letzten seines Stammes[4]) auf Zierstorf, ihre Hand auch in Warnkenhagen, das um diese Zeit und auch später als Pertinenz von Zierstorf angesehen und behandelt wird. Es folgen die Herren von Viereggе als Besitzer von Zierstorf c. p. in Warnkenhagen, Klein-Roge und Bartelshagen bis 1728, darauf der Hauptmann Christian Ludwig von Hein, von 1752 an der Kammerherr

[1]) In der zweiten Hälfte des XVII. Jahrhunderts thätig.

[2]) 11 km nordwestlich von Teterow.

[3]) Vgl. Lisch im Ortsregister zu Band IV des mecklenburgischen Urkundenwerkes. — Schildt, M. Jahrb. XLVII, S. 237/238. — Schlie, M. Kunst- u. Gesch.-Denkm. IV, S. 80, 307.

[4]) Nicht Paul von Adrum, wie von Gamm im M. Jahrb. XI, S. 427, angiebt.

und Oberforstmeister Nikolaus von Warnstädt, von 1785 an der Amtmann Joh. Christoph Hennings, von 1798 der schon oft genannte Kammerrath Hahn (später von Hahn), von 1803 an die Gebrüder Grafen von Hessenstein, und von 1830 an der Domänenrath J. C. Pogge. Dessen Erben trennen 1832 Warnkenhagen von Zierstorf. In der Familie Pogge bleibt Warnkenhagen bis 1844. In diesem Jahre übernimmt es Karl Bernh. Wilh. Müller. Von ihm kommt es 1863 an den Kammerjunker Otto Ch Heinrich von Bülow. Seit 1875 aber ist Warnkenhagen Schlieffen'scher Besitz.

Auf der Pfarre ist ein vollständiges Verzeichniss der Geistlichen von 1541 an vorhanden: Jakobus Reincke (Renekc) von 1541 bis 1588; Joachim Bambam von 1588 bis 1629; der von Wallenstein eingesetzte Johannes Bannier von 1629 bis 1635;[1]) Joachim Willebrand von 1636 bis 1688; Christian Krichel von 1688 bis 1725; Joachim Christian Schütz von 1725 bis 1778; und Johann L. Voss von 1779 bis 1828. S. Walter a. a. O.

Zu den hier Verzeichneten gesellt sich nun als vorreformatorischer Geistlicher der Vikar Johannes Bo . . . ., dessen Grabstein erhalten ist (s. u.). Als zur Kamminer Diöcese gehörig wird Warnkenhagen in einer Urkunde des Jahres 1424 (Stiftung einer Vikarei in Malchow betreffend) genannt: Werneken-hagen dicte Caminensis diocesis. S. Rudloff's handschriftliches Diplom. Mecklenb., Vol. VIII, fol. 281 b.[2])

Kirche.

Kirche. Die Kirche zu Warnkenhagen ist ein einschiffiger frühgothischer Ziegelbau auf einem Granitfundament. Chor und Langhaus sind mit Strebepfeilern bewehrt, jedoch sind diese beim Chor eine Zuthat des XIV. Jahrhunderts, seine ursprüngliche Anlage ist die nach Art des älteren romanischen Stils mit Lisenen, die noch an mehreren Stellen hervortreten. Auch schliesst der durch einen hohen Triumphbogen vom Langhaus geschiedene Chor nach älterer Weise mit der Ostwand platt ab. Er ist mit zwei trefflichen Kreuzgewölben überspannt. Als Schmuck an den Aussenmauern des Chors sehen wir einen abgetreppten Fries, wie er sich an Bauten aus der Zeit des Ueberganges vom romanischen zum gothischen Stil findet und später in der Gothik herrschend wird. Unter ihm ein Band in Form einer Stromschicht. Das breitere Gemeindehaus ist mit einer flachen hölzernen Decke überspannt. Wie an seinen Mauern heute noch zu sehen ist, wollte man in alter Zeit wölben, kam aber nicht dazu. Sämmtliche Fenster sind spitzbogig geschlossen. Zu beachten ist auch das treffliche spätgothische Thurmportal mit einem schlichten Kapitellband in der Kämpferlinie. Der im Westen vorgesetzte Thurm ist mit einem Kreuzdach versehen. Er soll früher eine Spitze gehabt haben, die heruntergenommen wurde, weil man ihrer Festigkeit nicht traute.[3]) Am Ostende des Langhauses ein einfacher Dachreiter, welcher eine kleine Glocke

[1]) Vgl. Lisch, M. Jahrb. XXXVII, S. 7.

[2]) Grossh. Archiv in Schwerin.

[3]) Jedenfalls handelt es sich in der ersten Hälfte der achtziger Jahre des XVIII. Jahrhunderts um eine Reparatur des schadhaft gewordenen Thurmes. Aber von einem Thurmsturz,

enthält. An der Nordseite des Chors eine gewölbte alte Sakristei, vor der südlichen Eingangsthür eine Vorhalle, die dem Ansehen des alten Baues nicht zum Vortheil gereicht.[1])

Der **Altaraufsatz** stammt aus dem Jahre 1785. Die Kosten wurden seiner Zeit auf Betrieb des Pastors **VOSS** »durch milde Beiträge guter Freunde« aufgebracht. Im Hauptstock das Gemälde der Auferstehung, darunter als kleineres Bild das hl. Abendmahl. Säulen und Statuen (die Evangelisten) bilden das Rahmenwerk. Darüber plastisch der Heiland in schwebender Gestalt, von Engeln umgeben, ganz oben das Auge Gottes in einer Strahlenglorie. Altaraufsatz.

Der vorhergehende Altaraufsatz, eine Stiftung der Frau Generalmajorin **VON HEIN** auf Gottin und des Hauptmanns **VON HEIN** auf Zierstorf aus dem Jahre 1737, wurde 1783 durch Blitzschlag zerstört.

Die **Kanzel** ist eine Stiftung des Herzogs und späteren Grossherzogs **FRIEDRICH FRANZ** I. aus dem Jahre 1788. Kanzel.

Die **Orgel** ist neu. Orgel.

Verschiedenes, aber nicht besonders werthvolles Schnitzwerk der alten Orgel-Empore wird im Pfarrhause aufbewahrt.

Stuhl auf der Südseite im Chor: **Anno · domini · m°ccc°** (Vorderwand des Stuhles) **conrad'' · cleghe · or ·** Im Wappen nur der Schrägbalken zu erkennen. Gestühl.

Bedeutendere **Epitaphien** fehlen ganz, doch mag die **Gedächtnisstafel** der Ehefrau des Pastors **WILBRANT**, geb. **MARGARETHA SCHULTZ**, gest. den 26. Juni 1667, genannt werden. Gedachtnisstafel.

Im Fussboden der Kirche drei **Grabplatten** mit abgetretenen Inschriften und Figuren. Ein mittelalterlicher Stein hat die Inschrift: Grabsteine.

Āno dn̄i cdᶜ p'mo ◦ ho(norabilis vir) dn̄s iohannes bo — —
vicarius in wernkehagē or' ꝑ eo.

Eine jüngere Platte deckt die Ruhestätte des Pastors **JOACHIMUS BAMBAM** und seiner Ehefrau, und eine dritte die des **PAUL VON ADRUM** (s. o.).

Im Glockenstuhl des Thurmes drei **Glocken**. Die grösste (Dm. 1,28 m) ist laut Inschrift 1777 von **J. V. Schultz** in Rostock zur Zeit des Pastors **J. C. SCHÜTZ** umgegossen. Der Giesser der zweiten Glocke (Dm. 1,07 m) ist **Huges Collier**-Berlin 1875. Die kleinste Glocke (Dm. 0,79 m) ist 1855 von **C. Jilles** in Waren umgegossen worden.[2]) Glocken.

---

wie es die Sage will, ist in den Akten keine Rede. Zwischen der ebengenannten Reparatur und dem Blitzschlag, der 1783 den Altar zerstört (s. o.) wird wohl ein Zusammenhang sein.

[1]) Vgl. Lisch, M. Jahrb. XII, S. 468.

[2]) Die Vorgängerinnen der zweiten und dritten Glocke stammten ebenfalls von J. V. Schultz und aus dem Jahre 1777.

Kleinkunstwerke.

Kleinkunstwerke. 1. 2. Silbervergoldeter Abendmahlskelch mit Patene, gestiftet 1706 von dem Oberst und späteren Generalmajor VON HEIN auf Gottin und seiner Ehefrau, geb. VON BRÜGGMANN a. d. H. Uldrichsholm. Meisterzeichen (PJ), das Stadtzeichen fehlt.[1] — 3. Einfache silberne Oblatendose mit der Inschrift: JOHANN LUDEWIG VOSS, PASTOR IN WARNKENHAGEN 1779. Meisterzeichen des 1769 in die Zunft eingetretenen **Joh. Georg Rahm** zu Rostock: [IGR]. Aber ohne Stadtstempel. — 4. Kleinere Patene mit dem Stempel (PS). — Ausserdem verschiedene neuere Geräthe: Berliner Fabrikarbeiten, theils von **Assmann-Lüdenscheidt**, theils von **Ernst**.

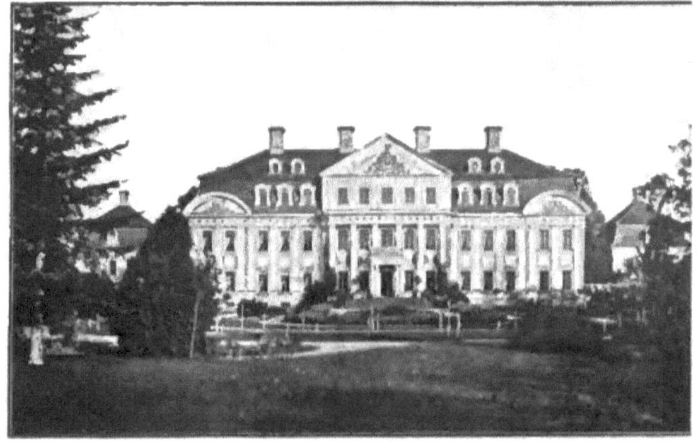

Schloss zu Diekhof.

Das Gut Diekhof.

In dem nach Warnkenhagen hin eingepfarrten grossen und schönen Gut **Diekhof**[2] giebt es schon in alter Zeit eine **Kapelle**. Doch ist sie im XVII. (wenn nicht schon im XVI.) Jahrhundert eingegangen. Statt ihrer entsteht im Jahre 1768 im Schlosse selbst die heutige Schlosskapelle in jenen Formen und Farben, die zur Zeit des Ueberganges vom Rokoko zum Klassicismus beliebt sind. AEDES VSVI PROFANO OLIM DICATAS AD SACRARIVM DOMESTICVM APTAVIT EXORNAVIT CONSECRAVIT LVDOVICVS STATIVS HAHN CANON • MAGDEB • ET CVBICVLI PRAEF • ELECTORIS SAXONIAE A • R • S • MDCCLXVIII: so lautet die Ueberschrift oberhalb der Eingangsthür in den hellen, anmuthig gestalteten Raum, in welchem Alles in Weiss und Gold erglänzt.

[1]) Das Inventar von 1811 führt noch einen zweiten von Hein'schen Kelch auf.

[2]) Vgl. Lisch, Album mecklenb. Schlösser, Heft III und IV. Von 1470 bis 1780 Hahn'sches Gut, von 1780 bis 1845 Wallmoden-Gimborn'sches und von 1845 an Bassewitz'sches Gut.

Das Kirchdorf Gross-Wokern.[1])

Geschichte des Dorfes.

Wokart oder Wokert (Wokerd) lautet der Name des alten Dorfes zu Anfang des XIV. Jahrhunderts, das damals schon seit langem ein Kirchdorf ist. Denn wenn der Ritter Deneke von Kröpelin, der mit dem schon in den siebenziger Jahren des XIII. Jahrhunderts genannten werleschen Vasallen gleichen Namens identisch sein wird, zusammen mit seiner Vetternschaft in der Kirche zu Gross-Wokern eine Vikarei gründet, und wenn die Stifter dieses ausgesprochenermassen nicht nur zu ihrem eigenen Heile, sondern auch zu dem ihrer geliebten Vorfahren und Gründer der Kirche thun (in remissionem peccatorum nostrorum dilectorum progenitorum et fundatorum ecclesie ejusdem, sc. Wokart), so muss die Kirchengründung selber schon ziemlich weit zurückliegen. In der That entspricht denn auch der wuchtige alte Feldsteinbau aufs Allerbeste dem spätromanischen Stil im ersten Viertel des XIII. Jahrhunderts, jener schweren Zeit, in welcher, wie die Geschichte des Klosters Dargun lehrt, die Geistlichen des Circipanerlandes überall noch einen harten Kampf gegen das trotzige Heidenthum zu führen haben und darin vom Bisthum Kammin her berathen und unterstützt werden. Wie dieses um die Mitte des XIII. Jahrhunderts seine Ansprüche auf Circipanien dem Bisthum Schwerin gegenüber zur Geltung bringt, ist in der Geschichte des Klosters Dargun erzählt worden. Demgemäss ist es auch Bischof Heinrich von Kammin, der am 25. November 1306 der vom Landesherrn Nikolaus von Werle bereits am 8. April 1302 bestätigten Stiftung der Familie Kröpelin, die zunächst dem Priester Ern Konrad Penmink zu Gute kommt, die geistliche Konfirmation ertheilt.[2]) Eine Verbesserung dieser Vikarei durch weitere Einkünfte aus Hufen des Dorfes Gross-Wokern (majoris Wokert) erfolgt im September 1364, als der Priester Johannes Phoyterock ständiger Vikar (vic. perpetuus) der Kirche ist und Johannes Rumpeshagen die Plebanie dort inne hat.[3]) Damals hat auch die Familie Hasenor Hufenbesitz in Gross-Wokern, dessen sie sich zu Gunsten der Vikarei entäussert. Ob sie aber neben oder nach der Familie Kröpelin zu diesem Besitz gekommen ist und ob sie noch weitere Hufen dort hat oder behält, wird nicht gesagt. Aus einer noch nicht veröffentlichten Urkunde des Jahres 1396 ersehen wir ferner, dass auch Timme Zorow und seine Söhne Gerd und Kord im XIV. Jahrhundert Besitz in Wokern haben, freilich nicht in Gross-

[1]) 6 km westsüdwestlich von Teterow. Kühnel deutet den Namen auf »die Wokert« und erinnert dabei an den altslavischen Wortstamm krŭt- (polnisch kret = Maulwurf), der durch Prothesis zu dem Eigennamen des Dorfes geführt haben könne.

[2]) M. U.-B. 2792, 3124. Ein Priester Hermannus de Wokart wird 1318 genannt, aber ob er mit Dorf und Kirche Gross-Wokern zu verbinden ist, bleibt zweifelhaft: M. U.-B. 3854.

[3]) M. U.-B. 9299.

Wokern, sondern in dem anstossenden Wendisch-Wokern oder Lütten-Wokern (Klein-Wokern). Es sind vier Hufen, die sie damals an Otto und Heine von Wozenitz überlassen. Rund fünfzig Jahre später, nämlich 1448, hat Henneke von Flotow Besitz in beiden Dörfern. Als die letzte Erbin dieser Linie, Margarethe von Flotow, im Jahre 1562 stirbt, werden beide Lehne, Gross- und Klein-Wokern, von den Herzögen eingezogen und bleiben, trotz der Proteste von Andreas und Christoph von Flotow, landesherrliches Domanium. Als solches werden sie noch ein paar Male im XVII. Jahrhundert verpfändet, wie z. B. 1648 an den Geh. Rath Adam Otto von Vieregge und später an den Geh. Rath Georg von Mecklenburg.[1])

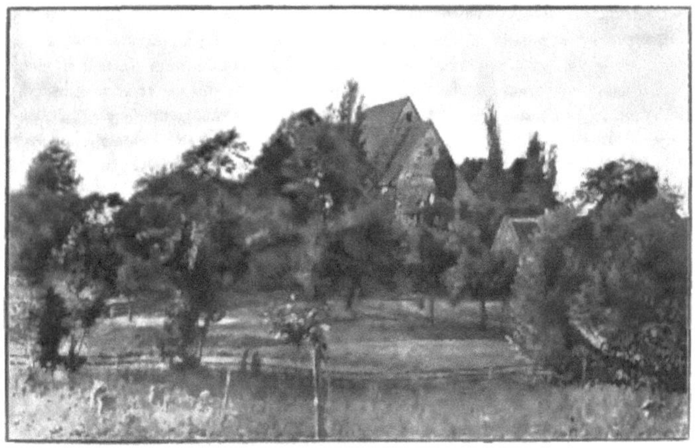

Gross-Wokern.

Um 1534 wird als Pfarrer zu Gross-Wokern ein Kaspar Dessin genannt, der zehn Jahre vorher vom Güstrower Probst als dem herkömmlichen bischöflich-kamminschen Offizial und Archidiakon für Circipanien (das Darguner Kloster-Archidiakonat Alt-Kalen ausgenommen) eingesetzt ist. Um 1541 finden wir dort den Matthaeus Blumenholz (Blumenholt), der auch noch 1553 genannt wird.[2]) Seit dem Jahre 1602, dem Jahre der Berufung des Pastors Joachim Gottschalk nach Klaber, ist die Kirche zu Gross-Wokern mit der zu Klaber kombiniert, wie der Pastor selber in einem Aktenstück sagt, nicht erst seit 1608, wie es in einem sehr viel späteren Aktenstück irrthümlicher Weise heisst.

Kirche. **Kirche.** Die Kirche ist ein spätromanischer Feldsteinbau ohne Thurm, mit einem schmalen Chor und einem etwas breiteren Langhaus, die beide

[1]) Vgl. Akten im Grossh. Archiv.
[2]) Schröder, evangel. Meckleub. I, S. 282. Vgl. S. 429.

zusammen durch elf Schlitzfenster erleuchtet werden. Die Laienpforte auf der Nordseite ist ein treffliches rein romanisches Granitportal; die Priesterpforte auf der Südseite des Chors ist von geringerer Bedeutung. Die ehemalige Sakristei an der Nordseite dient jetzt als Holzschuppen, der Eingang dazu von der Kirche her ist vermauert. Der Chor ist mit einem aus Granitgeröll erbauten Kuppelgewölbe, das Langhaus aber mit zwei anscheinend erst in späterer Zeit eingesetzten Kreuzgewölben geschlossen, die aus Ziegelsteinen aufgemauert sind und eine ziemlich rohe Rippenbildung aufweisen. Vor dem

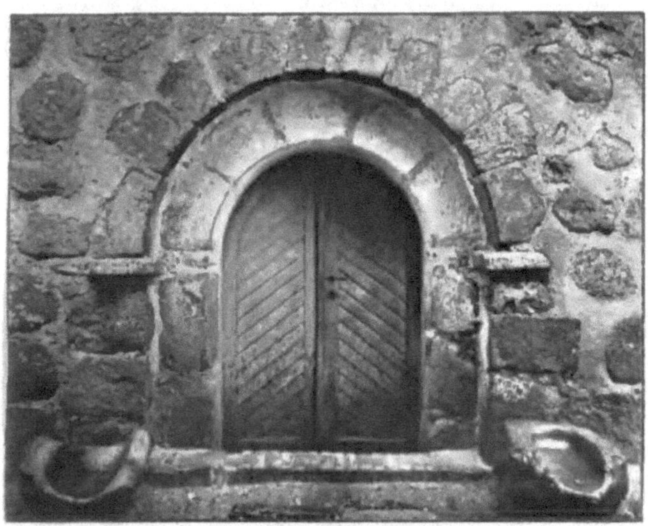

Portal auf der Nordseite der Kirche.

Hauptportal auf der Nordseite liegen zwei ehemalige Kornquetsch-Steine, die als Weihwasserbecken gedient haben können. Im Westen ein hölzerner Glockenstuhl.

Der eingehenden Beschreibung dieses altehrwürdigen Kirchenbaues bei Lisch, M. Jahrb. XXI, S. 264—267, und dem Vergleich mit den Kirchenruinen in Dambeck bei Roebel und dem untergegangenen Domherren-Papenhagen bei Ulrichshusen, später auch mit der Kirche zu Semlow, M. Jahrb. XXIII, S. 318—20, merkt man den tiefen Eindruck an, den dieser alte Bau zu Gross-Wokern auf empfängliche Gemüther macht. Möge ihm ein besseres Schicksal beschieden sein als seinen beiden mecklenburgischen Schwesterkirchen, die dem Untergange geweiht sind. Bei Dambeck wäre der Chor allenfalls noch zu retten.

Die **innere Einrichtung** ist ohne Bedeutung.

Glocken.

Die drei **Glocken** der Kirche sind 1892 von **Oberg**-Wismar gegossen worden.

Von den älteren Glocken war nach Angabe des Inventars von 1811 die grössere im Jahre 1751 unter Herzog **CHRISTIAN LUDWIG** und z. Zt. des Pastors **JOHANNES WALTER** von **O. G. Meyer** in Rostock gegossen worden. Die andern beiden hatten keine Inschriften.

Kleinkunstwerke.

Kleinkunstwerke. 1. 2. Silbervergoldeter gothischer Kelch auf sechspassigem Fuss, am Knauf kleine geflügelte Engelsköpfe und der Name **IHESVS**. Keine Werkzeichen, auch nicht an der zugehörigen Patene. — 3. 4. Silberner Kelch, mit einem aufgehefteten Krucifixus als Signaculum. Ohne Werkzeichen, auch nicht an der zugehörigen Patene. — 5. Neugothische Abendmahlskanne. — 6. Neugothische Oblatendose. — 7. Schöpflöffel mit dem Doppel-Monogramm **P • B •** und dem Stempel des Güstrower Goldschmiedes **Lenhard Mestlin** (1705—1739). — 8. Neue messingene Taufschale. — 9. 10. Zwei schwere alte Messingleuchter, gestiftet von **A • M • TÖPPELL**.[1])

Das Gut und Kirchdorf Klaber.[2])

Geschichte des Dorfes.

Die Geschichte des Dorfes hebt an mit der Ueberweisung des Kirchenpatronates an das Güstrower Domstift durch den Landesherrn Fürst Nikolaus von Werle am 16. Mai 1303 und mit der schon nach zehn Tagen, den 26. d. M., nachfolgenden Bestätigung durch den Bischof Heinrich von Kammin.[3]) Demgemäss begegnen wir der Kirche auch später in den Güstrower Dom-Statuten.[4]) Um 1364 ist Bertrammus de Hapezel Kirchenrektor in Klaber (rector parrochialis ecclesie in Calaber, Caminensis dyocesis), der aus unbekannt gebliebenen Anlässen auf einen Schutzbrief Kaiser Karl's IV. besonderes Gewicht legt, welcher der Geistlichkeit in den Kirchenprovinzen Magdeburg und Bremen wider die Bedrückung durch weltliche Gewalten verliehen ist.[5]) Hapezel, dessen Name nicht in Hapsal übersetzt werden muss, da er ohne diese Uebersetzung viel verständlicher ist, bleibt aber auch der einzige mittelalterliche Geistliche der mecklenburgischen Calabria, den wir kennen lernen. Als Herren im Dorfe begegnen uns im XV. Jahrhundert die Herren von Müggesfeld, eine in Lauenburg, Holstein und Mecklenburg ansässige alte Adelsfamilie, deren Mitglieder in Mecklenburg schon im Anfange des

[1]) Ebenderselbe Pensionarius Arend Moritz Töppel stiftete im Jahre 1717 einen silbernen Kelch, der jetzt in Klaber ist (s. u.).

[2]) 10 km südwestlich von Teterow. Der alte Name des XIII. und XIV. Jahrhunderts Calabria, Kalaber muss im Dunkeln bleiben. Vgl. Kühnel, M. Jahrb. XLVI, S. 68.

[3]) M. U.-B. 2864. 2869.

[4]) M. U.-B. 8428.

[5]) M. U.-B. 7873. 9262.

XIV. Jahrhunderts als werlesche Vasallen vorkommen. Sie haben das Gut Klaber und die im Jahre 1726 eingegangene Schäferei Klingenberg nachweislich im Jahre 1433 inne und behalten beide Güter bis zu ihrem Aussterben im Jahre 1515.[1]) Da fallen diese an die Herzöge zurück, die 1517 den Wedige von Maltzahn damit belehnen. Maltzahn'scher Besitz bleiben sie bis 1648. In diesem Jahre kommen sie, indem als Zwischenkäufer erst die Gebrüder Hallermann und dann der Dr. Neubauer auftreten, als Pfandgüter an den Generaladjutanten Zacharias von Holstein. 1699 kauft sie der Rittmeister Klaus Christoph von Schack; 1706 besitzt sie der Oberhofmeister und spätere Geh. Rath Christian von Schack, dem Herzog Friedrich Wilhelm 1706 das Patronat der Kirche überlässt. Der Geh. Rath von Schack verkauft sie 1726 an Gerd Heinrich von Levetzow. Levetzow'scher Besitz bleibt Klaber c. p. bis 1765. Von 1765 an Thomstorff'sches Gut, kommt es als Pfandbesitz an Jakob Friedr. Joachim von Bülow, der mit Louise von Thomstorff a. d. H. Rothspalk vermählt ist (s. u. Klingbeutel), und von diesem 1798 an die von Lowtzow, die es noch heute haben.

1541 ist Nikolaus Gilow vom Güstrower Domkapitel eingesetzter Pfarrherr zu Klaber. Er ist auch 1553 noch da, offenbar aber viel länger. Ihm folgt David Lau (Lowe, nicht David Bauer), der 1574 bereits als Pastor in Wokern thätig ist, aber acht Jahre vorher in Klaber das Pastorat innegehabt hat. Lau's (Lowe's) Nachfolger Paulus Stegemann, welcher 24 Jahre Pastor in Klaber und dort nachweislich schon 1574 im Pfarramt ist (wie seine Tochter, die spätere Pastorin Zepelin, im Jahre 1602 in einem Briefe sagt, als sie schon Wittwe geworden), unterschreibt 1577 die Konkordien-Formel. Ihm folgt der Schwiegersohn Kord Zepelin, dieser stirbt aber schon 1602 oder 1601. 1602 folgt (seit 1608 Pastor in Klaber und Wokern zugleich) Joachim Gottschalk, dem 1635 der Sohn Simon Gottschalk substituiert wird. Simon Gottschalk, nachdem er alle Noth und Drangsal des Krieges erfahren hat und nach Güstrow geflüchtet ist, stirbt am 15. Juni 1638. Es folgen nun: Joh. Koch von 1640—71, Barthold Guhle von 1672—86, Joachim Wittmann von 1686 bis 1706, und Joh. Laurentius Grambtzow (Gramsow) von 1707 an. Grambtzow lässt sich 1735 den David Joh. Walter substituieren, der bis 1774 lebt. Nach ihm folgen: Joh. Christian Lehmann (1775—1780), Kaspar Johann Christian Bade (1781—95) und 1797 Andreas Friedr. Tarnow († 1815). Siehe Walter a. a. O.

Kirche. Die Kirche hat in den Jahren 1872—76 einen Durchbau erfahren und ist dabei aus einem alten, der Zeit des Uebergangs vom romanischen zum gothischen Stil angehörenden gewölbten Bau, in welchem der Triumphbogen in seiner Ursprünglichkeit erhalten geblieben ist, zu einem stattlichen, stark vergrösserten Neubau geworden. Besonders erweitert ist der Chor. Auf der Nordseite der Kirche ist auch ein zugesetztes frühgothisches Kirche.

[1]) Akten im Grossh. Archiv. Vgl. Schildt, M. Jahrb. LVI, S. 215. Eine Ziegelei Glinkenberg liegt noch jetzt in der Nähe, gleich südwestlich von Rothspalk.

4

Portal mit einem schlichten Kapitellgliede in der Kämpferlinie unverändert geblieben. Dagegen ist der drei Stockwerke hohe Thurm mit einem steilen achtseitigen Pyramidenhelm völlig neu.

Innere Einrichtung. **Altaraufsatz**, **Kanzel** und **Gestühl** sind neu.

Grabstein. An der Nordwand des Langhauses ein alter **Grabstein** mit dem erhaben gearbeiteten Bildniss eines Ritters in voller Figur: **AÑO · 1589 · AM · NYEN · JARS · DAGE · IS · DER · EDLER · VND · ERENVEST · CHRISTOFFER MOLTSAN · IN · GODT · SALICH · ENTSLAPEN · J · S · G · G · S ·** In den Ecken vier Wappen: das Maltzan'sche, Buchwald'sche, Bülow'sche und Warnstedt'sche.

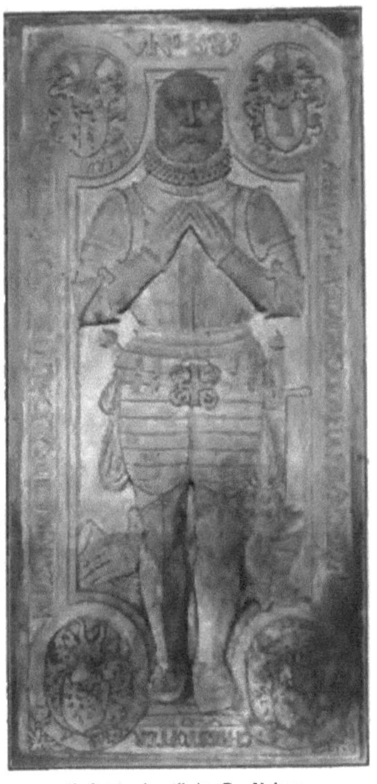

Grabstein des Christoffer Moltsan.

Glocken. Im Thurm hängen drei **Glocken**, die im Jahre 1841 von **F. Schönemann** in Demmin gegossen worden sind. Die beiden grösseren führen den Namen des Landesherrn und ausserdem die Namen der Besitzer der eingepfarrten ritterschaftlichen Güter, des Predigers, Küsters und der Juraten.

Das Inventar von 1811 giebt die Inschriften der älteren Glocke nicht an, wohl aber von der mittleren das Glockengiesserzeichen des **Rickert von Mönkehagen**, dem vorne noch ein + zugesetzt ist.

Kleinkunstwerke. **Kleinkunstwerke.** 1. 2. Silbervergoldeter gothischer Kelch, am Knauf sechs getriebene Christusköpfe und spätgothisch stilisierte eingravierte Blätter. Umschrift auf dem Fusse: **HINRICK · FRIG · DACH · ACCHIM · SCHONEVELT · ACCHIM · SCHMIDT · 1553 · HER NICOLAVS · GILOW KARCKHER TOM KLABER · 1553 HANS · ROSTE · H D · K M ·** Zwischen **HANS** und **ROSTE** ein aufgelegter plastischer Krucifixus als Signaculum. Keine Werkzeichen, auch nicht an der Patene. — 3. Silbervergoldeter Kelch mit der Inschrift: **ILSABE · JOHANNA · ANNA · TROGEN · SEEL · H. · HOFF · RAHT· TROGEN · JVNGFER · TOCHTER · HAT · DIESEN · KELCH · DER · KLABER-**

SCHEN · KIRCHEN · IN · EWIGEN · ANDENCKEN · GESCHENKET · ANNO · 1698 · DEN · 3 · DECEMBER. Meisterzeichen verhämmert; das Stadtzeichen scheint (G) = Güstrow zu sein. — 4. Silbervergoldete Patene mit der Inschrift auf der Unterseite: **DISEN · KELCH · GIBET · GOTT · ZU · EHREN · HR · AREND · MORITZ TÖPPEL**[1] · **PENSIONARIUS · DER · KIRCH · IN WOCKERN · ANNO 1717.** — 5. Neugothische silberne Kanne, geschenkt von Freiherrn **MOELLER VON LILIENSTERN** auf Rothspalk 1868. — 6. Neugothisches Ciborium. — 7. Hübscher alter Schöpflöffel, dem in Wokern gleich, aber ohne Monogramm und Stempel. — 8. Kleiner zinnerner Krankenkelch. Auf der Unterseite des Fusses der Name des Stifters: **1698 WITMAN P · KIRCHE ZUM KLABER.** (Englisch Zinn.) — 9. Alte getriebene Messingschüssel, gestiftet 1729 von **JOHAN STUEFF.** — 10. Noch eine Messingschüssel, reicher verziert, ohne Inschrift. — 11. 12. 13. Drei hübsche Vela mit farbiger Blumenstickerei, aus dem Anfange des XVIII. Jahrhunderts.

Das Inventar von 1811 erwähnt einen Klingbeutel mit der Inschrift am Bügel: **IACOB FRIEDRICH IOACHIM VON BÜLOW 33IÄHRIGER BESITZER DES GVTES CLABER VND DOROTHEA SOPHIA LOVISA V BÜLOW GEB. VON THOMSTORFF A. D. H. ROTHSPALCK VEREHREN DIESES DER KIRCHE ZV CLABER 1798.**

* * *

Der Pastor Tarnow (s. o.) berichtet, dass ein im **Pfarrhause** aufbewahrter viereckiger **Kasten von Eichenholz** 1801 in den damals neu errichteten Altar der Kirche zu Klaber eingemauert worden und in ihm die von Pastor Wittmann aufgezählten **Reliquien** (cf. Chronik, S. 1) aufbewahrt seien. Bei der Restauration der Klaberschen Kirche in den siebenziger Jahren des XIX. Jahrhunderts wurde der Kasten im Altar gefunden. Er ist durch ein Versehen des Baumeisters Koch nicht wieder eingemauert worden. Kasten mit Reliquien im Pfarrhause.

»Die Reliquien sind: ein hölzernes Büchslein, gelb angestrichen, darin zwei kleine Stücklein von Reliquien, so in Cartuk gewickelt. Briefe vermodert. Dabei etwas von einem grossen Siegel mit Frauengestalt [hl. Cäcilie] und einem I·I. So gefunden 1706 von Pastor Wittmann.«

Chronik auf der Pfarre mit Angabe der Pastoren von 1560 an.

Das Gut und Filial-Kirchdorf Langhagen
[vormals Lankavel].[2]

Aeltere Urkunden über Langhagen vor Mitte des XV. Jahrhunderts scheinen zu fehlen. Im Jahre 1451, nach dem Aussterben der von (oder von der) Oldenstadt, die Gut und Dorf zu Lehn getragen haben, wird Heinrich Hahn zu Kuchelmiss mit dem herzoglichen Anfall von Lankavel oder Langhagen Geschichte des Dorfes.

[1]) Siehe Leuchter in Wokern.

[2]) 13 km südsüdwestlich von Teterow.

4*

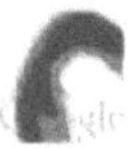

belehnt.[1]) Von da an bis zum Jahre 1780 gehört Langhagen zur Hahn'schen Begüterung. In diesem Jahre erwirbt es der Generalleutnant Joh. Ludwig Graf von Wallmoden-Gimborn. Dieser überlässt es 1796 dem schon öfter genannten Kammerrath Hahn, der 1788 in den Adelsstand erhoben war. Dessen Erben behalten es bis 1815. Von 1815 bis 1846 ist der Hof- und Kanzleirath Georg Ludwig von Wedemeyer der Besitzer, dem auch Lalendorf gehört. 1846 kommt Langhagen an Adolf Aug. Hellm. Albrecht Freiherrn von Maltzan. Der Freiherrlich-Maltzan'schen Linie gehört es auch heute.

Die Kapelle hat von jeher zur Mutterkirche in Serrahn gehört. Vgl. M. Kunst- u. Gesch.-Denkm. IV, S. 335/336. Es scheint ihr aber keine vorreformatorische Gründung voraufgegangen zu sein.

Kirche

Kirche. Sie stellt sich als ein schlichtes Fachwerk in Form eines Vierecks dar und stammt aus dem Jahre 1615, der ihr in gleicher Breite vorgesetzte Thurm dagegen erst aus dem Jahre 1715. An einem Aussenbalken der Kirche die eingeschnitzte Inschrift: **HOC AEDEFICIUM SACRUM EXSTRUCTUM EST 1616 — ANNO 1716.**

Innere Einrichtung.

Altar, Kanzel und **Gestühl** sind ohne Bedeutung.

Holztafel.

Im Innern auf einer grossen **Holztafel** eine mit Gold auf Schwarz gemalte Inschrift, welche besagt, dass unter **HAHN**'schem Patronat und zur Zeit des Pastors **URBANUS OESLER**[2]) im Jahre 1703 eine Erneuerung stattgefunden habe. — In den Fenstern sieht man noch eine Anzahl **farbiger Scheiben** von 1703, darunter folgende Namen: **HERR JULIUS LUDWIG VON PEDERSTORFF. HOCHFURSTL · CAMMERJUNCKER ANNO 1703; HERR EHRENREICH VON MOLTKE HOCHFÜRSTL · MECKL · LANDRATH ANNO 1703;**[3]) das **HAHN**'sche Wappen ohne Namen; dazu die bürgerlichen Namen: **BADEMÖLLER, KOITE, ZENCKER, PRANGE, SCHMIDT DER ALTE, VOSS DER SOHN, GLASOW, VOS DER ALTE.**

Glasmalerei.

Glocken.

In dem kleinen Thurmaufsatz auf dem Westgiebel zwei **Glocken**, die eine 1893 von **C. Oberg** in Wismar, die andere 1859 von **C. Jllies** in Waren gegossen.

Die Vorgängerin der grösseren Glocke war nach dem Inventar von 1811 im Jahre 1719 gegossen. Sie wurde bereits im Jahre 1778 durch **J. Valentin Schulz**-Rostock umgegossen. Die Vorgängerin der zweiten Glocke war ohne Inschrift.

Kleinkunstwerke.

Kleinkunstwerke. 1. Silberner Kelch von 1831, ohne Inschrift und Stempel. -- 2. Silberne Patene, 1716 von **C. GRÜTZMACHER** gestiftet. Ohne

[1]) Lisch, Geschl. Hahn II. S. 147. 154. 157. IV, S. 177. 224. 227. 231.

[2]) Vgl. M. Kunst- u. Gesch.-Denkm. IV, S. 336.

[3]) Im Jahre 1698 erfolgte der landesherrliche Konsens zur pfandweisen Ueberlassung des Gutes Hinzenhagen c. p. m Bansow, Striggow, Langhagen und Ahrenshagen an den Landrath Bogislav Ernst von Pederstorff. Die eigentliche Besitzerin von Hinzenhagen war Maria Magdalena Cothmann, Ehefrau des Oberstleutnants Joachim von Moltke.

Stempel. — 3. Silberne Oblatendose, 1669 gestiftet von **JOHANN COTHMANN, FÜRSTL · MECKL · KAMMERJUNCKER.**[1]) Auf der Unterseite ein undeutlicher Stempel. — 4. Zinnschüssel, ohne Inschrift und Stempel. — 5. Zinnerne Weinkanne mit der Inschrift: **ECCLESIAE LANGHAGENSI SACRUM · E · H · BRUMMERSTAEDT PASTOR 1775,**[2]) umgegossen im Jahre 1848, wobei die alte Schrift konserviert worden ist. — 6. 7. Zwei schwere treffliche Leuchter von Messing auf drei Füssen, die von ruhenden Löwen gebildet werden, gestiftet von **GUSTAV WALTER** im Jahre 1728. — 8. Neben der Kanzel, unterhalb des Fensters, ein trefflicher Armleuchter von Messing.

Das Kirchdorf Grubenhagen.[3])

Geschichte des Dorfes.

Im XIII. Jahrhundert, aber anscheinend nicht ganz bis zur Mitte des XIV. Jahrhunderts hin, sitzen auf der alten Burg Grubenhagen, dem heutigen Schloss gleichen Namens, gut 1 km nordnordwestlich von Kirch-Grubenhagen, die von Grube als Vasallen der Fürsten von Werle.[4]) Sie mögen die Stifter von Burg, Dorf und Kirche gewesen sein, wie angenommen worden ist, aber ihre Zeit ist damals abgelaufen. Denn beim Beginn der zweiten Hälfte des XIV. Jahrhunderts sind sie aus der Geschichte verschwunden.[5]) Auffallender Weise wird unter jenen im Jahre 1353 von Fürsten und Städten bezwungenen Raubburgen, die eine lange Linie vom Nordende des Schaalsees bis nach Perleberg hinunter bilden, auch die Burg Grubenhagen genannt. Wenigstens geschieht dies in der Chronik des Wismarschen Stadtschreibers Heinrich von Balsee, der freilich, der lübischen Detmar-Chronik entgegen, irriger Weise die Ereignisse auf 1354 statt auf 1353 setzt. Und das Register des Urkundenbuches identifiziert demgemäss die von Balsee genannte Burg Grubenhagen mit der gleichnamigen Burg in Circipanien.[6]) Da aber diese ganz aus der erstgenannten Reihe herausfällt und auch sonst als Raubburg nicht bekannt ist, so muss an ein anderes Verhältniss gedacht werden. Es ist uns deshalb sehr willkommen, dass Crull, der Herausgeber der Balsee-Chronik, im mecklenburgischen Jahrbuch XLIII, S. 184, mit sehr viel grösserer Wahrscheinlichkeit

[1]) Vgl. M. Kunst- u. Gesch.-Denkm. IV, S. 337.

[2]) Vgl. M. Kunst- u. Gesch.-Denkm. IV, S. 336.

[3]) 15 km südsüdwestlich von Teterow.

[4]) M. U.-B. 547. 1932. Schild und Helmzier der von Grube abgebildet bei Crull, Geschl. d. Mannschaft, N. 21. Weiteres über die Familie von Grube und ihre Güter bei Lisch, Gesch. d. Geschl. von Maltzan II, S. 181—183.

[5]) Lisch, M. Jahrb. VIII B, S. 129. — Christoph Otto von Gamm, in seinem Adels-Verzeichniss um 1775, M. Jahrb. XI, S. 442, lässt einen Kaplan Heinrich Grube (in Diensten des ersten mecklenburgischen Herzogs Albrecht) den letzten seines Geschlechts sein. Aber es wird das auf einer Verwechslung mit dem in den Urkunden dieser Zeit sehr häufig genannten Kaplan und Hofnotar Heinrich von Griben (Gryben, Greben) beruhen.

[6]) Vgl. M. U.-B. 7797, Anmkg.

die 13 km südöstlich von Perleberg gelegene Burg Grube in der Mark dafür eingesetzt hat, von der aus die von Quitzow noch im XV. Jahrhundert nachgewiesenermassen, z. B. 1447/48, ihre Raubzüge weit nach Mecklenburg hinein unternahmen.[1]) Es giebt somit keinen Anlass, die bekannte Bezwingung der mecklenburgischen, lauenburgischen und märkischen Raubburgen im Jahre 1353 mit der Familiengeschichte der von Grube oder von Maltzan in Verbindung zu bringen.

An die Stelle der von Grube nämlich tritt auf Burg Grubenhagen das alte Geschlecht der von Maltzan. Es scheint, als wenn es Schulden waren, welche die erstgenannten zur Veräusserung ihrer Güter brachten. Wann aber dieser Uebergang von Burg und Dorf Grubenhagen von der einen an die andere Familie stattgehabt habe, ist nicht genau anzugeben, nach Lisch's Annahme nicht vor dem Jahre 1310, jedenfalls aber vor 1364, vielleicht zwischen 1325 und 1340.[2]) Denn um 1364 sitzt bereits Ritter Ulrich von Maltzan (Moltzan) auf Grubenhagen.[3]) Seit dieser Zeit nun ist die Familie von Maltzan auf Grubenhagen ansässig geblieben, also weit ins sechste Jahrhundert hinein. Nicht so freilich auch auf Kirch-Grubenhagen, denn hier giebt es von 1828 bis 1851, also dreiundzwanzig Jahre lang, eine Unterbrechung durch die Familie Heise (später von Heise-Rothenburg), und 1877 ist Kirch-Grubenhagen mit Vollrathsruhe und seinen Nebengütern an den damaligen Oberstleutnant Hubert Gustav Victor von Tiele-Winkler übergegangen, dessen Familie noch heute im Besitz ist.[4])

---

[1]) M. Jahrb. XVII, S. 340. XLIII, S. 177/178 und 184, Anmkg.

[2]) Lisch, Gesch. d. Geschl. von Maltzan II, S. 182, bringt mit der Familie von Grube eine Reihe alter Lehen in Verbindung, wie Grube bei Bristow und Hohen-Dempzin, Hof und Dorf Grube zwischen Krakow und Gross-Grabow (seit 1796 Charlottenthal geheissen), Vorwerk Grube zwischen Krakow und Serrahn, das 1791 See Grube heisst. Hauptgüter, ausser Grubenhagen, waren Wangelin und Lipen, die noch zu Anfang des XIV. Jahrhunderts Gruben-Wangelin und Gruben-Lipen hiessen.

[3]) M. U.-B. 9256. 9274. 10121. 11491.

[4]) Die ältere Grubenhäger Linie war bereits 1815 erloschen. Der letzte seines Stammes war der Erblandmarschall Curd Jasper Ferdinand von Maltzahn, den sein Schwager von Dannenberg am 1. December 1815 im Duell erschoss. Seine Leiche wurde im Gewölbe unter dem Altar der Kirche zu Grubenhagen beigesetzt. Es war die letzte, die dies Gewölbe aufnahm. 1861 wurde es fest vermauert. — Die übrigen Linien des Geschlechts der von Maltzan und Maltzahn in Mecklenburg, Pommern und Schlesien konnten ihre Erbrechte auf die Grubenhäger Güter nicht sofort hinlänglich erweisen, und es trat daher bis zum Jahre 1822 eine Verwaltung unter Sequester ein. Aber 1822 wurden die Güter freigegeben und auf Anordnung des Grossherzogs Friedrich Franz I. unter die Familienmitglieder verloost, nachdem sie zu ziemlich gleichen Theilen getrennt worden waren. Das Patronat wurde auf Vollrathsruhe gelegt, das seit 1759 der Wohnsitz der Grubenhäger Linie von Maltzahn gewesen war. Bei der Verloosung kam Vollrathsruhe an die Penzliner Linie von Maltzan, also an die Freiherrn zu Wartenberg und Penzlin, die es 1828 verkauften. 1852 erwarb es der Landschaftsdirektor Freiherr Karl von Maltzahn zurück. Er baute die beiden Güter Vollrathsruhe und Hallalit nebst dem Kirchdorf Grubenhagen fast ganz neu wieder auf. Von ihm stammt auch das Eingangsportal in der Kirchhofsmauer, wie denn überhaupt die ganze Kirchhofsmauer im Jahre 1857 auf Kosten des Patrons der Kirche erbaut worden ist (Nach Mittheilungen des Herrn Pastor Hoyer.)

Der Name Kirch-Grubenhagen ist kein alter Name. Denn in dem von 1667 an geführten Kirchenbuch heisst das Kirchdorf einfach Kirchhagen, und erst von 1736 an kommt der Name Kirch-Grubenhagen auf, ein Name, der dann im XIX. Jahrhundert der herrschende wird. In alter Zeit dagegen ist Grubenhagen auch der Name für das Kirchdorf (ecclesia in Grubenhagen, ecclesia in villa Grubenhagen, plebanus in Grubenhagen). Alle älteren Urkunden über das Kirchdorf bis auf eine sollen bei einem Brande des Pfarrhauses im XVII. Jahrhundert vernichtet sein.[1]) Man weiss aber doch, dass dem Orte eine Art von Flecken-Gerechtigkeit zugestanden war, denn es durften sich hier auf Grund einer Maltzan'schen Verfügung von 1546 Handwerker jeder Art niederlassen, auch wurden bis 1886 jährlich drei Märkte abgehalten.[2])

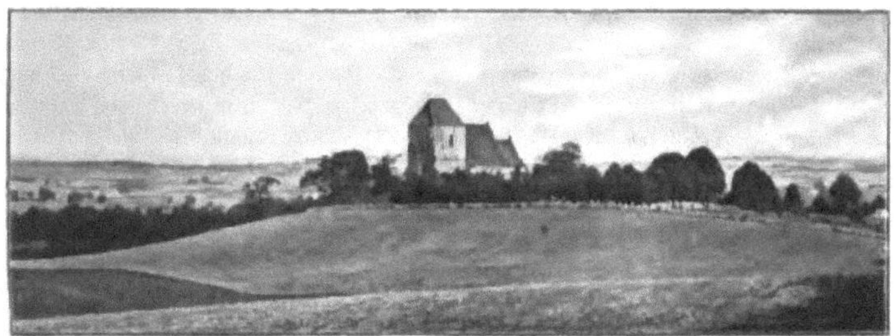

Blick auf die Kirche zu Grubenhagen.

Alte Filial-Kirchen oder Filial-Kapellen der Kirche waren die von Gross-Luckow und Klocksin. Aber von beiden heisst es im Visitations-Protokoll von 1648, dass sie in den Kriegsjahren vernichtet worden seien. 1786 dachte man zwar an einen Wiederaufbau der Kapelle in Klocksin, aber es kam nicht dazu.

Als Kirche im Lande Circipanien gehört Kirch-Grubenhagen selbstverständlich zur Kamminer Diöcese. Aber es wird das ausserdem durch eine Urkunde vom 16. August 1494 ausdrücklich bezeugt, in welcher Bischof Benedikt von Kammin, der an diesem Tage selber in Grubenhagen anwesend ist, eine Schenkung Wedeges von Maltzan an die Kirche, bestehend in anderthalb Hufen zum Zweck einer Seelenmessen-Stiftung, bestätigt.[3])

Im Jahre 1288 wird der Pfarrer Dietrich genannt (»plebanus in Grubenhagen«). Der nächste, welchen wir urkundlich zwischen 1399 und 1439 kennen lernen, ist der Pleban Heinrich Weltzin.[4]) Dass aber ausser dem Pleban noch

[1]) Nach schriftlichen und mündlichen Mittheilungen des Herrn Pastor Hoyer.

[2]) Lisch, M. Jahrb. XXIV, S. 59.

[3]) Lisch, M. Jahrb. XXIV, S. 63/64. Diese Hufen sind als Pfarrantheil vom Hofe zu Vollrathsruhe in Erbpacht genommen worden.

[4]) Schröder, Papist. Meckl., S. 1674. 1978.

Vikare da waren, ersehen wir aus der angezogenen Urkunde des Bischofs von Kammin (plebanus . . . cum vicariis suis). Und aus Akten des XVI. Jahrhunderts ergiebt sich, dass der Pleban deren vier zur Hülfe hatte, für die es auch vier besondere Häuser gab.[1]) In der nachreformatorischen Zeit tritt statt der Vikare ein Diakon dem Pastor an die Seite. Aber nach dem dreissigjährigen Kriege und dem Untergange der Filial-Kirchen in Klocksin und Gross-Luckow verschwindet auch dieser. Am 16. August 1543 schreibt Dr. Martin Luther an seinen gelehrten und theuren Freund Dietrich Maltzan, dass er ihm für den sel. Pfarrer Balthasar einen anderen senden werde, und zugleich mit dem Briefe trifft Mag. Johannes Frisius ein. An dessen Stelle tritt von 1546 bis 1551 Sebastian Bock, unter welchem 1551 von einem ungenannten Diakonus die Rede ist. Ungefähr 1560 folgt Mag. Martinus Brasche (✝ 1592). Zu seiner Zeit wirken neben ihm die Diakoni Thomas Schult (1580) und Johannes Capobus (1581). Von 1593 bis 1612 folgt Pfarrer Eberhard Westerhausen, und neben ihm werden die Diakoni Joachim Colberg und Johann Bolte genannt. Von 1613 bis 1625 folgt Mag. Sebastian Peschelius, unter dem Johannes Kohlhof als Diakonus wirkt. An die Stelle des Peschelius tritt Simon Rhode (Rhodius), und an Kohlhof's Stelle, dessen 1629 als eines Verstorbenen Erwähnung geschieht, wird Heinrich Otto (Otte) gesetzt: der letzte Diakon. Von 1635 bis 1641 werden keine Pfarr-Register geführt, angeblich in Folge der Kriegszeiten, vielleicht auch deshalb nicht, weil Simon Rhode bereits todt war, wenngleich auf der Prediger-Tafel in der Kirche zu Grubenhagen sein Todesjahr mit 1638 angegeben wird.[2]) 1640 folgt Christophorus Bertram, unter dessen Pastorat 1648 eine Kirchen-Visitation stattfindet. Er lebt bis 1660. 1662 ist das Pfarrhaus abgebrannt, der Pastor Joachim Rhode wohnt in der Kapellanei und ist (nach dem Visitations-Protokoll von 1662) bereits drei Vierteljahre in officio gewesen: er ist der Sohn des Simon Rhodius. Es folgen nun Joh. Lüning I von 1676 bis 1709, Joh. Lüning II von 1707 bis 1711 (Anfangs als Substitut) und Joh. Christoph Wendt von 1711 bis 1738. Nach elfjähriger Vakanz, in Folge langen Patronatsstreites zwischen dem von Bassewitz auf Klocksin und den von Maltzan auf Schloss Grubenhagen, folgen von 1749 bis 71 Wilhelm Studemund und von 1773 bis 1811 Joh. Christian Beeck. Ueber ihn und seine Nachfolger im XIX. Jahrhundert s. Walter a. a. O.

Kirche. **Kirche.** Die dem Typus der Kirchen des Ueberganges vom romanischen zum gothischen Stil in der ersten Hälfte des XIII. Jahrhunderts folgende alte Kirche stellt sich mit ihrem dreischiffigen Langhaus und einem aus Feldsteinen erbauten Chor sammt dem in den Innenraum hineingezogenen massigen Thurm als ein stattliches Gebäude dar, dessen alter Bestand freilich gründlich

[1]) Lisch, M. Jahrb. XXIV, S. 56. 59.

[2]) In dieser Zeit des Krieges und der Pestilenz war der Bauern- und Kossatenstand der gesammten Gemeinde von Kirch-Grubenhagen von achtundneunzig bewohnten Gehöften auf — fünf! bewohnte Gehöfte zusammengeschmolzen; vgl. Groth, M. Jahrb. VI, S. 135.

verändert ist. Die Fenster im Schiff erscheinen als ältere romanische Schlitzformen, im Chor aber als jüngere breitere gothische Lichtöffnungen, die ihre Ursprünglichkeit nicht bewahrt haben. Der Innenraum des Thurmes ist mit einem Kreuzgewölbe geschlossen, das Langhaus dagegen hat eine neuere Holzdecke, die von dem Dachbodenraum so viel wie möglich mitnimmt. Der durch einen schweren Triumphbogen in Form eines gedrückten frühgothischen Spitzbogens vom Langhaus abgetrennte Chor, dessen Ostwand ursprünglich glatt abschloss, ist gleich dem Thurm mit einem steinernen Gewölbe aus Kalktuff geschlossen, der aus Ablagerungen herstammen muss, die sich bei Teterow und Gorschendorf gefunden haben.[1]) Seit 1861 ist der Chor um eine polygone Apsis vergrössert worden, durch deren Anlage der ursprüngliche Charakter der Kirche eine Einbusse erlitten hat.[2]) Die die Decke des Mittelschiffes tragenden neuen Säulen sind von Holz. Unter dem Chor ein Grabgewölbe der Familie VON MALTZAN-Grubenhagen, jetzt aber vermauert (s. o.), und unter der neuen Apsis ein gewölbter Raum, der als Leichenkammer benutzt wird.

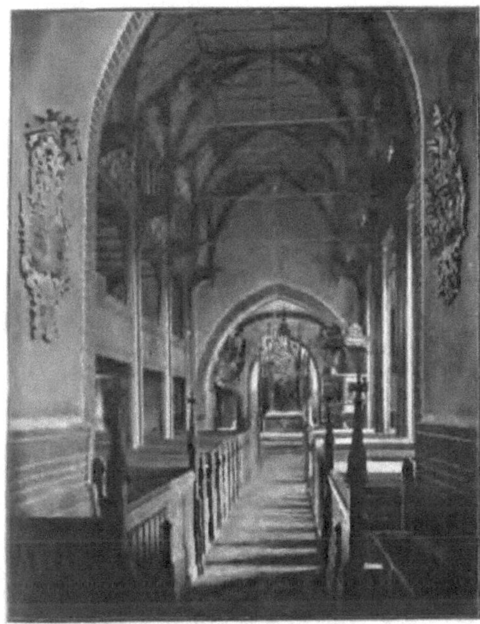

Inneres der Kirche zu Grubenhagen.

Der **Altaraufsatz**, sowie der **Patronats-** und **Pfarrstuhl** im Chor sind neugothisches Schnitzwerk aus Eichenholz. Das **Altargemälde**, Christus am

Innere Einrichtung.

[1]) Lisch, M. Jahrb. XXVII, S. 224.

[2]) Lisch, M. Jahrb. VIII B, S. 128, beschreibt noch die alten Chorfenster als schmale, leise gespitzte Fenster mit schräge eingehenden ungegliederten Wänden.

Kreuz, daneben Johannes und Maria, ist von Professor **Kaselowsky** in der Art und Weise **Pfannschmidt's** und der Neu-Nazarener ausgeführt.

Kanzel.

Die von der Figur des Moses getragene **Kanzel** ist im Jahre 1707 von dem Bildhauer **Johann Vieregge** aus Rostock geschnitzt. In den Füllungen verschiedene Darstellungen, wie Christus mit der Sünderin beim Mahl des Simeon, Christus in Gethsemane, Christus am Kreuz und Magdalena am Fuss des Kreuzes, Christus als Salvator mundi und als Richter.

Zurückgesetzte Schnitzwerke.

In der Sakristei ein **zurückgesetzter Altaraufsatz**[1]) und über ihm ein geschnitzter **Krucifixus** aus jüngerer Zeit. Ferner auch auf dem Glockenboden der Rest eines geschnitzten **Krucifixus**.

Gedenktafel.

Neben der Kanzel eine grosse **Gedenktafel** der seit der Reformation thätig gewesenen Pastoren, die, nach Angabe in der Unterschrift, 1728 angefertigt worden ist. Sie stimmt freilich nicht ganz mit dem geschichtlichen Thatbestande (s. o.).

Maltzahnsche Epitaphien.

Im Altarraum ferner zwei grosse **Maltzahn**'sche **Epitaphien** in üppiger Barockschnitzerei, mit reicher Vergoldung und Polychromie. In der Nordostecke, neben dem Altar, das des **ADOLF FRIEDRICH VON MOLTZAN**, geb. 1622 zu Grubenhagen, gest. 1697 zu Wien. Im Mittelfelde das Maltzan'sche Wappen mit Löwen als Schildhaltern und umgeben von sechs allegorischen Figuren: **FORTITUDO, SPES, FIDES, CARITAS, JUSTITIA** und **SAPIENTIA**. Ganz oben die Gestalt Christi, dessen Fuss oberhalb des Hauptes eines knieenden Ritters erscheint. Unten eine lange lateinische Inschrift mit Angaben über die Lebensstellungen und Charaktereigenschaften des Verstorbenen.

> **DOMINO DN · A · F · DE MOLTZAN GENERIS ANTIQUITATE VIRTUTUM DIGNITATE ERUDITIONIS CLARITATE ACTORUM ET CONSILIORUM FELICITATE VARIARUMQUE LINGUARUM SCIENTIA LONGE EXCELLENTISSIMO EQUITI MECKLENBURGICO DN · IN GRUBENHAGEN ET BOECKE ORDINIS EQUESTRIS SENATORI PROVINCIALI ASSESSORI SUPREMO JUDICII PROVINCIALIS GRAVISSIMO DUCATUS MECKLENBURGICI : MARESCHALLO HEREDITARIO IN DUCATU VANDALORUM : FIDE SPE CHARITATE ET RELIGIONE EVANGELICA AD FINEM CONSTANTISSIMO INGENII SUBTILITATE PRUDENTIAE RARITATE CORDIS PIETATE VITAE INTEGRITATE MORUM GRAVITATE SPLENDIDISSIMO MENTIS HUMILITATE ORIS SUAVITATE ANIMI GENEROSITATE DOCTRINAE ERUDITIONE ECCLESIAE ET SUBDITORUM FAVORE LAUDATISSIMO NATO GRUBENHAGI 1622 D · 15 · NOVEMB · MORTUO VIENNAE 1697 D · 16 · APRIL ·**

In der Südostecke, neben dem Altar, das Epitaphium des **VOLLRATH LEVIN VON MALTZAHN**, Schwiegersohnes des vorigen. Die Tafel gleicht der

---

[1]) Dieser alte Altaraufsatz, ein Werk des Barockstils, war eine Stiftung des Vollrath Levin von Maltzahn und seiner dritten Gemahlin Ilse Margarethe von Grambow aus dem Jahre 1706. Vgl. Inventar von 1811.

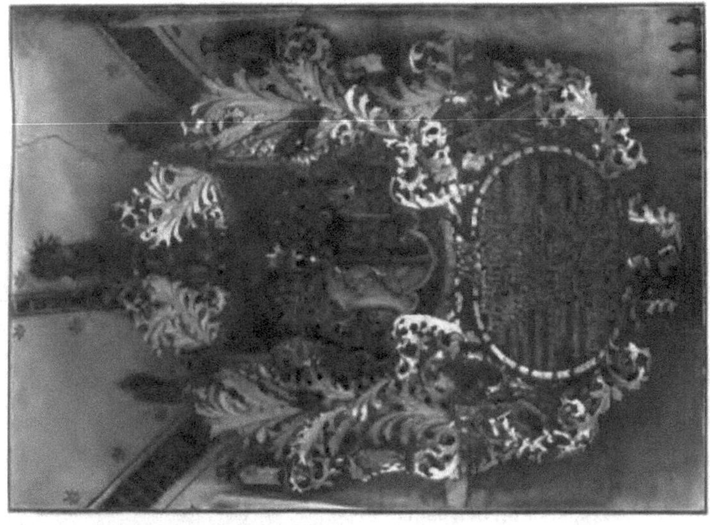

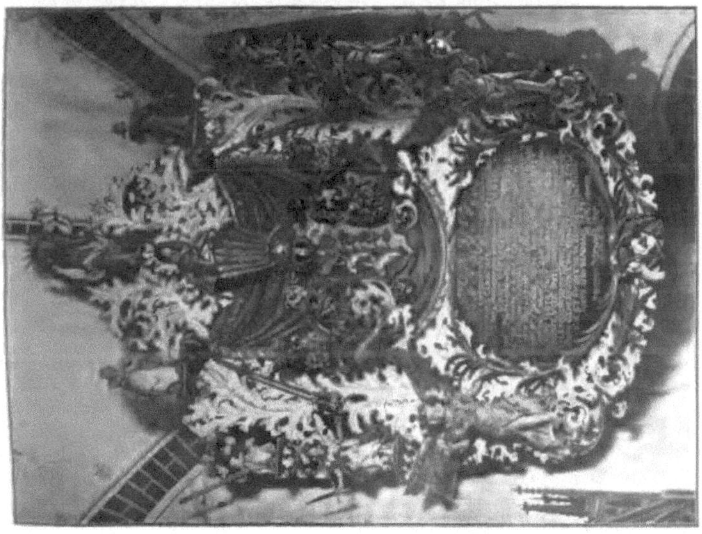

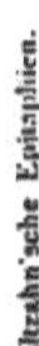

Maltzahn'sche Epitaphien.

vorbeschriebenen, nur sind die Nebenfiguren keine Allegorien, sondern Apostel und andere Heilige. Unten ebenfalls eine lange lateinische Inschrift mit der Angabe des Geburts- und Todestages.

MEMORIAE DIVAE INGENUAE PERILLUSTRIS AC GENEROSSISSIMI DNI• DN• VOLRATH LEVIN A MOLTZAHN VETUSTA GENTE VIRTUTE ET FIDE QUI CONSILIIS ET PIETATE NATIVO DUCATUI ITA PRAEFUIT UT QUEM NATURA MARESCHALLUM HAEREDITARIUM EUM MERITA CONSILIARIUM FACERENT PROVINCIALEM FAMILIAE SECUNDUS CONDITOR SENESCENTEM NON GLORIAM QUAE PER TOT SECLA SERENA FULSIT SED FORTUNAM RESTAURAVIT MULTORUM ET TOGATAS ET SAGATAS ELUSIT INJURIAS ELIDENDO AVIDA EXTRANEORUM DESIDERIA INHIANTIUM SEDIBUS PATERNIS AVITISQUE ET FELICI IMPRIMIS OMINE ANTIQUAM HANC GENTIS SUAE SEDEM VINDICAVIT SIBIQUE ET SUIS CONFIRMAVIT • NATUS A • 1626 D • 28 OCTOBR • DENATUS A 1700 D • 22 JULIJ •

EX TRIBUS CONJUGIBUS: ILSA METTA AB HAHNEN DOROTHEA SOPHIA A MOLTZAHNEN • HOC MONUMENTUM POSUIT SUPERSTES TERTIA ILSA MARGAR : A GRAMBOWEN •

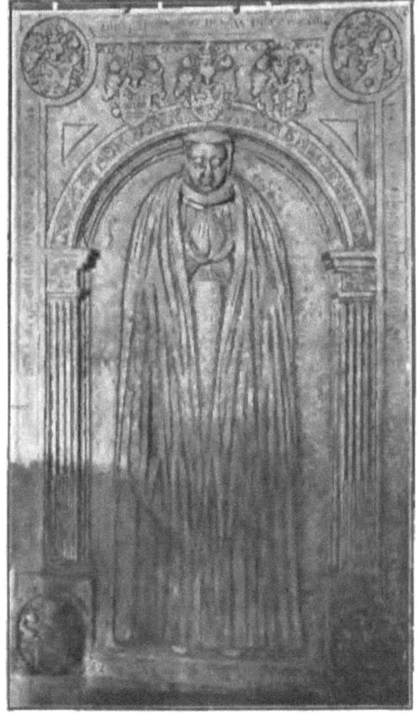

Katharina von Maltzahn, geb. von der Schulenburg.

Grabsteine. Im Altarraum der **Grabstein** der Frau **KATHARINA, LEVIN'S VON DER SCHULENBURG** Tochter, vermählt in erster Ehe mit **VICKE VON DEM BERGE**, in zweiter mit **CHRISTOFFER VON MALTZAHN**. Die stark vertretene Inschrift ist heute nicht mehr so gut zu lesen, wie vor sechzig Jahren, als Lisch sie aufzeichnete. Sie lautet voll ausgeschrieben: **ANNO 1582 DEN 12 • APRILIS UMB 4 UHR VOR | MITTAGE IST DIE EDLE VND VILTHUGENTSAME CATARINA LEVINS VAN DER SCHULENBVRGK DOCHTER IN GOT DEM | HERN SELICH**

ENTSCHLAFFEN NACHDEM SY MIT IHREN | ERSTEN EHMANNE II KINDER GHEZEUGET ALS FRITZ VAN BERGEN VND ILSE VAN BERGEN DIDERICK MOLTZANS EHELICHE HVSFROUWE. In den Ecken oben das Schulenburg'sche und Quitzow'sche Wappen, unten das der von dem Berge und der von Arnim; unmittelbar über dem Haupte das der Verstorbenen und ihrer beiden Ehemänner.

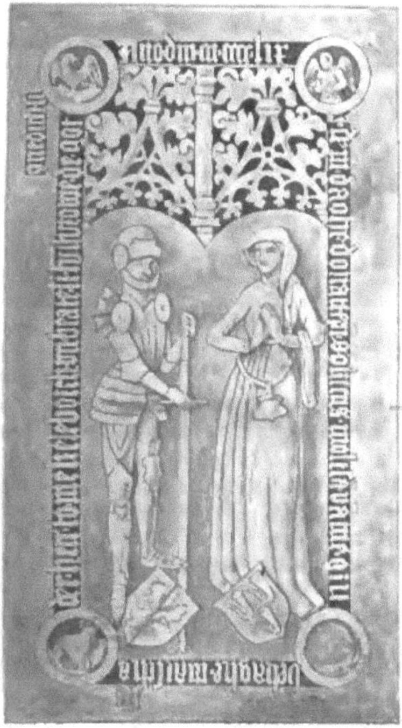

Ulrich von Maltzahn mit seiner Gattin Beate, geb. von Vieregge.

Ausserdem zwei **Grabsteine**, deren Inschriften heute kaum mehr zu entziffern sind, deren einen aber Lisch noch im Jahre 1862 sehr gut zu lesen vermochte. Er ist abgebildet in der Geschichte des Geschlechts der von Maltzan, Band III, S. 268. Voll ausgeschrieben lautet die Inschrift:

Anno domini mcccclix | in deme daghe donati epijcopi obiit olricus moltsan vamme gru|benhaghen marschalk | der heren to meklenborch vnde beate sine husvrowe de got gnedich si.

Von dem dritten Stein war nur noch zu lesen: **Anno domini mcccclxxx . . . .**[1]

An der Südwand hängen die lebensgrossen **Bilder** der Pastoren **LÜNING** (1667–1709), **WENDT** (1711—1738) und **STUDEMUND** (1749—1771), alle drei mit längeren lateinischen Unterschriften, weiter auch noch das Brustbild des Pastors **KAYSEL** (1812—1852). Bilder.

Im Thurm drei **Glocken**, alle drei umgegossen im Jahre 1851 von F **Schünemann** in Demmin. Glocken.

Die Vorgängerinnen dieser drei Glocken waren sämmtlich von **Martin Heintze** in Perleberg gegossen worden (1668 und 1671) unter den Patronen Herzog Adolph Friedrich sowie Dietrich und Vollrath Levin Gevettern von Maltzahn, dann aber theils 1720 und 1721 unter dem Patronat des Herrn

[1]) M. Jahrb. VIII B. S. 129/130.

Levin Joachim von Maltzahn, Erblandmarschalls und Erbherrn zum Grubenhagen, theils 1753 unter dem Patronat des Erblandmarschalls Vollrath Levin von Maltzahn umgegossen worden. 1720 und 1721 war der schon oft genannte **Michael Begun** der Giesser, 1753 **Gottfried Wosack** in Stralsund.

Kleinkunstwerke.

Kleinkunstwerke. 1. 2. Silbervergoldeter Kelch auf achtpassigem Fuss, von 1698, mit dem Güstrower Stadtzeichen **G** und dem hier undeutlich gewordenen, aber auf der zugehörigen Patene wohl erhaltenen Meisterzeichen **HH** des **Heinr. Hölscher** (1658—1706). — 3. 4. Silbervergoldeter grösserer Kelch auf achtpassigem Fuss, ohne Inschrift, wahrscheinlich 1712 gestiftet. Güstrower Arbeit mit dem Meisterzeichen **A R** des **Abraham Ratke**, dessen Thätigkeit von 1706 an nachzuweisen ist. Auf der zugehörigen Patene weder Stempel noch Inschrift. — 5. Silbervergoldeter Kelch von sehr schöner Treibarbeit, ursprünglich kein kirchliches Geräth, sondern ein profaner Deckel-Willkomm. Am Fuss das eingravierte Maltzan'sche Wappen mit **V L M.**[1]) Rostocker Stadtstempel, dazu der Meisterstempel (HK), der dem um 1632 nachweisbaren Meister **Hans Klein II** angehören wird. — 6. Silberner Kelch auf sechspassigem Fuss, gestiftet von **D • E v • W • g • H 1740 i • d • G • K •**[2]) Güstrower Arbeit von dem Goldschmied **Caspar Johann Livonius**: (CIL). — 7—9. Silberner Krankenkelch, Güstrower Arbeit von dem schon genannten **Heinrich Hölscher**, gestiftet von **ELISABETH CAPPELLEN • WITWE MOLTZANEN.** Dazu Patene und Dose. — 10. Silbervergoldete runde Oblatenschachtel mit der Inschrift: **ZU GOTTES EHRE HABE ICH ANNA MARGRETHA MALZANN GEBORNE VON BÜRKHOLZEN DIESE OBLATENSCHACHTEL IN DIE GRUBENHÄGER KIRCHEN VOREHRET AŌ 1665.** Zeichen **B** (zweites Zeichen undeutlich). — 11. Silbervergoldete längliche Oblatenschachtel, grösser als die vorige, mit der Inschrift: **ZU GOTTES EHREN! CHRISTINA WILHELMINA VON MOLZAHN, GEBOHRNE REICHS-FREY : VON LÖWEN ANNO 1726.** Gustrower Arbeit von dem schon genannten **Andreas Ratke**. — 12. Neue silberne Abendmahlskanne. **Wagner**-Berlin, 1857. — 13. Neue Taufschale von **F. Lippold**-Malchin, gestiftet 1857 von **A. FREIH. V. MALTZAN** und **LOUISE V. MALTZAN**, geb. **V. TREUENFELS**, auf Gross-Luckow. — 14. Becken, in Messing getrieben, gestiftet 1714 von **CHARLOTTE ELISABETH FREDENHAGENS, DAVID STINTMAÑS EHEFRAU.** — 15. 16. Zwei zinnerne Becken, das eine 1653 von **MARIE RESEN**, Güstrower Arbeit (nebenstehendes erstes Zeichen), das andere 1765 von einem Ungenannten (nebenstehendes zweites Zeichen). — 17. Klingbeutel, mit dem in Silber gestickten Maltzan-Löwen'schen Allianzwappen. Am Rande die Initialen **L J V M** und **C W V L** (s. o. unter 11). — 18—21. Vier schöne Vela mit Goldstickerei aus neuerer Zeit.

(I. Q.) (D F B)

* * *

[1]) Kein anderer als jener Vollrath Levin von Maltzahn, dem das zweite Prunk-Epitaph gestiftet worden ist.

[2]) Der Schluss soll heissen: »in die Grubenhäger Kirche« sc. gestiftet.

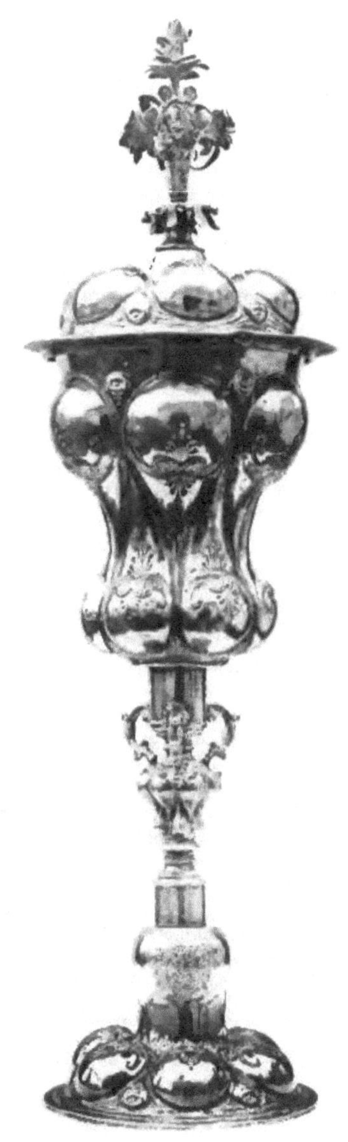

Ehemaliger Willkomm als Kelch der Kirche zu Grubenhagen.

In **Schloss-Grubenhagen** steht noch eine Mauerwand des alten Maltzahnschen Schlosses. — Auf dem früheren Schlossplatz findet sich der Eingang zu einem unterirdischen Gange, der wegen Gerölls und schlechter Luft noch nicht hat erforscht werden können. Ob er weit führt — der Sage nach bis zur Kirche in Grubenhagen, zwei Kilometer vom Schloss Grubenhagen entfernt — ist zweifelhaft. Schloss-Grubenhagen.

* * *

Im Garten des Herrenhauses zu **Gross-Luckow** steht eine alte Granit-Fünte, welche der im zweiten Bande der mecklenburgischen Kunst- und Geschichts-Denkmäler am Schluss des Amtsgerichtsbezirkes Wismar abgebildeten, jetzt im Schlossgarten zu Wiligrad stehenden Fünte sehr ähnlich ist. Nach einer Mittheilung des Herrn Baron von Maltzan auf Schloss Grubenhagen ist der Untersatz in der ersten Hälfte des XIX. Jahrhunderts durch Ankauf von einem Bauern in der Gegend von Sternberg nach Gross-Luckow gekommen, das Becken aber, das schwache Bogen-Verzierungen zeigt und an dem früher ein eiserner Reifen befestigt gewesen ist, wurde in dem Fundament eines alten Gebäudes auf dem Nebenhofe Bartz gefunden. Gross-Luckow.

Das Gut und ehemalige Kirchdorf Schorssow.[1]

Das Gut Schorssow liegt sowohl unmittelbar an einem kleineren See, der zum Gute selbst gehört, als auch zugleich an dem westlichen Ende des malerisch eingebetteten grossen Malchiner Sees, dessen Längenachse die Richtung von Nordost nach Südwest innehält. Schon in der zweiten Hälfte des XIV. Jahrhunderts ist das theilweise auch von Bauern bewohnte Dorf Schorssow im Besitz der Maltzan (Maltzahn, Moltzan).[2] Höchst wahrscheinlich aber haben sie es von längerer Zeit her. Die beiden Brüder, die in den siebenziger Jahren als Herren von Schorssow auftreten, nennen sich Moltzan und Hinrick Moltzan, Herrn Hinrickes Moltzans Söhne, eines Ritters von Schorssow.[3] Dass der auffälliger Weise immer ohne Vornamen genannte Knappe Moltzan zu den bedeutenderen werleschen Vasallen gehört, beweist der über Rechte und Einkünfte aus dem Lande Malchin zwischen ihm und den beiden Fürsten Lorenz und Johann von Werle geschlossene Pfandvertrag vom 1. Novbr. 1375.[4] In einer Urkunde vom 7. Juni 1378 bezeichnet ihn Fürst Johann von Werle als seinen Marschall.[5] Geschichte des Dorfes.

---

[1] 10 km südlich von Teterow. Die ältesten Formen des Namens sind Schorsowe, Schortzow, Scorsowe, Scortzowe. »Ort des Skoreš«: Kühnel, M. Jahrb. XLVI, S. 130.

[2] M. U.-B. 10334. Vor dem dreissigjährigen Kriege werden hier elf Kossaten gezählt: Groth, M. Jahrb. VI, S. 135.

[3] M. U.-B. 10643.

[4] M. U.-B. 10791. Lisch, Geschl. M. II, S. 61. 254.

[5] M. U.-B. 11113.

Auch begegnet er uns in einer grossen Anzahl von Urkunden, in denen es sich öfter um werlesche Staatsaktionen handelt, als Zeuge.[1]) Das ändert aber nichts an der gegentheiligen Auffassung der Lübecker, die ihn im Jahre 1385 in ihr Verzeichniss der mit Krieg zu überziehenden »Raubritter« aufnehmen, die wendischen Städte, darunter auch Malchin, in ihren Bund hineinziehen und vereint mit diesen ungefähr zwanzig Berchfride und befestigte Höfe bezwingen. Wie bei diesem Anlass, oder auch bald darauf aus anderen Gründen, Maltzan von Schorssow von den Malchinern im Dorfe Faulenrost erschlagen wird, wie Fürst Johann von Werle dafür eine Sühne fordert und diese Sühne von den Bürgern geleistet wird: das alles ist durch Urkunden und Chroniken aus jenen Tagen klargelegt und braucht hier nicht ausführlicher erörtert zu werden.[2]) Die von Maltzahn halten sich, drei verhältnissmässig kurze Unterbrechungen abgerechnet, eine durch ihren Schwager Arnd Hobe von 1447 an, die andere durch ihren Schwager Volrath Preen in der ersten Hälfte des XVI. Jahrhunderts und die dritte durch zeitweise Verpfändung während einer Vormundschaftsperiode von 1596 an, auf Schorssow bis in die vierziger Jahre des XVII. Jahrhunderts.[3]) Am 8. Februar 1645 erhält der Lübecker Bischof Herzog Hans von Holstein den Konsens zu einem auf dreissig Jahre mit den von Maltzan abgeschlossenen Pfandkontrakt über Schorssow c. p. Bülow und Tessenow. Von ihm aber kommen diese drei Güter, auch Ziddorf, schon um die Mitte des XVII. Jahrhunderts an die von Moltke[4]), die bis 1816 darin bleiben. Ihre Rechtsnachfolger sind: 1817 Oberamtmann Georg Karl Friedr. Siebmann, 1823 Louise Gräfin von Hahn (Friedrich Graf von Hahn), 1835 Gräfin von Voss, geb. Gräfin von Hahn (Felix, Graf von Voss), und 1891 der Oberstleutnant von Thiele-Winkler, in dessen Familie die Güter heute noch sind mit Ausnahme von Tessenow und Ziddorf, welche jetzt zu dem Gräfl. Bassewitzschen Grundbesitz gehören.

[1]) M. U.-B. 10503. 10583. 10672. 10678. 10763. 10764. 10791. 10857. 11004. 11009. 11068. 11089. 11093. 11114. 11155. 11261. 11329. 11383. 11399. 11403. 11424. 11535.

[2]) M. U.-B. 11665, Anmkg. Vgl. Lisch, Geschl. Maltzan II, S. 337—345. 355—358. M. Jahrb. XV, S. 61. 62. XXXVIII, S. 176. Chroniken der niedersächsischen Städte, ed. Koppmann, I, S. 588/89. II, S. 264. »In deme sulven jare voreneden sik de van Lubeke mit konink Albert van Sweden, vnde de konink toch darto sine stede Rostok vnde Wismar. Desse togen mit herschilde vnde mankraft to vordervende de rovere, de de straten roveden vnde ok andere roverie deden, wor em dat steden kunde. Hovetlude desser rovere weren: Moltzan van Scortzowe, Henneke Mallin van Ghomtowe, Hinrik van Bylowe van deme Prensberge, Hinrik Bylouwe van [C]ritz[ouwe], Tideke Bulowe van Radem. Dessen wunnen se ere slote vnde ere vestene af vnde breken se vnde woll XX gude berchvrede vnde vaste hove. De sake, dat dit meist umme schach, was, dat de stratenrovere de ko vor Molne nemen, de de van Lubeke vordeghedingheden.« — Das Chronikon Rufi hebt allein den Gömtower (Friedrichsruher) Mallin aus der Reihe heraus, spricht von dreissig zerstörten Berchfriden und setzt hinzu: »De dar gud hadden to verlesende, de geven sik an gnaden des koninges vnd der stede und worden entvangen to gnaden. Se zworen truwe to holden vnde beheldén ere gud.«

[3]) Ueber Arnd Hobe s. Lisch, Geschl. Maltzahn IV, S. 505/6 (Urk. 863). Ueber die Verpfändung von 1596 an vgl. Lisch, Geschl. Hahn III, S. 246. 250.

[4]) Konsens vom 5. Juni 1652.

Die Kirche zu Schorssow wird am 25. März 1403 zum ersten Mal urkundlich genannt, als Hinricus Moltzan für das Seelenheil seines erschlagenen Bruders Moltzan eine Vikarei stiftet und deshalb einen eigenen Altar errichten lässt.[1]) Bei dieser Gelegenheit erfahren wir, dass die Kirche zu Schorssow eine Filia der Mutterkirche zu Dahmen ist. Da nun die Ruinen der Kirche noch heute den Stil der alten Feldsteinkirchen des XIII. Jahrhunderts mit geradem Chorschluss erkennen lassen, so können wir annehmen, dass das angegebene Verhältniss zu Dahmen um 1403 schon gegen anderthalb Jahrhunderte von Bestand gewesen war. So bleibt es auch noch gut weitere hundert Jahre. Aber zur Zeit des lang dauernden heftigen Streites der Maltzan mit ihrem Schwager Volrath Preen, der sich als Gemahl der Erbjungfer Anna von Maltzan auf Schorssow in den Besitz des Gutes gesetzt hatte, ändert sich die Sache gründlich. Man ersieht aus den Akten, im Besondern aus den Frageartikeln wegen der Besitznahme des Gutes, dass Volrath Preen in Schorssow, wie man zu sagen pflegt, das Oberste zu unterst und das Unterste zu oberst gekehrt und schon vor 1520 die schön gewölbte und mit einer Orgel versehene Kirche, ohne darnach zu fragen, hatte einreissen lassen.[2]) So ist es denn auch zu verstehen, dass, während 1507 noch ein Schorssower Vikar Jakob Meyer urkundlich angetroffen wird, im Visitationsprotokoll von 1541 von einer eigenen Kirche keine Rede mehr ist, sondern Schorssow schon als zur Parochie Bulow gehörig verzeichnet wird, wohin es Volrath Preen als Patron und zugleich als Besitzer des Gutes und Dorfes Bülow im Namen seiner Hausfrau Anna eigenmächtig gelegt hatte.[3]) So erklärt es sich ferner, dass etwas über hundert Jahr später, nämlich im Visitationsprotokoll der Bulower Kirche von 1648, zu lesen ist, dass die Filialkirche zu Schorssow vor vielen Jahren niedergefallen, eine von ihren drei Glocken widerrechtlich, d. h. ohne Konsens des Landesherrn als obersten Bischofes, im Jahre 1604 durch Bernd Ludolf Moltzan nach Rambow versetzt, und an Stelle der Schorssower Kirche, die (hier tritt nun der Irrthum ein, weil man von dem alten Verhältniss zu Dahmen nichts mehr weiss) einst Mater gewesen, die Kirche zu Bulow als Mutterkirche getreten sei.

[1]) Lisch, Geschl. Maltzan III, S. 36—39. Der Satz der von einem Schweriner und einem Kamminer Geistlichen beglaubigten Urkunden-Abschrift, auf den es hier ankommt, lautet: ..... prelatam vicariam .... feci et facio ordinarie annuatim ad quoddam altare in ecclesia Schorsow, que est filia ecclesie parrochialis Damen, dotandum (nicht dotandam), quod (nicht que) in honore omnipotentis dei, beate Marie virginis genitricis ejus necnon decem milium martirum ac sanctissime Katerine virginis construxi ..... In Folge dieser abschriftlichen Versehen bezieht Lisch das, was den Altar angeht, auf die Kirche und lässt diese um 1400 erbaut sein. Dass Lisch Anfangs kein richtiges Bild von der Kirche hatte, ist auch aus dem Vergleich von M. Jahrb. VIII, S. 104, mit dem zehn Jahre späteren Text in der Gesch. des Geschl. v. Maltzan III, S. 39, Anmkg., zu erkennen.

[2]) Lisch, Geschl. v. Maltzan III, S. 489—496 (Urk. 854—856). IV, S. 391/92 (Urk. 805). S. 476—480 (Urk. 850). V, S. 105/6 (Urk. 935). S. 203/4 (Urk. 984). S. 225/26 (Urk. 997).

[3]) Das Patronat von Schorssow finden wir u. a. im Jahre 1475 in Maltzan'schen Händen. Lisch, Geschl. v. M. III, S. 391. Der Altar der Vikarei führt damals den Namen des hl. Märtyrers Erasmus, der vor den übrigen Märtyrern, denen er gewidmet war, den Vorrang errungen.

1403 wird Hermann Maltzan, der den geistlichen Beruf ergriffen hat, Inhaber der neu gestifteten Vikarei. 1475 ist der Vikar Nikolaus Dupow gestorben; an seine Stelle tritt der Priester Otto Reme, und diesem mag nachher der schon genannte Jakobus Meyer gefolgt sein, der möglicherweise der letzte war. Alle diese Geistlichen haben wir als zur Kamminer Diöcese gehörig anzusehen. Mitten in Circipanien gelegen, wie alle Kirchen auf der Nordseite des Malchiner Sees, kann sie schon gar nicht anderswohin gewiesen werden. Als Filia der alten Kirche zu Dahmen (Damen) nimmt sie überdies Theil an den urkundlichen Erweisen, welche für die Zugehörigkeit dieser Kirche zur Kamminer Diöcese schon aus dem XIII. Jahrhundert beizubringen sind.[1]) Seit Volrath Preen's Zeit gehört wie bemerkt, Schorssow zur Bülower Kirche.

Alte Kirche. In der **alten Kirche**, der Ruine am Haussee, hängen in einem Glockenstuhl zwei **Glocken**. Die eine hat die Jahreszahl **ANNO 1696** und im Felde die Inschrift: **ERENTREICH V • MOLTKEN CATHAR • HEDW • V • VOSSEN M • MARTIN KÖPPEN PAST • HINRICH KAESSIN JOCHIM GRIFHANKE JOCHIM BASSE : VORSTEHER • M • ERNST SIEBENBAUM AUS ROSTOCK HAT MICH GEGOSSEN.** Die Glocke ist jetzt gerissen. — Die zweite Glocke hat in grösseren Zwischenräumen die Buchstaben: **a n c (!) o c • m b c i b.** (**Anno Christi mb^c ib**). Im Felde das nebenstehende Giesserzeichen.

Das Inventar von 1811 erwähnt auch eine kleine Glocke zu Ziddorf, welche 1750 unter dem Patronat des Eberhard Friedrich Ehrenreich von Moltke und dem Pastorat des Vollrath Dietrich Drepper zu Bülow aus einer älteren Glocke umgegossen war.

Das Gut und Kirchdorf Bülow.[2])

Geschichte des Dorfes. Bis 1372 (oder auch bis 1373) ist Volrath Hanensee der Besitzer eines oder auch des grössten Theiles vom Gut und Dorfe Bülow, wie man an seinen letztwilligen Bestimmungen zu Gunsten des dortigen Kirchherrn wahrnimmt. Auch sieht man, dass zu jener Zeit noch eine ganze Anzahl deutscher Bauern dort wohnen.[3]) Diese werden erst durch den dreissigjährigen Krieg hinweggeräumt. Bis dahin zählt man immer noch sechzehn Höfe, nämlich zwölf Vollbauern und vier Kossaten.[4]) An Hanensee's Stelle aber treten ein Jahr später die von Moltzan auf Schorssow. Sie einigen sich mit der Stadt Malchin über denselben Kamp in oder vor dem Dorfe, den schon Volrath Hanensee der Stadt zum Trocknen ihrer Netze überlassen hatte.[5]) Ueber

[1]) M. U.-B. 439. 758.
[2]) 12 km südlich von Teterow, unmittelbar am Malchiner See. »Ort des Bul, Bula«: Kühnel, M. Jahrb. XLVI, S. 31.
[3]) M. U.-B. 10271.
[4]) Groth, M. Jahrb. VI, S. 135.
[5]) M. U.-B. 10643.

drittehalb hundert Jahre bleiben sie die Herren.[1]) Als sie aber gegen die vierziger Jahre des XVII. Jahrhunderts das schöne Gut und Dorf Schorssow an den Bischof von Lübeck, den Herzog Hans zu Holstein, verlieren, da haben die Güter Bülow und Tessenow als Pertinenzen von Schorssow bis 1816 dasselbe Schicksal. Es folgen nämlich hier wie dort um die Mitte des XVII. Jahrhunderts die von Moltke im Besitz. 1816 übernimmt Joh. Heinr. Degener das Gut Bülow, 1845 Joh. Ad. Karl Christian Erbrecht, 1859 der Major a. D. W. E. B. von Bülow und 1890 der Oberstleutnant v. Thiele-Winkler, der es wieder mit Schorssow wie in alter Zeit vereinigt hat. Heute ist Raban von Thiele-Winkler der Herr von Bülow, Schorssow und Carlshof bei Hohen-Demzin.

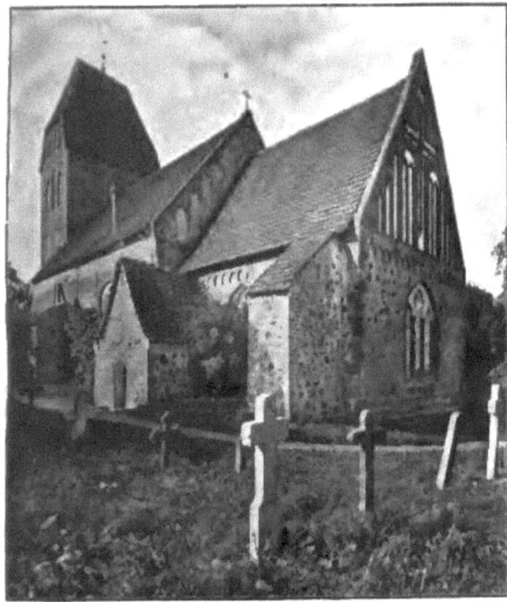

Kirche zu Bülow.

Das Patronat der Kirche zu Bülow schenkt Christoffer, Fürst zu Wenden und Herr zu Werle, schon im Jahre 1423 seinem Marschall Ulrich Maltzan.[2]) Von da an haftet es am Besitz von Bülow.

Namen von mittelalterlichen Geistlichen sind bis jetzt nicht bekannt geworden. 1541, als der vielgenannte Volrath Preen das Patronat innehat, ist Heinrich Schwieger (Tacitus) Pastor zu Bülow. Zu seiner Parochie gehören damals ausser Bülow die Dörfer und Güter Schorssow, Tessenow, Bristow,

[1]) Wie Volrath Preen im XVI. Jahrhundert eine Zeit lang den Besitz erzwingt, siehe bei Schorssow. Vgl. Lisch, Gesch. des Geschl. v. M. III, S. 391 und 491 (Urk. 805 und 855).

[2]) Vgl. Akten im Grossh. Archiv, betr. Erblandmarschallamt im Fürstenthum Wenden. Im Besonderen Evers, Nachrichten etc., S. 77.

5*

Ziddorf. Karstorf dagegen, das früher auch dabei gewesen, hat Achim von der Osten auf Hohen-Demzin davon abgenommen. Schwieger's Nachfolger

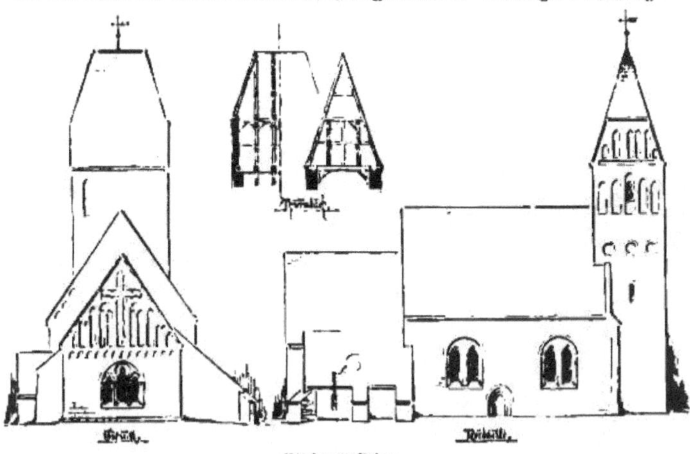

Kirche zu Bülow.

Nach Zeichnungen von Pries.

Johann Ricke wird wegen zeitweiser Geisteskrankheit 1590 entlassen. 1591 folgt Erasmus Halschacht. Um 1608 finden wir dort den Pastor Arnold Stappenbeck, um 1624 den Joh. Preissinger (Pressinger, Priessing), von 1643 bis 1656 Paul Gottschalk, von 1657 bis 1676 Heinrich Heidemann, von 1677 bis 1706 Martinus Köppe, von 1707 bis Ende der vierziger Jahre Joh. Cyriacus Krauel, nach längerer Vakanz von 1749 an Volrath Dietr. Drepper, um 1762 den Pastor Schmidt, und nach dessen im Jahre 1774 erfolgten Tode von 1775 an den Pastor Daniel Philipp Walter († 1832), den Vater des späteren Ober-Hofpredigers. Ueber ihn und die Geistlichen des XIX. Jahrhunderts vgl. Walter a. a. O.

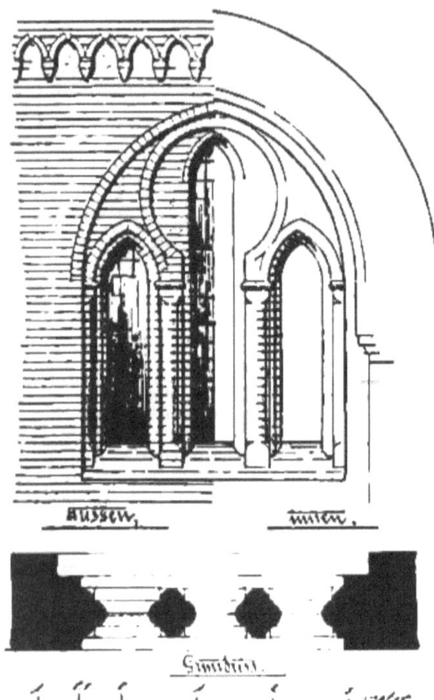

Von der Ostseite der Kirche zu Bülow.

Ueber die Zugehörigkeit der Kirche während des Mittelalters zur Kamminer Diöcese siehe oben bei Schorssow, S. 65, Anmerkung 1.

Kirche. Frühgothische Kirche aus der Zeit des XIII. Jahrhunderts im Charakter des Ueberganges vom romanischen zum gothischen Stil, mit einem Feldsteinthurm, der ein abgewalmtes Dach trägt. Der Chor schliesst platt ab und hat auf der Ostseite ein dreitheiliges, aus zusammengestellten Schlitzen gebildetes Fenster, in welchem ebenso nach aussen wie nach innen hin romanische Pilaster mit unten abgerundeten Würfelkapitellen die Scheidewand architektonisch beleben. Im Chor ein Kreuzgewölbe mit Rippen. Von Süden her führt als »Priesterpforte« ein stattliches frühgothisches Portal aus einer Vorhalle in den Chor. Ein schwerer Triumphbogen scheidet den Chor von dem durch frühgothische zweitheilige Fenster erleuchteten flachgedeckten Langhause.

Kirche.

Kanzel.

Die **innere Einrichtung** ist zum grössten Theil neu. Die hübsche, leider mit Farben überstrichene **Kanzel** von 1673 ist eine Stiftung der **KATHARINA VON STRALENDORFF**, Wittwe des Oberst **JOACHIM VON MOLTKE**.

Moltke'sche Rüstung.

In der Sakristei auf der Nordseite eine **Moltke**'sche **Prunkrüstung** und die Reste eines **Moltke**'schen geschnitzten **Wappens**.[1])

Glocken.

Im Thurm drei **Glocken**. Die erste hat obenherum die Inschrift: **SOLI DEO GLORIA ANNO 1790.** Im Felde die Inschrift: **SO MANCHER SCHWUNG, SO MANCHER SCHLAG TRAFEN MICH, BIS ICH ZERBRACH • GLEICH DEN MENSCHEN, DIE DA STERBEN, MUSS DER TOD MICH ERST VERDERBEN • VERWANDELT DURCH DES FEUERS MACHT LEB ICH NUN MIT NEUER PRACHT • GOS MICH JOHANN CHRISTIAN MEYER IN NEUSTRELITZ.** Auf der Rückseite die Namen des Patrons **CARL GUSTAV LUDWIG VON MOLTKE** und seiner Gemahlin **MARIA ELISABETH CAROLINA GRÄFIN VON BASSEWITZ**, sowie die Namen des Pastors **RUDOLPH FRIEDR. DAVID WALTER** und der Kirchenvorsteher **JOHANN GRIEWAN** und **EHRENREICH GRIEWAN**. — Die zweite Glocke hat die Inschrift: **o rex glorie christe veni cū pace • a • d • m • cccclii.** Dazu die Giesserzeichen:

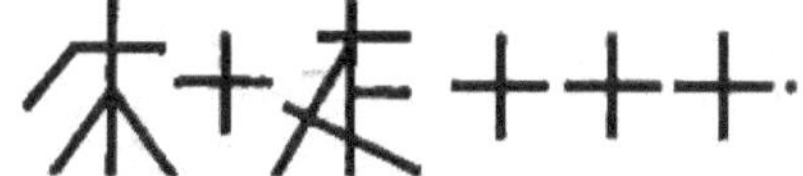

— Die dritte Glocke ist ohne Schrift und Zeichen.

Kleinkunstwerke.

Kleinkunstwerke. 1. 2. Silbervergoldeter Kelch auf achtpassigem Fuss, mit einem aufgelegten plastischen Kruzifixus als Signaculum und dem eingravierten Wappen des **J. VON MOLTKE** und der **A. M. VON DER LÜHE 1651.** Rostocker Arbeit von **L G (Lorenz Gudejohann)**. Patene ohne Werkzeichen. — 3. Eine zweite silberne Patene, gestiftet von **HANS TIMME**, hat das Werkzeichen des Güstrower Goldschmiedes **I L (Johann** oder **Joachim Lemke)**.[2]) — 4. Kleiner silberner Krankenkelch mit undeutlichem Stempel. — 5. Runde silberne Oblatenschachtel, von einem Güstrower Meister mit undeutlichem Stempel. Auf dem Deckel ein Monogramm aus **S V M**. — 6. Kleine Oblatenschachtel im Rokokogeschmack, von dem Warenschen (**W**) Goldschmied **L. B.** Auf dem Deckel in Treibarbeit ein Agnus Dei. — 7. Neugothische Kanne. — 8. Taufschüssel von Zinn, neu. — 9. Silbervergoldeter Schöpflöffel, gestiftet 1754 von **E • F • E • V • M •** Vom Schweriner Goldschmied **A • L • K (Konow)**.[3])

---

[1]) Aufbewahrt in einer Kiste.

[2]) Crull, M. Jahrb. LXIII, S. 149. Johann um 1662/69, Joachim um 1680/1691 nachweisbar.

[3]) Vgl. Stieda, M. Jahrb. LIX, S. 110.

Das Gut und Kirchdorf Bristow.[1])

Am 6. Januar 1297 verkauft der Ritter Friedrich Moltke dem Abt Johann zu Dargun sein nahe am Teterower See gelegenes Dorf Sührkow (villulam Scurekendorp) sammt vier Hufen in Niendorf und macht zugleich beim Kloster eine Anleihe von 200 Mark Geldes, die er als Abzahlung für das von ihm gekaufte Gut Bristow nöthig hat.[2]) Aber fünfundfünfzig Jahre später, den 1. April 1352, geht Bristow als Lehn der Linie Werle-Goldberg an den Knappen Nikolaus Hahn über.[3]) Ob direkt von den Herrn von Moltke oder aus anderen Händen, die es inzwischen erlangt haben könnten, erfahren wir nicht. Doch bleiben Anrechte Anderer, die an einzelnen Bauerhöfen in Bristow haften, vorläufig noch von Bestand.[4]) Später mag das Gut auch hiervon frei geworden sein. Hahn'scher Besitz ist es nun zunächst bis zum Jahre 1616. Da kommt es an die Gläubiger von Hans Hahn, nur noch ein Bauhof und die Mühle zu Bristow sammt einem Antheil am Gute Grube verbleiben ihm und seiner Familie. Bei dem lang sich hinschleppenden Konkurs-Verfahren gehen endlich auch diese verloren, und 1687 geht Bristow sammt seinen Pertinenzen Glasow und Grambzow an den Landrath Adam Henning von Bülow über. An dessen Stelle tritt schon 1693 der Kammerjunker Volrath Paris von Vieregge, und noch in der ersten Hälfte des XVIII. Jahrhunderts kommen die Güter in den Pfandbesitz des Oberstleutnants Eickstädt. Als aber die von Hahn unermüdlich die Muthung ihrer alten Lehne fortsetzen, gelingt es ihnen im Jahre 1752, aufs Neue mit dem Lehn begnadigt zu werden. Sie stellen nun eine Reluitionsklage gegen die Eickstädt'schen Söhne an, kommen aber erst 1779 wieder in den thatsächlichen Besitz ihrer Güter. Doch erfreuen sie sich deren nur bis zum Jahre 1815.[5]) Da wird Friedrich Schlager der Rechtsnachfolger, und 1845 wird es Karl August Ludwig Graf von Bassewitz. Seitdem sind Bristow, Glasow und Grube Bassewitz'scher Besitz. Eins der denkwürdigsten Ereignisse, welche Bristow erlebt hat, ist der von Werner Hahn begonnene und von seinem Sohn Hans fortgesetzte und 1597/98 vollendete Kirchenbau, ein Bau, der in seiner Art einzig dasteht. Im Hinblick auf den alten Werner nennt Lisch ihn ein Denkmal seiner Kraft und

Geschichte des Dorfes.

[1]) 8 km südsüdöstlich von Teterow, am Malchiner See. Den Namen, der schon im XIII. Jahrhundert so geschrieben wird wie heute, übersetzt man mit »Ulmenort« (altslavisch brěstŭ = Ulme). Vgl. Kuhnel, M. Jahrb. XLVI, S. 29.

[2]) M. U.-B. 2432.

[3]) M. U.-B. 7597.

[4]) M. U.-B. 9660. Vor dem dreissigjährigen Kriege zählt Bristow noch fünf Bauern und zwei Kossaten: Groth, M. Jahrb. VI, S. 135.

[5]) Lisch, Gesch. des Geschl. Hahn II, S. 47. 66. 115. III, S. 34. 235 ff. IV, S. 154. 155. 262. 264. 301. 304. 324.

seines Glaubens. Das ist ohne Zweifel richtig. Aber es kann auch hinzugefügt werden, dass, als später Hans Hahn in finanzielle Bedrängnisse geräth, diese Kirchenstiftung mit ihren testamentarisch festgelegten Lasten anfängt, einen Druck auf ihn und seine Familie auszuüben, der immer schwerer wird.

Anfangs hat diese Kirche ihren eigenen Pastor. Es ist im Jahre 1600, als Hans Hahn den ersten beruft. Doch haben wir seinen Namen nicht zu ermitteln vermocht. Dabei hat Hans Hahn sich verpflichtet, der Kirche zu Bülow, welcher in Folge davon ihre Pfarrkinder zu Bristow und Glasow entzogen werden, ein Kapital zu überweisen, von dessen Zinsen Pastor und Küster entschädigt werden sollen, und auch allen sonstigen früheren Verbind-

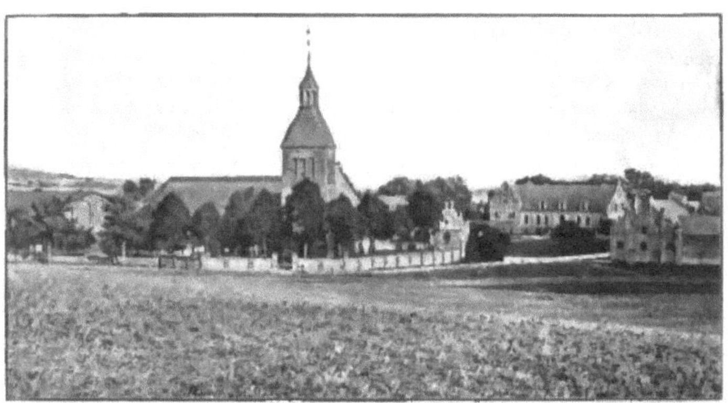

Kirche zu Bristow mit Umgebung.

lichkeiten gegen Kirche, Wedem u. s. w. nachzukommen. Aber schon 1624, als Bristow längst keinen eigenen Pastor mehr hat — der zweite und letzte war von 1610 bis 1617 der nach Roebel versetzte Georg Kenast gewesen — giebt es in diesem Punkte Verdriesslichkeiten aller Art, worüber Pastor Preissinger zu Bülow, der auch Pastor zu Bristow ist, Klage führt. Aehnliche Beschwerden folgen 1652. Vier Jahre vorher, nämlich im Visitationsprotokoll von 1648, heisst es, das Pfarrhaus in Bristow sei abgebrannt und nicht wieder ersetzt worden, der Pastor sei todt. Darauf liest man im Visitationsprotokoll von 1662, dass Magister Adam Müller von Basedow her den Gottesdienst in Bristow verwalte, weil hier kein Pastorat bestehe. Uebrigens wird die Gemeinde sehr gelobt, von der schönen Kirche aber bemerkt, dass darin vieles ruiniert sei. Nach Adam Müller hat wieder Pastor Heinrich Heidemann zu Bülow die Cura zu Bristow, von 1677 an hat sie der Pastor Friedr. Nikolaus Ideler zu Hohen-Demzin. Von da an sind Hohen-Demzin und Bristow über hundert Jahre lang mit einander verbunden, 1790 aber kehrt

Bristow zu Bülow zurück, und zugleich nimmt die Filia die Mater mit sich: auch Hohen-Demzin wird in diesem Jahre mit Bülow verbunden.[1])

Wenn, was mit Bestimmtheit weder zu bejahen noch zu verneinen ist, Bristow schon vor der Zeit der Kirche des Werner und Hans von Hahn eine ältere Kapelle hatte, so gehörte sie selbstverständlich ebenso wie ihre Mutterkirche zu Bülow zur Kamminer Diöcese, die neue Kirche aber, welche der Zeit nach der Reformation entstammt, berührt sich selbstverständlich nicht mehr mit dem Kamminer Bischof. Vgl. oben S. 65 (Schorssow).

Kirche. Die ganze Kirche ist ein von sauber behauenen Granitquadern aufgeführter eigenartiger schwerer Bau in Form eines Vierecks und im Geschmack der Renaissance vom Jahre 1597. Diese Zahl findet sich an dem Ostgiebel des platt abschneidenden Chors. Der im Westen vorgesetzte Thurm ist ebenfalls von unten bis oben ein schwerer Granitbau und hat einen Helm mit einem laternenförmigen Aufsatz. An der Nordwand eine zugesetzte Rundbogenthür mit darüber angebrachter Kreuzesgruppe in einer Rahmen-Einfassung, die an die Form eines Renaissance-Epitaphs erinnert.[2]) Kirche.

Dem Aufwand an Granitquadern, die ohne Zweifel aus einheimischen erratischen Blöcken gewonnen sind, entspricht die ganze **innere Einrichtung**, in welcher eine überraschende Pracht der Renaissance in Marmor- und Sandsteinarbeit mit Vergoldung und Polychromie entwickelt ist.

Am **Altaraufsatz** acht Hoch-Reliefs: die Geburt des Heilandes (oberhalb des Durchganges auf der Nordseite), die Anbetung der hl. drei Könige, das Osterlamm-Essen und das Gebet in Gethsemane (im unteren Mitteltheil), die Kreuzigung, Auferstehung und Himmelfahrt (alle drei im oberen Mitteltheil) und endlich die Ausgiessung des hl. Geistes (oberhalb des Durchganges auf der Südseite). Ausserdem in den Zwickelfeldern der Durchgänge die vier Evangelisten-Symbole, und hinter den die Kreuzigung flankierenden ionischen Säulen die Apostel Petrus und Paulus mit ihren Attributen. Dazu eine Menge von Versen, die sich auf alle diese plastischen Werke beziehen. Altaraufsatz.

Hinter dem Altar auf **steinernen Tafeln** das Testament **Werner von Hahn**'s an seinen Sohn **Hans**: des Gründers der Kirche an deren Vollender. Die Aufschrift der Tafel lautet: Steinerne Tafeln.

EXTRACT · WERNER · HAHNS · TESTAMENT · AN · SEINEN · EINIGEN · SOHN.[3])

„Extract aus des ehrlichen und seligen Mans Werner Hanen letzten „Willen und Befehlig an seinen einigen Sohn.

„Es ist dir auch, mein lieber Sohn, die Lehre, so der alte Tobias „seinem Sohn dem jungen Tobias im 4 · Cap · gegeben, wol bekant, das-

[1]) Vgl. Lisch, Geschl. Hahn III, S. 238/39.

[2]) Lisch, M. Jahrb. XVII, S. 169. — Gesch. des Geschl. Hahn III, S. 235—239. 245.

[3]) Nach Lisch, Gesch. des Geschl. Hahn III, S. 236—238.

„selbe wilt du oft lesen und nicht anders aufnehmen, als wen ich dein gut „meinender Vater in meinem letzten solches mündlich mit dir geredet hette, „das wird dich dein lebelangk nicht gereuen • Darneben weistu, das ich zu „Bristow eine Kapel oder kleine Kirche erbauwet und einen eigenen Prediger „bei mir habe und halte, wan derselbe hinwegk komt, bin ich Willens, wo „mich unser lieber Herre Gott lenger fristet, dreihundert Thaler an einen „gewissen Ort zu belegen, darvan en Pastor in der Nachbarschaft, der mihr „gefälligk ist und sich rühmlich und fleisigk in seinem Ambt verhält, jährlich „18 Thaler Zinsen, auch ein Drömpt Rocken und ein Drömpt Gerste grosse „mas von meinem Howe daselbst zu heben haben und davor auf die Son- „tage und Freitage auch auf die Mitwochen predigen soll • Und weil die „Pastores auch ihre Mängel haben, soll mir frei sein und bleiben, auf vor- „fallende erhebliche Ursachen von einem auf den andern solches zu ver- „endern • Wurde ich aber von dem lieben Gott vor der Zeit abgefurdert, „wie ich in meinem Alter mich stündlich vormuthen mus, so wilt du mein „lieber Sohn dieses also verordnen und was ich wolmeinlich angefangen, „vollent ins Werk richten • “

„Diesen väterlichen Willen und christlichen Befehlig zu gebührlig und „gehorsamer folge, zu vorderst aber Gott dem allmechtigen und seinem „heiligen Wordt zu Ehren, auch seinen hertzliebenden Öltern und ihm selbst „zum Gedechtnis hat der Edler und Ehrenfester Hans Han, vorbemeldten „Werner Hanen einiger Sohn, durch Hülf und Beistand des Allmechtigen „diese Kirche nicht allein erweitert und renoviret, auch die von seinem „seligen Vatern izt gedachten Gelt- und Kornhebunge bis anhero richtigk „ausgeben und folgen lasen, sondern vorpflichtiget sich auch hirmidt, hen- „ferner vor sich, seine Lehnsfolger, Erben und Erbnehmen durch gnedige „Verleihung des Allmechtigen diese Kirche bei ihrem Einkomen, auch in „guten Bau und Beserung zu erhalten und derselbigen viellieber etwas zu- „kehren, als das geringste darvon zu entwenden • “

„Der getreue fromme Gott wolle die Landesfürsten und das gantze „Land, diese Gemeine, Ordt und Untertanen, Lehrer und Zuhörer mit seinem „heiligen Geist erleuchten und regieren, auch in wahrem Glauben bei reiner „Lehr und rechten Gebrauch der heiligen hochwürdigen Sacramente wider „den Teufel, Türcken, Babst, Muscowiter, Spanier, Calvinisten, Widertaufer, „allen Secten, Rotten, Wulffuchsen und falschen Bruedern gnedigk schützen „und erhalten, auch vor Kriegk, Pestilenz und taurer Zeit veterlich behüten „im weltlichen Regimente und haushalten, auch einen jeden in seinen „beruf thun und lasen mit Segen und Glück beiwohnen und uns allen „endlich das Ende unsers Glaubens nemlich der Seele Seligkeit darvon „bringen lassen um der Ehre seines heiligen Nhamens und seines lieben „Sones Jesu Christi bitter Leiden und Sterbens willen hochgelobet vor aller „Woltat • Amen • Her Jesu Christ • Amen • Anno 1598 • H • A •

„G • W • Z • B • — G • B • M • S • “

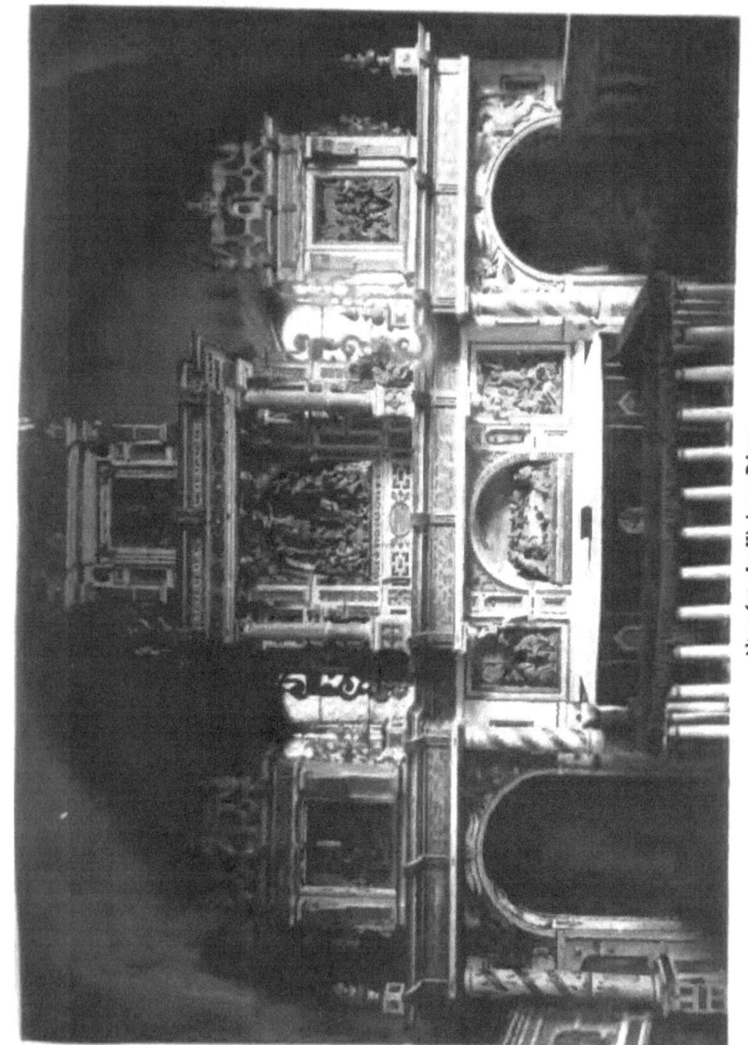

Altaraufsatz der Kirche zu Bristow.

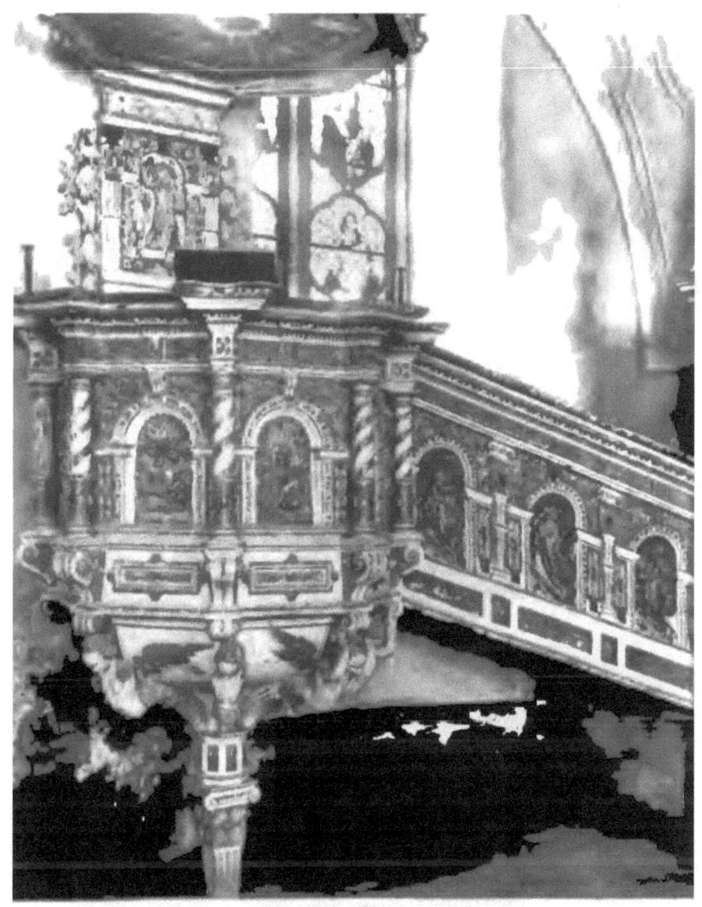

Kanzel der Kirche zu Bristow.

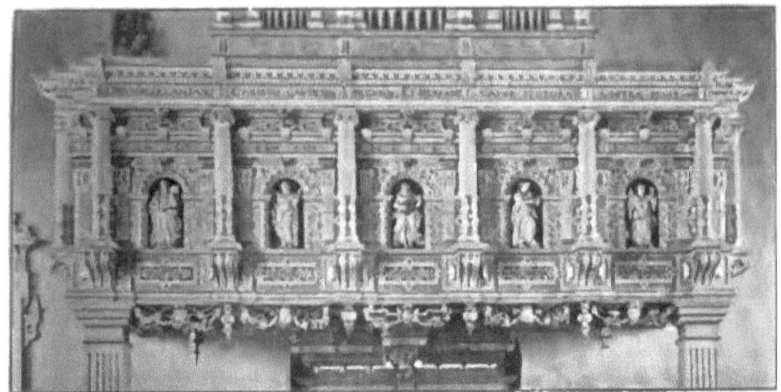

Orgel-Empore.

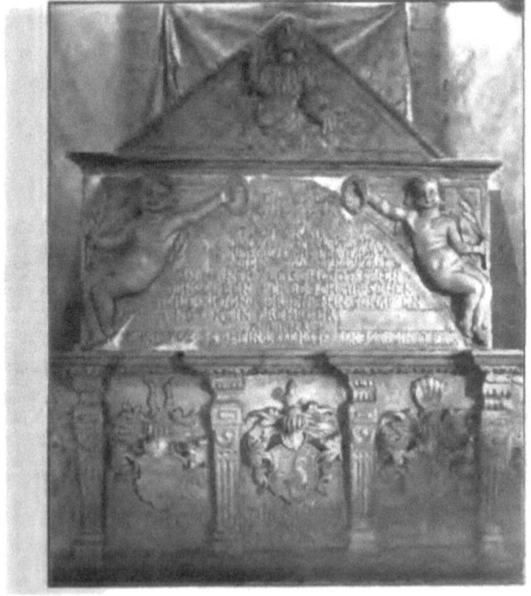

Epitaph als Stuhlbekrönung.

Glasmalereien. In den Fenstern ausser andern **Glasmalereien** das herzogl. mecklenb Wappen und die Wappen des **IOACHIM • HANE** und der **ANNA • VON • DER • SCHVLENBURGK • GNAD • IR • GOD •** (Der Eltern des **Werner** und der Grosseltern des **Hans von Hahn**.)

Kanzel. Der Pracht des Altars entspricht die **Kanzel**. An der Wandung des Aufganges die Gestalten des Heilandes und der Apostel Petrus und Paulus, am Predigtstuhl die Halbfiguren der vier Evangelisten, an der Hinterwand im Predigtstuhl das Christkind als Salvator mundi mit dem Weltglobus, und oben auf dem Schalldeckel eine Anzahl allegorischer Figuren.

Orgel. Prospekt. Ebenso ist der **Orgel-Prospekt** vom Jahre 1601 zu beachten, an dessen Brüstung die Gestalten der **GRAMMATTICA, DIALECTICA, RHETORICA, MVSICA, ARITMETICA, ASTRONOMIA** und **GEOMETRIA** angebracht sind. Am Prospekt weiter das Distichon:

ORGANA DECANTANT CHRISTO LAVDESQVE DECUSQVE

ET RECREANT VARIIS PECTORA NOSTRA SONIS •

Etwas tiefer die Initialen des stiftenden Ehepaars und ihrer Sinnsprüche und die Jahreszahl **1601**.

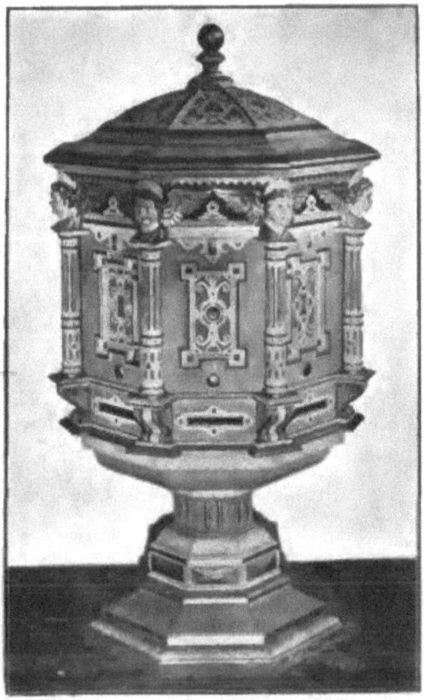

Taufständer.

Der Pfeifen-Prospekt hatte 1811 noch seine alten Thüren mit Malereien: Jakob's Traum, Isaak's Opferung, der brennende Busch des Moses u. s. w.

Taufschüssel. Der **Taufständer** der Kirche ist nicht mehr der ursprüngliche. An ihm gab es einst einen reichen Figurenschmuck, dazu am Deckel die Initialen: **H • H • G • W • Z • B •, J • V • A •, G • B • M • S • ANNO A NATO CHRISTO 1600.** Aber noch vorhanden ist die zu ihm gehörige grosse prächtige **Messingschüssel** mit dem Bilde der Verkündigung des Engels an die hl. Maria.

Messingschüssel.

Zwischen beiden im Hintergrunde ein Blumentopf mit einer blühenden Lilie, und darüber die Taube als Sinnbild des hl. Geistes.

Zur Rechten des Altars, also an der Südwand der Kirche, mit der Wand verbunden, eine **steinerne Stuhlbekrönung** mit den Wappen des HANS HAHN und seiner beiden Gemahlinnen ILSE VON ARNIM und ILSE VON HALBERSTADT. Steinerne Stuhlbekrönung.

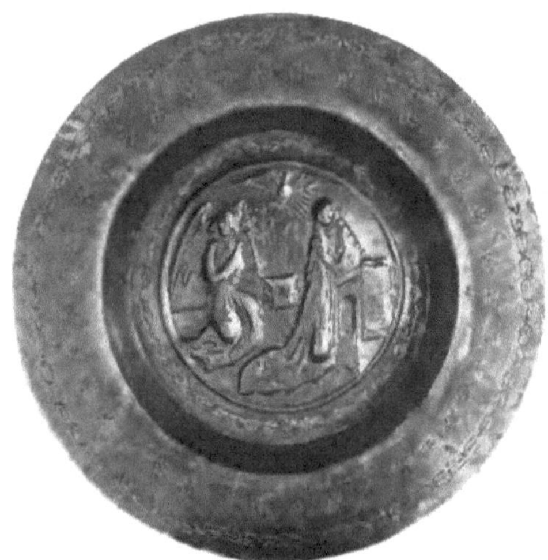

Messingschüssel.

Grabsteine. Der Grabstein des HANS HAHN (1558, † 1633) zeigt sein Bild in ganzer Rittergestalt. Der bei Lisch [1]) abgedruckten langen Inschrift fehlen die Data. Sie sind unausgefüllt geblieben. An den Ecken die Wappen der von Hahn, von der Lühe, von Veltheim und Halberstadt. Dagegen enthält der Grabstein von **Hans Hahn**'s erster Ehefrau, ILSE VON ARNIM, wenigstens das Datum des Todes, nämlich: DEN • 22 • SEPT • 1605. Grabsteine.

[1]) Vgl. Lisch, Geschl. Hahn III, S. 255/57. Von Hans Hahn's zweiter Frau, Ilse von Halberstadt, weiss man, dass sie die Schreckenszeit der Jahre 1637 und 1638 überlebte. In einem Bericht an den Herzog Adolph Friedrich vom 18. August 1639 heisst es: »Hans Hanen Erben zu Bristow, lebet die Withe, ist in Rostogk, der Hoff ist wüste.« Wahrscheinlich hat auch sie ihr Begräbniss in der Kirche zu Bristow gefunden.

Glocken.

Im Thurm drei **Glocken**, sämmtlich im Jahre 1598 von **Clawes Bincke** in Wismar gegossen und mit den Stifternamen **HANS HANE** und **ILSE VON ARNIM** versehen.

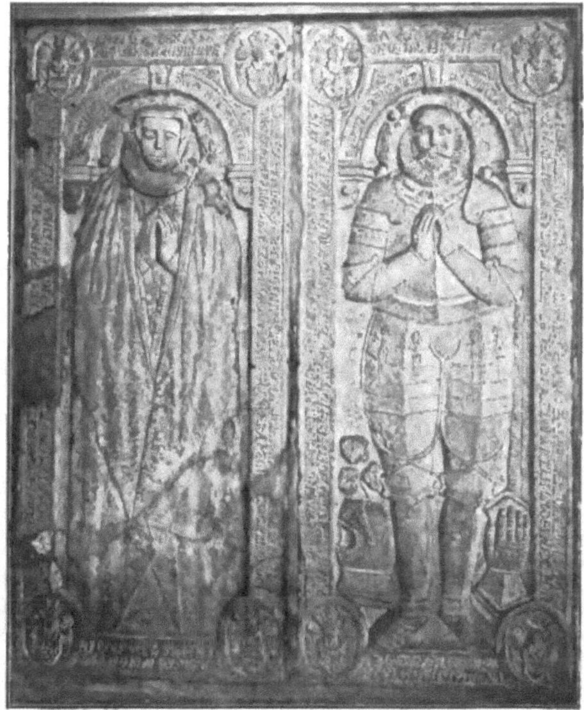

Grabstein des Hans Hahn und dessen erster Ehefrau Ilse von Arnim.

Kleinkunstwerke.

Kleinkunstwerke. 1. 2. Silberner Kelch auf sechspassigem Fuss, mit aufgelegter plastischer Kreuzesgruppe als Signaculum. Auf der Unterseite des Fusses die Inschrift: **DER KIRCHGEN ZU BRISTOW ANNO 1725 • D • 20 • JULY.** Vom Güstrower Goldschmied **L • M •** (**Lenhard Mestlin**). Ebenso die Patene. — 3. 4. Silberner Kelch auf sechspassigem Fuss, mit aufgelegter plastischer Kreuzesgruppe als Signaculum. Auf der Unterseite des Fusses eingraviert: **JACOB MÜLLER HAT DIESEN KELCH DER KIRCHEN ZU BRISTOW VEREHRET**

ANNO 1752, D • 8 • JANUARI. Vom Malchiner Goldschmied D • I • W. Patene ohne Schrift und Zeichen. — 5. Längliche achtseitige Oblatendose vom Güstrower Goldschmied Lenhard Mestlin. — 6. Neugothische Kanne, gestiftet von CARL GRAF BASSEWITZ und Gemahlin MARGARETHE GEB • GRÄFIN V • D • SCHULENBURG. — 7. Altes Messing-Taufbecken mit der Scene der Verkundigung. — 8. 9. Zwei Messing-Leuchter ohne Datum, der eine gestiftet laut Inschrift von JOCHGIM RESING und WARNER STEN, der andere von JOCHGIM WVLF. — 10. Kleiner silbervergoldeter Schöpflöffel ohne Inschrift und Stempel.

Das Gut und Kirchdorf Hohen-Demzin.[1])

Geschichte des Dorfes.

Frühmittelalterliche Urkunden fehlen. Aber vom ersten Viertel des XV. Jahrhunderts her sind die von der Osten, eine schon im XIII. Jahrhundert in Pommern und Mecklenburg ansässige Adelsfamilie, als Herren von Hohen-Demzin und Karstorf nachzuweisen. Der letzte von ihnen, der Klosterhauptmann Johann Dietrich von der Osten in Dobbertin, nimmt aber Ende der sechziger Jahre des XVIII. Jahrhunderts aus Mecklenburg einen unrühmlichen Abgang und wird flüchtig.[2]) Aus seiner Konkursmasse erwirbt Joachim Joh. Friedrich von Müller 1788 die Güter, tritt sie aber schon 1791 an den 1786 von König Friedrich Wilhelm II. von Preussen in den Freiherrnstand und 1793 mit dem Prädikat »Freiherr von Labes gen. Graf von Schlitz« in den Grafenstand erhobenen späteren Domdechanten und Geh. Legationsrath Hans Graf von Schlitz ab. Dieser stirbt am 25. Juli 1831 mit Hinterlassung einer einzigen Tochter, Johanna Carolina Louise, vermählten Gräfin Bassewitz, deren Nachkommen heute im Besitz der Güter sind. Die Reihe der Geistlichen von Hohen-Demzin beginnt für uns erst im XVII. Jahrhundert, aus früherer Zeit haben wir keine Nachrichten. Um 1660 ist der alte Pastor Christophorus Conradi gestorben. Er ist über vierzig Jahre zu Hohen-Demzin im Amte gewesen und hat alle Noth und alles Elend des dreissigjährigen Krieges mit seiner Gemeinde durchlebt. Von sechzehn Höfen in Hohen-Demzin, auf denen es vorher zwölf Bauern und vier Kossaten gab, ist 1648 nur noch einer von Menschen bewohnt, und Karstorf, wo acht Höfe waren, hat 1648 gar keinen mehr.[3]) Auf Conradi folgt 1662 Christian Karsten (Carstenius), welcher 1675

[1]) 7 km südlich von Teterow. Nach Kühnel »Ort des Demeta, Demešane: M. Jahrb. XLVI, Seite 39.

[2]) Nach Akten im Grossh. Archiv. Am 21. November 1768 wird wegen »muthwilligen Concurses und eingestandener Falsorum« ein Steckbrief gegen ihn erlassen. Im März 1771 wird er auf die Festung Dömitz gebracht, aber nach anderthalbjähriger Gefangenschaft am 1. Oktober 1773 mit Landesverweisung begnadigt. Sein einziger Sohn Johann Dietrich stirbt als Student auf der Universität Leipzig.

[3]) Groth, M. Jahrb. VI, S. 135.

stirbt. 1676 wird Mag. Friedr. Nik. Ideler berufen, der 1702 als Pastor und Präpositus nach Schwaan übersiedelt. Ideler übernimmt 1677 auch die Cura von Bristow. Ihm folgt Stephanus Hane (Hahn), von 1702 bis 1742. Nach längerer Vakanz während der bekannten Wirren zwischen Herzog Karl Leopold und der Kaiserlichen Reichskommission wird endlich im Jahre 1751 Johann Dietrich von Neulich (Vonneilich) berufen († 1773). Nach dessen Tode übernehmen die Pastoren zu Teterow den Dienst; 1790 aber geht auf einen Vorschlag des obengenannten Herrn von Müller, zu welchem die landesherrliche Zustimmung erfolgt, die Hohen-Demziner Kirche, wie schon S. 73 erwähnt worden ist, als vagierende Mutterkirche zur Kirche in Bülow über. Man hat aber in Aussicht genommen, demnächst in Demzin wieder ein eigenes Pastorat zu errichten.

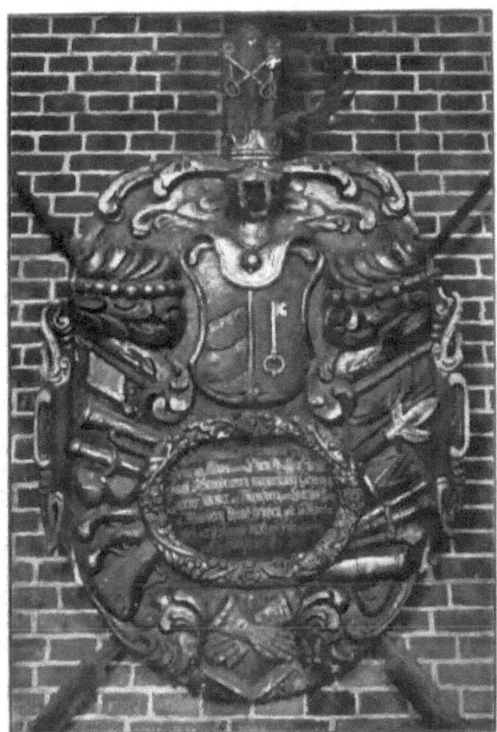

Wappen des Heinrich Adam von der Osten.

Ueber die ehemalige Zugehörigkeit der mitten in Circipanien gelegenen alten Demziner Kirche zur Kamminer Diöcese kann kein Zweifel bestehen, wenn auch kein ausdrückliches Zeugniss dafür vorliegt. Siehe oben S. 65, Anmkg. 1 (Schorssow).

Kirche. **Kirche.** Die Kirche, 1872 umgebaut, ruht auf einem hohen Granitfundament und hat einen Chorschluss aus dem Achteck sowie einen ganz aus Granit aufgeführten Thurm mit einer achtseitigen steilen Helmspitze.

Im **Innern** ist Alles neu. Auf dem **Altar** ein auf Goldgrund gemalter **Krucifixus** von **Fischer-Poisson 1871**. Auf der Nordseite der Kirche, draussen, ein **Denkstein** der gräflichen Familien **VON SCHLITZ** und **BASSEWITZ-SCHLITZ** (nach 1861), und ein anderer kleinerer **Stein** mit der Angabe: **HIER RUHEN DIE VON DER OSTEN, WELCHE SEIT 1427 BIS ZUM JAHRE 1788 AUF KARSTORF GESESSEN.** Unter dem Chor die von aussen mit einer eisernen Platte geschlossene **BASSEWITZ-SCHLITZ**'sche **Gruft** (1871). Im Innern der Kirche, und zwar an der Nordwand, ein aus Holz geschnitztes und bemaltes grosses **Wappen** mit kriegerischen Emblemen und einer Unterschrift, welche besagt, dass der kurfurstlich-brandenburgische Generalquartiermeister **HEINRICH ADAM VON DER OSTEN**, grundgesessen auf Schildberg, Karstorf und Wildberg, am 28. September 1626 zu Schildberg geboren und 2. August 1682 zu Karstorf gestorben sei. Ausserdem im herrschaftlichen **Stuhl** ein geschnitztes und bemaltes neues **BASSEWITZ-MALTZAN**'sches **Allianzwappen**. An der Wange desselben Stuhls treffliche neugothische Schnitzerei mit dem **BASSEWITZ-BÜLOW**'schen **Allianzwappen**. Innere Einrichtung der Kirche.

Im Thurm zwei **Glocken**. An der grösseren Glocke die Inschrift: **LOBET DEN HEREN LOBET IN MIT HELLEN CYMBELN, LOBET IN MIT WOLKLINGENDEN CYMBELN · CL PSALM CHRISTOPHORUS CONRADUS PASTOR ANNO DNI 1620.** Auf der Vorderseite ein reichverziertes Kreuz. Giesser nicht genannt. — Die zweite Glocke ist ohne Inschrift und Zeichen. Glocken.

Kleinkunstwerke. 1. 2. Silbervergoldeter gothischer Kelch auf sechspassigem Fuss. Am Knauf der Name **IHESVS**. Kein Signaculum. Auf der Unterseite des Fusses die Aufschrift: **GOTT ZU EHREN VNDT DEM HOCHHEILIGESTEN SACRAMENT ZV ZIRDE VEREHRET DISEN KELCH IN DIE HOHEN DEMZVNSCHEN KIRCHEN H · GEORG WILHELM VON DER OSTEN · AO 1653.** Keine Werkzeichen, auch nicht an der zugehörigen Patene. — 3. 4. Silberner Kelch auf sechspassigem Fuss, mit aufgelegtem plastischen Krucifixus als Signaculum und dem eingravierten Osten'schen Wappen sowie den Initialen **J·D·V·O·** sammt der Jahreszahl **1736**. Güstrower Arbeit von **Lenhard Mestlin**. Patene ohne Inschrift und Zeichen. — 5. Kleiner silberner Krankenkelch, gestiftet 1859 von **A.** und **S. WURZBACH.**[1]) Als Werkzeichen ein eingestempeltes **S**. — 6. 7. Neugothische Deckelkanne und neugothische Oblatenschachtel, mit den Initialen des Stifters **A · B · S ·** unter einer Grafenkrone (von Bassewitz-Schlitz). — 8. Messingene Taufschale von 1856. — 9. Zinnerner Klingbeutel mit Sammetbeutel und aufgesticktem Osten'schen Doppelwappen von 1745 (**J · D · V · D · O ·** und **D · C · V · D · O ·**). Kleinkunstwerke.

[1]) Küster und Lehrer zu Hohen-Demzin.

Burg Schlitz.

Geschichte von Burg Schlitz.

Drei Kilometer weiter südlich von Hohen-Demzin treffen wir das von jeher als Pertinenz dazu gehörige alte von der Osten'sche, jetzt Gräflich Bassewitz'sche Gut Karstorf, auf dessen Feldmark der schon bei Hohen-Demzin erwähnte Hans Labes, seit 1786 Freiherr und, nach Adoption durch den Grafen Johann Eustachius von Schlitz gen. von Görtz, seit 1793 mit dem Prädikat »Freiherr von Labes, gen. Graf von Schlitz« in den Grafenstand erhoben, zur Erinnerung an die ihm gewordenen neuen Namen und Titel die beiden Ortschaften Burg Schlitz und Görzhausen gegründet hat.[1]) Wenn wir hier nun Burg Schlitz, das als breiter Schlossbau weiss aus dem Grün hervorleuchtet, besonders erwähnen, so geschieht es weniger wegen irgend welcher Besonderheiten der Architektur, die im Ganzen bei bequemer Weiträumigkeit schlicht und einfach gehalten ist, als wegen der besonderen Art der Verbindung von Kunst und Natur in jenem klassicierenden Geschmack vom Ende des XVIII. und Anfange des XIX. Jahrhunderts, dem z. B. das ältere Ludwigslust, sowie das ältere Doberan sammt den älteren Theilen von Heiligendamm ihre Entstehung danken. Dieser Art von Schöpfungen, die eine hinter uns liegende höchst bemerkenswerthe Periode des klassicierenden Geschmacks repräsentieren, eine Periode, die das grosse Publikum ihres zeitlichen Zusammentreffens wegen gerne mit dem französischen Namen »Empire« bezeichnet, obwohl dieser Name ihren wirklichen Zeit-Umfang keineswegs deckt und das ganze Empire vom Standpunkte seiner Kunst sogar nur als eins ihrer Produkte an einer bestimmten Stelle anzusehen ist, schliesst sich Burg Schlitz als eine der hervorragendsten Leistungen der Garten- und Landschaftskunst jener längst vergangenen herrlichen Tage an, die in Literatur und Kunst soviel Glanz über Deutschland ergossen haben. Wir können hier in keine genauere Einzelbeschreibung eintreten, aber es ist nicht zuviel gesagt, wenn wir das Landschaftsbild, welches sich von der Rampe des Schlosses oder von den Plattformen der Dächer oder oben vom Thurm vor dem Beschauer ausbreitet, als ein Paradies bezeichnen, gross, weit und vollendet schön in den Formen seiner Hügel und Thäler, Wälder und Felder, Baumgruppen und Garten-Anlagen,

[1]) Hohen-Schlitz bei Thürkow und Görzhausen erscheinen 1802 zum ersten Mal im Staatskalender, Hohen-Schlitz mit Thürkow im ritterschaftlichen Amt Güstrow verbunden, Görzhausen zusammen mit Karstorf und Hohen-Demzin im ritterschaftlichen Amt Stavenhagen. Burg-Schlitz dagegen erhält als neue Anlage, die 1806 begonnen und 1816 zum ersten Mal bezogen wird, erst am 17. Januar 1817 die landesherrliche Genehmigung zur Führung eines eigenen Namens. Zugleich wird es zum Hauptgut erhoben und das bisherige Hauptgut Karstorf zu einer Pertinenz von jenem gemacht.

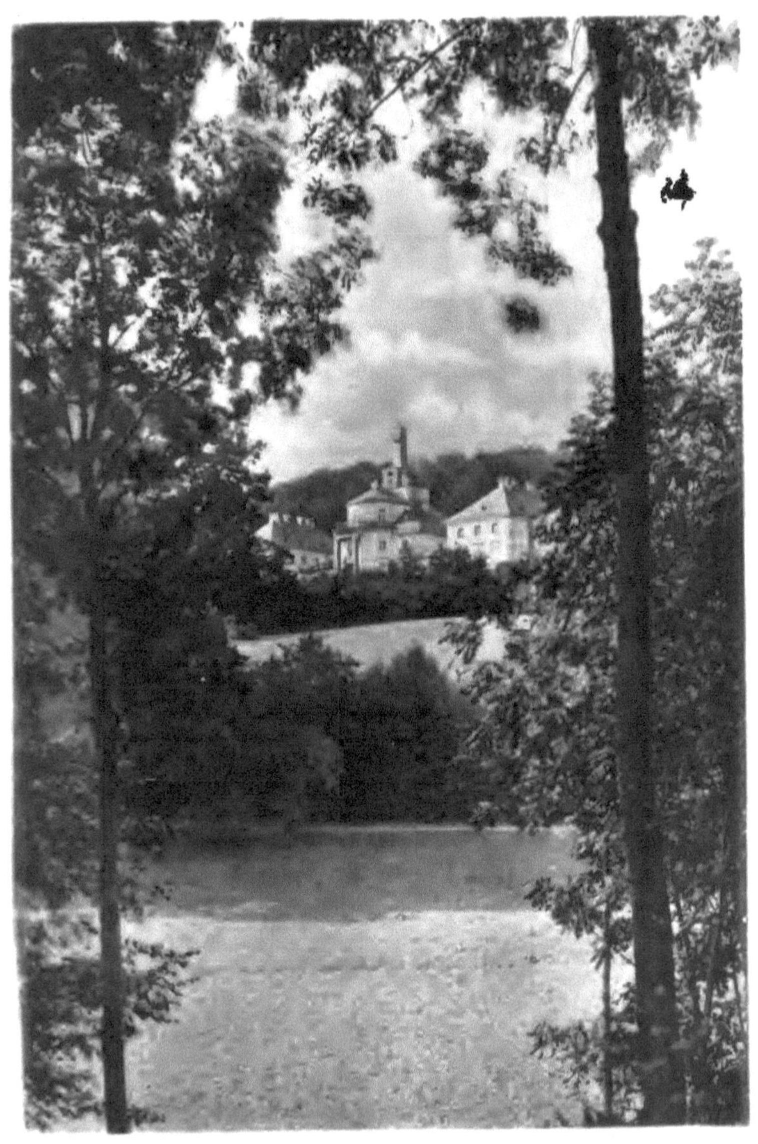

Burg Schlitz.

aus denen überall hübsche Dörfer mit Kirchthürmen hervorlugen, und in deren Mitte wie eine grosse blaue Perle der Malchiner See sich ausdehnt. Von diesem eigenartigen kultur- und kunstgeschichtlichen Gesichtspunkte aus wollen auch die sechsunddreissig Denkmäler beurtheilt sein, die, grösstentheils sauber aus erratischen Granitblöcken der Feldmark hergestellt und theilweise mit eingemeisselten Versen, Sprüchen, Dedikationen u. dgl. m. versehen, den weiten Park und Wald füllen und überall, an Wegen und Stegen und auf freien Plätzen, den Wanderer an die alte klassische Zeit mit ihrer feinen Empfindsamkeit erinnern. Mögen einzelne, z. B. Pyramiden mit genauer Angabe der Entfernung von Regensburg und andern Plätzen, nach denen heute im neuen Reich nicht mehr gefragt wird, für die aber der alte Geh. Legationsrath und Graf irgend ein Interesse hatte, für den Betrachter etwas Auffälliges haben und mehr wie Spielereien denn wie ernst gemeinte Dinge erscheinen: was thut das dem Platze, wo sie stehen? Ist doch die Hauptsache die, dass so ein Denkstein, sei es auf grünem Rasen, sei es vor einem geschmackvoll gruppierten Hintergrunde von Gebüsch und Bäumen, wirkungsvoll sich abhebt. Das ist aber bei allen der Fall. Es wäre daher schade, wenn auch nur ein einziges dieser alten schlichten, glücklicherweise aber äusserst dauerhaften Monumente verschwände.[1]) Die Bauzeit des Schlosses währte von 1806 bis 1823.

Vorgeschichtliche Plätze

s. am Schluss des Amtsgerichtsbezirks Stavenhagen.

[1]) Wir bemerken dies absichtlich, weil in der Vaterlandskunde von Raabe-Quade I, S. 1103, eine Bemerkung darüber zu lesen ist, welche zeigt, dass die alte Kunst der Landschaftsgärtnerei in Burg Schlitz nicht, wie es hätte sein müssen, vom Standpunkte ihrer Zeit aus verstanden und beurtheilt worden ist. — Vgl. Lisch und Wedemeyer, Album mecklenb. Schlösser und Landgüter, Heft 3 und 4, S. 29—32. — Lisch, Mecklenburg in Bildern II, S. 54—56.

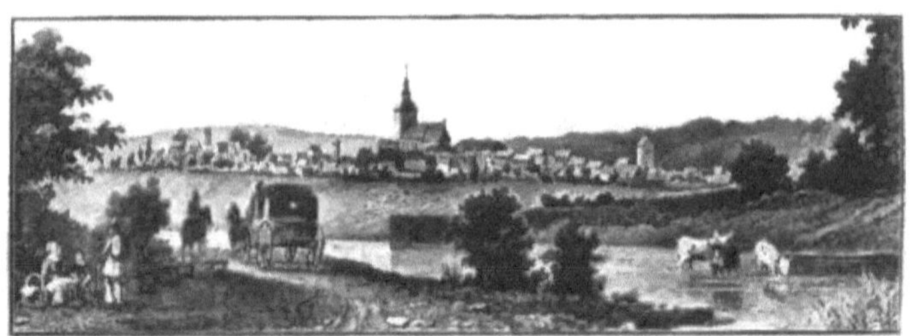

Ansicht von Malchin aus der ersten Hälfte des XIX. Jahrhunderts.

Amtsgerichtsbezirk Malchin.

Die Stadt Malchin.[1]

Geschichte der Stadt.

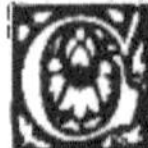

Geschichte der Stadt. Als im Anfange des XIII. Jahrhunderts das westlich von der Stadt Seehausen in der Altmark gelegene Cistercienser-Nonnenkloster Arendsee seine Besitzungen bis in das mecklenburgische Circipanien ausdehnt, da giebt es zwischen Malchin und Wargentin, einem erst im Jahre 1788 völlig eingegangenen Kirchdorf, dessen unmittelbar am Malchiner See gelegene Feldmark jetzt mit der von Basedow verbunden ist, einen Eichwald, in welchem Fuchsgruben (uosgrouen) vorhanden sind, die als Grenzpunkte genannt werden. Das ist das erste Mal, dass der Name Malchin urkundlich vorkommt: es geschieht in jener Schenkungsurkunde des Herzogs Kasimar von Pommern, in welcher er, der damals Herr von Circipanien ist, das Dorf Wargentin mit dem halben Wargentiner See am 26. Juni 1215 zu Demmin dem genannten Kloster überweist.[2]) Es wird nicht angedeutet, aber man empfängt den Eindruck, dass Malchin um diese Zeit noch ein Dorf ist. Auch steht es fest, dass der grosse schöne See seinen heutigen Namen noch nicht führt, sondern ganz und gar zu Wargentin gehört und den Namen »Wargentiner See« auch dann noch lange behält, als die

[1]) Im XIII. Jahrhundert Malekin, Malchyn, Malechin geschrieben: »Ort des Malek« (altslavisch malü = klein): Kühnel, M. Jahrb. XLVI, S. 89. Deutsch also ungefähr dasselbe wie »Kleinhagen«.

[2]) M. U.-B. 219. 371. 3715. Vgl. Lisch, M. Jahrb. XV, S. 1—22 (Gesch. der Besitzungen des Klosters Arendsee in Mecklenburg, im Besondern der Dörfer Wargentin und Rögelin).

Besitzverhältnisse völlig andere geworden sind. Aber eine grössere, städtische Einrichtungen zustrebende Gemeinde wird Malchin auch damals schon gewesen sein, denn sonst würde es uns im Jahre 1236 kaum als eine fertige Stadt mit Kirche, Pfarrer und Bürgern entgegengetreten sein, als eine Stadt, welcher Fürst Nikolaus von Werle, nachdem Circipanien in demselben Jahr wieder an Land Mecklenburg gekommen, am 7. April dieses Jahres das Schwerinsche Stadtrecht verleiht.[1]) Dass die Kirche gleich den meisten unseres Landes der hl. Jungfrau Maria und dem hl. Evangelisten Johannes gewidmet war, erfahren wir aus jener Urkunde des Bischofs Wilhelm von Kammin, in welcher er am 14. Januar 1247 das Filial-Verhältniss der Basedower zur Malchiner Kirche feststellt.[2]) Um diese Zeit giebt es auch bereits eine mit landesherrlichen Privilegien ausgestattete Mühle zu Malchin.[3]) Uneinigkeiten zwischen der Stadt und dem Kloster Dargun, welchem das benachbarte Dorf Gielow gehört, führen unter Mithülfe der Landesherrn und des Kamminer Bischofs Hermann, der öfter in der Stadt weilt, allmählich zu Ausgleichen: die Stadt erhält den Wald zwischen ihrer und der Gielower Feldmark; das Klosterdorf Gielow bekommt das nicht ganz rechtmässig auf seiner Feldmark angelegte und nach Malchin eingepfarrte Dorf Moizle zurück; es erfolgt eine bestimmte Abgrenzung des Hofes Gielow, auf welchem der Darguner Magister Curiae die Verwaltung führt; und endlich leistet das Kloster Spanndienste beim Malchiner Brückenbau, wofür es, mit einem seinerseits zu leistenden Zuschlag von Geld, vom Brückenzoll befreit wird: alles das in der Zeit von 1253 bis 1283.[4]) Dass das Verhältniss der Stadt zu dem nahen Pommernlande durch die einschneidenden politischen Veränderungen keine nachhaltige Trübung erfahren hat, beweist eine von Herzog Bogislav am 20. Juni 1286 zu Ukermünde ertheilte Zollvergünstigung für den Malchiner Handel und Verkehr in Anklam und anderen Städten seines Landes: der Zoll soll dort nicht höher sein als in dem nahe gelegenen Demmin.[5]) Das gute Verhältniss der Stadt zum Fürstenhause Werle aber erfährt eine weitere Bestätigung durch die am 26. Juni 1294 gegebene Genehmigung zur Erwerbung sowohl der Peene-Mühle vor der Stadt als auch des Wargentiner Sees, von dem natürlich der dem Kloster Arendsee gehörende Theil auszunehmen ist, wenngleich dies nicht besonders gesagt wird.[6]) Wenn

[1]) M. U.-B. 449. 7667. Vgl. M. Kunst- u. Gesch.-Denkm. I, S. 519 (537).

[2]) M. U.-B. 589. Vgl. 2404.

[3]) M. U.-B. 595.

[4]) M. U.-B. 721. 857. 858. 913. 1335. 1435. 1436. 1654. Das Dorf Moizle wird im XIV. Jahrhundert nicht mehr genannt. Schildt, M. Jahrb. LVI, S. 205. Zu beachten ist auch die Befreiung des Klosters Dargun vom Ausfuhr-Verbot, das für Malchin in Betreff von Kornfrüchten erlassen worden war, im Jahre 1310: M. U.-B. 3384. 6431. Uebrigens hören wir 1357 wieder von einem Vergleich neuer Zwistigkeiten: M. U.-B. 8332. Die Legende von einem Burgenbau bei Malchin im Jahre 1261 gegen pommersche Raubritter, welche sich auf gar keine Urkunde stützt, trotzdem aber in viele Bücher, auch in Raabe-Quade's Vaterlandskunde, eingedrungen ist, geht wahrscheinlich auf eine Nachricht in Klüver's Beschreibung Mecklenburgs, II, S. 280, zurück.

[5]) M. U.-B. 1853. 1854.

[6]) M. U.-B. 2290. Vgl. 7668. 10672. Der Kloster-Antheil am See kommt später an die von Hahn und heisst schon im XIV. Jahrhundert »das Hahnen-Wasser«: Lisch, a. a. O., S. 13.

wir diesen Nachrichten über die Entwickelung der Stadt noch hinzufügen, dass vierzehn Hufen im Dorfe Tessenow, welche der Kirche in Malchin gehören, mit Genehmigung des Kamminer Bischofs und Domkapitels sowie auch des Fürsten Nikolaus von Werle an das Kloster Doberan verkauft werden und dieses auch in den Besitz der Malchiner Mühle gelangt, so ist damit alles, was für das XIII. Jahrhundert urkundlich feststeht, angegeben worden.[1])

Am 4. September 1301 inkorporiert Fürst Nikolaus von Werle die Pfarre zu Malchin mit allen ihren Einkünften einer der Domherrenstellen zu Güstrow, verpflichtet aber ihren jeweiligen Inhaber — damals ist es Martin von Mallin — jedem der dreizehn Domherren wöchentlich vierzehn Präbendenbrote zu liefern, wie sie ein Scheffel feinen und reinen Weizenmehls hergiebt, wogegen die Domherren wiederum den Beschluss festsetzen, auch den Fürsten und seine Gemahlin in diese Präbendenbrot-Gemeinschaft aufzunehmen und nach dem Schloss in Güstrow gleichfalls im Fall der Anwesenheit des Fürsten, oder auch wenn die Fürstin allein anwesend sei, dieselbe Zahl von Broten abzugeben.[2]) Der Stadt Malchin aber giebt derselbe Fürst am 25. Mai 1302 einen Beweis seines Wohlwollens und Vertrauens damit, dass er ihr den dritten Theil der Gefälle des Gerichts in der Stadt und auf dem Stadtfelde verleiht und zugleich für eine Stellvertretung der fürstlichen Vögte im Fall ihrer Abwesenheit durch den Rath der Stadt Sorge trägt.[3]) Ein paar Jahre später hören wir von einer Krebsmühle bei Malchin (Creuetesmolen), welche dem Ritter Friedrich von Kardorff gehört. Er vermacht sie aber am 6. Juli 1306 dem Kloster zu Dargun mit der Bedingung, dafür für sich und die Seinigen die letzte Ruhestätte im Kloster zu erhalten.[4]) 1310, den 6. Februar, geht der Antheil, den die Stadt an der Aussen-Mühle (ante ciuitatem) seit 1294 inne hat, an das Kloster Doberan über, zugleich auch das Eigenthum dieser Mühle, die wir nach dem in der Urkunde gebrauchten Ausdruck weder mit der Krebsmühle noch mit der Mühle in der Stadt, die das Kloster seit 1298 inne hat, verwechseln dürfen.[5])

In den Streitigkeiten und Kämpfen der Jahre 1315 und 1316, in denen Fürst Johann von Werle eine zweifelhafte Rolle spielt, indem er Anfangs auf Seiten des Königs Erich und seiner Bundesgenossen steht, dann aber zur Partei des Markgrafen Waldemar von Brandenburg tritt und gleich darauf im Treffen bei Luplow von seinen nunmehrigen Gegnern gefangen genommen wird, muss er, statt ein Lösegeld zu bezahlen, unter der Bedingung des Verlustes, am 23. März 1316 Haus, Stadt und Land Malchin auf sechs Jahre für

[1]) M. U.-B. 2436. 2443. 2446. 2502. 2621.

[2]) M. U.-B. 275. 2854. 2868. 2887. 2908. 4218. 4598. 5130. 6743. 6744. 8428. 11453. Vgl. Schröder, Pap. M., S. 871—73. 879.

[3]) M. U.-B. 2796.

[4]) M. U.-B. 3101.

[5]) M. U.-B. 3373. Diese Mühle vor der Stadt wird später eingegangen sein: heute ist ausser der Krebsmühle nur die grosse Mühle in der Stadt vorhanden. Vgl. auch M. U.-B. 9454. 9801.

10000 Mark löthigen Silbers dem Könige und zugleich dem Fürsten Heinrich von Mecklenburg zum Pfande setzen, sowie dem kurz vorher von ihm beim Dorfe Mölln gefangen genommenen Grafen Heinrich von Schwerin unentgeltlich die Freiheit wiedergeben.[1]) Die Stadt Malchin leistet bald darauf dem Fürsten Heinrich von Mecklenburg die Pfandhuldigung, aber sie nimmt es damit nicht ernst und treu genug, wie Kirchberg erzählt, ohne darüber weitere Andeutungen zu geben.[2]) Wie unterdessen Fürst Johann von Werle vom Domkapitel zu Güstrow (bei der werleschen Landestheilung am 2. December 1316 war Malchin an die Parchim-Goldberger Hälfte gekommen) am 6. September 1318 die zur Einlösung von Malchin erforderliche Summe geschenkt erhält, diese Summe aber nur als Darlehn angesehen wissen will, wenn der Bischof von Kammin die Schenkung nicht genehmigt, erfahren wir aus einer besonderen Urkunde, die für die Verhältnisse jener Zeiten charakteristisch ist.[3]) Im Uebrigen hält das Haus Werle, beunruhigt und misstrauisch geworden durch die Machtentwicklung des Fürsten Heinrich von Mecklenburg, in der Folge zum König von Dänemark und sichert sich zugleich durch ein Bündniss mit Pommern. Man nimmt dabei wahr, dass der Verlust von Lübz mit der Ture, wie es begreiflich erscheint, besonders schwer empfunden wird und dass Malchin politisch und strategisch als einer der Hauptstützpunkte der Herren von Werle angesehen wird.[4]) Diese Bedeutung Malchins tritt vierzig Jahre später ganz besonders in dem Vertrage zwischen Herzog Albrecht von Mecklenburg und Herzog Barnim zu Stettin am 29. August 1355 über die Eventual-Succession hervor, insofern die Beschlussfassung über Malchin vorbehalten bleibt.[5])

Den 16. Juni 1330 hören wir von einer Verpfandung der Bede des Landes Malchin durch die Fürsten von Werle an die Gebrüder Kossebade.[6]) Die weitere innere und äussere Entwickelung der Stadt ist aus dem Bruchstück einer Stadtrechnung von 1331/32 zu erkennen, insofern sich ergiebt, dass inzwischen ein Heiligengeiststift gegründet ist und dass Mauern und Thore vor-

[1]) M. U.-B. 3818. Vgl. Dettmar-Chronik (ed. Koppmann) I, S. 429. Rudloff, Hdb. d. m. Gesch. II, S. 217—222.

[2]) Reimchronik von Ernst von Kirchberg, ed. Westphalen, Mon. ined. IV, S. 810. Rudloff, Hdb. d. m. Gesch. II, S. 222.

»Wer wyse ir Herre wolle syn
Der hüde sich vür den von Malchyn«

— sagt der alte Kirchberg.

[3]) M. U.-B. 4005. Vgl. dazu 3860 7771. 7772.

[4]) M. U.-B. 4358. 6393. 9174. 9394. 9560. Vgl. Band IV der M. Kunst- u. Gesch.-Denkm., S. 513 und 514. In den Landfriedensbündnissen der späteren Zeit steht Malchin mit 30 Mann eingeschrieben, also auf gleicher Stufe wie Neubrandenburg, nur überboten von Parchim, Wismar und Rostock. Selbst Güstrow bleibt dahinter zurück, die meisten übrigen Städte aber stellen nur zehn Mann: M. U.-B. 7524. 7717, Anmkg. 7911.

[5]) M. U.-B. 8125.

[6]) M. U.-B. 5154. Später sind die von Barnekow im Pfandbesitz der Bede aus der Vogtei Malchin: M. U.-B. 7378. 1359, den 18. Januar, erhalten auch die von Moltke einen Antheil daran: M. U.-B. 8561.

handen sind, unter ihnen das mehrmals genannte Wargentiner Thor.[1]) Thatsächlich findet sich denn auch schon wenige Jahre nachher der gewiss nicht bloss bildlich gemeinte Ausdruck »intra muros Malchin« in einer Urkunde vom 22. Januar 1338.[2]) Zugleich hören wir von einer erheblichen Stiftung des Malchiner Bürgermeisters Gerlach Dempzin und seiner Ehefrau Gertrud, womit diese einestheils das Heiligengeiststift bedenken, anderntheils ein Armenhaus für nicht weniger als zwölf hülfsbedürftige Personen einrichten. Auch andere wohlhabende Familien in der Stadt, wie die von Reez, Gube und Sachow werden um diese Zeit genannt, die sich um eine Vikarei in der Malchiner Kirche verdient machen.[3]) Deshalb hat sich hier auch ein Platz für den Franziskaner-Orden, die fratres minores, gefunden, von denen bereits eine Strasse den Namen trägt.[4]) Dass sich die Cisterciensermönche zu Dargun dort in anscheinend noch umfangreicherer Weise ausgebreitet haben, erklärt sich aus den bereits in der ersten Hälfte des XIII. Jahrhunderts vorhandenen Beziehungen zwischen Stadt und Kloster, die oben erwähnt sind.[5])

Noch vor dem Abscheiden des Hauses Werle aus der Geschichte empfängt das bisherige gute Verhältniss zur Stadt einen schweren Stoss. Ein besonderer äusserer Anlass ist unbekannt Wir erfahren aber aus einer Versöhnungsurkunde vom 11. Juni 1372, dass sich der Trotz des selbstbewussten Bürgerthums jener Zeiten während der Minderjährigkeit des Fürsten Johann d. ä. zu einer Gewaltthat hat hinreissen lassen, nämlich zur Niederreissung des fürstlichen Hauses oder Schlosses in der Stadt, das mit einem Wall umgeben war. Fürst Johann von Werle söhnt sich zwar mit der Stadt wieder aus, aber er verkauft den Wall und die Stelle des abgebrochenen Hauses zu Bürgerrecht und wendet der eigenmächtigen Stadt den Rücken.[6])

Es naht die Zeit des Aussterbens der Goldberger Linie des Hauses Werle. Unsicher über ihre Zukunft verbinden sich die Städte Parchim, Malchin, Teterow und Laage am 23. September 1374 zu gegenseitigem Schutz ihrer Privilegien.[7]) Aber das Haus Werle behält die Oberhand, und Malchin geht auf die Güstrower Linie über. In einem Streit der Stadt mit den von Maltzan um den an Schorssow angrenzenden Theil des Wargentiner oder Malchiner Sees behält jene Recht, und die Herren von Werle bestätigen ihr

[1]) M. U.-B. 5273. Das Steinthor wird zehn Jahre später genannt (freilich nicht in einer Original-Urkunde, sondern — was nicht zu übersehen ist — in deren Abschrift aus dem XVI. Jahrhundert): M. U.-B. 6198 (. . . agri jacentis extra ciuitatem infra valuam lapideam et aliam valuam proprie Wargantinus (!) nuncupatam). Das Mühlenthor wird 1381 zum ersten Mal urkundlich genannt: M. U.-B. 11352.

[2]) M. U.-B. 5847. Vgl. 7651, Anmkg. Die Stadtmauern werden auch 1372 urkundlich genannt: M. U.-B. 10334.

[3]) M. U.-B. 6198.

[4]) M. U.-B. 5847.

[5]) M. U.-B. 6431 (habitacionem, curiam, domum lapideam, et horreum aliaque edificia . . . . in ciuitate nostra Malchin . . . habent abbas et conuentus). Vgl. M. U.-B. 7651, 8332.

[6]) M. U.-B. 10334.

[7]) M. U.-B. 10635.

am 29. December 1374 aufs Neue den Besitz des Sees und der Peene-Mühle vor der Stadt.[1]) Indessen das Verhältniss zwischen der Landesherrschaft und dieser ist vorläufig noch ein bedingtes. Das sieht man sowohl an der Einschränkung der Huldigung im Jahre 1374 durch den vom Malchiner Rath gemachten Hinweis auf die Rechte der mecklenburger Herren, obwohl doch diese damals noch nicht daran denken konnten, die werleschen Lande in Besitz zu nehmen, als auch an der über die bedingte Huldigung unter grosser Zeugen-Betheiligung aufgenommenen Urkunde vom 4. Januar 1375.[2]) Die hierin kund gegebene Vorsicht entspringt nämlich dem für eine Zeitdauer von vierzehn Jahren geschlossenen und daher noch nicht abgelaufenen Rostocker Vertrage vom 31. Oktober 1366 zwischen denen von Werle einerseits und denen von Mecklenburg andererseits, wenngleich darin auch der vor der Zeit eingetretene Todesfall Johanns d. ä., des letzten Herrn von Werle-Goldberg, der sich, wie festgesetzt war, im Jahre 1378 mit der mecklenburgischen Herzogin Euphemia vermählen sollte, nach allen Richtungen hin auf das Gründlichste vorgesehen war.[3]) Indessen, da sich dieselbe Herzogin bald darauf mit Fürst Johann d. j. von der Linie Werle-Güstrow vermählt, so bleiben die seit dem genannten Vertrage bestehenden Freundschafts- und Verwandtschaftsverhältnisse zwischen beiden Theilen dieselben, und die angewendete Vorsicht der Stadt Malchin gelangt zu keiner praktischen Bedeutung. Auch hindert das in keiner Weise die weitere politische Entwickelung durch Verträge verschiedener Art zwischen dem Landesfürsten und seinen Vasallen auf einer Seite und der Stadt auf anderer Seite.[4]) Man war eben in jenen Zeiten nicht allzu empfindsam; im Gegentheil genossen gewaltthätiges und rücksichtsloses Vorgehen weithin eine gewisse Duldung und selbst Entschuldigung, wie z. B. die Ueberlistung und Gefangennehmung des Ritters Johann von Stralendorff durch den Malchiner Bürger Adrian Breide im Sommer 1383 und der von einer grösseren Anzahl Malchiner Bürger bei Gelegenheit eines Wortstreites an dem Schorssower Maltzan im Frühjahr 1385 zu Faulenrost in Gegenwart des Fürsten Johann von Werle begangene Todschlag beweisen.[5]) War der Fall unangenehmerer Art, wie z. B. der letztgenannte, dann half man sich und seinem Gewissen durch den Bau einer Sühnekapelle und durch Memorienstiftungen, nahm es aber auch damit nicht allemal ernst, wie aus einer Urkunde vom 25. März 1403 in dieser Schorssower Sache zu ersehen ist.[6]) Der Erschlagene war seit dem

[1]) M. U.-B. 10339. 10643. 10672.

[2]) M. U.-B. 10678.

[3]) M. U.-B. 9560. Rudloff, Hdb. d. m. Gesch. II, S. 470. 493. 511.

[4]) M. U.-B. 11113. 11155. 11378. 11444. 11451. 11664.

[5]) M. U.-B. 11524. 11665. Aehnliche Vergewaltigungen wie dem Johann Stralendorff geschahen 1394 dem Heyne Plessen. 1400 dem Koneke Eggherdes, 1410 dem Henneke von dem Kaland, Gherwen und Reiner Steffen, 1534 dem Jürgen Hogendorp und 1536 dem Matthias Kerkdorp, wie urkundlich nachzuweisen ist. Verzeichnisse der Ritterschaft im Lande Malchin giebt es von 1425 und 1491: Lisch, M. Jahrb. XXXVIII, S. 176. Abgedruckt in Gesch. des Geschlechts Maltzan II. S. 555. und IV, S. 211.

[6]) Lisch, Gesch. des Geschl. Maltzan III, S. 36 (Urk. 468). Vgl. dazu II, S. 356 (Urk. 338); S. 365 (Urk. 341); S. 371 (Urk. 344); S. 374 (Urk. 345). M. Jahrb. XV, S. 61.

1. November 1375 Pfandherr des Landes Malchin gewesen, da ihm und seinen Erben an diesem Tage von den beiden Fürsten Lorenz und Johann von Werle das Hundekorn, sowie das höchste und niederste Gericht sammt allen Unterthanenpflichten im ganzen Lande Malchin für die Summe von 1800 Mark lübischer Pfennige überlassen worden waren.[1]) An seine Stelle tritt nun der Bruder Heinrich von Maltzan als Pfandherr der Vogtei (vaghed der voghedye to Malchin).[2])

Das bedeutsamste Ereigniss für die Stadt gegen Ende des XIV. Jahrhunderts ist — wenn wir von dem im Jahre 1382 geschehenen Ankaufe des Schnakenburg'schen kleinen Gutes Pisede zur städtischen Kämmerei absehen — der grosse Brand der Kirche im Jahre 1397. Dabei verliert diese ihren gesammten Inhalt an Schmuck, Gewändern, Büchern, Kelchen, Leuchtern und allem Andern, was zu ihrem Bestande nöthig ist. Wir erfahren das aus einem Ablassbrief des Kamminer Weihbischofs Johann, Bischof von Garda in partibus, der am 6. Juni des Jahres in der Stadt anwesend ist und in diesem Briefe nicht bloss einen weitreichenden Ablass gewährt, sondern die Aussendung von Boten zur Einsammlung milder Gaben gestattet.[3]) Da entsteht nun der stattliche hochgothische Bau der heutigen Kirche an Stelle der älteren und niedrigeren spätromanischen Kirche aus der ersten Hälfte des XIII. Jahrhunderts (s. u.). Der Uebergang der Stadt an das Haus Mecklenburg nach dem Aussterben des Mannesstammes der letzten Linie des Hauses Werle im Jahre 1436 und die den Herzögen von Mecklenburg noch im selben Jahre dargebrachte Huldigung; die Eventualhuldigung an das Haus Brandenburg, das bei dieser Gelegenheit am 12. April 1442 zu Wittstock das Zugeständniss der Eventual-Succession von Mecklenburg erreicht hatte, und die noch im selben Jahre am Abend vor Himmelfahrt erfolgte Privilegienbestätigung durch die Markgrafen Friedrich d. ä. und Friedrich d. j.;[4]) der Ankauf der Binnenmühle vom Kloster Doberan durch den Rath im Jahre 1451; das von den beiden Herzögen Heinrich d. ä. und Heinrich d. j. von Mecklenburg erlassene Verbot im Jahre 1460, weiterhin noch liegende Gründe in Malchin an Geistliche zu vermachen und bei Lebzeiten zu überlassen — bei Verlust des der Landesherrschaft anheimfallenden Vermögens und vom Veräusserer überlassenen Gutes, sowie bei Strafe der Vertreibung der dawider handelnden Geistlichen aus der Stadt, es sei denn, dass es mit Rath und Willen der Bürgermeister und Rathmannen geschehen und dass in diesem Falle den Erben der Stifter die Wiedereinlösung des gestifteten Gutes mit baarem Gelde verblieben; die Privilegienertheilungen

[1]) M. U.-B. 11665.

[2]) Lisch. a. a. O. II, S. 378 (Urk. 347).

[3]) M. U.-B. 11405. M. Jahrb. XXXI, S. 93—95. Dabei wird versehentlich als besonderer Schutzpatron der hl. Johannes Baptista an die Stelle des in der Kamminer Konfirmationsurkunde vom 14. Januar 1247 richtig genannten hl. Johannes Evangelista gesetzt.

[4]) Rudloff, Hdb. d. m. Gesch. II, S. 41. 178. 742—746. 749—754. Vgl. M. Kunst- u. Gesch.-Denkm. IV, S. 582. — Unter den Malchiner Urkunden und Akten finden sich in der Zeit von 1286 bis 1697 über zwanzig fürstliche Privilegien-Bestätigungen.

vom Rath an die Schöngewandschneider 1463, an die Kaufleute-Gilde ebenfalls 1463, und an das Haak- oder Haken-Amt 1510, die am 6. März 1489 geschehene Einverleibung der Teterower Pfarre in die Malchiner Pfarre und damit zugleich in das Güstrower Domstift zwecks Aufrechterhaltung der Mallin'schen Präbendenbrot-Stiftung (s. o.): das sind die Hauptmomente in der Entwickelung städtischer Verhältnisse des XV. Jahrhunderts und schon darüber hinaus.[1])

Ueber die Kirchen-Reformation in Malchin, für die der eben erwähnte Erlass der beiden mecklenburgischen Herzöge vom Jahre 1460 fast wie ein früher Vorbote erscheint, hat Lisch einen lesenswerthen längeren Aufsatz im M. Jahrb. XVI, S. 98—125, niedergelegt, auf den wir hier verweisen.[2]) In Malchin giebt es einen harten Widerstand, spät erst unterliegt das Alte dem Neuen. Im Jahre 1561, nach Antritt des Darguner Erbes durch den Herzog Ulrich, schenkt dieser das in Malchin gelegene Haus des Klosters mit Hof und allen dazu gehörenden liegenden Gründen, aber mit Ausnahme aller Hebungen an Zehnten und aus Hölzungen und Wiesen sowie alles dessen, was sonst um des Klosters willen jährlich dahin gebracht worden sei, seinem bewährten Rath Kruse auf Varchentin und dessen Erben. Zugleich erhält der Amtmann in Dargun den Befehl, den Ebengenannten sofort in seinen Besitz einzuweisen.[3])

Mit dem Beginn des Reformationszeitalters tritt das Interesse an den Stadtgeschichten vor dem der Landesgeschichte zurück. So ist es denn auch ebensosehr und mehr noch ein landesgeschichtlicher Akt als ein stadtgeschichtlicher, wenn bei der »Totaldivision« der Herzogthümer Schwerin und Güstrow im Jahre 1621 neben der schon seit 1572 für die Landtagsversammlungen dienenden Stadt Sternberg im Herzogthum Schwerin die Stadt Malchin im Herzogthum Güstrow für die umschichtig in dem einen und dem anderen Landestheil abzuhaltenden gemeinsamen Landtage der Ritter- und Landschaft eingesetzt wird.[4]) Die noch übrig bleibende Geschichte des XVII., XVIII. und des Anfanges des XIX. Jahrhunderts ist im Wesentlichen eine Leidensgeschichte, besonders die des dreissigjährigen Krieges, durch welchen die Blüthe des Bürger- und Bauernstandes vernichtet wird.[5]) Wir verweisen in dieser Beziehung auf die aus den Stadtbüchern wie »Kraut und Rüben« zusammengestellten chronistischen Aufzeichnungen in dem Büchlein von Herm. Christian Heinrich Gotthardt: »Sagen der Vorzeit Malchins und Denkwürdigkeiten der Stadt während der letzten drei Jahrhunderte, zusammengetragen aus mündlichen

[1]) Vgl. Urkunden und Akten im Grossh. Archiv. Dazu oben S. 5 (bei Teterow). Lisch, M. Jahrb. XII, S. 16. 17. XXXI, S. 85.

[2]) Vgl. M. Jahrb. VIII, S. 44.

[3]) Nach bisher nicht gedruckten Urkunden der Stadt Malchin. Abschriften im Grossherzogl. Archiv. Vgl. M. Kunst- u. Gesch.-Denkm. I, S. 527 (546).

[4]) Assecurations-Revers Art. XIV. XXIII. Rudloff, Hdb. d. m. Gesch. II, S. 209.

[5]) Es sollen einst 300 (!) Tuchmacher in Malchin ihr Brot gefunden haben: Gotthardt, a. a. O., Seite 34.

Ueberlieferungen, städtischen Urkunden und eigenen Beobachtungen.« Malchin, 1862, gedruckt bei J. W. Piper.[1])

Besondere Erwähnung verdienen das persönliche Eingreifen und der Besuch des Herzogs Gustav Adolph in Malchin nach der grossen Feuersbrunst am 3. Juni 1663;[2]) die tausend Drangsale während des nordischen Krieges, wobei die Stadt die Fischereigerechtigkeit auf dem grossen See verliert, indem sie diese stückweise an die umliegenden Güter verkauft;[3]) das Bombardement der von den Schweden besetzten Stadt in der Nacht vor Neujahr 1762 durch die Preussen,[4]) die Einquartierung von Russen im Jahre 1805 und von Franzosen unter Murat im Jahre 1806, wobei die Kirche als Heu- und Stroh-Magazin benutzt wird,[5]) und endlich die Bildung des »Reformvereins« im März 1848 und des »Constitutionellen Vereins« im September desselben Jahres,[6]) wobei man an die ergötzlichen Schilderungen in Fritz Reuters »Stromtid« erinnert wird.

In diesen letzten Dingen macht sich das erste politische Wiederaufleben bemerkbar, ein Wiederaufleben, das seitdem besonders im Handel und Verkehr zugenommen hat. Indessen finden sich selbst in den erwähnten Leidenszeiten allerlei Thatsachen, welche beweisen, dass die Kraft zum Schaffen niemals ganz erlahmte. Wir rechnen dahin z. B. die Gründung einer Synagoge im Jahre 1764 und deren Neubau 1837, den Bau eines Schulhauses 1782 und dessen Neubau 1846/47, sowie endlich den Neubau des Rathhauses im Jahre 1842, wobei man im Thurmknopf des alten Hauses eine lange Mittheilung aus dem Jahre 1745 fand, in welchem eine durchgreifende Restauration des Hauses stattgefunden hatte.[7])

Von vor- und nachreformatorischen Geistlichen ist eine grosse Zahl Namen überliefert, für die wir theils auf die Verzeichnisse in den Personen- und Standesregistern des mecklenburgischen Urkundenbuches, theils auf die kleine Schrift des Pastors Christian Alard (1712—1723) über das Jubelfest der Reformation im Jahre 1717,[8]) auf Schröder's papistisches Mecklenburg und die Geschichte der Malchiner Kirchenreformation im M. Jahrb. XVI, S. 98 bis 125, verweisen, dazu auch auf einen nur im Manuskript vorhandenen Cleemann'schen

---

[1]) Für das Ende des XVI. und den Anfang des XVII. Jahrhunderts sind die Sadenwather'schen Aufzeichnungen benutzt, für die letzten elf Jahre des dreissigjährigen Krieges und die nachfolgenden Zeiten die des Bürgermeisters Barthold Zahrndt, des Bürgermeisters Lorenz Goldschmidt u. a. m. (Gotthardt, a. a. O., S. 23. 40. 50. 120). — Zu den Nachrichten aus dem dreissigjährigen Krieg ist für dessen Anfang auch Klüver, Beschr. M.'s, II, S. 280 ff., heranzuziehen.

[2]) Gotthardt, a. a. O., S. 44.

[3]) Gotthardt, a. a. O., S. 46—50.

[4]) Gotthardt, a. a. O., S. 55 ff. Dazu ist besonders ein von Pogge-Gevezin im Malchiner General-Anzeiger vom 5. und 10. März 1899 veröffentlichter Auszug aus dem Tagebuch des Malchiner Kupferschmiedes Michael Friedr. Behm zu vergleichen.

[5]) Gotthardt, a. a. O., S. 65 ff.

[6]) Gotthardt, a. a. O., S. 72 ff.

[7]) Gotthardt, a. a. O., S. 14. 19. 20. 36. 37.

[8]) Malchinsches Denckmahl nach abgelegtem evangelisch lutherischen Jubelfest . . . . des 1717. Jahres . . . . von Christian Alard, Güstrow bei Joh. Lembken, S. 27—40. 42—44 (Aus Verzeichnissen von Kirchlehnen, Kalands-Summarien, und aus Kirchenbüchern des XVII. Jahrhunderts).

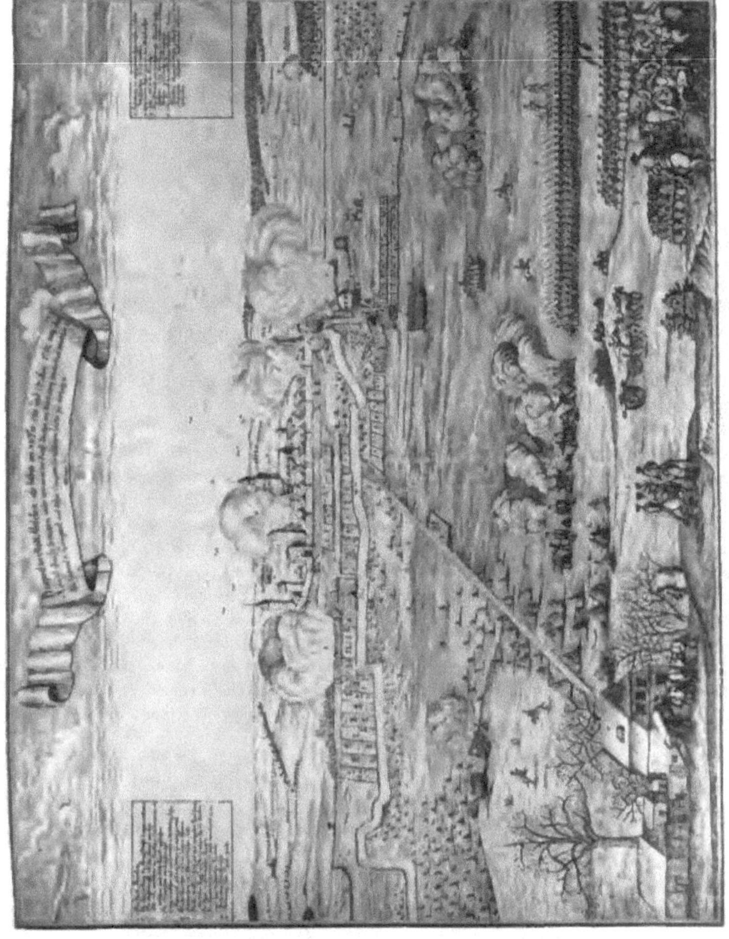

Malchin, von preussischen Truppen 31. Dec./1. Jan. 1761 bombardiert.

Nachtrag zu dessen Repertorium universale (im Grossherzoglichen Archiv). Das Alard'sche Verzeichniss reicht bis zu seiner eigenen Person. Er stirbt den 11. November 1723. Es folgen Friedrich Wilhelm Krüger (1725—1755) und Augustin Grapius (1728—1733), Samuel Sigismund (1735—1762) und J. H. A. Müller (1755—1787, † 1792), Joh. Andr. Fabricius (1763—1799) und Joh. Christoph (nicht Christian) Lehmann (1787—1811, Kollaborator des gemuthskrank gewordenen Pastors Müller). Ueber die Geistlichen des XIX. Jahrhunderts s. Walter a. a. O. Seit dem ersten Adventssonntage 1848 ist Malchin der Sitz einer Superintendentur.[1])

Die Kirche.

Baubeschreibung. Die Kirche zu Malchin ist ein vornehm wirkender hoher Backsteinbau, dessen Chor mit drei Seiten aus dem Achteck schliesst und dessen dreischiffiges Gemeindehaus einen von beiden Seiten her erleuchteten Obergaden hat. Die mit schwarzglasierten gothischen Thonfriesen verzierten Gesimse des Obergadens sind alt, d. h. sie gehören dem nach dem Jahre 1397 begonnenen Bau an (s. o.), die der Seitenschiffe dagegen stammen aus dem Jahre 1870. Der Grundriss und die Abbildungen ersetzen nun zwar im Uebrigen die weitere Beschreibung, aber sie lassen nicht erkennen, was und wieviel von der ausgebrannten alten Kirche in die neue übergegangen ist. Nur soviel sieht man auch aus ihnen, dass hier verschiedene alte und neuere Theile schliesslich zu einem Ganzen vereinigt worden sind, wie es nicht von Anfang an erdacht worden war. Von der alten Kirche steht noch heute die südliche Wand der Abseite mit ihren romanischen Ecklisenen, von denen die östliche durch den ersten Strebepfeiler des jüngeren Baues beinahe ganz verdeckt ist. Demgemäss fehlen auf dieser Seite die gothischen Strebepfeiler und jene Granitsockelbildungen, die an dem jüngeren Bau wahrzunehmen sind. Auch sind noch Spuren der ehemaligen romanischen Fensterlaibungen zu erkennen, die man ausgehauen und durch breitere gothische Fenster ersetzt hat. Ferner ist im Innern der angebauten Kapelle auf dem Westende noch etwas von dem südlichen Theil des ehemaligen Westgiebels der alten romanischen Kirche zu erkennen.[2]) Es sind dies der Rest eines Rundbogenfrieses unter einer zweifachen Stromschicht und ein Fensterschlitz mit schräge eingehenden Wandungen.[3]) Ueberhaupt enthält der ganze südwestliche Theil auch sonst im Innern soviele Spuren vom Bestande des alten Baues, dass es ein Leichtes sein würde, diesen, der höchst wahrscheinlich eine dreischiffige Hallenkirche von gleicher Breite war und ein Gemeindehaus von der Länge

Beschreibung des Baues.

[1]) Gotthardt, a. a. O., S. 37.

[2]) Auch in der Doberaner Abteikirche und im Schweriner Dom sind die südwestlichen Theile des Baues die Träger des alten Bestandes.

[3]) Oberhalb des romanischen Frieses erscheint (als erste Koncession an die Frühgothik) eine vertiefte vierblätterige Kleeblatt-Verzierung.

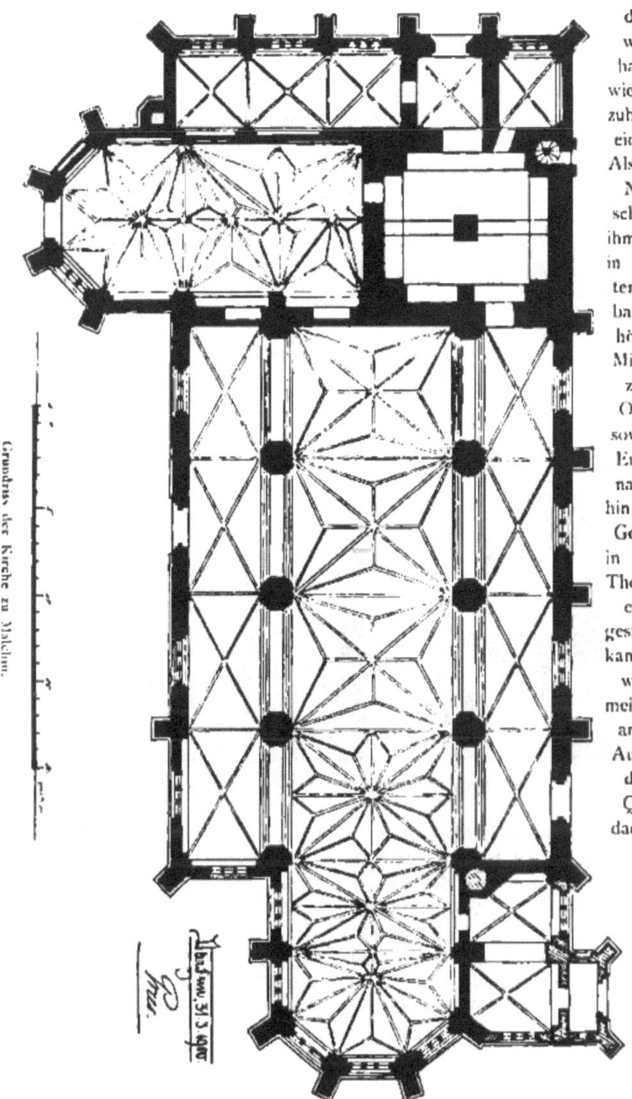

Grundriss der Kirche zu Malchin.

dreier Gewölbejoche hatte, ganz wieder so aufzubauen wie er einst aussah. Als wesentlich Neues erscheint dann ihm gegenüber in dem zweiten Kirchenbau die Erhöhung des Mittelschiffes zu einem Obergaden, sowie dessen Erweiterung nach Osten hin um je ein Gewölbejoch in allen drei Theilen (wobei es dahingestellt bleiben kann, ob man, wie Lisch meint, Anfangs an seitliche Ausladungen durch ein Querschiff dachte), und endlich auch der Anbau des hohen Chores mit seinem Polygonalschluss.[1]) Am auffälligsten aber erscheint der Thurmbau, der, auf der Nordseite der Kirche liegend, mit seiner Breitseite nur die nördliche Hälfte der Kirche deckt, und dessen inneres Gemäuer durch einen nachträglich plump in die Mitte gesetzten schweren Stützpfeiler des Glockenstuhls einen sehr wenig erfreuenden Anblick bietet. Wie ist diese eigenthümliche, dem Bau von 1397 angehörende Anlage zu erklären? Wollte man zwei Thürme neben einander haben und kam der zweite Thurm in Folge des dazwischen tretenden stattlichen

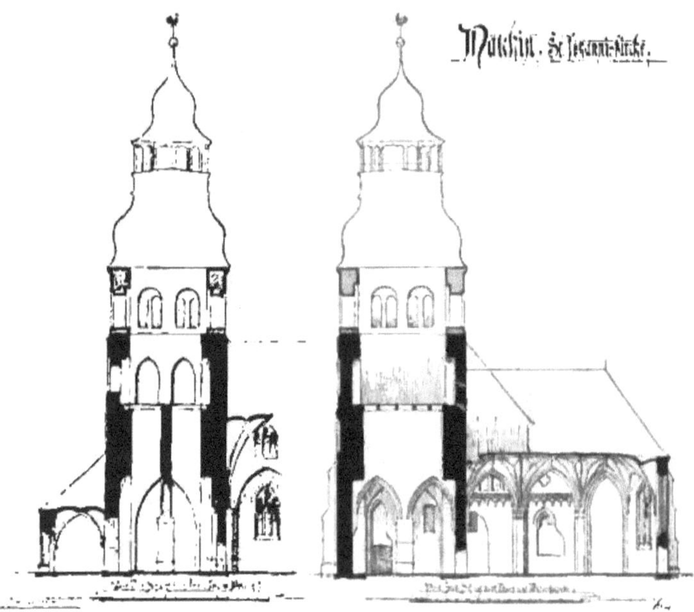

Kapellenbaues im Westen nicht zur Ausführung? Oder war diese Kapellen-Idee die erste und trat in Folge davon der Thurm seine althergebrachten Rechte auf die Mitte an die Kapelle ab, zu welcher dann noch eine Vorhalle hinzukam? Die Antwort ist nicht leicht. Was uns betrifft, so möchten wir dem letztgenannten Verhältniss den Vorzug geben; zu völliger Gewissheit hierüber aber werden wir deshalb niemals gelangen, weil es über den Thurmbau an Urkunden und älteren Akten fehlt, und weil aus den Mauern ganz allein auch nicht immer unfehlbare Schlüsse gezogen werden können, wenigstens nicht über alle Punkte, die dabei in Frage kommen. Nur das möchte man

[1]) Am Chor ist zu beachten, dass sein schwarz glasierter Fries ein anderes gothisches Muster zeigt als der des Schiffes der Kirche.

für ausgemacht halten, dass die alte romanische Kirche des XIII. Jahrhunderts keinen Thurm hatte. Wäre dieser irgendwie beabsichtigt gewesen, so würde man die Westseite der Kirche nicht mit jenen trefflichen Blenden- und Fries-Verzierungen versehen haben, von denen noch heute ein ansehnlicher Theil hinter dem spätgothischen Bau sichtbar wird. Die Bedachung des jetzigen Thurmes stammt aus der zweiten Hälfte des XVII. Jahrhunderts. Man ersieht das aus dem Visitationsprotokoll von 1662, in welchem es heisst, dass die

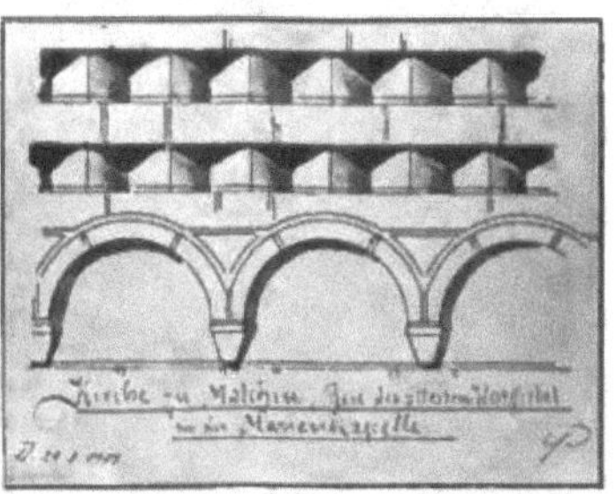

Vom Westgiebel der Kirche. (Innerhalb der Marienkapelle.)

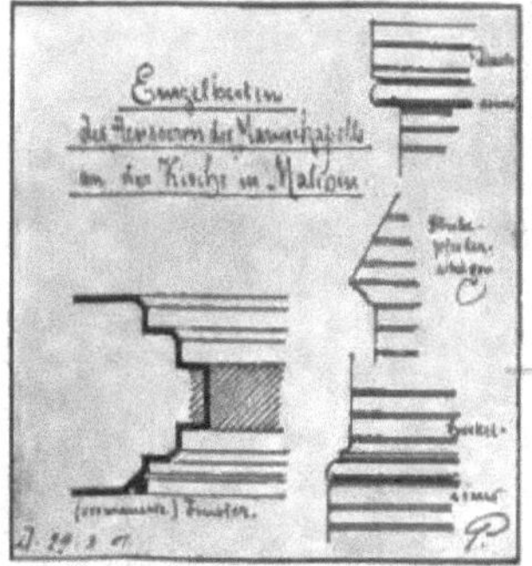

im Jahre 1648 im Monat Februar heruntergefallene Spitze »in etwas wieder auffgebauet«, aber noch nicht wieder vollends fertig sei.[1])

Altar-aufbau. Der **Altaraufbau** ist ein Werk des klassicierenden und romantisierenden Geschmacks vom Ende des zweiten Jahrzehnts im XIX. Jahrhundert; an ihm berühren sich die Formen antiker Säulen und antiken Gebälks mit denen der Phantasie- oder »modificierten« Gothik des XIX. Jahrhunderts. Seine schönen mattrosafarbenen Säulen aber sind nicht aus Marmor, sondern

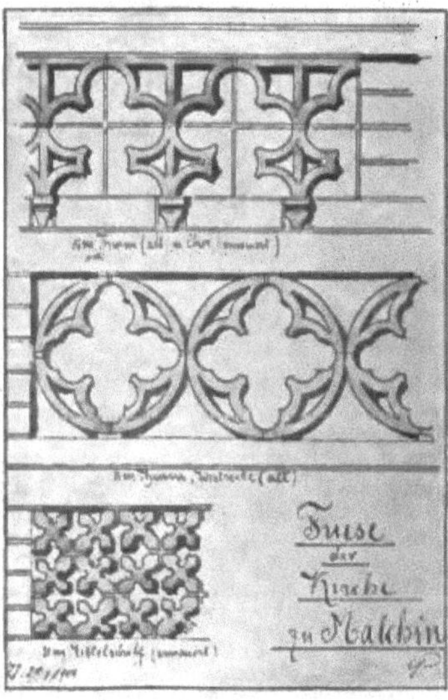

Nach Zeichnungen von Pries.

[1]) Vgl. Lisch, M. Jahrb. XXXI, S. 82—95.

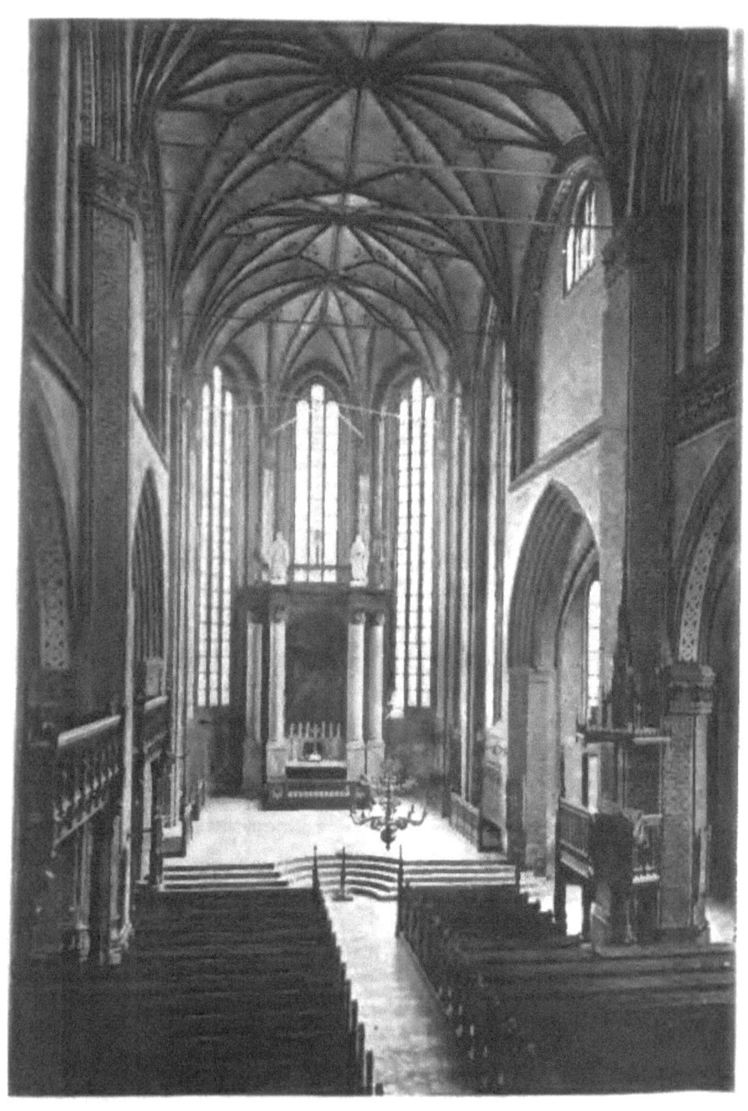

Inneres der Kirche zu Malchin. Blick auf den Altar.

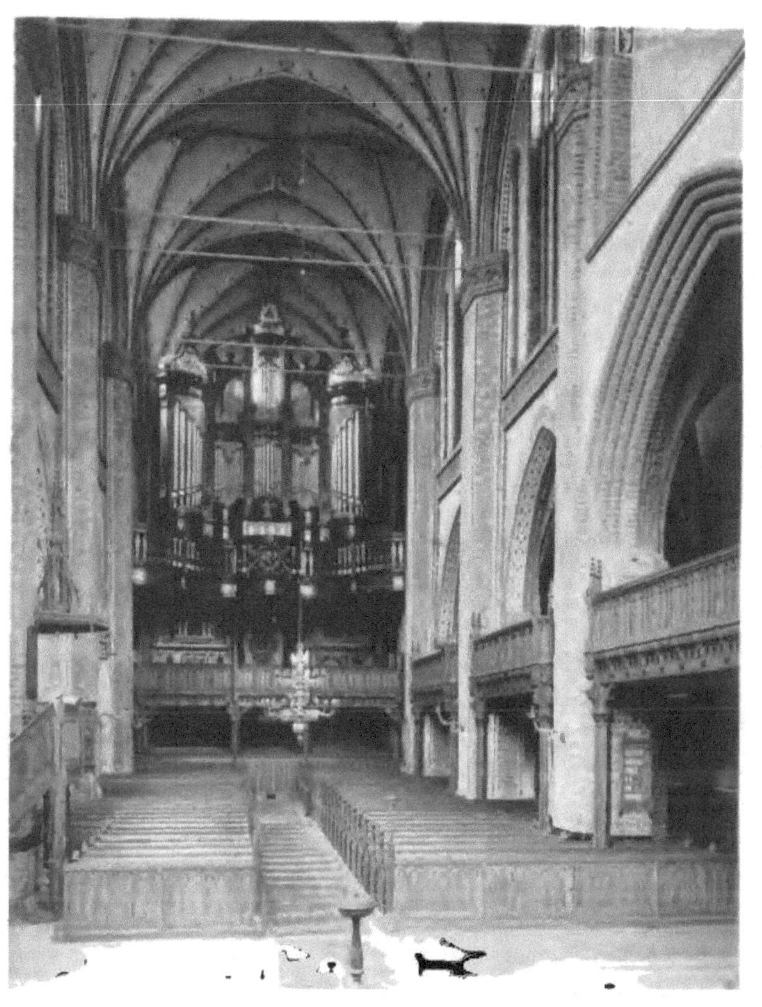

aus Stucco-Lustro hergestellt. Sie fassen ein Gemälde ein, das die Kreuzigung Christi darstellt und eine Arbeit des angeblich aus Malchin gebürtigen Malers **Wilhelm Krüger** ist, der damals (1824) und noch lange nachher in Dresden lebte. Ausserdem gereicht dem Altar ein trefflicher **Krucifixus** von Silber auf einem Bronzefuss zum Schmuck, welcher der Kirche am 1. Januar 1894 überwiesen wurde. Krucifixus.

An der Westwand der Kirche hängt der **frühere Altaraufsatz**, eine unrechter Weise arg vernachlässigte Holzschnitzerei mit Polychromie und Vergoldung, ein Werk vom Anfange des XV. Jahrhunderts, ohne Zweifel jenes Triptychon, das den Hauptaltar der neuen Kirche nach dem grossen Brande von 1397 zierte. Das Mittelstück enthält die Krönung der Jungfrau Maria, aber es ist dabei zu beachten, dass, wie es in der vorreformatorischen Zeit sicher nicht war, beide Figuren ihre Plätze gewechselt haben: sie wenden sich gegenseitig den Rücken zu. Sehr zu würdigen ist das Schnitzwerk in der Basis der Mittelgruppe: es sind alttestamentliche Halbfiguren mit Spruchbändern. Unter den Nebenfiguren zu jeder Seite der Mittelgruppe fallen oben die beiden Schutzheiligen der Kirche, Johannes Evangelista und der später ihm zugesellte Johannes Baptista, als nächste oben rechts und links ins Auge. Es sind im Ganzen sechsunddreissig Heiligenfiguren, unter ihnen die zwölf Apostel. Die Rückseiten der Innenflügel und die beiden Seiten der Aussenflügel sind bemalt mit neutestamentlichen Scenen aus der Leidensgeschichte und mit Darstellungen aus dem Leben des Evangelisten St. Johannes. Früherer Altaraufsatz.

Eine eingehende Beschreibung aller Schnitzfiguren und Bilder, an denen auch die niederdeutschen Inschriften von vielem Interesse sind, finden wir bei Lisch, M. Jahrb. XXXI, S. 89—92, worauf wir verweisen. Hier wollen wir nur auf das Nachdrücklichste betonen, dass, wenn irgend ein mittelalterliches Kunstwerk eine bessere Erhaltung und Wiederherstellung verdient, es dieses Triptychon ist (ebenso sehr wie das alte Werk in der Kirche zu Tempzin).

Die Kirche hatte es im Mittelalter auf dreissig Altäre gebracht (neunundzwanzig Nebenaltäre neben dem Hauptaltar). Es hat sich davon ein genaues Verzeichniss mit allen Intraden aus dem Jahre 1549 erhalten, das von Christian Alard, a. a. O., S. 27—30, und siebenzig Jahre später auch in Schröder's Kirchenhistorie des evangelischen Mecklenburg I, S. 396—398, abgedruckt ist. Man begreift daher die Erweiterung der Kirche durch eine grosse Kapelle im Westen, für die der Thurm ebenso zum Eingange diente und noch heute dient, wie für die Hauptkirche. Ein eigener Name für diese Kapelle ist nicht überliefert, aber sie wird ohne Zweifel jene Kapelle sein, in welcher nach dem ebengenannten Verzeichniss wenigstens vier Altäre untergebracht waren.[1]) Demgemäss würden für die Kirche noch sechsundzwanzig Altäre übrig bleiben. Von ihnen gehörte je einer auch den Dominikanern und den Franziskanern.

Kanzel. Die jetzige Kanzel ist ein neugothisches Werk unserer Zeit. Kanzel.

[1]) Lisch, M. Jahrb. XXXI, S. 88, hat Neigung, sie als »Marien-Kapelle« zu bezeichnen. Wir glauben aber, dass, wenn sie diesen Namen wirklich geführt hätte, er sich auch erhalten haben würde.

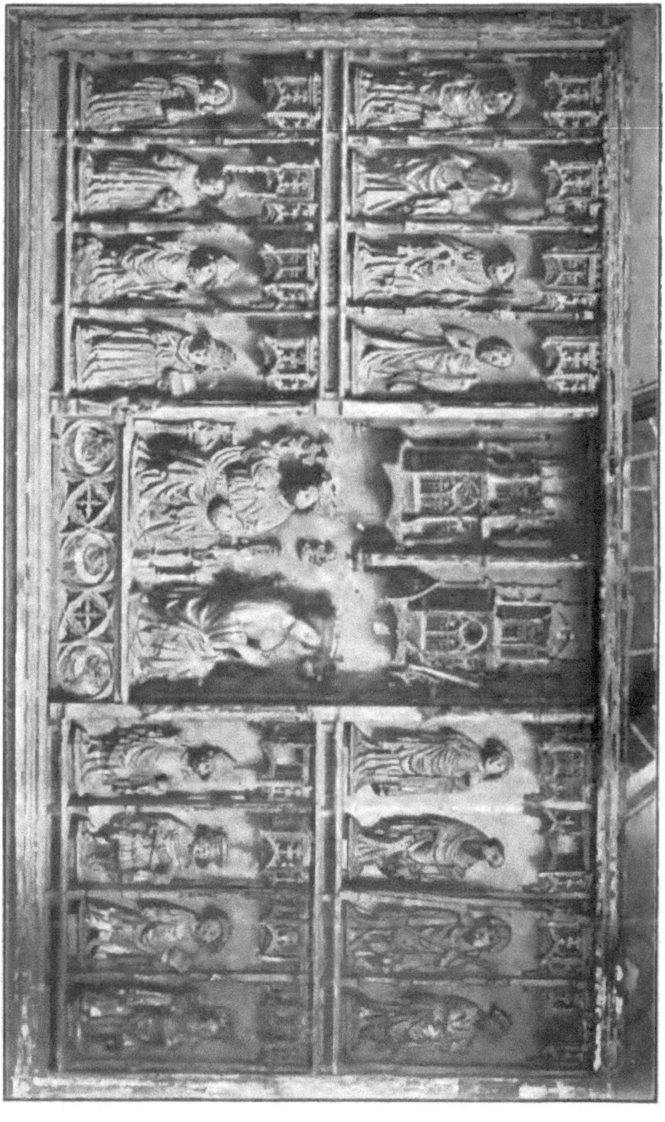

Früherer Altaraufsatz.

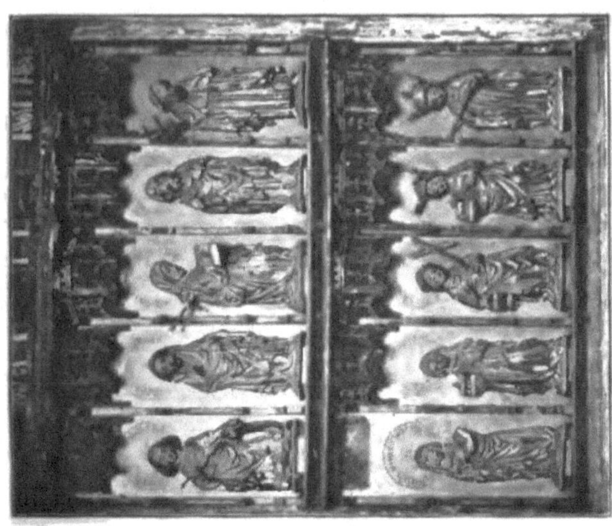

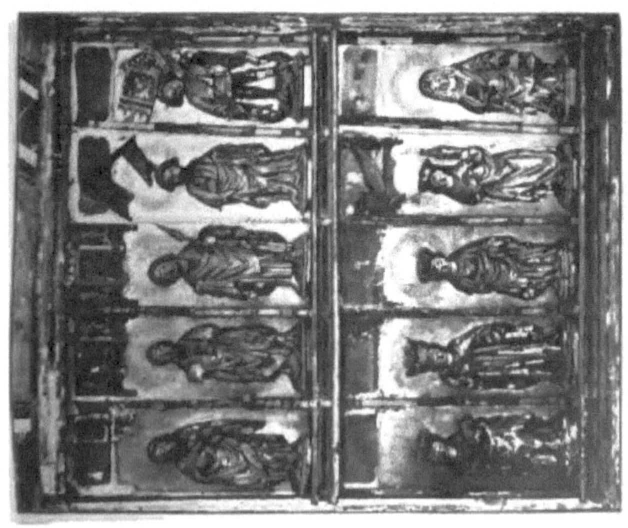

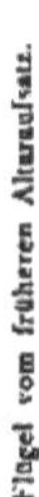
Flügel vom früheren Altaraufsatz.

Alte Kanzel.

Künstlerisch bedeutender erscheint die **alte Kanzel**, ein Schnitzwerk der Renaissance vom Jahre 1571. Sie steht jetzt unter dem Raths-Chor. Ihr Verfertiger hiess **Hans Boeckler**, der nach einem aus Stettin gekommenen Vorbilde arbeitete. Das Geld dazu (104 Fl. = 52 Rthlr.) war von einzelnen Mitgliedern aus der Gemeinde aufgebracht. Von dem übrig gebliebenen Gelde (6 Fl. 6 ßl. = 3 Thlr. 6 ßl.) wurde ein messingener Wandarm mit Leuchter beschafft.[1])

An der Vorderseite der Kanzel in säulenverzierten Nischen die vier Evangelisten. Darunter, auf einem Wappenschilde mit drei Herzen, der Name des Stifters **CONRADUS FROLIKE.**[2]) Die Jahreszahl **1571** findet sich am Schalldeckel.

Orgel.

Orgel. Die jetzige Orgel mit ihrem Prospekt stammt von dem Rostocker Orgelbauer **Paul Schmidt** und ist 1780 errichtet. Die Empore wurde von dem Zimmermeister **Deichert** und dem Tischlermeister **Joh. Sponholz** verfertigt, die Malerei und Vergoldung von den Malern **Pet. Joh. Koch** aus Güstrow und **Justus Chr. Hans Helberg** in Malchin.

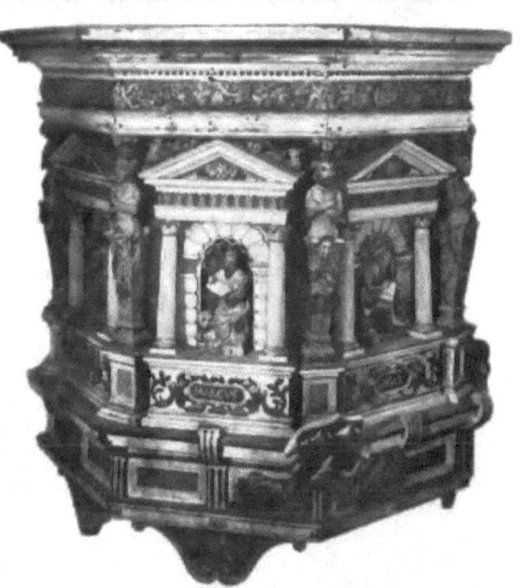
Alte Kanzel.

Die 1779 abgebrochene alte Orgel war 1570 fertig geworden: »Anno 1567 in vespera circumcisionis Dei hat E. E. Rath mit Meister **Fabian Peters**, Orgelbauern, um eine neue Orgel zu bauen verdinget, da die Bürger Geld zugeleget und Umspeisung gethan und ist anno 1570 die Orgel gar fertig geworden und von Meister **Peter Boeckel**, Maler, gestaffiret und geliefert. Das Holz dazu ist aus dem Stadtholz genommen und ist auf Angaben des Orgelbauers nach Daumen Zoll dick geschnitten worden und hat etliche Wochen in Wasser rotten müssen und hernach aufgesteigert gedürret worden, eodem provisore« (sc. Dr. Sadenwather).[3])

Granitbecken mit Deckel.

Vor dem Chor ein schön geschliffenes **Granitbecken** (Taufbecken) mit **Granitdeckel** auf eisernem Ständer, der Restauration in den zwanziger Jahren

[1]) Gotthardt, a. a. O., S. 24 (nach Sadenwather's Aufzeichnungen). — [2]) Nach dem Inventar von 1811 ein Bäcker der Stadt Malchin. — [3]) Gotthardt, a. a. O., S. 24 und 34.

des XIX. Jahrhunderts angehörig.[1]) — Oberhalb des Konfirmandensaales wird jetzt die grosse aus Holz geschnitzte **Triumphkreuz-Gruppe** der alten Kirche aufbewahrt (der Gekreuzigte, Maria und Johannes). Triumphkreuz-Gruppe.

Grosses **Renaissance-Epitaphium** mit zwei Hauptfeldern und zwei Seitenfeldern. In dem oberen Hauptfelde die Auferstehung Christi, in dem unteren die Auferstehung des Lazarus, in den beiden Seitenfeldern Johannes und Paulus, jedes Feld mit Bibelsprüchen. Unter den beiden Mittelfeldern die Inschrift: **AÑO 1599 DEN 24 MAI HAT DER ERBARE UND VORNEME ZEVERIN KRUSE DIS EPITAPHIUM SAMT SEINER LIEBEN HAUSFRAWEN DER KIRCHEN ZUR ERE UND SICH ZUM GEDECHTNIS VORFERTIGEN LASEN.** Epitaphien.

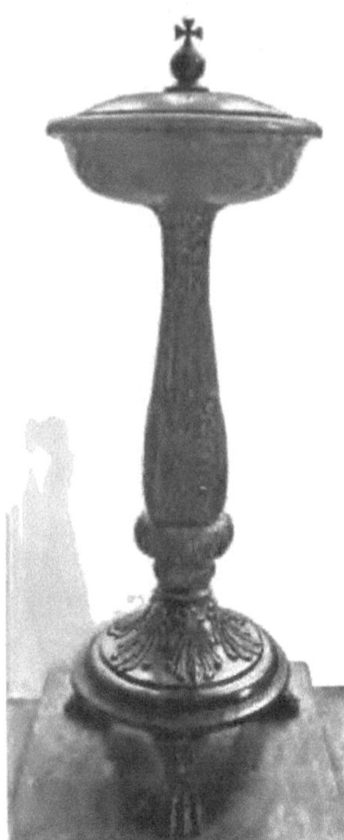
Taufständer.

Noch ein zweites **Epitaphium** aus dem Jahre 1676. Im Hauptfeld die Auferstehung, auf zwei Nebenfeldern je ein Bibelspruch, unten die Inschrift: **DIESE GRABMAHL HAT MATTI ZIMERMAN SEINEN SOHN MATT • DER 1675 D • 4 FEB • GEBOH • 1676 D • 7 SEPT • SETZEN LASSEN.**

Grosse **Stundentafel einer Kirchenuhr** vom Jahre 1596. Auf einem oberen Felde die zwölf Himmelszeichen, auf einem unteren eine Uhr mit Zifferblatt, rechts davon ein Engel mit der Unterschrift: **CAMPANA QUANDO EDIT SONUM TUBAE MEMOR SIS ULTIMAE)**; links ein Gerippe mit der Unterschrift: **ELAPSA CEU HAEC CLEPSYDRA, SIC VITA LABETUR TUA.** Die Arme beider Figuren sind beweglich und stehen mit den über ihnen angebrachten Glocken in Verbindung, die beim Stundenwechsel von ihnen angeschlagen werden und von denen jede die Inschrift hat: **DATVM MALGIN 1596.** Ausserdem noch zwei auf den Engel, der die Viertelstunden anschlägt, und den Tod, der die Vollstundenschläge besorgt, sich beziehende Inschriften. Die eine lautet: Stundentafel einer Kirchenuhr.

FORMA VIRI ROSEIS DIDUCENS ORA LABELLIS
DISCRETOS RICTU SIGNAT HIANTE SONOS.

[1]) Lisch, M. Jahrb. XXXI, S. 89, erwähnt auch den alten Taufstein der Kirche: eins jener alten Granitbecken spätromanischen Stils aus der Zeit der ersten Kirchengründung.

Die andere:

QUANDO VIDES VERTI CLEPSYDRAM MORTIS AB UMBRA
PROPEDIEM MORTIS TE MEMINISSE DECET.
EN TIBI QUAM RAPIDO LABUNTUR TEMPORA CVRSU
DUM SISTIS GRESSUS, JAM BREVIS HORA FUGIT.

Unter dem Zifferblatt liegen zwei aus Holz geschnitzte Widder, die einstmals beim Schlagen der Uhr mit ihren Köpfen zusammenstiessen.[1])

Kronleuchter. In der Kirche zwei **Kronleuchter** von Messing, der eine mit der Inschrift: **ECHHARD · KRULL · MARIA MÖLLERS · A · 1752**; der zweite: **DISE · CRONE · HABEN · S · ASMUS · GRISEN · VND · ANNA · BENEKENS · SEMPTLICH(E) · KINDER · ALS HANS ZACHARIAS · U · CATHARINA · DIE GRISEN · ZUM · GEDECHTNISS · IHRER · S · E · IN · DIE · KIRCHE · V · E · A̅O · 1616.**

Wandleuchter. An den Wänden acht messingene **Wandleuchter**, ähnlich denen in den Rostocker Kirchen. An dem einen die Inschrift: **H · ZACHARIAS KRUSE · ELISABETH TIMMEN ANNO 1598.** Die Wappen dieses Leuchters (**H Z K E B T**) finden sich auch an einem zweiten mit der Inschrift: **LAVRENZ BENEKE ELISABET RATEKEN ANNO 1591.** An einem dritten Leuchter: **PAWEL BIDERMOLLER ELSEBE GRIPERS**; an einem vierten: **ONNA · 1589.**

Oelgemälde. Zwei **Oelgemälde, Luther** und **Melanchton**, sind von geringer Bedeutung, ebenso ein Bild aus dem Jahre 1742 (**Memento mori**), das von **JOH. FRID. SELLIN** gestiftet ist.

Glocken. Im Thurm vier **Glocken.** Die grösste Glocke (Dm. 1,53 m) hat eine lange Inschrift, aus der hervorgeht, dass sie ursprünglich im Jahre 1561 von **Mattheus Mattes** gegossen wurde, 1808 einen Riss bekam und 1824 von den **Gebrüdern Schwenn** in Stettin umgegossen werden musste.[2]) — Von der zweiten Glocke ist die werthvolle Erzkrone abgesägt und durch ein **Collier**'sches Gehänge ersetzt. Inschrift: **o ✠ rex ✠ glorie ✠ xpe ✠ veni ✠ cum ✠ pace ✠ et ✠ fundare (!) ✠ sdm ✠ ipo ✠ die ✠ beati ✠ iacobi ✠ apostoli.** Unter der Inschrift zuerst das nebenstehende Zeichen und darauf das bekannte Zeichen des **Rikert von Mönkehagen.** — Die dritte Glocke, ebenfalls mit einem **Collier**'schen Gehänge, hat die Inschrift: **ihs: o rex glorie xpe veni cu̅ pace a̅no dn̅i mcccclxxxi ante festu̅ passe help ihs maria anna.** Unter der Jahreszahl im Felde die eingerissene Figur des Täufers Johannes. Darunter das nebenstehende Giesserzeichen. — Die vierte Glocke, ohne Inschrift und Zeichen, ist gleichfalls durch ein neues **Collier**'sches Gehänge an ihrem Werthe geschädigt.

[1]) Die letzte Wiederherstellung der Uhr fand 1721 statt.

[2]) Vgl. Inventar 1811. Matthaeus Mate, der Glockengiesser, war zugleich Rathsherr in Roebel: Vgl. Gotthardt, a. a. O., S. 23.

Grabsteine.

Von den **Grabsteinen** in der Kirche verdient nur ein in die Wand links vom Altar eingemauerter eine eingehendere Beachtung. Es ist der Stein des Güstrower Domherrn und Malchiner Kirchherrn **Nikolaus Breide**. Er zeigt dessen Bild in geistlicher Tracht und hat die Inschrift: **Anno domini mcccclxxx** (Lücke) **obiit dominus nicolaus breyde co(n)onicus gustr(o)wensis huius ecclesie pleb(a)nus · orate deum pro eo.** An der Tracht ist die mit Pelzwerk besetzte Almucia (Almucium) des Domherrn zu beachten.[1])

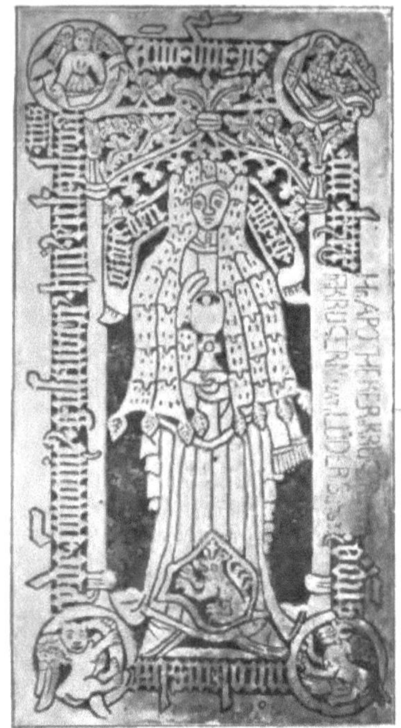

Grabstein des Nikolaus Breide.

Kleinkunstwerke.

Kleinkunstwerke. 1. 2. Frühgothischer Kelch aus dem XIII. Jahrhundert, auf rundem Fuss und mit stark ausladendem Knauf. Auf dem Fuss sechs spitzovale Silberplatten mit Passionsdarstellungen in Flachrelief: der Verrath des Judas, Christus vor Pilatus, die Kreuzigung, Dornenkrönung, Geisselung und Kreuztragung, sämmtlich dreifigurig. Dazwischen aufgelegter plastischer Schmuck von gothisch stilisierten, leider aber theilweise weggebrochenen Eicheln und Eichenblättern. Am Knauf acht Rädchen (Rotuli, Rotulae) mit fünfblättrigen Blumen in Email. Kein Signaculum. Darüber und darunter, auch am oberen und unteren Schafttheil, aufgelegte gothisch stilisierte Weinblatter. Keine Werkzeichen, auch nicht an der zugehörigen vierpassigen Patene.

Der Kelch gehört zu den allerältesten in Mecklenburg und ist von hohem Werthe.

3. 4. Der Holstein'sche Kelch, auf sechspassigem Fuss, dessen Felder mit aus einer Blattfläche geschnittenen Silberranken belegt sind. Aehnlicher

[1]) Lisch, M. Jahrb. XXXIX, S. 205—208. Der Kanonikus Nik. Breide war noch 1488 am Leben. Er hielt den Stein somit seit 1480 für sich bereit. Der Apotheker Krüger, welcher ihn über 250 Jahre später für sich erwarb, ist der Vater des späteren Güstrower Arztes Dr. Krüger-Hansen, welcher sich weithin Ruf erwarb.

Schmuck am Knauf und am unteren Theil der Kupa. Am oberen Schaftheil die Sigla **I E S V M.** Am unteren Schaftheil **M A R I A.** Ohne Signaculum.

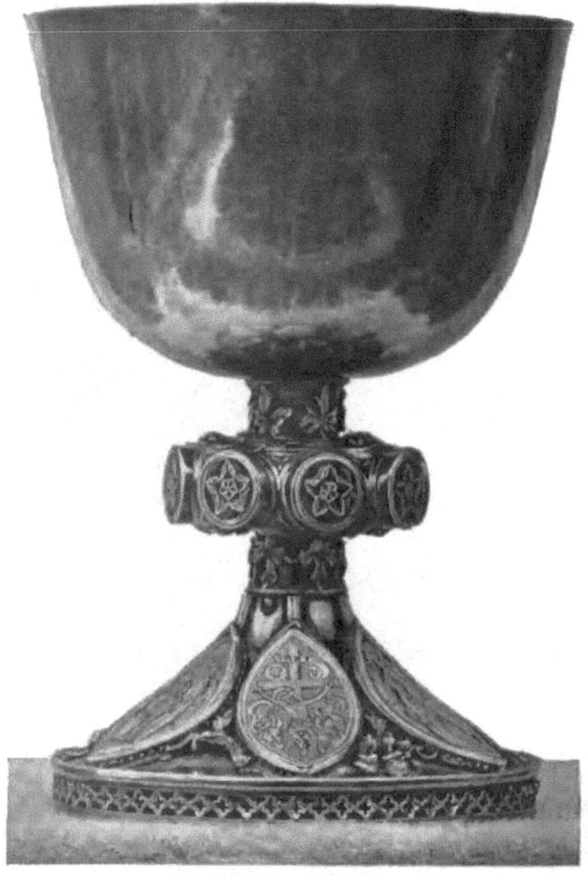

Frühgothischer Kelch (1).

Inschrift: **ZV GEDECHTNIS HABE ICH ZACHARIAS HOLSTEIN HABE DISEN KELCH IN DIE KIRCHE IN MALGIN VERERET A̅ · 1653.** Keine Werkzeichen, auch nicht an der Patene. — 5. 6. Silbervergoldeter Kelch von 1715, gestiftet von dem Oeconomen **SAMUEL LUDWIG SCHULTZ** und seiner Hausfrau **MARIA ELISABETH ENGEL**. Vom Güstrower Goldschmied **Lenhard Mestlin**: **L. M.** Auf der Patene keine Werkzeichen. — 7. Kreisrunde silberne Oblatenschachtel auf drei Kugelfüssen, mit hübscher Treibarbeit im Barockstil, gestiftet 1696 von **CHRISTOPFER MÜLLER**. An der Wandung drei ovale Felder, im ersten die Abendmahlsscene, im andern das Gebet in Gethsemane, im dritten der Spruch: **IN DIESEN GEFÄS IST DAS BROT DES LEBENS • WER WÜRDIG**

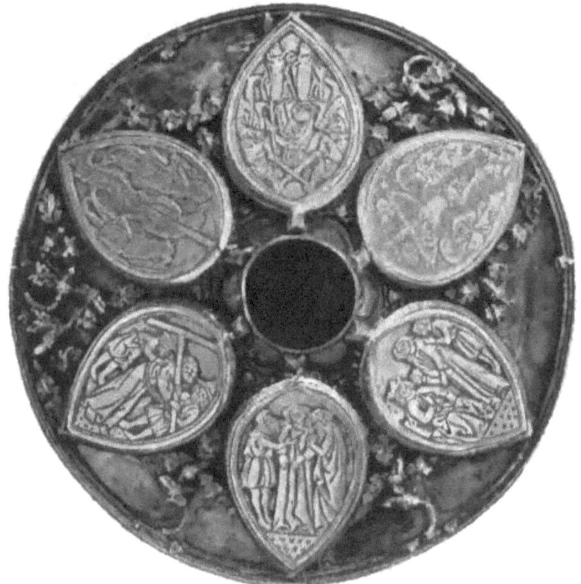

Fuss vom nebenstehenden Kelch (1).

DAVON ISSET, DEM WIRD NIMMER HUNGERN SONDERN DAS EWIGE LEBEN HABEN. Auf dem Deckel gleichfalls drei Felder mit der Kreuztragung, Kreuzigung und Auferstehung. Werkzeichen zwei gekreuzte Bischofsstäbe und Meisterzeichen [Meisterzeichen]. — 8. Einfache kreisrunde silberne Oblatenschachtel, 1718 gestiftet von **M • LUDERS**. Als Stadtzeichen eine dreithürmige Burg mit dem Jahresbuchstaben **L**. Meisterzeichen undeutlich. — 9. Schlanke silberne Deckelkanne in klassicierendem Stil, vom Malchiner Meister **I • F • H •** — 10. Eine grössere silberne Kanne von 1896.

Ehemalige Kapellen.

Von den **ehemaligen Kapellen** der Stadt steht nur noch die Heiligengeist-Kapelle, die seit vielen Jahren als Spritzenhaus dient. Es ist ein kleiner unscheinbarer vierseitiger gothischer Bau des XIV. Jahrhunderts. Doch ist zu beachten, dass Chr. Alard, a. a. O., S. 30, im Jahre 1717 nicht sicher angeben kann, ob sie ihren Namen mit Recht führt oder nicht. Die Heiligengeist-Kapelle ist in der zweiten Hälfte des XVI. Jahrhunderts eine Filiale der St. Johannis- oder Hauptkirche der Stadt. Sie wird 1577 aus ihrem Verfall wieder hergestellt und Donnerstags zum Gottesdienst gebraucht.[1])

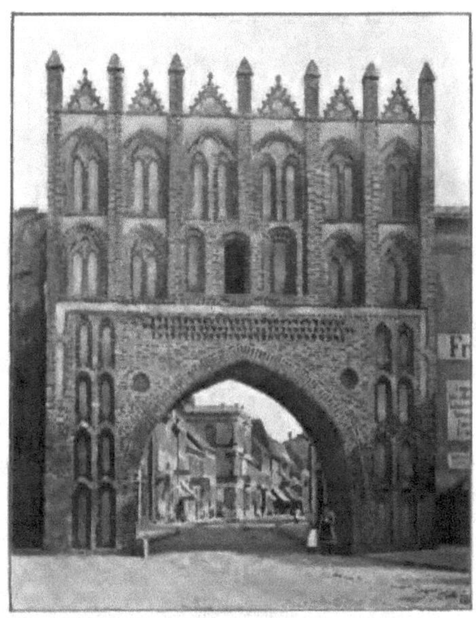

Kalensches Thor.

Wo einst die Heiligenkreuz-Kapelle stand, weiss Niemand. Die St. Jürgen-Kapelle soll auf dem Friedhof vor dem Mühlenthor gestanden haben, die für den Mord des Moltzan-Schorssow (s. o.) als Sühnkapelle errichtete St. Erasmus-Kapelle dagegen nach einer Nachricht auf dem »Stadthof«, nach der anderen ebenfalls vor dem Mühlenthor zu finden gewesen sein. Die St. Katharinen-Kapelle stand vor dem Wargentiner Thor, soll später als Haus für kranke Reisende (Elendenhaus) eingerichtet und im Jahre 1554 abgebrochen sein. Die St. Gertruden-Kapelle wird wieder vor dem Mühlenthor gesucht. Endlich soll die Kalands-Bruderschaft, welcher zahlreicher Adel aus der

[1]) Gotthardt, a. a. O., S. 25. 99.

Nachbarschaft angehörte, ihr Haus (»Papen-Collation« geheissen) auf dem Wedenhof am »Papenstieg« in der Nähe der St. Johannis-Kirche gehabt haben.[1])

* * *

Thore der Stadt.

Von den vier **Thoren,** welche ehemals die Stadt Malchin besass, sind noch vorhanden das **Kalen**'sche im Norden und das **Steinthor** im Süden, deren äussere Fassaden aus den beigegebenen Photographien ersichtlich sind. Das westliche **Wargentiner** und das östliche **Mühlenthor** sind erst im XIX. Jahrhundert abgebrochen worden.[2]) Das am besten erhaltene Thor ist das nördliche, welches durch die Munificenz Seiner Königlichen Hoheit des Grossherzogs vor einigen Jahren restauriert worden

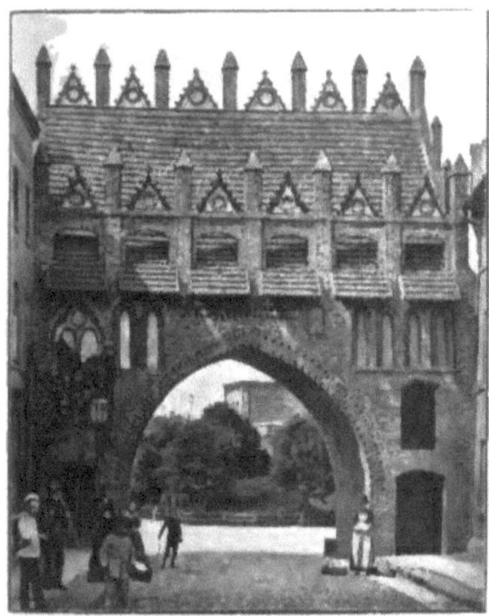

Kalensches Thor.

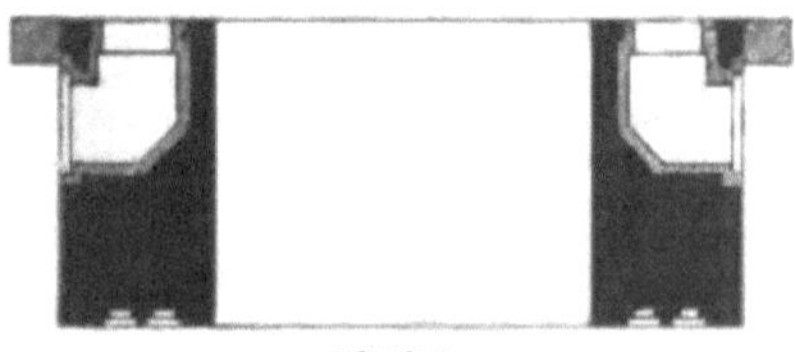

Grundriss

[1]) Alard, a. a. O., S. 33. 34. — Schröder, Gesch. des evangelischen Mecklenb. I, S. 398. 399. — Gotthardt, a. a. O., S. 13.

[2]) Zur Zeit des dreissigjährigen Krieges war das Mühlenthor noch ein dreifaches, an dem man das äussere, mittlere und innere unterschied. Das äussere war das letzte, welches abgebrochen wurde. Gotthardt, a. a. O., S. 11.

ist.[1]) Beide Thore, dem Stile nach der nordischen Gothik angehörig, sind aus Ziegeln (zum Theil glasierten) im XV. Jahrhundert erbaut worden. Nach der Stadtseite zu sind sie etwa bis zur halben Höhe der Fensterbögen mit einem schrägen Dache gedeckt. Der innere Raum des unteren Geschosses, zu dem man früher durch Seitentreppen gelangen konnte, wurde noch in der ersten Hälfte des vorigen Jahrhunderts als Gefängniss benutzt. Unmittelbar an die Thore schloss sich früher die **Stadtmauer** an, welche von einem jetzt vollständig zugeschütteten Wallgraben umgeben war.[2]) In der Nähe des ehemaligen östlichen (Mühlen-) Thores steht noch ein viereckiger aus Ziegeln gemauerter

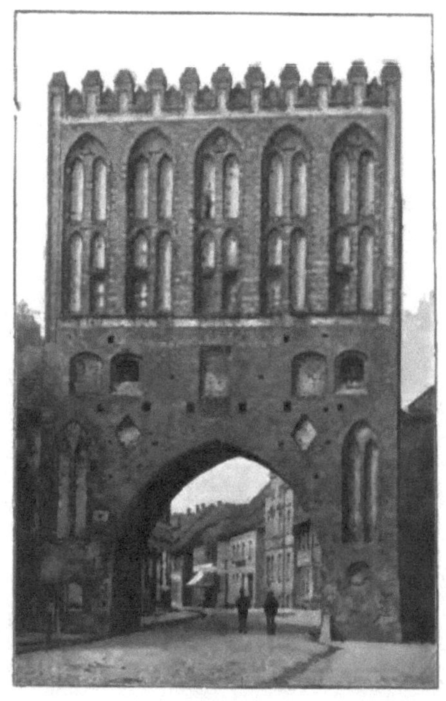

Steinthor.

4. Unterer Grundriss.

[1]) Auch das südliche Steinthor ist vor einigen Jahren restauriert, nachdem es schon bis zum Durchgangsbogen heruntergebrochen war. Vergleiche Akten der Grossherz. Kommission zur Erh. d. Denkmäler. — Das Kalensche Thor war einstmals ein Doppel-Thor: Gotthardt, a. a. O., S. 12.

[2]) Den Zug der Stadtmauer kann man in den Anlagen zwischen Steinthor und Wargentiner Thor noch heute sehen.

Thurm.

hoher **Thurm**, welcher an Höhe die vorhin genannten Thore bedeutend überragt. Sein Inneres ist in einem stark verfallenen Zustande. Sein Aeusseres macht einen besseren Eindruck. Man nimmt an den Giebeln wahr, dass sie seiner Zeit im Geschmack der Renaissance aus der zweiten Hälfte des XVI. Jahrhunderts zugestutzt sind. Wahrscheinlich diente er als Wartthurm nach Pommern hin, um die Malchiner vor plötzlichen Ueberfällen zu warnen.

Ehemaliger »Fangelthurm«.

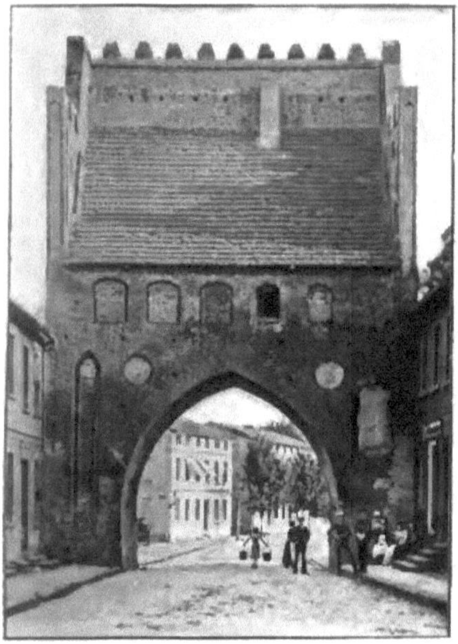

Ein anderer hoher Thurm war einstmals der hohe »**Fangelthurm**« an der Wall-Mauer, der 1799 abgetragen wurde. »Er stand da — sagt Gotthardt, a. a. O., S. 12 und 13 —, wo jetzt (1862) auf dem Strietfeld an der Mauer das kleine Häuschen eingebaut ist.«

Steinthor.

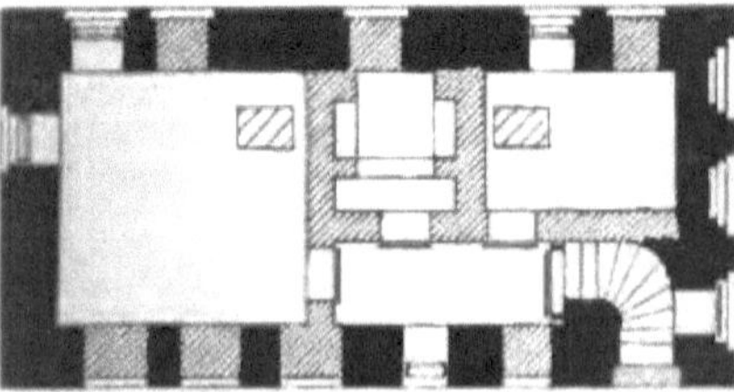

5 Oberer Grundriss.

* * *

Alter Burgwall.

Ueber die Anlage eines **alten Burgwalles** in Form eines grossen etwas gerundeten Vierecks von ungefähr vierzig Meter Durchmesser und durchschnittlich zwei Meter Höhe findet man Näheres bei Lisch, M. Jahrb. XXXVIII, S. 174—178. Er liegt »eine gute Viertelstunde südöstlich von der Stadt vor dem Mühlenthor, in den weiten Wiesen an der Oberen Peene, welche aus dem See von Rittermannshagen kommt und bei Malchin

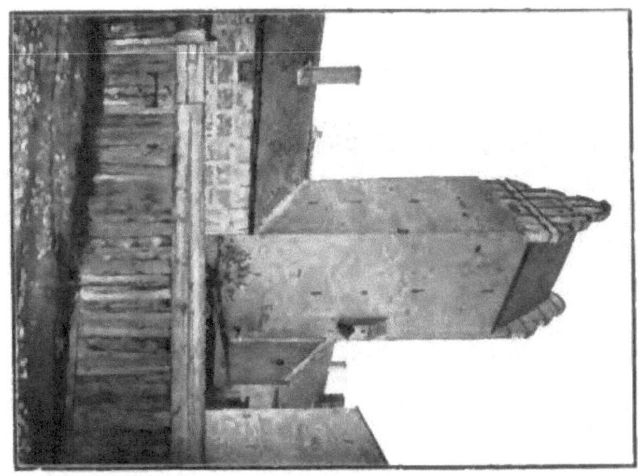

Alter Warthurm.

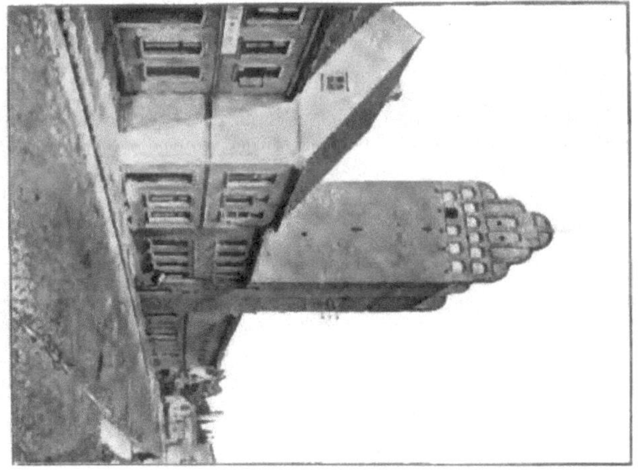

in die grosse Peene fliesst, jenseits des Flusses von der Stadt aus gesehen, und zwar, nach allgemeinen Bestimmungen, zwischen der Oberen Peene und der Chaussee nach Stavenhagen, in der Gegend nach dem Hainholze zu.«

* * *

Alte Burg Kiekindepene.

In der Nähe von Malchin, und zwar anscheinend in oder bei den Wiesenstucken nach Kummerow und dem Kummerower See hin, die noch heute von Obrigkeitswegen als »Kiekdepen« bezeichnet werden, lag die einst den Herren von Thun gehörende **alte Burg Kiekindepene**, die in den Urkunden aus der ersten Hälfte des XIV. Jahrhunderts mehrfach genannt wird.[1])

Das Gut und Kirchdorf Gorschendorf.[2])

Geschichte des Dorfes

Gorschendorf, im ehemaligen Lande Hardt und nahe am Kummerower See gelegen, ist ein altes Levetzow'sches Lehn. Schon im Jahre 1363 erscheint »Arnoldus de Lewetzowe in villa Ghuratzendorp habitans« als Zeuge, 1369 wohnen dort Gunther und Arnd Lewytzowen, deren Geschlecht auch sonst in jener Gegend reich begütert war und zum Theil es noch heutigen Tages ist.[3]) Die Familie bleibt bis Anfang des XVII. Jahrhunderts im Besitz des Gutes, denn unter dem 4 April 1605 erhält Abraham Winterfeld Konsens und Lehnbrief über Gorschendorf, welches er aus dem Arnd Levetzow'schen Konkurse für 22800 fl. gekauft hat.[4]) Der Winterfeld'sche Besitz dauert nur kurze Zeit, es tritt Konkurs ein, und 1651 erwirbt Arnd von Levetzow das Gut für 22000 fl. zurück. Doch ist auch dies nicht auf lange Dauer, da Axel Arnd von Levetzow es 1687 an des Klaus Moltke hinterlassene Wittwe verkauft, und diese es im Jahre 1691 an Joachim Gabriel von Klitzing für 9000 fl. wieder veräussert. Nachdem von Seiten der von Levetzow (1691) auf alle Lehnrechte verzichtet worden, wird Gorschendorf gegen eine Zahlung von 400 Thalern vom Herzog Gustav Adolf allodificiert und der Allodialbrief für Joachim Gabriel von Klitzing den 2. Mai 1692 ausgestellt.

Die von Klitzing haben Gorschendorf bis zum Jahre 1724 besessen: da wird Ulrich Christoph von Blücher ihr Rechtsnachfolger.[5]) Von den Herren

[1]) M. U.-B. 4396. 4503. 4802. 5169. 5225. 5544. — Lisch, M. Jahrb. XXXVIII, S. 178.

[2]) 5 km nördlich von Malchin. Im XIV. Jahrhundert Ghoratzendorp, Guratsendorpe, Ghorssendorp geheissen. Nach Kühnel, der an die altslavischen Wortstämme »gor« Brand, gorěti brennen und gorazdŭ »klug« erinnert, soviel wie Dorf des Goraž, was soviel sein würde wie »Brandshof« oder »Klugsdorf«.

[3]) M. U.-B. 9163. 9998. 10180.

[4]) Zu gleicher Zeit belehnt ihn der Herzog Karl zu Mecklenburg mit dem Patronat der Kirche zu Gorschendorf. Vgl. Kirchenakten im Grossh. Archiv.

[5]) Nachdem inzwischen Herzog Friedrich Wilhelm die Regierung des Herzogthums Güstrow angetreten hatte, und Gabriel von Klitzing mit Hinterlassung von Kindern gestorben war, ver-

von Blücher kommt das Gut 1797 an Henning Friedrich Engel und von diesem an den Hauptmann Anton Christoph Caspar von Wickede. 1820 kauft es Adolf Friedr. Peters und 1841 der Hofrath Gustav von Kühlewein, dessen Rechtsnachfolger 1846 Carl Wilhelm Wendhausen wird. Von diesem ersteht es 1862 die Grossherzogliche Kammer. Seit 1873 aber befindet es sich in der Verwaltung der Behörde des Grossherzoglichen Haushalts.

Es giebt eine Urkunde vom 27. Juni 1366 mit Siegelbändern von Pergamentstreifen, welche aus zerschnittenen älteren Urkunden gewonnen sind, die für die damals Lebenden keine Bedeutung mehr hatten. Auf einem dieser Bänder ist von einem Kirchenrektor in Ghorissendorp die Rede und zugleich der Name eines Demminer Probstes de Gard angegeben, also der eines höheren Geistlichen aus der Kamminer Diöcese: — — — de Gard, officialis prepositi Dymyn., discreto viro rectori ecclesie in Ghorissendorp.[1]) Den Namen des Gorschendorfer Plebanus erfahren wir nicht, aber wir ersehen, dass schon vor 1366 eine Kirche in Gorschendorf vorhanden war. Nur weiss Niemand, wie lange vorher. Dies ist das einzige Zeugniss dieser Art, das bis jetzt aus dem Mittelalter auf uns gekommen ist. Im Uebrigen beginnt die Reihe der Gorschendorfer Pastoren für uns erst mit Petrus Beckmann, der zwischen 1567 und 1587 nachzuweisen ist.[2]) Um 1590 ist Petrus Hensel Pastor in Gorschendorf. Nach einer Vakanz durch Tod folgt 1608 Nikolaus Potlingius. Aber 1613 ist bereits Peter Bruno an seiner Stelle.[3]) Dieser lässt sich 1645 seinen Sohn Samuel adjungieren. Dem Samuel Bruno folgt 1658 Christian Güstrow;

suchte der Hofrath Schäffer das Gut von den Erben zu erwerben und erklärte sich dem Herzog gegenüber bereit, dasselbe wieder als Lehn in Empfang zu nehmen. Friedrich Wilhelm hatte nämlich die Allodifikation nicht anerkannt und für ungültig erklärt. Indessen die Veräusserung scheiterte an dem Widerspruch des Vertreters der Klitzing'schen Erben, welcher für diese dem Herzog gegenüber die Konservierung des Gutes beanspruchte, und zwar unter Aufrechterhaltung seiner Eigenschaft als Allod. Der Herzog bestand indessen auf seinem Willen, und nach mannigfachen vergeblichen Bitten erklärte der Klitzing'sche Vertreter, Hans Kaspar von Klitzing, sich bereit, das Gut für seinen Pflegling Kaspar Christoph auch als Lehn anzunehmen. Dies wurde ihm dann durch Bescheid vom 4. Juli 1710 unter Vorbehalt der Zahlung des üblichen Laudemiums zugestanden. Am 27. März leistete Kaspar von Klitzing den Lehneid. Obwohl er, unter Hinweis auf die erst gezahlte Allodialitäts-Gebühr von 400 Thalern, Befreiung von der Zahlung des Laudemiums erbat, musste er dennoch 100 Dukaten Species entrichten. Ausserdem wurde die Auslieferung des inzwischen ertheilten Lehnbriefes an den neuen Vasallen davon abhängig gemacht, dass er vorher einen Revers unterschreibe, in welchem er auf Ausübung der hohen Jagd verzichte, und sein Protest mit dem Bescheide zurückgewiesen, »es sei bei Ertheilung von Lehnbriefen überall also geschehen«. Klitzing unterschrieb, und nun trat Gorschendorf in die Reihe derjenigen ritterschaftlichen Güter ein, welche im Anfang des vorletzten Jahrhunderts ihre hohe Jagd verlieren.

[1]) M. U.-B. 9500, Anmkg.

[2]) Nicht bis 1610, wie Schliemann im Archiv für Landeskunde XI, S. 275, annimmt. Während der Amtsdauer des Petrus Beckmann scheint eine Zeitlang eine Vertretung durch den Pastor Quast zu Schorrentin stattgefunden zu haben. Vgl. M. Kunst- u. Gesch.-Denkm. I (2. Aufl.), S. 617, Anmkg.

[3]) Petrus Bruno übernimmt 1639 auch das Pastorat in Schorrentin. Der Sohn Samuel Bruno behält es bis an seinen Tod im Jahre 1658. Vgl. M. Kunst- u. Gesch.-Denkm. I (2. Aufl.) S. 616, Anmkg. 3.

diesem 1682 Laurentius Sommer, der bis 1704 zu Gorschendorf im Amte ist. Die Pastoren des XVIII. Jahrhunderts sind: Jakob Vick (1704—1711), Andr. Melchior Zernotitzky (1712—1727), Christian Heinrich Pauli (1727—1757), Joh. Aug. Hermes (1759—1765), der spätere Darguner Präpositus Severus (1766—1774) und Clamor Jochim Kielmann (1774—1807). Nach Kielmann's Tode wird die Pfarre in Gorschendorf mit der in Neukalen verbunden. Das bleibt so bis über die Mitte des XIX. Jahrhunderts hinaus.[1]) Ueber die Verhältnisse im XIX. Jahrhundert s. Walter a. a. O.

Bis in den dreissigjährigen Krieg hinein giebt es in dem benachbarten Retzow eine Filialkirche, die einstmals Materkirche von der in Gorschendorf war. Wann sich dies Verhältniss umkehrt, ist nicht bekannt, anscheinend schon im Mittelalter.[2]) Zur evangelischen Zeit sind wieder zwei eigene Pastoren in Retzow nachzuweisen, Elias Mesekow und nach ihm Heinr. Gosslar. Es ist das in den sechziger Jahren des XVI. Jahrhunderts. Aber sie müssen, da die Wedem nicht wieder aufgerichtet ist, beim Bauern einliegen. Daher nimmt denn auch in dieser Zeit das eigene Pastorat in Retzow sehr schnell wieder ein Ende. Das Inventar von 1811 spricht noch von den Rudera der Retzower Kirche und von zwei Glocken auf dem dortigen Kirchhof, doch sind diese Rudera die eines versuchten Wiederaufbaues in den dreissiger Jahren des XVIII. Jahrhunderts, der 1740 ins Stocken geräth.

Kirche. Die Kirche ist ein Neubau der allerjüngsten Zeit. Kirche.

Ihre Vorgängerin war ein schlichter Fachwerkbau vom Jahre 1593 ohne jede architektonische Bedeutung. Im Innern eine niedrige flache Decke. Kanzel und Altar, zu einem Körper vereinigt, stammten aus derselben Zeit. An ihrem Gehäuse, das in seinen Formen an die Altare in Gnoien, Prestin u. s. w. erinnerte, gab es einige Figuren aus einem ehemaligen gothischen Triptychon.

Glocken. Zwei Glocken, die grössere, 1859 von **E. Schünemann** in Demmin gegossen. Die kleinere mit der Inschrift: **O rex glorie xpe veni cum pace ano ccccxii** (das m fehlt). Dazu das nebenstehende Glockenzeichen. Glocken.

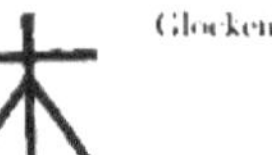

Grabsteine. In der südwestlichen Ecke der Kirche lag der des Pastors **JOACHIM CLAMOR KIELMANN** (geb. 6. April 1738, gest. 12. April 1807). — Auf dem Friedhof ausserhalb der Kirche ein zu beachtendes schmiedeeisernes Gitter (in der Art der **Niens**'schen Arbeit aus Ludwigslust) um den Stein der Frau **WILHELMINE SOPHIE LUDOVIKA VON WICKEDE**, geb. von Blucher, geb. 18. Februar 1767, gest. 16. December 1798. Grabsteine.

In der Kirche selbst viele kleine **Wappenschilde** der **MOLTKE, KLITZING, BLÜCHER, WICKEDE** mit denen ihrer Frauen, wie sie sich aus den jüngeren Besitzverhältnissen des Dorfes und Gutes erklären (s. o.). Diese Schildchen dienten als Zierrath für Särge. Wappenschilde.

[1]) Schliemann, a. a. O., S. 270ff. 347ff. 609ff.
[2]) Schliemann, a. a. O., S. 270—275. 614.

Kleinkunstwerke.

Kleinkunstwerke. 1. Ein sehr zu beachtender Kelch auf rundem Fuss aus der zweiten Hälfte des XIV. Jahrhunderts, mit den Wappen der beiden Adelsfamilien KALAND (des Mannes) und VOSS[1] (der Frau). Beide Wappen mit durchsichtiger Emailfullung. Der zwischen ihnen als Signaculum aufgelegte Krucifixus hat noch ganz die Formgebung der älteren Christusbilder des XIII. Jahrhunderts. Am Knauf der Name IHESVS, am Schaft oben ihesus na(zarenus), unten maria johannes. — 2—4 Silberner Kelch mit dem Stempel des in den ersten Jahrzehnten des XVIII. Jahrhunderts thätigen Rostocker Goldschmiedes Hinrich Steffen Bornemann. Dazu Oblatendose und Patene. Auf der Oblatendose der Name: M · E · VON WAHNKEN WITWE VON DER LÜHEN. — 5. Silberne Kanne, neu. — 6. 7. Zwei zinnerne Leuchter, der eine mit dem Namen DAVID CHRISTIAN GÄTCKE 1718, der andere mit dem Namen ELIAS ZIEL 1732. Beide ohne Werkzeichen. 6. 7. Zwei zinnerne Blumenvasen mit Henkeln. Beide haben als Stadtzeichen den werleschen Stierkopf in einem Kreis. Als Meisterzeichen das Bild eines auf seinem Neste sitzenden Pelikans und die Initialen C K.

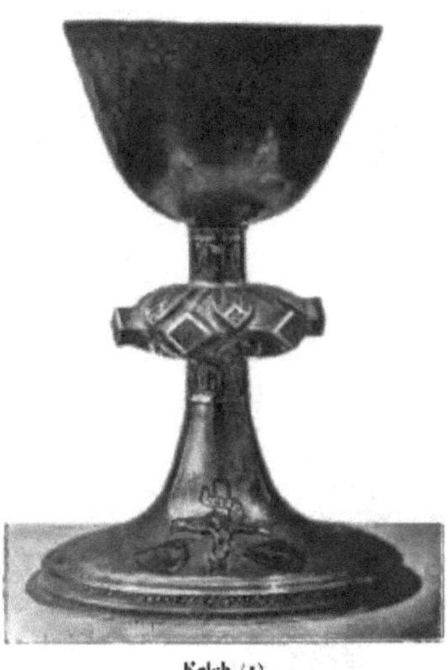

Kelch (1).

Das Gut und Kirchdorf Remplin.[2])

Geschichte des Dorfes.

Das Gut Remplin erscheint urkundlich zuerst 1283 als Eigenthum des Bischofs von Kammin und besteht aus zwei Dörfern, welche Hohen- und Siden- bzw. Gross- und Klein-Remplin genannt werden (in villa Magno Repelyn, in Parvo Reppelyn, utrumque Remplyn, ambe ville Rampelin, Alta villa Rampelyn). Im Jahre 1283 vergiebt der Bischof Hebungen aus beiden

[1]) Oder statt Voss eine andere Familie, die einen »steigenden« Fuchs im Wappenschilde führt.

[2]) 5 km westnordwestlich von Malchin. Im XIII. Jahrhundert Repelyn, Reppelin, Rampelyn geschrieben. Kühnel, M. Jahrb. XLVI, S. 118, erinnert an das altslavische rěpa = Rübe und auch an den Stamm rap-. Darnach »Ort des Rěph oder Rapela«.

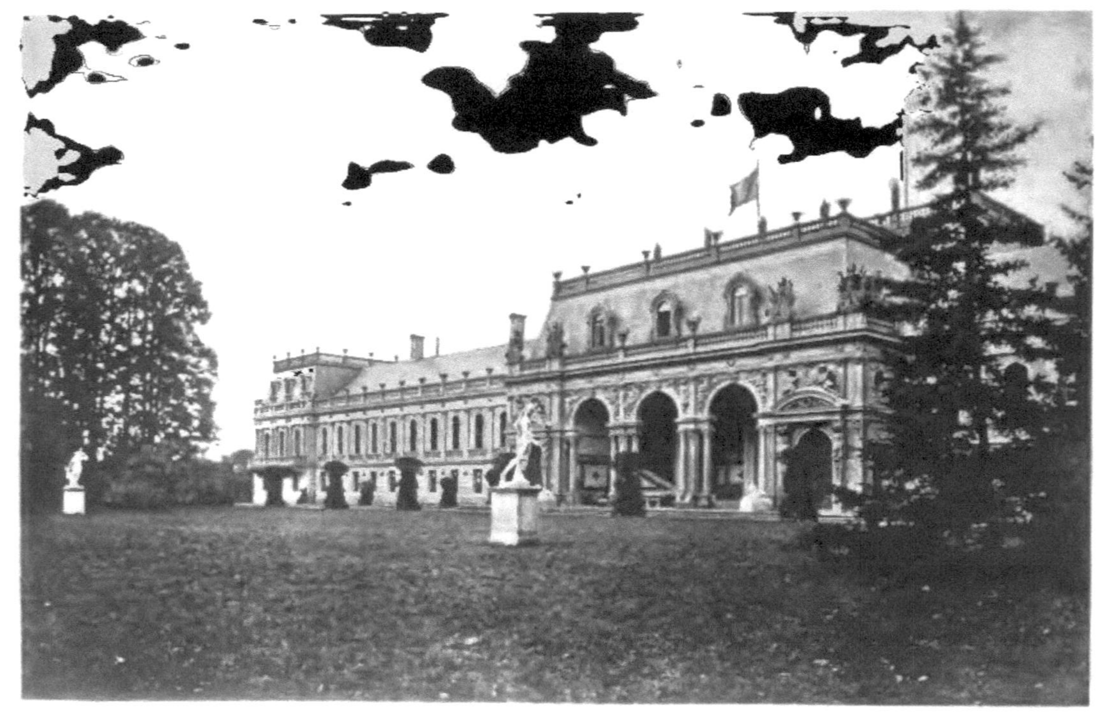

Schloss Remplin.

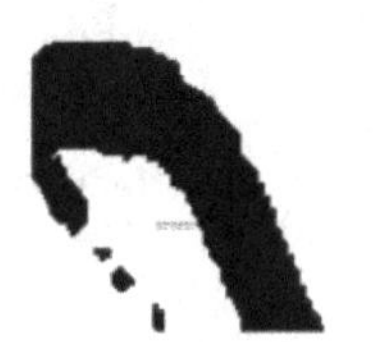

Gütern an das Kloster Ivenack, welchem sie von Nikolaus von Werle am 1. Juli 1300 bestätigt werden.[1]) Im Besitz des Hofes und der Mühle von Siden-Remplin finden wir 1352 die Familie der Stahl, welche am 3. November d. J. zusammen mit den von Wozenitz auf Dahmen eine Vikarei in der Kirche zu Hohen-Mistorf stiften, bei der sie Patronat und Präsentationsrecht mit einander theilen.[2]) Sie verkaufen aber ihren Hof nebst der Mühle im Jahre 1363 dem Hinrik Schnakenburg (Snakenborghe), dessen Rechtsnachfolger 1421 Klaus Wozenitz wird.[3]) Allein schon im Jahre 1405 erscheinen neben ihnen die von Hahn im Besitze eines Theiles der beiden Güter, und nachdem 1425 der Bischof Siegfried von Kammin den Eckhard Hahn auf Wendisch-Wargentin mit fünfzehn Hufen in Siden-Remplin und allen Gütern, welche er schon in Hohen-Remplin besass, belehnt hat, und auch die von Wozenitz ihren Antheil den Herren von Hahn überlassen haben, sind die Güter hiemit anscheinend vollständig in Hahn'schen Besitz übergegangen. Wenigstens ist von irgend welchem Mitbesitz künftig nicht mehr die Rede.[4]) Unter mannigfachem Wechsel zwischen den einzelnen Linien halten die von Hahn ihren schönen Besitz bis zum Jahre 1816 fest. In diesem Jahre erwirbt der Fürst Georg Wilhelm von Schaumburg-Lippe das Gut Remplin. Von diesem kauft es 1848 der Landschaftsdirektor von Maltzahn auf Sommerstorf, um es vier Jahre später dem Herzog Georg von Mecklenburg-Strelitz zu überlassen, der das in einem prachtvollen Park gelegene Schloss durch Vor- und Anbauten nach Entwürfen des Geh. Regierungsrathes Hitzig in Berlin erweitert und mit kostbaren Denkmälern aller Art gefüllt hat. Jetzt sind es seine Nachkommen, die sich dieses schönen Besitzes erfreuen.

Eine nach Hohen-Mistorf eingepfarrte Kapelle wird hier wahrscheinlich schon im Mittelalter vorhanden gewesen sein. Genannt wird sie freilich erst im Jahre 1647, als das Dorf gleich allen andern umher wüste liegt. Auch heute gehört die Rempliner Kirche zur Kirche in Hohen-Mistorf, doch ist sie nicht mehr Filia, sondern hat seit 1879 die Rechte einer Mater vagans, die von der eingegangenen Panstorfer Kirche auf sie übertragen wurden. Im XVIII. Jahrhundert ist übrigens zeitweise die Cura der Rempliner Kirche bei der in Basedow gewesen, z. B. unter dem Pastorat des Joachim Rudolf Vick von 1713 an, aber mit Wahrung der Rechte des Pastors in Hohen-Mistorf.[5])

Kirche. Die neue vom Geh. Oberbaurath **Daniel** erbaute Kirche ist ein Ziegelbau in Kreuzform mit einem Chorschluss aus dem Sechseck (nicht aus dem Achteck). Nur der letzte Theil des Chorschlusses ist gewölbt, der übrige Kirche.

[1]) M. U.-B. 1666. 2614. Vgl. 3721. — Ueber zeitweise Anrechte und von einer Hand in die andere wechselnde Einkünfte der von Kaland, von Reez und des Klosters Dargun vgl. M. U.-B. 5251. 6690. 6691. 6697.

[2]) M. U.-B. 7673.

[3]) M. U.-B. 9154.

[4]) Vgl. Lisch, Gesch. d. Geschl. Hahn II, S. 64.

[5]) Vgl. Kirchenakten von Hohen-Mistorf im Grossh. Archiv.

Raum ist nur mit einer den Formen des Dachgebälkes folgenden Holzverkleidung überspannt. Im Innern ebenfalls alles neu.[1])

Marmor-Altar.

Als Aufsatz auf dem **Marmor-Altar** der Raphael'sche Verklärungs-Christus, gemalt von **HELENE**, Herzogin zu Mecklenburg-Strelitz, **1877**.

Bronze-Engel.

Vor dem Altar ein **Bronze-Engel** mit **Taufschale**.

Marmortafel.

Auf der Sudseite im Chor eine **Marmortafel** mit der Inschrift:

MARIE, GROSSHERZOGIN MUTTER VON MECKLENBURG STRELITZ, GEB • PRINCESSIN VON HESSEN ERBAUTE DIESE KIRCHE IM JAHRE 1878 ZUR EHRE GOTTES UND ZUR ERINNERUNG AN ZWEI HEISSGELIEBTE BINNEN ZWANZIG TAGEN IHR ENTRISSENE KINDER GEORG HERZOG ZU MECKLENBURG GEST • 20 • JUNI 1876, GELIEBT UND VEREHRET IN ALLEN LEBENSSTELLUNGEN, BEGRÜNDER DER FIDEI-COMMISS-HERRSCHAFT REMPLIN, UND CAROLINE, HERZOGIN ZU MECKLENBURG, GEST • 1 • JUNI 1876, DEREN GANZES LEBEN NUR MENSCHENFREUNDLICHEN ZWECKEN GEWIDMET WAR •

Namen der gefallenen Krieger.

Auf der Gegenseite die **Namen** der 1813–15, 1870/71 **gefallenen Krieger** der Gemeinde.

Gemälde.

Auf der südlichen Empore drei **Gemälde-Kopien**: 1. Kreuztragender Christus, gemalt 1875; 2. Johannes von Domenichino; 3. Italienischer Christuskopf.

Glocken.

Glocken. Im Thurm zwei Glocken. 1. Grosse schöne Glocke, z. Zt. des Basedower Pastors **JOH. VICK** im Jahre 1689 gegossen von **M. Vites Siebenbaum** aus Schwerin. Die zweite hat die Inschrift: ✠ **mcccc xxxiii** ✠ **o maria.** Beide Glocken stammen aus der Kirche zu Alt-Panstorf, in der seit dem Neubau der Rempliner Kirche kein Gottesdienst mehr abgehalten wird.

Kleinkunstwerke.

Kleinkunstwerke. 1. 2. Silberner Kelch, gestiftet von **JOH • VICK • PENSIN • 1685 REMPLIN ET LIEPEN.** Werkzeichen des Güstrower Goldschmiedes **Joh. Friedr. Molstorf**: **G** und **I F M.** Patene ohne Zeichen und Schrift. — 3. 4. Noch ein silberner Kelch. Malchiner Arbeit. Stempel: **M** und **D I W.** Dazu eine Patene. — 5. 6. Abendmahlskanne und Oblatendose, ganz neu, erstere vom Goldschmied **BEHMEN**. — 7. 8. Zwei treffliche Messing-Leuchter aus der Kirche zu Alt-Panstorf befinden sich im Schloss.

[1]) Früher auf dem Wirthschaftshof eine einfache vierseitige Kapelle, die nach Vollendung der neuen Kirche abgebrochen wurde.

Das Gut und Kirchdorf Panstorf.[1])

Geschichte des Dorfes.

Auf Panstorf sitzen im Jahre 1314 die von Moltke,[2]) später aber die von Nossentin. Im Jahre 1372 versichert Fürst Laurentius von Werle seinem Vasallen und Rath Marquard Nossentin den Besitz des höchsten Gerichts und Rossdienstes »in deme dorpe to Panstorpe, dat licht up deme Harte.«[3]) Doch die von Nossentin sind schon vor 1372 im Besitze Panstorfs gewesen, wie ein Pergamentstreifen nachweist, an welchem das Siegel zu vorgenannter Versicherungsurkunde gehangen hat.[4]) Ihre Rechtsnachfolger sind die von Hahn.[5]) Das Kirchenpatronat und die Mühlenzufuhr in Panstorf besitzen die Hahn schon 1380. Als aber um 1426 Reimar von Nossentin gestorben, gelangen sie in den vollständigen Besitz des Dorfes. Reimar von Nossentin hinterlässt nämlich drei Erbtöchter, Anna, Katharina und Czye, von denen die erste mit Nikolaus Hahn auf Basedow (Nikolaus V), die zweite mit Hennecke von Lehsten auf Wardow und die dritte mit Radeke von Kardorff auf Granzow und Wöpkendorf verheirathet ist. Von diesen drei Erbtöchtern und ihren Ehemännern ersteht Lüdecke III Hahn, Vater von Nikolaus V, das Gut mit allen Gerechtigkeiten, Herrlichkeiten und Gericht und erhält die landesherrliche Genehmigung dazu am 22. Januar 1470, sodass Panstorf nunmehr ganz in Hahn'schen Besitz übergeht. In diesem verbleibt es bis 1816. Im Jahre 1792 wird der alte Hof zu Panstorf niedergerissen, und es entsteht ein neuer Hof an einer anderen Stelle der Feldmark. In Folge davon theilt sich das Dorf in Alt- und Neu-Panstorf, und Neu-Panstorf wird Pertinenz von Alt-Panstorf. Mit dem Rempliner Besitz gehen auch Alt- und Neu-Panstorf 1816 auf den Fürsten Georg Wilhelm von Schaumburg-Lippe über. Von diesem kommen sie 1848 an den Landschaftsdirektor von Maltzahn auf Sommerstorf. 1853 kauft sie der Herzog Georg von Mecklenburg-Strelitz, dessen Nachkommen jetzt im Besitz sind.

Kirche.

Die **Kirche** zu Panstorf steht heute noch an ihrer alten Stelle, aber todt und leer. Mit ihrem Chorschluss aus dem Achteck stellt sie sich als ein festes solides gothisches Mauerwerk aus dem XIV. Jahrhundert dar. Dazu stimmt es, dass wir 1366 von einem Kirchherrn »Hinric, perner to Panstorpe«

[1]) Panstorf liegt 8 km westnordwestlich von Malchin. Die alte Schreibweise ist Pantacendorp. Daher ist die Ableitung Kühnels vom altslavischen pątı = Weg der früheren Siemssen'schen von »panna = Mädchen« im M. Jahrb. VI, S. 53. vorzuziehen. »Dorf des Pątak«, wie Kühnel im M. Jahrb. übersetzt, würde deutsch soviel heissen wie »Wegestorf« oder »Strassen«.

[2]) M. U.-B. 3721.

[3]) M. U.-B. 10348.

[4]) M. U.-B. 10250, Anmkg.

[5]) Lisch, Gesch. d. Geschl. Hahn III, S. 23 ff.

hören.[1]) Ihr hoher schlanker mit Schindeln gedeckter Thurm ziert weithin die Gegend. Schon 1811 wurden ihr die Glocken genommen Der Charakter einer Mater vagans, den sie hatte, wurde 1879 auf die neu erbaute Kirche in Remplin übertragen. An diese wurde auch die Panstorfer Gemeinde (die aus den Dörfern Panstorf und Wendischhagen bestand) gewiesen. Also mit Remplin zugleich nach Hohen-Mistorf, wohin Panstorf schon einmal zeitweise, nämlich vom dreissigjährigen Kriege her bis zum Jahre 1662, gehört hatte. Dieser Uebergang im Jahre 1879 bedeutete zugleich einen Wechsel aus der Präpositur Malchin hinüber zur Präpositur Neukalen.

In alter Zeit hatte die Panstorfer Kirche ihren eigenen Pastor. Der letzte war Johannes Kiselius, den die Noth des dreissigjährigen Krieges vertrieb.[2]) 1648 ist das Dorf menschenleer.[3]) Sobald sich nachher wieder Menschen anfinden, ist es die Kirche zu Hohen-Mistorf, die sie bei sich aufnimmt. Das dauert bis 1662. Mit diesem Jahr geht die Panstorfer Kirche zur Kirche in Basedow über. In Folge davon nennen sich für die nächste Zeit die Pastoren in Basedow Pastoren zu Basedow und Panstorf, so z. B. noch Christian Alard (1690—1713). 1713 gewährt Herzog Friedrich Wilhelm dem Oberst Levin Ludwig von Hahn auf Remplin die Bitte, Panstorf mit Remplin zusammen zu Basedow legen zu dürfen (s. Remplin). Aber der Superintendent wahrt die Rechte des Pastors in Hohen-Mistorf, und später nennt sich der dortige Pastor wieder Pastor zu Hohen-Mistorf und Panstorf: so z. B. Giesenhagen im Inventar von 1811. Seit 1879 aber, nach Uebertragung der Rechte der Panstorfer Mater vagans auf Remplin, heisst der Pastor zu Hohen-Mistorf Pastor zu Hohen-Mistorf und Remplin.

Das Gut und Kirchdorf Basedow.[4])

Geschichte des Dorfes.

Die Geschichte des Gutes Basedow im Lande Circipanien beginnt mit der Einverleibung seiner Kirche am 14. Januar 1247 durch den Bischof Wilhelm von Kammin in die Malchiner Kirche, indem er sie dieser als Tochterkirche zuweist. Zugleich bestätigt er ihren Ackerbesitz, der in zwei Hufen zu Basedow und in ebensoviel Hufen zu Liepen besteht, setzt ihren Pfarrsprengel fest, der ausser Basedow fünf Dörfer umfasst (die noch bestehenden Gessin, Liepen und Sagel, sowie die untergegangenen Gutisdorp und Nykasiusdorp) und genehmigt die Schenkung der Einkünfte von einer Hufe in Basedow an den Pleban auf Lebenszeit durch den Theodoricus Luch, der damals als

[1]) M. U.-B. 9449.

[2]) Die Namen von früheren Pastoren haben wir nicht ermittelt, ausgenommen den vorgenannten einzigen aus dem Mittelalter.

[3]) Groth, M. Jahrb. VI, S. 136.

[4]) 8 km südsüdwestlich von Malchin. Nach Kühnel, M. Jahrb. XLVI, S. 23. = »Ort des Bazda«. Vgl. Bastorf.

werlescher Vasall auf Basedow sitzt.[1]) Wie lange diese dem Lande Pommern und Mecklenburg angehörende alte Adelsfamilie hier und sonst in der Umgegend ansässig gewesen ist, ist nicht bekannt.[2]) Als Rechtsnachfolger der Luch erscheint das schon 1287 auf den Gütern Lupendorf und Schlakendorf nachzuweisende Geschlecht der Hahn (Gallus) vom Jahre 1337 an. Nämlich am 3. Mai dieses Jahres giebt Fürst Johann III. von Werle-Goldberg den Brüdern Nikolaus, Eckhard, Matthias und Nikolaus Hahn die Güter Basedow, Gessin und Liepen zu erblichem Lehn. Mit dem Erwerb dieser drei Dörfer aber, besonders dem von Basedow, beginnt die Blüthe des Hahn'schen Geschlechts, welches diese Güter bis auf den heutigen Tag festgehalten hat.[3])

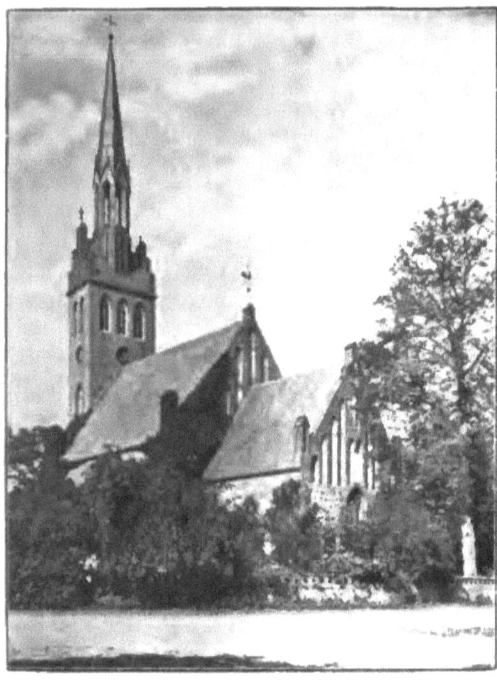
Kirche zu Basedow.

Namen mittelalterlicher Plebane sind nicht überliefert. Das Register des M. Jahrb. führt freilich irrthümlich den Ritter Theodoricus Luch als Basedower Pleban auf, aber den müssen wir abweisen. Dagegen ist der in einer Urkunde am 1. April 1481 als Zeuge genannte »her Johan Tessen, der Hanen vicarius to Bazedouwe« nicht zu übersehen. Erst die evangelische Zeit hebt

[1]) M. U.-B. 589. Vgl. die Bestätigung durch den Fürsten Nikolaus von Werle am 11. Juli 1296: M. U.-B. 2404.

[2]) Die letzte ihres Geschlechts war Liburg Luch, die mit Ewald von Kamptz († vor 1506) vermählt war: Lisch, Gesch. d. Geschl. Hahn I, S. 91.

[3]) M. U.-B. 1896. 1906. 5764. Zur weiteren Geschichte von Basedow sind zu vergleichen die Urkunden 7009. 7489. 9449. 11004. Besonders aber das vierbändige Werk von Lisch, Gesch. d. Geschl. Hahn (Schwerin, Stiller'sche Hofbuchhandlung, 1844—1856).

mit einer vollständigeren Reihe an. Um 1587 wird Stephan Holste genannt. Wahrscheinlich war er schon 1577 da, denn er gehört in diesem Jahre zu jenen Pastoren im Amte Stavenhagen, welche die Konkordienformel unterschreiben.[1]) Um 1610 giebt es eine Vakanz durch Tod. Herzog Karl empfiehlt den Herren von Hahn als Patronen der Kirche den Christian Köppen (Coppius) aus Mirow als guten Prädikanten. Ob er Pastor wird, ist aus den uns zu Gebote stehenden Akten nicht zu ersehen, aber wahrscheinlich ist es.

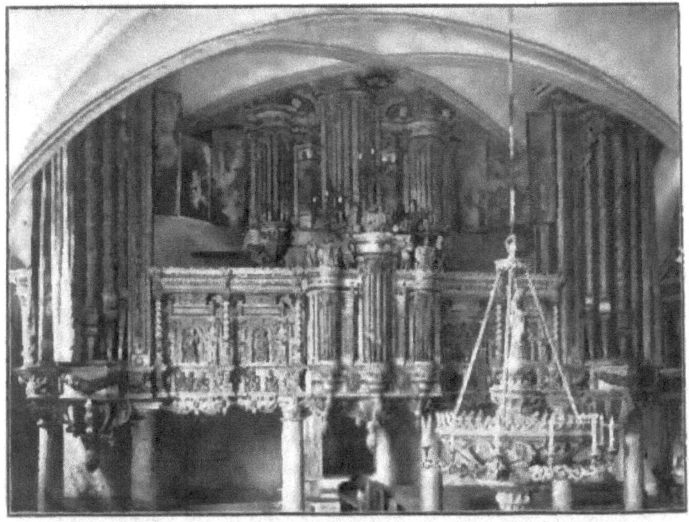

Blick auf die Orgel-Empore.

1645 wird Johann Adam Müller berufen, aber erst 1648 introduciert. Es folgen: 1664 Joachim Heinrich Fabricius, 1687 Joh. Lorenz Müller, 1690 Christian Alard, 1713 Joach. Rudolph Vick, 1753 (vielleicht schon etwas früher) Joh. Samuel Martini, und 1783 Matthias Georg Christoph Wüstney († 1822). Vgl. Walter a. a. O.

Kirche. Die der ersten Hälfte des XIII. Jahrhunderts angehörende Kirche hat einen den Zeiten des Ueberganges vom romanischen zum gothischen Stil entsprechenden platt abschliessenden Chor, der bis nahe unter das Dach aus Granitfindlingen mit quadrierten Kalkfugen aufgeführt ist. Das Schiff dagegen ist ein Ziegelbau derselben Zeit, in welchem der wendische Verband vorherrscht. Die Giebel beider, des Schiffes wie des Chors, der für diesen

[1]) Schröder, evang. Meckl. III. S. 329.

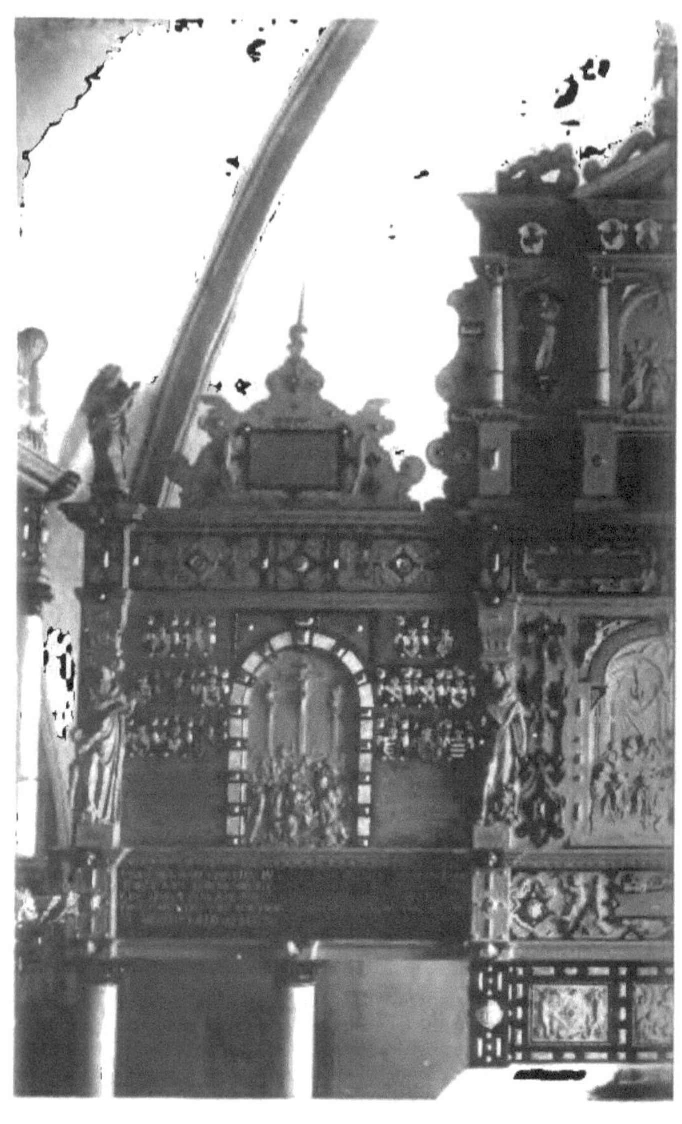

Altaraufsatz der

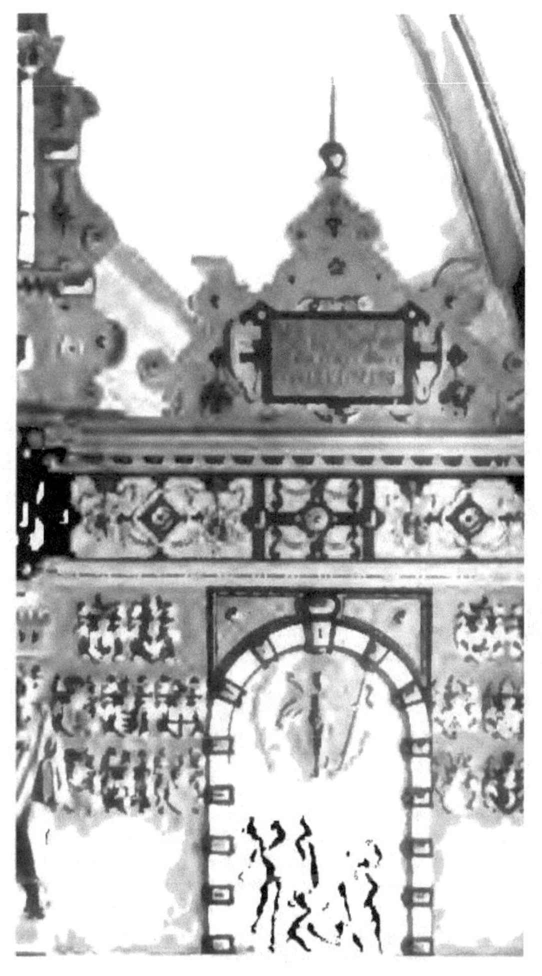

Theil ebenfalls der Backstein-Ziegel nicht entbehren kann, sind mit Blenden geschmückt. Ob der ältere Bau der Kirche schon im XV. Jahrhundert durch Lüdeke (III) Hahn, den bekannten thatkräftigen Vertrauensmann der Herzöge und eifrigen Erbauer von Festungen und Thürmen im Lande, eine Umgestaltung in gothischem Sinne erfuhr, wie Lisch (a. a. O. III, S. 45) meint, müssen wir dahingestellt sein lassen. Sämmtliche Fenster sind heute dreitheilig und spitzbogig geschlossen. Sie stammen in ihrer jetzigen Gestaltung aus neuerer Zeit, nämlich aus den Jahren 1855 bis 57. Ebenso hat der Thurm bei dieser Gelegenheit in seinem oberen Theil eine völlig neue Gestalt erhalten. Als Neuerungen sind übrigens auch die Aufsätze auf den Giebeln von Schiff und Chor in der Mitte und an den Seiten ins Auge zu fassen.

Im Innern ist der Chor mit einem, das Langhaus mit drei niedrigen gerippten Kreuzgewölben geschlossen. Steiler erscheint das Gewölbe im Chor, flacher gespannt sind die im Schiff und anscheinend auch jünger als jenes, alle mit einander aber mit jener handwerksmässigen Unbeholfenheit ausgeführt, wie sie sich in zahlreichen Kirchen des Mittelalters zeigt.

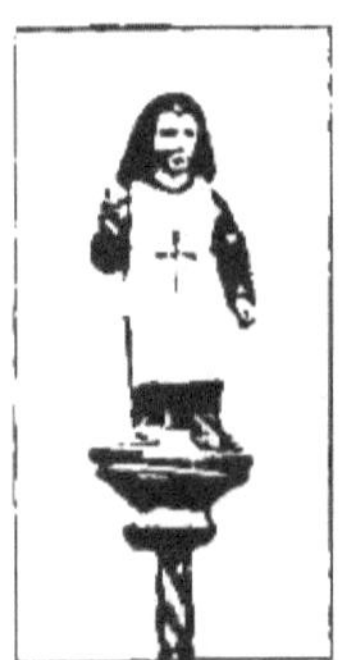

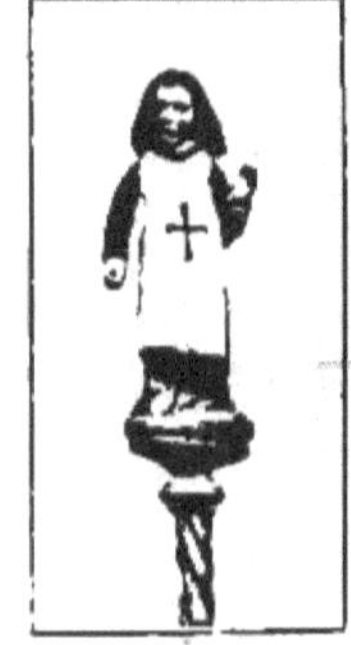

Prozessions-Stangen.

An der Südseite des Chors eine neuere Sakristei gothischen Stils; an der Südseite des Mittelschiffes, vor dem Haupteingang, eine kleine Vorhalle, die ebenfalls neu ist. An der Nordseite des Chors dagegen eine grosse Kapelle als Erbbegräbniss für die gräfliche Familie vom Ende der fünfziger Jahre des XIX. Jahrhunderts.

Der **Altaraufsatz** ist ein reiches Werk der Renaissance des XVI. Jahrhunderts aus bestem Sandstein und mit vielen Relief-Einlagen aus weissem Marmor. Die Abbildung, welche wir hier geben, überhebt uns einer eingehenderen Beschreibung. Das Abendmahl hat den Hauptplatz erhalten. Auch erscheinen die Einsetzungsworte des Abendmahls als Haupt-Inschrift des Altarwerkes. Darunter, in der Basis, der Gebetskampf in Gethsemane. Seitlich vom Abendmahl die Kreuzigung und die Auferstehung, im oberen Theil aber die Himmelfahrt. Als Einfassung der drei Hauptbildwerke in der Mitte dienen die Statuen der vier Evangelisten. Unter dem Bilde der Himmelfahrt die Verse der Apostelgeschichte I, 9—11. Ueber dem Abendmahl: **CHRISTUS IST UMB UNSER SŪDE WILLEN IN DĒ TODT GEGEBEN UNDT UMB UNSER GERECHTIGKEIT WILLEN AUFERSTANDEN.** Ueber dem Gebet in Gethsemane: **WACHET** Altaraufsatz.

UND BETET, DAS IHR NICHT IN ANFECHTUNG FALLET · MEIN VATER ISTS NICHT MVGLICH, DAS DIESER KELICH VAN MIHR GEHE ICH TR(etc.). Links und rechts neben der Kreuzigung: **DIS SEIN DES EDLEN UNDT EHRENVESTEN WERNER HANEN UNDT SEINER VIELTUGENTSAME LIEBE HAUSFRAUWE ANNA VAN DER LÜHE SELIGER ACHT AHNEN. — DIS SEIN DES EDLEN UNDT EHRENVESTEN CHUNE HANEN SELIGER UNDT SEINER VIELTUGENTSAME LIEBE HAUSFRAUWE SOPHIA VÃ DER SCHULENBURGK AUCH SELIGER ACHT AHNEN.** Darüber je acht Wappen. In der Bekrönung dieses Flügels:

NON HANC EFFIGIEM CHRISTI
SED CHRISTVM ADORA
AD DEXTRAM PATRIS QVI SINE
FINE REGIT.

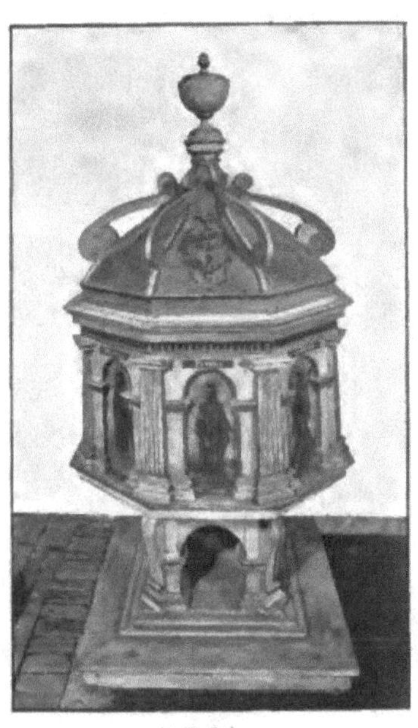
Taufbehälter.

Links und rechts neben der Auferstehung im rechten Seitenstück die Inschriften: **DIS SEIN DES EDLEN UNDT EHRENVESTEN JOACHIM HANEN CHRISTOFFER SELIGER SOHNS UNDT SEINER VIELTUGENTSAME LIEBE HAUSFRAUW DOROTEAG**(!) **· GEBORN VAN POTLITZ ACHT AHNEN. — DIS SEIN DES EDLEN UND EHRENVESTEN HANS HANEN, WERNERS SOHNS, UNDT SEINER VIELTUGENTSAME LIEBE HAUSFRAUW JLSE VAN ARNIM ACHT AHNEN.** Dazu die schon bei Bristow vorgekommenen Sigla der Sinnsprüche: **G · W · Z · B · G · B · M · S · 1592 IM MAIO · HH.** In der Bekrönung dieser Seite die Worte:

PARTA TIBI ILLIVS VERE VERISSIMA PROBRIS
GLORIA SVNT CHRISTI VVLNERA VITA TIBI.[1])

Kanzel. Krucifixus. Die **Kanzel** hat südlich an der Ecke vom Chor und Schiff ihren Platz. Darüber der alte **Triumphbogen-Krucifixus** mit Maria und Johannes.

Orgel. Die **Orgel-Empore** ist ein reiches Renaissance-Schnitzwerk des XVI. Jahrhunderts. Der **Orgel-Prospekt** selber aber mit seinen Risaliten ist hundert Jahre jünger und stammt aus dem Jahre 1680. Die Inschrift lautet:

[1]) Ueber den Altar vgl. Lisch, Geschl. Hahn III, S. 239—241. Als Sinnsprüche der Siglen schlägt Grotefend vor: »Gott wende's zum Besten« und »Gott bewahre meine Sinne«.

ORGANA DECANTANT CHRISTO LAUDESQUE DECUSQUE·
ET RECREANT VARIIS PECTORA NOSTRA SONIS·
ANNO CHRISTI 1680 FRID · HAHN·[1]

Schnitzwerke.

In der Sakristei ein aus Holz geschnitzter **Johannes Baptista**, auch zwei **Prozessions-Staagen** mit Engeln.

Taufbehälter.

Im Chor steht ein achtseitiger hölzerner **Taufbehälter**, der nicht mehr gebraucht wird. In seinen acht Füllungen Apostelbilder, auf den acht dreiseitigen Deckelflächen die Bilder der Evangelisten, des Heilandes und des Johannes Baptista, ausserdem das HAHN'sche und LÜHE-sche Wappen. Im Innern eine grosse **Messingschüssel** mit den schon oft erwähnten vielgedeuteten Legenden.

Messigschüssel.

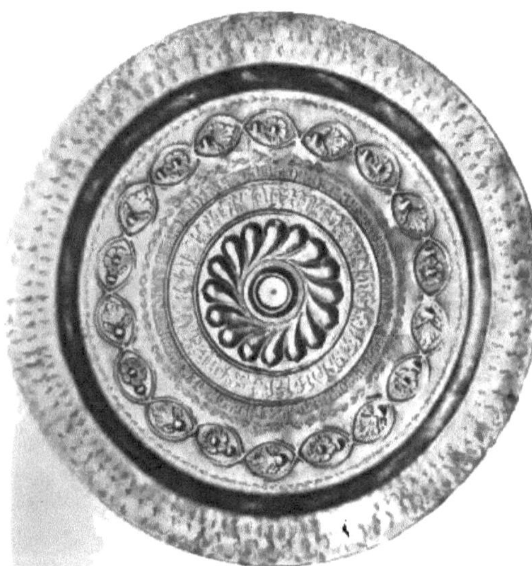

Messingschüssel.

Epitaphien.

Epitaphien. An der Nordseite des Chors ein Epitaphium, das die ganze Wand einnimmt und wie der Altar aus feinem Sandstein mit Einlagen von Marmor hergestellt ist. Es ist dem Elternpaare **Werner Hahn** und seiner **Anna von der Lübe** gewidmet von ihrem Sohn HANS HAHN. In der Mitte drei fast lebensgrosse knieende Gestalten und hinter ihnen der Sohn; beiden gegenüber die Gattin und Mutter. In der Mitte ein Marmor-Relief: Christus mit der Siegesfahne tritt den Drachen zu Boden. Das Relief wird in acht kleinen Gruppen von den Marterwerkzeugen Christi umgeben.

[1] Beide, Kanzel und Orgel, sind Stiftungen des Geh. Raths Friedr. Hahn, der zum Katholicismus übertrat, aber nichtsdestoweniger die väterliche Kirche nach wie vor mit Gaben bedachte: Lisch. Geschl. Hahn III, S. 360. Ueber eine Reparatur der Orgel im XIX. Jahrhundert s. Lisch, a. a. O. IV, S. 304.

In der Bekrönung des Werkes mehrere allegorische Gestalten, in der Mitte die Caritas (nicht die hl. Maria!) u. s. w. Ausser verschiedenen Bibelsprüchen auch eine lange Inschrift mit der Lebensgeschichte des Ehepaares und der Angabe, dass der Sohn **HANS HAHN** seinen Eltern dies Epitaphium im Jahre 1594 habe setzen lassen.[1])

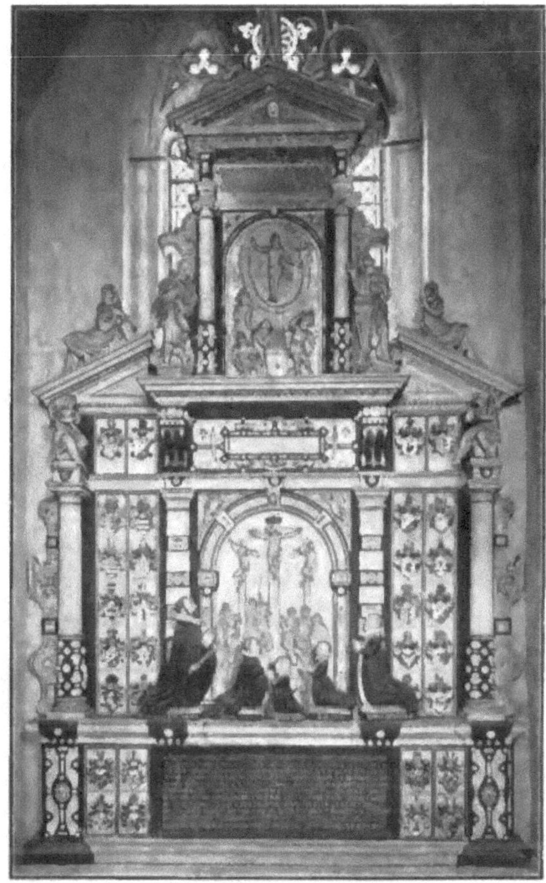

Schulenburg-Hahn'sches Epitaph.

An der Nordseite des Langhauses, in der mittleren Fensternische, und fast das ganze Fenster verdeckend, ein zweites Epitaphium. Oben als Relief eine Darstellung der Auferstehung und in der Mitte die Kreuzigung. Vor dieser fünf freie plastische Gestalten, welche knieen: links **Berndt von der Schulenburgk**, rechts seine Ehefrau **Anna Hahn**, dazwischen drei Kinder, **Levin**, **Gudel** und **Ilse von der Schulenburgk**. Zu jeder Seite sechzehn

[1]) Lisch, Geschl. Hahn III, S. 241—243. Vgl. Grabsteine.

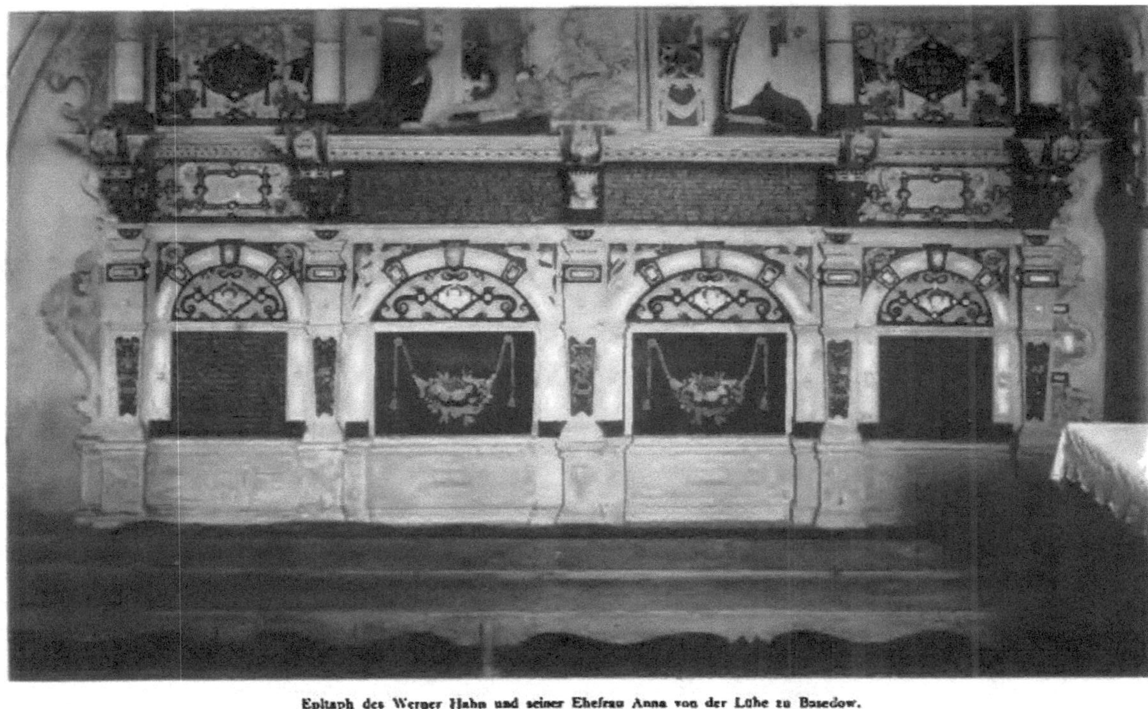

Epitaph des Werner Hahn und seiner Ehefrau Anna von der Lühe zu Basedow.

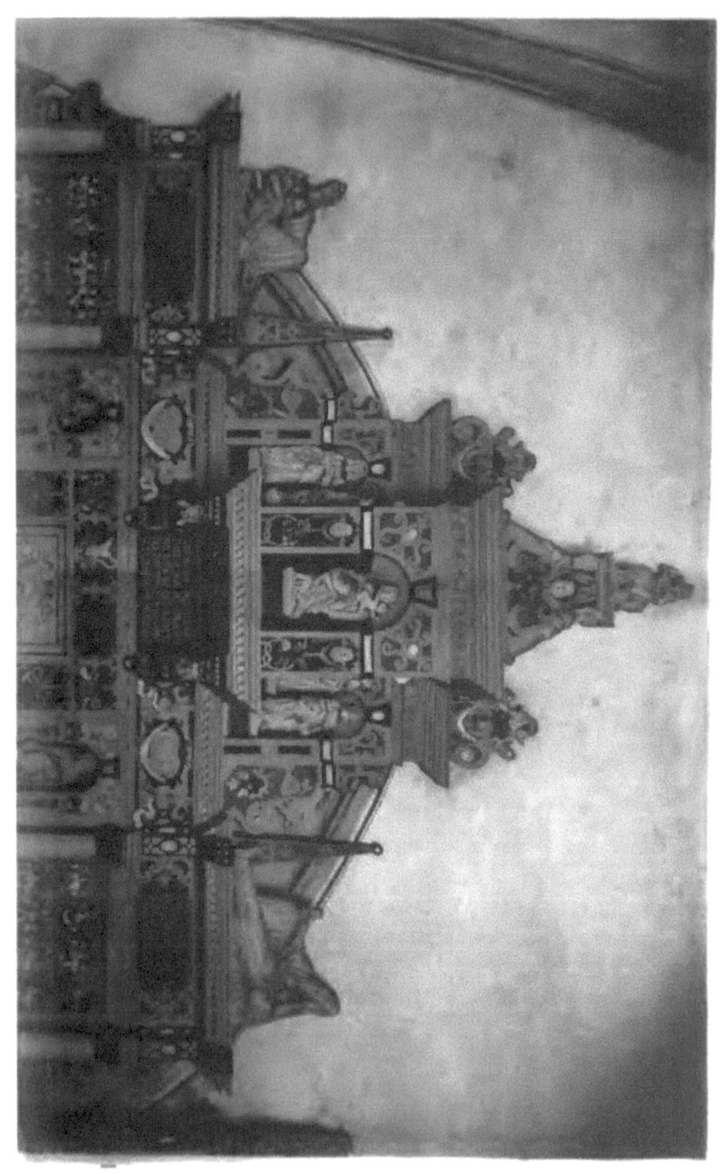

Ahnenwappen. Nach der Inschrift am Fuss ist dies Epitaphium von **BERNDT VON DER SCHULENBURGK** seiner am 9. Januar 1589 im 27. Lebensjahre entschlafenen Ehefrau in demselben Jahre gestiftet.[1])

An der westlichen Ecke der Nordwand, das ganze Fenster verdeckend, ein dem **Kuno Hahn** und seinen beiden Frauen gewidmetes drittes Epitaphium. Im Aufsatz, die Mitte des ganzen Werkes einnehmend, die liegende Statue der ersten Gemahlin Kuno's, **Gödel von Maltzan**. Unten nebeneinander die gleichfalls liegenden Gestalten **Kuno's** und seiner zweiten Gemahlin, der **Sophie von der Schulenburg**. Ausserdem sind die zweiundzwanzig Kinder Kuno's (acht Söhne und vierzehn Töchter) aus beiden Ehen in kleineren Figuren knieend und betend dargestellt. Zu beachten ist auch die Anordnung der Ahnentafeln.

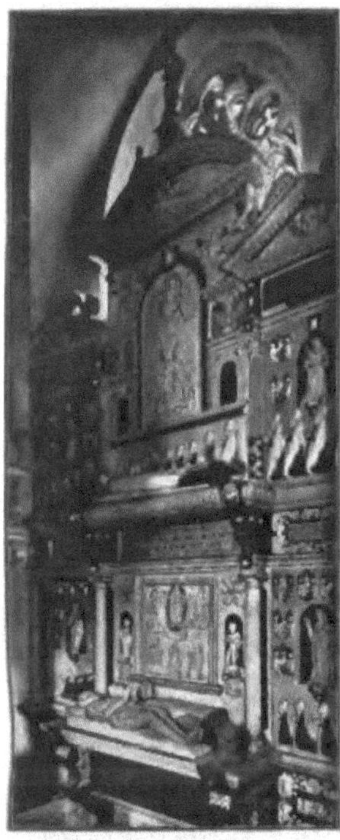

Epitaph des Kuno Hahn.

Rechts und links und über den Figuren verschiedene Bibelsprüche. Unter der Gestalt der **Goedel von Maltzan** die Inschrift: **ANNO 1575 DEN FREITAGK VOR LETARE IST DIE EDLE UND VIEL TUGENTSAME GUEDEL MOLTZAN IM HEREN ENTSCHLAFFEN, NACHDEM SIE VIER SOHNE UND ZEHEN TOCHTER GEZEUGET HATTE. DER SEHLE GOT GNADE ·** Unter den beiden unteren Bildsäulen: **ANNO 1590 DEN 21 · JANUARII IST DER EDLE UND EHRENVESTE CUNO HANE ERBGESESSEN ZV BASEDOW UND LIPEN, INHABER DES HAUSES SEHEBURGK ZUR LIPEN IN GOTT DEM HERREN SALICH ENTSCHLAFFEN · GOTT VORLEIHE IHM EINE FROVLICHE AUFERSTEHUNG . UND ANNO 1591. DEN 21 · OCTOBRIS IST SEINE LIEBE HAUSFROWE DIE EDLE UND VIEL TUGENTSAME SOPHIE VON DER SCHULENBURGK ZU SEHEBURGK IN WAHRER ERKENTNIS CHRISTI SANFT IM HERREN ENTSCHLAFEN UND ALDAHR CHRISTLICH ZUR ERDEN BESTEDIGET, HAT IHM EHESTAND VIER SOHNE UND VIER TOCHTER GEZEUGET · S · G · G ·** Ganz unten steht: **ANNO 1593.**[2])

An der Nordseite, zwischen Chor und Schiff, und am Triumphbogen (jetzt innerhalb des herrschaftlichen Chors), ein kleines Epitaphium des **Paris** (!)

[1]) Lisch, Geschl. Hahn IV, S. 19. 35 37. S. u. Grabsteine.

[2]) Lisch, Gesch. d. Geschl. Hahn IV, S. 20 und 21. Vgl. Grabsteine.

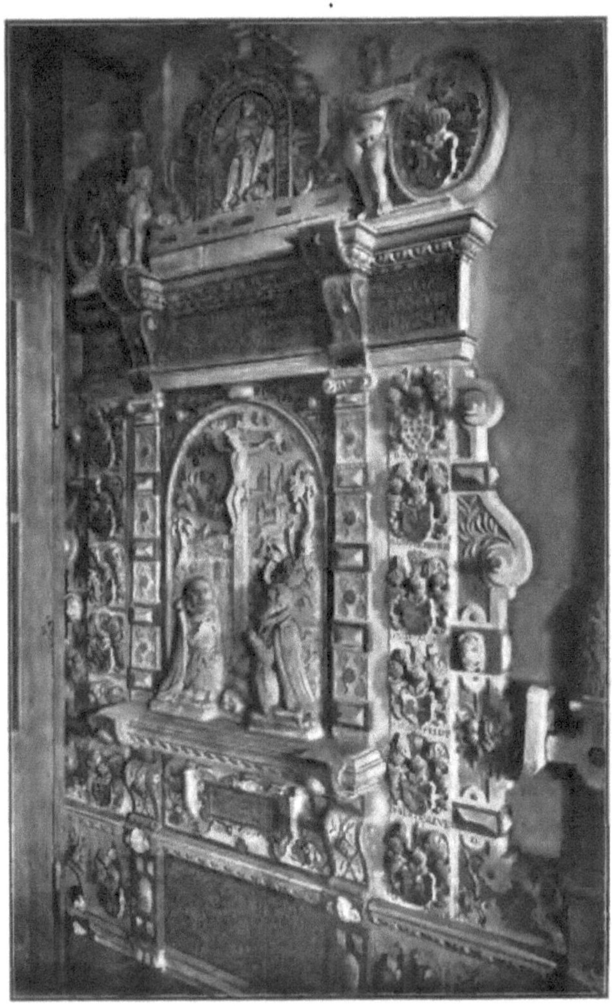

Epitaph des Paris (I) Hahn und seines Sohnes Paris (II).

Hahn († 1565) und seines Sohnes **Paris** (II, † 1587). Im Mittelstück der Gekreuzigte. Zu seinen Füssen knieend Vater und Sohn. Daneben die

Ahnenwappen. Unter den Figuren der Spruch aus Jesaias LIII: **DER HERR WARF UNSER ALLER SUNDE AUFF IHN.** Rechts die Inschrift: **PARYS HAN DER ELTER DES JUNGEN VATER,** links: **PARYS HANE DER JUNGER DES ALTEN SOHN.** Als Unterschrift eine lange Inschrift, aus der hervorgeht, dass **CATARINA VON BÜLOW** ihrem nach zweijähriger Ehe gestorbenen Gemahl und ihrem 1587 im Alter von zweiundzwanzig Jahren durch einen Unglücksfall ums Leben gekommenen Sohne dies Epitaphium habe setzen lassen.[1])

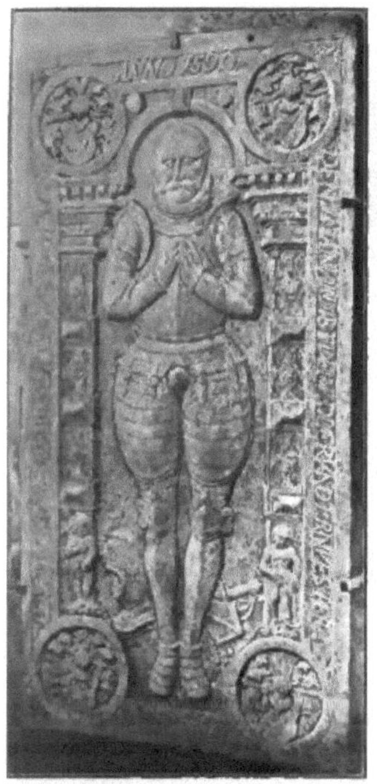

Grabstein des Kone Hahn.

In einer Fensternische der Nordwand, nach dem Chor zu, ein fünftes, zum Theil durch eine Empore verdecktes Epitaphium, das des 1651 gestorbenen Landraths und Erblandmarschalls **Claus Hahn**. Im Mittelfelde der gekreuzigte Christus, neben ihm die knieende und zu ihm aufschauende Gestalt des Verstorbenen. Das Epitaphium ist halb durch die herrschaftliche Empore verdeckt. Unten eine lange Inschrift, aus der hervorgeht, dass der Sohn **CHRISTIAN FRIEDRICH HAHN** und der Enkel **WEDIGE CHRISTIAN HAHN** dies Epitaphium haben setzen lassen.[2])

Grabsteine. An der Südwand des Chors ein Grabstein vom Ende des XVI. Jahrhunderts. Im Felde eine betende Frau mit der Ueberschrift zu Häupten: **CHRISTI STERBEN IST MEIN EWIGES LEBEN.** Die Umschrift ist unleserlich. Ebendaselbst ein zweiter Stein, der einen betenden Ritter darstellt. Umschrift: **ANNO 1590 DEN 21 · JANVARII IST DER EDLER VND ERNVESTER KONE HAHN ERBGESESSEN ZV BASEDOV VND M**(uggenburg) **GOTSEL** . . . . .[3]) An der Südwand des Schiffes, der Kanzel zunächst, ein grosser Stein mit Grabsteine.

[1]) Lisch, Geschl. Hahn IV, S. 28. 41.

[2]) Dem Vater gesetzt von dem Sohne, dem zum Katholicismus übergetretenen Geh. Rath Friedrich Hahn (1624—1701); Lisch, Geschl. Hahn III, S. 338—362, besonders S. 360. Das Denkmal wurde erst nach dem Tode des älteren Stifters vollendet und ist daher mit 1702 datiert.

[3]) Lisch, Gesch. d. Geschl. Hahn IV, S. 20 (Kuno I, S. 2—22). S. o. Epitaphien.

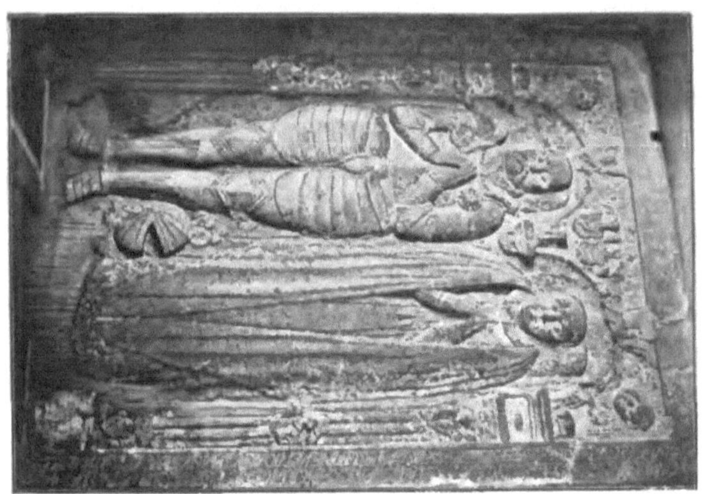

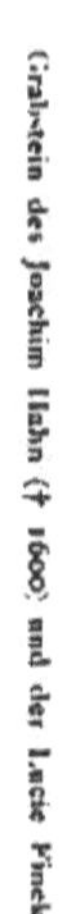

Grabstein des Joachim Hahn († 1600) und der Lucie Fincke.

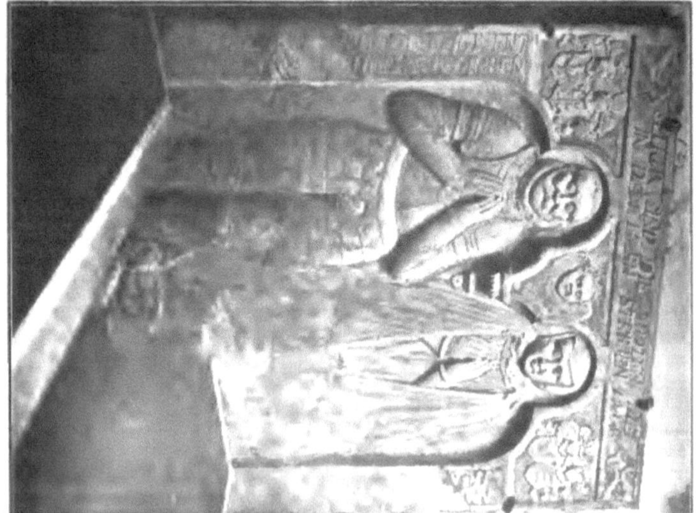

Grabstein des Joachim Hahn († 1598) und der Dorothea von Politz.

dem Bilde eines Mannes und einer Frau und einer nur theilweise zu lesenden Inschrift. Es ist der des **JOACHIM HANE** († 1600) und seiner Gemahlin, der **LUCIE FINEKE** († vor 1619).[1]) Ebendaselbst ein Stein mit dem Bilde einer betenden Frau. Inschrift: **ANNO 1589 DEN 9 • JANUARII IST DIE EDLE VND TVGENTSAME ANNA HANEN, DES EDLEN VNDT ERENVESTEN BERNDT VAN DER SCHVLENBVRGK EHELICHE HAVSFRAW IN GODT SELICHLICHEN ENTSCHLAFFEN, DER SEHLEN GODT GNEDIGK VNDT BARMHERTZIGK SEI.**[2]) An demselben Ort noch ein Stein mit dem Bilde eines Mannes und einer Frau. Die Inschrift ist jetzt nicht mehr genau zu entziffern. Nach einer Abschrift aus dem Jahre 1816 lautete sie: **ANNO [1598 DEN 15 • FEBR • IST DER] EDLER [GE[STRENG]ER] UND EHRENVESTER JOACHIM HAN CHRISTOPHERS SEL [SOHN IN GOTT SELIG ENTSCHLAFEN] UNDT DE[N 15 MA]RTI .. ALHIER BEGRABEN • ANNO . . . . . . DEN . . . . IST DIE EDLE UND WOHLGEBORN DOROTEA VON PUTLITZ IN GODT SELICH ENTSCHLAFFEN UND ALHIE BEGRABEN.** Sterbejahr und Tag sind nicht ausgefüllt.[3]) — Die vier erstgenannten Grabsteine lagen bis vor wenigen Jahren im Chor der Kirche, der letztgenannte in der nordwestlichen Ecke des Schiffes.

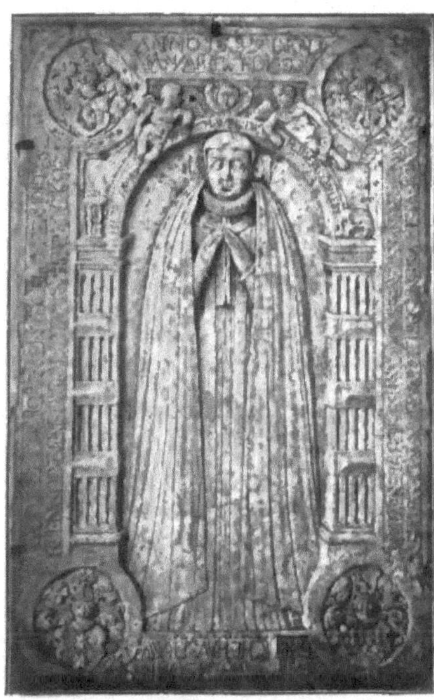

Grabstein der Anna Hahn, Gemahlin des Berndt von der Schulenburgk.

Zurückgestellte Bilder im Thurm.

Unten im Thurm der Kirche ist eine Reihe minderwerthiger, im Renaissancestil auf Holz gemalter **Bilder** aus dem Jahre 1704 aufgestellt, die

[1]) Lisch, Geschl. Hahn III, S. 198—201.

[2]) Lisch, Geschl. Hahn IV, S. 19. 35—37. Vgl. o. Epitaphien.

[3]) Lisch, Geschl. Hahn III, S. 301—305.

früher an der Sudseite des Schiffes ihren Platz hatten. Je ein oberes und das darunter befindliche Bild gehören zusammen, und zu je zwei Bildern gehören immer drei Inschriften. Man sieht die Sündfluth und die Taufe des Kämmerers durch Philippus, den Sündenfall und Christi Geisselung, Christi Geburt und Christi Grablegung u. s. w. Im Ganzen sind es zwanzig Bilder.

Glocken.

Im Thurm zwei **Glocken**, die im Jahre 1843 von **C. Illies** in Waren gegossen sind. Gestiftet sind sie von **FRIEDRICH GRAF HAHN** und **AGNES GRÄFIN HAHN**, geb. **GRÄFIN SCHLIPPENBACH**.

Das Inventar von 1811 enthält folgende Notiz: »In dem von Mauersteinen massiv aufgeführten Thurm sind ausser der zur Kirchenuhr gehörigen kleinen Glocke gar keine Glocken vorhanden, weil die ganze ehemals schöne Thurmspitze von der Kuppel an bis zu dem Gemauer den 29. September 1766 nebst allen Pfarrgebäuden abgebrannt ist, die Glocken zusammengeschmolzen und grösstentheils, bis auf einen vor zwei Jahren verkauften Ueberrest, verbrannt sind.« Auf dem Kirchhofe war damals eine kleine Glocke von 1713.

Kleinkunstwerke.

Kleinkunstwerke. 1. 2. Grosser Kelch in klassicierendem Stil, vom Malchiner Goldschmied **Harck**, ebenso die Patene. — 3. 4. Kleiner silbervergoldeter Kelch auf rundem Fuss, mit einem aufgenieteten plastischen Krucifixus als Signaculum. Der ausladende Knauf mit Falten erinnert an spätromanische Formen. Keine Werkzeichen, auch nicht an der Patene. — 5. 6. Kanne und Oblatendose, neu, von 1847, letztgenannte aus einer älteren umgearbeitet vom Malchiner Goldschmied **F. Lippold**. Die Kanne ist von **FRIEDRICH GRAF HAHN** und **AGNES GRÄFIN HAHN**, geb. **GRÄFIN SCHLIPPENBACH**, gestiftet.[1]) — 7. Messingenes Taufbecken von 1669 mit der Angabe, dass es der ehemaligen Kirche zu Wargentin gehört hat.

Schloss zu Basedow.

Was zur Geschichte des **Schlosses** beigebracht werden kann, ist nicht viel, immerhin aber mehr als bei allen anderen alten Adelssitzen unseres Landes. Es ist das dem trefflichen Familien-Archiv in Basedow zu danken, für welches von jeher in besonderer Weise Sorge getragen worden ist. Nachdem es Jahrhunderte lang, schon vom Mittelalter her, inmitten des alten Baues einen eigenen gewölbten Raum eingenommen hatte, wurde im XIX. Jahrhundert ein besonderer, freistehender steinerner Gewölbebau neben dem Sekretariat dafür aufgeführt, in welchem alle archivalischen Dokumente jetzt wohlbewahrt ruhen.[2])

Den Anfang zu einem festen Bau in Basedow hat, wie Lisch glaubt vermuthen zu dürfen, schon jener Nikolaus Hahn gemacht, welcher am 1. April 1352 mit Bristow belehnt wurde. Indessen muss es dahin gestellt bleiben, ob diesem Bau jene Ruinen angehören, die heute hinter dem Schloss im Garten gefunden werden, aber mit vielen neueren Zuthaten versehen sind.[3])

[1]) Siehe Glocken.

[2]) Lisch, Gesch. d. Geschl. Hahn II, S. 5.

[3]) Lisch, a. a. O. II, S. 48: »Ohne Zweifel unternahm er die erste Anlage des Schlosses zu Basedow, von dem noch über und unter der Erde kräftige Ruinen vorhanden sind«.

Gewiss freilich ist, dass sich in den unzweifelhaft alten Theilen dieser Ruinen die der gothischen Zeit angehörenden Ziegelverbandsweisen finden, die wendische

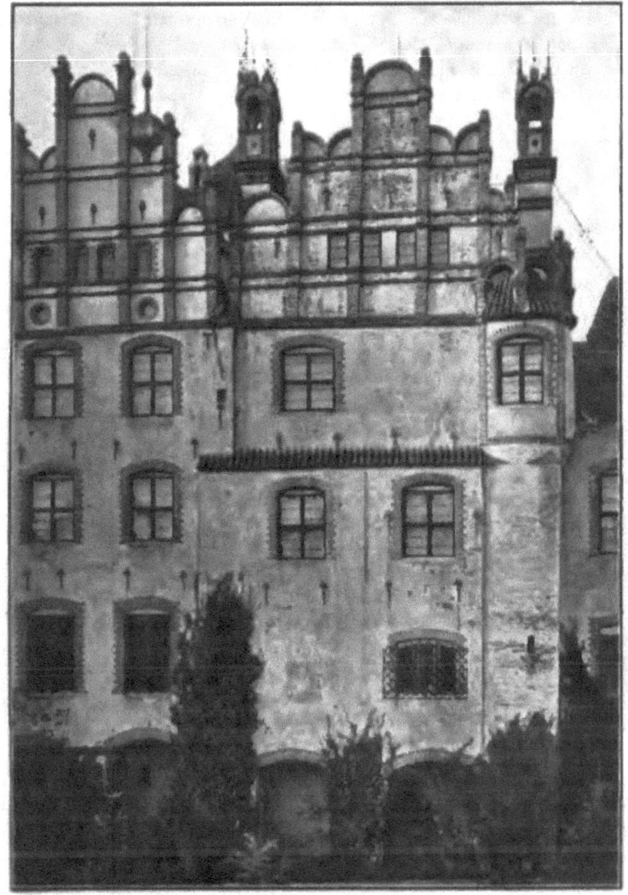

Alter Theil des Schlosses Basedow (Hinterseite).

wie die polnische. Klarer tritt der feste Bau des Mittelalters aus einer Urkunde vom 4. September 1467 und deren Anhängsel aus dem Jahre 1473 hervor, worin sich Oheim Lüdeke und sein Neffe Hans über das Schloss zu Basedow

9*

vertragen, und woraus man ersieht, dass besonders Lüdeke es war, der viele Kosten an den Bau gewandt hatte. Lüdeke soll die eigentliche Obhut über das Schloss, Hans aber seine Wohnung darin haben, und jeder die Hälfte des Hoffeldes für sich benutzen. Während der Vormundschaft über Hans hatte Lüdeke den Hauptthurm, die Mauern, die Gräben, die Vorburg und die Bauhöfe von Grund aus neu gebaut. Er verzichtet nun im Uebrigen auf einen Ersatz von seinem Neffen, doch soll diesem sein Antheil an dem Hauptthor-

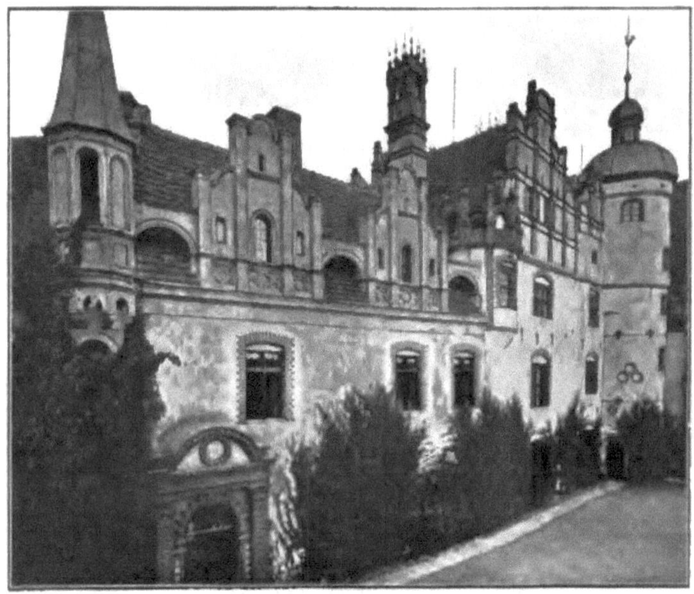

Aeltere Theile des Schlosses Basedow (Vorderseite).

gebäude (dem obersten Thor) mit 250 Mark Lübisch angerechnet werden und das Gebäude selbst dafür als Pfand in Lüdekes Hand bleiben. Gemeinschaftlich soll beiden das Gewölbe für die Armbrüste, Pfeile, Büchsen, für Pulver und Briefe (Urkunden) gehören, doch soll jeder daneben ein Gewölbe für sich besitzen. Ferner soll das Thor vor der Vorburg als Pfand für 100 Mark Lübisch zu Lüdeke's Verfügung stehen, mit dem Thor auch die beiden Thürme auf der Vorburg, die er auf eigene Kosten hat bauen lassen.[1])

Dieser Lüdeke ist derselbe, den wir in der Geschichte der Stadt Plau als Vertrauensmann der mecklenburgischen Herzöge kennen gelernt haben, der

[1]) Lisch, a. a. O., II, Urk., S. 136—142 (Nr. 246).

gut zwanzig Jahre früher als landesherrlicher Vogt die Burg in Plau befestigt, die Lenzburg an der Elde erbaut, mit starker Hand dem wilden Raubwesen jener Zeiten entgegentritt und mit seiner Gattin Jutta Preen die letzte Ruhestätte in der Klosterkirche zu Dargun findet.[1])

Nach Lüdeke's Zeit hören wir erst im Jahre 1513 wieder von einem Neubau, den der Landrath Joachim Hahn auf dem Schlosshofe zu Basedow errichtet, und zu dem ihm der Herzog Heinrich und dessen Gemahlin Helena am 15. Juni desselben Jahres (zehn Tage nach seiner Vermählung) zwei gemalte

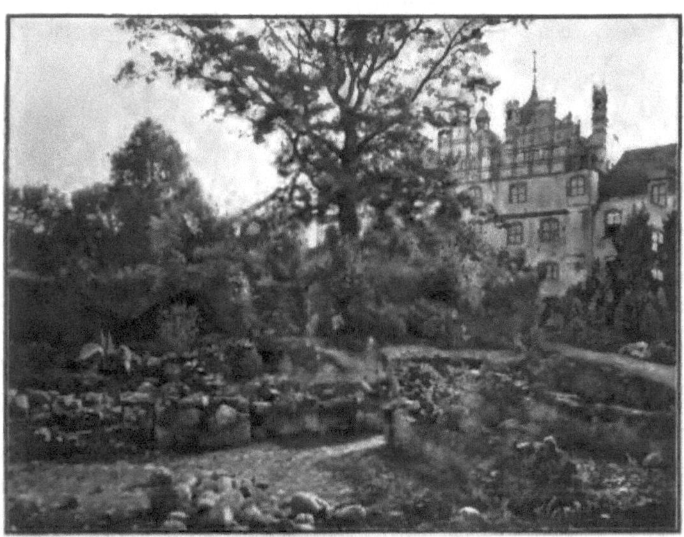

Ausgrabungen im Schlossgarten zu Basedow.

Fenster verehren. Joachim Hahn hat sich seines »neuen Hauses« noch über die Mitte des XVI. Jahrhunderts hinaus erfreuen können. »Dies ist (sagt Lisch im Jahre 1855), nachdem die mittelalterlichen Gebäude bis auf geringe Reste nach und nach abgebrochen sind, ohne Zweifel der noch vorhandene ältere Theil des Schlosses Basedow, welcher in der Mitte steht und sich im rechten Winkel an den neuesten (im Jahre 1891 durch Brand zerstörten) Bau anlehnt.« Zugleich hält Lisch auch den an diesen Theil angesetzten Thurm mit der Jahreszahl 1552 für einen Bau Joachim's und seiner Gemahlin, welche die

[1]) M. Kunst- und Gesch.-Denkm. IV, S. 581, 582. I, S. 548 (567). Lisch, a. a. O. III, Seite 1—50.

Siglen ihrer unbekannten Sinnsprüche hinzugefügt haben.[1]) Sie stehen gleich oberhalb der Eingangsthür in diesen Thurm. Auch nach der Gartenseite hin kommt von diesem älteren Theil des Schlosses aus dem XVI. Jahrhundert noch ein ansehnliches Stück zur Erscheinung. Vor allen Dingen ist hier ein alter Giebel mit angesetztem Treppenthurm zu beachten, der von unten her vierseitig emporsteigt und sich oben in ein Rund umsetzt. Auch ist im anstossenden Giebel selbst noch der Kern des alten Mauerwerks deutlich zu erkennen. Alles Andere auf dieser Seite ist im Sinne der alten Formen erneuert.

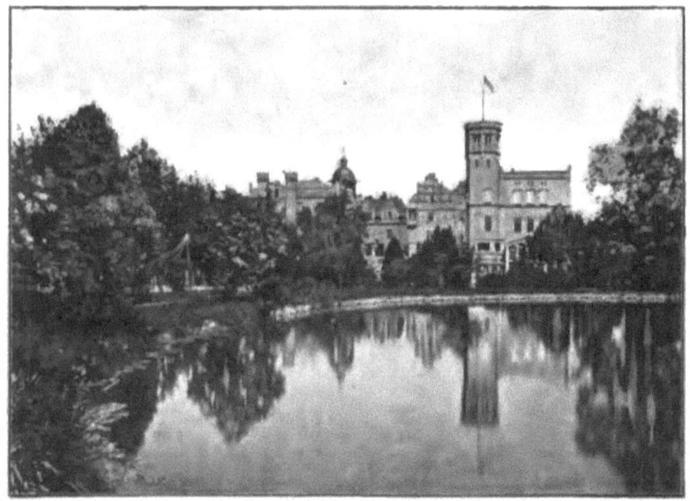

Schloss Basedow zur Zeit der Stüler'schen Umbauten.

Der nächste grössere Neubau findet unter dem ersten Grafen Friedrich II im Anfange des XIX. Jahrhunderts statt. Er lässt den alten Flügel rechts am Aufgange abbrechen und einen neuen Bau mit einem hohen Thurm aufführen. »Dieser Flügel (sagt Lisch im Jahre 1856) ist gegenwärtig das herrschaftliche Wohngebäude und unter dem jetzigen Grafen durch den Geheimen Oberbaurath Stüler aus Berlin, welcher auch alle anderen neuen Gebäude in Basedow aufgeführt hat, erhöhet und geschmackvoll ausgebauet und eingerichtet.«[2])

Aber auch von diesem alten Flügel steht heute nur noch der untere Theil des Thurmes. Am 12. Januar 1891 brannte der ganze Bau gründlich

[1]) Lisch, a. a. O. III, S. 143.
[2]) Lisch, a. a. O. IV, S. 304.

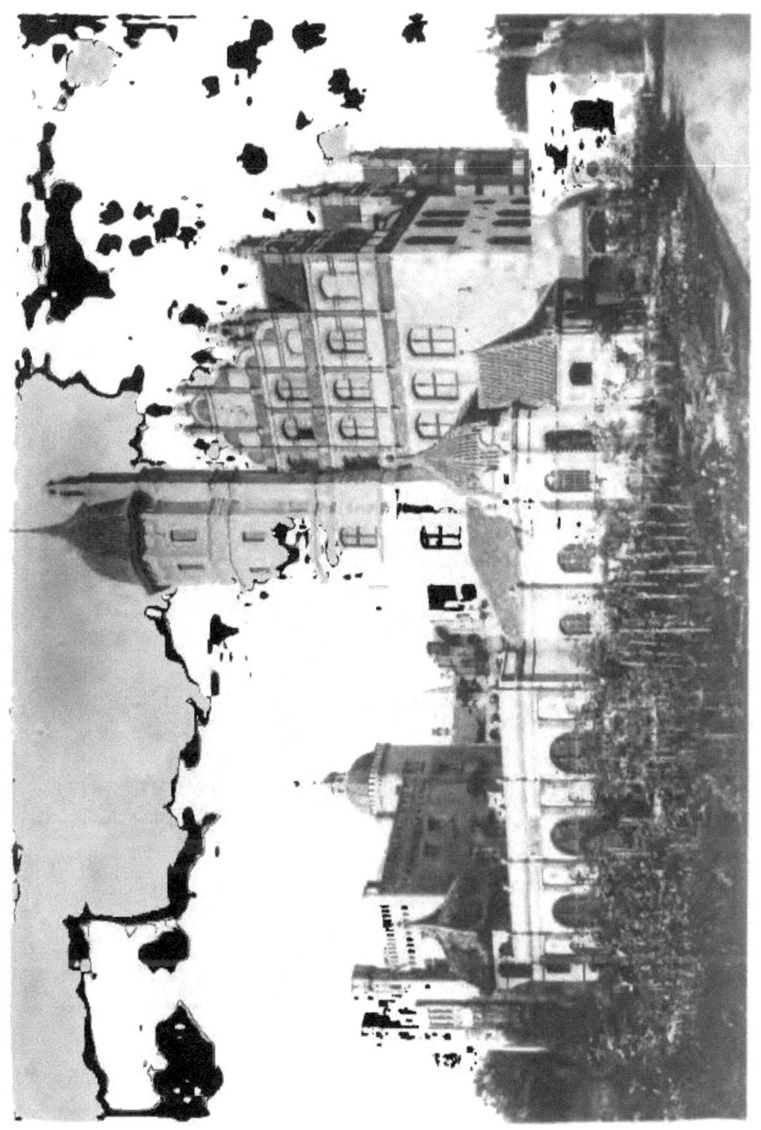

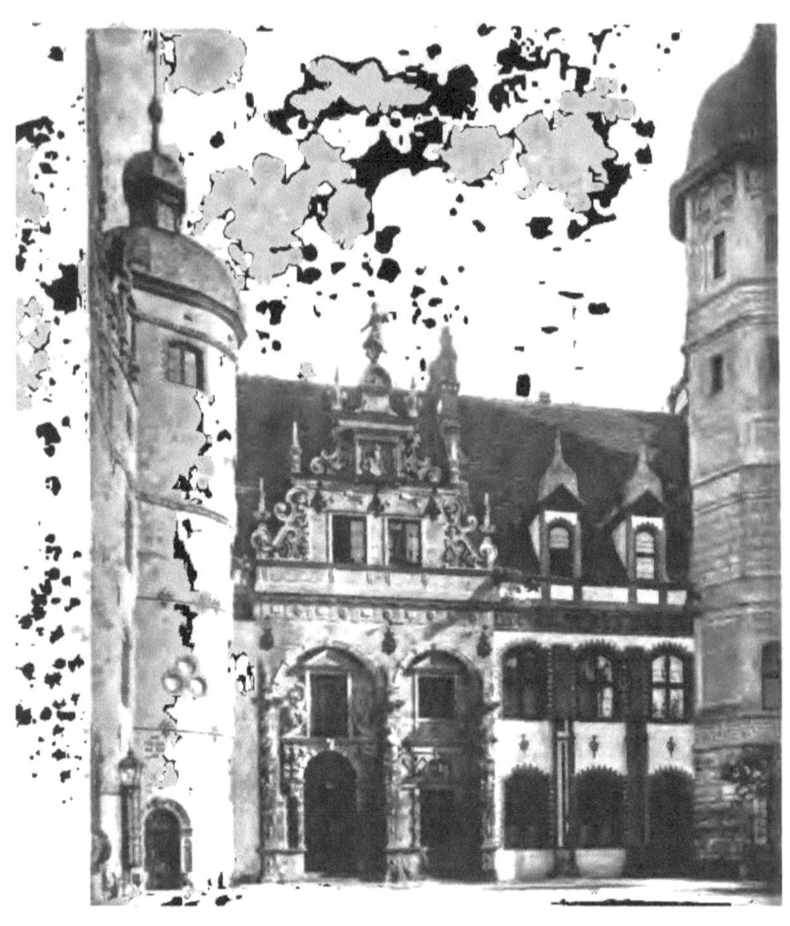

nieder, nur die Umfassungsmauern blieben stehen. Dagegen konnte das grosse Thorgebäude gerettet werden. Es ist daher heute der einzige Theil jener am Ende der dreissiger Jahre des XIX. Jahrhunderts ausgeführten Bauten, in denen sich der klassicierende und nach englischer Art zugleich gothisierende Geschmack der Stüler'schen Periode offenbart. An die Stelle des niedergebrannten grossen Flügels zur Rechten erhebt sich jetzt ein seit dem Jahre 1891 unter der Leitung des Architekten Professor Dr. Haupt entstandener Prachtbau im

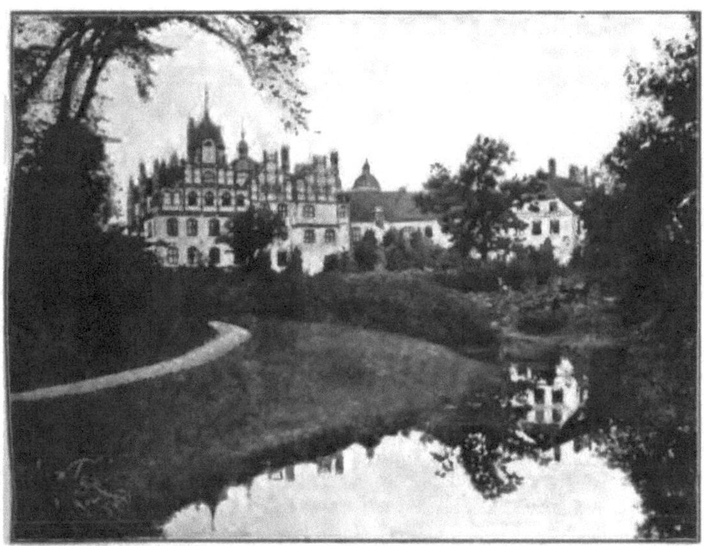

Schloss Basedow, wie es jetzt ist (von der Gartenseite).

Geschmack nordischer Renaissance, als deren glänzendste Leistung sich das grosse Portal im Innern des Hofes darstellt. Den herrlichen Bau schmückt die Inschrift:

FRIDERICVS • FRANCISCVS • COMES • HAHN • ET • THERESA • COMITISSA • HENCKEL-DONNERSMARCK • HANC • DOMVM • ET • TVRRES • IGNE • CONSVMPTAS • E • CINERE • IN • NOVVM • SPLENDOREM • MAIORVM • RITV • ERIGI • IVSSERVNT.[1])

[1]) Vgl. auch die Abbildung des früheren Schlosses vor 1891 bei Lisch und Wedemeyer, Album meckl. Schlösser und Landgüter, Heft 1 und 2. Ebendort Text dazu.

Das Gut Faulenrost.

Gut Faulenrost. Zehn Kilometer südöstlich von Basedow liegt das Hahn'sche Schloss Faulenrost. Einst, vom XIII. bis zum XV. Jahrhundert, als Villa Rostok, Villa Rozstock, Vûlen Rozstok, Vulenrosteke, Vulrostke, Vulenrostke im Besitz

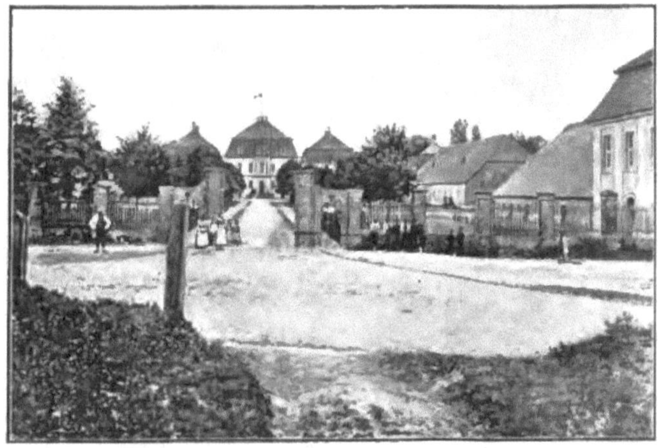

Schloss Faulenrost.

der alten Adelsfamilie Rostock (nachher Rostke) geht das Gut am 1. November 1494 an den Ritter Klaus Hahn zu Basedow über und ist seitdem in dessen Familie verblieben. Seit dem Ende des XVII. Jahrhunderts ist der Name Faulenrost üblich geworden. Das stattliche Schloss mit seinen Nebengebäuden ist ein im französischen Stil des XVIII. Jahrhunderts erdachter und ausgeführter Bau von sehr ansehnlichen Verhältnissen, den der durch sein tragisches Geschick bekannt gewordene Klaus Ludwig Hahn im Jahre 1760 errichten und mit entsprechenden ausgedehnten Parkanlagen versehen liess.[1]) Ueber die frühere Kapelle in Faulenrost s. Rittermannshagen, S. 146.

[1]) Lisch und Wedemeyer, a. a. O., Heft 8—12, S. 68.

Das Gut und Filial-Kirchdorf Gessin.[1])

Das Geschick des Dorfes Gessin ist eng mit dem von Basedow verknüpft. Noch ehe jenes in Hahn'schen Besitz übergeht, vereinigt es Bischof Wilhelm von Kammin mit Basedow, indem er durch eine Urkunde vom 14. Januar 1247 die Gründung und Bewidmung der Pfarre zu Malchin sowie die ihrer Tochterkirche zu Basedow bestätigt und unter den Dörfern der letztgenannten auch »Jacin« aufzählt.[2]) Neunzig Jahre später, am 3. Mai 1337, verleiht Johann III. von Werle-Goldberg den Brüdern Nikolaus, Eckhard, Mathias und Nikolaus von Hahn ausser Basedow auch die Dörfer Gessin und Liepen zu erblichem Lehn, und von da an bleibt nun Gessin ununterbrochen mit Basedow verbunden.[3]) Geschichte des Dorfes.

Kapelle. Die aus Feldsteinen und Ziegeln aufgebaute pfeilerbewehrte gothische Kapelle hat einen Chorschluss aus dem Achteck und stellt sich als ein Bau aus dem XIV. Jahrhundert dar. Der Innenraum ist mit niedrigen gerippten Kreuzgewölben geschlossen und wird durch fünf schmale Blenden erleuchtet. Kapelle.

Die **innere Einrichtung** ist ohne Bedeutung. Die **Kanzel** fehlt ganz.[4]) Auf dem **Altar** stehen zwei **Leuchter**, der eine ist 1700 von **HANS SCHMIDT**, der andere 1706 von **SOPHIA HACKERT** gestiftet. Beide haben als Stempel den werleschen Büffelskopf, der zugleich als Stadtzeichen für Malchin anzusehen ist, und ein Meisterzeichen in Form einer undeutlichen Hausmarke. Innere Einrichtung der Kapelle.

Als **vasa sacra** werden die in Basedow benutzt.

Vor der Westwand der Kapelle, deren Giebel mit fünf schmalen Blenden belebt ist, steht ein offener Glockenstuhl, in welchem eine einzige kleine **Glocke** ohne Inschrift hängt. Glocke.

[1]) 6 km südsüdwestlich von Malchin. Kühnel, M. Jahrb. XLVI, S. 49, verbindet den alten Namen Jacin mit dem altslavischen Stamm jacu = stark und übersetzt ihn mit »Ort des Jak«. Das wäre ungefähr »Starkenhagen«. Anders Siemssen im M. Jahrb. VI, S. 53.

[2]) M. U.-B. 589.

[3]) Lisch, Geschl. Hahn II, S. 22 ff.

[4]) Die Kapelle wird nur für den Abendmahlsdienst verwandt. Zweimal im Jahr findet eine Predigt vom Altar aus statt.

Das Gut und Kirchdorf Dahmen.[1]

Das am Südende des Malchiner Sees gelegene Kirchdorf Dahmen gehört zum Sprengel des Bischofs von Kammin. Im Oktober 1235 schenkt Bischof Konrad von Kammin dem Domkapitel zu Güstrow theils zu neuen Präbenden, theils zum gemeinschaftlichen Genusse der Domherrn, theils zu einer Memoria, die Zehnten von vierundsechzig Hufen zu Jahmen, Dahmen (Damene), Granzow, Klein-Methling, Beestland und Klein-Dalwitz.[2] Der Verwirklichung dieser Spende steht jedoch der Widerspruch des Bisthums Schwerin entgegen, denn erst am 24. September 1255 ist Konrad's Nachfolger, der Bischof Hermann, im Stande, diese Schenkung zu bestätigen, nachdem er, wie er sich ausdrückt, die Zehnten im Lande Circipanien mit vieler Mühe und vielen Kosten erstritten hat. Aus Dahmen werden dreizehn Hufen verliehen.[3]

Hier sitzen im Jahre 1352 die Wozenitze, welche am 3. März desselben Jahres mit den Stahl auf Siden-Remplin eine Vikarei in der Kirche zu Hohen-Mistorf stiften und Hebungen dazu legen, sich auch über die Ausübung des Patronats daselbst und des Präsentationsrechts einigen.[4] Mittels Urkunde vom 12. März 1371 gelangen die Güter Dahmen, Sagel und Moltzow an die von Maltzan, wenn auch zunächst blos pfandweise.[5] Aber am 18. März 1462 wird ihnen ihr Besitz bestätigt, den sie dann ununterbrochen bis zum Jahre 1877 festhalten.[6] In diesem Jahre wird der Oberst a. D. Hubert Gustav Viktor von Tiele-Winckler ihr Rechtsnachfolger, heute ist einer von dessen Söhnen im Besitz.

Aus Aufzeichnungen des Pastors Kaspar Breslach (Bretschlag), der 1645, im Jahre seiner Berufung, das Kirchenbuch anlegt und sich Pastor zu Dahmen und Rambow nennt, erfahren wir die Namen von vier Vorgängern, den Pastoren Henrikus Hermundt, Magister Andreas Voigt, der eine nennenswerthe Bibliothek hinterlassen, Johann Bent und dessen Schwiegersohn Arnold Stappenbeck.[7] Hermundt ist der unmittelbare Vorgänger von Bretschlag. Vor Hermundt ist Voigt und vor diesem Stappenbeck Pastor. Dessen Wittwe lebt noch zu Bretschlag's Zeit in Rambow und theilt ihm über die Pfarrverhältnisse das mit, was für ihn wissenswerth ist. Leider aber erfahren wir nichts über die Zeit dieser Vorgänger, von denen Bent der älteste ist. Auch ist diesen

[1]) 16 km südwestlich von Malchin, am Ende des grossen Sees. Im XIII. Jahrhundert »Damene« geheissen. Der altslavische Familienname Dahm oder Dahms ist noch heute von alter Zeit her in Mecklenburg sehr gebräuchlich. Daher der Ortsname: Kühnel, M. Jahrb. XLVI, S. 36.

[2]) M. U.-B. 439.

[3]) M. U.-B. 758.

[4]) M. U.-B. 7673.

[5]) M. U.-B. 10174.

[6]) S. bei Lisch, Geschl. Maltzan. Urk. Sammlung Nr. 287. 468. 581. 712. 819.

[7]) S. o. Bülow, S. 69.

vieren der auf der Glocke von 1614 genannte Magister Jakob Knüppel noch zuzugesellen, wenn nicht etwa »Meister Gottlieb Knüppel« als Glockengiesser verstanden werden soll. Zu Bretschlag's Zeit sind Dahmen und Rambow zwei verödete Dörfer.[1]) Wann Dahmen, dessen Kirche im Visitationsprotokoll von 1648 als Mater vagans aufgeführt wird, mit Rambow verbunden worden, ob lange oder kurze Zeit vor dem dreissigjährigen Kriege, wissen wir nicht. Seit dieser Zeit aber sind beide Kirchdörfer nachweislich zusammen geblieben. Bretschlag lebt bis 1663. Ihm folgen: Joachim Warneke von 1664 an, Johann Meineke 1678 nach anderthalbjähriger Vakanz, nach Meineke's Tode im Jahre 1732 Friedrich Heinrich Hacker, dessen Wittwe 1771 genannt wird, und von 1771 bis 1806 Enoch Friedrich Studemund.[2]) Ueber die Geistlichen des XIX. Jahrhunderts s. Walter a. a. O.

Kirche.

Kirche. Die auf einem behauenen Granitsockel errichtete Kirche ist ein frühgothischer Backsteinbau mit wettergrauen trefflichen Ziegeln, in dem der wendische Verband vorherrscht. Der Chor schliesst platt ab. Auf der Südseite ein zugesetztes gothisches Portal ohne Kämpfer und Kapitell. Im Chor ein dreitheiliges gothisches Fenster, die übrigen Fenster sind ebenfalls spitzbogig, aber theils einfache schmale Schlitze, theils paarweise angeordnete Lichtöffnungen. An der Nordseite eine Sakristei mit Kreuzgewölbe. Der Innenraum ist mit zwei gerippten Kreuzgewölben geschlossen. Ein Thurm ist nicht vorhanden. An der Sudostseite ein Anbau, der als Materialienkammer dient.

Altaraufsatz.

Der **Altaraufsatz** der Kirche ist mit sechs Oelbildern aus der Passionsgeschichte geschmückt, die einem gothischen Triptychon des XV. Jahrhunderts entnommen sind, wie das Gebet in Gethsemane, Gefangennahme Christi, Christus vor Pilatus, die Kreuztragung mit der hl. Veronika, der Krucifixus mit Johannes und Maria und die Kreuzabnahme. — Im Uebrigen bietet das Innere nichts Bemerkenswerthes. Doch giebt es dort noch ein paar alte **gothische Schnitzgruppen**: eine sitzende Madonna mit dem Jesuskinde, eine Annaselbdrittgruppe und eine Gruppe aus einer Kreuzigungsscene.

Gothische Schnitzgrupen.

Glocken.

Im Glockenstuhl südlich von der Kirche drei **Glocken**. Die erste hat die Inschrift: O REX + GLORIE + VENI + CVM + PACE ⊕. — Die zweite ist ohne Inschrift und Zeichen, die dritte hat die Inschrift: **1614 VOLRAD LVTKE MOLTZAHN • M • IACOB KNVPPEL.**

Kleinkunstwerke.

Kleinkunstwerke. Kelch, Patene, Ciborium, neu, ohne Inschrift und Zeichen. — Zwei Zinnleuchter, der eine 1648 von **JOCHIM FLEISTEN** und **DOROTHEA HAKERS**, der zweite 1729 von **JOH • DIETR • SCHRÖDER** gestiftet. Auf jenem als Stempel das Güstrow'er Stadtwappen, auf diesem der nebenstehende Meisterstempel.[3])

HDX M B

[1]) Groth, M. Jahrb. VI, S. 136.

[2]) Nicht C. F. Studemund, wie er unrichtiger Weise im Staatskalender und bei Cleemann heisst.

[3]) Vgl. M. Kunst- und Gesch.-Denkm. I, S. 494.

Das Gut und Kirchdorf Schwinkendorf.[1])

Geschichte des Dorfes.

Das zur Hahn'schen Begüterung gehörige Schwinkendorf kommt schon sehr früh als Kirchdorf vor. Denn am 7. Juni 1271 legt der Bischof Heinrich von Kammin das Dorf Rambow, welches bisher nach Schwinkendorf (Swinekendorp) eingepfarrt war, zum Kirchspiel Domherrenhagen.[2]) Die Besitzverhältnisse sind ursprünglich sehr getheilt; erst nach und nach gelangen die von Hahn in das volle Eigenthum des schönen Gutes.[3]) Lüdeke (II) Hahn kauft am 17. März 1440 zunächst von den Gebrüdern Joachim und Andreas von Kosboth auf Torgelow und dem Heinrich Konstin auf Rittermannshagen 29 Mark 3 Schillinge jährliche Pacht aus sieben Bauerhufen in Schwinkendorf, und am 24. Juni 1446 verlassen die beiden Frauen Jabel Rodesche und Tzimmersche vor dem Voigteigericht in Stavenhagen ihm ihre Rittermannshäger Güter, nämlich einen halben Hof mit einer halben Hufe, einer Worth bei der Pfarre und einer andern bei der Ziegelscheune. Am 11 März 1445 verkauft Barthold von Schönau dem Lüdeke drei Höfe mit drei Hufen nebst Pacht, Dienst und Rauchhuhn. Auch die Herzöge haben Eigenthum in Schwinkendorf. Aber Heinrich der Aeltere und Heinrich der Jüngere verpfänden es am 18. Oktober 1454 dem Lüdeke (III) Hahn auf Basedow für 500 rheinische Goldgulden, nämlich 50 Lübische Mark sowie $9^{1}/_{2}$ Drömt Korn und Pacht, ausserdem für weitere 500 rheinische Goldgulden das höchste Gericht. Schon am 1. April 1456 und 15. November 1461 machen beide Herzöge hieraus ein endgültiges Verhältniss und versichern dem Lüdeke auch das Patronat der Kirche. Herzog Ulrich bestätigt diese Verfügung seines Vaters vom 15. November 1461 am 16. Januar 1470. Als endlich Lüdeke 1475 den ihm bereits als Pfand gehörenden letzten Schwinkendorfer Antheil der Rostke's auf Faulenrost für $472^{1}/_{2}$ Mark erwirbt, da sind die Hahn in den alleinigen Besitz gelangt, und bereits in einem Lehnregister von 1491 wird Claus Hahn, des Lüdeke Sohn, als einziger Besitzer von Schwinkendorf genannt.[4])

Geistliche des Mittelalters werden uns nicht genannt. Der erste evangelische Geistliche um 1541 ist Joachim Stritt. Nach ihm eine Lücke bis zum Pastor Andreas Conradi (1619, † 1631). Diesem folgt 1632 Jakob Wackerow, doch vertreibt ihn im Jahre 1638 die Kriegsnoth nach Dithmarsen. Die Visitation von 1648 trifft in Schwinkendorf keinen Pastor an. Vier

---

[1]) 14 km südsüdwestlich von Malchin. Swinekendorp, Swynekendorp, Tzwinekendorppe (altslavisch svinija = Schwein) ist nach Kühnel, M. Jahrb. XLVI, S. 132, zu verstehen als »Dorf der Svinek«.

[2]) M. U.-B. II, 1229.

[3]) Ueber Anrechte der von Reez s. M. U.-B. 6198.

[4]) Lisch, Gesch. d. Geschl. Hahn II, S. 91 ff. III, S. 18 ff.

Personen zählt das Dorf, während vorher neun Bauerstellen und sieben Kossatenhöfe den Bestand gebildet haben.[1]) Die Vakanz der Pfarre dauert noch bis 1653. Da wird Henricus Bernhardi berufen. Es folgen: 1673 Joachim Bulsz, 1706 Augustinus Grapius, 1710 Joh. Frühling (Rieling), 1717 Joh. Gottfried Rümker, 1745 Joachim Susemihl, 1762 Ad. Augustin Beckmann, 1773 Franz Ernst Lange und 1784 Erh. Ludw. Wilh. Friedr. Brummerstädt († 1825). Ueber ihn und seine Nachfolger im XIX. Jahrhundert s. Walter a. a. O.

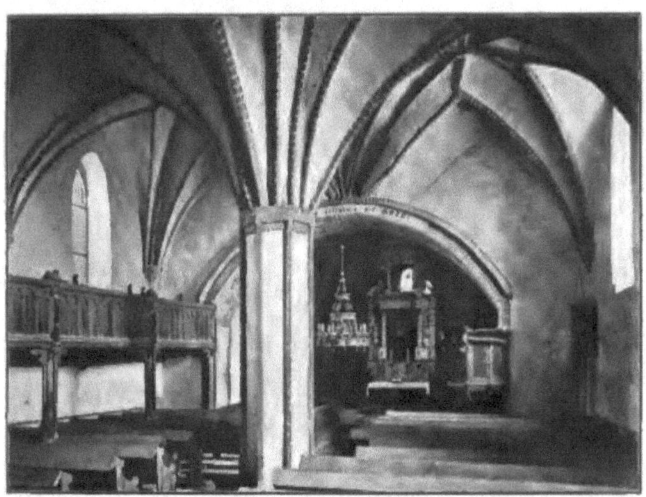

Inneres der Kirche zu Schwinkendorf.

Als Filialen treffen wir im XVII. Jahrhundert (1648 und 1662) die heute nicht mehr vorhandenen Kirchen und Kapellen zu Heinrichshagen, Langwitz, Lupendorf und Tressow.

Kirche. Frühgothische Kirche mit später vorgebautem Thurm, dessen wettergraue Steine eine treffliche Patina zeigen. Das alte frühgothische Portal im Westen liegt nicht in der Achse des Thurms. Auch die Priesterpforte auf der Südseite des Chors, die jetzt in eine Vorhalle führt, hat frühgothischen Charakter. Im zweigetheilten Schiff sieht man an den ohne Zweifel verschiedene Male veränderten Lichtöffnungen noch die Nachwirkungen der älteren Form romanischer Schlitzfenster. Im Chor nord- und südwärts je ein zweitheiliges, im Osten ein dreitheilig angelegtes Fenster mit Neuerungen aus jüngerer Zeit. Kirche.

[1]) Groth, M. Jahrb. VI, S. 135.

Ein breiter und schwerer Triumphbogen in Form eines Stichbogens scheidet Schiff und Chor, und zwei achtseitige Pfeiler mit »alten« Diensten theilen das Gemeindehaus in zwei Schiffe, von denen jedes mit drei Sterngewölben spätgothischer Zeit geschlossen ist, während der Chor nur ein einziges einfaches Kreuzgewölbe aus früherer Zeit aufzuweisen hat.[1])

Altar.

Der **Altar** hat einen Aufsatz im Geschmack der Spätrenaissance des XVII. Jahrhunderts.

Grabsteine.

An der Hinterwand des Chors, zu beiden Seiten des Altars, sind zwei **Grabsteine** aufgestellt, die in früherer Zeit vor dem Altar lagen. Der eine enthält die Figuren des Ritters **Hahn** auf Hinrichshagen und seiner Gemahlin In den vier Ecken sind vier Wappen eingemeisselt. In dem unter den beiden Figuren befindlichen, durch einen vertikalen Strich in zwei gleiche Hälften getheilten Raum die Inschrift: **ANNO 1596 DEN · 29 · MAII HORA VESPERTINA IST DER EDLER VND ERENFESTER · OTTO HANE ZUM HEINRICHS HAGEN JOACHIMI SELIGER SOHN IN GOT SELICHLICHEN ENTSCHLAFFE(N) AETATIS SUAE 33 ·** Rechts: **ANNO 1 . . . . . DIE . . . HORA . . . . . IST DIE EDLE VND VIELTUGENTSAME BRIGITTA VON TROTHEN OTTO HANES SELIGER EHELICHE HAUSFRAW IN GOTT SELICHE(N) ENTSCHLAFF(EN) AETATIS SUAE. . . . .**[2]) Auf dem zweiten Stein ist in Ritterrüstung die Figur des **Dietrich van dem Werder**

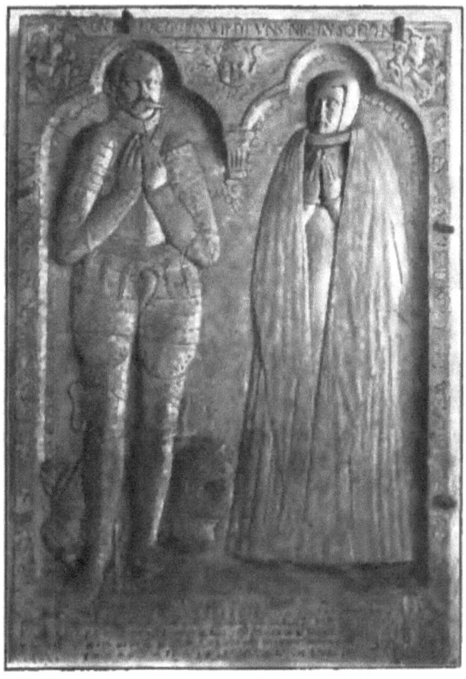

Grabstein des Otto Hahn und seiner Gemahlin Brigitta von Trothen.

[1]) Vgl. Beschreibung der Kirche bei Lisch, M. Jahrb. VIII B, S. 127.

[2]) Vgl. Lisch, Gesch. d. Geschl. Hahn III, S. 268.

abgebildet, daneben acht Wappen. Umschrift: **ANNO • 1589 • DEN • 28 • NOVEMBRIS IST DER GESTRENGE EDLE VND ERNVESTE DIETRICH VAN DEM WERDER VF GORZ...... ALTERS 58.... IN G(ODT) SELIGLICH ENTSCHLAFFEN • DESSEN SELE GOT GNEDIG SEIN WOLLE •**[1])

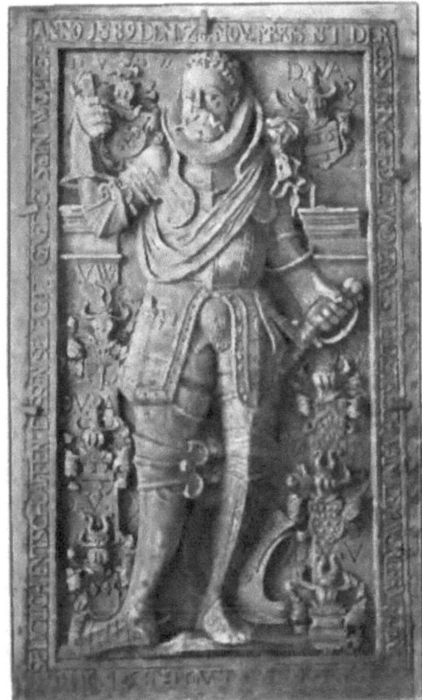

Grabstein des Dietrich van dem Werder.

Im Thurm drei grosse **Glocken**. Die erste Glocke hat auf der einen Seite des Feldes die Inschrift: Glocken.

1847 WARD ICH GESTIFTET
1893 HAT MICH EIN BLITZSTRAHL VERNICHTET
1894 BIN ICH NEU ERSTANDEN
NUN LÄUT ICH WIEDER ALLEN LANDEN •
ZU GOTTES EHR •
F • F • H • B • ✠ C • OBERG WISMAR HOFGLOCKENGIESSER •

Auf der entgegengesetzten Seite des Feldes: **FRIEDRICH FRANZ GRAF HAHN—BASEDOW, ERBLANDMARSCHALL, PATRON • THERESE GRÄFIN HAHN GB • GRÄFIN HENCKEL-DONNERSMARCK •** Darüber die Wappen beider, darunter **D • A • RISCHE PASTOR.** — Die Inschrift der zweiten Glocke lautet: **PATRONUS: FR • FR • COMES HAHN-BASEDOW W • W • W • W • G • W •**[2]) **PASTOR: D • A • RISCHE • O LAND LAND LAND HÖRE DES HERREN WORT • C • OBERG WISMAR HOFGLOCKENGIESSER.** Auf der entgegengesetzten Seite das Hahn'sche Wappen und die Worte: **ANNO DOMINI 1894 • ICH LÄUT GOTTES EHR.** — Inschrift der dritten Glocke: **EX IGNE FULMINIS RESURREXI SUMTIBUS PAROCHI ET PAROCHIANORUM NEC NON OBERGII OPERA 1894.** Auf

---

[1]) Vgl. Lisch, Gesch. d. Geschl. Hahn IV, S. 19. 34.
[2]) Wie, wo, wann, was Gott will.

der entgegengesetzten Seite: **KOMMET, DENN ES IST ALLES BEREIT • C • OBERG WISMAR HOFGLOCKENGIESSER.** — Auf einem freistehenden Stuhl südlich vom Thurm eine kleine Glocke, die sog. Schulglocke. Wappen und Inschrift: **F • G • H • A • G • H • GEB • S •**[1]) Um den Ring: **LASSET DIE KINDLEIN ZU MIR KOMMEN • RICHTE DU LEHRER DEIN AMT REDLICH AUS.**

Die Vorgängerinnen dieser Glocken waren nach dem Inventar von 1811: 1. eine grosse im Jahre 1713 von **Michael Begun** aus Friedland gegossene Glocke mit dem Spruch:

WAS GOTTES HAND DURCH STRAHL UND FLAMMEN RÜHRET
WIRD WIEDERUM DURCH SEEGEN AUFGEFÜHRET.

Dazu macht der Pastor Brummerstädt den Zusatz: »In eben diesem Jahre (1713) am Himmelfahrtstage Nachmittags ist die hiesige sehr hohe Thurmspitze von einem Blitzstrahl getroffen und bis auf das Mauerwerk niedergebrannt.« — 2. Eine mittlere Glocke mit gothischer Majuskelschrift: O REX GLORIE XPC VENI CVM PACE. — Eine kleinere Glocke des XVI. Jahrhunderts mit gothischer Minuskelschrift und dem Namen der hl. Katharina: **Sancta caterina • anno domini mcccccvii.** Dazu das Glockenzeichen:

Kleinkunstwerke.

Kleinkunstwerke. 1. 2. Grosser silberner Kelch, ursprünglich im klassicierenden Stil des XVIII. Jahrhunderts gearbeitet, 1847 erneuert von **F. G. H.** und **A. G. H. S.** Ohne Stempel. Die zugehörige Patene stammt vom Malchiner Goldschmied **M. Lippold.** — 3. Krankengeräth, neu, gestiftet von **H • SELLSCHOPP** und Frau **LISETTE,** geb. **HILLMANN** (1854—1892). — 4. Grosser Zinnkelch, ohne Zeichen. — 5. Kleiner Zinnkelch, 1700 von **ANNA SOPHIA BULSSIN** gestiftet.[2]) — 6. Ein kleineres Geräth für Kranken-Kommunion, von Zinn. — 7. Grosse Oblatendose, neu (**Sy & Wagner**-Berlin). — 8. Zinnerne Dose, kreisrund, auf drei Füssen, auf dem Deckel ein plastischer Hahn. Als englisches Zinn gestempelt von einem 1756 ins Malchiner Zinngiesseramt eingetretenen Meister. — 9. Kanne, neu, gestiftet 1847 von **F. G. H.** und **A. G. H. S.** (s. o.). — 10. Grosse Messingschüssel mit dem doppelköpfigen Reichsadler, laut Inschrift 1679 der Kirche zu Schwinkendorf als Taufbecken verehrt von **ILSE DOROTHEA VON MOLTZAHNEN VND FRAW ZEPELINEN.** — 11. Desgleichen, kleiner, mit dem Bilde des Sündenfalls in der Mitte. — 12. Desgleichen, neu, von Messing, gestiftet von **F. G. H.** — 13—16. Vier Zinnleuchter, von denen ein Paar 1701 von **CLAUS HARTWICH VENDT,** und das andere Paar 1654 von **ADAM MÖLLER** gestiftet ist.

[1]) Vgl. Basedow.

[2]) S. o. Pastor Bulsz.

Das Gut und Kirchdorf Rittermannshagen.[1])

Rittermannshagen, im alten Lande Schloen (terra Zlone) gelegen, gehört Anfangs zum Sprengel des Bischofs zu Kammin. Aber am 6. März 1260 überweist der Bischof Hermann von Kammin, in Folge des bekannten Vergleiches zwischen beiden Diöcesen, das Dorf Rittermannshagen mit Genehmigung des Kamminer Domkapitels dem Bisthum Schwerin.[2]) Der weltliche Besitz des Gutes ist in alter Zeit ein ausserordentlich wechselnder. Im Jahre 1349 belehnen die Fürsten Johann III. und Nikolaus von Werle die von Babbezin mit viereinhalb Hufen aus Rittermannshagen.[3]) Im XV. Jahrhundert erscheinen die Konstin (Kunstin) und die Rostke als gleichzeitige Besitzer von Antheilen am Dorfe. Schon damals gehen Antheile an dem Gut von diesen auf die von Hahn über. Daneben erscheinen später die von Holstein und Wangelin, deren Besitz nach und nach ganz an die von Staffeld zu kommen scheint. Jedenfalls gelangen die von Hahn dadurch, dass sie am 10. August 1680 von Johann Albrecht von Staffeld dessen Antheil an Rittermannshagen kaufen, in den ungetheilten Besitz dieses Gutes, den sie sich bis auf den heutigen Tag bewahrt haben.[4]) Vor 1648 giebt es acht Bauern und einen Kossaten in Rittermannshagen, in diesem Jahre aber zählte man nur drei Personen im Dorfe, 1703 aber sind wieder vierundvierzig Beichtkinder beisammen.[5])

Geschichte des Dorfes.

Ausser dem in Anmkg. 1 genannten Plebanus Johannes ist kein weiterer Name von Geistlichen des Mittelalters auf uns gekommen. Erst in der zweiten Hälfte des XVI. Jahrhunderts, zur Zeit des Hahn'schen Patronats, treten uns Personen und Verhältnisse wieder näher. Zwischen 1556 und 1567 ist Sigismund Predole Pastor in Rittermannshagen, vielleicht schon von früherer Zeit her und auch noch einige Jahre später. Aber 1571 ist Melchior Brand bereits an seiner Stelle. Er unterschreibt 1577 die Konkordienformel und wird auch noch 1579 dort angetroffen.[6]) 1599 giebt es einen Pastor Schönenz in Rittermannshagen, der in diesem Jahre dem Andenken seines gestorbenen Söhnchens eine Tafel stiftet. S. Inventar 1811. Später, und zwar bis 1636, wirkt dort

[1]) 15 km südlich von Malchin. Die anscheinend nur in den beiden Kamminer Urkunden vom 6. März 1260 vorkommende enge Verbindung von Rittermannshagen und Mertensdorf (uilla Riddermanneshagen cum tota parrochia Mertinenstorpe), von denen das eine zur Terra Slone und das andere zur Terra Malchow (Malichowe) zählt, hat etwas Auffallendes. Jedenfalls ist Rittermannshagen im XIV. Jahrhundert selber ein Kirchdorf. Der Kirchherr Johannes wird im Jahre 1373 »plebanus in Riddermanshaghen« bezeichnet: M. U.-B. 10404 und 10432.

[2]) M. U.-B. 857. 858.

[3]) M. U.-B. 6978.

[4]) Lisch, Gesch. d. Geschl. Hahn III, S. 61 ff.

[5]) Groth, M. Jahrb. VI, S. 136.

[6]) Schröder, evangel. Meckl. III, S. 79. 329. 485.

Joh. Reiche. Ob zwischen Schönenz und Reiche noch einer oder mehrere da waren, können wir nicht sagen. Reiche's Wittwe wird die Gattin seines Nachfolgers, des Jakob Witte, der in den Visitationsprotokollen von 1648 und 1662 als Pastor der beiden menschenleer gewordenen Gemeinden in Demzin und Rittermannshagen genannt wird.[1]) Dabei erfahren wir, dass Demzin die Mutterkirche ist und die Kirchen zu Rittermannshagen und Faulenrost als deren Töchter angesehen werden. Aber in Demzin ist zu jener Zeit weder Pfarrhaus noch Küsterei, der Pastor wohnt daher in Rittermannshagen. Von seinen beiden Kirchen ist die zu Demzin in besserem Zustande. An der Rittermannshäger Kirche sind am Grünen Donnerstag 1634 während des Gottesdienstes Thurm und Gemeindehaus zusammengestürzt. Nur der Chor ist stehen geblieben, und die Predigt wird daher von der Zeit an vom Altar aus gehalten. Als verfallen wird auch die Kapelle in Faulenrost geschildert, in der aber dennoch zeitweise Gottesdienst abgehalten wird. Vierzehn Jahre später freilich heisst es von dieser schon, dass sie ganz niederliege, während in den andern beiden Kirchen derselbe Zustand fortdauert. 1684 folgt Albertus Helmich als Pastor, 1706 Zacharias Susemihl, 1752 (als Adjunkt) dessen Sohn Herm. Laurentius Susemihl, und 1773 Joh. Friedrich Becker († 1807), welchem 1786 der Sohn Joh. Albr. Friedr. Becker adjungiert wird († 1837). Siehe Walter a. a. O.

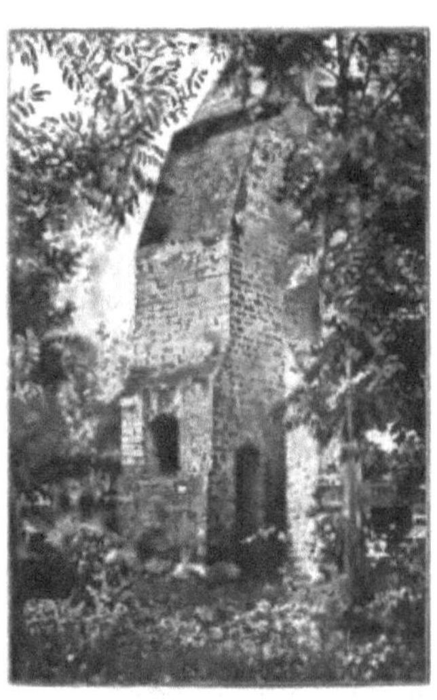

Strebepfeiler an der Südostecke der Kirche.

Kirche. **Kirche.** Die Kirche ist ein frühgothischer Ziegelbau auf behauenem Granitsockel und mit erneuerten Fenstern. Am Chor, der platt abschliesst, zwei starke Strebepfeiler, von denen der eine, und zwar der auf der Südostecke, einen von aussen her zugänglichen ganz kleinen Raum mit seitlicher Lichtöffnung in sich schliesst.[2]) Ein einfaches Kreuzgewölbe mit Rippen deckt das Innere des Chors, während das Langhaus mit einer unter dem Dachstuhl sitzenden Holzverkleidung überspannt und also nicht gewölbt ist. Der Triumphbogen hat noch etwas von der Schwere des älteren Stils, erscheint aber nicht

[1]) Groth, M. Jahrb. VI, S. 136.

[2]) Wozu mag dieser Innenraum des Pfeilers, in dem nicht mehr als eine Person sitzen oder stehen und durch die Lichtöffnung hindurchsehen kann, gedient haben? Als Busskapelle? Reclusenzelle? Todtenleuchte? (Hofmeister).

so gedrückt wie in manchen anderen Kirchen aus der Zeit des XIII. Jahrhunderts. Auf der Nordseite des Chors ein zugemauertes Portal frühgothischen Stiles. Auf derselben Nordseite im Langhaus ein zweites zugesetztes Portal in vorgeschobenem Mauerkern, und ihm gegenüber auf der Südseite ein drittes, das nicht mehr als Eingang dient. Dafür ist der Eingang später in etwas geschmackloser Art und Weise in die Westmauer der Kirche eingebrochen. Die ehemalige Sakristei auf der Nordseite des Chors ist schon in alten Zeiten zu einer Grabkapelle gemacht worden. Später ist auf der Ostseite eine zweite Grabkapelle hinzugekommen. Die innere Einrichtung der Kirche bietet nichts Bemerkenswerthes.

Von dem alten **Triptychon** des XV. Jahrhunderts wird noch die Mittelgruppe aufbewahrt: die hl. Maria mit dem Kinde auf dem Mond und in einer Strahlenmandorla, dazu unten rechts ein knieender Ritter, links ein knieender König, hinter dem ein stehender Herzog sichtbar wird. Triptychon.

In der Hahn'schen Gruft auch noch ein altes **Triumphkreuz**. Triumphkreuz.

Im Westgiebel der Kirche zwei **Glocken** über einander. Die eine hat oben am Ring in gothischen Minuskeln die Inschrift: help : ghot : help : marya : ut : aller : not : ausserdem ein Rundbild mit der Kreuzigungsgruppe und das nebenstehende Giesserzeichen. Auch sonst noch im Felde kleine Reliefiguren und Rundbildchen in der Grösse eines Fünfmarkstückes. — Die andere Glocke ist 1875 unter dem Patronat des Grafen CUNO HAHN von **Ed. Albrecht** in Wismar gegossen worden. Glocken.

Das Inventar von 1811 zählt drei Glocken auf, ausser der heute noch vorhandenen älteren Glocke eine zweite mit dem bekannten Spruch: O rex glorie ret · und eine dritte, die im Jahre 1793 unter dem Patronat Friedrichs von Hahn zur Zeit des Pastors Becker von Christian Meyer zu Neustrelitz gegossen worden war. Ausserdem bemerkt Pastor Becker, dass die Kirche noch eine vierte Glocke gehabt habe, die jetzt (1811) auf dem Kirchhof zu Demzin angebracht sei und dort bei Beerdigungen gebraucht werde.

Kleinkunstwerke. 1. Silbervergoldeter frühgothischer Kelch auf rundem Fuss und mit gefälteltem Knauf. Stempel verdrückt. — 2. Silbervergoldeter gothischer Kelch auf sechspassigem Fuss, mit aufgenietetem plastischen Krucifixus als Signaculum. Am Knauf Blätter und Rosen. Am oberen Theil des sechsseitigen Schaftes der Name ihesus, am unteren Theil MARIA. — 3. 4. Silberner Kelch auf rundem Fuss, 1707 vom Güstrower Goldschmied **Molstorf**. Die zugehörige Patene ist ohne Stempel. — 5. Längliche achtseitige Oblatendose, vom Malchiner Goldschmied D · I · W. — 6. Silberne Deckelkanne, 1864 von Graf CUNO HAHN der Lansener Kirche gestiftet. — 7. Taufbecken von Messing, neu. — 8. 9. Zwei Zinnleuchter, der eine 1688 von CHRISTIAN RITZEROW geschenkt (1854 umgegossen), der andere von JOCHIM MÖLLER 1719 geschenkt (ebenfalls 1854 umgegossen). Keine Werkzeichen. Kleinkunstwerke.

10*

Das Kirchdorf Gielow.[1]

Geschichte des Dorfes.

Sechs Kilometer südlich von Malchin, auf fruchtbarstem Boden, liegt das Kirchdorf Gielow, welches mit 1483 Einwohnern zu den grössten Dörfern des Landes zählt. In seiner um die Mitte des XIII Jahrhunderts abgefassten polnischen Chronik erwähnt Bischof Boguphal von Posen des Dorfes Gielow als einer Burg (castrum) mit dem Zusatz »a crassitudine terre dicitur«.[2]) Kurz nach Beginn der Christianisierung des Landes Malchin wird Gielow (Chylowe, Chylow, Ghilow) Darguner Klostergut. Denn am 5. August 1228 bestätigt Herzog Wartislaw von Pommern dem Kloster den Besitz der Dörfer Gielow (Chylow) und Benitz, welche Ritter Jenecke von Verchen »ob salutem anime matris sue« geschenkt hat.[3]) Auch Bischof Konrad von Kammin, zu dessen Sprengel der Ort gehört, verleiht dem Kloster mehrere Zehnten im Dorfe selbst, und Fürst Nikolaus von Werle bestätigt die Verchen'sche Schenkung am 12. August 1240.[4]) Indessen ist der Umfang dieser Gabe nicht ganz unbestritten, und namentlich muss sich das Kloster von der Stadt Malchin mannigfache Anfechtung seines Gebietes gefallen lassen. So z. B. beansprucht Malchin den zwischen Gielow und der Stadt gelegenen Wald schon bald nach Uebergang des Dorfes an das Kloster. Fürst Nikolaus von Werle schlichtet den Streit dadurch, dass er dem Kloster mittels einer Urkunde vom 15. Mai 1253 als Entschädigung für den Verzicht auf den Wald das Dorf Vipernitz verleiht.[5]) Manchen Streit zwischen dem Kloster Dargun und der Stadt Malchin über die Grenzen des Hofes Gielow legt der Fürst in seiner Fürsorge für das ihm ans Herz gewachsene Kloster am 10. Mai 1277 persönlich bei, indem er die Grenzen ein für alle Male feststellt und die Stadt veranlasst, diese nunmehr anzuerkennen.[6]) Auch in anderer Weise war das Kloster bei Uebergabe des Gutes geschädigt worden, indem man auf einem Theile davon ohne des Klosters Zustimmung das später wieder untergegangene Dörfchen Moizle (Museliz) angelegt hatte. Das war zur Zeit der Minderjährigkeit des jungen Fürsten Nikolaus von Werle und seiner Brüder geschehen. Aus Reue hierüber und um seine Zuneigung zum Abt Heinrich von Dargun zu beweisen, verleiht der Fürst nunmehr dieses neue Dorf Moizle dem Kloster. Dies geschieht am

[1]) Nach Kühnel, M. Jahrb. XLVI, S. 49, soviel wie »Ort des Chil«, was auf deutsch soviel wie »Bösendorf« oder »Krummendorf« heissen könnte. Doch ist die Deutung von Boguphal zu beachten.

[2]) M. Jahrb. XXVII, S. 128.

[3]) M. U.-B. 355.

[4]) M. U.-B. 402. 514.

[5]) M. U.-B. 721.

[6]) M. U.-B. 1435. 1436.

22. Februar 1261.[1]) Ueber zwanzig Jahre später, nämlich am 5. Mai 1281, befreien die Fürsten Heinrich, Johann und Bernhard von Werle die Klostermühlen zu Gielow, Röcknitz, Pannekow, sowie elf Hufen zu Moizle von allen Abgaben und Lasten, und Bischof Hermann von Kammin bestätigt diese neue Gnadenerweisung am 27. Mai 1282.[2]) Dabei ist zu beachten, dass das Dorf Gielow damals noch keine Kirche hat. Wir erfahren aus der fürstlichen Urkunde vom 5. Mai 1281, dass die Einwohner von Gielow und Benitz (im XV. Jahrhundert untergegangen) vom Kamminer Bischof dem Duckower Pfarrsprengel zugewiesen sind. Auch 1307 ist es noch so.[3]) Mit der Säkularisation des Klosters Dargun im Jahre 1552 fällt Gielow an die Landesherrschaft zurück, doch nicht ohne weitläufige Streitigkeiten mit den von Maltzan auf Grubenhagen. Diesem Geschlecht ist seiner Zeit wegen der entlegenen Lage Gielows das Schutzverhältniss über das Dorf durch das Kloster übertragen, und die von Maltzan beziehen dafür eine beträchtliche Anzahl von Gefällen und Abgaben aus dem Dorfe. Allein das Schutzverhältniss wird Mitte des XVI. Jahrhunderts vom Kloster aufgerufen und damit zugleich der Anspruch auf Fortfall dieser Bezüge der von Maltzan erhoben.[4]) Aber diese sind damit keineswegs einverstanden, sondern beanspruchen jene Bezüge als ein wohlerworbenes Recht, da sie bisher selbstständig darüber verfügt und sie z. B. gelegentlich auch verkauft haben. Den Sitten jener Zeit entsprechend, geht es bei diesen Streitigkeiten nicht ohne Gewaltthätigkeiten ab, unter denen aber in erster Linie die Bauern zu leiden haben. Ihre endgültige Regelung findet die Angelegenheit erst unter dem Herzog Hans Albrecht, welcher den von Maltzan auf Grubenhagen ihre theils unbestrittenen, theils bestrittenen Antheile in Gielow durch Vertrag vom 3. Juli 1618 für die Summe von 1800 fl. abkauft. Damit geht nun das Dorf ganz und gar an die Landesherrschaft über.

Schon im Mittelalter ist es kein unbedeutender Ort. Vor dem dreissigjährigen Kriege enthält Gielow sechzehn Bauern. Aber nach dem Kriege ist es eine vollständig wüste Feldmark mit nur drei Einwohnern.[5]) Heute ist Gielow in aufblühender Entwickelung begriffen. Es hat sechzehn Erbpächter, achtundfünfzig Büdner und sechsundzwanzig Häusler, dazu allerlei grösseren Gewerbe- und Geschäftsbetrieb. »De Gielowsche Mähl« ist durch Fritz Reuter weltbekannt geworden.

Schon lange vor den Zeiten der Reformation ist die Kirche zu Gielow Filia der Kirche zu Duckow.[6]) Dies Verhältniss währt bis 1766. Als in diesem Jahre Duckow zu einer Mater vagans mit Anschluss an Zettemin wird, geht Gielow mit.[7]) Aber 1837 löst sich Gielow von Zettemin und schliesst

[1]) M. U.-B. 913.

[2]) M. U.-B. 1578. 1629.

[3]) M. U.-B. 3166.

[4]) Lisch, Gesch. der Hahn IV, 4.

[5]) Groth, M. Jahrb. VI, S. 138.

[6]) Vgl. die Visitationsprotokolle des Darguner Amtes von 1560 und 1648 und des Neukalenschen Amtes von 1662.

[7]) Stuhr, die Kirchenbücher Mecklenburgs, M. Jahrb. LX, S. 34.

sich der Malchiner Kirche an, bis es endlich im Jahre 1862 seinen eigenen Pfarrsprengel erhält.

Kirche. **Kirche.** Die aus dem Anfang des XIV. Jahrhunderts stammende Kirche mit Füllmauern, in denen Backsteine und Feldsteine mit einander abwechseln, ist im Jahre 1897/98 einem grösseren Umbau unterzogen worden. Der frühere Chor mit Schluss aus dem Achteck steht nicht mehr da, statt dessen ist ein neuer Erweiterungsbau eingetreten, der dem Grundplan die Kreuzform gegeben

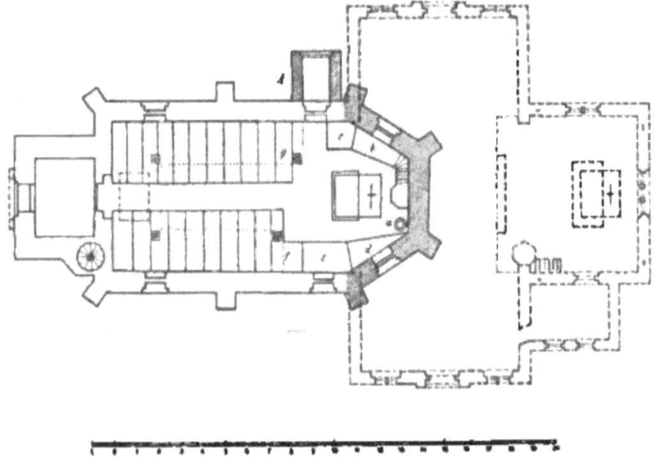

Grundriss der Kirche zu Gielow. (Bis Ostern 1897.)

·········· Umriss der Emporen bis 1897. ·-·-·-·- Orgel bis 1897.
— — — — Neubau 1897/98.

a. Alter Taufstein von Granit. b. Predigerstuhl. c. Pfarrstuhl. d. Hinrichsfelder Stuhl. e. Kirchenvorsteherstuhl. f. Mühlenstuhl. g. Holzwärterstuhl.
A. Massiver Windfang, 1839 errichtet, 1897 abgerissen.

hat. Dabei sind die Schlitzfenster der Kirche von Bestand geblieben, haben aber eine Erneuerung ihrer Wandungen und Laibungen erfahren. Dem Portal ist ein neuer Mauerkern mit Treppengiebel vorgesetzt. Der Thurm, welcher bei weitem nicht die Breite der Kirche hat, ist alt, seine Spitze aber stammt aus dem Umbau von 1897/98 und ist nach einer eigenhändigen Skizze des hochseligen Grossherzogs Friedrich Franz III. errichtet. Im Innern eine flache Bretterdecke. Auch die alte Kirche hatte seit dem dreissigjährigen Kriege eine flache Decke, war aber ursprünglich mit drei Kreuzgewölben geschlossen.

Innere Einrichtung. Die ganze **Einrichtung** ist neu. Als **Altarbild** Christus und der versinkende Petrus von **Bertha Albin.**

Das älteste Stück in der Kirche ist eine roh behauene **Granitfünte**, deren Körper mit tief eingegrabenen seltsamen Kopfformen und mit Blatt- und Ringbildungen bedeckt ist. Unter den Köpfen der Stierkopf von Werle. Als **Taufbecken** dient ein sechseckiges zinnernes Becken, das von KATHARINA Fünte und Taufbecken.

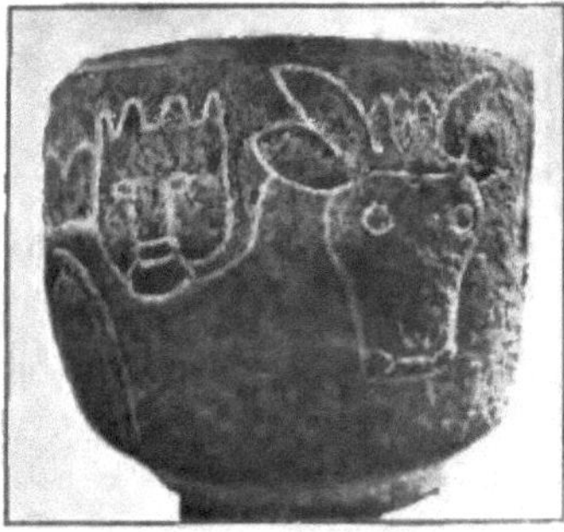

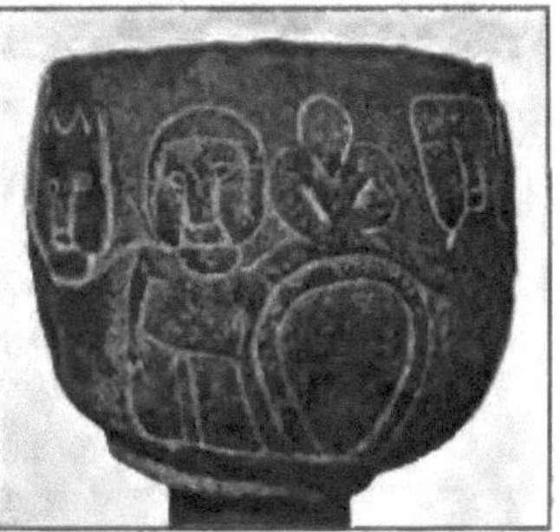

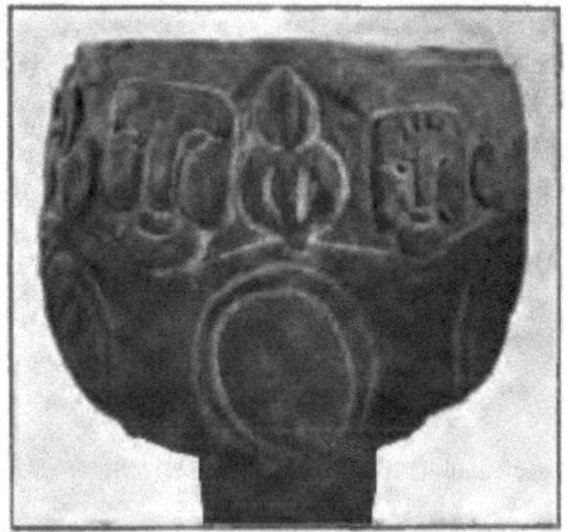

Granitfünte.

HÖFFSCHEN und SOPHIE ELISABETH SÜLVEREN 1666 gestiftet ist. Es hat als Malchiner Stadtzeichen den Büffelskopf, dazu zweimal nebenstehendes Meisterzeichen.

Eine ähnliche Fünte zu Treptow a. d. Tollense. Ferner eine der Gielower Fünte verwandtes Stück als Traufe vor der Zetteminer Kirche.

Im Thurm zwei **Glocken**. Die älteste, welche 1756 nach einem grossen Brande, der am 14. April 1755 fast das ganze Dorf und auch den Thurmhelm verzehrte, aus dem Metallgut der geschmolzenen beiden älteren Glocken gegossen ist, hat die Inschrift: FÜRST FRIEDERICH SCHÜTZT. EIN RÖNN- Glocken.

BERG WACHT, EIN WILCKE LEHRT, DA ICH GEMACHT · ICH RUF' VOM HEILIGEN ORT: KOMMET, HÖRET GOTTES WORT · Darüber: **ICH BIN DURCHS FEUER GEFLOSSEN, DA MICH JOHANN VALENTIN SCHULTZ**[1]) **GEGOSSEN · 1766 ·** — Die zweite Glocke ist 1849 von **Illies** in Waren gegossen.

Kleinkunstwerke.

Kleinkunstwerke. 1. 2. Silberner Kelch auf rundem Fuss mit Verzierungen in klassicierendem Geschmack, 1835 vom Goldschmied **H. Gotthardt** in Malchin angefertigt. Ebenso die Patene. — 3. Deckelkanne, neu. — 4. Eine zweite Kanne von Silber, geschenkt 1898 von Ihrer Kaiserlichen Hoheit der Frau Grossherzogin **ANASTASIA**. — 5. Oblatendose, neu, 1874 gestiftet von **FRIEDRICH WILHELM GREFFRATH** zu Liepen. — 6. Achtseitiges Taufbecken von Zinn, aus dem Jahre 1755, als Stadtzeichen der Malchinsche Büffelskopf und ein Meisterzeichen mit den Initialen **I. I. S.** — 7. Geräth für die Krankenkommunion, von Zinn, gestiftet 1748 von **ANDREAS WAGENKNECHT**.

Vorgeschichtliche Plätze

s. am Schluss des Amtsgerichtsbezirks Stavenhagen.

[1]) Aus Rostock.

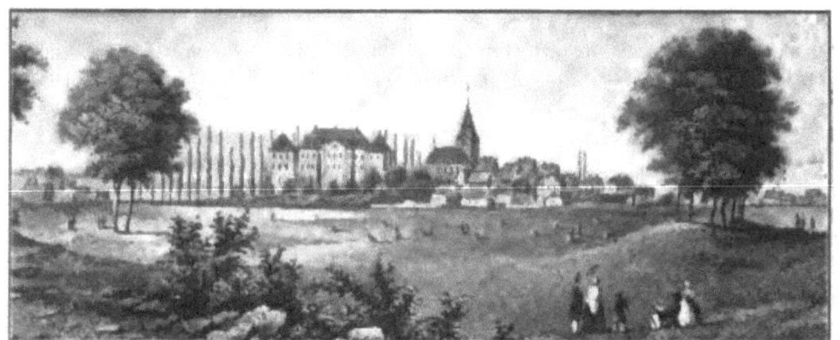

Blick auf die Stadt Stavenhagen.

Amtsgerichtsbezirk Stavenhagen.

Die Stadt Stavenhagen.

Geschichte der Stadt.

Geschichte der Stadt. Das Land Stavenhagen (der Stovenhagen) hat seinen Namen von der Adelsfamilie der Stove, die es im XIII. Jahrhundert von den Pommerherzögen zu Lehn tragen und möglicherweise schon vom XII. Jahrhundert her ihren Sitz auf jenem alten Castrum haben, den heute das Schloss zu Stavenhagen einnimmt. Dass dieses Land damals ziemlich dieselbe Ausdehnung hat wie der heutige Amtsgerichtsbezirk Stavenhagen, ist daran zu sehen, dass nicht bloss Ivenack und Basepohl zum Gebiet des Burgherrn Reimbern von Stove gehören, sondern auch Sülten und die in gerader Luftlinie von Norden nach Süden fünfzehn Kilometer weit von einander entfernten Dörfer Fahrenholz (Vorneholt) und Kleeth (Kleth) ausdrücklich als im Lande oder in der Vogtei Stavenhagen gelegene Dörfer urkundlich aufgeführt werden.[1]) Auf welche Rechtstitel hin das Land Stavenhagen einst an Pommern gekommen, ob Circipanien oder das ganze Peene-Gebiet von der Neukalenschen bis zur Kittendorfer Peene und darüber hinaus als ein Theil des alten Leutizier-Landes oder geradezu als das ganze pommersche Leutizier-Land angesehen wurde (woraufhin, und zwar, wie nicht zu übersehen ist, bei einschneidenden Verfügungen über dieses Land, Herzog Kasimar II. sich im Jahre 1215 princeps Leuticiorum und Bischof Konrad von Kammin sich im Jahre 1220 dei gracia Caminensis ecclesie et Pomeranorum

[1]) M. U.-B. 691, 1249, 2065, 2895, 6970, 7103. Vgl. Lisch, M. Jahrb. XXV, S. 277.

et Leuticiorum episcopus nennt), ob dieses Land einstmals von dem Schutz und Hülfe suchenden Pribislav in der zweiten Hälfte des XII. Jahrhunderts zeitweise an Pommern abgetreten wurde und nachher bei der Wiedereroberung im Anfange der dreissiger Jahre des XIII. Jahrhunderts von Pommern vorläufig noch behalten wurde, ob das pommersche Recht auf einer Belehnung durch Heinrich den Löwen beruhte, oder ob die Verhältnisse noch ganz anders waren: — alles das liegt ebenso im Dunkeln wie Anlass und Zeitpunkt der Wiedergewinnung durch die Fürsten von Werle am Ende des XIII. oder im Anfange des XIV. Jahrhunderts.[1]) Dagegen sind es unumstössliche Thatsachen, dass Haus, Stadt und Land Stavenhagen bis über 1282 hinaus unter ausschliesslich pommerscher Herrschaft sich befinden, dass die Erhebung Stavenhagens zur Stadt durch die Herzöge Wartislav III. von Pommern-Demmin und Barnim I. von Pommern-Stettin geschehen ist (wenn wir auch den ungefähr in die Mitte des XIII. Jahrhunderts fallenden Zeitpunkt dieser Erhebung nicht genau angeben können), dass die zu Treptow ausgestellte Urkunde des Herzogs Bogislav II. vom 29. Mai 1282 in Betreff aller Stadtrechte nur eine Bestätigungsurkunde ist, dass die Fürsten von Werle (soweit dies nachzuweisen ist) nicht vor 1290 an den Staatsaktionen im Lande Stavenhagen sich betheiligen und ihr angeblicher, immerhin aber gewiss in irgend einer Form zu Recht bestehender Pfand-Anspruch sich auf eine verdächtige Urkunde von 1282 (ohne Datum) stützt, dass Pommern erst am 20. Januar 1317 in Folge enger verwandtschaftlicher Verbindung mit den Fürsten von Werle auf Haus, Stadt und Land Stavenhagen in förmlicher Weise Verzicht leistet, sowie dass die Stadt noch im Jahre 1353 den steigenden pommerschen Greif in ihrem grossen Stadtsiegel führt.[2])

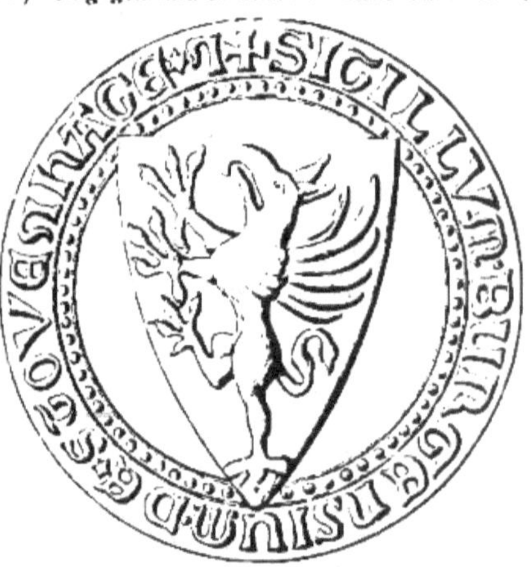

Altes Siegel der Stadt Stavenhagen.

[1]) M. U.-B. 219. 272. 446. 458. 491. Dazu Lisch, M. Jahrb. III, S. 27. 28. Beyer, M. Jahrb. XI, S. 43. 44. Lisch, Gesch. des Geschl. Maltzan II, S. 284. 285. Wiese, über die Cistercienser in Dargun, S. 29. Schlie, M. Kunst- u. Gesch.-Denkm. I, S. 517, Anmkg. 3 (535, Anmkg. 3) und 519 (537). Ueber die Leutizier s. Wigger, Annalen, S. 114 ff. Ueber die Circipaner ebendaselbst S. 117. 118. Wagner, Wendenzeit (M. Gesch. in Einzeldarstellungen, Heft II), S. 5.

[2]) M. U.-B. 861. 932. 1630. 1631. 2065. 2181. 3874. — Dazu Prümers: Die angebliche Verpfändung des Landes Stavenhagen im Jahre 1282. Stettin, bei Herrcke u. Lebeling 1885. —

Die anfängliche Unsicherheit des Besitzes auf werlescher Seite merkt man besonders in dem der pommerschen Verzichtleistung voraufgehenden Jahre 1316. In einer Klausel in dem bekannten Rendsburger Vertrag vom 23. März 1316, dessen Spitze gegen Brandenburg gerichtet ist und dem die Fürsten von Werle beitreten, nachdem sie kurz vorher als brandenburgische Bundesgenossen üble Erfahrungen gemacht haben, sagen ihre neuen Freunde, der König Erich von Dänemark, Herzog Erich von Sachsen, Fürst Wizlav von Rügen, Fürst Heinrich von Mecklenburg, die Grafen Nikolaus und Heinrich von Schwerin und der Bischof Hermann von Schwerin Folgendes: »Wegen des Hauses und Landes zu Stavenhagen sollen wir Herren einen neuen Rechtsspruch fällen; will aber Herzog Otto (von Pommern-Stettin) darüber den Herren von Werle irgend Unrecht und Gewalt thun, so sollen wir Herren allen denen von Werle helfen mit aller unserer Macht diesseit der See.« Ebenso ist in dem werleschen Theilungsvertrage vom 2. December 1316, in welchem das Land Kalen dem Güstrower und das Land Stavenhagen dem Parchim-Goldberger Theil zugelegt wird, die nachstehende Abmachung nicht zu übersehen: »Spreke we mit rechte oder mit orloge vppe de lant thome Stouenhaghen vnde Kalant, dat se van vns quemen, dat skole wy beyde like weren. Ghynke vnser eme desser lant en aff, mit welde oder mit rechte, den scaden scole wy beyde hebben.«[1]) Aber wie gesagt, schon am 20. Januar 1317 macht der Heirathsvertrag zwischen Herrn Johann d. j. von Werle und der Herzogin Mechtild, der Tochter Herzog Otto's von Pommern-Stettin, diesen unsichern politischen Verhältnissen in Betreff des Landes Stavenhagen für alle Zeiten ein Ende, Herzog Otto verzichtet endgültig auf sein Einlösungsrecht, und Stavenhagen ist seit diesem Tage von den mecklenburgischen Landen wenigstens nicht mehr getrennt worden, wenngleich das Gelüsten darnach noch wieder zum Vorschein gelangt.[2])

Was nun die Stadt selbst betrifft, so verdient es Beachtung, dass dort schon im XIII. Jahrhundert der Gewinn von Salz und Eisen aus dem heimischen Boden durch Anlegung von Salinen und Eisengruben (»salinis et ferrifodinis«, oder, wie es in späteren Uebersetzungen heisst, »mit sültten edder solttspennige, isergrouen«, auch »zolten, morkulen« und »mit soltbörne vnd isergrufften«) ins Auge gefasst wird.[3]) Doch hat sich hier offenbar kein grösserer und länger dauernder Betrieb dieser Art entwickelt, denn sonst würde es wohl Nachrichten davon geben. Nur der Name des südlich gelegenen Dorfes Sülten und ferner der Umstand, dass unmittelbar bei Stavenhagen selbst in den zwanziger Jahren des XIX. Jahrhunderts wieder soviel eisenhaltiges Wasser gefunden wurde,

---

Das prächtige alte pommersche Siegel der Stadt ist abgebildet bei Lisch, M. Jahrb. XV, S. 355. M. U.-B. 1630. — Jüngere Privilegien-Bestätigungen giebt es von 1606, 1613, 1662, 1691, 1703, 1720, 1736 und 1749.

[1]) M. U.-B. 3818. 3860. Vgl. dazu Rudloff, Hdb. II, S. 217—226.

[2]) M. U.-B. 3874. Rudloff, a. a. O. II, S. 232. Wigger, M. Jahrb. L, S. 235.

[3]) M. U. B. 1630. Vgl. Lisch, M. Jahrb. VII, S. 54. 55.

dass daraufhin ein Mineralbad eröffnet werden konnte (welches aber nur wenige Jahre bestand), dient den urkundlichen Nachrichten aus dem XIII. Jahrhundert über diese Dinge zur Bestätigung.[1]) Ein Pleban Gerhard wird 1260 genannt.[2]) Als Vögte und Burgmannen aber sitzen auf dem alten Stove'schen Castrum die durch besonders viele Privatsiegel des XIII. und XIV. Jahrhunderts bekannt gewordenen Herren von Voss, zuerst als pommersche und dann als werlesche Vasallen.[3]) Doch nachdem später eine Verpfändung von Burg und Land Stavenhagen durch Fürst Johann III. von Werle stattgehabt — an wen wird nicht gesagt — und das Kloster Dobbertin dem Fürsten durch Ankauf der Seen bei Drewitz, Cramon, Malkwitz und Kraz die Möglichkeit verschafft, Burg und Land im Jahre 1332 wieder einzulösen, treten andere Adelsfamilien im Amt der Burgmannen und landesherrlichen Vögte in Stavenhagen auf, wie z. B. die von Schönberg in den dreissiger Jahren, die von Breide und Kessin in den vierziger und fünfziger Jahren, und die von Maltzan in den sechziger und siebenziger Jahren des XIV. Jahrhunderts.[4]) Auch hören wir von neuen Verpfändungen des Landes Stavenhagen erst durch Johann IV. von Werle und nachher durch seine Erben und Oheime, die Fürsten und Brüder Lorenz und Johann von Werle, an die von Maltzan im Jahre 1375.[5]) Dabei ist es nicht ohne Interesse wahrzunehmen, wie bei den Realpolitikern jener Tage der zwischen Pommern und Werle im Jahre 1317 geschlossene Vertrag über Haus, Stadt und Land Stavenhagen wieder in Vergessenheit kommt, obgleich in der Urkunde darüber klar und deutlich ausgesprochen ist, »dat nen man by vnsen dagen edder na vnsen dagen schal edder ne mach vppe de vorbenande land vorderen edder spreken«. Denn am 29. August 1355 erkennt der weit schauende Herzog Albrecht von Mecklenburg dem Herzog Barnim d. ä. von Pommern-Stettin gegenüber dessen Lehn- und Heimfallsrecht an Land Stavenhagen an, wogegen dieser jenem die Vormundschaft für die Wittwe und Kinder des Fursten Nikolaus IV. von Werle-Goldberg sowie das Eventual-Successionsrecht auf dessen übrige Lande zugesteht.[6]) Darauf entwickelt sich das wieder aufgewärmte alte Verhältniss in der Art weiter, dass am 6. November 1368 Johann IV. von Werle-Goldberg und am 9. April 1377 seine Oheime und Erben, die Fürsten Lorenz und Johann von Werle-Güstrow die pommersche Oberlehnshoheit über das Land Stavenhagen anerkennen.[7]) Indessen macht Pommern bei dem Uebergange der werleschen Länder im Jahre 1436 an das

[1]) Vgl. die lustige Geschichte von dem Stavenhäger Gesundbrunnen in Reuter's Schurr-Murr.

[2]) M. U.-B. 861.

[3]) M. U.-B. 1725. 2181. 2615. 2640. 2747. 4081. 4321. Vgl. Lisch, M. Jahrb. XXXIII, S. 200—204.

[4]) M. U.-B. 5369. 5370. 5950. 5951. 6431. 6934. 7499. 7520. 7597. 7771. 7772. 10763. 10764. 10784. 11009. 11471.

[5]) M. U.-B. 9394. 10763. 10764. Vgl. Lisch, M. Jahrb. XVII, S. 123. 124. 126. Gesch. des Geschl. Maltzan II, S. 186—190. 277—285.

[6]) M. U.-B. 8125.

[7]) M. U.-B. 9838. 11009.

Haus Mecklenburg von seinem Reluitionsrechte keinen Gebrauch, und Schloss wie Vorwerk Stavenhagen werden gemeinsamer Besitz der beiden herzoglichen Linien Mecklenburg und Stargard.[1])

Im Uebrigen giebt es bis jetzt aus dem XV. Jahrhundert nur wenige Mittheilungen von grösserem Belang. Am 17. December 1414 übernehmen die von Maltzan Haus, Stadt und Land Penzlin als Pfand von den beiden Fürsten Balthasar und Christoph von Werle und erhalten ausserdem das Versprechen, dass in Betreff von Kauf und Verkauf ihrer Guter im Lande Stavenhagen ihren Wünschen auf jede Art Rechnung getragen werden soll.[2]) Dies vielleicht im Hinblick auf die bereits beabsichtigte Wiedereinlösung des Landes. Um diese zu ermöglichen, verpfänden die Fürsten von Werle im Jahre 1415 die Vogtei Kalen an Heinrich von Kalant. In diesem Jahre mag Stavenhagen frei geworden sein. Wenigstens kann es damit zusammenhängen, dass Fürst Balthasar von Wenden im Januar 1416 an den »langhen Henning Kossebade« 220 lübische Mark aus dem Lande Stavenhagen überträgt.[3]) Wenn wir noch hinzufügen, dass nach dem Uebergange des Landes Stavenhagen an das Haus Mecklenburg der tapfere Lüdeke Hahn nicht bloss das Land Plau, sondern auch das Land Stavenhagen als herzoglicher Vogt unter seinen Schirm nimmt und hier bis über 1455 hinaus seines Amtes waltet, und dass in den dreissiger Jahren des XVI. Jahrhunderts, nachweislich 1531, Hans von Quitzow auf dem Schloss zu Stavenhagen als herzoglicher Vogt sitzt, dass sich die Kirchen-Reformation im Lande ohne besondere Vorgänge vollzieht, sowie dass am Ende desselben Jahrhunderts die Herzogin Elisabeth, die Gemahlin des Herzogs Ulrich, dem aus einem St. Jürgen-Stift hervorgegangenen Armenhause der Stadt eine Stiftung für sechs hülfsbedürftige Leute überweist, so ist damit eigentlich alles berichtet, was in dieser Zeit vom XV. Jahrhundert her durch das XVI. Jahrhundert hindurch eine gewisse Bedeutung hat.[4])

Bei der Landestheilung im Jahre 1520 kommt das Amt Stavenhagen an die Gustrowsche Linie.[5]) Auch im Fahrenholzer Vertrag von 1611 verbleibt es dem Herzogthum Gustrow.[6]) Sehr schwer nimmt der dreissigjährige Krieg das ganze Amt mit, und nur langsam heben sich wieder Bevölkerung und Wohlstand.[7]) Davon zeugen im XVIII. Jahrhundert die Erneuerung des

[1]) Rudloff, Hdb. d. m. Gesch. II, S. 741. Schon 1426 giebt es einen Vertrag zwischen Pommern und Mecklenburg, wonach der Streit zwischen ihnen über Stavenhagen einstweilen ruhen soll. Vgl. Urkunden im Grossh. Archiv.

[2]) Lisch, Gesch. des Geschl. Maltzan II, S. 494—501.

[3]) Noch nicht gedruckte Urkunden im Grossh. Archiv. Vgl. Lisch, Gesch. des Geschl. Maltzan II, S. 285.

[4]) Lisch, Geschl. Hahn II, S. 98. M. Jahrb. XVI, S. 110 und 111 (Brief des Prädikanten Thomas Aderpul).

[5]) Rudloff, Hdb. III, 1, S. 228. Ueber die Grösse des Amtes Stavenhagen, das im Jahre 1570 auch das Land Malchin sowie die Vogteien Penzlin und Waren in sich begreift, s. ebendaselbst S. 226, Anmkg. 1.

[6]) Rudloff, Hdb. III, 2, S. 120.

[7]) Groth, M. Jahrb. VI, S. 132—138 (Tabellarische Uebersicht über die Kirchen und Pfarren im Amte Stavenhagen nach den Visitationsprotokollen von 1648).

Stadt-Reglements von 1775 an, der Bau der Kirche am Ende der siebenziger und Anfange der achtziger Jahre, das Aufhören der Amtssässigkeit des Städtchens im Jahre 1789[1]) und der Bau des Rathhauses im Jahre 1790. Zwar bringt das Jahr 1806 wieder schwere Kriegsdrangsale, die Stadt erduldet eine Plünderung, aber diese und die nachfolgende Zeit (1808 bis 1845), in welcher der Vater des plattdeutschen Dichters Fritz Reuter als Burgermeister der Stadt deren Gemeinwesen zu leiten hat, wird auch wieder Ursache zu bedeutenden literarischen Denkmälern, womit der berühmte Sohn des Bürgermeisters den Namen von Stadt und Land — es ist nicht zuviel damit gesagt — durch die Welt getragen hat. Es sind vor allen Dingen »Ut de Franzosentid«, »de Stromtid« und »Meine Vaterstadt Stavenhagen«.

Ausser dem schon genannten Pleban Gerhard, dem ersten, der uns im XIII. Jahrhundert entgegentritt, kennen wir noch einen zweiten aus diesem Zeitabschnitt, den Kirchherrn Albertus um 1293. Ebenso sind aus der ersten Hälfte des XIV. Jahrhunderts zwei Plebane bekannt geworden, Pfarrer Heinrich und Pfarrer Johann Däne. Damit hören die Nachrichten bis zum XVI. Jahrhundert auf. In den Jahren 1534, 1541 und 1552 giebt es Mittheilungen über den Kirchherrn Johann Parrmann, welcher der Reformation beitritt. Damals ist Ritzerow noch kein Filial von Stavenhagen, denn es hat noch in Joh. Wagenknecht seinen eigenen Pastor, der auch die heute nicht mehr vorhandene Kirche in Grischow bedient, deren Patronat ebenso wie das in Ritzerow die Aebtissin zu Ivenack ausübt. Ebenso bildet damals noch Jürgenstorf mit seinen Filialen Pribbenow und Krummsee (wo es heute keine Kirche mehr giebt) ein eigenes Kirchspiel, dessen Kirchherr Joachim Bünger ist. 1560 folgt in Stavenhagen Pastor Eberhard Telius, der 1577 die Konkordienformel unterzeichnet. Er ist, wie dem Visitationsprotokoll von 1603 zu entnehmen ist, in diesem Jahre noch am Leben, hat aber einen Pfarrverweser in Ern Otto Wesenberg. Auch ist Ritzerow um diese Zeit bereits zu Stavenhagen übergegangen, ebenso Grischow zu Ivenack. Auf Wesenberg folgt (das Jahr selbst ist nicht bekannt) Joachim Walter, den die Kriegsnoth vertreibt. Er stirbt 1638 in Rostock. 1640 wird Johann Telius berufen, der bis 1668 hin lebt und im Amte ist. Vorher ist er zwanzig Jahre lang Pastor in Gülzow gewesen, wo 1603 Pastor Krull seit sechsunddreissig Jahren im Amte ist, und 1607 Pastor Chrysostomus Suderow als dessen Nachfolger genannt wird. Damals hat auch Scharpzow eine Kirche, welche Filia der Gülzower Kirche ist. Das Patronat beider Kirchen aber hat »der Stovenhagen«, also der Landesherr. Als aber Johannes Telius sein Amt in Stavenhagen antritt, da versieht er den Dienst nicht bloss in der Stadt und in Ritzerow, sondern auch in Gülzow, Scharpzow und Jurgenstorf und dessen Filiale Pribbenow.[2]) Ueberall sind die Kirchen verwüstet, überall ist die Bevölkerung bis auf einen

[1]) Balck, Güter und Aemter II, S. 73. Akten im Grossh. Archiv, betr. Entwurf und Bestätigung des Stadt-Reglements von 1775 bis 1782.

[2]) Krummsee sucht und findet Unterkunft bei der Kirche zu Ivenack.

kleinen Rest zusammengeschmolzen. Man sehe die Zahlen bei Groth a. a. O. und lese die Visitationsprotokolle von 1643, 1648, 1662. Jurgenstorf hat bis 1638 seinen eigenen Pastor gehabt. Als 1597 der alte Conradus Philipp, der 1577 die Konkordienformel unterzeichnet hat, selig entschlafen ist, da sorgen die von Voss auf Luplow, welche das Patronat von Jürgenstorf wider die von Hahn auf Basedow behaupten, für einen Nachfolger in der Person des Pastors Daniel Weinholz. Aber wie viele andere Pastoren treibt auch ihn der

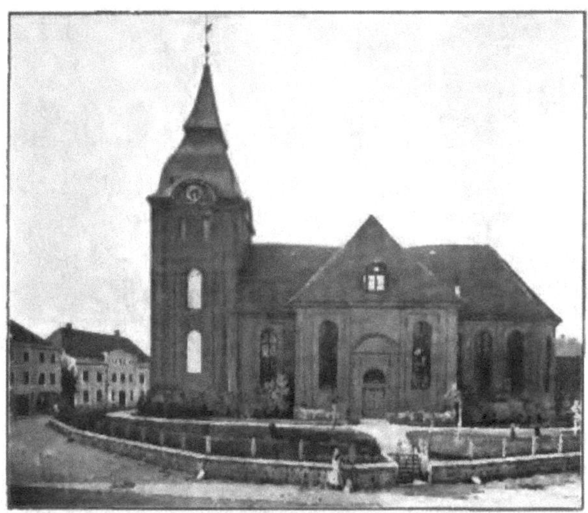

Kirche zu Stavenhagen.

Krieg von der Pfarre, und er stirbt ebenso wie der Stavenhäger Walter in Rostock. Die Verhältnisse verändern sich nicht unter dem Nachfolger von Telius, dem 1668 erwählten Pastor Bernhard Kellermann, von dem es auch 1678 Nachrichten giebt. Nicht anders wird es unter dem Pastor Adam Joachim Koch, den wir 1695 bereits als Kellermann's Nachfolger vorfinden.[1]) Zwar wird 1717 unter dem mit dem Gute erlangten Patronat des Henning Jürgen von Hobe in Jürgenstorf eine eigene Pfarre wieder errichtet, um welche sich der Pastor Joh. Friedr. Hartmann zu Kittendorf bewirbt. Und 1719 handelt es sich darum, auch das alte Filial Pribbenow wieder zu seiner ehemaligen Mutterkirche zu legen. Aber alles das erscheint nur vorübergehend. Denn der von der Herzogin Magdalena Sibylla als Inhaberin ihres Witthum-

[1]) Vgl. Stuhr, M. Jahrb. LX, S. 91.

Amtes Stavenhagen im Jahre 1709 zu Koch's Nachfolger berufene Magister und spätere Präpositus des Malchinschen Zirkels, Justus Henricus Rümeker, hat bald wieder die Verwaltung von Pribbenow. Rümcker stirbt 1763. Es folgt ihm Joh. Ludwig Knöchel, welcher 1797 als zweiundachtzigjähriger Greis um einen Substituten bittet.[1] Er erhält ihn in Jakob Bernhard Johann Schmidt, der 1802 sein Nachfolger wird und 1843 stirbt. S. Walter a. a. O.

Kirche.

Kirche. Die Abbildungen der Kirche veranschaulichen die Art ihrer Anlage in Kreuzform sowie den nüchternen klassicierenden Stil des XVIII. Jahrhunderts zur Genüge (s. o.). Im Uebrigen stellt sie sich als ein gut ausgeführter Ziegelbau dar. Der Innenraum ist mit einer flachen Decke geschlossen. Er entspricht in seiner Erscheinung der Schlichtheit des Aeusseren.

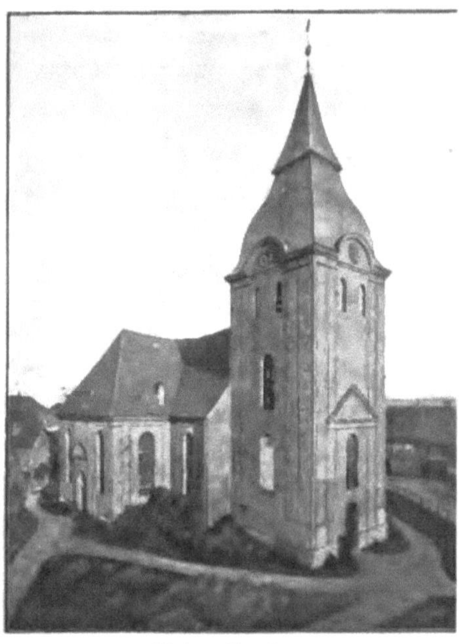

Kirche zu Stavenhagen.

Die frühere Kirche war ein Fachwerkbau. Von Reparaturen ist seit 1600 oft in den Akten die Rede. 1643 wird sie von den Kaiserlichen arg mitgenommen. Weitere Erneuerungen finden 1661, 1669 und 1682 statt.

Altaraufsatz.

Als **Altaraufsatz** ein Gemälde von J. H. Suhrland in Ludwigslust: die Auferstehung Christi, ein Gemälde, das die Einwirkungen von Findorff und Dietericy offenbart. Es ist ein Geschenk des Grossherzogs FRIEDRICH FRANZ I. in einem sehr guten Rokoko-Rahmen.

[1] Von Rümcker und Knöchel gab es früher (s. Inventar 1811) Bilder in der Kirche, die mit Unterschriften versehen waren. Darnach war Rümcker 1683 geboren und bei seinem Tode im 53. Amtsjahr. Von Knöchel hiess es, dass er 1716 geboren war, dass er 1749 ins geistliche Amt kam, 1782 die neu erbaute Kirche einweihte und den 19. April 1802 aus dem Leben schied.

Kanzel. Taufstein.

Die **Kanzel**, ein schlichtes Werk im Geschmack der Renaissance, stammt aus der älteren Kirche. — Der **Taufstein** ist neu.

Grabplatten.

In der Kirche liegen mehrere **Grabplatten** aus jüngerer Zeit, unter andern die des Präpositus **RÜMCKER**, † 1763 (s. o.), und die eines Fräulein **CHARLOTTE VON DER LÜHE** aus dem Anfange des XIX. Jahrhunderts mit der charakteristischen Inschrift: **EIN ENGEL WAR IN IHR ZUR WELT GEKOMMEN, SIE WAR DER ELTERN LIEB UND LUST DIE EWIGE NATUR HAT SIE ZURÜCK GENOMMEN UND DRÜCKT SIE IRGENDWO AN IHRE BRUST.**

Glocken.

Im Thurm drei **Glocken.** Die grösste trägt die Inschrift: ✠ **anno** · 1585 · **goth** · **iochim** · **gruttemaker** · **verbum** · **domini** · **manet** · **in eternum.** Hierunter ein verwischtes Rundbild von ziemlicher Grösse, vielleicht ein Wappen. — Die zweite Glocke ist alt, ohne Inschrift und Meisterzeichen. — Die dritte ist 1864 von **Illies** in Waren gegossen.

Ueber die Glocke von 1585 und ihren Giesser, den **Jochim Grützmacher** zu Neubrandenburg, giebt es Nachrichten aus den Jahren 1585 bis 1587 im Grossh. Archiv (Stavenhäger Kirchenakten). Das Inventar von 1811 enthält nichts Näheres über die Glocken.

Kleinkunstwerke.

Kleinkunstwerke. 1. 2. Kleiner gothischer Kelch mit der Jahreszahl **1637** am oberen Annulus und dem Namen **ihesus** am Knauf. Auf dem sechspassigen Fuss die Stifternamen des **JOHANN VON GRABOW** und der **SOPHIA VON RESTORFF** sowie beider Wappen.[1] Keine Werkzeichen, auch nicht an der zugehörigen Patene. — 3. 4. Grösserer Kelch auf rundem Fuss; auf der Unterseite des Fusses die Inschrift: **CHRISTIAN SCHRÖDER, ANNA MARGARETHA REVTERN, NICOLAS REVTER, CHRISTIAN ALEXANDER REVTER UND FRIEDRICH REVTER, FÜRSTLICHE BEAMBTE ZU STAVENHAGEN HABEN DIESES GERÄHT DER STAVENHAGENSCHEN KIRCHEN ZUM ANDENCKEN VEREHRET ANNO 1712.** Vom Güstrower Goldschmied **Lenhard Mestlin.** Dazu eine Patene. — 5. 6. Silbervergoldeter gothischer Kelch von mittlerer Grösse, auf sechspassigem Fuss.[2] Unter dem Fuss die Inschrift: **MARTIN KRAKOW FLORENTINA WESTPHALIN.** Keine Werkzeichen, auch nicht an der Patene. — 7. Silbernes Geräth zur Kranken-Kommunion: Kelch, Patene, Oblatenschachtel und Weinflasche. Inschrift unter dem Kelch: **M · I · H · RVMKER · P · STAVENHAGEN · ANNO 1731 HAT DIES ZUR KRANKEN-COMMUNION GESCHENKT.** Vom Malchiner Goldschmied **D · J · W ·** — 8. Grosse zinnerne Patene ohne Inschrift. Als Werkzeichen der werlesche Stierkopf, daneben die Reste von zwei Buchstaben und das nebenstehende Meisterzeichen. — 9. Ovale Oblatenschachtel von Zinn, mit einem eingravierten Krucifixus auf dem Deckel, 1778 gestiftet von **JOHANN CHRISTIAN LADENDORFF.**

[1]) Sophia von Restorff, die Wittwe des am 5. Februar 1636 verstorbenen Joachim von Grabow, Pfandinhabers des Amtes Stavenhagen, erbgesessen auf Woosten. Der Kelch erscheint somit als eine Stiftung zu Ehren des Verstorbenen, sowohl von der Wittwe wie von deren Schwager und Mitvormund, dem Bruder des Verstorbenen, Johann von Grabow.

[2]) Vernachlässigt, verdient eine Wiederherstellung.

Ohne Werkzeichen. — 10. Runde getriebene Messing-Taufschale, in der Mitte die Verkündigung mit einer Legende, welche die Buchstaben **W • J • S • H • N • B • J • R • A • J • E •** bilden. Ein andermal ist der Schluss **A • J • H • N • E •** — 11. Neue silberne Kanne. — 12. Silberner Schöpflöffel mit den Initialen: **C • S • A • M • R •**[1]) — 12 13. Zwei zinnerne Leuchter, der eine 1711 von **HANS SOLTZ** und **MARTHA RASEN**, der andere 1712 von **GERHARD WASCHER**. Werkzeichen nicht gefunden.

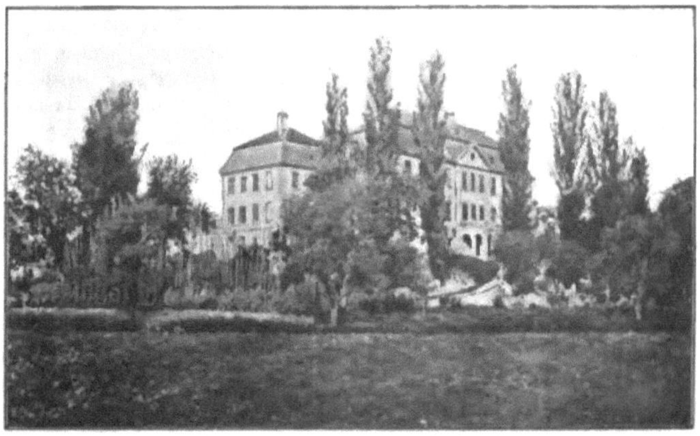

Sog. Schloss zu Stavenhagen.

Sog. Schloss.

Neben der Stadt, auf dem Schlossberge, ringsum von einem abgetragenen Walle umgeben, das **Schloss**, z. Zt. Sitz des Amtsgerichts und des Domanialamts. Ursprünglich für die Herzogin Magdalena Sibylla eingerichtet, aber nicht von ihr bezogen. S. o. S. 159/160 und M. Kunst- u. Gesch.-Denkm. IV, S. 195.[2])

Das Filial-Kirchdorf Ritzerow.[3])

Geschichte des Dorfes.

Ritzerow ist ein der alten Terra Stavenhagen angehörendes grosses Domanial-Kirchdorf, welches bereits im Jahre 1276 eine Pfarre besitzt. Herzog Wartislav von Pommern verleiht es in demselben Jahre dem Kloster Ivenack, welchem es bis zur Säkularisierung angehört.[4]) Am 1. Juni 1300

[1]) Vgl. den zweiten Kelch mit den beiden Namen SCHRÖDER und REUTER.

[2]) Vgl. Reuter's Werke. Schurr-Murr.

[3]) 3½ km südöstlich von Stavenhagen.

[4]) M. U.-B. 762.

bestätigt diesen Besitz mit anderen Klostergütern zusammen auch Fürst Nikolaus von Werle.[1]) In späterer Zeit müssen die landesherrlichen Abgaben in Ritzerow, im Besonderen die an Bede, Münzpfennigen, Hundekorn, Diensten u. s. w. den von Maltzan verpfändet gewesen sein, da sie von diesen am 6. December 1381 mit Ausnahme des Manndienstes weiter verpfändet werden, nämlich an den Knappen Arnd Wosten.[2]) Die von Wosten sind übrigens nur mit geringem Grundbesitz während des XV. Jahrhunderts zu Ritzerow angesessen und veräussern ihn überdies an die von Gustekow.[3]) Nachdem Ivenack in den fünfziger Jahren des XVI. Jahrhunderts säkularisiert worden, gelangt Ritzerow an die landesherrliche Verwaltung zurück. Unter dieser macht es die schwere Zeit des dreissigjährigen Krieges durch, nach dessen Ende nur vier Personen im Orte gezählt werden, während schon gelegentlich der Verpfändung der landesherrlichen Gefälle im Jahre 1381 sechzehn Hufenbesitzer genannt werden. Es sind: Bernd by der Beke, Gustecowe, Krummenze, Sperlink, Bergheman, Gollenbeke, Goscalk, Zagher, Perkowe, Wentorp, Kethel, Tornowe, Gronowe, Moryn und zwei Burmeister.

Ueber die kirchlichen Verhältnisse s. bei Stavenhagen.

Kirche. Die Filial-Kirche zu Ritzerow ist ein Neubau aus den sechziger Jahren des XIX. Jahrhunderts. Ihr Thurm stammt sogar erst von 1884. Der Chor ist mit drei Seiten aus dem Achteck gebildet. Die innere Einrichtung der Kirche hat keine Bedeutung. Kirche.

Im Thurm drei **Glocken.** Die grösste ist 1837 von **Schünemann** in Demmin gegossen worden.[4]) Die zweite hat gar keine Inschrift. Die dritte hat den mittelalterlichen Anruf: **O rex glorie xpe veni cum pace anno dni mcccccx**, dazu das nebenstehende Giesserzeichen. Glocken.

Kleinkunstwerke. 1—3. Neuer Kelch, gestiftet 1889 von **ANNA IBENDORFF.** Dazu Patene und Oblatendose, alles von **Prüfer**-Berlin. — 4. Zinnerner Kelch, gestiftet 1660 von **CASPER BOLTE.** Von einem Rostocker Zinngiesser. — 5. 6. Zinnerner Kelch mit Patene, gestiftet 1735 von **HANS WAGENKNECHT.** Mit der Marke des englischen Zinns und den Meister-Initialen **F · S.** — 7. Zinnerner Kelch, gestiftet 1741 von **BERNHARD KRÖGER.** Stempel undeutlich. — 8. Achtseitige zinnerne Weinflasche von 1731. Als Stadtzeichen der werlesche Stierkopf und als Meisterstempel ein Pelikan mit den Initialen **C · K.** — 9—15. Sieben Zinnleuchter, jeder mit dem Namen seines Stifters: **ANNA BOLTEN 1660; DAVID KRASEMANN 1680; HANS NEVENDORF 1680; CLAUS HOMEYER 1699; MARTEN WAGENKNECHT 1729; FRIEDERICH WAGENKNECHT 1735; BLEICHERT ERNST KRÖGER 1752.** Kleinkunstwerke.

[1]) M. U.-B. 2614.
[2]) M. U.-B. 11383.
[3]) Vgl. Akten im Grossh. Archiv.
[4]) Das Inventar von 1811 enthält keine Angaben über ihre Vorgängerin.

Das Filial-Kirchdorf Jürgenstorf.[1])

Geschichte des Dorfes.

Das Blücher'sche Dorf und Gut Jürgenstorf grenzt mit einem Theil an die ehemals zum Kloster Ivenack gehörenden Ortschaften. Es ist daher begreiflich, wenn das Kloster seine Wünsche auch auf Jürgenstorf richtet und sich 1411 durch Fürst Christoph von Wenden bezeugen lässt, dass er sowohl von seinen Vorfahren wie von den pommerschen Herzögen Briefe gesehen, in welchen neben anderen auch Dorf »Joerdensdorp« mit aller Bede, Pacht etc. aufgeführt sei.[2]) Indessen scheint das Kloster mit diesem Bemühen kein Glück gehabt zu haben, denn in keiner sonst bekannten älteren Urkunde wird Jürgenstorf unter den Besitzungen des Klosters aufgeführt. Im Gegentheil vergiebt noch 1516 Lütke Moltzan in Demmin der Klosterjungfrau Elze Wulfes zu Ivenack eine Hebung von fünf Mark Sundisch aus diesem Dorfe, welche nach ihrem Tode dem Kloster bleiben sollen, ist also jedenfalls im Besitze eines Theiles des Dorfes, und wenn auch das Kloster im Jahre 1434 die Hebungen zweier Vikareien aus Jürgenstorf verkauft, so beweist das nichts für ein ausgedehnteres Eigenthum in und an dem Dorfe. Erst im Jahre 1516 gelingt es dem Kloster, in den Besitz eines grösseren Antheils zu gelangen, indem es von Eggert Voss zu Flotow wiederkäuflich acht Höfe und Hufen erwirbt, die bei der einige Jahrzehnte später erfolgenden Säkularisierung an den Landesherrn zurückgefallen sein werden. Ueberhaupt steht das Gut damals zum grössten Theil in Voss'schem Eigenthum. Am 15. März 1483 verkauft Claus Voss auf Rumpshagen den Brüdern Claus und Otto Hahn auf Basedow das halbe Dorf Jürgenstorf und den halben Vosshagen mit Ausnahme dessen, was die von Moltzan besitzen, für 511 Mark Lübisch zu erblichem Besitz. Die Käufer erhalten die landesherrliche Belehnung am 25. Januar 1484. Der Moltzan'sche Antheil aber, welcher nicht gross gewesen sein kann, verschwindet vollständig aus der Geschichte dieses Gutes, er wird daher wohl in den Voss'schen Besitz aufgegangen sein. Die von Hahn verkaufen ihren Antheil 1611 an Wedege von Staffeld, welchem die von Voss zwei Jahre früher schon einen Theil des ihnen verbliebenen Restes verpfändet hatten. Lehnbrief und Konsens werden ihm am 30. Januar 1612 ertheilt. Im Jahre 1666 muthen die Staffeld zum letzten Mal. 1671 thun dies auch die Voss'schen Erben in Betreff ihres Antheils am Lehn. Thatsächlich kehrt dieses am 12. Juli 1702 wieder in den Besitz der von Voss zurück, wobei indessen der Landesherr, dem damaligen Brauche entsprechend, sich die hohe

[1]) 4 km südlich von Stavenhagen. Ursprünglich (d. h. vom XV. bis zum XVIII. Jahrhundert) Jordenstorf geheissen, also von Jordanus und nicht von Georg abzuleiten. Frühere mittelalterliche Urkunden fehlen.

[2]) Nicht gedruckte Urkunde im Grossh. Archiv.

Jagd vorbehält, ohne freilich dieses Recht thatsächlich auszuüben. Aber die von Voss haben keine Freude an ihrem Besitz, welcher fast werthlos aus dem dreissigjährigen Kriege hervorgegangen war. Von neun Bauern und sieben Kossaten sind 1648 gar keine mehr da Nur vier Personen leben im Dorfe, und die Gehöfte und Felder liegen wüst und unbebaut da. Mag auch im Jahre 1703 die Zahl der Beichtkinder wieder auf sechsundsechzig gestiegen

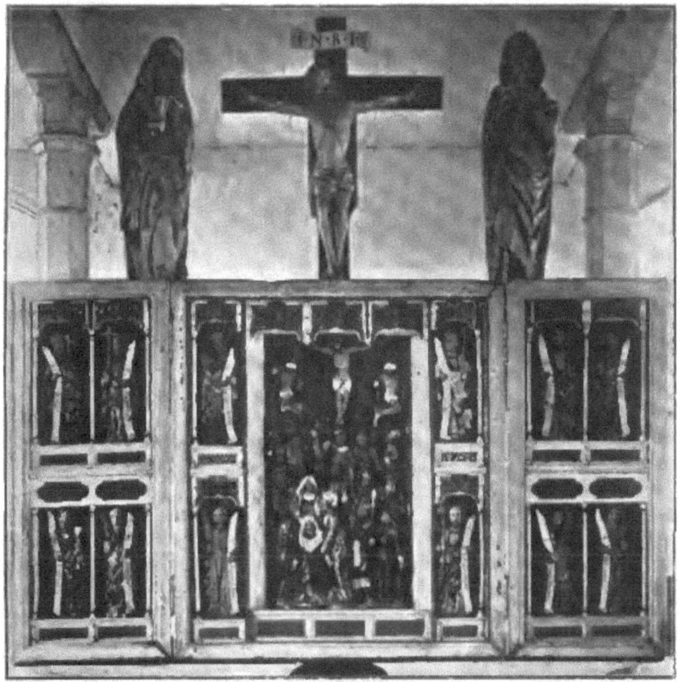

Altaraufsatz.

sein, so kann die Ertragsfähigkeit des Gutes doch nur eine sehr geringe gewesen sein.[1]) Unaufhörliche Verpfändungen sind die Folge dieser traurigen Verhältnisse. Für Summen von neunhundert bis zu zwölfhundert Thalern geht das Gut von einem Pfandinhaber auf den anderen über, um schliesslich bei Henning Christoph von Hobe hängen zu bleiben, den die Lehnkammer als Eigenthümer oder Vasallus bezeichnet, ohne dass er es jemals auf Grund

[1]) Groth, M. Jahrb. VI, S. 138.

älterer Lehnrechtstitel gemuthet hätte. Letzteres besorgen die Voss unentwegt weiter, können aber den gänzlichen Verlust des Gutes nicht aufhalten, das 1786 von den Hobe's auf den Rittmeister August Friedrich von Lowtzow auf Gross-Lunow übergeht. Dieser empfängt 1789 die Belehnung. Aber schon 1798 wird der Kammerherr Gustav Dietrich von Oertzen auf Kittendorf dessen Rechtsnachfolger. In Oertzen'schen Händen bleibt das Gut bis 1869. Da erwirbt es Friedrich Helmuth Anton von Blücher, dessen Familie es noch heute hat.

Ueber die geistlichen Verhältnisse s. o. S. 159 bei Stavenhagen.

Kirche. **Kirche.** Die Filial-Kirche zu Jürgenstorf, welche im dreissigjährigen Kriege untergegangen war (s. o.), ist 1700 neu erbaut. Der untere Theil des Thurmes ist noch ein gothisches Ueberbleibsel aus dem XIV. Jahrhundert.

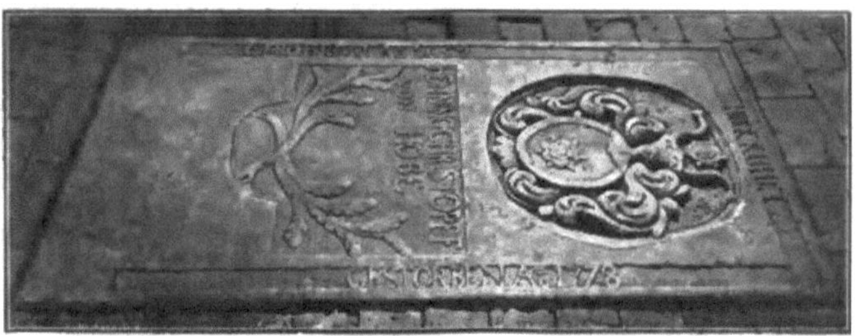

Grabstein des Henning Christoph von Hobe.

Altaraufsatz. Der **Altaraufsatz**, ein spätgothisches Triptychon des XV. Jahrhunderts, enthält im Mittelschrein die figurenreiche Darstellung der Kreuzigung und als Nebenfiguren die vier Apostel Jakobus minor, Matthaeus, Bartholomaeus und Jakobus major, während in den beiden Flügeln die übrigen acht Apostel angebracht sind, alle mit langen Spruchbändern, auf denen ihre Namen stehen. In der Gruppe am Kreuz fällt rechts ein gepanzerter Ritter auf, in welchem vielleicht der Stifter des Werkes zu erkennen ist. Oberhalb des Triptychons

Krucifixus. die Gruppe des **Krucifixus** mit Maria und Johannes in dreiviertel Lebensgrösse.

Kanzel. An der **Kanzel** mit der Jahreszahl 1718 die Bilder der vier Evangelisten. Ausserdem sind hier zwei Wappen mit der Unterschrift: HENNING CHRISTOPH V · HOBE 1715, MARIA DOROTHEA V · BLÜCHER 1715 (s. o.).

Taufstein. Der **alte Taufstein** liegt in zwei Stücken im Thurm.

Glasmalerei. Im herrschaftlichen **Stuhle** ein **buntes Glasfenster**, das den Evangelisten Johannes darstellt. Dazu die Unterschrift: GOTT ZU EHREN VEREHRET DIESES FENSTER OTTE THOMSEN ANNO 1714. Vor dem Stuhl drei

Wappenpaare, die der Familien VON BLÜCHER und VON RIEBEN, VON OERTZEN und VON BODDIEN, VON HOBE und VON BLÜCHER.

Glocken.

Die Kirche hat zwei alte **Glocken**. Die eine enthält die Inschrift: help got • o rex glorie criste ueni cum pace amen • help maria virgo sancta caterina ora pro nobis dewin. Dazu als Bild eine Bischofsfigur und das nebenstehende Glockenzeichen. Die andere hat die Inschrift: O rex glorie criste ueni cum pace.

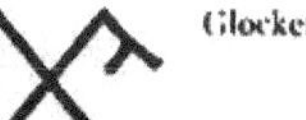

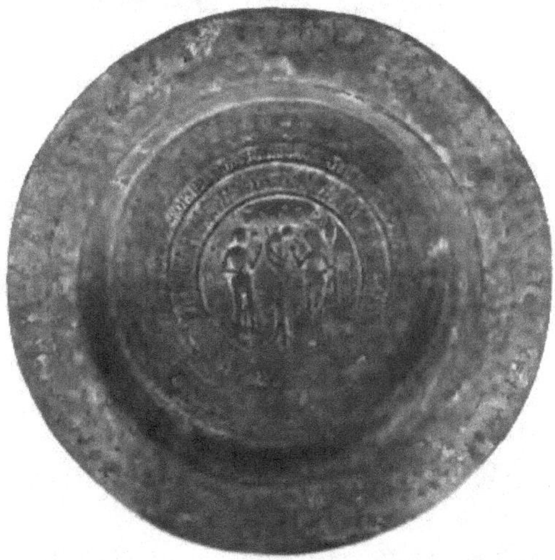

Taufbecken.

Grabstein.

Vor dem Altar der **Grabstein** des HENNING CHRISTOPH VON HOBE, geb. 1659, gest. 1728, dazu sein Familienwappen.

Kleinkunstwerke.

Kleinkunstwerke. 1. 2. Kelch mit der Inschrift: DIESEN KELK HABE ZU GOTTES EHREN IN DER JÜRGENSTÖRFFER KIRG ZUM ANDENCKEN VEREHREN WOLLEN ADOLFF FRIEDRICH VON STAFFELD D • 1 • JANUAR A° 1715. Stadtzeichen: drei Thürme; Meisterzeichen: D B. Auf der Patene die Inschrift: CATRINA MARIE'A VON STAFFELD GEBORNE VON DER LÜHEN. Dazu das Staffeld'sche Wappen mit drei Messern.[1]) — 3. Messingenes Taufbecken mit der Darstellung des Sündenfalles. — 4. 5. Zwei zinnerne Leuchter, der

[1]) Die Familie von Staffeld besass damals Krummsee, das einst zur Jürgenstorfer Gemeinde gehörte. S. o. S. 158.

eine von **DAVID HILDEMANN 1715**, der andere von **CHRISTIAN HILLMANN 1716**. Beide mit den schon genannten Stempeln des Meisters **C K** mit dem Pelikan. (S. o. S. 163.) — 6. Altardecke mit den eingestickten Wappen und Namen **C • D •** **VON HOBEN** und **B • A •**[1]) **VON POWISCHEN 1718**.

Das Filial-Kirchdorf Pribbenow.[2])

Geschichte des Dorfes.

Pribbenow wird schon im XIII. Jahrhundert Dargunsches Klosterdorf. Am 8. März 1260 giebt nämlich Herzog Wartislav von Pommern dem Kloster den Besitz des Dorfes, und gleich darauf verleiht ihm Bischof Hermann

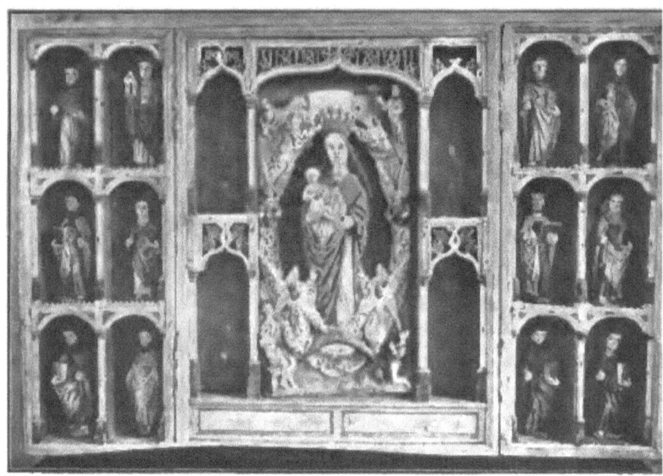

Altaraufsatz.

von Kammin den Zehnten daraus.[3]) Eine neue Bestätigung erfolgt am 27. Mai 1282.[4]) Nach der Säkularisierung des Klosters geht das Dorf in die Verwaltung des Amtes Stavenhagen über, unter welcher es sich, nachdem es

[1]) Benedicta Anna.

[2]) 4 km südlich von Stavenhagen. Pribignewe = Wachsmuth. Vgl. M. Jahrb. XLVI, S. 111.

[3]) M. U.-B. 861. 862. Vgl. 1071. 1269.

[4]) M. U.-B. 1629.

durch den dreissigjährigen Krieg völlig verwüstet worden war, zu einem blühenden Domanialdorf entwickelt hat.[1])

Ueber die kirchlichen Verhältnisse s. bei Stavenhagen.

Kapelle. Die Kapelle zu Pribbenow ist ein Fachwerkbau mit einem Dachreiterthürmchen auf dem Westende. Ihre innere Einrichtung ist ohne Bedeutung. Kapelle.

Als **Altaraufsatz** dient ein älteres gothisches Triptychon mit Schnitzfiguren: in der Mitte die hl. Maria mit dem Kinde, umgeben von Engeln; in den Flügeln die zwölf Apostel. Das kleine Werk stammt aus der früheren Kirche zu Stavenhagen. — Nur eine kleine **Glocke** giebt es, die 1793 von **Joh. Chr. Meyer** gegossen worden ist. Altaraufsatz.

Kleinkunstwerke. 1. 2. Grösserer zinnerner Kelch mit Patene, gestiftet 1843 von **J • F • VOSS**. — 3. 4. Noch ein zinnerner Kelch mit Patene, gestiftet 1752 von **JACOB HILMAN**. Englisches Zinn, Stempel undeutlich. — 5. 6. Zwei zinnerne Leuchter, der eine 1734 von **CHRISTIAN VOSS**, der andere 1738 von **ADAM JOCHIM CAREL** geschenkt. Als Stempel der werlesche Büffelskopf und der Pelikan mit den Initialen **C • K.** (s. S. 163. 168). Kleinkunstwerke.

Das Kloster Ivenack.[2])

Dargun ist die erste, Ivenack die zweite grosse Feldkloster-Stiftung im mecklenburgischen Circipanien, das dem Heidenthum nur auf das Allerschwerste abgerungen war. Es ist am 15. Mai 1252, als Ritter Reimbern von Stoue von seiner Burg Stouenhagen aus zur Ehre Christi und seiner glorreichen Mutter einen Cisterciensernonnen-Konvent in seinem Dorfe Ivenack (Ivenach) begründet.[3]) Er verleiht diesem nicht nur den Ort selbst nebst dem See, an dem er liegt, sondern auch die Kirche zu Basepohl (Bospole) und die zwischen beiden Dörfern damals vorhandenen Inseln oder Werder. In der That: der hervorragende gute Grund und Boden sowie die anziehenden Wald- und Wasser-Verhältnisse werden diese Gegend schon damals als zur Anlage eines ackerbautreibenden Klosters besonders geeignet haben erscheinen lassen. Die zur Diöcese des Kamminer Bischofes gehörende Stiftung erfreut sich bald der Gunst und Förderung von Seiten der pommerschen Herzöge und Anderer. Im Jahre 1256 verleiht Herzog Wartislav von Pommern auch seinerseits als Geschichte des Klosters.

[1]) Groth, M. Jahrb. VI, S. 136.

[2]) 5 km ostnordöstlich von Stavenhagen. Kühnel, M. Jahrb. XLVI, S. 63, leitet den Namen von dem altslavischen Wort iva = salix helix — Weide ab und übersetzt ihn mit »Weidenort« (Weidendorf).

[3]) M. U.-B. 691.

Landesherr dem Kloster die zwischen Ivenack und Basepohl liegenden Werder sowie die Pfarrdörfer Zolkendorf (Soldekedorp), Grischow (Grossow), Ritzerow (Ricerow), Klockow (Clokow), beide (Gross- und Klein-) Basepohl (utrumque Bozepol), sowie Ankun und Kossocendorp, von welchen die beiden letztgenannten wahrscheinlich schon während des Mittelalters in einen Theil der vorgenannten Feldmarken aufgegangen sein werden.[1]) Auch gestattet der Herzog am 15. December 1261 dem Vikar Bernhard Honig (Bernardus Mel) die Schenkung zweier Hufen im Dorfe Buchholz (Bokholt), bestätigt dem Kloster das Eigenthum an ihnen und schenkt selbst den halben Zehnten in den Dörfern Gützkow (Gostekow) und Takun (in Vorpommern).[2]) 1264 verleiht Herzog Barnim von Pommern dem Kloster Ivenack schon im Voraus das Eigenthum von hundert, beliebig an irgend einem Platze in seinen Landen

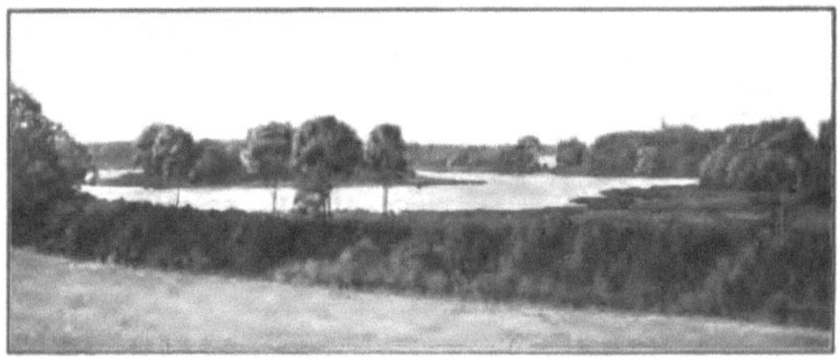

Fernblick auf Ivenack.

zu erwerbenden Hufen und fügt am 6. Februar 1265 das Patronat der Kirche in Sophienhof (Cerbenzin) bei Loiz, sowie am 28. Juli 1265 das Eigenthum des Dorfes Glendelin, südlich von Demmin, hinzu.[3]) Immer mehr wächst der Besitz des Klosters an Land und Gefällen: in der Zeit von 1271 bis 1276 werden Wrodow, Fahrenholz (Vorenholt), zehn Hufen in Pinnow (im Lande Gädebehn) und das Dorf Neuendorf im Lande Loiz erworben.[4]) Als am 31. Januar 1283 Bischof Hermann von Kammin dem Kloster alle Besitzungen und Zehnten bestätigt, nennt er bereits folgende, theils mecklenburgische, theils pommersche Ortschaften: Ivenack (Yuenac), Grischow (Grescow), Fahrenholz (Vorenholt), Wrodow, Pinnow, Wackerow (Wakkarow), Gützkow

[1]) M. U.-B. 762. Vgl. Schildt, M. Jahrb. LVI, S. 214 Bei diesen Besitzangaben muss freilich im Auge behalten werden, dass es sich nicht immer sofort um die ganzen Dörfer, sondern, wie z. B. bei beiden Basepohl, nicht selten nur um die ersten Antheile und um blosse Hebungen handelt.

[2]) M. U.-B. 932.

[3]) M. U.-B. 1000. 1037. 1053. Vgl. 1094.

[4]) M. U.-B. 1227. 1249. 1405. Zu 1405 vgl. 4699. 5739. 5912. 9790.

(Gustecow), Zwiedorf (Tvedorp), Glendelin (Glandelyn), Hasseldorf (Hassendorp), Buchholz (Bucholt), Wittenwerder, Neuendorf (Nyendorp), Gross- und Klein-Remplin (Magnum et Parvum Reppelyn), Sophienhof (Cerberzyn), Benzin (Bentcyn), Kastorf (Kerstiansdorp), Rosenow, Galenbek (Golenbek), Goddin, Klockow und Relyn (Lindenberg).[1] Inzwischen ist Fürst Nikolaus von Werle in den alleinigen Besitz von Circipanien gekommen und bestätigt nunmehr auch seinerseits dem Kloster alle Guter und Freiheiten, wenngleich die Urkunde, die diese Bestätigung enthält, keine zweifellos echte Original-Urkunde ist, sondern als eine spätere, etwas nachlässig hergestellte Anfertigung bezeichnet werden muss, mit welcher man sich und Andere anscheinend über den Verlust einer mehr oder minder ähnlich lautenden Original-Urkunde, die es schon gegeben haben wird, hinwegzutäuschen suchte.[2] Im Uebrigen ist es zweifellos, dass der Güterbesitz inzwischen wiederum erheblich zugenommen hatte, z. B. um fünf Hufen in Vanselow bei Demmin, zwei Hufen in Zwiedorf und zwei Hufen in Gnevkow (Vorpommern).[3]

Die weiteren Urkunden des XIV., XV. und XVI. Jahrhunderts bis zur Auflösung des Klosters im Jahre 1555 können sich, soweit die materielle Bedeutung ihres Inhaltes in Betracht kommt, mit den grossen Fundationsurkunden des XIII. Jahrhunderts nicht messen, aber sie zeigen den unaufhaltsamen Fortschritt des ausgedehnten Wirthschaftsbetriebes auf eingeschlagener Bahn und liefern ausserdem den Beweis, dass das Vertrauen der Bevölkerung zu diesem Betriebe kein einziges Mal auch nur vorübergehend erlahmte, sondern bis zuletzt in fortwährendem Steigen begriffen war. Anders als bei anderen Klöstern und geistlichen Stiftungen des Landes: man vergleiche nur Neukloster, Tempzin u. a. m., welche zeitweise von schweren wirthschaftlichen Krisen heimgesucht waren.

Als weitere Besitzvermehrungen in der ersten Hälfte des XIV. Jahrhunderts sind zu verzeichnen: das nahe bei Ivenack gelegene Dorf Weitendorf und zehn Hufen in Wackerow, beide im Jahre 1302; die Zehnten von Glendelin in Vorpommern, zehn Hufen in Pinnow im Lande Neu-Brandenburg oder Gädebehn (in terra Ghotebende) und das Eigenthum des Dorfes Fahrenholz im Jahre 1303; die Anwartschaft auf die nach dem Tode ihrer derzeitigen Inhaber eintreten sollende Einverleibung zweier Pfarren im Jahre 1304, nämlich der zu Kastorf und der zu Sophienhof (Cerbencin in Vorpommern), welcher ein Jahr später die Kapelle zu Kletzin als Tochterkirche angeschlossen wird; die für Kleider und Schuhe zu verwendenden Einkünfte aus der Kukuksmühle im Jahre 1307;[4] die von Fürst Nikolaus von Werle zur Stiftung einer Vikarei verliehene Bede aus neun Hufen zu Weitendorf im Jahre 1309; zwei Hufen zu Hohen-Brünzow in Vorpommern zu einer Memorienstiftung für die Familie von Erteneburg im Jahre 1310; ein Kapital von einhundert Mark wendischer

[1]) M. U.-B. 1666. Vgl. dazu 1533. 1822. 1843. 1878.

[2]) M. U.-B. 2614. Vgl. Prümers, Angebliche Verpfändung des Amtes Stavenhagen, S. 8.

[3]) M. U.-B. 2232. 2237. 2274.

[4]) Die Lage dieser Mühle ist anscheinend unbekannt.

Pfennige für eine gleiche Stiftung des Konrad Voss im Jahre 1319; ein Abgaben-Erlass des Bischofs Konrad von Kammin, der vorläufig seiner Schwester Ermgard auf Lebenszeit zu Gute kommen soll, im Jahre 1321; und endlich Hebungen aus Schossow bei Treptow, welche Ritter Matthias Voss und seine Gattin Beatrix zu Gunsten ihrer ins Kloster eingetretenen Tochter Margarethe am 24. Juli 1324 stiften.[1]) Die unentwegt festgehaltene Gunst der weltlichen Landesherren in Pommern und Werle aber offenbart sich in zwei Konfirmationsbriefen dieser Zeit, sowie in dem am 11. Juni 1349 von Fürst Johann III. von Werle ertheilten Privileg der freien Wahl des Probstes »wy Johannes van gades gnaden eyn here to Werle, myth vnsem eigen fryen vnde guden willen vnde mith rade vnser rhede hebben auergeuen vnde auergenen hirmith den closteriunckfrowen to Iuenack frye vnde vullenkamen gewalt vnde macht erhe praweste edder vorweser na rade erer olderen tho erwelende vnde [a]ffto[setten]de, alszo dat wy edder vnse eruen edder aduocate[n] [e]dder stedeholder edder ampthlude sze yn nynem [stucke] hy[nderen]; sunder, wen sze vns hyrynne vmme v[nsere] hulpe bidden, wille wy enn helpen, alsze wy van gade, wen sick vnse liff vnde szele scheiden schal, wedder to entfangen bogeren.«[2])

In die zweite Hälfte des XIV. Jahrhunderts fällt die schrittweise Erwerbung des Dorfes »Hillefeld« im Jahre 1355, das in der Nähe von Fahrenholz gelegen war; ferner allerlei geschäftliche Beziehung zur Stadt Rostock, deren Patriziertöchter uns in dieser Zeit mehrfach als Ivenacker Klosterjungfrauen begegnen; ein Vergleich am 8. November 1382 mit Fürst Johann VI. von Werle über die dem Kloster gehörenden beiden Dörfer Grischow und Weitendorf; der Bau einer Kapelle durch Wedege von Buggenhagen in der Zeit von 1388 auf 1389 neben seinem Burgsitz zu Wolde, und die Einverleibung dieser unter seinem Patronat verbleibenden Kapelle mit ihren Einkünften als Filia in die Kastorfer Parochie, deren Patronat das Kloster hat; die Stiftung von Seelenmessen und einer damit verbundenen jährlichen Mahlzeit des Klosterkonventes mit Hebungen aus dem pommerschen Dorfe Schmarsow durch den Ritter Bernhard von Maltzan am 25. März 1389; und endlich die Erwerbung von Pächten aus Antheilen der Familie von der Osten an Gross-Basepohl im Jahre 1398 als erster Schritt zum Ankauf von ganz Basepohl.[3])

Von zahlreichen einzelnen Hebungen abgesehen, die bald hie, bald da erworben werden und bisweilen von einer Hand in die andere gehen, sind die

[1]) M. U.-B. 2810. 2826. 2849. 2850. 2895. 2961. 2995. 3157. 3329. 3356. 4077. 4282. 4548. 4699.

[2]) M. U.-B. 2754. 2937. 6973.

[3]) M. U.-B. 8035. 8143. 8850. 9087. 9620, Anmkg. 11471. Lisch, Geschl. Maltzan II, S. 376—378. Noch nicht gedruckte Urkunden von 1388, 1389 und 1398 im Grossh. Archiv. — »Hillefeld« ist die pommersche Feldmark »Krusemarkshagen« (Grotefend). Von Hillefeld geht freilich im Jahre 1404 durch Verkauf an Ritter Heinrich Voss zum Lindenberge ein Theil wieder aus dem Besitz des Klosters heraus. — Auch dem Kloster selbst vermacht Ritter Wedege Buggenhagen bei Gelegenheit einer Stiftung von Seelenmessen für seine Gattin Celfe (Sophie), die vor einem Altar der Kirche zu Ivenack begraben liegt, eine Reihe bedeutender Einkünfte im Jahre 1405. — Klein-Basepohl wird nicht lange vor 1499 vom Kloster Ivenack erworben.

wichtigsten Entwicklungs-Momente in der Geschichte des klösterlichen Wirthschaftsbetriebes während der ersten Hälfte des mit Urkunden reichgesegneten XV. Jahrhunderts:[1]) die Ueberweisung des Kirchlehns zu Varchentin durch Fürst Christoph zu Wenden um seiner, seines Bruders und seiner Eltern Seligkeit willen an das Kloster im Jahre 1403 und die Genehmigung zum Ankauf von Grund und Boden sowie von Fischerei-Gerechtigkeiten in demselben Dorfe, wo auch die Kalandsherrn zu Waren Einkünfte haben, die sie im Jahre 1410 dem Kloster überlassen; der Ankauf von Hufen in Goddin und Tützpatz in den Jahren 1410 und 1412; die Erwerbung eines Erbes im Dorfe Tenzerow (Vorpommern) im Jahre 1418; die Stiftung einer Vikarei durch den Probst Gerd Bertekow (Berkow) im Jahre 1420; weitere Erwerbungen von Hebungen und Antheilen in Gross-Basepohl in den Jahren 1420, 1422, 1424, 1442, 1445, desgleichen in Varchentin, in Sarow (Vorpommern), Hasseldorf, Gross-Giewitz, Ritzerow, Jürgenstorf, Haselow,[2]) Mölln und Briggow in derselben Zeit; die grosse Maltzan'sche Vikareien-Stiftung mit jährlich 60 Mark Sundisch aus zwölf Hufen im Dorf und Gut Loischentin im Jahre 1427 und deren Bestätigung durch den Bischof Siegfried von Kammin am 12. November 1429: .... »an de closterkerke to Yuenacke tho eyner ewyghen vyckarien to dem altare, dat an de norden syde nedden an de zuluen kerken mûret ys vnde dar wy Moltzane vnse gruft vôr hebben, myd wyllen vnde ghunst des prauestes vnde der ebdyssen vnde des ghantzen conuentes, dar Luteke Moltzan vnser vader, Anna vnse muder vnde Katherina, Hinrik Moltzans husvrowe vnde Ghercke Moltzan vôr lygghen synt, des de preystere tho deme suluen altare ok dechthych wesen scholen. Vortmer to desser vorscreuen vycaryen schal de prauest, de nu yst vnde to eweghen tyden zyne nakomere twê preystere holden, vnde de scholen anders an deme clostere nyn ambacht hebben, men dat se de vycaryen waren scholen myd myssen, alzo dat alle daghe schal misse werden to deme vorscreuen altare .... Wer ok, dat Got affkere, dat vnse slechte vorstorue der Moltzane vnde nyne Moltzane meer weren, zo schal de rad tho Malchyn van vnser Moltzane weghen to ewighen tyden vor der preystere tho der vorscreuen vycaryen de bede tho deme praueste vnde ebdissen stede vnde ghentsliken beholden ..... Vortmer desse vorscreuen twe preystere van der Moltzane weghen scholen myd alle den, dede praueste syn edder werden to Iuenacke, hebben erlyke vrye koste, alzo dat zee scholen to ewyghen tyden tho des prauestes tafellen alle daghe ethen vnde drynken, alze der daghe tyd ys. Ok scholen de beyden preystere, de tho der tyd dar zyn, hebben an deme closterehaue vrye husynghe vnde voringhe, alzo see zych de prauest zuluen brûket myd zynen preysteren an der dornitzen vnde kokenen. Ok wan vnde wo vaken de prauest mit zynen anderen preysteren collacie drynket, so scholen de twe vicaryen preystere vrye collacien mede

[1]) Grösstentheils noch nicht gedruckte Urkunden im Grossh. Archiv. Zur Maltzan'schen Stiftung des Jahres 1427 vgl. Lisch, Geschl. Maltzan II, S. 585—593.

[2]) Ehemals bei Kittendorf gelegen (jetzt Mittelhof), also nicht untergegangen im XVI. Jahrhundert wie früher angenommen wurde (Grotefend). Vgl. Schildt, M. Jahrb. LVI, S. 214.

drynken, lyke den anderen prysteren«;[1]) und endlich die von den auf den Gütern Markow und Gützkow u. a. m. angesessenen Jakob und Lippold von Woosten (Wusten, Wüsten) im Jahre 1436 mit nicht unerheblichen Mitteln gestiftete ewige Vikarei.

So bedeutende Stiftungen wie diese hat die nachfolgende Zeit der zweiten Hälfte des XV. und ersten Hälfte des XVI. Jahrhunderts nicht mehr aufzuweisen. Dennoch geben rund sechzig Urkunden aus dieser Zeit ein Bild von dem überaus regen und lebhaften Geld- und Geschäftsverkehr im Kloster, in dessen Kundschaft — um es so auszudrücken — ausser den schon früher genannten nach und nach auch die theils mecklenburgischen, theils pommerschen Dörfer und Guter Breesen, Gädebehn, Schwandt, Luplow, Rosenow, Flotow, Gantschendorp, Strehlow, Toitin, Dratow, Deven, Wolde, Clempenow, Schossow, Lindenberg, Wolde, Gültz, Bredenfelde, Jürgenstorf, Klockow, Varchow, Kargow, Bellin u. a. m., oder besser gesagt, deren Inhaber und Besitzer mit ihren Interessen eintreten. Auch haben diese Urkunden dadurch keine geringe lokalgeschichtliche Bedeutung, dass bei dieser Gelegenheit ihre damaligen Besitzer zum Vorschein kommen. Aber im Ganzen und Grossen handelt es sich um eine Menge von Kleinigkeiten, aus denen nur wenige bedeutendere Momente hervorragen, wie z. B. der weitere Erwerb von Antheilen in Goddin in den Jahren 1452, 1454 und 1465; die Ueberweisung von jährlich 7 Mark Sundisch durch den Abt zu Dargun als Buss- und Sühnegeld an die Ivenacker Nonne Ghese von Zepelin für den durch einen Darguner Priester geschehenen Mord ihres Bruders im Jahre 1467; die Zustimmung Herzog Albrecht's VI. von Mecklenburg im Jahre 1482 zu der durchgeführten Verpfändung von ganz Gross-Basepohl durch Henning von der Osten an das Kloster; der Ankauf von Klein-Basepohl nicht lange vor 1499 von Heinrich von Heidebrek auf Clempenow und die landesherrliche Genehmigung dazu von Pommern her; die Stiftung einer Badestube für die Klosterjungfrauen im Jahre 1499 durch den Probst Michel Weger mit allerlei kleinen Annehmlichkeiten, zu denen u. a. für jede alle vierzehn Tage aus dem Bade kommende Sanctimonialis ein Malchinscher Stuten sowie ein Quart Bier gehören; die Festsetzung des Zinsfusses durch die Herzöge Magnus und Balthasar im Jahre 1502 auf 6 Procent, während früher der hohe Satz von 10 Procent im Geschäftsverkehr gegolten hatte; und endlich im Jahre 1520 die Erwerbung des Kruse'schen Antheils in Varchow sowie des von der Schulenburg'schen Antheils an Klein-Basepohl.

Aber die Reformation steht vor der Thür. Wir können hier nicht alle Namen von Pröbsten, Aebtissinnen, Priorissinnen und Nonnen aufzählen, die im Mittelalter bekannt geworden sind, sondern müssen uns damit begnügen, in dieser Beziehung auf die Register des mecklenburgischen Urkundenwerkes zu verweisen. Doch mögen hier aus den noch nicht gedruckten Urkunden des XV. und XVI. Jahrhunderts folgende genannt werden: Aebtissin Margarethe

[1]) Lisch, Geschl. Maltzan II, S. 585—592 (Urk. CCCCXXVII).

Rostock um 1404 und 1409, Probst Gerhard Bertekow um 1411, 1420 und 1434,[1]) die Aebtissin Adelheid von Maltzan um 1488 und der Probst Michel Weger um 1499.

Die letzte Aebtissin ist Anna von Kamptz, unter welcher der Uebergang von der alten in die neue Zeit statthat. Denn, wie die Inschrift auf der grossen Glocke zu Ivenack (s. u.) ausweist, sind ihr im Jahre 1555 bereits zwei fürstliche Verwaltungsbeamte, Clawes Pentz als Präfekt und Otto Schröder als Quästor, sowie ein lutherischer Geistlicher Eddeling als Prediger (concionator) beigeordnet. Im Uebrigen ist aus den Rentereirechnungen nachzuweisen, dass noch im Jahre 1557 Klosterjungfrauen zu Ivenack wohnen.[2])

Im Ruppiner Machtspruch vom 1. August 1556 wird Ivenack zunächst unter denjenigen Jungfrauenklöstern genannt, welche den Ständen überlassen werden sollen. Nachdem hierzu aber schliesslich andere Klöster bestimmt werden, verfällt es der landesherrlichen Verwaltung als »Amt Ivenack«. Im Jahre 1586 wird das Amt Ivenack dem Herzog Sigismund August zum Niessbrauch eingeräumt, welcher 1600 stirbt.[3]) Später wird es Witthumsamt der Herzogin Eleonora Maria, der dritten Gemahlin des Herzogs Hans Albrecht II., welche es von 1636 bis zu ihrem Tode (1657) inne hat. Nachher verfügt wieder Herzog Gustav Adolph über beide Aemter, Ivenack und Stavenhagen. Seine Wittwe, die Herzogin Magdalene Sibylla, hat aber nur das Amt Stavenhagen als Witthum (s. o. S. 159/160). Von den Schrecken des dreissigjährigen Krieges wird der Ort so hart mitgenommen, dass im Jahre 1649 von acht Bauern und siebenzehn Kossaten gar keine mehr da sind. Bleiben doch im ganzen Kirchspiel von einunddreissig Bauern und sechsunddreissig Kossaten nur acht Bauern und ein Kossat übrig. Dabei ist Basepohl, das im Jahre 1649 ganz wüst und menschenleer ist und wo einst sechzehn Bauern und neun Kossaten gewohnt haben, als eigenes Kirchspiel, das es damals war, gar nicht mitgerechnet.[4]) Der Besitz des Klosters besteht bei seiner Aufhebung aus folgenden Gütern: Ivenack, Gross- und Klein-Basepohl, Zolkendorf, Fahrenholz, Klockow, Wackerow, Weitendorf, Grischow, Krummsee, Goddin und Briggow. Alle diese bilden noch heutigen Tages das Amt Ivenack. Nur Briggow zählt jetzt zum Amte Stavenhagen. Ausserdem werden Gefälle aus Rosenow, Galenbeck, Kittendorf, Tützpatz, Stavenhagen, Bredenfelde, Mölln, Ritzerow, Markow, Sarow, Ganschendorf und Kastorf verzeichnet, welche Ortschaften im Eigenthum Dritter stehen.[5])

Ueber das Amt Ivenack wird am 10. April 1709 ein Tauschvertrag zwischen dem Herzog Friedrich Wilhelm einerseits und dem Geheimrath Ernst Christoph von Koppelow andererseits abgeschlossen. Dieser giebt dafur seine Guter Bakendorf, Gammelin, Viez und Radelubbe fort, denn der Herzog

[1]) Vgl. auch Lisch, M. Jahrb. XI., S. 215.

[2]) Lisch, M. Jahrb. XI., S. 215.

[3]) Lisch, M. Jahrb. IX, S. 106. XIII, S. 177. Wigger, M. Jahrb. I., S. 202.

[4]) Groth, M. Jahrb. VI, S. 135.

[5]) Akten im Grossh. Archiv.

wünscht sein Amt Walsmühlen abzurunden, daneben aber auch ausreichendes Land für seine Parforcejagd zu gewinnen, und die Herzöge Karl Leopold und Christian Ludwig geben im Mai desselben Jahres ihren Konsens zu diesem Vertrage, welcher im Juli bereits ausgeführt wird.[1])

Vom Geheimrath von Koppelow erbt auf Grund gegenseitigen Testaments seine überlebende Ehegattin Juliane, geb. von Franck, die Besitzung und vermählt sich in zweiter Ehe mit Helmold von Plessen auf Cambs, der im Jahre 1740 als Königlich polnischer

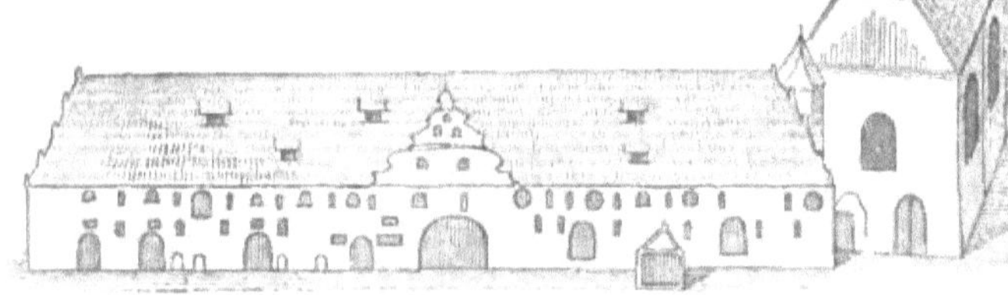

Ehemaliges Kloster-Wirthschaftshaus. [1707.]
(Länge 80 Schritt.)

und kursächsischer Geheimer Rath in den Reichsgrafenstand erhoben wird.[2]) Die Gräfin stirbt am 21. Mai 1747. Auf Grund des von ihr errichteten Testaments, und weil die Ehe unbeerbt geblieben, wird nunmehr deren hinterlassener Gatte Eigenthümer der Güter, welche er zu einem Familien-Majorat erhebt und dem Sohne seiner Schwester, Freiherrn Helmuth

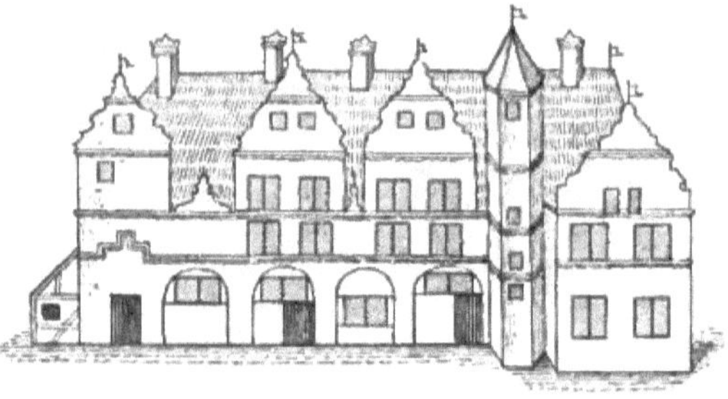

»Facciata und inwendige Gestalt des Fürstl. Hauses Ivenack.« [1707.]
(Länge 60 Schritt.)

Burchard Hartwig von Maltzahn a. d. H. Kummerow, vermacht. Dieser nimmt mit Ermächtigung des Königs Friedrich II. von Preussen und des Kaisers Joseph II. für sich und den jedesmaligen Majoratsbesitzer, einer Bestimmung des Erblassers gemäss, den Titel Graf von Plessen an, und seine Nach-

[1]) S. Akten im Grossh. Archiv.

[2]) Vgl. M. Kunst- und Gesch.-Denkm. III, S. 13.

kommenschaft ist noch heutigen Tages im Besitze dieses schönen Majorates, welches am 14. Februar 1838 die Genehmigung des Mecklenburgischen Landesherrn erhalten hat.

Als im Jahre 1541 zu Ivenack die erste grössere Kirchenvisitation stattfindet, da heisst der Weltgeistliche oder Pleban der Ivenacker Gemeinde, der von den Klosterjungfrauen eingesetzt ist, Lübbert Schönfisch. Er hat auch die Kapellen zu Zolkendorf, Klockow, Weitendorf und Wackerow zu bedienen, die heute lange nicht mehr vorhanden sind, nachweislich aber noch in der zweiten Hälfte des XVII. Jahrhunderts ihre Cura von Ivenack her empfangen. Von den vier Vikareien der Kirche zu Ivenack (s. o.) zehren 1541 Gerd Süverke, Kalandsdekan und Küchenmeister zu Neu-Kalen,[1]) Jochim Trebel, der Stadtsekretarius zu Malchin, Nikolaus Swarte, der Pastor zu Duckow, und ein vom Kapitel zu Güstrow präsentierter Marquard Fineke. Ausserdem giebt es in der Nachbarschaft mehrere Kirchdörfer mit eigenen Pastoraten, in denen heute weder Kirche noch Pfarre mehr vorhanden sind, wie z. B. Basepohl, dessen letzter Pastor, Wolfgang Glaser, in dem grossen Todesjahr 1638 das Leben verliert,[2]) und das daher schon 1649 mit Ivenack vereinigt wird; ferner Grischow, dessen Kirchherr im Jahre 1541 Johann Wagenknecht ist, das aber bereits im Jahre 1620 als Filia von Ivenack verzeichnet wird; und endlich Fahrenholz, wo es 1650 einen Pastor Laurentius Dagius (Tagius) giebt, während es 1662, in jener Zeit, als das Land durch den grossen Krieg menschenleer geworden war, schon Filia von Ivenack ist. Dagegen gehört die Kapelle zu Krummsee (heute ist nur noch ein Kirchhof da), die 1620 als Filia bei Ivenack ist, wie auch heute wieder die Leute im Dorf nach Ivenack zur Kirche gehen, im Jahre 1662 (und zwar schon seit 1649) zur Kirche in Jürgenstorf.[3]) Als erster evangelischer Geistlicher unter fürstlichem Patronat tritt uns der obengenannte Eddeling im Jahre 1555 entgegen. Ihm folgt, ungefähr von 1565 an und bis 1607 im Leben und Amt, Thomas Severus. 1608 wird Martin Müller berufen († 1625). Damals, 1608, ist der Oberst Klaus von Peccatel Geheimer Rath und Pfandinhaber des Amtes Ivenack. 1626 wird Paulus Agricola, der Schwiegersohn des Thomas Severus berufen. Es folgen: 1670 Andreas Michael, zuerst als Substitut des Agricola; 1682 (nach Michael's Tode im Jahre 1681) Joh. Philipp Weigel, der 1711 zur Präpositur in Malchin berufen wird; 1711 der Gadebuscher Pastor Christian Berends († 1713); 1714 Franz Joachim Schulz († 1747); nach ihm von 1749 an Pastor Barenwald

[1]) M. Kunst- u. Gesch.-Denkm. I, S. 501 (2. Aufl. S. 612).

[2]) Von 1574 bis 1592 ist Friedr. Wienekc Pastor zu Basepohl, den wir später in Kastorf finden. Um 1598 giebt Cleemann in seinem Syllabus Gustroviensis den Martin Kruk als Pastor zu Basepohl an.

[3]) Das Inventar von 1811 erwähnt noch in sechs ehemaligen Kirchdörfern je eine Glocke: in Grischow, Weitendorf, Klockow, Basepohl, Zolkendorf und Wackerow. Sie haben freilich durchweg Jahreszahlen des XVIII. Jahrhunderts, werden aber wahrscheinlich Umgüsse aus ehemaligen Kapellen-Glocken sein.

(† 1772); darauf von 1773 an Joh. Nikolaus von Scheven, dem bereits 1778 der Sohn Joachim August von Scheven adjungiert wird. Der Vater stirbt 1795, der Sohn 1810. S. Walter a. a. O.

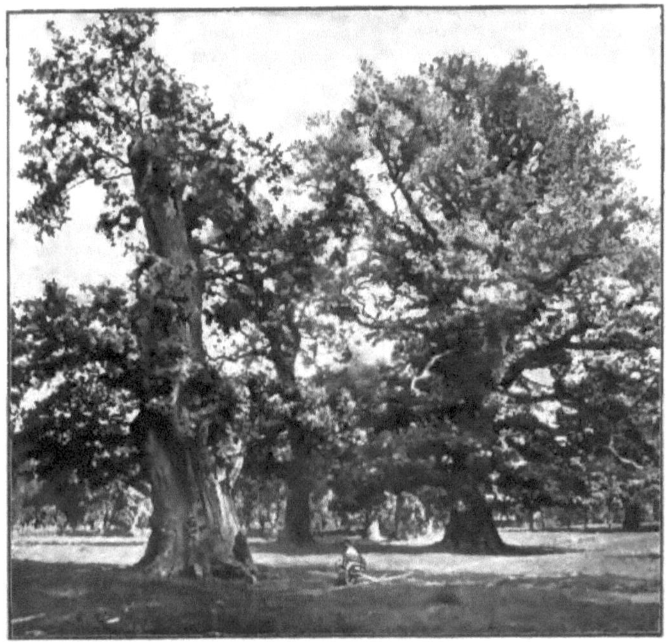

Uralte Eichen bei Ivenack.

Kirche. **Kirche.** Die alte Kirche, ein Bau aus der Mitte des XIII. Jahrhunderts, soll im dreissigjährigen Kriege bis auf die Mauern zerstört worden sein. Der Thurm, nach einer Skizze von 1709 am nördlichen Eingange, nach einer Ansicht von 1789 bereits am Westende stehend, ist in den Jahren 1867 und 1868 in die bekannten Formen des klassicierenden Stils gebracht worden, doch sind hierbei die drei untersten Stockwerke in gleicher Höhe mit den Mauern der Kirche stehen geblieben. Das Erdgeschoss des Thurmes ist mit einem alten Kreuzgewölbe gedeckt und dient z. Zt. als Leichenhalle. Zu beachten ist hier die aus dem Thurm in die Kirche führende Thür, welche aus ungehobelten dicken und breiten Eichenplanken zusammengefügt ist und noch ein altes einfaches Riegelschloss hat. In dem zweiten Geschoss des Thurmes sieht man noch an den Wänden die Ansätze der ehemaligen Wölbung. Die Kirche selbst ist seit dem Anfange des XVIII. oder vielleicht schon am Ende des XVII. Jahrhunderts mit flacher Decke geschlossen worden, doch lassen sich auch hier noch Spuren der früheren Wölbung nachweisen. Die sieben Fenster im Rundbogen mit Rosetten darüber stammen aus neuerer Zeit, indessen ist bei einzelnen die Form des ehemaligen Spitzbogens im Mauerwerk noch zu erkennen. Im Uebrigen sind die mittelalterlichen Spuren des älteren Baues ziemlich verwischt. Nur in der Vorhalle auf der Nordseite steckt noch ein Rest gothischer Wölbung. Ebendaselbst ist auch ein frühgothisches Eingangsportal erhalten, dessen Wandung und Laibung aus kräftigen Viertelrundstäben von vortrefflichem Ziegelmaterial gebildet sind. Nicht zu übersehen ist auch der aus dem Achteck gebildete gothische Chorschluss mit Strebepfeilern, die freilich heute mit Kalkputz überzogen sind.[1])

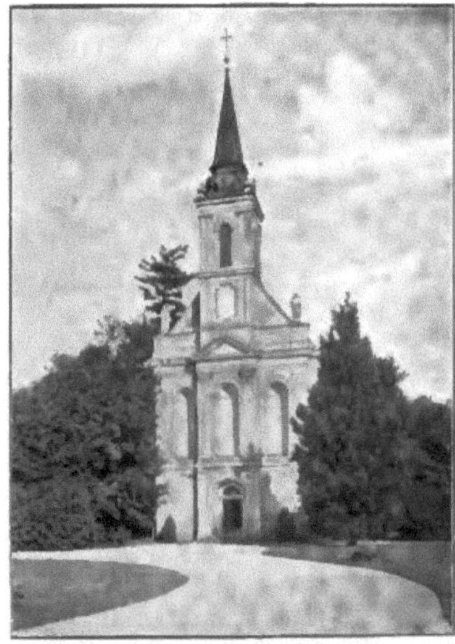

Kirche zu Ivenack.

Der **Altaraufsatz** stammt aus dem XVIII. Jahrhundert, ist 1869 mit einigen Veränderungen restauriert und enthält ein Bild von Professor Schubert-Berlin: Christus am Oelberge. Auf dem Altar ein **Krucifixus** aus Marmor. An den **Altarschranken** aus dem Anfange des XVI. Jahrhunderts in Holzschnitzerei vier **Wappen**: das PECCATEL'sche mit der Unterschrift: CLAUS VON PECCATEL, VATER UND SOHN, das MOLTKE'sche, das HELPTE'sche und das STRALENDORFF'sche, letztere drei ohne Unterschrift.

Altaraufsatz. Krucifixus. Altarschranken.

Die **Kanzel**, ein Werk vom Ende des XVI. Jahrhunderts, ist mit Bibelsprüchen aus dem alten und neuen Testament bemalt. Im Schalldeckel der

Kanzel.

[1]) Vgl. Beschreibung der Kirche bei Lisch, M. Jahrb. VI B, S. 101—103. XL, S. 214—216.

12*

Name **FRANCISCUS JOACHIMUS SCHULTZ · PAST · 1714.** Sonstige Jahreszahlen an der Kanzel sind: **98** (= 1598), und **1716.**

Gestühl. Am **herrschaftlichen Stuhl**, der aus der Mitte des XVIII. Jahrhunderts stammt, ein gemaltes **Wappen** der Grafen **VON PLESSEN.**

Epitaph. Am meisten in der Kirche zu beachten ist das grosse prunkvolle **Marmor-Epitaphium** des Geheimraths **ERNST CHRISTOPH VON KOPPELOW** (1659—1721), das Werk eines Meisters **H. J. Bülle**[1]) im Barockstil. Die Abbildung dieses Epitaphiums erspart uns dessen Beschreibung. Eigenartig ist die Anbringung der Ahnenwappen des Verstorbenen und derer seiner Gemahlin, der **MARGARETHE JULIANE VON FRANCK.** Als Unterschrift eine lange Inschrift des Inhalts, dass der Verstorbene Erbherr auf Ivenack war, aus dem Hause Möllenbeck stammte, und dass seine Linie mit ihm zu Grabe gegangen sei.

Grabstein. **Grabstein** des Klosterprobstes **Andreas Gilow** in der Vorhalle des Thurmes. Der Stein zeigt in einfachen Konturen den Probst in ganzer

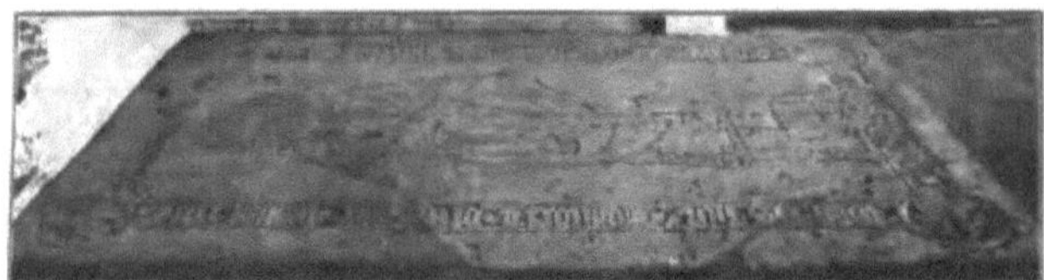

Grabstein des Klosterprobstes Andreas Gilow.

Figur, mit dem Kelch in der Hand. In den vier Ecken die Evangelisten-Symbole. Die Umschrift lautet voll ausgeschrieben:

> **Anno domini mcccxcvii ipso die sancti benedicti abbatis obiit venerabilis dominus Andreas ghylowe prepositus hujus monasterii : orate pro anima ejus.**[2])

Glocken. Im Thurm vier **Glocken.** Die kleinste Glocke, welche leider einen Sprung hat, ist ohne Jahreszahl, aber sie zeigt schöne gothische Verzierungen und die Inschrift: **O · rex · glorie · xpe · veni · cum · pace · Juenack.** — Die zweite Glocke, grösser als die vorhergehende, hat dieselbe Inschrift in Spiegelschrift. — Die dritte und grösste Glocke hat die nachstehende Inschrift: **✠ Anno · post · christum · natum · M · cclii · fundatur · monasterium ·**

[1]) Im Künstler-Lexikon nicht aufgefunden.

[2]) Andreas Gilow ist ein aus Urkunden vom Jahre 1362 an, in welchem er schon als Priester zu Ivenack lebt, mehrfach nachzuweisender Mann: M. U.-B. 9087. 11471. 11419. Der Stein verdient aufgerichtet zu werden. Vgl. Lisch, M. Jahrb. VIII, S. 102.

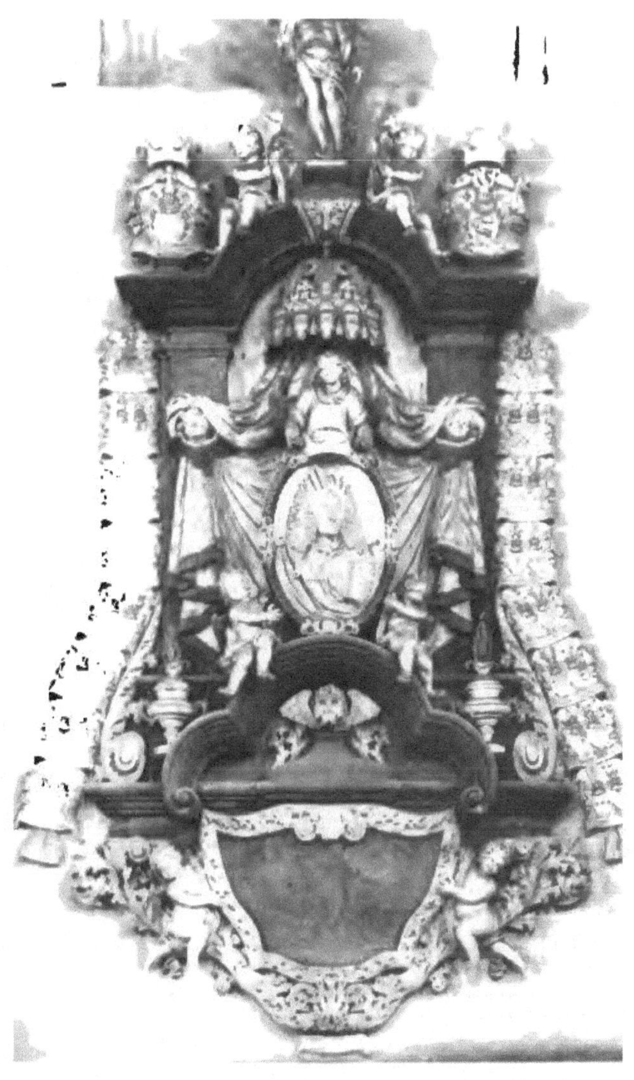

von Koppelow'sches Marmor-Epitaphium in der Kirche zu Ivenack.

iuenack • a • remberno • de • stouen • inhabitante castrum[1]) • stouenhagen • Anno • M • d • lv • hoc • opus • fieri • faciebant • anna • kamptzen • abbadissa • clawes • Pentze • prefect' Otto • Scroder • questor . . . . . eddeling • concionator. Unter dem Anfang der Inschrift die zweimalige Darstellung eines alten Klostersiegels zwischen einer weiblichen und einer männlichen Figur in der Tracht des XVI. Jahrhunderts. Eine ähnliche Darstellung, aber ohne das oder die Siegel, sieht man auf der entgegengesetzten Seite, und darunter folgendes Giesserzeichen:

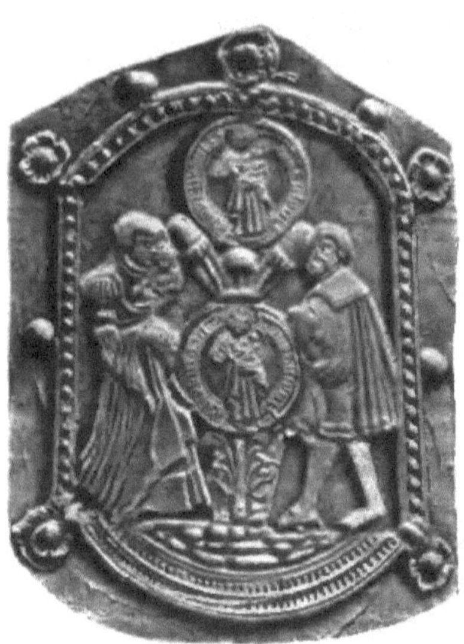

Glockenbild.

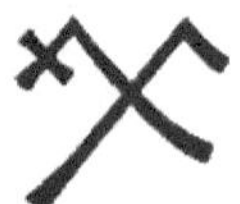

sowie den Namen **HANS ✕ KARCHOF.**[2]) — Die vierte Glocke, kleiner als die vorige, trägt die Inschrift: **HONOREM DEI SUB SER • DUCE DÑO GUSTAVO • ADOLPHO : AD USUM ECCLESIAE IVENACIENSIS PRAEF : GUSTAVO RUELIO : PASTORE JOHANNE PHILIPPO WEIGELIO • • REPARATA ET AUCTA : ANNO MDCXIV.**

---

[1]) Nicht inhabitatore castri in St., wie bei Lisch, M. Jahrb. XI., S. 215, und schon im M. Jahrb. VI B, S. 103, zu lesen ist.

[2]) Ein anderes Klostersiegel ist von Lisch, M. Jahrb. XI., S. 21, abgebildet. Dieses zeigt eine thronende hl. Maria mit dem Kinde und der Umschrift:

S' SANCTE • MARIE • IN • IUENAC +.

Das auf der Glocke von 1555 abgebildete jüngere Siegelbild zeigt eine stehende hl. Maria mit dem Kinde und die schwer zu lesende und kaum mit Sicherheit zu behauptende Umschrift:

S' monialium • ĩ • mon • ifenack.

Kleinkunstwerke.

Kleinkunstwerke. 1. Silbervergoldeter Kelch auf sechsseitigem Fuss und mit sechsseitigem Knauf. An der Kupa eingraviert unter einer fünfzackigen Krone das Wappen und die Namen des HELMUTH VON PLESSEN und das der JULIANE MARGARETHE VON FRANCKEN mit dem Datum 1726.[1]) Zeichen: (S) (M). — 2. Silbervergoldeter schlanker Kelch, aber ohne Wappenschmuck und Inschrift. Von demselben (vielleicht Schweriner) Meister wie 1.[2]) — 3. 4. Zwei gleiche Patenen aus sehr viel jüngerer Zeit, mit den Zeichen: [S] [W.Z.]. — 5. Längliche achtseitige silberne Oblatenschachtel mit einem eingravierten Krucifixus auf dem Deckel. Auf der Unterseite unter dreizackiger Krone ein Doppelmonogramm, bestehend aus H und C. Dazu die Jahreszahl 1733. Von einem Malchiner Meister D • J • W. — 6. 7. Zwei Henkelkannen aus neuester Zeit. — 8—10. Kleines silbernes Krankengeräth, neu, von Sy & Wagner-Berlin. — 11. Silbervergoldeter Schöpflöffel, mit einem Griff in Renaissance-Geschmack, von 1881. — 12. Silbervergoldete Klingbeutel-Einfassung mit Ornamenten aus der Zeit von 1720—1730. — 13. 14. Messing-Kronleuchter aus dem XVIII. Jahrhundert und ein neuer Kronleuchter von 1882.

[1]) Vgl. Epitaph.

[2]) Um die Mitte des XVIII. Jahrhunderts ist ein Goldschmied Madauss in Schwerin nachzuweisen.

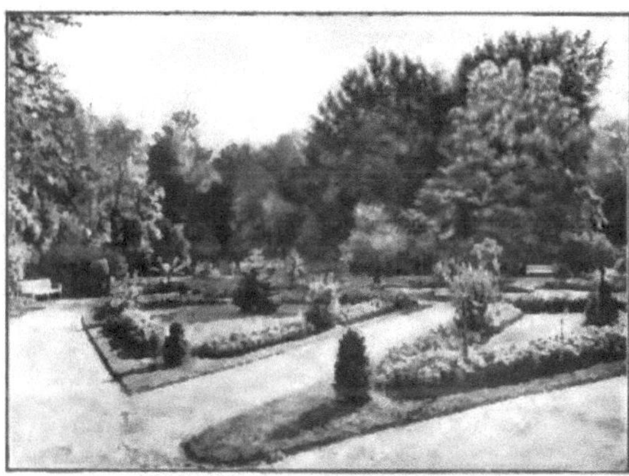

Park-Anlagen des Schlosses zu Ivenack.

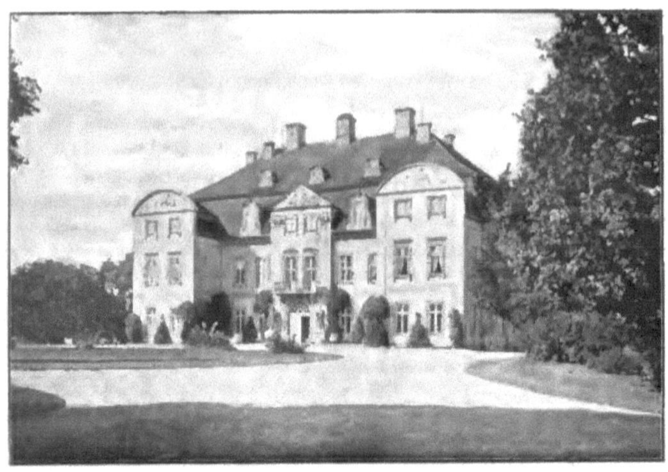

Schloss zu Ivenack.

Schloss. Das in wundervollen Gartenanlagen nahe am See gelegene Schloss enthält nur noch in seinen Fundamenten einzelne wenige Ueberreste von einem älteren Klostergebäude, verräth aber im Wesentlichen den Charakter des XVIII. Jahrhunderts.

Schloss zu Ivenack.

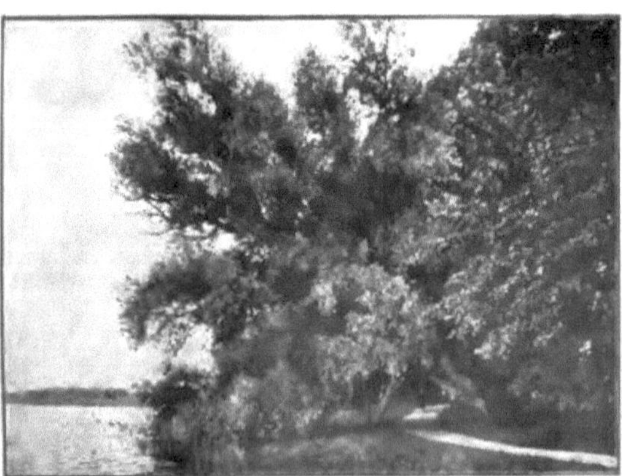

Aus dem Schlosspark zu Ivenack.

Vor einigen Jahren sind im Keller des Schlosses zwei Steine mit den Wappen und Titeln des Herzogs SIGISMUND AUGUST und seiner Gemahlin CLARA MARIA von Pommern-

Stettin gefunden worden. Der eine Stein enthält die Wappen, der andere die Titel: **VON GOTTES GNADEN SIGISMUNDUS AUGUSTUS HERTZOCK ZU MECKLENBURG FURST ZU WENDEN GRAF ZU SCHWERIN DER LANDE ROSTOCK U · STARGARD HERR,** und: **VON GOTTES GNADEN CLARA MARIA GEBOREN ZU STETTIN POMMERN HERTZOGIN ZU MECKLENBURG FÜRSTIN ZU WENDEN GREFIN ZU SCHWERIN DER LANDE ROSTOCK U · STARGARD FRAW.** S. o. S. 175.

Einen Begriff von der früheren Beschaffenheit der Klosterbauten bald nach der Säkularisation gewinnt man aus der erhaltenen Zeichnung vom Jahre 1707. S. o. S. 176

Die berühmten uralten Eichen des Parks (s. S. 178) sind ohne Zweifel schon zur Zeit der Klostergründung vor sechshundertfünfzig Jahren sehr stattliche Bäume gewesen.

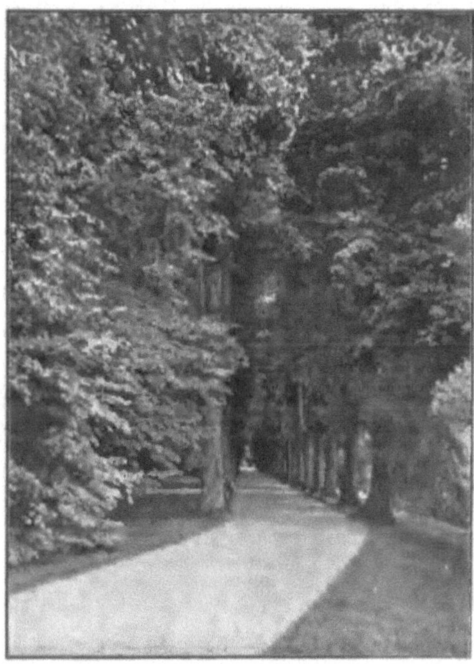

Aus dem Schlosspark zu Ivenack.

Das Gut und Kirchdorf Borgfeld.[1])

Das jetzt zur Ivenacker Begüterung gehörende Gut Borgfeld wird im XIII. Jahrhundert von den Herzögen von Pommern dem Kloster Verchen verliehen. Urkundlich erscheint es zuerst am 8. April 1279, als Bischof Hermann von Kammin die Zehnten bestätigt, welche sein Vorgänger dem Kloster Verchen in Borgfeld geschenkt hat.[2]) Ein zweites Mal wird es genannt, als am 8. September 1287 die Herzöge Bogislav, Barnim und Otto von Pommern jene Schenkung bestätigen.[3]) Geschichte des Dorfes.

Im Jahre 1407 finden wir auf dem Gute die Drake als Vasallen des Klosters. Sie erhalten sich ihren Besitz über die Reformationszeit hinaus bis zum Jahre 1579. In diesem Jahre stirbt das Geschlecht mit Antonius Drake aus. Und nun fällt das Gut als eröffnetes Lehn an den Landesherrn (Herzog Ulrich) zurück, der es seinem zur Familie der Kruse gehörenden Rath Joachim Krause auf Varchentin etc. verleiht und diesem den Lehnbrief am 12. März 1588 ausstellt.[4]) Doch die Kruse behalten es nicht lange, sie verkaufen es 1611 an Joachim Thun zu Schlemmin. 1688 fällt es in Konkurs. Aus diesem ersteht es 1694 Rudolf Christian von Marschall. 1750 verkaufen es dessen Nachkommen an den Grafen Helmold von Plessen, den Besitzer der Ivenacker Begüterung. Bei der Stiftung des Ivenacker Majorates durch Graf Helmold wird Borgfeld diesem beigefügt und gehört somit noch heute dazu

Im Jahre 1534 ist Tüzen das Hauptkirchdorf, zu welchem die Dörfer Borgfeld und Kriesow, die damals beide Filialkapellendörfer sind, gehören. Damals ist Joh. Appell seit längerer Zeit Kirchherr zu Tüzen. 1562 wird Joh. Gylow als solcher genannt, 1603 Joachim Schonow, der damals bereits 27 Jahre seines Amtes dort waltet und daher 1576 berufen sein wird. Auch die Kapelle zu Markow empfängt um diese Zeit ihre Cura von Tüzen. Nach Schonow wird Joachim Strigelius Pastor in Tüzen. Aber als der Krieg die Dörfer entvölkert, als Tüzen, Borgfeld und Kriesow ganz öde und wüste liegen und nur noch in Markow drei Bauern übrig geblieben sind, da geht Striegel nach Dänemark und wird dort Feldprediger.[5]) Tüzen hört auf, ein Kirchspiel zu sein und ist es nie wieder geworden.

Da wenden sich die Blicke nach Fahrenholz, wo Pastor und Kirche die Schreckenszeit überdauert haben. 1541, als die Kirche noch unter dem

[1]) 10 km östlich von Stavenhagen.

[2]) M. U.-B. 1489.

[3]) M. U.-B. 1923.

[4]) Akten im Grossh. Archiv.

[5]) 1650 hat er Lust, nach Tüzen zurückzukehren, erhält auch die Erlaubniss dazu. Aber es wird nichts aus der Sache.

Patronat des Klosters zu Ivenack steht, ist Kurt Fröhlich Kirchherr zu Fahrenholz, 1603 ist es seit langen Jahren der alte Bartholomaeus Mieke, der noch zehn Jahre im Amte bleibt und 1613 stirbt. 1614 folgt Joachim Lentulus; und 1648, als die Herzogin Eleonora Maria, die dritte Gemahlin des Herzogs Hans Albrecht II., Inhaberin des Amtes Ivenack ist und als solche das Patronatsrecht in den Kirchen des Amtes ausübt, wird der Kantor Laurentius Dagius aus Richtenberg in Pommern zum Pastor in Fahrenholz berufen. Als dieser hört, dass Joachim Strigelius nach Tüzen zurückkehren will, bittet er um dauernde Vereinigung der Pfarren zu Tuzen und Fahrenholz. Doch geht er, noch ehe es zu dieser Vereinigung kommt, aus Fahrenholz fort und wird Pastor in Malchow. Von 1654 an giebt es nun mehrere Jahre lang gar keinen Pastor zu Fahrenholz. Das Pfarrhaus wird sogar an den Pächter der Pfarrländereien auf vier Jahre vermiethet. Schon damals werden wohl, ebenso wie hundert Jahre später, für die Gottesdienste predigende Studenten und für die Actus ministeriales ordinierte Pastoren aus der Nachbarschaft ausgeholfen haben. Endlich wird 1661 wieder in Daniel Bergmann ein Pastor für Fahrenholz gewonnen, Tüzen wird 1662 mit Fahrenholz vereinigt, und in der Folge bilden diese beiden Dörfer mit Borgfeld, Kriesow und Markow zusammen eine Parochie. So bleibt es bis an das Ende der vierziger Jahre des XVIII. Jahrhunderts. Auf Bergmann, der 1672 wegen verschiedener gegebener Aergernisse seines Amtes entsetzt wird, folgt 1674 der Teterower Kantor Georgius Reuschelius als Pastor in Fahrenholz. Ihm wird 1718 Christian Köhn als Substitut an die Seite gesetzt. Nach Reuschel's Tode wird er Pastor und lebt bis 1739. Nun bringen Uneinigkeiten zwischen dem Herzog Karl Leopold und dem damaligen Inhaber des Patronats, dem obengenannten ersten von Plessen auf Ivenack, eine Unterbrechung, die bis zum Jahre 1750 dauert. Die Aushülfe wird so besorgt, wie oben bereits angedeutet worden ist. Endlich wird im Jahre 1750, nachdem ein landesherrlicher Befehl an den Patronus ergangen, der Pastor H. C. Gerlach berufen. Aber er erhält seine Wohnung auf dem Hofe im Dorfe Borgfeld, welches von Plessen durch Kauf an sich gebracht hat. Und endlich gelingt es diesem auch, die landesherrliche Genehmigung zur Verlegung der Pfarre von Fahrenholz nach Borgfeld sowie die Erlaubniss zu einem Kirchenbau in Borgfeld zu erlangen. 1774 wird der Bau vollendet, die Fahrenholzer Kirche und Pfarre gehen ebenso ein wie weiland die Tüzener, und Gerlach wirkt noch bis ans Ende der achtziger Jahre des XVIII. Jahrhunderts. 1790 folgt ihm Ludwig Bernhard Christian Groth. S. Walter a. a. O.

Kirche. **Kirche.** Die Kirche ist im Jahre 1774 fest und gut aus Ziegeln im klassicierenden Stil jener Zeit erbaut. Sie hat einen Chorschluss aus dem Achteck und einen eingebauten Thurm auf der Westseite. Der Innenraum ist mit flacher Bretterdecke geschlossen.

Glocken. Im Thurm zwei **Glocken** ohne Inschriften, von ziemlich gleicher Grösse, von denen die eine ganz ohne jeden Schmuck ist, während die andere um den oberen Ring Laub- und Blumengewinde zeigt. So schon im Jahre 1811. Angaben über Guss und Giesser fehlen.

Kleinkunstwerke.

Kleinkunstwerke. 1—4. Zwei silbervergoldete Kelche von gleicher Form. Beide Kelche haben einen sechsseitigen Fuss und Knauf und zeigen an der Kupa das eingravierte Plessen'sche Wappen. Als Stadtstempel ein dreithürmiges Thor und als Meisterstempel die Initialen T und A. Die zugehörigen beiden silbervergoldeten Patenen zeigen dasselbe Wappen, haben aber keine Werkzeichen. — 5. 6. Kleiner silbervergoldeter Kelch mit der Inschrift: ERRETTET HAST DU MICH GAR OFT, GANZ WUNDERLICH UND UNVERHOFFT 1765. Unter dem Fuss eine Klappe, welche die Initialen F • J • F • E • verschliesst. Der Stadtstempel ist undeutlich, der des Meisters enthält die Initialen A • S. Zu diesem Kelch eine kleine Weinflasche, von dem Malchiner Goldschmied Harck. — 7. Schadhafter Zinnkelch mit der Inschrift: LENORA KISBACHEN 1727. Als Stempel eine Rose. — 8. Kreisrunde silberne Oblatenschachtel mit den eingravierten Initialen und Namen A • E • FREUNDTEN • C • M • ✠ C • MÜNSTERN 1739. Vom Malchiner Goldschmied D I W. — 9. Taufbecken von Messing, mit der Darstellung von Josua und Kaleb, welche die Traube tragen.[1]) — 10. Taufschale, neu, von Sy & Wagner-Berlin. — 11. Silberne Kanne, geschenkt 1859 von AD • GRAF V • PLESSEN. — 12. 13. Zwei zinnerne Altarleuchter, auf drei Kugelfüssen ruhend, an dem einen noch ein Schild mit den beiden Namen: C • MÜNSTER • A • E • FREUNDTEN 1736. Werkzeichen nicht gefunden. — 14. Weissseidenes Velum mit reicher Blumenstickerei, in der Mitte eine fünfzinkige Krone und die Jahreszahl 1763.

Das Gut und Kirchdorf Röckwitz.[1])

Geschichte des Dorfes.

Röckwitz, früher Radekenuice, auch Reckevitz genannt, erscheint zuerst urkundlich im Jahre 1286, als die Herzöge Bogislav und Otto von Pommern die Grenzen des Dorfes Japsow bestimmen, welches sie dem Kloster Reinfeld geschenkt haben. Seine Ländereien sollen sich u. A. erstrecken »usque ad terrum Radekenuice«.[2]) Dann tritt es uns erst im XVI. Jahrhundert wieder entgegen, und zwar im Besitz der Maltzan auf Wolde und Gützkow. Wahrscheinlich ist es zugleich mit diesen Gütern in ihre Hände gekommen. Ein Theil von Röckwitz gehört nach Wolde, ein anderer Theil,

[1]) Schlichter als das Weitendorfer Taufbecken. Vgl. M. Kunst- und Gesch.-Denkm., Bd. I, S. 459 (475).

[1]) 14 km östlich von Stavenhagen. Die alte Form Radekevitz = Nachkommen des Radik. Radŭ altslavisch = froh. Also ungefähr soviel wie »Freudenberg«. Vgl. Kühnel, M. Jahrb. XLVI, Seite 120.

[2]) M. U.-B. 1872.

nämlich drei Bauern, zu Gutzkow. Es theilt daher die Schicksale und den Erbgang dieser Güter, wie es bei der Geschichte der Dörfer Wolde, Kastorf u. a. m. angedeutet werden wird. Bekanntlich gelangen die von Maltzan 1650 wieder in den Besitz der ihnen durch Erbgang und in den Wirren des dreissigjährigen Krieges verloren gegangenen Woldeschen Stammgüter. Gützkow c. p. wird von den Maltzan-Preen'schen Erben 1693 an den Kapitän Lorenz von Blücher verkauft und von diesem allodificiert, doch sieht er sich 1702 dazu gezwungen, dasselbe Gut von Herzog Friedrich Wilhelm wieder als Lehn zu empfangen und, wie damals herkömmlich, auf die hohe Jagd zu verzichten. Während nun die von Maltzan Wolde, die Blücher aber Gützkow besitzen, gehört Röckwitz noch immer als Pertinenz zu beiden Gütern. Die hieraus entstehenden Unzuträglichkeiten zu heben, schliessen am 18. December 1731 Klaus Berend von Maltzan auf Wolde und Adam Christoph von Blücher auf Gützkow einen Vertrag, in welchem sich jener nicht bloss aller Rechte auf Röckwitz zu Gunsten des andern begiebt, sondern diesem auch seinen ganzen Besitzantheil überlässt. Dieser Vertrag erhält im folgenden Jahre die landesherrliche Genehmigung.[1]) Bis zum 15. Oktober 1808 bleibt Gützkow mit Röckwitz in Blücher'schen Händen: an diesem Tage aber verkauft es der Major Friedrich von Blucher seinem Schwiegersohn, dem Grafen Friedrich Ludwig Alexander von Moltke. Doch die französischen Kriege sind Anlass, dass über Moltke's Vermögen der Konkurs ausbricht, aus welchem es dessen Gattin 1819 erwirbt. Diese Frau versteht es, den Besitz unter den schwierigsten Verhältnissen zu erhalten. Da aber ihr einziger Sohn vor ihr stirbt, erreicht sie die Allodifikation der Güter und erhebt sie zugleich zu einem Familien-Fideikommiss, um sie dem Sohn ihrer Tochter Amalia, welche mit Friedrich Karl Albrecht von Maltzan vermahlt ist, zu hinterlassen. Somit kommt nach ihrem 1862 erfolgten Tode Gützkow mit Röckwitz wieder an die von Maltzan zuruck und ist noch heute in deren Besitz.[2])

Wie über die in die zweite Hälfte des XIII. Jahrhunderts zu setzende Kirche, so fehlt es auch über die an ihr wirkenden Geistlichen des Mittelalters an jeder Nachricht. Erst mit dem Jahre 1579 giebt es etwas Licht. In dem Visitationsprotokoll dieses Jahres heisst es nämlich, dass das Kirchlehn zu Röckwitz den Draken (von Drake oder Dracke) gehört habe und von diesen an die Maltzahn gekommen sei. Aber Hauptkirche sei nicht die in Röckwitz, sondern die in dem pommerschen Dorfe Tützpatz, wo von 1570 her Er Joachim Helmich wirke, dem Schossow und Röckwitz als Filialen überwiesen seien. Seit vier Jahren aber, also seit 1575, habe er auch die Cura der Kirchen zu Zwiedorf und Wolde; und endlich sei noch die Kapelle zu Gutzkow zu nennen, diese als Pertinenz der Kirche zu Röckwitz. Etwas anders stellt sich die Sache nach einem Notariats-Instrument von 1576, welches in einem in die Zeit von 1626 bis 1634 fallenden Prozess produciert wird, den Joachim

[1]) Akten im Grossh. Archiv.

[2]) Wigger, Familie von Blucher. II 2, S. 261.

Kleinow auf Kastorf und Volrath Preen auf Wolde des Patronats in Röckwitz wegen mit einander führen. Nach diesem Notariats-Instrument liegt der Schwerpunkt in dieser Frage ganz anderswo: »Das Kirchenlehn zu Rekewitz — so lautet es — gehöret gen Twidorff und gehöret gen Gützkow.« Man sieht, dass bereits im XVI. Jahrhundert eine starke Verwirrung in die Sache gekommen war, im Uebrigen wird es sich im Jahre 1579 thatsächlich so verhalten haben, wie es im Visitationsprotokoll dieses Jahres angegeben wird. Im Jahre 1603 aber liegen die Verhältnisse wieder anders: in dem Visitationsprotokoll dieses Jahres ist von Tützpatz keine Rede mehr: da heisst es, das Patronat der Kirche zu Röckwitz gehöre halb nach Gützkow und halb zu den Preenen auf Wolde, und als Filial wird nur Zwiedorf genannt. Damals ist Thomas Stindtmann (Stintmann) Pastor zu Röckwitz und Zwiedorf, und zwar von 1591 an. Er bleibt bis 1609 auf seiner Stelle, wird dann aber Hofprediger des Herzogs Karl von Mecklenburg. Sein Nachfolger in Röckwitz und Zwiedorf wird 1610 Joachim Zabel († 1626). Mit dessen Tode beginnt der schon genannte Patronatsstreit über Röckwitz zwischen Kastorf und Wolde. Indessen werden zunächst noch zwei Pastoren genannt: Walter Eschen (1627—31) und Matthaeus Sager von 1633 an. Dann folgen die schlimmen Kriegsjahre, und 1648 heisst es im Visitationsprotokoll, dass kein lebendiger Mensch in Röckwitz existiere, das Dorf sei wüste, dagegen sei die gewölbte Kirche noch in gutem Zustande, ebenso auch der Altar. Und wie in Röckwitz, so sei auch in Zwiedorf kein Mensch angetroffen worden, Patroni seien die Preene auf dem Wolde. Einen Pastor giebt es erst wieder im Jahre 1653, es ist Samuel Schultze, den auch das Protokoll von 1662 als im Amte befindlich aufführt († 1692). Nach ihm finden wir Franz Wilhelm Franck als

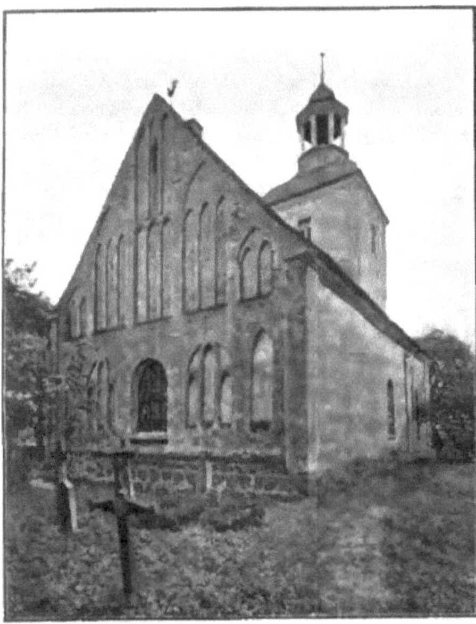

Kirche zu Röckwitz.

Pastor zu Röckwitz, Zwiedorf und Wolde († 1728). Nach einer Vakanz von neun Jahren tritt Christoph Lorenz Krambeer ein († 1774); darauf Johann Gotthilf Mieulei († 1799). Ueber das XIX. Jahrhundert s. Walter a. a. O. Gegenwärtig ist Baron von Maltzahn auf Gützkow Patron der Kirche zu Röckwitz, und Ida Gräfin von Schwerin, geb. von Werthern, auf Wolde, Patronin der Kirchen zu Zwiedorf und Wolde. Die Kirche zu Wolde aber, die im XIX. Jahrhundert eine Zeit lang (1827—1896) von Kastorf her versorgt wurde, ist jetzt als Mater vagans wieder wie in früherer Zeit mit Röckwitz verbunden.[1])

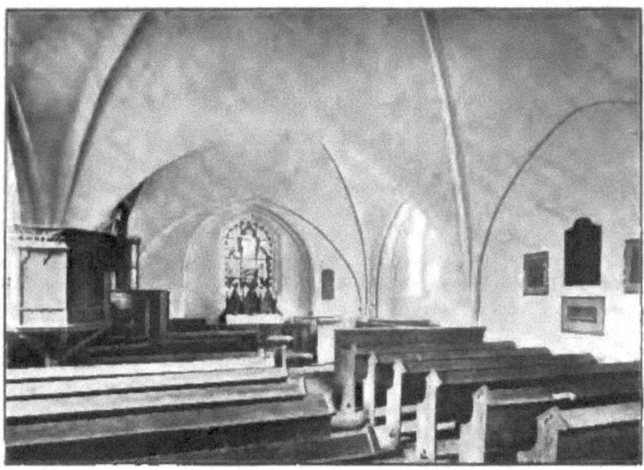

Inneres der Kirche zu Röckwitz.

Kirche. **Kirche.** Alte frühgothische Kirche mit plattem Chorschluss und zwei niedrig ansetzenden Kreuzgewölben im Innern, deren birnförmig profilierte Diagonalrippen ein Kapitellglied zur Basis haben, welches die Dienste in der Kämpferlinie umzieht. An den Aussenmauern ist noch Lisenenbildung zu erkennen, an dem zugesetzten Portal der Südseite aber, das spitzbogig geschlossen ist, tritt schon die gothische Abfasung auf. Der Thurm ist mit einem Laternendach versehen.

Glocken. Im Thurm zwei **Glocken**, welche beide im Jahre 1886 unter dem Patronat des **FRITZ FREIHERRN VON MALTZAHN** von dem Glockengiesser **Ed. Albrecht** in Wismar gegossen worden sind.

[1]) Vgl. Stuhr, M. Jahrb. LX, S. 105. Walter, a. a. O.

Im Jahre 1811 gab es nur eine Glocke, die 1721 vom Meister **Begun** gegossen war.

Kleinkunstwerke. 1. 2. Silbervergoldeter Kelch auf rundem Fuss mit einem auf die Familie **MOLTKE** hinweisenden Monogramm unter einer Grafenkrone. Als Stadtstempel [Wappen], als Meisterzeichen ein steigender Greif. Patene ohne Zeichen. — 3. Krankengeräth neu, ebenso Ciborium und Kanne. — 4. Alte Schale mit der Inschrift: **HENNING KLOCKNER 1674.** — 5. Neuer flacher Taufteller, von weissem Metall. Kleinkunstwerke.

Das Gut und Kirchdorf Zwiedorf.[1])

Auf Zwiedorf sitzen in ältester Zeit die Schönfeld (Sconevelde). Aber im Laufe der Zeit erwirbt Kloster Reinfeld den grössten Besitz im Dorfe. Schon vor 1266 verleiht der Ritter Arnold von Schönfeld dem Kloster Reinfeld vier Hufen daselbst, und Herzog Barnim von Pommern giebt dem Konvent 1266 das Eigenthum an diesen Hufen.[2]) 1270 schenkt derselbe Herzog weitere vierundzwanzig Hufen, und 1280 verleiht Herzog Bogislav dem Kloster das Eigenthum an dem Dorfe.[3]) Doch neben Kloster Reinfeld kommt auch Kloster Ivenack zu Grundbesitz in demselben Dorfe. 1283 bestätigt Bischof Hermann von Kammin dem Kloster Ivenack den Besitz von eineinhalb Hufen in »Tvedorp«, und Arnold von Schönefeld schenkt 1293 demselben Kloster zwei Hufen dazu, dem Kloster Reinfeld aber sechs Hufen und obendrein das Kirchenpatronat.[4]) Ausserdem vergiebt er sechs Hufen an das Kloster Dargun, wofür er sich und seiner Frau eine Leibrente ausbedingt.[5]) Im Jahre 1349 aber entäussert sich das Kloster Reinfeld aller Zwiedorfer Besitzungen für 750 Mark Wendisch an Heine Gützkow, nur das Eigenthums-, Lehn- und Patronatsrecht sich vorbehaltend.[6]) Die von Gützkow verkaufen im Jahre 1411 Zwiedorf an die von Wusten auf Tützen für 700 Mark.[7]) Aber schon am Ende des XV. Jahrhunderts ist Zwiedorf in Maltzan'schem Besitz und gehört zur Begüterung Wolde und Schorssow. Stets als Pertinenz des erstgenannten aufgeführt, ist es bei diesem Gute bis auf den heutigen Tag verblieben. Geschichte des Dorfes.

Ueber die kirchlichen Verhältnisse des gleich Röckwitz und Wolde zur Kamminer Diöcese zählenden Dorfes s. bei Röckwitz. 1648 sind Röckwitz

[1]) 10 km östlich von Stavenhagen.
[2]) M. U.-B. 7183.
[3]) M. U.-B. 7186. 7203.
[4]) M. U.-B. 2237. 2747. 7233.
[5]) M. U.-B. 7183.
[6]) M. U.-B. 6902.
[7]) Akten im Grossh. Archiv. Lisch, Gesch. des Geschl. Maltzan IV, S. 215 (Urk. DCCCXIV).

und Zwiedorf wüste und menschenleer, 1703 giebt es in beiden Dörfern zusammen wieder siebenundachtzig Beichtkinder.[1])

Kirche.

Kirche. Alter spätromanischer Bau auf wohlbehauenem Granitfundament. Die Wölbung ist mit Rippen versehen, deren Durchschnittsprofil das des Rundstabes ist. Der Rundstab herrscht auch in Wandung und Laibung des Ostfensters und im Portal der Westseite, dem ein Vorbau mit dem neuen Westgiebel vorgeschuht ist. Alt sind auch die beiden Dreischlitzgruppen von Fenstern auf der Südseite und der platt abschliessenden Ostseite. Aber die

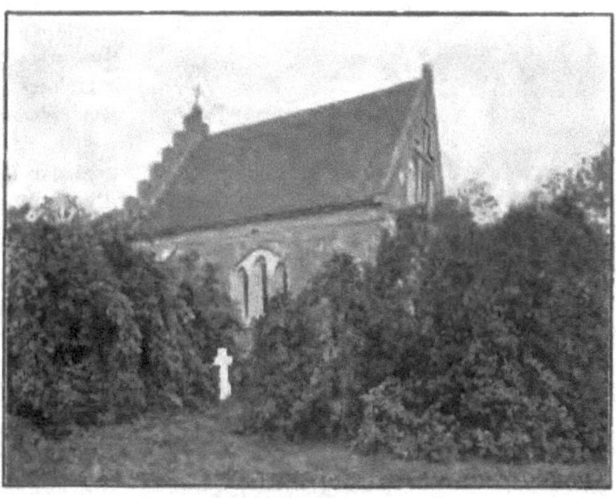

Kirche zu Zwiedorf.

Wände zwischen den Schlitzen sind mit Kalk überputzt, ebenso auch die Blenden des Ostgiebels, der im Uebrigen alt ist. Die Kapelle macht aussen wie innen einen guten Eindruck.

Innere Einrichtung der Kirche.

Die **innere Einrichtung** bietet nichts Bemerkenswerthes. Im Vorraum zur Kirche auf der Westseite wird eine Reihe von **Schnitzfiguren** eines alten gothischen Triptychons aufbewahrt. Ein altes **Lesepult**, der Ständer von Eichenholz, der Aufsatz von Tannenholz, hat die Inschrift: C • N • ANNO 1823• H • O • S • Ausserdem wird auch eine **Menschenhand** aufbewahrt, die nach einer Mittheilung im Röckwitzer Archiv sich im Jahre 1648 auf dem Altar der Zwiedorfer Kirche gefunden haben soll. Vgl. M. Jahrb. III, Seite 94; IX, Seite 485.

Glocken.

Im Westgiebel der Kapelle zwei **Glocken**, die grössere mit der Inschrift: O rex glorie xp'e veni cum pac'e amen. Zwischen den einzelnen Wörtern

[1]) Groth, M. Jahrb. VI, S. 137. 138.

sind kleinere und grössere Rundbildchen mit figürlichen Darstellungen angebracht. Am Schlagring ein Rundbild von 7 cm Durchmesser, das in einem Blumen- und Blätterkranz ein von einem Pfeile durchbohrtes Herz enthält. Kein Giesserzeichen. — Die kleinere, oben mit Schnurstreifen versehene Glocke, hat keine Inschrift. Im Felde die stehende Figur eines segnenden Bischofs, daneben ein undeutliches Rundbild, das wie ein Siegelabdruck aussieht. Ausserdem die stehende Gestalt des hl. Petrus, und daneben drei in Kleeblattform zusammengelegte Münzabdrücke.

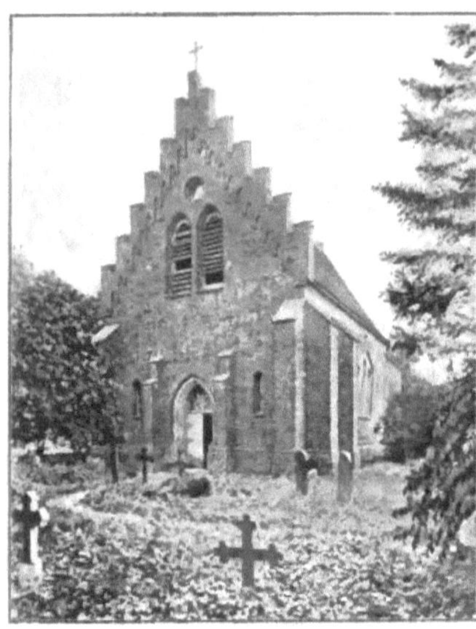

Kirche zu Zwiedorf.

Die **Vasa sacra** bestehen in einer Kanne mit Henkel und Deckel, in zwei Bechern, die als Kelche gebraucht werden und in zwei Patenen. Alle diese Stücke sind von Silber und stark vergoldet. Die Kanne hat in einer plastischen Kartouche das Allianzwappen des **OSWALD VON FABRICE** und der **HELENE VON FABRICE**, geb. **GRÄFIN VON REICHENBACH-LESSONITZ**, dazu das Datum **1855**. Stadtzeichen fehlt, Meisterzeichen **A • F •** Von den Bechern hat einer Wappen und Namen des Mannes, der andere Wappen und Namen der Frau, und beide haben dieselben Meisterzeichen. Die Patenen haben beide den Stempel des Goldschmieds **Thiesenhusen**. Vasa sacra.

Das Gut und Kirchdorf Wolde.[1]

Als eine der festesten Burgen auf der Grenze zwischen Mecklenburg und Pommern spielt Wolde im Mittelalter eine bedeutende Rolle. Sowohl die Herzöge von Mecklenburg als auch die Herzöge von Pommern beanspruchen die Landeshoheit über den Ort, welcher in Urkunden nicht selten als »Städtlein« Geschichte des Dorfes.

[1] 12 km östlich von Stavenhagen.

13

bezeichnet wird; mancherlei Konflikte werden dadurch hervorgerufen, welche ihre Lösung keineswegs immer auf friedlichem Wege finden. Der umwohnende Adel, oft mächtiger und einflussreicher als seine Fürsten, betheiligt sich lebhaft an den Händeln, und es ist ebenso oft Gewinn- und Rauflust, welche ihm das Schwert in die Hand drücken, als Vasallentreue. Endlich aber unterliegt die Burg der Fürstenmacht; noch heute reden ihre Trümmer von ihrer einstigen Stärke.

In wie weit die Annahme, dass die Burg auf einer älteren wendischen Anlage erbaut worden, der Wirklichkeit entspricht, muss dahin gestellt bleiben.[1]) Durchaus sichere Spuren davon sind nicht aufgefunden worden, unzweifelhaft aber ist ihr hohes Alter. Zuerst mag die alte Familie der Wolde auf ihr gesessen haben. Urkundlich dagegen begegnen uns als Inhaber im Jahre 1292 die von Voss, die auch im folgenden Jahrhundert hier vorkommen.[2]) Damals ist sie kein verliehenes Lehn, sondern ein fürstliches Schloss, dessen Inhaber schlossgesessene Mannen des Fürsten sind. Damit erklärt sich der häufige Wechsel seiner Inhaber. Am 5. August 1326 versichert Henning von Winterfeld den Herzog Albrecht von Mecklenburg seiner Dienste auf der Burg und hält sie ihm offen, 1330 ist sie im Besitz der Behr, 1341 der Knappen Grube und Otto Swanow, dann der Buggenhagen, 1381 wohnt dort wieder ein Voss.[3]) Fürstlich Pommerscher Einfluss herrscht entschieden vor, daher belehnt im Jahre 1331 am 13. März Papst Johann zu Avignon die Herzöge von Pommern ausdrücklich mit den »in terra Stetinensi« gelegenen Burgen Osten und »Wolt«.[4]) Im Jahre 1428 aber erlangt der angesehene Erblandmarschall Heinrich Maltzan die erbliche Belehnung mit der Burg Wolde, und seine Nachkommen sind dazu bestimmt, mit thatkräftiger Hand sowohl in die engere Geschichte unseres Vaterlandes wie in diejenige Deutschlands einzugreifen. Die Macht des auf Wolde sitzenden eigenmächtigen Ritters Berend Maltzan freilich führt zu heftigen Konflikten mit den Herzögen von Mecklenburg und dem Herzog Bogislav von Pommern, deren Folge langjährige Fehden sind. Endlich gelingt es dem Herzog Bogislav am 29. August 1491 die Burg einzunehmen, und nun wird sie dem Erdboden gleich gemacht.

Eine eingehende Schilderung dieser geschichtlichen Episode, ihrer Entwickelung und ihres weiteren Verlaufes findet sich bei Lisch, Geschichte des Geschlechts Maltzan.[5]) Berend wird zwar seiner Güter beraubt, aber nach geschlossenem Frieden im Jahre 1498 zu Gnaden angenommen und in seine Güter wieder eingesetzt. Nach seinem 1525 erfolgten Tode bringt sich Vollrath Preen Namens seiner Ehefrau, welche eine Tochter Berend's ist, in den Besitz der Woldeschen Güter. Seine Nachkommen wissen sich trotz mannigfacher Anfechtung von Maltzan'scher Seite, theils durch Gewalt, theils durch An-

[1]) Lisch, M. Jahrb. XXV, S. 270.

[2]) M. U.-B. 2181. 2747. 2810. 3494. 3665. 4783. 9114. 11360. Lisch, Geschl. Maltzan II, S. 4 (Urk. CLXXXIV, Anmkg.).

[3]) M. U.-B. 4754. 5127. 6117. 6934.

[4]) Lisch, Geschl. Maltzan II, S. 1 (Urk. CCXIII). M. U.-B. 5225.

[5]) A. a. O. IV, S. 14—19. 167—179. Vgl. dazu M. Jahrb. XX, S. 7—9.

rufung des Reichskammergerichts darin zu erhalten. So wird Heinrich Magnus Preen am 7. December 1569 auf Grund eines reichskammergerichtlichen Urtheils von den Herzögen von Pommern in das Gut Wolde und seine Nebengüter eingesetzt, und ein Attest der mecklenburgischen Lehnkammer vom 7. August 1571 bezeugt, dass Otto Preen die Woldeschen Lehne, soviel die Herzöge von Mecklenburg davon zu verleihen haben, sämmtlich zu Lehn empfangen und den Lehneid geleistet habe.[1])

Im Jahre 1613 sind Preen'sche Erben, zum Theil Namens ihrer Ehefrauen, im ungetheilten Besitz Woldes c. p., insbesondere die von Below, von der Lühe, von Behr, von Kleinow und von Hahn, und die nachfolgende

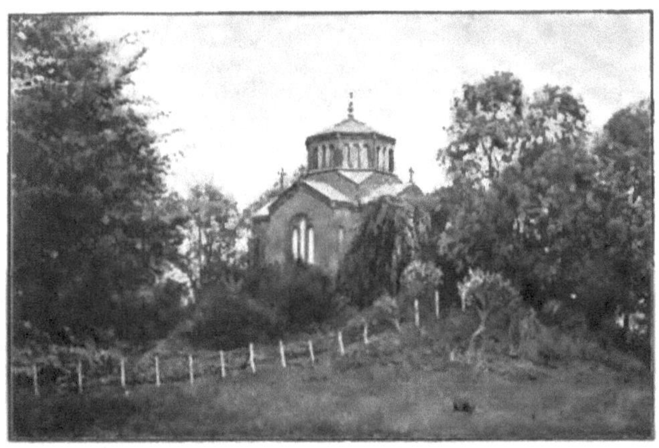

Kirche zu Wolde.

Zeit des dreissigjährigen Krieges ist nicht geeignet, Klärung in die ungeordneten Verhältnisse zu bringen. Dies zu thun bleibt nach Schluss des Krieges der Krone Schweden vorbehalten, welche kurzer Hand 1649/50 der Familie Maltzan zu ihren Stammgütern verhilft und Albert Joachim Maltzan wieder mit Wolde, Kastorf, Röckwitz und Zwiedorf belehnt. Von da an bleibt Wolde noch einhundertneunundzwanzig Jahre lang dem Geschlecht erhalten. Denn nachdem es im Ganzen dreihundierteinundfünfzig Jahre lang bei ihm war, geht es 1779 auf die Moltke über, von denen es 1840 Theodor Helmuth von Heyden-Linden erwirbt, um es noch im selben Jahre dem Grafen von Plessen auf Ivenack zu verkaufen. Dessen Rechtsnachfolger ist 1851 August Friedrich Oswald von Fabrice, von dem es 1866 vorgenannter von Heyden-Linden aufs Neue erwirbt. Doch schon 1874 verkauft er es

[1]) Akten im Grossh. Archiv.

13*

wieder an den Freiherrn Georg von Werthern, dessen Tochter Ida Gräfin Schwerin noch heute die Eigenthümerin von Wolde ist. Die Hoheitsverhältnisse aber über Wolde sind streitig geblieben bis in die neueste Zeit und erst 1873 durch einen zwischen Mecklenburg und dem Königreich Preussen geschlossenen Staatsvertrag in der Weise geregelt, dass beide Landesherrschaften ihren Antheil daran haben. Schloss, Kirche und Wirthschaftshof sind mecklenburgisch, die meisten Tagelöhnerwohnungen sind preussisch.

Ueber die kirchlichen Verhältnisse s. o. bei Röckwitz.

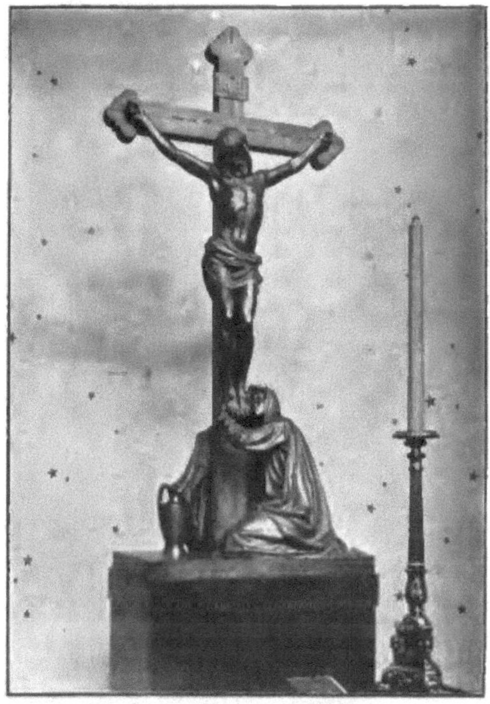

Altaraufsatz (Bronze-Gruppe von Rietschel).

Kirche.

Kirche. Die Kirche, ein Ziegelbau aus den Jahren 1859/60, folgt in ihrer Anlage den mittelalterlichen Centralbauten der Baptisterien und trägt in der Mitte einen achtseitigen, von 24 kleinen Fenstern erleuchteten Obergaden. Ausserdem drei grössere Lichtöffnungen im Unterbau, eine auf der Nord-, eine andere auf der Süd- und eine dritte (in Form eines Rundfensters) auf der Westseite. Auf der Ostseite bildet eine runde Apsis den Abschluss.

Innere Einrichtung der Kirche.

Die **innere Einrichtung** verräth eine sehr gediegene Kunsttischlerei. Als **Altaraufsatz** dient eine mit grösster Feinheit und Schönheit in Bronze ausgeführte Kreuzesgruppe von **E. Rietschel** aus dem Jahre 1854 (Lauchhammerscher

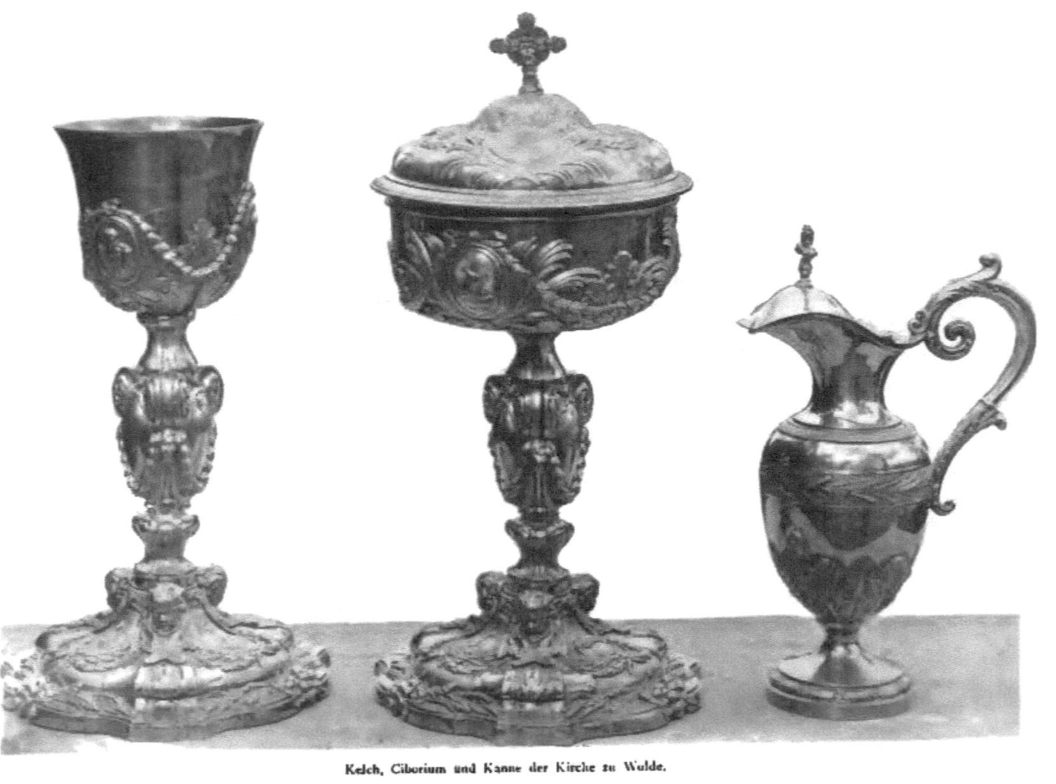

Kelch, Ciborium und Kanne der Kirche zu Wulde.

Guss). Die Gruppe besteht aus dem Krucifixus und der am Kreuz knieend niedergesunkenen Mater dolorosa. Hervorzuheben ist ferner die Schnitzerei und Täfelung an der Kanzel, dem herrschaftlichen Gestühl, der Orgel und am Taufständer.

Die **Glocken** befinden sich in dem auf preussischem Gebiet gelegenen Eingangsthor zum Friedhof. Sie sind daher im pommerschen Inventar von Lemcke beschrieben. Glocken.

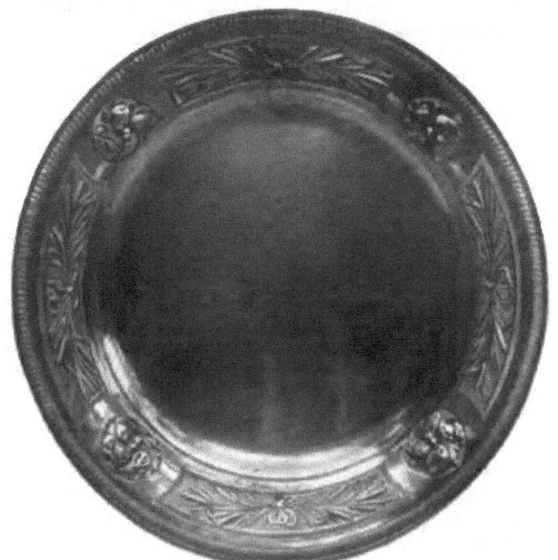

Taufschale.

Kleinkunstwerke. 1. 2. Kleiner silbervergoldeter gothischer Kelch des XVI. Jahrhunderts auf sechspassigem Fuss. Inschrift: DIESEN • KELCK • HABEN • ZV • GOTTES • EHREN • IN • DIE • KIRCHE • ZVM • WOLDE • GEGEBEN • WIE • FOLGET • JOCHIM • HAVESCH • 12 R. 16 ß. • CLAVS • KRÖGER 2 R. JOCHIM • NIEMAN • 2 R. MICHEL • PAPENHAGEN • 2 R. DIE BALEMANSCH • 2 R. JASPER • SASSE • 2 R. Keine Werkzeichen, ebenfalls nicht an der zugehörigen Patene. — 3—8. Neue silbervergoldete Prachtgeräthe, bestehend aus einem Kelch mit Patene, einem Ciborium auf hohem Fuss, einer Weinkanne und einer Taufschale mit Wasserkanne, alle diese Stücke in reicher Treibarbeit und im klassicierenden Geschmack, wie er in Frankreich zur Zeit der Regence im XVIII. Jahrhundert herrschte, ausgeführt von einem Goldschmiede P. P. R., dessen Meisterzeichen ein Kreuz, ein Anker und ein Herz bilden (Kreuz und Anker über Kreuz gestellt). Als Stadtzeichen ein mehr weiblich als Kleinkunstwerke.

männlich erscheinender Kopf mit Flügeln. Geschenke des Herrn **VON FABRICE** aus dem Jahre 1860. Als bildlicher Schmuck des Kelches und Ciboriums sind besonders hervorzuheben: an der Cupa des Kelches die Halbfiguren des Heilandes, der Maria und des Johannes, am Deckel und am Gefäss des Ciboriums die Marterwerkzeuge, und am Fuss des Kelches wie des Ciboriums die Sinnbilder des Pelikans, Kreuzes und Opferlammes. — 9. 10. Zwei grosse prächtige vergoldete Altarleuchter mit den Wappen des Stifters und der Stifterin: **OSWALD V · FABRICE** und **HELENE VON FABRICE**, geb. **GRÄFIN VON REICHENBACH-LESSONITZ 1859.**

Das Kirchdorf Kastorf.[1])

Geschichte des Dorfes.

Kastorf kommt am 25. April 1280 zum ersten Mal urkundlich vor: Herzog Barnim von Pommern schenkt dem Kloster Ivenack acht Hufen zu »Kerstianesdorp«.[2]) Diese Schenkung bestätigt der Bischof Hermann von Kammin am 31. Januar 1283 und verleiht dem Kloster zugleich das Patronatsrecht über die dortige Kirche.[3]) Als Vasall des Klosters auf diesen vier Hufen wird damals Johann von Heidebreck mit seiner Ehefrau auf Lebenszeit eingesetzt.[4]) Siebenzig Jahre später treffen wir die Familie Voss auf Kastorf, welche schon vom XIII. Jahrhundert her auf dem benachbarten Wolde angesessen sind.[5]) Im ersten Viertel des XV. Jahrhunderts aber erwerben die von Maltzan auf Schorssow die Burg Wolde und mehrere umliegende Güter. Darunter tritt später auch Kastorf auf. Sie halten es mit den übrigen Gutern fest, bis nach dem Tode Bernd Maltzahn's dessen Schwiegersohn Vollrath Preen theils auf Grund des Erbjungfernrechts seiner Frau, theils auf prozessualischem Wege und theils sogar gewaltsam den Besitz erlangt.[6]) Daher finden wir im Jahre 1618 Kastorf im Besitz Preen'scher Erben. Während des dreissigjährigen Krieges aber sind die Zeiten wenig geeignet, eine Klärung der Besitzverhältnisse eintreten zu lassen. Indessen 1649 erhält Albrecht Joachim Maltzan von der Krone Schweden her wiederum die Belehnung mit Wolde und Kastorf, und 1681 erbietet sich Hans Joachim Maltzan zur Ableistung des Lehneides hinsichtlich der zu Wolde gehörenden Pertinenzen. Man kann somit sagen, dass die Besitzverhältnisse wieder auf ihre älteren rechtlichen Grundlagen zuruckgebracht sind. Indessen haben sich die von Maltzan des Besitzes nicht lange erfreut. 1740 veräussern sie Kastorf antichretisch auf achtzehn Jahre an

[1]) 12 km ostsüdöstlich von Stavenhagen. Kerstianesdorp, Kerstenstorp, Kerstorp. M.U.-B.8143.

[2]) M. U.-B. 1533.

[3]) M. U.-B. 1666. Vgl. 2754. 2961.

[4]) M. U.-B. 1878.

[5]) M. U.-B. 2181. 7778. 8143. 11360.

[6]) Lisch, Geschl. Maltzahn, No. 175—855. II, S. 4. 40. 538. 598. III, S. 352. 459. 491.

Karl Dettlof von Kahlden, und 1770 verpfänden sie es an den Geheimrath Julius Friedrich von Burkersroda, welcher schon am 26. April 1775 stirbt. Nachdem die von Maltzan auf Erfordern der Lehnkammer das Lehn ausgeschlagen, wird es nach beendetem Proklamations-Verfahren dem Grafen Moltke auf Wolde angeboten. Dieser erwirbt es 1782, leistet den Lehneid und erhält die förmliche Belehnung am 8. Februar 1785. 1841 wird Ernst Holz Rechtsnachfolger der von Moltke, welchem 1860 Robert Ludwig Gustav Holz im Besitz folgt. Von diesem erwirbt es 1881 Gustav Baessler. Seit 1897 aber ist Anna Hedwig Baronin von Brockdorff, geb. Baessler, Eigenthümerin des Gutes.

Mittelalterliche Geistliche von Kastorf sind bis jetzt nicht bekannt geworden. Um 1541 ist Joachim Schröder Pastor und zugleich der Küster seiner Kirche. Er hat ausserdem in jedem der drei übrigen Dörfer seiner Parochie, Galenbeck, Rosenow und Knorrendorf, eine Filialkapelle zu bedienen. Ihm folgt Dionysius Sangel, der 1577 die Konkordienformel unterschreibt. Gegen Ende des Jahrhunderts, genauer seit 1592, ist Friedrich Wieneke Pastor in Kastorf und in den genannten drei Filialkirchdörfern. Vorher ist er achtzehn Jahre lang Pastor in Basepohl gewesen. Als Fridericus Vinicaeus unterschreibt er dort die Konkordienformel. Nach Wieneke's Tode wird 1614 Balthasar Breitsprecher (Breitsprecker) berufen, aber bald erheben sich Klagen wider ihn, und schon 1623 wird er anstössigen Lebenswandels halber seines Amtes entsetzt. 1624 folgt Joachim Friedrich. Friedrich ist über 1629 hinaus im Dienst. Ihn wird der dreissigjährige Krieg ebenso fortgefegt haben wie seine Gemeinde.[1]) Denn als 1645 Friedrich Greving von der Herzogin Eleonora Maria, die das Amt Ivenack als Witthumsamt besitzt, berufen wird, da hat bereits Jahre lang der Pastor von Ivenack ausgeholfen. 1649 heisst es von der Kirche zu Galenbeck, sie sei abgebrannt und von der in Knorrendorf, sie habe kein ordentliches Dach mehr. Dieser Zustand ist auch noch 1662 derselbe. Nach Greving's Tode wird 1667 Hermann Müller durch Herzog Gustav Adolf berufen. Müller erhält 1703 einen Substituten in Andreas Köppe, der nachher Pastor wird, 1709 den Ivenacker Patronatswechsel erlebt und 1713 aus dem Leben scheidet. Unter Koppelow'schem Patronat tritt 1714 Andreas Barkow die Pfarre zu Kastorf an. Ihm folgt 1724 Jakob Gerhard, der ebenfalls einen Patronatswechsel erlebt. Denn durch Vertrag zwischen Helmold von Plessen auf Ivenack mit Hans Bernd von Maltzan zum Wolde am 4. Juni 1730 geht das Patronat über Kastorf auf den letztgenannten über. Es folgen nun weiter: 1736 Josias Andreas Jäger, bis dahin Pastor zu Ankershagen, und 1774 Johann Christian Sänger als Pastor zu Kastorf und Briggow. Sänger wird 1827 emeritiert und stirbt den 2. Mai 1831 als dreiundachtzigjähriger Greis. Siehe Walter a. a. O.

Kirche. Die Kirche, ein Ziegelbau im klassicierenden Stil von 1788, bildet ein längliches Viereck, in dessen Westseite ein Thurm eingebaut ist. Sehr Kirche.

[1]) Groth, M. Jahrb. VI, S. 139. 140.

verwandt der Borgfelder Kirche. Im Innern eine flache Decke und eine der Zeit des Baues entsprechende Einrichtung.

Kanzel und Altar, Glocken.

Kanzel und **Altar** sind zu einem Körper verbunden.

Im Thurm zwei **Glocken**. Die grössere, mit einem Durchmesser von 90 cm, ist 1788 zur Zeit des Reichsgrafen **VON MOLTKE** und des Pastors **SÄNGER** von **J. C. Meyer** in Neustrelitz gegossen worden. Die zweite, mit einem Durchmesser von 70 cm, ist 1721 von **Michael Begun** gegossen worden. Sie hat als Schmuck das Allianzwappen des Geheimen Raths **ERNST CHRISTOFFER VON KOPPELOW** und seiner Gemahlin **MARGARETHA JULIANA**, geb. **VON FRANKE**. Dazu der Name des Pastors **ANDREAS BARCKOW**.

Kleinkunstwerke.

Kleinkunstwerke. 1. 2. Silbervergoldeter Kelch auf achtpassigem Fuss. An der Kupa ein Allianzwappen. Das eine zeigt im Schilde und in der Helmzier einen steigenden Löwen. Das andere zeigt im Schilde zwei gekreuzte Anker und darüber einen sechsstrahligen Stern, in der Helmzier aber ein Hirschgeweih, dazu die Initialen **M · S · M ·** und den Namen **MAGDALENA DEMONTRONDT**. Kein Werkzeichen, auch nicht an der Patene. — 3—6. Kelch, Kanne, Ciborium, Oblatenteller von Silber, neu. An Kelch und Kanne als Stadtzeichen eine dreithurmige Burg und als Meisterzeichen **B & G**. Ciborium und Teller von **Prüfer**-Berlin. Der Teller ist ein Geschenk von **HENNING BARON BROCKDORFF 1891.**

Das Filial-Kirchdorf Rosenow.[1]

Geschichte des Dorfes.

Rosenow erscheint urkundlich zum ersten Mal im Jahre 1283, als Bischof Hermann von Kammin dem Kloster Ivenack alle Zehnten und Besitzungen bestätigt.[2] Dabei werden nämlich auch Zehnten in Rosenow genannt, welches im Uebrigen fürstliches Eigenthum ist. Am 29. August 1292 verleiht Nikolaus von Werle das Dorf mit allen Gerechtsamen, namentlich auch dem höchsten und niederen Gericht, dem Heinrich Voss auf Wolde aus Erkenntlichkeit für geleistete Kriegshülfe, und hundert Jahre später berufen sich die Voss auf diese Verleihungsurkunde, als es darauf ankommt, ihr Recht auf Rosenow nachzuweisen.[3] Später wird das Dorf ein Stalbom'sches Lehn, und als dieses Geschlecht zu Anfang des XVI. Jahrhunderts mit dem Tode des Vicke Stalbom erlischt und das Lehn heimfällt, wird es von den Herzögen Heinrich und Albrecht am 11. November 1527 nebst dem Gute Ballin ihren

[1]) 12 km südöstlich von Stavenhagen. »Ort des Rozčna« (vom altslavischen Stamm roža, poln. róża = Rose). Kühnel, M. Jahrb. XLVI, S. 122. Also soviel wie »Rosenhagen«.

[2]) M. U.-B. 1666.

[3]) M. U.-B. 2181, 11360.

beiden Kanzlern, Caspar von Schöneich und Dr. Wolfgang Ketwig, und zwar jedem zur Hälfte, verliehen. Wolfgang Ketwig's Erben verkaufen ihren Antheil am 11. November 1563 ihrem Schwager Joachim von Arenstorff, aber 1589 finden wir die von Arenstorff schon im ungetheilten Besitze des Gutes. Diese verkaufen es 1696 an Jürgen Christoph von Barner. Dessen Rechtsnachfolger wird 1702 Ernst von Blücher. Seine Nachkommen haben es heute. Dabei ist ein Theil des Ortes Domanial-Eigenthum geblieben; wahrscheinlich sind das die Hufen, welche früher dem Kloster Ivenack zustanden und mit dessen Säcularisierung in die landesherrliche Verwaltung übergingen.

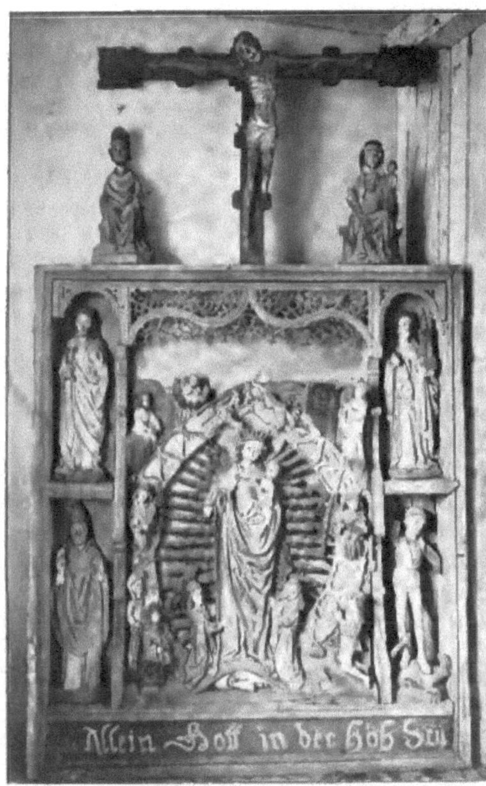

Mittelstück eines gothischen Triptychons.

Ueber die kirchlichen Verhältnisse s. bei Kastorf. Rosenow war von jeher Filial-Kirchdorf von Kastorf. Die ehemaligen Filialen Galenbeck und Knorrendorf werden seit 1662 nicht mehr als solche genannt.

Kirche. Die Kirche ist ein neugothischer Ziegelbau von 1849—51 in der Grundform eines länglichen Vierecks mit vorgebautem Thurm. Im Innern eine flache Decke. Altar und Kanzel bieten nichts Bemerkenswerthes. Kirche.

Triptychon. Hinter dem Altar das Mittelstück eines geschnitzten gothischen **Triptychons**, welches die Darstellung der hl. Maria mit dem Kinde in einer Strahlenmandorla enthält. Unten rechts ein Ritter, welcher kniet, unten links ein thronender König oder Kaiser, hinter dem ein Herzog oder Kurfürst steht. Oben rechts das zu den marianischen Typen gehörende Sinnbild des Ezechiel vor der verschlossenen Pforte, links das andere des Moses vor Gott Vater im brennenden Busch.[1]) Als weitere Nebenfiguren in Nischen die hl. Barbara, die hl. Katharina, der hl. Georg, und ein nicht zu benennender Bischof. Auf dem Schrein noch ein paar Schnitzwerke von anderswoher: ein Krucifixus und zwei sitzende Heilige.

Wappen. In der Südwand drei eingelassene **Zinkwappen**, das des **F · W · V · BLÜCHER** und die seiner beiden Gemahlinnen **L · (?) C · (?) V · WARDENBURG** und **F · V · WOLFRADT ·** Ausserdem noch drei unbenannte **BLÜCHER**'sche **Wappen.**

Glocken. Im Thurm zwei **Glocken.** Die grösste ist 1841 unter dem Patronat des **FRIEDR · WILH · V · BLÜCHER** zur Zeit des Pastors **ERNST NAHMMACHER** von **C. Illies** in Waren gegossen worden. Ebenso die zweite im Jahre 1862 unter dem Patronat des **CARL WILHELM LEOPOLD V · BLÜCHER** und zur Zeit des Pastors **F · WALTER ·**

Das Inventar von 1811 enthält keine Nachrichten uber die Inschriften der Vorgängerinnen. Aber eine Mittheilung von Lisch im M. Jahrb. XXVII, S. 234, besagt, dass eine im Jahre 1861 zum Umguss bestimmte Glocke die Inschrift hatte:

(Giesserzeichen) 15 . . + **hans + stofesant + de** (Giesserzeichen) **heft + t esse + glorge + gaten** (Giesserzeichen).

Die Zehner-Zahl in der Jahreszahl war undeutlich. Lisch erganzt sie mit 41. Der Giesser **Stofesant** kommt sonst bei uns nicht vor. Leider ist das Giesserzeichen nicht angegeben.

Kleinkunstwerke. **Kleinkunstwerke.** 1. 2. Silbervergoldeter Kelch auf achtpassigem Fuss mit dem Wappen des Stifters **OTTO VON ARENSTORFF** und mit dem Datum **1662**. Werkzeichen undeutlich. Auf der jüngeren Patene als Stempel ein dreithürmiges Stadtthor mit einem undeutlichen Jahresbuchstaben und dem Meisterstempel **B & G.** — 3. 4. Kanne und Ciborium, gestiftet 1874 von dem Patron der Kirche **C · V · BLÜCHER**. — 5 Messing-Schale mit Blumen, Blättern und Früchten auf dem Rande. — 6. Neue Taufschale, von **Prüfer**-Berlin. — 7. 8. Zwei versilberte zinnerne Leuchter, der eine 1679 gestiftet von **HANS KLAEFSADT**, der andere 1683 von **MICHEL HINTZE**. Beide von Rostocker Zinngiessern gegossen, der erstgenannte von **Andreas Wösthoff**, der andere von **Olrik Schlüter** [2]) — 9—12. Noch vier zinnerne Leuchter.

---

[1]) Das »Maschelrygen«-Werk der Basis fehlt, daher ist das Bildwerk nach unten gesunken.

[2]) Andreas Wüst oder Wösthoff trat 1673 ins Amt der Zinngiesser ein, Olrik (Ulrich) Schlüter schon 1671.

Das Gut und Kirchdorf Kittendorf.[1])

Geschichte des Dorfes.

Auf Kittendorf, wo 1338 ein Knappe Snerinc genannt wird, und dessen Bede 1349 an den Ritter Heinrich Dargatz verpfändet wird, wohnt im Jahre 1381 Hartwig Breide, dessen Geschlecht es bis zu seinem im Jahre 1500 erfolgenden Aussterben innehat.[2]) Zwar scheint das Kloster Ivenack inzwischen seine Augen auf den werthvollen Besitz gerichtet zu haben, denn es lässt sich 1411 durch Fürst Christoph von Wenden bezeugen, dass er seiner Vorfahren und einiger Herren zu Stettin Briefe gesehen, über Dörfer und Güter, welche sie dem Kloster Ivenack geschenkt, unter denen auch Kittendorf mit allen Herrlichkeiten und Pächten sich befinde.[3]) Allein das Kloster kommt über einigen

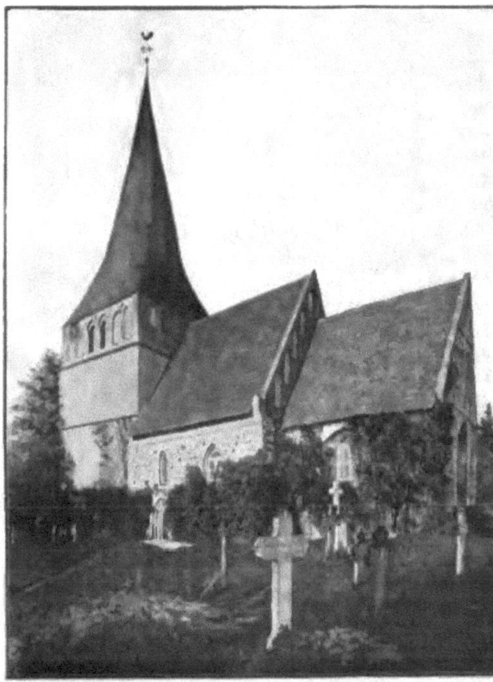

Kirche zu Kittendorf.

[1]) 9 km südlich von Stavenhagen.

[2]) M. U.-B. 5890. 6934. 11383. Ueber die von Breide vgl. Lisch, M. Jahrb. XXXIX, S. 205—208. S. o. Grabstein in der Kirche zu Malchin.

[3]) S. Akten im Grossh. Archiv.

Pfandbesitz im Gute, den es von den Breide's erwirbt, nicht hinaus, und als das Lehn durch Aussterben der Breide an die Landesherren zurückfällt, wird es ohne Weiteres am 5. August 1500 an Berend Maltzan auf Wolde (seit 1501 auch auf Penzlin) wiederverliehen.[1]) Nun macht zwar Vollrath Preen, welcher 1454 in den Pfandbesitz Kittendorfs gekommen ist, Ansprüche, indessen beendet ein Vergleich den Prozess im Jahre 1511, und Maltzan findet den Gegner mit 1500 Gulden rheinisch ab.[2]) Auch das Verfahren gegen Berend, worin dieser wegen Gewalt und Auflehnung gegen seinen Lehnsherrn seiner Güter beraubt werden soll, endet 1516 mit einem Vergleich, und Kittendorf verbleibt seinem Besitzer und somit dem Geschlechte der von Maltzan bis zum 1648 erfolgenden Tode Franz Joachim's, worauf das Gut an dessen hinterlassene Wittwe Anna Maria von Blücher, wiederverheirathete von Sanitz, gelangt.[3])

Zwar melden sich Maltzan'sche Lehnsvettern und beanspruchen das Gut, erhalten auch einen Muthschein am 23. Juli 1653,

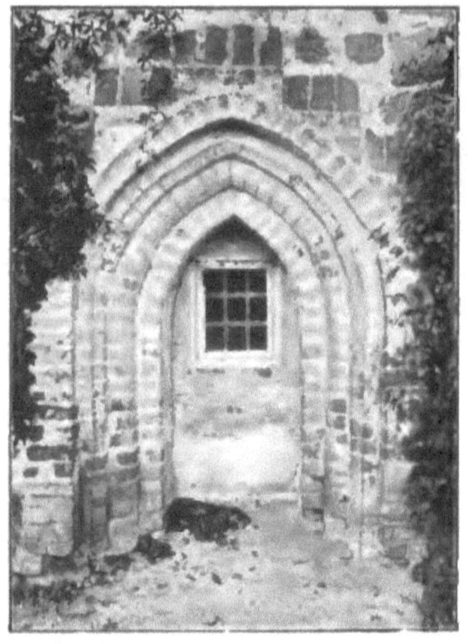

Portale der Kirche.

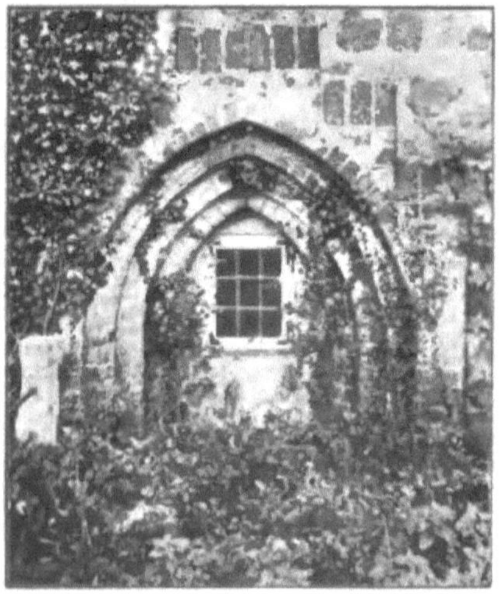

[1]) Lisch, Geschl. Maltzahn IV, S. 322.

[2]) Akten im Grossh. Archiv.

[3]) Vgl. Wigger, Geschichte d. Blücher II, 2, S. 68 ff. — Lisch, Geschichte d. Maltzahn IV, S. 456.

doch beenden Vergleichsverhandlungen auch hier den Prozess, und Kittendorf verbleibt der genannten Wittwe. Nach ihrem im Jahre 1679 erfolgten Tode übernimmt der Sohn das Gut. In der That mochte sein Besitz in Anbetracht des Zustandes, in welchem es aus dem dreissigjährigen Kriege, »den Baner'schen Zeiten«, hervorgegangen, wenig Verlockendes haben und den von Maltzan den Verzicht erleichtern. Ist doch im Jahre 1648 von sechzehn Bauern und sechzehn Kossaten nur ein Bauer vorhanden, sonst aber alles niedergebrannt oder verwüstet.[1]) 1718 macht Kittendorf die böse Zeit der Beschlagnahme durch die Kommissarien Karl Leopold's durch. Durch Erbvertrag vom 16. April 1751 seitens des damaligen Besitzers von Blücher kommt es an dessen Schwiegersohn, den Kammerjunker Georg Ludwig von Oertzen aus dem Hause Lübbersdorf. Seitdem befindet sich das schöne Gut in Oertzenschen Händen.

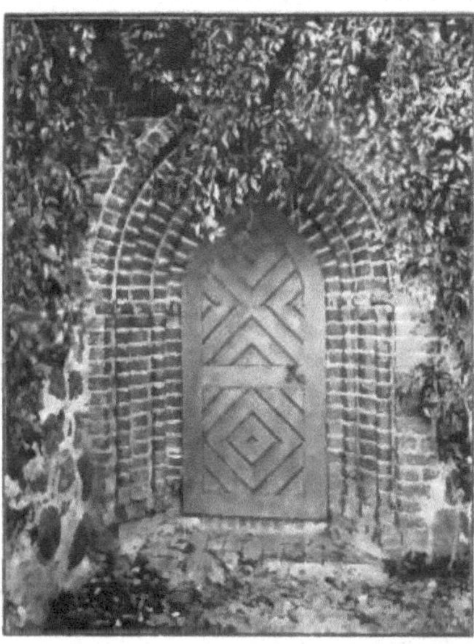

Portal.

Wenngleich die zweifellos dem XIII. Jahrhundert angehörende alte Kirche des Dorfes in den wenigen Urkunden des Mittelalters über Kittendorf nicht genannt wird und die Namen mittelalterlicher Geistlicher bis jetzt nicht auf uns gekommen sind, so ist es doch höchst wahrscheinlich, dass Kittendorf schon im Mittelalter als eins der Hauptdörfer in Circipanien angesehen wurde, und dass die in der alten Vogtei Stavenhagen von frühester Zeit her reich begüterten Herren von Voss die Patrone der Kirche waren. Sie geben dies Patronat selbst dann nicht auf, als nach denen von Breide die von Maltzan als Lehnsträger eingesetzt werden. Die von Voss müssen daher schon vor denen von Breide zur Kirche und zum Dorfe in Beziehungen gestanden haben, von denen wir nichts wissen. Als Inhaber des Kirchlehns werden sie 1541 zum ersten Mal genannt. Damals ist Nikolaus Meyer Pastor in Kittendorf und in dem benachbarten Ivenacker Klosterdorf

[1]) Groth, M. Jahrb. VI, S. 138. Wigger, Gesch. der Blücher II, 2, S. 68 ff.

Sülten, dessen Kirche zu der Kittendorfer Kirche von Alters her in einem Filial-Verhältniss steht. Zwanzig Jahre später finden wir den Henricus Holste als Nachfolger Meyer's an beiden Kirchen. Er wird 1593 emeritiert.[1]) Ihm folgt Martin Taumann, der 1626 stirbt; diesem 1627 David Thuring, den die von Voss auf Luplow, Flotow und Rumpshagen berufen haben, und welchen Franz Joachim von Maltzan auf Kittendorf und Penzlin vergebens zu entfernen sucht. 1635 ist abermals Vakanz in Folge Todesfalles. Aber nun kommen die verheerenden Kriegsjahre 1637 und 1638, in denen alles Leben auf dem Lande erstirbt und selbst die Gottesdienste eingestellt werden müssen. Erst

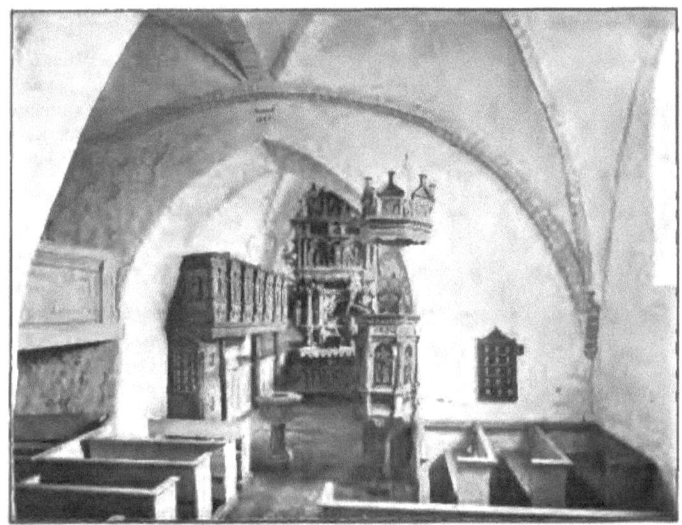

Inneres der Kirche zu Kittendorf.

im Jahre 1650 giebt es wieder einen Pastor in Kittendorf und Sülten: es ist Johann Poland, der in diesem Jahre berufen wird und länger als vierzig Jahre im Dienste bleibt. Er erhält 1697 einen Substituten an Joh. Friedr. Hartmann, für dessen Berufung auch die Herzogin-Wittwe Magdalena Sibylla als Inhaberin des Amtes Stavenhagen und Patronin zu Sülten eintritt. Hartmann wird schon 1698 Pastor und stirbt 1734. Es folgen: 1737 C. Fromm, 1762 C. H. Hahn (Anfangs als Substitut, † 1793), 1794 Heinrich Gustav Flörke und (nach dessen Versetzung im Jahre 1796) Karl Friedrich Spiegelberg (1798—1807). S. Walter a. a. O.

[1]) Zu Holste's Zeit wird Sülten zur Kirche in Stavenhagen gelegt, zu Taumann's Zeit aber bereits wieder mit Kittendorf verbunden.

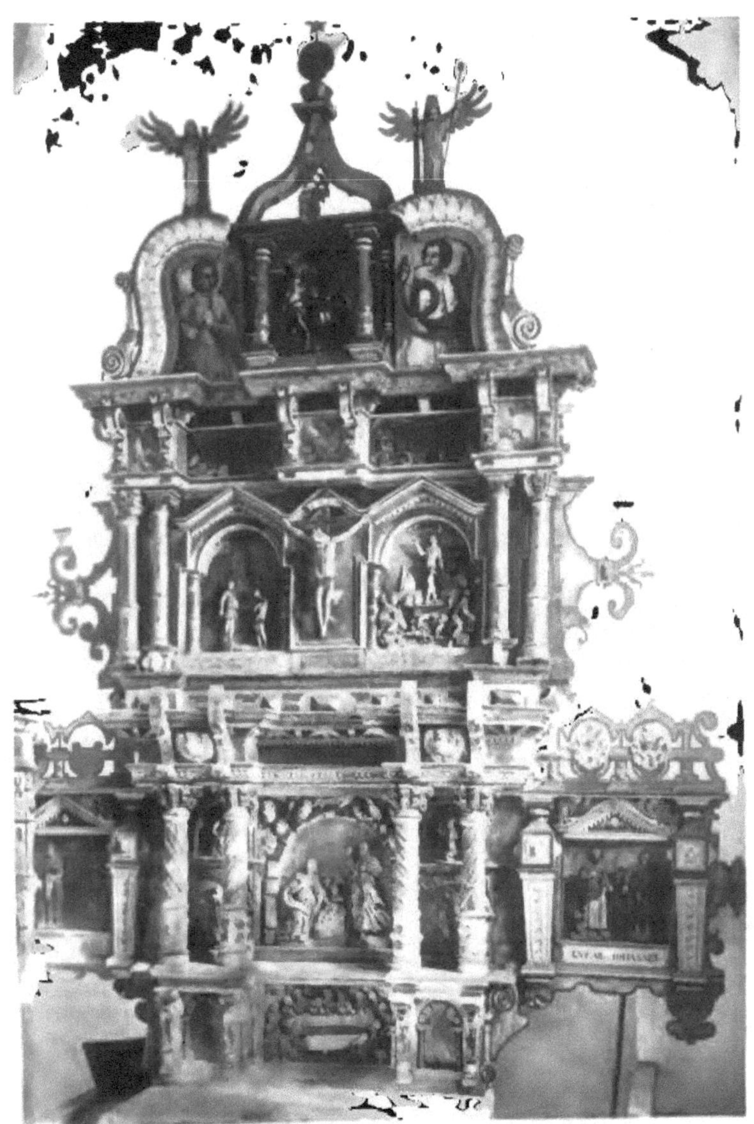

Altar der Kirche zu Kittendorf.

Kirche. Die Kirche, ein schwerer Feldsteinbau, gehört der Zeit des Uebergangs vom romanischen zum gothischen Stil im Anfange des XIII. Jahrhunderts an. Der platt abschliessende Chor ist mit einem Kreuzgewölbe überspannt. Das Durchschnittsprofil der Rippen dieses Gewölbes ist nicht birnförmig, aber doch abgeschrägt und mit einem Steg versehen. Der Triumphbogen hat die Form eines gedrückten Spitzbogens. Das breitere Langschiff hat einen runden Pfeiler in der Mitte, der mit plumpen »jungen« Diensten als Stütze für die vier Kreuzgewölbe dient, welche den Raum des Schiffes überspannen. Die Dienste am Pfeiler theilen sich in vier breitere Gurtdienste und vier schmälere Rippendienste, letztere von gleichem Durchschnitts-Profil wie im Chor. Zu beachten sind die beiden frühgothischen Portale im Schiff (auf der Nordseite eins, auf der Südseite das andere), beide in einem vorgeschobenen abgetreppten Mauerkern. Auch die »Priesterpforte« auf der Südseite des Chors ist nicht zu übersehen, besonders nicht die Basis der Wandung Kirche.

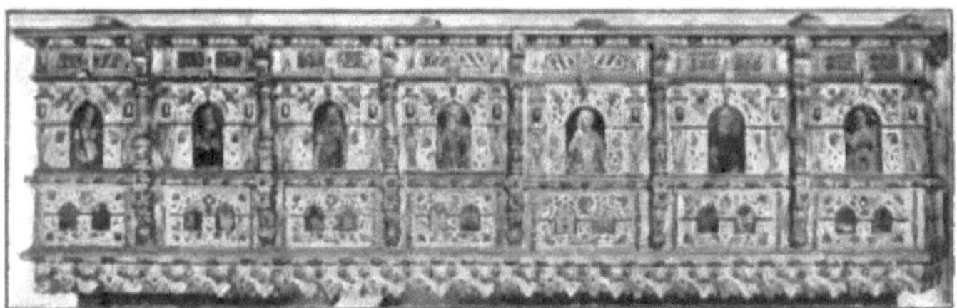

Empore.

und die Kapitellbildung in der Kämpferlinie unter der Bogen-Laibung. Als ursprünglich ist auch das »Dreieinigkeitsfenster« in der Ostwand des Chors sowie das kleine Schlitzfenster auf der Südseite des Langhauses zu bezeichnen. Im Westen eine von der Kirche in den Thurm hineinführende Rundbogenpforte. Der Thurm selbst, ein schwerer hoher Bau, ist jünger als die Kirche.

Der **Altaraufsatz** ist ein unverhältnissmässig hoher phantastischer Bau in zügellos zu einander gesetzten und grösstentheils schlecht verstandenen Formen der Renaissance: eine Maltzan'sche Stiftung vom Jahre 1603. Die Abbildung überhebt uns einer eingehenderen Beschreibung, da die Bildschnitzereien leicht verständlich sind. Nur von der obersten mag gesagt werden, dass sie Gott Vater und Gott Sohn neben einander thronend darstellt, und dass in den Sonnenstrahlen des Hintergrundes auch die Taube als Sinnbild des hl. Geistes sichtbar wird. Altaraufsatz.

Das ganze Werk sieht aus, als wenn es dem Bristower Altaraufsatz nahe kommen soll, der kurz vorher entstanden war und alle Welt von sich reden machte. Indessen weit gefehlt. Der Kittendorfer Aufsatz verhält sich zu dem Bristower wie die Nacht zum Tage.

Ein anderer Altaraufsatz, ebenfalls eine Schnitzarbeit im Geschmack der Renaissance, hängt oberhalb des inneren Rundportals im Thurm.

Kanzel. Die **Kanzel**, gleichfalls ein Werk der Renaissance, und zwar vom Jahre 1596, hat in ihren Füllungen die Gestalten des Heilandes und der vier Evangelisten. Zu beachten ist der niederdeutsche Spruch: IM • ANFANG • WAS • DAT • WORT • VND • DAT • WORDT • WAS • BI • GADE • VND • GODT • WAS • DAT • WORT • DAT • SULUE • WAS • VAN • ANFANG • BIE • GADE.

Empore. An der **Empore** der Gutsherrschaft, deren Brüstung gleichfalls ein beachtenswerthes Schnitzwerk ist, sieht man neun Figuren, welche Tugenden darstellen, ausserdem aber auch acht Doppelwappen aus der Zeit der von Maltzan, Blücher und Oertzen.

Glasmalereien. Im Fenster auf der Südseite des Chors als **Glasmalereien** mehrere bürgerliche Wappen, in den Fenstern des Langhauses noch eine Reihe anderer Malereien.

Glocken. Von den drei **Glocken** im Thurm ist die grösste gesprungen und angebohrt, wird aber noch gebraucht. Sie hat unten am Rande die ringsum laufende Inschrift: help • god • des • ik • bV(g)hinne • dat • ik • enen • ghVden • endes • (g)hewinne ⊕.[1]) — Die zweite Glocke ist die älteste Glocke des Landes und wohl erhalten. Sie hat zwei umlaufende Umschriften. Die obere lautet: ✠ ANNO ✪ DNI ⋮ M ✠ CC ✤ LXXX ⋮ VIII ✠ RVSA ✤ SVM • Die untere lautet: ✠ ⋮ R ⋮ O ⋮ R ⋮ H ⋮ X ⋮ R ⋮ G ⋮ L ⋮ O ⋮ R ⋮ I ⋮ H R ⋮ V ⋮ H ⋮ N ⋮ I ⋮ C ⋮ V̄ R ⋮ P ⋮ A ⋮ C ⋮ H ⋮. Die dritte Glocke hat die Umschrift: ✠ o rex glorie ⊙ kriste ⊙ veni ⊙ cum pace ⊙.

Kleinkunstwerke. **Kleinkunstwerke.** 1. 2. Kleiner silberner Kelch auf sechspassigem Fuss mit dem eingravierten Parkentin'schen Wappen und den Buchstaben M • E • V • P • Von dem Rostocker Goldschmied Jürgen Müller. Patene mit denselben Werkzeichen. — 3. 4. Grosser silbervergoldeter Kelch auf sechspassigem Fuss, ohne Inschrift, aus dem XVIII. Jahrhundert. Auf dem Fuss nachstehende Stempel [Stempel] RV. Patene ohne Werkzeichen. — 5. 6. Neusilberner Krankenkelch mit Patene. — 7. Silbernes Krankengeräth, ohne Inschrift und Stempel. — 8. Länglichrunde silberne Oblatenschachtel. Auf dem Deckel eingraviert das Parkentin'sche (Barkentin) Wappen mit der Jahreszahl 1692 und den Initialen M • E • V • B • — 9. Kreisrunde silberne Oblatenschachtel mit dem Sanitz-Blücher'schen Allianzwappen und den Initialen B • S • und A • M • B •[2]) Auf der Unterseite der Stralsunder Stadtstempel und der Meisterstempel F. B. — 10. Zinnernes Taufbecken, gestiftet von JOACHIM WITT 1696.

[1]) Sollte sie einmal umgegossen werden, so würde es sich empfehlen, von der Inschrift vorher einen Gypsabdruck zu nehmen. M. Jahrb. XL, S. 192.

[2]) Das Sanitz'sche Wappen zeigt im Felde drei Weinstöcke und als Helmzier drei Pfauenfedern. Die Initialen bedeuten Berend Sanitz und Anna Marie Blüchers (s. o.).

Schloss Kittendorf. Der Erbauer des Schlosses, dessen Park-Anlage zu den schönsten dieser Art in Mecklenburg gehört, ist der Kammerherr Hans Friedrich von Oertzen, der im Jahre 1855 mit dem Gute Kittendorf und seinen Nebengütern Mittelhof und Oevelgünne ein Familien-Fideikommiss errichtete. Der Bau selbst folgt in seiner malerischen Zertheilung den gothisierenden Tendenzen des englischen Tudorstiles, wie er in jener Zeit in Mecklenburg beliebt war.[1]) Schloss zu Kittendorf.

[1]) Lisch und Wedemeyer, Album mecklenburgischer Schlösser und Landgüter: Text und Abbildung in den Heften 8—12.

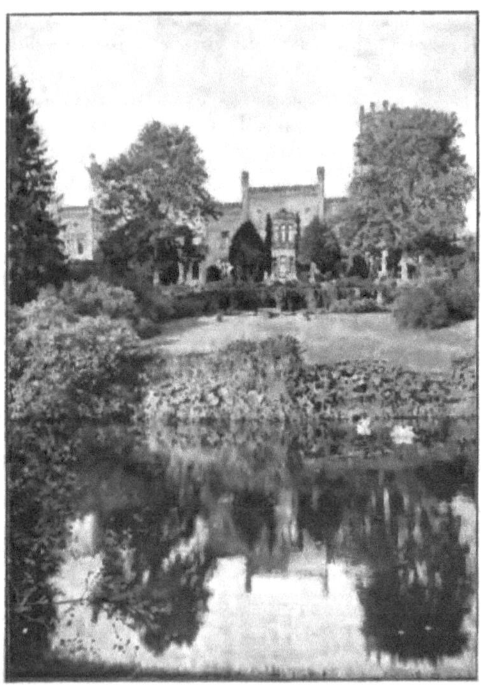

Schloss zu Kittendorf.

14

Das Filial-Kirchdorf Sülten.[1])

Geschichte des Dorfes.

Der Name des Domanialkirchdorfes Sülten lässt erkennen, dass hier früher Salz gesucht und gefunden sein muss. Und in der That werden noch heute die Stellen gezeigt, wo die Salzquellen gewesen sein sollen. Auch spricht jene Urkunde vom 29 Mai 1282, in welcher Herzog Bogislav von Pommern die Stadt Stavenhagen und deren liegende Gründe bestätigt, von Salinen und Eisengruben.[2]) Sonst aber ist geschichtlich nichts weiter nachzuweisen. Das holsteinische Kloster Reinfeld, welches Sülten um jene Zeit erwarb, hätte gewiss nicht ermangelt, das Salzlager auszubeuten, wenn der Nutzen entsprechend gewesen wäre. Zur Zeit der ersten urkundlichen Erwähnung sitzt die Familie Voss in Sülten. Auf deren Veranlassung verleiht Herzog Barnim von Pommern dem Kloster Reinfeld am 28. Mai 1264 das Eigenthum an zehn Hufen im Dorfe, und wenige Jahre später verkaufen die Ritter Johann und Friedrich Voss zu Stavenhagen auf ihren Todesfall dem Kloster weitere sechsunddreissig Hufen in Sülten mit allen Rechten und Zehnten, und endlich überträgt noch in demselben Jahre der Herzog Barnim von Pommern dem Kloster das volle Eigenthum dessen, was es an Gütern im Dorfe innehat, sowie das, welches die Voss mit dem höchsten und niedersten Gericht zu diesem Zweck vor ihm aufgelassen haben.[3]) 1271 wiederholen die Voss den gleichen Handel mit anderen achtzehn Hufen, denen Bischof Hermann von Kammin 1274 den halben Zehnten von vierundvierzig Hufen hinzufügt.[4]) Endlich erwirbt das Kloster den ungetheilten Besitz des ganzen Dorfes und weiss ihn zu schützen.[5]) In diesem Eifer scheut es sich nicht, das Kloster Dargun sogar mit dem Interdikt belegen zu lassen. Das kam so: Der Ritter Nikolaus Hahn, der in Sülten Räubereien begangen hatte, war gestorben und in der Klosterkirche von Dargun beigesetzt worden. Kloster Reinfeld aber hatte den Plünderer mit Interdikt und Bann strafen lassen und verlangte nun die Entfernung des Gebannten aus geweihter Erde. Dargun aber, welches die von Hahn stets als seine Gönner verehrt hatte, versagt das Begehren Da erfolgt der Bannfluch von einem Kloster über das andere, und es bedarf erst der Absendung eines päpstlichen Specialdeputierten aus Avignon im Jahre 1374, um die Sache aus der Welt zu schaffen, die übrigens in

[1]) 7 km südlich von Stavenhagen. Der Name verräth die niederdeutsche Gründung.

[2]) M. U.-B. 1630.

[3]) M. U.-B. 1013. 1100. 1101 (Sulten in terra Tucen, vgl. Lisch, M. Jahrb. XXV, S. 276).

[4]) M. U.-B. 1211.

[5]) M. U.-B. 7778.

ungünstigem Sinne für Reinfeld endet.[1]) Bis zur Säkularisierung bleibt Sülten klösterlicher Besitz, um dann, wie die übrigen mecklenburgischen Güter dieses Klosters in früher bereits geschilderter Weise, für immer in landesherrliche Verwaltung überzugehen.[2])

Ueber die kirchlichen Verhältnisse s. bei Kittendorf.

Kirche. Die Kirche zu Sülten ist ein gothischer Neubau von 1870/73. Neu ist auch die innere Einrichtung. Kirche.

Im Thurm zwei **Glocken**. Die grössere (Dm. 0,95 m) stammt vom Jahre 1494, von der Inschrift war ausser der Jahreszahl nur zu lesen **O rector celi . . . . . . o et alpha nos abiuua . . . . .** Unter dem Schluss das Abbild einer Monstranz, seitwärts vom Mantel das nebenstehende Giesserzeichen. Die sehr kleine zweite Glocke ist ohne Inschrift und Zeichen. Glocken.

Kleinkunstwerke. 1—3. Kelch, Patene und Oblatendose, alle drei von dem Malchiner Goldschmied F. W., aber ohne jede weitere Inschrift. In den Formen des XVIII. Jahrhunderts. — 4—6. Kanne mit Untersatz, Kelch und Teller, alle neu, mit fünf englischen Goldschmiedsstempeln. Geschenke des 1806 zu Hof Sülten geborenen und in England zu grossem Vermögen und Ansehen gelangten A · W · F · BÖLCKOW. — 7. Zinnernes Becken, gestiftet 1700 von HANS JAKOB FRESE und MARIE ELISABETH FRESE. Dieselben Stempel wie an den Leuchtern in Tarnow. Kleinkunstwerke.

Das Gut und Kirchdorf Varchentin.[3])

Die erste urkundliche Nachricht über Varchentin stammt aus dem Jahre 1333. Freilich erfahren wir nichts weiter, als dass es damals eine Parochie ist, zu welcher das Dorf Kraase gehört.[4]) Der Bürgermeister Nikolaus von dem Berge, der um die Mitte des XIV. Jahrhunderts das Gemeinwesen der Stadt Waren regiert, ist der erste, der uns mit Besitz und Rechten in Varchentin entgegentritt, zu denen er im Jahre 1350 gelangt.[5]) Derselbe Bürgermeister vermacht in seinem am 11. August 1360 zu Waren errichteten Geschichte des Dorfes.

[1]) M. U.-B. 10666.

[2]) M. Kunst und Gesch. Denkm. II, S. 683.

[3]) 14 km südlich von Stavenhagen. »Ort des Vargeta« (vragŭ = Feind, Teufel): Kühnel, M. Jahrb. XLVI, S. 149.

[4]) M. U.-B. 5433.

[5]) M. U.-B. 7033.

Testament um seiner und der Seinigen Seligkeit willen der Marienkirche seiner Stadt drei Hufen und sechs Kathen zu »Verghentyn«, dem Pfarrer in Varchentin selbst aber den dritten Theil »des standen lutken Waters«, welches mitten im Dorfe gelegen ist.[1]) Diese Stiftung wird am 21. December desselben Jahres vom Domherrn Gerhard Koch, Vikar des Bischofs Albrecht in Schwerin, bestätigt.[2]) Varchentin gehört somit nicht mehr zum Lande Circipanien und zur Kamminer Diöcese, wie noch Kittendorf und Sülten. Ausser dem von dem Berge finden wir dort den Wedege Brüsewitz, welcher 1378 neun Hufen nebst dem grossen See an Tönnies Scherve und dessen beide Söhne verkauft, die im Jahre 1406 fünfzehn Hufen, ein und ein halbes Viertel am See und das höchste Gericht zur Hälfte an Klaus von Heydebreck überlassen.[3]) Von 1445 an aber gelangen allmählich die Kruse (Krause) und Rostke neben den Herzögen in den Besitz verschiedener Antheile, sodass thatsächlich von einer auffallenden Zerstückelung des Gutes und Dorfes gesprochen werden kann. Unter den Theilbesitzern mag besonders des Herzogs Johann Albrecht bekannter Land- und Hofrath Joachim Kruse genannt werden, welcher um die Mitte des sechzehnten Jahrhunderts Antheil-Inhaber von Varchentin ist. S. o. bei Malchin S. 91.

Den Kruse'schen Antheil erwirbt im Jahre 1671 der Lehnrath Dr. Ferber, einstweilen antichretisch auf fünfundzwanzig Jahre, den fürstlichen Antheil aber hat der Lehnsherr inzwischen tauschweise an Kamptz von Blumenow überwiesen, von welchem er an Winterfeld von Varchow übergeht. Laut Protokoll der Lehnkammer vom 17. März 1691 haben damals die Ferber, fünf Rostke und ein Winterfeld das Dorf und Gut Varchentin im Besitz. Doch im Jahre 1693 ist der Geheimrath Johann Levin Ferber Inhaber des ganzen Gutes, das auf seine Bitte von Herzog Gustav Adolf allodificiert wird. Er wird in dem am 20. September 1693 ausgestellten Allodialbrief ausdrücklich als alleiniger Besitzer des ganzen Gutes c. p. anerkannt.[4]) Indessen veranlasst Herzog Friedrich Wilhelm den Geheimrath, auf die Allodialität zu verzichten, und ertheilt ihm unter dem 17. December 1701 einen Lehnbrief, in welchem die Erbfolge dahin festgesetzt wird, dass, wenn Gustav Ferber oder dessen Descendenten männlichen Geschlechts ohne Hinterlassung männlicher Leibeserben versterben sollten, seine und deren Descendenten weiblichen Geschlechts succedieren sollen. So wird Varchentin zu einem Kunkellehn. Nach Gustav's Tode folgt sein Sohn, der Hofmeister Joh. Friedrich von Ferber, und als dieser 1752 ohne Leibeserben stirbt, übernimmt seine Schwester, verwittwete von Klinggräff, das Gut. Nachdem in einem Proklamationsverfahren sich ausser den Kruse's Niemand gemeldet, diese jedoch abgewiesen sind, überträgt die ebengenannte verwittwete von Klinggräff das Gut im Jahre 1760 auf ihren Sohn, den Etats- und Landrath Christian

[1]) M. U.-B. 8777.

[2]) M. U.-B. 8810.

[3]) Akten im Grossh. Archiv.

[4]) Akten im Grossh. Archiv.

von Klinggräff. Von diesem kommt es 1809 wieder an die von Ferber, welche es 1836 dem Banquier Gottlieb Jenisch verkaufen, dessen Tochter Maria Anna, Gräfin Grote, noch heute Eigenthümerin ist.

Einen Pleban Heinrich Kroppenstädt finden wir schon 1304 in Varchentin. Um 1326 ist von einem »Perner« Rudolf die Rede, auch von seinem Kaplan Giese. Um 1350 lernen wir ferner eine Reihe von Bauern in Varchentin kennen: es sind lauter deutsche Namen, die sie tragen und unter denen der Name Westphal hier wie anderswo nicht fehlt. Weitere Pfarrer des Mittelalters aber können wir nicht nennen. Im Jahre 1541, als die Parochie mit Clausdorf, Deven und Kraase schon dieselbe Ausdehnung hat, welche sie heute

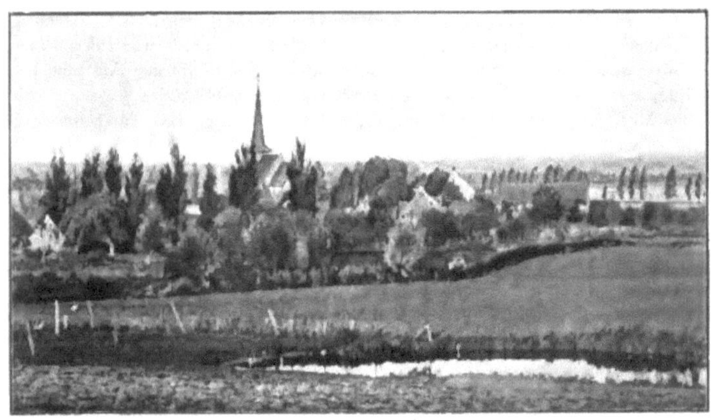

Varchentin.

besitzt, und als die von Kruse das Kirchlehn zu vergeben haben,[1]) ist Johann Sperling Pastor zu Varchentin. Anfang der siebenziger Jahre des XVI. Jahrhunderts ist es Andreas Mangelstorff, der 1577 die Konkordienformel unterschreibt und 1589 noch im Amte ist. Nach ihm nennt Cleemann in seinem Manuskript zum unvollendeten Syllabus Gustroviensium noch einen Joh. Meifarth. Von 1614 bis 1662, also 48 Jahre lang, ist Joachim Taumann Pastor zu Varchentin, einer von den wenigen Landgeistlichen, welche die ganze Leidenszeit des dreissigjährigen Krieges auf ihrer Pfarre überdauern. Als er gestorben ist, wird Kaspar Krause sein Nachfolger. Damals, 1664, sind Adam Philipp Oldenburg, Henning Kruse, Baltzer Berg und Johann Restorff's Erben im Besitz des Patronats. 1671, als Kaspar Krause das Amt eines Hofpredigers in Mirow übernimmt und Michael Jordan sein Nachfolger wird, haben das

[1]) Im Filialdorf Kraase hatten die Rostke das Kirchlehn zu vergeben.

Patronat Joh. Levin Ferber, die Kruse und Baltzer Berg. Jordan stirbt bereits 1678. Ihm folgt Johann Buchholz († 1723), und diesem im Jahre 1723, als Joh. Friedr. von Ferber alleiniger Patron zu Varchentin und Kraase ist, der Sohn Samuel Heinrich Buchholz († 1732). Nach fast fünfjähriger Vakanz folgt 1737 Joh. David Wagener († 1756), und diesem im Jahre 1758 Jakob Valentin Linde († 1813). Ueber ihn und seine Nachfolger s. Walter a. a. O.

Kirche. **Kirche.** Die Kirche besteht aus einem schmäleren Chor, der mit einem Kreuzgewölbe überspannt ist, dessen Ursprünglichkeit nicht sicher erscheint,

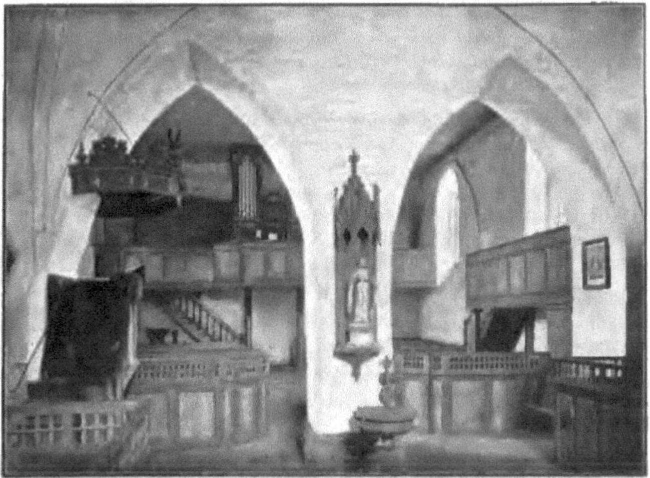

Inneres der Kirche zu Varchentin.

und an dessen Rippen keine feinere Stabform entwickelt ist. Die Oeffnung des Chors nach dem etwas breiteren Langhause hin wird durch zwei gothische Durchgangsbögen bewirkt, die einen vierseitigen Pfeiler zwischen sich haben und an die Stelle des sonst hier vorhandenen einen Triumphbogens getreten sind. Das Langhaus hat jetzt eine flache Bretterdecke, scheint aber früher ebenfalls eingewölbt gewesen zu sein, und zwar so, dass der Scheidepfeiler der beiden Triumphbogenöffnungen dabei als Träger verwandt wurde. In diesem Falle kann man annehmen, dass es mit vier kleineren Kreuzgewölben überspannt war und somit noch ein zweiter Pfeiler in der Mitte des Langhauses stand, der das Langhaus in zwei Schiffe (Frauen- und Männerseite) theilte. Die Bildung der Lichtöffnungen in der platt abschliessenden Ostwand des

Chors und in der einen Hälfte der Südwand des Langhauses lässt erkennen, dass die ursprünglichen Theile des Kirchenbaues der Zeit des Ueberganges vom romanischen zum gothischen Stile des XIII. Jahrhunderts angehören. Denn die alten Lichtöffnungen zeigen die bekannte Schlitzform der früheren Zeit. Der im Westen vorgesetzte Thurm ist ein Holzbau. Unter den architektonischen Einzelheiten der Kirche verdienen die Portale auf der Nordseite und Südseite des Langhauses, die innerhalb eines vorgeschobenen und abgetreppten Mauerkerns angelegt sind, eingehendere Beachtung. Der Ostgiebel des Chors ist Fachwerk, wie denn der ganze Bau erkennen lässt, dass er eine Zeit lang als offene Ruine dastand. Im Innern ist die Kirche in allen ihren Theilen in den fünfziger Jahren des vorigen Jahrhunderts erneuert.

Der **Predigtstuhl** der Kanzel ist aus Stein aufgemauert, der Schalldeckel gehört dem XVII. Jahrhundert an und trägt das **FERBER**'sche Wappen. — **Orgel** und **Taufständer** sind neu. Innere Einrichtung.

Die vorhandenen **Bilder** stammen zwar aus älterer Zeit, sind aber erst in neuerer Zeit vom Patron der Kirche geschenkt worden. Andere Alterthümer, darunter der Torso eines grossen Triumph-Christus, eine Mutter Gottes mit dem Kinde auf dem Schoosse, und verschiedene andere **gothische Schnitzereien**, sind in einem Nebenraum untergebracht. Zu erwähnen sind ferner ein geschnitzter Taufständer des XVI. Jahrhunderts, der von der Familie **ROSTKE** (Rostock) gestiftet ist, die Reste eines **Epitaphs** u. a. m. Bilder und zurückgestellte Schnitzwerke.

Im Thurm hängen drei **Glocken**. Die grössere (Dm. 1,22 m) hat die Inschrift **SOLI DEO GLORIA** und dabei die Angabe, dass sie unter dem Etats- und Landrath **CHRISTIAN LUDWIG KARL VON KLINGGRAEFF** und seiner Frau **MARGARETHE ELISABETH VON LÜTZOW** von **Joh. Christian Meier** zu Neustrelitz 1799 umgegossen sei, darüber Krone und Engel. Die zweite (Dm. 1,00 m) und dritte Glocke (Dm. 0,73 m) sind ohne Schrift und Zeichen. Glocken.

Vasa sacra. 1. Silbervergoldeter gothischer Kelch vom Ende des XIV. oder Anfang des XV. Jahrhunderts, auf vierpassigem Fuss, welcher so gebildet ist, dass den vier Haupträssen vier kleinere Pässe zwischengefügt sind. Auf dem Fuss ein kleiner plastischer Krucifixus als Signaculum, diesem entgegengesetzt ein dem XVI. Jahrhundert angehörendes Kruse'sches Wappen mit den Initialen **M · K·** In den Rotuli des Knaufes der Name **ihesus**, ebenso in den Annuli des Schaftes **ihesus - - cristus**. — 2. Silberner Kelch auf rundem Fuss, aus dem sich ein sechsseitiger Schaft entwickelt. Die sechs Theilflächen des Fusses sind mit Gravierungen geschmückt; die eine dieser Flächen enthält das Wappen der **MARGRETA MORDERS** mit dem Datum **1618**, während oben an der Kupa das Wappen der **GÖDELL HORN** zu sehen ist. Arbeit des Rostocker Goldschmieds **Winckelmann**. — 3. Silbervergoldeter Kelch des XVIII. Jahrhunderts, auf sechspassigem Fuss. An der Kupa zwei Doppelmonogramme unter fünfzackiger Krone, von denen das eine **F·B·V·O·** und das andere die Buchstaben **A · J · B · V · O·** enthält. Als Stadtstempel Vasa sacra.

ein dreithürmiges Thor, als Meisterstempel ein P. — 4—8. Neuer silbervergoldeter Kelch mit Patene, dazu eine Oblatendose und zwei Kannen: alle fünf Stücke neuere Hamburger Arbeiten, Geschenke des Erbherrn JENISCH auf Varchentin — 9—12. Krankengeräth, geschenkt von demselben, dazu ein kleiner Krucifixus und zwei Leuchter. Gleichfalls Hamburger Goldschmiedsarbeiten. — 13. Alter Zinnkelch, mit der Marke des englischen Zinns. — 14. Kleiner silberner Schöpflöffel, ohne Stempel.

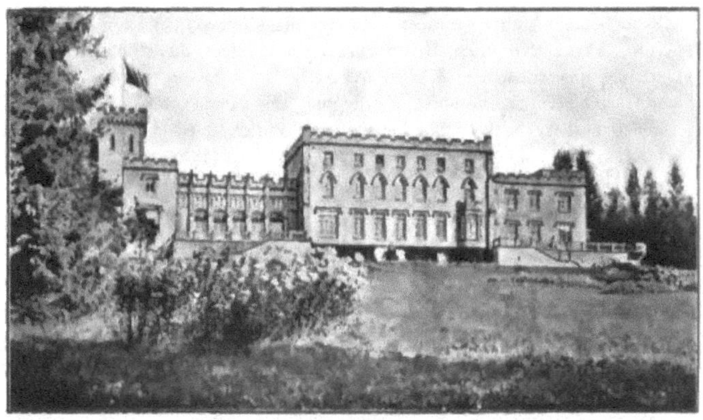

Schloss zu Varchentin.

Das Gut und Kirchdorf Varchow.[1])

Geschichte des Dorfes.

Auf der Burg zu Varchow sitzt in alter Zeit das mit der mächtigen Familie Holstein stammverwandte Geschlecht der Kruse. Schon am 13. Juli 1326 gründen vier Mitglieder dieser Familie auf Varchow die Kapelle in Lehsten.[2]) Am 22. März 1342 erscheinen Reynekinus und Thydericus fratres, dicti Krusen in villa Verchowe.[3]) Nach Art vieler alter Familien halten die Kruse, welche später auch Krause genannt werden, ihren Besitz lange fest. Noch am Anfang des siebenzehnten Jahrhunderts blüht die Familie, welche inzwischen auch die benachbarten Güter Varchentin, Kraase und Bredenfelde erwirbt, dann aber beginnt der Niedergang ihres Besitzes.[4])

[1]) 15 km südlich von Stavenhagen. »Ort des Verch«, oder Hochdorf, wenn die Ableitung von dem altslavischen »vrühü« = Gipfel richtig ist. Vgl. Kühnel, M. Jahrb. XLVI, S. 149.

[2]) M. U.-B. 4749.

[3]) M. U.-B. 6196.

[4]) Vgl. Lisch, M. Jahrb. XXIX, S. 265 ff.

Ausser den Krusen haben aber auch die von Kamptz Antheile in Varchow. Henning von Kamptz erscheint 1420 als Inhaber von vier Bauerhöfen und acht Hufen daselbst. Dass dieser Besitz ein sehr alter ist, geht aus einem Zeugenverhör vom Jahre 1574 hervor. Damals weiss keiner unter den Kamptzen anzugeben, wann und von wem sie ihn erworben haben. Da jedoch Varchow Stammlehn der Krusen ist, und eine Margaretha Kruse in ältester Zeit als Ehefrau eines Kamptz genannt wird, scheinen diese Güter von der Familie Kruse erheirathet zu sein.[1]) Die von Kamptz verkaufen sie in den Jahren 1696 und 1711 an Dietrich Otto von Winterfeld, der auch einen Kruse'schen Antheil erwirbt. Doch im Jahre 1755 kauft Joachim Ernst von Kamptz den alten Besitz zurück und bildet damit das seitdem selbstständig gewordene Gut Klein-Varchow.[2])

Der vorher berührte Niedergang des Kruse'schen Besitzes erhellt aus den unaufhörlichen Verpfändungen, welche sich durch das ganze siebenzehnte Jahrhundert hindurchziehen und mit dem im Jahre 1700 an Otto Dietrich von Winterfeld geschehenen Verkauf Varchows enden.[3]) Winterfeld erhält den Lehnbrief über das ganze Gut Varchow am 23. April 1702, muss aber bei dieser Gelegenheit auf die hohe Jagd verzichten. Wie bereits bemerkt worden, veräussert Winterfeld den früheren Kamptz'schen Antheil, welcher später das Gut Klein-Varchow bildet, 1755 an Joachim Ernst von Kamptz; der zurückbleibende Theil, welcher nunmehr das Gut Gross-Varchow bildet, geht 1756 in die Hände des Etatsraths Christian von Klinggräff über, von dem ihn 1803 der Kammerrath Johann Karl David Zimmermann erwirbt. Dessen Rechtsnachfolger ist 1821 der Rathsherr Martin Jenisch und 1828 der Banquier Gottlieb Jenisch. Im Jahre 1836 erwirbt der letztgenannte das Kunkellehn Varchentin. 1863 wird auch Varchow Kunkellehn, und heute sind beide Güter im Besitz der Gräfin Maria Anna Grote, geb. Jenisch.

Wie Varchentin, so gehört auch Varchow mit seinen älteren Filialen Bredenfelde und Lehsten nicht mehr zur Kamminer, sondern bereits zur Schweriner Diöcese und liegt somit ausserhalb des Landes Circipanien, dessen Grenze hier durch die Kittendorfer Peene gebildet wird. Die Zugehörigkeit zur Diöcese Schwerin ist überdies deutlich aus jener Urkunde vom 13. Juli 1326 zu ersehen, in welcher die von den Bewohnern des Dorfes Lehsten und von den Krusen auf Varchow neu gegründete Kirche des hl. Nikolaus zu Lehsten, an welche heute nur noch eine Glocke eine Erinnerung wachruft, durch den Bischof Johann von Schwerin als Filia zur Kirche in Varchow gelegt wird.[4]) Damals giebt es hier einen Kirchherrn Thymo (Timm). Um 1520 verräth uns die Glocke zu Lehsten den Namen des Pastors: es ist Nikolaus Mandüvel. Um 1541 ist Johann Berckow Pastor in Varchow, der (nach Cleemann) erst im Jahre 1582 gestorben sein soll. Aber als seinen Substituten und späteren

[1]) Vgl. C. J. G. von Kamptz, Geschichte der Familie von Kamptz 1871, S. 33.

[2]) Kamptz, a. a. O., § 319 ff.

[3]) Akten im Grossh. Archiv.

[4]) M. U.-B. 4749.

Nachfolger finden wir schon 1575 den Martinus Brathering auf der Pfarre. Er unterschreibt 1577 die Konkordienformel. Eine Zeit lang nennt er sich Martinus Moenius, nimmt aber später den Namen Brathering wieder an, wie aus seinen vielen Briefen an den Herzog Ulrich ersehen werden kann, und ist nachweislich noch über 1614 hinaus im Amt (nach Cleemann's Quellen bis 1622). Ihm folgt Johann Heinrici bis in die grossen Unglücksjahre 1637 und 1638, die ihn zugleich mit seinen Pfarrkindern vertilgen. Drei Personen giebt es 1648 in Lehsten, während Varchow und Bredenfelde menschenleer geworden sind. Doch 1651 berufen die von Kruse, als Inhaber des Patronats von alter Zeit her, wieder einen Pastor nach Varchow: es ist Christian Arnold Lange († 1669). Es folgen weiter: 1670 Joh. Bernhard Hartmann († 1676), 1677 Friedrich Sternhagen († 1703), 1704 Nikolaus Breddin († 1738), 1738 der Sohn Christoph Joh. Breddin († 1753 oder 1754), 1755 Adolph Christoph Bresse († 1775) und 1776 Kord Joachim Knöchel († 1801). Ueber die Geistlichen des XIX. Jahrhunderts s. Walter a. a. O.

Kirche.

Kirche. Die Kirche ist ein frühgothischer Ziegelbau auf einem Granitfundament, mit Chorschluss aus dem Achteck und mit lauter zweitheiligen Fenstern, deren Wandungen und Laibungen alt, deren Pfostungen aber neu sind. Im Innern eine neue flache Holzdecke, wie denn überhaupt die ganze Einrichtung neu ist. Das Innere des alten Thurms hat 1860 eine neue Wölbung erhalten und dient als Raum für die Taufen.[1] In einem Anbau werden noch sieben gut geschnitzte Figuren aus einem gothischen Triptychon aufbewahrt. In der Kirche hängen zwei grosse Bilder, eins vom Pastor Sternhagen (gest 1704), das andere vom Pastor Breddin, dem Schwiegersohn und Nachfolger jenes.

Glocken.

Im Thurm zwei **Glocken**. Die grössere ist ohne Inschrift und Zeichen. Die kleinere hat eine zweizeilige rund herumlaufende Inschrift in gothischen Minuskeln. Sie ist aber nur von einer Seite her erreichbar und lässt sich daher nur theilweise entziffern: . . . **hans broker · hennink · kruse · hinrick . . . . . barttolt · jochim · lanseman · v d m i e · anno · domini · mdlxviii . . . .** Aus der Jahreszahl 1568 ist somit zu ersehen, dass die Glocke zur Zeit des Pastors Johann Berchow (Barkow) gegossen worden ist.[2]

Kleinkunstwerke.

Kleinkunstwerke. 1. 2. Gothischer Kelch auf sechspassigem Fuss; auf den Rotuli des Knaufes der Name IHESVS. Als Signaculum am Fuss die Kreuzigungsgruppe. Keine Werkzeichen, weder am Kelch noch an der zugehörigen Patene. — 3. Grösserer Kelch des XVIII. Jahrhunderts auf sechspassigem Fuss, mit einem aufgelegten Krucifixus als Signaculum. Vom Rostocker Meister DL (Detlof Lehmann). Auf der Unterseite die Inschrift: **JFR · MARIA DOROTHEA STERNHAGEN ANNO 1719, 24 SEPT·** — 4. 5 Kelch

[1]) Römberg, M. Jahrb. XL, S. 211.

[2]) Die Siglen **v d m i e** bedeuten »verbum domini manet in eternum«. Hinter der Jahreszahl mag noch der Name des Giessers folgen. Es war der Glocke sehr schwer beizukommen. Vgl. Römberg, M. Jahrb. XL, S. 211.

auf rundem Fuss, auf dessen Unterseite die Inschrift steht: **CHRISTIANUS SAMUEL BREDDIEN 23 · MÄRZ 1736.** Als Stadtstempel ein dreithürmiges Thor und als Meisterstempel (I,R), ebenso auf der Patene. — 6. Geräth für die Kranken-Kommunion, Hamburger Arbeit (**B & G**). — 7. Silbervergoldete länglich runde Oblatendose, mit dem Namen der Stifterin **SOPHIA CHRISTINA STERNHAGIN** auf dem Deckel. Stadtzeichen wie bei No. 4 und 5. Als Meisterzeichen ein Cursiv-*P*. — 8. Grosse silberne Kanne, 1854 von **GOTTLIEB JENISCH** als Patron der Kirche geschenkt. Hamburger Arbeit (**B & G**). — 9. Taufbecken von Messing, mit Adam und Eva unter dem Baum.

* * *

Am **Schulhause** zu **Lehsten** hängt eine kleine Glocke, die bei Sterbefällen gebraucht wird. Sie soll ursprünglich auch ihren Platz auf dem Thurm zu Gross-Varchow gehabt haben, aber später als Vergütung für Glockengut, das von Lehsten zum Guss der Varchowschen Glocke geliefert wurde, dorthin gegeben sein. Alles das angeblich noch vor dem dreissigjährigen Kriege. Nach Niederlegung der Kirche zu Lehsten (welche erst nach dem dreissigjährigen Kriege statthatte), ist die Glocke in Lehsten geblieben. Ihre Inschrift lautet: **ano dni · m · cccccxx · her nicolaus mandubel · help · god · unde u · marya · peter ·** Zwischen den einzelnen Wörtern der Inschrift statt der Punkte kleine Blatt-Verzierungen. Schulhaus zu Lehsten.

Das Gut und Filial-Kirchdorf Bredenfelde.[1]

Das Gut Bredenfelde ist in alter Zeit unter mehrere Besitzer getheilt und kommt erst verhältnissmässig spät in eine einzige Hand. Am 12 November 1353 verleiht Fürst Bernhard von Werle den Gebrüdern Henning und Hardeloff Voss neue Besitzungen in Bredenfelde und bestätigt ihnen die alten daselbst.[2] Dies der eine Theil. Der andere Theil wird von den Krusen auf Varchentin besessen, bildet eine Pertinenz dieses Gutes und theilt dessen Schicksale bis ins neunzehnte Jahrhundert. Geschichte des Dorfes.

Die von Voss halten ihren Antheil bis zum Jahre 1702 fest; dann treten sie ihn an Vincent von Aven ab, welcher am 8. Oktober desselben Jahres um Ertheilung des Lehns über Bredenfelde bittet und den Lehnbrief erhält.[3] Nach dessen Tode übernimmt sein Tochtersohn Friedrich

[1]) Fast 14 km südsüdöstlich von Stavenhagen. Der Name wird wahrscheinlich von der alten Adelsfamilie der Brede abzuleiten sein, wenngleich wir von deren Beziehungen zum Gute nichts wissen.

[2]) M. U.-B. 7829.

[3]) Akten im Grossh. Archiv.

August von Kalkreuth in der Auseinandersetzung mit seinen Miterben das Gut, um es 1773 dem Etatsrath Christian von Klinggräff auf Chemnitz und Pinnow zu verkaufen, welcher inzwischen das Gut Varchentin mit seinen Pertinenzen, also auch mit denen in Bredenfelde erworben hat.[1])

Die Kruse'schen Antheile von Bredenfelde kommen theilweise in die Hände des Otto Dietrich von Winterfeld und in die eines Gottschalk.

Nachdem darauf die von Kruse ihre Rechte im Jahre 1693 dem Geheimrath Johann Levin Ferber abgetreten haben, erreicht dieser von Herzog Gustav Adolf die Allodificierung Varchentins nebst Pertinenzen und dessen, was er hinzuerwerben würde. Doch die Allodialität des Besitzes wird ihm durch Herzog Friedrich Wilhelm wieder genommen, dafur aber sein Besitz zum Kunkellehn gemacht, und nun gelangen 1719 auch die Antheile des Winterfeld und des Gottschalk in seinen Besitz. Daher ist Bredenfelde noch heute zum Theil Mann-, zum Theil Kunkellehn.[2]) Im Jahre 1752 stirbt der Hofmeister Johann Friedrich von Ferber auf Varchentin, Bredenfelde und Kraase, ohne Leibeserben zu hinterlassen. In Folge davon erhält seine Schwester, die verwittwete von Klinggräff, diese Güter in der Erbtheilung und tritt sie 1760 ihrem Sohn, dem Etatsrath Christian von Klinggräff ab, von dem oben bereits bemerkt ist, dass er auch den Voss'schen Antheil an Bredenfelde erwarb. Nach seinem Tode übernimmt 1809 Ernst Moritz von Heyden das nunmehr zu einem Ganzen vereinigte Gut, veräussert es aber kurz vor seinem am 29. December 1815 erfolgenden Hinscheiden an den Premier-Leutnant von Arenstorff aus dem Hause Sadelkow. Indessen macht sein Neffe Wichard Wilhelm von Heyden das agnatische Vorkaufsrecht hinsichtlich des Mannlehn-Theils geltend und erwirbt 1816 Bredenfelde durch Vergleich zurück. Seitdem ist es Heyden'scher Besitz geblieben.

Ueber die kirchlichen Verhältnisse s. bei Varchow.

Kapelle. **Kapelle.** Die Kapelle in Bredenfelde ist ganz neu, ebenso sind es die **Glocken** und die **Vasa sacra.**

Das Kirchdorf Briggow.[3])

Geschichte des Dorfes. Als Gemeke Kossebade im Jahre 1350 zusammen mit seinen Vettern und Söhnen den Berend Maltzan und dessen Brüder wegen zahlreicher schwerer Vergewaltigungen seiner Besitzungen mit Raub und Brand beim Herzog Albrecht verklagt, da nennt er unter seinen geschädigten Gütern auch

[1]) Akten im Grossh. Archiv.

[2]) Akten im Grossh. Archiv.

[3]) 12 km südsüdöstlich von Stavenhagen. Kühnel, M. Jahrb. XLVI, S. 29, verbindet den Namen Begerrowe mit den altslavischen Wortstämmen bĕgŭ = Flucht und bĕgarĭ = Läufer und übersetzt ihn mit »Ort des Bĕgar«. Das konnte also soviel sein wie der deutsche Ortsname Lauffen.

einen Hof zu Briggow (tô Begerrowe, tho Beggherow).[1]) Dreissig Jahre später, um 1381, finden wir dort auch den Knappen Günther Stalbom angesessen.[2]) Neben den von Stalbom treten nachher im XV. Jahrhundert auch die von Wozenitz (Wotzen, Wutzen) auf.[3]) Die meisten Antheile aber am Dorf erwirbt in der Folge das Kloster Ivenack, sodass es im Amtsbuch von 1565/1576 heisst, das Dorf gehöre dem Klosteramt Ivenack mit allen Rechten und Gerechtigkeiten, doch seien einzelne Bauernhöfe da, deren Eigenthum den Herren Kaspar Ganz, Joachim Arenstorff und Kune Hane gehöre. Einige dieser Antheile gehen an die Familie Voss über. Aber eine Konsolidierung des Gutes gelingt erst im XVII. Jahrhundert (1647, 1670, 1674, 1691) dem Hans Friedr. von Krackewitz, der am 25. April 1702 von Herzog Friedrich Wilhelm den Lehnbrief erwirkt. In Krackewitz'schen Händen bleibt Briggow bis 1791. In diesem Jahre geht es an die Familie von Oertzen über, die es noch heute besitzt.

Ueber die Gründung der Kirche und ihre ursprünglichen Verhältnisse ist nichts bekannt geworden. Um 1638 ist sie Filia der Kirche zu Gross-Helle. 1648 ist an beiden Orten alles wüste und leer.[4]) Man nimmt einen Anschluss an Stavenhagen in Aussicht, aber es kommt nicht dazu. Im Visitationsprotokoll von 1662 heisst es, dass die von Arenstorff das Patronat gehabt haben. Es ist ferner eine aktenmässig festgestellte Thatsache, dass der gen. von Krackewitz mit dem Arenstorff'schen Grundbesitz auch das Patronat erwirbt, und dass die Kirche unter Krackewitz'schem Patronat, und zwar zusammen mit ihrer ehemaligen Materkirche in Gross-Helle, in ein Filial-Verhältniss zur Kirche in Mölln tritt, wie es auch heute wieder besteht. Inzwischen aber ist sie mehrfach hin und her gewandert; schon im XVIII. Jahrhundert von Mölln wieder fort zur Kirche in Gross-Varchow und von dieser zur Kirche in Kastorf. Seit 1829 aber ist sie wieder mit Mölln verbunden.[5])

Kirche. Die neugothische Kirche ist 1866 in nicht gerade glücklichen Formen erbaut. Im Innern eine flache Decke, im Osten eine Apsis aus dem Achteck. Die innere Einrichtung ist ebenfalls neu und bietet nichts Bemerkenswerthes. Kirche.

Im Thurm drei **Glocken** übereinander. Die unterste und grösste Glocke (Dm. 0,97 m) ist die jüngere. Sie ist laut Inschrift 1722 unter dem Patronat des **CHRISTIAN FRIEDERICH V. KRACKEWITZ**, Hochfürstlich Mecklenburgischer Kapitän, und zur Zeit des Pastors **ANDREAS BARCKOW** zu Kastorf von **Michael Begun** gegossen worden. Die zweite Glocke (Dm. 0,91 m) ist die ältere. Sie Glocken.

[1]) M. U.-B. 7142. Das Register des Urkundenbuches identificiert allerdings Briggow und Beggerrowe, aber es ist, wie Grotefend mit Recht erinnert, nicht zu übersehen, dass es auch in Pommern ein Beggerow giebt. Hier muss also auf weitere Aufklärung gewartet werden.

[2]) M. U.-B. 11360.

[3]) Akten im Grossh. Archiv.

[4]) Groth, M. Jahrb. VI, S. 137.

[5]) Stuhr, Kirchenbücher Mecklenburgs. M. Jahrb. LX, S. 20. 21.

ist 1696 unter dem Patronat des **HANS FRIEDRICH V. KRACKEWITZ** von **Ernst Siebenbaum** gegossen. Ausserdem eine dritte Glocke. Aber sie ist so gehängt, dass sie sich nur mit den grössten Schwierigkeiten besichtigen lässt. Indessen ist uns ihre Inschrift im Inventar von 1811 erhalten. Darnach ist sie der Kirche von **MARIA ELEONORA VON KRACKEWITZ** geschenkt und 1742 von **Joh. Heinrich Scheel** in Stettin gegossen worden.

Kleinkunstwerke.

Kleinkunstwerke. 1. 2. Kelch mit Patene von dem Güstrower Goldschmied **Lenhard Mestlin**, 1715 von **URSULA ELISABETH VON KRACKEWITZ** gestiftet. Am Fusse ihr Wappen. — 3. 4. Silbervergoldeter Kelch mit Patene, gestiftet 1755 von **S • E • V • KRACKEWITZ**. Auf der Unterseite des Kelchfusses ein undeutlicher Stadtstempel neben dem Meisterstempel **J. F. M.** — 5. Länglich runde Oblatendose auf vier Füssen, gestiftet 1749 von **C • D • V • K.** Auf der Unterseite als Stadtstempel ein Thor mit drei Thürmen, als Meisterstempel **A. F. S.** — 6. Messingbecken mit Verzierungen auf dem Rande. Im Innern der Name **CHRISTOF RICHTER A • 1703**. — 7. Neues Taufbecken, gestiftet 1898 von der Familie **V • OERTZEN**.

Das Gut und Filial-Kirchdorf Tarnow.[1]

Geschichte des Dorfes.

In Tarnow sitzen schon 1273 die Dargatz. In diesem Jahre bewidmen Friedrich und Gothan Dargatz die Kirchen zu Kleeth und Tarnow und verleihen ihnen einen Priester.[2] Im Jahre 1312 vergleichen die Fürsten Nikolaus und Johann von Werle einen Streit des Klosters Reinfeld mit den Dargatz wegen des Patronates der Kirche in Kleeth.[3] Weitere Nachrichten aus dem Mittelalter fehlen. Mit dem 1505 erfolgten Aussterben der Dargatz scheint das Gut an die Maltzan gekommen zu sein, denn 1520 gehört es theilweise zu Schorssow, und später finden wir es mit dem im Maltzan'schen Besitz befindlichen Gut Kittendorf vereinigt.[4] 1625 verpfändet Franz Maltzan Tarnow an Daniel Gebben auf 20 Jahre und 1644 auf weitere 20 Jahre an die Gebben'schen Erben, welche es 1672 an Valentin Christoph von Barner cedieren. Bald darauf wird Tarnow von den von Maltzan wieder eingelöst. Wenigstens ist es 1700 schon wieder in ihrem Besitz, diesmal bis 1779. Von 1779 bis 1786 haben es die von Zülow. Dann aber ist es bis 1819 wieder in Maltzan'schen Händen. 1819 hat es Georg Haberland, 1836 Karl Neumann, 1848 Friedr. Wilh. Burchard, 1855 Karl August von Meyenn, 1860 Joh. Heinr. Karl Schüder, 1872 Gustav Adolf Bock und von 1896 an bis jetzt Gustav Franz Wendenburg.

[1] 13 km südsüdöstlich von Stavenhagen. »Ort des Turns oder »Dorndorf«. Altslavisch trŭnŭ = Dorn: Kühnel M. Jahrb. XLVI, S. 142

[2] M. U.-B. 1300.

[3] M. U.-B. 3538.

[4] Lisch, Geschl. Maltzan IV, S. 492. Akten im Grossh. Archiv.

Ueber die kirchlichen Verhältnisse siehe bei Mölln (Amtsgerichtsbezirk Penzlin). 1648 ist das Dorf, in dem es vor dem Kriege sechs Bauern und einen Kossaten gegeben hat, völlig wüst und menschenleer. 1703 werden wieder vierunddreissig Beichtkinder gezählt.[1])

Kapelle. Die Kapelle ist ein Fachwerkbau in Form eines regulären Achtecks und mit einer flachen Decke geschlossen. Die innere Einrichtung im klassicierenden Stil des XVIII. Jahrhunderts ist unbedeutend. **Altar** und **Kanzel** befinden sich an der nordwestlichen Seite. Kapelle.

Im freistehenden Glockenstuhl neben der Kapelle zwei **Glocken**, eine grössere und eine kleinere. Beide sind 1760 unter dem Patronat des KARL LUDWIG VON VIEREGGE von **Joh. Val. Schultz** in Rostock gegossen worden. Glocken.

Kleinkunstwerke. 1—3. Zwei Zinnkelche und eine Zinnpatene, alle drei mit der Marke des englischen Zinns. — 4—5. Zwei Zinnleuchter, der eine gestiftet laut Inschrift von PETER WULF 1692, der andere von FRANTZ BOOCHMANN 1692. Bei beiden als Stadtstempel der werlesche Stierkopf und der nebenstehende Meisterstempel. Kleinkunstwerke.

[1]) Groth, M. Jahrb. VI, S. 137.

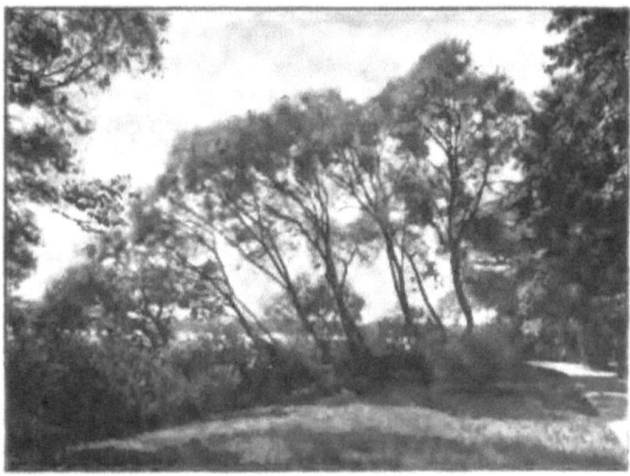

Aus dem Schlosspark zu Ivenack.

Die wichtigsten vorgeschichtlichen Stellen

in den Amtsgerichtsbezirken Teterow, Malchin und Stavenhagen.

Amtsgerichtsbezirk Teterow.

Amtsgerichtsbezirk Teterow. Teterow. Kegelgrab an der Eisenbahn bei Teterow, worin zerbrochene Aschenurnen mit zerbrannten Kinderknochen, ein Ring und eine Nadel aus Bronze, sowie mehrere Spindelsteine und Perlen gefunden wurden. Lisch, M. Jahrb. XXIX, Q.-B., S. 2.

Auf der »Borgwallinsel« im Teterower See ein Burgwall, ca. 100 Schritt lang und 40 Schritt breit, 8 m über dem Wasserspiegel. Lisch, M. Jahrb. XXVI, S. 181. Siehe o. S. 1 und 2.

Pampow. Beim Bau des neuen Hofes fand man 1847 mehrere Urnen von schwarzer und brauner Farbe mit und ohne Henkel und mit Verzierungen, die auf einen alteisenzeitlichen Begräbnissplatz schliessen lassen. Lisch, M. Jahrb. XIII, S. 381.

Levitzow. In einem früheren Grabhügel fand man im Anfang des XVIII. Jahrhunderts einen (römischen) Becher von dunkelblauem Glase, der sehr schön erhalten war. Er wird im Grossherzoglichen Museum aufbewahrt. Lisch, M. Jahrb. XXXVII B, S. 234. — Ueber neuerdings gefundene Urnengräber und Wohngruben ist noch nichts näheres bekannt geworden.

Bülow. Am See ein schöner, jetzt ebengemachter Burgwall wendischen Charakters.

Klein-Lukow. Nicht weit vom Malchiner See bei Klein-Lukow findet sich ein Hügel mit einem Erdwall, der »Burgwall« genannt. Lisch, M. Jahrbuch IV B, S. 93, XXXVIII, S. 163. Ueber einen Moorfund jüngerer Bronzezeit, sehr ähnlich denen von Basedow und Dahmen, vgl. Lisch, M. Jahrb. XIII, Seite 376.

Grubenhagen, Moltzow und **Vollrathsruhe.** Die Feldmarken von Grubenhagen, Hallalit, Steinhagen und Vollrathsruhe sind mit heidnischen Gräbern übersäet, während mitten dazwischen die Feldmark von Glocksin, wahrscheinlich durch die Ackerkultur, völlig rein von Steinen und Grabhügeln ist. Lisch, M. Jahrb. VI B, S. 70. Beltz, Vorgeschichte, S. 37. Untersucht sind erst wenige; eine Ausgrabung des Dr. Beltz bei Hallalit 1900 ergab in einem sehr grossen Kegelgrabe und anschliessendem niedrigen Grabhügel sehr werthvolle Funde aus der älteren Bronzezeit (im Besitz des Herrn von Tiele-Winckler auf Vollrathsruhe).

Hallalit. In den Tannen ein zum Theil noch erhaltenes Hünengrab; vgl. Beltz, M. Jahrb. LXVI, S. 126.

* * *

Amtsgerichtsbezirk Malchin.

Amtsgerichtsbezirk Malchin. Malchin. Der »Kätelberg«, ungefähr eine Viertelmeile von der Stadt entfernt, ist ein früherer Begräbnissplatz. Man fand dort unverbrannte Gebeine, eine granitene Steinaxt, eine Urne mit verbrannten Knochen und zwei bronzene Beschläge. Ritter, M. Jahrbuch VI B, S. 31. — Eine Viertelstunde südöstlich von der Stadt liegt der »Borgwall«. Der Burgwall bildet ein grosses rundliches Viereck, welches ca. 125 Schritt im Durchmesser hat und sich ca. 2 Meter noch über die Wiesenhöhe erhebt. Dieser Burgwall mag in heidnischer Zeit der Sitz der Verwaltung des Landes Malchin gewesen sein. Lisch, M. Jahrb. XXXVIII B, S. 174. Im Jahre 1822 wurden unter einem Steine mehrere Bronzedolche ganz alter Form angetroffen. Vgl. zuletzt Beltz, Vorgeschichte, S. 304. — Ueber ein im Hainholze 1894 zerstörtes Urnenfeld, dessen Funde zerstreut sind, ist leider nichts Näheres zu ermitteln gewesen.

Gorschendorf. An der Chaussee von Neu-Kalen wurden 1852 vier eisenzeitliche grosse Urnen gefunden, worin sich zerbrannte Knochen befanden. Lisch, M. Jahrb. XXI, S. 241. Ein, anscheinend wendisches, Skelettgräberfeld ist 1894 aufgedeckt.

Pisede. Einen an der Rostock-Neubrandenburger Chaussee gelegenen grossen ovalen Begräbnissplatz von ungefähr 22 Meter Länge und 16 Meter Breite, in welchem ein Hünengrab, zwei Kegelgräber und ausserdem noch besondere Urnen mit nicht unbedeutenden bronzezeitlichen Funden entdeckt wurden, beschreibt ausführlich Lisch, M. Jahrb. XXI, S. 234.

Basedow. Auf der Feldmark des Gutes, ungefähr 500 Schritte vom Malchiner See, stand ein Kegelgrab, in dem man Waffen und Geräthe von Bronze fand, die im Grossherzoglichen Museum aufbewahrt werden. Lisch, M. Jahrb. XXXVI B, S. 134. 135. Die Feldmark ist ungemein reich an vorgeschichtlichen Denkmälern: im Park zwei steinzeitliche Hunengräber; am Fuchsberge rechts von der Chaussee jungsteinzeitliche Flachgräber; vgl. Beltz, M. Jahrb. LXIV, S. 125. Die zahlreichen Hugel im »Thiergarten« haben sich bei Gelegenheit des Chausseebaues 1898 und durch Ausgrabungen, die Dr. Beltz damals und seitdem wiederholt vorgenommen hat, als Grabhugel erwiesen, die zum Theil der Steinzeit, zum Theil der jüngeren Bronzezeit angehören; erhalten ist ein grösseres Steinkistengrab, vgl. Beltz, M. Jahrb. LXIV, S. 123. Ueber einen jungbronzezeitlichen Moorfund berichtet Lisch, M. Jahrb. XIV, S. 320. — Die Lage des Schlosses und einige Funde machen es wahrscheinlich, dass es sich auf den Fundamenten eines wendischen Burgwalls erhebt.

Demzin. Ueber eine schöne, wohl einem Grabe entstammende Lanzenspitze vgl. Beltz, M. Jahrb. LXI, S. 210.

Lupendorf. Ein 1899 bekannt gewordenes Urnenfeld ist noch nicht weiter untersucht.

Schwinkendorf. 1842 wurden hier römische Gegenstände gefunden. Vgl. Lisch, M. Jahrb. VIII B, S. 51

15

Rothenmoor. Früher gab es ein Hünengrab an einem Berge am Gross-Studer See, darin zertrümmerte Urnen gefunden wurden. Lisch, M. Jahrb. XIII, S. 362. Die Feldmark ist überhaupt reich an Gräbern. Ein Kegelgrab mit einer Steinkiste liegt nicht weit vom Dorfe hart am Wege nach Dahmen. Ebendaselbst mehrere Grabstätten, worin bronzene Hals- und Armringe, Heftel und Knöpfe gefunden wurden. Lisch, M. Jahrb. VII B, S. 24 und XVI, Seite 260.

Sagel. Auf der Feldmark ein Burgwall. Nahebei der »Hexenberg« und auf dem Felde »Peschendorf« eine runde Stelle von 26 Schritt im Durchmesser, die mit einem alten verfallenen Graben umgeben ist. Lisch, M. Jahrbuch IV B, S. 92. Auf derselben Sagelschen Feldmark wurde eine Steinkiste von fünf starken Granitblöcken freigelegt. Darin zwei Kinderskelette und noch einige Knochen. Lisch, M. Jahrb. VIII B, S. 90.

Dahmen. Ueber einen jungbronzezeitlichen Moorfund vgl. Lisch, M. Jahrbuch X, S. 283. Beltz, Vorgeschichte, S. 71.

* * *

Amts-gerichts-bezirk Staven-hagen.

Amtsgerichtsbezirk Stavenhagen. Stavenhagen. An der Grenze des Stadtfeldes lag ein im Jahre 1283 urkundlich erwähntes Hünengrab »sepulchrum gigantis«. Die Stelle, wo dieses Grab gelegen, ist der heutige Resenberg. Lisch, M. Jahrb. III B, S. 116.

Neu-Bauhof. 1860 wurde im Moor ein Fund von Bronzen gemacht, die zu den ältesten des Landes gehören. Vgl. Lisch, M Jahrb. XXVI, S 144.

Basepohl. Von einem in den achtziger Jahren angeschnittenen und zerstörten Urnenfelde ist leider nichts erhalten als diese Nachricht.

Reutershof. Auf dem Acker des Gutes fanden sich Grabstätten, die durch Steinsetzungen im Erdboden gebildet wurden, in deren Mitte ein oder mehrere Urnen standen. In der grösseren lagen ein Ring von 2½ Centimeter Durchmesser und ein offener Armring von Bronze. Beltz, M. Jahrb. XLVII, S. 292; über spätere Funde M. Jahrb. LXI, S. 209.

Fahrenholz. In der Nähe (nach einer Beschreibung von 1584) ein alter »Wendenkirchhof«, eine dem Pastor und Küster als Acker zugewiesene vorgeschichtliche Grabstätte, für welche, wie man sieht, im XVI. Jahrhundert der Name »wendischer Kirchhof« gebraucht wurde. Von wie langer Zeit her, ist natürlich nicht zu sagen. Lisch, M. Jahrb. XXV, S. 248

Bei **Kastorf** und **Wolde** liegen Burgwälle wendischen Charakters (vgl. Lisch, M. Jahrb. XXV, S. 270 und 272), welche zu dem ausgedehnten Befestigungssystem an der Grenze des Tollenser- und Rhedarierlandes gehören. Vgl. Beltz, Vorgeschichte, S. 162 und vier Karten zur Vorgeschichte von Mecklenburg IV.

Kittendorf. Ein Hünengrab wird genannt: M. Jahrb. III B, S. 119. — Beim Bau der Chaussee von Waren nach Stavenhagen wurde auf der Feldmark Kittendorf ein Hügelgrab aufgebrochen, worin eine Urne mit zerbrannten Knochen und auf derselben ein kleines gehenkeltes Gefäss aus Thon zum Vorschein kamen. Lisch, M. Jahrb. XII, S. 414. Das Grab wurde später als ein »Römergrab« angesprochen, nachdem man noch ein unverbranntes Skelett mit Bronze- und Silbersachen römischen Ursprungs gefunden hatte. Lisch, M. Jahrb. XXXVII B, S. 223.

Clausdorf. Ein Urnenfeld älterer Eisenzeit ist 1900 von Dr. Beltz untersucht (noch nicht veröffentlicht, Funde im Grossherzoglichen Museum). — Am See ein kleiner wendischer Burgwall; nahe dabei wendische Brandgruben (Wohn- oder Grabstätten?).

Varchentin. Ueber Gräber der jüngeren Bronzezeit vgl. Lisch, M. Jahrbuch X, S. 286. Beltz, M. Jahrb. LXI, S. 219.

Schliesslich mag hier nachgetragen werden, dass im Pfarrgarten zu **Borgfeld** Ueberreste einer alten Befestigung erhalten sind, die freilich weniger auf die vorgeschichtliche Zeit als auf das Mittelalter hinweisen. Sie sind im Geviert angelegt und etwas erhöht. Der innere Umfang beträgt ungefähr 400 Schritt. Auch ist der Platz auf drei Seiten von einem 5—6 Meter breiten Graben umgeben, während er nach Westen hin an einen kleinen Teich anstösst. Schmidt, M. Jahrb. XLVI B, S. 309.

15*

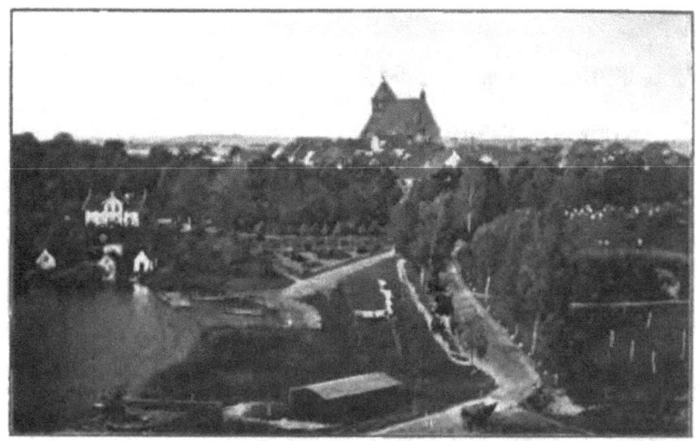

Blick auf die Stadt Penzlin.

Amtsgerichtsbezirk Penzlin.

Die Stadt Penzlin.[1]

Geschichte der Stadt.

eschichte der Stadt. Zum ersten Mal urkundlich genannt wird der Ort als Dorf unter vielen anderen Dörfern im Jahre 1170 bei der Gründung des Klosters Broda, das Fürst Kasimar von Pommern dem Domstifte zu Havelberg überweist.[2] Es sind im Tollense-Lande die Dörfer Broda (Bruode), Weitin (Woiutin), Chemnitz (Caminiz), Woggersin (Wogarzin), Lebbin (Szilubin), Kalübbe (Calubye), Passentin (Patsutin), Wulkenzin (Wolcazcin), Krukow (Crukowe), das untergegangene, anscheinend zwischen Krukow und Alt-Rehse gelegen gewesene Michnin,[3] Penzlin (Pacelin), Gross-Vielen (Vilim), Klein-Vielen (Vilim Carstici), Hohen-Zieritz (Cyrice), Wustrow (Wűzstrowe, castrum cum villa), ferner im Rhedarier-Lande (Raduir) oder Lande Stargard Podewall (Podulin), die untergegangenen Dörfer Tribenow (Tribinowe) und Wigon (Neubrandenburger Feldmark), Küssow (Cussowe), Warlin (Werdelin, Tuardulin), die nicht mehr vorhandenen Dobre und Step (Neubrandenburger

[1]) Die älteste Form des Namens ist Pacelin (1170). Dann folgen Pentzelin (1230), Pacirin (1254), Pentzellin (1263) und Penzellin (1273) u. s. w. Nach Kühnel »Ort des Pegela«.

[2]) M. U.-B. 95.

[3]) Schildt, M. Jahrb. LVI, S. 211. Vgl. dazu Lisch, M. Jahrb. III, S. 13, Anmkg. 1. Vielleicht gleichbedeutend mit Mallin. S. u. S. 255, Anmkg. 2.

Feldmark),[1]) Rowa (Rouene), Prillwitz (Priulbiz), die ehemaligen Dörfer Nicakowe und Malke (östlich von Prillwitz), Cammin (Kamino), Karlshof bei Cammin (Lang), Riepke (Ribike), Sabel (Tsaple), Gross- und Klein-Nemerow (Nimyrow), das ehemalige Malkowe bei Stargard, Stargard selbst, sowie das ganze Gebiet zwischen der Liepz, dem Woblitz-See (stagnum Woblesko) und der Havel bis nach Götebend (Chotibanz) hinauf, wobei dann die derzeit wüst gelegenen Dörfer zwischen Vielen, Gotebend, der Liepz und der Havel noch im Besonderen wiederholt werden. Doch muss hierzu bemerkt werden, dass die Bestätigungsurkunde von 1182 etwas sparsamer mit den Namen umgeht und dass es Gründe giebt, die Urkunde von 1170 für eine spätere Unterschiebung zu halten, wenngleich die Mehrzahl der in ihr vorgebrachten Thatsachen durch nachfolgende echte Bestätigungsurkunden als bestehende erwiesen werden.[2]) In der Bestätigungsurkunde von 1182 steht nichts weiter als: . . . . confirmamus videlicet uillam Bröd . . . et has uillas: Wigon, Woitin, Reze et Wolcaz, Cameniz, Vilin et desertas uillas, que a Uilin inter fines Chotebanz, Lipiz et Hauulam iacent. Und darauf wird, wie auch in der Urkunde von 1170, die Saline in Golchen (Cholchele) nördlich von Treptow hinzugefügt.[3])

Dem sei wie ihm wolle: für die Geschichte von Penzlin hat es eine Bedeutung, bei dieser Gelegenheit jenes weite mecklenburgische Gebiet ein bis zwei deutsche Meilen weit im Umkreis von Broda und Neubrandenburg und nach Südwesten zu — wenn die Angabe in den älteren Urkunden genau zu nehmen ist — sogar mehr als doppelt so weit ins Auge zu fassen, über welches damals der Herzog von Pommern gebietet, und festzustellen, dass Penzlin davon umfasst und zugleich mit allen andern genannten Ortschaften der Havelberger Diöcese zugewiesen wird. Wie nun dieses Gebiet des alten Tolensaner- und Rhedarier-Landes, das in den Verwüstungskriegen des Sachsenherzogs Heinrichs des Löwen hart mitgenommen war, einige Jahrzehnte später nicht mehr unter der Herrschaft der pommerschen Herzöge sondern unter der des Heinrich Borwin und seiner Söhne steht, ohne dass die Ursache dieser Veränderung, die Art und Weise, wie sie geschah, und der Vertrag, durch den sie besiegelt ward, bekannt geworden wären, das ist einer Urkunde des Jahres 1263 zu entnehmen. Aus dieser Urkunde, in welcher der S t a d t Penzlin von Fürst Nikolaus von Werle ihre Privilegien bestätigt werden, ist zu ersehen, dass Penzlin von dem Vater des Fürsten, Heinrich Borwin dem jungeren, der von 1219 an Mitregent ist und 1226 aus dem Leben scheidet, zur Stadt erhoben und mit dem Schweriner Stadtrecht bewidmet worden war: ein Ereigniss, das zwischen 1219 und 1226 und unter anderen politischen Verhältnissen geschehen sein musste als denen von 1170 und 1182.[4]) Mochte nun freilich dieses Brodaer Gebiet, soweit es jetzt nicht mehr zu Pommern gehörte, ebenso wie

[1]) Lisch, M. Jahrb. III, S. 17. 30.

[2]) Beyer, M. Jahrb. XXXVII, S. 114.

[3]) M. U.-B. 135. Vgl. Lisch, M. Jahrb. III, S. 22, über die »desertae villae«. Ebendaselbst S. 148 bis 150 über die Havelseen.

[4]) M. U.-B. 987. Vgl. Rudloff, Hdb. I, S. 205.

wieder ein Jahrzehnt später auch das nördlich davon gelegene Circipanien,[1]) für Mecklenburg noch längere Zeit hindurch ein unsicherer Besitz bleiben, der durch den Wechsel des Verhältnisses zu Pommern und Brandenburg gefährdet werden konnte:[2]) so ist doch zu begreifen, dass das Kloster Broda in der Folge ebenso eifrig die Bestätigungen seines Besitzes durch die mecklenburgischen Herren, d. i. die Herren von Werle, wie die durch die pommerschen Herzöge suchte.[3]) Uebrigens lassen es sich die Herren von Werle angelegen sein, auch an ihrem Theile den Besitz des Klosters erheblich zu vermehren, indem sie ihm folgende Güter und Rechte überweisen, für welche eine Urkunde vom 23. April 1273 grundleglich zu machen ist, nicht aber, wie früher geschehen, jene Urkunde vom 24. April 1230, welche als eine spätere Ableitung aus der vorhergenannten von 1273 und ausserdem als eine Fälschung erwiesen ist, da sie einen zum Theil erst im XIV. Jahrhundert eingetretenen Besitzstand des Klosters als einen schon in der ersten Hälfte des XIII. Jahrhunderts vorhandenen hingestellt wissen will.[4]) Die Güter und Rechte, welche dem Kloster von werlescher Seite im Jahre 1273 zu Theil werden und wobei auch Penzlin eine erhebliche Rolle spielt, sind die Kirche zu Waren mit Dorf und fünfzehn Hufen zu Schwenzin, ein Antheil an den drei obersten Aalwehren zwischen der Müritz und dem Kölpin, d. h. deren Nutzniessung in jeder zehnten Nacht, Freidorf (Vrychdorp oder Bornhof bei Ankershagen) mit fünfzig Hufen und mit drei Seen (cum tribus stagnis, de quibus effluit aqua que Hauele nuncupatur), zehn Hägerhufen zu Rumpshagen, die Kirche zu Ankershagen mit fünftehalb Hufen, die Kirche zu Penzlin mit zwölf zur Wedem gehörenden Morgen Ackers sammt der Kirche und zwei Hufen auf dem Schmort,[5]) acht Hufen zu Klokow, von deren Ertrag das Kloster die Cura für die Vikarei auf dem fürstlichen Schlosse zu Penzlin zu übernehmen hat, und endlich das Eigenthum der Mühle zwischen Freidorf und Pieverstorf.[6])

[1]) M. Kunst- u. Gesch.-Denkm. I, S. 519 (537). V, S. 85 (Malchin) und 154 (Stavenhagen).

[2]) M. U.-B. 1449. Anmkg. Vgl. Wehrmann, Barnim von Werle, M. Jahrb. LXIII, S. 132. 134.

[3]) M. U.-B. 377. 563.

[4]) Wigger, M. U.-B. 1284, Anmkg. Vgl. Lisch, M. Jahrb. III, S. 32 und 33. Wie die Urkunde 377, so ist auch die Urkunde vom 22. September 1312 (Nr. 3563) ein späteres Machwerk und aus gleichen Gründen wie jene als eine Fälschung anzusehen. Wirkliche oder vermeintliche Rechtsansprüche mit Transsumpten durchzusetzen, die zu diesem Zweck eigens zurechtgemacht wurden, war eine weit verbreitete und lange dauernde Unsitte des Mittelalters: vgl. auch Koppmann im M. Jahrb. LVI, S. 232, zu M. U.-B. 7230 (die grosse Mühle zu Penzlin mit Stadtsee und Oberteich betreffend).

[5]) M. U.-B. 1695.

[6]) M. U.-B. 1284. Das Patronat über die Kirche in Gross-Lukow erhält Broda erst am 30. Juli 1304, und die Patronate der Kirchen zu Falkenhagen mit der Tochterkirche zu Schönau, zu Federow mit der Tochterkirche zu Kargow, und zu Schlön erhält Broda am 14. März 1331, indem es dafür das Patronat über die Kirche zu Waren an die Fürsten zu Werle zurückgiebt. Vgl. M. U.-B. 2945. 5226. 5247. Dazu die späteren Bestätigungsurkunden der Fürsten von Werle, Mecklenburg und des Papstes Alexander VI. a. d. H. Borgia aus dem XV. Jahrhundert (bezw. 1402, 1482, 1500), welche durch die gefälschte Urkunde vom 24. April 1230 getäuscht wurden. Vgl. Lisch, M. Jahrb. III, S. 206—210. 229. 230. Nicht zu übersehen ist bei der Aufzählung der

Dass die Stadt Penzlin den Mittelpunkt einer Vogtei bildet, ersieht man zuerst aus einer Urkunde vom 12. März 1274 [1]) 1283 fungieren drei Geistliche an der dortigen Kirche, der Pleban Dietrich und zwei Kaplane, die Priester Nikolaus und Jakobus. Es ist dies zu jener Zeit, als Fürst Heinrich I. von Werle auf Grund einer werleschen Landestheilung, von der wir sonst nichts wissen, in demjenigen Theile die Herrschaft hat, in welchem Penzlin liegt.[2]) Wie dann nach seiner Ermordung durch die eigenen beiden Söhne Nikolaus und Heinrich am 8. Oktober 1291 der ältere Sohn das Land verlässt und der jüngere längere Zeit auf dem Schloss zu Penzlin residiert, bis ihn hier die strafende Hand Nikolaus II. von Werle ereilt, indem es einem der Vasallen des letztgenannten, dem Heinrich von Goldstedt, im Jahre 1307 oder 1308 gelingt, Stadt und Burg Penzlin ihm abzunehmen: das alles erfahren wir nur zum geringeren Theile aus Urkunden, zum grösseren aber aus den Annalisten und Chronisten jener Zeit. Die Kombinierung beider aber bietet Schwierigkeiten, auf die wir hier nicht eingehen können [3]) Thatsache ist, dass Nikolaus II. von Werle, Herr zu Parchim und Güstrow, nach Vertreibung der Vatermörder im Lande Penzlin die Zügel in die Hand nimmt, und dass wir daher die Verleihung des »Grapenwerders« bei Penzlin an die von Rosenhagen am 28 September 1309 keinem anderen Nikolaus von Werle als ihm zuzuschreiben haben.[4]) Am 28. November 1311 vollzieht auch sein Bruder und Mitregent, Fürst Johann von Werle, einen Regierungsakt zu Penzlin.[5]) Nach dem Tode Nikolaus II. im Jahre 1316 aber gehen bei der nunmehrigen werleschen Landestheilung Stadt und Land Penzlin in diejenige Hälfte über, von welcher Güstrow die Vorderstadt ist.[6]) Es sind die Gebiete von Güstrow, Krakow, Plau, Röbel, Penzlin, Kalen und Waren, die (mit Ausnahme von Waren) solange vereinigt bleiben, als das Haus Werle Güstrow besteht, das den Besitz der beiden davon getrennten Linien Werle-Parchim-Goldberg (1316—1374) und Werle-Waren (1347—1425) zuletzt wieder an sich nimmt, d. i also bis zu dem vollständigen Erlöschen des Hauses Werle im Jahre 1436 [7]) In dieser Zeit von 1316 bis 1436 lösen vier Fürstengenerationen einander ab. Doch residieren sie nicht auf ihrer Burg in Penzlin, sondern auf der in Güstrow Die Burg zu Penzlin wird daher Wohnsitz der fürstlichen Vögte, z. B. des Heine von Holstein, der

Patronate der Ausdruck der päpstlichen Urkunde »jus patronatus seu presentandi personas idoneas ad parrochiales ecclesias opidorum et villarum ..... Hauelbergensis ac aliarum diocesium ....« (d. i. der Havelberger und Schweriner Diöcese).

[1]) M. U.-B. 1317.

[2]) M. U.-B. 1695. Vgl. Wigger, M. Jahrb. L., S. 223.

[3]) Ueber das ältere Quellen-Material und die einschlägige neuere Literatur vgl. Wigger, Stammtafeln, M. Jahrb. L., S 224 227. — Koppmann, Detmar-Chronik I, S. 372. Stichert, Nikolaus II. von Werle (Rostocker Schulprogramm von 1891). Koppmann, Zur Gesch. Nikolaus II. von Werle, M Jahrb. LVI, S. 230—236. — Wehrmann, Barnim von Werle, M. Jahrb. LXIII S 130—137.

[4]) M. U.-B. 3345. Dazu Wigger, M. Jahrb. L., S. 227.

[5]) M. U. B. 3498.

[6]) M. U.-B. 3860.

[7]) Wigger, M. Jahrb. L., S. 253.

uns in der ersten Hälfte des XIV. Jahrhunderts (1328—1341) als ein einflussreicher Mann entgegentritt.

In welcher Weise damals Fürst Johann von Werle gewaltthätigen Vasallen seines Landes gegenüber die Geistlichkeit schützt, zeigt der Fall seines Hofkaplans, des Penzliner Kirchherrn Arnold, im Jahre 1317. Diesen hat Siegfried Metzeke mit Wort und That auf das Allerschwerste verletzt. Metzeke und nicht weniger als vierzehn Helfershelfer haben ihn mit Worten geschmäht und ausserdem mit Schlägen und Verwundungen aufs Uebelste zugerichtet. Dafür wird Metzeke zunächst mit einer empfindlichen Vermögensstrafe angesehen, dann aber auch sammt seinen Komplizen zu einer Büsser-Prozession verurtheilt, die darin besteht, dass sämmtliche funfzehn Uebelthäter an einem von dem geschädigten Pfarrer zu bestimmenden kirchlichen Festtage, nur mit Hemd und Hosen bekleidet (depositis omnibus indumentis, camisia tamen et bracis retentis) und ein Wachslicht in der Hand tragend, vom Thatort her in die Stadt gehen (deuoto accessu), einen Umgang auf dem Kirchhofe machen (cum tota decencia), von den funfzehn Wachslichtern acht dem beleidigten Pfarrer übergeben (die er seiner Kirche stiften möge, wenn er wolle), mit den sieben übrigen Lichtern aber sieben andere Kirchen der Brodaer Präpositur besuchen und auf deren Kirchhöfen den gleichen Umgang mit Zurücklassung je eines Lichtes vollziehen.[1]) Zwei Jahre später, 1319, hören wir von einem Kaland zu Penzlin und von der Stiftung einer Vikarei an dem den Kalandsherren gehörenden St. Annen-Altar in der Pfarrkirche durch die Gebrüder Wokenstedt (Wakenstedt) auf Gross-Lukow.[2]) Auch von Privaten in der Stadt werden Pfarrer und Pfarrkirche reichlich bedacht.[3]) Die Stadt selbst vergrössert ihre Kämmerei durch Ankauf des Dorfes Schmort im Jahre 1327.[4]) Mit einer Hebung von achtzehn Mark aus drei Hufen in Schmort und mit einem Wispel Roggen und Gerste aus der dortigen Mühle stiftet acht Jahre später der dem Vogte Heine Holstein eng befreundete Kirchherr Walter in Penzlin eine Vikarei bei den Domherren in der Kirche zu Broda, und Heine Holstein bestätigt wiederum zwei Jahre darauf nicht bloss diese That seines Freundes, sondern fugt aus eigenem Vermögen noch einen Wispel Kornes hinzu, der aus derselben Schmorter Mühle zu heben ist.[5]) Walter aber ist inzwischen selber Kanonikus von Broda geworden. Auch des Weiteren erfreut sich Broda einer Vermehrung seiner Einkünfte durch Vermittlung des Bischofs Dietrich von Havelberg nicht bloss aus den Kirchen zu Neubrandenburg, Ankershagen, Lukow und Wulkenzin, sondern auch aus der von Penzlin. Aus der Penzliner Kirche, welche, wie wir im Jahre 1348 bei Gelegenheit einer Aufbesserung der Wokenstedt'schen Vikarei erfahren, den Titel Nikolai-

[1]) M. U.-B. 3940.

[2]) M. U.-B. 4042. Vgl. dazu 6834. 10872.

[3]) M. U.-B. 4687. 4963

[4]) M. U.-B. 4835.

[5]) M. U.-B. 5619. 5740. 6139. Vgl. auch die Holstein'sche Memorienstiftung von 1346: M. U.-B. 6657.

Kirche (ecclesia parrochialis beati Nicolai) führt, ist es eine Hebung von jährlich 50 Mark Wendisch.[1])

Bei der Schlichtung von Streitigkeiten zwischen denen von Werle auf einer Seite und dem Bischof Heinrich von Schwerin und dem Herzog Albrecht von Mecklenburg auf anderer Seite durch den Herzog Rudolf von Sachsen setzen Nikolaus III. und Bernhard, Fürsten von Werle (in der zweiten Generation nach der Theilung von 1316), am 2. Juli 1342 für ihr Versprechen, sich dem Schiedsspruch zu unterwerfen, Schloss, Stadt und Land Penzlin zum Pfande.[2]) Indessen kommt es nicht zu diesem Schiedsspruch, sondern es tritt dafür bald nachher eine auch in den nachfolgenden Jahren mehrmals wiederholte und aufs Neue bekräftigte Erbvereinigung und Erbverbrüderung zwischen Werle und Mecklenburg ein, welche auf die Dauer werthvoller und wirkungsvoller wird als ein einmaliger Schiedsspruch.[3]) Darauf hat es selbstverständlich keinen Einfluss, dass bei der abermaligen Theilung des Werle-Güstrower Landes am 14. Juli 1347 Penzlin mit Röbel, Wredenhagen und Waren vereinigt wird.[4])

In der Folgezeit werden die Bündnisse und Verträge zwischen den Häusern Werle und Mecklenburg mehrfach erneuert.[5]) Auch stellen sich die Fürsten von Werle dadurch, dass sie ihre Lande im Jahre 1374 von der Krone Böhmen zu Lehn nehmen, ebenso unter den Schutz Kaiser Karl's IV., wie es die mecklenburgischen Herzöge schon im Jahre 1348 gethan hatten, indem sie sich ihre Lande als Reichslehn von demselben Kaiser bestätigen liessen.[6]) Die Stadt Penzlin, welcher Fürst Bernhard von Werle am 11. Januar 1353 Freiheit von dem bisherigen Ausfuhrzoll, der für Getreide und Waaren bezahlt werden musste, verliehen hatte, wird für die Landfriedenskontingente mit zehn Mann eingeschätzt, ganz ebenso wie die Städte Grevesmühlen, Gnoien, Gadebusch, Ribnitz, Hard, Lychen, Roebel, Teterow, Malchow, Plau und Neukalen.[7]) Für den Verkehr, den das Kloster Broda mit der Stadt unterhält, ist es von Wichtigkeit, dass der Krukower Pfarrer Johann von Reval am 10. März 1356 auf seinen Todesfall dem Kloster ausser seinem beweglichen Nachlass auch einen Hof in der Stadt vermacht, um damit seine Dankbarkeit

---

[1]) M. U.-B. 5960. Vgl. 6834.

[2]) M. U.-B. 6223.

[3]) M. U.-B. 6254. 6271. 6434. Rudloff, Hdb. II, S. 285.

[4]) M. U.-B. 6779.

[5]) M. U.-B. 7524. 7712. 7731. 7771. 7881. 7911. 8234. 9008. 9935. 10560.

[6]) M. U.-B. 10561. 10569. Vgl. dazu 6860.

[7]) M. U.-B. 7524. 7698. Die bei 7698 in der Anmerkung aufgeworfene Frage, ob nicht »adducentibus« statt »abducentibus« geschrieben werden müsse, ist an sich berechtigt. Denn das vel der mittelalterlichen Urkunden dieser Zeit und Gattung ist, dem klassischen Sprachgebrauch entgegen, in der Regel gleich aut und nicht gleich sive. In diesem Fall würde es sich dann um die Freiheit nicht bloss von einem Ausfuhrzoll, sondern auch von einem Einfuhrzoll handeln. Allein der Verfasser des Wort- und Sach-Registers zum Urkundenbuch (s. angaria, Ausfuhr, Zoll, unplicht) zieht es vor, hier nur den Ausfuhr-Zoll und daher »abducentibus« stehen und »vel« gleich »seu« gelten zu lassen.

für die ihm gewährte Bruderschaft und Theilnahme an den guten Werken sowie für das Versprechen eines Begräbnisses innerhalb des Klosters zu bezeugen.[1]) Zu den weiteren Vortheilen, die das Kloster aus der Stadt zu ziehen weiss, gehört auch die Inkorporierung der Penzliner Pfarrkirche zugleich mit der Neubrandenburger und der Ankershäger Kirche am 15. September 1354 durch den Bischof Burchard von Havelberg, um dem angeblich von übelwollenden Menschen und Gewalthabern, von Räubern, Dieben und Feuersbrünsten häufig und arg mitgenommenen Kloster (ex creberrimis malignancium et tyrannorum incursibus variisque rapinis et incendiis) damit aufzuhelfen. Die Sache erlebt übrigens noch zwanzig Jahre später eine von Rom her angeordnete gründliche Nachprüfung.[2])

Während der Zeit, in welcher Penzlin zum Hause Werle-Waren gehört und unter der Herrschaft des Fürsten Bernhard II. steht, sind es besonders zwei Vasallen, die uns als einflussreiche Vertrauensmänner des Landesherrn urkundlich bekannt werden, zuerst Klaus von Plasten in den fünfziger und sechziger Jahren des XIV. Jahrhunderts, der eine Zeitlang Pfandinhaber der Länder Waren und Penzlin ist, und von 1378 an Wedege von Plote, den der Fürst zum Hauptmann der Länder Waren und Penzlin ernennt und mit den weitgehendsten Befugnissen ausstattet.[3]) Von Wedege von Plote geht dreiundzwanzig Jahre später, nämlich am 30. August 1395, die Hälfte des Landes Penzlin zu treuen Händen an die von Voss über.[4]) Und nun nähert sich die Zeit, wo die von Maltzan als Pfandherren an die Reihe kommen. Zuerst im Jahre 1414. Am 14. December dieses Jahres nämlich beurkunden die Fürsten Balthasar und Christoph von Werle, die letzten ihres Hauses, dass sie dem Lüdeke Maltzan und seinem Sohne Heinrich Hans, Stadt und Land Penzlin mit der grossen und kleinen Bede, allem Hundekorn, allen Zehnten, mit Katen- und Münzpfennigen, mit Wasser, Weide, Holz, mit Mühlen, Zöllen, mit allen Bauern- und Burgdiensten, mit allem Acker- und Pflugwerk, höchstem und niederstem Gericht, mit Bruchgefällen und sonstigen Nutzniessungen aller Art für 3000 Mark guter lübischer Silberpfennige verpfändet haben, und zwar so, dass alle in diesem Pfandgebiet wohnenden Leute bei den Maltzanen bleiben, auch Bürgermeister, Rathmannen und ganze Gemeinde zu Penzlin ihnen huldigen, das Schloss aber den Fürsten offen bleiben solle, ohne dass dies jenen zum Nachtheil gereichen dürfe.[5])

[1]) M. U.-B. 8203.

[2]) M. U.-B. 7982. 9118. 10719. 10760. 10762. 10770.

[3]) M. U.-B. 9008. 11119.

[4]) Ungedruckte Urkunde im Grossh. Archiv. Vgl. Lisch, Geschl. Maltzan II, S. 501.

[5]) Lisch, Geschl. Maltzan III, S. 494—501. Die zu dem Pfandgebiet gehörende und besonders namhaft gemachte Walwens-Mühle bei Chemnitz heisst später Küsels-Mühle (Lisch, a. a. O., S. 501), ist aber heute nicht mehr da. Lisch vermuthet nicht ohne Grund, dass diese Verpfändung des Landes Penzlin im Jahre 1414 im Zusammenhang stehe mit der Wiedereinlösung des Landes Stavenhagen aus Maltzan'schen Händen um dieselbe Zeit. Vgl. a. a. O., S. 285. — Ueber die Walwens-Mühle, die ihren Namen von dem Probst Walwanus zu Broda (1283—1309) führt, vgl. Boll, Chronik der Stadt Neubrandenburg, S. 22. 307.

Wie sehr aber derartige Verpfändungen, bei denen wesentliche Hoheitsrechte der Fürsten allzu leichten Kaufes preisgegeben wurden, dem landesherrlichen Ansehen schadeten, das wird durch nichts mehr bewiesen als durch jene urkundlich bekannt gewordenen vier Raub- und Beutezüge des vorhin genannten Heinrich Maltzan, die er mit zahlreichen ritterbürtigen Komplicen aus der Penzliner Gegend (. . . ok meneliken de wonen vnde hussittende sin in deme lande to Pentzelin) und überhaupt aus dem Lande Werle in den Jahren 1426 bis 1428 gegen die mecklenburgischen Lande unternimmt, als die Herzogin Katharina die Vormundschaft über ihre minderjährigen Söhne, die Herzöge Heinrich und Johann, ausübt. Der erste Zug führt die beutelustigen Kämpen bis in die Gegend von Schwerin nach Pinnow und Steinfeld, wo Ochsen, Kühe, Schweine, Schafe, Pferde und Plünderwaare (plunderware) mitgenommen werden. Der zweite Zug geht bis nach Neubukow und Neukloster, der dritte in die Vogtei Mecklenburg nach Lübow, Masslow, Moltow und Wietow, und der vierte in die Schwaaner Gegend: alles das mit einer Schädigung, die nach den damaligen Verhältnissen über 30000 Mark Lübisch berechnet wird. Das Schlimmste aber ist, dass sogar der werlesche Landesherr die Eide seiner Vorfahren gegen die blutsverwandten Herzöge von Mecklenburg vergisst, »dar de van Wenden suluen to siner kokene affkregh ix stighe koye vnde iiii^{c} schap, de sin voget Werneke Cremmon vamme Sterneberge dreff mit sinem knechte Bertolt Hockenoghen.«[1]) Und ein ganz besonders unritterliches Gepräge erhalten diese Raubzüge dadurch, dass die Minderjährigkeit der mecklenburgischen Herzöge und die Regentschaft einer Frau ohne Anstand dazu ausgenutzt werden. Bei solchen Anschauungen in der Vasallenschaft des Landes kann es kaum Verwunderung erregen, dass das Raubwesen im XV. und XVI. Jahrhundert zuletzt geradezu sportmässig betrieben wird und endlich das Verlangen nach einer gründlichen und durchgreifenden Reformation aller Verhältnisse überall in der Welt zu Tage tritt.

Nachdem darauf zehn Jahre später die mecklenburgischen Herzöge in die Herrschaft über die werleschen Lande eingetreten sind und am 14. December des Jahres 1436 auch von Penzlin Besitz ergriffen haben, da fügen sich selbstverständlich auch die Pfandinhaber des Landes.[2]) Als aber nach drittehalb Jahrzehnten die mecklenburgischen Herzöge die Rückgabe des halben verpfändeten Landes Penzlin fordern und damit bei Joachim und Lüdeke Maltzan (wanachtig thome Wolde) auf Weigerung stossen, da bleibt jenen nichts als die Aussicht auf eine offene Fehde, um derentwillen sie am 14. Oktober 1462 mit dem Bischof Wedege von Havelberg ein Bündniss schliessen.[3]) Doch wird glücklicher Weise nichts daraus, denn schon am 1. December 1463 kommt es in Waren zu einer Einigung zwischen beiden Theilen, den Herzögen auf einer und den »duchtigen lenen getruwen Jachymme vnd Ludeken Moltzane tome

[1]) Lisch, Geschl. Maltzan II, S. 574—77 (Urk. CCCCXXV).

[2]) Rudloff, Hdb. II, S. 741.

[3]) Lisch, Geschl. Maltzan III, S. 304—306 (Urk. DLXXXIV).

Wolde vnd eren heren vnd frunden« auf der andern Seite. Die Herzöge versprechen zu Martini nächsten Jahres 3000 Mark Sundisch (dredusent Stralen marc penninge) und ausserdem noch 300 Mark Finkenaugen zu bezahlen, wofür die von Maltzan die Urbede (Orbör) eingelöst und wiederversetzt hatten; die von Maltzan dagegen machen sich anheischig, Schloss, Stadt und Vogtei Penzlin wieder zu übergeben und alle Urkunden, die sie darüber von den wendischen Herren haben, auszuliefern.[1]) Doch bleibt dieser Vertrag ein unvollzogenes Pergament, wie Urkunden vom 20. März 1464, 13. Juli 1467 und 18. Juli 1475 hinlänglich beweisen, welche Mahnungen um die ausgebliebenen Zahlungen, erneute Versprechungen und sogar die Zurückweisung einer Beschwerde der von Maltzan beim Rostocker Rath durch den Herzog Heinrich enthalten.[2]) Das Ende dieser Sache ist endlich jene berühmte Fehde des erbitterten Bernd Maltzan auf Wolde mit den Herzögen Albrecht und Magnus von Mecklenburg, von welcher neben den lübischen Chroniken auch zahlreiche Urkunden berichten,[3]) und aus der man erkennt, dass die Penzliner Sache der Kern und Schwerpunkt ist, dass aber zuletzt, trotz vieler Schwierigkeiten, welche die wechselnde Haltung des betheiligten Pommern-Herzogs verursacht, die Autorität der mecklenburgischen Landesherren das Uebergewicht erlangt.[4]) Der eigenmächtige und gewaltige Bernd bezwingt sich selber, lenkt ein und gilt endlich in seinen alten Tagen als der trefflichste und verständigste Rath des jungen Herzogs Heinrich, für den er in den Jahren 1512 und 1513 die wichtigsten Missionen auszurichten hat, wie auch schon im Jahre 1500 für dessen Vater, den Herzog Magnus.

Die Abtretung von Schloss, Stadt und Land Penzlin an die Herzöge erfolgt am 6. August 1479, und die Entschädigung der von Maltzan auf Wolde besteht darin, dass sie die Güter Gädebehn, Klein-Helle, Krukow und die Anwartschaft auf die Lehngüter Gützkow und Tützpatz erhalten.[5]) Bei der nachfolgenden Landestheilung am 13. Januar 1480 unter die drei Brüder, die Herzöge Albrecht (VI.), Magnus (II.) und Balthasar, erhält der erstgenannte das ganze Fürstenthum Wenden mit Ausnahme der Stadt Waren, des Landes, der Stadt und Vogtei Penzlin, des Klosters Broda, des Landes und der Stadt Röbel sowie der Vogtei Wredenhagen und der Bede in dieser. Diese ausgenommenen Theile und die übrigen Lande, Mecklenburg, Stargard, Rostock, Gnoien und die Grafschaft Schwerin kommen zu gesammter Hand an die Herzöge Magnus und Balthasar. Doch reserviert sich Herzog Albrecht u. a. die Fischerei bei Waren, einen See bei Penzlin und die Hoheit über die

---

[1]) Lisch, Geschl. Maltzan III, S. 316. 317 (Urk. DLXXXVIII). Rudloff, Hdb. II, S. 782.

[2]) Lisch, Geschl. Maltzan III, S. 328. 329. 343—45. 393. 394 (Urk. DXCIV. DCIII. DCXXVIII).

[3]) Vgl. besonders Urk. DCLVIII und DCLIX bei Lisch, a. a. O. IV, S. 59—64.

[4]) Eine ausführliche Darstellung dieser Fehde mit allen Quellen ist in der Geschichte des Geschlechts Maltzan von Lisch, IV, S. 7—19 enthalten. Urkunden DCXXXVI—DCLIV. DCLVIII. DCLIX.

[5]) Lisch, a. a. O. IV, S. 59—64 (Urk. DCLVIII und DCLIX).

Brodaer Klostergüter in der Vogtei Stavenhagen, während die Brüder die Ablager-Rechte in den Malchower und Dobbertiner Klostergütern behalten.[1]) Als Herzog Albrecht 1483 stirbt, da treten die Herzöge Magnus und Balthasar auch in dessen Herrschaft zu gesammter Hand ein.[2]) Und nun erleben wir, dass der »gewaltige« Berend Maltzan, von dessen Thaten und Unternehmungen alle Welt zu erzählen wusste, bereits im Jahre 1500 wieder im Pfandbesitz von Schloss und Stadt Penzlin erscheint, und dass dieser Pfandbesitz, der wie kein anderer des Schweisses der Edlen werth befunden war, ein Jahr darauf, nämlich am 16. und 18. Juli 1501, von den Herzögen Magnus und Balthasar und den Söhnen des erstgenannten, den jungen Herzögen Heinrich (V.), Erich und Albrecht (VII.), in ein Maltzan'sches Erblehn zu gesammter Hand umgewandelt wird.[3]) Tempora mutantur nos et mutamur in illis. Darauf werden Rath und Bürgerschaft der Stadt Penzlin von den Herzögen ihrer Huldigungspflicht entlassen und an ihren neuen Herrn auf Wolde verwiesen, der ihnen alle bisherigen landesherrlichen Privilegien bestätigt.[4]) Und nachdem derselbe Bernd ein Jahr vorher, nämlich den 5. August 1500, mit dem Hauptgute Kittendorf und allen dazu gehörenden anderen Nebengütern, auf denen das ausgestorbene Geschlecht der von Breide gesessen hatte, belehnt worden war, fügen die Herzöge am 14. August 1501 die bisher von Henning Stute auf Dewen zu Lehn getragenen und nun vor ihnen aufgelassenen Güter und Dörfer Ave und Marin nebst dem Acker auf dem Schmorter Felde und der dortigen Mühle hinzu, und am 16. Juni 1503 auch die ihm verpfändet gewesenen Güter Gädebehn (Gotebende) und Kastorf.[5]) Weitere Belehnungen erfolgen am 12. September 1505 (mit dem vierten Theil des Schlosses und »Städtchens« Prillwitz und den dazu gehörenden Gütern, die Heinrich von Heidebreke an Bernd Maltzan abgestanden hat) und am 18. Juni 1510 (mit dem durch Aussterben der von Passentin heimgefallenen Lehngut Passentin).[6]) Zwar kommt es noch einmal im Jahre 1514 zu schweren Irrungen zwischen den Herzögen und dem Bernd Maltzan theils in Folge von unbegreiflichen Vergewaltigungen, womit sich dieser an denen von Putlitz und Bülow vergangen, theils aber auch wegen Besitzstreitigkeiten, und Bernd ist nahe daran, seine Güter zu verlieren, doch wird das Aeusserste zu rechter Zeit durch Furbitte seiner Gemahlin Gödel von Alvensleben beim Kurfursten von Brandenburg abgewandt. Der Kurfürst übernimmt die Vermittlung, auch andere hohe Herren verwenden sich für ihn, und so kommt es am 28. März 1516 zu einem Vergleich, durch welchen Bernd unter der Verpflichtung, den Herzögen einen Monat lang mit sechzig Reisigen zu dienen, in seine Güter Penzlin und Kittendorf wieder ein-

[1]) Rudloff, Hdb. II, S. 823. 824.

[2]) Wigger, M. Jahrb. I., S. 195. 197. 200.

[3]) Lisch, a. a. O. IV, S. 161–179 (Urkunde DCCII [a–e] ff., besonders DCCLXII und DCCLXXIX).

[4]) A. a. O. IV, Urk. DCCLXVIII. DCCLXIX. DCCLXX.

[5]) A. a. O. IV, Urk. DCCLXVII. DCCLXXI. DCCLXXXIII.

[6]) A. a. O. IV, Urk. DCCLXXXVIII. DCCCXIV. Vgl. dazu DCCCXVI.

gesetzt wird.[1]) Es erfolgt sogar am 18. Januar 1517 eine neue förmliche Belehnung mit Stadt und Schloss Penzlin, die mit der vom 18 Juli 1501 wörtlich übereinstimmt.[2]) Von da ab hören wir nichts mehr von Bernd bis zu seinem im Jahre 1525 erfolgten Tode. Der alte fehdelustige Recke des Mittelalters wird den Geist der anbrechenden neuen Zeit erkannt haben, und auf dem Schloss zu Penzlin, wo er zuletzt wohnte, wird jene Stille des Alters über ihn gekommen sein, für welche der Lärm in der Welt nicht mehr taugt.

Die Familiengeschichte der von Maltzan und die Stadtgeschichte von Penzlin fliessen von nun an so zusammen, dass wir für diese auf jene verweisen können und daher nur noch bemerken wollen, dass von den beiden Söhnen des alten Berend, Joachim und Georg, der erstgenannte im Jahre 1529 die Herrschaft Wartenberg in Schlesien ankauft, dass daraufhin beide Brüder am 2. August 1530 vom König Ferdinand von Böhmen und Ungarn zu »Freiherrn zu Wartenberg und Penzlin« ernannt und als solche von Kaiser Karl V. am 12. August 1530 bestätigt werden, dass Joachim die Wartenbergsche und Georg die Penzlinsche Linie begründet, welche 1774 ausstirbt, dass aber schon am 28. März 1702 durch den Puchower Vertrag Stadt, Schloss und Vogtei Penzlin auf die Wartenbergsche Linie übergehen, sowie dass am 4. Oktober 1777 zwischen den von Maltzan und der Stadt Penzlin ein Vergleich stattfindet, durch den diese jenen einen Theil der von ihr bis dahin bestritten gewesenen Rechte, wie z. B. Verpflichtung der Stadt zur Huldigung, das Recht der Rathswahl, die Fräulein-Steuer, das Recht, das Maltzan'sche Wappen an das Rathhaus und an die Thore zu schlagen, u. a. m., für 3300 Thaler Gold abkauft und ihre volle Unmittelbarkeit und Landsässigkeit erlangt.[3]) Die Nieder-Gerichtsbarkeit, welche sich die von Maltzan vorbehalten, verliert erst im Jahre 1879 durch die neue Gerichtsorganisation, ihre frühere Bedeutung, sodass heute von den ehemaligen Privilegien hauptsächlich nur noch das Kirchen-Patronat und die Urbede übrig geblieben sind.[4])

Für alles Uebrige aus der Geschichte der Stadt verweisen wir hier auf die Chronik von dem ehemaligen Penzliner Stadtschul-Rektor Eduard Danneil, die 1873 im Selbstverlage des Verfassers erschienen ist. U. a. findet sich darin auf Seite 61—70 ein im Anschluss an die Geschichte der Kirche gegebenes Verzeichniss der Präpositi und Pastoren evangelischer Zeit, das bald nach der Reformation anhebt. Wenn es aber auf Seite 64 heisst, dass die Geistlichen vor der Reformation völlig unbekannt seien, so ist das nicht richtig. Ausser den schon oben genannten Plebanen und Vikaren giebt es noch eine gar nicht kleine Reihe anderer, deren Namen aus Urkunden auf uns gekommen und in den Personen-Registern des mecklenburgischen Urkundenbuches (unter Penzlin)

[1]) A. a. O. IV, Urk. DCCCXXXI—DCCCXXXIV. DCCCXXXVII. DCCCXLI—DCCCXLIV.

[2]) A. a. O. V, Urk. DCCCCVI. DCCCCX.

[3]) A. a. O. V, Urk. DCCCCXXVI. DCCCCXXVII. MCXI. Ed. Danneil, Chronik der Burg und Stadt Penzlin (Penzlin 1873), S. 21, 33, 34, 38 ff.

[4]) Der Dammzoll wird 1806 durch die Grossherzogliche Regierung für 2500 Thaler abgelöst und 1867 gänzlich aufgehoben. Danneil, a. a. O., S. 21.

zu finden sind. Aber auch über die Geistlichen nach der Reformation, und im Besonderen nach der noch vor 1552 erfolgten Aufhebung des Prämonstratenser-Klosters Broda, welches das Patronat der Penzliner Kirche besessen hatte, giebt es mehr Nachrichten, als bis jetzt bekannt waren. Sie finden sich in den Akten des Grossherzoglichen Archivs, welche das ebengenannte Patronat betreffen, das die von Maltzan auch im XVI. und XVII. Jahrhundert ohne weitere Verbriefung als das ihrige angesehen wissen wollen. Am 23. Juni 1606 berufen sich nämlich die von Maltzan, deren Ansprüche der Herzog Ulrich im Jahre 1594 durchaus nicht anerkannt hatte, darauf, dass ihre Vorfahren, Vater und Grossvater, die Penzliner Pastoren eingesetzt hätten, so z. B. den Pastor Stephan Gebhard, der später von ihnen abgesetzt sei und bei Heinrich Schmeker als Pastor zu Belitz ein Unterkommen gefunden habe, und nach diesem den Pastor Heinrich Dorgelow (Dorgeloe), der im Jahre 1565 an der Pest gestorben sei. Nach dessen Tode sei Andreas Vielitz von ihnen berufen worden, ebenso der ihm zugesellte Kaplan Bernd und dessen Nachfolger Joachim Schwampe sowie auch der Kaplan Kaspar Koch (der offenbar als dritter Geistlicher an der Kirche und ihren Filialen zu dienen hat). An die Stelle von Vielitz († 1593) sei Nikolaus Burmeister berufen worden, und als dann von ihnen, den von Maltzan, als zweiter neben Burmeister Er Marcus gewünscht worden sei, da habe Herzog Ulrich den Kaspar Koch dafür eingesetzt. Das sei auf Betrieb von dessen Verwandten und Freunden in der Stadt und wider ihre Wünsche geschehen. Kombiniert man nun diese Nachrichten mit anderen Angaben und z. B. mit der in Schröder's evangelischem Mecklenburg III, S. 329, über die Unterschriften der Formula Concordiae im Jahre 1577, so ergiebt sich die Reihenfolge der evangelischen Pastoren wie folgt: bald nach 1552 Er Stephan Gebhard und nach dessen Abgang Er Heinrich Dorgelow († 1565). Es folgt Er Andreas Vielitz († 1593). Sein erster Kaplan ist Er Bernd, der schon vor 1577 gestorben sein muss, da in diesem Jahre der nach Bernd's Tode berufene Er Joachim Schwampe mit Vielitz zusammen die Konkordienformel unterschreibt. Aber als dritte Unterschrift eines Penzliner Geistlichen finden wir 1577 die des Joannes Godschalcus, von dem die Akten des Archivs nichts zu berichten wissen. An dessen Stelle tritt 1581 Er Kaspar Koch, auf den die von Maltzan später nicht gut zu sprechen sind. Denn als es sich 1594, nach der Berufung des Ern Nikolaus Burmeister in die Stelle von Vielitz, um den zweiten Geistlichen handelt, da sagt der für Koch eintretende Rath der Stadt in einem Schreiben an den Herzog Ulrich vom 8. November 1594, dass Koch dreizehn Jahre lang Prediger in Penzlin gewesen sei. Burmeister aber, der vor seiner Berufung nach Penzlin sechs Jahre lang in Ribnitz Pastor und Rektor scholae gewesen (also von 1589 bis 1595) lebt bis 1632 und erhält 1628 einen Substituten an Nikolaus Meinichius. Inzwischen ist Koch gestorben (1616) und als zweiter Geistlicher Joachim Schreck (Schreccius) 1617 an seine Stelle getreten, der bis 1622 in Penzlin als Prediger wirkt und dann nach Gadebusch geht. Im Jahre 1632 sind M. Stephanus Lehmann (Leomannus) und Nikolaus Meinke (Meinichius) die beiden Prediger, von einem dritten ist keine Rede mehr. Lehmann wird also 1628 oder 1633 der Nachfolger von Schreccius, also zweiter Prediger, geworden sein, nach Burmeister's Tode aber erster, und Burmeister's Substitut Meinke als zweiter an Lehmann's Stelle getreten sein. 1643 dagegen, als die alles Leben hinraffenden harten Kriegsjahre 1637 und 1638 ihre Wirkung gethan haben, da scheint Meinke der einzige Prediger in Penzlin zu sein. Er stirbt 1653. Von da ab stimmen die Nachrichten in Danneils Chronik mit den Akten im Archiv.

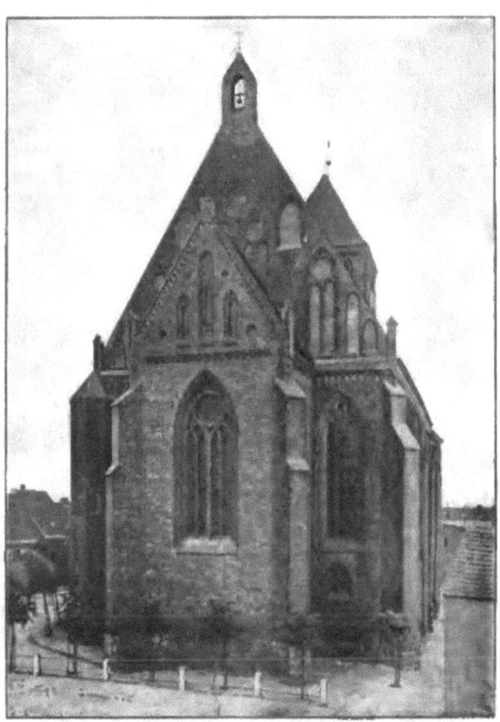

Das Ost-Ende der Kirche zu Penzlin.

Die v. Maltzan erneuern 1617 und 1628 ihre Versuche, das Patronat der Kirche als das ihrige zu erstreiten. Aber vergebens. Erst am 15. April 1702 lässt sich der Herzog Friedrich Wilhelm bereit finden, dem Baron und Oberst Hans Heinrich von Maltzan eine förmliche Confirmatio juris patronatus zu ertheilen.[1])

Dass Puchow in kirchlicher Beziehung schon 1326 mit Penzlin verbunden ist, lässt eine Urkunde dieses Jahres erkennen.[2]) Es wird daher die dort schon im Mittelalter erbaute Kirche oder Kapelle ebenso zur Havelberger Diöcese gehört haben wie die Penzliner Mutterkirche selber. Dasselbe gilt ohne Zweifel auch von den zwei anderen Filialen Lübkow und Lapitz, die uns

[1]) Vgl. Lehnakten von Penzlin im Grossh. Archiv.

[2]) M. U.-B. 4687.

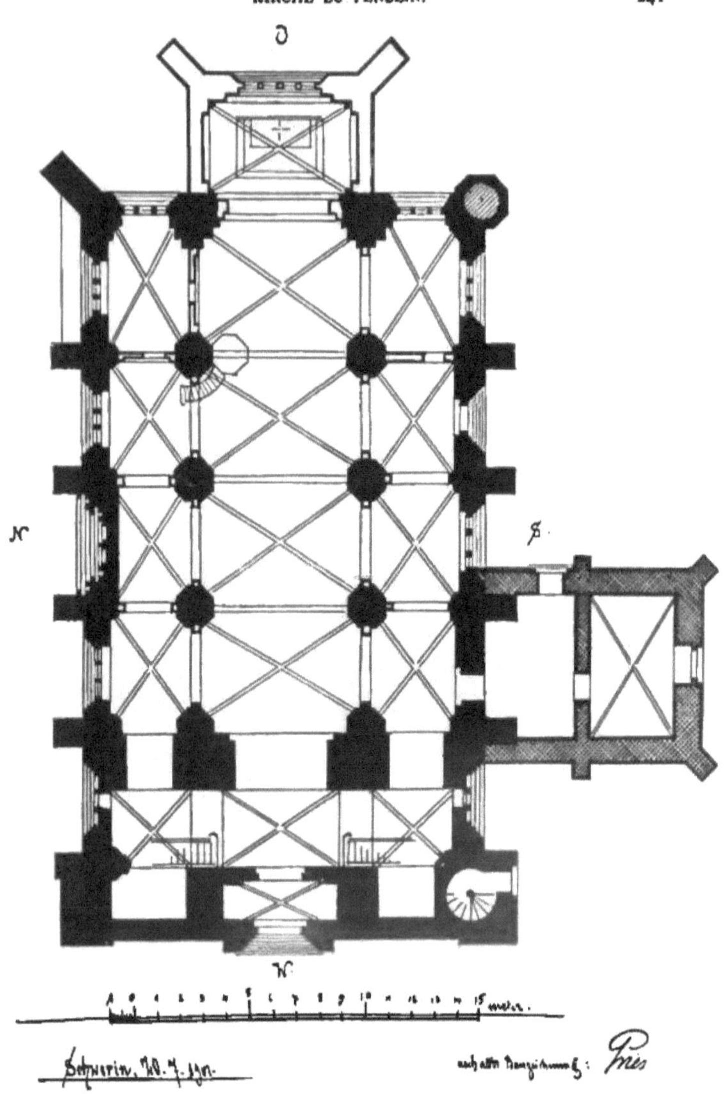

Grundriss der Kirche zu Penzlin.

10

freilich als solche urkundlich nicht eher denn im Jahre 1582 bei Gelegenheit der vom Herzog Ulrich angeordneten Visitation entgegentreten.[1]) Ein negativer Beweis hierfür ist der, dass ihre Namen nicht in dem schon öfter angezogenen »Verzeichnus der Pfarrlehen und Kirchenn in den Schwerinischen Stifftssprengel gehörig« vorkommen.[2]) Ueber das kirchliche Verhältniss von Wrodow s. unter Wrodow.

Die Kirche.

Beschreibung des Baues.

Baubeschreibung. Die Pfarrkirche, oder St. Nikolai-Kirche, zu Penzlin besteht aus einem dreischiffigen Langhaus, einer im Jahre 1877 angebauten Apsis, deren Ostwand platt abschliesst, und aus einem über dem Westende aufsteigenden Thurm, dessen Höhe nach einem Brande von 1725 so verkürzt ist, dass das Walmdach unmittelbar über dem Dachfirst des Langhauses anfängt. Der Ostgiebel des Langhauses läuft seit 1877 in einen fialenartigen Maueraufsatz aus, in welchem die sogen. Klingglocke hängt. Unter dem Dach des Thurmes ein aus gothischen Vierpässen zusammengesetzter Fries, unter dem

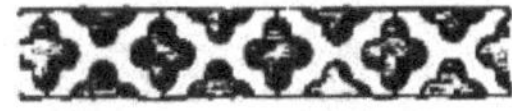

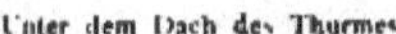

Unter dem Dach des Thurmes.

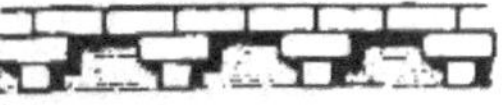

Unter dem Dach der Seitenkapelle.

Dach des Schiffes ein aus Rund- und Kleeblattbögen kombinierter Fries, und unter dem Dache der Seitenkapelle ein abgetreppter Zickzackfries. An der Süd- und Westseite finden sich auch noch mehrere Rundmarken und Längsrillen. Der stark modernisierte Innenraum ist mit spitzbogigen Rippengewölben eingedeckt. Die an der Südwestseite angebaute Kapelle, welche der Familie von Maltzan als Grabkapelle dient, ist, wie aus dem verwitterten Mauerwerk und besonders aus dem hier gebrauchten gedrückten frühgothischen Spitzbogen geschlossen werden darf, wesentlich älter als der im steileren hochgothischen Bogen aufgeführte Hauptbau. Die früher allem Anscheine nach gewölbt gewesene Kapelle hat jetzt ein roh aufgesetztes — innen unverkleidet gebliebenes — Satteldach Ein hohes, jetzt bis auf eine kleine Thür zugemauertes Portal lässt darauf schliessen, dass die Kapelle im Mittelalter einen Theil der Kirche bildete, also wohl die »Garwekamer« oder Sakristei war.

Altar.

Das Gemälde im Aufsatz des **Altars** aus dem Ende des XIX. Jahrhunderts stammt von Professor **Kannengiesser**-Neustrelitz. An der Vorderwand

[1]) Danneil irrt, wenn er auch die Visitationen von 1534 und 1541 heranzieht. Sie enthalten nichts von der unter das Brodaer Kloster-Patronat gekommenen Penzliner Kirche.

[2]) Vgl. Wigger, Annalen, S. 132. 133.

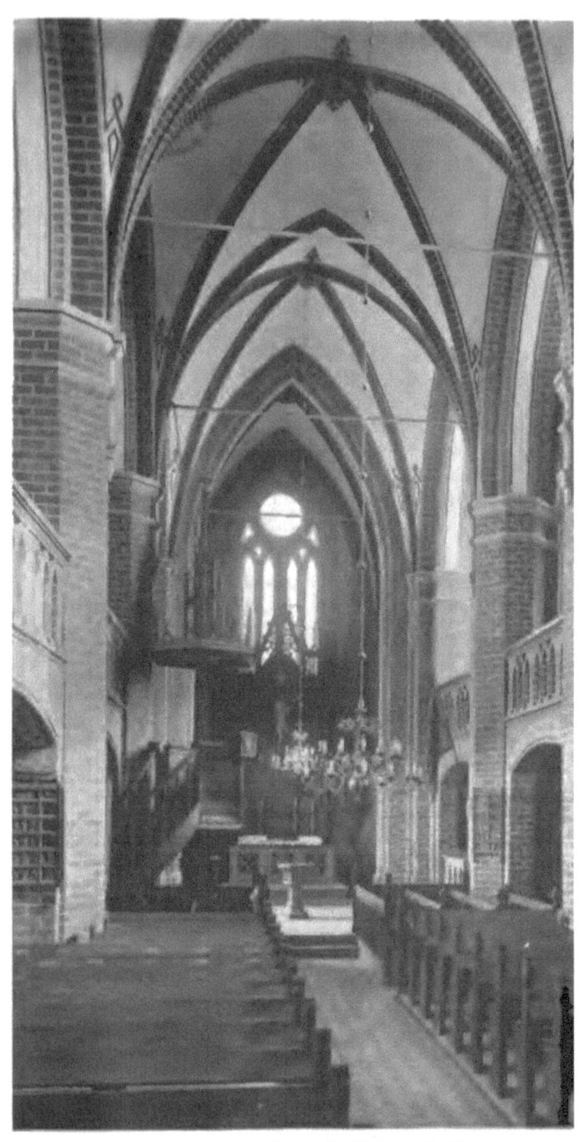

Inneres der Kirche zu Penzlin.

des älteren Altaraufbaues die Wappen des **JOSEPH FREIHERRN VON MALTZAN** und der **JOHANNE GRÄFIN VON LUCKNER.**

Die in Holz geschnitzte **Kanzel** ist ein Werk vom Ende des XVIII. Kanzel.
Jahrhunderts.

An dem **Orgel-Prospekt** im Zopf-Stil Orgel-
vom Ende des XVIII. Jahrhunderts dieselben Prospekt.
Wappen wie am Altar.

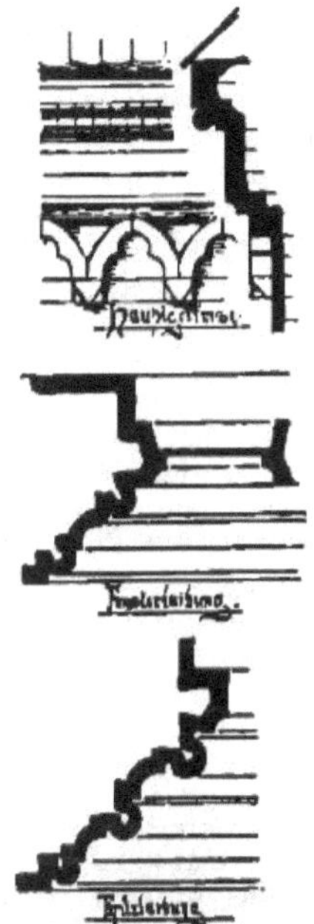

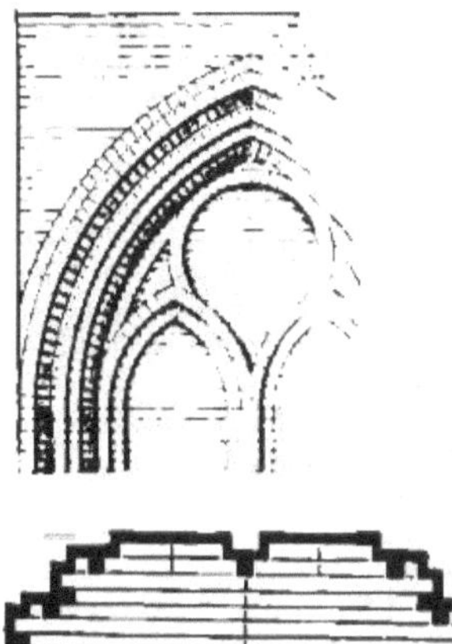

Ueber den Chorschranken eine alte **Land-** Alte
sturm-Fahne mit der Inschrift: **DIESER** Landsturm-
FAHNE FOLGEND, VERTHEIDIGTE IM BE- Fahne.
FREIUNGSKRIEGE 1813 · DER LANDSTURM DES PENZLINER KREISES DIE GRÄNZEN DES VATERLANDES. Unter einem *F. F.* (ein Monogramm mit Krone) ein Rosenkranz mit der Inschrift: **WELCKE NIMMER.** Unter dem Penzliner Stadtwappen die Inschrift: **NIEMALS RUCKWÄRTZ 1804.**

Die **Glocken** der Penzliner Kirche gehören sämmtlich jüngeren Zeiten Glocken.
an, d. h. als Umgüsse aus älteren Glocken. Es sind ihrer drei. Die grösste ist 1791 unter dem Patronat des Freiherrn **JOSEPH VON MALTZAN** von **Joh. Christ. Meyer** in Neustrelitz gegossen worden; die mittlere 1820 von **Valentin Schultz** zu Rostock, und die kleinere 1735 unter dem Patronat des Freiherrn **OTTO JULIUS VON MALTZAN** von dem Penzliner Glockengiesser **J. C. Altrichter.**[1])

[1]) Die mittlere Glocke hatte eine Vorgängerin von dem Penzliner Glockengiesser J. C. Altrichter. Die Inschriften aller drei Glocken sind vollständig bei Danneil, a. a. O., S. 56, zu lesen.

16*

Grabstein.

Grabstein. In der Mitte der Kirche ein Stein mit einer eigenartigen Inschrift: ALHIER RUHET IN GOTT EIN FRÜHEZEITIG VERWELKTES BLÜMELEIN LUDEWICUS DIETERICH GEBHARDT DERSELBE IST GEBOHREN IN DER VORSTADT PERWER VOR SALTZWEDEL D · 13 · JULIJ ANNO 1716 U · IST SEELIG ALHIER VERSTORBEN DEN 10TEN APRIL 1736 SEINES ALTERS 19 JAHR 9 MONAHT LEICHENTEXT HIOB 16 V 22 · U · 17 C · V 1 · (Hier folgt der ganze Text) VALE TERRA SALVE COELUM · DIESES HABEN ZUM WOLVERDIENTEN ANDENCKEN LEGEN LASSEN J · GEBHARDT E · M · RIEMSCHN̄DERIN.

Kleinkunstwerke.

Kleinkunstwerke. 1. 2. Abendmahlskelch, aus einem älteren profanen Trinkgefäss im Jahre 1837 umgearbeitet. Mit schwebenden Putten an der Kupa. Der Fuss ist neu. Die Inschrift des älteren Theiles besteht in Namen und Jahreszahl: GEORGUS JULIUS VON MALTZAN, FREIHERR V · PENZLIN UND WARTENBERG · 1702. Ohne Stempel. Die jetzt dazu gebrauchte Patene ist neu. (P) (IFG). — 3. 4. Kelch mit der Inschrift: EX RUINA INCENDII 1725 DEN 11 SEPTEMBER REPARARI CURAVERUNT 1731 PASTORES ET OECON. Stadtzeichen ein dreithurmiges Thor, Meisterzeichen (IR). Patene mit denselben Zeichen. — 5. 6. Zinnkelch von 1691, mit der Bezeichnung EHRENS SCHMIDT. Patene mit der Bezeichnung E S. — 7. 8. Zinnkelch aus dem XVIII. Jahrhundert, im Kelchboden eingestempelt eine weibliche Figur mit W N. Die Patene hat als Stempel ein dreithürmiges (das Friedländer?) Thor und als Meisterzeichen C H. — 9. Noch ein Kelch mit dem Gustrower Stadtzeichen (G) und dem Meisterstempel des zwischen 1698 und 1701 nachweisbaren Joh. Hans Friedr. Molstorf: (FM). — 10. Ovale Oblatendose von 1733, mit einem Monogramm aus den Buchstaben *J. J. L.* unter einer Krone, darunter Palmzweige. Inschrift: GOTT ZU EHREN UND ZUM GESEGNETEN ANDENCKEN DER LINDEMANNISCHEN FAMILIE IN PENZLIN GAB DIESES DER KIRCHEN DASELBST JOHANN JACOB LINDEMANN. Als Stadtzeichen ein Adler, und als Meisterzeichen ein D in einem Barockschild, ausserdem auch das Beschauzeichen in Form eines Zickzackstriches: 〰〰. — 11. Schenkkanne von 1835 mit den Stempeln (P) und (IFG) (J. F. Gotthardt in Penzlin, s. o.). — 12. Löffelchen mit denselben Zeichen wie die Kanne. — 13. 14. Zwei Zinnleuchter mit später angesetzten Fussen und der Inschrift: CHRISTIAN FRIEDRICH STOLL CATRINA MARIA STOLLN 1760. Stempel: Friedlander (?) Thor und W N. — 15. Klingebeutel mit der Inschrift auf der Tulle: BARON FERDINAND MALTZAHN 1794 D · 26TEN SEPT ·

Burg Penzlin.[1])

Nördlich von der Stadt, ungefähr siebenzig Schritte von dem letzten enggeschlossenen Häuser-Komplex entfernt, liegen neben einander die »alte« und die »neue« Burg. Die neue Burg ist ein erst im XIX. Jahrhundert er- Die Burg Penzlin.

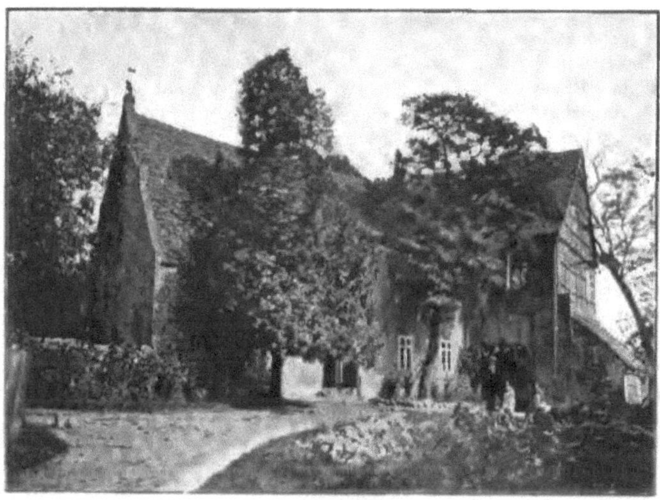

Die alte Burg Penzlin.

bautes, äusserlich einfach erscheinendes grosses geräumiges »Herrenhaus«, das mit einer Burganlage im Sinne des Mittelalters nichts als den zu drei Vierteln ziemlich schroff und tief zu Wasser und Wiese abfallenden Platz gemeinsam

[1]) Wir folgen hier einem lesenswerthen Aufsatze von Otto Piper, den er in den »Meckl. Anzeigen« Nr. 69 (24. März 1883) veröffentlicht hat: »Mecklenburgische Burgreste. II. Penzlin.« — Eine weitverbreitete Ansicht der Burg von Penzlin ist die von Gottheil im »Mecklenb. Album« (Hamburg-Berendsohn); aber sie ist derart mit willkürlichen malerischen Zusätzen versehen, mit Thürmen und gothischen Wandbildungen aller Art, dass sie dem wirklichen Bestande gegenüber als werthlos bezeichnet werden muss.

hat und zu einem Viertel mit einem gleich hohen Landrücken zusammenhängt. Die südlich von der neuen Burg und jenseits der genannten, burggrabenartig vertieften Schlucht gelegene alte Burg aber stellt sich als Rest einer in der Zeit der Renaissance mehrfach veränderten mittelalterlichen Anlage dar, die wir uns nach Analogie anderer Bauten dieser Art (in Wismar, Parchim, Malchin u. s. w.) anscheinend so vorzustellen haben, dass sie zu einem Theile die Stadtmauer berührte oder in sich aufnahm und dass der etwas höher gelegene, jetzt wieder mit der alten Burg durch eine Holzbrücke verbundene Platz der neuen Burg die »Vorburg« oder das »Vorwerk« (ouvrage avancé) zu bilden bestimmt war. Die alte Burg besteht aus zwei rechtwinklig an einander liegenden Gebäudetheilen, deren Architektur freilich nach aussen hin auch nichts Burgartiges mehr aufzuweisen hat. Die erwähnte Holzbrücke führt von dem Hügel der neuen Burg zu einem spitzbogig geschlossenen Eingange des Längsgebäudes der alten Burg hinüber. Bei diesem spitzbogigen Eingange sieht man das älteste Mauerwerk der Burg, soweit dessen Verwitterung hierauf schliessen lässt. Die Spitzbogenthür »führt zunächst in einen Raum, der wie noch deutlich zu sehen ist, seiner Zeit in seinem ganzen Umfange von einem Rauchfangmantel überdacht war. Wir haben hier also eine vormalige Küche nicht geringen Alters und damit dieselbe Einrichtung wie z. B. auf dem noch erhaltenen Falkenstein im Harz, wo auch ein nur für Fussgänger passierbarer Nebeneingang durch die Küche in den Burghof führt.«

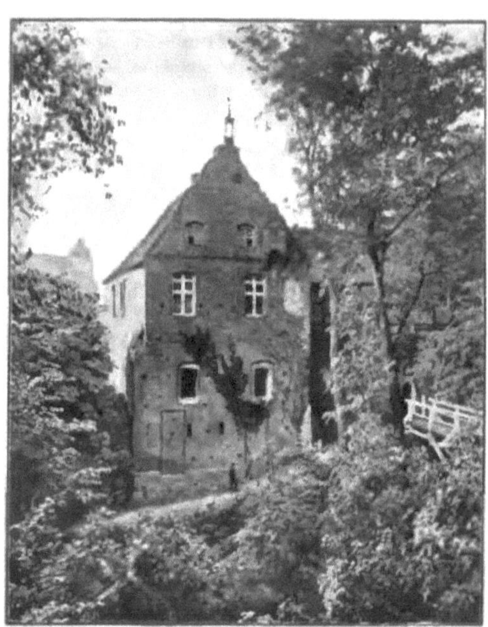
Ein Theil der alten Burg Penzlin.

Neben dieser Spitzbogenthür, und zwar da, wo Längs- und Quergebäude an einander stossen, haben sich Spuren des ehemaligen Berchfrits der Burg gefunden,[1]) ebenso ungefähr fünfzig Schritt zu beiden Seiten des Berchfrits die Spuren von Vertheidigungsthürmen in der Mauer, welche Burg und Stadt umschloss. Endlich sieht man noch im Erdgeschoss des Quergebäudes eine mit gothischen Kreuzgewölben überdeckte Halle, doch wird man auch sofort gewahr, dass sie durch eingesetzte Scherwände ihre Wirkung verloren hat.

Zur Zeit aber interessieren an der alten Burg weitaus am meisten die erhaltenen »Hexenkeller«.

»Aus einem niedrigen Balkenkeller unter dem Längsgebäude führt unter einer Fallthüre eine enge Steintreppe von achtzehn Stufen in einen zweiten völlig finsteren Keller hinab, welcher, 6,75 zu 2,75 m in der Grundfläche messend, mit Ziegeln ausgemauert und mit einem Tonnengewölbe überspannt ist. An der einen Längsseite dieses Kellers zeigen sich nun in halber Wandhöhe drei Nischen von 1,75 m Höhe und 0,92 m Breite, deren untere Hälfte etwa 35 cm, die obere doppelt so weit hineinspringt. Auf diese inmitten der Mauer angebrachten Steinsitze wurden der Tradition nach die Hexen angeschlossen, und in der That zeigen die bei allen Nischen gleichartig in die Mauer eingelassenen, jetzt zumeist abgebrochenen, zum Theil aber noch mit daran hängenden runden Klammern erhaltenen Eisenbolzen unwiderleglich, dass hier Menschen am Hals, der Brust, beiden Armen und Füssen enge an die Wand angeschlossen worden sind. Zum Theil noch erhaltene starke Hespen u. s. w. lassen ausserdem erkennen, dass jede Nische durch eine schwere Thür abgeschlossen wurde, während ein für jede derselben aus der Mauer herausragender länglicher Felsstein offenbar ein Ausheben dieser Thür verhindern sollte.«

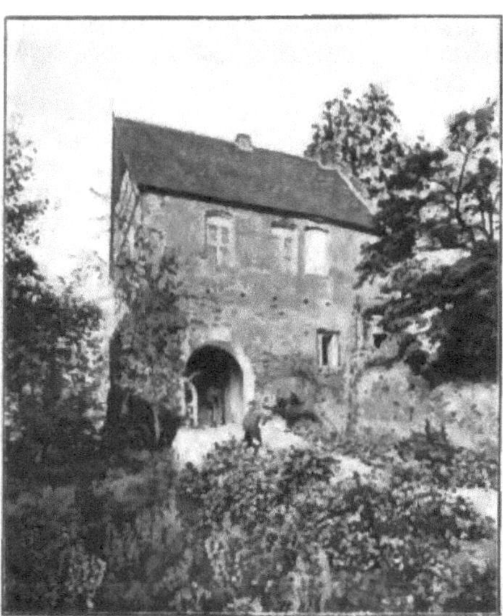

Ein Theil der alten Burg Penzlin.

[1]) Als Beweis für das Vorhandensein eines Berchfrits an dieser Stelle dient auch eine auf dem Quergebäude herauskommende, jetzt etwa in drei Meter Höhe frei in die Luft ausmündende enge Wendeltreppe.

»Von diesem Keller führen vier Stufen wieder aufwärts in einen zweiten ähnlichen, aber nur 4,50 zu 1,45 m in der Grundfläche messenden Keller, der gleichfalls drei Hexennischen enthält, nur mit dem Unterschiede, dass dieselben hier des besonders einspringenden Absatzes für die Füsse (vom Knie ab) und deshalb auch der engen vor die Nischen zu legenden Thüren entbehren. Ausserdem bringt hier eine 25 cm weite und 5 m lange, durch die Decke aufwärts geführte Röhre wenn auch kein Licht, so doch spärliche frische Luft zu, während zugleich von diesem Keller die enge Wendeltreppe in der Wanddicke aufwärts führt, die, wie eben (S. 247, Anmkg. 1) bemerkt, vormals in den jetzt abgebrochenen Berchfrit ausmündete. — An den nischenfreien Wänden beider Kellerräume finden sich noch weitere abgebrochene Eisenbolzen zur einfacheren Ankettung von Gefangenen.«

Diese Keller, welche, wie Piper a. a. O. nachgewiesen hat, zu dem, was wir über die Art der Einkerkerung der Hexen, über ihre Torturen und besonders über die Vorschriften des Malleus maleficarum wissen, aufs Beste passen, weisen somit auf einen Bau, der erst in der zweiten Hälfte des XVI. Jahrhunderts entstand, als in Mecklenburg die systematische Verfolgung der Hexen bereits begonnen hatte (1562). Damit schrumpft aber das, was von der frühmittelalterlichen Burg, wie sie einst unter den Fürsten von Werle bestand, noch übrig geblieben, zu einigen Mauerresten zusammen, deren genaue Abgrenzung von den jüngeren Theilen überdies auf Schwierigkeiten stösst und kaum noch Bedeutung hat.[1])

Stadtmauer.

Im Mittelalter war die Stadt da, wo sie nicht von Wasser und Sumpf geschützt wird, von einer **hohen Ziegelmauer** umgeben. Davon ist noch ein gut Theil erhalten, aber man findet keinerlei besondere Vorrichtungen zur Vertheidigung. Vor der Mauer findet man nach der Landseite zu zwei tiefe, zumeist noch erhaltene Gräben, die jetzt durch einen abgeplatteten Wall getrennt sind. **Stadtthore** giebt es nicht mehr, auch keine sonst irgendwie noch bemerkenswerth erscheinenden Gebäude.

Stadtthore.

Wall.

Die Stadtfeldmark war einstmals von einem **breiten Wall** umgeben, der theilweise noch erhalten ist.

* * *

Grapenwerder.

Grapenwerder. Auf der Feldmark findet sich eine rings von Wasser und (jetzt) Wiesen umgebene ca. 15000 Quadrat-Ruthen grosse Insel, der Grapenwerder (so schon in einer Urkunde von 1309 genannt), und auf deren höchsten Theile eine kreisrunde etwa 200 Schritt im Durchmesser haltende

[1]) Vgl. Lisch und Wedemeyer, Album mecklenb. Schlösser und Landgüter, Heft 1 und 2, S. 3 und 4.

Erderhöhung mit ca. 10—12' hohen, nahezu senkrechten, mit Gestrüpp bewachsenen Rändern, während von einer anderen Seite noch ein minder hoher Steilrand sich abzweigt. Der Grapenwerder darf nicht, wie es im M. Jahrbuch XXXVII, S. 66, geschehen ist, mit dem **Werder** verwechselt werden. Ueber beide Plätze Ausführlicheres weiter unten S. 455 ff. (Vorgesch. Stellen.)

Das Gut und Filial-Kirchdorf Lübkow.[1])

Im Jahre 1274 gehört das Dorf Lübkow mit seiner Kirche zu jener umfangreichen Begüterung in der Vogtei Penzlin, welche mit ihren Kirchlehnen (cum collatione beneficiorum seu ecclesiarum) von Fürst Nikolaus von Werle am 12. März desselben Jahres den Rittern und Brüdern Bernhard und Heinrich von Peccatel und theilweise auch dem Ritter Raven (Corvo) zu gesammter Hand verliehen wird.[2]) Wie lange Lübkow ein Peccatel'sches Gut blieb, wissen wir nicht. Denn die Urkunden schweigen nach 1274 mehr als drittehalb Jahrhunderte lang. Um 1538 besitzen die von Maltzan einen Katen im Dorfe. Aber neben ihnen haben auch die von Barnefleth Unterthanen daselbst. Doch Ende des XVI. Jahrhunderts ist das Dorf anscheinend ganz und gar in Maltzan'schen Händen. Am 30. Mai 1617 kauft Hans von Blankenburg das Gut Lübkow cum pertinentiis et juribus in Prillwitz, Rehse, Passentin, Peccatel und Wustrow für 15000 Gulden, erhält aber den landesherrlichen Konsens dazu erst am 6. December 1625 und vergleicht sich darüber mit Ilsabe von Owstein, Jürgen Maltzan's Wittwe, im selben Jahre. Ende des XVII. Jahrhunderts haben wieder die von Maltzan Gut und Dorf, verpfänden es aber theilweise an einen Steding. Zu Anfang des XVIII. Jahrhunderts finden wir Lübkow in den Händen des Kammerjunkers Gustav Friedrich von Walsleben, welcher am 20. Februar 1702 den Lehnbrief über Lübkow und Krukow erhält, da das Geschlecht der von Blankenburg ausgestorben sei. Am 26. Mai 1716 verpfändet Ulrich Wedege von Walsleben die Güter Lübkow und Krukow an Ernst Friedrich von Kosboth, und nun bleiben die von Kosboth, bei allem Streit zwischen den von Maltzan und von Walsleben über das jus revocationis und trotz verschiedener Einlösungsversuche, als Pfandbesitzer bis 1785 im Besitz. Seitdem ist Lübkow wieder bei der freiherrlichen Linie der von Maltzan-Penzlin. Geschichte des Dorfes.

Ueber das kirchliche Verhältniss s. bei Penzlin.

Kapelle. Die Kapelle ist ein nach einem Brande aufgeführter kleiner Bau von fast quadratischer Anlage aus dem Jahre 1827, welcher von Ziegeln mit eingemischten Granitsteinen, wie sie besonders im Sockel verwandt sind, Kapelle.

[1]) 3 km südöstlich von Penzlin. Lubbechowe = Liebendorf, Ort des Lubĕch, Lubik (altslavisch ljubŭ = lieb). Kühnel, M. Jahrb. XLVI, S. 87.

[2]) M. U.-B. 1317.

aufgeführt ist und der damals herrschenden Zopfgothik folgt. Der Innenraum ist mit flacher Bretterdecke geschlossen. Die innere Einrichtung ist ohne Bedeutung.

Glocken. In dem kleinen Holzthurmchen, welches auf der Westseite aus dem Dache herauswächst, hängen drei **Glocken.** Die beiden ersten sind nach der Inschrift zum Ersatz einer vom Feuer zerstörten Glocke unter Maltzan'schem Patronat sowie zur Zeit des Pastors **CHRISTOPH LUDWIG MÜLLER** gestiftet und von dem Glockengiesser **Johann Christian Meyer** im Jahre **1782** gegossen worden.[1]) Die dritte ganz kleine Glocke oben in der Thurmspitze ist nicht zu erreichen.[2])

Kleinkunstwerke. **Kleinkunstwerke.** 1. 2. Silbervergoldeter Kelch auf sechspassigem Fuss, laut Inschrift an der Kupa im Jahre 1729 gestiftet vom Amtmann **E • E • WEYLANDT ZUM WERDER.** Als Stadtstempel einköpfiger Adler, und als Meisterstempel **STŸMER.** An der Patene keine Zeichen. — 3. Oblatenschachtel, neu. — 4. Zinnerne Taufschale, neu.

Das Gut und Filial-Kirchdorf Lapitz.[3])

Geschichte des Dorfes. Urkunden des Mittelalters scheinen zu fehlen. In vorgeschichtlicher Zeit giebt es hier eine besonders grosse wendische Burganlage mit mehr als gewöhnlich ausgebreiteter Besiedelung.[4]) Aus dem geschichtlichen Dunkel aber tritt Lapitz erst in neuerer Zeit, nämlich zu Anfang des XVI. Jahrhunderts, heraus. Damals gehört es zu den Gütern, welche die Herzöge Heinrich und Albrecht von Mecklenburg dem Ritter Bernd von Maltzan verpfänden.[5]) Die weitere Geschichte des Gutes und Dorfes behandelt nun eine fortlaufende Reihe von ganzen und theilweisen Verpfändungen und Afterverpfändungen, so z. B. an Jakob von Vieregge, der sein Anrecht 1629 dem Dr. Wasmund überlässt; an Joachim und Friedrich von Quilitz, die ihre Anrechte 1633 an die Oekonomie des Güstrower Domes abtreten, und an den im Jahre 1662 von Schweden her in den Adelsstand erhobenen Joachim Engel, der von 1656 an Pfandherr von Lapitz, Wrodow und Gross-Helle ist und 1687 einen Antheil in Lapitz an Albrecht von Krackewitz abgiebt. In Lapitz haben übrigens auch die von Maltzan dem von Engel nicht alles überlassen, es kommen daher

[1]) Das Patronat hatten sich die von Maltzan bei der Verpfändung des Gutes vorbehalten.

[2]) Nach dem Inventar von 1811 ebenfalls von Joh. Christian Meyer gegossen.

[3]) 5 km nördlich von Penzlin. Lapze entweder von lapa = Klaue, Bärlapp, lycopodium; oder von lap-lapica = Falle. Kühnel, M. Jahrb. XLVI, S. 81. Darnach also entweder soviel wie »Klauendorf«, »Bärendorf« oder »Fallendorf« — eine ganze Auswahl.

[4]) Lisch, M. Jahrb. XXV, S. 270. 278—281. XXVI, S. 304.

[5]) Lisch, Geschl. Maltzan IV, S. 459—463 (Urk. DCCCXLII).

auch im XVIII. Jahrhundert weitere Verpfändungen von einzelnen Antheilen, Bauern und Kossaten, aus ihren Händen vor. Als Inhaber von Lapitzer Pfandantheilen treten uns entgegen Christoph Krauthof (1702), der Oberstleutnant von Scharfenberg (1705), der Oberstleutnant von Keyserlingk (1737 bis 1788), Adolf Friedrich von der Lancken (1788—1811), Karl Friedrich von Peccatel auf Wrodow (1762) und Graf von Bolza auf Gevezin (1777), die beiden letztgenannten als Afterpfand-Inhaber von den von der Lancken und Keyserlingk her. Ein Maltzan'scher Reluitions-Versuch im Jahre 1784 hat kein praktisches Ergebniss. 1811 kauft Hofrath Siemerling das Lehngut Lapitz, und 1814 geht es an Joh. Gottlieb Neumann über, dessen Familie noch heute im Besitz ist.

Ueber das kirchliche Verhältniss s. bei Penzlin.

Kirche. Die Kirche ist ein Fachwerkbau in Form eines Vierecks ohne Thurm und mit flacher Balkendecke im Innern. Kirche.

Im **Altaraufsatz** oberhalb eines grossen hohen Abendmahlgemäldes ein weiss gestrichenes spätgothisches Triptychon, dessen Mittelstück in Schnitzfiguren die Scene der Kreuzigung enthält, während jeder der Flügel vier Heiligenfiguren zeigt, die zu je zweien über und neben einander geordnet sind. Altaraufsatz.

Im freistehenden Glockenstuhl neben der Kirche zwei **Glocken.** Die erste hat die Inschrift: **DEI IN HONOREM BARONES A MALZANEN SUB PASTORATU M • JO • SCHRECCII ANNO 1620.** Die zweite hat nur die Jahreszahl **1620.** Glocken.

Kleinkunstwerke. 1. 2. Silberner Kelch auf sechspassigem Fuss mit der Aufschrift: **JOCHIM • FRIDERICH • QVILITZ • LEVTENANT • ANNO 1658.** Keine Werkzeichen, auch nicht an der zugehörigen Patene. — 3. Kleine Oblatendose von Neusilber. — 4. Zinnerne Weinkanne, neu (**Kurtz**-Stuttgart). — 5. Taufschüssel von Messing, neu. — 6. Zinnschale, gestiftet 1696 von **JOCHEN KRVMSEE** Stralsunder Stadtzeichen, Meisterzeichen * $\overset{*}{91}$ *. — 7. 8. Zwei zinnerne Altarleuchter, der eine mit der Aufschrift: **JOCHIM KRVMSEE HANS KRVMSEE 1695**; der andere mit der Aufschrift: **MICHEL DRVHLL 1695**; bei erstgenanntem der werlesche Stierkopf als Stadtstempel, und nebenstehendes Meisterzeichen, bei dem andern das Stralsunder Stadtwappen und als Meisterzeichen drei Sterne mit der Zahl **91**. — 9—13. Ausserdem noch fünf zurückgesetzte Zinnleuchter von 1654, 1655, 1674, 1687 und 1726. Kleinkunstwerke.

I H

Das Gut und ehemalige Filial-Kirchdorf Puchow.[1])

Geschichte des Dorfes.

Im ersten Viertel des XIV. Jahrhunderts wohnt in Puchow, das damals wie auch noch lange nachher aus einer Anzahl von Einzelhöfen besteht, der Knappe Petersberg. Wenigstens nehmen wir an, dass er es ist, dessen Wittwe im Jahre 1326 den Penzliner Kirchherrn mit der Stiftung eines Gefälles von jährlich zwölf Hühnern im Dorfe Puchow erfreut.[2]) Als ein deutsches Bauerndorf tritt es uns auch in einer Urkunde vom 18. Juli 1501 entgegen, durch welche es in jene Begüterung aufgenommen wird, mit der die mecklenburgischen Herzöge den Berend Maltzan belehnen.[3]) In der Folge entwickelt sich hier nun ebenso wie anderswo auf ähnlichen ritterschaftlichen Dörfern Verpfändung und Afterverpfändung von einzelnen Antheilen zu schönster Blüthe. So sind z. B. zu Anfang des XVII. Jahrhunderts Hans Angermünde und Lukas Schröder die Pfandherrn von Maltzan'schen Höfen. Auch hören wir von einem »Vorwerk« Puchow, das mit dem Rittergut Klein-Lukow verbunden ist, welches Bernd Lüdeke von Holstein 1623 an Magnus von Bülow verkauft. Gleichzeitig giebt es Vieregge'sche Pfandaurechte, die 1629/30 an Dr. Jasmund und an Jürgen Höppener übergehen. 1636 sind Oberstleutnant Joachim Engel und der Friedländer Bürgermeister Joachim Quilitz Pfandinhaber der Güter Werder und Puchow. In diese Pfandrechte treten 1649/50 Dr. Jasmund's Wittwe und Oberstleutnant Gregorius Ziegler ein. Um dieselbe Zeit bricht über den genannten Bülow'schen Pfand-Antheil der Konkurs aus. Im XVIII. Jahrhundert sind die von der Lanken und von Hacke nachher auch ein von Raven die Pfandinhaber, die von der Lanken am längsten (1702 bis 1805). 1805 kauft Leutnant Anton von Berg das Gut, 1839 Hermann von Voss, 1855 Wilhelm Mecklenburg und 1878 Ulrich Freiherr von Maltzan, der es nebst Rahnenfelde nach langer Entfremdung für die Familie von Maltzan zurückerworben hat.

Dass die ehemalige Kirche zu Puchow von jeher mit der Penzliner verbunden war, ist schon aus der oben angezogenen Urkunde von 1326 zu erkennen. Bis ins XVII. Jahrhundert hinein dauert dies Verhältniss. Es hat sich nämlich aus dem Jahre 1659 eine Nachricht erhalten, welche sagt, dass die Kirche zu Puchow »vor einigen Jahren« abgebrannt sei. In Folge dessen seien zwei Glocken (also noch vor 1659) nach Broda gekommen. Damals sei Gregorius Ziegler Besitzer von Puchow gewesen. Wir wissen aber von Ziegler,

[1]) 4 km nördlich von Penzlin. »Ort des Puchа«: Kühnel, M. Jahrb. XLVI, S. 112.

[2]) M. U. B. 4687. Vgl. dazu 3345.

[3]) Lisch, Geschl. Maltzan IV, S. 324 ff. (Urk. DCCLXIX).

dass er 1650 seinen Besitz antrat (s. o.). Also muss die Kirche zwischen 1650 und 1659 abgebrannt sein. Seitdem hat Puchow keine Kirche mehr. Indessen giebt es auf dem Kirchhof zu Puchow noch eine von ihren alten **Glocken**, welche die Inschrift hat: Glocken.

help + gott + maria + vnte + anna + sülf + brübbe + ihte vesulvert[1]) **anno + domini + dusent + ccccc + vnde + ix +.**

Das Gut und Filial-Kirchdorf Wrodow.[2])

Durch ein Geschenk des Herzogs Barnim von Pommern wird Wrodow im Jahre 1271 Ivenacker Klosterdorf.[3]) Nach der Säkularisierung des Klosters kommt Wrodow an die mecklenburgischen Herzöge. Diese verpfänden es an Bernd von Maltzan (s. o.).[4]) Durch weitere Verpfändung kommt es 1656 an Joachim Engel (vgl. Lapitz), 1717 an den Oberst von Barner und 1751 an Gotthard Karl Friedrich von Peccatel; 1785 verkaufen die von Maltzan das Gut Wrodow »cum connexis« an den Hauptmann von Zieten; 1795 geht es an Karl Martin Greffrath über und 1818 an Joh. Gottlieb Neumann, dessen Nachkommen noch heute im Besitz sind. Geschichte des Dorfes.

Da der Bischof von Kammin am 31. Januar 1283 dem Kloster Ivenack die Zehnten in Wrodow bestätigt, so ist daraus zu ersehen, dass dieses im Mittelalter der Kamminer Diöcese zugetheilt war.[5]) Die spätere Zutheilung des Dorfes und seiner Kapelle an die der Havelberger Diöcese angehörende Kirche zu Penzlin, die uns in dem ersten Penzliner Visitationsprotokoll von 1582 entgegentritt, kann daher erst in der Zeit nach der Durchführung der Reformation geschehen sein. Doch fehlt es an einem Dokument darüber. Ob es vorher mit dem benachbarten Gross-Helle verbunden war, ist aus dem Visitationsprotokoll von 1541 nicht zu ersehen. Hier werden nur Schwandt und Briggow als zugehörige Dörfer genannt.

Kirche. Die Kirche ist ein Fachwerkbau in Form eines länglichen Vierecks mit flacher Decke im Innern. Thurm fehlt. Kirche.

---

[1]) = echt versilbert. Der Verf. des Inventars von 1811 liest 1409 statt 1509 und hat gleich vielen Andern mit den Worten »ihte vesulvert« nicht fertig werden können, weil fort während ih und te getrennt genommen wurden und bei dem nachfolgenden vesulvert statt v im Anfange r gelesen und an das lateinische Verbum resolvere gedacht wurde. Auch wüsste man gerne, wie es sich mit dieser Versilberung verhält, da die Sache technisch in hohem Grade bedenklich erscheint, und erfahrungsmässig oft von Versilberung geredet worden ist, wo sie thatsächlich nicht vorhanden war. Vgl. Otte, Glockenkunde, S. 70 ff.

[2]) Fast 7 km nördlich von Penzlin. Kühnel erinnert an das altslavische Wort vrêdu = Aussatz, Geschwür. »Schwärendorf«?

[3]) M. U.-B. 1227. Vgl. 1533. 1666. 2614. 2754. 2937.

[4]) Lisch, Geschl. Maltzan IV, S. 459—463 (Urk. DCCCXLII).

[5]) M. U.-B. 1666.

Altar und Kanzel, Glocke.

Altar und **Kanzel** sind zu einem Körper verbunden.

Eine kleine **Glocke,** ausserhalb des Gebäudes hängend, hat die Inschrift: maria help mi. Dabei ist als Trennungszeichen eine Art Paragraphen-Zeichen verwandt. Ausserdem das nebenstehende Glockengiesserzeichen.

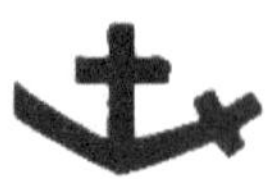

Kelch.

Der **Abendmahlskelch** der Kirche ist neu und ohne Bedeutung.

Das Gut und ehemalige Kirchdorf Gross-Helle.[1])

Geschichte des Dorfes.

Als Kirchdorf tritt uns Gross-Helle gleich bei seiner ersten urkundlichen Erwähnung im Jahre 1363 entgegen. Damals ist Dominus Johannes Ribe Plebanus in »Groten Helle«. Im XV. Jahrhundert kommt das Gut von den Herzögen an Berend von Maltzan (s. o. bei Wrodow). Von 1656 an ist es im Pfandbesitz des Joachim Engel (s. o. bei Lapitz). Von 1751 hat es Gotthard Karl Friedr. von Peccatel auf Wrodow. Von 1785 an bis 1802 ist es wieder in Maltzan'schem Besitz. 1802 kauft es der Hofrath Karl David Heinrich Lüders und 1816 der Leutnant Flugge, in dessen Nachkommenschaft es heute noch ist.

Wenn schon Wrodow während des Mittelalters zu Circipanien und somit zur Kamminer Diöcese gehört, so muss das auch mit dem nördlich davon gelegenen Gross-Helle sammt seinen Filialen Schwandt und Briggow der Fall gewesen sein, zumal diese von Penzlin her jenseits des Wassergebietes der Kittendorfer Peene liegen, zu dem auch der Schwandter See gezählt wird. Gross-Helle, zu dessen Kirche vom Mittelalter her bis in die Zeit des dreissigjährigen Krieges hinein die Kirchen zu Briggow und Schwandt als Tochterkirchen gehören, ist seit 1637 seines Gotteshauses beraubt: ein Brand vernichtet es nämlich in diesem Jahre. Die Kirche zu Mölln übernimmt die Kura. Aber seit 1723 hat sie die Penzliner Kirche. Im Jahre 1800 wird ein Wiederaufbau der Kirche zu Gross-Helle ins Auge gefasst, doch es kommt nicht dazu. Zur Zeit wird der Gottesdienst für Gross-Helle in der Kirche zu Schwandt abgehalten, dessen Kirche 1723 ebenfalls zu Penzlin gelegt worden war, gegenwärtig aber von Mölln her ihre geistliche Versorgung empfangt.[2])

[1]) 8 km nördlich von Penzlin. Der Name hat deutschen Klang und findet sich daher nicht bei Kühnel, M. Jahrb. XLVI.

[2]) Vgl. Stuhr, M. Jahrb. LX, S. 41. 71. 87.

Das Gut und Kirchdorf Alt-Rehse.[1])

Geschichte des Dorfes.

Als am 16. August des Jahres 1170 Fürst Kasimar von Pommern in der schon bei Penzlin angezogenen und als spätere Unterschiebung für ein verlorenes Original verdächtigten Urkunde dem Havelberger Domstift das Dorf Broda mit vielen andern Dörfern und Gütern in der Nachbarschaft zur Gründung eines Klosters überweist, da fehlt zwar vorläufig noch der Name des Dorfes Reze dazwischen, aber zwölf Jahre später findet er sich bereits in jener weniger angreifbaren Bestätigungsurkunde des Herzogs Bogislav, die, wenn auch nicht datiert, doch nach dem Juni 1182, d. h. nach Kasimar's Tode, dem Kloster Broda zur Sicherung seines Besitzthums ertheilt wird.[2]) Beim Kloster bleibt Rehse bis zu dessen Auflösung um die Mitte des XVI. Jahrhunderts. Und zwar sind es beide Dörfer, in denen das Kloster seine Hand hat, Alt-Rehse und Neu-Rehse, deren Feldmarken an einander stossen.[3]) Auch erfahren wir aus der Urkunde des Papstes Alexander VI. vom 27. Oktober 1500, dass das Kloster Broda das Patronatsrecht der Kirche zu Alt-Rehse besitzt (necnon Pentzelin, Smorte cum Resze). Schon zur Zeit des Klosters haben die von Maltzan auf Penzlin Antheile an Alt-Rehse. 1538 sind es zwei (ehemals Hardenflet'sche) Bauhöfe, im XVIII. Jahrhundert dagegen ist immer von drei Bauhöfen die Rede, deren Geschichte in nichts als in einer Reihe fortlaufender Verpfändungen besteht: im XVI. Jahrhundert an Jakob Zitwitz und Jochim Arenstorff; im XVII. Jahrhundert an Bertram Schmieterlow, die Stadtkämmerei in Penzlin, an Christoph Peccatel, Hans Blankenburg, Jochim und Jakob Vieregge, Friedr. Arenstorff, an den Bürgermeister Krauthof in Güstrow, den Major Gregorius, Christian Wagner und Joachim Barnekow; im XVIII. Jahrhundert an die von Winterfeld, von Engel, bis im letzten Viertel desselben Jahrhunderts die von Maltzan wieder selber auf Alt-Rehse sitzen und es nun bis 1849 festhalten. Als Besitzer folgen: 1849 Joh. Karl Friedr. Wendlandt, 1851 Johann Strasen und 1857 Carl Otto Ferd. Mercker. Von Hermann Mercker erwirbt 1892 August Beese das Gut, von diesem 1897 Ludwig Baron von Hauff, der es, mit Annahme des landesherrlichen Vorkaufsrechtes und

---

[1]) Fast 6 km südöstlich von Penzlin. Der alte Name »Reze« des XII. und XIII. Jahrhunderts wird mit dem altslavischen »rěka« = Fluss verbunden und als »Ort am Wasser« gedeutet, also vielleicht soviel wie »Seedorf«. Vgl. Kühnel, M. Jahrb. XLVI, S. 117. Oder »Beckendorf«? Vgl. Beyer, M. Jahrb. XXXII, S. 144.

[2]) M. U.-B. 135. Vgl. dazu 95. Lisch, M. Jahrb. III, S. 13, Anmkg., nimmt an, dass das 1170 genannte Michnin mit Rehse identisch sei. Sollte nicht möglicherweise der spätere Name Mallin damit irgend einen Zusammenhang haben? Zu M. U.-B. 135 vgl. Boll, Chronik der Stadt Neubrandenburg, S. 303, Anmkg.

[3]) M. U.-B. 3016. 3563. 5275. 5276. Vgl. auch die späteren Urkunden von 1402. 1482 und 1500 bei Lisch, M. Jahrb. III, S. 206—210. 229.230.

besonderer Bestimmungen über die Erbfolge, aus einem Lehn in ein Allod umwandeln lässt.

Ueber die Pastoren in Alt-Rehse sind wir nur mangelhaft unterrichtet. Am 26. November 1627 spricht Herzog Hans Albrecht seinen Tadel darüber aus, dass die Pfarre von Alt-Rehse nun schon ins dritte Jahr vakant sei. Dieser Tadel trifft den Alt-Rehser Antheil am Maltzan'schen Patronat. Aus einem Schreiben der Sabina Meyer, sel. Ern Adams Friederichs nachgelassener Wittwe, vom 23. Januar 1628 erfahren wir ferner, dass Adam Friederich über dreissig Jahre Pastor zu Alt-Rehse gewesen und an der Pest gestorben sei. Aus beiden Schriftstücken folgt somit, dass er ungefähr um 1594 berufen worden. Eine dritte Nachricht besagt, dass er am 28. August 1625 starb und Pastor von Alt-Rehse, Krukow und Mallin gewesen.[1]) Ueber seinen Vorgänger und darüber, ob die genannten drei Kirchen schon vor der Reformation mit einander verbunden gewesen, giebt es keine Nachricht. Wohl aber wissen wir, dass die Kirche zu Krukow im XIV. Jahrhundert ihre eigenen Plebane hatte, die als Geistliche der Havelberger Diöcese in allerlei Verbindung mit dem Kloster Broda standen. Auf Friederich folgt dessen Schwiegersohn, der Friedländer Kantor Petrus Zimmermann: der Rehser Maltzan widerstrebt ihm Anfangs sehr, aber die anderen Maltzane und der von Blankenburg auf dem Werder, die ihn schon am 19. Juli 1626 berufen haben, bringen ihn endlich durch. Zimmermann wird ein Opfer des dreissigjährigen Krieges geworden sein, denn sein Nachfolger Er Andreas Cato wird 1642 berufen. Nach Cato's Tode wird Jakobus Nemptzow im Jahre 1668 Pastor. Ihm folgt 1683 Immanuel Meinichius, der Sohn des Penzliner Meinichius, der 1716 an Melchior Eppen einen Substituten erhält. Eppen wird am 11. Oktober 1716 in der Kirche zu Krukow ins Amt gewiesen, weil die zu Alten Rehse wüste liegt und erst im Jahre 1727 wieder hergestellt wird. Eppen soll nach 1736 gestorben sein. 1745 folgt Joh. Gottlieb Hinrichs (Hinrichsen), welcher 1766 stirbt, 1768 Joach. Joh. Wachenhusen, der 1771 stirbt, 1773 Ad. Friedr. Müller, und diesem 1793 Pastor Joh. Ernst Zorn († 21. April 1817). Vgl. Walter a. a. O.

Kirche. **Kirche.** Die Kirche ist ein gothischer Neubau von Feldsteinen und Ziegeln aus den Jahren 1889—1893. Im Westen ein mit einem Pyramidenhelm versehener Thurm aus gleichem Material, aber schmäler als die Kirche und im oberen Theil aus Fachwerk aufgeführt. Auch die innere Einrichtung ist neu.

Glocken. Im Thurm zwei **Glocken.** Die grössere ist von Gusseisen und hat die Inschrift: JOSEPH REICHSFREIHERR VON MALZAHN ALTEN REHSE DEN 1 · NOVBR · ANNO 1791. Die zweite, von Bronze, stammt aus dem XVI. Jahrhundert und zeigt keine Inschrift, wohl aber das nebenstehende Giesserzeichen.

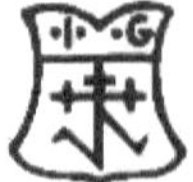

[1]) Er wird im Jahre 1608 auf dem Kelch der Kirche zu Mallin genannt.

Kleinkunstwerke. 1. 2. Stark vergoldeter silberner Kelch auf sechspassigem Fuss. Am Knauf der Name **ihesus**. Am Fuss ein Allianzwappen mit den Initialen **T · G ·** und **A · K ·** Als Stadtzeichen ein dreithürmiges Thor, und als Meisterzeichen der Stempel **B**. Auf der zugehörigen Patene die vollen Namen der Stifter zu den Wappen: **THOMAS GREGORIUS MAJOR** und **ANNA KRAUTHOF** sowie die Jahreszahl **1647**. Dieselben Werkzeichen wie am Kelch. — 3. Ciborium, neu, gestiftet von Pastor **LUCIUS**. — 4. Weinkanne, neu, ohne Zeichen. — 5. 6. Kleiner Zinnkelch, laut Inschrift **1748** gestiftet von **JOHANN MESMAN**. Als Stadtzeichen ein dreithürmiges Thor, und als Meisterzeichen der Stempel **C. H. 1713**. Der zugehörige Oblatenteller hat ebenfalls als Stadtzeichen ein dreithürmiges Thor, als Meisterzeichen aber den Stempel **I D H 1739**. — 7. Zinnkelch, ohne Aufschrift. Als Stadtzeichen ein dreithürmiges Thor, und als Meisterzeichen der Stempel **I. P. B. M. 1742**. — 8. Zinnkelch, laut Inschrift an der Kupa gestiftet von **SAMUEL GOTTLIEB FRIEDRICH KLESSEN 1761**. Ohne Werkzeichen. — 9. Zinnkelch, ohne Aufschrift und ohne Werkzeichen. — 10—12. Drei zinnerne Patenen, von denen eine das genannte dreithürmige Thor als Stadtzeichen und dasselbe Meisterzeichen hat wie die unter 6 aufgeführten Zinngeräthe. Kleinkunstwerke.

Das Gut und Filial-Kirchdorf Krukow.[1]

Wie Rehse, so wird nach der schon mehrfach genannten Kasimar'schen Urkunde auch Krukow seit 1170 zu den Brodaer Kloster-Dörfern gezählt.[2] Eine engere Verbindung zwischen dem Kloster und dem Dorf sammt seiner Kirche erhellt denn auch — wenigstens im XIV. Jahrhundert — aus der Stiftung des Krukower Pfarrherrn Johann von Reval, der auf seinen Todesfall dem Kloster einen Hof zu Penzlin sowie seine ganze bewegliche Habe am 10. März 1356 vermacht.[3] Dass aber Krukow im Mittelalter ein Bauerndorf ist, erkennt man aus dem Stiftungsbriefe der Kord'schen Vikarei im Kloster Broda vom 21. März 1358.[4] Auch im XVII. Jahrhundert giebt es noch Bauern und einen Schulzen im Dorfe. Später aber werden sie nicht mehr genannt. Geschichte des Dorfes.

Sicher ist, dass das Kloster Broda nicht das ganze Dorf gehabt hat. Denn als herzogliche Vasallen sitzen dort im XV. Jahrhundert zuerst die

[1]) 4 km nordöstlich von Penzlin. Altslavisch krukŭ = Rabe. Also soviel wie »Rabendorf«, »Ort des Kruk«. Vgl. Kühnel, M. Jahrb. XLVI, S. 77. Siemssen, M. Jahrb. VI, S. 53. Beyer, M. Jahrb. XXXII, S. 144.

[2]) M. U.-B. 95. 563. Vgl. auch die Bestätigung des Besatzes durch Bischof Thidericus von Havelberg am 24. März 1328 bei Lisch, M. Jahrb. III, S. 202.

[3]) M. U.-B. 8203. Ein Krukower Pleban Baldum wird 1376 genannt: M. U.-B. 6874.

[4]) M. U.-B. 8470.

von Kargow und dann die von Bardenflet. Die Fischerei aber auf dem grossen Krukow-Malliner See haben seit 1443 die mecklenburgischen Herzöge, die zu Beginn des XVI. Jahrhunderts u. a. auch das Gut und Dorf Krukow an die von Maltzan verpfänden.[1]) In der Folge hören wir von weiteren Verpfändungen des Gutes durch die von Maltzan an Jakob Zitwitz, Hans von Blankenburg u. a. m., bis im Jahre 1702, gegen Verzichtleistung auf die hohe Jagd, der mit einer von Maltzan vermählte Gustav Friedrich von Walsleben den Lehnbrief über die Güter Krukow und Lubkow erhält. 1716 verpfändet Ulrich Wedige von Walsleben beide Güter an den Major Ernst Friedrich von Kosboth. Aus diesem Pfandvertrag wird 1725 ein Verkaufsvertrag, und nun bleiben die Güter Krukow und Lubkow bis 1785 (nicht 1781) in Kosboth'schem Besitz. 1786 aber gehen beide wieder in den Besitz der Penzliner von Maltzan über, die sie heute noch haben.

Ueber die kirchlichen Verhältnisse s. bei Alt-Rehse.

Kapelle. **Kapelle.** Die Kapelle ist ein aus Feldsteinen und Ziegeln aufgeführter und im Innern flachgedeckter Neubau aus der ersten Hälfte des XIX. Jahrhunderts und stellt ein Viereck mit einem eingebauten schmalen Thurm dar, der mit einem kleinen Pyramidenhelm versehen ist. Die innere Einrichtung ist ebenfalls neu. — Hinter der platt abschliessenden Ostwand steht noch die alte Kirche, ein niedriger Bau, der jetzt als Schuppen benutzt wird.

Glocke. Der ziemlich grossen **Glocke** im Thurm ist ohne Gefahr nicht beizukommen, anscheinend ist sie nicht alt. Das Inventar von 1811 giebt an, dass sie 1738 gegossen worden sei.

Kleinkunstwerke. **Kleinkunstwerke.** 1—3. Kelch, Patene und Oblatenschachtel sind neu und 1858 von ULRICH VON MALTZAN gestiftet. Sie haben die Stempel [P.] [FREHSE] [12]. — 4. Taufbecken, neu, 1856 vom Goldschmied Lippold in Malchin. — 5—8. Vier zinnerne Standleuchter, der eine gestiftet 1661 von CHRISTIAN BUWMANN, der zweite von NEINS JENSZEN 1661, beide versilbert; der dritte und vierte sind ohne Inschrift. Diese beiden haben als Stempel ein dreithürmiges Thor und die Meisterinitialen W N. Auch sind sie jünger und gehören der klassicierenden Periode des XVIII. Jahrhunderts an.

Das Gut und Filial-Kirchdorf Mallin.[2])

Geschichte des Dorfes. Wie Krukow, so ist auch Mallin im Mittelalter ein Bauerndorf, das theilweise dem Kloster Broda gehört, an dem aber auch im XIV. Jahrhundert die von Wokenstedt (Wakenstädt) einen Antheil haben. Der Knappe

[1]) Vgl. Urkunde vom 8. Mai 1516 bei Lisch, Geschl. Maltzan IV, S. 439 ff.

[2]) 5 km nordöstlich von Penzlin. Altslavisch malina = Himbeere. Also vielleicht »Himbeerdorf«; oder »Ort des Mala« vom altslavischen malŭ = klein, und in diesem Falle soviel wie »Kleina«, »Klemen«.

Heinrich Wakenstädt begründet nämlich am 22. März 1348 zu Memorien für sich und die Seinen mit den Einkünften aus acht Malliner Hufen eine Vikarei in der Kirche des hl. Nikolaus zu Penzlin.[1]) An zweien dieser Hufen sichert sich übrigens Klaus von Giewitz am 25. Mai 1376 seine Anrechte auf Zeit seines Lebens.[2])

Im XV. Jahrhundert gehört Mallin zu den Gütern, an welchen die von Maltzan vom Kloster Broda her Anrechte gewinnen.[3]) Wie sie dann in den Besitz des ganzen Dorfes Mallin gelangen, in welchem vorläufig noch dem Matthias Kargow ein Hof verbleibt, ersieht man aus einer Urkunde vom 28. Oktober 1446.[4]) Die weitere Geschichte des Dorfes besteht nun in der Folge aus einer Reihe von Verpfändungen: im XVII. Jahrhundert an Bertram Schmieterlow, Joachim Ihlefeldt, Johann Stüneke, Theodor Meyer, Heinrich Dreves und Dr. Krauthoff; im XVIII. Jahrhundert an den Güstrower Kupferschmied Richter, den Leutnant Kloss, an Hans Christoph von Dechow, an Kunstmann und an Ernst Werner von Raven. Aber bald nach der Mitte des XVIII. Jahrhunderts nehmen die von Maltzan das Gut wieder an sich. 1781 hören wir von eigenmächtigen Verlegungen von Bauern aus Mallin nach Lübkow. In Maltzan'schen Händen bleibt Mallin bis 1857. Da kauft es Andreas Ludwig Schröder, und von diesem erwirbt es 1869 Karl Ludwig Baron von Hauff, dessen Söhne das Lehn im Jahre 1888 in ein Allod umwandeln.

Ueber die kirchlichen Verhältnisse s. bei Alt-Rehse.

Kirche. Die Kirche ist ein Ziegelbau im klassicierenden Stil des XVIII. Jahrhunderts und stellt einen einzigen ungetheilten Raum dar, der im Osten mit drei Seiten aus dem Achteck geschlossen ist. Im Innern eine flache Bretterdecke. Der Thurm wächst auf dem Westende aus der Dachkonstruktion heraus und ist mit einer offenen Laterne bekrönt. In der Wetterfahne die Jahreszahl **1757**. Kirche.

Von der **inneren Einrichtung** ist nichts weiter zu erwähnen, als dass **Kanzel** und **Altar** zu einem Körper verbunden sind. Innere Einrichtung.

Im Thurm hängen drei **Glocken**, alle drei 1877 von **C. Voss & Sohn** in Stettin gegossen. Die grösste trägt die Widmungs-Inschrift: **ZUM ANDENKEN IHRES AM 7TEN JANUAR 1876 VERSTORBENEN MANNES, DES BARON LOUIS VON HAUFF, SCHENKTE DIESE GLOCKE DER KIRCHE ZU MALLIN SEINE GATTIN KAROLINE VON HAUFF GEB · REICHERT · — FRIEDE SEI MIT EUCH.** — Auch die zweite ist von der Baronin **VON HAUFF** gestiftet »**ZUM ANDENKEN IHRES NAMENS**«. — Auf dem Kirchenboden eine ausser Gebrauch gesetzte gusseiserne Glocke, die 1828 in Berlin gegossen ist. Glocken.

[1]) M. U.-B. 6834. 10872.

[2]) M. U.-B. 10889.

[3]) Urkunden vom 3. August 1428 und vom 13. Januar 1429 bei Lisch, Geschl. Maltzan II. S. 595 ff. 599. Dazu Anmkg. zur Urkunde vom 22. Juli 1519.

[4]) Lisch, Geschl. Maltzan III, S. 164 ff. (Urk. DXXII.)

Von den Vorgängerinnen der beiden Bronze-Glocken war die eine 1690 gegossen und trug den Namen des Patrons Jürgen Heinrich von Maltzan sowie den des Pastors Immanuel Meinig (Meinichius) und des Kirchenvorstehers Peter Krey. Von der andern giebt das Inventar von 1811 nichts weiter an.

Kleinkunstwerke.

Kleinkunstwerke. 1. 2. Stark vergoldeter silberner Kelch auf sechspassigem Fuss mit einem eingravierten Krucifixus als Signaculum. Die Stelle der Rotuli am Knauf nehmen kleine plastische geflügelte Engelsköpfe ein. Auf der Unterseite des Fusses die nachfolgende Inschrift: **DISER KELCK INT GADESHVS MALLIN WICHT 35 LOD · DER PASTOR H : ADAM FREDRICH · CLAVS LOSEHANT MARTEN STRATFELT VORSTENDER · ANNO 1608 IN DEN OSTERN.** Als Stadtzeichen ein dreithürmiges Thor, und als Meisterzeichen der Stempel [GK]. Die dazu gehörige Patene ist ohne Werkzeichen. — 3. Silbernes Ciborium, neu, der Kirche 1898 geschenkt. — 4. 5. Taufschale und Taufkanne. — 6. Silberner Schöpflöffel, ohne Abzeichen, neu.

Das Gut und Kirchdorf Breesen.[1]

Geschichte des Dorfes.

Im XIV. und XV. Jahrhundert giebt es mehrere ritterbürtige Familien im Dorf mit Höfen und Antheilen an der Feldmark. Wir hören von denen von Lankow (1342, 1356), Wodarg (1342), Wörpel (1393, 1410), Steen (1400), Gotebend (1408, 1414), Buk (1427 und 1436) und Parsenow (1393—1491).[2] Von ihnen scheinen die letztgenannten durch schrittweisen Ankauf der Antheile der anderen zuletzt die alleinigen Herren des Dorfes geworden zu sein. Aber mit dem Anfange des XVI. Jahrhunderts erfahren wir nichts mehr von ihnen, freilich auch nichts von den nächsten Verfügungen der mecklenburgischen Herzöge nach dem Aussterben der von Parsenow und dem dadurch verursachten Heimfall ihrer Lehne. Erst im Jahre 1545 giebt es wieder eine Nachricht: da verschreibt Herzog Albrecht den Hof Breesen für eine Anleihe von 3000 Gulden an Balthasar Eichstedt. Den 18. Juli 1553 kommt derselbe Hof auf fünf Jahre als Pfand für 2000 Gulden an Levin Kamptz auf Plasten, und, nach Ablauf dieser Zeit, sammt dem halben Dorf Pinnow, mittelst Permutations-Kontraktes vom 8. November 1558 für die ehemaligen Priorei-Güter Gross-Eichsen und Goddin c. p., an den fürstlichen Rath Johann von Lucka.[3] 1595 erwirbt Jakob von Holstein auf Gross-Vielen, Ehemann der Kordula von Lucka,

[1] 17 km nördlich von Penzlin. Altslavisch brěza = Birke, also soviel wie »Birkendorf«. Vgl. Kühnel, M. Jahrb. XLVI, S. 28.

[2] M. U. B. 6196. 6197. 8250. Dazu Akten im Grossh. Archiv. Vgl. M. Jahrb. XXXII, S. 110, Anmerkung 5.

[3] S. Abdruck des Kontraktes zwischen dem Herzog Johann Albrecht und dem Rath von Lucka im M. Jahrb. I, S. 225—227.

auch die andere Hälfte des Dorfes und Gutes Pinnow von Klaus von Oldenburg, der sie 1579 von Kuno Hahn auf Basedow erstanden hatte.[1]) Aber nachdem durch denselben Jakob von Holstein auf Gross-Vielen eine Zeit lang Breesen an Klaus Preen zum Wolde und Pinnow an Valentin Voss auf Flotow verpfändet gewesen war, gehen beide Güter durch Kauf an Friedrich von Aschersleben auf Chemnitz über, der u a die landesherrlichen Konsense zu Verfügungen über Pinnow im Jahre 1612 erhält Die von Aschersleben behalten Breesen bis 1656. Da kauft es der Hauptmann Christian von Krauthof. Aber zwei Jahre früher hat bereits der Oberst Hans Engel einen Antheil daran (ein Achtel) erworben. Und wenn auch die von Krauthof, welche am 20. Oktober 1694 den Allodialitätsbrief über Breesen erhalten und darüber später mit Herzog Friedrich Wilhelm, der die Allodialität nicht gelten lassen will, in einen Rechtsstreit vor dem Reichskammergericht gerathen, das Gut noch lange bis ins XVIII. Jahrhundert festhalten, so werden doch die von Engel noch vor Mitte desselben Jahrhunderts ihre Rechtsnachfolger und sind noch heute im Besitz des Gutes.

Aus dem Visitationsprotokoll von 1534 ersieht man, dass das Kirchlehn zu Breesen vom Landesherrn vergeben wird. Herzog Albrecht hat es 1532 dem Cord Danneel verliehen. Zugleich wird angegeben, dass Pinnow dahin eingepfarrt ist. Da nun Pinnow nachweislich zur Diöcese des Bischofs von Kammin gehört, so folgt aus diesem vorreformatorischen Verhältniss beider Kirchen zu einander, dass auch Breesen, für welches es an direkten Zeugnissen gebricht, dem Sprengel von Kammin und dem Lande Circipanien zuzuweisen ist. Das leuchtet noch mehr ein, wenn man auf der Landkarte bemerkt, dass es nördlich von Pinnow liegt. Ferner ist für Breesen das Visitationsprotokoll der Kirche zu Chemnitz vom Jahre 1575 zu beachten — dieses enthält nämlich gelegentlich eines darin mitgetheilten Zeugen-Verhörs eine Reihe von Nachrichten über nicht weniger als vierzehn zum grössten Theil noch vom Prämonstratenser-Stift Broda als Inhaber des Patronats über die der Diöcese Kammin angehörende Kirche zu Chemnitz berufene und daher vom Bischof dieser Diöcese bestätigte Geistliche, von denen aber nur der erste in Chemnitz gewohnt hat, die andern dagegen, nachdem das Pfarrhaus zu Chemnitz abgebrannt und nicht wieder aufgebaut war, bald auf dieser, bald auf jener benachbarten Wedem ihren Wohnsitz aufgeschlagen haben (s. Chemnitz). Darunter finden sich nun nicht weniger als drei Geistliche, die von Breesen aus die Cura in Chemnitz besorgt haben. Es sind der neunte, elfte und zwölfte innerhalb der erwähnten Reihe: Cord Danneel, Marcus Varenholt und Jochim Unger, deren kurze Amtsdauer, oder besser gesagt Inhaberschaft des Chemnitzer Pfarrlehns, noch in die fünfziger Jahre des XVI. Jahrhunderts fallen wird. Varenholt war z. B. zugleich Kanonikus des der Havelberger Diöcese angehörenden Stiftes Broda. Von 1556 an ist Joachim Voigt (von 1558 an unter Lucka'schem Patronat) Pastor

[1]) Lisch, M. Jahrb. V, S. 217 (Familienverhältnisse des Kanzlers Joh. von Lucka).

zu Breesen und Pinnow. Er stirbt 1582. Ihm folgt 1585 Simon Arends, ein unwürdiger Geistlicher, der nach fünfundzwanzigjähriger Amtsthätigkeit von dem oben genannten Jakob von Holstein auf Gross-Vielen, dem Ehemann der Kordula von Lucka, zahlreicher höchst unstatthafter Begangenschaften angeklagt und überführt wird. Von 1612 an ist Petrus Schütte Pastor zu Breesen und Pinnow. Wie lange, wissen wir nicht. 1648 ist Johannes Colerus da, unter dem Patronat der von Aschersleben. Zu seiner Zeit sind Kirche, Wedem und Pastorat niedergebrannt. Der Gottesdienst wird daher (1648) auf dem grossen Saal des Herrenhauses abgehalten. 1649 übernimmt er die Pfarre zu Gädebehn (Gotebende) mit dem Filial Klein-Helle, nachdem der letzte Pastor Christoph Schneidewin verstorben: unter Voss'schem Patronat. Hier herrscht dieselbe Verwüstung wie in Breesen und Pinnow.[1] Noch im Jahre 1662 sagt Colerus bei Gelegenheit der Visitation seiner Kirchen, dass er sein eigener Küster sei. 1671, unter dem Patronat des Christian Krauthof zu Breesen und des Adam Christoph Voss zu Pinnow, wird Matthaeus Jurisius zum Pastor erwählt († 1703). 1704 folgt, nur auf ein Jahr, Pastor Wetzenow, 1707 Albertus Pauli (s. Glocke von 1741). 1752 finden wir den Christian Friedrich Keibel als Pastor adjunctus in Breesen. Nach seinem Tode folgt 1789 Aug. Jakob Friedrich Sponholz († 1819). S. Walter a. a. O.

Kirche.

Kirche. Die Kirche ist ein von den Gebrüdern Krauthoff im Jahre 1712 errichteter Fachwerkbau in Form eines länglichen Vierecks. Auf dem Westende ein aus dem Dachstuhl hervorkommender Thurm, der eine mit einer offenen Laterne bekrönte glockenförmige Haube trägt. Im Innern eine flache Decke.

Innere Einrichtung der Kirche.

Die jetzige **Einrichtung** der Kirche entspricht mehr der Zeit des klassicierenden Geschmacks aus dem Anfange des XIX., als der des Barockstils des XVIII. Jahrhunderts. An der herrschaftlichen **Empore**, welche sich in einem südlichen Anbau befindet, sieht man das **Wappen** des **HENNING KRAUTHOFF** mit der Jahreszahl **1712**. Daneben das Wappen des **ADOLF VON ENGEL** und das seiner Gemahlin **FRIDERICKE VON BÜLOW** mit der Jahreszahl **1832**. Genannt sei auch ein **Bildniss** des Pastors **KEIBEL**, † 1789.[2]

Glocken.

Im Thurm hängen zwei **Glocken**. Die grössere ist 1741 von **Otto Gerhard Meyer** in Rostock unter dem Patronat des **HANS DAVID VON ENGEL** und dem Pastorat des **ALBERTUS PAULY** gegossen worden, die kleinere im Jahre 1728 von **Michael Begun** in Friedland.

Kleinkunstwerke.

Kleinkunstwerke. 1. 2. Silberner Kelch auf sechspassigem Fuss. An den Rotuli des Knaufes in grünem Email die Buchstaben H G A D 1679. Der Kelch und die zugehörige Patene sind von dem Rostocker Goldschmied **Jürgen Müller**

[1] Groth, M. Jahrb. VI, S. 137.

[2] Die Unterschrift lautet: **Herr Christian Friedrich Keibel, geb. zu Strasburg in der Uckermark 1718, ward Pastor zu Breesen und Pinnow 1752 und Pastor zu Woggersin 1760, starb d. 1. April 1789.**

gemacht. — 3. 4. Silbervergoldeter grosser Kelch auf sechspassigem Fuss, laut Inschrift vom Jahre **1746**. An der Kupa die eingravierten Wappen des **HANS DAVID VON ENGEL** und seiner Gattin **KATHARINA DOROTHEA VON HOINCKHUSEN**. Vom Güstrower Goldschmied **C I L** (**Caspar Johann Livonius**). Von demselben auch die Patene. — 5. Zinnernes Krankengeräth, der Schrift nach aus dem XVIII. Jahrhundert. Werkzeichen nicht vorhanden. — 6. Silberne kreisrunde Oblatenschachtel, auf dem Deckel die Initialen **C • L • K** •(rauthoff) **1694**. Auf der Unterseite ein anscheinend aus *SS* gebildetes Doppel-Monogramm. — 7. Kanne, neu, von **Humbert**-Berlin. — 8. Grosser Oblatenkasten von Silberblech, im Deckel eine kleine Platte von Gusseisen mit dem Abendmahl des **Lionardo da Vinci**. Ein Geschenk des Geh. Kammerrath **ADOLPH V. KAMPTZ** bei Gelegenheit der Einweihung der renovierten Kirche im Jahre 1832.

Das Gut und Kirchdorf Pinnow.[1]

Geschichte des Dorfes.

Die erste urkundliche Nachricht über Pinnow im Lande Gädebehn (in terra Ghotebant) ist eine Schenkung von zehn Hufen im Dorfe an das Kloster Ivenack durch den Herzog Barnim von Pommern am 10. April 1272.[2]) Bischof Hermann von Kammin bestätigt dem Kloster die Zehnten von diesen Hufen am 31. Januar 1283.[3]) Um die Mitte des XIV. Jahrhunderts wohnt ein ritterbürtiger Mann mit Namen Berthold Döring in Pinnow, der als Zeuge und Bürge in einer Vertragsurkunde zwischen Henning Brasche und dem Kloster Reinfeld vorkommt.[4]) Wie dann über einhundertsechzig Jahre später der bekannte mächtige Bernd Maltzan den halben Theil von Pinnow aus der Hand der Herzöge Heinrich und Albrecht als Pfand erhält, ersieht man aus einer Urkunde vom 8. Mai 1516.[5]) Wie aber in der zweiten Hälfte des XVI. Jahrhunderts zuletzt das ganze Dorf Pinnow an die Familie von Lucka, und von dieser im XVII. Jahrhundert an die von Aschersleben kommt, ist bereits bei Breesen (S. 261) erwähnt worden. Friedr. von Aschersleben erhält am 27. August 1612 den landesherrlichen Konsens über die Verschreibung des Gutes Pinnow an seine Schwiegermutter Margarethe von Blankenburg, Wittwe des Otto von Blankenburg. Von den Familien Aschersleben und Blankenburg

[1]) 14 km nördlich von Penzlin. Altslavisch pini = Baumstamm. Also soviel wie »Baumgarten«. Vgl. Kühnel, M. Jahrb. XLVI, S. 107. — Im ersten Register des Meckl. Urkundenwerkes (Bd. IV) sind Pinnow in der pommerschen Enklave und Pinnow im Lande Gädebehn irrthümlicherweise zu einem Dorf zusammengeworfen. Vgl. Lisch, M. Jahrb. XXV, S. 268 ff. (Burg und Land Gotebant).

[2]) M. U.-B. 1249. Vgl. 1533. 2614. 2754. 2895.

[3]) M. U.-B. 1666.

[4]) M. U.-B. 7778.

[5]) Lisch, Geschl. Maltzan IV, S. 459 ff. (DCCCXLII). Vgl. dazu S. 492 (DCCCLV).

kommt das Gut 1668 an Reimar Ernst von Voss auf Chemnitz, 1700 aber verkauft der Oberhofmeister von Voss die Güter Chemnitz und Pinnow an Werner Friedr. Klinggräff und dessen Bruder.[1]) Beide Güter sind noch heute in den Händen der Herren von Klinggräff.

Ueber die kirchlichen Verhältnisse s. bei Breesen.

Kirche. **Kirche.** Die Kirche ist ein Fachwerkbau aus der ersten Hälfte des XVIII. Jahrhunderts (in der Wetterfahne **C • F • V • K • 1730**) und der in Breesen sehr ähnlich, nur finden wir hier einen Chorschluss mit drei Seiten aus dem Achteck.[2]) Im Innern eine flache Decke. Im Westen ein sich aus dem Dachstuhl entwickelnder Thurm mit Pyramidenhelm.

Inneres. Die **innere Einrichtung** ist einfach.

Glocken. Im Thurm zwei **Glocken**, die beide im Jahre 1855 von **C. Illies** in Waren gegossen sind.[3])

Kleinkunstwerke. **Kleinkunstwerke.** 1—3. Silberner Kelch auf rundem Fuss, mit einer langen Inschrift, welche besagt, dass die Pinnowsche Kirche im Jahre 1813 ihren alten silbernen Kelch dem Vaterlande opferte und nach dem Siege der Verbündeten über Napoleon den jetzigen als Ersatz erhielt. Der Kelch, die dazu gehörige Patene und die kreisrunde Oblatenschachtel zeigen dieselben Stempel, nämlich eine dreithürmige Burg und den Namen **FEHMER**.[4]) — 4. Silberne Kanne, gestiftet von **F.** und **J. VON KLINGGRÄFF.** Stempel: **C. A. Beumers**-Düsseldorf. — 5—7. Ciborium, Sammelbecken und Taufschale, alle drei Stücke von Zinn, von **C. W. Kurtz**-Stuttgart. — 8. Zinnerner Oblatenteller, ebendaher.

[1]) Die Belehnung erfolgt am 27. Juni 1702.

[2]) Die Vorgängerin dieser Kirche oder Kapelle war ein im Jahre 1623 von Friedrich von Aschersleben errichteter Bau. Nach Akten im Grossh. Archiv.

[3]) Das Inventar von 1811 führt drei Glocken auf: eine mit der Inschrift: **help got vn maria oc anna anno domini mcccclxviii**; die andere mit der Inschrift: **disse klocke horth tho pinnow sunthe jacob patron anno domini mcccclxix**, und mit dem nebenstehenden Glockengiesser-Zeichen; sowie endlich eine dritte hochhängende Glocke, deren Inschrift nicht zu entziffern war.

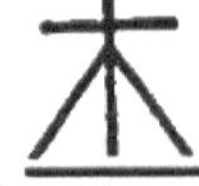

[4]) Fehmer soll ein alter Goldschmied in Neubrandenburg gewesen sein, wie Dr. Hofmeister schreibt. Wenn das richtig ist, dann hätten wir das dreithürmige Thor als Stempel auf Gold- und Silber-Arbeiten in Neubrandenburg und Umgegend auf diese Stadt und nicht, wie bisher, auf Friedland als Stadtzeichen zu deuten. Derselbe theilt mit: »In unserm Besitz befinden sich Friedländer Silberlöffel von 1815 etc., diese zeigen [F], spätere [F]. Dagegen zeigen alle in unserm Familienbesitz befindlichen Silbersachen aus Neubrandenburg (die ältesten von 1809) das dreithürmige Thor.«

Das Gut und Kirchdorf Chemnitz.[1])

Geschichte des Dorfes.

Die für eine spätere Unterschiebung gehaltene und mit Einfügung späterer thatsächlicher Verhältnisse verbesserte, in Wirklichkeit aber auf diese Art gefälschte Schenkungsurkunde des Fürsten Kasimar von Pommern, für welche, wie die bessere Urkunde des Herzogs Bogislav von 1182 beweist, ein verloren gegangenes Original mit wahrscheinlich etwas bescheidener angegebenen Besitzverhältnissen des Klosters Broda vorhanden gewesen sein muss, lässt Chemnitz schon im XII. Jahrhundert als ein dem Stifte Havelberg und von diesem wieder dem ebengenannten Kloster überwiesenes Dorf und Gut erkennen.[2]) Aber es gehört nicht wie Broda zur Havelberger, sondern vielmehr zur Kamminer Diöcese, denn am 7. Juni 1305 bezeugt Bischof Heinrich von Kammin, dass er die Kirche im Dorfe Chemnitz und ihren Hauptaltar zu Ehren der heiligen Jungfrau Maria und der hl. Katharina geweiht und bewidmet habe.[3]) Weitere Hebungen aus zwei Katen, dem des Beneke Seyszenmegher und dem des Henneke Wytte, erwirbt das Kloster Broda im Jahre 1363 von der Familie Mughesveld.[4]) In grösserem Umfange tritt dort Ende des XIV. Jahrhunderts die ritterbürtige Familie der Kruse oder Krause auf. Man sieht das an Verträgen mit dem Kloster Broda, wobei es sich ausser Einkünften verschiedener Art auch um das Patronatsrecht über die Kirche handelt, und an einem Verkauf von fünfzehn Hufen im Dorfe, mehreren Plätzen, die als Kampe bezeichnet werden, der Mühle, zwei Vikarei-Hufen u. a. m. an die gleichfalls ritterbürtige Familie Stalbom. Der Vertrag mit Broda gehört dem Jahre 1394, der mit den Stalbom dem Jahre 1398 an.[5]) Auch lernen wir mehrere Geistliche des XV. Jahrhunderts kennen, darunter den Bertram Wuggersin, welchen das Kapitel zu Broda kraft seines Patronatsrechtes dem Kamminer Bischof Konrad Bonow am 14. November 1413 zur Pfarre in Chemnitz an Stelle des verstorbenen Henricus Beckmann vorschlägt, ferner den Vikar Johann Wolkow, an dessen Vikarei Henning Stalbom und seine Ehefrau Diliana zwei Hufen und einen Hof im Januar 1425 verkaufen, und endlich den Brodaschen Kanonikus Nikolaus Vlatow, den sein eigenes Kapitel im Jahre 1462 zu der durch den Tod des Pleban Heinrich Bernd vakant gewordenen Pfarre in Chemnitz vorschlägt und mit dessen Einsetzung der Bischof Henning von Kammin einverstanden ist, wenn nicht an einem in

[1]) 11 km nordnordöstlich von Penzlin. Ungefähr soviel wie »Steinbeck«. Altslavisch kamenĭ = Stein. S. Kühnel, M. Jahrb. XLVI, S. 33.

[2]) M. U.-B. 90. 135. Vgl. dazu 377. 563. 3563. 7062.

[3]) M. U.-B. 3004.

[4]) M. U.-B. 9190.

[5]) Noch nicht gedruckte Urkunden im Grossh. Archiv.

Greifswald von seinem Offizial Peter Reper anzusetzenden Termin von irgend welcher Seite erhebliche Einwände erhoben werden sollten. Zu Anfang des XVI. Jahrhunderts (leider fehlt eine genauere Festsetzung der Zeit) ist der Schweriner Domherr Heinrich Schröder im Besitz der Chemnitzer Pfründe. Eine weitere lange Reihe von Geistlichen als Inhaber der Chemnitzer Pfarre in der ersten Hälfte des XVI. Jahrhunderts werden im Visitationsprotokoll von 1575 genannt, aber mit wenigen Zeitangaben: unter nicht weniger als vierzehn Pfarrinhabern die ersten sechs bis 1539, die anderen acht bis 1573, mit Ausnahme des letzten sämmtlich unter dem Patronat des Kapitels zu Broda eingesetzt, aber alle nur kurze Zeit mit dem Pfarrlehn ausgestattet und daher wahrscheinlich auch in keinem lebendigeren Verhältniss zu ihrer Gemeinde. Der erste ist Er Hermann; der hat noch auf der Wedem in Chemnitz gewohnt, ist aber später nach Weitin verzogen. Ganz allgemein heisst es im Protokoll von 1575, die Wedem in Chemnitz sei vor ungefähr zwanzig Jahren niedergebrannt und nicht wieder aufgebaut, es mag das aber auch schon länger her gewesen sein. Der zweite ist Jasper Tornow zu Weitin; der dritte der Brodasche Küchenmeister Jochim Krissow; der vierte Peter Backhuss, der ebenfalls von Broda aus die Cura leitet; der fünfte Matthias Tegeler; der sechste Gerd Ungemakt, der um 1539 die Cura in Wulkenzin, Rehse (Neu-Rehse) und Chemnitz hat; der siebente der Wulkenziner Pleban Cassube; der achte Joh. Nels (Cornelius) zu Gevezin; der neunte Kord Danneel zu Breesen; der zehnte Karsten Schmidt zu Gevezin, gleich dem achten und neunten vom Probst Ulrich zu Broda eingesetzt; der elfte der Kanonikus (»ein Brodascher Herr«) Marcus Varenholt, der auch das Pfarrlehn zu Breesen hat; der zwölfte Jochim Unger zu Breesen, nur auf ein Jahr; der dreizehnte Thomas Negendank zu Gädebehn (Gotebende), das damals noch Kirchdorf ist, auf drei Jahre; der vierzehnte Nikolaus Dambeck zu Gevezin, der fünf Jahre lang die Cura der Kirche zu Chemnitz hat, von dem zu Putlitz, der sich an Stelle des Stiftes das Patronat »angemasst« hat, eingesetzt ist und am Tage vor Martini des Jahres 1573 stirbt.

Diese Aufzählung sagt mehr als viele Worte. Sie ist ein Bild von der Veräusserlichung des kirchlichen Lebens in jener Zeit und lässt zugleich erkennen, wie eine Mutterkirche zu einer Ecclesia vagans wird. Denn von da an bis auf den heutigen Tag ist die Kirche zu Chemnitz aus diesem Verhältniss nicht wieder herausgekommen. Zunächst sucht sie ihr geistliches Brod bei der Kirche zu Wulkenzin, von 1575 bis 1721, dann bei Weitin bis 1808, darauf bei Mölln bis 1872, und seitdem bei Breesen.[1])

[1]) Wie in Gevezin-Chemnitz nach dem Tode des oben erwähnten Nikolaus Dambeck, so tritt auch in Wulkenzin nach dem Tode des Pastors Kleinsorge im selben Jahre 1573 (Freitag nach Pfingsten) eine Vakanz ein, die noch im Jahre 1575 gelegentlich der Chemnitzer Visitation nicht behoben ist. 1576 aber finden wir den Pastor Joachim Kniebusch in Wulkenzin (höchstwahrscheinlich den von Schröder in seinem evangel. Meckl. III, S. 329 genannten Klebasch, der ausser in Wulkenzin auch in Neu-Rehse und Chemnitz die Cura hat). Ebenso seine Nachfolger: von 1579 an Bernhard Sperwer, von 1597 an Andreas Cato, um 1631.34 Bernhard Gotthun, von

Um zu den weltlichen Verhältnissen zurückzukehren: — die letzte ihres Geschlechtes ist Anna Stalbom, die Ehefrau des Bertram Holstendorp. Nach ihrem Tode im Jahre 1568 fällt das halbe Gut Chemnitz an die Brüder Christoph, Kaspar und Balthasar von Schöneich, die die Anwartschaft darauf hatten. Balthasar verkauft seinen Antheil c. p. in Ballin (im Lande Stargard) an Johann von Restorff, der am 8. Juli 1587 den landesherrlichen Konsens und Lehnbrief erhält. Aber der Restorff'sche Besitz geht zwanzig Jahre später an die sechs Brüder und Vettern von Aschersleben (Hans, Georg, Otto, Friedrich, Kaspar und Ernst) über. Sie erhalten am 19. April 1607 den Konsens und Lehnbrief über ihren Ankauf, der in einem Wohnhof zu Chemnitz, drei Bauern und sieben Kossaten ebendaselbst, einem Bauern und zwei Kossaten zu Briggow, einem Bauern und zwei Kossaten zu Passentin, der Walwes- (später Küsels-) Mühle, sowie aus 19½ Gulden Pacht aus Weitin und 1½ Gulden aus Woggersin sammt allem Zubehör besteht. Derselbe Besitz geht antichretice zu vierzigjährigem Niessbrauch fünfzehn Jahre später, und mit landesherrlicher Zustimmung vom 28. Januar 1622, an Philipp Julius von Platen über, von diesem aber 1648/49 an die Brüder Joachim und Otto von Aschersleben sowie an deren Schwager Heinrich von Bibow zurück. Diesen Aschersleben'schen Antheil erwirbt 1661 der auf Lukow erbgesessene Stallmeister Adam Christoph von Voss, dazu aber auch von den Brüdern Joachim und Hans Friedrich von Engel den in zwei nach Gevezin hin gehörenden Bauerhöfen bestehenden Antheil in Chemnitz. Wie dann im Jahre 1700 beide Güter, Chemnitz und Pinnow, von den von Voss an die von Klinggräff übergehen, ist bereits bei Pinnow erwähnt worden. S. o. S. 264.

Kirche. Alte Feldsteinkirche aus der Zeit des Ueberganges vom Kirche.
romanischen zum gothischen Stil, geweiht 1305 (s. o.). Sie bildet einen einzigen Raum in Form eines Vierecks, ohne Scheidung von Chor und Langhaus, mit flacher Balkendecke im Innern. In voller Ursprünglichkeit sind erhalten die drei Fensterschlitze in der platt abschliessenden Ostwand, sowie das Eingangsportal mit einfacher Granitwandung auf der Südseite. Als im Ganzen neu sind zu bezeichnen die hohe Westwand mit dem ihr vorgesetzten Holzthurm, sowie die vier Fensterpaare in den beiden Langwänden. Auf der Nordseite befand sich vormals eine Sakristei. Die innere Einrichtung ist neu.

An der Rückwandung des herrschaftlichen **Stuhles** verschiedene **Wappen** Gestühl.
der Familien **KLINGGRÄFF** und **LÜTZOW**.

1649 an (nach langer Vakanz) Christian Satorius, von 1662 an Magnus Richter, von 1664 an Bernhard Schultz, der 1705 an Joh. Ulrici einen Substituten erhält. Ulrici stirbt 1718. 1722 wird der Patron von Klinggräff an Alt-Kelse gewiesen. Die Alt-Rehser Pastoren für Chemnitz sind Eppen, Hinrichsen und Wachenhusen (s. o. S. 256). Nach Wachenhusen's Tode wird Chemnitz mit Weitin verbunden (seit 1773). Die Weitiner Pastoren für Chemnitz sind Behm (bis 1791) und Loholm (bis 1807). 1808 erfolgt die Verbindung mit Mölln z. Zt. des Pastors Wagner und 1872 mit Breesen z. Zt. des Pastors Weber (jetzigen Dompredigers in Schwerin). Ueber die Pastoren des XIX Jahrhunderts in Mölln und Breesen s. Walter a. a. O.

Glocken.

Im Glockenthurm drei **Glocken.** Die erste ist laut Inschrift zur Zeit des Pastors **J • J • BEHM** von **J. V. Schultz** zu Rostock im Jahre **1781** umgegossen, die zweite und dritte sind alte Glocken, aber ohne Inschrift und Zeichen.

Kleinkunstwerke.

Kleinkunstwerke. 1. Silbervergoldeter Kelch auf sechspassigem Fuss. Unter dem Fuss eingraviert das Platen-Lüderitz'sche Allianzwappen und die Inschrift: **PHILIP JVLIVS V • PLATE • ELISABEHT HEDWICH V • LVDERITZ 1636**. — 2—5. Kelch, Patene, Ciborium und Kanne von Zinn, alle vier Stücke von **C. W. Kurtz**-Stuttgart. — 6. Grosser alter Zinnkelch ohne Inschrift und Zeichen.

7. Achtseitiges Messing-Becken, gestiftet von **ANNA S: • RINGKWICHTS**. — 8- 13. Sechs zinnerne Leuchter, gestiftet laut Inschrift von: **ELISEBET SCHWEPPEN 1635, PHILIP JVLIVS VAN PLATEN, ELISEBET HEDEWIGH VAN LVDERITZ 1644, JOCHIM KOPPE 1648, ELISABETT VON ASSCHERSLEHVENT 1657, HANS MENTZEL** und **ILSBE VOTS 1677, ANNA MARIA NVRENBERG 1681.**

Das Gut und Kirchdorf Woggersin.[1]

Geschichte des Dorfes.

Das Dorf Woggersin gehört zu der schon öfter erwähnten grossen Güterschenkung des Fürsten Kasimar von Pommern an das Prämonstratenserstift Broda im Jahre 1170, die der Bischof von Havelberg bestätigt.[2] Aber es ist zu beachten, dass es in der Bestätigungsurkunde des Herzogs Bogislav von 1182 fehlt. Ferner anzunehmen, dass es von Anfang an und dauernd zur Havelberger Diocese gehört habe, wäre schon deshalb gewagt, weil z. B. auch Chemnitz zugleich mit Woggersin aufgeführt wird, das später nachweislich dem Bischof von Kammin unterstellt ist. S. o. S. 265. Dennoch giebt es bei Woggersin einen Grund für die Zuschreibung an Havelberg, der in einer Urkunde vom 20. December 1346 zu Tage tritt. Hier sieht man nämlich deutlich, dass die Brüder Konrad und Ebel von Woggersin (Woghersin), die ihren Namen offenbar von dem Dorf als ihrem Stammgut tragen, sowie die von Lankow, die nachher bis ins XVI. Jahrhundert hinein darauf erbgesessen sind, ein besonderes kirchliches Interesse für Zirzow bekunden, welches nachweislich zur Havelberger Diöcese gehört.[3] Denn der Pfarrer von Zirzow ist

[1] 16 km nordnordöstlich von Penzlin. Die im XII. Jahrhundert vorkommende Schreibweise Wogarzin will Kühnel mit dem altslavischen Wort ogarŭ verbinden, das eine Art Jagdhund bedeutet. Aber er macht selber ein Fragezeichen zu der Deutung »Ort des Ogarka«. Wäre es richtig, so hiesse das soviel wie ungefähr »Hundehagen«. Der Slavist Prof. Perwolf setzt den Namen Woggersin gleich mit Vogardin und weist auf das altslavische Wort ograda = saepes = Zaun hin. Kühnel, Nachträge S. 185.

[2] M. U.-B. 95.

[3] M. U.-B. 6708. 6790. Die Annahme von Wigger, Annalen, S. 133, dass Zirzow gleich Chemnitz zur Kamminer Diocese gehöre, ist somit irrthümlich.

es, dem die genannten Knappen von Woggersin zu Seelenmessen für ihre Eltern, sechs Schwestern und sich selber auf alle Zeit eine erhebliche Stiftung von Wiesenland vermachen, und zwar unter Zeugenschaft des Plebans und des Vikars vom Dorfe Woggersin, das damit auch seinerseits als Kirchdorf um 1346 erwiesen wird. Dies enge Verhältniss lässt sich aber bei Kirchen aus zwei verschiedenen Diöcesen kaum vorstellen. Es kommt hinzu, dass, wenn sich die Grenze zwischen der Kamminer und Havelberger Diöcese zwischen Chemnitz und Zirzow, wie es der Fall ist, nach Norden hinaufzieht, Woggersin, welches östlicher als Zirzow gelegen ist, nicht gut mehr zur Kamminer Diöcese gezogen werden kann, sondern bei der Havelberger Diöcese zu verbleiben hat. Doch ist zuzugeben, dass diese Beweisführung den Werth eines direkten Zeugnisses nicht aufwiegt. Ein solches ist uns aber bis jetzt nicht beschieden.

Im Jahre 1424 wird ein Antheil an Woggersin, den der verstorbene Jochim Dransow gehabt hat, an Vicke Stalbom von Fürst Christoph zu Wenden verliehen. Diesen Antheil verkauft Vicke's Sohn Lüdeke zehn Jahre später an Henneke Holstein, den Ehemann seiner Schwester. Einer der Antheile aber, den die Lankow an Woggersin haben, kommt nach dem Aussterben des Lankow'schen Mannesstammes an den zu Woggersin wohnenden Eitel Schenk von Kaldern, der mit Köne Lankow vermählt ist. Ebenderselbe Schenk von Kaldern übernimmt auch als Pfand im Jahre 1548 den genannten Holstein'schen Antheil an Woggersin c. p. in Kalübbe und Mölln, nämlich zu Woggersin den Viehhof mit achtehalb Hufen auf der Feldmark Kalübbe, dabei zehn Höfe und zwei Kathen mit siebenzehn dreiviertel Hufen auf dem Felde Kalübbe, wofür jährlich einhundertneunzehn Mark, zwölf Rauchhühner und zwölf Zehntlämmer gegeben werden, sowie endlich zu Mölln drei Höfe mit sechseinviertel Hufen sammt einem Antheil am Möllner See Und ein Jahr darauf übernimmt er pfandweise auch den andern an Herzog Heinrich heimgefallenen und von diesem an seinen Hofmarschall Christoph Linstow 1549 zu Lehn gegebenen Lankow'schen Antheil an Woggersin c. p. in Kalübbe.[1]) Dieser Linstow'sche Antheil an Woggersin und Kalübbe geht in weiterer Verpfändung 1593 an Elar Voss für zehntausend Gulden auf sechzehn Jahre über, der Holstein'sche Antheil aber, nachdem die an Eitel Schenk von Kaldern geschehene und 1556 auf dreissig Jahre erneuerte Verpfändung abgelaufen war, durch Verkauf zu erblichem Besitz an Hermann Warburg, dem am 3. Juli 1595 der landesherrliche Konsens ertheilt wird. Nachdem dann auch der Warburg'sche Antheil noch eine Reihe von Verpfändungen durchlaufen hat (1623 an Christoph Bunsow, 1632 an Joh. Lossius), ebenso der Linstow'sche (an den Dom zu Güstrow von Mitte des XVII. Jahrhunderts bis 1681, zwei wüst gewordene Bauernhufen in Woggersin seit 1650 auch an Franz Warnke), werden die von Linstow im Laufe des XVIII Jahrhunderts auch die Herren des Warburg'schen Antheils und besitzen ganz Woggersin mit Kalübbe und Neuhof bis 1816. In diesem Jahre geht der ebengenannte Besitz an Heinr.

[1]) Vgl. M. Jahrb. V, S. 275. XI, S. 454.

Joh. Friedr. Blanck uber, 1830 an Rudolf Ludwig Griesebach und 1848 an Hermann Wackerow. Aus Wackerow'schem Eigenthum kommen 1859 Kalübbe und Neuhof an Karl August Heinrich Berlin, und Woggersin 1860 an Hermann Krey, in dessen Familie es heute noch ist.

Von den mittelalterlichen Geistlichen zu Woggersin lernen wir nur den Pleban Heinrich und den Vikar Johann kennen, die um 1346 im Amte sind. Nach der Reformation aber wird die Kirche zu einer Mater vagans, die an Weitin gewiesen wird,[1] aber im Jahre 1756, nachdem der Weitinsche Pastor David Emanuel Walter seines Amtes enthoben worden war, dem Pastor Keibel zu Breesen übergeben wird und seitdem mit Breesen verbunden geblieben ist.

Kirche. **Kirche.** Die Kirche ist ein Fachwerkbau vom Jahre 1788 in Form eines länglichen Vierecks, mit einem Thurm, welcher vierseitig aus dem Dachstuhl hervorwächst und eine mit einer Spitze versehene glockenförmige Haube trägt. Im Innern eine flache Balkendecke.

Inneres. Die schlichte **innere Einrichtung** stimmt zur Zeit der Erbauung.

Im Thurm eine grosse **Glocke** (Dm. 1,04 m), die unter dem Patronat von **R. L. GRISEBACH** zur Zeit des Pastors **WILH. ALBAN** im Jahre 1833 umgegossen ist. Giesser nicht genannt.

Die Vorgängerin dieser Glocke hatte nach dem Inventar von 1811 die Inschrift: **help god maria anno dni mcccclxx.**

Kleinkunstwerke. **Kleinkunstwerke.** 1—3. Kelch, Patene und Oblatenschachtel, gestiftet von **RUDOLPH LUDWIG GRISEBACH** auf Kalübbe 1833 bezw. 1838. Als Stempel das dreithürmige Neubrandenburger Thor und der Name **C. PETSCHLER**. — 4. Silberne Kanne, gestiftet von der Familie **VON RÜDIGER** auf Kalübbe 1883—92. Stempel: (S). — 5. Zinnerner Kelch mit einem verputzten Stempel. — 6. Neues Taufbecken von Zinn, von **C. W. Kurtz**-Stuttgart.

Das Gut und Kirchdorf Mölln.[2]

Geschichte des Dorfes. Mittelalterliche Urkunden fehlen. Dafür aber gelangt Mölln bei den Chronisten und Annalisten des XIV. Jahrhunderts zu einer historischen Bedeutung. Hier ist es nämlich, wo bei den Kämpfen um das Land Stargard Fürst Johann von Werle, der Anfangs auf Seiten der Feinde des Markgrafen von Brandenburg steht, dann aber zu diesem übergeht, im Frühjahr 1316 den Grafen

[1] Im Visitationsprotokoll von 1661 heisst es, ehedem habe der Linstow das Patronat gehabt, nun aber gehöre es dem Dom zu Güstrow (s. o.).

[2] 9 km nördlich von Penzlin. Altslavisch mlynŭ = Mühle. Also Mölln = Mühldorf. Vgl. Kühnel, M. Jahrb. XLVI, S. 96.

Heinrich von Schwerin gefangen nimmt, um gleich darauf bei Luplow von seinen Gegnern mit demselben Schicksal bezahlt zu werden.[1]) Nachher schweigt die Geschichte von dem Dorf zwischen Gross- und Klein-Helle zweihundert Jahre lang. Zu Anfang des XVI. Jahrhunderts aber giebt es landesherrliche und ritterschaftliche Antheile an Mölln. Diese gehören den Holsteinen auf Ankershagen, die sich bis ins XVII. Jahrhundert als zuständige Vasallen ansehen, wenngleich ihr Besitz von 1620 an eine Reihe von Verpfändungen durchläuft (1620 an Joh. von Restorff, 1623 an Jürgen Magnus von Bülow, 1630 an Moritz von Kardorff, 1632 an Daniel Dörksen), bis am Ende des XVII. Jahrhunderts das ganze Gut an den Hofrath Heinrich Schuckmann übergeht, der am 30. März 1694 vom Herzog Gustav Adolf den Allodialbrief uber Mölln empfängt. Doch muss er es sich gefallen lassen, dass hier wie anderswo im Jahre 1702 Herzog Friedr. Wilhelm an Stelle des Allodialbriefes einen Lehnbrief setzt. In der Familie Schuckmann, welche 1732 geadelt wird, bleibt Mölln bis zum Jahre 1899. In diesem Jahre werden die Gebrüder Glantz die Herren des Gutes Mölln.

Ein ungemein wechselndes Bild bieten die kirchlichen Verhältnisse nach der Reformation bis in die neueste Zeit hinein. Das Schwinden von Kirchen, Kapellen und Pfarren schon in der zweiten Hälfte des XVI. Jahrhunderts und noch mehr in den Zeiten des dreissigjährigen Krieges, die Verödung der Dörfer und das massenhafte Aussterben der Menschen in ihnen, die überall bei Vornehm und Gering einreissende Mittellosigkeit und in Folge davon die wirklich vorhandene Unmoglichkeit, die verbrannten und verwüsteten Gottes- und Pfarrhäuser wieder herzustellen und den Geistlichen das Brod zu schaffen: alle diese Verhältnisse sind Ursache, dass eine grosse Zahl alter Mutterkirchen genöthigt werden, sich als »Matres vagantes« unter eine einzige Cura zusammenzuthun. Und die vielen ritterschaftlichen Patronate, die dabei zu sagen haben, besonders in der Stavenhäger und Penzliner Gegend, die Eifersucht der alten Vasallengeschlechter unter einander, die oft bei den Predigerwahlen zum Vorschein kommt, die Zuneigung und Abneigung der Personen unter einander, die zeitweise Ueberlastung einzelner Geistlicher u. a. m., sind Anlass, dass Verbindungen, die eben geschlossen sind, nach kurzer Zeit wieder gelöst werden, dass Stetigkeit und Ruhe, deren alle Dinge zu ihrer guten Entwickelung bedürfen, völlig verschwinden, dass ein ewiges Hin und Her allerlei unerträgliche Wirrsale schafft, bei denen gewissenlose Menschen im Trüben fischen, und dass nicht selten auch das oberste Episkopalrecht des Landesherrn in ungebuhrlicher Weise ausser Augen gelassen wird.

Davon ist auch bei Mölln allerlei Uebles zu sagen. Vielleicht mehr als anderswo. Kaum wird irgend eine Pfarre ein solches Bild von der Haltlosigkeit

[1]) Kirchberg'sche Chronik bei Westphalen, Mon. ined. IV, S. 809 und 810. — Detmar-Chronik, ed. Koppmann, I, S. 429. — Rudloff, Handbuch d. meckl. Gesch. II, S. 217—222. Die Tagesdata der Kämpfe bei Mölln und Luplow sind nicht festgestellt. Fallen die Ereignisse wirklich noch in das Frühjahr 1316, wie nach der Detmar-Chronik anzunehmen ist, dann müssen sie vor dem 23. März 1316 stattgefunden haben, jenem Datum des Rendsburger Vertrages, in welchem darauf Rücksicht genommen wird: M. U.-B. 3818.

kirchlicher Zustände in der zweiten Hälfte des XVI. Jahrhunderts bieten wie die zu Mölln. Sie kann geradezu als Bild für viele andere Bilder dieser traurigen Zeit gesetzt werden, und es verlohnt sich deshalb, hier einmal ausführlicher als es sonst im Rahmen unseres Werkes liegt, darauf einzugehen.

Im Jahre 1534 ist Joachim Schmit der Inhaber des Kirchlehns, das ihm im Namen der Landesfürsten im Jahre 1526 von den Stavenhäger Beamten, dem Vogt Joachim Welzien und dem Küchenmeister August Boie, verliehen ist. Ausser diesem giebt es noch ein zweites fürstliches Lehn in der Kirche zu Mölln, das der Havelberger Probst in der Neustadt Roebel (prawest to nien Robell) zu geniessen hat. Im Filialverhältniss zu Mölln aber steht nur Klein-Helle (Lütken Helle). Damals, und ebenso 1541, haben Kleeth, Luplow und Gross-Helle noch ihre eigenen Kirchen und Pfarren. In Kleeth, zu dem auch Tarnow gehört, wirkt 1541 Michael Lowe (Löwe) im Sinne der neuen Lehre, in Luplow Jochim Schmidt und in Gross-Helle ist ein alter achtzigjähriger Seelenhirte Johann Gustevel, der »sich zu bessern« verspricht. 1574 hören wir von einem nicht genannten Pastor in Mölln, der seines Amtes entsetzt wird, sowie von der Bewerbung des Ahrensberger Pastors Joh. Köster, 1596 aber ist von einer Wittwe auf der Pfarre zu Mölln die Rede, und 1603 sagt das Visitationsprotokoll, die Wedem in Mölln sei verfallen und der Pastor wohne daher nicht in Mölln, sondern in Kleeth. Somit bilden also damals die beiden Mutterkirchen Mölln und Kleeth eine Kirchengemeinschaft mit einander.[1]) Als Pastor wirkt seit 1597 Johannes Hausmann in Kleeth, als dessen Vorgänger 1590 Elias Löser genannt wird, der 1577 die Konkordienformel unterzeichnet. 1606 aber bittet Hausmann, die ungesunde Wedem in Kleeth verlassen und wieder nach Mölln ziehen zu dürfen. Er erreicht seinen Wunsch, wenigstens finden wir ihn 1610, 1613 und 1620 (s. Glocke) auf der wieder hergerichteten Wedem in Mölln.

Inzwischen ist aber Klein-Helle von Mölln getrennt und mit der Pfarre zu Gädebehn (Gotebende) unter Voss'schem Patronat vereinigt worden. In Gädebehn ist 1618 der alte Pastor Michael Freund gestorben und Christoph Schneidewin wird sein Nachfolger. Zugleich ist dieser der letzte Pastor von Gädebehn. Im schlimmen Kriegsjahr 1637 wird seine Kirche völlig verwüstet, er selbst aber wird nachher nicht mehr genannt. Von 1649 an suchen und finden Gädebehn und Klein-Helle ihr geistliches Brod bei Breesen (unter Colerus), dann bei Kastorf (unter Hermann Müller) und wieder bei Breesen

[1]) Die Gründung der Kirche zu Kleeth als Mutterkirche und der zu Tarnow als Tochterkirche fällt in das Jahr 1273: M. U.-B. 1300. Vgl. 3538 und 7778. Im Jahre 1541, als Lowe (Löwe, Lau) Pastor ist, hat der »Hofmeister zu Treptow« das Kirchlehn zu vergeben. 1643 heisst es im Visitationsprotokoll, dass die Kirche zu Kleeth sammt ihrem Thurm baufällig sei. 1648 heisst es, die Kirche fürstlichen Patronates in Kleeth sei zusammengestürzt und selbst in ihren Trümmern nicht mehr ganz vorhanden, das »Uebrige« (innere Einrichtung) nebst dem Thurm sei durch Anzündung des Grases, so der Windmüller daselbst gethan, ganz bis auf den Grund abgebrannt. 1662 wohnen in Kleeth, wo zwölf Bauern gewesen, nur noch zwei Büdner und der Müller.

(unter Iurisius s. o.), bis im Jahre 1704, als Aeminga Pastor in Mölln ist, beide Dörfer auf Betreiben der Herren von Voss als Patronatsinhaber zu gesammter Hand zu Mölln kommen, dessen Filia Klein-Helle schon vor der Reformation gewesen war.

Seit 1631 wirkt in Mölln Thomas Severus aus Ivenack, wo ein gleichnamiger Vorfahr im XVI. Jahrhundert war (s. o. S. 177). Severus überdauert die furchtbaren Kriegsjahre und ist noch 1670 am Leben und im Amte. 1643 sagt er aus, dass von den ehemaligen Bauersleuten im Dorf nur noch einer, der Chim Krasemann, am Leben sei. Früher, in Friedenszeiten, habe er in seinem Kirchspiel »bei sechshundert Leuten« gehabt. In Kleeth sei kein lebendiger Mensch mehr im Dorfe ausser einem Knecht, der als Drescher in Grabow'schem Dienst stehe. Die Kirche in Mölln sei stark verwüstet, habe aber noch drei Glocken, dagegen sei aus der baufälligen Kirche zu Kleeth eine der beiden Glocken gestohlen. In Tarnow aber, wo es noch einen Bauersmann gebe, sei die Kirche besser erhalten, eine der beiden Glocken jedoch geborsten.[1]) 1649 klagt er über die Verwüstungen, die ein heftiger Sturmwind am 14. Februar d. J. überall angerichtet habe, der Thurm seiner Kirche sei umgeworfen, zwei Glocken seien heil geblieben, eine aber zerschmettert. Die Noth sei gross, er müsse selber seinen Acker pflügen, da die Bauern ringsum todt seien. Er bittet, dass, da die Kirche in Gross-Helle abgebrannt sei, die dahin gehörenden Dörfer Schwandt und Briggow seiner Pfarre zugelegt werden möchten. Der Brand der Kirche zu Gross-Helle hatte 1637 stattgefunden. Von dem letzten Pastor in Gross-Helle, Johann Stamme, heisst es im Visitationsprotokoll von 1662, dass er vor zwanzig Jahren gestorben sein solle. Der Bitte des Severus um Vereinigung von Schwandt und Briggow mit Mölln muss nachgegeben sein, denn sonst hätte nicht der Güstrower Superintendent Arnoldi dem Pastor Christian Sagittarius zu Flotow im Jahre 1650 die Ausübung des Predigtamtes für die Gemeinden in Gross-Helle und Schwandt verbieten und darauf hinweisen können, dass hier der Pastor zu Mölln zuständig sei, dessen Einnahmen dadurch geschmälert würden. Doch wird darin einige Jahre später wieder eine Aenderung eingetreten sein, da im Visitationsprotokoll von 1662 berichtet wird, dass in Schwandt jeden Sonntag von Ern Christianus Arnold Lange (alias Christian Arnold) in Varchow gepredigt werde, in der Kirche zu Briggow aber, deren Patronat einst den Fürsten gehört haben solle und jetzt von den Arenstorffen beansprucht werde, zeitweilig von dem Pastor zu Mölln der Gottesdienst abgehalten werde, obwohl sie öde und wüste geworden sei. Auch in Luplow predigt er ebenso wie in Briggow jeden dritten Sonntag. Doch das Maass des Unglücks, welches Severus erträgt und zu ertragen versteht, erreicht im Jahre 1661, als ihm die kaiserliche Soldateska das Haus niederbrennt, seinen Höhepunkt. Der landesherrliche Befehl vom 18. März 1663, das Pfarrhaus wieder zu erbauen, stösst auf unüberwindliche Hindernisse. Das Amt in Stavenhagen ist nicht

[1]) Vgl. Groth, M. Jahrb. VI, S. 137.

18

im Stande, die Leute und das Holz zum Bau zu beschaffen, und entschädigt den Pastor einstweilen mit zweiunddreissig Gulden jährlich, womit er sich helfen möge, so gut es gehe. Im Jahre 1670 wird der Befehl zum Bau erneuert, aber der alte Severus stirbt darüber hinweg. Er gelangt nicht wieder in ein ordnungsmässig eingerichtetes Pfarrhaus. Am 8. September 1674 ergeht ein Mandat des Herzogs Gustav Adolf an die Patronate von Gross-Helle, Briggow und Schwandt wegen Zögerung (Tergiversierung) in der Besetzung der Gross-Heller Pfarre. Auf die Androhung des Verlustes des Patronats erwidert der Oberst Joachim von Engel[1]) als Pfandherr von Gross-Helle im Namen der eigentlichen Patrone von Gross-Helle und Schwandt, des Georg Heinrich Freiherrn von Maltzan zu Wartenberg und Penzlin und des Moritz von Walsleben auf Penzlin, Leistenow u. s. w. sowie des Patrons von Briggow, des Hans Friedrich von Krackewitz auf Briggow, mit Vorlegung der von ihnen schon am 14. August 1674 erlassenen Vokation des Johannes Nemzovius. Aber daraufhin findet die Eröffnung statt, dass dieses Vorgehen als ein Verstoss gegen die jura episcopalia bezeichnet werden müsse, da die Berufung ohne Wissen und Genehmigung des Landesherrn und ohne Zuziehung des Superintendenten geschehen sei.

So kommt die Sache aufs Neue ins Stocken. Am 26. November 1677 befiehlt der Herzog, nunmehr bei Strafe von einhundert Thalern an die Erbauung der Pfarrgebäude und an die »hochnöthige Besetzung und Kombination« der Pfarren von Gross-Helle, Schwandt, Briggow, Mölln, Kleeth und Tarnow zu denken. Aber es kommt wiederum zu nichts. Vielmehr bitten die Herren von Voss im Jahre 1679, ihre inzwischen ganz wüst gewordene Kirche zu Luplow an die zu Schwandt und Briggow anschliessen zu dürfen; in Luplow wohne ausser Joachim Christoph Voss nur noch ein Bauer, dort könne sich deshalb ein Pastor durchaus nicht halten. Aus diesem Anschluss wird aber nichts, denn wir erfahren später, dass der Pastor Sternhagen zu Varchow die Cura in Luplow übernommen hat. Am 1. September 1683 meldet der Superintendent Schuckmann, dass die Kirche zu Mölln nun schon geraume Zeit keinen Prediger und kein Pfarrhaus gehabt habe. Er erreicht damit, dass der Pfarrhausbau 1684 aufs Neue befohlen wird. Wirklich besser aber wird die Sache erst, als der Hofrath Heinrich Schuckmann im Jahre 1694 das Gut und auch das Patronat von Mölln übernimmt, womit ihn Herzog Gustav Adolf beschenkt, und als seit 1692 Konstantin Fiedler Pastor der bis dahin von Breesen her nothdürftig versorgten Gemeinden zu Mölln und Gross-Helle mit ihren Tochterkirchen geworden ist.[2]) Trotzdem hat Fiedler am 4. Oktober 1693 darüber zu klagen, dass der Pensionär Nergendorf zu Kleeth zum Bau der Pfarrscheune nicht thue, was er schuldig sei, sein Vieh müsse

[1]) Oberst von Engel hat bis dahin für Gross-Helle Anschluss an die Kirche zu Gevezin gefunden.

[2]) Briggow hatte bis dahin Anschluss an Kastorf (unter Pastor Hermann Müller) gefunden und geht daher nicht ohne Widerstreben auf Herzoglichen Befehl vom 13. September 1692 nach Mölln zurück. Akten im Grossh. Archiv.

draussen liegen, und der Wolf habe ihm bereits grossen Schaden zugefügt. Doch der Herzog hilft ihm mit einem strengen Befehl. Als zu einer Pfarrgemeinde vereinigt werden nun die Dörfer Gross-Helle, Schwandt, Briggow, Tarnow und Kleeth im Jahre 1694 aufgezählt. Konstantin Fiedler bleibt bis 1704 (s. o. S. 7). Ihm folgt der unter Voss'schem Patronat 1701 nach Flotow berufene, unter demselben Patronat am 16. December 1703 für Gädebehn und Klein-Helle gewählte und am 12. Februar 1704 auch für Luplow bestätigte Pastor Joh. Christoph Aeminga,[1]) der, weil nirgends eine Wedem für ihn einzurichten ist, zu Flotow in einem Voss'schen Katen wohnt.[2]) Am 19. Januar 1705 richtet der Hofrath Schuckmann auf Mölln an den Herzog Friedrich Wilhelm die Bitte, ihm dazu helfen zu wollen, dass der Pastor Aeminga durch eine Vermittlung des Superintendenten Haberkorn zu Güstrow und durch eine von diesem zu bewirkende Vereinbarung mit den Herren von Voss auch das Pastorat in Mölln übernehme und die Wedem daselbst beziehe. Diesmal wird etwas aus der Sache. Aeminga wohnt bald darauf in Mölln und verwaltet hier alle seine Pfarren zu grösster Zufriedenheit seiner Gemeinden bis an seinen Tod im Jahre 1721, doch nicht anders als nachdem er Flotow im Jahre 1712 wieder abgegeben hat: in der That ein eigenartiges Bild seiner Zeit. Als nach seinem Tode Adolf Ludwig Hein am Palmsonntag 1723 in Mölln die Pfarre antritt, weist F. E. von Voss als Patronatsherr die Gädebehn-Klein-Heller Gemeinde an den Pastor Balthasar Simonis in Gevezin, doch kehrt sie 1729, nach dem Absterben des Simonis im Jahre 1728, nach Mölln zurück. Ebenso wird die Gemeinde von Gross-Helle und Schwandt unter Maltzan'schem Patronat 1723 der Kirche zu Penzlin zugewiesen und bleibt bei dieser. Hein, der in diesem Jahr das Kirchenbuch zu Mölln anlegt, führt es bis zu seinem Tode am 25. März 1761. Seine Amtsführung fällt in die Zeit der Herrschaft der Herzogin Auguste über das Amt Stavenhagen. Für Gädebehn und Klein-Helle erhält sein Nachfolger Joachim Christoph Hennings eine besondere Vokation. Ebenso wird mit dem im Jahre 1790 nach Mölln berufenen Pastor Johann Dietrich Wagner für Gädebehn und Klein-Helle ein besonderer Vergleich abgeschlossen. Ueber Wagner († 1840) und die übrigen Geistlichen des XIX. Jahrhunderts s. Walter a. a. O.

Schwandt kehrt erst im Jahre 1865 von Penzlin unter die Cura von Mölln zurück. Gross-Helle aber bleibt bei Penzlin. Ueber die Filial-Kirche zu Tarnow s. o. S. 222. Die geographische Lage weist Mölln, Schwandt,

---

[1]) Gebürtig aus Güstrow. Sein Vater besass eine Bude auf dem Klosterhof zu Güstrow. Akten im Grossh. Archiv.

[2]) Von Gädebehn heisst es im Visitationsprotokoll von 1648, die Kirche sei ganz verwüstet, der Thurm liege nieder, zwei Glocken wären auf den Erdboden gefallen, dagegen sei die Kirche zu Lutken-Helle in gutem Zustande. 1669 wünscht Joachim Zabel von Staffeld als Pfandinhaber die Wiederherstellung der Kirche und macht darauf aufmerksam, dass zwei Glocken der Gädebehner Kirche — es werden die vorhergenannten sein — schon seit 1662 auf dem Kirchhof zu Klein Helle wären. Mit ihm sind die von Voss bereit, die Glocken zu veräussern zum Besten des Gädebehner Kirchenbaues, und bitten um Konsens. Aber es wird nichts daraus, denn 1704 heisst es bereits, dass von Kirche und Wedem in Gädebehn keine Rudera mehr vorhanden seien.

Tarnow und Briggow als in Circipanien gelegene Ortschaften an die Kamminer Diöcese, wenngleich ein direktes Zeugniss dafür nicht vorliegt. S. o. bei Gross-Helle S. 254.

Kirche.

Kirche. Die Kirche ist ein Ziegelbau vom Ende des XIII. oder Anfang des XIV. Jahrhunderts und stellt einen ungetheilten flachgedeckten Raum mit Schluss aus dem Achteck dar. Als unverfälschte Einzelheiten zeigen sich in der Westwand das frühgothische Portal, in welchem der romanische Rundstab und die abgefaste Kante und ein Rundbogen unterhalb eines Spitzbogens mit einander vereinigt sind, sowie ferner ein zugesetztes Schlitzfenster auf der Nordseite und neun spitzbogige Schildbögen im Innenraum. Neben der Kirche ein freistehender Glockenstuhl.

Altar und Kanzel.

Altar und **Kanzel**, zu einem Körper verbunden, stammen aus dem XVIII. Jahrhundert. Oberhalb des Altars hängt ein gothischer **Krucifixus.**

Empore.

An der herrschaftlichen **Empore** finden sich viele **Wappen** der Familie **VON SCHUCKMANN**, welche den Zeitraum von 1695—1870 umspannen.

Glasmalerei.

Im Fenster der Südseite auf **Glas** zwei **Namen** von 1559: **ACHIM PEMAN** und **CLAWES HUETH.**

Glocken.

Im Glockenstuhl zwei **Glocken.** Die eine davon hat die Inschrift: **✠ ANNO MDCXX GERDT VON CÖLN • H • H JOHAN HAUSMAN P SOLI DEO GLORIA.**[1]) Die zweite hat nur die Jahreszahl **1620.**

Kleinkunstwerke.

Kleinkunstwerke. 1. 2. Silbervergoldeter Kelch auf rundem Fuss von dem Güstrower Goldschmied **Andreas Rathke.** Patene ohne Werkzeichen. — 3. Kleiner silbervergoldeter Becher, ähnlich dem Kelch unter 1, aber ohne Inschrift und nur mit der Jahreszahl **1890** versehen. Ohne Werkzeichen. — 4. Aelterer Zinnkelch, mit der Marke des englischen Zinns und dem Meisterstempel **I. B.** — 5. Länglich silberne Oblatenschachtel mit schrägen Rundfalten am Deckel. Auf dem Deckel ein Doppel-Monogramm unter fünfzackiger Krone, bestehend aus den Buchstaben *H L (V.) S.*[2]) Stadtstempel **S**, Meisterstempel **I • L • K •** — 6. Taufschüssel von Messing, neu. — 7. 8. Zwei Zinnleuchter, der eine mit der Inschrift **JOCHIM LVCHT 1685**, der andere mit **BEKE LANGE 1685**. Der erste zeigt als Stadtzeichen einen Stierkopf und als Meisterstempel nebenstehende Hausmarke mit **J** und **H**. Vgl. Lapitz.

[1]) Gerd von Cölln, um diese Zeit (1613—1628) Amtshauptmann zu Stavenhagen. Pfandinhaber von Grabow und Prützen. Vorher Beamter in Ribnitz. Seine unbeerbt verstorbenen Söhne, Christoph und Joachim, sind die letzten ihres Geschlechts. Akten im Grossh. Archiv.

[2]) Schuckmann.

Das Gut und Filial-Kirchdorf Klein-Helle.[1]

Mit Besitz und Rechten treffen wir um 1359 das alte Geschlecht der Muggesfeld in Klein-Helle (Lütteken-Helle), das sich uns im Uebrigen als ein deutsches Bauerndorf darstellt.[2] Im nachfolgenden XV. Jahrhundert finden wir dort als Vasallen der mecklenburgischen Herzöge die Maltzan, Voss, Woosten, Parsow. Sie sind mit einzelnen Höfen im Dorf belehnt. Und von den Vossen haben auch die Prillwitzer Peccatel einen Antheil in Pfand genommen. Im XVI. Jahrhundert treten die Holstein auf Ankershagen mit Antheilen auf, die sie 1511 an das Kloster Broda verpfänden. Es sind in der Hauptsache drei Höfe und zwei Kathen mit im Ganzen sechs Hufen. Gegen Ende des XVI. Jahrhunderts aber übernimmt Achim Voss auf Rumpshagen die Holstein'schen Hufen und Höfe, und im XVII. Jahrhundert kommen die Herren von Voss in den Besitz des ganzen Dorfes. Sie haben auch das Patronat von Gädebehn und Klein-Helle zu gesammter Hand (s. o. S. 275). Der dreissigjährige Krieg vernichtet die Blüthe des Dorfes: 1648 giebt es dort nur noch einen Bauern, während vorher sechzehn Höfe gezählt wurden, nämlich die von sechs Bauern und von zehn Kossaten. In Voss'schem Besitz bleibt Klein-Helle bis 1759. Von da an bis 1789 ist es Schuckmann'scher Besitz. Dann hat es bis 1812 der Oberstwachtmeister Barthold Hans von Zülow, und von 1812 an Hauptmann Christian Elisa Bogislav von Ferber. Ferber'scher Besitz bleibt es bis 1871. Es folgen 1871 Friedr. Ludwig Franz Reissmann, 1875 A. Bartold, noch im selben Jahre Rud. Karl Helmuth Bahlcke und 1898 Karl Schwanitz, der gegenwärtige Besitzer. *Geschichte des Dorfes.*

Ueber die kirchlichen Verhältnisse s. bei Mölln. Die geographische Lage nöthigt dazu, Klein-Helle ebenso wie Mölln, Gross-Helle, Wrodow, Gevezin und Chemnitz für Circipanien und die Kamminer Diöcese in Anspruch zu nehmen. S. o. bei Gross-Helle.

Kirche. Die Kirche ist ein Fachwerkbau in der Form eines länglichen Vierecks mit flacher Decke im Innern. Im Westen ein Holzthurm als Glockenstuhl, dessen Wetterfahne mit **B • D • V • S • 1781** gezeichnet ist.[3] *Kirche.*

Als **Altaraufsatz** ein nicht zu übersehendes spätgothisches Triptychon des XV Jahrhunderts, dessen Schnitzwerk die hl. Maria mit dem Kinde in einer Mandorla darstellt, von Engeln umgeben, den Mond zu ihren Füssen. Als besonders zu beachtende Figuren erscheinen neben der Mandorla oben links der jugendliche David als Harfenspieler und rechts der jugendliche Moses, *Altaraufsatz.*

---

[1] 12 km nördlich von Penzlin. Ueber den Namen s. bei Gross-Helle.

[2] M. U.-B. 8633.

[3] von Schuckmann.

welcher sich anschickt, vom rechten Fuss einen Schuh abzuziehen.[1]) Unten links der schon öfter in Darstellungen dieser Art gefundene sitzende König mit einer Krone, die fast an eine Bischofsmitra erinnert, und hinter ihm stehend der Herzog im Fürstenhut. Beide weisen mit linker Hand und linkem Arm nach oben. Unten rechts aber der dazu gehörende knieende jugendliche Ritter. In besonderen Nischen daneben oben links die hl. Gertrud, rechts die hl. Maria Magdalena, unten je ein nicht näher zu bestimmender Apostel. Auf den Flügeln die gemalten Figuren des Petrus und Paulus.

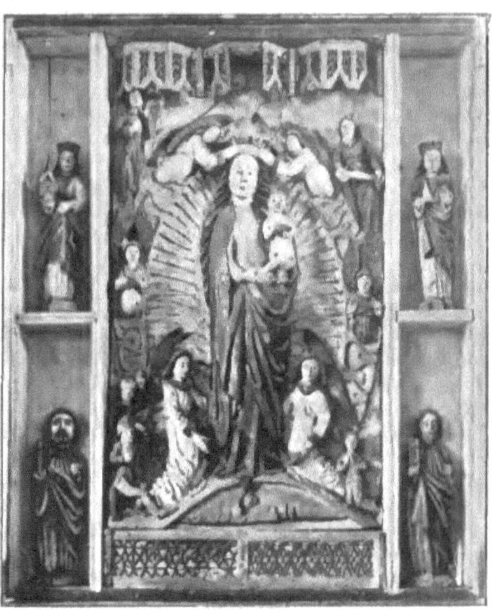

Spätgothisches Triptychon.

Wappen. Unterhalb der Empore im Westen ein **V. FERBER—BLÜCHER**'sches **Allianzwappen** von Zinn (Sargdekoration).

Glocken. Im Glockenstuhl zwei **Glocken**, von denen die grössere mit dem Voss'schen Wappen laut Inschrift im Jahre 1751 unter dem Patronat des **FRIEDR. CHRISTOPH HIERONYMUS VON VOSS** (Domprobst zu Havelberg, Königl. Preuss. Geh. Justiz- und Legationsrath, bevollmächtigter Minister am Königl. Dän. Hofe und Erbherr auf Trollenhagen, Podewal und Kleinen-Helle) von **C. D. Heintze** gegossen ist, während die andere, welche bedeutend älter ist, weder Inschrift noch Zeichen aufweist.

Kleinkunstwerke. **Kleinkunstwerke.** 1. 2. Silbervergoldeter Kelch. Am Knauf der Name **JESVSS** (!). Auf dem Fuss ein aufgelötheter Kruzifixus als Signaculum und der

[1]) Statt dieser beiden Figuren sieht man sonst gewöhnlich zwei Gruppen aus der Reihe der Marianischen Typen des alten Testaments: Moses vor Gott Vater im brennenden Busch und Ezechiel vor der verschlossenen Pforte.

zweimal eingeschlagene Stempel (FIR). Patene ohne Werkzeichen. — 3. Silberner Deckelpokal, geschenkt laut Inschrift 1870 von **FRIEDERIKE POLLOW**. Keine Werkzeichen, nur (13) als Angabe des Feingehalts. — 4. Kleines Krankengeräth, silbervergoldet, ohne Werkzeichen. — 5. 6. Zwei Zinnleuchter, der eine 1789 gestiftet von **C • F • BÄCKER** (Stempel undeutlich), der andere 1683 gestiftet von **CHRISTOFFER TOLL**. Stadtzeichen undeutlich (?). Meisterzeichen **O. S.** mit Hausmarke. Also wohl Rostocker Arbeit von **Olrik (Ulrich) Schlüter**.

Das Gut und Filial-Kirchdorf Schwandt.[1])

Geschichte des Dorfes.

Das Dorf Schwandt (Zwante) wird 1273 bei Gelegenheit der Gründung der Kirchen zu Kleeth und Tarnow durch die Ritter Friedrich und Gothan Dargatz zum ersten Mal urkundlich genannt. Sie bewidmen Mutterkirche und Tochterkirche gemeinsam mit drei Hufen, einer in Kleeth, einer andern in Tarnow sowie einer dritten in Schwandt, und setzen den Priester Konrad für beide Kirchen ein.[2]) Das Patronat darüber wird später vom Kloster Reinfeld erworben. Die Nachkommen der Dargatz sind dessen ungeachtet auch noch über die Hälfte des XIV. Jahrhunderts hinaus in Schwandt ansässig.[3]) Zu Anfang des XVI. Jahrhunderts aber streiten die von Maltzan mit den Herzögen Heinrich und Albrecht um zwei Bauern in Schwandt, die sie als die ihrigen beanspruchen, und 1520 geben sie zwei Höfe und einen Kathen als ihren Besitz an (»item zweier hoffe vnnd einer halbenn kottenn oder suldenn zu Schwante«).[4]) In den Maltzan'schen Besitz tritt noch vor 1550 Achim Voss auf Luplow durch einen Pfandvertrag ein, und 1594 kaufen Achim und Adam Voss auch die Oldenburg'schen Antheile an Schwandt. So kommen die Herren von Voss, obwohl sie deswegen mit den Freiherrn von Maltzan 1614 noch Streit haben, schrittweise in den Besitz des ganzen Dorfes. Der dreissigjährige Krieg nimmt das Dorf so mit, dass es 1648 völlig wüst und menschenleer daliegt.[5]) Nachdem es bis 1831 in Voss'schem Besitz gewesen ist, geht es in diesem Jahre in die Gräflich Schlieffen'sche Begüterung über, der es heute noch angehört.

Ueber die kirchlichen Verhältnisse siehe bei Mölln.

Kirche.

Kirche. Die Kirche ist ein dem XVIII. Jahrhundert (1747?) angehörender Bau, welcher einen flachgedeckten Raum mit Schluss aus dem Achteck darstellt. Der aus der Dachkonstruktion hervorwachsende Thurm hat eine offene

[1]) 11 km nordnordwestlich von Penzlin. Kühnel, M. Jahrb. XLVI, S. 130, erinnert an den altslavischen Stamm svętŭ = stark, heilig. Wäre das richtig, so hiesse Schwandt ungefähr soviel wie »Hilgendorf«, oder auch »Heiligenhagen«.

[2]) M. U.-B. 1300.

[3]) M. U.-B. 3538. 7778.

[4]) Akten im Grossh. Archiv. Vgl. Lisch, Geschl. Maltzan IV, S. 492.

[5]) Groth, M. Jahrb. VI, S. 137.

Laterne als Aufsatz. In dem Anbau auf der Nordseite, welcher für die Gross-Hellesche Empore angefügt ist, befindet sich die Ruhestatte der von Engel und von Pentz. Vor dem Thurm im Westen ein neuer grosser Anbau, der als Schlieffen'sches Erbbegräbniss dient. An der Südseite ein Treppenanbau zur Schwandter Empore. An der Thür dieses Anbaues ein kleiner eiserner Schild für den Thürklopfer, welcher die Jahreszahl **1752** enthält.

Altar und Kanzel, Empore.

Altar und **Kanzel** sind zu einem Körper verbunden. An der Schwandter **Empore** mehrere zinnerne **Sargwappen** der Familien **VON VOSS** und **VON SCHLIEFFEN**, ebenso auch am Altar, unter denen auch **VON ENGEL**'sche (Gross-Helle) vorkommen.

Glocken.

Im Thurm hängen zwei **Glocken.** Die grössere ist laut Inschrift 1747 unter dem Patronat des **ADAM CARL VON VOSS** und seiner Gemahlin **MARIA ELISABETH, GEB. VON DER HARDT**, sowie unter dem Kompatronat der Frau **BEATA ELISABETH WITTWE VON ENGEL, GEB. VON ENGEL**, ebendaselbst, und z. Zt. der Penzliner Pastoren **BALTHASAR FRIEDR. SCHEIBEL** und **JOH. CHRISTIAN MÜLLER** von **C. D. Heintze** gegossen worden. Die kleinere zweite Glocke trägt weder Inschrift noch Zeichen, doch deutet ihre Form auf ein hohes Alter hin.

Kleinkunstwerke.

Kleinkunstwerke. 1. 2. Silbervergoldeter Kelch auf rundem Fuss. Als Signaculum die dreifigurige Kreuzigungsgruppe auf einem Wappenschild. Der Kelch ist laut Inschrift auf der Unterseite **1744** von **BEATA MAGDALENA GIESEN** gestiftet. Stadtzeichen das dreithürmige Thor von Neubrandenburg. Meisterstempel **E T**. Die Patene hat ebenfalls den Namen der Stifterin des Kelches, aber keine Werkzeichen. — 3. Silberne länglich runde Oblatenschachtel. Auf der Unterseite die Initialen **J • J • V •** Stempel undeutlich.[1]) — 4. Silbervergoldete Taufschale auf einem Fuss; an der Schale zweimal das Zeichen **S.** und das Beschauzeichen ~~~. — 5. 6. Zwei grosse versilberte Messingleuchter, gestiftet von **JULIE VON VOSS 1819.** — Im Thurmraum ausserdem noch zwei dreifüssige Leuchter zwei beschädigte Vasen von Zinn.

Das Gut und Filial-Kirchdorf Passentin.[2])

Geschichte des Dorfes.

Nach jener öfter bereits angezogenen Urkunde vom Jahre 1170, in welcher Fürst Kasimar von Pommern dem Stifte Havelberg eine Anzahl von Dörfern zwecks Gründung des Klosters Broda überweist, wird unter diesen

[1]) Das Inventar von 1811 beschreibt eine silberne Oblatenschachtel mit der Inschrift: **OTTO CARL VON VOSS 1706.**

[2]) 7 km nordnordöstlich von Penzlin. Die alte Form des Namens Patsutin verbindet Kühnel, M. Jahrb. XLVI, S. 104 mit dem altslavischen Wortstamm pak-, kroatisch pačetin (= stark) und übersetzt ihn mit »Ort des Pačuta, Pačeta«. Das würde deutsch ungefähr soviel sein wie »Starkenhagen«.

Dörfern auch Passentin (Patsutin) genannt.[1]) Indessen diese Urkunde ist nicht echt, und unter den Gründen, die wider sie und ihre Konfirmation von 1244 sprechen, ist auch der, dass Passentin in der für echt gehaltenen Bestätigungsurkunde des Herzogs Bogislav vom Jahre 1182 und ebenso in der auch ihrerseits wieder für untergeschoben erklärten Bestätigungsurkunde des Fürsten Nikolaus von Werle vom Jahre 1230 ausgelassen ist.[2]) Dagegen scheint es sicher zu sein, dass wir nach einer im Jahre 1396 von den beiden Fürsten Nikolaus und Christoffer von Wenden vollzogenen Beglaubigung einer älteren Urkunde — deren Echtheit freilich, ohne dass es zu unserer Sache etwas thut, ebenfalls angefochten worden ist — Passentin für eine im Mittelalter stark befestigte Burg zu halten haben, auf welcher die Bardenfleth sassen, zu deren Gütern auch die grosse Stadtmühle bei Penzlin nebst dem Stadtsee gehörte. Der Brief über diese Mühle (so heisst es in der genannten Beglaubigung) sei dem Gerd Bardenfleth bei Gelegenheit der Zerstörung der Burg Passentin verloren gegangen (»do Passentynn wunnen vnde brakenn wardt«). In welchem geschichtlichen Zusammenhange es aber war, als diese Burg zerstört wurde, das erfahren wir nicht. Es lässt sich nur sagen, dass die Angabe den Eindruck macht, als wenn das Ereigniss in der zweiten Hälfte des XIV. Jahrhunderts stattgefunden haben müsse.[3])

»Die Burg lag an dem Südrande des Dorfes in dem umfänglichen Wiesengrunde an den Ufern des Malliner Sees und des Fischstroms, welcher hier noch einen kleinen von Norden herabkommenden Bach in sich aufnimmt. Die Wiebeking'sche Originalkarte im Archive hat hier neben einander den »grossen« und »kleinen Burgwall«, beide viereckig, und etwas weiter nordöstlich neben dem Dorfe den runden »Möllerwall«. Dorf und Burgwälle liegen jetzt auf der linken, Mecklenburg-Schwerinschen Seite des Stromes, welcher aber vielleicht in den letzten Jahrhunderten geändert und früher Dorf und Burg getrennt, oder letztere auf beiden Seiten umflossen haben mag, da die Grenze zwischen Passentin und Mallin schon vor der Mitte des XVIII. Jahrhunderts streitig war.«[4])

Ob aber, wie Beyer meint und noch mit dem späteren Verhältniss der Maltzan und Holstein zu einander begründet wissen will, aus diesen ehemaligen Burgwallverhältnissen auf nähere Beziehungen zur Burg Penzlin geschlossen werden darf, und ob die Burg Passentin zu den befestigten Eingangspunkten oder Pforten des Landes Radvir, dem Redarierlande oder Stargard, gehört habe: das wollen wir dahin gestellt sein lassen. Was uns betrifft, so erscheint uns das mehr als zweifelhaft.

Nach den Bardenfleth's finden wir auf Passentin die nach dem Ort genannte Familie der Passentin. Kord und Henneke sind die letzten männlichen Nachkommen ihres Geschlechts. Noch bei Lebzeiten des letztgenannten,

[1]) M. U.-B. 95. Vgl. 563 (vom Jahre 1244).

[2]) M. U.-B. 135. 377. Vgl. Wigger zu M. U.-B. 1284. Beyer, M. Jahrb. XXXVII, S. 60.

[3]) M. U.-B. 7230. Vgl. Koppmann, M. Jahrb. LVI, S. 232.

[4]) Wörtlich nach Beyer, M. Jahrb. XXXVII, S. 61.

nämlich im Jahre 1510, geben die Herzöge Heinrich und Albrecht dem Penzliner Maltzan die Anwartschaft auf die Belehnung mit Passentin.[1]) Aber auch die Holstein haben Pfand-Antheile daran, die sie 1511 an das Kloster Broda abtreten, 1552 aber wieder einlösen. Bald darauf, 1519, giebt es Streit zwischen ihnen und Bernd Maltzan.[2]) 1562 wird der Maltzan'sche Antheil an Jakob Zitzewitz, dann aber wieder, und zwar noch vor 1593, an Joachim Arenstorff verpfändet. Zu gleicher Zeit, nämlich 1592, geht der Holstein'sche Antheil durch Kauf an Joh. Restorff auf Chemnitz über, in den Jahren 1609 und 1610 aber kauft Friedrich von Aschersleben für sich und seine Brüder sowohl den Maltzan'schen wie den Holstein'schen Antheil. Darauf tritt von 1622 an Philipp Julius von Platen als Pfandbesitzer auf längere Zeit, noch über 1647 hinaus, an die Stelle der von Aschersleben. In gleichen und ähnlichen Rechtsverhaltnissen folgen im XVII und XVIII. Jahrhundert die Familien Vogelsang, Hacke, Klinggräff, von der Lanken, Pankert und Voss, bis endlich schrittweise alle diese Anrechte (1716, 1721 und vor 1735) an die Brüder Friedrich Wilhelm und Ludwig von Hacke kommen. Hacke'scher Besitz bleibt Passentin bis 1789. Es folgen 1789 Advokat Christian Vollrath Nikolai und dessen Familie bis 1852,[3]) Ulrich von Schack bis 1862, Theodor Karl August Ernst von Blücher bis 1868, Staatsminister Theodor Dietrich von Levetzow bis 1869, Leutnant a. D. Eugen Seip bis 1882, und von diesem Jahre an Wilhelm Theodor Herm. Lemke, der den Besitz heute mit Georg Lemke theilt.

Die Kirche zu Passentin, welche, ihrer geographischen Lage nach, im Mittelalter zu keiner anderen als der Diöcese Havelberg gehört haben kann, wenngleich ein ausdrückliches Zeugniss dafür nicht vorliegt, lässt sich von 1575 an bis ins XVIII. Jahrhundert hinein als Tochter der in der Strelitzer Enklave liegenden Mutterkirche zu Gevezin verfolgen. Indessen schreibt B. F. von Krackewitz auf Gevezin im Jahre 1705, die Kirche zu Passentin sei vor vielen Jahren zu Grunde gerichtet, es seien kaum noch Spuren davon vorhanden.[4]) Die Einwohner von Passentin seien daher 1689 (aufs Neue) an die Mater zu Gevezin verwiesen und hätten auch Grabsteine in der Geveziner Kirche, hielten sich aber z. Zt. mehr nach Lapitz, wo ein junger Pastor predige (von Penzlin her, s. o. S. 240). Aber später finden wir Passentin bei Wulkenzin (von 1727 an), dann eine Zeit lang bei Alt-Rehse (bis 1747), doch seitdem wieder bei Wulkenzin in Mecklenburg-Strelitz.

Kirche.

Kirche. Die Kirche, oder richtiger Kapelle, ist ein Fachwerbau von 1794, der fast ein Quadrat darstellt. Mitten auf dem First ein kleiner Dachreiter mit einer offenen Laterne, deren Wetterfahne ein **N** und die Jahreszahl **1794** zeigt.

[1]) Lisch, Geschl. Maltzan IV, S. 402—404 (Urk. DCCCXIII. DCCCXIV). Vgl. S. 498 (Urk. DCCCXLVIII). S. 505 (Urk. DCCCLXIII).

[2]) Lisch, Geschl. Maltzan IV, S. 485 (Urk. DCCCLII).

[3]) Doch ist Passentin schon vor 1780 Nikolai'scher Pfandbesitz.

[4]) Im Visitationsprotokoll von 1661 heisst es freilich, dass die Kirche in Passentin benutzt werde. Der Thurm aber sei umgefallen.

Innere Einrichtung.

Die **innere Einrichtung** ist einfach, **Altar und Kanzel** sind zu einem Körper verbunden.

Glocke.

Im Dachreiter eine **Glocke** mit der Inschrift: **SOLI DEO GLORIA WILHELM NICOLAI PATZENTIHN ANNO 1780.**[1]

Vasa sacra.

Kelch und **Abendmahlskanne** sind neu und erst in den letzten Jahren beschafft.

Das Gut und Kirchdorf Gross-Lukow.[2]

Geschichte des Dorfes.

Warum eine unter dem 24. April 1230 ausgestellte Urkunde, nach welcher das Dorf Gross-Lukow schon um 1230 dem Kloster Broda gehören würde, als eine Fälschung angesehen werden muss, hat Wigger in der Anmerkung zu der unverdächtigen Urkunde des Fürsten Nikolaus I. von Werle vom 23. April 1273 überzeugend dargethan.[3] Thatsächlich beginnt das Verhältniss des Klosters zum Dorfe nicht eher als am 30. Juli 1304, an welchem Tage Furst Nikolaus II. von Werle dem Kloster für erlittenen Kriegsschaden das Patronat der Kirche in Gross-Lukow sowie das der Tochterkirche in Marin sammt dem Dorfe Klein-Lukow und drei Kirchen-Hufen verleiht.[4] Um das Jahr 1319 treffen wir in Gross-Lukow die Gebrüder Wokenstedt mit Besitz und Rechten. Am 24. Mai 1339 vermehrt Bischof Dietrich von Havelberg die Einkünfte des Klosters Broda mit verschiedenen Hebungen aus den Kirchen zu Neubrandenburg, Penzlin, Ankershagen, Wulkenzin und Lukow, aus letztgenannter mit einer Hebung von zehn Mark Wendisch.[5] Im Jahre 1384 aber tritt dort bereits die ritterbürtige Familie der Holstein auf: es sind Hans und Arnd, die der Kirche zu Penzlin Pächte im Betrage von sechs Mark aus Gross-Lukow verschrieben haben.[6] In der Folge wird Gross-Lukow eins der Hauptgüter im Lande Penzlin und bleibt — eine Reihe von Verpfändungen von Antheilen und Einkünften im XVII. und XVIII. Jahrhundert an die Voss, Restorff, Bülow, Peterswald, Bekendorf, Langermann, auch einen vorübergehenden Verkauf im Jahre 1730 an die von Warnstedt abgerechnet — bis

[1]) S. o. S. 282, Anmkg. 3.

[2]) 6 km nordwestlich von Penzlin. Nach Kühnel, M. Jahrb. XLVI, S. 88, soviel wie »Ort des Luk, Lukas«.

[3]) M. U.-B. 377. 1284, Anmkg. Dort auch das Nöthige über die Fälschung vom 22. September 1312: M. U.-B. 3563. Vgl. ferner die Konfirmationen der Fürsten von Werle 1402, der Herzöge Magnus und Balthasar von 1482 und des Papstes Alexander VI. von 1500 (Urkunden-Abschrift im Grossh. Archiv): M. Jahrb. III, S. 206—210. 229 30. — Boll, Chronik der Stadt Neubrandenburg, S. 321, bezweifelt auch die Echtheit der Beurkundung vom 5. Mai 1402 und hält sie für ein Machwerk aus der Zeit nach 1433.

[4]) M. U.-B. 1284.

[5]) M. U.-B. 5960.

[6]) M. U.-B. 11554.

1802 im Besitz der Familie von Holstein. Von 1803 bis 1841 haben es die von der Lanken, von 1841 bis 1852 Friedr. Heinr. Ernst von Blücher, dann ein Jahr lang Franz Döhn, von 1853 bis 1862 August Balck, und von 1862 an Gustav Heinr. Karl Lukas von Oertzen. Oertzen'scher Besitz bleibt es bis 1881. In diesem Jahre folgt Karl von Sittmann, und 1885 Amtsrath Karl Friedr. Gudewill, der es heute noch hat.

Um 1375 ist Hinricus Nemerow Pleban der Kirche in Gross-Lukow, die, wie schon aus der oben angezogenen Urkunde von 1339 ersichtlich ist, der Diöcese Havelberg angehört. Ebenso gehört natürlich die Filia Marin dahin. Andere Geistliche des Mittelalters sind bis jetzt nicht bekannt geworden. Um 1577 unterschreibt Bartholomaeus Caelius (Coelius, Zelle) die Konkordienformel. Er wirkt als Seelsorger in Gross-Lukow bis 1610. Sein Nachfolger Georgius Grosskopf, den Herzog Hans Albrecht II. kraft seines landesherrlichen Patronates beruft, ist dort von 1611 bis 1636 nachweisbar. Vielleicht war er noch länger daselbst im Amt.[1]) 1651 tritt Martin Sternhagen an seine Stelle. Er wird von Herzog Adolf Friedrich, der für den jungen Herzog Gustav Adolf die Vormundschaft führt, berufen, übernimmt auch die Cura der Kirche zu Flotow, dazu hat er die der Tochterkirchen Ave, Marin und Klein-Lukow. 1695 verliert er seinen Adjunkten und Schwiegersohn Melchior Eppen durch den Tod, er selbst ist inzwischen erblindet. Es folgt nun 1695 David Franck, der später Präpositus des Penzlinschen Cirkels ist. Die Cura von Flotow und Rumpshagen tritt er (nach 1701) an den oben S. 275 genannten und vielbeschäftigten Pastor Aeminga in Mölln ab, nimmt sie aber 1713 von Neuem auf seine Schultern. Er stirbt 1747, erhält aber schon 1742 einen Helfer an seinem Sohn Georg Matthaeus Franck, welcher den Vater nur um vier Jahre überlebt, er stirbt 1751. 1752 folgt Joh. Heinrich Schimmelmann († 1797) und 1798 Joh. Benjamin Ladewig († 1834). Vgl. Walter a. a. O.

Kirche. **Kirche.** Die Kirche ist ein neugothischer Bau von 1866 mit Schluss aus dem Zwölfeck und stellt im Innern einen ungetheilten Raum dar. Nur der schmälere Thurm im Westen, der einen vierseitigen Pyramidenhelm trägt, ist alt und gehört anscheinend dem XIV. oder XV. Jahrhundert an.

Die **innere Einrichtung** ist vollständig neu.

Triptychon. Im Vorraum ist das Mittelstück eines alten spätgothischen **Triptychons**, und über der Orgel das ehemalige **Triumphkreuz** angebracht.

Triumphkreuz, Glocken. Im Thurm hängen drei **Glocken** von 0,97 m, 0,78 m und 0,61 m Durchmesser. Die beiden grössten sind 1850 von **C. Jllies** in Waren gegossen, die

[1]) Nach einer früheren Pastorentafel in der Kirche lebte er bis 1648. Ein von dem Verfasser früher irgendwo (leider ist die Fundstelle nicht notiert worden) gefundener »Pastor Paul Schoop in Gross-Lukow, Marin und Gross-Flotow« ist anderswo als vor Caelius nicht unterzubringen. Die im Inventar von 1811 genannte Pastoren-Tafel hebt mit Caelius an, macht aber sofort einen Fehler, indem sie ihn 1590 sterben lässt.

dritte ist ohne Inschrift, hat aber am oberen Rande fünf Rundbilder mit figürlichen Darstellungen.[1])

Kleinkunstwerke. 1. 2. Silbervergoldeter Kelch in den Formen der Spätrenaissance. An dem eiförmig gebildeten Knauf drei kleine Engel in ganzer Figur, mit plastisch heraustretenden Köpfen. Am runden Fuss ein breiter Rand mit getriebenem Laub- und Bandelwerk. Auf der Unterseite des Fussrandes eine Angabe des Gewichtes und der Jahreszahl, wobei die Reihenfolge Beachtung verdient, nämlich so: W • 42 L • 3½ Q • ANNO 1721 • W • 46 LOTT. Der Kelch ist somit in späterer Zeit verstärkt worden. Werkzeichen fehlen, sowohl am Kelch, wie an der zugehörigen Patene. — 3. 4. Silbervergoldeter gothischer Kelch auf sechspassigem Fuss. Am Knauf der Name IEHSVS. Auf dem Fuss ein plastischer Krucifixus als Signaculum, dazu der zweimalige Stempel F I R. Auf der Unterseite des Fusses unter fünfzackiger Krone: J • G • B • 1703. Patene ohne Werkzeichen. — 5. Kleiner silberner Krankenkelch auf sechsseitigem Fuss, im klassicierenden Geschmack vom Ende des XVIII. Jahrhunderts. An der Kupa ein Doppelmonogramm, bestehend aus den Buchstaben J • V • M • (vielleicht J • B • V • M •) Stadtzeichen M mit der Krone darüber und als Meisterzeichen die Buchstaben H M. — 6. Runde silberne Oblatendose, auf dem Deckel ein aufgravierter Christus. Auf der Unterseite zweimal derselbe Stempel wie bei 3. — 7. Längliche silberne Oblatenschachtel. Auf der Unterseite als Stadtstempel das dreithürmige Thor von Neubrandenburg, und als Meisterzeichen [Zeichen]. — 8. Dritte silberne Oblatendose, länglich, mit getriebenem Rokoko-Ornament am Deckel. Gestiftet 1781 von E • E • S • GEB • H. Von demselben Meister wie 7. — 9. Silberne Weinkanne, gestiftet von LUD • MÜLLER auf Stolpe und seiner Gemahlin SOPHIE GEB • NEUMANN 1841. Als Stadtstempel ein steigender Löwe mit K, daneben als Meisterstempel der Name KASS. — 10. Neues Taufbecken, gestiftet von FR • und CL • HÜHN 1880. — 11. Altes getriebenes Messingbecken, in der Mitte das Einhorn, verfolgt von einem kläffenden Hunde im Walde, laut Inschrift gestiftet 1703 von K • PETER ATZMANN.

Das Gut und Filial-Kirchdorf Marin.[2])

Als Filial-Kirchdorf der Mutterkirche zu Gross-Lukow, und damit zusammen zur Diöcese Havelberg gehörig, tritt uns das Dorf Marin schon 1304 entgegen.[3]) Zwei Jahre später belehnt dort Fürst Nikolaus II. von Werle den

[1]) Die Vorgängerinnen der beiden grösseren Glocken stammten nach dem Inventar von 1811 aus dem Jahre 1706 und trugen die Namen des Herzogs Friedrich Wilhelm, des Pastors Dav. Franck und der Juraten Andreas Schultz und Christian Lohs. Der Giesser wird nicht genannt.

[2]) 7 km westlich von Penzlin. Nach Kühnel ist der Name Marin (Morin) als Ort des Mor oder Mar zu erklären: M. Jahrb. XLVI, S. 91.

[3]) M. U.-B. 2945.

Ritter Johann Holstein mit zwanzig Hufen.[1]) Indessen bedeuten diese zwanzig Hufen nur einen Theil des Dorfes, dessen Hälfte, wie die von Holstein selbst 1470 erklaren, der ritterburtigen Familie Marin gehört.[2]) Mannigfacher Besitz-Wechsel findet freilich auch hier wie anderswo statt. Hier wie anderswo drängen und stossen sich die Geschlechter an und durch einander. So geht z. B. der Antheil, den bis zum Ende des XV. Jahrhunderts Henning Stute, Otto Stuten's Sohn, besessen hat, nach dessen Tode 1501 auf Bernd Maltzan uber, und 1505/8 hat auch ein Zweig der Familie Blucher, von der Otte Stute einen Theil seines Besitzes gekauft hatte, fünfzehn Hufen im Dorfe Marin.[3]) Die Brüder Henning und Levin Marin, welche Ende des XVI. Jahrhunderts auf Ludorf und Kelle wohnen, verkaufen 1588 einen Antheil von Marin an die vier Brüder Kossebade (Kosboth) auf Torgelow und machen 1589 mit Christoph Kamptz einen Tauschvertrag über einen anderen Antheil, den dieser 1597 den Gebrüdern Holstein auf Ankershagen überlässt. 1616 theilen Balthasar Lepel und Henneke Marin ihren Besitz in Ludorf und Marin unter sich. Die Lepel'sche Hälfte in Ludorf und Marin kommt 1625 an Heinrich von der Lanken. Im Jahre 1630 ist von zwei wüsten Höfen zu Marin die Rede, die Adam Kossebade an Christoph Hahn verpfändet. Von 1645 an, die ganze zweite Hälfte des XVII. Jahrhunderts hindurch, muthen die von Blücher ihre alten Güter in Marin. 1648 überlassen die Ankershäger Holstein ihren »Meierhof« zu Marin an Heinr. Bibow zu Mollenstorf für 5000 Gulden niessbräuchlich auf fünfzehn Jahre. In Bibow'schem Besitz bleibt er aber bis 1705, da geht er als Pfandbesitz an Hans Matthias von Guhlen. Anscheinend aber nur auf kurze Zeit. Denn 1719 sind die von Holstein wieder im Besitz, verkaufen aber ihre Hufen in Marin im Jahre 1721 an den Hauptmann Christian von Blücher auf Kittendorf und Clausdorf, dessen Rechte später auf den Schwiegersohn Georg Ludwig von Oertzen übergehen. Ueberhaupt müssen die erwähnten Blucher'schen Muthungen Frucht getragen haben, denn wir hören 1699, dass Siegfried von Voss auf Flotow über einige von Karl von Blucher's Vormündern an ihn verpfändete Hufen und Höfe zu Marin den landesherrlichen Konsens erhalten hat. Um die Mitte des XVIII. Jahrhunderts finden wir die von Le Fort im Pfandbesitz von Marin.[4]) Sie haben ihn bis 1804, neben ihnen wieder seit 1795 die von Oertzen. 1804 aber wird Gustav Dietrich von Oertzen alleiniger Besitzer von Marin.[5]) Marin bleibt bis 1874 Oertzen'sches Eigenthum. Da wird Chr. Mart. Theod. Reichhoff der Rechtsnachfolger, und seit 1895 ist es Karl von Rocheid.

Ueber die kirchlichen Verhältnisse s. bei Gross-Lukow.

Kirche. **Kirche.** Die Kirche ist ein Fachwerkbau vom Jahre 1726 mit einem

[1]) M. U.-B. 3121. 7017.
[2]) Akten im Grossh. Archiv.
[3]) Lisch, Geschl. Maltzan IV, S. 331 (Urk. DCCLXXI).
[4]) Sie haben auch Mollenhagen bis 1831 und Rethwisch bis 1705.
[5]) Auch Federow, Schwarzenhof und Lehnhorst sind seine Güter.

hölzernen, aus dem westlichen Ende des Daches herauswachsenden Holzthürmchen.

Die **innere Einrichtung** ist ohne Bedeutung.

Die einzige **Glocke** (Dm. 0,88 m) ist 1861 von **C. Jllies** in Waren umgegossen worden.[1] Glocke.

Kleinkunstwerke. 1. 2. Silbervergoldeter Kelch auf sechspassigem Fuss, laut Inschrift an der Kupa gestiftet von **JOHAN VON HOLSTEN • SOFFIA HEDEWIG VON PETERSTORF • MARIEN 1690.** Keine Werkzeichen. An der Patene der Stadtstempel **P** und der Meisterstempel **I. F. C.** — 3. Alte Messingschüssel mit der Darstellung der Verkündigung des Engels an die hl. Maria. Kleinkunstwerke.

Das Gut und Kirchdorf Gross-Flotow.[2]

Das Gut und Dorf Flotow (Vlotow), das 1418 zuerst genannt wird, hat, wie noch heute, von jeher der ritterbürtigen Familie Voss gehört. Mit dem Gute und Dorfe auch das Patronat der Kirche, wie es das Visitationsprotokoll von 1541 erkennen lässt. 1534 hat Michael Low das Pastorat, 1541 aber der Pastor Joachim Schmit, der auch Kirchherr zu Luplow ist, wo wir ihn schon 1534 finden.[3] Später ist David Wahl Pastor zu Flotow († 1596). Nachher finden wir dort von 1627 bis 1649 oder 1650 den Christian Schütte (Sagittarius), zu dessen Zeit Georgius Grosskopf in Gross-Lukow Pastor ist. Unter dem 1651 nach Gross-Lukow berufenen Pastor Martin Sternhagen tritt eine Verbindung beider Pfarren ein. Aber unter dessen Nachfolger David Franck, den wir schon 1698 in Lukow finden, besteht diese Verbindung anscheinend nicht mehr. Denn 1701 hat Flotow wieder seinen eigenen Pastor in dem schon oft genannten Joh. Christoph Aeminga, der nachher von Mölln aus mehrere Kirchspiele verwaltet (s. o. S. 275). Doch um 1712 ist es diesem des Guten zuviel geworden, und daher übernimmt 1713 der Lukower Pastor David Franck († 1747) aufs Neue die Cura von Flotow. Seitdem ist die Kirche zu Flotow, die wir ihrer geographischen Lage nach zur Diöcese Havelberg rechnen müssen, bei der Kirche zu Gross-Lukow verblieben.[4] Geschichte des Dorfes.

[1] Ihre Vorgängerin war 1727 von Michael Begun gegossen worden unter dem Patronat des Herzogs Karl Leopold und dem Pastorat des David Franck.

[2] 9 km nordwestlich von Penzlin. Kühnel, M. Jahrb. XLVI, S. 45, verbindet den Namen mit dem slavischen Wort bloto = Sumpf und übersetzt ihn daher mit »Sumpfort«.

[3] S. bei Luplow S. 289.

[4] Akten im Grossh. Archiv. Vgl. Stuhr, M. Jahrb. LX, S. 32.

Kirche.

Kirche. Die Kirche ist ein Neubau von 1894 auf der Grundlage eines frühgothischen Baues aus dem XIII. Jahrhundert. In den Portalen und Fensterwandungen, für welche besonders die Südseite zu beachten ist, sind die Laibungs- und Wandungssteine der alten Kirche verwendet worden.

Glocken.

Die **innere Einrichtung** ist neu, ebenso sind es die zwei von **Albrecht** in Wismar gegossenen **Glocken**.[1])

Kleinkunstwerke.

Kleinkunstwerke. 1. 2. Silbervergoldeter Kelch auf sechspassigem Fuss. Rostocker Arbeit von **Jürgen Müller**. Patene ebenso. — 3. 4. Zinnerner Kelch, gestiftet von **HANS BARDMANN**, mit Patene, von einem Stralsunder Zinngiesser **I. M.** — 5. 6. Kanne und Oblatendose, neu, von **Sy & Wagner**-Berlin. — 7. Zinnleuchter, gestiftet von **D • S • W • 1757**. Als Stadtstempel das dreithürmige Thor von Neubrandenburg, als Meisterstempel die Initialen **C. H. 1713**. — 8. Desgleichen, gestiftet **1776** von **MICHEL LADENDÖRP**. Als Stadtstempel das Neubrandenburger Thor, der Meisterstempel ist undeutlich.

Das Gut und Kirchdorf Luplow.[2])

Geschichte des Dorfes.

Wie mit Rosenow, so belehnt Fürst Nikolaus von Werle den Ritter Heinrich Voss von Wolde für Hülfe in der Kriegsnoth und besonders beim Bau des Schlosses Kobelbruck (Kavelsbruck, ehemals in der Strelitzer Feldmark) am 29. August 1282 auch mit dem Gut und Dorf Luplow, d. h. mit der Bede, Münzpfennigen, Diensten, Gerichten, mit Frucht und Niessbrauch beider Dörfer. Seitdem ist nun Luplow bis heute unentwegt ein Voss'sches Gut geblieben.[3]) Ueber seine historische Bedeutung durch die Gefangennahme des Fürsten Johann von Werle, die hier im Frühjahr 1316 statthatte, s. o. S. 271. Uebrigens haben auch die Kossebade (Kosboth) hier um die Mitte des XIV. Jahrhunderts Besitz und Rechte, an denen sie, wie ihre Klage vor Herzog Albrecht nachweist, durch Berend Maltzan und dessen Brüder in der Zeit vor 1350 arg geschädigt worden sind (item brande he vs vnde rouede vs af tůr Lupeglove alse gůt alse VIII hundert Lub mark).[4]) Später werden auch die Kossebade'schen Antheile Voss'sches Eigenthum geworden sein, wenngleich eine besondere Urkunde hierüber nicht vorliegt.

[1]) Das Inventar von 1811 verzeichnet vier Glocken, von denen zwei im Jahre 1714 unter Voss'schem Patronat und Franck'schem Pastorat von Michael Begun und Hans Siebenbaum gegossen worden waren. Ueber die beiden anderen fehlt es an näheren Angaben.

[2]) 13 km nordnordwestlich von Penzlin. Den Namen des XIII. Jahrhunderts Lupeglowe (später Lupeglawe, Lupeglowe, Lupdegowe) erklärt Kühnel als »Ort des Lupoglav (Spaltekopf)«: M. Jahrb. XLVI, S. 88.

[3]) M. U.-B. 2181. Dazu Akten im Grossh. Archiv. Vgl. auch M. Jahrb. XXVI, S. 95–98.

[4]) M. U.-B. 7142, B.

Die südlich von der Grenze des Landes Circipanien und nordöstlich von Varchow, der östlichsten Kirche des Bisthums Schwerin gelegene Kirche unter Voss'schem Patronat hat an Joachim Schmidt im Jahre 1534 ihren eigenen Pastor. Gleichzeitig mit ihm wirkt in Flotow und deren Filia Rumpshagen der Pastor Michael Lowe, der ebenfalls unter Voss'schem Patronat das Amt führt. Sieben Jahre später aber, 1541, finden wir beide Kirchen, die von Luplow und Flotow unter dem Pastorat des genannten Joachim Schmidt (Schmit) mit einander vereinigt.[1]) Diese Vereinigung wird wohl das XVI. Jahrhundert hindurch vorgehalten haben.

Mit dem XVII. Jahrhundert tritt allerlei Wechsel ein. Da finden wir die Kirche zu Luplow Anfangs mit Mölln verbunden (s. o. S. 273), später mit Kastorf, Varchow und Kittendorf, und im XIX. und XX. Jahrhundert wieder mit Varchow.[2])

Kirche. Die Kirche ist ein Feldsteinbau spätgothischen Charakters in Form eines länglichen Vierecks. In den Lichtöffnungen herrscht bereits der Stichbogen, welcher die Zeit der Renaissance ankündigt. Im Eingangs-Portal auf der Südseite aber, dem eine kleine Renaissance-Halle vorgesetzt ist, wird der Stichbogen von einer Spitzbogenlaibung überfangen. Im Innern eine flache Holzdecke. Der Thurm ist neu. Kirche.

Die **Altarwand** ist ein mehrtheiliger Renaissance-Aufbau vom Anfange des XVII. Jahrhunderts nach Art der Altäre in Varchentin, Gnoien u. s. w. Altar.

Die **Renaissance-Kanzel** stammt aus dem Jahre 1617 und die **Empore** im Westen aus derselben Zeit. Kanzel, Empore.

In der Kirche werden auch noch einige **Schnitzfiguren** eines alten Triptychons aufbewahrt. Schnitzfiguren.

Am Altar eine ganze Reihe von **Sargschildern** der Familie VON VOSS. Sargschilder,

In der Ostwand hinter dem Altar, links, also nach Norden hin, ein alter **Eucharistie-Schrank** mit einem Thürverschluss, dessen Innenseite mit Ranken bemalt ist. Eucharistie-Schrank.

---

[1]) Schröder, evang. Mecklenb. I, S. 282. Visitationsprotokoll von 1541 im Grossh. Archiv. Gehörte die Kirche zu Luplow einstmals zur Diöcese Schwerin? Oder zu der von Kammin? Der geographischen Lage nach, wenn sie ganz streng genommen wird, zur Diöcese Schwerin. Aber es ist nicht zu übersehen, dass sie in dem öfter genannten Verzeichniss der Kirchen und Pfarrlehne des Stifts Schwerin im Grossherzoglichen Archiv — man mag über den Werth dieses Verzeichnisses denken wie man will — nicht genannt wird, und dass als Kittendorfer Peene und somit als südliche Grenze des Stifts Kammin auch der aus dem Schwandter See kommende Bach, welcher Luplow streift, angesehen wird (vgl. Staatskalender). So ganz unmöglich wäre es daher nicht, dass auch Luplow noch zur Kamminer Diöcese gehört hätte. Doch bleibt immer sehr zu beachten, dass Wasserläufe zwischen den Bisthümern bisweilen eine scharfe Grenze bilden, wie z. B. zwischen Wismar und Alt-Wismar, Güstrow und Alt-Güstrow, Altstadt und Neustadt Roebel u. a. m.

[2]) Vgl. Schröder, evangel. Mecklenb. I, S. 282. Stuhr, M. Jahrb. LX, S. 59.

19

Glocken.

Im Thurm drei **Glocken** übereinander. Die erste ist laut Inschrift und Wappen 1858 im Auftrage des Kammerherrn **C. V. VOSS** und seiner Gemahlin **A. J. GEB. V. BUCH** von **C. Jllies**-Waren gegossen worden. Die zweite, welche das Allianzwappen der **VOSS** und **BEHR** zeigt, ist 1801 von **C. Miltzow** in Neustrelitz gegossen worden. Die dritte, welche die älteste ist, war nicht zu erreichen.[1])

Kleinkunstwerke.

Kleinkunstwerke. 1. 2. Silbervergoldeter Kelch auf sechspassigem Fuss, laut Inschrift auf der Unterseite **1737**, den 16. Juni, von **JOCHIM GREFERAHT** gestiftet. Vom Güstrower Goldschmied **Lenhart Mestlin**, ebenso die zugehörige Patene. — 3. 4. Silbervergoldeter Kelch auf rundem Fuss. Auf dem Fuss die bekannte dreifigurige Kreuzesgruppe als Signaculum. Gestiftet laut Inschrift **1739** von **J. (V.) VOSS** und **E. C. (V.) KOPPELOW**. Als Stadtstempel das dreithürmige Thor von Neubrandenburg, und als Meisterstempel die Initialen **I R**. — 5. Dazu eine ovale silberne Oblatenschachtel, welche dieselben Stifternamen und dasselbe Datum **1739** trägt, aber von einem Goldschmied **J. G.** ausgefuhrt ist, dessen Stadtzeichen ein werlescher Stierkopf ist. — 6. Noch eine kleine runde Oblatenschachtel, gestiftet von **ILSABE JENSEN 1711**. — 7. Grosse Weinkanne, 1889 von **C. V. VOSS** und **O. V. VOSS, GEB. V. WARBURG**, gestiftet. — 8. 9. Kelch von Zinn, gestiftet von **JOCHIM SCHMIT LUPLOW 1648**. Ohne Stempel. Die zugehörige Patene hat keine Stiftungs-Inschrift, als Stadtzeichen aber das dreithürmige Thor von Neubrandenburg und das nebenstehende Meisterzeichen. [F S B] — 10. 11. Zwei Zinnleuchter, der eine 1671 von **JOCHIM TRAECHO** (Trechow), der andere von **JOCHIM BEHM 1684** gestiftet. Beide mit dem Rostocker Stadtstempel [Zeichen] und mit Meisterstempeln, die nicht mehr völlig deutlich sind, aber ohne Zweifel der Zinngiesser-Familie **Schlüter** angehören (s. Anhang zu Band I der M. Kunst- u. Gesch.-Denkm.).

Das Gut und Kirchdorf Ankershagen.[2])

Geschichte des Dorfes.

Die Aufführung des Kirchenpatronates von Ankershagen als dem Kloster Broda gehörig in der mit dem 24. April 1230 datierten Urkunde 377 des M. Urkundenwerks ist einer der Gründe für die Unechtheit dieser Urkunde, welche gleich anderen Kloster-Urkunden in späterer Zeit angefertigt und

[1]) Die Vorgängerin der ersten Glocke war, wie die noch erhaltene zweite Glocke, im Jahre 1801 von C. Miltzow in Neustrelitz gegossen worden. Die dritte hat, nach dem Inventar von 1811, eine Jahreszahl aus dem XV. Jahrhundert, die man nicht ordentlich las und schrieb, anscheinend mcccclxxviii.

[2]) 10 km westsüdwestlich von Penzlin. Ueber die Möglichkeit der Benennung des Dorfes nach der sachsen-lauenburgischen, nach Mecklenburg eingewanderten ritterbürtigen Familie Anker s. Lisch, M. Jahrb. XXIX, S. 265. Vgl. A. Graf von Bernstorff, M. Jahrb. LIX, S. 283.

untergeschoben wurde, um theils jüngere wirklich vorhandene Rechtstitel alter zu machen als sie waren, theils neue Rechtstitel auf eine bequeme und trügerische Art zu gewinnen.[1]) Denn dass die Kirche zu Ankershagen erst im Jahre 1266 gegründet und der älteren Kirche in dem benachbarten, aber schon im Mittelalter und anscheinend bereits im XV. Jahrhundert als Kirchdorf eingegangenen Dorfe Freidorf als Tochterkirche vom Bischof zu Havelberg beigelegt wurde, steht urkundlich fest.[2]) Ebenso freilich auch das Verhältniss des Klosters Broda zur Kirche vom Tage der Gründung an, wie dies in der Fundationsurkunde vom 1. Mai 1266 selber deutlich zu erkennen (consentiente dilecto nobis in Christo preposito in Broda) und in der Bestätigungsurkunde des Fürsten Nikolaus von Werle vom 23. April 1273 geradezu ausgesprochen ist (ecclesiam in Ankershagen . . . . quam ecclesia Brodensis a prima plantatione tenuit libere et quiete). Und wie die Kirche zu Ankershagen mit fünftehalb Hufen (zwei Hägerhufen hatte schon Ritter Eckhard im Jahre 1266 geschenkt), so wird auch die Mutterkirche zu Freidorf vom Fürsten Nikolaus mit fünfzig Hufen und mit jenen drei Seen der Freidorfer Feldmark, aus denen die Havel herausfliesst (cum tribus stagnis, de quibus effluit aqua, que Hauele nuncupatur), dem Kloster Broda überwiesen, dazu endlich noch eine Zugabe von zehn Hufen in Rumpshagen.[2]) Auf der Basis dieser Schenkung ruht denn auch an ihrem Theile die spätere reiche Ausstattung der Pfarre zu Ankershagen mit liegenden Gründen, auf deren weitere geschichtliche Entwickelung hier aber nicht eingegangen werden kann.[3])

Wie lange die von Ankershagen oder Anker auf dem gleichnamigen Dorfe gesessen haben, ist nicht festzustellen. Ein jüngerer Knappe Eghardus de Anckere wird noch 1328 dort angetroffen und kann derselbe sein, der 1342 und 1365 mit Andern zusammen als Zeuge aufgeführt wird.[4]) Aber er ist nicht der Herr des ganzen Dorfes. Sondern neben ihm besitzt dort z. B. auch die Johanniter-Komthurei Mirow seit 1273 eine ihr vom Fürsten Nikolaus I. von Werle überwiesene Hufe. Ferner ist es keineswegs ausgeschlossen, dass hier wie anderswo in jenen Zeiten des Mittelalters, in denen der Trieb, allein der Herr im Dorfe zu sein, noch nicht ausgebildet war, nicht bloss Bauernhöfe in grösserer Zahl, sondern auch mehrere Rittersitze neben einander vorhanden waren. Auf zwei solcher Bauern- oder Kossatenhöfe in Ankershagen,

[1]) M. U.-B. 377. Dazu Wigger, Anmkg. zu M. U.-B. 1284. Vgl. auch die Fälschung vom 22. September 1312: M. U.-B. 3563. Ebenso die Fälschung von 1170 und 1230: M. U.-B. 95. 377.

[2]) M. U.-B. 1080. 1284. Die drei Seen, von denen hier die Rede ist, werden die nördlich vom Dieker Bruch gelegenen sein, der jetzt als Quellgebiet der Havel bezeichnet wird. Der »Mühlensee« (einer dieser drei) hat gleiche Wasserhöhe mit dem Bruch. — Dass die Namen Ankershagen und Freidorf schon in der Vergleichsurkunde zwischen Havelberg und Schwerin von 1252 vorkommen sollen, ist ein Irrthum: M. Jahrb. LIX, S. 282. Im Regest des Clandrian — und Weiteres haben wir nicht — steht nichts davon: M. U.-B. 710.

[3]) Eine ausführliche Darlegung über die Ackerkompetenzen der Pfarre zu Ankershagen s. bei A. Graf v. Bernstorff, M. Jahrb. LIX, S. 311—314.

[4]) M. U.-B. 4914. 6224. 9310. Vgl. Lisch, M. Jahrb. VIII, S. 124. Anmkg. Ferner M. Jahrb. XXIX, S. 265, sowie A. Graf von Bernstorff, a. a. O., S. 283.

19*

von denen der eine die frühere Wedem gewesen war, lässt z. B. schon eine Urkunde vom 14. April 1328 schliessen.[1]) So würde es auch zu verstehen sein, dass wir dort später, nämlich in der zweiten Hälfte des XIV. und in der ersten Hälfte des XV. Jahrhunderts (1386, 1422, 1432, 1434, 1435, 1439) die ritterbürtigen Geschlechter der Gelder, Stalbom und Holstein nach einander antreffen.[2]) Vielleicht wohnten sie dort schon auf dem »Wickenwerder« neben einander, der Stelle des späteren Herrenhauses oder Schlosses der Herren von Holstein zu Ankershagen.[3]) Wie dann bald nachher, von 1435 an, die Familie Holstein zum Alleinbesitze des Gutes und Dorfes gelangt, ist hinlänglich bekannt und zuletzt in zusammenhängender Weise von A. Graf von Bernstorff im M. Jahrb. LIX, S. 282–314 ausführlich behandelt worden. Doch der Verfall des Vermögens der Familie in der zweiten Hälfte des XVII. Jahrhunderts[4]) führt zu Verpfändungen, bei denen uns in kurzer Zeit hinter einander die Joh. Hauswedel, Kaspar Putzar, Julius Mörder, Jakob Sturtz, Melchior von Kossebade, Joh. Heinr. von Erlenkamp, Klemens von Wangelin, Philipp Brandt als Pfandinhaber entgegentreten, und zuletzt im Jahre 1743 zu einem vollständigen Verkauf des Gutes an den Hauptmann Henning Leopold von Oertzen auf Blumenow. Oertzen'sches Gut bleibt Ankershagen bis 1831. Es folgen nun als Besitzer: 1831 der Glashüttenmeister Ulrich Friedrich Heinrich Strecker zu Klockow, 1854 Ludwig Voss, 1875 Ernst Winckelmann, 1889 Andreas Graf von Bernstorff, und 1897 Oskar Wolff.

Von vorreformatorischen Geistlichen unter dem Patronat des Klosters Broda werden in der ersten Hälfte des XIV. Jahrhunderts Walter um 1328 und Albrecht um 1330, und in der zweiten ein Pleban mit Namen Johann um 1365 genannt.[5]) Im XV. Jahrhundert ist von 1411 bis 1451 Gerd Stubbendorf (nicht Stubbe) und 1492 Johann Colberg als Pleban von Ankershagen (später Probst von Broda) nachzuweisen.[6]) Als Pleban an der Kirche zu Freidorf ist bis jetzt nur einer bekannt, Heinrich Seedorf um 1365, der zugleich Kanonikus des Prämonstratenserstiftes Broda ist. Damals also, in der zweiten Hälfte des XIV. Jahrhunderts, hat die Kirche zu Freidorf noch ihre Bedeutung. Aber es fällt auf, dass die nachfolgenden frommen Stiftungen des XIV. und XV. Jahr-

[1]) M. U.-B. 4914. Später zählt man dreiunddreissig Bauern und Kossaten in Ankershagen. 1765 sind sie auf sechs zusammengeschmolzen, 1794 auf drei: vgl. A. Graf von Bernstorff, a. a. O., S. 294.

[2]) Schröder, Pap. Meckl. I, S. 1572. II, S. 1931. Vgl. A. Graf von Bernstorff, a. a. O., S. 284. Ueber die von Gelder ist auch Urk. 11736 zu vergleichen.

[3]) Wie z. B. in der zweiten Hälfte des XVI. Jahrhunderts die Brüder Jakob und Hans von Holstein.

[4]) 1665 lässt Herzog Christian Louis der Familie Holstein den Vorschlag machen, ihm Ankershagen abzustehen. Doch es wird nichts aus der Sache. A. Graf v. Bernstorff, a. a. O., S. 291.

[5]) Register des Urkundenbuches.

[6]) Vgl. Kirchenurkunden von Ankershagen im Grossh. Archiv und Schröder, Pap. Meckl. II, S. 1931 und 2465 (nicht 2965). Es darf also nicht gesagt werden, dass über das Verhältniss der Geschlechter Gelder und Stalbom zu Ankershagen urkundlich nichts feststehe: M. Jahrb. LIX, S. 283.

hunderts aus den schon genannten ritterbürtigen Familien der Gemeinde, soweit sie bekannt geworden sind, der Tochterkirche in Ankershagen zugewandt werden, wie die von Köneke Gelder, Hennings Sohne, geschenkten Hebungen im Jahre 1386, die Memorienstiftung des Vicke Stalbom von 1422 um seiner und seiner Frauen Seligkeit willen, sowie das Geschenk des Klaus Holstein im Betrage von 20 Mark jährlicher Pacht zur Vikarei der hl. drei Könige, St. Georgs und der zehntausend Ritter im Jahre 1464.[1]) Alles das macht den Eindruck, wie wenn schon damals die Kirche zu Ankershagen als

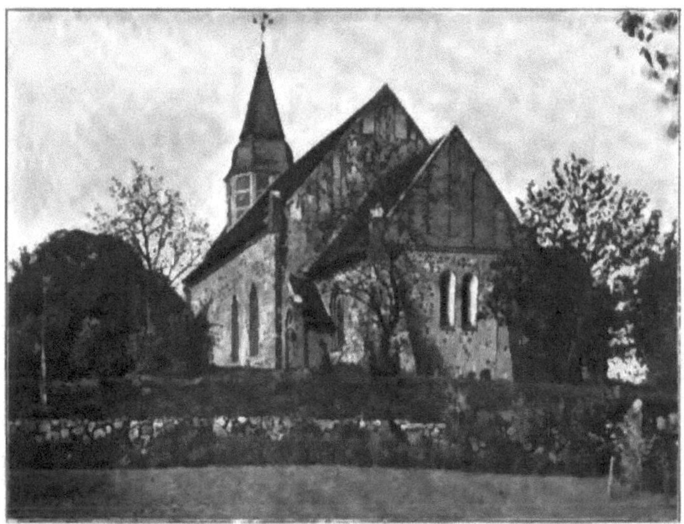

Kirche zu Ankershagen.

die bedeutendere angesehen und die zu Freidorf in den Hintergrund gedrängt worden wäre. Auch der Ackerverkauf des Köneke Gelder an den Kirchherrn Gerd Stubbendorf im Jahre 1432 ist vielleicht von diesem Gesichtspunkt aus zu betrachten, noch mehr aber ohne Zweifel der Umstand, dass, nach Aussage des Joachim Holstein im Jahre 1572, in früherer Zeit neben dem Pfarrer drei Kaplane in Ankershagen gewohnt haben.[2]) Auch darf nicht übersehen werden, dass bei den Vermehrungen des Einkommens der Stiftsherren in Broda durch die Havelberger Bischöfe Dietrich und Burchard in den Jahren 1339 und 1354 mit Hebungen aus den Kirchen zu Neubrandenburg, Penzlin, Ankershagen und

[1]) Schröder, Pap. Meckl. I, S. 1572. M. U.-B. 11824. Akten im Grossh. Archiv. Vgl. A. Graf von Bernstorff, a. a. O., S. 284. 285.

[2]) Schröder, Pap. Meckl. II, S. 1931. Ankershäger Kirchen-Akten im Grossh. Archiv.

Lukow der Kirche zu Freidorf mit gar keinem Worte gedacht wird.[1]) Erst recht nicht in dem Visitationsprotokoll von 1574, dem ersten, das wir von Ankershagen besitzen. Man möchte daher glauben, dass Kirche und Pfarre zu Freidorf schon vor der Reformation eingegangen waren. Bestimmtere Nachrichten fehlen. In der vom Papste Alexander VI. am 27. Oktober 1500 ertheilten Konfirmation über die Brodaer Patronate wird die Kirche zu Freidorf anscheinend zum letzten Mal urkundlich erwähnt.[2])

Ueber die Reihe der zum grössten Theil unter landesherrlichem Patronat (das nach der Reformation an die Stelle des Brodaschen Klosterpatronats trat) berufenen Geistlichen des XVI., XVII., XVIII. und XIX. Jahrhunderts, welche

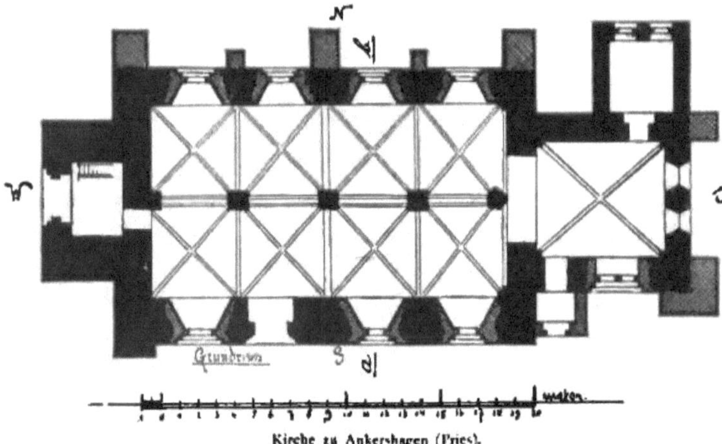

Kirche zu Ankershagen (Pries).

auch die Cura der Kirchen und Kapellen zu Dambeck, Klockow und Pieverstorf, später auch die von Möllenhagen, hatten, finden wir bei A. Graf von Bernstorff im M. Jahrb LIX, S. 309—311 die ausgiebigsten und zuverlässigsten Nachrichten, welche theils der Chronik des Pastors Mauritius (1692 bis 1699), theils den Akten des Grossherzoglichen Archivs entnommen sind.[3])

---

[1]) M. U.-B. 5960. 7982.

[2]) M. Jahrb. III, S. 229.

[3]) Die Kirchen oder Kapellen der Dörfer Dambeck, Klockow und Pieverstorf gingen im dreissigjährigen Kriege unter, die jetzige Kirche zu Möllenhagen aber entstand erst im Jahre 1632 und wurde, nachdem es — des Patronates halber — von 1692 her allerlei Schwierigkeiten gegeben hatte, 1705 zum ersten Mal als Filia aufgeführt: A. Graf von Bernstorff, a. a. O., S. 308, 309 und 314. Ueber die Bedienung der Kirchen zu Hoek und Speck durch die Kapellane und Vikare von Ankershagen s. u. bei Hoek und Speck.

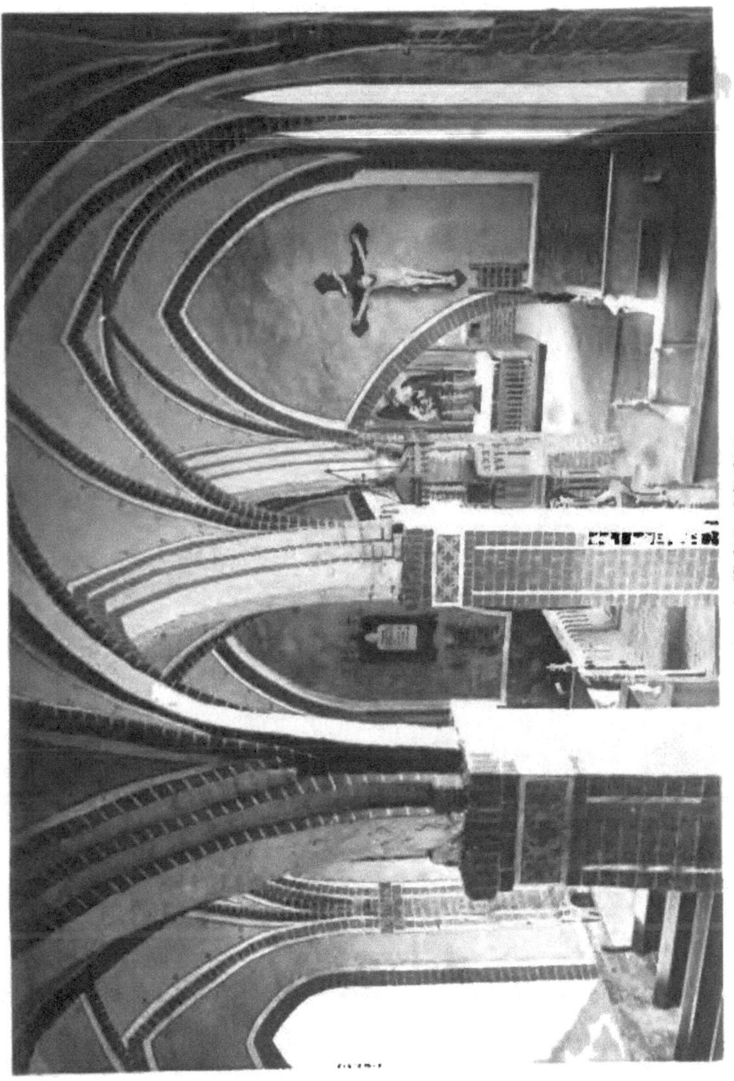

Inneres der Kirche zu Ankershagen.

Wir begnügen uns daher hier damit, darauf zu verweisen, wollen aber doch erwähnen, dass der Pastor Schliemann (1822—1834) der Vater des in Ankershagen geborenen berühmten Dr. Heinrich Schliemann ist, der durch seine Ausgrabungen, Entdeckungen und Forschungen den älteren Theil der griechischen Kunstgeschichte um einige wichtige Kapitel vermehrt hat.

Kirche.

Kirche. Die Kirche zu Ankershagen hat sich in alter wie in neuer Zeit soviel Veränderungen und Umbauten gefallen lassen müssen, dass sie heute nicht mehr

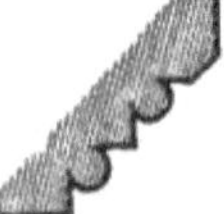

Laibungs-Profil des frühgothischen Portals auf der südlichen Langseite.

in ihrer Ursprünglichkeit vor uns steht. Der zweifellos älteste und verhältnissmässig noch heute am

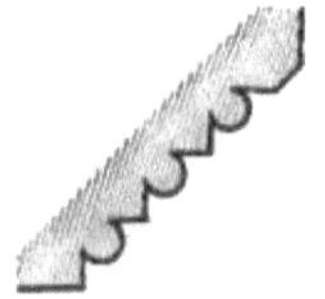

Laibungs-Profil des frühgothischen Portals auf der südlichen Langseite.

Schnitt a.b.

Kirche zu Ankershagen (Pries).

besten erhaltene Theil ist der Chor, der in seiner Grundform ein Viereck von 7,13 m Länge und 5,90 m Breite (im Innern) bildet und sich mit seinen Schlitzfenstern und seinem steilen Kuppelgewölbe, das durch zwei sich kreuzende und auf niedrigen romanischen Eck-Pilastern aufsetzende Diagonal-Rippen von halbkreisförmigem Durchschnittsprofil in vier hohe Kappen zerlegt wird, als ein spätromanischer Bau vom Ende des XII. oder Anfang des XIII. Jahrhunderts darstellt.

Das (als Rechteck von 7,13 × 9,70 m angeschlossene) Schiff dagegen, in welchem sich als Reminiscenz an die ersten spätromanischen Bau-Absichten die volle Form eines der jetzt zugesetzten oder auch veränderten, in Mecklenburg als einzig in ihrer Art anzusehenden Rundbogenfenster mit doppeltem Blend-Ueberfang (zunächst einem stark ausladenden romanischen, nicht gothischen Kleeblattbogen und dann einem gedrückten frühgothischen Spitzbogen) erhalten hat, und das, wenn auch anscheinend auf Ueberwölbung mit zwei

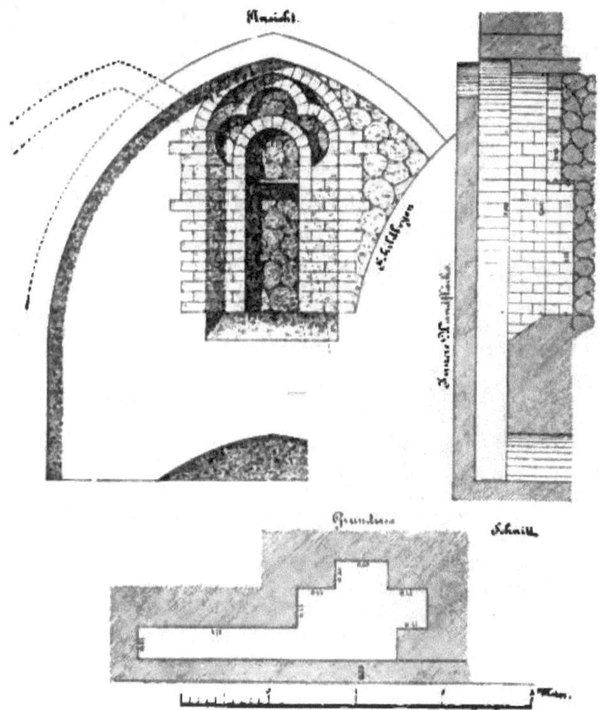

Altes Fenster im Schiff der Kirche (nach A. Graf von Bernstorff).

backofenförmigen Kuppeln nach Analogie vieler anderer Kirchen vom Ende des XII. oder Anfang des XIII. Jahrhunderts angelegt, ursprünglich gewiss nichts Anderes als eine hoch oberhalb des Triumphbogens ausgespannte flache Balken- und Bretterdecke hatte, ist in späterer Zeit durch vier in der Richtung von Osten nach Westen eingesetzte plumpe Pfeiler, von denen allein der an den Triumphbogen anstossende östliche dem feineren und gediegeneren älteren Stil in der Formengebung einige Konzessionen macht, in zwei lange Schiffe zertheilt worden, von denen jedes mit vier verhältnissmässig niedrig gespannten gothischen Kreuzgewölben eingedeckt wurde.[1] Dadurch aber, und durch Alles, was damit zusammenhing, sind die ursprünglich

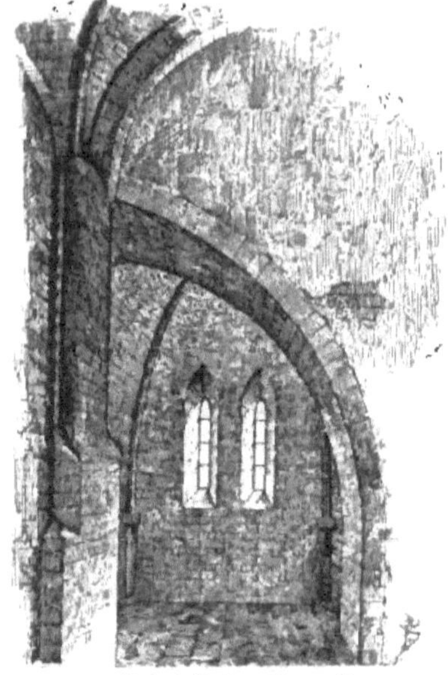

Nach A. Graf von Bernstorff.

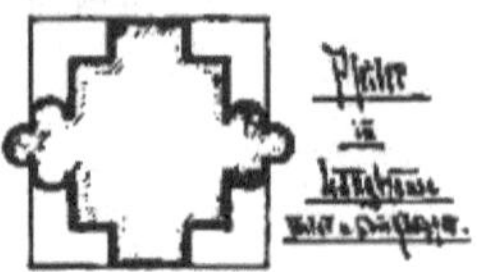

angelegten schönen Licht- und Portalöffnungen in rücksichtslosester und geschmacklosester Weise zerstört worden.

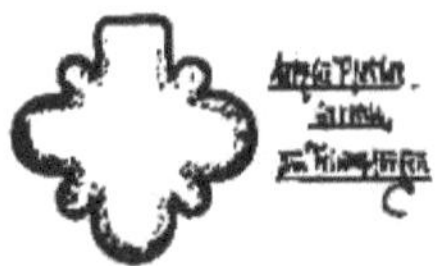

Dieses Schicksal, welches die Kirche im XIV. Jahrhundert erduldet hat, ist von allen das härteste. Ihm stellt sich das andere durch den Thurmbau verursachte an die Seite, indem dadurch das stattliche, mit einer Wandung und Laibung von drei Ecken und drei Rundstäben ausgestattete frühgothische Hauptportal des westlichen Kircheinganges verdeckt wurde.[2] Weitere Unbill an den Giebeln und Dächern von Chor und Langhaus erlebte die Kirche bei den Restaurationen in den Jahren 1698, 1699 und 1864, auf die wir hier nicht eingehen. Sie sind mit fachzeitschriftlicher Ausführlichkeit von A. Graf Bernstorff, a. a. O., S. 298 bis 304 behandelt worden. Doch möge bemerkt sein, dass wir einigen seiner Vermuthungen und Auffassungen, auf die es hier weniger ankommt, nicht beistimmen können.[3]

[1]) Vgl. im Grossherzogthum Mecklenburg-Schwerin die Kirchen zu Gnoien, Tarnow, Mestlin, Schwinkendorf und die durch einen Pfeiler mitten im Schiff getheilten Langhäuser, wie die in Recknitz, Kittendorf und Vielist.

[2]) Auch am Dom zu Güstrow (s. Band IV) finden wir gleichzeitige Rundbogen- und Spitzbogen-Formen, man vergleiche besonders die Portale im Querschiff mit Kapitellgliedern in der Kämpferlinie.

[3]) Eine frühere kürzere Beschreibung der Kirche findet sich bei Lisch, M. Jahrb. VIII, S. 124—127. Wir finden, dass sie in dankenswerther Weise alles Wesentliche enthält und daher

Altar und Kanzel, Taufbehälter.

Altar und **Kanzel** sind neu.

Beachtung verdient ein hölzerner achtseitiger **Taufbehälter** vom Jahre 1618, dessen Grundform im XVII. Jahrhundert einige Male in Mecklenburg vorkommt.[1]) Die in Holz geschnitzte Inschrift lautet: **MARCI AM LESTEN WOL DAR GELOVET UNDE GEDOFFT WERDT, DE WERD SALICH, WOL ÖVERST NICH GELOVET, DE WERDT VERDOMET WERDEN 1618.**

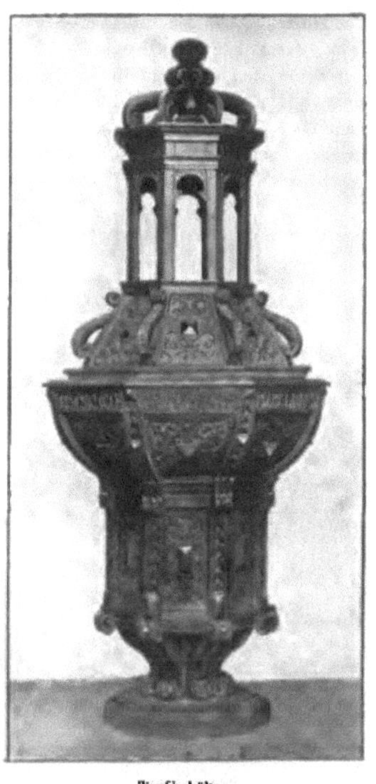

Taufbehälter.

Krucifixus.

An einer Wand der lebensgrosse **Krucifixus** des Triumphbogens.

Glocken.

Im Thurm drei **Glocken** aus der ersten Hälfte des XVIII. Jahrhunderts, alle drei laut Inschrift unter der Regierung des Herzogs **KARL LEOPOLD** gegossen, die kleinere 1730 von **Michael Begun**, die beiden grösseren von **Otto Gerhard Meyer** im Jahre 1746.

Kleinkunstwerke.

Kleinkunstwerke. 1. Silbervergoldeter Renaissance-Kelch auf rundem Fuss und mit Ausbuchtungen am Knauf. An der Kupa das Allianzwappen Holstein-Holstein und die Inschrift: **J • F • V • H • A • M • V • H • AŌ 1701.**[2]) Am Fuss der Güstrower Stadtstempel G und der Meisterstempel [HH] des **Heinrich Hölscher**. — 2. 3. Zwei silberne Patenen mit den Initialen **U • V • B • 1843**, dem

nicht die ungünstige Beurtheilung verdient, die ihr A. Graf Bernstorff, a. a. O., S. 298, zu Theil werden lässt. Ueber das, was bei einer solchen Beschreibung nothwendig und nicht nothwendig, wesentlich und unwesentlich ist, wird Lisch wahrscheinlich seine eigene gut begründete Meinung gehabt haben.

[1]) Z. B. in Lübz, Below. Vgl. auch Klütz.

[2]) Jochim Friedrich von Holstein und Anna Margaretha, geb. von Holstein. — Dieser Kelch ist die einzige Erinnerung, welche sich an das alte Geschlecht der Holstein in der Kirche erhalten hat. Früher gab es in den Fenstern der Kirche kleine Wappenmalereien vom Jahre 1538. — Die Gräber der von Holstein sind theils 1864, theils erst 1892 zugeschüttet worden. Vgl. A. Graf von Bernstorff, a. a. O., S. 301 und 304.

Meisterstempel **I F G** und dem Stadtstempel **P**. — 4. Länglichrunde silberne Oblatenschachtel mit den punktierten Buchstaben **M S V W**. Meisterzeichen **H S B**, Stadtzeichen undeutlich, wahrscheinlich aber eine Arbeit des Rostocker Goldschmiedes **Heinr. Steffen Bornemann**, der vor 1712 ins Amt der Goldschmiede eintrat. — 5—8. Vier zinnerne Leuchter ohne Stiftungsinschriften. Der eine hat die Jahreszahl **1683** und als Stadtzeichen den werleschen Stierkopf, der zweite die Jahreszahl **1706** und ebenfalls den genannten Stierkopf, der dritte die Jahreszahl **1697**, aber als Stadtzeichen ein dreithürmiges Thor und als Meisterzeichen **P · W**. Der vierte, in trefflicher Form, hat die Jahreszahl **1743** und als Stadtzeichen ebenfalls ein dreithürmiges Thor, als Meisterzeichen aber **C. H. 1713**. Die letztgenannten Leuchter können also sehr wohl Neubrandenburger Arbeiten sein.

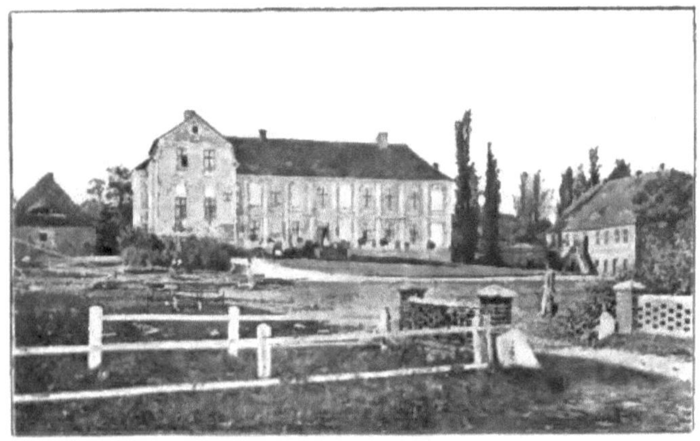

Herrenhaus zu Ankershagen.

Herrenhaus zu Ankershagen.

Für die Beschreibung des auf der Anlage einer alten Wasserburg erbauten **Herrenhauses**[1]) lassen wir hier einem langjährigen Bewohner desselben, Herrn A. Graf von Bernstorff, das Wort (a. a. O., S. 295 bis 297):

»Wann und von wem das jetzt als Herrenhaus bewohnte, früher sogen. »Neue Haus« erbaut ist, darüber fehlt es an Ueberlieferungen. Lisch's und ebenso von Kamptz's Annahme, dass es zwischen 1550 und 1570 erbaut sei, erweist sich als irrig, indem es in dem Theilungsvergleich von 1551 schon erwähnt wird. Der Flügel, in welchem sich die 1551 genannte »gewölbte grüne Dönske« befindet, ist aber offensichtlich nicht mit dem Haupttheil des Hauses gleichzeitig, vielmehr erst später an dasselbe angebaut, wie dieses eine

---

[1]) Vgl. Lisch, M. Jahrb. XXVI, S. 213.

in der Zwischenwand befindliche Schiessscharte beweist, welche durch den Anbau des Flügels unbenutzbar werden musste. Wir dürfen daher die Erbauung des neuen Hauses in seinem Haupttheil noch weiter zurückverlegen. Ob die 1551 erwähnte gewölbte Dönske als Schlosskapelle gedient hat, wissen wir nicht. Dafür spricht ihre von Osten nach Westen gestreckte längliche Konstruktion mit einer grossen Wandnische in der östlichen, einer kleineren in der westlichen Wand, welche sehr wohl Altar und Kanzel aufgenommen haben können, und einem tiefen, rechts neben der östlichen Nische befindlichen Wandschrank.[1]) Von dem 1551 erwähnten sogen. alten Hause sind erkennbare

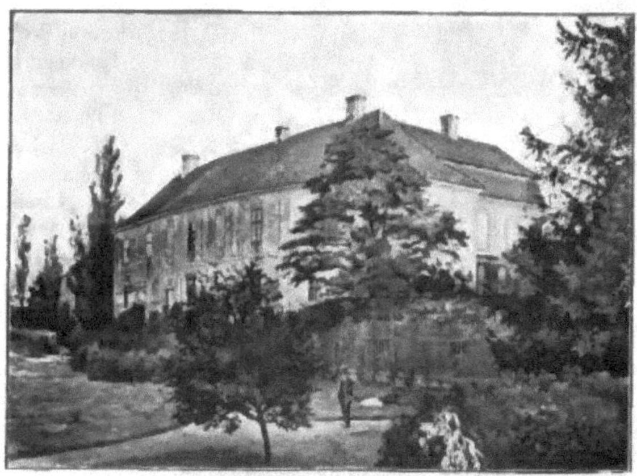

Herrenhaus zu Ankershagen.

Reste nicht mehr vorhanden. Für Lisch's Annahme, dass dasselbe sehr gross gewesen sei, finden wir keinen Anhalt, vielmehr lässt der Recess von 1551, welcher das ganze alte Haus mit einem Theil des neuen Hauses zusammen in eine Kavel legt, eher darauf schliessen, dass das alte Haus nur klein gewesen sei. Die südostwärts an das neue Haus sich anschliessende Mauer erklärt Lisch mit Unrecht für das Erdgeschoss eines mächtigen, viereckigen Thurmes. Ihrer geringen Fundamentierung und ihrer gleichen Konstruktion nach ist sie als Vertheidigungsmauer anzusehen, wie die anderen zum Theil noch wohlerhaltenen Festungsmauern, welche den hohen Erdwall im Garten nach Norden und Osten einfassen. Wie diese ist auch jene auf schwachen Felsenfundamenten bis zur Höhe von drei Metern wesentlich aus Backsteinen erbaut, dann oben mit einer fast einen Meter starken Lage von Felsmauerwerk gekrönt, offensichtlich, um derselben mit diesem Abschluss nach oben einen

[1]) Anscheinend dem Eucharistie-Schrank der vorreformatorischen Kirche entsprechend.

Halt gegen feindliche Geschosse zu geben. Von einem Thurm auf dem Hause zu Ankershagen ist auch in den Untersuchungsakten gegen Henning Holstein die Rede, und da sich etwas weiter nordöstlich, da, wo die an das neue Haus sich anschliessende Mauer unterhalb des jetzigen Waschhauses durchläuft, aus der durch die Mauer bezeichneten Linie weit vorspringend bedeutende Felsenfundamente finden, die einem schweren Bau als Unterlage gedient haben, so möchte wohl dort die Stelle zu suchen sein, an der jener alte Thurm gestanden.«

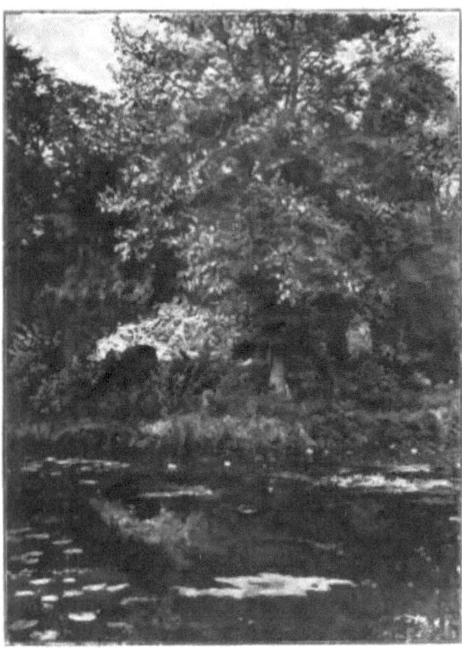
Alte Festungsmauer im Garten des Herrenhauses.

»Als das älteste, wohl noch aus dem XV. Jahrhundert stammende Denkmal kriegerischer Baukunst auf dem befestigten Hofe Wickenwerder haben wir das von Lisch nicht beschriebene grosse Rondel, welches aus der den Wall nach Osten deckenden Mauer weit in den Sumpf vorspringt, zu betrachten. Es ist aus riesigen, im Innern mit Felsen untermischten Ziegeln erbaut, welche eine Länge von stark 29 cm, eine Breite von 14½ cm und eine Stärke von 12 cm haben. Später sind die in dem Mauerwerk angelegten Schiessscharten mit Ziegeln umgebaut, welche denen gleich sind, aus welchen die an das neue Haus sich anschliessende und die nordwärts den Wall deckende Mauer hergestellt ist, und welche nur 26½ cm lang, 12 cm breit, 9 cm stark sind. Im Innern des Rondels sehen wir zwischen den noch vorhandenen neun Schiessscharten acht vermauerte Schiessscharten, deren Seitenwandungen rechtwinklig durch das Mauerwerk gehen, während die späteren schräge, zu schmalen Schlitzen eng zusammenlaufende Laibungen haben. Den hohen Wall mit seiner Umfassungsmauer und diesem Rondel haben wir als die äussere Vertheidigungslinie auf der östlichen, der dort geringen Breite der Wiesenniederung wegen angreif-

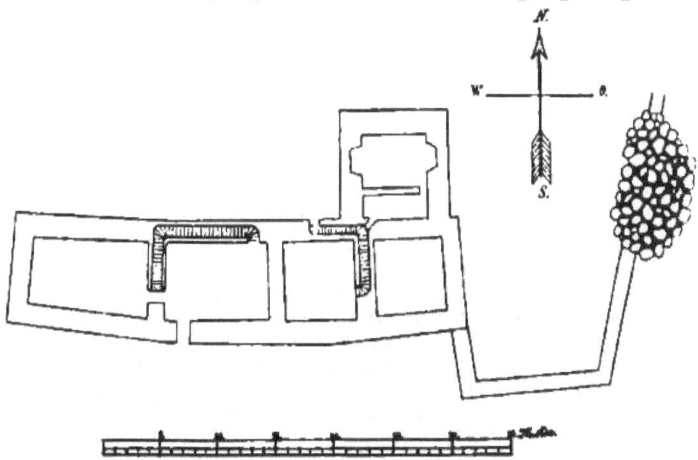

bareren Seite der Festung zu denken, von der die Vertheidiger sich dann hinter die innere, das Schloss enger umgebende Mauer zurückziehen konnten.

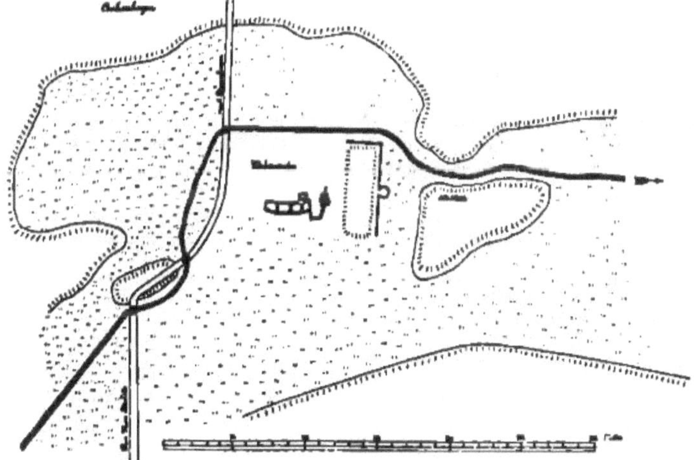

Pläne zum alten Hause auf dem Wickenwerder (nach A. Graf von Bernstorff).

Auf dem Hofe in der nächsten Umgebung des Hauses stossen wir vielfach auf altes, fest in Kalk liegendes Ziegelmauerwerk, und weitere Nachgrabungen würden voraussichtlich Aufschlüsse über die Gestalt der alten Burg zum Wickenwerder, sowie über den erst in diesem Jahrhundert zugeschütteten unterirdischen Gang geben, welcher einen in Kriegszeiten zu sperrenden Eingang zum neuen Hause vermittelt haben wird.«[1])

Das Gut und Filial-Kirchdorf Möllenhagen.[2])

Geschichte des Dorfes.

Orts- und Personen-Register des Mecklenb. Urkundenbuches identifizieren das in einer Brodaer Urkunde vom 23. März 1365 genannte Kirchdorf Oldenhaghen, das damals in Henning Kastorf seinen eigenen Pleban hat, mit dem Dorfe Möllenhagen.[3]) Der Zusammenhang von Personen und Sachen, in dem beide genannt werden, und die Unmöglichkeit, ein besonderes Kirchdorf Oldenhagen, wie es innerhalb dieses Zusammenhanges denkbar wäre, irgendwo aufzufinden, machen diese Identifizierung allerdings wahrscheinlich, doch behält sie so lange, als nicht weitere Beweise dafür vorzubringen sind — und gäbe es diese, so wären sie wohl in einer exegetischen Note am Fuss der Urkunde oder auch in den genannten Registern zum Vorschein gekommen — den Charakter des Gewagten. Sollte sie sich aber noch weiterhin richtig erweisen, so wäre damit dargethan, dass Möllenhagen ursprünglich eine Mutterkirche hatte. Nur muss es vorläufig unentschieden bleiben, ob sie zur Havelberger Diöcese gehörte, mag dies auch noch so wahrscheinlich sein. Aus dem Filial-Verhältniss der späteren, erst im Jahre 1632 von Berend Lüdeke Holstein erbauten Kapelle in Möllenhagen zur Kirche in Ankershagen ist selbstverständlich auf das mittelalterliche Verhältniss kein Schluss zu machen.[4]) Wohl aber ist nicht zu übersehen, dass Möllenhagen in dem schon öfter genannten Verzeichniss der Kirchen und Pfarrlehne des Stiftes Schwerin, das ohne Zweifel auf ein älteres mittelalterliches Verzeichniss zurückgeht, nicht genannt wird.

Neben Bauerhöfen treten uns dort in der Zeit vom XVI. zum XVIII. Jahrhundert auch Rittersitze der Holstein entgegen, die bald von Mitgliedern

[1]) Die Bernstorff'sche Beschreibung enthält auch die Abbildung eines eingemauerten Reliefbildes, denen ähnlich, die wir in so grosser Zahl an den fürstlichen Schlössern in Wismar, Gadebusch und Schwerin als Zierziegel in Friesen verwandt finden.

[2]) Fast 12 km westlich von Penzlin. Das M vor O würde, wenn die Identifizierung von Möllenhagen mit Oldenhagen richtig ist, eine Analogie zu dem M vor U in Mupahl (Upahl), M vor A in Marnesse (Arensse), M vor E in Mertenehagen (Ertenehagen) und M vor I in Mickenhagen (Ikenhagen) u. s. w. sein und als Abschleifung der niederdeutschen Präposition »tome« verstanden werden müssen.

[3]) M. U.-B. 9340.

[4]) Vgl. A. Graf von Bernstorff, M. Jahrb. LIX, S. 314. Stuhr, M. Jahrb. LX, S. 12 und 13.

der Familie, bald auch von Anderen als Pfandbesitzern und Pächtern übernommen werden, wie z. B. in den dreissiger Jahren des XVII. Jahrhunderts von Hans von Schulz von Pieverstorf. Ein landesherrlicher Konsens zur Anlegung einer Glashütte in der Möllenhäger Holzung wird 1696 ertheilt und 1717 auf zwölf Jahre erneuert. Holstein'scher Besitz bleibt Möllenhagen bis 1734. In diesem Jahr geht das Gut an die Familie Le Fort uber, die auch die Güter Klockow, Bocksee, Marin und Rethwisch an sich bringt. Le Fort'scher Besitz bleibt Möllenhagen bis 1831. Es folgen: Paul Amadeus von Frisch bis 1834, Rittmeister Friedrich Ernst Aug. von Gundlach bis 1869, Friedr. Ludw. Karl Aug. Greffrath und nachher dessen Sohn Franz bis 1885, Aug. Bätke bis 1891, Paul Schultze und darauf dessen Erben bis 1898, und von da an Henning Baron von Brockdorff.

Kirche.

Kirche. Die Kirche im klassicierenden Stil des XVIII. Jahrhunderts, dem auch der aufgesetzte Dachreiter angehört, ist zur Zeit des Besitzers Greffrath stark erneuert. Der Innenraum ist plafondartig gewölbt.

Altar und Kanzel.

Altar und **Kanzel** sind zu einem Körper vereinigt. Im Uebrigen bietet die **innere Einrichtung** nichts Bemerkenswerthes.

Glocke.

Im Dachreiter eine **Glocke**, die im Jahre 1825 von **J. Schultz** in Rostock umgegossen ist. Die Inschrift lautet: **ICH RUF ZUR KIRCH VERKÜNDIGE DAS GRAB SAG AN DIE NOTH UND RUFE VON DER ARBEIT AB.**

Kleinkunstwerke.

Kleinkunstwerke. 1. 2. Silbervergoldeter Kelch des XVIII. Jahrhunderts, gestiftet von **G. LORENTZEN**. Stadtzeichen **S**, Meisterzeichen undeutlich. Die dazu gehörige Patene ist gestiftet von **JOACHIM HASS 1749.** Stadtzeichen **W**, Meisterzeichen **I B F**. — 3. Silberne ovale Oblatenschachtel, gestiftet von **BLEICHART GOTFRIED EWERT ANNO 1762.** Als Stadtstempel das dreithürmige Thor von Neubrandenburg, als Meisterstempel die Initialen **F A**. — 4. 5. Zinnerner Kelch von 1783, englisches Zinn mit den Meister-Initialen **A T**. Dazu eine Patene.

Das Gut und Kirchdorf Rumpshagen.[1]

Geschichte des Dorfes.

Am 23. April 1273 verleiht Fürst Nikolaus I. von Werle dem Kloster Broda unter anderen Gütern auch zehn Hufen in Rumpshagen.[2] Dass es diese sammt Mann- und Kirchlehn daselbst schon länger besessen habe, das soll die öfter erwähnte falsche Urkunde vom 24. April 1230 darthun, doch wird dies durch die vorher genannte Urkunde als eine Unwahrheit erwiesen, da hierin von diesem weiteren Besitz gar keine Rede ist.[3] Den

[1] 10 km westlich von Penzlin.

[2] M. U.-B. II. 1284.

[3] M. U.-B. 377. 3563.

Klosterbesitz zu Rumpshagen bewirthschaften die Ritter und Burgmänner Bernhard und Heinrich von Peccatel zu Prillwitz, geben ihn aber am 1. Januar 1286 an die Stiftsherrn zurück.[1]) Bald nachher finden wir in Rumpshagen den Hinne Voss als Vasallen der Herren von Werle. Dieses Verhältniss hindert freilich nach den Anschauungen des Mittelalters in keiner Weise daran, dass zwischen ihm und seinen Landesherren eine Fehde entsteht und ausgefochten wird, bei welcher »der Rumpshagen«, also der befestigte Sitz des Hinne Voss, berannt und gebrochen wird. Doch eine Generation später wird das wieder eingetretene gute Verhältniss beider Theile dadurch bekundet, dass Fürst Bernhard von Werle am 2. November 1353 den beiden Söhnen des alten Hinne, den Brüdern Henning und Hardelof Voss, neue Besitzungen zu Bredenfelde überweist. Dabei gedenkt der Fürst in gnädiger Weise sowohl der Dienste, die sie ihm erwiesen, als auch des Schadens, der ihrem Vater durch Zerstörung der Burg von seinen Vorfahren geschehen sei.[2]) Bezüglich ihres Verhältnisses zum Kloster Broda ist nicht zu übersehen, dass, als sie diesem am 28. Februar 1360 eine Hufe überlassen, wiederum in gar keiner Weise von jenen Ansprüchen des Klosters an Mann- und Kirchlehn im Dorfe Rumpshagen die Rede ist, welche mit Hülfe der gefälschten Urkunde von 1230 erschlichen werden sollen. Es scheint aber, als ob es dem Kloster in späterer Zeit mit dieser und der gefälschten Konfirmations-Urkunde vom 22. September 1312 gelungen ist, in den Besitz der angemassten Rechte des Mann- und Kirchlehns zu gelangen. Denn nicht bloss die Fürsten Nikolaus und Christoffer von Werle — wenn ihre Beurkundung nicht auch gefälscht worden ist (s. o. S. 283, Anmkg. 3) — bestätigen gutgläubig die falschen Urkunden, sondern auch die mecklenburgischen Herzöge Magnus und Balthasar und der bekannte Papst Alexander VI. aus dem Hause Borgia. Es geschieht dies bzw. am 5. Mai 1402, am 20. Juni 1482 und am 27. Oktober 1500.[3])

In Voss'schem Besitz bleibt das Gut Rumpshagen bis zur Mitte des XVIII. Jahrhunderts, wenngleich es bisweilen verpfändet wird, so z. B. 1714 (oder schon etwas früher) an den Oberhofküchenmeister Nerentz. Von der Mitte des XVIII. Jahrhunderts an haben es die von Gundlach. Mit dem Gute auch das Patronat der Kirche.

Kirche. Die Kirche hat einen Chorschluss aus dem Achteck, ist aber im Uebrigen in den nüchternen Formen der Spätrenaissance des XVII. und XVIII. Jahrhunderts erbaut. Am Glockenstuhl des im Westen aus dem Dache emporsteigenden Thurms die aufgemalte Jahreszahl **1779**. Oberhalb des westlichen Eingangs das Gundlach'sche Wappen. Im Innern ist der ganze Raum mit einer flachen Holzdecke überspannt. Kirche.

[1]) M. U.-B. 1834.

[2]) M. U.-B. 7829. Sollte damit — wie Grotefend meint — der Inhalt der Urkunde 5533 in irgend einem Zusammenhange sein? Zu dem Namen »Hinne« vgl. M. U.-B. 8723, Anmkg., wo »Hermen« dafür empfohlen wird.

[3]) Vgl. M. Jahrb. III, S. 206, 209, 210 u. 229.

20

Altar und Kanzel.

Die **innere Einrichtung** ist dem Baustil entsprechend. **Altar** und **Kanzel** sind zu einem Körper verbunden.

Glocken.

Im Thurm hängen zwei **Glocken**. Die grössere (Dm. 0,77 m) mit dem Gundlach'schen Wappen und den beiden Namen **ERNST FRIDERICH VON GUNDLACH** und **CHRISTINA SOPHIA FRIDERICA VON GUNDLACH** ist im Jahre **1781** von **Johann Christian Friedrich Meyer** in Berlin gegossen. Die zweite (Dm. 0,32 m) hat nur die Angabe **C • D • V • K • ANNO 1766**.

Kleinkunstwerke.

Kleinkunstwerke. 1. 2. Versilberter, innen sogar vergoldeter Zinnkelch, von **H • V • G •** (undlach) **A • V • G • GEB • V • ST • 1856**. An der Kupa das Allianzwappen beider. Englisches Zinn, mit dem Meisterstempel **C. H.** — Ebenso die Patene. — 3. 4. Kelch und Patene, ebenso wie die Stücke 1 und 2. Meisterzeichen **W N.** — 5. Silberne Kanne, gestiftet **1863** von demselben Ehepaar. — 6. Taufschale desgleichen, **1856**.

Das Gut und Kirchdorf Gross-Vielen.[1]

Geschichte des Dorfes.

Die erste glaubwürdige Erwähnung des Dorfes Vielen als Dorf des Klosters Broda findet sich in jener Urkunde des Herzogs Bogislav von Pommern, in welcher er die Schenkungen seines Bruders, des Fürsten Kasimar, nach dessen Tode dem Kloster bestätigt.[2] Es muss daher als gewiss hingestellt werden, dass auch die verloren gegangene echte Schenkungsurkunde des Fürsten Kasimar, für welche später die schon öfter erwähnte falsche Urkunde mit der Jahreszahl 1170 untergeschoben wurde, das genannte Dorf bereits in der Reihe der Klostergüter verzeichnete. Insoweit berichtet also auch die falsche Urkunde nichts Falsches.[3] Als zur gesammten Hand belehnte Herren des zur werleschen Vogtei Penzlin gehörenden Dorfes finden wir hier seit 1272 die Ritter Bernhard und Heinrich von Peccatel sowie den Ritter Raven. Sie theilen sich in die ganze Gerichtsbarkeit, in alle Beden und Dienste, und haben alle Freiheiten und Gerechtigkeiten sowie auch das gleich allen Kirchlehnen im Lande Penzlin zur Diöcese Havelberg gehörende Vielensche Kirchlehn gemeinsam.[4] Uebrigens verfügt im Jahre 1342 auch der Knappe Heinrich von Wokenstedt über eine Hebung aus einem Bauernhofe in Gross-Vielen zu

[1]) 5 km südwestlich von Penzlin. Die Formen des Namens im XII., XIII. und XIV. Jahrhundert, Vilim, Vilin, Magnum Vilem, Groten Vylim, verbindet Kühnel mit dem altslavischen Wortstamm velü = gross und übersetzt ihn mit »Ort des Velim«: M. Jahrb. XLVI, S. 150. Das wäre also soviel wie »Ort des Groot oder Groth« oder ungefähr Grothhagen. Anders Lisch, M. Jahrb. XXIII, S. 29. Wigger, M. Jahrb. XXVIII, S. 41.

[2]) M. U.-B. 135. Vgl. 563.

[3]) M. U. B. 95.

[4]) M. U. B. 1317. Vgl. 1327.

Gunsten des Klosters Wanzka.[1]) Sechs andere Bauernhöfe, über welche 1352 die Gebrüder Heine und Johann Holstein verfügen, haben zu den Hebungen beizusteuern, womit diese eine Memorien-Stiftung für sich und ihre Familie im Kloster Broda begründen.[2]) Daraus folgt nun allerdings noch keineswegs, dass alle diese Familien auch befestigte Rittersitze im Dorfe hatten. Nach den späteren Verhältnissen des XV., XVI. und XVII. Jahrhunderts freilich möchte man annehmen, dass dies bei den Familien der Peccatel und Holstein der Fall war, vielleicht auch bei dem zuletzt (vor ihrem Aussterben 1548) auf Clausdorf erbgesessenen Geschlecht der Bardenfleth, von denen Henning Holstein am 2. Januar 1519 ausser anderen Gütern (Zahren, Dambeck oder Dannenbeck, wie es in der Urkunde heisst, und Pieverstorf) zu der einen Hälfte, die er bereits von den Vätern her besitzt, auch die andere Hälfte des Dorfes Gross-Vielen erwirbt.[3]) So kommt es, dass die von Peccatel sich von diesen alten Stammgütern verziehen und den Schwerpunkt ihres Besitzes während des XVII. Jahrhunderts in den östlicher gelegenen, später zu Mecklenburg-Strelitz gekommenen Gütern Prillwitz, Usadel, Hohenzieritz, Blumenholz, Weisdin, Blumenhagen, Zierke u. s. w. suchen.[4]) Doch bleibt nach wie vor Verbindung und Verwandtschaft zwischen beiden Familien. Von Hennings Söhnen heirathet der vierte, Hans, eine Dorothea von Peccatel aus Klein-Vielen. Doch hält diese Verwandtschaft seinen gleichnamigen Sohn Henning den jüngeren nicht davon ab, 1565 einen seiner Vettern aus der Familie Peccatel zu erstechen. Eine Sühne von 800 Thalern löst ihn »nach üblichem Landesgeprauch« von der Schuld. Aber vier Jahre später ereilt ihn die Nemesis, als er auf dem Landtage zu Güstrow von seinem Halbbruder Philipp erschlagen wird, der den Brudermord mit 3000 Thalern zu büssen hat.[5])

Missliche Verhältnisse anderer Art treten in der zweiten Hälfte des XVII. Jahrhunderts ein und nöthigen zu Verpfändung einzelner Antheile des Gutes an Andere, z. B. an den Rostocker Bürgermeister Jochim Klinge 1646, an Christoph Altwig Kamptz 1652 und an die Klinge'schen Erben 1698. Auch ereilt den Joachim Friedrich von Holstein am 26 Januar 1703 das von vielen Standesgenossen z. Z. des Herzogs Friedrich Wilhelm getheilte weniger schwere Schicksal, einen Revers unterschreiben zu müssen, in welchem er auf die Ausübung der hohen Jagd verzichtet So kommt dann allmählich die Zeit heran, in welcher derselbe Joachim Friedr. von Holstein ganz und gar auf Gross-

[1]) M. U.-B. 6224.

[2]) M. U.-B. 8133.

[3]) M. Jahrb. XXIII, S. 26. 27. 244. Ein Theil der Peccatel'schen Güter, wie Lübkow und Liepen, waren den Bardenfleth's schon vor 1408 verpfändet. Antheile von Dambeck (13 Hufen) und Zahren (7½ Hufen) überliess Vicke von Peccatel damals nebst vielen anderen Besitzungen dem Ritter Joh. von Heydebreck. Vgl. Lisch. Geschl. Maltzan II, S. 476—481 (Urk. CCCLXXXVI). Von diesem Heydebreck mögen nachher auch Zahren und Dambeck an die Bardenflethe gekommen sein.

[4]) Akten im Grossh. Archiv (Jürgen Peccatel producirt seine Briefschaften am 7. Febr. 1662).

[5]) Akten im Grossh. Archiv. Vgl. Glöckler, M. Jahrb. XV, S. 110. Die Anmkg. zu M. Jahrb. VIII, S. 100 (Lisch) irrt in der Person.

Vielen verzichtet. Zwar legt er dort noch 1717 eine Glashütte an, aber ein Jahr vorher schon überlässt er das Gut pfandweise auf zwölf Jahre dem Johann Friedrich Gamm, in dessen Pfandvertrag für den Rest der Jahre 1720 der Stallmeister von Finckh eintritt. 1729 verpfändet Joachim Friedrich von Holstein Gross-Vielen aufs Neue für die Zeit von zwölf Jahren an Adolf Friedrich von Langermann, und in der zweiten Hälfte des XVIII. Jahrhunderts kommt das Gut ebenso wie Ankershagen an die durch enge Verwandtschaft mit den von Holstein verbundene Familie von Oertzen, in deren Händen es bis 1844 bleibt. Die weiteren Rechtsnachfolger sind: 1844 Heinr. Lichtwald, 1845 Otto Berlin, 1846 Ferd. Burchard, 1865 Oberhofmeister und Kammerherr Rudolf von der Lühe und zuletzt dessen Erben bis 1883, 1883 Georg Eugen Seip und 1886 Franz Adolf Bernhard Wenck.

Als vorreformatorische Geistliche werden der Pleban Johann von 1310 bis 1330, ein späterer einfacher Priester oder Vikar Johann um 1335 und wieder 1348 ein Pleban ohne Namen urkundlich genannt. Um 1378 giebt es einen Pfarrer Dietrich Lukow in Gross-Vielen. Mehr sind bis jetzt nicht zum Vorschein gekommen. Aus der evangelischen Zeit sind zu nennen: um 1581 Christoffer Wendt, von 1587 bis 1621 nachweisbar (und vielleicht noch länger dort) Petrus Bambam,[1]) der sich als Pastor zu Vielen, Zahren und Mollenstorf bezeichnet. Nach ihm wirkt dort ein Daniel Bauert. So, und nicht Samuel Bauert, nennt ihn sein Nachfolger Henricus Danneel in einem Schriftstück vom Jahre 1652, welches von pfarrwirthschaftlichen Sachen handelt, giebt aber nichts über seine Zeit und deutet auch in keiner Weise jene Sage an, nach welcher ihn die Kaiserlichen im Backofen verbrannt haben sollen.[2]) Auf Bauert soll eine längere Vakanz gefolgt sein, während welcher die Cura von Penzlin her besorgt wurde. Der nächste Nachfolger, Heinrich Danneel, ist in Aktenstücken nur zwischen 1652 und 1655 nachzuweisen. Immerhin aber kann er jener alte Pastor sein, von dem 1664 die Rede ist, und der damals in Zahren wohnt. Er unterschreibt sich nämlich im Jahre 1652 ebenso wie Bambam als Pastor von Gross-Vielen, Zahren und Mollenstorf und kann daher sehr gut die Wedem in Gross-Vielen mit einer in Zahren vertauscht haben.[3]) Dieser nicht genannte alte Pastor hat nun 1664 einen Adjunctus in Ern Georgius Martini. Wie lange Martini das Amt führt, wissen wir nicht. Jedenfalls ist er 1670 nicht mehr da. Denn in diesem Jahre kommt ein Johannes Danneel als Pastor in Gross-Vielen vor, und 1700 folgt bereits Magnus Danneel, den man bisher für einen Sohn des Henricus Danneel und für einen unmittelbaren Nachfolger jenes hat halten wollen. Aber er ist weder ein Sohn des Henricus noch ein Sohn des Johannes Danneel, weil er sich in demselben

[1]) Einen Pastor Joachim Bambam giebt es zur selben Zeit in Wartkenhagen, s. o. S. 42.

[2]) Kühler, Archiv für Landeskunde XVI, S. 346 (Nachrichten über das Kirchspiel Gross-Vielen, S. 337—363).

[3]) Möglicherweise ist es aber auch der Pastor Friedrich Kreienbrink, den der Verfasser früher irgendwo als Pastor von Gross-Vielen, Zahren und Mollenstorf gefunden hat, ohne aber die Fundstelle heute angeben zu können.

Jahr seines Antritts brieflich darüber äussert, dass es ihm unbequem sei, die Wittwe seines Vorgängers in seinem Hause wohnen lassen zu müssen, weil es an einem besonderen Wittwenhause mangele. So würde er ja nicht geschrieben haben, wenn diese Wittwe seine leibliche Mutter oder Stiefmutter gewesen wäre. Hier sind somit Berichtigungen der bisherigen Angaben nöthig.[1]) Magnus Danneel stirbt 1739, erhält aber bereits 1736 an Samuel Fabricius einen Substituten und Nachfolger, der bis 1772 Pastor in Gross-Vielen, Zahren und Mollenstorf ist. Es folgen nun: 1773 Ernst Theodor Joh. Brückner bis 1790 (gest. 1805 in Neubrandenburg), und von 1790 bis 1804 Philipp Joachim Friedrich Nahmmacher. Vgl. Walter a. a. O. Das Patronat haftet vom XVI. Jahrhundert her und vielleicht schon früher, am Besitz des Gutes und erleidet nur im Jahre 1709 eine vorübergehende Beanstandung.[2])

Kirche.

Kirche. Die Kirche ist ein Fachwerkbau von 1774 in Form eines Vierecks mit einem Schluss aus dem Achteck. Im Westen ein aus der Dachkonstruktion hervorsteigender kleiner Thurm. Im Innern eine im Profil eines Stichbogens flachgewölbte hölzerne Decke.

Innere Einrichtung.

Die **innere Einrichtung** ist der Zeit der Erbauung entsprechend. **Altar** und **Kanzel** sind zu einem Körper verbunden. In den seitlichen Verzierungen des Altaraufsatzes die Oertzen'schen Initialen A • F • V • Ö • und F • V • Ö • Oberhalb des herrschaftlichen **Stuhles** vier OERTZEN'sche **Sargwappen** von Zinn.

Taufständer.

Sechsseitiger **Taufständer** von weissem Marmor, 1866 von F. BURCHARD gestiftet.

Glocken.

Im Thurm zwei **Glocken.** Die grössere hat die Inschrift: SOLI DEO GLORIA HER V HORTZ (!) HAT MICH GIESSEN LASSEN • 1783 GOSS MICH

---

[1]) Köhler, a. a. O., S. 347.

[2]) In einem Brief an den Herzog Ulrich vom Jahre 1587 nennt Pastor Bambam als Patrone für Gross-Vielen und Zahren die Vettern Dietrich und Matthias Holstein und für Mollenstorf den Heinrich Bibow, der an die Stelle des sel. Balthasar Kalden getreten sei. Mit diesem Briefe sucht er beim Herzog eine Visitation zu erreichen. Aber es wird nichts daraus. Ebenso wird auch 1661/62 nichts aus der Sache. Die Visitatoren fahren auf Befehl des Herzogs Gustav Adolf, vorhandener Schwierigkeiten halber (wegen der Patrone?) an Gross-Vielen vorüber. Auf diese Art ist es gekommen, dass überhaupt kein Visitationsprotokoll über die Kirche daselbst vorhanden ist. Wohl aber sehen sich die Visitatoren bei dieser Gelegenheit Klein-Vielen an, wo es bis dahin eine Kirche unter Peccatel'schem Patronat gegeben hat. Aber wie sieht es hier aus? Die Kirche ist ganz niedergefallen, alles liegt öde und wüste da. Nur einen Menschen giebt es im Dorfe, den Simon Calib (Kalübbe), der wird nach den früheren kirchlichen Verhältnissen gefragt. Aber was er zu sagen weiss, ist mangelhaft und reicht nach keiner Richtung hin aus. S. u. bei Peckatel. — 1709 ist das Patronat vorübergehend bei beiden herzoglichen Häusern, »so lange nichts anderes erwiesen«. Dieser Erweis muss erbracht sein, denn 1736 ist es wieder bei den Gutsherrschaften. (S. Zahren). — Ueber das Schwinden der Bauern im Kirchspiel (Gross-Vielen, Zahren und Mollenstorf) s. Archiv f. Landesk. XVI, S. 354. Nur in Mollenstorf giebt es noch drei Hauswirthe.

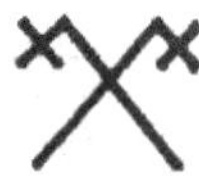

J • C • MEYER. Die zweite Glocke ist alt. Inschrift: + help + got + unde + maria +.[1]) Dazu das nebenstehende Giesserzeichen. Auf dem Boden der Kirche noch eine kleine zerbrochene Glocke.

Kleinkunstwerke.

Kleinkunstwerke. 1—4. Hoher silbervergoldeter Kelch des XVIII. Jahrhunderts. Auf dem Fuss das RIEBEN'sche und das LANGERMANN'sche Wappen. Stempel M, Meisterzeichen $^{\text{G}}_{\text{B}}{}^{\text{S}}$. Auf der zugehörigen silbervergoldeten Patene befinden sich in der Mitte des Tellers dieselben Wappen in derselben Zusammenstellung wie am Kelch. Auf dem Rande die Umschrift: ADOLPH FRIEDERICH VON LANGERMAN, SEINER KGL • MAJESTÄT IN PREUSSEN BESTELTER OBRISTER BEY DER CAVALLERIE, ERBHERR ZU GROSSEN VIELEN, UND DESSEN EHEFRAU CHRISTIANA JULIANA GEBOHRNE VON RIIBEN AUS DEM HAUSE REY SCHENKEN ZU GOTTES EHREN DER GROSSEN VIELEN'SCHEN KIRCHEN GEGENWERTIGE PATENE, KELCH, OBLATENDOSE UND KANNE ANNO 1746. Die zuletzt genannten beiden Stücke, Oblatendose und Kanne, tragen dieselben Wappen und Werkzeichen. — 5. Messingenes Becken mit der Inschrift: JACOB POSSIL A̅O̅ 71 (1671). — 6. Neusilberne Kanne, gestiftet 1866 von CLARA V. D. LÜHE, GEB. V. ARNIM-KLOCKOW. — 7. 8. Zwei gute zinnerne Leuchter, auf Klauenfussen stehend und mit Rokoko-Ornamenten verziert, ohne Werkzeichen.

Das Gut und Filial-Kirchdorf Zahren.[2])

Geschichte des Dorfes.

Als am 12. März 1274 Fürst Nikolaus I. von Werle die Brüder und Ritter Bernhard und Heinrich Peccatel in die Güter Lübkow, Ziplow, Hohen-Zieritz, Stribbow, Peckatel, Gross- und Klein-Vielen (Kohlhasen-Vielen), Brustorf und Langhagen einsetzt, da gehört ausser den beiden Vielen und Lubkow das Dorf Zahren zu jener Gruppe, an denen auch der Ritter Raven als werlescher Vasall seinen Antheil empfängt.[3]) Aber wir erfahren nicht, in welcher Art diese zu gesammter Hand verliehenen Lehnantheile von einander geschieden oder den Dreien gemeinsam waren. Nur das wird gesagt, dass sie für die kleinere Gruppe mit dem Raven'schen Antheil zweihundertvierzig Mark und für die grössere Gruppe sechshundert Mark Wendenpfennige bezahlt haben. Ferner bleibt es im Dunkeln, ob es in Zahren, um welches es sich zunächst handelt, eine Kirche gab, oder ob sie es waren, von denen die jetzt stehende, ohne Zweifel dem XIII. Jahrhundert angehörende Kirche gegründet

[1]) M. Jahrb. XL, S. 202. Hier fehlt die Angabe über das Giesserzeichen.

[2]) 7 km südwestlich von Penzlin. »Nachkommen des čarn« (altslavisch črŭnŭ, polnisch czarny = schwarz): Kühnel, M. Jahrb. XLVI, S. 163. Das wäre verdeutscht soviel wie »Schwarzenhof«.

[3]) M. U.-B. 1317.

wurde. Wie nachher das Geschlecht der Bardenfleth zur Rechtsnachfolge der Peccatel in Zahren und anderen Gütern gelangt (in Zahren nachweislich schon vor 1449), und diese im ersten Viertel des XVI. Jahrhunderts an die Holstein übergehen, ist schon bei Gross-Vielen zur Ausführung gelangt (s. o. S. 307).[1] Als Henning Holstein 1565 seinen Vetter Peccatel erstochen hat, da hebt seine Bestrafung damit an, dass ihm vor der Hand das Gut und Dorf Zahren entzogen wird. Wie er sich aber nachher, »üblichem Landesgeprauch« entsprechend, mit achthundert Thalern vom Morde abkauft, ist bereits in der Ortsgeschichte von Gross-Vielen erwähnt (S. 307). Von 1621 bis 1649 ist Zahren Pfandbesitz, zuerst der Preene, dann des mit den Preenen verwandt gewordenen Klaus Hahn; 1649 aber kommt es an Elisabeth Mack Duwal, die Wittwe Adam Holstein's, für 10000 Gulden zurück. Doch 1668 sitzt

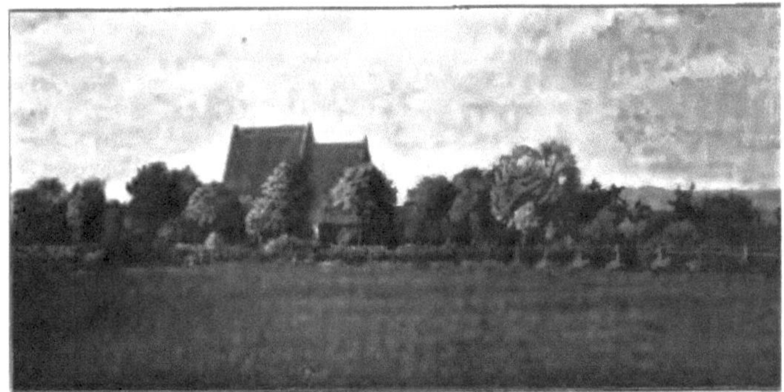

Blick auf die Kirche zu Zahren.

schon wieder der Hauptmann Henning von Heidebrecht (Heidebreke) auf dem Gute; er überlässt es 1685 dem Baron Johann Heinrich Erlenkamp, der es sofort zum Allod erhebt und 1696 eine Erneuerung des Allodialitätsbriefes erhält. Aus Erlenkamp'schem Besitz (bis 1715) geht es später an die schon öfter genannten Brüder von Hacke über, die seit 1716 auch im Besitz der Güter Passentin, Peckatel und Klein-Vielen sind. 1728 zeigt Hauptmann Otto Sigismund von Behr an, dass er das Allodialgut Zahren vom Leutnant Hacke gekauft habe 1736 wird bereits der Behr'sche Schwiegersohn, J. F. von Ziethen, als Patron der Filialkirche zu Zahren genannt.[2] Ziethen'sches Gut bleibt

[1]) M. Jahrb. XXIII, S. 244 (Urkunde vom 2. Januar 1519). Hundert Jahre früher erwirbt Achim von Heidelbreck auf Klempenow mit achtehalb Hufen einen Antheil an Zahren: vgl. Lisch, Geschl. Maltzan II, S. 478 (Urk. CCCLXXXVI vom 6. April 1408). Ferner M. Jahrb. XIV, S. 243. XXVI, S. 218.

[2]) Gleichzeitig bethätigen sich bei der Berufung des jungen Fabricius zu einem Substituten seines Vaters die Patrone A. F. von Langermann von der Hauptkirche zu Gross-Vielen und

Zahren bis 1782. 1782 übernimmt es Adolf Friedrich von Oertzen auf Blumenow, und 1836 Karl August von Arenstorff, dessen Familie es heute noch hat.

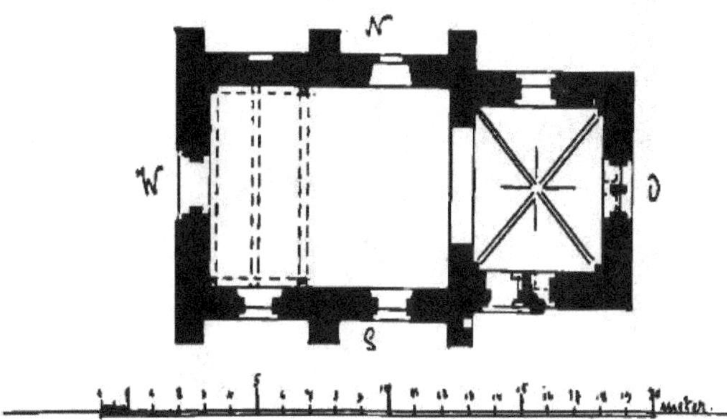

Kirche zu Zahren. (Nach Pries.)

Als Filialkirche von der Mutterkirche zu Gross-Vielen tritt uns die in Zahren schon 1587 entgegen. Ebenso haftet das Patronat nachweislich vom XVI. Jahrhundert her am Gute. Wahrscheinlich aber entstammen beide Verhältnisse schon der vorreformatorischen Zeit des Mittelalters.

Kirche. **Kirche.** Die Kirche ist ein thurmloser und verhältnissmässig sehr kleiner Feldsteinbau des XIII. Jahrhunderts mit frühgothischen Stil-Erscheinungen auf der Süd-

E. von Bassewitz (als Vertreter seiner Schwäger von Bibow) von der Filialkirche zu Mollenstorf. Siehe Kirchen-Akten von Gross-Vielen im Grossh. Archiv. — 1709 war das Patronat vorübergehend bei den herzoglichen Häusern, »so lange nicht ein anderes erwiesen sei«. — Das gegenwärtige Patronatsverhältniss beruht auf einem Vergleich vom 9. November 1770: Archiv für Landeskunde XVI S. 345.

seite des Chors, dessen in einen vorgeschobenen Mauerkern eingelegte »Priester-Pforte« in dieser Beziehung zu beachten ist. Etwas jünger mögen die Blenden des Ostgiebels oberhalb des platt abschliessenden Chores sein, welcher im Volksmunde als »neue Kirche« im Gegensatz zu dem Langhause bezeichnet werden soll. Doch würde es sicher zu weit gegangen sein, wenn man daraus, über das XIV. Jahrhundert hinaus, auf eine jüngere Zeit schliessen wollte.

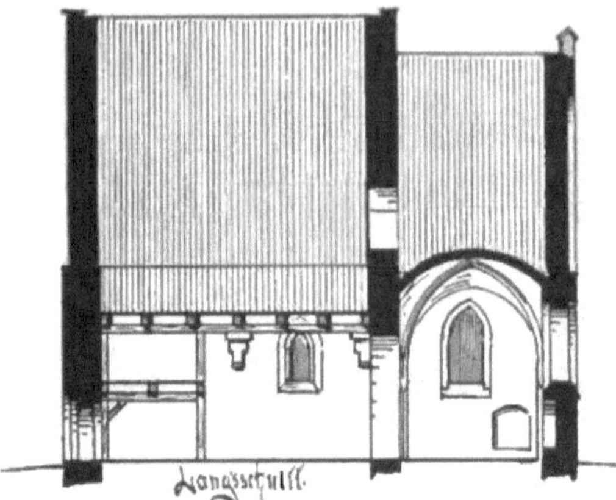

Langsschnitt.

Von vorzüglicher Güte sind die grossen Ziegel, welche theils in der schon genannten Laibung der Priester-Pforte, im Portal des Langhauses, in den Lichtöffnungen, an einigen später angesetzten gothischen Pfeilern und besonders in den Giebeln zur Benutzung gelangt sind. Das im Innern 7,33 × 8,30 m messende Langhaus, dessen Längswände durch quer darüber gelegte, nach aussen hinausragende und hier mit entsprechenden Holzblöcken verankerte starke Balken zusammengehalten werden,[1])

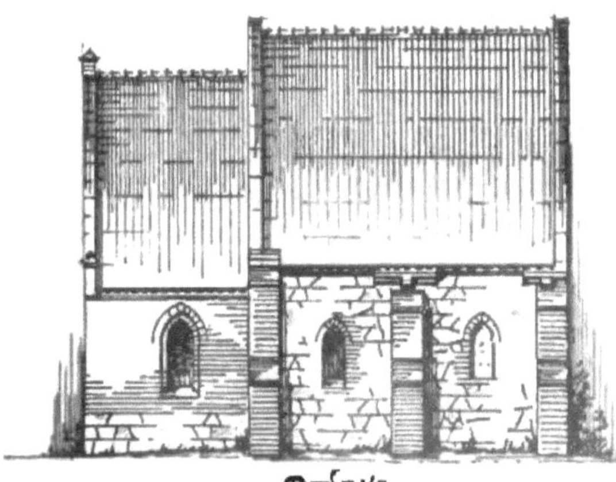

Nordseite.

[1]) Auch die Giebel werden durch Holzverankerungen gestützt, die zum Theil dem Ende des XVIII. Jahrhunderts (A F V Ö 1790) angehören.

wird von einer flachen Holzdecke überspannt. Ob hier einstmals Wölbung beabsichtigt oder gar ausgeführt war, kann dahingestellt bleiben. Der durch einen schweren frühgothischen Triumphbogen vom Langhause getrennte und als ein etwas schief gerathenes Viereck angesetzte Chor, der im Innern 6,25 m Länge und beim Triumphbogen 5,90, an der Ostwand aber 6,10 m Breite hat, ist mit einem frühgothischen Kreuzgewölbe geschlossen, dessen Rippen ein birnförmiges Profil aufweisen und auf schlichten, 1,30 m hohen Eck-Pilastern aufsetzen. Von den Lichtöffnungen hat nur eine in der nördlichen Längswand des Langhauses, das einstmals im Ganzen deren vier gehabt hat, als schmales romanisches Schlitzfenster seinen ursprünglichen Charakter bewahrt, die übrigen sind durch Neuerungen, unter denen auch diese kleine Kirche vielfach zu leiden gehabt hat, entstellt worden.

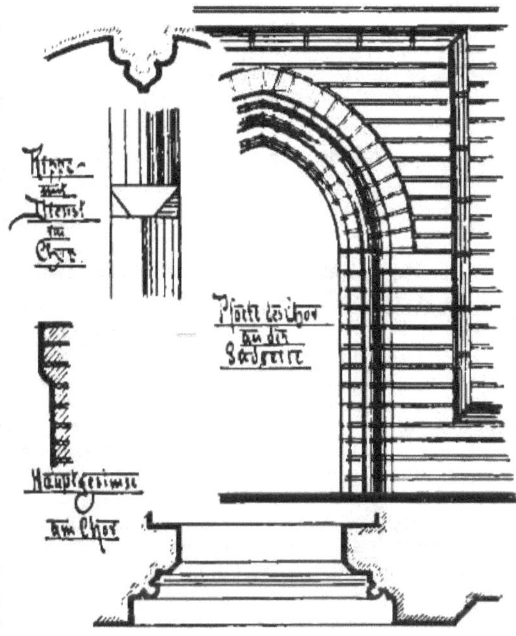

Ueber der Priesterpforte, aber nicht mehr im Chor, sondern schon im östlichsten Pfeiler des Langhauses, eine kleine Nische für ein Heiligenbild, und unter der Nische eine alte Kornquetsche von Granit, die als Weihwasserbecken gedient haben wird.

Auf der Nordseite des Chors sieht man draussen die Reste einer eingegangenen Sakristei von 3,50 m im Quadrat, die ähnlich wie der Chor gewölbt gewesen sein muss, und deren Fussboden jetzt ungefähr 1 m tief unter der Erde liegt. Ehemals führte von innen her aus dem Chor ein Eingang zur Sakristei, der jetzt vermauert ist. Neben diesem vermauerten Eingang, in der inneren Nordwand des Chores, sieht man eine kleine Nische für einen Eucharistie-Schrank, dessen Verschluss jetzt fehlt.

Der **Altar** ist ein Werk des Barockstils vom Jahre **1705**, mit den Bildern der Taufe Christi, des Abendmahls und der Kreuzigung. Doch werden diese Bilder jünger sein, wenigstens das der Taufe, da man unter diesem die Initialen **O • S • V • B** und **A • E • V • B** antrifft, die sich nur auf Otto Siegmund von Behr und dessen Ehefrau Anna Elisabeth von Behr beziehen können (s. o.). Die **Kanzel** ist ebenfalls von geringer Bedeutung. Altar.

In einem besonderen Glockenstuhl auf dem Kirchhofe hängen zwei **Glocken**. Die eine, mit der Jahreszahl **1706**, wird von dem Freiherrn **VON ERLENKAMP**, dem damaligen Patron der Kirche, angeschafft sein, nachdem eine von der im dreissigjährigen Kriege zerstörten Kirche zu Pieverstorf nach Zahren gebrachte Glocke wieder nach Pieverstorf hatte abgegeben werden müssen. Die zweite Glocke, ein Geschenk des Kammerherrn **C • VON ARENSTORFF**, ist **1862** von **C. Jllies** in Waren gegossen worden.[1] Glocken.

Die **heiligen Geräthe, 1862** vom Kammerherrn **C • V • ARENSTORFF** geschenkt, sind neu. Heilige Geräthe.

Das Gut und Filial-Kirchdorf Mollenstorf.[2]

Mittelalterliche Urkunden fehlen. Gewiss ist nur, dass hier die Bardenfleth's bis zu ihrem Aussterben im Jahre 1548 sassen. Der letzte war Achim Bardenfleth.[3] Sehr wahrscheinlich ist es ferner, dass die Identifizierung von Molmerstorp und Mollenstorf, welche im zweiten Personen-Register des mecklenb. Urkundenwerkes angeregt wird, richtig ist. In diesem Fall hat Mollenstorf bereits um 1335 eine Kirche.[4] Ob sie aber Mutter- oder Tochterkirche war, wissen wir nicht. Dass der bei dieser Gelegenheit genannte Geistliche, der Dominus Bolekinus, kein Pleban, sondern nur ein einfacher Priester (sacerdos) ist, lässt keinen weiteren Schluss zu, da auch der neben ihm genannte Dominus Joh. von Vielen keinen höheren Rang hat, von Gross-Vielen aber mehrere Plebane des Mittelalters bekannt sind. Es könnte also auch in Mollenstorf selbständige Plebane gegeben haben, ohne dass sie uns bekannt geworden wären. Wenn aber im Archiv für Landeskunde mitgetheilt worden ist, dass bis 1590 eine eigene Pfarre bestanden habe, so ist das wenigstens insoweit nicht richtig, als sich der Pastor Petrus Bambam im Jahre 1587 in seinem Gesuch um eine Visitation klar und deutlich als Pastor zu Vielen, Zahren und Mollenstorf unterschreibt. Im Uebrigen könnte es schon so gewesen sein. Doch fehlt es bis jetzt an jeder zuverlässigen Kunde. Auch in der Folge bleibt die Kirche zu Mollenstorf als Tochterkirche mit der in Geschichte des Dorfes.

[1]) Das Inventar von 1811 nennt nur die ältere Glocke von 1706.

[2]) 5 km westlich von Penzlin.

[3]) Lisch, M. Jahrb. XXIII, S. 26. 244.

[4]) M. U.-B. 5619. Auch in der Urkunde vom 8. November 1538 über den Lucka'schen Güterumtausch wird für Mollenstorf Molmesdorff gesagt: M. Jahrb. I, S. 227.

Gross-Vielen verbunden, so sehr auch Justus von Gundlach, nachdem er 1764 das Gut übernommen, darum bemüht ist, seine Kirche zu einer Mater vagans zu machen.[1])

Nach dem Absterben des Achim Bardenfleth verleihen die Herzöge Johann Albrecht, Ulrich und Georg für sich und ihre Brüder Christoph und Karl im Herbst des Jahres 1549 die eine Hälfte des Gutes ihrem Kanzler Johann von Lucka; die andere Hälfte aber erhält der Kammerjunker (damals »Kammerdiener« geheissen) Jürgen von Below. Lucka verkauft seine Hälfte, die er unter dem Vorbehalt der Wiedereinlösung nach zehn Jahren erhalten hat, im Jahre 1550 wiederkäuflich an die von Holstein auf Ankershagen. Daraus erklärt sich nachher in der Urkunde vom 8. November 1558 über den grossen bekannten Lucka'schen Güter-Umtausch die ausdrückliche Verzichtleistung des Herzogs Johann Albrecht auf die dem Lucka obliegende Wieder-Einlösung des verpfändeten halben Dorfes Mollenstorf (Molmesdorff). Später verschreibt der Kanzler diese Hälfte des Gutes seiner Gattin Margarethe Schieferdecker als Leibgedinge. Doch kommt diese Hälfte von Mollenstorf schon gegen das Ende des XVI. Jahrhunderts in den Besitz der Holstein, mit denen sich die von Lucka verschwägert haben.[2]) Jürgen von Below dagegen verkauft die andere Hälfte des Gutes im Jahre 1557 an Balthasar Kalden. Kalden stirbt 1584. Sein Rechtsnachfolger wird Heinr. Bibow (s. Glocke). Und nun bleibt Mollenstorf in den Händen der Bibow, wenn die letzte weibliche Descendenz dieser Linie mitgerechnet wird, bis 1764. Auch die Lucka-Holstein'sche Hälfte, welche in der zweiten Hälfte des XVII. Jahrhunderts von Adam von Holstein auf Zahren, durch Weggabe bei der Vermählung seiner Schwester als Leibgedinge, eine Zeit lang an die von der Lühe auf Schulenberg und Fahrenhaupt gekommen war, geht noch vor Ablauf des XVII. Jahrhunderts auf Jurgen von Bibow aus den Händen seiner Schwiegermutter über.[3]) In Folge dessen wird er — selbstverständlich unter Verzichtleistung auf die hohe Jagd — am 8. März 1702 mit beiden Hälften von Mollenstorf, die damals als Schwerinscher und Güstrowscher Antheil von einander unterschieden werden, belehnt. Sibilla Hedwig von Bibow ist es dann, die das Gut bei ihrer ersten Vermählung 1736 dem Albrecht Leopold Gans von Putlitz, und (nach dessen Tode 1755) bei ihrer zweiten Vermählung 1756 dem Georg Ernst von Oldenburg zubringt. Aber Oldenburg stirbt noch im selben Jahr. Missliche Verhaltnisse aller Art hatten dazu gefuhrt, dass das Gut noch bei Lebzeiten des Putlitz im Jahre 1743 einem »Pensionär« Peters in Pfand gegeben war. Die Wittwe des Pensionärs zieht 1764 vom Gute ab, nachdem dieses fur 40000 Thlr. N$^2/_3$ an Justus von Gundlach verkauft worden war, dessen Nachkommen es noch heute haben.

[1]) Archiv fur Landeskunde XVI, S. 345. 346. 351, Anmkg. 2. Vgl. Rönnberg, M. Jahrb. XL, S. 193. Stuhr, M. Jahrb. LX, S. 97.

[2]) Lisch, M. Jahrb. V, S. 216—218.

[3]) Akten im Grossh. Archiv. Im Besondern Brief des Jürgen von Bibow an den Herzog Friedrich Wilhelm vom 26. December 1697.

Kirche. Die Kirche ist ein alter frühgothischer Bau in Form eines Vierecks, das durch neu eingebrochene Lichtöffnungen an seiner Ursprünglichkeit sehr eingebüsst hat. Der Innenraum ist mit einer in flachem Stichbogen gewölbten Bretterdecke überspannt. Auch das Westportal ist im Stichbogen geschlossen, wird aber von einem Spitzbogen überfangen. Kirche.

Der **Altaraufsatz** ist ein Werk des Barokstils von 1750 in zwei Stockwerken, dessen unterer Theil durch korinthische Säulen und dessen oberer Theil durch ionische Pilaster flankiert wird. In der Predella das Gemälde des Abendmahls, im Hauptstock die Kreuzigung, im Oberstock die Auferstehung und ganz oben das Gottesauge in der Sonne. Am Altar unten das **BIBOW**sche **Wappen**, daneben ein anderes mit einem gekrönten Schwaan. Altaraufsatz.

Zu erwähnen ist eine überkalkte **Pietas-Gruppe** aus einem gothischen Triptychon. Pietas-Gruppe.

An der **Kanzel** drei Wappen mit Unterschriften: **CLARA VON WENKSTERN 1700 • GEORG VON BIBOW 1700 • JUSTUS V • GUNDLACH 1764.** Kanzel.

An einer **Stuhlwange** findet sich eingeschnitten **L • V • B**(ibow) **1586.** Stuhlwange,

Oberhalb des herrschaftlichen Stuhles viele zinnerne **Sargwappen** der Familie **VON GUNDLACH**, auch an der Wand bei dem Pastorenstuhl **BIBOW**'sche und **PENTZ**'sche Sargschilder von Zinn. Sargwappen.

Oberhalb des Pastorenstuhles in der Nordostecke zwei **Trauerfahnen** des dänischen Majors **CONRAD V • PENTZ 1667—1728**. Vgl. Inschrift der Glocke. Trauerfahnen,

In der inneren Ostwand nach Norden hin ein alter **Eucharistie-Schrank.** Eucharistie-Schrank,

Im Thurm drei **Glocken.** Die älteste (Dm. 0,75 m) hat die Inschrift: **o rex glorie xpe veni cū pace • help sunte anna sulfdrudde anno dn̄i mcccccxv.** Die grössere (Dm. 0,95 m) hat nachstehende Inschrift: **DIESE GLOCKE IST 1729 ZVR ZEIT HINRICH VON BIBOW VND DESSEN FRAVEN EVA DOROTHEA VON PENTZEN VMBGEGOSSEN WORDEN VON MICHAEL BEGVN.** Auf der Glocke ein grösseres Rundbild. Darin als Flachrelief eine Glocke mit schräge sich unter ihr kreuzenden Kanonenläufen, rechts und links davon das Friedländer Wappen (ein dreithürmiges Thor, zweimal). Unter den Kanonenläufen ein Elephant und darunter **M BEGVN**. - Die dritte kleinere Glocke hat weder Inschrift noch Zeichen. Glocken.

Kleinkunstwerke. 1. 2. Versilberter Kelch, gestiftet von **C • V • G**(undlach) **1854**. Patene ebenso — 3. Kleine runde Oblatendose, von **Behmen**-Neustrelitz. — 4. Weinkanne, gestiftet **1861** von **E • V • G •** und **E • V • G • GEB • V • B**(ülow). — 5. Taufschale, gestiftet **1880** von **EMILIE VON GUNDLACH, GEB • VON BÜLOW**. — 5. 6. Zwei zinnerne Leuchter, der eine mit der Jahreszahl **1732**. Beide haben als Stadtstempel ein dreithürmiges Thor und als Meisterstempel **C. H. 1713**. — 7. Noch ein Zinnleuchter, mit denselben Zeichen und dem Namen **CLAS PETERS 1733**. Jetzt bei Seite gesetzt. Also 5—7 wahrscheinlich Neubrandenburger Arbeiten. Kleinkunstwerke.

Auf dem **Hofe** ein sogenannter »**Opferstein**«. »Opferstein.«

Das Gut und Kirchdorf Peckatel.[1])

Geschichte des Dorfes.

Wenngleich die Ritter Bernhard und Heinrich von Peccatel erst im Jahre 1274 mit dem in der Vogtei Penzlin gelegenen und somit zur Diöcese Havelberg gehörenden Dorf Peckatel belehnt werden, so lässt doch die Gleichnamigkeit von Ort und Geschlecht schon auf ältere Beziehungen zwischen beiden schliessen.[2]) Ausser dem Rittersitz, auf dem der Burgherr wohnt, giebt es hier eine Bauernschaft mit einem Schulzen an der Spitze, deren Zeugenschaft der erstgenannte am 1. Januar 1325 in einer Darguner Kloster-Angelegenheit verwendet: Testes huius rei sunt Ebelingus scultetus de Peckatele ciuiumque communitas ibidem.[3]) In der zweiten Hälfte des XVI. Jahrhunderts nennt sich die Familie »Pickatel«.[4]) Die erst im XVIII. Jahrhundert (1775) ausgestorbene Familie erhebt noch in der ersten Hälfte desselben Jahrhunderts vom Gute Weisdin her Ansprüche an das alte Stammdorf. Aber durch Verpfändung und Verkauf einzelner und mehrerer Höfe und Hufen hat sie es doch schon vom XV. Jahrhundert her schrittweise aus der Hand gegeben, so z. B. an Heinrich von Heydebreck (Heidebreke) achtundzwanzig und eine halbe Hufe, eine wüste Worth, den halben Krug, anderthalb Kathen und die halbe Windmühle, die dieser in derselben Gesammtheit dem am 12. September 1505 damit belehnten Berend von Maltzan überlässt.[5]) Ein anderer bis 1514 an Eggerd Soneke verpfändet gewesener Antheil wird in diesem Jahre von Hans von Peccatel wieder eingelöst. Von dem Maltzan'schen Besitz verkauft Georg Freiherr von Maltzan zu Penzlin und Wartenberg im Jahre 1556 wiederkäuflich für eine Anleihe von 6900 Gulden acht Höfe und achtzehn Hufen an den Herzog Johann Albrecht. Von den Peccatel'schen Antheilen ist nachher in Akten von 1593, 1598 und 1646 die Rede. So verpfändet u. a. Jürgen von Peccatel im Jahre 1646 den Schulzenhof in Peckatel für eine Anleihe von sechshundert Gulden an den Rostocker Doctor juris Siebrand. Dass sich die von Peccatel immer mehr auf ihre östlicher gelegenen Güter zurückziehen, ist schon in der Ortsgeschichte von Gross-Vielen bemerkt worden. Weisdin ist zuletzt einer ihrer Hauptsitze. 1652 hat Adam Holstein's Wittwe (s. Mollenstorf) mehrere wüste Bauerngehöfte in Peckatel. 1685 hat auch Hauptmann

[1]) 7 km südlich von Penzlin. Kühnel, M. Jahrb. XLVI, S. 105, hält es für möglich, dass dem Ortsnamen der altslavische Personenname Pek (Peek) zu Grunde liege und vergleicht damit die tschechischen Ortsnamen Pečetin und Pěkotluky.

[2]) M. U.-B. 1317.

[3]) M. U.-B. 4583.

[4]) M. U.-B. 10483.

[5]) Lisch, Geschl. Maltzan, IV, S. 362—364 (Urk. DCCLXXXVIII).

von Heidebreck Rechte und Ansprüche, die er neben anderen in Zahren, Pieverstorf, Dambeck und Boek an den schon oft genannten Baron von Erlenkamp für 3000 Gulden abtritt. 1704 haben die Erben des Oberst von Arenstorff dreizehn und eine halbe Hufe, die ihnen von dem Baron von Maltzan überlassen sind. Neben ihnen finden wir dort als Erlenkamp'sche Erben die von Langermann mit Besitz und Rechten, von 1716 an die von Hacke, die gleichzeitig Passentin und Klein-Vielen besitzen (s. o. 282. 311). Von 1760 an ist neben Balthasar Daniel von Arenstorff Balthasar Christoph Vick Miteigenthümer des Gutes und Dorfes; von 1790 an hat es Kammerherr von Plessen, der wegen weiterer Legung von Bauernstellen — heute giebt es deren nicht mehr in Peckatel — zu Beschwerden Anlass giebt, und seit 1795 sind die Penzliner Freiherren von Maltzan im Besitz.

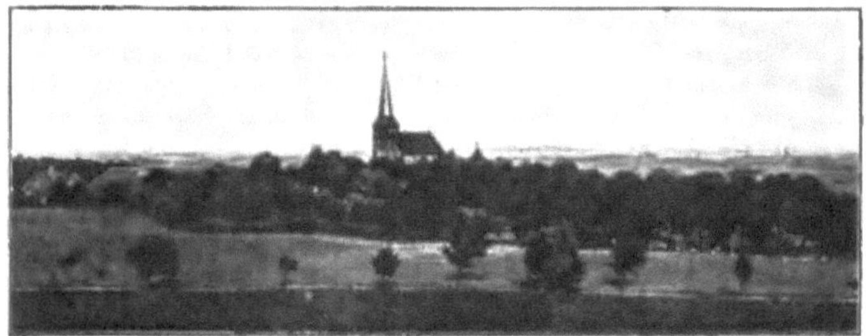

Ansicht von Peckatel.

Die Namen mittelalterlicher Geistlicher fehlen bis jetzt. 1568 giebt es eine Vakanz in den unter Peccatel'schem Patronat verbundenen Kirchspielen Peckatel und Lütken-Vielen: der alte Pastor Er Jochim Schütt (Schutt) ist gestorben. Die von Maltzan, sich ihres Besitzes halber dazu befugt haltend, setzen Georg Schencke ein. 1607 aber (vielleicht schon früher) ist Gregorius Reimer Pastor in Peckatel, auch 1611 und 1616. Ob noch länger? 1648 macht Jürgen von Peccatel auf Weisdin den Pastor Augustin Eberhard, der die Cura der Kirchspiele Prillwitz, Hohenzieritz und Weisdin hat, auch zum Pastor des verödeten Kirchspiels Peckatel. Anscheinend aber nur auf kurze Zeit. Denn 1661 hören wir bereits wieder, dass der Peckatelsche Pastor Heinrich Eulenbrock ein Jahr vorher verstorben sei, und in Folge davon ist 1664 abermals die Rede von einer Verbindung der Kirchspiele unter dem noch amtierenden Pastor Eberhard in Prillwitz. Zwischen 1696 und 1726 ist Michael Christoph Haselberg als Pastor zu Peckatel und in den Filialen Liepen und Langhagen nachzuweisen. S. Glocke in Liepen. Er lebt aber anscheinend bis 1737. Seine Wittwe wird noch 1750 genannt. Von 1737 bis 1749 (in der Zeit der Leopoldinischen Wirren) ist anscheinend Vakanz.[1]) 1750 heisst der Pastor Joh. Jakob Barkow († vor 1804). Ihm wird 1781 der Sohn Friedr. Wilhelm Barkow an die Seite gegeben († vor 1824). Walter a. a. O.

Kirche. **Kirche.** Die Kirche ist ein gewölbter gothischer Neubau von 1862, mit einem östlichen Polygonalschluss aus dem Zwölfeck. Nach aussen hin sind Chor und Schiff unter einen First gebracht.

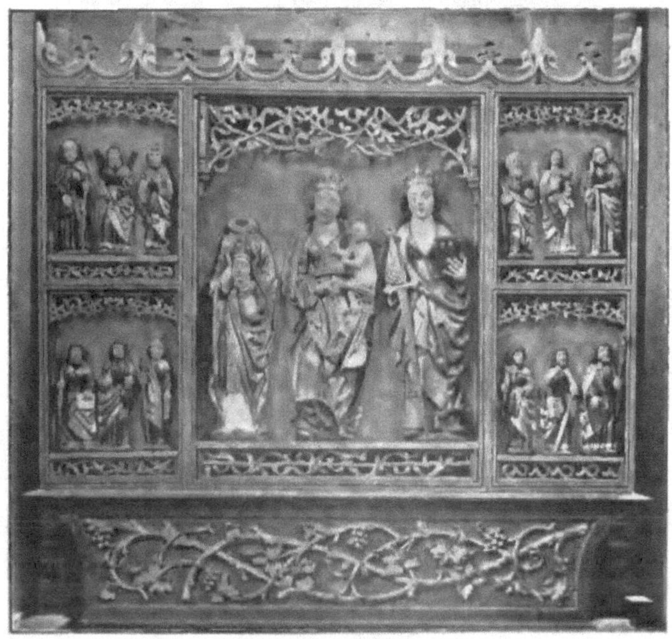

Spätgothisches Triptychon.

Triptychon, Auf dem Altar ein spätgothisches **Triptychon** des XV. Jahrhunderts. Im Mittelschrein die drei Gestalten des hl. Dionysius, der hl. Maria mit dem Kinde und der hl. Katharina. In den Flügeln die zwölf Apostel. Die Predella ist neu. — In den **Fenstern** des Chors sieben **MALTZAHN**'sche **Familien-Wappen**, andere in anderer Ausführung am herrschaftlichen **Stuhl**.

Wappen.

[1]) Stuhr, M. Jahrb. LX, S. 70.

Glocken.

Im Thurm drei **Glocken.** Die grössere (Dm. 0,94 m) aus dem XV. Jahrhundert zeigt im oberen Felde zweimal die hl. Maria mit dem Kinde unter gothischen Baldachinen und drei münzartige Rundbilder-Abdrücke. — An der zweiten Glocke (Dm. 0,70 m) sieht man am oberen Ringe eine Reihe zum Theil missverstandener gothischer Minuskeln:

th. e. ii. r o. nq. o. io. u.

auf deren Entzifferung wir verzichten. Im Felde zwei kleine Reliefbilder von Monstranzen und ein Heiligenbild in gothischer Nische. — An der kleinen Glocke das Hacke'sche Wappen und die Inschrift: **WILHELM OTTO VON HAKE ERBHERR VON KLEIN VIHLEN UND PECCATEL PATRON DER KIRCHE ZU PECCATEL • — L • J • BARKOW PASTOR.** Unten: **FECIT C • D • HEINTZE 1767 •**

Kleinkunstwerke.

Kleinkunstwerke. 1 2. Silbervergoldeter Kelch des XVIII. Jahrhunderts, auf rundem Fuss. An der Kupa das Bülow Buch'sche Allianzwappen mit den Initialen **O • V • B •** Als Stadtstempel zweimal ein dreithurmiges Thor und als Meisterzeichen die Initialen **V. R.**, dazu ein Topf mit drei Blumen. An der zugehörigen Patene ein anderes Allianzwappen, das des Mannes ein leeres Feld, das der Frau das Bülow'sche, daneben die Initialen **G • J • V • B •** Werkzeichen fehlen. — 3 Kleiner zinnerner Krankenkelch, ohne Inschrift und Werkzeichen. — 4 Grössere zinnerne Patene. Als Stadtzeichen ein dreithurmiges Thor und als Meisterzeichen die Initialen **C. H.** — 5–8. Kelch, Patene, Ciborium und Weinkanne, gestiftet von **HANS VON PLESSEN** auf Damshagen und **INA VON PLESSEN**, geb. **VON BRANDENSTEIN**, bei Erbauung der Kirche in den sechziger Jahren des XIX. Jahrhunderts. — 9. Silberne ovale Oblatenschachtel, auf der Unterseite der Name des Stifters **ERNST JACOB VICK 1770.** (S. u.) Als Stadtzeichen ein dreithurmiges Thor, und als Meisterzeichen der Buchstabe **S.** (Der Lieper Filiale gehörend.) — 10. Messingene Taufschale, neu — 11—18. Acht Zinnleuchter aus dem XVII. und XVIII. Jahrhundert. Stifternamen: 1. **B • V • A • 1685**. 2. **ELISEBETH ALGRIM 1686**; 3. **JOCHIM WÄDE 1703**; 4. **JOCHIM PRAGST 1712**; 5. **G • V • H • B • C • V • P • ANNA LUCIE VON B • 1700**; 6. **CATARINA DOROTEA RIDDEN 1717**; 7. **FRIDERICH HOTH 1721**; 8. **OTTO FRIDERICH FRANCK 1774.** Fast bei allen ein dreithurmiges Thor als Stadtzeichen.

Das dreithürmige Thor wird daher wohl auf Arbeiten aus Neubrandenburg weisen, wenngleich auf Glocken nicht übersehen werden darf, dass es dort als Stadtzeichen des Friedländer Giessers **Begun** vorkommt.

Das Gut und Filial-Kirchdorf Liepen.[1]

Geschichte des Dorfes.

Mit Besitz und Rechten im Dorf treffen wir im XIV. und XV. Jahrhundert die alten ritterbürtigen Familien der Peccatel, Plasten, Gelder, Schwerin und Stalbom, und im XVI. Jahrhundert ausser den Söneke auch die der Heidebreck an, deren aus achtundzwanzig Hufen bestehendes Eigenthum am 12. September 1505 als herzogliches Lehn an Berend Maltzan übergeht.[2]) Der Maltzan'sche Besitz kommt 1556 wiederkäuflich an den Herzog Johann Albrecht

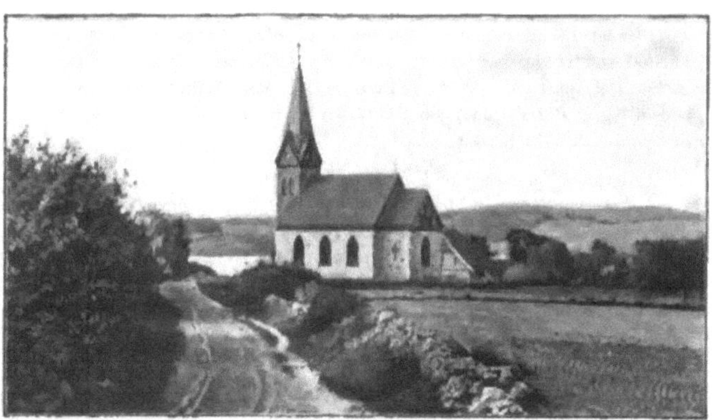

Blick auf die Kirche zu Liepen.

(es sind die genannten achtundzwanzig Hufen sammt den dazu gehörenden acht Bauernhöfen und zwei Kathen); der Peccatel'sche Besitz aber, welcher ursprünglich der grösste gewesen zu sein scheint, schwindet durch Verkauf und Verpfändung, wenngleich Anrechte und Ansprüche nicht bloss 1569 und 1620, sondern auch noch 1727 von einzelnen Mitgliedern der Familie erhoben und geltend gemacht werden. Im Uebrigen sind es in der zweiten Hälfte des XVI. und nachher im XVII. Jahrhundert ausser den von Maltzan, deren Besitz

---

[1]) 12 km südsüdwestlich von Penzlin. Mit dem altslavischen Wort »lipa = linde« von Kühnel verbunden: M. Jahrb. XLVI, S. 84. Darnach ungefähr soviel wie »Lindenhof«. Vgl. »Lindenbeck«.

[2]) Bis jetzt nicht gedruckte Urkunden von 1386, 1389 und 1437 im Grossh. Archiv. Vgl. A. Graf von Bernstorff, M. Jahrb. LIX, S. 312. — Lisch, Geschl. Maltzan IV, S. 363 (Urkunde DCCLXXXVIII).

bald wieder auftaucht, besonders die von Holstein, Hans von Schulz-Pieverstorf und Jürgen von Blankenburg-Prillwitz, die bald mit diesen, bald mit jenen grösseren und kleineren Antheilen an Liepen genannt werden. An deren Stelle treten im XVIII. Jahrhundert zuerst die von Langermann, dann von 1716 an die von Hacke, und von 1790 an der Kammerherr Karl Hartwig von Plessen; endlich im XIX. Jahrhundert 1810 Graf Blumenthal, 1835 Hermann Jahn, 1842 Friedr. Dudy, 1850 Karl Erichson, 1854 Ernst Christian Samuel Schwabe, 1878 Emil Glantz, 1880 Ferd. Schmidt, und von 1884 an die von Kap-herr.

Ueber die kirchlichen Verhältnisse siehe bei Peckatel. Im Visitationsprotokoll von 1661 heisst es, das Kirchlehn gehöre von alten Zeiten her denen von Peccatel, jetzt aber (1661) hätten es die von Maltzan sich angeeignet. Seitdem haftet das Patronat am Besitz des ritterschaftlichen Bauerndorfes, das heute fünf Erbpächter zählt.

Kirche. Neugothische Kirche, aus Feldsteinen und Ziegeln aufgeführt, vom Ende des XIX. Jahrhunderts, mit einem kleinen gewölbten Chor von rechtwinklicher Anlage und einem breiteren und höheren Schiff, das mit einer der Dachkonstruktion sich anschliessenden Eindeckung versehen ist. Der schmälere Thurm trägt einen Pyramidenhelm. Die innere Einrichtung ist ohne Bedeutung. Kirche.

Die einzige **Glocke** der Kirche ist **1723** von dem Giesser **Michael Begun** zur Zeit des Pastors **MICH · CHPH · HASELBERG** in Peckatel und unter dem Patronat des **FRIDERICH WILHELM VON HACKE** gegossen worden. Glocke.

Kleinkunstwerke. 1. 2. Silberner Kelch ohne Inschrift und Zeichen, von 1857. An der Patene der werlesche Stierkopf und der Meisterstempel **D P.**[1]) — 3. Taufbecken von Messing. — 4—6. Drei zinnerne Leuchter. Der erste gestiftet von **DOROTHEA ELISABETH JULIANE GUNDLACH 1751**, der zweite von **CHRISTIAN LANG 1751**, der dritte von **JOHAN CASPER ANDREAE 1698**. An dem ersten als Stadtzeichen ein dreithurmiges Thor und als Meisterstempel die Initialen **C H** mit der Jahreszahl 17.. Die beiden letztgenannten haben keine Stempel. Kleinkunstwerke.

[1]) Oblatenschachtel schon bei Peckatel genannt (S. 321).

Das Gut und Filial-Kirchdorf Kraase.[1])

Geschichte des Dorfes.

Die drei ältesten Urkunden, welche vom Dorfe Kraase handeln, erbringen den Beweis, dass das schon im frühen Mittelalter der Parochie Varchentin zugewiesene Dorf Kraase der Diöcese Schwerin angehört.[2]) Das Schweriner Domkapitel bestätigt nämlich am 19. Juni 1286 dem Bützower Kollegiatstift unter andern Gütern auch sieben Hufen in »Crase«, welche Bischof Hermann (1262—92) dem Stift für Messelesen in der Kapelle der bischöflichen Burg (pro missa in castro perpetuo celebranda) vermacht hatte. Bischof Gottfried I., der Nachfolger (1292—1314), trifft nun des Weiteren die Bestimmung, dass drei von ihm geschaffene und mit den Zehnten aus Kraase bewidmete kleinere Bützower Dompräbenden, auf deren Verbesserung durch weitere fromme Stiftungen er vergeblich gehofft hat, schrittweise wieder eingehen sollen. Indessen zwanzig Jahre später, den 22. Juni 1333, als Zeiten und Verhältnisse besser geworden sind (postquam intelleximus redditus prebendales canonicorum Butzowensis ecclesie in tantum excrevisse, quod cet.), ruft Bischof Ludolf (1331—1339) mit diesen Einkünften des Stiftes eine neue Domherren-Präbende ins Leben. Wann die Kirche oder Kapelle in Kraase gegründet worden, wissen wir nicht, anscheinend noch im XIII. Jahrhundert. Wenigstens weist der Feldsteinbau auf diese Zeit. Das Filial-Verhältniss zur Kirche in Varchentin aber ist, wie die letztgenannte Urkunde erkennen lässt, so alt wie die Kirche selber.

Aus dieser Urkunde ist zugleich zu ersehen, dass es deutsche Bauern sind, die das Dorf bewohnen. Das Lehn des Dorfes aber hat am Ende des XVI. Jahrhunderts die alte ritterbürtige Familie der Rostke oder Rostock, die ausserdem in den Dörfern Schkön und Varchentin begütert ist. Die Rostke sind auch die Inhaber des Kraaser Kirchlehns. (S. o. S. 212 bei Varchentin.) Zu Anfang des XVII. Jahrhunderts haben auch die in den Besitz von Varchentin gekommenen Kruse einen Antheil an Kraase. Als Pfandbesitzer treten nach einander ferner die Stoislaf, Kamptz und Ferber in die Rostke'schen Antheile ein. So kommt es, dass, obwohl noch im Jahre 1639 der König Christian von Dänemark für die Erhaltung und Anerkennung der Lehns-Ansprüche der Rostke eintritt, die genannten Güter und Dörfer allmählich aus ihren Händen kommen. 1674 bitten Joh. Rostke's Vormünder um die landesherrliche Genehmigung zur Verpfändung des Gutes und Dorfes Kraase an den Lehnrath

[1]) 15 km westnordwestlich von Penzlin. Crase, Craze, Krase sind die Formen des Namens im XIII. und XIV. Jahrhundert, die Kühnel auf das altslavische Wort »krasa := Schönheit« zurückführt und als Personen-Namen gedeutet wissen will: »die krasa«. Also ungefähr soviel wie »Schöndorf oder Schönberg«.

[2]) M. U.-B. 1852. 3713. 5433.

Dr. juris Ferber. Der Ferber'sche Pfandbesitz verwandelt sich 1693 in ein Allod (s. o. S. 212) und 1701 wieder rückwärts in ein Lehn mit einem angeschlossenen Revers über den Verzicht auf die hohe Jagd. Zwar meldet sich 1702, und ebenso 1714 noch einmal, Kaspar Christoph Rostke mit Muthungen seiner alten Familien-Lehne, aber ohne praktischen Erfolg. Kraase bleibt bis 1756 in Ferber'schen Händen. Als Ferber'sches Gut wird es von 1738 an an den seit 1721 angestellten Verwalter Peter Langhoff verpachtet. 1756 wird es Klinggräff'scher, 1808 Gentzkow'scher und 1845 Lemcke'scher Besitz.

Kapelle. Die Kapelle ist ein alter Feldsteinbau vom Ende des XIII. Jahrhunderts in Form eines länglichen Vierecks. Beide Giebel aber sind in Fachwerk aufgeführt. In seiner Ursprünglichkeit erhalten ist das kleine schmale frühgothische Eingangsportal auf der Südseite, ein anderes im Westen ist zugesetzt. Im Innern eine flache Balkendecke. Vor dem Südportal eine alte Kornquetsche von Granit als Weihwasserbecken. Ein Thurm ist nicht vorhanden, dafür steht südwestlich von der Kirche ein freier Glockenstuhl. Kapelle.

Die **innere Einrichtung** ist ohne Bedeutung. Der Predigtstuhl der **Kanzel** steht ebenso wie der in Varchentin auf einem gemauerten Steinblock. Auf dem Schalldeckel fünf **Schnitzfiguren** aus einem ehemaligen gothischen Triptychon. Der grösste Theil dieser Triptychon-Figuren aber steht in der inneren westlichen Portalnische. Oberhalb des herrschaftlichen Stuhls fünf kleine **Epitaphien** des XVIII. Jahrhunderts, welche der Familie **LANGHOFF** angehören (s. o.). Innere Einrichtung. Schnitzfiguren.

Im freistehenden Glockenstuhl hängen zwei **Glocken**, von denen die eine **1787** von **J. C. Meyer**, die andere **1841** von **Illies** in Waren gegossen ist.[1] Glocken.

Kleinkunstwerke. 1. 2. Silbervergoldeter Kelch auf rundem Fuss, gestiftet laut Inschrift **1796** von **CHRISTIAN CARL BREMER**. Als Stadtzeichen das dreithürmige Thor von Neubrandenburg, und als Meisterzeichen die Initialen **C O**; Patene ebenso. — 3. 4. Oblatendose und Kanne sind beide neu und haben den Stempel **W M F M.** Kleinkunstwerke.

Vorgeschichtliche Plätze

s. am Schluss des Amtsgerichtsbezirks Malchow.

[1]) Nach dem Inventar von 1811 hatte ihre Vorgängerin die Namen des Karl von Klinggräff und des Gustav Langhoff.

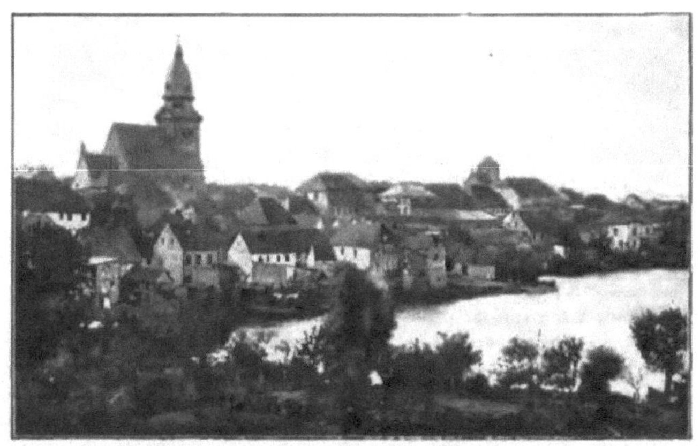

Blick auf die Stadt Waren von Nordosten her.

Amtsgerichtsbezirk Waren.

Die Stadt Waren.[1]

Geschichte der Stadt.

eschichte der Stadt. Am 5. Mai 1402 legen Probst und Prior des Klosters Broda den Fürsten Nikolaus und Christoffer von Wenden eine angeblich von Fürst Nikolaus I. am 24. April 1230 ausgestellte Urkunde vor, an deren Echtheit jene nicht zweifeln.[2] Sie bestätigen diese Urkunde in gutem Glauben, und in Folge dessen versagen ihr auch die mecklenburgischen Herzöge Magnus und Balthasar achtzig Jahre später, nämlich den 20. Juni 1482, durchaus nicht ihre Anerkennung.[3] Indessen diese Urkunde ist, wie andere zweifellos echte Urkunden vom 23. April 1273, 30. Juli 1304 und 14. März 1331 leicht erkennen lassen, eine Fälschung, womit die Landesherren vom Kloster hintergangen werden, um durch eine unwahre Zusammenwürfelung geschichtlicher Thatsachen einen Theil des Klosterbesitzes älter zu machen, als er war, und den anderen, der einstmals vorhanden, dann aber in

[1]) Die ältere Form ist Warne. Kühnel, M. Jahrb. XLVI, S. 155, fasst den Namen als Personen-Namen auf und deutet ihn auf »die Varn«, Varna«. Zugleich erinnert er an den altslavischen Wortstamm vranŭ = schwarz, Rabe, vrana Krähe.

[2]) M. U.-B. 377.

[3]) M. Jahrb. III, S. 209.

aller Form Rechtens aufgegeben war, aufs Neue als zu Recht bestehend erscheinen zu lassen.[1])

Von diesem Lug und Trug des Klosters Broda wird auch die Stadt Waren, oder genauer gesagt, ihre dem hl. Georg geweihte Hauptkirche betroffen, und die urkundliche Geschichte beider, von Stadt und Kirche, hebt in unschöner Weise damit an. Denn wenn es in diesem Machwerk mit dem Datum des 24. April 1230 heisst, dass das Kloster die Kirche zu Waren mit dem Dorfe Schwenzin und dem Aalfange jede zehnte Nacht in den drei oberen Wehren zwischen der Müritz und dem Kölpin-See als für alle Zeiten bei der Kirche verbleibenden Besitz sein Eigenthum nenne, so ist das nicht seit dem 24. April 1230 (oder gar noch viel länger, wie die Fälschung glauben machen will), sondern thatsächlich erst seit dem 23. April 1273 der Fall, an welchem Tage Fürst Nikolaus I. von Werle dem Kloster Broda den wirklichen Besitz in seinem Gebiete anweist und bestätigt. Aber man sieht, dass der Text der echten lateinischen Urkunde von 1273: . . . . assignavimus et contulimus ecclesie Brodensi perpetuo et libere possidenda: ecclesiam Warne, villam Svansin cum mansis quindecim, in tribus capturis superioribus etiam noctem decimam in captura anguillarum inter stagnum Muriz et aquam que Colpin puplice nuncupatur . . . für die untergeschobene spätere Fälschung benutzt ist: . . . . dat wy[2]) na vthwysinge older breue der heren van deme Brode, de se vor vns ghehat hebben, seen vnde horet hebben, gheuen vnde voregeuen eem vnde eren ewigen nakomelynghen: de kerke to Warne myd deme to Swansyn dorp vnde schede mit voefheyn hûuen, de theynde nacht in den bouensteen dren aleweren tusschen der Muretzenn vnde deme Colpyne ewighen by der kerken tho bliuende . . . . Und wenn ferner, was in dem vorliegenden Falle die Hauptsache ist, die falsche Urkunde zu erweisen sucht, dass ausser dem Kirchlehn zu Gross-Lukow (bei Penzlin), das thatsächlich erst am 30. Juli 1304 an das Kloster kommt, auch die Patronate der Kirchen zu Falkenhagen (mit der Filial-Kapelle zu Alt-Schönau), Federow (mit der Filial-Kapelle zu Kargow) und Schlön schon vor 1230 des Klosters Eigenthum gewesen seien, so ist der wahre Sachverhalt der, dass diese ebengenannten Kirchenpatronate erst am 14. März 1331 aus dem Besitz des Landesherrn, des Fursten Johann II. von Werle, an das Kloster ubergehen, und zwar dadurch, dass das Kloster dafur das Patronat über die Hauptkirche zu Waren und

[1]) M. U.-B. 1284. 2945. 5226. Besonders wichtig ist die Anmerkung von Wigger zu Urkunde 1284. — Boll, Chronik von Neubrandenburg, S. 321/23, hält auch die Beurkundung vom 5. Mai 1402 durch die Fursten Nikolaus und Christoffer für eine Fälschung. Wenn er mit dieser Annahme Recht haben sollte, dann wäre die Täuschung nicht schon 1402, sondern erst 1482 gelungen, als die Herzöge Magnus und Balthasar sich darauf einliessen, dem Kloster die Urkunde von 1230 und auch die Bestätigung von 1402 zu beglaubigen. Wir geben zu, dass es sich so verhalten haben kann; es bleibt aber auch die andere Möglichkeit von Bestand, welcher wir am Anfange unseres Textes Ausdruck gegeben haben.

[2]) So lässt das Kloster »heer Niclaus van godes gnaden here to Werlle« schon 1230 sprechen. Ob dieser Fälschung in niederdeutscher Sprache noch eine lateinische voraufging oder nicht, spielt für die Fragen, auf die es ankommt, keine Rolle.

deren Eigenthum in Schwenzin und in der Reke (dem Abfluss der Elde aus der Müritz in den Kölpin-See) mit ausdrücklicher Zustimmung des Bischofs zu Schwerin sowie des Bischofs und Domkapitels zu Havelberg an den Landesherrn zurückgiebt.[1]) Des Pudels Kern in dieser offenbar erst lange nach 1331 angefertigten Fälschung ist also eigentlich der, dass das Kloster auf eine bequeme Art in den Besitz der möglicherweise etwas zu billig weggegebenen fetten Pfründe des heiligen Georg zu Waren zurückgelangen möge. Dass ihm dies aber für die letzten Zeiten seines Bestandes gelungen ist, beweisen die schon genannten Konfirmationen vom 20. Juni 1482 durch die Landesherren und vom 27. Oktober 1500 durch Papst Alexander VI.[2])

Im Uebrigen gehört die Stadt Waren, deren Gründungsjahr unbekannt ist, wahrscheinlich aber gleich dem vieler anderer Städte des Landes ins dritte Jahrzehnt des XIII. Jahrhunderts fallen wird, zur Diöcese Schwerin und ist schon frühe vom XIII. Jahrhundert her bis zur Reformation hin der Sitz eines Archidiakonats.[3]) Aber verhältnissmässig ausserordentlich klein ist der Vorrath von Urkunden zur Geschichte der eigentlichen städtischen Entwicklung. Und doch muss dieser Urkundenschatz einmal sehr gross gewesen sein, wenn man die ungewöhnliche Ausdehnung des städtischen Gebietes und den stattlichen Besitz von Pachthöfen, Waldungen, Wiesen und Gewässern überblickt, der den von Parchim überragt und nur hinter dem von Rostock zurückbleibt. Es ist somit nicht möglich, von dem Wachsen des Kommunalvermögens der Stadt im Mittelalter ein solches Bild zu gewinnen, wie es sich von anderen Städten zeichnen lässt. Als schwacher Ersatz dafür hat sich in der Chronik des Kirchberg ein anderes Geschichtsbild erhalten, das der unfreiwilligen Theilnahme der Stadt an jenen Kriegswirren, welche nach dem werleschen Vatermorde im Jahre 1291 entstehen. Es ist jene ausgeschmückte Erzählung von der Einnahme der Stadt durch den jungen Fürsten Heinrich den Löwen von Mecklenburg, der sich aus politischen Gründen auf die Seite der vertriebenen Vatermörder gestellt hatte, und von der Ueberrumpelung der Leute Heinrichs des Löwen in der Stadt durch einen bei Nachtzeit ausgeführten Ueberfall von der Wasserseite her, den Fürst Nikolaus von Parchim, der Gegner, zusammen mit den zu Schiffe herangekommenen Bürgern von Röbel und Plau, und anscheinend auch mit der ihm zugethanen grösseren Partei in der Stadt selbst, glücklich ausführt.[4])

[1]) M. U.-B. 5226 und 5247.

[2]) M. Jahrb. III, S. 206–210. 229/30.

[3]) M. U.-B. 1451. 2016. 2507. 2508. 7611. 8402. 9791. 9837. 10254. 10551. — Eine anderweitig, bei Klüver, Beschreibung Mecklenburgs, Bd. II, S. 632, mit dem Datum des 24. Juni 1272, und im Warener Wochenblatt von 1841, Nr. 7, mit dem Datum des 22. Juli 1271, genannte Urkunde über städtische Privilegien und Gerichtsbarkeit scheint, wenn sie überhaupt jemals vorhanden war, nicht wieder aufgefunden zu sein. Das merkl. Urkundenwerk enthält sie nicht. Auch verweist Dankert auf eine Bestätigung dieser Urkunde durch eine am Abende der hl. drei Könige des Jahres 1461 erlassene Urkunde, welche dem Verfasser ebenfalls nicht bekannt geworden ist.

[4]) Kirchberg bei Westphalen, Mon. ined. IV, 831/32. Nach einer späteren Version der Sage auch mit Bürgern aus Malchow. Vgl. »Geschichtliche Nachrichten über die Stadt Waren« im

Von den grösseren Gebietserwerbungen der Stadt sind nur die nachfolgenden mit untrügerischen Urkunden zu belegen:

1. Der Warensche »Wohld« noch vor dem Jahre 1292, wie aus einer Bestätigungsurkunde des Fürsten Nikolaus von Werle von diesem Jahre deutlich hervorgeht. Es ist dies das ganze Waldgebiet, das ostwärts von der Müritz bis nach Speck und Boek hinunter reicht. Die Urkunde selbst bezeichnet ihn als jenes Wiesen-, Weide- und Wald-Land, das begrenzt wird von den Dörfern Schönberg, Federow, Jamen, Paletze, Speck und Boek, von denen Schönberg, Jamen und Paletze nicht mehr vorhanden sind.[1])

2. Durch Kauf von den werleschen Fürsten, den Brüdern Günther und Johann am 10. März 1306 die Pächte von der Müritz und dem Feisneck-See (. . . dat wy von vnsem freien willen, besunderen ock vth ripem rade vnsere belehenden manne, der gemeinheit der borgere tho Warnne die inboringe ifft pechte der vnderschreuenn sehen, alse Muritz vnd Vehessnick, redelick verkofft hebbenn vor driehundert marck wendischer penninge, ock den suluesten gegeuen hebben die macht tho viskennde in den sehen mit twen waden vnd netten, ock andern instrumenth(en) vnd thowen, mit welckern viscke mogen gefangen werden, allenthaluen, wor idt ehn in den wateren euenst kumpt . . .).[2])

3. Der Ankauf des Dorfes Glewest mit der von den Landesherrn, den Fürsten Johann II. und Johann III. gewährten Befugniss, es zum Stadtfelde zu legen: (. . . wen sze szick (sc. radtmannen vnnde menheit vnserer stadt Warne) vthgekoft hebben de erfflicheit der inwanere desz sulften dorpps, dene mogen sze de erfflickheit tobreken vnde gruntliken vorstoren, alzo dat sze edder ere nauolgere nicht scholen dessze gesechte erfflickheit vnnde worde ofte ackere desszeme dorpe vorgesecht beleggen namalsz bogaden, men dit vorgenomede dorpp vnnde andere dink, darbii bolegen szint, scholen ewich blyuen woste . . .).[3])

4. Der Ankauf des Dorfes Falkenhagen aus den Händen des Klaus Kamin am 6. December 1427.[4])

Das ist alles, was wir in dieser Richtung erfahren. Es fehlt vieles, so z. B., um nur eins zu nennen, eine Nachricht darüber, wann das einstmals vor dem »Neuen Thor« gelegene Dorf Melz (Melist), über dessen Zehnten der Domherr Erpo zu Schwerin am 8. September 1284 und der Bischof Hermann

Warener Wochenblatt des Jahres 1841, von Nr. 5 bis Nr. 22 und 1842. Nr. 1 bis Nr. 7. Der Verfasser nennt sich nicht. Es ist aber bekannt, dass es der emeritierte Kirchenrath Joh. Karl Christian Dankert ist, der, zu Anfang der vierziger Jahre des XIX. Jahrhunderts bei Hofrath Schmidt in Waren als Hauslehrer thätig, später Pastor in Schorrentin war. Vgl. Lisch, M. Jahrb. VIII B, S. 122, Anmkg. — Bachmann, landeskundl. Literatur, S. 471 (Nr. 5426). — Walter, Unsere Landesgeistlichen, unter Schorrentin.

[1]) M. U.-B. 2161. Schönberg, ehemaliges Dorf zwischen Federow und Waren, noch 1395 genannt. — Jamen an der Kederang-Bucht, noch in Akten des XVI Jahrhunderts genannt. Vgl. den Jambke-See auf der Schmettau'schen Karte. — Paletze, östlich von Jamen; doch scheint in der Feldmark nichts mehr an diesen Namen zu erinnern. Vgl. Schildt, M. Jahrb. LVI, S. 218.

[2]) M. U.-B. 3071.

[3]) M. U.-B. 4581

[4]) Noch nicht gedruckte Urkunde im Grossh. Archiv zu Schwerin.

von Schwerin am 6. April 1289 Verfügungen treffen, das nachher im XIV. Jahrhundert zu öfteren Malen genannt wird und noch 1379 einen Schulzenhof hat, den Fürst Bernhard von Werle und seine Gemahlin Elisabeth am 25. April dieses Jahres dem Arnd Boseke überweisen, eingegangen und zur Stadtfeldmark gelegt worden ist.[1]) Andererseits darf aber auch nicht übersehen werden, dass die städtischen Zeitpachthöfe »Jägerhof« zwischen den beiden Höfen Falkenhagen und Alt-Falkenhagen, ferner der zunächst östlich an Falkenhagen grenzende »Rugeband«, der östlich von dem Pfarrgut Schwenzin gelegene »Warenshof«, der »Müritzhof« und der »Warensche Wold« am Rederang-See, sowie endlich das Gehöft »Schlamm« (noch weiter südlich und nahe dem Boeker »Schlamm«) neue Anlagen innerhalb der städtischen Feldmark sind, deren Namen wir in dem grossen Schmettau'schen Kartenwerk von 1788/94 vergebens suchen. Diese Höfe gehören nämlich alle mit einander dem XIX. Jahrhundert an und sind in ihrer Art Zeugnisse des neuen wirthschaftlichen Aufschwunges, den die Stadt im XIX. Jahrhundert genommen, nachdem die vorhergehenden drei Jahrhunderte hindurch das Blut in den Adern gestockt hatte.[2]) Ob zu den Zeichen des Rückganges in diesen Jahrhunderten auch der im Jahre 1683 geschehene Verkauf der Eldenburg an der Reke zwischen Müritz und Kölpin-See durch Bürgermeister und Rath der Stadt Waren an den Baron von Erlenkamp gerechnet werden müsse, wollen wir dahin gestellt sein lassen, möchten es aber wohl glauben.[3])

Verhältnissmässig sehr viel reicher ist der Urkundenschatz des geistlichen Wirthschaftsbetriebes oder der beide Kirchen unter einem Rektorat vereinigenden Kirchenökonomie.[4]) Ausser den Einkünften aus dem schon genannten Pfarrgut Schwenzin, womit einstmals die Grundlage für die Plebanie in Waren geschaffen wurde, werden folgende Legate und Stiftungen genannt: Im Jahre 1315 von dem Bürger Nikolaus van der Mollen eine Memorienstiftung für den verstorbenen Johannes Templin, bestehend in einer Mark Finkenaugen an den Pfarrherrn in Waren aus vier Hufen des ehemaligen Dorfes Schönberg; im selben Jahr an ebendenselben eine Mark Wendisch zu ewigen Zeiten aus einem Garten vor dem »Alten Thor« vom Bürger Johann Westphal und seiner wie seiner Frauen Verwandtschaft; von demselben Westphal im Jahre 1324 ein ganzer Hof ausserhalb des »Neuen Thores« an den Pfarrherrn, doch kann der frühere Besitzer des Hofes, Hermann Krüger, wenn er will, den Hof für zehn Mark Finkenaugen wieder einlösen; im Jahre 1333 die Stiftung einer Vikarei in St. Marien von den Gebrüdern Johann und Hermann Templin mit den Einkünften aus drei Melitzer Hufen sammt dreissig Joch Landes bei dem »Möwenbruch«; in demselben Jahr an den Pfarrherrn ein Hof ausserhalb des »Alten Thores« von Joh. Szokehandt und Margarethe Knoppes mit Vorbehalt des Niessbrauches für ihre Lebenszeit; ein Jahr darauf eine Vikarei in St. Georgen

---

[1]) M. U.-B. 1752. 2016. 5382. 5478. 11193.

[2]) Vgl. Raabe-Quade, Vaterlandskunde, I. S. 290.

[3]) Die von Erlenkamp sassen von 1674 bis 1776 auf Vielist. Akten im Grossh. Archiv.

[4]) Vgl. Lisch, M. Jahrb. VIII B, S. 123.

von den Brüdern Nikolaus und Heinrich Blek, Bürgern der Stadt, mit den Einkünften aus drei Melitzer Hufen, wobei die aus dem Gericht dem Rath der Stadt vorbehalten bleiben, als Ersatz dafür aber wieder fünf Mark aus zwei Gärten an der Müritz hinzukommen; 1340 von dem schon genannten Nikolaus Blek an St. Georgen zwei Hufen am Vielister Felde; am 5. Januar 1350 eine Vikarei in St. Marien von dem Bürgermeister Nikolaus von dem Berge mit den Einkünften aus drei Hufen und sechs Hausstätten in Varchentin, die er von Fürst Bernhard von Werle gekauft hat; am 11. März 1351 die Memorienstiftung des Warenschen Pfarrherrn Johann Rambow für sich und seine Eltern mit einer vom Kloster Malchow gekauften Rente von fünfzehn Mark zwei Schillingen, woran übrigens das Kloster einen Antheil erhält; am 17. Oktober 1357 an St Georgen bedeutende jährliche Geld- und Kornhebungen von dem Warenschen Rathmann Dietrich Mirow aus zwei Hufen in Sommerstorf und fünf Hufen in dem ehemals zwischen der Stadt und dem Dorfe Federow gelegen gewesenen Dorfe Schönberg: Hebungen, die so ziemlich alle Arten von Einkünften und Privilegien umfassen, wie sie im Mittelalter gang und gäbe waren, und für welche die Bedingung die ist, dass der Pfarrherr in Waren nach dem Tode des Mirow, seiner Gattin und seines Sohnes, für die Seelen der Verstorbenen das ganze Jahr hindurch jeden Tag frühmorgens, abwechselnd die eine Woche in St. Georgen und die andere in St. Marien, eine Messe lese (pro quibus quidem bonis et redditibus ad dotem sepedicte ecclesie, ut premittitur, appositis rector ecclesie qui pro tempore fuerit per totum anni circulum in vna ebdomada in ecclesia sancti Georgii et in alia ebdomada in ecclesia beate virginis in Warne continuando omni die hora matutina vel quasi ad celebrandam vnam perpetuam missam pro defunctis vel aliam secundum exigenciam diei et ad memoriam animarum supradicti Thiderici Myrowen, vxoris sue Aluerik ac filii sui Hermanni Myrowe, in missa predicta que pro defunctis dicetur faciendam perpetuo est adstrictus); am 11. August 1360 durch testamentarische Verfügung des Bürgermeisters Nikolaus von dem Berge, des Stifters der obenerwähnten Vikarei, an St. Marien sechs Mark Finkenaugen wendischer Münze für sein Grab, sowie eine Mark Wendisch zu neuem Gestühl und zu einem eichenen Block oder Armgeldskasten in ebenderselben Kirche; am 20. März 1378 die Schenkung eines Gartens an die Pfarre zu Waren durch den Priester Hermann Kriwitz; am 13. April 1382 die Schenkung der »Waseghen-Mühle« an der Peene zwischen Schwastorf und Dratow, mit Ausschluss der den von Kampz aus der Mühle zur Zeit noch zustehenden Einkünfte, durch den Pleban Dietrich Rulow, der dafür vierteljährlich eine Todtenfeier für sich und seine Eltern bedingt (tho veer thyden in deme jare, na paschen, na sunte Johannes baptisten, na sunte Michele, na wynachten, myt al den vicariis vnde capellanen, myt vylgen vnde myt myssen vnde (sc. we de kerkhere ys) schal gheuen gyshken vicario vnde capellane soos Lubesche penninghe tho der vylge, dre Lubesche to der mysse, we dar ieghenwardych is); am 13. März 1431 die Ueberweisung von 60 Mark Lübisch durch den Marschall Heinrich Maltzan an eine Vikarei in St. Georgen, wofür er mit

Genehmigung des Schweriner Bischofs Hermann erblich den Antheil erhält, welchen die Vikarei bisher an der Reke bei Eldenburg besessen hat; endlich am 24. Juni 1458 die Schenkung des fürstlichen Burghofes in der Stadt durch Herzog Heinrich IV. an St. Marien, sammt der weiteren landesherrlichen Genehmigung zu Ankäufen von Erb- und Pfandgut im Lande Wenden.[1])

Zu allerletzt erfahren wir auch noch aus mehreren Schriftstücken der Jahre 1586 und 1587, dass Heinrich von Below, erbgesessen auf Kargow, die halbe Feldflur Gemekenhagen, welche nordwestlich von Kargow liegt, von der Kirche zu Waren her für eine jährliche Heuer in Nutzniessung hat, und dass er von dem ihm dabei zugestandenen Vorkaufsrecht mit der Summe von siebenzehnhundert Gulden ein Jahr später Gebrauch macht.[2]) Aber eine Urkunde über den ohne Zweifel sehr viel früheren Zeitpunkt dieser Erwerbung durch die Kirche ist nicht auf uns gekommen.

Ausser den bisher aufgezählten Kirchen-Urkunden giebt es nun noch einige, welche geistliche Personen und deren Interessen betreffen. Doch sind sie privatgeschäftlichen Inhaltes, auf den es hier nicht ankommt, und es mögen daher nur ihrer zwei, die eine von 1439 und die andere von 1514, genannt werden, welche erkennen lassen, dass es in Waren ebenso wie an vielen anderen Orten während des Mittelalters einen Kaland giebt, zu dessen Aufgaben bekanntlich nicht bloss die Abhaltung von Memorien, sondern auch die Ausübung von Werken der christlichen Liebe und Barmherzigkeit gehört.[3])

Ueber die sonstige innere Entwicklung der Stadt fliessen die Schriftquellen älterer Zeit nur äusserst spärlich. Von der Einrichtung des Rathes wissen wir nicht mehr, als was Monnik im Jahre 1516 in seinem Bericht über die Gewohnheiten der mecklenburgischen Städte, der die Grundlage für die Entstehung der Polizeiordnung des Landes abgegeben hat, vorbringt. Er sagt von Waren: Hir sint VII personenn in deme rade vnd sust plegen dar XII tp wesenn. — Die raethkoste deytt eynn nie rathmann nha synen gefallen, wenns emhe geleuett, darto biddet eynn jeder nha synem willen die frunde vnnd den radt. — Item eynn nie borgermeister gifft nicht, kemerer geuenn ok nichts. — Die raethkoste warhet vam sondage bet vp denn donredag. — Die kemerer nhemenn in der stadt gutt vnnd doenn deme rade reckenschop. — Vann deme rade vnnd dem kerckherrn werdenn geordent vorstender der gotshuser, vnnd die doenn den suluenn reckenschop des jares eynns.[4])

Auch die späteren Privilegienbestimmungen der Landesherrn geben in dieser Richtung keine Anfschlüsse über die Verhältnisse in früherer Zeit.[5])

[1]) M. U.-B. 3730. 3731. 4499. 5382. 5383. 5478. 6016. 7033. 8402. 8777. 11182. 11424. Lisch, Geschl. Maltzan II, S. 605 (Urk. CCCCXXXVII). Schröder, Pap. Meckl., II, S. 2121/22. Dazu ungedruckte Urkunden aus dem XV. und XVI. Jahrhundert im Grossh. Archiv.

[2]) Lisch, M. Jahrb. XXXIV, S. 176. 177.

[3]) Akten im Grossh. Archiv. Vgl. Lisch, M. Jahrb. VIII B, S. 124.

[4]) P. Groth, die Entstehung der mecklenburgischen Polizeiordnung vom Jahre 1516: M. Jahrbuch LVII, S. 225.

[5]) Erhalten sind die Bestätigungsbriefe von 1549, 1588, 1609 und 1666. Vgl. Akten im Grossh. Archiv.

Als Rechtsgrundlage gilt das gemeine Recht. Auf einzelne Partikularrechte fällt erst von 1589 an etwas mehr Licht.[1]) Einen Anklang an die alte Zeit enthält die am 26. Februar 1713 erlassene Bürgersprache: Statuta urbanica urbis Warnae.[2]) Von den älteren Amtsrollen ist nur die der Leinewandweber erhalten, die der Rath der Stadt (damals aus acht Personen bestehend) am 27. Mai 1334 erlässt.[3]) Doch lernen wir die übrigen Aemter und Gilden der Stadt sammt einem Theil ihrer Gewohnheiten und Gebräuche aus dem schon genannten Monnick'schen Bericht von 1516 näher kennen: es sind ausser der Kaufleutegilde, Schützengilde, Elendengilde und dem schon genannten Leinewandweberamt die Aemter der Schuhmacher, Bäcker, Knochenhauer, Schneider, Krämer, Schmiede, Kürschner und Fischer.[4]) Letztgenanntes Amt, das für die Stadt bis in die Gegenwart hinein eine besondere Bedeutung gehabt hat, erhält am 31. Mai 1723 vom Rath der Stadt eine neue Amtsrolle, nachdem das Amt erklärt hat, dass ihm seine alte Rolle von 1472 und auch deren Erneuerung vom 28. Mai 1628 abhanden gekommen seien. Wahrscheinlich war aber auch die Rolle von 1472 schon die Wiederholung oder Erneuerung einer älteren Rolle, da, wie oben bereits erwähnt ist, ausser dem Feissneck-See der nördliche Theil der Müritz schon 1306 durch Kauf an die Stadt kam, während der südliche Theil in dem Besitz werlescher Vasallen war, wie einer Urkunde von 1375 zu entnehmen ist, durch welche die Gewässer dieses Theiles von den Fürsten Lorenz und Johann von Werle an die Gebrüder Regendanz (Regedantz) verliehen werden, während sie bis dahin die in Waren wohnenden Kröcher besessen hatten.[5])

Von der Betheiligung der Stadt an den Wirren in der Zeit unmittelbar nach dem werleschen Vatermorde ist oben bereits die Rede gewesen. Bei der ersten werleschen Landestheilung am 2. December 1316 bleibt Waren, bis zu der vorläufig noch ausgesetzten Entscheidung über Malchin, halb bei der einen und halb bei der anderen Linie des Hauses, kommt aber nachher an den Güstrower Landestheil, also zu derjenigen Städtegruppe, von welcher Güstrow die Vorderstadt ist: es sind dies die Städte Güstrow, Krakow, Plau, Röbel, Penzlin, Neukalen und Waren.[6]) Dass Waren in dieser Zeit neben Güstrow die vornehmste Stadt ist, sieht man sowohl an der gemeinsamen Bürgschaft beider für ihren Fürsten Nikolaus III. bei dem Abschluss eines einjährigen Waffenstillstandes am 19. März 1344 zwischen diesem und den Herzögen von Pommern, als auch an dem ausnehmend schönen und prächtigen grossen Siegel, das sie bei dieser Gelegenheit als äusseres Zeichen ihrer Würde und Bedeutung verwendet.[7]) Bei der abermaligen werleschen Landestheilung am 14. Juli 1347, in welcher Waren, Röbel, Wredenhagen und Penzlin die Hauptpunkte eines

[1]) v. Kamptz, Civilrecht I, Theil 1, S. 40, 236—239, 306, 310.
[2]) v. Kamptz, a. a. O. II, S. 328—331.
[3]) M. U.-B. 5525.
[4]) P. Groth, a. a. O., S. 225—230.
[5]) M. U.-B. 10675.
[6]) M. U. B. 3860.
[7]) M. U. B. 6392. Vgl auch 6134.

besonderen Gebietes abgeben, wird Waren zur Residenz erhoben und bleibt es bis zu dem Aussterben der Werle-Warenschen Linie im Jahre 1425.[1]) Eine in der Nähe von St. Marien gelegene, oft besuchte und bewohnte landesherrliche Burg giebt es freilich schon von alter Zeit her. Sie wird der Hauptsitz des Werle-Warenschen Hauses. Eine ganz genaue Angabe ihrer Lage ist freilich bis jetzt nicht möglich gewesen. Wie sie 1458 Eigenthum von St. Marien wird, ist oben schon angedeutet worden. Bis Ende des XV. Jahrhunderts sollen ihre Baulichkeiten noch gestanden haben.

In den bekannten vielen Landfriedens- und anderen Verträgen des XIV. Jahrhunderts nimmt Waren jederzeit eine angesehene Stelle ein.[2]) Einen eigenthümlichen Eindruck macht jene Urkunde vom 14. Oktober 1363, mit welcher sich die Stadt, angeblich unbeschadet der werleschen Oberherrlichkeit, auf fünf Jahre in den Schutz des Herzogs Albrecht von Mecklenburg begiebt.[3]) Aber die Sache erklärt sich theils aus der durch die Theilungen des Landes stark geschwächten Hausmacht der Fürsten, theils und ganz besonders aus dem schon in den fünfziger Jahren eingetretenen Pfandverhältniss, durch welches der Herzog allerlei Einkunftsrechte aus dem Lande Waren gewonnen hatte, wenngleich am 23. Juni 1362 das Land Waren selbst von den Herren von Werle wieder eingelöst worden war. Doch bleibt dieser Thatsache gegenüber Herzog Albrecht noch lange Pfandherr der Lande Krakow und Plau, von Plau sogar bis zum Jahre 1375.[4]) Bald nachher müssen Uneinigkeiten der Stadt Waren mit den Hansestädten vorgekommen sein, welche aus politischen Gründen den Handel mit Dänemark untersagt hatten. Es scheint, als ob die Kaufleute in Waren diesem oder auch einem anderen durch gemeinsame Interessen veranlassten Gebot nicht nachgekommen waren, denn es

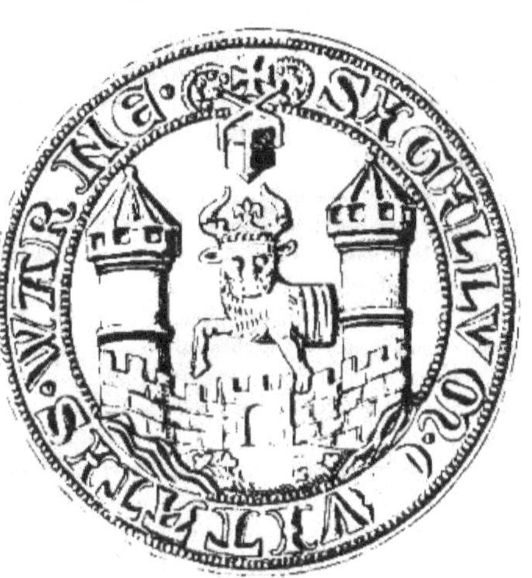

Altes Siegel der Stadt Waren.

[1]) M. U. B. 6779.

[2]) M. U.-B. 6437. 7524. 7731. 7771. 7881. 7911. 9935. 11664.

[3]) M. U.-B. 9205.

[4]) M. U. B. 8242 (nach der Chemnitz'schen Chronik). 9008. 9051. 9937. 10769.

steht zur Frage, ob der Handelsverkehr mit Waren in Folge dessen einzustellen sei oder nicht.[1]) Das Ende der Sache erfahren wir nicht.

Die letzten urkundlichen Nachrichten des XIV. Jahrhunderts über Waren, welche hier eine Erwähnung verdienen, sind die, dass Fürst Bernhard von Werle am 8. Juli 1378 den Wedege von Plote zum Hauptmann der Länder Waren und Penzlin bestellt, und dass sich Fürst Johann VI. von Werle, der die vorletzte Generation der Linie Werle-Waren vertritt, in einer Urkunde vom 26. September 1383 als »vann godds gnaden here van Warn vnnd ouer dat landt to Wenden« nennt.[2])

Die wichtigsten politischen Ereignisse des XV. Jahrhunderts sind dann: der Uebergang von Stadt und Land Waren sammt dem Lande zu Wenden nach dem Tode des Fürsten Christoffer in der Schlacht bei Pritzwalk am 25. August 1425 an das Haus Güstrow, das Aussterben dieses Hauses mit dem Fürsten Wilhelm elf Jahre später, am 7. September 1436, und der dadurch verursachte Uebergang der gesammten werleschen Lande an das Haus Mecklenburg und das erwähnte Eingehen des fürstlichen Hauses zu Waren im Jahre 1458. Das Haus selbst soll, wie schon bemerkt worden, noch bis 1500 hin gestanden haben.

Im XVI. Jahrhundert beschäftigen die Reformationsgedanken und die sich anschliessende verderbenschwangere grosse Kirchenspaltung die Geister und Gemüther aller Menschen, im XVII. folgt die entfesselte Kriegsfurie mit Pest und Elend, Noth und Tod, und verheert Stadt und Land in fürchterlichster Weise, im XVIII. aber lastet tiefste Erschlaffung auf allen lebenden Wesen und verwandelt jeden Schaffensdrang in ein unfruchtbares Philisterthum, das Niemandem frommt. Das ist auch die Geschichte der Stadt Waren in dieser Zeit. Wen freut es davon zu hören? Dazu giebt es mehrere grosse Brände, die den Wohlstand der Bürger aufs Schwerste schädigen, 1568, 1637, 1656, 1671, 1699.[3]) Kurzum, es ist nicht mehr das Bild der schwellenden Knospe und aufbrechenden Blume, das die Geschichte der Stadt im Mittelalter bietet, es ist das weniger schöne Bild des verwelkenden Gewächses. Erst im XIX. Jahrhundert rafft sie sich langsam wieder empor, und wenn die Stadt heute in ihrer Gesammt-Erscheinung, in ihrem Leben und in ihrer Rührigkeit die meisten der übrigen Mittelstädte Mecklenburgs überragt, so ist es ganz besonders das Verdienst des erst vor wenigen Jahren verstorbenen Bürgermeisters Schlaaff, der fast vier Jahrzehnte hindurch dem Gemeinwesen vorgestanden hat und über Feindschaften und Hindernisse hinweg die Stadt gehoben und mit eisernen Schienensträngen nach allen Richtungen hin aus ihrer Absperrung und Vereinsamung herausgerissen hat.

Am Schluss seiner geschichtlichen Nachrichten über die Stadt Waren geht Dankert auf Personalien aller Art ein und giebt u. a. auch die Verzeich-

[1]) M. U. B. 9748.

[2]) M. U.-B. 11119. 11527.

[3]) Vgl. Dankert, a. a. O., Nr. 15, 17. Ueber den grossen Brand vom 22. April 1699 berichtet das älteste Kirchenbuch (Wolff).

nisse der Geistlichkeit. In Betreff der vorreformatorischen geben jetzt die Register des mecklenb. Urkundenwerkes eine reiche Ergänzung, welche sich noch mehren wird, sobald die Urkunden des XV. Jahrhunderts an die Reihe kommen. Für die Geistlichkeit nach der Reformation bieten die Kirchenakten im Grossh. Archiv und ebenso die Kirchenbücher auf der Pfarre zu Waren einige Berichtigungen, die hier nachgetragen werden mögen. Heinrich Wehen (nicht Weher) wird im Visitationsprotokoll von 1541/42 als ein gelehrter und christlicher Prediger gerühmt. Neben ihm wirkt als Kapellan Steffen Monnich, der gleiches Lob erhält. Als dritter wird der »Schulmeister« Bartholomaeus Michaelis genannt, »ein gelehrter Geselle«. Dagegen ist der Stadtschreiber (nach altem Herkommen ohne Zweifel ebenfalls Theologe) »ein arger Papist und Verfolger des Wortes Gottes.«[1])

1576 (nicht 1574) wird Johann Pauli berufen. In einem Schreiben des Magistrats vom 11. Juli 1576 heisst es, dass dem alten »Er Jochim« nunmehr noch ein Unterhalt ausgewirkt werden müsse, neben dem bis dahin, und zwar seit drei Jahren, Christoffer Weede sich des Predigtamtes befleissigt habe. Also der Vorgänger von Pauli ist nicht der 1541 genannte Wehen, sondern der alte »Er Jochim«, ohne Zweifel kein anderer als der von Dankert genannte Joachim Weinholz, welchen bereits das Warener Visitationsprotokoll von 1559 als Kirchherrn vorführt. Christoffer Weede aber ist vielleicht der Nachfolger des von Dankert um 1563 genannten Kaspar Bornemann. Im Jahre 1577 wirkt neben Pauli als zweiter Pastor Joachim Frederkink, und als dritter wird in Schröder's evangel. Mecklenburg III, S. 329, Jakob Voss genannt. Alle drei unterschreiben 1577 die Konkordien-Formel. Pauli wird noch im selben Jahr nach Wismar berufen. An seine Stelle tritt Gelmerus Waldberg (Nemeromontius), der nun mit Frederkink bis zu dessen Tode im Frühjahr 1587 zusammenwirkt. Waldberg stirbt im Frühjahr 1597. Als zweiter neben ihm führt nach Frederkink's Tode Christian Schwante (Suantenius) das Amt. Sein Kollege wird 1598 der junge Waldberg, der sich ebenso wie sein Vater Gelmerus Nemeromontius nennt.[2]) Schwante stirbt 1624 (nicht 1620) an der Pest, der jüngere Waldberg ist schon am 20. November 1622 gestorben. Nun fehlen mehrere Nachrichten. Nachdem Petrus Bambam, der Sohn des gleichnamigen Pastors in Gross-Vielen, durchs Examen gefallen ist, wünscht die Stadt den Joachim Schönemann zu erhalten. Vielleicht wird er's, und zwar neben Georg Arendt. Aber wenn er es wird, dann höchstens bis 1631. Denn von 1631 an ist neben Arendt bereits Nikolaus Grundt im Amte. Arendt stirbt am Montage nach Trinitatis 1638 (nicht 1646). Grundt aber lebt bis 1677. Neben ihm wirken: zuerst, als Nachfolger von Arendt, Georg Helmichius († im December 1660), dann von 1662 an Joh. Weltzien († im Januar 1673) und als dritter von 1674 an Christian Hämmerich, der 1676

[1]) Das Visitationsprotokoll von 1534 nennt als Inhaber des Pfarrlehns seit 1509 einen Heinrich Weinholz.

[2]) In der Rostocker Universitäts-Matrikel wird der Name Nemorimontius geschrieben.

nach Rendsburg berufen wird. Grundt erlebt auch noch die Berufung des Joachim Rehfeld († 14. August 1715). Neben Rehfeld ist seit 1677 (nach Grundt's Tode) Simon Gabriel Rosenow zweiter Pastor († 24. August 1686). Diesem folgt 1687 Otto Joachim Havemann († 1. März 1722, emeritiert schon 1718). Und nun rücken wir in jene Nachrichten bei Dankert ein, welche sich bei weiterer Kontrole durch Kirchenakten und Kirchenbuch durchweg als richtig erweisen. Die Genannten sind Christian Dreyer (von 1717 an, gest. 8. September 1734), Joach. Joh. Flohr (von 1718 an, 1747 abgesetzt, gest. 19. Mai 1761), Joh. Friedr. Daries (von 1735 an, gest. 8. Juni 1769),[1] Christian Daniel Graumann (von 1747 an, gest. 26. Januar 1764), Joh. Aug. Hermes (von 1765 bis 1774, nicht 1772, später in Jerichow, Magdeburg und zuletzt in Quedlinburg), Friedr. Traugott Schmidt (von 1770 bis 1813), später in Gnoien[2]); Joh. Friedr. Schneider (von 1774 bis 1804). Ueber die Geistlichen des XIX. Jahrhunderts s. Walter a. a. O.

Die St. Georgen-Kirche.

Baubeschreibung. Ihr jetziges Aussehen verdankt die Kirche einer Erneuerung ihres ganzen Baues in den fünfziger Jahren des XIX. Jahrhunderts durch den Baurath Krüger. Leider hat sie dabei ihren ganzen alten Chor eingebusst, der, nach der Beschreibung bei Lisch im M. Jahrb. V B, S. 120, ein allerdings nicht mehr in seiner Ursprünglichkeit erhaltener Feldsteinbau aus der Zeit des Ueberganges vom romanischen zum gothischen Stil vom Anfange des XIII. oder gar noch vom Ende des XII. Jahrhunderts war. Besonders gedenkt Lisch einer Pforte mit Rundbogenschluss auf der Südseite des Chors, deren Wandung und Laibung aus wohl behauenem Granit gebildet war und deshalb in irgend einer Weise und an irgend einer Stelle hätte erhalten werden sollen, am besten an ihrer ursprünglichen Stelle. Beschreibung des Baues.

Der grosse Brand der Stadt am Sonntage Cantate des Jahres 1568, vier Wochen nach Ostern, hatte auch die Kirchen arg mitgenommen. Es wird erzählt, dass nur ihre Mauern stehen geblieben waren. Gleiche Wirkungen hatte der grosse Brand von 1699 Es ist daher wohl zu glauben, dass die Kirche, wie Lisch sagt, vor ihrer Erneuerung ein durchaus unerquickliches Ansehen hatte. Wie der Chor, so stand auch das dreischiffige Gemeindehaus ohne Wölbung da, nur mit Balken und Brettern eingedeckt.

Auf die Jahreszahl 1414 hin, die man früher auf einem Steine des Thurmes las, glaubte man den Bau des dreischiffigen Gemeindehauses in dieses

[1]) Verfasser von »Etwas zur Geschichte und Beschreibung der mecklenburgischen Stadt Wahren« in Mantzel's Bützowschen Ruhestunden XVII, S. 66 bis 71.

[2]) Verfasser von »Topographische Beschreibung der Stadt Wahren« in »Neue Monatsschrift von und für Mecklenburg«. Erster Jahrgang. Elftes Stück. November 1792 (S. 381—390).

22

Jahr setzen zu dürfen. Prüft man aber die noch erhaltenen alten Bautheile, besonders die Formen der Fenster des Obergadens im Mittelschiff, in deren Wandung und Laibung der Wechsel zwischen Rundstab und rechtwinkligen scharfen Kanten zu beachten ist, so kann man sich dem Eindruck edler Frühgothik vom Ende des XIII. oder auch dem Anfange des XIV. Jahrhunderts nicht entziehen. Eigenthümlich ist der Einsatz von blumen- oder knospenartig aus dem äussersten Gliede der Bogenlaibung herausragenden Formsteinen, wie sie in dieser Weise sonst nicht in Mecklenburg vorkommen und wie sie ausser bei den Fenstern auch bei den kleinen Blendnischen neben ihnen zu sehen sind.[1]) Aber auch

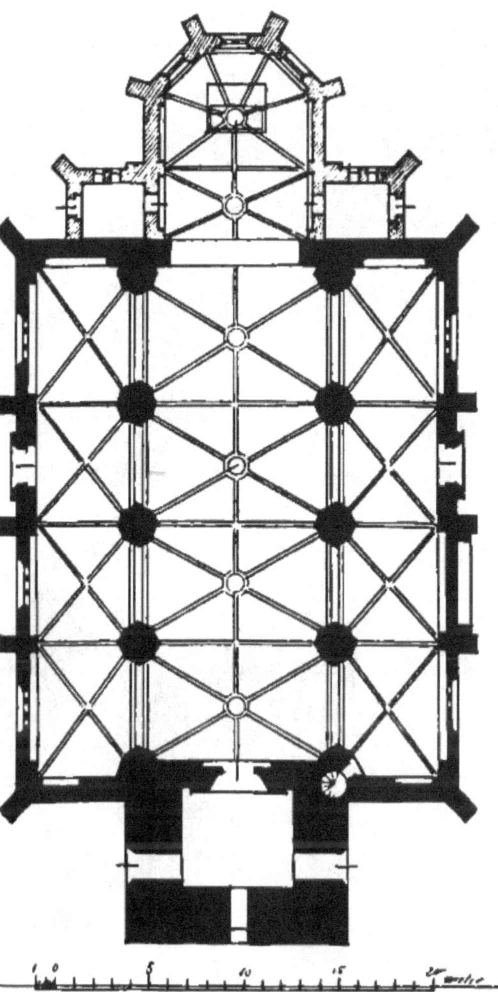

Nach Pries und Werner.

[1]) Lisch nennt sie »Sperberköpfe«. Allerdings erscheinen sie aus der Ferne fast wie hervorstehende plastische Vogelköpfe. Genauer besehen aber haben sie besonders da, wo sie zu dreien neben einander geordnet sind (wie z. B. in der Spitze des Bogens) das Aussehen von kleeblattartigen Bildungen.

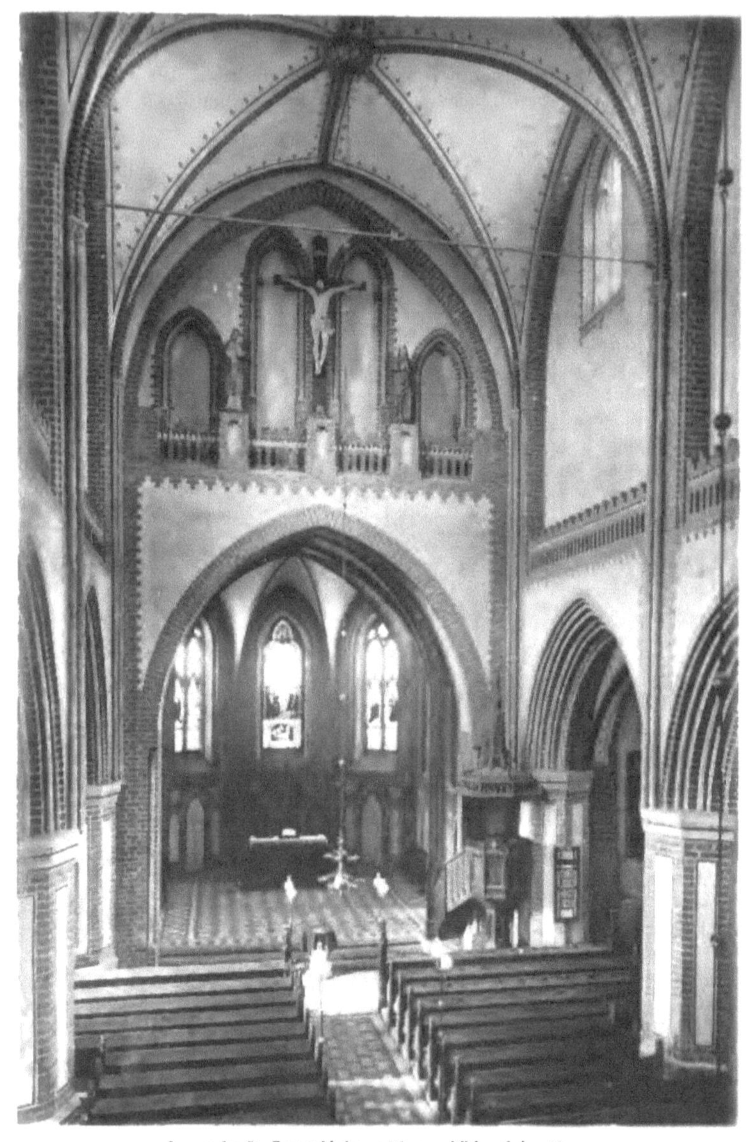

Inneres der St. Georgenkirche zu Waren. Blick auf den Altar.

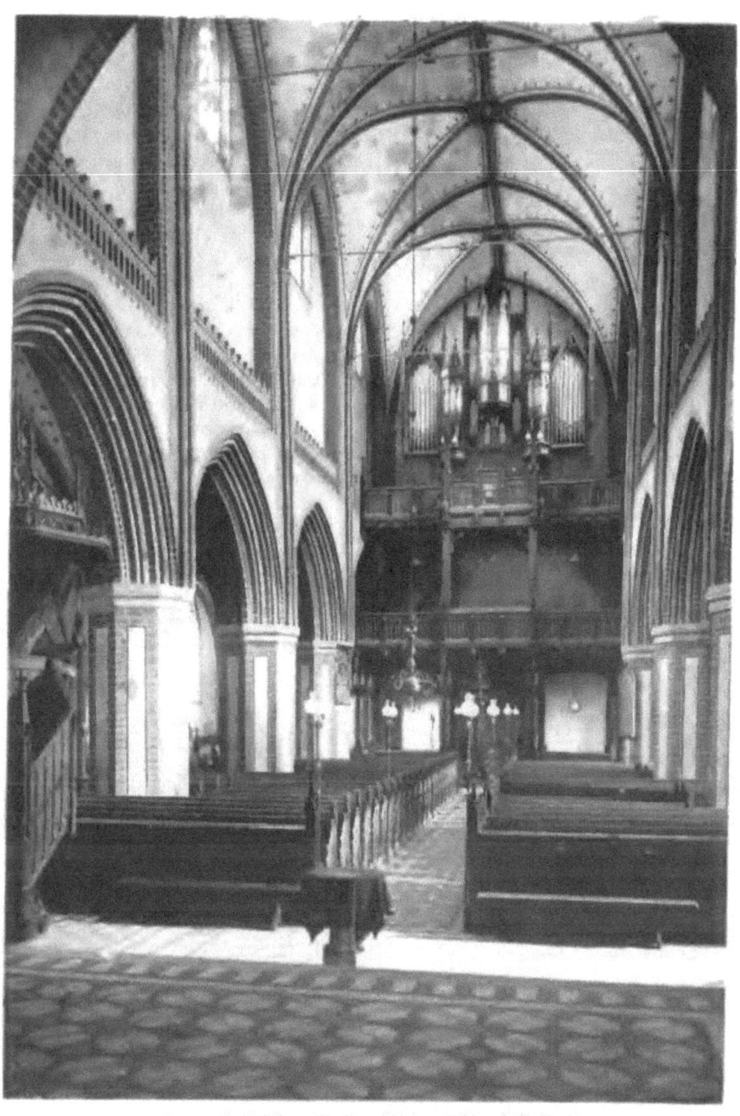

Inneres der St. Georgenkirche zu Waren. Blick auf die Orgel.

hierin meldet sich jenes Princip, das uns in einer ganzen Reihe schöngebildeter Portale in frühgothischen Kirchenbauten entgegengetreten ist. Man denke nur an Steffenshagen, Parkentin, Bützow, Güstrow, Wattmannshagen, Teterow u. a. m. Es ist dies jene dem norddeutschen Ziegelbau in besonderer Weise eigene Art, die Bogenlaibung vom Kapitellgliede in der Kämpferlinie herauf mit zierlich gebildeten Gliedchen aller Art, mit Scheiben, Rädchen, Sternen, Rosetten, Blättern, Blumen und Knospen zu schmücken. Besonders erfreuen sich die »Priesterpforten« im Chor dieser Auszeichnung, die oft mit diesem Schmuck wie besäet erscheinen. Diese Neigung aber verschwindet, wenigstens soweit unser Ziegelbau dabei in Betracht kommt, in der nachfolgenden Zeit der Hochgothik und Spätgothik ganz und gar.

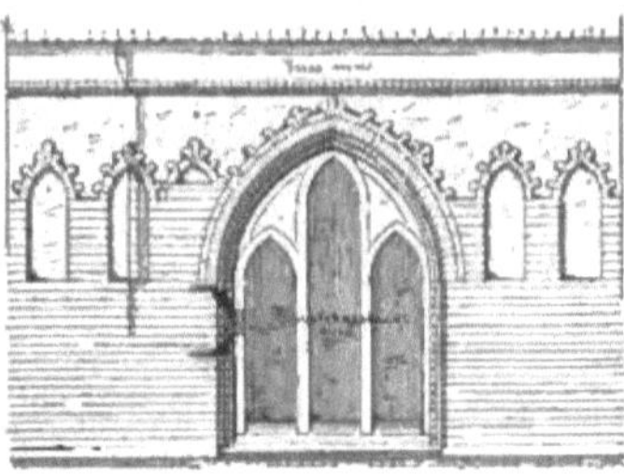

Obergaden.

Darum ist es durchaus nicht angebracht, die Jahreszahl 1414 auf das Schiff von St. Georgen anzuwenden. Sie muss dem Thurm gelassen werden,

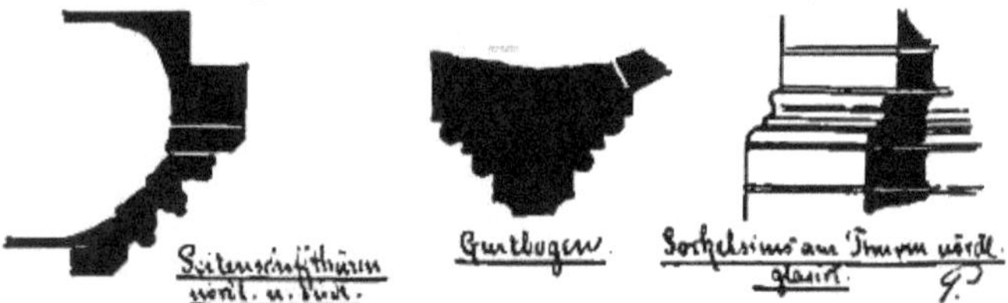

dessen Mauerwerk den polnischen Verband (ein Läufer, ein Binder)[1]) aufweist, und der hier wie anderswo als letzter Baukörper aus dem XV. Jahrhundert den Schluss des Ganzen bildet.

Frühgothischer Charakter ist glücklicherweise auch den Scheidebögen im Innern verblieben, ebenso den Nischen oberhalb des Triumphbogens, während die gedrungenen achtseitigen Pfeiler von der Frühzeit nichts weiter haben und zeigen als die ihr noch vom romanischen Stil her anhaftende Schwere und Massigkeit.

[1]) Otte-Wernicke, Hdb. I, S. 43 (5. Aufl.) nennt diesen Verband »wendisch« und den, welchen man in Mecklenburg »wendisch« nennt, den »gothischen« Verband. Wir müssen hier bei unserer Weise bleiben. Gothisch sind sie beide, beide auch bedingt durch das Füllmauerwerk aller Zeit; und schliesslich ist polnisch und wendisch etwas Nahverwandtes. Aber für Mecklenburg muss der Verband mit zwei Läufern und einem Binder als der ältere in Anspruch genommen werden, welcher in den »wendischen« Städten an der See der herrschende war, und der andere mit einem Läufer und einem Binder hat als der nachfolgende jüngere zu gelten.

Das für die Küster- und Organisten-Wohnung dienende alte Haus auf der Südseite der Kirche soll im Mittelalter dem Kaland gedient haben.

Innere Einrichtung der Kirche. Die **innere Einrichtung** der Kirche entstammt der Zeit der genannten Erneuerung durch den Baurath **Krüger** in den fünfziger Jahren des XIX. Jahrhunderts. Die **Glasmalereien** im Chor wurden von **Ernst Gillmeister** nach Entwürfen von **Gaston Lenthe** ausgeführt. Es sind die Gestalten des auferstehenden Christus, des Moses und des Jesaias; unter dem Heiland nach Art einer Predella die Grablegung.

Epitaphium. An einem Pfeiler des südlichen Seitenschiffes ein in Stein gehauenes **Epitaphium** mit Wappen und Kriegs-Emblemen; die Inschrift besagt, dass es dem **ADAM CHRISTOPHER VON HOLSTEIN**, Oberstleutnant in dänischen Diensten, geboren den 10. Februar 1683 zu Klink und gestorben den 29 Juli 1712 in Marchienne in Flandern, zum Andenken gesetzt worden sei.

Krucifixus-Gruppe. Oberhalb des Triumphbogens auf getrennten Sockeln die alte dreifigurige **Krucifixus-Gruppe**, eine treffliche gothische Holzschnitzerei, anscheinend aus dem XIV. Jahrhundert.

Oelbilder. Zwei **Oelbilder**, die Emmahus-Jünger und Petri Fischzug, sind ohne künstlerische Bedeutung.

Glocken. Im Thurm hängen vier **Glocken**. Die grösste ist laut Inschrift im Jahre **1699** von **M. Ernst Siebenbaum** in Rostock gegossen, die beiden nächstfolgenden im Jahre **1769** von **Johann Valentin Schultz**-Rostock, und die kleinste **1842** von **C. Jllies** in Waren.

Kleinkunstwerke. **Kleinkunstwerke.** 1. 2. Silbervergoldeter Kelch mit Patene ohne Inschrift. Stadtzeichen **W**, Meisterzeichen **C O**; vom Goldschmied **Christian Östen** in Waren, um die Mitte des XIX. Jahrhunderts. — 3—6. Kelch, Patene, Ciborium und Kanne (**Sy & Wagner**-Berlin), gestiftet **1872** vom Rentner **STEIN**-Waren, nachdem die 1857 durch Gaben der Gemeinde beschafften Geräthe gestohlen worden waren. — 7. Taufbecken, neu.

Die St. Marien-Kirche.

Beschreibung des Baues. **Baubeschreibung.** Die St. Marien-Kirche ist gleich dem Schiff von St. Georgen ein frühgothischer Backsteinbau vom Ende des XIII. oder Anfang des XIV. Jahrhunderts. Der Chor, aus Felsen hochgeführt, schliesst mit der Ostwand platt ab. Chor und Langhaus sind beide mit einfachen Strebepfeilern bewehrt. Das Innere bildet einen ungetheilten Raum und ist mit einer flachen Decke geschlossen. Trotzdem lässt sich im Chor an den

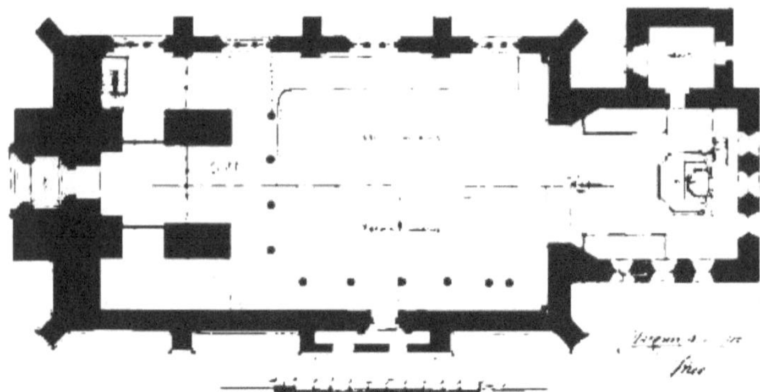

Grundriss der St. Marien-Kirche zu Waren.
(Nach Aufmessung von Zimmermeister Klein und Maurermeister Gerber daselbst.)

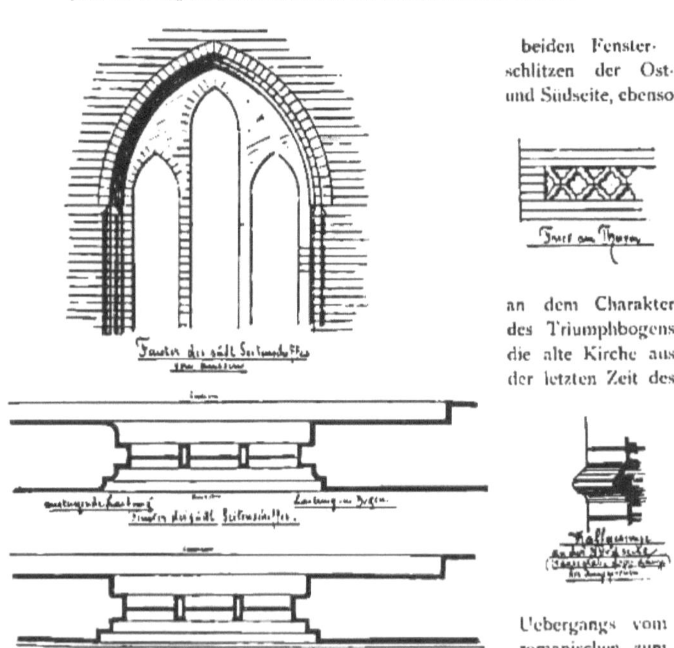

beiden Fensterschlitzen der Ost- und Südseite, ebenso an dem Charakter des Triumphbogens die alte Kirche aus der letzten Zeit des Uebergangs vom romanischen zum gothischen Stil noch sehr wohl erkennen. Das Langhaus dagegen mit seinen hohen dreitheiligen Fenstern athmet bereits den Geist des späteren gothischen Geschmackes in der ersten Hälfte des XIV. Jahrhunderts. Dass die Kirche 1333 schon da war, zeigen uns ja die

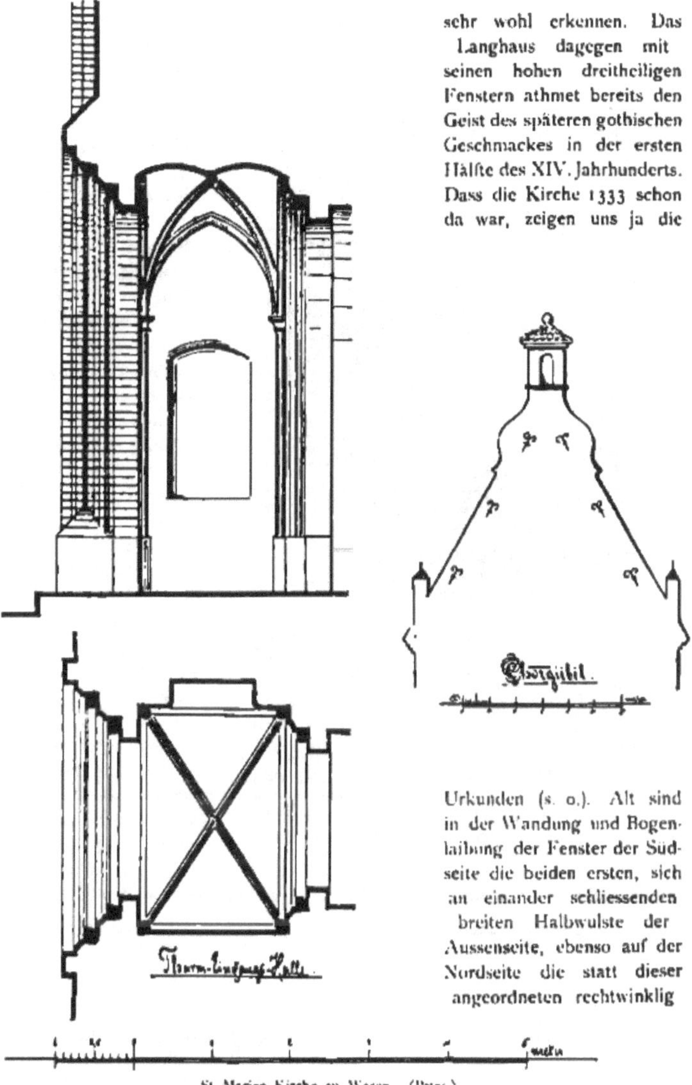

St. Marien-Kirche zu Waren. (Pries.)

Urkunden (s. o.). Alt sind in der Wandung und Bogenlaibung der Fenster der Südseite die beiden ersten, sich an einander schliessenden breiten Halbwulste der Aussenseite, ebenso auf der Nordseite die statt dieser angeordneten rechtwinklig gebildeten scharfen Kanten. Der gleichen frühgothischen Zeit gehört auch das aus rechtwinkligen Kanten und kleineren Rundstäben gebildete Portal der Nordseite an, das jetzt leider durch einen Vorbau verdeckt wird. Unzweifelhaft jünger dagegen erscheinen die beiden Portale im Thurm und auf der Südseite, in deren Wandungen und Laibungen sich bereits die birnenförmigen Profile und die durch Hohlkehlen abgefas'ten Zwischenglieder einer späteren Stufe der Gothik bemerkbar machen. Das Pfostenwerk der Fenster ist schlecht und plump gearbeitet und gehört wahrscheinlich einer der früheren Restaurationen der Kirche an. Im Westen in der Längsachse des Langhauses der Thurm, bestehend aus einem quadratischen gothischen Unterbau mit einem barock gestalteten Helmaufsatz aus dem XVIII. Jahrhundert. An der nördlichen Ecke am Choransatz die Sakristei, die ebenso wie der Chor aus

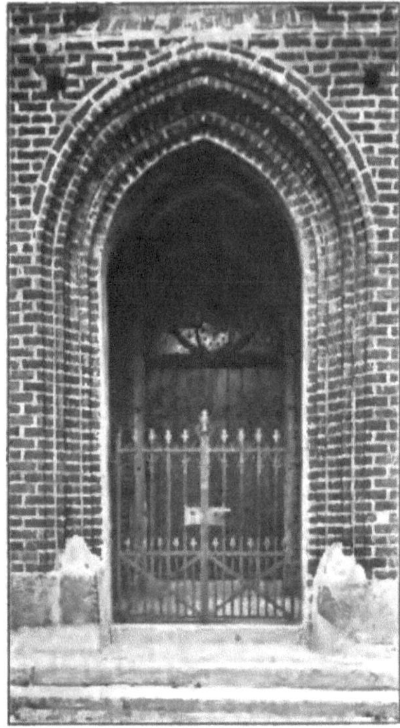

Thurm-Portal.

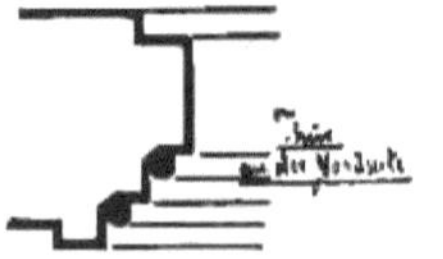

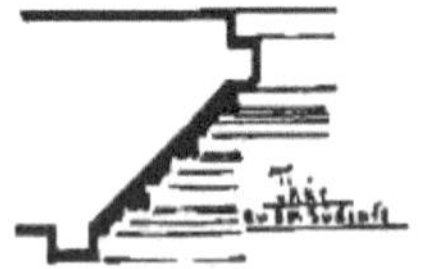

Felsen erbaut ist. Das Thurmportal ist als eine kleine Vorhalle mit

einem Kreuzgewölbe gestaltet. Endlich ist noch an der südlichen Seite des Chors ein jetzt mit Blendmauerwerk gefüllter Spitzbogen zu beachten, welcher den Anschein hat, als ob in ihm der Ansatz zu einem früheren Verbindungsgange erkannt werden dürfte, der zu dem verschwundenen Burghause der Herren von Werle hinübergeführt haben könnte, das ja in der Nähe der Kirche lag, wenngleich, wie bereits bemerkt worden, die Stelle nicht ohne Weiteres genau anzugeben ist.[1])

Mit dieser äusseren gothischen Schale kontrastiert nun sehr stark der innere Kern, welcher der Restauration der Kirche im Anfange der neunziger Jahre des XVIII. Jahrhunderts durch den herzoglichen Hofbaurath Busch aus Ludwigslust entstammt, der uns bei den Ludwigsluster Bauten bereits mehrfach entgegengetreten ist. Er ist auch der Baumeister des Thurmhelms. Die Neueinrichtung der Kirche, welche dem damals herrschenden klassicierenden Geschmack folgt, erforderte im Ganzen drei Jahre, 1792 war sie vollendet, und die neue Weihe der Kirche, welche vom dreissigjährigen Kriege her über einhundertfünfzig Jahre lang wüst und leer gestanden hatte, erfolgte am 26. August desselben Jahres.[2])

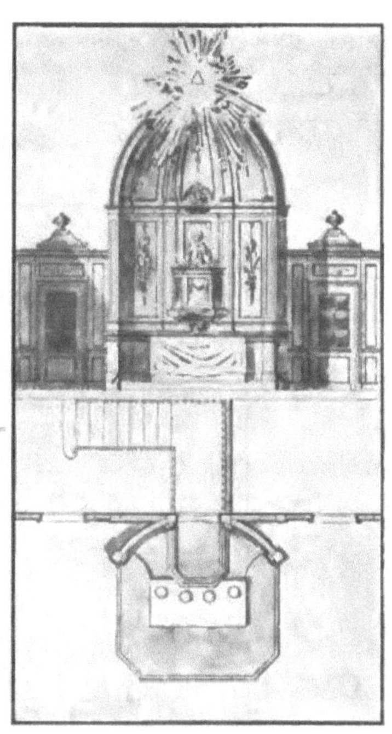

Altar und Kanzel.

Altar und Kanzel.

Altar und **Kanzel** sind zu einem Körper verbunden, und — man mag gegen den Zopfstil jetzt sagen, was man will — die Verhältnisse in dieser Zusammenfügung mit ihrer Umgebung sind keineswegs zu verachten.

Gestühl, Emporen, Taufständer.

Gestühl und Emporen passen dazu, wenngleich sie nichts Besonderes dem Auge bieten. Beachtung verdient ein schmiedeeiserner **Taufständer**, der in seinen klassicierenden Formen ganz auffällig an die Arbeiten der Familie **Niens** in Ludwigslust erinnert und wahrscheinlich mit dem Baumeister von

[1]) Lisch, M. Jahrb. VIII B, S. 123, Anmkg.

[2]) Neue Monatsschrift von und für Mecklenburg des Jahres 1792, S. 383.

dort gekommen ist. Als **Taufschüssel** dient ein zinnernes Becken vom Jahre **1817**, nach den Stempeln von einem Warener Zinngiesser **I B** (**Jochim Baass**), welcher 1793 ins Amt getreten ist.

Die Kirche hatte bis dahin nur eine kleine, nach aussen gehängte **Einläute-Glocke**. Jetzt, nachdem sie im Jahre 1901 zur zweiten Pfarrkirche der Stadt mit eigener Gemeinde erhoben worden ist, hat sie auch ihr eigenes grösseres Geläut erhalten.[1]) Glocke.

[1]) Vgl. Meckl. Zeitung vom 6. Juli 1901, Beilage.

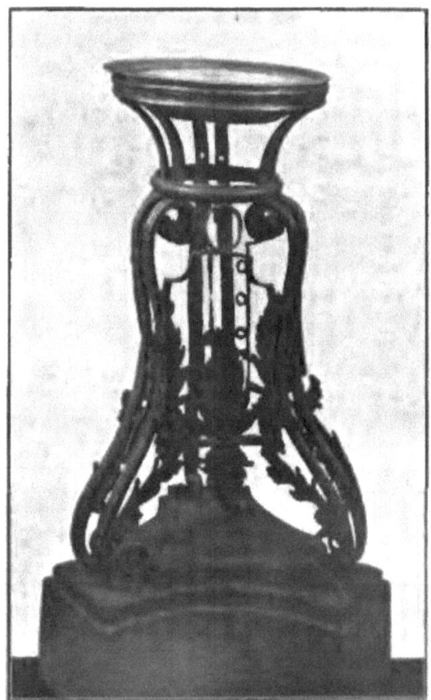

Taufständer.

Das Gut und Kirchdorf Federow.[1])

Geschichte des Dorfes.

Von der mit dem Datum des 24. April 1230 versehenen Fälschung Nr. 377 im M. U.-B. abgesehen, wird Federow zuerst am 9. April 1289 erwähnt, als der Bischof Hermann von Schwerin seinem Domkapitel Zehnten im Lande Waren (Warne), darunter auch »in Vederowe« verleiht.[2]) Im Jahre 1292 wird die Grenze des »Warenschen Wohld« bestimmt, welchen Nikolaus von Werle der Stadt Waren geschenkt hat, und dabei als Grenzfeldmark diejenige der »villa Vederowe« genannt.[3]) Ausser der Fälschung vom 24. April 1230 giebt es, wie schon öfter berührt worden ist, noch eine zweite vom 22. September 1312, in welcher sich das Kloster Broda vom Fürsten Nikolaus von Werle alle seine Besitzungen, darunter auch das ganze Dorf Vederowe, bestätigen lässt.[4]) Indessen Gut und Dorf Federow selbst haben dem Kloster niemals gehört, nur das Kirchlehn ist es, welches dadurch an das viel begehrende Stift gelangt, dass Fürst Johann von Werle am 14. März 1331 das Patronatsrecht über die Kirche zu Federow und deren Tochterkirche zu Kargow mit Genehmigung des Bischofs Johannes von Schwerin, zu dessen Diöcese Waren, Federow und Kargow gehören, gegen das der Kirche zu Waren, welches dem Kloster bis dahin zugestanden hat, umtauscht.[5]) Dieser Patronatsbesitz wird am 22. Mai 1331 vom Kapitel und am 1. Juni 1331 vom Bischof zu Havelberg, zu dessen Diöcese Broda gehört, verbrieft und bestätigt.[6])

Ob der im Jahre 1330 vorkommende Knappe Klaus Federow einem im Dorfe Federow angesessenen Geschlecht angehört, lässt sich nicht nachweisen; unwahrscheinlich ist es nicht. Wirklich nachweisbar ist als erster auf Federow angesessener Lehnsmann der Marschall Klaus Tamme, welchen die Herren Klaus und Christoph von Werle 1406 mit Gut und Dorf belehnen. Die Herzöge Heinrich von Stargard und Heinrich von Mecklenburg verleihen 1455 aber auch Hennecke von Holstein auf Wickenwerder (Ankershagen) das höchste Gericht daselbst, und Alles, was sie dort haben, wozu Hennecke 1463 noch vom Domherrn Johann Stendal in Güstrow und dem Bürger Berend Wichmann in Rostock den Grundbesitz erwirbt, welchen diese in Federow haben. Man sieht also, dass hier, wie auf den meisten Gütern und Dörfern in Mecklenburg, in

[1]) 7 km südöstlich von Waren. Nach Kühnel, M. Jahrb. XLVI, S. 45, mit vedrŭ = heiter zu verbinden. Also ungefähr soviel wie »Frohdorf«.

[2]) M. U.-B. 2016.

[3]) M. U.-B. 2161.

[4]) M. U.-B. 3562.

[5]) M. U.-B. 5226.

[6]) M. U.-B. 5247. Ueber die späteren Bestätigungen durch die werleschen und mecklenburgischen Landesherren und den Papst Alexander VI. s. M. Jahrb. III, S. 206 ff. 229/30 und oben Seite 327, Anmkg. 1.

alter Zeit in der Regel mehrere Vasallen neben einander begütert sind. Aus dieser Gemeinsamkeit des Besitzes entstehen aber zahlreiche Irrungen, die zu langen Prozessen führen. 1471 cediert Klaus Tamme seinem Schwiegersohn Joachim von Kamptz die Hälfte seines Federower Besitzes als Brautschatz, und 1513 tritt er ihm den Besitz ganz ab. In den Jahren 1588 und 1589 verpfändet Dietrich Holstein drei, bezw. sechs Bauernhufen an den von Wangelin auf Vielist antichretisch. Der gemeinsame Besitz dauert so unter mancherlei Streitigkeiten fort, bis am Ende des XVII. Jahrhunderts die von Oldenburg anfangen, sich in Federow festzusetzen, wo inzwischen auch der Rittmeister Sibrandt von Secheln mehrere Bauernhufen durch Adjudication erworben hat, an denen Jürgen Oldenburg die Rechte des Pfandbesitzes gewinnt. Am 16. März 1696 schliesst dieser mit Joachim Friedrich von Holstein auf Ankershagen und am 30. August mit dem Oberstleutnant Christian Ulrich von Kamptz Kaufverträge über deren Antheile an Federow ab und erwirbt im folgenden Jahre auch den Antheil des Rittmeisters von Secheln, worauf er am 28. November 1701 einen Lehnbrief über ganz Federow erhält.[1]) Die von Oldenburg bleiben nun bis 1767 im Besitz. In diesem Jahre kauft der Kammerherr Georg Ludwig von Oertzen das Gut. Er wird am 2. März 1769 damit belehnt. Sein Rechtsnachfolger ist 1820 der Amtmann Enoch Samuel Lembke, und dessen Nachfolger 1862 der Landrath Friedrich Nikolaus Rudolf von Maltzan. 1880 ersteht es der Advokat Wilhelm Heinrich Friedrich Krull, und 1885 das Grossherzogliche Ministerium des Innern, welches daraus eine Nebenstation für das Landarbeitshaus zu Güstrow gemacht hat.

Mittelalterliche Geistliche sind mit Namen nicht auf uns gekommen. Der erste evangelische Geistliche, der genannt wird, ist Jochim Darsekow. An seine Stelle tritt 1586 Ulrich Lehmann, der nachweislich auch 1592 noch da ist, 1594 aber bereits als Pastor in Neubrandenburg wirkt. Mit den beiden Kirchen zu Federow und Kargow, deren Verhältniss als Mutter- und Tochterkirche zu einander unentwegt dasselbe geblieben ist, das es zur Zeit der Schweriner Diöcese im Mittelalter war, sind von der zweiten Hälfte des XVI. Jahrhunderts her auch die Kirchen zu Speck und Bock verbunden, die vormals (nach Ausweis eines Berichtes zweier herzoglicher Kommissarii, des Pastors Hermann Kamptz zu Neubrandenburg und des Amtmannes Johann Restorff zu Stargard, vom 23. September 1589) von den Kapellanen in Ankershagen mit der im Brodaer Stift gebräuchlichen Havelberger Agende, wovon in jeder dieser beiden Kirchen damals ein Exemplar vorhanden ist, bedient worden war. Damit stimmt denn auch eine Mittheilung im Visitationsprotokoll der Kirche zu Ankershagen vom Jahre 1574, nach welcher Hans und Jakob von Holstein auf Ankershagen mit Einwilligung des Philipp von Holstein und der »Wittfrawe« zu Zaren den Beschluss gefasst haben, Bock und Speck zusammenzulegen und zu Speck eine Wedem, die es für diese beiden Dörfer bis dahin nicht gegeben, zu erbauen und diese mit Acker, Wiesen, Holz,

[1]) Akten im Grossh. Archiv.

Messkorn u. s. w. auszustatten, sodass ein Pastor dort seinen Unterhalt haben könne. Doch ersieht man wieder aus dem genannten Bericht von 1589, dass diese guten Absichten unverwirklichte fromme Wünsche geblieben sind. Indessen gewinnt man aus diesen Mittheilungen die Ueberzeugung, dass die Kirchen oder Kapellen zu Speck und Bock, wie es auch die geographische Lage mit sich brachte, vor der Reformation als Filialkapellen der zur Havelberger Diöcese gehörenden Kirche zu Ankershagen angesehen und mit der Havelberger Agende bedient wurden, und daher nicht, wie es geschehen ist,[1] der Schweriner Diöcese zugerechnet werden können, gleich Federow, Kargow und Dratow, die wirklich dahin gehören. Als negativer Beweis kommt hinzu, dass Speck und Bock nicht im Verzeichniss der Pfarrlehne und Kirchen des Schwerinschen Sprengels aus der zweiten Hälfte des XV. Jahrhunderts mitaufgeführt sind. Bewiesen wäre somit ungefähr soviel, dass die mittelalterliche Grenze zwischen der Schweriner und Havelberger Diöcese von der Müritz an den Feldscheiden zwischen Federow, Kargow und Dratow auf einer Seite und der von Speck auf der andern entspricht und somit eine entschiedene Richtung nach Nordost hat, welche es sehr annehmbar macht, auch Möllenhagen und Flotow auf der Havelberger Seite zu lassen, auf die ja auch sonst alle Umstände bei diesen beiden Kirchen hinweisen.

Nach Ulrich Lehmann's Zeit ist Er Johann Albrecht Pastor bis 1604. Er wird in den Kirchenakten von Federow zwischen 1598 und 1604 wiederholt genannt. Von 1604 bis 1617 ist es Baltzer Wunne (s. u.). 1618 wird Clemens Sutorius berufen. Er schildert die Leiden des dreissigjährigen Krieges mit bewegenden Worten in einem Briefe vom 18 December 1634 an seinen Landesherrn. Doch kommt er über alles Unglück leidlich hinweg und ist noch 1675 und später im Dienst. 1679 folgt ihm Johann Matthaeus Birkenstädt; diesem wieder der Sohn Matthaeus Christoffer Birkenstädt († 17. Oktober 1763). Es folgt für die nächsten drei Jahrzehnte, aber erst von 1764 an, Joh. Rudow, († 11. April 1793),[2] und auf diesen 1794 Friedr. Heinr. Voss († 1836). Vgl. Walter a. a. O.

Obwohl das Patronat nach Auflösung des Klosters Broda auf den Landesherrn hätte übergehen sollen und dies auch wiederholt in den Kirchenakten des XVI. Jahrhunderts zum Ausdruck kommt, so hat sich die Sache dennoch so entwickelt, dass es nachher am Besitz des Gutes haftet. Seitdem daher das Grossherzogliche Ministerium des Innern Besitzer von Federow geworden ist, hat es auch die Rechte und Pflichten des Kirchenpatrons übernommen.

Kirche. **Kirche.** Die Kirche ist ein kleiner frühgothischer Feldsteinbau in Form eines länglichen Vierecks. Das ursprüngliche Portal auf der Südseite (jetzt zugesetzt) entspricht dem Charakter und der Zeit des Baues aus dem Ende

[1]) Wigger, Annalen, S. 133.
[2]) Stuhr, M. Jahrb. LX, S. 32.

des XIII. oder Anfang des XIV. Jahrhunderts. Es hat ein einfaches Kapitellglied, welches so tief unter der Kämpferlinie sitzt, dass die darüber liegende Bogenlaibung sich als gestelzter Spitzbogen darstellt. Im Innern eine flache Holz- und Bretterdecke.

Innere Einrichtung.

Die **innere Einrichtung** ist ohne Bedeutung. An der Nordwand zwei **SCHUCKMANN**'sche **Allianzwappen** von Zinn. S. Kargow.

Glocken.

Im Glockenthurm zwei **Glocken**. Die grössere (Dm. 0,70 m) ist 1887 von **Ed. Albrecht** in Wismar umgegossen.[1]) Die kleine (Dm. 0,42 m) ist alt und stammt aus dem Jahre 1494. Oben um die Haube herum die Inschrift: ∴ ave maria gracia plena dns tecu mccccxciiii ∴ Daneben ein Giesserzeichen. Im Felde ist die Glocke mit einer ganzen Reihe von Figuren verziert: es sind ein Krieger mit Lanze (also wohl der hl. Georg); ferner die hl. Jungfrau Maria als Mater Misericordiae, unter ihren Armen je drei anbetende lang bekleidete Figuren; die hl. drei Könige; Moses vor dem feurigen Busch mit der Gestalt des Herrn darüber, und zuletzt das Bild einer Monstranz mit einem zweitheiligen Gehäuse, in deren jedem zwei Engel die Eucharistie (oder geweihte Hostie) in Gestalt einer kreisrunden Scheibe emporhalten.

Hier mag angeschlossen werden, dass 1811 noch ein Bildniss des Pastors Baltzer Wunne in der Kirche war. Die Unterschrift gab an, dass er nach dreizehnjähriger Amtsthätigkeit an der Kirche zu Federow am 28. November 1617 verstorben sei.

Kleinkunstwerke.

Kleinkunstwerke. 1. 2. Silbervergoldeter Kelch mit dem Maltzan-Korckwitz'schen Allianzwappen und der Inschrift: **HERMANN FREIHERR VON MALTZAN U · EVA FREIFRAU VON MALTZAN GEB · VON KORCKWITZ SCHENKTEN DER KIRCHE ZU FEDEROW DIESEN KELCH IN DANKBARER ERINNERUNG AN DIE GEBURT IHRES SOHNES HEINRICH NICOLAUS ZU FEDEROW AM 28 · OCTOBER 1871.** Dazu eine Patene. Von einem Goldschmied **Günther**. — 3. 4. Abendmahlskanne mit der Umschrift auf dem Fusse: **1873 GESCHENK DES FREIHERRN V · MALTZAN UND DER FREIFRAU V · MALTZAN GEB · V · KORCKWITZ AN DIE KIRCHE ZU FEDEROW.** Ohne Stempel, angeblich vom Rostocker Goldschmied **Kerfack**. Von diesem auch das Ciborium in Form einer kreisrunden Schachtel. — 5—8. Zwei zinnerne Kelche mit Patenen. Stempel verdrückt. — 9. Messingschüssel in Treibarbeit, gestiftet von **SAMUEL HINRICH HEITMAN 1757.** — 10—13. Zwei ältere und zwei jüngere Zinnleuchter. Die beiden älteren von **1688**, der eine von **HANS BARG**, der andere von **MARIA ZIZOWEN** gestiftet. Stempel verdrückt. Die jüngeren von **1821**, der eine von **JAKOB CHRISTIAN RENTNER**, der andere von **JOHANN REINCKE** gestiftet, beide von einem Zinngiesser **F K.**

* * *

[1]) Ihre Vorgängerin war 1787 von J. C. Meyer gegossen worden und trug den Namen des Pastors Johann Kadow. S. Inventar 1811.

Guss-eiserne Platten.

Vor dem Backofen der Wittwe-Dieckmann'schen Wohnung steht eine **gusseiserne Platte** (44 × 64 cm), die in der Mitte erhöht darstellt, wie der Engel die Hagar tröstet.

Vor dem Backofen des Altentheilers Witt eine gleiche **Platte** (28 × 64 cm), die die hl. Maria mit dem Christkind zeigt. Darunter sind zu erkennen die Buchstaben **V I N C**. Aus anderen Buchstabentheilen und den Intervallen scheint sich **AMICITIA VINCIT OMNIA** zu ergeben.

Das Gut und Filial-Kirchdorf Kargow.[1]

Geschichte des Dorfes.

Kargow ist von ältester Zeit her ein Filial-Kirchdorf von Federow.[2] Was über des letzteren Zugehörigkeit zum Kloster Broda gesagt worden, gilt auch für Kargow. Auf Kargow sitzen im XIV. Jahrhundert die Pritzbuer und darnach die Kastorf. Nach deren Aussterben im Jahre 1547 fällt das Lehn heim und wird nun im folgenden Jahre an Klaus Below verliehen, der es 1461 seinen Söhnen abtritt.[3] Die Zeiten des dreissigjährigen Krieges machen auch diesem Besitz ein Ende. Das Gut verfällt dem Konkurs. 1633 erwirbt es Sigismund August von Thomstorf. Er empfängt den Lehnbrief am 28. Mai 1636, verkauft es aber 1688 dem Baron von Erlenkamp.[4] Im Antoni-Termin des Jahres 1741 wird es Schuckmann'scher Besitz. Solcher bleibt es bis 1839, dann aber wird es für 118000 Thlr. Gold an L. Nicolai verkauft, von dem es 1866 C. J. Neumann ersteht, dessen Nachkommen es heute noch besitzen.

Ueber die kirchlichen Verhältnisse s. bei Federow. Das Patronat ist hier ebenso wie bei Federow mit dem Besitz des Gutes verbunden worden.

Kirche.

Kirche. Die Kirche zu Kargow ist gleich der in Federow ein frühgothischer Feldsteinbau in Form eines länglichen Vierecks vom Ende des XIII. oder Anfang des XIV. Jahrhunderts. Zwei frühgothische Portale führen ins Innere, jedoch ist das des Thurmes zugesetzt. In den Wandungen und Laibungen dieser Portale wechseln rechtwinklig geformte Kanten mit Rundstäben ab, und in der Kämpferlinie dient ein entsprechender Rundstab als Kapitellglied. In der Ostwand drei spätromanische Schlitzfenster, in deren Wandungen und Laibungen ebenfalls rechtwinklige Kanten und Rundstäbe abwechseln. Von den Fenstern der beiden Langseiten hat das auf dem westlichen Ende der Nordseite gelegene, in welchem zwei Fensterschlitze durch einen über-

[1]) 7 km ostsüdöstlich von Waren. »Ort des Karga« Kühnel, M. Jahrb. XLVI, S. 65. Ungefähr soviel wie »Habichtshagen«: altsl. Kraguj = Habicht.

[2]) M. U.-B. 5226. 5247.

[3]) Akten im Grossh. Archiv.

[4]) Akten im Grossh. Archiv.

gespannten gedruckten Spitzbogen zusammengefasst werden, allein seine Ursprünglichkeit bewahrt. Im Innern eine flache Bretter- und Balkendecke. Die Kirche hat im Ganzen viele Aehnlichkeit mit der Federower, nur ist das Eingangsportal in Kargow nicht auf der Süd-, sondern auf der Nordseite. Neben dem Portal auf der Nordseite ein Weihwasserbecken von Granit.

Von der **inneren Einrichtung** mag der **Herrenstuhl** mit dem **SCHUCKMANN-LINSTOW**'schen Allianzwappen hervorgehoben werden.[1]) Innere Einrichtung.

Ausserdem bewahrt die Kirche noch fünf zinnerne **Allianzwappen** der Familie **VON SCHUCKMANN** auf. Wappen.

Auf dem Altartisch zwei zinnerne **Leuchter** von **C. Jllies**-Waren (**1823**). Ein messingenes **Becken**, gestiftet **1708** von **DANIEL KOG** und **STEFFEN KOG**. Leuchter, Becken.

Im Glockenstuhl eine **Glocke** von 0,80 m Dm. mit der Inschrift: Glocke.

GOTT LOB' ICH
DIE LEBENDEN RUF' ICH
DIE TOTEN BEWEIN' ICH
LEOPOLD NICOLAI KIRCHENPATRON.

Unten: **MICH GOSS C. JLLIES IN WAREN 1841.**[2])

Als **Vasa sacra** werden die zu Federow benutzt. Vasa sacra.

Das Gut und Kirchdorf Speck.[3])

Speck ist ein alter Holstein'scher Besitz. Urkundlich wird es zuerst im Jahre 1274 erwähnt, als Nikolaus von Werle der Stadt Röbel den Düstern Wohld zwischen der Müritz und dem Specker See verkauft.[4]) Als darauf derselbe Fürst der Stadt Waren 1292 den ihr von seinem Oheim geschenkten Warenschen Wohld bestätigt, nennt er als Grenzen die Gebiete von Schonenberghe, Vederowe, Jamene, Paletzke, Specke etc.[5]) In dem Landestheilungsvertrag zwischen den Fürsten Johann und Henning von Werle vom 2. December 1316 wird »Specken« dem Parchim-Malchower Theile zugetheilt.[6]) Ueber die ältesten Besitzer des Dorfes und Gutes verlautet nichts, aber solange die Holstein auf Ankershagen sitzen, wird Speck als Pertinenz dieses Gutes angesehen und ist somit seit dem XIV. Jahrhundert Holstein'scher Geschichte des Dorfes.

[1]) Johann Friedrich von Schuckmann und Katharina Maria von Linstow.

[2]) Das Inventar von 1811 führt ebenfalls nur eine Glocke auf: »hat eine Inschrift gehabt, die aber jetzt unleserlich ist.«

[3]) 15 km südöstlich von Waren.

[4]) M. U.-B. 1342.

[5]) M. U.-B. 2161. S. o. S. 329.

[6]) M. U.-B. 3860.

Besitz. Das bleibt so bis ins XVIII. Jahrhundert. Am 24. Januar 1739 schliesst Jakob Ernst von Holstein auf Klink mit Ludwig Reimar von Rohr einen Pfandvertrag über Speck ab, welcher am 16. August 1741 lehnsherrlich genehmigt wird und zwölf Jahre später zur gänzlichen Veräusserung des Gutes an Ludwig Reimar von Rohr führt, der am 23. Februar 1753 mit Speck belehnt wird. Rechtsnachfolger der Rohr ist 1812 der Forstrath Karl Wilhelm von Haugwitz, dessen Nachkomme gleichen Namens noch heute im Besitz des Gutes ist.

Ueber die kirchlichen Verhältnisse s. bei Federow. Ebenso wie dort ist hier das Patronat mit dem Besitz des Gutes verbunden.

Kirche.

Kirche. Die Kirche in Speck ist ein Phantasie-Neubau aus der ersten Hälfte des XIX. Jahrhunderts mit Anklängen an romanische und an gothische Formen. Der Chor hat gothischen Polygonalschluss aus dem Achteck, aber rundbogige Schlitzfenster. Das Langhaus hat dreitheilige rundbogige Fenster mit frühgothischem Masswerk. Beide, Chor und Langhaus, haben eine Holzdecke mit Kassettenmalerei in Blau, Roth und Gold.

Der Platz einer älteren Kirche war südwestlich von dieser, der der allerältesten Kirche dagegen nordöstlich von der gegenwärtigen.

Innere Einrichtung.

Die **innere Einrichtung** (Orgel-Empore, Kanzel, Herren- und Prediger-stuhl) sind in klassicierenden Formen ausgeführt, bei denen die aufgelegten, theils geschnitzten, theils gemalten Ornamente an den klassicierenden Geschmack in den bekannten Thon- und Steingutgefässen des Engländers Wedgwood erinnern. An der **Orgel-Empore**, welche keine wirkliche Orgel, sondern nur eine Orgelblende enthält, sieht man in einem länglichen Oval auf blauem Grunde die Wappen von **O. F. V. ROHR** und seiner Gattin **L. B. V. RAMIN.**

Glocke.

Im Thurm eine von **ALFRED HERMANN OTTO VON HAUGWITZ** 1863 gestiftete und von **C. Jllies**-Waren gegossene **Glocke** von 80 cm Dm. mit der Inschrift: **HOC SIGNUM MAGNI REGIS EST.**[1])

Vasa sacra.

Vasa sacra. 1. 2. Silbervergoldeter Kelch, gestiftet 1819 von **OTTO VON ROHR.** Dazu eine Patene. Beide angefertigt vom Warenschen Goldschmied **F(riedrich) Ö(sten).** — 3. 4. Zinnerner Kelch und Patene, gestiftet 1728 von **F•V•R•** mit den Stempeln eines Warenschen Zinngiessers. — 5. Neues Taufbecken von **Assmann**-**Lüdenscheid**-Berlin. — 6. 7. Zwei zinnerne Leuchter in klassicierendem Geschmack von dem Warenschen Zinngiesser **I(ochim) B(aass) 1793.**

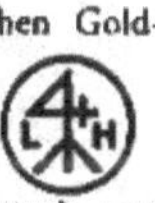

[1]) Das Inventar von 1811 spricht von einer kleinen Glocke, enthält aber keine näheren Angaben darüber.

Das Gut und Kirchdorf Boek.[1])

Geschichte des Dorfes.

An der Nordwestgrenze des alten Landes Turne oder der Komthurei Mirow liegt das Gut Boek, welches schon im XIII. Jahrhundert zum wesentlichsten Theil im Besitz des Geschlechtes der Ritter von Havelberg ist, das in der Geschichte der Muritzgewässer und des Landes Turne eine wichtige Rolle spielt.[2]) Der Stammhalter dieses Geschlechtes in Mecklenburg, Johannes von Havelberg, erscheint 1273 im Besitz von Boek an der Müritz. Sein Sohn Bertoldus verhandelt im selben Jahre wegen der Muhle in Boek, die sich im Besitz der Johanniter-Ritter zu Mirow befindet und welcher eine grosse Wichtigkeit beigelegt wird, wie das in damaliger Zeit mit allen Muhlen der Fall ist.[3]) Diese Muhle hat den Havelberg's fortwährend Veranlassung zu Klagen über Beeinträchtigung ihrer Ländereien und in Folge davon zu Entschädigungs-Forderungen gegeben, so dass sich die Herrn von Werle auf Grund langwieriger Verhandlungen zwischen den Interessenten veranlasst sehen, dem Orden 1276 den Besitz der Muhle zu bestätigen und die Söhne des Johannes von Havelberg, Bertold und Heinrich, zu bewegen, dass sie allen Anspruchen entsagen, welche sie wegen des Laufes des Mühlwassers haben könnten.[4]) Vorher aber entschädigt Nikolaus von Werle den Johannes von Havelberg mit Geld dafür, dass er, zum Ablassen von Muritzwasser, durch seine Besitzungen in Boek einen Kanal gräbt.[5])

Die Havelberg sitzen in Boek bis ins XIV. Jahrhundert hinein, worauf sie allmählich aus der Gegend verschwinden. Ausser ihnen finden wir den Ritter Retzow (Ritzecow) mit Besitz und Rechten in Boek. Er ist es z. B., der dem Kloster Neuenkamp die Gerichtsbarkeit uber die Boeker Mühle verkauft, was am 25. Januar 1301 vom Fürsten Nikolaus von Werle besthtigt wird.[6]) Daher wird auch dem Kloster Neuenkamp vom Fürsten Nikolaus die Muhle daselbst übergeben, wobei es dunkel bleibt, wie sich das Verhältniss zur Komthurei Mirow stellt.[7])

Ausser dem Ritter von Retzow treffen wir später auch die Brosehaver in Boek. Es ist dies zur Zeit des Niederganges der Havelberg, und es muss als ein Zeichen der Ohnmacht der Mirower Komthurei und des geschwundenen

[1]) 18 km südsüdöstlich von Waren.

[2]) Lisch, M. Jahrb. II. S. 63 ff., 65 f. M. U.-B. 1295. 1312. 1016. 2388.

[3]) Lisch, a. a. O., S. 63 ff.

[4]) M. U.-B. 1396.

[5]) M. U.-B. 1295

[6]) M. U.-B. 2727

[7]) M. U.-B. 1308.

23

Einflusses der Havelberg angesehen werden, dass die Brüsehaver dem Kloster Neuenkamp gestatten, die Muhle weiter abwärts zu verlegen.[1])

Nun fehlt es einige Zeit hindurch an urkundlichen Nachrichten. Wir merken nur, dass Bock im Laufe der Jahre in den Besitz der Holstein gelangt ist, welches Geschlecht u. a. auf den benachbarten Gutern Ankershagen, Mollenhagen, Federow u. s. w. angesessen ist. Es sind dies jene Guter und Dörfer, die sie im Laufe des XIV. und XV. Jahrhunderts erwerben, festhalten und noch im XVI. Jahrhundert durch anderweitigen Erwerb vermehren. Der Stifts- und klösterliche Besitz verschwindet mit der Durchführung der Reformation. So auch in Bock. Nachher beginnen mit dem dreissigjährigen Kriege die Zeiten der Noth und damit jene Verpfändungen, durch welche eine kaum zu lösende Wirrniss in die Besitzverhältnisse der Guter kommt.

Schon 1610 werden von den Holstein die Boeker Tannen verpfandet. 1645 werden der Kirche zu Federow drei Bauern und der Antheil an der Boeker Mühle verpfändet. Auch Joachim Maltzan auf Grubenhagen hat inzwischen erheblichen Besitz daselbst erlangt. 1651 werden dem Joachim Kriegow drei verpfändete Bauern zugesprochen. Desgleichen gehören dort dem Henning von Heydebreck auf Zahren einige Bauernhufen. Dieser verkauft seinen Besitz am 11. Juni 1678 an Heinrich Stegemann. Uebrigens hat auch Federow, welches inzwischen aus Holstein'schen Handen an Jurgen Oldenburg übergegangen ist, von dem Holstein'schen Besitze her noch einen Antheil an Bock. Jurgen Oldenburg kauft ferner das Dorf und Gut Zahren von Henning von Heydebreck und gewinnt damit zugleich die von Heydebreck pfandweise besessenen, ihm adjudicierten Boeker Antheile. Nach dem Tode Joachim Maltzan's verpfänden dessen Erben 1700 einige von ihren Boeker Antheilen an Friedrich Sittmann. Als dieser noch in demselben Jahre stirbt, melden sich zum Empfange des ihrer Ansicht nach geöffneten Lehens Retzow auf Eickhorst des Sittmann hinterlassene Wittwe im Namen ihrer Kinder, Maltzan's Bruder Christian Friedrich zu Rostock und Joachim Dietrich Plessen auf Torgelow. Es wird aber einstweilen nur der Sittmann'sche Pfandbesitz verlängert.

Im Jahre 1710 haben noch Antheil an Boek die Sittmann'schen Erben mit ihrem Stiefvater, ferner die Maltzan's und Jürgen Oldenburg wegen seines Gutes Federow. Der erst- und letztgenannte aber treten ihre Rechte an Dietrich von Plessen auf Torgelow ab, welcher einen Lehnbrief erwirkt. Indessen hat auch Jürgen Oldenburg in früherer Zeit Holstein'sche Antheile an Boek erworben. Diese verkauft er 1720 an Otto Christoph von Ribbeck, welcher schon vorher Sittmann'sche Antheile erworben hat, die durch Heirath an den Geh. Rath von Schuckmann gekommen waren. Dieser Wirrniss macht endlich Jakob Ernst von Holstein ein Ende durch Anstrengung eines grossen Reluitionsprozesses gegen sämmtliche Inhaber Boeker Antheile, ausgenommen den Inhaber des Federower Antheils, dessen Recht er anerkennt. Er gewinnt den Prozess, findet sich mit dem Inhaber des Federowschen Antheiles

[1]) M. U.-B. 9269.

ab und wird nun im Jahre 1746 vom Herzog Karl Leopold mit dem ganzen Gute bewidmet, das bei dieser Gelegenheit allodificiert wird. Die Allodifikation aber wird später nicht anerkannt. Selbstverständlich ist während dieser Zeit der Zerstückelung das Gut sehr heruntergekommen, die Reluition und der Prozess haben viel Geld gekostet, und daher verkauft Holstein das Gut schon in demselben Jahre an Ernst Friedrich von Raven auf Vielist, welcher es 1780 dem Baron von Schorlemer auf zwanzig Jahre antichretisch verpfändet. Dieser nutzt die zwanzig Jahre nicht ganz aus, 1797 ersteht es der Geh. Raths-Präsident Ulrich Otto von Dewitz. Sein Rechtsnachfolger ist 1805 der Regierungsrath Karl Wilhelm Friedrich David von Pentz, von dessen Erben es 1836 der Vice-Landmarschall Adolf Friedrich Karl von Oertzen erwirbt. 1842 hat es der Klosterhauptmann Karl Peter Baron Le Fort, dessen Nachkommen noch heute im Besitz sind.

Ueber die kirchlichen Verhältnisse s. bei Federow. Nachdem die Kirche zu Boek die letzten Jahrhunderte hindurch ohne ausreichende historische Gründe als vagierende Mutterkirche angesehen und als solche zu Federow gelegt worden, ist sie seit dem XIX. Jahrhundert, und zwar seit 1815, in gleichem Charakter mit der Kirche zu Rechlin verbunden worden.[1]) Das Patronat haftet vom XVI. Jahrhundert her am Besitz des Gutes.

Kirche.

Kirche. Die Kirche stammt aus dem Jahre 1847 und ist im Stil der romantischen Gothik dieser Zeit erbaut.[2])

Innere Einrichtung.

Die **innere Einrichtung** ist dementsprechend. Die **Kanzel** steht hinter dem freistehenden **Altar**, ungefähr $1\frac{1}{2}$ m höher als dieser. Auf dem Altar ein **Krucifix** von Neusilber. Die Kirche wird auf den neuen Geräthen stets als Johannes-Kirche bezeichnet.

Glocken.

Im Thurm hängen zwei **Glocken** von 66 und 44 cm Durchmesser. Beide sind in den vierziger Jahren des vorigen Jahrhunderts von dem Patron der Kirche, Baron **VON LE FORT**, gestiftet und von **C. Jllies** in Waren gegossen.[3])

Kleinkunstwerke.

Kleinkunstwerke. 1. 2. Kelch von 1844 mit Patene, beide ohne Werkzeichen. — 3—6. Kelch, Patene, Oblatendose und Kanne, neu, von **Hossauer**-Berlin. — 7—9. Krankengeräth von 1892 (**Sy & Wagner**-Berlin). — 10. Taufbecken von Messing, von 1856. — 11. Ein zweites Taufbecken von 1898 (**Reinecke**-Hannover). — 12. 13. Zwei Leuchter, neu.

[1]) Stuhr, M. Jahrb. LX, S. 18, 76.

[2]) Vgl. darüber bei Dobbertin.

[3]) Von den Vorgängerinnen hatte nur eine eine Inschrift: sie war 1723 z. Zt. des Pastors M. Chr. Birkenstädt und unter dem Patronat des O. Chr. von Rildbeck und seiner Gemahlin Sabina Dorothea von Knoblauch gegossen worden. Von wem, verschweigt das Inventar von 1811.

Das Gut und Kirchdorf Schlön.[1])

Geschichte des Dorfes.

Schlön ist in frühester Zeit ein Ort von grösserer Bedeutung. Ein ganzer Landstrich nämlich wird nach ihm das Land Schlön »terra Zlone« genannt, und schon im Jahre 1218 kommt der Ort, welcher zur Schweriner Diöcese gehört, urkundlich vor.[2]) Im Jahre 1265 präsentieren Gemeke und Bernd Plasten den Johann Schröder zu einer Vikarei an der Kirche zu Schlön.[3]) Auch hier findet wie in Kargow und Federow ein Austausch der Patronate zwischen dem Fürsten Johann II. von Werle und dem Kloster Broda statt, welches für das Patronat der Kirche zu Waren u. a. das in Schlön eintauscht.[4]) Im Jahre 1333 wird dem Notar des Fürsten Johann von Werle vom Probst und Konvent zu Broda die Pfarrerstelle zu Schlön verliehen.[5])

Im XVI Jahrhundert finden wir das Geschlecht der Rostke als Besitzer von Schlön, welches bis dahin anscheinend dem Landesherrn gehörte.[6]) Erst der dreissigjährige Krieg bringt auch diesen Besitz zum Wanken. Im Jahre 1623 bitten die Vormünder des Erdmann Rostke um Erlaubniss zur Verpfändung des Gutes Schlön, und am 25. April 1626 wird der Konsens über die von Zacharias Rostke vorgenommene Verpfändung des Gutes an Kurt Restorff auf einundzwanzig Jahre ertheilt. 1655 wird Schlön dem Hans Grävenitz für 10882 Gulden adjudiciert. Trotzdem muthen die Rostke das Gut und Dorf, an dem sie immer noch einen Antheil haben, in den Jahren 1661, 1669 und 1670. Indessen der Amtmann Christian von Grävenitz verkauft es unbekümmert darum in den Jahren 1680—1684 an die Gebrüder Kosboth auf Torgelow. Und nun überlässt Kaspar Rostke 1685 den ihm gebliebenen Antheil an Schlön dem Baron von Erlenkamp für 2000 Gulden. 1687 hat dieser auch den Kosboth'schen Antheil erworben. Noch im Jahre 1689 muthen die Rostke Gut und Dorf Schlön; aber der Muthschein wird ihnen verweigert. Erlenkamp veräussert elf Jahre später, 1701, seinen Besitz an Kurt Restorff. Am 2. März 1702 erhält dieser den Lehnbrief über das ganze Gut Schlön.

[1]) 9 km nordöstlich von Waren. Bei dem alten Namen Sloue erinnert Kühnel, M. Jahrb. XLVI, S. 129, an die beiden Adjektive »sŭlanŭ = zusammengeflossen« und »slony = salzig«, giebt also keine Entscheidung.

[2]) M. U.-B. 857. Vgl. 2400., wo die Bemerkung: »Zlone terra resignatur capitulo Havelbergensi a Caminensi episcopo« mit Bedenken aufzunehmen ist, wie auch von den Herausgebern des Urkundenbuches geschehen. Denn das oft genannte mittelalterliche Verzeichniss der dem Schweriner Stifte angehörenden Kirchen und Pfarrlehne nennt ausdrücklich auch Schlön und Dratow.

[3]) M. U. B. 1029.

[4]) M. U.-B. 5226. 5247

[5]) M. U. B. 5470.

[6]) Vgl. M. U. B. 11301.

Ein Theil desselben, »das Ueberende«, hat stets zum Gute Torgelow gehört. Dieses Gut kauft 1703 der Landrath von Plessen für 26900 Thaler, und nun erwirbt er im folgenden Jahre auch Schlön nebst dem Patronat der Kirche und der hohen Jagd.[1]) 1726 erwirbt beide Güter der Obrist Levin Ludwig III. Hahn. Seine Nachkommen verkaufen sie in der Erbregulierung 1785 an den Kammerherrn Karl August von Behr-Negendank, dessen Geschlecht noch heute diese inzwischen zum Familienfideikommiss erhobene Besitzung innehat.[2])

Ein Vikar Johann Schröder wird 1265 genannt. Er wird, wie schon oben bemerkt worden, von den Gebrüdern Gemeke und Berend Plasten zu

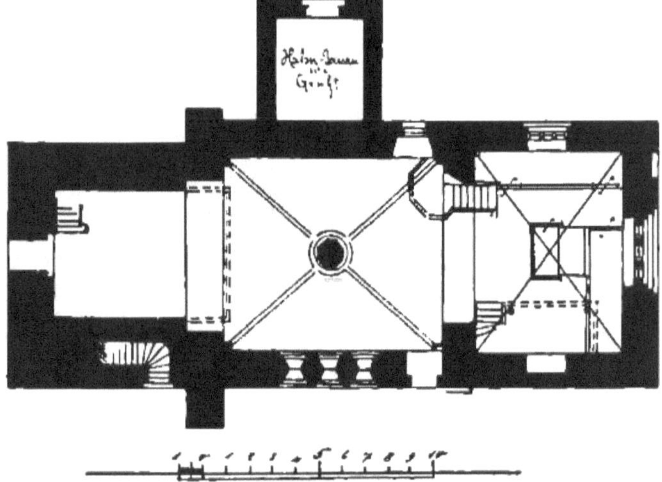

Grundriss der Kirche zu Schlön. Pries.

einer Vikarei in der Kirche zu Schlön vorgeschlagen. Um 1333 hat der Notar des Fürsten Johann von Werle das Kirchlehn zu Schlön vom Kloster Broda erhalten, 1355/56 kommt ein Pleban oder Kirchenrektor Hermann Blankensee zu Schlön als Zeuge in einer Urkunde vor, und zehn Jahre später in Dratow ein Pleban Nikolaus vom Sunde. Mehr mittelalterliche Geistliche sind bis jetzt nicht auf uns gekommen.

In der Zeit nach der Reformation bleiben die Kirchen zu Schlön und Dratow noch lange von einander getrennt. In Schlön folgen im XVI. Jahrhundert auf einander Joh. Lobis (Lobys, nicht Tobys, um 1541/42), Jochim Sperling (um 1567 und später), Joachim Hete (um 1575. 1577) und Nikolaus

[1]) Akten im Grossh. Archiv.

[2]) Lisch, Geschl. Hahn III, S. 131; IV, S. 142, 149.

Meibaum (noch 1613 im Dienst); in Dratow aber Ewald Purhagen (um 1541), Andreas Witte (um 1577), Johann Schleier (um 1586) Jochim Werth (Wehrdt, um 1620, s. u. Glocke), und der letzte ist Arnold Krebs (Kreps), welcher 1652 berufen wird, und dem kaum noch einer vorangegangen sein mag, den wir nicht kennen. Er hat einst dem Kapuzinerorden angehört und ist zum Protestantismus übergetreten. Vierzehn Jahre lang ist er Pastor in Dratow, hat Weib und Kind und erweist sich als ein tüchtiger und ernster Mann, auf den seine Gemeinde etwas hält. Da packt ihn die Gewissensangst wegen Verletzung des Gelübdes der Ehelosigkeit, das er einstmals als Mönch abgelegt hat, und das Ende ist, dass er 1666 Pfarre,

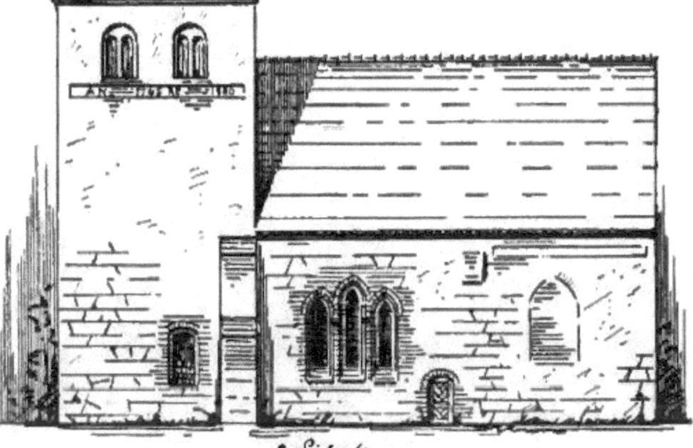

Kirche zu Schlön. Pres.

Haus, Weib und Kind aufgiebt und in die Irre geht. Seine Abschiedsbriefe sind erhalten und geben Zeugniss von der tiefen Angst, die ihn um Seele und Seligkeit ergriffen hat. Die Kirche zu Dratow wird nun zu einer Mater vagans, tritt aber von 1712 an in eine dauernde Verbindung mit Schlön. In Schlön sind inzwischen folgende Prediger auf einander gefolgt: von 1617 an Kaspar Pippow (nicht Bibow), der bis in die dreissiger Jahre im Amte ist, und den die Kriegsnoth von Haus und Hof treibt. 1637 heisst es, die Kirche sei gründlich verwüstet (»total ruiniert«) und der Pastor in exilio gestorben.

Nun tritt eine lange Vakanz von mehr als dreizehn Jahren ein. Erst 1650 wird wieder ein Pastor berufen. Es ist Johann Henning, der bis 1660 in Schlön bleibt. Ihm folgt im selben Jahr Henricus Schmidt, der nach achtundvierzigjähriger Amtsthätigkeit 1708 in Christian Dietrich Meten (von der Meden) einen Substituten erhält und bis 1711 im Amte ist. Schmidt bedient ausser seiner Hauptkirche in Schlön auch die Kapellen zu Torgelow und Klein-Plasten. In Gross-Plasten hat es auch eine Kapelle gegeben, aber sie liegt nach Angabe des Visitationsprotokolles von 1661 ganz danieder. Auch die Kirche Dratow hat damals noch eine Filialkapelle in Schwastorf, welche zu dieser Zeit der genannte unglückliche Arnoldus

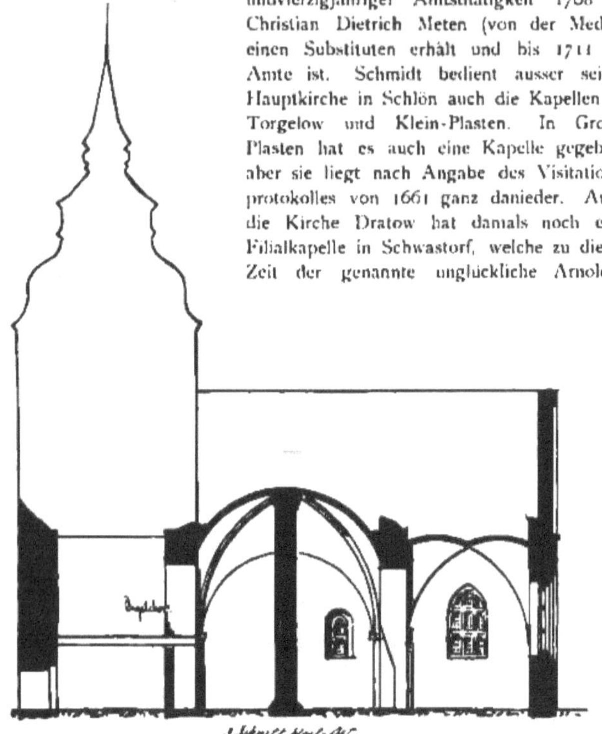

Kirche zu Schlön. Pries.

Krebs verwaltet. 1712 folgt David Petrus Zillius als Pastor in Schlön und Dratow († 1736). Nach längerer Vakanz wird 1742 Ernst Barthold Schenck sein Nachfolger.[1]) Diesem folgt 1760 Christoph Friedrich Seger († 13. Januar 1781). Von 1784 an ist Karl August Benold Pastor in Schlön († 3. Februar 1791), und 1792 tritt Friedr. Hermann Beckmann an seine Stelle († 7. Juni 1852). S. Walter a. a. O

[1]) Im letzten Amtsjahr des Pastors Schenck vernichtet eine Feuersbrunst das Pfarrhaus und beschädigt auch die Kirche und den Thurm zu Schlön. Daher die Zahl 1765 am Thurm.

Kirche. **Kirche.** Die Kirche ist ein charakteristischer Feldsteinbau aus der Zeit des Ueberganges vom romanischen zum gothischen Stil des XIII. Jahrhunderts, aber durch Neuerungen vielfach entstellt. Wie vortrefflich die alte Kirche einstmals in ihrer Gesammtwirkung erschienen sein muss, zeigt die in ihrer Ursprünglichkeit erhalten gebliebene romanische Fenstergruppe auf der Südseite des Schiffes. Alle übrigen Fenster haben ihre alte Form verloren. Ebenso sind auch die Portale ohne jede Bedeutung. Der Chor ist mit einem scharfgratigen Kreuzgewölbe geschlossen. Das etwas höhere, aber mit dem Chor unter einem einzigen Dachfirst vereinigte Gewölbe des Schiffes stellt sich als ein durch rundwulstige Diagonalrippen abgetheiltes Kreuzgewölbe dar, zu dessen Stütze ein schlanker achtseitiger Pfeiler dienen soll, welcher erst später eingeschoben ist und keine günstige Vorstellung von den Ansichten seines Baumeisters über Druck, Schub und Last des Gewölbes erweckt. Die Trennung zwischen Chor und Schiff wird durch einen flach gespannten breitgurtigen Rundbogen bewirkt, welcher möglicherweise ebenfalls nicht von Anfang an in dieser Form beabsichtigt war. Viel stilentsprechender erscheint der als gedruckter Spitzbogen sich darstellende Trennungsbogen zwischen Schiff und Thurm, dessen Innenraum zwecks Aufnahme der Orgel-Empore zum Schiff der Kirche hinzugenommen ist. Der Thurm, welcher wenig junger sein wird als die übrige Kirche, trägt einen vielgliedrigen Helm im Geschmack des Barockstils.

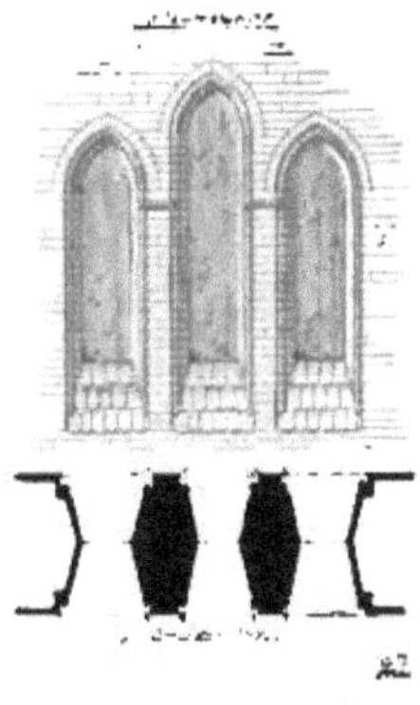

Altar, Kanzel, Glocken. Der **Altaraufsatz** ist ein Werk des Barockstils, ebenso die **Kanzel**.

Im Thurm hängen zwei **Glocken**. Die grössere ist ein im Jahre 1892 ausgeführter Umguss aus einer älteren Glocke und als solcher eine Stiftung des **H. V. BEHR-NEGENDANK** und seiner Gemahlin **A. V. BEHR-NEGENDANK**, geb. Gräfin **BLÜCHER**. Der Giesser ist **Gustav Collier** in Zehlendorf.[1] — Auf der kleineren Glocke die Inschrift: **GEHÖRIG DER KIRCHE ZU ALT SCHLOEN. ANNO 1829 GOSS MICH HACKENSCHMIDT-BERLIN.**

Kleinkunstwerke. **Kleinkunstwerke.** 1—5. Zwei silberne Kelche, Lübecker Arbeit des XVIII. Jahrhunderts, der eine mit dem Meisterzeichen **I H D**, der andere mit **S F S** (?), dazu zwei silberne Patenen ohne Zeichen und eine silberne Oblatenschachtel, die aus neuester Zeit ist. Sämmtliche fünf Stücke sind ohne Inschrift. — 6. Zinnerne Weinkanne, ohne Inschrift. — 7. Messingenes Tauf-

[1] Ihre Vorgängerin war 1730 von Lorenz Strahlborn in Lübeck gegossen worden. Die Kirche hatte 1811 nur diese eine Glocke.

becken vom Jahre 1652, gestiftet von **ANNA PRANGERS**. — 8. Noch ein messingenes neues Taufbecken. — 9. 10. Zwei zinnerne Altarleuchter, der eine 1750 von **JOCHIM IHRNST BURMESSTER**, der andere 1756 von **ADAM LANG** gestiftet. Beide von dem Warenschen Zinngiesser **I D E 1749**. — 11. 12. Noch zwei zinnerne Leuchter, mit der Marke des englischen Zinns, von einem Zinngiesser **C F B 1725**, der eine gestiftet von **JÜRGEN CHRISTOFFER STINDTMANN**, der andere von **N · BEHRENS 1729**.

Das Gut und Filial-Kirchdorf Klein-Plasten.[1]

Klein-Plasten hat laut einer Urkunde des Kloster Broda schon im Jahre 1284 und zwar als wendisches Dorf bestanden.[2] Das Gut gehört ursprünglich der Familie der Plasten, seit 1450 aber der auf zahlreichen Gütern in der Nachbarschaft angesessenen Familie Voss, von welcher es ums Jahr 1498 Hermann Kamptzens Vormünder erwerben. Endgültig freilich verkauft Wedege Voss Klein-Plasten erst 1514 an Hermann Kamptz, und zwar für 3000 Gulden Rhein.[3] Die von Kamptz halten das Gut bis 1789 fest. In diesem Jahre verkaufen sie es für 33500 Thaler Gold an den Hauptmann August von Blücher, dessen Nachkomme Ernst von Blücher es 1852 an Adolf Hermann von Boddin für 150000 Thaler wiederverkauft. 1893 besitzt es Adolf Friedr. Schmahl, 1894 Max Fleischmann und seit 1898 Ernst von Blücher. Geschichte des Dorfes.

Ueber die kirchlichen Verhältnisse s. bei Schlön, wo erwähnt worden ist, dass auch Gross-Plasten bis ins XVII. Jahrhundert hinein eine eigene Kapelle hatte.

Kapelle. Die Kapelle zu Klein-Plasten ist ein schlichter Bau aus dem Jahre 1731, den die damalige Besitzerin, Margarethe Elisabeth von Kamptz, geb. von Langermann, errichten liess. Kapelle.

Das **Innere** bietet nichts Besonderes. **Altar** und **Kanzel** sind zu einem Baukörper verbunden. Von den beiden **Glocken** ist die grössere im Jahre **1747** unter dem Patronat des **C · A · VON KAMPTZ** und **S · C · VON SCHUCKMANN** sowie unter dem Pastorat des **E · B · SCHENCK** von **Joh. Gottfried Wosack** gegossen worden. Die kleinere dagegen ist **1794** von **J. C. Meyer** zu Neustrelitz gegossen und enthält keine weiteren Angaben über die Patrone und den Pastor. Die **Vasa sacra** der Kapelle, Kelch, Oblatenteller und Kanne, sind neu und um 1870 von Frau **VON BODDIEN**, geb. **VON ARNIM**, geschenkt worden. Inneres. Glocken. Vasa sacra.

[1] 11 km ostnordöstlich von Waren. »Plast, plost« = Hufe: Kühnel, M. Jahrb. XLVI, S. 107. Also soviel wie »Hufendorf«.

[2] v. Kamptz, Familiengeschichte der Kamptz, S. 34 & 75 ff. M. Jahrb. XIV, S. 334.

[3] v. Kamptz, a. a. O., S. 183 ff., S. 28.

Das Gut und Kirchdorf Gross-Dratow.[1])

Geschichte des Dorfes.

Gross-Dratow erscheint urkundlich zuerst im Jahre 1284, als der Bischof Hermann von Schwerin die im Schweriner Dom vom Domherrn Erpo gestiftete Vikarei bestätigt, welche dieser mit Zehnten aus den Dörfern Melitz, Deutsch-Plasten und Deutsch-Dratow bewidmet hat.[2]) Die Bezeichnung der letzteren beiden Orte als »Deutsch« berechtigt zu der Annahme, dass schon zur wendischen Zeit Orte gleichen Namens an gleicher Stelle bestanden haben. Das wird denn auch durch das Dasein der Dörfer Klein-Dratow und Klein-Plasten in unmittelbarer Nähe bestätigt. Man weiss ja, dass die deutschen Kolonisten, welche Mecklenburg im XII. und XIII. Jahrhundert besiedelten, keine Gemeinschaft mit den vorgefundenen Wenden hielten. Das führte dann entweder zu deren völliger Vertreibung oder, wie in den allermeisten Fällen, zur Anlegung eines neuen Dorfes in der Nähe des alten sowie zur Unterscheidung mit Deutsch- oder Gross- von Wendisch- oder Klein-.

Ob die Familie Dratow, welcher der Knappe Nikolaus angehört, der im Jahre 1365 als Zeuge vorkommt, in Gross-Dratow angesessen war, lässt sich urkundlich nicht nachweisen, wohl aber tritt schon im Jahre 1378 Hermann Camptze »de dar wonet to Dratowe« auf,[3]) sodass Dratow als der Stammsitz dieser alten Adelsfamilie angesehen werden muss,[4]) welche nach einer ungedruckten Brodaschen Urkunde »antea a prima plantatione« daselbst sitzt. Sie wird daher mit den deutschen Kolonisten eingewandert sein, wie es der mündlichen und schriftlichen Tradition dieses Geschlechtes entspricht. Trotz vielfacher Bedrängniss, namentlich in den schweren Zeiten der vorletzten beiden Jahrhunderte, versteht es das Geschlecht der Kamptz, sich auf dem alten Besitz bis zum Jahre 1792 zu halten. Da wird Gross-Dratow an den Amtmann Enoch Lembcke verkauft, dessen Geschlecht heute auch bereits über hundert Jahre auf diesem Gute sitzt.

Ueber die kirchlichen Verhältnisse s. bei Schlon.

Kirche.

Kirche. Die Kirche ist ein längliches Viereck, welches aus einem älteren Feldsteinbau des XIII. Jahrhunderts und aus einem jüngeren, ebenso grossen Fachwerk-Anbau im Osten aus dem XVIII. Jahrhundert besteht. Beide Theile haben eine gemeinsame flache Balken- und Bretterdecke. Im Westen

---

[1]) 11 km östlich von Waren. Altslavisch: der-, derą, drati = schinden. Kuhnel, M. Jahrb XLVI, S. 42. Also ungefähr soviel wie »Schinderhagen«.

[2]) M. U.-B. 1732.

[3]) M. U.-B. 11152. 11424. v. Kamptz, Familiengeschichte der Kamptz, S. 20 ff.

[4]) v. Kamptz, ebenda. Boll, Geschichte des Landes Stargard I, S. 52.

ein schmälerer Feldsteinthurm mit einer vierseitigen Helmpyramide. Auf dem herrschaftlichen Chor mehrere Langermann-, Schuckmann- und Kamptz'sche Allianzwappen aus Zinn. Ausser der Dratower Empore giebt es noch zwei Herrenstühle für Schwastorf und Klein-Dratow.

Altar, Kanzel.

Die **innere Einrichtung** ist den mangelhaften architektonischen Verhältnissen entsprechend. Die **Kanzel** befindet sich über dem **Altar.**

Leichensteine.

Vor dem Altar liegen drei **Leichensteine** aus dem XVIII. Jahrhundert: **MARIANNE VON KAMPTZ**, gest. 1781, **ADOLPH VON KAMPTZ**, gest. 1781, **GEORG VON KAMPTZ**, gest. 1789.

Taufständer.

Ein gusseiserner **Taufständer** trägt die Inschrift: **EINGEWEIHT BEI DER TAUFE VON ANNA DOROTHEA LEMCKE 3 • JULI 1866 • LASSET DIE KINDLEIN** u. s. w.

Glocken.

Auf dem Thurm hängen drei **Glocken.** Die erste Glocke hat die Inschrift: **DIE HERREN GUTSBESITZER C • LEMCKE AUF GR • DRATOW, F • RICHTER AUF KL • DRATOW UND G • SAURKOHL AUF SCHWASTORF LIESSEN DIESE GLOCKE IM JAHRE 1853 VON C • ILLIES IN WAREN GIESSEN.**[1]) — Die zweite Glocke trägt die Inschrift: **LEVIN KAMZE, PHILIPP KAMZE, PATRONE DIESER KIRCHEN; EHR • JOCHIM WERDT PASTOR A • D • 1620.** — Die dritte hat die kurze Inschrift: **HANS VOS GOS MICH IN LUNEBURG ANNO 1660.**

Kleinkunstwerke.

Kleinkunstwerke. 1. 2. Silbervergoldeter Kelch, gestiftet 1714 von **J • C • V • KAMTZ** und **M • E • V • LANGERMAN.** Ohne Werkzeichen. Desgleichen die Patene. — 3. Zinnerner Kelch, gestiftet 1714 von **J • C • V • K •** und **M • E • V • L •** Keine Werkzeichen. — 4. Ein kleinerer desgleichen mit denselben Initialen und derselben Jahreszahl, mit verquetschten Werkzeichen. — 5. Silberne Kanne, gestiftet von **C •** und **H • LEMCKE • GR • DRATOW 1868.** — 6. Ovale silberne Oblatenschachtel, 1737 gestiftet von ***J • G •***, wie es sich aus einem bekrönten Doppelmonogramm auf dem Deckel ergiebt. Stadtzeichen (M) (Malchin), Meisterzeichen (DIW) (**Joh. Dietr. Westphal**). — 7. Längliche zinnerne Oblatenschachtel, gestiftet 1796 von **H • J • BROCKMANN.** Von einem Zinngiesser **Ehlers.** Englisches Zinn. — 8. Silberner Oblatenteller, 1735 gestiftet von **GOTTFRIED LIPHARD.** — 9. Zinnerne Taufschale von 1856. Keine Werkzeichen. — 10. 11. Zwei Zinnleuchter von verschiedener Form, der eine 1737 gestiftet von **CORNELIUS CLAUS BRAUER**, mit undeutlichen anscheinend Friedländer Stempeln, der andere 1766 gestiftet von **JOHANN HUDDELBECK** und **ILSABE HEDWIG BARGEN**, ebenfalls mit undeutlichen Stempeln.

[1]) Die Vorgängerin war 1701 z. Zt. des Pastors Schmidt und unter dem Patronat von Christoph Albrecht von Kamptz gegossen worden. Von wem, verschweigt das Inventar von 1811.

Das Gut und Kirchdorf Deven.

Geschichte des Dorfes.

Deven ist jetzt ein Filial-Kirchdorf von Varchentin. Einstmals war es ein Kirchdorf für sich, denn im Jahre 1373 ist Rambold Szanewitz Pfarrer »in Divens«.[1]) Die Besitzverhältnisse sind ungemein verwickelt.[2]) Zuerst treten die Kargow in Deven und dortiger Gegend auf. Sie veräussern in der ersten Hälfte des XV. Jahrhunderts ihre Besitzungen in Holz-Liepen an Lüdeke Hahn auf Basedow; und als am 24. Februar 1469 der letzte Kargow stirbt und sein Besitz in Deven, welcher aus sechs Hufen und zwei Kathen besteht, heimfällt, wird Lüdeke Hahn auf Basedow unter der Bedingung damit belehnt, dass er sich mit des Kargow hinterlassener Wittwe wegen ihres Leibgedinges abfinde und sie keinen Schaden leide.[3]) Ausserdem besitzt Hans Smort in Waren einen Hof und dazu gehörende Hufen zu Deven, ebenso Drewes von Kosboth drei Höfe und sechstehalb Hufen nebst einem Kathen und dem Muhlenkamp. Beide Antheile erwirbt Lüdeke Hahn's Sohn Nikolaus; er wird von Herzog Heinrich am 4. Oktober 1472 und am 15. Oktober 1475 damit belehnt.[4]) Auch die Stute und Brüsewitz sind zu Deven begütert. Die Brüsewitz verkaufen 1456 dem Knappen Heinrich Stute und seinem Sohn Otto zehntehalb freie Hufen, fünf Bedehufen, zwei Hunger'sche Hufen (es kommt dort ein sog. Hunger'scher Hof vor) und mehrere Kathen; die Stute erwerben 1507 von den Kosboth's (Kossebade) zwei Hufen. Im Jahre 1572 erlischt das Geschlecht der Stute. Da verleiht Herzog Johann Albrecht den heimgefallenen Devener Antheil dieses Geschlechtes an Jürgen Below auf Kargow.[5]) In den Besitz des Gutes und Dorfes theilen sich daher nun noch die Hahn und Below. Die von Hahn treten ihren Antheil 1610 theilweise, 1633 aber ganz an Eckhardt Kamptz auf Plasten ab, dessen Nachkomme Christoph Ernst ihn 1764 dem Besitzer des anderen Antheils, Kammerjunker Heinrich Otto von Below, verkauft.[6]) So gelangt Deven endlich in eine Hand. Rechtsnachfolger der Below ist 1837 Advokat Albrecht Karl Ludwig Voss. 1856 besitzt Friedr. Karl Christian Voss, 1879 Bernhard Söllner, 1886 Legationsrath a. D. Graf Grote und seit 1887 Otto Graf Grote das schöne Gut.

Ueber die kirchlichen Verhältnisse s. bei Varchentin.

Kirche.

Kirche. Die Kirche ist ein alter Feldsteinbau, welcher ein längliches Viereck mit steilem Satteldach darstellt und dem Typus der Kirchen zu Federow,

[1]) M. U.-B. 10501. »Oůf des Dévens«: Kühnel, M. Jahrb. XLVI, S. 40.

[2]) Lisch, Geschl. Hahn III, S. 20.

[3]) Lisch. a. a. O.

[4]) Lisch, Geschl. Hahn III. S. 59. 71 f.

[5]) Akten im Grossh. Archiv.

[6]) v. Kamptz, Familiengeschichte, S. 384.

Kargow und Alt-Schönau folgt, im Ganzen aber einfacher gehalten ist und der charakteristischen Merkmale ermangelt, durch welche jene ausgezeichnet sind. Die aus guten Ziegelsteinen aufgeführten Giebel sind mit Blenden verziert. Der ganze Innenraum ist mit flacher Bretterdecke geschlossen.

Altar und Kanzel, Triptychon.

Altar und **Kanzel** im Barockstil des XVIII. Jahrhunderts sind zu einem Körper vereinigt, doch sind zum Schmuck des Altars acht geschnitzte Figuren aus einem früheren gothischen **Triptychon** benutzt worden.

Empore.

Die der Kanzel gegenüber im Westen aufgebaute **Empore** zeigt ein **BELOW**'sches Familienwappen ohne weitere Angaben.

Glocken.

Im Glockenstuhl befinden sich zwei **Glocken**; die grössere ist im Jahre 1841 von **C. Jllies**-Waren gegossen,[1]) die kleinere hat weder Inschrift noch Datum und ist nur mit einem Medaillon geziert, das einen einköpfigen Adler in Relief zeigt.

Kleinkunstwerke.

Kleinkunstwerke. 1. 2. Silbervergoldeter Kelch, gestiftet **1880** von **TRAUGOTT SÖLLNER** und Frau, geb. **HENRIETTE WOLLMER** (den Eltern des **BERNHARD SÖLLNER**, dessen Namensinitialen an der Cupa verewigt sind). Dazu eine Patene. -- 3. Silbervergoldete Patene mit den Initialen **H • L • F • G • M**. Keine Stempel. — 4. 5. Zwei Zinnleuchter, gestiftet **1698** von **BASTIAN MVNSTER**. Ohne Stempel. (Andere Vasa sacra der Kirche zu Deven befinden sich in Varchentin.)

Das Gut und Kirchdorf Gross-Gievitz.[2])

Geschichte des Dorfes.

Gross-Gievitz, am Nordende des Torgelower Sees belegen, ist in alter Zeit ein von der Osten'sches Gut, kommt aber schon im XIV. Jahrhundert in Voss'schen Besitz, in welchem es sich, einige Unterbrechungen abgerechnet, noch heutigen Tages befindet. Vom Kummerower See und von Demmin her dringt das Geschlecht der Voss schon im XIII. Jahrhundert in die Gegend von Stavenhagen vor und erscheint sehr oft in der Umgebung der Herren von Werle.[3]) Am 1. November 1332 verleiht Johann III. von Werle dem Friedrich Voss zur gesammten Hand mit Gottschalk von der Osten, so lange dieser lebt, die von der Osten'schen Güter Gross- und Klein-Gievitz. Nach beider Tode sollen allein die Erben des Vicke Voss die Güter besitzen. Dafür

[1]) Die Vorgängerin dieser Glocke war von H. J. Meyer unter dem Patronat von H. O. von Below und E. F. von Kamptz zur Zeit des Pastors Linde (in Varchentin 1758—1813) gegossen worden.

[2]) 11 km nordnordöstlich von Waren. Kühnel verbindet die alten Formen des Namens Gywirtze, Giverz mit dem altslavischen Wort gvorü, gvoruci = Wasserblase: M. Jahrb. XLVI, S. 49. Daher »die Jeverec (Jeverka)« und vielleicht soviel wie »Seedorf«.

[3]) Lisch, M. Jahrb. XXXIII, S. 200 ff.

sollen der Voss und seine Erben dem Fürsten jedes Jahr um Weihnachten eine Tonne Honig liefern.[1]) Damals gehört Gievitz zum Lande Malchow, welches die Flotow auf Stuer seit Mitte des XIV. Jahrhunderts in Pfandbesitz haben. Sie beanspruchen daher auch die Oberhoheit über Gievitz. Daraus, oder auch aus einem inzwischen daselbst erworbenen Antheil, erklärt es sich, wenn zwei Vettern von Flotow in den Jahren 1488 und 1489 ihr Gut Gievitz an Nikolaus Hahn auf Basedow verpfänden, obwohl damals auch Wedege Voss als Besitzer erscheint.[2]) Uebrigens nisten die Hahn sich allmählich immer mehr in Gievitz ein. 1489 verpfändet Hans Voss zu Plasten an Klaus Hahn auf Basedow sein Gut zu Gross-Gievitz, und 1519 verkauft Wedige Voss dasselbe an Achim Hahn. Auch die Flotow haben um diese Zeit that-

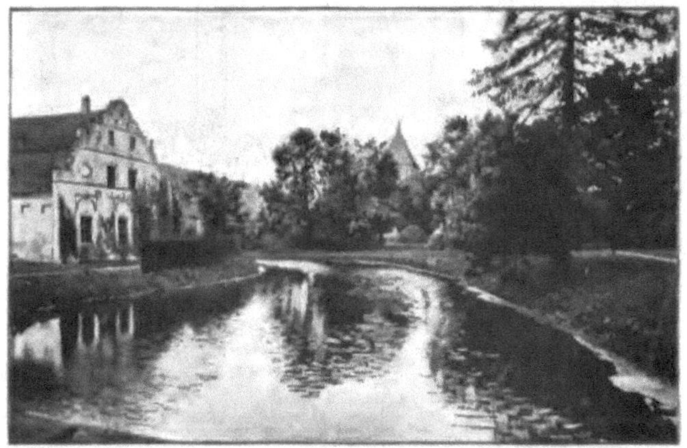

Gross-Gievitz.

sächlich einen Antheil an Gievitz. Sie verpfänden ihm 1564 auf zwanzig Jahre an Joachim Kruse auf Varchentin, und nach Ablauf dieser Zeit erbitten sie den landesherrlichen Konsens zu weiterer Verpfändung. So kommt es, dass 1606 nur die Hahn und Flotow Besitzer von Gross-Gievitz sind. Aber seit 1609 verpfändet Otto Hahn auf Basedow seinen Antheil an dem Gut nach und nach den Vossen und verkauft es endlich 1616 an Karl Valentin, Levin Ulrich und Friedrich Voss, des sel. Jürgen Voss Söhne. Die Flotow haben inzwischen ihren Antheil an Johann Barner auf zwanzig Jahre antichretisch überlassen. Als aber nach dessen Tode Konkurs ausbricht, cedieren die Gläubiger am 4. März 1652 den Barner'schen Antheil an Gross-Gievitz den

[1]) M. U.-B. 5364.

[2]) Lisch, Geschl. Hahn III, S. 133 ff.

Herren von Voss, und seitdem haben diese ihr schönes Gut nicht wieder aus den Händen gelassen.

Mittelalterliche Geistliche sind bis jetzt nicht bekannt geworden. Der erste, welcher aus einem im Archiv aufbewahrten Verzeichniss von Predigern, die an den Synoden in der Zeit von 1540 bis 1546 theilgenommen haben, als Pfarrer zu Gross-Gievitz (Gewerze) genannt wird, ist Bartholomaeus Michael

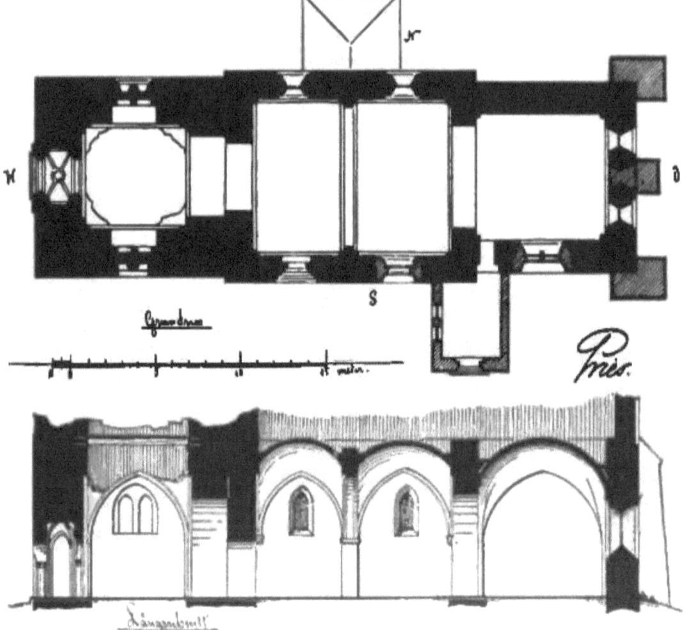

Kirche zu Gross-Gievitz.

Im Jahre 1604 stirbt Er Henning Bremer, nachdem er in die vierundvierzig Jahre Pastor in Gievitz gewesen. Sein Schwiegersohn und Nachfolger ist Laurentius Witting (1614, 1621). Im Visitationsprotokoll von 1621 wird er als ein Mann von vierzig Jahren genannt. Er kommt auch noch im Protokoll von 1648 vor, ist aber damals nicht mehr in Gievitz, sondern zu Libau in Kurland. Ihn wird also wohl der dreissigjährige Krieg vertrieben haben. Uebrigens hatte er vorher schon einmal, nämlich im Jahre 1612, seinen Dienst aufgesagt. Das Patronat haben damals die Flotow auf Stuer, und zur Gemeinde gehören die Dorfer Klein-Gievitz und Hungerstorf, wo bis in den Anfang des

XVII. Jahrhunderts Kapellen bestanden haben, die nun nicht mehr da sind. Von Schönau keine Rede.

Damals hat aber auch Lansen noch sein eigenes Pastorat. 1605 ist dort Er Elias Berndes Pastor. 1625 ist ein alter Pastor da, als dessen Patrone der auf Lansen erbgesessene Joh. Babbzien (Babetzin), der auf Schönau pfandgesessene Hinrick Zepelin, und Hippolyta von Blücher angegeben werden, des einst ebenfalls auf Schönau pfandgesessenen und auf Daberkow erbgesessenen Franz von Blücher nachgelassene Wittwe. Man sieht daran, dass Schönau mit Lansen verbunden ist. Ein junger Theologe meldet sich, Heinrich Lachmund, für die Pfarre und die Tochter. Aber es scheint nicht, als ob er ans Ziel gelangt. Denn 1635 ist dort ein Pastor Joh. Kobier, und im Visitationsprotokoll von 1648 wird als vorletzter Pastor zu Lansen ein Joachim Bier genannt.

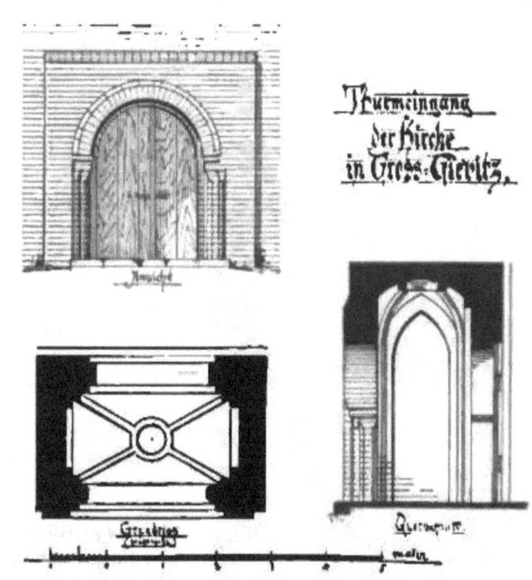

Auch in Lansen verändert der grosse Krieg des XVII. Jahrhunderts alle Verhältnisse.

Als 1642 Bartholomaeus Thasaeus als Nachfolger des Witting von den Stuerschen Flotow's nach Gross-Gievitz berufen wird, da übernimmt er auch die Kura von Lansen und Schönau, und nun bleibt Lansen lange Zeit hindurch mit Gievitz verbunden. So unter dem Nachfolger des Thasaeus, Daniel Statius (1667 bis 1717), unter Johann Friedrich Schwarzkopf (1718 bis 1749), Andreas Barkow (1747 bis 1753) und Gottlieb Friedrich Wucke (1754 bis 1771). Als aber 1773 Adolf Augustin Beckmann († 1810) berufen wird, geht Lansen als vagierende Mutterkirche zur Kirche in Rittermannshagen über, Schönau aber verbleibt bei Gievitz.[1]) S. Walter a. a. O.

[1]) Stuhr, M. Jahrb. LX, S. 35. 53. 78. 86.

Kirche. Die Kirche ist ein alter Feldsteinbau aus der Zeit des Ueberganges vom romanischen zum gothischen Stil im Anfange des XIII. Jahrhunderts. Der Chor ist mit einem Halbkugelgewölbe geschlossen, während das etwas höhere Schiff zwei schmälere Gewölbe ohne Rippen hat. In der Ostwand eine aus drei spätromanischen Schlitzöffnungen gebildete Fenstergruppe, deren mittlerer Schlitz leider zugesetzt ist und daher wirkungslos erscheint, während in den Seitenschlitzen noch etwas von der ursprünglichen Wandung und Laibung mit Rundstabbildung übrig geblieben ist. Auf der Südseite des Chors ein durch Neuerungen arg verdorbenes Fenster; auf der Nordseite aber gar keine Lichtöffnung, da hier eine grosse Empore angebracht ist. Der Chor öffnet sich nach dem Langhause hin mit einem niedrigen Triumphbogen in der Form eines gedrückten gothischen Spitzbogens. Die Fenster des Langschiffes haben sich stilwidrige Erneuerungen gefallen lassen müssen. Dagegen verdient, ausser der jetzt in die Sakristei führenden ehemaligen »Priesterpforte«, das ältere Portal auf der Südseite mit seiner schönen frühgothischen Gliederung (Rundstab, ausgekehlte Ecken, Kapitell und Wechsel von glasierten und unglasierten Steinen) die eingehendste Würdigung, ebenso, und fast noch mehr, die in die Westseite des Thurmes eingelassene und mit einem Backofengewölbe geschlossene Portalhalle. In dem kleinen Gewölbe der Vorhalle findet man nämlich dieselbe Feldereintheilung, welche in vielen alten Chorgewölben vorkommt. Das Charakteristische ist dabei ein aus einem Wulst gebildeter Kreis, der die aus den Ecken her aufsteigenden Rundstabrippen aufnimmt, durch welche das Gewölbe in vier Kappen eingetheilt wird. Beachtung verdient auch die Wandung der Portalhalle mit ihren abgefas'ten Ecken und Kapitellgliedern, die an ähnliche Formen zu Neukloster erinnern. Die Vorhalle lässt erkennen, dass der Feldsteinthurm sehr bald nach dem Langhause erbaut ist. Dazu stimmen auch seine Lichtöffnungen in der Form von zwei Schlitzen auf jeder Seite,

Kirche.

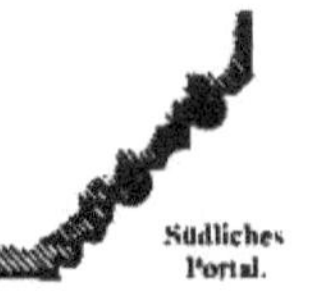

Südliches Portal.

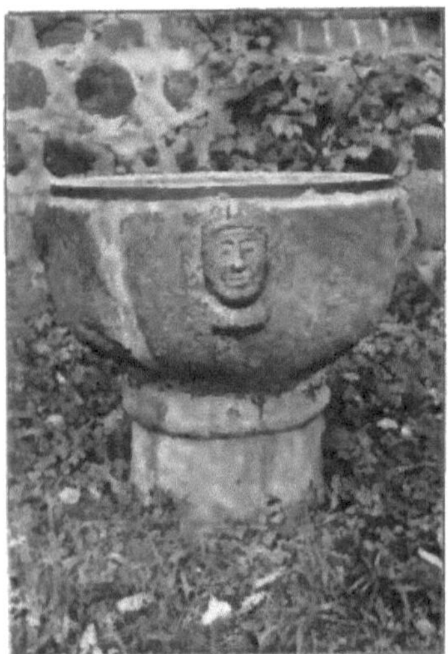

Romanische Steinfünte.

21

die durch eine Blendnische mit dem Schluss eines gedruckten Spitzbogens zusammengefasst werden.

Stein-fünte. Neben dem Portal auf der Südseite der Kirche eine romanische **Steinfünte** des XII. oder XIII. Jahrhunderts.

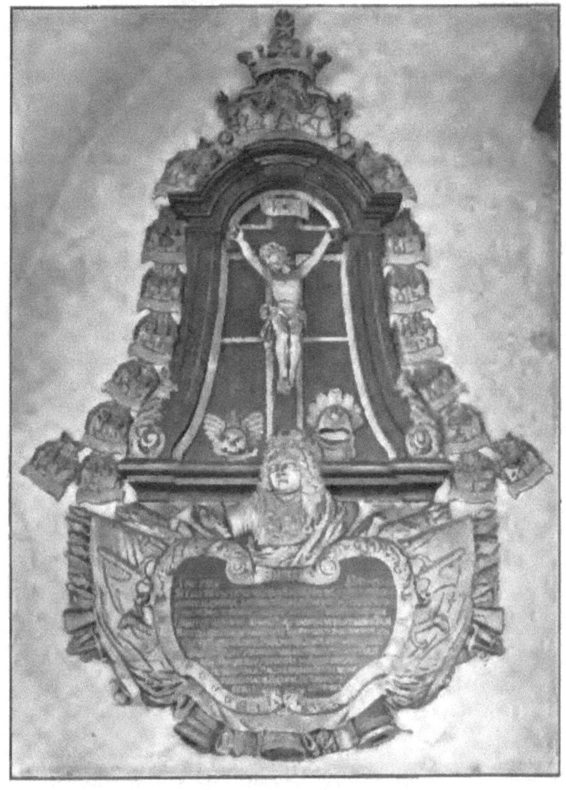

Marmor-Epitaph des Ernst Christoph von Voss.

Marmor-Epitaph. In der Kirche ein mit vielen kriegerischen Emblemen geschmücktes **Marmor-Epitaph** des **ERNST CHRISTOPH VON VOSS**, welcher in Hannoverschen Diensten stand und Erbherr auf Gross- und Klein-Gievitz, Flotow, Luplow, Rumpshagen, Klein-Helle und Bredenfelde war, geb. 1654, vermählt

1692 mit **Anna Magdalena von Witzendorff** aus dem Hause Zecher und gest. den 14. September 1720. Darunter der **Grabstein** des Ehepaares in jenem Geschmack des Barockstils, dem auch ein Theil der älteren Einrichtung der Kirche entstammt. Grabstein.

In der Südostecke des Chors ein gutes **Gemälde** aus der Werkstatt des **Lukas Cranach**, welches eine in freier Landschaft sitzende Madonna mit dem heiligen Kinde und mit herumspielenden kleinen Engelgestalten darstellt. Daneben jüngere **Gedächtniss-Tafeln** der Gräflich **VOSS**'schen Familie; ferner ebensolche als **Glasmalereien** in den beiden Fensterschlitzen der Ostwand. Gemälde, Gedächtniss-Tafeln, Glasmalereien.

Im Thurm drei **Glocken**, die grösste mit der Inschrift in gothischen Majuskeln: ✠ : O RHX GLORIGH VHRI QOSR PHUH OfffVQ. Ob der auffällig gebildete Schluss, der aus einem Majuskel-O, drei minuskelartig erscheinenden fff, einem wieder majuskelartig auftretenden V und Schluss-Q besteht, die Zahl 1395 bedeuten soll, wollen wir dahin gestellt sein lassen. Unmöglich wäre es nicht. — Die mittlere und kleinere Glocke sind ohne Inschrift und Zeichen. Glocken.

Kleinkunstwerke. 1. 2. Silbervergoldeter Kelch, gestiftet 1693 von **ERNST CHRISTOFFER V. VOSS** und **ANNA MAGDALENA V. WITZENDORF**. Kelch mit dem Meisterstempel (AK) und einem undeutlichen Stadtstempel. Die Patene von **H. Holscher**-Güstrow: [HH] [G]. — 3. 4. Desgleichen, grösser, ohne Inschrift. Zeichen: [Stempel] [AS]. — 5. 6. Desgleichen, klein, Krankenkelch: [ET]. Stadtstempel undeutlich. — 7. Längliche Oblatenschachtel, gestiftet 1752 von **JOH. FRIEDR. SCHWARTZKOPFF**, Pastor in Gievitz, und **CATH. ELIS. SCHWARTZKOPFFEN**, geb. **MEYERN**, mit den Warenschen Stempeln [W] [Stempel]. — 8. Neue Kanne, gestiftet von **AUG. GRAF V. VOSS 1827**. Anscheinend Berliner Stempel. Kleinkunstwerke.

Das Gut und Filial-Kirchdorf Alt-Schönau.[1]

Das ganze Mittelalter hindurch, vom XIII. Jahrhundert her, ist die Kirche zu Alt-Schönau, die, etwas vom Dorf entfernt, einsam auf einem Hügel liegt, Tochterkirche der Kirche zu Falkenhagen und steht gleich dieser vom 13. März 1331 an unter dem Patronat des Stiftes Broda.[2] Als aber im dreissigjährigen Kriege die Kirche zu Falkenhagen zu einem Trümmerhaufen wird und der Name des Dorfes eine Zeit lang von der Landkarte verschwindet, um erst im XIX. Jahrhundert an zwei Stellen der alten Feldflur unter Einwirkung der Geschichte des Dorfes.

[1]) 9 km nördlich von Waren.

[2]) M. U.-B. 5226. 5247. Vgl. dazu 377. 1284. Anm. 1293. besonders auch die Erörterungen über die kirchlichen Verhältnisse von Waren, oben S. 327, sowie die Urkunden von 1402. 1482 und 1500 im M. Jahrb. III, S. 206–210. 229/30.

24*

Warenschen Stadt-Oekonomie, der die Flur seit 1427 gehört, wiederaufzutauchen, da sucht Schönau ebenso wie Lansen das geistliche Brod bei der Kirche zu Gievitz. Lansen freilich geht im XVIII. Jahrhundert zu Rittermannshagen über, Schönau aber bleibt bei Gievitz.[1])

Bei der werleschen Landestheilung am 2. December 1316 wird Schönau gleich Gross- und Klein-Gievitz, soweit es den Rossdienst angeht, zu dem Parchim-Malchowschen Theil gelegt.[2]) Mit Besitz und Rechten treten uns im XV. Jahrhundert die Flotow auf Stuer und die Schönow auf Schönau selbst entgegen, jene als Pfandbesitzer des Landes Malchow, diese als die Lehnsinhaber am Dorfe. Die von Flotow verpfänden ihre Gerechtsame 1488 an Klaus Hahn auf Basedow; die Schönow aber sind seit 1404 unbestrittene

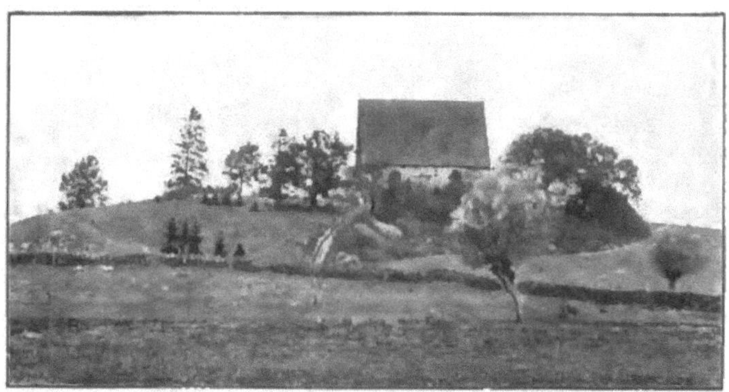

Die Kapelle zu Alt-Schönau.

Besitzer, sie haben das Dorf von den Fürsten Klaus und Christoph von Werle zu Lehn empfangen.[3]) Indessen im Jahre 1607 verlieren sie es, nachdem sie es schon 1599 an Ventz von Blücher verpfändet haben. Diese Verpfändung wird nämlich zu einem antichretischen Verkauf, zu welchem der landesherrliche

[1]) In seiner Beschreibung der Stadt Waren bei Mantzel, Bütz. Ruhestunden XVII, S. 70, sagt Pastor Darjes im Jahre 1765: »An dem Falckenhäger See ist noch ein Stück Mauerwerk von einer vormaligen Kapelle. Der Ort heisst noch der Falckenhäger Kirchhof«. — Schmidt in seinen geschichtl. Nachr. über die Stadt Waren vom Jahre 1841 sagt: (Falkenhagen) »wurde (im dreissigjährigen Kriege) so gründlich zerstört, dass auch kein einziger von den Bauern dort blieb, dass der Acker Jahre lang unbebaut lag und theilweise Waldungen dort aufschlugen, unter denen man noch jetzt die Spuren ehemaliger Bearbeitung erkennen kann. Falkenhagen hatte eine eigene Kirche, wovon noch wenige Ruinen zu Anfange des vorigen Jahrhunderts sichtbar waren. Sie stand auf der Stelle zwischen dem Falkenhäger See und Tief-Waren, welche noch jetzt der Falkenhäger Kirchhof heisst und erst vor etwa dreissig Jahren urbar gemacht ist. Der jetzige Hof Falkenhagen und die Meierei sind später angelegt.« — Vgl. Karte von Schmettau.

[2]) M. U.-B. 3860.

[3]) Akten im Grossh. Archiv.

Konsens am 20. November 1607 ertheilt wird. So kommt es, dass 1619 die hinterlassenen Kinder des Ventz von Blücher die alleinigen Besitzer von Schönau sind. Aber auch hier sieht man die Einwirkungen des grossen Krieges. Einen

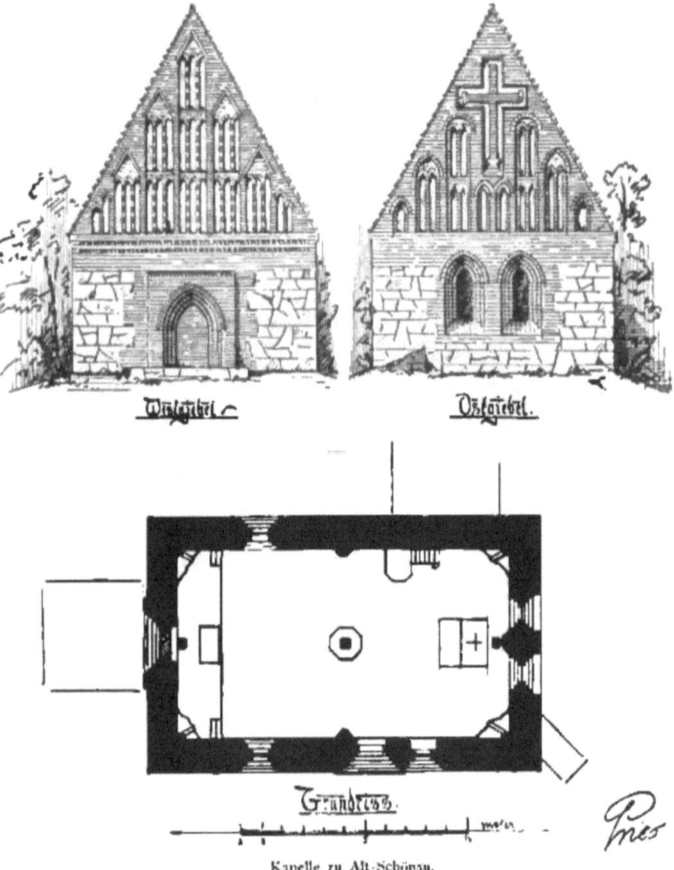

Kapelle zu Alt-Schönau.

Antheil am Gute erwirbt namlich Kurt Behr und muthet ihn am 24. Januar 1659. Acht Jahre später endlich cedieren die Blucher ihren Antheil an Schönau 1667 dem Landrath Hans Friedrich von Lehsten auf Wardow, welchem am 14. Oktober desselben Jahres der Lehnbrief ertheilt wird. Der Landrath erwirbt anscheinend alle anderen Antheile hinzu, denn am 16. März 1671 empfängt er den Konsens und Lehnbrief über das ganze Gut, aber schon 1684 verkauft er es an den Baron Johann Hinrich von Erlenkamp für 8000 Gulden. Dieser lässt es 1686 allodificieren. Im Jahre 1726 kauft die Wittwe des Oberstleutnants von Voss zu Gross-Gievitz das Gut für 15000 Thaler. In Voss'schen Händen verbleibt nun Schönau mit geringen Unterbrechungen, bis es 1899 Ferdinand Meisenburg und 1900 Friedrich Kolz erwirbt.

Kapelle.

Kapelle. Die Kapelle ist ein frühgothischer Feldsteinbau in Form eines länglichen Vierecks, aber zu irgend einer Zeit, die nicht angegeben werden kann, verfallen und erneuert. Die Ansätze zu den beiden Gewölben, mit denen der Innenraum ohne Zweifel einstmals geschlossen war, sind noch vorhanden. Jetzt überspannt ihn eine flache Balken- und Bretterdecke. In dem Portal auf der Südseite werden Wandung und Laibung belebt durch die Abwechselung von Rund- und Birnstab nach Art des Ueberganges von der Frühgothik zur Hochgothik. Auch giebt es dort die dieser Geschmacksrichtung entsprechende Abfasung an der Aussenkante. Die beiden Fensterschlitze der Ostwand sind aussen und innen mit Viertel-Rundstäben des gleichen trefflichen Ziegelmaterials eingefasst, welches an dem Portal der Südseite verwandt ist. Abfasung und Viertel-Rundstab zeigen auch die etwas breiteren, wohlgebauten Lichtöffnungen der Langseiten, welche mit einem gedruckten Spitzbogen geschlossen sind. Man zählt zwei Fenster auf der Süd- und eins auf der Nordseite. Auf der Westseite ein jetzt zugesetztes grösseres Portal in einem vorgeschobenen Mauerkern. In diesem zweifellos ursprünglichen alten Portal werden Wandung und Laibung aus fünf Kanten gebildet, von denen die inneren vier die frühgothische Abfasung haben. Sehr zu beachten sind auch die mit einem reichen Blendenwerk in gutem Mauersteinmaterial verzierten Spitzgiebel der West- und Ostseite. Die durch den Gewölbesturz weggerissenen oberen Theile der vier Feldsteinmauern der Kirche sind durch schlechteres Ziegelwerk späterer Zeit ergänzt. Ein Fundament auf der Westseite zeigt, dass der jetzige Glockenstuhl einen etwas umfangreicheren Vorgänger hatte.

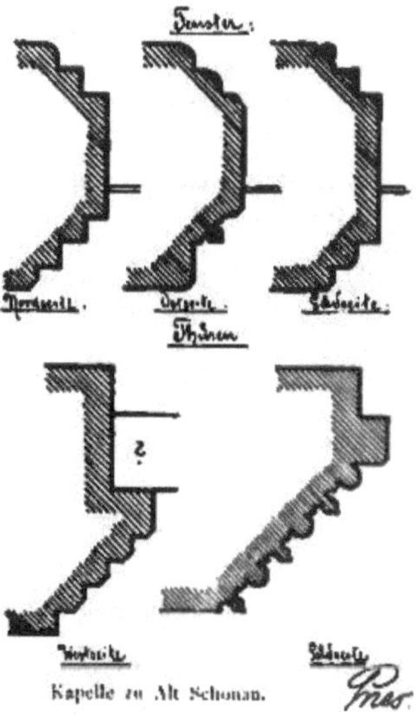

Kapelle zu Alt Schönau.

Die **innere Einrichtung** ist ohne Bedeutung. Inneres.

Hinter der Orgel ein spätgothischer **Schnitzschrein,** dessen Mittelstück mit den drei grösseren Figuren der hl. Maria, des hl. Georg und eines nicht mehr zu bestimmenden hl. Bischofs gefüllt ist, während in den Flügeln zwölf kleinere Figuren erscheinen, welche jederseits in zwei zu dreien angeordneten Gruppen über einander angebracht sind. Unter diesen kleineren Figuren sind zu erkennen die hl. Annaselbdritt-Gruppe, der hl. Johannes Evang., die hl. Maria Magdalena, der hl. Jakobus der Aeltere und die hl. Barbara. Bei den Uebrigen fehlen die Attribute. Schnitzschrein.

An der innern Nordwand der Kirche zwei Gräflich **VOSS**'sche **Zinnschilde**. Zinnschilde,

An dem Portal der Südseite ein **Weihwasserbecken** von Granit. Weihwasserbecken,

Im Glockenstuhl zwei **Glocken**, eine jüngere von **1852**, von **C. Jllies**-Waren gegossen, die keine Vorgängerin hatte, und eine ältere mit dem nebenstehenden Giesserzeichen. Glocken.

Kleinkunstwerke. 1. 2. Silbervergoldeter Kelch, gestiftet **1852** von **L • G • V • V • G • V • B •** (Louise Gräfin v. Voss, geb. v. Behr). Keine Stempel, auch nicht an der zugehörigen Patene. — 3—7. Kleinerer Kelch, Patene, Oblatenschachtel und Kanne, ohne Stempel. Alle vier Stücke Geschenke der gen. Gräfin **LOUISE V. VOSS** vom Jahre **1852**. — 8. Zinnerne Patene, ohne Zeichen. — 9. 10. Zwei Zinnleuchter, der eine **1766** gestiftet von **JOHANN C • LANZ** und **REGINA BERGEN**, der andere **1823** von **JOHANN JOACHIM ERNST PETERS**; der letztgenannte ist von dem Warenschen Zinngiesser **J(oachim) B(aass) 1793** angefertigt. — 11. Von demselben Zinngiesser auch eine Zinnschale. Kleinkunstwerke.

Das Gut und Kirchdorf Lansen.[1]

Das Dorf und Gut Lansen gehört nachweislich vom XV. Jahrhundert (1481) her, vielleicht aber schon in frühester Zeit, dem alten ritterbürtigen Geschlecht der Babbezin, deren letzter, August Friedrich, das Lehnrecht, das er auf Lansen hat, im Jahre 1700 an Andreas von Pritzbuer abtritt.[2]) Damals haben die Pritzbuer nämlich schon ihren Antheil am Gute. Das hat sich folgendermassen zugetragen. Im Jahre 1619 giebt Johann von Babbezin einen Antheil an Lansen für 13000 Gulden als Pfand an Vollrath von Bassewitz auf Hohen-Lukow. Dieser Antheil geht 1663 auf Geschichte des Dorfes.

[1]) 12 km nördlich von Waren. Von Kühnel, M. Jahrb. XLVI, S. 81, mit altslavisch lagŭ = Hain, oder auch mit łažlnŭ, polnisch łąg = Sumpfboden, Bruch zu verbinden. Demnach also ungefähr soviel wie »Haindorf« oder »Bruchdorf«.

[2]) v. Gamm, Verzeichniss des mecklenburgischen Adels im M. Jahrb. XI, S. 429, lässt ihn schon 1698 sterben. S. Akten im Grossh. Archiv.

Christian von Bernhard über. Als dann im Jahre 1694 der Babbezin'sche Antheil, der noch geblieben, aber für 12000 Gulden an die Familie Karnatz in Güstrow verpfändet ist, von dieser als Pfandgut an Andreas von Pritzbuer weitergegeben wird, da erwirbt dieser mit seinen Brüdern Gustav und Joachim zusammen auch die Anrechte auf den Bernhard'schen Antheil, sodass den drei Pritzbuer bereits am 14. Juni 1694 der landesherrliche Expektanzbrief auf das ganze Gut Lansen ertheilt werden kann. Pritzbuer'sches Gut bleibt es bis 1762, dann wird es Meyenn'scher Besitz bis 1793, Randow'scher Besitz bis 1797, und seitdem gehört es mit Schwarzenhof zur Begüterung der Gräflich Hahn'schen Linie auf Basedow.[1])

Ueber die kirchlichen Verhältnisse des Dorfes, das mit Schwarzenhof zusammen früher eine eigene Parochie bildete, s. bei Gievitz. Seit 1773 ist die Kirche zu Lansen als Mater vagans mit der Kirche zu Rittermannshagen verbunden.

Kirche.

Kirche. Die Kirche ist ein gothischer, mit Pfeilern bewehrter und mit Blenden am Westgiebel geschmückter Ziegelbau auf behauenem Granitsockel und hat einen Schluss aus dem Achteck. Die Fensterpfosten (sämmtlich in zweitheiligen Fenstern) sind neu. Eine flache Holzdecke überspannt den Innenraum.

Die **innere Einrichtung** ist neu.

Christusbild.

Auf dem Kirchenboden ein alter **Christus als Triumphbild**, von Dreiviertel-Lebensgrösse.

Weihwasserbecken, Fünte.

In der Kirche, rechts vom Eingange auf der Südseite, ein **Weihwasserbecken**, ganz gleich den bekannten alten Quetschmühlen.

Draussen vor der Westseite der Kirche steht eine alte **Granitfünte.**

Glocken.

Im Glockenstuhl westlich von der Kirche drei **Glocken.** Die eine hat auf der einen Seite des Feldes die Inschrift: **CHRISTIA(N) VON BERNHARDT PATRONUS ILSEBE DOROTHIA VON WREEDEN HAT DISE KLOCK G LASEN**, und daneben die Wappen beider mit der Unterschrift: **ANNO 1690**; auf der anderen Seite aber: **DANIEL STACIUS PASTOHR ZU GIWITZ UND LANSE PAUL SCHRÖDER VOHRSTEHR DER KIRCH ZU LANSE.** Am Schlagring: **M • VITES SIEBENBAUM GOSS MICH IN SCHWERIN.**

Die zweite Glocke zeigt eine sitzende Figur mit segnend erhobenen Händen, dann die Inschrift: **• h(i)lf • got • unde • maria • moder • gades.** Unter dieser Inschrift mehrere kleine Bildchen: eine sitzende Bischofsfigur, ein Agnus Dei mit Kreuz unter einer gothischen Architektur, und zuletzt in hausartiger Umrahmung die Anbetung Christi durch die heiligen drei Könige.

Die dritte Glocke führt im Felde das **HAHN**'sche Wappen mit **C • G • H • 1865.** Gegossen von **C. Jllies** in Waren.

[1]) Akten im Grossh. Archiv. Vgl. Lisch, Geschl. Hahn IV, S. 302. 328.

Kleinkunstwerke. 1. 2. Silberner Kelch auf rundem Fuss. An der Kupa der **PRITZBUER**'sche Doppeladler ohne Köpfe. Dazu die Initialen **S • A • S • V • M • W • V • P • 1722.** Vom Malchiner Goldschmied **D I W(estphal)**. Patene ohne Zeichen. — 3. 4. Desgleichen von 1747, mit Patene, beide laut Inschrift gestiftet von **V. C. STUDMANN** und mit den Stempeln **S** und $^{H\,I}_{D}$. — 5. Runde Oblatendose, neu (**Sy & Wagner**-Berlin). Kleinkunstwerke.

Das Gut und Kirchdorf Rambow.[1])

Rambow wird zuerst in einer Urkunde vom 7. Juni 1271 genannt, als Bischof Hermann von Kammin das Dorf, welches bisher nach Schwinkendorf eingepfarrt ist, zum Kirchspiel Domherrenhagen (Papenhagen) legt.[2]) Dieses Dorf dient zur Ausstattung des 1226 gestifteten Domherrenstiftes zu Güstrow und wird ihm 1240 als »Hägerdorf« verliehen.[3]) Domherrenhagen ist längst verschwunden, seine Kirche liegt als versteckte Ruine in einem Wäldchen oberhalb der Burg Ulrichshusen, und seine Feldmark ist in die des frühestens im XV., wahrscheinlich aber erst im XVI. Jahrhundert entstandenen Dorfes Ulrichshusen und in die des Gutes Rambow aufgegangen. Rambow ist Maltzan'scher Besitz von ältester Zeit her. Zu Anfang des XVIII. Jahrhunderts aber gelangt der Baron von Erlenkamp in den Besitz von Ulrichshusen und Rambow, das als Pertinenz von Ulrichshusen angesehen und behandelt wird, und erst im Jahre 1776 gelingt es dem Landmarschall Lüdeke von Maltzan, Ulrichshusen mit Rambow wieder zurückzuerwerben. Am Schluss der Lehnssequestration der Maltzan'schen Güter in der Zeit von 1816—1823 (s. o. S. 54, Anmkg.) wird Rambow von Ulrichshusen getrennt und zu Moltzow gelegt, mit dem es noch heute verbunden und zugleich in Maltzan'schen Händen ist, während Ulrichshusen seit 1841 zu der Hahnschen Begüterung gehört.[4]) Geschichte des Dorfes.

Durch die oben angezogene Urkunde vom 7. Juni 1271 wird bewiesen, dass Rambow damals noch kein Kirchdorf ist, sondern dass die oberhalb des Dorfes im Holz gelegene Ruine von »Domherrenhagen« das anscheinend eben erst fertig gewordene Gotteshaus ist, zu dem sich die Einwohnerschaft von Rambow, die bis dahin nach dem 5 km östlich gelegenen Schwinkendorf zur Kirche gegangen ist, in Zukunft zu halten hat.[5]) Zugleich geht daraus hervor,

[1]) 16 km nördlich von Waren. »Ort des Ramb[illegible]« Kühnel, M. Jahrb. XLVI, S. 115.

[2]) M. U.-B. 1229.

[3]) M. Jahrb. IV B, S. 91; IX, S. 457. Lisch, Geschl. Maltzan III, S. 261. Derselbe, Geschl. Hahn I, S. 85—87.

[4]) Lisch und Wedemeyer, Album mecklenburgischer Schlösser und Landgüter, Heft 8 und 9, S. 80.

[5]) Vgl. M. Jahrb. LVI, S. 205. Hier sind irrthümlicher Weise Dorf und Kirche als zwei verschiedene Ortschaften verzeichnet.

dass die erloschene Parochie Domherrenhagen oder Papenhagen sammt Rambow während des Mittelalters zur Diöcese Kammin gehört. Das Vorhandensein des Dorfes Domherrenhagen oder Papenhagen, das zu den Einkünften einer der Güstrower Domprähenden beizutragen hat,[1]) lässt sich an der Hand einiger Urkunden bis ins XV. Jahrhundert verfolgen. 1436 wird davon noch wie von etwas Vorhandenem gesprochen,[2]) am 8. Mai 1458 aber heisst es bereits urkundlich, dass beide Feldmarken, Papenhagen und Marquardeshagen, wüst seien.[2]) Das letztgenannte Dorf hat sich wieder zu einem der stattlichsten Höfe und Dörfer erhoben, das andere aber ist untergegangen. Wie und warum, wissen wir nicht. Immerhin mag die alte Kirche noch eine Zeit lang benutzt worden sein, dann aber hat man, anscheinend erst in der zweiten Hälfte des XVI. Jahrhunderts, die Rambower Kirche an ihre Stelle treten lassen. In den General-Visitationsprotokollen von 1534 und 1541/42 wird weder die eine noch die andere erwähnt, was vielleicht daran liegt, dass die eine schon aufgegeben und die andere noch nicht da war. Erst das Visitationsprotokoll von 1648 erwähnt sie, die eine als Ruine der alten Papenhäger Kirche, die andere als mit der Parochialkirche in Dahmen verbunden.[3]) Zugleich erfahren wir, dass Rambow noch eine Filialkapelle in Moltzow und Dahmen eine in Sagel hat, die es heute beide nicht mehr giebt.

Die Pastoren von Dahmen und Rambow sind bereits bei Dahmen, S. 138/39 aufgezählt.

Kirche.

Kirche. Die Kirche ist ein jüngerer Feldsteinbau aus der Zeit der Renaissance mit einem diesem Geschmack entsprechenden Ostgiebel, an welchem die horizontalen Bänder sowie die Belastungskörper auf den beiden Dachschrägen zu beachten sind, wie sie in der zweiten Hälfte des XVI. Jahrhunderts üblich werden und lange noch im XVII. Jahrhundert beliebt bleiben. Der Innenraum erscheint als ein einziges langes flachgedecktes Viereck. Im Westen ein Feldsteinthurm, der nicht die Breite des Kirchenkörpers hat.

Altaraufsatz, Kanzel.

Die **innere Einrichtung** stammt aus der Zeit der Erbauung der Kirche, soweit es sich um Altar und Kanzel handelt. Der **Altaraufsatz** erinnert an den in Gnoien, Prestin, Damberk bei Röbel u. s. w., doch fehlen hier die Schnitzwerke. Statt deren sehen wir acht Gemälde aus der Passionsgeschichte. Die **Kanzel** aber enthält in ihren Füllungen vier geschnitzte und bemalte Wappenschilde, den Kardorff'schen mit D · V · K ·, den Maltzan'schen mit D · V · M ·, den v. Berge'schen mit J · V · B · und den quadrierten Schulenburg'schen Schild mit D · V · S ·

Empore.

An der **Empore** auf der Nordseite neben dem Altar das Maltzan-Bülow'sche Allianzwappen mit den Unterschriften L · A · V · MOLTZAHN und M · E · V · BÜLOW.

---

[1]) M. U.-B. 8428.

[2]) Lisch, Geschl. Maltzan III, S. 261/62. Derselbe, Geschl. Hahn I, S. 85—87. M. Jahrb. IV B, S. 92; IX, S. 437; X, S. 263; XXIII, S. 317.

[3]) Vgl. die Bemerkungen zur Kirche von Schorssow oben S. 65; besonders auch Anmkg. 1.

An der inneren Südseite die **Rüstung** des schwedischen Obersten KARL DIEDRICH VON RUTH (Rot) sowie als eine Art Epitaph sein geschnitztes **Wappen** von 1657, dessen Unterschrift besagt, dass er unter anderen Würden auch die eines Stadtkommandanten von Elbing besass, 1592 geboren wurde und 1656 starb. Rüstung, Wappen.

Am wichtigsten aber sind die beiden geschnitzten **Holzwappen** an der äusseren Ostwand der Kirche, weil sie ohne Zweifel die der Gründer und Erbauer darstellen. Es sind BEREND LVDOLF MOLTZAHN und seine Gattin ANNA V · STAFFHORST. Leider ist die Jahreszahl oberhalb der Wappen weggebrochen. Aber man weiss, dass Berend Ludolf, der mit seiner Gattin inschriftlich auch an den Mauern des Schlosses Ulrichshusen vorkommt, 1639 aus dem Leben schied und anscheinend um 1620 in den alleinigen Besitz des Gutes Ulrichshusen gelangte. Er wird daher auch der Erbauer der Kirche zu Rambow sein. Holzwappen.

Im Thurm zwei **Glocken**, die grosse ohne Inschrift und Giesserzeichen, die kleine 1703 unter dem Pastorat von JOHANN MEINEKE (zu Dahmen und Rambow) gegossen. Giessernamen und Zeichen weder auf der einen noch auf der andern Glocke.[1]) Glocken.

Kleinkunstwerke. 1. 2. 3. Sehr grosser silbervergoldeter Kelch auf achtpassigem Fuss, mit Patene, gestiftet von CARL DIDERICHSOHN ROT und ANNA SOPHIA VON HOLTZENDORFF, deren beider Wappen nebeneinander auf dem Fuss des Kelches eingraviert sind. Keine Stempel. Dazu eine kreisrunde silberne Oblatenschachtel, auf deren Deckel dieselben Wappen und Inschriften angebracht sind. Auch diese ohne Stempel. — 4. Eine sechsseitige silberne Flasche mit Schraubdeckel. Auf einer der Seiten eingraviert das Arnim'sche Wappen mit den Initialen I E V A · 1670. Auf der Unterseite des Fusses der Nürnberger Stadtstempel mit dem Meisterstempel C H oder G H in Ligatur: [Stempel] [Stempel]. 5. 6. Kleiner silberner Krankenkelch, gestiftet 1778 von Wittwe ILSABE ELEONORA VON MOLTZAHN, geb. VON STRALENDORFF. An der Kupa das Stralendorff'sche und das Maltzan'sche Wappen, ebenso auf der zierlichen Patene. Auf dem Fusse ein verputzter Güstrowscher Stempel. — 7. 8. Grosserer silbervergoldeter Kelch, 1745 gestiftet von JOACHIM HINRICH SCHMIDT für die Kirche zu Dahmen. Dazu eine Patene mit einem undeutlich gewordenen Güstrowschen Stempel. — 9. 10. Kleines zinnernes Krankengeräth ohne Stempel. — 11. Kleine kreisrunde silberne Oblatenschachtel, 1626 gestiftet von ANNA MOLZAN. Keine Zeichen. — 12. 13. Zwei zinnerne Leuchter, 1730 gestiftet von JAKOB RÜNITZ. Keine Werkzeichen. — 14. Noch ein zinnerner Löffel, gestiftet von JOHANN DANIEL MÖLLER und D. E. LANSEN, verehelichten MÖLLERN, 1786. Ebenfalls ohne Stempel. Kleinkunstwerke.

[1]) Vgl. oben S. 65.

Pfarre zu Rambow.

Auf der **Pfarre zu Rambow** werden die Reste eines aus der Kirche zu Dahmen stammenden gothischen **Triptychons** aus dem XV. Jahrhundert aufbewahrt, darunter zwei Tafeln einer Predella mit den Halbfiguren der vier lateinischen Kirchenväter. Ferner zwei schlecht erhaltene Flügel mit Malereien, welche auf der einen Seite als Schutzheilige der Kirche die hl. Maria mit dem Kinde und die Annaselbdritt-Gruppe darstellen, während auf der anderen Seite Passionsblumen sind oder waren.

Auf der Pfarre zu Rambow auch mehrere **alte lateinische** und **deutsche Drucke**, welche 1623 durch **MARKWART MOLTZAN** zum Gebrauch der Prediger gestiftet worden sind.

* * *

Ruine in der »Kirchenkoppel«.

In der **»Kirchenkoppel«**, der Stätte des eingegangenen Kirchdorfes Domherrenhagen oder Papenhagen, liegt mitten unter Bäumen die **Ruine** der oben bereits erwähnten alten Feldsteinkirche aus dem XIII. Jahrhundert. Es stehen noch die Giebelwände und einzelne Theile der Seitenwände, sodass man die Grundform eines länglichen Vierecks erkennt. Die ganze Ruine, deren Kalkverband immer mehr schwindet, macht den Eindruck, als ob sie wohl demnächst durch die langsame aber stetige Arbeit der Baumwurzeln im Erdboden auseinander gesprengt werden wird.

Das Schloss Ulrichshusen.

Schloss Ulrichshusen.

Am Südufer des Ulrichshuser Sees, dem Kirchdorf Rambow gegenüber, liegt die Burg Ulrichshusen, ein stattlicher Bau aus der Zeit der Renaissance, der theils in die zweite Hälfte des XVI., theils in die erste Hälfte des XVII. Jahrhunderts fällt. Auf der Südseite ein runder Thurm, der »Windelstein« mit Wendeltreppe, nach Südosten hin ein Thorhaus. Ein unterirdischer Gang — so ist die Sage — führte einst zu der »wüsten Kirche« in Domherrenhagen. Vor einigen Jahren ist das Schloss im Innern durch- und umgebaut worden, um als Wohnsitz dienen zu können.

Da die frühere Beschreibung des Burgsitzes mit seiner Abbildung bei Lisch und Wedemeyer, Album mecklenburgischer Schlösser und Landgüter, Heft 8 und 9, S. 77 ff., einen dauernden Werth gewonnen hat, so lassen wir sie hier unverkürzt folgen:

»Das Gebäude steht auf einem erhöheten Burgraume; diesen schliesst ein jetzt etwas verfallener Wallgraben ein, über den man ehemals wohl auf einer Zugbrücke an die sogenannte Vorburg oder das äussere Thor gelangte, welches jetzt, wie die Zugbrücke, fehlt. Ueber einen schmalen gemauerten Weg, den zu beiden Seiten gezinnte Mauern einschliessen, gelangt man dann

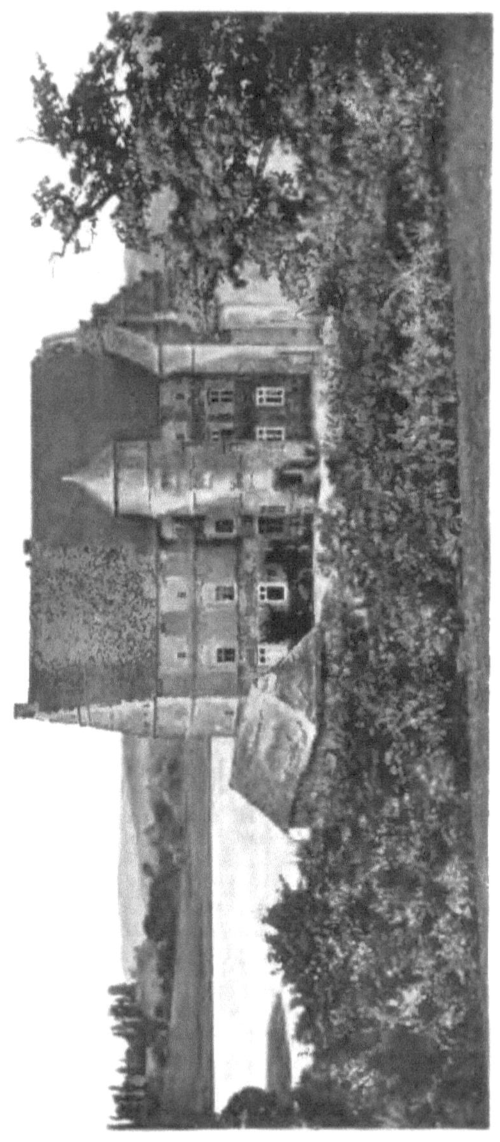

Schloss Ulrichshusen um die Mitte des 19. Jahrhunderts.

an das Thorhaus oder das Binnenthor, welches eine gewölbte, durch starke Thorflügel befestigte Auffahrt hat und sich an das Hauptgebäude anschliesst.«

»Die Aussenseite des Thorhauses ist im Styl der norddeutschen Renaissance mit Bildwerken und Memorialtafeln in gebranntem Thon geschmückt; über dem Eingange ist eine Tafel von roth gebranntem Thon eingemauert, welche durch eine verzierte Leiste in zwei Theile getheilt wird. Dem Eintretenden links befindet sich auf derselben oben das Brustbild des Erbauers Ulrich Maltzan in Medaillonform, darunter das Maltzan'sche Wappen, und unter diesem die Inschrift:

Ulrichshausen ist mein Nahm
wer Herberg in mir will han
der nem vor gut Stubn und Gemak
und was Küch und Keller vermag
und nem den willen vor die That
so wird dem Gaste guter Rat.

»Rechts von der Leiste steht auf derselben Tafel oben dasselbe männliche Brustbild in Medaillonform, darunter das von Kardorff'sche Wappen, und unter diesem eine Inschrift, aus welcher jedoch ein Stück schon 1750 ausgesprungen war. Nach einer vor etwa fünfzehn Jahren genommenen Aufzeichnung war davon lesbar:

Ulrichshausen – –
Ulrich Moltzan D
Margreta Kerdorff D
Half fleissig dazu w . . . . dri . .
Und ist vollend mit h . . . . es hi . . .
Dem gebort vor allen Dingen.

»Neben dieser Tafel sind links zwei männliche, rechts zwei weibliche Brustbilder aus gebranntem Thon, einander gegenüber und zugekehrt.«

»Das Hauptgebäude ist drei Stockwerke hoch. Ueber dem Erdgeschosse von behauenen Quadern erheben sich zwei Stockwerke in Ziegelbau, welche in Charakter und Ausführung den fürstlichen Schlössern zu Schwerin, Wismar und Gadebusch ähnlich sind. Die nach Osten und Westen gehenden Giebelseiten sind oberhalb der drei Stockwerke mit gezinnten Rändern und anderen Ziegelornamenten versehen. Auf dem östlichen Giebel steht mit eisernen Buchstaben:

BERNDT LUDOLPH MOLTZAHN. ANNA VON STAFFHORST.

darunter, ein Stockwerk niedriger, das Distichon:

IGNIBUS HAEC PERIIT STRUCTURA, AST CONDIDIT ILLAM
BERNDT LUDOLPH MOLTZAHN, STET SINE CLADE DIU.

»Der hier erwähnte, wohl nur partielle Brand fiel in die Zeiten des dreissigjährigen Krieges (1624). Das Jahr der baulichen Wiederherstellung bezeichnet an der Südseite des Hauptgebäudes mit eisernen Ziffern die Zahl 1626. Dieses Feuer mag auch den viereckigen Thurm zerstört haben, der noch im siebzehnten Jahrhunderte in der Mitte des Burgraums frei stand. Dieser sogenannte Bergfrit diente als Wart- und Gefangnissthurm.«

»Ein anderer Thurm des alten Bauwerkes ist erhalten. Es ist dies ein sich an die Mitte der südlichen Langseite des Hauptgebäudes anlehnender, aus denselben Materialien erbaueter runder Thurm, der die Mauerhöhe des Gebäudes noch um ein Stockwerk überragt und dann durch eine offene Gallerie und ein sechseckiges, mit Metallplatten eingedecktes, in eine Spitze auslaufendes Dach gekrönt wird, in der Form, wie deren von dem alten Schweriner Schlosse noch in dem Neubau erhalten sind. Der Thurm dient als Treppenhaus. Auf der Wendeltreppe oder dem Windelstein gelangt man von den obersten Stockwerken, wo auch der sogenannte Redoutensaal sich befand, bis in die schönen geräumigen Keller hinab. An diesem Thurme befinden sich drei Tafeln über einander, in jedem Stockwerk eine. Jede dieser Tafeln hat oben zwei Wappen: neben dem Maltzan'schen Wappen steht (dem Beschauer rechts) auf der obersten Tafel das Kardorff'sche Wappen, auf der mittleren das Wappen der Familie von dem Berge, welche mit dem Landrath Fritz von dem Berge, dem Schwiegervater des Dietrich von Maltzan, am 10. December 1623 im Mannsstamme ausstarb, und auf der untersten das Staffhorst'sche Wappen. Unter diesen Allianz-Wappenbildern trägt jede Tafel eine Inschrift. Der Inhalt der obersten Tafel ist nicht mehr zu entziffern gewesen; doch enthielt sie die Jahreszahl, den Namen des Erbauers und seiner Frau, und eine Anwünschung des göttlichen Segens. Unter der zweiten Tafel stehen die Verse:

Diesem Dietrich Moltzahn succedirt
Und selbigen Sitz häreditirt:
Aus adeligem Stamm berühmet weit
Hat des von dem Berg sich drauf bereit
Die beiden denselben zur adlichen Preiss
Verbessert haben mit grossem Fleiss.

»Die Verse der dritten Tafel sind in der Mitte durch eine Linie getheilt und lauten also:

Nach Dietrich Moltzahn sel'gen Dot	**Hat es geschickt der liebe Gott**
Dass Behrend Ludolph Moltzahn durchs Loos	**Als Miterb dieses Guts genoss**
Ehlich mit Anna von Staffhorst genannt	**Aus altem adlichem Stamm gar wohl bekannt**
Dasselb nicht lange bewohnet in Freud	**Denn da sie gewesen alle beid**
Im anderen Land das Haus verbrannt	**Da man gezählet hat zur Hand**
Tausend sechshundert zwanzig vier	**Nach Christi Geburt vermeld ich dir**
Von ihm wieder erbauet von neu	**Im sechsundzwanzigsten dieses Gebäu**
Gott dasselb fortan segne mehr	**Zu seines göttlichen Nahmens Ehr.**

und darunter die Memorialzahl:

ESTO TVTA DOMVS, CVRA SERVANTE IEHOVA,

deren Zahlbuchstaben die Jahreszahl 1626 ausmachen.«

»Die Länge des Gebäudes beträgt 97 Fuss; die von dem vorstehenden Thurme bezeichnete Mitte nimmt die 23 Fuss breite Diele und Küche ein; an diese Räume, welche nach hinten über die Fronte hinaus gebaut sind und in einem schmäleren Stallgebäude endigen, stossen auf jeder Seite zwei Stuben, eine nach Süden und eine nach Norden gehend, von 21 Fuss, dann weiter je zwei kleinere von 16 Fuss Breite. Dem östlichsten Theil der Südfronte ist noch ein bis an das Thorhaus gehender Gebäudetheil, 17 Fuss tief und 12 Fuss breit, vorgebaut, so dass der Ostgiebel eine etwa doppelt so grosse Ausdehnung hat als der westliche. Nördlich und östlich wird die Burg und ihre Umgebung von dem Ulrichshusen'schen See begrenzt, der auch Kukuk-See (Guckguck-See) genannt wird.«

Das Gut und Kirchdorf Vielist.[1])

Geschichte des Dorfes.

Urkundlich wird Vielist, eine alte Wangelin'sche Besitzung, zuerst am 8. November 1264 genannt, als Bischof Hermann von Schwerin der Gemahlin des Ritters Vredebern, aus dem Geschlecht der Ketelhot, Margaretha, den Zehnten des Dorfes Vielist (Vilist) verleiht.[2]) Von demselben Bischof erhält das Schweriner Domkapitel am 6. April 1289 eine Reihe von Zehnten im Lande Waren, darunter auch solche in Vielist.[3]) Es sind daselbst zweiunddreissig Hufen, von denen jede acht Schillinge an das Domkapitel von Schwerin geben soll.[4])

Ob es vor den Wangelin noch andere Besitzer (wie etwa das alte ritterbürtige Geschlecht der Vilist, Vielitz) von Vielist gegeben hat, wissen wir nicht. Im Anfange des XVI. Jahrhunderts aber gehört Vielist nachweisbar zu den vielen Gütern, welche die Wangelin in dortiger Gegend innehaben. Als bevorzugte Vasallen erscheinen sie öfter in nächster Umgebung ihrer Landesherrn.[5]) Am 23. März 1593 erwirbt Joachim Wangelin die Fischerei auf der Reke bei Eldenburg von Herzog Ulrich für 366 Gulden 16 Schillinge und 1594 auch diejenige, welche dort dem Kloster Dobbertin gehört. Während des dreissigjährigen Krieges geht der Besitz von Vielist dem Verfall und der Zerstückelung entgegen. 1629 liegt bereits ein Antheil an Vielist in Konkurs; 1637 verpfändet Hieronymus Wangelin das Gut für 8000 Gulden an Sabina Quitzow, sel. Jürgen Wangelin's Wittwe. 1645 verpfändet die Wittwe Christian Wangelin's, Dorothea Bibow, den Gebrüdern Bülow auf Harkensee und Plüschow das Gut für 13000 Gulden, nachdem es noch vor dem Tode ihres Gatten in Konkurs verfallen war, aus dem sie es mit ihrem Vermögen erworben hatte.[6])

[1]) 7 km nordnordwestlich von Waren. Kühnel, M. Jahrb. XLVI, S. 150 erinnert an das altslavische Adjektiv velŭ = gross und deutet den Namen als »Nachkommen des vel-«. Das wäre also ungefähr »Grossendorf«.

[2]) M. U.-B. 1024.

[3]) M. U.-B. 2016.

[4]) M. U.-B. 5899.

[5]) M. U.-B. 6389, Anmkg. M. Jahrb. VI, S. 150; IX, S. 170.

[6]) Akten im Grossh. Archiv.

1648 haben die Töchter des Hieronymus Wangelin, verehelichte Bonow und Warnstedt, Antheil an Vielist. Die letztgenannte kauft das Gut von der Dorothea Bibow im Jahre 1653 für 28500 Gulden. Auch die Restorff haben durch Verschwägerung Anrechte erworben. Allmählich aber fängt die Familie von Erlenkamp an, sich hier festzusetzen: 1674 erwirbt sie den Warnstedt-Bonow'schen Antheil. Ueber den Restorff'schen Besitz ist inzwischen Konkurs ausgebrochen, und im Jahre 1682 gelangt nun Baron Hans Erlenkamp in den Besitz des ganzen Gutes. In Erlenkamp'schen Händen bleibt es bis 1761. In diesem Jahre kauft es der Kriegsrath von Meyenn. Von dessen Geschlecht-geht es 1896 auf Eduard Waldemar Weber über.

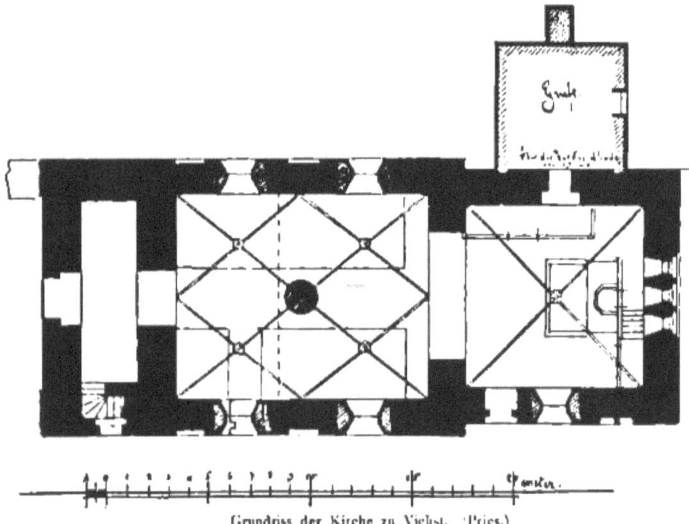

Grundriss der Kirche zu Vielist. (Pries.)

In einem Schriftstück, das dem Jahre 1508 oder 1509 angehören mag und das so sauber geschrieben ist wie eine gute Urkunde jener Zeit, theilt Heinrich Wangelin auf Vielist seinem Landesherrn mit, dass sein Kirchherr gestorben ist, und bittet um Einsetzung eines andern. Darauf finden wir im Visitationsprotokoll von 1534 den Heinrich Wienholt als Pastor in Vielist, und zwar von 1510 an. Damals hat auch Sommerstorf noch seinen eigenen Kirchherrn, als welchen wir von 1526 an den Joachim Stritz kennen lernen. Dann aber klafft eine lange Lücke von fast einem Jahrhundert. Aus einem zu Anfang des Jahres 1614 geschriebenen Wangelin'schen Bericht an Herzog Hans Albrecht ersehen wir, dass im Sommer des Jahres 1613 die Pest in Vielist gehaust und u. a. auch den Pastor mit Frau und sechs Kindern hingerafft hat. Nur ein Sohn ist verschont geblieben, für den Pastor Gelmer Waldberg (Woldtberg) und Bürgermeister Kaspar Lobis in Waren die Vormundschaft übernehmen wollen. Aber den Namen des verstorbenen Pastors erfahren wir nicht. Sein Nachfolger ist Christian Köppe, der 1625 im Amte und im Jahre 1633 (vor dem 16. Februar) aus dem Leben scheidet. In der nachfolgenden Unglückszeit wird die Kirche gleich vielen andern leer gestanden haben und ihres Hirten beraubt gewesen sein. Erst 1651 wird wieder einer berufen: Nikolaus Stolze, der noch 1677 im Dienste ist. Ihm folgt 1679 Erich Oswald, der 1695 noch da ist. 1698 folgt Laurentius Boccius († 16. Januar 1733). Nach einer Vakanz von vier Jahren wird Joachim Christoph Roering berufen († 14. März 1751): er stirbt einsam und allein auf der Rückfahrt von Sommerstorf nach Vielist und kommt todt auf seinem Pfarrhof an. Seine Nachfolger im XVIII. Jahrhundert sind Samuel Ernst Boccius (der Sohn des Laurentius B.) von 1752 bis zu seinem Tode am 21. Oktober 1766, und Arend Heinr. Christian Barnewitz von 1767 bis zu seinem Tode im April 1805.

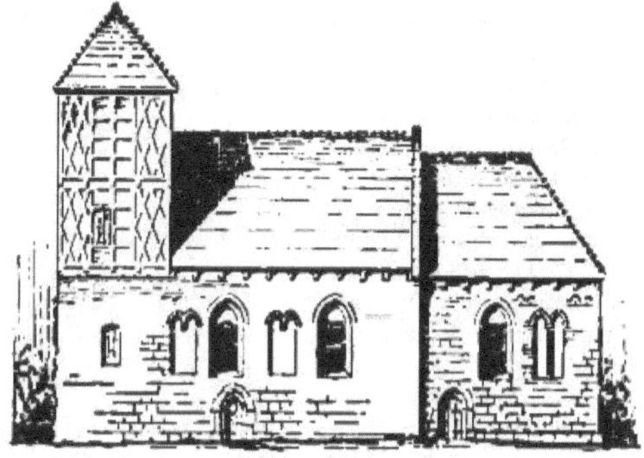
Kirche zu Vielist (Südseite).

Ueber die Geistlichen im XIX. Jahrhundert s. Walter a. a. O.

Kirche. Die Kirche ist ein Feldsteinbau des XIII. Jahrhunderts mit quadrierten Kalkfugen. In der Ostwand des Chors das von einer Blende überfasste bekannte »Dreieinigkeits-Fenster« in romanischer Bildungsform, mit Rundstab und Kante und aus trefflichem Ziegelmaterial. Der Fries der Kirche, in den die Blende hineinschneidet, ist ein romanischer Rundbogenfries von ganz vorzüglich gebrannten Formsteinen. Die Seitenwände des Chors, die denselben Fries hatten, lassen erkennen, dass hier einst je zwei Fenstergruppen waren, die durch je zwei schmale romanische Schlitzöffnungen gebildet wurden. Diese sind später zugesetzt und durch ein stillos eingebrochenes neues Fenster ersetzt worden. Die Wölbung des Chors, jetzt ein durch Grate in Felder eingetheiltes Kreuzgewölbe, war ursprünglich wahrscheinlich ein höheres Kugel- Kirche.

25

gewölbe. Nach dem Schiff hin öffnet sich der Chor mit einem breiten, schweren Triumphbogen in stark ausgesprochener Spitzbogenform. Das Schiff, welches ursprünglich auf jeder Seite durch sechs, in Gruppen zu zweien angeordnete schmale Schlitzfenster erleuchtet war, ist ebenfalls ein wuchtiger Feldsteinbau, welcher ziemlich gleichzeitig mit dem Chor aufgeführt sein wird, aber im Jahre 1566 (wie sowohl die gefundene Zahl, als auch die Ausführung des Baues erkennen lässt) durch eine starke Neuerung im Geschmack der Renaissance gründlich verändert ist. Diese Neuerung besteht in der Errichtung eines Rundpfeilers dorisch-toskanischer Anordnung in der Mitte, der dazu dient, um vier durch Grate eingetheilte Kreuzgewölbe von gleicher Art, wie das des Chors zu tragen. In jedem Scheitel dieser Gewölbe, ebenso wie in dem des Chors, ist als Schluss eine Blätter-Rosette in Flachrelief und im Renaissance-Geschmack angebracht. Diesen neuen Gewölben zu Liebe sind jedenfalls zwei stillose Fenster eingebrochen und die ursprünglichen Schlitzfenster zugesetzt worden. Die schon in alter Zeit auf der Nordseite des Chors angesetzte alte Sakristei ist zur Zeit des Barons von Erlenkamp zu einer Grabkapelle eingerichtet worden. Die Portale der Südseite (Priesterpforte im Chor und Laienpforte im Schiff) sind aus Granit aufgeführt und haben dementsprechend eine scharfkantig gebildete Wandung und Laibung.

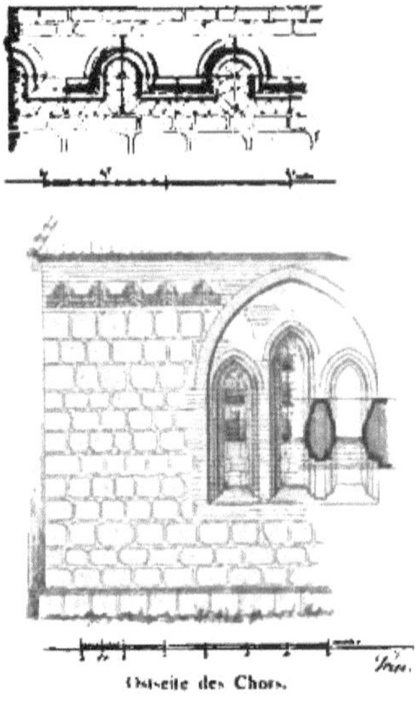

Ostseite des Chors.

Der Thurm, ein etwas jüngerer Granitbau, lässt in seinen oberen Fachwerktheilen und in seiner flachen vierseitigen Haube erkennen, dass sein Bau verschiedene Schicksale erlebt hat.

Neben der Chorpforte finden sich zwei **Kornquetschen** vorgeschichtlicher Zeit, die als Weihwasserbecken gedient haben können.

Altar und Kanzel. Die ganze **innere Einrichtung** der Kirche, in welcher **Altar und Kanzel** einen Baukörper bilden, verräth den klassicierenden Stil vom Ende des vorigen Jahrhunderts und gehört ohne Zweifel dem Jahre 1794 an, welches neben dem Jahr 1566 als weiteres Jahr einer Kirchen-Erneuerung an dem Pfeiler in der Mitte des Schiffes genannt wird.

Glocken. Im Thurm hängen drei **Glocken**. Die beiden grösseren sind 1789 unter dem Patronat des CARL ERNST BLEICHERT VON MEYENN und dem

Pastorat des **AHRND HEINRICH CHRISTIAN BARNEWITZ** von **Johann Christian Meyer** in Neustrelitz gegossen worden. — Die kleine Glocke ist 1844 von **C. Jllies**-Waren umgegossen worden.[1])

Kleinkunstwerke. 1. 2. Silbervergoldeter Kelch mit Patene, gestiftet 1854 von **ERNST V. MEYENN** zu seiner goldenen Hochzeit, dem Vater des späteren Kammerherrn. Beide in profanen Formen. — 3. 4. Kleiner silbervergoldeter Renaissance-Kelch, gestiftet 1667 von **JÜRGEN ERNST VON RESTORFF** und seiner Gattin **BARBARA AGNES VON HOLSTEIN**. Nürnberger Arbeit von einem Meister, dessen Stempel undeutlich ist. Die dazu gehörige Patene ist ohne Stempel. — 5. Runde silberne Oblatenschachtel mit dem Namen **ANDREAS TREGARDT** auf dem Deckel. — 6. 7. Zwei Zinnleuchter von 1794, von dem Röbeler Zinngiesser **J(ochim) H(enzky)**. Kleinkunstwerke.

Das Gut und Kirchdorf Sommerstorf.[2])

Sommerstorf wird urkundlich zuerst am 6. April 1289 genannt, als Bischof Hermann von Schwerin dem Domkapitel Zehnten im Lande Waren verleiht.[3]) Fast siebenzig Jahre später erfahren wir, dass der Rathmann Dietrich Mirow in Waren der Kirche seiner Stadt Hebungen überweist, welche ihm in Sommerstorf zustehen. Fürst Bernhard von Werle bestätigt diese Schenkung am 17. Oktober 1357.[4]) Geschichte des Dorfes.

Einen selbstständigen Besitz hat Sommerstorf anscheinend niemals gebildet, wenigstens nicht in späterer Zeit. Wo immer es uns begegnet, steht es in enger Verbindung mit Grabow, dem späteren Grabowhöfe, welches in Wangelin'schen Händen ist, und theilt dessen Schicksale. Als im Jahre 1646 Hieronymus Wangelin mit Hinterlassung von zwei Töchtern stirbt, ubernehmen seine Schwiegersöhne, der Ritter Bonow und Wilhelm Warnstedt, Namens ihrer Ehefrauen seinen Antheil an Grabow und Sommerstorf, während Bernd Christian Wangelin ebenfalls lehn- und antheilsberechtigt bleibt. Den Hieronymus'schen Antheil erwerben 1685 der Baron von Erlenkamp und der von Bülow auf Pluschow, auch erwirbt der erstgenannte im selben Jahre die Anrechte des Bernd Christian Wangelin. Funfzehn Jahre später, nämlich im Jahre 1700, verkauft der von Bulow seinen Antheil an Karl Friedrich von Koppelow

[1]) Auch die Vorgängerin dieser kleinen Glocke stammte aus dem Jahre 1789 und von dem Glockengiesser J. C. Meyer in Neustrelitz.

[2]) 12 km nordnordwestlich von Waren.

[3]) M. U.-B. 2016.

[4]) M. U.-B. 8402.

für 7200 Thaler. Der Erlenkamp'sche Theil, welcher inzwischen allodificiert ist, wird 1762 vom Kriegsrath von Meyenn auf Vielist gekauft, 1788 aber erwirbt ihn der Justizrath Christian Friedr. Ludw. Schmidt.[1]) Die von Koppelow verpfänden ihren Besitz in Grabow und Sommerstorf 1757 auf zehn Jahre an Andreas David Röper zu Neubrandenburg. Dieser tritt sein Pfandrecht dem Kriegsrath von Meyenn ab, doch bald nachher wird der gen. Justizrath Schmidt der Eigenthümer und damit der Herr des ganzen Gutes. Von Schmidt erwirbt 1790 Landmarschall Friedrich von Hahn Grabow und Sommerstorf, und die Hahn besitzen daher beide Güter und Dörfer noch heute.

Ueber die kirchlichen Verhältnisse s. bei Vielist. Seit dem dreissigjährigen Kriege ist die Kirche zu Sommerstorf Tochterkirche von der zu Vielist.

Kirche.

Kirche. Die Kirche ist ein frühgothischer Backsteinbau in Form eines länglichen Vierecks auf einem wohlbehauenen Granitsockel. Die kleinen gothischen Lichtöffnungen, in der Ostseite eine, auf den Langseiten je zwei, haben in ihrer scharfkantig gegliederten Wandung und Laibung ihre Ursprünglichkeit bewahrt, nur fehlt ihnen das innere Steinpfostenwerk (ursprünglich gewiss nur ein Pfosten). Das Innere der Kirche wird von zwei Kreuzgewölben mit birnförmig profilierten Rippen überspannt. Von besonderem Interesse ist das frühgothische Portal, welches von dem es verdeckenden Thurm her ins Innere führt. Seine Gliederung besteht aus einem inneren romanischen Rundbogenstab, welcher von einer Wandung und Laibung mit flachgedrücktem Spitzbogenschluss überfasst wird. Diese Wandung und Laibung enthält zwei abgefas'te Glieder, zwischen denen ein Rundstab liegt. Oberhalb des Spitzbogens, dessen Mauerkern etwas vorgeschoben ist, erhebt sich ein wimpergartiges flaches Dreieck. Der hierüber emporgeführte jüngere Thurm im Westen ist ein etwas schmälerer Bau von Feldsteinen mit eingemischten Ziegeln, ebenso fest und solide, wie die ganze Kirche. Der Ostgiebel ist mit einem hübschen Blendenwerk verziert.

Kanzel und Altar, Schnitzfiguren.

Die **innere Einrichtung** gehört, gleich der der Vielister Kirche, dem Ende des XVIII. Jahrhunderts an, doch sind in dem Ueberbau von **Kanzel** und **Altar**, die zu einem Körper verbunden sind, dreizehn kleine polychrom mit Gold behandelte **Schnitzfiguren** zur Verwendung gekommen, welche den Heiland und die zwölf Apostel darstellen und ursprünglich einem gothischen Triptychon des XV. Jahrhunderts angehört haben werden.

Glocken.

Im Thurm zwei neuere **Glocken** aus der Zeit des Gräflich Hahn'schen Patronats, die eine 1858 von **C. Jllies**-Waren, die andere 1893 von **C. Oberg**-Wismar gegossen. Dazu als dritte und kleinste Glocke eine ältere, welche am 5. April 1683 von **Hans Mancke** in Lüneburg gegossen worden ist.[2])

[1]) Akten im Grossh. Archiv.

[2]) Die Vorgängerinnen der beiden neueren Glocken waren 1746 unter dem Patronat des Ernst Christoph von Koppelow und des Ernst Johann von Erlenkamp sowie unter dem Pastorat des J. C. Koering von Gottfried Wosack in Stralsund gegossen worden.

Kleinkunstwerke. 1. 2. Silbervergoldeter Kelch ohne Inschrift, mit dem Stadtzeichen [M] und dem Meisterstempel [IFH]. Dazu eine Patene ohne Werkzeichen. — 3. Silberne Kanne, gestiftet von LOUISE GRÄFIN V · HAHN bei ihrer Einsegnung am 23. März 1823 in der Kirche zu Sommerstorf. Mit dem Stadtzeichen [M] und dem Meisterzeichen [FH]. Kleinkunstwerke.

Das Gut und Kirchdorf Klink.[1]

Klink, in der Nähe der Reke oder Eldeverbindung zwischen Müritz und dem Kölpin-See gelegen, ist schon in alter Zeit Besitz der Hahn auf Solzow und Damerow, welche damit die wichtige Eldebrücke beherrschen.[2] Schon im XIII. Jahrhundert sind die Hahn und Pritzbuer auf Grabenitz die Herren des ganzen Kölpin-Sees und verfügen über dessen Fischerei, welche sie im Laufe des folgenden Jahrhunderts dem Kloster Malchow abtreten.[3] Geschichte des Dorfes.

Am 29. Juni 1375 verkauft Eckhard Hahn (IV) sein Gut Klink (myn ghud to der Clyncken dat by der Eldenen-Bruggen lycht), welches wüst ist, den Gebrüdern Gamm auf Werder mit der Bedingung, es nach vier Jahren wieder zurückkaufen zu können. Doch wird von diesem Reservatrecht kein Gebrauch gemacht.[4] Die Gamm verkaufen Klink im März 1490 an Lorenz von Below auf Nossentin. Dem Below'schen Besitz aber macht der dreissigjährige Krieg ein Ende. Das Gut verfällt dem Konkurs, aus dem es Mitte des XVII. Jahrhunderts die Holstein auf Ankershagen für 9500 Gulden erstehen. Wiederholte Versuche der Below, ihr Gut wieder einzulösen, schlagen fehl, die Holstein behalten es, obwohl die Below unverdrossen weiter muthen. Endlich erliegen auch die Holstein den Wirren, die das Land Mecklenburg im XVIII. Jahrhundert heimsuchen. Schon 1747 sind sie zu einer Verpfändung auf fünfundzwanzig Jahre genöthigt, aber 1751 bricht der Konkurs aus. Aus diesem erwirbt es Johann Friedrich Kähler, dessen Geschlecht es bis 1891 fest hält. 1892 hat es Eugen Hahn, 1897 Walter Reinhold Hermann und seit 1898 Arthur Schnitzler.

Ueber die kirchlichen Verhältnisse s. bei Sietow im Amtsgerichtsbezirk Malchow.

Kapelle. Die Kapelle ist ein einschiffiger Backsteinbau ohne Thurm in der Form eines länglichen Vierecks und stammt aus den Jahren 1736 bis 1742. Der Chor ist ausnahmsweise nach Westen gerichtet, während man im Kapelle.

[1] 8 km südwestlich von Waren. Altslavisch klinŭ = Winkel, polnisch klin — Keil: Kühnel, M. Jahrb. XLVI, S. 70. Also wohl ungefähr soviel wie »Winkelhagen«.

[2] Lisch, Geschl. Hahn II, S. 248.

[3] M. U.-B. 6725.

[4] Lisch, Geschl. Hahn II, S. 260 (CCXIX). M. U.-B. 10749.

Osten eine herrschaftliche Empore angebracht hat, die vom Fussboden her um vier Stufen erhöht ist. Der Innenraum ist mit einem flachgespannten Tonnengewölbe eingedeckt. Die Fenster, fast viereckig erscheinend, sind oben mit einem kleinen Rundbogen überspannt. Ueber der Eingangsthür ein Holstein-Bülow'sches Allianzwappen mit der Unterschrift: **JAKOB ERNST VON HOLSTEIN** und **ELISABETH SOPHIA VON BÜLOW**; dazu die Jahreszahl **1736**. An der Westseite der Kirche, doch mit dieser nicht in Verbindung stehend, eine Begräbnisskapelle der Gutsherrschaft.

Altar und Kanzel. **Altar** und **Kanzel** sind zu einem Körper verbunden. Hier dieselben Wappen und Unterschriften wie über der Eingangsthür.

Glocken. In einem Glockenstuhl neben der Kirche zwei **Glocken**, die beide 1738 von dem Lübecker Giesser **Laurentius Strahlborn** gegossen sind.

Kleinkunstwerke. **Kleinkunstwerke.** 1—3. Schön gearbeiteter silbervergoldeter Kelch, dazu Patene und Oblatendose, alle drei Stücke mit dem **HOLSTEIN-BÜLOW**schen Allianzwappen verziert, Kelch und Patene von dem Schweriner Goldschmied **F G.**, Oblatendose dagegen von dem Güstrower Goldschmied **Lenhard Mestlin**. — 4. Zinnerner Kelch, gestiftet von **J • E • V • HOLSTEIN 1745**. Englisches Zinn von dem Giesser **I. H. S**. — 5. 6. Zwei grössere Zinnleuchter auf je drei Klauenfüssen, 1739 von dem Stifter der Kirche geschenkt. Englisches Zinn von dem Zinngiesser **I. H. S**. — 7. 8. Zwei kleinere Zinnleuchter auf rundem Fuss, der eine 1770 gestiftet von **FRIEDRICH LAGEMANN** und seiner Gattin **ILSABETA CATHARINA NEHLSEN**, der andere 1781 von **HANS JÜRGEN NEHLS** und seiner Gattin **SOPHIA CHRISTINE HAGEN**. Beide von dem schon genannten Röbeler Zinngiesser **J(ochim) H(ensky)**.

Vorgeschichtliche Plätze

s. am Schluss des Amtsgerichtsbezirks Malchow.

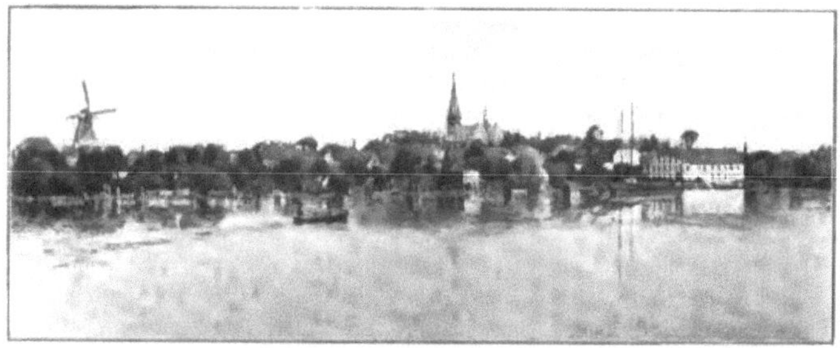

Ansicht der Stadt Malchow von der Wasserseite her.

Amtsgerichtsbezirk Malchow.

Stadt und Kloster Malchow.[1]

Geschichte der Stadt und des Klosters.

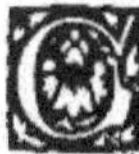**eschichte der Stadt und des Klosters.** Schon früher, als die Urkunden zu reden anfangen, erzählen Annalisten und Chronisten von Malchow. Es geschieht dies bei Gelegenheit des grossen Kreuzzuges gegen die mecklenburgischen und pommerschen Wenden im Jahre 1147, jenes Zuges, dem die ganze europäische Christenheit mit gespannter Aufmerksamkeit folgt, und welcher der Anfang eines erbitterten siebenzehnjährigen Kampfes ist.[2]) Damals ist Malchow wiederholt, am Anfange wie am Schluss dieses Ringkampfes zwischen Christen und Heiden, der Schauplatz geschichtlicher Begebenheiten. Als im Sommer des Jahres 1147 Niedersachsen, Dänen und Brandenburger von verschiedenen Punkten her ins Land eindringen, zieht eine der Heersäulen nach Malchow und brennt dort sowohl den Ort selber als auch im Besonderen ein Götzenheiligthum nieder, das ausserhalb des Ortes liegt (fanum etiam cum idolis, quod erat ante ciuitatem Malchou, cum ipsa

[1]) Die alten Formen des Namens sind Malchou, Melico(u), Malachou, Malacowe, Malechowe, Malachowe, Malchowe, bei denen wir in der Deutung über den »Ort des Malach, Malech« nicht hinauskommen. Vgl. Malach bei Dargun »in confinio uille, in qua habitat Malach«: M. U.-B. 247 (1219). Altslavisch malû — klein. Also vielleicht soviel wie der deutsche Ortsname »Klein« oder »Kleinen«.

[2]) Vgl. Wigger, im Leben des Bischofs Berno, M. Jahrb. XXVIII. S. 51 bis 65. Ueber die Schriftquellen ebendaselbst S. 55, Anmkg.

ciuitate concremauerunt).[1]) Welcher Art dies Heiligthum war, wird mit keinem Worte weiter angedeutet. Sehr viel ernsterer Natur aber ist das zweite Ereigniss, das in das Schlussjahr dieser das Land verheerenden Kämpfe, nämlich ins Jahr 1164, fällt. Der Baiern- und Sachsenherzog Heinrich der Löwe, welcher seine politischen Errungenschaften im Wendenlande durch die fortwährenden Aufstände des Volkes immer wieder in Frage gestellt sieht und besonders darüber erbittert ist, dass Fürst Pribislav die sächsische Besatzung der Burg Mecklenburg im Februar des Jahres 1164 vernichtet, sowie einige Zeit später die der Burg Malchow zum Abzuge genöthigt und selber den Platz hier eingenommen und besetzt hat, beschliesst nunmehr, zu dem äussersten Mittel zu greifen. Er rückt mit einem Heer vor Malchow und lässt hier den bereits zum Christenthum übergetretenen Bruder des Pribislav, den Fürsten Wertislav, welchen er zu Anfang des Jahres 1163 bei der Belagerung der Burg Werle zum Gefangenen gemacht hatte und seitdem als Geisel betrachtete, vor den Augen beider Heere erhängen.[2])

Wie dann Pribislav bei den pommerschen Fürsten einstweilen eine Zufluchtsstätte findet, wie aber sein Widerstand durch die Kette tragischer Ereignisse endlich gebrochen wird, wie sein Land immer mehr zur Einöde wird, wie die wendische Bevölkerung schaarenweise zu den Dänen und Pommern flieht und von diesen erbarmungslos an die Polen, Sorben und Böhmen verkauft wird: das kann hier nur angedeutet werden.[3])

Malchow aber wird sich, gleich anderen Gegenden und Ortschaften im Lande, durch einen desto stärkeren Zuzug niederdeutscher Kolonisten gehoben haben. Das ersieht man aus zahlreichen Urkunden der nachfolgenden Zeiten des XIII. und XIV. Jahrhunderts, welche Malchower Privatangelegenheiten zum Inhalt haben, und in denen uns die Familien Storm, Pape, Fuhrmann, Grapengiesser, von der Wiek, Backer, von Utrecht, Dusterwold, Schwager, von Büne, Rovemann, von Biestorf, Eler, Pelzer, Rogge, Ditmar, Rantze, Vogt, Krevtsdorf, von Kisserow, von Dambeck, von Gohren, Katzow, Martens, Spiring, Metzeke, Hövet, Gamelichte, Horn u. a. m. entgegentreten. Dabei kann es dahingestellt bleiben, ob einzelne unter ihnen, wie die einen gleichen Schild im Siegel führenden Familien Düsterwold, Eler, Vogt und Krevtsdorf, als eine Art Stadt-Patriziat anzusehen sind oder nicht.[4])

[1]) Vgl. Annal. Magdeb. ad annum 1147. — Wigger, a. a. O., S. 57. — Derselbe, Mecklenb. Annalen, S. 113 a. 126 a. — Lisch, M. Jahrb. XXXII, S. 9. — Die oft behandelte falsche Schreibung Malchon für Malchou kann mittlerweile bei Seite gelassen werden.

[2]) Wigger, a. a. O., S. 119. 126. 127. 143. 148. 149. Lisch, a. a. O., (S. 5—12. 18) hält den Burgwall von Laschendorf, der in nordöstlicher Richtung vom Kloster gelegen ist, für den Schauplatz dieser Ereignisse. Dass zugleich mit dem Fürsten Wertislav ein Pritzbuer und ein Gamm hingerichtet worden sei, ist eine Sage, als deren älteste Quelle der dem Ende des XVI. und Anfange des XVII. Jahrhunderts angehörende Latomus (in seinem handschriftlichen Werke vom mecklenburgischen Adel) zu bezeichnen ist. In den Genealogien beider Familien (Lisch, a. a. O., S. 18—29 und Gritzner, M. Jahrb. LXV, S. 305—316) fehlt es an jedem Anhalte dafür.

[3]) Wigger, a. a. O., S. 152. 153. 159.

[4]) Vgl. Personen-Register des Meckl. Urkundenbuchs. Lisch, M. Jahrb. XXXII, S. 46—53.

Das Nächste, das uns darauf urkundlich mitgetheilt wird, ist die Bewidmung des Bisthums Schwerin im Januar 1170 durch den Kaiser Barbarossa u. a. mit Parchim, Cuthin (Quetzin) und Malchow sammt allen Dörfern auf beiden Seiten des Flusses Elde, die zu diesen Burgen gehörten (Parchim quoque, Cuthin et Malechowe, cum omnibus villis ex utraque parte aluei que dicitur Elde ad ipsa castra pertinentibus).[1]) Dass bei dieser Bewidmung des Bisthums Schwerin das ältere Recht des Bisthums Havelberg auf die Landstriche südwärts der Elde übersehen wurde, ist schon öfter von uns berührt worden.[2]) Das mag davon gekommen sein, dass man sich damals über die geographischen Verhältnisse der oberen Elde sowohl bei ihrem Einlauf in die Müritz von Darze, Käselin, Fincken, Massow, Zepkow u. s. w. her, als auch über ihren Auslauf aus der Müritz als Reke in den Kölpin-See nicht so klar und einig war wie heute, obwohl es immerhin zu beachten bleibt, dass an Stelle der späteren Fischerei »Eldenburg« an der Reke schon im Jahre 1290 von dem Aalfang »bei der Eldenbrügge« die Rede ist, ebenso auch gut fünfzig Jahre später.[3])

Dass aber das Bisthum Schwerin nach dem im Jahre 1252 erfolgten Vertrage mit Havelberg den ihm durch den Hohenstaufenkaiser gewährten Besitz im Lande Malchow behielt, wird durch »Zeugenkundschaften und Untersuchungen aus dem XVI. Jahrhundert« bestätigt. Darnach gehören zum Lande Malchow folgende Pfarren mit ihren eingepfarrten Dörfern und Kapellen, »südlich vom Malchowschen See: Alt-Malchow (Kloster), Satow, Grüssow, Poppentin, Lexow; nördlich vom See: Neu-Malchow (Stadt), Alt-Schwerin (jedoch sollte Schwerin selbst noch zum Amte Plau gehören), Nossentin, Kieth, Wangelin, Lütgendorf, Jabel. Als südliche Grenze wird übereinstimmend angegeben das Dorf Darze, und namentlich ein Bach, der von dort durch Stuer in den Plauer See fliesst, und wo ein grosser Graben und eine Landwehr gegen die Mark (mit einem Schlagbaum) befindlich ist. Gegen Norden bildete die Pfarre Wangelin die Grenze.«[4]) Ausserdem wird bei der Ordnung der Grenzen der Bisthümer Kammin und Schwerin am 6. März 1260 gesagt, dass auch das bei Rittermannshagen gelegene Mertinsdorp noch zum Lande Malchow (ad terram Malichowe) gehöre.[5])

Als Stadt mit Schwerinschem Recht tritt uns Malchow mit einem Stiftungsbriefe vom Hause Werle am 14. März 1235 zum ersten Mal urkundlich entgegen.[6]) Ihre Kirche, die in Urkunden des XV. Jahrhunderts St. Georgenkirche heisst, wird 1256 zum ersten Mal in Verbindung mit den Kirchen zu Kieth und Jabel genannt, als Fürst Nikolaus den Geistlichen dieser drei Kirchen, Plebanen und Priestern, und denen in der Probstei Alt-Röbel, die Vergünstigung zu Theil werden lässt, über ihr Vermögen testamentarisch in Dritt-Theilungen

[1]) M. U.-B. 91.

[2]) M. Kunst- u. Gesch.-Denkm. III, S. 298. IV, S. 421.

[3]) M. U.-B. 2048. 6171.

[4]) Wörtlich nach Lisch. a. a. O., S. 15.

[5]) M. U.-B. 857. S. o. S. 145, Anmkg.

[6]) M. U.-B. 433.

für die Kirchen, die Fremde und die Armen verfügen zu dürfen.[1]) Von der Stadtkirche in Noua Malchowe muss aber in alter Zeit schärfer, als die ältesten Urkunden selber es thun, die Kirche tho Olden Malchowe unterschieden werden. Diese ist die Vorgängerin der heutigen Klosterkirche in dem Dorfe Alt-Malchow, jene die der heutigen Kirche in Neu-Malchow oder Stadt Malchow. So z. B. geht es in der Urkunde vom 25. November 1284 nur aus dem Zusammenhange mit den Besitzverhältnissen im Dorfe Roez hervor, dass die hier genannte Kirche in Malchow nicht die Stadtkirche, sondern die des hl. Johannes Baptista im Dorfe Alt-Malchow ist.[2]) Der Name Alt-Malchow begegnet uns urkundlich zum ersten Male im Jahre 1285, als die Fürsten von Werle für die Länder Roebel, Malchow und Wenden das Landding in die Dörfer Priborn, Alt-Malchow und Zepkow verlegen.[3]) Ein paar Jahre später aber, bei Gelegenheit der Verlegung des Büsserinnen-Klosters von der Neustadt Roebel nach dem Dorfe Alt-Malchow, lässt sich erkennen, dass beide Kirchen, die im Dorfe Alt-Malchow und die in der Stadt Neu-Malchow sowie auch die in Lexow, bis dahin unter eine Plebanie zusammengefasst sind.[4]) Denn es handelt sich darum, den Malchower Pleban Hermann für den Verlust der Kirche zu Alt-Malchow an das neue Kloster zu entschädigen. Die enge Verbindung beider Kirchen in Malchow bis zu dem Zeitpunkte der Uebersiedlung des Klosters ist daher möglicherweise die Ursache, warum dieser Hermann früher nur »plebanus de Malchowe« genannt wird.[5]) Ob er mit dem späteren Probst Hermannus I., der im Jahre 1303 die Verwaltung führt, identisch ist, müssen wir dahingestellt sein lassen.[6])

Diese Verlegung des Büsserinnen-Klosters aus der Neustadt Roebel, welche der Havelberger Diöcese angehört, im Jahre 1298 in das Dorf Alt-Malchow und in die Schweriner Diöcese, sowie seine langsam sich vollziehende Umwandlung in ein Cistercienser-Nonnenkloster, als welches es in einer päpstlichen Bulle vom 18. März 1474 zum ersten Mal bezeichnet wird, sind für die Geschichte und Entwicklung der Stadt Malchow wichtiger als vieles Andere, das uns urkundlich im XIII. Jahrhundert überliefert worden ist, wie z. B. die Erwerbung des Grüssowschen Wassers, dessen Eigenthum ihr am 30. Juni 1287 von Fürst Nikolaus von Werle überwiesen wird, oder wie die durch denselben Fürsten geschehene Verleihung des Eigenthumes der langen Brücke bei der Stadt am 13. April 1292, die bis dahin den Bürgern Walter Pote und Erich gehört hatte, oder wie die Verpfändung eines Drittels vom höheren und niederen Gericht innerhalb der Stadt und Feldmark Malchow durch ebendenselben Fürsten am 9. Oktober 1299.[7]) Als Pathengeschenk überweist Fürst Nikolaus

[1]) M. U. B. 763.
[2]) M. U.-B. 1758.
[3]) M. U.-B. 1781.
[4]) M. U.-B. 2503. 2506.
[5]) M. U. B. 1863. 1903. 2226. 2718. 2719.
[6]) M. U. B. 2845.
[7]) M. U.-B. 1914. 2160. 2574.

von Werle dem neuen Kloster am 21. Mai 1298 mit Zustimmung seiner Mutter Sophie und seiner Brüder drei Kirchen-Patronate, nämlich die von Alt-Malchow, Neu-Malchow (utriusque ecclesie Malchowe) und Lexow. Zugleich befiehlt er, dass das Kloster neben der Kirche zu Alt-Malchow aufgebaut werde.[1]) Im Uebrigen haben sich alle wichtigeren Schriftstücke, welche den Gepflogenheiten der damaligen Verwaltungs-Weise gemäss für die Neuordnung der Verhältnisse die Grundlage bildeten, bis heute erhalten. Es sind dies: erstens die bischöfliche Genehmigung und Einweisung des Klosters in den Schweriner Sprengel durch den Bischof Gottfried von Schwerin auf Grund eines Vertrages zwischen ihm und dem Bischof Johannes von Havelberg; zweitens die Vermittlung eines Vertrages zwischen dem Kloster und dem Pleban Hermann über die Abtretung der Kirchen zu Malchow und Lexow; drittens eine Bestätigung dieser Verträge durch das Domkapitel zu Schwerin und zugleich die Unterordnung des Klosters unter das Archidiakonat zu Waren, sowie ausserdem viertens eine besondere Vollziehung der Schenkung auch durch das genannte Domkapitel.[2]) Den heiligen Johannes Baptista findet der Konvent als Schutzheiligen der Kirche zu Alt-Malchow vor, die hl. Maria Magdalena aber bringt er als Schutzpatronin des Klosters von Roebel her mit. Daher liest man am 15. März 1376 die Bezeichnung »sanctimonialibus monasterii sancti Johannis baptiste ac sancte Marie Magdalene in Malchow«, während es z. B. am 19. Juli 1360 kürzer heisst »monasterium sancte Marie Magdalene in Malchowe«, und am 3. März 1363 »monasterium sancti Johannis Baptiste in Malchowe«. Die Klosterkirche allein aber führt nur den Titel des hl. Johannes Baptista und heisst oft kurzweg nur ecclesia sancti Johannis. Am 14. Juli 1480 findet sich die Bezeichnung ecclesia beati Johannis Baptiste monasterii monialium antique Malchow.[3])

Unter den übrigen Malchower Kloster-Urkunden sind diejenigen, welche sich auf die Erwerbung von Gütern und die Ausdehnung des Wirthschaftsbetriebes beziehen, die anziehenderen, wenngleich sie im Ganzen kein anderes Bild darbieten als das der übrigen Klöster des Landes, die wir bereits an unsern Blicken haben vorüberziehen lassen. 1299 dreizehn Hufen in dem ehemaligen Dorfe Lebbin und der halbe Zehnte vom ganzen Dorf, wofür aber dem Landesherrn alljährlich zu Weihnachten ein Paar Stiefel zu entrichten sind;[4]) 1303 zwei Hufen in Zielow als Geschenk vom Ritter Dietrich Pape für die Aufnahme seiner Tochter ins Kloster;[5]) 1309 ein vor der Stadt gelegener Hof (Neuhof), den bis dahin der Ritter Ludolf von Sternberg besessen hat;[6]) 1310 zwei Hufen in Lexow, wo das Kloster bereits das Patronat der

[1]) M. U.-B. 2503.

[2]) M. U.-B. 2505. 2506. 2507. 2508.

[3]) Lisch, M. Jahrb. XXVII, S. 248–250 (Siegel des Klosters). — Zur Gesch. des Ordens der Büsserinnen vgl. Grotefend in den Mitth. d. Vereins f. Gesch. u. Alt. in Frankfurt VI, S. 301 ff.

[4]) M. U.-B. 2576. In seiner Geschichte der drei Landesklöster, S. 16, verwechselt Julius Wiggers Lebbin mit Loppin und übersetzt ohne zwingende Gründe das »uno pari caligarum« der Urkunde mit einem Paar Hosen statt mit einem Paar Stiefeln.

[5]) M. U.-B. 2815.

[6]) M. U.-B. 3288.

Kirche innehat (s. o.);[1]) 1314 ein Feld und eine Wiese zwischen dem Poppentiner See und dem Dorfe Roez, die bis dahin in Pritzbuer'schem Besitz gewesen;[2]) 1320 zwei Hufen in Grussow und fünf in Roez,[3]) welche bis dahin im Besitz der ritterbürtigen Familie Sparow gewesen; 1330 aus den Händen der Familie Pape der nahe am Kloster gelegene ehemalige Hof Wicksol;[4]) 1332 und 1333 verschiedene Hebungen aus dem Kölpin-See und Antheile am Aalfang von den Familien Hahn, Pritzbuer u. a.;[5]) 1336 der Gamm'sche Antheil der Dörfer Deutsch- und Wendisch-Wangelin mit der alten Mühle daselbst;[6]) 1338 Hebungen aus der neuen Mühle zu Rehberg vom Knappen Heinrich Tessemer;[7]) 1339 Hebungen aus der Mühle zu Kölln von der Familie Köln;[8]) 1340 die Hälfte der Güter und des Werders Damerow von der Familie Rumpeshagen;[9]) in demselben Jahr Hebungen aus dem Dorfe Spitzkuhn von dem Knappen Johann Bune, der seine Schwestertöchter Adelheid Maltzan im Kloster untergebracht hat;[10]) Hebungen aus dem Hof des Johann von Gerden zu Sietow, dessen Brudertochter im Kloster ist;[11]) 1341 vier Hufen in (Gruben-) Liepen von Nikolaus Kaland, und einen Tag darauf der ganze Gamm'sche Besitz im selben Dorfe, mit Ausnahme des an Liepen haftenden Kirchenpatronats zu Wangelin, das vorläufig noch in Gamm'schen Händen bleibt;[12]) 1344 der ganze Wangelin'sche Besitz in Wendisch-Damerow;[13]) 1346 und 1347 weitere Pritzbuer'sche Fischereigerechtigkeiten im Kölpin-See und im Klinker Antheil an der Müritz, Lepzow'sche Hebungen aus der Mühle zu Walow, Gamm'sche Hebungen aus dem Dorfe Goldewin, sowie das ganze Dorf Loppin, das Johann Gamm und Jakob von Werle bis dahin als werlesche Vasallen innegehabt haben;[14]) 1351 fünf Hufen und sieben Morgen Ackers im ehemaligen Dorfe Klippatendorf bei Zislow als Legat des verstorbenen Knappen Heinrich Wittenburg, sowie aus den Händen der Pritzbuer eine Hufe zu Poppentin und weitere Hebungen aus dem Kölpin-See;[15]) 1352 Hebungen aus dem Hofe Bellin von der Familie Bellin, die eine Verwandte im Kloster hat;[16]) 1353 das Dorf Neu-Drewitz aus den Händen des Malchower Bürgers Gerd

[1]) M. U.-B. 3369.
[2]) M. U.-B. 3680.
[3]) M. U.-B. 4191.
[4]) M. U.-B. 5170. 5314.
[5]) M. U.-B. 5344. 5386. 5944.
[6]) M. U.-B. 5675. Vgl. dazu Lisch, Geschl. Maltzan II, S. 397 (Urk. CCCLIII).
[7]) M. U.-B. 5868.
[8]) M. U.-B. 5972.
[9]) M. U.-B. 6040.
[10]) M. U.-B. 6058. Vgl. 6618.
[11]) M. U.-B. 6068.
[12]) M. U.-B. 6099. 6100. 6105. 6152.
[13]) M. U.-B. 6461. 6466.
[14]) M. U.-B. 6591. 6618. 6621. 6645. 6646. 6722. 6723. 6726. 6727. 6737. 6808. 6816. Ueber den Jakob v. Werle vgl. Lisch, M. Jahrb. XXXII, S. 20. 21.
[15]) M. U.-B. 7475. 7528. Vgl. 11787.
[16]) M. U.-B. 7598.

Ysermengher;[1]) 1355 der vierte Theil der Hardersmühle bei Malchow von dem Bürger Vogedeke und dessen Bruder in Malchow;[2]) 1356 Preen'sche Hebungen aus Goldewin;[3]) 1357 der Waghel'sche Besitz zu Poppentin, und 1358 der in dreizehn Höfen und Hufen und anderen Gütern bestehende Pritzbuer'sche Besitz ebendaselbst;[4]) 1363 der vierte Theil der Tibbolds-Muhle zu Malchow als Geschenk von dem dortigen Bürger Ludolf Elers;[5]) 1366 Flotow'sche Hebungen verschiedener Art aus Kisserow und Loppin, sowie der Rantze'sche Erb-Antheil an der Harders-Mühle;[6]) 1374 eine Berkhahn'sche Rente aus Goldewin, die Muhle zu Grüssow aus Elers'schem Besitz, Flotow'sche Hebungen aus Wangelin, eine Pritzbuer'sche Rente aus Poppentin, sowie Hof und Dorf Laschendorf von der Familie Vriberg;[7]) in der zweiten Hälfte der siebenziger Jahre des XIV. Jahrhunderts (1375 bis 1379) ein Düsterwold'scher Hof mit zwei Hufen zu Kisserow und verschiedenen Hebungen aus diesem Dorf, wie auch aus Petersdorf, der Hof des Storm Schwickow zu Kisserow mit sechs Hufen, der Flotow'sche Hof zu Kisserow mit vier Hufen und zwei Kathen, ebendaselbst Hufen und Höfe der Familie Pape, ferner zu Walow eine halbe Hufe mit den zugehörigen Worthen von der Familie Grambow, zu Grüssow fünf Hufen und Höfe aus der Hand des Priesters Albrecht Smede, dazu Flotow'sche Hebungen aus demselben Dorfe, von der Familie Krevestorp die Schwertfeger-Mühle und von der Familie Wangelin eine Rente aus Damerow und die ehemalige Kutzeker Mühle;[8]) 1383 die ehemalige Schwichower Mühle von Dietrich von Flotow;[9]) 1384 eine Hebung aus Hufen in Kogel von Henning Poppentin;[10]) 1385 Einkünfte aus vier Hufen und Höfen in Grüssow mit Vorbehalt des Rückkaufes von Henneke von Flotow zu Grüssow;[11]) 1387 der Tesmer'sche Hof mit sechs Hufen zu Wangelin, und Einkünfte aus einer Reihe von Hufen im Gut und Dorfe Walow von Henneke von Flotow[12]): — das sind im Wesentlichen die Erwerbungen des Klosters im XIV. Jahrhundert. Und vergleicht man damit den jetzigen, immer noch bedeutend erscheinenden Güterbesitz, so sieht man, dass das Kloster den weitaus grössten Theil dieser Erwerbungen noch heute sein Eigen nennt. Im XV. Jahrhundert sind folgende Dörfer und Güter, mit denen allerlei geschäftliche Verbindungen schon in früherer Zeit angeknüpft waren, hinzugekommen: 1402 das Dorf Damerow und

---

1) M. U.-B. 7826. 7840.

2) M. U.-B. 8124.

3) M. U.-B. 8184.

4) M. U.-B. 8359. 8459. 8460. 8471.

5) M. U.-B. 9145.

6) M. U.-B. 9459. 9460. 9467.

7) M. U.-B. 10517. 10523. 10573. 10584. 10644. Vgl. 10775 und 10857. Auf Laschendorf bezieht sich auch eine noch nicht gedruckte Urkunde vom 21. September 1396.

8) M. U.-B. 10750. 10751. 10804. 10805. 10806. 10810. 10811. 10843. 10982. 10995. 11004. 11016. 11019. 11083. 11149. 11186. Vgl. 11547.

9) M. U.-B. 11520.

10) M. U.-B. 11587.

11) M. U.-B. 11731.

12) M. U.-B. 11867. 11873. 11878.

die ehemalige Kuzeker Mühle von Henneke Wangelin; 1410 die Güter und Dörfer Hagenow und Jabel von Henneke Hahn, Lüdeke's Sohn von Basedow, und von Fürst Christoffer von Wenden;[1]) 1423 das Dorf Alt-Drewitz, woran bis dahin die Linstow theilgehabt haben, während Neu-Drewitz schon seit 1353 dem Kloster gehört;[2]) und 1481 das Dorf Sembzin von der Familie der Grambow. Diesen Erwerbungen gegenüber treten alle anderen des XV. Jahrhunderts an Bedeutung zurück, wie z. B. die Hälfte der Windmühle vor dem Neuen Thore zu Waren, die der Priester Joh. Katzow 1407 dem Kloster schenkt; weitere vier Hufen in Jabel im Jahre 1414, die bis dahin noch dem Heinrich Gelder zu Lansen gehört haben; der »grosse Hof zu Grüssow vor dem Walower Ende«, den am 7. Januar 1437 Vicke Flotow um seiner Seligkeit willen schenkt; alljährlich zwei Drömt Mehl aus der Poppentiner Mühle als Stiftung der Familie Metzeke im Jahre 1445; 1450 eine Anzahl Kornhebungen in dem später wüst gewordenen Dorfe Lübow, das ehemals südlich vom Dorfe Drewitz lag, und wo man schon damals, wie vielleicht auch heute noch, Buchweizen baut; der Linstow'sche Antheil an der Mühle zu Hohen-Wangelin, welchen das Kloster am 6. Januar 1502 für einhundertzehn rheinische Gulden erwirbt; Pächte aus Hufen und Höfen des Hahn'schen Dorfes Demzin im Jahre 1509, und viele andere kleinere Hebungen und Einkünfte, von denen eine grosse Zahl noch nicht veröffentlichter Urkunden im Grossh. Archiv und im Kloster-Archiv ausführlicher handelt.

Dass auch in späterer Zeit noch Veränderungen innerhalb des Güterbesitzes vorkommen, zeigt der in der Geschichte des Klosters Dobbertin berührte Umtausch von Roez gegen Penkow im letzten Drittel des XVII. Jahrhunderts.[3]) Die Dörfer Cramon und Kraaz werden zwischen 1613 und 1618 von der Familie Quitzow erworben, die 1536 damit belehnt worden war, nachdem Reimar von Hagen, der letzte seines Geschlechts, das die Güter bis dahin zu Lehn getragen hatte, aus dem Leben geschieden war. Kraaz gehört übrigens Anfangs nur zur Hälfte dem Kloster, die andere Hälfte wird erst 1719 durch Umtausch gegen zwei Jabelsche Klosterbauern erworben.[4]) Ebenso ist es mit Wangelin, dessen letzte Antheile erst 1714 vom Kloster erworben

[1]) Lisch, Geschl. Hahn II, S. 99 (Urk. CCXXX).

[2]) Ueber die früheren Besitzer von Alt-Drewitz vgl. Lisch, Geschl. Maltzan II, S. 410 (Urk. CCCLX).

[3]) Kunst- u. Gesch.-Denkm. IV, S. 355, Anmkg. 1. Eine Mittheilung des Herrn Pastors Schnell zu Kloster Malchow aus Process-Akten in puncto veneficii 1668 ergiebt, dass der Umtausch im Jahre 1668 noch nicht geschehen war. Er findet somit in der Zeit zwischen 1668 und 1688 statt. Eine Nachricht in dem vom Küchenmeister Heinrich Dugge geschriebenen Amtsbuch (Th. II) vom Jahre 1697, das im Kloster aufbewahrt wird, giebt an, dass bei dem Eintausch des Dorfes Penkun zugleich mit Roez auch die dem Kloster Malchow seit 1310 zugehörig gewesenen beiden Lexower Hufen an das Kloster Dobbertin gegeben worden seien, sodass in Folge dessen für das Kloster Malchow von Lexow nichts weiter als die Kirche mit ihrem Jus patronatus übrig blieb.

[4]) Auch ein Theil der Feldmark Viere wurde zugleich mit Kraaz schon 1613/18 erworben. Ueber das Vier'sche Feld s. bei Schildt, M. Jahrb. LVI, S. 207.

werden (s. u. S. 428). Als verhältnissmässig jüngsten Besitz dürfen wir das Dorf Malkwitz bezeichnen, das ehemals ebenso wie Cramon Linstow'sches und dann Raven'sches Eigenthum war. Freilich finden wir schon im Jahre 1724 einen erheblichen Antheil von Malkwitz als Pfandgut beim Kloster, als alleiniges Klostereigenthum aber wird es erst vom Jahre 1803 an im Staatskalender aufgeführt. Dagegen verschwindet um diese Zeit der Antheil, den bis dahin das Kloster Malchow an dem Flotow'schen Dorf und Gut Grüssow hat, nachdem schon 1785/86 vom Kloster drei Bauernhöfe zu Grüssow an den Hauptmann von Flotow auf Kogel verkauft worden waren.[1])

Mit den Gütern mehren sich die Kirchen-Patronate. So kommt als viertes am 14. Februar 1352 das der Kirche zu Grüssow durch eine Schenkung des Fürsten Nikolaus von Werle hinzu.[2]) Doch gehört es heute wieder mit dem Dorf und Gute der Familie von Flotow. Dagegen besitzt das Kloster seit 1410 das Patronat in der Kirche in Jabel; ebenso hatte es, solange eine Kirche im Dorfe Hagenow war, auch in dieser das Patronat, wie am 21. Oktober 1449 und am 6. Juli 1453 urkundlich bestätigt wird.[3]) Und noch heute gehören ihm von alter Zeit her die Patronate in den Kirchen zu Hohen-Wangelin und Poppentin.

Ferner melden die Urkunden Manches von frommen Stiftungen, von Aufnahmen einzelner Stifter, wie des schon früher oft genannten Gustrowschen Burgers Jakob Wörpel und seiner Frau Katharina am 23. Mai 1339, in die Fraternitat des Klosters,[4]) von der Theilnahme an den guten Werken des Konvents, welche z. B. der Nonne Bertha Wimann und ihren Verwandten am 14. Mai 1355 zu Theil wird,[5]) sowie von Memorien und Vikareien. Unter diesen mögen hier genannt sein die Memorienstiftung des Pfarrers Joh. Rambow in Waren am 11. März 1351; die des Probstes Johann Katzow am 19. Juli 1360; die am 1. Februar 1427 von dem Priester Nikolaus Hagedorn und Hartwig Bonsack »to olden Malchow in der karken to sunte Johannes« gestiftete und am 20. Mai 1429 vom Bischof von Schwerin bestätigte Vikarei; die Memorienstiftung des Güstrowschen Burgers Hinrick Vughe vom 23. August 1432; die der Margarethe Preen vom 10. September 1437; die auf dem Chor der Klosterkirche am 3. März 1445 dem hl. Martin und der hl. Katharina zu Ehren gestiftete Vikarei der von Flotow auf Stuer, von welcher uns mehrere Inhaber bekannt werden, wie Johannes Hake, Hermann Kaghe und Johannes Roleke, und endlich eine zum St. Michaelis-Altar in der Klosterkirche gehörende Vikarei, deren Stifter nicht genannt wird, welcher aber Heinrich Gamm auf dem Gammenwerder im Jahre 1522 eine Summe von 20 Mark Lubisch schuldig ist.[6])

[1]) Nach Akten im Grossh. Archiv.

[2]) M. U.-B. 7580. 7660.

[3]) Nicht gedruckte Urkunden im Grossh. Archiv.

[4]) M. U.-B. 5959.

[5]) M. U.-B. 8081.

[6]) M. U.-B. 7435. 8063. 8770. 8795. Dazu Rudloff's handschriftliches Diplomatar des Klosters Malchow im Grossh. Archiv.

Dass übrigens das Kloster schon in der ersten Zeit seines Bestehens keineswegs immer von dem Wohlwollen und der guten Gesinnung seiner Zeitgenossen getragen wird, zeigt die Klage des Probstes und Konventes wider die Ritter Nikolaus von Peccatel, Ghemekinus Kossebode, die Brüder Rumpeshagen, Werner Kranz, Gerlach von Vicheln und Arnold von Liepen in den vierziger Jahren des XIV. Jahrhunderts, welche sich der weltlichen Gerechtigkeit zu entziehen suchen.[1]) In diesem Sinne wird auch der Schutzbrief des Ritters Ulrich von Maltzan auf Grubenhagen zu beurtheilen sein, den er dem Kloster am 5. April 1364 über die Dörfer Wangelin und Liepen ausstellt.[2]) Noch im Jahre 1546 giebt es Uneinigkeiten über diese beiden Dörfer zwischen denen von Gamm und dem Kloster, die durch fürstliche Kommissarien verglichen werden; ebenso über anderen Besitz, Fischerei-, Wald- und Wasser-Gerechtigkeiten, im Jahre 1546 mit den von Below auf Klink und Lebbin, die ebenfalls durch einen Vergleich beendet werden; und endlich noch im Jahre 1595 über Fischerei-Gerechtigkeiten mit denen von Flotow auf Stuer, die durch den Herzog Ulrich geschlichtet werden. Zu dieser Zeit sind bereits weltliche Provisoren an die Stelle des geistlichen Probstes getreten.[3])

Was sonst noch über Angelegenheiten des Klosters urkundlich gemeldet wird, ist von geringerer Bedeutung, doch mag man davon ausnehmen einen Ablassbrief des Bischofs Konrad Loste im Jahre 1492 zu Gunsten von Klosterbauten, die Gewährung der Erblichkeit des Schulzenamtes gegen eine jährliche Abgabe von neun Gulden Münze und acht Schilling Lübisch an den alten verdienten Dorfschulzen Hinrick Nagel und dessen Nachkommen in Klein-Rehberg am 13. December 1532, und die Ertheilung einer Kruggerechtigkeit sowie die Erlaubniss zum Aufbau eines Kruges im Klosterdorf Liepen an den Peter Kale aus Wangelin am 18. November 1591, »nachdem er sich eine Zeit hero bei denen vom Adel hin und wieder im Dienste, wie einem redlichen reisigen Knechte gebühret, verhalten, und nach seiner Gelegenheit unter das Kloster, weil er darunter geboren, niederzulassen und gebeten, ihme eine Stätte auf des Klosters Grund und Boden zu vergönnen zu bebauen«.

Ueber alle dem Kloster angehörenden Personen geben die Register des mecklenburgischen Urkundenwerkes bis zum Ende des XIV. Jahrhunderts die ausreichendste Auskunft. Wir wollen daher hier im Anschluss daran nur noch die Pröbste, beziehungsweise Verweser und Provisoren, sowie die Priorinnen und Unterpriorinnen nennen, die uns im Urkundenschatz des XV. und XVI. Jahrhunderts entgegengetreten sind. Um 1386 ist Gerd Bomgarden Probst und Ida von Hagen Priorin; um 1396 ist Johann Katzow Probst; um 1410 Heinrich Wulf, und neben ihm Ilsabe von Pritzbuer Priorin, die auch 1414 noch als solche genannt wird, während Hermann König als Probst gefolgt

[1]) M. U.-B. 6080.

[2]) M. U.-B. 9256. Vgl. Lisch, Geschl. Maltzan II, S. 180–183.

[3]) Vgl. Urkunden im Grossh. Archiv.

ist;[1]) 1450 haben Probst Nikolaus Reeps und Priorin Margarethe Kolres die Vorstandschaft im Kloster;[2]) 1475 ist Peter Warnstorp Probst, aber schon 1476 steht Joh. Roghemann an seiner Stelle, den wir auch noch 1478 dort finden, als bereits Adelheid von Plessen Priorin ist. Diese ist auch 1481 noch da, während neben ihr Herr Hinrick Vaghet als Probst und Anna Metzeke als zweite Priorin (sonst Unterpriorin) genannt werden. 1484 ist Jutta von Hahn Priorin, 1508 Katharina von Hahn, und neben ihr als Probst Herr Johann Grabow. Beide sind auch 1520 noch auf ihrem Posten, während Margarethe von Grüssow (Grüskouwen) Unterpriorin ist. Johann von Grabow kommt auch 1532 noch als Probst vor, nachher nicht mehr. Von 1534 bis zu seinem Tode 1538 ist Dr. juris Heinrich von Bülow Probst.[3]) 1546, bei Gelegenheit des Vergleiches zwischen denen von Below und dem Kloster, werden in der hier stehenden Reihenfolge aufgeführt: Anna von Wangelin als Priorissa, Peter Weffinger als Verweser und Elisabeth von Rohr als Subpriorissa. 1580 ist Anna von Rohr Priorin,[4]) und 1591 sind der bekannte Rath Henning Krause (Kruse) zu Varchow und Johann von Kramon zu Woserin die alleinigen weltlichen Provisoren des Klosters.

Die Anweisung des Klosters an den Adel des Landes wird bereits in einem Erlass der vom Herzog bestellten Visitatoren des Klosters vom 22. Oktober 1557 deutlich ausgesprochen, während die wirkliche rechtliche Ueberweisung an die Landstände erst durch die bekannten Sternberger Reversalen vom 2. und 4. Juli 1572 geschieht.[5]) Die Reformation war in aller Stille und ohne eine Spur jenes Widerstandes, den ihr z. B. das Kloster Dobbertin entgegensetzte, in die Mauern des Klosters eingezogen, ebenso in die Stadt. Martin Bambam (Bamban), der Prediger auf der einen und auf der andern Seite des Wassers, in der St. Johannis-Kirche des Klosters und in der St. Georgen-Kirche der Stadt, ein im Jahre 1523 vom Weihbischof zu Schwerin, Dietrich von Sebaste, geweihter Priester, hatte nach seiner Anstellung als Pastor an der St. Georgen-Kirche der Stadt, nachdem er hier schon seit dem Jahre 1528 als Vikar gewirkt hatte, im Sinne der neuen Lehre zu predigen begonnen. Er erhält 1568 auch die Pfarre zu Lexow als Filial des Klosters und lebt noch 1580, im Amte unterstützt von seinem Sohne, dem Kaplan Bernd Bambam.[6])

Bei einem Blick auf die weitere städtische Entwicklung während des Mittelalters finden wir, dass sich anscheinend in dem angeseheneren Theil der Bürgerschaft zu Anfang des XIV. Jahrhunderts ein besonderes Interesse für

[1]) Lisch, M. Jahrb. XXVII, S. 249.

[2]) Lisch, M. Jahrb. XXXIX, S. 109 (zur Gesch. des Buchweizens).

[3]) Lisch, M. Jahrb. XII, S. 237.

[4]) Lisch, M. Jahrb. XXII, S. 107.

[5]) Schröder, Kirchenhist. des evang. Mecklenburgs III, S. 132 ff. Franck, Altes u. Neues Meckl.g. X, S. 232—238. Lisch, M. Jahrb. XXII, S. 106. Wiggers, Gesch. der drei mecklenb. Landesklöster, S. 87. Viereck, die Rechtsverhältnisse der vier mecklenb. Jungfrauenklöster II, Beil. I, S. 2. Dazu I, S. 71 ff.

[6]) Lisch, M. Jahrb. XXII, S. 105.

den Mühlenbetrieb zu erkennen giebt. Es ist geradezu auffallend, wieviele Verträge einzelner Bürger über die in der Stadt und deren Nachbarschaft angelegten Mühlen auf uns gekommen sind. Man sieht daran, dass diese für die städtischen Wirthschaftsverhältnisse eine ebenso hervorragende Bedeutung hatten wie für die klösterlichen.[1]) Weitere Gewerke treten in den Urkunden nicht hervor. So findet sich z. B. von der späteren Tuchmacherei, die in Malchow bis ins XIX. Jahrhundert hinein in besonderer Blüthe war und noch heute in gutem Gange ist, in alter Zeit keine Spur. Auch der Trieb auf Vergrösserung der städtischen Feldmark, die von Fürst Nikolaus von Werle im Jahre 1235 mit vierzig Hufen eingesetzt war, und welcher er die Berechtigung zur Schweinemast und Viehweide, auch zur beliebigen Fällung von Brenn- und Bauholz in der Forst und Feldmark Geline hinzugefügt hatte, tritt bei Malchow weniger hervor als bei anderen Städten.[2]) Es ist nur Weniges dieser Art zu verzeichnen. So kauft z. B. die Stadt am 14. März 1334 einen Wald bei Nossentin von dem Knappen Henning Pape und dessen Angehörigen.[3]) Doch ist dieser Wald, der zwischen Nossentin und dem schon vor 1558 eingegangenen Dorf Locken gelegen war und zu dessen örtlicher Bestimmung die in Wiesen umgewandelten drei Seen einst dienten, welche die Schmettau'sche Karte noch als Wangelin-See, Belower See und Lochser See nördlich von Nossentiner Hütte verzeichnet, seit langem kein Stadtgebiet mehr, sondern gehört jetzt zur Malchower Klosterforst.

Von ebenso geringer Bedeutung ist das Hervortreten der Stadt in äusseren Angelegenheiten. In dieser Beziehung sind zu erwähnen: 1304 die bei Gelegenheit des Bündnisses zwischen dem Fürsten Nikolaus von Werle und dem Grafen Gunzelin von Schwerin der Stadt auferlegte und geleistete Huldigung für den letztgenannten;[4]) 1309 das der Johanniter-Komthurei zu Mirow bewiesene Entgegenkommen der Stadt mit Befreiung vom Brücken-, Wege- und Durchgangszoll;[5]) 1316 die Verbindung der Stadt bei der Landestheilung im Hause Werle mit demjenigen Theil, von welchem Parchim die

[1]) M. U.-B. 2162. 2939. 2959. 3601. 3961. 5675. 5868. 5972. 8124. 8267. 9145. 9467. 10523. 10995. 11083. 11149. 11520. Dazu Urkunden vom 16. März 1391; 15. August 1402; 18. August 1407; 18. December 1445; 25. November 1482; 30. Juni 1488; 17. Januar 1501; 29. April 1507; 1541 (ohne Datum); 3. Februar 1546.

[2]) Vielleicht steckt der Name Geline in der Vorsilbe jener im Jahre 1697 genannten »Globahn«, einem südlich des Sees gelegenen Landstrich, der als Viehtrift und als Hölzung gekennzeichnet wird: „„Die Stadt hat übers Wasser eine wüste Dorfstätte gehabt, so vormals Globahn geheissen."" „Die Stadt genoss damals aber wenig davon, „„da die Grüssower, die Petersdorfer, der Brantmüller und der Vormüller eine grosse Menge Vieh für eine schlechte Heuer darauf trieben,"" „und auch Tannen darauf standen. Die Stadt hat jetzt auf dem Süduser ihr Jägergehöft, bedeutende Hölzung, Wiesen und ihr Torfmoor, sowie die Ziegelei": Lisch, M. Jahrb. XXXII, S. 39. Die vom Fürsten Nikolaus geschenkten vierzig Hufen lagen zum grössten Theil auf dem Norduser des Sees.

[3]) M. U.-B. 6389.

[4]) M. U.-B. 3178.

[5]) M. U.-B. 3341. Ein Vertrag mit dem Kloster Dobbertin über die Durchfahrt von Wagen kommt 1356 zu Stande: M. U.-B. 8204.

Vorderstadt wird;[1]) 1346 die Verschreibung von Stadt und Land Malchow als Leibgedinge für die Fürstin Agnes, die Tochter Ulrich's II. von Lindow-Ruppin, und Gemahlin des Fürsten Nikolaus IV. von Werle;[2]) 1351 die Einschätzung der Stadt mit zehn Mann für das Landfriedens-Kontingent;[3]) und 1354 die Stellung der Stadt bei der Verpfändung des Landes Malchow an die Flotow, sowie die ihr bei dieser Gelegenheit ertheilte besondere Versicherung des landesherrlichen Schutzes.[4]) Dieser Pfandvertrag des Landesherrn mit den Herren von Flotow kann wohl als das einschneidendste Ereigniss in der mittelalterlichen Stadtgeschichte von Malchow bezeichnet werden. Zwar ist die Original-Urkunde nicht mehr vorhanden, aber ihr Inhalt ergiebt sich vollständig aus einer vom Fürsten Christoffer von Wenden am 15. Juni 1415 vollzogenen Erneuerung, welche (wegen der darin genannten Zeugen Hinrick und Olrick Maltzan) im zweiten Bande der Urkunden-Sammlung zur Geschichte des Geschlechts Maltzan, S. 504 bis 508, abgedruckt ist. »Witliken vmme groter not willen vnser olderen«, wie Fürst Christoffer sagt, war den Flotowen, »dar ere olderen vore vnde vmme rumeden de stat vnde sloth Tribbezes« (also in jener Zeit, als die Häuser Mecklenburg und Werle das Festland Rügen an Pommern verloren),[5]) der Pfandbesitz von Stadt und Land Malchow sowie von der Sommer-Bede aus dem Lande Malchin für eine Summe von sechstausend löthigen Mark Silbers überwiesen worden: »Aldus so schal de stat Malchow vnde dat gantze land myd der samerbede to Malchin vorbenomed, so id licht an allen sinen enden, in alle sinen scheden, myt aller siner tobehoringe, mit alleme anualle, myt aller losinghe, myt aller herschop, myt alleme herenrechte, myt alle vnde dar nicht vt to nemende, der vorbenomeden Vlotowen vnde erer rechter eruen bruklicke pant wesen vnde bliuen, so quid, frig, vnbeworren, so vse olderen dat frigest brukelken beseten hebben, vs edder vsen rechten eruen edder vsen nakomelinghen dar nicht ane to beholdende edder to hebbende, men de losinghe«. Mit dieser die weiteste Deutung und den weitesten Niessbrauch zulassenden Verpfändungsurkunde treten nun die von Flotow thatsächlich in alle landesherrlichen Rechte über Stadt und Land Malchow ein. Demgemäss bestätigen sie z. B. am heiligen Dreikönigstage des Jahres 1423 der ganzen Einwohnerschaft von Stadt und Land Malchow und auch dem besonders dabei genannten Rath der Stadt alle Privilegien, die diese bisher genossen haben. Dass auch die oberste Gerichtsbarkeit über Stadt und Land dazu gehörte, war selbstverständlich. Daher kann denn auch die Zusicherung der von Flotow, die sie am 8. März 1354 den Mannen des Landes und der ganzen Burgerschaft der Stadt ausstellen, nicht den Sinn haben, den die Ueberschrift im Urkundenbuche angiebt. »Ueber Stadt und Mannen der Landschaft kein Recht ausüben wollen«: das wäre ja das Gegentheil

[1]) M. U.-B. 3860.

[2]) M. U. B. 6669.

[3]) M. U.-B. 7524. 7717. Anmkg. 7731. 7911.

[4]) M. U.-B. 7907. 7908. Vgl 9394. 11633. Dazu Crull, M. Jahrb. LIII, S. 355, Anmkg.

[5]) Rudloff, Hdb. d. M. Gesch. II, S. 311—315.

von dem, was abgemacht worden war. Die Worte »juxta omnem iusticiam et ius penitus amittere« sind vielmehr, wie Crull nachgewiesen hat, eine unzureichende Uebersetzung der herkömmlichen Wendung »bi aller rechticheit vnde rechte dorchut laten«.[1]) Die von Flotow machen sich damit anheischig, die hergebrachten Rechte und Privilegien von Stadt und Land Malchow in keinem Punkte irgend wie anzutasten und zu verletzen. Wenn es aber in dieser langen, fast ein halbes Jahrtausend dauernden Periode des Flotow'schen Pfandrechtes ohne allerlei schwerere und leichtere Konflikte nach oben wie nach unten nicht ganz abgeht, so kann das keine Verwunderung erregen. So ist z. B. 1681 von einem Verlust des vierten Theiles der Jurisdiktions-Gefälle ex delicto die Rede.[2]) Doch wollen alle diese Dinge immer aus den Verhältnissen ihrer Zeit und nicht mit dem Massstabe unserer Zeit verstanden und beurtheilt sein. Im Uebrigen unterlassen es die seit 1436 an die Stelle der werleschen Fürsten getretenen Herzöge von Mecklenburg niemals, in ihren nachfolgenden Bestätigungen (1436, 1469, 1477, 1505, 1549) neben denen von Flotow auch den Rath und die Bürgerschaft von Malchow sowie alle Einwohner des Landes als gleichmässig in ihren Rechten zu erhaltende und zu schützende Unterthanen hervorzuheben. Dieses Verhältniss hat erst im Jahre 1837, beziehungsweise 1838, durch Verträge mit der Landesherrschaft und der Stadt seine Endschaft erreicht.[3]) Doch mag es die Ursache davon sein, dass »der ringhaltende Vogel auf dem von Flotow'schen Helm mit dem ringhaltenden Vogelkopfe im Siegel der Stadt Malchow (in dem übrigens das »Herz« wohl zutreffender als »Seeblatt« anzusehen sein dürfte) in Zusammenhang steht« . . . Dann würden aber die von Flotow den Vogel von der Stadt entlehnt haben, nicht diese von jenen, da der Vogelkopf bereits 1318 im Malchower Siegel sich zeigt.«[4])

Eine besondere Geschichte haben die Brücken und Fähren der Stadt, die als Inselstadt ins Leben getreten war. Die nach Nordwesten ans Land führende kürzere »Stadtbrücke«, von der es keine urkundliche Ueberlieferung giebt, wird wahrscheinlich ebenso lange und ebenso früh dagewesen sein, wie die »lange Brücke (longus pons)«, welche einstmals, und zwar schon vor der Klosterzeit, die Stadt mit dem Dorfe Olden-Malchow verband. Diese Brücke, die von zwei Malchower Bürgern, Pote und Erich, angelegt worden war, wird im Jahre 1292 vor Fürst Nikolaus als Privatbesitz aufgelassen und nunmehr von diesem, wie schon bemerkt worden, der Stadt Malchow als Eigenthum überwiesen. Aber ihre Erhaltung, bei der es sich um eine Länge von achthundert Fuss handelt, macht schon im XVI. Jahrhundert die grössten

[1]) M. Jahrb. LIII, S. 355, Anmkg. Dazu Wortregister in Bd. XVII des Urkundenbuches unter »amittere«.

[2]) Kläver, Beschreibung Mecklenburgs II, S. 283.

[3]) Lisch, M. Jahrb. XXXII, S. 17.

[4]) Wörtlich nach Crull, M. Jahrb. LIII, S. 355 (bei Besprechung eines Paares kleiner Schrankthüren, auf denen das dem Flotow'schen ähnliche, aber wegen des Unterschiedes nicht mit ihm zu verwechselnde Wappen der westphälisch-niedersächsischen Chalong, gen. Gehle, vorkommt).

Schwierigkeiten und veranlasst eine Unterstützung der Stadt durch den Herzog Ulrich mit zweihundert Gulden, die bei der Güstrower Stadtkämmerei mit fünf Prozent Zinsen zur Unterhaltung der Brucke belegt werden. Da kommt das schlimme Kriegsjahr 1637 heran und mit ihm eine Zerstörung der Brücke. Diese Zerstörung führt 1675, beim Rückzuge der Schweden aus der Mark, zu einer völligen Vernichtung,[1]) sodass an eine Wiederherstellung nicht zu denken ist. Klagen im Jahre 1639 und 1694 enthüllen diesen Zustand. Aber das Unglück wird noch grösser. Am 23. April 1697 zerstört ein Brand die ganze Stadt mit Kirche, Rathhaus und Thoren, kein einziges Haus bleibt stehen. Da denkt die Bürgerschaft allen Ernstes daran, die Insel zu verlassen, dies um so mehr, als die Stadt nach Verlust der alten langen Brücke zum Kloster hinüber nahrlos dagesessen habe. Doch die Bürgerschaft beruhigt sich und bezieht wieder die alte Insel. Da giebt es am 27. November 1721 einen zweiten grossen Stadtbrand, bei dem nur dreissig Wohnungen stehen bleiben, und aufs Neue entsteht der Wunsch, auf dem »festen Lande« sich anzubauen. Der Herzog Karl Leopold giebt am 10. Juli 1723 den Bescheid, dass er die »Wiederbebauung der Stadt placidire, auch permittire, wenn einige draussen bauen wollten.« Beides geschieht, und nun entsteht in der »neven Stadt Malchowe«, wie sie im Gegensatz zum Dorf »Olden Malchowe« im Mittelalter heisst, zum ersten Mal eine Unterscheidung zwischen Altstadt und Neustadt.

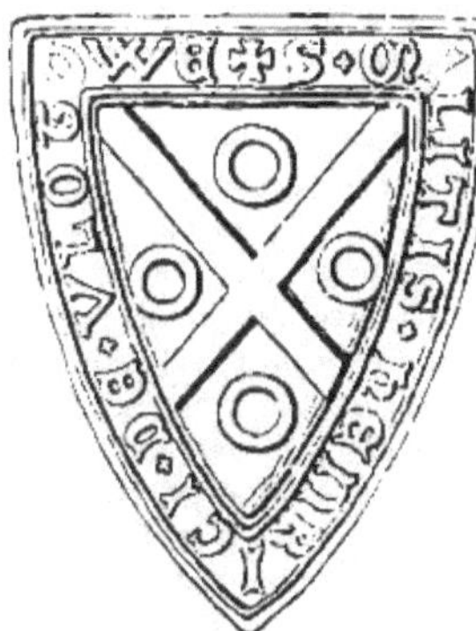

Flotow'sches Wappen.

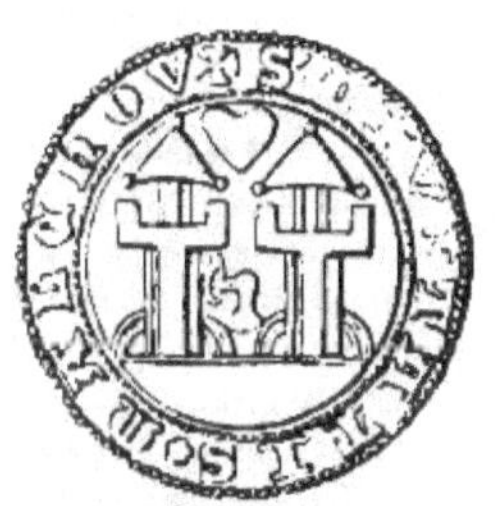

Malchower Stadtsiegel.

Endlich kommt am 13. Mai 1727 ein Kontrakt zwischen der Stadt und dem »Schiffsbaumeister« Heinrich Watermann zu Stande, nach welchem dieser auf seine Kosten und für seinen Nutzen eine Fähre erbaut. Diese Fähre hat bis zur Mitte des XIX. Jahrhunderts bestanden, d. h. bis zur Vollendung des jetzigen Dammes am 26. Februar 1846[2]) und der dadurch veranlassten Verlegung der Durchfahrt für Eldekähne auf die andere Seite der Stadt zwischen der nunmehrigen Alt- und Neustadt Malchow. Dass

[1]) Franck, Altes u. Neues Meckl. XIV, S. 282.

[2]) Ein Werk des thatkräftigen Bürgermeisters Meyer (s. Denkstein am Damm).

es übrigens auch auf dieser Seite nicht immer, z. B. nicht am Ende des XVIII. Jahrhunderts, eine Brücke gab, sodass der Verkehr mit dem festen Land auch hier nicht anders als mit Boten und mit einer Fähre stattfinden konnte, ersieht man aus der grossen Schmettau'schen Karte von 1788 bis 94. Hier ist die Stadt als eine abgeschlossene Inselstadt eingetragen, vollkommen entsprechend der Beweglichkeit ihrer Klagen aus dem XVII. Jahrhundert.

Die grossen Wellen der Geschichte, welche die Stadt 1164 in den Angriffskriegen Heinrich's des Löwen, 1637 im dreissigjährigen Kriege und 1675 in den Kämpfen des Grossen Kurfursten berührt haben, kommen 1806 noch einmal in ihre Nähe, als nach der Schlacht bei Jena die unter dem Befehl des Oberst von York stehenden Truppen der sich zurückziehenden preussischen Nachhut am 1. November d. Js. auf der Nossentiner Heide, gegen sieben Kilometer nordöstlich von der Stadt, in einem scharfen Gefecht mit den sie verfolgenden Franzosen zusammenstossen. Im Uebrigen aber sind alle Spuren der älteren Geschichte der Stadt durch die genannten grossen Brände so sehr vernichtet, dass nirgends mehr ein Mauerwerk ein Bild davon giebt und nur noch Urkunden und Siegel, wie Lisch richtig bemerkt, die Zeugen ihrer Vergangenheit sind.[1])

Auch die Malchower Kirchen sind von unten bis oben völlig neue Bauten, sowohl die im Kloster wie die in der Stadt. Ehe wir aber darauf eingehen, mag hier noch in herkömmlicher Weise das Verzeichniss ihrer Geistlichkeit von den ersten grossen Visitationen des XVI. Jahrhunderts an bis zum Beginn des XIX. Jahrhunderts hin folgen.

Bei der Visitation von 1534, als eben an Stelle des alten Johann von Grabow der schon genannte Dr. Heinrich von Bülow als Probst eingetreten ist, bringt das Kloster viele Beschwerden über Verkürzungen seines Eigenthums und seiner Einkünfte durch den benachbarten Adel vor, besonders durch die von Linstow, Wangelin, Below und Flotow. Als Beichtherr der Nonnen fungiert 1541 Er Dionysius Hoge, der von der neuen Lehre nichts wissen will. Die Visitatoren berichten, dass er erklärt habe, von der römischen Kirche niemals abgehen zu wollen, doch versagen sie ihm nicht das Zeugniss guter Gelehrsamkeit. Er hat auch den Dienst in Lexow. Neben ihm giebt es einen zweiten Kaplan, Heinrich Sabel, der zugleich der Kirche in Grüssow vorsteht. Der eigentliche Kirchherr der Stadt aber ist Johann Möller, welcher ebenfalls als Papist bezeichnet wird. Damals giebt es auch noch eine St. Gertruden-Kapelle[2]) und eine Hl. Kreuz-Kapelle, beide ausserhalb der Stadt gelegen, ferner einen Kaland und natürlich auch eine Reihe von Vikaren, zu denen jener bereits genannte Martin Bambam gehört, der nach Möller Pastor wird und im Sinne der neuen Lehre wirkt (S. o.). Neben ihm, ebenfalls der neuen Lehre folgend, erscheint schon 1550 Er Laurentius Betke, doch wird er beschuldigt, die

[1]) M. Jahrb. XXXII, S. 44.

[2]) Ueber die noch 1650 stehende Gertruden-Kapelle vgl. Lisch, M. Jahrb. XXXII, S. 40, Anmkg. 40.

Einkünfte der Hl Kreuz-Kapelle treulos verwaltet zu haben. Wie nachher der jüngere Bernd Bambam dem Vater zur Seite tritt (seit 1568), ist oben schon erwähnt worden. Er wird der Nachfolger des Vaters und bleibt bis 1620 im Dienst. Ihm folgt Laurentius Franke († 10. Juli 1630), nachdem er neben ihm als Diakon oder zweiter Pastor schon von 1593 an thätig gewesen war. Ebenso wirken neben einander Magister Rudolf von Ankum und Johann Landgraf, jener schon von 1620 an als Diakon neben Franke, dieser aber (Landgraf) nachher als Diakon neben Ankum. Beide werden im schlimmen Kriegsjahr 1638 vom Tode hingerafft. Es folgt, und zwar nunmehr als einziger Seelsorger, Jakob Anselius (Ansel, Ansehl), der 1639 Franke's Wittwe heirathet und ausser Stadt und Kloster Malchow auch die durch Krieg und Pest verödete Umgegend mit Gottes Wort und Trost versieht. Er erreicht ein hohes Alter und stirbt erst, nach fünfzigjähriger Amtsverwaltung, im Jahre 1689. Nicht weniger als fünf Diakoni treten von 1651 her neben ihm auf: Martin Lange (später Pastor in Ribnitz), Laurentius Dagius oder Tagius (1661, † 1663),[1] Johann Meyer (1665, † 25. April 1676), Heinrich Sprockhof (1677, † vor dem 12. Oktober 1680) und Bernhard Stegmann, 1680, seit 1689 Pastor und gestorben 1697 alsbald nach dem grossen Brande, bei dem er, wie Cleemann erzählt, eine gute Bibliothek verlor. Schon ein Jahr nach ihm stirbt Matthias Strumpf, der seit 1690 als Diakon neben ihm thätig gewesen war. Es folgen nun Joh. Ad. Hartmann als Pastor von 1698 bis zu seinem Tode 1739, und neben ihm als Diakoni zuerst Joh. Christoph Wendt (1701 bis 1711, nachher Pastor in Grubenhagen)[2] und dann von 1712 an Joachim Janenzky, der nachher als Pastor in Malchow von 1739 bis zu seinem Tode am 3. April 1754 im Amte ist. Neben ihm von 1748 an als Diakon Joh. Sigismund Frank, der nach Janenzky's Tode bis zu seinem eigenen Tode am 24. Oktober 1763 Pastor ist; und neben Frank von 1755 an Barth. Ferd. Scheel, der 1763 Pastor primarius wird und als solcher am 26. Januar 1808 stirbt. Endlich neben Scheel als Diakoni: Chr. Heinr. Brummerstädt (1764, † 10. December 1775), Joh. Christian Behm (1777, † 7. Mai 1791) und Christian Ludwig Palack (1792, † 23. Juli 1810). Ueber die Geistlichen des XIX. Jahrhunderts s. Walter a. a. O.

Am Schluss mag erwähnt werden, dass das Patronat der Stadtkirche am 18. April 1825 vom Kloster auf den Magistrat der Stadt übergegangen ist.[3])

[1]) Früher in Fahrenholz, s. o. S. 186.

[2]) S. o. S. 56.

[3]) Lisch, M. Jahrb. XXXII, S. 44.

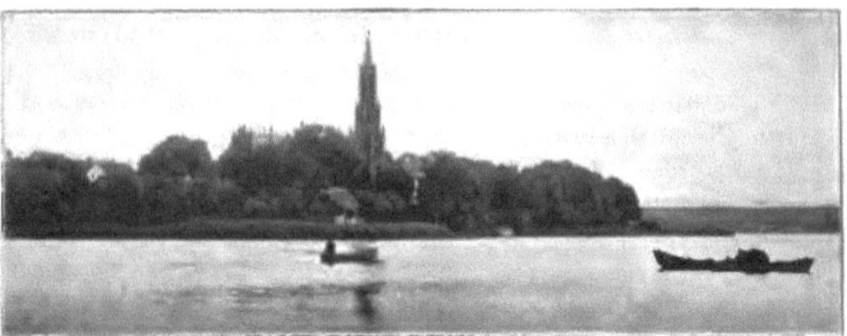

Blick auf die Klosterkirche zu Malchow.

Die Klosterkirche.

Die Kloster-kirche.

Von der ältesten Klosterkirche ist nichts mehr erhalten. Zu Anfang der vierziger Jahre stand noch der alte Chor. Lisch, der die alte Kirche gesehen hat, beschreibt sie mit folgenden Worten: »Die Klosterkirche ist unbedeutend; ein oblonges Schiff mit einem oblongen Chor aus Feldsteinen, ohne Seitenschiffe und Gänge, ohne Pfeiler und Wölbung, ohne architektonischen Schmuck. Das einzig Bemerkenswerthe sind die drei ohne Gliederung schräge eingehenden schmalen Fenster aus der Zeit des Uebergangsstyls in der geraden Altarwand. Das Innere ist in den letzten Jahrhunderten im Renaissancestyl nicht geschmackvoll aufgeputzt. Von dem Kreuzgange steht ungefähr noch die Hälfte in den Grundmauern, jedoch ohne architektonische Eigenthümlichkeiten, vielmehr schon mit Gebälk überlegt und modernisiert.«[1])

Es haben sich alte Abbildungen erhalten, die uns das Innere veranschaulichen.

An Stelle dieser alten Kirche, die um die Mitte des XVI. Jahrhunderts fünf Altäre und Altar-Lehne zählte (Lehn auf dem Jungfrauen-Chor; Lehn zu Unserer Frauen-Altar; Lehn zum hl. Kreuzaltar; St. Jodoci-Lehn; St. Michaelis-Lehn), wurde in den Jahren von 1844 bis 1849 eine vollständig neue Kirche errichtet, die hier ebenfalls in einer Ansicht von der Wasserseite als Kopfleiste wiedergegeben wird. Aber auch diese Kirche steht nicht mehr, sie ist in der Johannis-Nacht des Jahres 1888 vollständig ab- und ausgebrannt, nur der Thurm und die Mauern blieben stehen. Was davon benutzt werden konnte, das ist bei dem Neubau des damaligen Oberbauraths Daniel in den Jahren 1888 bis 1890 wieder zu Ehren gekommen.

---

[1]) M. Jahrb. VIII B, S. 133.

Eine Erwähnung verdienen sowohl die im Neubau zur Verwendung gelangten **Glasbilder** aus Innsbruck als auch das figurenreiche **Altargemälde** der Kreuzesgruppe von **Karl Andreas**. Glasbilder, Altargemälde.

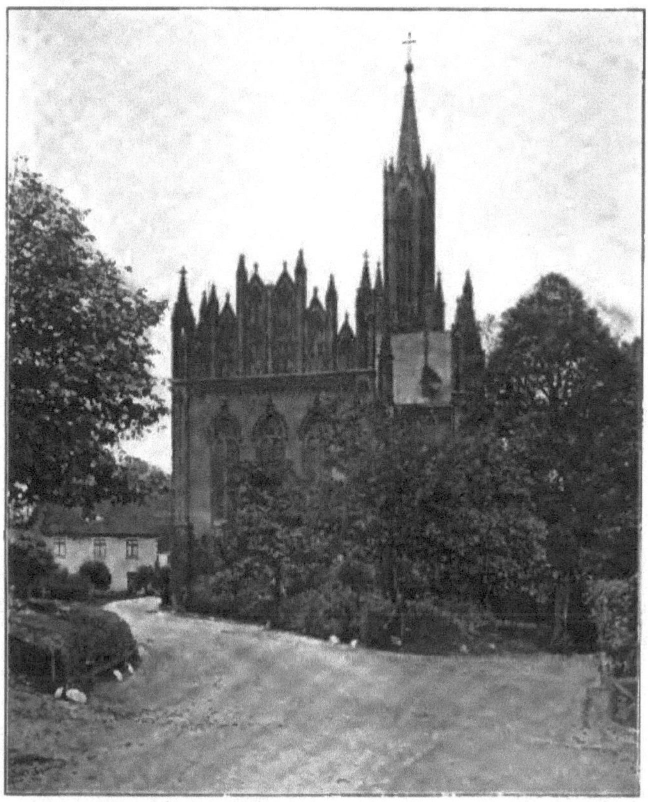

Klosterkirche zu Malchow.

Im Thurm hängen zwei **Glocken**. Die älteste hat die Inschrift: BARBARA ROSTKEN DOMINA ✠ ELISABETH BUCHWOLT PRIORIN ✠ ANNA CAPPELLEN ✠ UND ENGEL KNUTEN SACASTEN (!) ✠ JOACHIM CARSTENS KUCHMEISTER ANNO 1614. — Die zweite Glocke ist laut Inschrift 1776 unter der Domina SOPHIE MAGDALENA VON PRESSENTIN, den Provisoren VON Glocken.

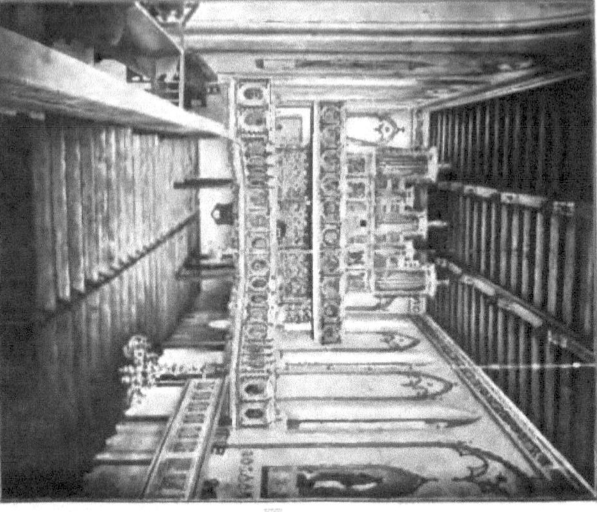

Inneres der früheren Kirche.

Klosterkirche zu Malchow

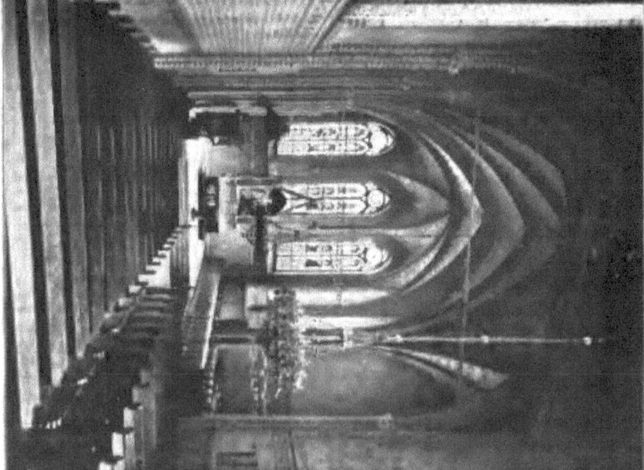

Inneres der jetzigen Kirche.

BLÜCHER auf Finken und **VON WELTZIEN** auf Sammit sowie dem Klosterhauptmann **VON OERTZEN** auf Leppin von dem Rostocker Glockengiesser **Johann Valentin Schultz** aus einer älteren umgegossen worden. — Eine dritte Glocke von Eisen aus Berlin 1828 ist zurückgestellt worden. — Ausserdem hat das Kloster noch eine vierte Glocke, welche 1858 von **C. Jllies** in Waren aus guter Bronze gegossen worden ist.

Kleinkunstwerke. 1. 2. Frühgothischer silbervergoldeter Kelch auf rundem Fuss, mit einem aufgelegten plastischen Krucifixus als Signaculum. Auf dem plattgedrückten Knaufe oben und unten kleine getriebene Rundbildchen mit Köpfen. In den mit dunkelblauem Email gefüllten Rotuli kleine Rosetten. Die zugehörige Patene hat eine Vertiefung in Vierpassform. — 3. 4. Silbervergoldeter hochgothischer Kelch auf sechsseitigem Fuss, mit aufgelegter plastischer Kreuzesgruppe als Signaculum. Die sechs Seiten des Fusses und der Knauf sind mit ausgegründetem Blattwerk verziert. Auf den Rotuli des Knaufes die Buchstaben **ihesun** (!), unmittelbar darüber die Inschrift: **caspar melchior × × balthazar maria**; darunter: **av(e) maria gracia plena dominus tec(um)**. Die Patene ebenso vertieft wie die zu Nr. 1. — 5. 6. Spätgothischer silberner Kelch auf sechspassigem Fuss, mit dem Namen **ihesus** in den Rotuli des Knaufes, und mit der Jahreszahl 1527 (?). Am Fuss eingraviert die dreifigurige Kreuzesgruppe und Rankenwerk. Die Patene ohne Bedeutung. — 7. 8. Silbervergoldeter Kelch aus dem Jahre 1748 mit dem **VON BOTH**'schen Wappen und der Inschrift: **MEIN • JESUS • NIMM • MICH • AN • MICH • DÜRST • NACH • DEINEM • BLUHT •** Mit den Stempeln des Wismarschen Goldschmiedes **Joh. Dietrich Gade.** [Stempel] [Stempel] Dazu eine silberne Patene. — 9. Runde silberne Oblatendose aus dem Jahre 1622, oben mit einem Blätterkranz verziert. Ohne Stempel. — 10. Ovale silberne

Kleinkunstwerke.

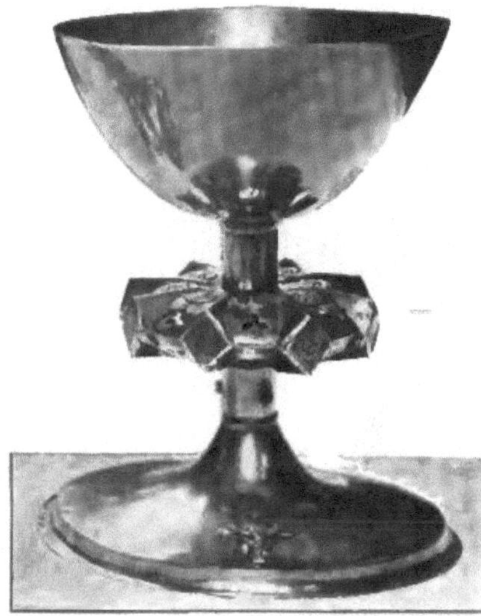

Kelch (1).

Oblatendose, 1743 von **H. E. V. BOTH**) gestiftet, mit einem eingravierten Familienwappen. Von demselben Goldschmied wie 7 und 8.[1]) — 11. 12. Zwei neue silberne Kannen von 1859 und 1861, gestiftet von der Domina **CHARLOTTE VON FLOTOW** und der Konventualin **VON WELTZIEN**. Von **Fr. Emil Gerike**-Berlin. — 13. 14. Zinnkelch, gestiftet von **ERTMANN SCHRÖDER 1647**.

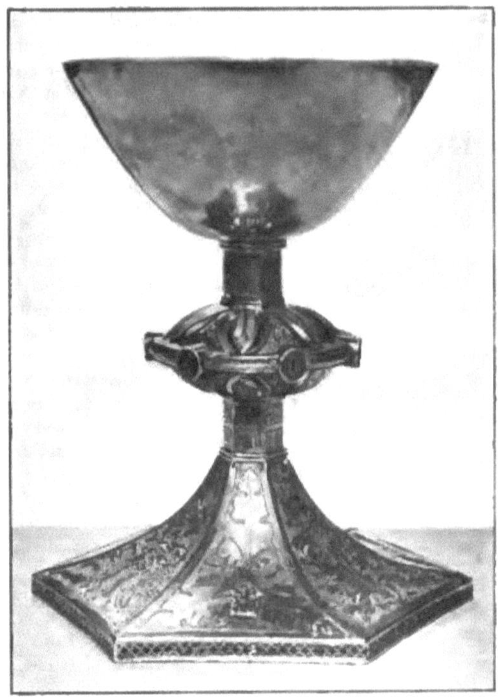

Kelch (3).

Vom Güstrower Zinngiesser **H P L**, dazu eine Patene. — 15. Altes Messingbecken, mit gothischen Lilien und Sternen am Rande, in der Mitte der Gruss des Engels an die Maria mit der bekannten und vielfach bezweifelten Luther-Legende. Spätere Eingravierung: **D S 1641**. — 16. Neue versilberte Messing-Taufschale von 1856, vom Malchiner Goldschmied **Lippold**. — 17. Silberner Rokoko-Schild (17 cm hoch, 16 cm breit), der einst an einer Altardecke

[1]) Im Stempel ist das **0** nicht ausgeprägt, sodass man leicht bloss **1 0** liest.

gesessen haben soll, einen Krucifixus unter Rankenwerk darstellend, aus dem Jahre 1778. Gestiftet von *J M F.* und *G C F.* Güstrower Arbeit von **P G P.** — 18. Silberner Klingbeutel, gestiftet von **D. E. V. B(ÜLOW) 1746,** mit Familienwappen. Von dem Rostocker Goldschmied **Lorenz Joh. Röper.** — (LIR) 19. 20. Zwei schön getriebene silberne Leuchter, gestiftet von der Konventualin **SOPHIE VON LÜCKEN 1861,** von **Fr. Emil Gerike**-Berlin. — 21. 22. Zwei einfachere silberne Leuchter im klassicierenden Stil, ohne Werkzeichen, gestiftet vom Klosterhauptmann **VON OERTZEN.** — 23. Von ebendemselben, unter Mitbetheiligung des Pastors **SCHEVEN,** ein auf dem Altar stehender versilberter Krucifixus, von **Vollgold & Sohn**-Berlin. — 24–27. Vier zinnerne Leuchter, gestiftet 1793 von der späteren Domina **D. VON OLDENBURG.** Englisches Zinn mit dem Stempel von **J. C. Henscky.**

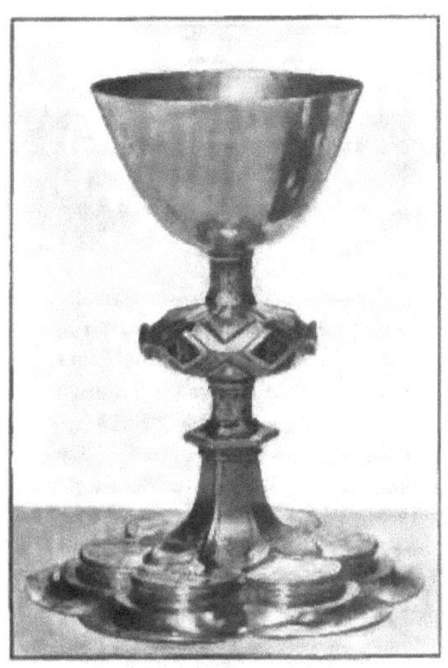

Kelch (7).

* * *

In der **Friedhofs-Kapelle** ein gusseiserner **Krucifixus,** 1860 von der Konventualin **VON ARENSTORFF** geschenkt. Aus Ilsenburg bezogen. Krucifixus.

Die Stadtkirche.

Die Stadtkirche ist in den Jahren 1870—1873 als Kreuzkirche mit Holzwölbung im Innern unter Leitung des damaligen Baumeisters Georg Daniel aus Schwerin neu erbaut worden. Auch ihre Vorgängerin war keine alte Kirche. Sie stammte aus dem Jahre 1816. Lisch nennt sie 1843 »ein ganz neues Gebäude«.[1]) Von der durch mehrfachen Brand beschädigten alten Kirche ist keine Beschreibung auf uns gekommen. Wir wissen nur aus einem zwischen 1540 und 1550 verfassten Protokoll über Malchower Lehne oder Benefizien, dass sie vier Altäre mit Lehnen hatte, den St. Jürgen-Altar, St. Andreas-Altar, den »Neuen Altar« mit der Kommende von Ern Joh. Curdes, und den St. Katharinen-Altar. Die Stadtkirche.

[1]) M. Jahrb. VIII B, S. 133. Sie lag da, wo sich jetzt das 1880 erbaute Amtsgerichtsgebäude erhebt, also in der Altstadt, während die neue Kirche ihren Platz in der Neustadt erhalten hat.

Altargemälde, Bildniss.

Von dem Kunst-Inhalt der neuen Kirche mag das **Altargemälde** (die Kreuzesgruppe von **Theodor Fischer**) genannt werden, und ferner das **Bildniss** des Pastors **FERDINAND STOLZENBURG** (1840—1886), geb. 1811, gest. 1887, welcher den Bau der Kirche durch unermüdliches Einsammeln von Liebesgaben möglich machte.

Glocken.

Im Thurm drei **Glocken.** Die grosse ist am 16. September 1736 von **Lorenz Strahlborn** gegossen; die mittlere hat die Inschrift: **GEGOSSEN ANNO MDCXCVIII • UMGEGOSSEN 1835 BEI J • C • HAACK IN ROSTOCK**; die kleine von **Ed. Albrecht** in Wismar gegossene Stundenglocke ist ein Geschenk des Hofzimmermeisters **JOH. VIRCK** und seiner Frau **MARIE**, geb. **REEPS**, vom 10. November 1883.

Kleinkunstwerke.

Kleinkunstwerke. 1. Grösserer neugothischer Kelch ohne Stempel. — 2. 3. Grösserer neuer Kelch mit Patene, ohne Stempel, geschenkt von **Dr. med. PENTZ**. — 4. 5. Kanne und Oblatenschachtel, neu, geschenkt von demselben 1856. — 6. Kleiner silberner Krankenkelch, von dem Güstrower Goldschmied **Lenhard Mestlin**. — 7. Taufbecken, neu. — 8. 9. Zwei silberne Leuchter, 1865 geschenkt von dem Uhrmacher **H. F. MICHAEL**. — 10—13. Vier zinnerne Leuchter, in der Form ganz übereinstimmend mit denen der Klosterkirche, wobei die Stempel des Röbelschen Zinngiessers **H. Krummbügel** zu beachten sind:

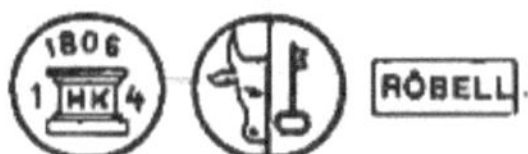

14. 15. Zwei zinnerne Deckelkannen. Ohne Inschrift und Stempel — 16. Messingene Taufschale, neu. — 17. Altes Sammelbecken von Messing.

Das Filial-Kirchdorf Lexow.[1]

Geschichte des Dorfes.

Die Geschichte Lexows fällt mit derjenigen der Kloster Malchow und Dobbertin zusammen, mit welchen es seit frühester Zeit in engster Verbindung steht. Als das Nonnenkloster vom Orden der Büsserinnen auf der Neustadt Röbel am 29. Mai 1298 durch Bischof Gottfried von Schwerin nach dem Dorfe Alt-Malchow verlegt wird, schenkt Fürst Nikolaus von Werle dem Kloster mit Einwilligung seiner Brüder und seiner Mutter Sophie das Patronat der Kirchen zu Alt-Malchow, Neu-Malchow und Lexow.[2] Das Patronat über die Lexower Kirche hat Kloster Malchow noch heutigen Tages; aber seinen geringen Grundbesitz, den es Anfangs hatte, hat es aufgegeben.

[1] 7 km südöstlich von Malchow. »Ort des Leksa«: Kühnel, M. Jahrb. XLVI, S. 84

[2] M. U.-B. 2503. 2505. 2506. 2507. 2508.

Dieser befindet sich seit dem Eintausch des Dorfes Penkun für das Dorf Roez beim Kloster Dobbertin. S. o. S. 398, Anmkg. 3. Lexow hat daher seit dieser Zeit ausser dem Landesherrn nie einen anderen Oberherrn gehabt als jenes Kloster und gehört im Uebrigen schon seit dem Jahre 1345 zu denjenigen Gütern, welche Dobbertin bis ins XVII. Jahrhundert hinein in Röbel durch seinen Geschäftsführer, den Sandprobst, verwalten lässt. Als Vorgänger im Besitz der Klosterhufen zu Lexow vor 1345 werden die werleschen Vasallen Hennekinus Budde und Gerhard Pape genannt. Der Budde'sche Besitz scheint der ältere zu sein. Pape erhält nachher für sich und seine Gattin eine lebenslängliche Rente vom Kloster Dobbertin.[1])

Ueber die geistlichen Verhältnisse siehe bei Malchow.

Kirche.

Kirche. Die Kirche zu Lexow ist ein kleiner Feldsteinbau mit äusserlich gerundetem, innen aber polygonal gestaltetem Chorschluss. Bei ihrer gründlichen Erneuerung im Jahre 1888 wurde sie mit einem Thurm versehen. Im Innern eine hölzerne Wölbung, früher eine flache Holzdecke.

Kanzel.

Die **Kanzel**, deren Fuss 1887 erneuert ist, war zusammen mit der alten Altarwand, nach einer Inschrift auf der Rückseite der letzteren, z. Zt. des Küchenmeisters HEINRICH DUGGE und der Kirchenvorsteher FRANTZ SCHÖNFELD und HINRICH HAGEDORN aufgestellt worden.[2])

Taufengel.

Unter der Treppe steht ein alter **Taufengel**, der in einem kranzartig gebildeten Rahmen früher die unter den Kleinkunstwerken aufgeführte längliche Messingschale hielt, offenbar derselben Zeit wie die Schale (1726) angehörend.

Glocke.

Im Thurm eine kleine **Glocke** ohne Inschrift.

Kleinkunstwerke.

Kleinkunstwerke. 1. Silbervergoldeter Kelch auf sechspassigem Fuss. Am Fuss hübsche Treibarbeit im Barockstil, vom Rostocker Meister Jürgen Müller. Am Knauf in Email eingelassen I H S (Jesus) N (nazarenus) R (rex) I (Judaeorum). An der Kupa eine Inschrift, welche besagt, dass der Kelch unter dem Pastorat von JOHANN CHRISTOPH WENDT im Jahre 1706 von der Gemeinde der Kirche überwiesen worden ist. — 2. Patene vom Güstrower Goldschmied Lenhard Mestlin. — 3. Kleiner Zinnkelch vom Rostocker Zinngiesser Martin Blawkogel. Als Stifter nennt sich JÜRGEN SALAMON 1655. — 4. 5. Oblatendose und Patene, neu. — 6. 7. Neugothische Taufkanne von Zinn aus Stuttgart, dazu ein Becken. — 8. Ovales Messingbecken mit getriebenem Rande und der Jahreszahl 1726. — 9. Rundes Messingbecken, gestiftet 1661 von CLAS und MAGRET HAGDORN. — 10. Grosses neues Einsatzbecken von Messing, ohne figuralen Schmuck. — 11. Zinnerner Leuchter, gestiftet von CATHARINA HAGEDORN 1771, vom Malchower Zinngiesser C S D.

[1]) Lisch, M. Jahrb. VIII B, S. 117—119; XXXII, S. 15. 36. M. U.-B. 6549. 6550. 7408.

[2]) Dugge kommt noch 1697 in den Akten vor, Hagedorn aber war 1695 nicht mehr im Amte. S. o. S. 398, Anmkg. 3.

Das Gut und Kirchdorf Alt-Schwerin.[1]

Geschichte des Dorfes.

Im Süden und Südwesten vom Plauer See begrenzt, auch sonst umgeben und durchsetzt von zahlreichen mehr oder weniger grossen Gewässern, liegt in waldreicher Gegend die grosse Feldmark Schwerin, wofür seit Mitte des XVI Jahrhunderts der Name Alt-Schwerin aufkommt. Die Geschichte dieses Dorfes reicht bis in die mecklenburgische Vorzeit zurück, in seinen Hainen walten wendische Priester des Dienstes ihrer Götzen. Aber es ist hier nicht der Ort, Kaiser Otto I. auf seinem Feldzuge zu folgen, welchen er, vom Lechfelde zurückkehrend, 955 gegen die Obotritenfürsten Nacco und Stoignew unternimmt, die in die wendische Mark eingefallen sind und seine Erblande verwüstet haben. Bei Alt-Schwerin (so nimmt man an) wird am 16. Oktober die Schlacht an der Raxa geschlagen, und im Hain (am Tauchow-See?) findet Stoignew sein Ende.[2] Auch die Geschichte des Kreuzzuges des Markgrafen Albrecht des Bären im Jahre 1147, welcher diese Gegend mit 60000 (!) Streitern durchzieht, kann hier nur oberflächlich berührt werden. Aufs Neue werden die Dörfer und Städte der Wenden zerstört, und ihre Tempel mit den Götterbildern gehen in Flammen auf. Wenige Jahre später durchquert der strenge Baiern- und Sachsenherzog Heinrich der Löwe das Land, und Niklot's Sohn büsst vor Malchow seine Vaterlandsliebe mit schimpflichem Tod. Wer sich mehr in diese Geschichte Alt-Schwerins und seiner Umgebung vertiefen will, der kann auf die in Anmerkung 1 citierte Abhandlung von Beyer

[1]) 7 km nordwestlich von Malchow. Ueber den als »Thiergarten« gedeuteten Namen siehe Kühnel, M. Jahrb. XLVI, S. 131. Beyer, M. Jahrb. XXXII, S. 58—134 (die wendischen Schwerine).

[2]) Die Vermuthung Beyer's, a. a. O., S. 88, hat für den, der die Gegend kennt, wie z. B. der Verfasser, etwas geradezu Ueberzeugendes, sie trifft in der That alles Wesentliche im Bericht des Widukind, wie besonders die strategischen Vortheile dessen, der südlich von der Reke stand, gegenüber dem, der nördlich davon aufgestellt war, sobald es sich darum handelte, unbemerkt weiter westlich einen Uebergang zu finden. Auch erscheint nichts natürlicher und ungezwungener als die Annahme, dass hier die Gegner zuerst auf einander stiessen, sei es an der Eldenburger Reke, sei es an der Görenschen Reke, welche der westlichsten Reke beim »Lenz« um zehn Kilometer näher ist. Deshalb haben sich auch die mecklenburgischen Geschichtsforscher Wigger und Sass rückhaltlos der Beyer'schen Annahme angeschlossen, und erstgenannter hat seine anfängliche Identifizierung von Reke und Recknitz fallen lassen. Mit Recht, denn etwas Unnatürlicheres wie diese kann kaum erdacht werden. Indessen bleibt Beyer's Annahme eine Hypothese, gegen die der, welcher dazu Lust hat, den alten Unsinn von der Recknitz immer wieder aufs Neue hervorholen kann. Vgl. Wigger, M. Annalen, S. 122, Anmkg. 1. M. Jahrb. XLV, S. 9; LIII, Q.-B. 4, S. 8. Wagner, Wendenzeit, S. 74. 75. 184 (19). Viel interessanter als diese Frage ist die Thatsache, dass wir in der Schlacht an der Raxa das erste grosse geschichtliche Ereigniss auf mecklenburgischem Grund und Boden zu verzeichnen haben, das auf einen bestimmten Tag fällt. Denn nach den Annalen des Klosters St. Gallen fand die Schlacht am St. Gallus-Tage des Jahres 955 (den 16. Oktober) statt.

in den Jahrbüchern des Vereins für Mecklenburgische Geschichte und Alterthumskunde verwiesen werden, in welcher er alles Material zusammengetragen findet.[1]) Für uns gewinnt der Ort ein weiteres Interesse durch die Urkunde vom 9. September 1171, in welcher der Sachsenherzog Heinrich der Löwe das Bisthum Schwerin bestätigt und zweier Dörfer im Lande Moritz und Warne erwähnt, die zu Tafelgütern des Bischofs bestimmt werden. Von diesen ist das eine nach Beyer's gut begründeter Meinung das damals noch zu Circipanien gerechnete Dorf Alt-Schwerin.[2]) Urkundlich wird der Ort zuerst am 6. März 1289 genannt, als Bischof Hermann von Schwerin dem Domkapitel Zehnten im Lande Waren anweist und unter den dazu gehörenden Dörfern auch »Zwerin« aufführt.[3]) Im Jahre 1330 wird er zum zweiten Mal genannt, er ist in den Besitz der Gamm gelangt, welche von da an vielfältig als auf »Zwerin« sitzend, vorkommen. Dazu gehört auch die mit der Feldmark verbundene Halbinsel »Werder«.[4]) Die Gamm verbleiben im ungestörten Besitz des alten Lehnes bis zum Anfang des XVII. Jahrhunderts. Da beginnt die Zerstückelung und der Niedergang des Besitzes durch Verpfändung und Verkauf einzelner Antheile. Es fangen nunmehr die in der Nachbarschaft reich begüterten Wangelin an, sich auch in Alt-Schwerin festzusetzen und erwerben nach und nach den ganzen theils verpfändeten theils in dritte Hand adjudicierten Gamm-schen Besitz. Die Zeiten des dreissigjährigen Krieges sind auch nicht geeignet, eine Familie zu erhalten, geschweige denn, ihr wieder aufzuhelfen, wenn einmal der Niedergang begonnen hatte.[5]) Im Jahre 1720 ist Alt-Schwerin ganz in Wangelin'schen Händen und bleibt es bis 1786. Im folgenden Jahre hat es der Hauptmann Ernst Friedr. August von Flotow, und nun folgt ein ausserordentlich lebhafter Besitzwechsel. 1791 hat es der Kammerherr Theodosius von Levetzow, 1798 der Etatsrath Graf Lüttichau, 1802 der Oberjägermeister Kaspar Heinrich von Sierstorff, 1804 der Kammerherr Ernst Werner von Raven, 1840 der Advokat Ludwig Friedrich Schultze, 1841 E. Mierendorf, 1846 Friedr. Greffrath und 1869 Josua Klockmann. Von dessen Familie kommt Alt-Schwerin 1901 an Johannes Schlutius auf Karow.

Von den mittelalterlichen Geistlichen des Dorfes sind bis jetzt nur zwei mit Namen auf uns gekommen: der Pleban Ludolf Elers (um 1375/77) und neben ihm gleichzeitig der Vikar Albertus Faber (Schmidt).

Unter den nachreformatorischen Pastoren wird zuerst Nikolaus Abel genannt. Doch bleibt er nur bis 1569 auf der Pfarre. Er beschwert sich 1571 darüber, dass er von seinem Nachfolger nicht das für die Winter- und Sommersaat ausbedungene Geld im Betrage von 75 Gulden erhalten könne. Dieser, Gregorius Malow, geräth bei Antritt seines Amtes sofort mit den Gammen in heftige Streitigkeiten und tritt daher schon 1571 von seiner Pfarre wieder

[1]) Vgl. auch Beyer, M. Jahrb. XIII. S. 151, und Lisch ebendaselbst, S. 188 ff.

[2]) M. Jahrb. XXXII, S. 93. M. U.-B. 100. 131. 140. 151. 308.

[3]) M. U.-B. 2016.

[4]) M. U.-B. 6646. 6704. 10746. Akten im Grossh. Archiv: »Gammen-Werder«.

[5]) Akten im Grossh. Archiv.

ab.[1]) Es folgt 1572 Nikolaus Schröder, aber wir wissen nicht, wie lange er im Amte bleibt. Um 1584 heisst der Pastor Hinricus Vicke (s. Glocke). Um 1600 ist dort ein unwürdiger Seelenhirte, Mauritius Hovel, der als solcher schon früh erkannt wird, aber dennoch auf der Pfarre bleibt. Er wird 1616 auf richterlichen Spruch hin abgesetzt Sein Nachfolger Joh. Helwig stirbt bereits im Jahre 1621. Joachim Wolfius, welcher 1622 berufen wird, wirkt über 1629 hinaus. Aber von seinem Nachfolger Joachim Jabelmann heisst es im Visitationsprotokoll von 1650, dass er längst gestorben sei. Nach langer Zeit erhält Alt-Schwerin, das bis 1604 unter Gamm'schen Patronat gewesen, dann aber (bei einem Umtausch mit dem Patronat zu Wangelin) unter das Kloster Malchow gekommen war, wieder einen Pastor in Nikolaus Stoltze, der auch die Cura in Nossentin übernimmt, das von nun an bis zum Jahre 1901 mit Alt-Schwerin verbunden bleibt. 1654 oder 1655 folgt ihm Nikolaus Wiggers, der lange Jahre im Amte bleibt, bis 1697. Ebenso sein 1698 ins Amt gerufener Stiefsohn Joh. Vette († im Winter von 1746/47). Dessen Sohn und Nachfolger, Joh. Simon Vette, bleibt ebenfalls bis zu seinem Tode am 27. März 1787 im Dienst zu Alt-Schwerin. Es folgen: 1788 Detl. Hartwig Dietr. Heinr. Zander, der 1796 nach Lohmen zieht, und 1796 Joh. Christian Georg Ladewig († 1818). S. Walter a. a. O.

Das Patronat hat das Kloster Malchow später wieder abgegeben. Es haftet schon seit langen Zeiten am Besitz von Alt-Schwerin und Sparow.

Kirche.

Kirche. Die kleine einschiffige Backsteinkirche ist ein mit flacher Decke geschlossenes schlichtes Gebäude. Auf der Sudseite ein gutes frühgothisches Portal. Der jetzige Thurm ist vor etwa dreissig Jahren neu aufgeführt. An der Ost- und Nordseite je eine alte Grabkapelle.

Kanzel und Altar, Gemälde.

Kanzel und **Altar** sind zu einem Körper vereinigt. Im Altaraufsatz das heilige Abendmahl als **Oelgemälde**. Dazu zwei kleinere **Oelbilder**, je einen Engelskopf darstellend.

Hölzerne Pietas.

Alte gothische hölzerne **Pietas**, fast ½ Meter hoch, mit brauner Oelfarbe überstrichen.

Taufbehälter.

Auf dem Kirchenboden ein **Taufbehälter** vom Jahre 1699, 1 Meter hoch, achteckig. Sechs von den Feldern sind mit Wappen und Namen versehen, die beiden andern Felder mit Arabesken geschmückt. In den Feldern: **LUDWIG V · WANGELIN, ANNA CATHARINA V · GRIEBEN, BERENDT LUDWIG V · WANGELIN, ANNA V · REMMIN, FRIEDRICH CHRISTOPF V · WANGELIN, ANNA CATHARINA VON HANEN.**

Grabsteine.

Vor dem Altar zwei **Grabsteine**. Unter dem einen ruht der Freiherr **JOACHIM CHRISTOPH VON WENDHAUSEN**, gestorben den 11. Oktober 1724, 72 Jahre alt, königlich grossbrittannischer und fürstlich braunschweig-lüneburgischer Geheimrath und Pfandinhaber des mecklenburgischen Amtes Plau.[2])

[1]) Vgl. Lisch, M. Jahrb. XVII, S. 183/84.

[2]) M. Kunst- u. Gesch.-Denkm. IV, S. 584.

Unter dem zweiten Stein ruht die dritte Ehefrau des ebengenannten, **MARIA ELISABETH BARONESSE VON WENDHAUSEN**, geb. **VON WANGELIN**, gest. 18. März 1757, 77 Jahre alt.[1])

Stein-särge.

In der östlichen Grabkapelle befindet sich ein grosser **Steinsarg** mit der Inschrift: **ANNO 1746 GÜRGEN CHRISTOPH VON WANGELIN • FRIEDRICH CHRISTOPH VON WANGELIN • ANNA CATHARINA VON HANEN**. Ausserdem verschiedene Bibelsprüche. In der nördlichen Kapelle zwei grosse **Steinsärge**, laut Inschrift die Ruhestätten des Generalleutnants **CHRISTIAN FRIEDERICH VON WANGELIN**, gest. 1755 den 6. Januar, und seiner Ehefrau **ADELHEID AUGUSTA VON WANGELIN**, geb. **VON HEESPEN**, gest. 1758 den 15. Januar.

Glocken.

Im Thurm hängen drei **Glocken**, zwei grosse und eine kleine. Die grösste hat die nachstehende Inschrift: **ANNO MCCCCCLXXXIIII HEFT MI DAVIT VOWTECH PARCHIMENSIS IN GADES NAMEN GEGATEN GOTTES WORDT ZV HOREN SI EIN IDER VNVORDRATEN DE CASPELJVNKERN SINDT CHRISTOFFER ENGELKE HANS HENNICK MORITZ LEVIN DE GAMMEN PASTOR HINRICVS VICKE DE VORSTENDER ACHIM WISE HANS TIES JACOB HASSE ACHIM KNVPPEL.** — Die mittlere Glocke, gegossen 1519, ist im Jahre 1869 von **Jllies** in Waren umgegossen worden.[2]) — Die kleine Glocke, 1704 gegossen, hat die Inschrift: **PATRONI JOACHIMUS PRITZBUER, ANNA CATH • HANEN, W • JOHANN WANGELINEN, GABRIEL GAMM, PASTOR JOHANN VETTE, VORSTEHER JOCHIM KRÄPELIN, HANS KNÜPPEL.**

Kleinkunst-werke.

Kleinkunstwerke.[3]) 1. 2. Zinnerner Kelch mit der Stiftungs-Inschrift: **BERENDT PRANG 1661.** Dazu eine Patene. Stempel undeutlich, der eines Meisters **C D** (**J D**?). — 3. 4. Zinnerner Abendmahlskelch auf hölzernem Fuss, mit der Inschrift: **S • H • BR • 1821.** Auf der zugehörigen Patene: **S • H • BR • 1820.** Güstrower Zinngiesser, Meisterstempel undeutlich. — 5. Neuer messingener Kelch, gestiftet 1858 von **W. NEKEL.** — 6. Desgl. Kanne, ohne Inschrift. **Henniger**-Berlin. — 7. Kleiner silberner Krankenkelch mit Patene. Stempel **F** oder **E** (?).

Alter Helm.

Im **Pfarrhause** ein mittelalterlicher **Helm.**

* * *

Herrenhaus zu Alt-Schwerin.

Das im Jahre 1733 erbaute **Herrenhaus** von Alt-Schwerin ist aus Backsteinen aufgebaut, hat ein hohes gewölbtes Erdgeschoss und eine steinerne Freitreppe mit schmiedeeiserner Brüstung. An dem Hause das **WANGELIN**'sche Wappen und die Jahreszahl **1733.**

[1]) Die erste Frau war Dorothea Elisabeth von Wendhausen, die zweite Maria Amalia von Haacke.

[2]) Das Inventar von 1811 bemerkt nur, dass sie »Mönchsschrift« hatte.

[3]) Nach Angabe des Inventars von 1811 wurden die älteren silbernen Vasa sacra im Jahre 1806 eine Beute der plündernden Soldaten.

Das Kirchdorf Nossentin.[1]

Geschichte des Dorfes.

Die ersten urkundlichen Nachrichten über Nossentin stammen vom 11. Mai und 12. November 1317. Da erfahren wir, dass die in Nossentin ansässigen Geschlechter der Dessin, Nossentin und Kressin unter dem Protektorat des Klosters Malchow den Bau einer Kapelle durchgesetzt haben, und dass Bischof Hermann von Schwerin auf Bitte der Einwohnerschaft die Weihung dieser Kapelle vollzogen hat.[2] Ausser den genannten finden wir dort mit Besitz und Rechten im XIV., XV. und XVI. Jahrhundert auch andere Familien der Mannschaft, wie die Rodenbeck (diese schon von 1347 an), Kosegard (Kotzegard), Metzeke (Meske), Below, Flotow, Röggelin und Wangelin neben einander. Sie haben, wie es im Mittelalter, im Gegensatz zu dem heutigen Grossgrundbesitz, herkömmlich ist, im Dorfe ihre besonderen Hufen und Höfe, auf denen sie entweder selber sitzen, oder die sie auch durch ihre Bauern bewirthschaften lassen. Von diesen durch Urkunden bezeugten Vasallenfamilien sind in der zweiten Hälfte des XVI. Jahrhunderts nur noch drei vorhanden, die sich in den Besitz der grossen Feldmark Nossentin (mit Antheilen in Silz, Sparow, Locken, Loppin, Jabel, Malkwitz, Kraaz, Hinrichsberg, Kieth, Wangelin, Cramon, Gaarz u. s. w.) theilen. Es sind die Flotow, Below und Wangelin. Von diesen dreien aber gelangen, nach voraufgegangener langjähriger Verpfändung der grossen Flotow'schen und Below'schen Antheile, die von Wangelin durch Ankäufe am 20. Oktober und 22. November 1624 in den Alleinbesitz von Nossentin.[3]

Doch schon 1636 tritt Vicke von Wangelin den Below'schen Antheil für 11000 Gulden an Joh. Albrecht von Maltzan wieder ab. Und 1696 geräth der Wangelin'sche Besitz in Konkurs. Aus dem Konkurs kauft Eggerd Christoph Knut das Gut Nossentin am 11. November 1692, nachdem vorher schon eine Reihe der oben genannten Antheile an die Nachbarn auf den angrenzenden Feldmarken abgegeben sind. Auf Knut folgt als dessen Erbe im Jahre 1702 der Schwiegersohn Jochim von Pritzbuer. Von diesem Zweige der Pritzbuer kommen die Güter Nossentin, Sanz und Sparow durch Kauf im Jahre 1725 an den mit ihnen verschwägerten und im Fürstenthum Calenberg begüterten Ernst Christian von Holle. Im Jahre 1747 kauft sie Ernst Friedr. von Raven, und 1789 werden sie vom regierenden Herzog erworben. Demgemäss führt der Staatskalender »Se. regierende herzogliche Durchlaucht« bis zum Jahre 1803 als Besitzer dieser drei Güter im ritterschaftlichen Amt Lübz auf. 1803

[1] 8 km nordnordöstlich von Malchow. »Ort des Noseta«: Kühnel, M. Jahrb. XLVI, S. 101.

[2] M. U.-B. 3895. 3937.

[3] Der Flotow'sche Antheil wird am 20. Oktober 1624 mit 25400 Gulden, der Below'sche am 22. November desselben Jahres mit 12000 Gulden bezahlt.

aber gehen sie an die Grossherzogliche Kammer über. Nossentin bleibt von da an im Domanium, aber Sanz und Sparow werden der Ritterschaft im Jahre 1812 zurückgegeben. Von 1812 bis 1850 sind sie in Gräflich Blücherschem Besitz und seit 1850 in dem der Familie Neckel.

Nossentin, das gegenwärtig, nämlich seit dem Jahre 1901, wieder seine eigene Pfarre hat, ist seit 1651 der Kirche zu Alt-Schwerin affiliiert gewesen. Vorher hatte es bereits seinen eigenen Pfarrhof. Aus dem Visitationsprotokoll von 1541 ist zu ersehen, dass damals der oben S. 406 genannte Vikar Laurentius Betke zu Malchow den Dienst in der Kirche zu Nossentin versieht, deren Lehn oder Patronat »die Jungfrauen zu Malchow« haben. 1578 ist Laurentius Francke Pastor daselbst; er wünscht seiner schmalen Einkünfte wegen versetzt zu werden. Endlich heisst es im Visitationsprotokoll von 1650, dass der letzte Pastor von Nossentin, Christoph Schmidt, im Jahre 1638 gestorben sei. Das sind die drei einzigen Namen, die bis jetzt auf uns gekommen sind. Das Patronat ist an den Landesherrn übergegangen.

Kirche. Jüngerer stilloser Backsteinbau in Form eines länglichen Rechtecks mit auf beiden Enden abgewalmtem Satteldach und aufgesetztem Dachreiter, der die Mitte des Firstes einnimmt. Im Innern eine verschalte Decke.[1]) Kirche.

Die **innere Einrichtung** ist klassicierenden Stils und stammt aus dem Anfang des XIX. Jahrhunderts. Innere Einrichtung.

In einem besonderen Glockenstuhl zwei **Glocken**, von denen die grössere 1864 von **C. Jllies**-Waren gegossen ist.[2]) Die kleinere ist laut Inschrift 1750 unter dem Patronat von **ERNST FRIEDRICH VON RAVEN**, Erbherrn auf Nossentin und Böck, von **C. D. Heintze** gegossen worden. Glocken.

Die **Vasa sacra**, zwei silbervergoldete Kelche mit Patenen, ein Ciborium und eine Deckelkanne, sind neu.[3]) Ebenso die Taufschale aus Messing. Vasa sacra.

* * *

Auf der Nossentiner Feldmark, in der Nähe der Jabelschen Tannen und der mecklenburgischen Südbahn, das **Blücher-Denkmal**, zur Erinnerung an das am 2. Oktober 1806 dort stattgefundene Gefecht zwischen den Preussen und den Franzosen, feierlich enthüllt am 2. Oktober 1856. Es ist ein vierseitiger Granitblock mit einem Adler und zwei Rundbildern von Gusseisen. Blücher-Denkmal.

[1]) Im Jahre 1811 stand die jetzige Kirche noch nicht. Damals, und zwar schon seit langer Zeit, wurde der Gottesdienst in einem Saale des Herrenhauses abgehalten.

[2]) Ihre Vorgängerin stammte, wie die zweite Glocke, aus dem Jahre 1750.

[3]) Die älteren Vasa sacra gingen bei der Plünderung im Jahre 1806 verloren.

Das Kirchdorf Jabel.[1])

Geschichte des Dorfes.

Ueber die ältesten Besitzverhältnisse im Dorfe Jabel sind wir nicht ausreichend unterrichtet, es fehlt an Urkunden. Wie aber in der zweiten Hälfte des XIV. Jahrhunderts, bald nach 1369, die Hälfte des Dorfes in Hahnschen Besitz gekommen, und zwar an die Solzow'sche Linie des Hauses, erzählt Lisch in seiner Geschichte des Geschlechtes Hahn II, S. 70 ff. Bald darauf verpfändet Lüdeke Hahn seine Hufen in Jabel und auch im benachbarten Dorfe Hagenow für sechshundert Mark Lübisch an das Kloster Malchow. Wann dies geschehen, ist nicht zu sagen, Henneke Hahn aber, Lüdeke's Sohn, spricht es in einer Urkunde vom 21. December 1410 geradezu aus.[2]) An diesem Tage nämlich wird aus der Verpfändung ein Verkauf zu erblichem Besitz an das Kloster, den Fürst Christoffer am 21. September 1411 bestätigt, und der noch einmal, am 21. Oktober 1449, zu einer urkundlichen Festsetzung führt.[4]) Ausserdem überweist Fürst Christoffer gleichzeitig dem Kloster Malchow die andere Hälfte des Dorfes. Beide Gönner des Klosters haben Angehörige in dessen Mauern, Fürst Christoffer seine Schwester Agnes, und Henning Hahn seine Schwestern Elisabeth und Ida. Indessen bleibt immer noch ein zu Nossentin gehöriger Antheil übrig, den das Kloster nicht hat. Diesen erwirbt es erst im Jahre 1785 durch Vergleich.[5])

Früher als von den Besitzverhältnissen des Dorfes hören wir von seiner Kirche. Schon 1256 wird sie mit ihrem Pfarrer genannt. In die Zehnten des Dorfes theilen sich der Bischof und das Domkapitel von Schwerin, und die kirchliche Oberaufsicht führt in nächster Instanz der Archidiakon von Waren, bezw. dessen Vertreter, als welcher z. B. 1339 der Pleban von Karow fungiert.[6]) Auch ist im Jahre 1346 von einem Neubau der Kirche die Rede und von einem vierzigtägigen Ablass zur Förderung des Baues durch alle Gläubigen. Diesen Ablass ertheilt der der Schweriner Diöcese benachbarte Bischof von Ratzeburg.[7]) Neben der Barmherzigkeit des allmächtigen Gottes ist es, wie üblich, die Autorität der Apostel Petrus und Paulus, die um fleissiger Gaben willen besonders geltend gemacht wird. Doch gilt als Hauptschutz-

[1]) 14 km nordöstlich von Malchow. Altslavisch jablŭ = Apfelbaum, also wie Kühnel deutet, »Apfelbaumort«: M. Jahrb. XLVI, S. 60. Vgl. M. Kunst- u. Gesch.-Denkm. III, S. 171.

[2]) Lisch, Geschl. Hahn II, S. 99. Die Annahme von Peatz (Gesch. des Kirchspiels Jabel, S. 5), dass die Verpfändung schon 1346 stattgehabt habe, lässt sich urkundlich nicht erweisen.

[4]) Lisch, a. a. O., S. 114/15 (CCXXXVIII). Vgl. auch Urkunde vom 6. Januar 1404 auf S. 71–77 (CCXXIII). Schröder, Wismarsche Erstlinge, S. 110. Pap. Mecklenburg, S. 1757. Die Schenkung des Fürsten Christoph existiert als bisher nicht gedruckte Urkunde im Grossh. Archiv.

[5]) Akten im Grossh. Archiv.

[6]) M. U.-B. 763. 2016. 5233. 5921. 7296.

[7]) M. U.-B. 6633. Schröder, Pap. Meckl., S. 1277.

heiliger der Kirche der Sanctus Georgius. Das Patronat aber gehört, wenn nicht schon früher, wenigstens seit 1410 oder 1411 dem Kloster Malchow und wird diesem durch alle nachfolgenden kirchlichen Visitationsprotokolle des XVI. und XVII. Jahrhunderts bestätigt.

1320 giebt es einen Pleban Gerhard von Stüvendorf in Jabel. Weitere Namen sind bis jetzt nicht bekannt geworden. Um 1500 soll der Probst in Malchow selbst sechsmal jährlich Gottesdienste in Jabel abgehalten haben.[1]) Es lässt sich somit ziemlich sicher annehmen, dass für die übrige Zeit im Jahre Vikare des Klosters Malchow den Dienst gehabt haben. Um diese Zeit ist wieder von einem grossen Ablass zu Gunsten der Kirche die Rede, der von vielen Kardinälen in Rom selbst unterzeichnet worden, und den die Bürgerin Elisabeth Brümmer und ihr Sohn, ein Student der Theologie, von ihrer Pilgerreise zur heiligen Stadt selber mitgebracht haben sollen. Der Schweriner Bischof Konrad Loste lässt diesen Brief durch bischöflichen Erlass vom 10. August 1500 in seiner Diöcese bekannt machen. Bücher, Kelche, Lichter, Decken u. a. m. hat die Kirche dringend nöthig, und zu deren Beschaffung soll der Brief wesentlich dienen. Seine Früchte wird er getragen haben, denn 1505 erhält der Glockenstuhl auch eine weitere Glocke.[2])

Die evangelischen Pastoren werden von Pentz mit grosser Ausführlichkeit behandelt, weshalb hier ihre Namen genügen mögen: 1541 Joachim Sperling; um 1577 (auch 1583) Johann Albrecht, welcher die Konkordienformel unterschreibt; Joh. Gartz (Gratz) um 1602 und bis gegen 1626; Joachim Bentzing von 1626 bis 1638, der ein Opfer des Krieges und der Pest wird; Joachim Bier von 1640 bis 1665; Friedrich Hingst von 1668 bis 1677; Martin Balke von 1678 bis 1732; Zacharias Heinrich Balke, der Sohn, von 1732 bis 1760, und von 1760 bis 1810 der schon 1756 als Adjunkt angestellte Schwiegersohn des Zacharias Balke, Joachim Friedr. Storch. Vgl. Balck, Fam. Balcke, S. 33.

Kirche. Bei dem Brande des Dorfes Jabel im Jahre 1859 wurde auch die Kirche stark beschädigt und in Folge davon im Jahre 1868 durchgebaut und restauriert. Sie gehört also in ihrer jetzigen Gestalt der neueren Zeit an, doch stammen die Fundamente und die Mauern bis zu zweidrittel der Höhe noch aus älterer Zeit, ebenso die zwei unteren Stockwerke des Thurmes. Die alten Theile des Langhauses haben den wendischen Verband, das jüngere Gemäuer des Thurmes hat mehr den polnischen. Der einschiffige Innenraum der Kirche ist mit einer flachen Decke überspannt. Die Sakristei ist der einzige von der Restauration unberührt gebliebene Theil der alten Kirche. Sie liegt auf der Nordseite des Chors und hat zwei flachgespannte Kreuzgewölbe, deren plump gebildete Rippen ein quadratisches Durchschnittsprofil aufweisen. Kirche.

In der **Kirchhofsmauer** ein **Granitstein** mit einer Nische, die wahrscheinlich einstmals mit dem Bilde eines Schutzheiligen gefüllt war.[3]) Kirchhofsmauer.

[1]) Nachrichten bei den Pfarrakten in Jabel. S. Pentz, a. a. O., S. 6.

[2]) Pentz, a. a. O., S. 6–7.

[3]) Vgl. Tottenwinkel bei Rostock und Kammin bei Laage im ersten Bande der M. Kunst- u. Gesch.-Denkm.

Altar-aufsatz.

In dem neugothischen **Altaraufsatz** ein Gemälde von **Theodor Fischer 1868**, darstellend die Kreuzesgruppe (Johannes, Maria und Maria Magdalena).

Eucharistie-Schrank, Krucifixus.

In der Sakristei auf der Nordseite ein alter quadratischer Wandschrank als ehemaliger **Eucharistie-Schrank**, ohne Thür. Ihm gegenüber an der Wand ein kleiner hölzerner **Krucifixus** vom Ende des XIV. oder Anfang des XV. Jahrhunderts, der als Triumphkreuz gedient haben wird. An den Kreuzesarmen Vierpässe zur Aufnahme der Evangelisten-Symbole, die nicht mehr da sind. Jetzt mit brauner Oelfarbe überstrichen. Ferner ebendaselbst zwei **eichene Rahmen** zu den Grabsteinen des 1810 verstorbenen Pastors **Storch** und dessen Ehefrau, gestorben 1798. Inschrift: **JOACHIM FRIEDRICH STORCH 55 JAHRE PREDIGER, GEBOREN 1732, GESTORBEN 1810 · — SOPHIA ELISABETH STORCH, GEBORENE BALCK, GEBOREN 1731, GESTORBEN 1798** (s. o.).

Eichene Rahmen.

Holzbild.

Auf dem Boden des Küsterhauses ein Ueberrest von einem **Holzbilde** des **hl. Georg** aus der Mitte des XV. Jahrhunderts, des Schutzheiligen der Kirche im Mittelalter (s. o.).

Glocken.

Im Thurm hängen drei neue grosse **Glocken**, 1862 gegossen von **C. Jllies**-Waren. Die vier alten Glocken sind 1859 beim Brande geschmolzen.[1])

Vasa sacra.

Die **Vasa sacra**, Kelch, Patene, Ciborium und Deckelkanne, sind vom Jahre 1867 (**Sy & Wagner**-Berlin). Ein messingenes Becken vom Jahre 1661 mit der Inschrift: **ADAM X BAHRENFLETH X CATHARINA X HEISEN X ANNO 1661.** Auf dem Altartisch zwei neugothische Messingleuchter, in der Sakristei zwei zinnerne Leuchter mit der Jahreszahl **1806**, von dem Röbeler Zinngiesser **H. Krummbügel**.

Das Kirchdorf Kieth.[2])

Geschichte des Dorfes.

Das Dorf Kieth hat schon 1256 seine Kirche und seinen Kirchherrn. Das ergiebt sich aus einer nicht datierten Urkunde dieses Jahres, in welcher Fürst Nikolaus von Werle der Geistlichkeit in der Probstei (Alt-) Röbel, und ausserdem den Plebanen und Priestern von Malchow, Kieth und Jabel, das Recht testamentarischer Verfügung über ihr Vermögen und die Freiheit ihrer Leute von Zöllen und öffentlichen Diensten verleiht.[3]) Zwei Jahre später wird denn auch der Pleban Stephanus zu Kieth als Zeuge in einer Urkunde des Bischofs von Schwerin aufgeführt.[4]) 1338 kommt auch ein Priester Friedrich von Kieth

[1]) 1402, 1505 und 1690 (Vites Siebenbaum) waren die Data der älteren Glocken, deren Inschriften Pentz, a. a. O., S. 6, 7 und 29 mittheilt.

[2]) 15 km nordnordwestlich von Malchow. Altslavisch kyta = Zweige, Flechtwerk. »Ort, wo Zweige, Flechtwerk sind«. Kühnel, M. Jahrb. XLVI, S. 67.

[3]) M. U.-B. 763.

[4]) M. U.-B. 823.

vor.[1]) Was wir sonst noch aus dem Mittelalter in kirchlicher Beziehung erfahren, ist dies, dass die zwei gute deutsche Meilen nördlich von Malchow gelegenen Kirchdörfer Kieth, Wangelin und Lütgendorf ebenso wie Alt-Schwerin, Nossentin und Jabel zum Lande Malchow gerechnet werden, welches seinerseits wieder öfter aufs Engste mit dem Lande Waren verbunden und geradezu als ein Theil dieses Landes erscheint.[2]) Damit ist denn auch ein Fingerzeig dafür gegeben, die diesen beiden Landen und damit zugleich dem Bisthum Schwerin angehörenden Kirchen dem Archidiakonat Waren zuzuweisen, wie es z. B. von den Kirchen zu Malchow, Jabel und Karow ausdrücklich bezeugt ist.[3]) Die Grenze zwischen den Bisthümern Kammin und Schwerin wird somit in dieser Gegend durch die Pfarrsprengel-Scheiden zwischen Dubbin und Kieth sowie die zwischen Wangelin und Lütgendorf einerseits und Grubenhagen andererseits festgelegt.[4])

Bei der Kirchenvisitation im Jahre 1541 beschweren sich die Visitatoren darüber, dass Pastor und Juraten nicht erschienen sind. Ob mit Zustimmung der Linstow auf Linstow, die von alter Zeit her das Patronat der Kirche zu Kieth (to dem Kythe) haben und zugleich auch die Gutsherren von Kieth sind, das noch heute als Pertinenz von Linstow angesehen und behandelt wird, das erfahren wir nicht. Es lässt sich aber annehmen. Einige Jahre später — genau ist es nicht anzugeben — begegnet uns in den Kirchen-Akten von Kieth ein Pastor Andreas Hoppius. Darauf wird erzählt, dass Er Niklas Rope im Jahre 1572 auf öffentlicher Strasse ermordet worden sei. 1597 ist wieder Vakanz durch Tod. Die Vakanz dauert anscheinend bis 1603. Es bewirbt sich zwar ein Daniel Winholt, aber wir erfahren nicht, ob er die Pfarre erhält. Am 29. März 1641 schreibt Pastor Joachim Baumann in Neu-Röbel, dass er sieben Jahre lang als Pastor in Kieth gedient habe, und beschwert sich bei Herzog Adolf Friedrich darüber, dass ihm die Linstow erhebliche Kornlieferungen schuldig geblieben seien. 1648 heisst es, die Kirche sei verwüstet und stehe leer, seit Baumann's Abgange sei kein Pastor mehr gewesen, auch gebe es nur wenig Eingepfarrte in der vom Kriege hart mitgenommenen Gemeinde. Endlich beruft Christoph von Linstow auf Linstow den Johannes Jordan zum Pastor von Kieth und auch von Wangelin, das bis zum dreissigjährigen Kriege seinen eigenen Pastor hatte.[5]) Jordan tritt 1649 beide Pfarren an und ist 1678 noch im Dienst, doch zeigt er eine solche Vorliebe für Advokatur-Geschäfte, dass ihm das zu zweien Malen, 1667 und 1678,

[1]) M. U.-B. 5890.

[2]) M. U.-B. 2016. Vgl. Wigger, Annalen, S. 113. Lisch, M. Jahrb. XXXII, S. 15.

[3]) M. U.-B. 2507. 5921. Dass diese letztgenannte Urkunde s. Zt. bei Karow nicht mit aufgeführt ist, liegt daran, dass sie im Ortsregister des elften Bandes des mecklenburgischen Urkundenwerkes übersehen ist. Die historische Wichtigkeit der Urkunde beruht besonders darauf, dass der Pleban von Karow, Johannes Priborn, als Vicepropst des Archidiakonats Waren eingesetzt wird und kirchliche Angelegenheiten in Jabel zu ordnen hat.

[4]) Vgl. M. Kunst- u. Gesch.-Denkm. IV. S. 338; V. S. 55.

[5]) S. bei Wangelin.

verwiesen wird. 1678 oder 79 muss er gestorben sein, denn 1680 tritt Henricus Krüger die beiden Pfarren an († 1721). In der Zeit der nun eintretenden und durch die Wirren unter Herzog Karl Leopold bis 1734 verlängerten Vakanz übernimmt der Sohn Friedrich Christoph Krüger die Predigten und der Pastor Vette zu Alt-Schwerin die Amtsgeschäfte. 1735 wird Friedrich Christoph Krüger nach Goldberg berufen. Es folgen nun: 1737 Joh. Christoph Buhring († 2. Juni 1780) und 1781 Christian Jakob Voss, vorher Rektor in Plau, († 24. September 1807). S. Walter a. a. O.

Ueber die mehrfach unterbrochene spätere Verbindung der Kirche zu Kieth mit der während des Mittelalters zur Kamminer Diöcese gehörenden Kirche zu Dobbin s. M. Kunst- u. Gesch.-Denkm. IV, S. 138.

Die von Linstow auf Linstow behalten Kieth, wo sie schon im Jahre 1366 sitzen, wie nachher auch auf Wangelin und Lütgendorf, bis zum Jahre 1802, wenn man eine längere Periode der Verpfändung (von 1735 an an den Jägermeister Bogislav Hinrik von Steinsdorf und später bis 1795 an Joh Christan Seitz) nicht abrechnen will.[1]) Von 1803 bis 1809 sind die Güter und Dörfer Linstow, Kieth und Babelin c. p. sowie das Patronat über Kieth in den Händen des Justizraths Dr. Daniel Christian Jakob Bolte, bezw. in denen seiner Erben und Gläubiger. Von 1809 bis 1814 hat sie der Oberforstmeister von Behmen, darauf ein Jahr lang Friedrich Schläger, dann bis 1817 der Staatsrath Joh. Christian Friedr. Scharnweber, und von 1817 bis 1827 die Familie Vogel (s. Grabstein). Aus den Händen der Vogel'schen Kreditoren gelangen 1827 die Güter und Dörfer Linstow, Hinrichshof, Bornkrug, Klein-Babelin und Kieth an die Grossherzogliche Kammer, die noch heute darüber verfügt und Linstow und Kieth als eine Pachtung beisammen gelassen hat.

Kirche. **Kirche.** Die in Form eines länglichen Vierecks aufgeführte Kirche ist ein Ziegelbau, der in seiner ersten Anlage der Zeit der Frühgothik entstammt, aber Anfangs der siebenziger Jahre des XIX. Jahrhunderts umgebaut ist.[2]) Als älteste Theile des Baues verdienen die Portale, das eine auf der Nordseite, das andere auf der Südseite, besondere Beachtung: jenes hat ein Kapitellglied in der Kämpferlinie, dieses hat keins. In den Wandungen und Bogenlaibungen beider Portale aber wechseln breite Auskehlungen und entsprechend kräftige Viertel-Rundstäbe mit einander ab. Es bleibt fraglich, ob die Wölbung jemals zur Ausführung kam. Man kennt die Kirche nur mit einer flachen Balken- und Bretterdecke. Der Thurm ist neu.

Die **innere Einrichtung** ist neu. Die **Holzfiguren** des früheren alten Altars sind in den achtziger Jahren des vorigen Jahrhunderts abhanden gekommen.[3])

Grabsteine. Im Mittelgang vor dem Altar zwei **Grabsteine**, der des **Dr. med. et chir. ALBRECHT HEINRICH JULIUS ZELLER**, gestorben am 7. April 1791, und der

[1]) M. U.-B. 9560 A und B.

[2]) Vgl. Beschreibung der Kirche bei Lisch, M. Jahrb. XL, S. 212.

[3]) Angeblich an einen Händler verkauft.

der Frau **DOROTHEA AMALIA SOPHIA ZELLER**, geb. **SCHLICHTING**, gest. den 17. December 1813. — Auf dem Friedhofe noch ein **Grabstein** des **CARL FERDINAND ERNST VOGEL**, Besitzer des Gutes Linstow, gestorben 30. November 1823 (s. o.).

Oelgemälde.

In der Kirche fünf **Oelgemälde** geringen Werthes, die durch Schenkung dahin gekommen sind:[1]) die Weisen aus dem Morgenlande, Jesus als Knabe im Tempel, die Verklärung, Kreuzabnahme und die Schweisstuch-Scene.

Glocken.

Im Thurm zwei grosse **Glocken**, die eine ohne Inschrift und Zeichen, die andere 1879 von **Ed. Albrecht** in Wismar gegossen.[2])

Kleinkunstwerke.

Kleinkunstwerke. 1. Zinnerner Kelch mit der Inschrift: **DIESEN KELCH HAT VOREHRT HANS HAGEL VON DREPS ZU GOTTES-EHREN IN DI KIRCH ZUM KIET 1676.** Güstrower Stadtzeichen, Meisterzeichen: **HD.S.** — 2. Zinnerne Patene mit dem Röbeler Stadtzeichen und dem verschlungenen Meisterstempel ***J H L*** (?), darunter **1766**. — 3. 4. Neugothischer Kelch mit Patene. 5. Silberne Oblatendose, von **Steusloff**-Güstrow **1862**.

Das Kirchdorf Wangelin.[3])

Geschichte des Dorfes.

Hohen-Wangelin, dem Kloster Malchow gehörend, ist eine alte wendische Ansiedlung, welche sich bei der Germanisierung des Landes im XII Jahrhundert in die beiden Dörfer Wangelyn Teutonica und Wangelin Slavicalis scheidet. Hauptbesitzer sind dort in frühester Zeit die Grube, welche auch Liepen haben und beiden Ortschaften die Namen Gruben-Liepen und Gruben-Wangelin geben. Johann Grube, mit Schulden belastet, verkauft am 26. December 1319 den Güstrower Bürgern Nikolaus Glöde und Dietrich Krug vierundzwanzig Mark Hebungen aus zwölf Hufen in Wangelin für 200 Mark mit Vorbehalt des Rückkaufes innerhalb dreier Jahre, und Fürst Johann von Werle bestätigt diesen Handel in demselben Jahre.[4]) Unter den Bauern, die damals in Wangelin wohnen, fallen mehrere wendische Namen auf wie Milicke, Beno, Tessan, Tessessa und Cegedarghe. 1320 verkaufen die Grube ihren Besitz theils an die Knappen Heinrich und Walter Samekow, theils an die Brüder Gotemar und Heinrich Gamm, an jene gewisse Geldhebungen, an diese die Güter Gruben-Liepen sowie Deutsch- und Wendisch-Gruben-Wangelin, und

[1]) Vgl. die Bilder in der Kirche zu Dobbin.

[2]) Auch die Vorgängerin dieser Glocke war ohne Inschrift. S. Inventar 1811.

[3]) 14 km nördlich von Malchow. Kühnel, M. Jahrb. XLVI, S. 153, erinnert an das altslavische Wort agl = Kohle und übersetzt den Namen mit »Kohlenort« oder auch »Ort des Wagel.« Das wäre also nach deutscher Art soviel wie Kohlendorf oder Wangel-torf.

[4]) M. U.-B. 4131. 4132.

die beiden Fürsten Johann von Werle belehnen damit die letztgenannten am 16. März desselben Jahres.[1]) Ausser den Gamm finden wir aber auch bald nachher die Wangelin daselbst, denen Johann von Werle am 20. December 1342 die Beden von den sechs Hufen ihres eigenen Hofes verkauft.[2]) Ebenso haben die Flotow Hebungen aus Wangelin entgegenzunehmen.[3]) Indessen allmählich fasst das Kloster Malchow Fuss in Wangelin, indem es am 27. Juni 1336 den Gammen ihren ganzen Wangeliner Besitz abkauft und auch vom Güstrower Bürger Jakob Wörpel Hebungen aus dem Dorfe empfängt, wofür es ihn und seine Ehefrau Catharina in die Fraternität des Klosters aufnimmt.[4]) Auch von Hennecke Flotow empfängt es pfandweise Beden und Hundekorn aus Wangelin, in welchem den Flotow auch noch später Burgdienste und Ablager zustehen.[5]) Im XVI. Jahrhundert sind es die Linstow, die neben den Flotow und Wangelin dort sitzen. Christoph Linstow verkauft seinen Antheil 1699 auf 10 Jahre antichretisch an den Kornet Koch, die Wangelin aber erwerben 1629 den Flotow'schen Antheil, um ihn bald nachher nebst ihrem eigenen Antheil an Kloster Malchow abzutreten. Fünfundachtzig Jahre später, nämlich 1714, erwirbt dieses auch den Koch'schen Besitz nebst dem, was die Linstow noch haben, und wird dadurch Herr des ganzen Dorfes.

Ein Geistlicher »Hermannus de Wangelin« wird schon 1244 genannt, ein Vicerektor Jakob in Wangelin 1358. 1541/42 hat Joachim Barss die Pfarre in Wangelin, und bis 1637 Magister Matthias Schaum, dem die Soldateska die Kirche verwüstet und das Haus ausplündert, wie er es selber in einem Briefe beschreibt. Später heisst es, er sei anderswohin ausgewandert. Aber wohin, wird nicht gesagt. Dass er von den Kaiserlichen in einem Teich ertränkt sei, ist somit eine durch nichts begründete Erzählung.[6]) Nach dem Kriege, von 1649 an, wird die Kirche zu Wangelin mit der von Kieth vereinigt (s. o. S. 425). Das Verhältniss dauert bis nach Kruger's Tode im Jahre 1721. Da erreicht das Kloster Malchow, das als Herr des ganzen Dorfes auch in den Besitz des Kirchenpatronates gelangt war und wahrscheinlich den lange dauernden Kiether Kirchenkonflikt voraussah und an seinem Theile zu vermeiden wünschte, im Jahre 1724 die Verbindung der Kirche in Wangelin mit der zu Jabel, die ebenfalls unter dem Kloster stand. Und nun bleibt Wangelin, trotz der weiten Entfernung (12 km), bis zum Jahre 1864 mit Jabel verbunden.[7])

Kirche.

Kirche. Die Kirche ist ein gothischer Backsteinbau auf einem Granitfundament aus dem Anfang des XIV. Jahrhunderts, mit Polygonalschluss aus

1) M. U.-B. 4161. 4175.

2) M. U.-B. 6257.

3) M. U.-B. 10573.

4) M. U.-B. 5675. 5959. Nur das Kirchenpatronat bleibt in den Händen der Gamm: vgl. M. U.-B. 6152. Auch 9256.

5) M. U.-B. 10573.

6) Pentz, Gesch. des Kirchspiels Jabel, S. 31.

7) Pentz, a. a. O., S. 32. Dieses Verhältniss von 1724 bis 1864 ist hie und da übersehen worden. M. Jahrb. LX, S. 43. 47. 99. Vgl. auch Balck, a. a. O., S. 34.

dem Achteck. Die Wölbung ist niedrig und flachgespannt; ihre Rippen haben ein birnförmiges Durchschnittsprofil. Der Raum des Thurmes ist mit zur Kirche gezogen. Ueberall wendischer Ziegel-Verband, auch im Thurm. 1868/69 hat eine Erneuerung stattgefunden.

Als **Altarbild** die Kreuzesgruppe (Johannes, Maria und Maria Magdalena) von **Theodor Fischer-Poisson**, 1869. Altarbild.

Draussen im Freien eine alte **Granitfünte.** Fünte.

Im Thurm drei **Glocken**, zwei grössere und eine kleinere. Davon nur eine mit Inschrift und Jahreszahl, welche besagt, dass sie 1769 z. Zt. des Pastors **STORCH** unter dem Kloster-Provisorat des **VICTOR WILHELM VON OERTZEN** auf Leppin und des **FRIEDR. WILH. HANS VON LOWTZOW** auf Gaarz sowie unter dem Klosterhauptmann **HANS SIGISM. CHRISTOPH VON OERTZEN** auf Ankershagen, unter dem Kompatron **CHRISTOPH OTTO VON GAMM** auf Göhren und unter dem Küchenmeister **FRANZ ADAM FUHRMANN** von **Joh. Val. Schultz** in Rostock gegossen worden ist. Glocken.

Kleinkunstwerke. 1—4. Kelch und Patene, Deckelkanne und Oblatendose, neu, vom Jahre 1867. — 5. 6. Zinnerner Kelch mit Patene, ohne Inschrift und Werkzeichen. — 7. Zinnerne Deckelkanne, ebenfalls ohne Inschrift und Zeichen. — 8. 9. Zwei Taufbecken, neu. — 10. 11. Zwei zinnerne Leuchter, ohne Inschrift und Werkzeichen. — 12. 13. Zwei neugothische Leuchter von Messingguss. — 14. In der Mitte der Kirche ein neuer Messingkronleuchter. Kleinkunstwerke.

Das Gut und Kirchdorf Lütgendorf.[1]

Das von alter Zeit her zum Lande Malchow und damit zur Schweriner Diöcese[2]) zählende Dorf Lütgendorf hat schon 1304 eine Kirche, welcher die Wangelin auf Glans, dem späteren Blücherhof, »thor ehre de h. apostel Jacobi vnd Bartholomei« acht Hufen in Glans selbst verleihen.[3]) Da Lütgendorf zum bischöflichen Tisch nach Schwerin hin Hebungen zu leisten hat, so ist es geradezu als bischöfliches Tafelgut zu bezeichnen.[4]) Bereits im Jahre 1383 sitzt auf Lütgendorf das Geschlecht der Linstow, welches lange Zeit hindurch zu den angesehensten des Landes gehört und es versteht, diesen Besitz Jahrhunderte hindurch festzuhalten.[5]) Der letzte Besitzer ist Hans Geschichte des Dorfes.

[1]) 17 km nordnordöstlich von Malchow.

[2]) Lisch, M. Jahrb. XXXII, S. 15. Vgl. dazu M. U.-B. 91. 857.

[3]) M. U.-B. 2935 mit Anmkg.

[4]) M. U.-B. 5233. 7266.

[5]) M. U.-B. 11514.

Rudolf von Linstow, welcher das Gut 1748 muthet und 1752 stirbt. Nach seinem Tode muthet es allerdings noch der Hauptmann Günther von Linstow, aber Hans Rudolf's Wittwe, welche den Kriegsrath von der Lühe auf Sophienhof wiedergeheirathet hat, ist im Besitz. Von der Lehnkammer aufgefordert, ihr Recht nachzuweisen, zeigt sie, dass sie auf Grund eines Testamentes ihres verstorbenen Ehegatten, sich mit Günther von Linstow vergleichsweise auseinandergesetzt, und dieser ihr gegen Zahlung einer Entschädigung das Gut und seine Ansprüche auf dasselbe cediert habe, worauf ihr der landesherrliche Konsens zu diesem Abkommen am 19 Februar 1754 gewährt wird. Den Lehneid aber leistet trotzdem im Jahre 1761 die Wittwe des eben erwähnten verstorbenen Günther von Linstow Namens ihrer Kinder. Indessen gelingt ihnen nicht die Reluition des Lehnes. Daher verkaufen der Kriegsrath von der Lühe und seine Ehegattin das Gut Lütgendorf am 24. Oktober 1763 an den Bürgermeister Urban Nauert in Malchow, und, als dieser sich zur Erfüllung des Kontraktes unfähig erweist, am 24. November 1764 an Ernst Werner von Raven auf Nossentin. Nachdem dieser in Konkurs verfallen, ersteht es 1789 Helmuth Ludwig von Blücher, von dessen Erben es 1793 der Hauptmann Hans Heinrich Ludwig von Arnim kauft. In Arnimschen Händen bleibt es bis 1848. Von da an ist August Christian Emanuel von Hintzenstern Eigenthümer; nach ihm 1876 Karl Helmuth Gerhard Gisbert von Plessen auf Reez, bezw. dessen Erben bis 1897. 1898 hat es Louise von Plessen, geb. von Restorff, 1899 Karl Axel Freiherr von Maltzahn und seit 1900 Heinrich Wessel auf Pohnstorf.

Einen Geistlichen, genannt Nikolaus von Lütgendorf, finden wir als Zeugen in einer Urkunde vom 29. September 1310, von da ab aber bis zur zweiten Hälfte des XVI. Jahrhunderts keinen mehr. Nach der Reformation ist Henning Pankow Pastor, der lange Zeit als Seelsorger wirkt. Er unterschreibt 1577 die Konkordien-Formel und lebt noch über 1600 hinaus. Sein Nachfolger, Joachim Bars (Barss, Baars), geräth schon 1605 mit den Linstowen in Streit.[1]) Doch haben nicht diese, sondern die Flotow auf Stuer das Patronat der Kirche. Ob auf Grund ihrer Pfandherrlichkeit über das Land Malchow, oder auf einen andern an irgend welchen Besitz geknüpften Rechtstitel hin, erfahren wir nicht. Das furchtbare Kriegs- und Todesjahr 1637 rafft auch den Pastor Barss aus dem Leben, und es folgt nun hier wie vieler Orten anderswo eine lange Vakanz. Erst im Jahre 1657 erhält Lütgendorf wieder einen Pastor in Henricus Ulrici, der aber schon 1664 stirbt und während seiner kurzen Amtsführung in den Schweden-Kriegen vieles und schweres Ungemach von durchziehenden Kriegsvölkern zu erdulden hat, wie er es selber kurz vor seinem Tode in einem Briefe ausführlich schildert. Ihm folgt 1665 bis 1678 Erich Oswald. Als es sich in den siebenziger Jahren um Wiederherstellung der verwüsteten Kirche handelt, ist es den Flotowen auf Stuer anscheinend unmöglich, ihren Verpflichtungen als Patronatsherren nachzukommen. Deshalb treten

[1]) Vgl. Anmkg. zu M. U.-B. 2935.

sie das Patronat über Lütgendorf, dessen Verlust ihnen bereits angedroht war, im Jahre 1677 an Eler von Linstow auf Lütgendorf ab. Von diesem Zeitpunkt an ist es somit an den Besitz dieses Gutes geknüpft. Im Uebrigen hatten die Linstow schon vorher insoweit einen gewissen Antheil daran, als sie das Patronat über die Kapelle zu Gaarz besassen, die zur Kirche von Lütgendorf gehörte. Auf Oswald, der sich 1678 versetzen lässt, folgen: 1679 Christianus Ulricus Catovius († 1715), 1716 Joachim Christoph Grantzow (emer. 1767), und 1767 Heinr. Ad. Behm († 1802). S. Walter a. a. O.

Kirche. Die Kirche ist ein alter einschiffiger Feldsteinbau ohne Thurm aus dem XIII. Jahrhundert, mit flacher Balkendecke und einem Ostgiebel von Fachwerk und Backsteinen. Es haben soviele Veränderungen stattgehabt, dass heute nur noch der spitzbogige Haupteingang auf der Südseite, der in einem vorgeschobenen und oben abgetreppten Mauerkern angebracht ist, eine Aufmerksamkeit verdient. Auf dem Dach am Ostgiebel eine bekrönte Wetterfahne mit der Jahreszahl **1776**. Kirche.

Im Innern sind **Altar** und **Kanzel** zu einem Korper vereinigt. Altar und Kanzel, Wappen.

Am Sophienhöfer Chor, dem ehemaligen Patronatsstuhl, sieht man auf einer **Tafel** das **Linstow**'sche und das **Lowtzow**'sche **Wappen** mit den Unterschriften: **HANS RUDOLPH VON LINSTOW, ELISABET SOPHIA VON LINSTOW, GEBOHRNE VON LOTZOW A 1746.** -- Ferner über dem jetzigen Patronatsstuhl vier **Wappen**, zwei **HINTZENSTERN**'sche Einzelwappen und zwei Allianzwappen der Familien **ARNIM** und **BLÜCHER** mit dem Datum: **D · 6 · APRIL 1839.**

Ueber dem Pastorenstuhl ebenfalls mehrere **Wappen**. Unten links ein Allianzwappen der Familien **Kamptz** und **Dorne** mit der Unterschrift: **CHRISTOPH ALBRECHT VON KAMPTZ** und **LOUISE FRIEDERICE AMALIE VON DORNE**; unten rechts das **Dorne-Lützow**'sche Allianzwappen mit den beiden Namen **HERMANN VON DORNE** und **MARIA ELISABETH VON LÜTZOW**; oben zwei Einzelwappen der Familie **von Frisch** mit der Unterschrift: **HR · DIEDERICH VON FRISCH.**

In der Ostwand nordwärts ein kleiner viereckiger ehemaliger **Eucharistie-Schrank**, ohne Thür. Eucharistie-Schrank.

Ausserdem zwei unbedeutende **Bilder** in der Kirche aus neuerer Zeit; die Taufe Christi im Jordan und die Auferstehung. Bilder.

Ueber dem Pastorenstuhl ein steinernes **Epitaphium**, dessen Mitte ein Relief mit der Darstellung des jüngsten Gerichts enthält. Darunter die Gestalten der in der Unterschrift genannten Personen. Die Unterschrift lautet: **ANNO 1588 DEN 18 MARTY IST DER EDLER UND EHRENVESTER JOCHIM · LINSTOW · DER · JUNGER ERBGESESSEN THO · LVTKENDORP UND · WVCKERSIN IN · GODT · DEN · HERN · SALICH · ENTSLAFFEN · DA · ER VIERDHALF · JHAR · IM ESTANDE · GELEBET · EINEN · SOHN · UN 2 DOCHTER GEZEUGET · VNDT · HADT · DIE · EDLE VNDT VIELTUEGENTSAME KA-** Epitaph.

TRINA WINTERFELTS • DIT EPITHAFIUM IHREN • LIEVEN EHEMANNE UNDT SOHN THO CHRISTLICHEM GEDECHTENUS SETSE LASSEN • 1591 •

Grabstein. Zwischen dem Altar und dem Pastorenstuhl ein **Grabstein** mit der Gestalt eines betenden Ritters, ohne Unterschrift. Die Gestalt stellt wahrscheinlich denselben **LINSTOW** dar, der durch das vorhergenannte Epitaphium verewigt wird.[1])

Glocken. In dem neben der Kirche stehenden Glockenstuhl, der eine Wetterfahne mit den Initialen **O • E • V • A • GEB • V • B • 1819** (O. Elisabeth von Arnim, geb. von Blucher) trägt, hängen drei **Glocken**, die sämmtlich 1860 von **C. Jllies** in Waren unter dem Patronat des **AUGUST VON HINTZENSTERN** gegossen sind.[2])

Kleinkunstwerke. **Kleinkunstwerke.** 1. 2. Silbervergoldeter Kelch im klassicierenden Stil, mit Patene, gestiftet laut Inschrift unter dem Kelchfuss von **J · C • BAHLMANN AUF SOPHIENHOF D • 24 • DECB • 1830.** Mit undeutlichen Stempeln. Patene ohne Stempel. — 3. Längliche silberne Oblatendose, mit einem aufgelegten plastischen Krucifixus auf dem Deckel, gestiftet von **JACOB REINECKE** und **CHRISTIANA DOROTHEA FRIEDERICA REINICKEN 1756.** Mit undeutlichen Stempeln. — 4. Zinnerne Abendmahlskanne mit dem **VON HINTZENSTERN**schen Wappen, ohne Stempel, neu. — 5. Zinnernes Taufbecken, neu. — 6. 7. Kleiner Zinnkelch für Krankenkommunion, mit Patene. Ohne Stempel. 8. Noch eine kleine Patene für Krankenkommunion, ohne Stempel. — 9. 10. Zwei zinnerne Altarleuchter, auf beiden die Inschrift: **HERR HANS RUDOLF** (Ludolf?) **VON LINSTOW ANNO 1745.** Stempel nicht gefunden. — 11. 12. Zwei neue Leuchter.

Das Gut und Kirchdorf Grüssow.[3])

Geschichte des Dorfes. Von Grüssow wissen wir genau, wann es zum Kirchdorf erhoben ist, denn mittels Urkunde vom 6. März 1255 verleiht der Bischof Rudolf von Schwerin der Kapelle daselbst bei deren Weihe einen Ablass und zwei Hufen, eine zu Kogel und die andere zu Grüssow, ausserdem legt er die Dörfer Grüssow, Walow, Zislow und Globen zu der Kirche.[4]) Das letztgenannte ist

[1]) Der Stein ist es werth, aufgenommen und an die Wand gestellt zu werden.

[2]) Von den Vorgängerinnen hatte nur eine eine Inschrift, laut deren sie 1747 z. Z. des Pastors Joachim Christoph Grantzow unter dem Patronat des Hans Rudolph von Linstow und seiner Gemahlin Elisabeth Sophie, geb. von Lowtzow, von Joh. Gottfried Wosaeck in Stralsund gegossen war.

[3]) 4 km südlich von Malchow. Altslav. gruša = Birnbaum. Also »Birnbaumort«: Kühnel, M. Jahrb. XLVI, S. 58.

[4]) M. U.-B. 747.

inzwischen untergegangen und wird bereits 1697 als wüste Dorfstelle bezeichnet.[1]) Walow und Zislow aber sind selbst Kirchdörfer geworden. Am 30. Mai 1351 urkundet Fürst Nikolaus von Werle zu Grüssow in eigener Person, und in einer Urkunde vom 14. Februar 1352 schenkt derselbe Fürst dem Kloster Malchow die Kirche zu Grüssow mit der Genehmigung, sie dem Kloster zu inkorporieren.[2]) Schon vorher haben die Fürsten Johann und Johann von Werle dem Kloster Malchow zwei Hufen in Grüssow verliehen.[3]) Das schliesst naturlich nicht aus, dass ausser dem fürstlichen Hause auch Andere Eigenthum im Dorfe haben und darüber verfugen. So wird z. B. 1294 Ritter Johann von Grüssow genannt, welcher dem Pfarrer Heinrich daselbst fur seine Kirche am 23. Februar die Einkünfte von zwei Hufen schenkt, denen er das Holz von einer Hufe in seinem Dorfe Kummerow hinzufügt.[4]) Diese Familie, welche ihren Namen vom Orte selbst erhalten haben wird, ist dort seit langem angesessen. In einer Urkunde vom 24. September 1304 wird Johannes de Grussow erwähnt und dabei bemerkt, dass der derzeitige Inhaber der Grüssower Mühle sie von dessen Vater und Grossvater her besessen habe.[5]) Wie überall, so ist auch die Mühle in Grüssow während des Mittelalters ein werthvoller Besitz, über den sich der Fürst die Oberherrlichkeit besonders vorzubehalten pflegt. Denn in ebenderselben Urkunde belehnt er den Malchower Bäcker Nikolaus mit dieser Mühle, und am 10. Februar 1318 verleiht Johann von Werle dem Johann Düsterwold die Anwartschaft darauf.[6]) Mehrere Jahrzehnte später aber ist Ludolf Elers Inhaber der Mühle und tritt sie dem Kloster Malchow am 16. Januar 1374 ab.[7])

Ausser der Familie Grüssow hat auch der Knappe Johann Rusboge Eigenthum im Orte, denn er schenkt der Pfarre am 31. März 1325 ein Feld und einen Hopfengarten.[8]) Ebenso die Familie Raven »van der Specke«, welche 1357 dem Bürger Albrecht Schmidt in Malchow zahlreiche Grundstucke verkauft.[9]) Aber es machen sich auch bereits die Flotow in Grüssow bemerkbar, sie verpfänden oder verleihen daselbst Grundbesitz in den Jahren 1377 und 1385, und es liegt die Vermuthung nahe, dass diese damals schon mächtige Familie als Nachfolgerin der Grüssow mit deren Gütern belehnt worden ist.[10]) Denn um die Mitte des XIV. Jahrhunderts erlischt dies Geschlecht,[11]) und es gelingt den Flotow bald, sich in den Besitz des ganzen Dorfes zu setzen. Nur das Kloster Malchow behält dort etwas Land, wie aus einem Lehnverzeichniss

[1]) Schildt, M. Jahrb. LVI, S. 206.
[2]) M. U.-B. 7475. 7580. 7660.
[3]) M. U.-B. 4191.
[4]) M. U.-B. 2282.
[5]) M. U.-B. 2959.
[6]) M. U.-B. 3961.
[7]) M. U.-B. 10523.
[8]) M. U.-B. 4604. 5881. Vgl. 3680.
[9]) M. U.-B. 8349. Vgl. 10843.
[10]) M. U.-B. 11016. 11731.
[11]) M. Jahrb. XI, S. 442.

von 1587 hervorgeht, ebenso kehrt die Mühle nicht wieder an das Gut zurück.[1]) Grüssow verbleibt der Familie Flotow bis 1834. In diesem Jahre kommt es in die Hände des Pastors G. W. Alb. Kollmann. Doch dessen Nachkommen geben es schon nach einigen Jahrzehnten wieder an Karl Friedrich August von Flotow zurück, der 1864 im Staatskalender als Eigenthümer aufgeführt wird, und seitdem hat sich Grüssow in Flotow'schen Händen erhalten.

Aus dem XIII. Jahrhundert lernen wir einen Pfarrer Heinrich kennen, aus der ersten Hälfte des XIV. Jahrhunderts die Pfarrer Gottschalk und Johann, sowie den Kaplan Burchard, und aus der zweiten Hälfte desselben Jahrhunderts die Pfarrer Heinrich Sommer und Johann Dambek.[2]) Dass Grüssow der Schweriner Diöcese angehört, erhellt noch besonders aus einer Urkunde vom 12. April 1331.[3]) Um 1541 wird Heinrich Sabel Kirchherr. Später hat Joachim Dickmann die Pfarre, welcher 1589 stirbt. Ihm folgt 1591 Joh. Schmidt († 1607), und diesem Balthasar Wege († 1636). Nach längerer Vakanz wird 1652 der Pastor Petrus Leo eingesetzt. Er hat auch die von jeher mit Grüssow verbunden gewesenen Filialen Walow und Zislow zu verwalten.[4]) Wie Krieg und Pest auch in dieser Gegend gehaust haben, enthüllen die Angaben über die Bauern in den Dörfern: in Grüssow sind im Jahre 1664 von achtzehn noch sieben vorhanden, in Walow von vierundzwanzig acht, und in Zislow von sechzehn nur noch drei. Der genannte Petrus Leo ist auch 1672 noch im Amt. 1674 folgt Joh. Winhold Gerdes († 1694), 1697 Joh. Joachim Beselin († 1736). Nach ihm soll Mag. Barthold Daries introduciert werden, aber die bekannten kirchlichen und politischen Wirren dieser Zeit lassen es nicht dazu kommen. Noch 1745 spielen sich unbeschreibliche Zustände ab. 1748 stirbt Daries, sechsunddreissig Jahre alt. Es folgen nun: 1750 Joh. Christian Thede († 1765) und 1767 Ernst Leberecht Reussner († 1827). Zu Reussner's Zeit, und zwar den 18. Juni 1785, giebt das Kloster das Patronatsrecht über Grüssow an die von Flotow ab. Ueber die Geistlichen des XIX. Jahrhunderts siehe Walter a. a. O.

Kirche.

Kirche. Die Kirche ist ein gut gefugter alter Feldsteinbau des XIII. Jahrhunderts mit quadriertem Kalkputz.[5]) Diese Quadrierung besteht, wie an manchen anderen Kirchen des Landes, aus tief eingeritzten und anscheinend mit rother Farbe gefüllten Linien. In der flach abschliessenden Ostwand sitzen drei gleich grosse romanische Fensterschlitze, nicht in der Bildung des »Dreieinigkeits-Fensters«, sondern in grösserer Entfernung von einander. Ebenso giebt es drei Schlitze auf der Nordseite und ausserdem auf derselben

[1]) M. U.-B. 10843. 11904. Akten im Grossh. Archiv.

[2]) Register des mecklenburgischen Urkundenwerkes.

[3]) M. U.-B. 5233.

[4]) Zislow war übrigens im XVI. Jahrhundert durch die von Flotow eine Zeit lang von Grüssow getrennt gewesen. Vgl. Visitations-Protokoll von 1541/42.

[5]) Beschreibung bei Lisch, M. Jahrb. XVI, S. 291. Der Bau litt sehr im dreissigjährigen Kriege. Noch im Jahre 1664 war die Kirche mit Stroh gedeckt.

Seite ein spätromanisches oder frühgothisches, später zugesetztes Portal mit einem Kapitellband in der Kämpferlinie. Besonders gut erscheint der Kalkputz in den Wandungen und Bogenlaibungen der alten Fenster, wo sich Spuren von Bemalung gefunden haben. Auf der Südseite ein zweitheiliges Fenster, das beim Abbruch der angelehnten Grabkapelle aus einem Missverständniss der alten Architektur hervorgegangen ist. Das Innere des Thurmes ist mit zur Kirche gezogen.

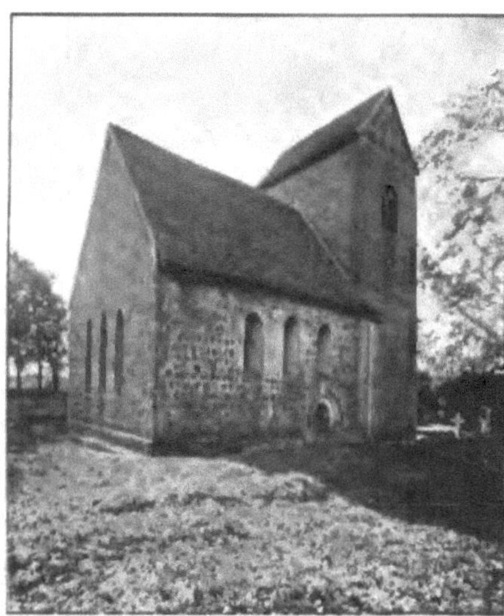

Kirche zu Grüssow.

Eine kleine **Steintafel** an der Ostseite meldet, dass die Kirche 1856 zur Zeit des Domänenraths **ALBERT KOLLMANN** auf Grüssow und des Präpositus **ADOLF KNESER** erneuert worden ist. Steintafel.

Die **innere Einrichtung** ist ohne Bedeutung. Innere Einrichtung.

Auf dem Kirchenboden ein hölzerner **Taufständer**, welcher 1685 von **CHRISTOPH WENDT**, Pensionär zu Kogel, gestiftet ist. Taufständer. Ausserdem mag ein mit Messingblech beschlagener alter Kasten genannt werden, der als »**Block**« für Opfer- und Armengeld gedient haben kann. »Block«.

In der Kirche **FLOTOW**'sche und **KARDORFF**'sche **Zinnwappen**, die als Sargverzierungen gedient haben. Wappen.

Im Thurm zwei **Glocken**, 1842 umgegossen von **C. Jllies**-Waren.[1]) Glocken.

Kleinkunstwerke. 1—3. Neusilberner Kelch, 1847 gestiftet von **FRIEDA** und **LOUISE KOLLMANN**. Patene aus demselben Metall, desgleichen auch die Kanne. — 4. 5. Zinnerner Kelch, gestiftet 1747 von **MARIA WULFFEN, JÜRGEN HECHTEN**'s nachgelassener Wittwe. Dazu eine Patene von Zinn mit zwei Kleinkunstwerke.

[1]) Das Inventar von 1811 bezeichnet die Inschriften der alten Glocken als »unleserliche Mönchsschrift«.

28*

bürgerlichen Wappen und den Initialen **M • P • B •** des Mannes und **E • K •** der Frau, sowie mit der Jahreszahl **1669** und den Stempeln des Rostocker Zinngiessers **Martin Blawkogel**. — 6. 7. Kleiner Krankenkelch mit Patene, beide von Zinn. Ohne Stempel. — 8. 9. Desgl., Krankenkelch und Patene, von Silber, neu. — 10. Ovale silberne Oblatendose. Als Werkzeichen ein Adler und der Name **ABEK:C**. — 11. 12. Zwei grosse zinnerne Leuchter, ohne Inschrift, mit den Stempeln des Röbelschen Zinngiessers **H. Krummbügel**.

Das Gut und Filial-Kirchdorf Walow.[1]

Geschichte des Dorfes.

Das Dorf Walow erscheint urkundlich zuerst am 6. März 1255, als Bischof Rudolf von Schwerin die Kapelle in Grüssow weiht und ihr ausser Grüssow, Zislow und Globen auch das Dorf Walow zulegt, das jetzt ein Filial-Kirchdorf von Grüssow ist.[2] Am 24. Juli 1266 verleiht derselbe Bischof dem Magister Erpo in Schwerin zwei Hufen in Walow als Ersatz für eine Hufe in Rittermannshagen.[3] Etwas bunter als die kirchlichen sind die weltlichen Besitzverhältnisse in alter Zeit. Eine ganze Anzahl Inhaber von Grund und Boden tritt uns neben und nach einander in Walow entgegen. Gerslav (Jaroslaus) von Walow, ein Pritzbuer von Kargow, Pritzbuer und Dubislav von Kelle,[4] das Kloster Malchow, Gerhard von Berne und Machorius und Hildebrand von Lepzow, Thidericus Budde, die Gebrüder von Grambow und Konrad von Havelberg verfügen dort über Höfe, Hufen und Mühlenrechte. Indessen erscheinen bereits im Jahre 1384 die Flotow nicht bloss als Besitzer von Hufen, sondern auch als Inhaber des höchsten Gerichts in Walow und werden bald die einzigen Herren im Dorf.[5]

Als Filia der Kirche zu Grüssow wird die Kapelle zu Walow zuerst im Visitationsprotokoll von 1541/42 aufgeführt. Höchst wahrscheinlich war sie es von Anfang an, wie sie es noch heute ist. Ihr Mauerwerk hat manchen Wechsel durchgemacht.

Kirche.

Kirche. Die jetzt stehende Kirche oder Kapelle ist ein Fachwerkbau in Form eines Vierecks aus dem Jahre 1845. Eine flache Holz- und Bretterdecke überspannt den Innenraum. Auf dem Westende des Firstes ein kleiner Dachreiter, der eine oben zugespitzte glockenförmige Haube trägt.

Glocken.

Im Thurm zwei **Glocken**, welche beide 1894 von **C. Oberg** in Wismar gegossen sind.[6]

[1] 7 km südlich von Malchow. Ort des Val.: Kühnel, M. Jahrb. XLVI, S. 153.

[2] M. U.-B. 747.

[3] M. U.-B. 1091.

[4] Ueber den von Walow und die Pritzbuer vgl. Grotzner im M. Jahrb. LXV, S. 305 ff.

[5] M. U.-B. 5386. 5568. 6021. 7408. 7803. 8280. 8349. 10805. 10806. 10811. 11633.

[6] Das Inventar von 1811 fehlt.

Kleinkunstwerke. 1—4. Kelch, Patene, Oblatendose und Kanne sind neu. Der silberne Kelch ist eine Stiftung von **AUGUST ADAM PHILIPP MATTHIAS VON FLOTOW** auf Woldzegarten und seiner Gemahlin **LOUISE CAROLINE ADOLFINE ERNESTINE EVELINE**, geb. **VON LÜTZOW**, aus dem Jahre 1844. Berliner Arbeit. Die Patene ist von **CAROLINE VON FLOTOW**, geb. **VON BLÜCHER**, 1838 gestiftet, die Oblatendose von ebenderselben und auch von **LOUISE VON FLOTOW** 1855, ebenso die Kanne. — 5. 6. Zwei zinnerne Kelche von 1754 und 1766. — 7. Das Taufbecken ist eine galvanoplastische Nachbildung der bekannten Hohenzollern-Taufschale. — 8. 9. Zwei zinnerne Leuchter von 1800.

Kleinkunstwerke.

Das Kirchdorf Sietow.[1]

Das Dobbertinsche Klostergut Sietow ist ursprunglich Eigenthum des werleschen Hauses. Ende des XIII. Jahrhunderts gehört es der Mutter des Fürsten Nikolaus von Werle, der Furstin Sophie. Sie verkauft es dem Ritter Dietrich von Gerden, welchen Fürst Nikolaus am 6. Juli 1300 damit belehnt.[2]) Die Gerden sitzen noch 1340 auf Sietow, aber schon bald nachher gewinnt das Kloster Dobbertin Grundbesitz im Orte. Johannes von Gerden verkauft diesem am 24. Februar 1342 seinen Antheil an Sietow, sowie die Schamper Muhle,[3]) und noch in demselben Jahre verleihen die Fursten Nikolaus und Bernhard III. dem Kloster das ganze Dorf Sietow, welches es von Ritter Johannes und dessen Bruder Heinrich von Gerden erworben hat, zu Mannrecht, also als Lehn.[4]) Doch die grosse Gunst, welche die Fursten von Werle den Klöstern entgegenbringen, bewegt die fürstlichen Brüder Nikolaus und Bernhard, am 13. März 1344 aus dem Lehn ein freies Eigenthum zu machen und als Geschenk das Patronat der Kirche in Sietow hinzuzufugen.[5]) Seit dieser Zeit ist Sietow dem Kloster Dobbertin verblieben. Es gehört nebst den Gütern Laerz, Schwarz, Diemitz, Lexow und Roez der Sand Probstei an und wird daher mit diesen zusammen durch einen in Röbel wohnenden Geschäftsführer des Klosters, den Sandprobst, verwaltet.[6]) Zu diesem Zweck besitzt das Kloster einen eigenen Hof in Röbel, welcher neben dem Dominikanerkloster liegt. Der Dobbertiner Sandprobst und Klosterhof verschwinden aus

Geschichte des Dorfes.

[1]) Gut 11 km ostsüdöstlich von Malchow. Die alten Formen des Namens Syteczwe und Sithecov verbindet Kühnel, M. Jahrb. XLVI, S. 134, mit dem altslavischen Wort žyto, žitŭkŭ = Leben oder auch mit žito, žyko ... Getreide.

[2]) M. U.-B. 2618. Fruher wurde auch die Urkunde 1283 auf Sietow bezogen. Allein das Urkundenbuch liest richtig Sitowe, nicht Sitowe. Vgl. M. Jahrb. XVI, S. 213.

[3]) M. U.-B. 6068. 6191.

[4]) M. U.-B. 6229.

[5]) M. U.-B. 6390.

[6]) Lisch, M. Jahrb. VIII B, S. 117.

Röbel erst im Laufe des XVII. Jahrhunderts, nachdem im dreissigjährigen Kriege das Kornhaus heruntergerissen und die umliegenden Gebäude »sehr ruinirt« waren.[1])

Um 1328 wird ein Pfarrer Johann genannt, dann aber klafft eine grosse Lücke bis 1541/42. Um diese Zeit ist Martin Bamme (Bomme) der Inhaber des Kirchlehns, wohnt aber in Malchow und hat auch Einkünfte aus Poppentin und Klink. Ein paar Jahre später hat Simon Trechow beide Kirchen als Pastor zu versorgen. Er stirbt im Sommer 1584, nachdem er, wie seine Wittwe schreibt, vierzig Jahre hindurch den Dienst versehen. Nach ihm nennt Cleemann

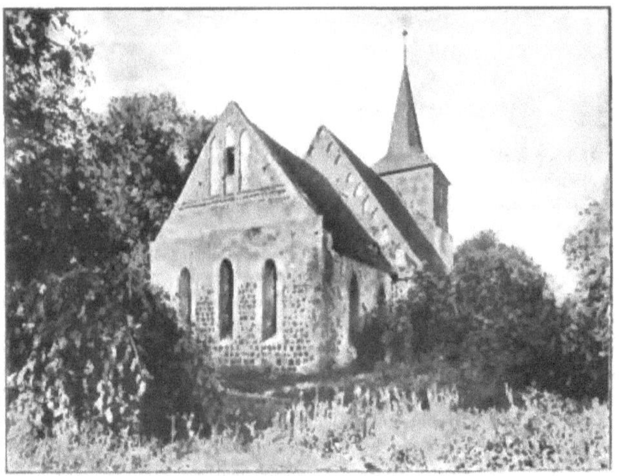

Kirche zu Sietow.

einen Pastor Bartholomaeus, dem die Magd das Haus angezundet haben soll. Zur Zeit des dreissigjährigen Krieges ist Joachim Tilichius Pastor, stirbt aber in dem unheilvollen Jahre 1638. Er hat nur die Cura der Kirche zu Sietow. Neben ihm wirkt in Poppentin Er Matthias Pritzkow, doch heisst es auch von ihm im Visitationsprotokoll des Jahres 1650, dass er schon lange todt sei. Es folgt nun von 1652 bis 1656 Johann Hagemann, der später als Pastor in Röbel bis 1685 lebt. Im Jahre 1657 wird Johann Heine berufen, doch 1678 seines Amtes wieder entsetzt. Ihm folgt David Pristaff von 1679 bis 1684. Ob Heine und Pristaff auch die Cura von Poppentin hatten, ist nicht nachzuweisen, an sich aber nicht unwahrscheinlich. Volle Gewissheit darüber haben wir erst wieder bei dem nächsten Pastor Johann Müller von

[1]) M. Jahrb. VIII, S. 118.

1686 bis 1724. Bis zu seiner Berufung sind die von Flotow die Inhaber des Patronats der Kirche zu Poppentin, am 21. August 1682 aber überlassen sie es dem Kloster Malchow, und von diesem Zeitpunkt an hat somit der Pastor von Sietow und Poppentin, wie auch heute wieder, zwei verschiedene Kloster-Patronate über sich, das von Dobbertin und das von Malchow.

Es folgt 1725 Joachim Christian Bohn (emer. 1756), der unter den Wirren zwischen dem Herzog Karl Leopold und der Kaiserlichen Reichskommission schwer zu leiden hat und auch nicht zur Cura von Poppentin gelangt. Hier sind es die Malchower Pastoren Janenzky und Frank, die in dieser unglückseligen Zeit den Dienst übernehmen müssen, jener von 1726 bis 1748, dieser von 1748 bis 1758. Erst am 13. Juli 1758 tritt die alte Vereinigung von Sietow und Poppentin wieder ein. Es folgen: 1756 David Peter Zylius, Anfangs als Substitut, seit 1758 aber Pastor beider Kirchen, gestorben 1779; 1780 der Sohn Georg Joachim Ad. Zylius († 1786); 1787 Otto Gottfr. Friedr. Heinr. Engel († 1813). S. Walter a. a. O.

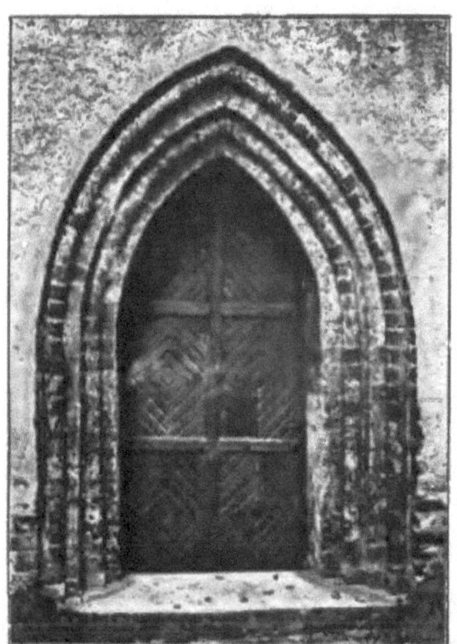

Portal auf der Südseite der Kirche.

Auch die Kirche zu Klink ist als vagierende Mutterkirche von ältester Zeit her mit der zu Sietow verbunden gewesen. S. S. 389.

Kirche. Die Kirche zeigt eine gemischte Bauweise. Ihr Chor ist aus Feldsteinen aufgeführt, ihr Langhaus aber nur zum Theil, und zwar im östlichen Ansatz. Doch wieder ganz aus Feldsteinen sind die beiden unteren Stockwerke des Thurmes errichtet, freilich mit nicht so guter und sorgfältiger Zusammenfügung wie am Chor und Langhaus. Das obere Stockwerk dagegen ist im Holzverbande ausgeführt. Der alte Thurmhelm soll Ende des XVIII. Jahrhunderts bei einem Sturm heruntergeworfen sein. In der Ostwand des Chors drei romanische Schlitze mit glatt eingehenden Wandungen und Bogenlaibungen, aber nicht als »Dreieinigkeitsfenster« gestaltet, sondern ebenso wie bei der Kirche zu Grüssow in breiteren Abständen von einander. Alle übrigen Fenster sind bei späteren Erneuerungen in die Form zweitheiliger Kirche.

gothischer Fenster gebracht. Dagegen verdient wieder ein zugesetztes gothisches Portal auf der Nordseite, mit zwei Rundstäben und zwei scharfen rechtwinkligen Kanten in der Wandung und Laibung, eine grössere Werthschätzung, ebenso ein zweites gleiches Portal auf der Südseite, das noch im Gebrauch ist. Ganz alt ist auch die aus Granitquadern gebildete Priesterpforte auf der Südseite des Chors, doch hat sie einen neuen Einsatz aus Backsteinen, der den Fenstern aus den vierziger Jahren des XIX. Jahrhunderts entspricht. Ferner mag der aus zwei Stromschichten von Ziegeln gebildete Friesschmuck unter den Blenden des Chor-Giebels nicht übersehen werden. Der Triumphbogen im Innern ist als gedrückter Spitzbogen gestaltet. Aber nirgends schliesst sich eine Wölbung an ihn an. Die Decke der Kirche stellt im Chor wie im Langhaus ein Spiegelgewölbe dar, das mit einer Kalkverschalung (Verputzung mit Kalk) versehen ist.

Altar. Der ehemalige Schnitzaltar ist verschwunden, ebenso alle älteren Einrichtungsgegenstände. Der jetzige **Altaraufsatz** enthalt ein Gemälde von **Andreae**, das den auf dem Meere wandelnden Christus darstellt, der den sinkenden Petrus ergreift. Der Rahmen ist eine tüchtige Schnitzarbeit von dem verstorbenen Bildhauer **Siegfried** in Güstrow.

Glocken. Im Thurm drei **Glocken**. Die grösste von 1708 hat die Inschrift: **ALS DIESE GLOCKE 1708 UMTGEGOSSEN, IST PEI DER SITOWER KIRCHEN H • JOHANNES MÜLLER PASTOR, HANS BEIER UNDT JOCHIM SIMANN VORSTEHER PEI DERSELBEN GEWESEN • GOTT BEWAHRE SIE VOR ALLEM UNGLÜCK • MICH GOSS M • CHRISTIAN SIEGEMUND MEBERT.** — Die mittlere ist ohne Inschrift und Zeichen, die kleinste trägt die Inschrift: **GELOBT SEI JESUS CHRISTUS IN EWIGKEIT! AMEN • GEGOSSEN 1588 • UMGEGOSSEN 1865 VON C • ILLIES, HOFGLOCKENGIESSER IN WAREN.**[1])

Kleinkunstwerke. **Kleinkunstwerke.** 1. 2. Silberner Kelch mit Patene, beide gestiftet laut Inschrift 1714 von **CHRISTINA HEIDTMANS**. Stempel undeutlich, anscheinend von einem Malchower Goldschmied. — 3—5. Kelch, Patene und Weinkanne von Neusilber, gestiftet 1847 von **E. F. VON GUNDLACH** und **E. VON GUNDLACH**, geb. **VON BÜLOW**. — 6. Silberne Oblatendose, ohne Abzeichen, anscheinend zu 1 und 2 gehörig und also auch wohl von 1714. — 7. Neues Krankengeräth, Berliner Arbeit. — 8. 9. Zwei grosse zinnerne Leuchter aus der Zeit des klassicierenden Stils, von dem Röbelschen Zinngiesser **Krummbügel**. — 10. 11. Zwei neue Messingleuchter, gestiftet vom Klosterhauptmann Graf **VON BERNSTORFF.**

[1] Ihre Vorgängerin hatte nach Angabe des Inventars von 1811 »Mönchsschrift«, die damals Niemand glaubte lesen zu brauchen.

Das Kirchdorf Poppentin.[1])

Geschichte des Dorfes.

Poppentin ist ein altes Stammgut der Pritzbuer, welche im Lande Malchow ausserdem Kelle und Kargow besitzen, und deren Hauptgut Grabenitz ist. Schon im Jahre 1333 und 1347 kommen die von Pritzbuer zu Poppentin als Zeugen urkundlich vor, und später vergeben sie mehrfach einzelne ihrer Güter an das Kloster Malchow.[2]) Auch die Pritzbuer auf Grabenitz haben Grundstücke daselbst, und die Zugehörigkeit von Poppentiner Grund und Boden zu Grabenitz hat sich bis ins XIX. Jahrhundert erhalten, als längst keine Pritzbuer mehr in Grabenitz sitzen.[3]) Antheile an Poppentin gehören auch noch anderswohin. So besitzen z. B. im Jahre 1561 die Below auf Klink und Kargow drei Höfe und zwei Worthen daselbst, das Kloster Malchow aber hat längst bedeutenden Grundbesitz in Poppentin, und 1592 verkaufen die Flotow auf Stuer auch das Poppentiner Burglehn an das Kloster.[4]) 1691 besitzen die Gamm die Güter und Dörfer Lebbin und Göhren, beide zugleich mit Antheilen in Poppentin, ebenso haben die Below das Gut Wendhof mit einem Antheil an Poppentin. Ein Klinker und ein Grabenitzer Antheil werden in der zweiten Hälfte des XVIII. Jahrhunderts von den Gundlach auf Hinrichsberg und später von Baron Le Fort auf Wendhof erworben. Um den Unzuträglichkeiten dieser Zustände in Poppentin, welches als »Kommuniongut« bezeichnet wird, ein Ende zu machen, vereinigen sich 1809 das Kloster Malchow, der Baron Le Fort auf Wendhof, der Major von Grape, welcher inzwischen von den Gammen die Güter Göhren und Lebbin erworben hat, der Oberforstmeister von Lücken auf Grabenitz und der Inhaber der Pfarre, zu einem Auseinandersetzungsvertrage, in welchem Grabenitz allen Rechten entsagt und eine »Realtheilung« unter den übrigen Besitzern vereinbart wird, unter genauer Festsetzung der Grenzen und aller Rechte und Pflichten. Nach erfolgter Genehmigung durch die Regierung besteht das so geordnete Verhältniss noch heute zu Recht. Ein Theil von Poppentin, der mit Hof und Dorf, gehört dem Kloster Malchow, ein anderer Theil als Feldmark zu Göhren, und ein dritter zu Wendhof.

Ueber die kirchlichen Verhältnisse s. bei Sietow. Der erste Rector ecclesie zu Poppentin, welcher urkundlich genannt wird, ist Johannes Ditmar um 1351.

[1]) 9 km östlich von Malchow. — Ort des Popetaz: Kühnel, M. Jahrb. XLVI, S. 109. Altslavisch popŭ = Priester.

[2]) M. U.-B. 5386. 6721. 7528. 10644.

[3]) M. U.-B. 8459. 8460. 8471.

[4]) Akten im Grossh. Archiv.

Kirche.

Kirche. Die Kirche ist ein im Innern und Aeussern vollständig erneuerter Feldsteinbau, an welchem anscheinend nur die Ecken aus behauenem Granit einen Anspruch auf ein höheres Alter machen können. Der im Stil der Zopfgothik errichtete Thurm trägt an der Vorderfront die Jahreszahl 1822. Bei der neuen inneren Einrichtung von 1883 ist man so verfahren, dass jederseits vier hölzerne Bündelpfeiler den einschiffigen Raum gleichsam in drei Schiffe theilen. Dadurch liess sich erreichen, dass der mittlere Theil mit einem hölzernen Tonnengewölbe überspannt werden konnte. Die auf diese Weise entstandenen schmäleren Seitenschiffe haben eine flache Holzdecke.

Altar, Kanzel, Orgel.

Als **Altarbild** eine Kopie des bekannten Pfannschmidt'schen Bildes der Kreuzigung. Das recht hübsche Schnitzwerk an **Altar**, **Kanzel** und **Orgel** stammt aus dem Jahre 1883.

Marmortafel.

An der Nordecke der Ostwand eine **Marmortafel** mit drei Namen der Familie **VON LÜCKEN**, die ehemals auf Grabenitz sass.

Glocken.

Im Thurm zwei **Glocken**, die grössere laut Inschrift gegossen 1851, umgegossen 1886; die kleinere gegossen 1871 von **Ed. Albrecht** in Wismar.[1]

Kleinkunstwerke.

Kleinkunstwerke. 1. 2. Silbervergoldeter Kelch, gestiftet 1714 von **MAGDALENA SOPHIA VOGELSANGS**, Wittwe **VON GAMM**. Dazu eine Patene. Beide Stücke sind Güstrow'sche Arbeiten von **Andreas Rathke**. — 3. Silberne Kanne, gestiftet 1861 von **L. GRAF BLÜCHER** auf Blücher. — 4. Kleine längliche Oblatenschachtel auf vier Kugelfüssen, ohne Inschrift und Zeichen. — 5. Kleines Krankengeräth, bestehend aus Kelch, Patene und Oblatenschachtel. 6. 7. Zwei grosse zinnerne Leuchter im klassicierenden Geschmack von 1824, den Sietow'schen nachgebildet von **Carl Jllies**-Waren. — 8. Messingenes Taufbecken, neu.

Das Gut und Kirchdorf Satow.[2]

Geschichte des Dorfes.

Satow im Lande Malchow ist eins von den Gütern, mit welchen Andreas Flotow im Jahre 1344 von Fürst Johann III. von Werle belehnt wird. Ausgenommen von der Belehnung sind acht Hufen, welche dem Vicke Schwerin zustehen und drei Hufen, welche dem Pfarrer daselbst gehören. Im Jahre 1363 wird ein Pfarrer Peter Sagelow »tho der Satow« als Zeuge erwähnt, und im Jahre 1379 zieht — wenn diese etwas auffallende Angabe richtig ist und wirklich das bei Malchow gelegene Satow verstanden sein soll — ein Zug ritterbürtiger

[1] Von ihren Vorgängerinnen hatte die eine »Mönchsschrift«, während die andere 1704 von Ernst Siebenbaum gegossen war.

[2] 8 km südsüdwestlich von Malchow. Ueber den Namen vgl. M. Kunst- und Gesch.-Denkm. III, S. 540, Anmkg. 1.

Schnapphahne, welcher in der Gegend von Schwaan Kaufleute ausgeraubt hat, über Satow zum Fürsten von Werle-Waren.[1]) Wann die Schwerin'schen Hufen zu Satow in Flotow'schen Besitz gekommen sind, ist nicht mehr festzustellen, aber im Jahre 1587 scheint das eine vollzogene Thatsache zu sein, weil in dem Verzeichniss ihrer Lehngüter das Dorf Satow von den Flotow ohne Angabe einer Beschränkung des Besitzes aufgeführt wird. Es ist bis auf den heutigen Tag den Herren von Flotow verblieben.

Andere mittelalterliche Geistliche als der Genannte sind mit ihren Namen bis jetzt nicht auf uns gekommen. Bei der Visitation von 1541/42 erscheinen weder der Pastor noch die Juraten. Das Patronat haben von Alters her die von Flotow, die im XVII. Jahrhundert das Kirchspiel Satow lange Zeit hindurch mit Stuer verbinden. Der Pastor Petrus Acestus Frank z. B. (1650—1667) ist Pastor beider Kirchen und auch der von Priborn, wie aus dem Visitationsprotokoll von 1652 hervorgeht, in welchem darüber Klage geführt wird, dass das Kirchspiel Satow ganz verwüstet sei. An eine Wiederaufrichtung der Pfarre zu Satow scheint denn auch bis 1700 hin nicht wieder gedacht zu sein. Erst von diesem Jahre an finden wir wieder eigene Pastoren daselbst: 1700 Heinr. Christoph Theodor Zumkumpf († 1716) und 1717 Johann Stüdemann, der bis zu seinem Tode am Anfange des Jahres 1737 im Amte ist. Nach ihm giebt es eine lange Vakanz. Es ist ja die Zeit der Wirren zwischen dem Herzog Karl Leopold und der Kaiserlichen Reichskommission, die auf viele Kirchen unseres Landes ihre Schatten wirft. Nachher folgen: 1746 Joh. Nik. Meyer († 1760)[2]) und 1761 Joh. Georg Speck († 1803). Ueber die Geistlichen des XIX. Jahrhunderts s. Walter a. a. O.

Kirche. Die Kirche ist in einem minderwerthigen, mit Backsteinen vermischten Feldsteingefüge aufgeführt und bildet ein längliches Viereck mit einem Chor, dessen Ostwand platt abschliesst. Der Chor, der durch einen schweren Triumphbogen von dem Langhause abgetrennt wird, ist der ältere und zugleich besser erhaltene Theil der Kirche, doch ermangelt er ebenso wie das Langhaus der Wölbung. Die Fenster sind mit einem eisernen Rahmenwerk versehen und haben ihre Ursprunglichkeit vollständig verloren. Dagegen verdient das frühgothische Portal des Haupteingangs in einem vorgeschobenen Mauerkern einige Beachtung. Der Ostgiebel des Chors ist mit Blenden versehen, unter denen eine doppelte Stromschicht als Friesschmuck entlang läuft. Kirche.

[1]) M. U.-B. 6401. 9171. 11184. Auch Anderen ist diese Beziehung des Namens Satow auf das Dorf im Lande Malchow, wie sie im Ortsregister des XIX. Bandes des mecklenburgischen Urkundenwerkes stattfindet, aufgefallen. Dr. Hofmeister schreibt: »Diese so allerdings schwer erklärliche Notiz möchte sich anders auflösen lassen. Die Schnapphähne ziehen versus dominum de Waren (jedenfalls Bernhard II.). Wo sich dieser aber zur Zeit aufhält, ist nirgends gesagt, jedenfalls zwingt nichts dazu, den Fürsten zu dieser Zeit gerade in Waren selbst zu suchen. Die Rostocker wissen genau, dass die Friedensbrecher über Satow sich zurückgezogen haben und ungefähr, dass sie zum Waren-schen Fürsten wollen: — also Satow bei Rostock!«

[2]) Stuhr, M. Jahrb. LX. S. 85.

[3]) Die Kirche bewahrte früher ein Bildniss von ihm. S. Inventar 1811.

Der Thurm ist neu und stammt aus dem Jahre 1888. Beim Eingang in die Westthür ist ein altes steinernes Weihwassergefäss eingelassen.

Die **innere Einrichtung** ist ohne Bedeutung.

Geschlechts-Tafeln.

In der Kirche vier **Geschlechts-Tafeln** in Form hölzerner Schilde mit Wappen und Namen, zur Erinnerung an verstorbene Mitglieder der Familie **VON FLOTOW.**

Grabstein.

Vor dem Altar eine grosse doppelte **Grabsteinplatte** mit den Figuren eines Mannes in Ritter-Rüstung und einer Frau in langen Gewändern. Nach der nur noch theilweise zu entziffernden Unterschrift ist es die Ruhestätte des **HANS ANDREAS V. FLOTOW** und seiner Ehefrau **ANNA HANEN** (weiteres war nicht zu entziffern).[1])

Glocken.

Die **Glocken** sind 1855 von **C. Jllies** in Waren umgegossen worden.[2])

Kleinkunstwerke.

Kleinkunstwerke. 1—4. Silbervergoldeter Kelch mit Patene, gestiftet 1853 von **C. F. A. VON FLOTOW** auf Kogel und seiner Gemahlin **CAROL. GEB. FREIIN VON MEDEM.** Von ebendenselben eine Deckelkanne und eine Oblatenschachtel. — 5. 6. Grösserer Zinnkelch mit Patene von 1791, gestiftet vom Zimmermeister **J. H. H. KRÜGER.** Stempel des englischen Zinns mit dem Namen des Giessers **J. C. Henscky** aus Röbel. — 7. Kleinerer Zinnkelch, gestiftet von **A • S • K • 1730.** — 8—10. Silbervergoldeter Krankenkelch mit Patene und Oblatenschachtel, 1875 gestiftet von **GEORG V. FLOTOW**-Kogel. — 11. Taufbecken, neu, ohne Inschrift. — 12. 13. Zwei Zinnleuchter, beide von 1700, der eine von **KARSTEN VOS**, der andere von **HANS MÜNSTER** gestiftet. Ohne Stempel — 14. 15. Zwei neue Leuchter von 1853, von demselben Stifter wie 1—4.

Das Gut und Filial-Kirchdorf Zislow.[3])

Geschichte des Dorfes.

Zislow ist, nach Lisch, eine alte germanische Residenz und Tempelstätte mit einer ziemlich starken Bevölkerung gewesen.[4]) Urkundlich wird Zislow zuerst am 6. März 1255 erwähnt, als Bischof Rudolf von Schwerin die

[1]) Vgl. Flotow'sches Familienbuch, S. 32. Lisch, Geschl. Hahn III, S. 270, las noch die ganze Inschrift. Die Grabstätte ist die jenes Hans Andreas von Flotow, der mit Anna von Hahn vermählt war und im dritten Viertel des XVI. Jahrhunderts auf Woldzegarten und Tönchow wohnte.

[2]) Von ihren Vorgängerinnen war die eine im Jahre 1727 z. Zt. des Pastors Joh. Stüdemann und unter dem Patronat von Adam Ernst Friedrich von Flotow und Joh. Ulrich von Flotow von dem Glockengiesser C. Heintze in Berlin mit der Inschrift SOLI SANCTAE TRIADI GLORIA gegossen worden. Die andere hatte »Mönchsschrift«, welche nicht gelesen zu werden brauchte.

[3]) 10 km südwestlich von Malchow. Die alte Form Zitzelow ist nach Kühnel, M. Jahrb. XLVI, S. 161, gleich »Ort des čičel«.

[4]) Lisch, M. Jahrb. XVII, S. 5—9.

Kapelle von Grüssow weiht und ihr u. a. das Dorf »Zitzelow« zulegt.[1]) Wann es in den Besitz der Flotow gekommen, ist urkundlich nicht nachweisbar. Das Lehnregister der Flotow von 1587 führt es bereits auf. Das benachbarte, längst untergegangene Dorf Klippatendorf ist um die Mitte des XIV. Jahrhunderts Havelberg'sches und Swartepape'sches Lehn, später auch Flotow'scher Besitz. Vielleicht sind beide, Zislow und Klippatendorf, beim Aussterben jener Familien um 1400 von der Familie Flotow erworben, welcher damals das ganze Land Malchow verpfändet ist.[2])

Die Kirche zu Zislow ist von alter Zeit her eine Filia der Kirche zu Grüssow (s. o.) und mit dieser bis zum Jahre 1886 verbunden gewesen. Erst seit diesem Jahre gehört sie zur Kirche von Satow. Im Visitations-Protokoll von 1649/50 heisst es, in Zislow sei eine Kapelle gewesen, sie sei aber unlängst niedergefallen. 1746 ist die Kapelle wieder soweit hergerichtet, dass darin gepredigt werden kann. Das Kloster Malchow, welches damals noch das Patronat über Grüssow cum filiabus hat (s. o. S. 434), spricht daher dem Herzog Karl Leopold die Bitte aus, das neue Gotteshaus durch den zuständigen Superintendenten oder dessen Stellvertreter weihen lassen zu wollen.

Kapelle. Die Kapelle zu Zislow ist ein einfacher Fachwerkbau mit einem Schluss aus dem Achteck und stammt wohl aus dem XVII. Jahrhundert. Im Jahre 1889 ist sie einer Restauration unterzogen. Sie ist ohne Thurm. Kapelle.

Die **innere Einrichtung** ist ohne Bedeutung.

In einem besonderen Glockenstuhl findet man eine **Glocke** aus Gussstahl, die 1874 aus Bochum bezogen wurde. Glocke.

Als **Vasa sacra** ein Kelch, eine Patene, eine Oblatendose und eine Kanne, alle vier silbervergoldet und neu. — Auf dem Altar zwei Zinnleuchter. Vasa sacra.

Das Gut und Kirchdorf Stuer.[3])

Am südlichen Ende des Plauer Sees, eine halbe Meile landeinwärts, liegt die Burg Stuer, welche vor Gründung der Stadt Plau in den Jahren 1225—1235 dem ganzen See den Namen des »lacus Sturichse« giebt. Unter dieser Bezeichnung erwähnt seiner die Urkunde des Papstes Alexander III. vom März 1178, in welcher das Bisthum Schwerin bestätigt wird.[4]) Am 6. April 1289 verleiht Bischof Hermann von Schwerin dem Domkapitel Zehnten Geschichte des Dorfes.

[1]) M. U.-B. 717.

[2]) M. U.-B. 5910.

[3]) 11 km südsüdwestlich von Malchow. Kuhnel, M. Jahrb. XLVI, S. 140, verzichtet auf eine bestimmte Deutung und erinnert nur an die Wörter »Sturů« [illegible] und »sczur = Ratte«.

[4]) M. U.-B. 124. Lisch, M. Jahrb. XIV, S. 17. [illegible] XVII, S. 72.

»in Sture« im Lande Waren, welches damals das Land Malchow mitumfasst.[1]) Auf der Burg sitzt im Jahre 1240 ein Ritter des Dobriner Ordens, Conradus de Sture.[2]) Aber bald nach der Germanisierung des Landes treten hier die Flotow auf. Sie leiten ihren Ursprung von dem Ritter Henricus de Vlotowe ab, welcher schon 1230 erwähnt wird und wahrscheinlich dem älteren Zweige der Familie in der Gegend von Westphälisch-Minden angehört.[3]) Am 29. September 1340 belehnen Nikolaus III. und Bernhard, die Fürsten von Werle, ihren Vasallen Andreas von Flotow mit allen Eigenthumsgerechtigkeiten und Freiheiten des ganzen Dorfes Stuer und der Mühle daselbst, und schon im Jahre 1344 wird dieser Besitz durch eine weitere Belehnung mit vielen anderen Gütern im Lande Malchow vermehrt.[4]) Damit beginnt die Blüthe des Flotow'schen Geschlechts, welches eine wichtige Stellung nicht blos in der Umgebung und im Rathe seiner Fürsten einnimmt, sondern zeitweise sogar deren unbequemer Gegner wird. Den Höhepunkt ihrer Macht erreichen die Flotow, als ihnen im Jahre 1354 das ganze Land Malchow und 1366 Schloss, Stadt und Land Röbel vom Herzog Albrecht von Mecklenburg verpfändet werden, wodurch sie eine der Oberherrlichkeit ähnliche Macht erlangen.[5]) Röbel wird 1376 wieder eingelöst, Land Malchow aber bleibt in ihrem Besitz, und im Jahre 1415 erneuert Fürst Christoffer von Wenden den Pfandbesitz des Stadt und des Landes Malchow. Wirkungen dieses Besitzes haben sich sogar bis in die neuere Zeit erhalten.[6]) Als die Flotow auf Erfordern ihres Lehnsherrn, des Herzogs Ulrich von Mecklenburg, im Jahre 1587 ein Verzeichniss ihres in Mecklenburg belegenen Lehnbesitzes einreichen, enthält es folgende Güter: Stuer, Satow, Rogeez, Suckow, Zislow, Priborn, Zietlitz, Grussow, Walow, Zierzow, Woldzegarten, Kogel, drei Bauern in Vipperow, drei Bauern und drei erbliche Pachthufen in Jabel. Weiter folgende »wüste« Feldmarken: Kraz, Sanz, Viere, Biestorf, Overland, Tangan, Laerz, Kressin, Wendisch-Massow, Tönchow, Klippate, Käselin; dazu die Stuersche, Darzer, Zislower und die Burgmühle. Von den wüsten Feldmarken sind inzwischen viele wieder bebaut, aber die Dörfer Kraz, Viere, Overland, Tangan, Kressin, Wendisch-Massow und Klippate sind untergegangen.[7]) Ausserdem führen die Flotow eine Anzahl Seen auf und nennen auch damals den Plauer See den »Sthurischen«. Als Hauptsitz aber gilt die Burg zu Stuer.[8]) Und doch ist es im dreissigjährigen Kriege nahe daran, dass Stuer verloren geht. In ihrer Verlegenheit nämlich bieten es die Flotow ihrem Lehnherrn zum Kaufe an, allein es zerschlagen sich

[1]) M. U.-B. 2016. Wigger, Meckl. Annalen, S. 113.

[2]) M. U.-B. 511.

[3]) Gustav v. Flotow, Beiträge zur Geschichte der Familie v. Flotow, S. 3. v. Lehsten, Adel Mecklenburgs, S. 71.

[4]) M. U.-B. 6069. 6401. 6834. 7988. 7390. 8933. 9171. 11225.

[5]) M. U.-B. 7008. 7907. 9008. 9054—9057. 9437. 9459. Lisch, M. Jahrb. XIII, S. 191 ff. XXXII, S. 16.

[6]) Lisch, Geschl. Maltzan II, S. 504—508 (CCCXCV).

[7]) Schildt, M. Jahrb. LVI, S. 206—207.

[8]) Sass, Geschlecht Oertzen VI, S. 252. M. Jahrb. XXXII, S. 17 ff.

die Verhandlungen.[1]) Wiederholte Brände, namentlich einer im Jahre 1660, sind zuletzt die Veranlassung, dass die Burg als Wohnsitz aufgegeben wird und dass es zur Aufrichtung von Alt- und Neu-Vorwerk Stuer kommt. Unterdess treten im Laufe der Zeiten allerlei Unklarheiten in den Besitzverhältnissen auf. Besonders verursacht ein nach Polen verschlagener Zweig der Familie eine Zeit lang mancherlei Schwierigkeiten. Indessen ein Separationsvertrag von 1796 macht diesem Zustande ein Ende, vor allen hilft dazu ein Vergleich, den Georg Friedrich von Flotow in den Jahren 1802/3 zu Stande bringt. Der Erfolg davon ist u. A. die einheitliche Gestaltung der Feldmark Stuer. Ganz Stuer-Vorwerk wird mit ihr vereinigt und der grossen Feldmark durch Anlegung von Neu-Stuer eine andere und bessere wirthschaftliche Gestaltung gegeben. Aber jetzt ereilt den alten Stammsitz ein anderes Missgeschick. Georg Friedrich von Flotow verkauft ihn 1830 an den Landrath Gustav Diedrich von Oertzen für 80000 Thaler N ²/₃.[2]) Zwar gelingt seinem Sohn Karl Friedr. August der Rückerwerb von den Oertzen'schen Erben im Jahre 1853 für 110000 Thaler. Aber ganz ihn zu retten, dazu ist er nicht mehr im Stande, Neu-Stuer war nämlich schon im Jahre 1844 an die Gebrüder Hagemeister verkauft worden. Doch der Kern des alten Stammgutes ist der Familie verblieben.

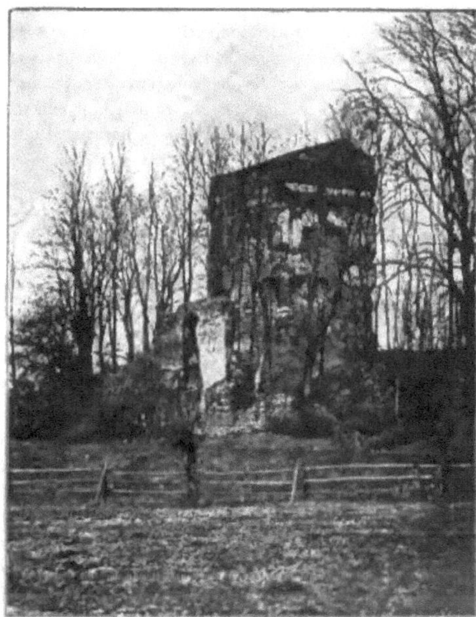

Burg Stuer.

Schon im frühen Mittelalter giebt es eine Kirche in Stuer, wie die Zeugenschaft des Plebanus Herrn Eberhard (»Euertt, perner tho dem Sture«)

[1]) Akten im Grossh. Archiv.

[2]) Sass, Gesch. der Oertzen VI, S. 252 ff.

auf einer Flotow'schen Verkaufs-Urkunde vom 3. Juli 1363 erweist. Dass Stuer zur Diöcese Schwerin gehört, wird in der schon angeführten Urkunde vom 6. April 1289 über Zehnten im Lande Waren geradezu ausgesprochen. Daraus lässt sich schliessen, dass es auch zum Archidiakonat Waren zu rechnen ist, welches den östlichen Winkel der Diöcese Schwerin füllt, der von dem Kamminschen Circipanien und der Diöcese Havelberg umspannt wird und im Westen nachweislich über Jabel hinweg bis Karow und Malchow, vielleicht aber noch über diese hinweg bis an die Archidiakonate Dobbertin und Parchim reicht. Jedenfalls dürfen wir die Kirchen des Landes Malchow dem Warener Archidiakonat zuweisen. Dem widerspricht auch nicht eine Urkunde vom 17. Juli 1480, durch welche der Offizial des Archidiakonats Waren, Barthold Kruse, dem Priester Hermann Kaghe eine unter dem Patronat der Flotow zu Stuer stehende Vikarei in der Klosterkirche zu Malchow verleiht. Er thut dies auf Bitten der Flotow »de castro Stüre Swerinensis diocesis ad quos jus patronatus pleno jure dinoscitur pertinere«. Es versteht sich aber von selbst, dass diese Urkunde zunächst nur als ein neuer Beweis für die Zugehörigkeit der Kirche in Stuer zur Diöcese Schwerin in Anspruch genommen werden kann. Bei den »Flotowen thom Stur« muss sich schon frühe eine Hinneigung zur Reformation gefunden haben. Denn am 5. Juni 1532 richtet ein schon sechs Jahre lang bei ihnen als Hauslehrer bediensteter und zugleich mit der Anwartschaft auf die Kirche zu Stuer bedachter junger Geistlicher Cyriacus von Bernborch an den Herzog Heinrich die Bitte, er möge ihm doch dazu helfen, dass er durch dessen Sohn, den Herzog und Bischof Magnus, jene Salbung und Weihe erlange, die ihm, dem Prädikanten des Evangeliums, von einem andern Bischof der alten Kirche nicht wohl mehr werden könne, an die aber das christliche Volk so sehr gewöhnt sei, dass es sich einen richtigen Pastor mit der Berechtigung des Zuganges zum Altar und zu den Sakramenten nicht anders als mit dieser Weihung und Salbung vorstellen könne.[1]) Dass der Bitte nachgegeben worden ist, können wir dem Visitationsprotokoll von 1541/42 entnehmen. Denn in diesem Jahre ist Cyriacus Bernborch thatsächlich wohlbestallter Pastor zu Stuer, der als ein frommer und gelehrter Mann gerühmt wird und ausser dem Kirchspiel Stuer, zu welchem ausserdem noch drei Dörfer gehören, auch die Kirche zu Priborn mit den dazu gehörenden beiden Ortschaften Darss und Meyenburg zu seiner Cura zählt. Daran sieht man zugleich, dass, da die letztgenannten drei Ortschaften schon im Gebiet der Diöcese Havelberg liegen,[2]) die alten Diöcesan-Grenzen um diese Zeit bereits ins Wanken gekommen sind. 1569 wird ein Christoffer Sudow (Sudov) Pastor in Priborn und Stuer, und 1587 wohnt der Pastor Joh. Kokeritz zu Priborn. Es scheint somit, als ob aus irgend einem unbekannt gebliebenen Grunde die Wedem zu Priborn vor der in Stuer den Vorzug erhalten habe. Nach dem dreissigjährigen Kriege ist es wieder anders, da wohnt Peter Acestus Franck, Pastor zu Stuer und Priborn, auf der Wedem in Stuer. Auch wird damals

[1]) Lisch, M. Jahrb. XXVI, S. 55—59.

[2]) Meckl. Kunst- u. Gesch.-Denkm. IV, S. 625.

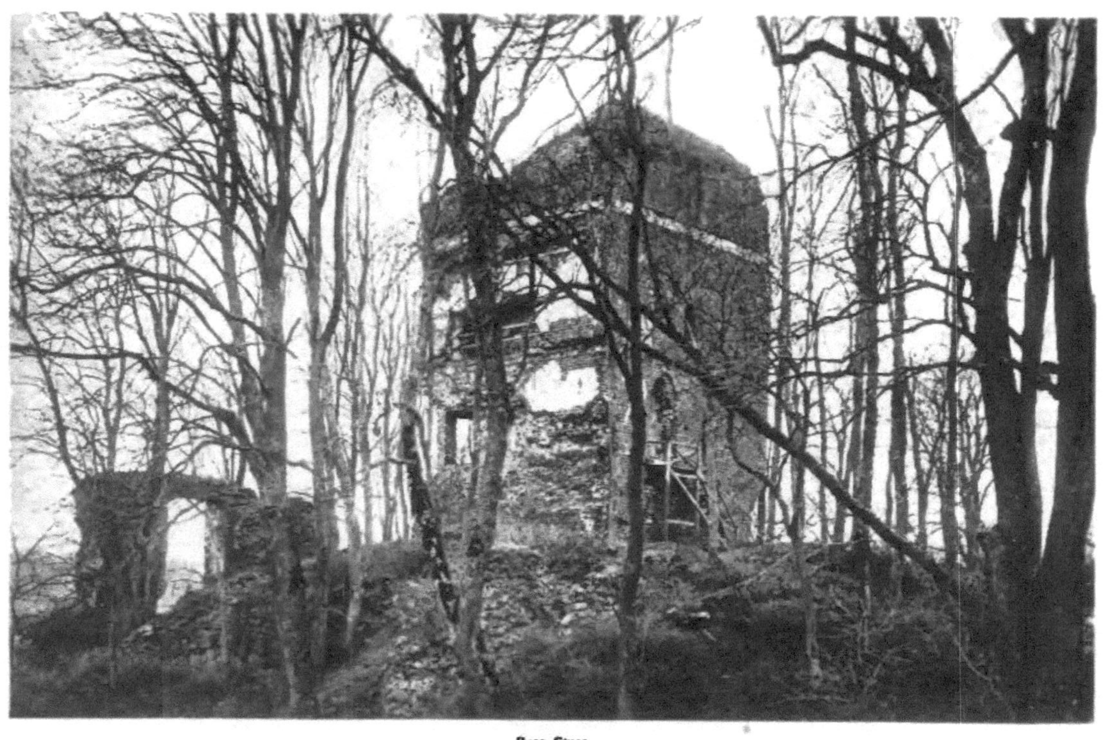

Burg Stuer.

das verödete Kirchspiel Satow mit dem zu Stuer verbunden. Es folgen nun in ununterbrochener Reihe: 1668 Joh. Seyer († 1680), 1681 Georg Lukow († 1704), 1705 Christoph Heinr. Delbrück († 1747), und schon 1742 als Adjunkt des Vaters der Sohn Paschen Friedr. Delbrück († 1800). Ueber die Geistlichen des XIX. Jahrhunders siehe Walter a. a. O.

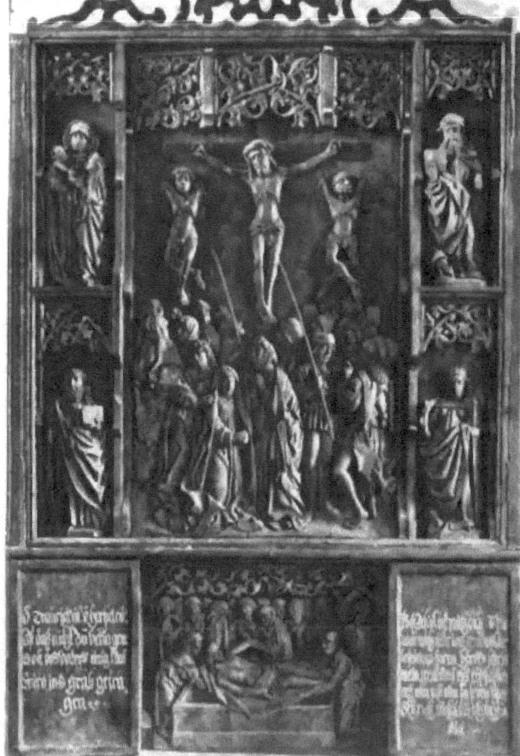

Gothisches Triptychon.

Kirche. Kirche. Die Kirche ist ein Fachwerkbau vom Jahre 1750 in Form eines länglichen Vierecks. Im Innern eine flache Decke. Die Fenster sind viereckig. Im Westen ein mit einem achtseitigen gleich oberhalb des Thurmkörpers eingezogenen Pyramidenhelm bekrönter Thurm, dessen unteres Stockwerk als Mauerwerk aufgeführt ist, während das obere nur ein mit Brettern bekleidetes Fachwerk ist. Auf der Nordseite der Eingang und davor eine Vorhalle.

Als **Altaraufsatz** dient ein geschnitztes gothisches **Triptychon**. Im Mittelschrein die Kreuzigungs-Scene, links oben eine Annaselbdritt-Gruppe, unten St. Petrus, rechts oben St. Antonius, unten St. Katharina, die letztgenannten drei mit ihren Attributen. Die geöffneten Seitenflügel zeigen Malereien auf Altaraufsatz.

Holz, links die Geisselung und den Gebetskampf in Gethsemane, rechts Christi Kreuztragung und die Verurtheilung durch Pilatus. Auf den Rückseiten der Flügel sieht man die Bilder der vier Evangelisten mit ihren Attributen, sämmtlich mit Schreiben beschäftigt. Im Mitteltheil der Predella in Schnitzarbeit die Grablegung. Auf den geöffneten Flügeln rechts und links jetzt je ein Gesangbuchvers, früher irgend eine Heiligenmalerei. Auf der Rückseite der Flügel als spätere Malerei die Einsetzung des Abendmahls, links davon das Flotow'sche, rechts das Blücher'sche Wappen, darüber: **AUGUSTIN DIETRICH VON FLOTOW, KATHARINA ELIESABET VON BLÜCHER · ANNO 1688.**[1])

Das Schnitzwerk gehört der zweiten Hälfte des XV. Jahrhunderts (ca. 1460) an und zeigt eine auffallende Verwandtschaft mit dem Altaraufsatz im Dom zu Güstrow. Anscheinend sind beide Werke von demselben Meister. Die Malereien sind viel später und wahrscheinlich das Ergebniss einer Restauration im Auftrage des auf der Rückseite der Predella-Flügel genannten Flotow'schen Ehepaares im Jahre 1688.

Kanzel, Taufständer, Gestühl

Kanzel und **Taufständer**, beide im Stil der Spät-Renaissance, sind mit Oelfarbe übermalt.

Hinter dem Altar eine alte **Stuhlwange**, am Seitenbrett eingeschnitten: **HERTWIG V · FLOTOW ANNO 1688.** Vorne drei Flotow'sche Wappen mit den drei Namen **HARTWIG, AUGUSTIN** und **FRIEDRICH VON FLOTOW.**

Wappen.

Links vom Altar ein **Stuhl** mit mehreren gemalten **Wappen**; man sieht zwei **FLOTOW**'sche, ein **BLÜCHER**'sches und ein **LÜDERITZ**'sches. — Ausserdem in der Kirche zahlreiche **Wappenschilde** von Zinn, deren Mehrzahl Mitgliedern der Familie **FLOTOW** angehört.

Glocken.

Im Thurm zwei **Glocken**. Die grösste (Dm. 1,00 m) hat die nachstehende Inschrift: oben **SOLI DEO GLORIA**; auf der vorderen Seite des Feldes: **PATRONUS HERR MAJOR GEORG FRIEDRICH DIETRICH PHILIPP VON FLOTOW PASTOR M · JOHANN GOTTFRIED LEUE KIRCHENVORSTEHER JOHANN ULRICH LORENZ JÜRGEN SCHRÖDER.** Auf der entgegengesetzten Seite des Feldes: **GEGOSSEN IM JAHRE 1823 VON VALENTIN SCHULTZ IN ROSTOCK.** — Die kleinere Glocke (Dm. 0,75 m) hat die gleiche Inschrift und die Jahreszahl **1822.**[2])

Kleinkunstwerke.

Kleinkunstwerke. 1. 2. Grosser silbervergoldeter Kelch. Auf der Unterseite des Fusses die Inschrift: **A · E · F · V · FLOTAU ET B · A · S · V · FLO-**

[1]) Nach dem Flotow'schen Familienbuch, S. 34, war Augustin Dietrich von Flotow schon 1678 gestorben.

[2]) Von ihren Vorgängerinnen war die eine 1719 unter dem Patronat von Paschen Friedrich von Flotow, Caspar Dietrich von Flotow, Gottlieb Tugendreich von Flotow und Catharina Elisabeth von Flotow und zur Zeit des Pastors Christoph Heinrich Delbrück (Delbrügk) von Michael Begun gegossen worden, die andere (ohne nähere Personen-Angaben) 1747 von C. D. Heintze.

TAU G • B • V • SCHEELEN SCHENCKEN DIESSES DER KIRCHEN ZU STUER AUS WAHRER LIEBE ZUR EHRE GOTTES • ANNO 1747 • 3 DECBR. Ausserdem noch der Bibelvers aus 1. Korinther XI, 28: DER MENSCH ABER PRÜFE u. s. w. Dazu eine Patene. Beide, Kelch und Patene, von dem Güstrower Goldschmied Christian Kielmann. — 3. Silberne Oblatenschachtel mit dem Blücher'schen Wappen und den Initialen C • E • B • W • V • F • 1687.[1]) Von einem Güstrower Goldschmied J H J, der bis jetzt nicht bekannt geworden ist.[2]) — 4. Neue Kanne, geschenkt von F • V • B • und M • V • B • 1861 (Bülow-Rogeez). — 5. Neues Krankengeräth von Silber (Kelch, Patene, Oblatendose), gestiftet 1875 von GEORG V. FLOTOW-Kogel. Keine Werkzeichen. — 6. Zinnkelch, anscheinend Warenscher Stempel. — 7. Taufschale, neu. — 8. 9. Zwei messingene Becken. Inschrift auf dem einen: WIEBKE KAERSTENS 1696. — 10. 11. Zwei Zinnleuchter, gestiftet von W. HECHTEN 1800 und 1801. Malchower Stempel vom Zinngiesser J C H.

[1]) Die Initialen sollen heissen: Catharina Elisabeth Blücher Wittwe von Flotow.

[2]) Vgl. Crull, M. Jahrb. LXIII, S. 149.

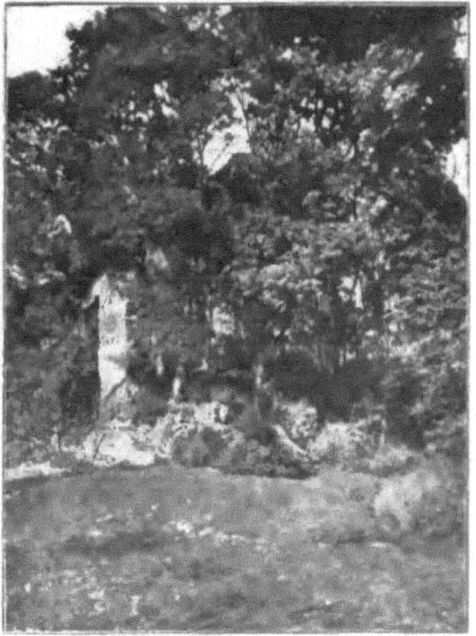

Burg Stuer.

Burgruine zu Stuer.

Burgruine zu Stuer.

Ueber die Burgruine zu Stuer, von welcher hier mehrere grössere und kleinere Lichtdruck-Aufnahmen gegeben sind, die hoffentlich Jedermann erfreuen werden, hat Hofrath Dr. jur. Piper eine sehr gründliche archäologische Studie veröffentlicht, die 1887 im Verlag bei Brünslow-Neubrandenburg erschienen ist, und auf die wir hier als auf eine lesenswerthe Abhandlung verweisen. Im Uebrigen aber mag es genügen, wenn wir die kürzere Beschreibung in seinem bekannten Burgen-Werk, S. 571/72, sammt dem beigegebenen Grundplan hierhersetzen. Sie lautet:

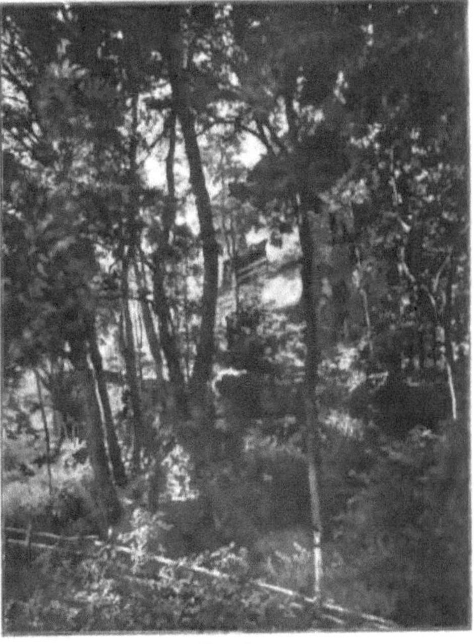

Burg Stuer.

»Durch eine früher wohl unpassirbare Wiesenfläche führt der Burgweg m in die Vorburg A an einer Stelle, wo noch ausspringende niedrige Mauerreste ein vormaliges festes Thorgebäude erkennen lassen. Die (mit neuen kleinen Gebäuden besetzte) Vorburg, deren Grenze nördlich jetzt unbestimmt in die Wiese verläuft, ist von der Hauptburg B durch einen ca. 11 m breiten Graben getrennt, welchen senkrechte Futtermauern aus unbehauenen Findlingen einfassen. Die darüber in ein nicht mehr vorhandenes Thorhaus der Hauptburg führende Brücke war durch einen in den Graben

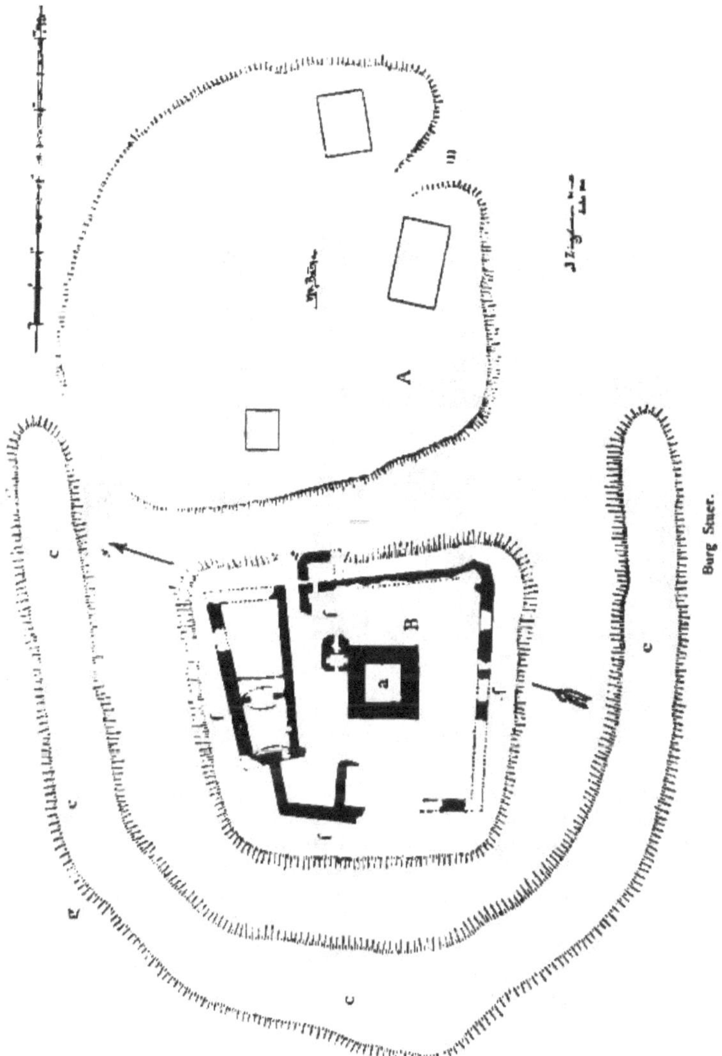

Burg Stuer.

vorspringenden länglich halbrunden Thurm vertheidigt, zu welchem eine Treppe aus dem Keller des anstossenden Gebäudes f den Zugang bildete. Von den Bauwerken der Hauptburg ist über der Erde fast nur noch der ca. 17,5 m hohe Stumpf des Wohnthurmes a von 11,3 m äusserer und 6,7 m innerer Seitenlänge erhalten, dessen über dem Eingangsstockwerk belegenes Geschoss

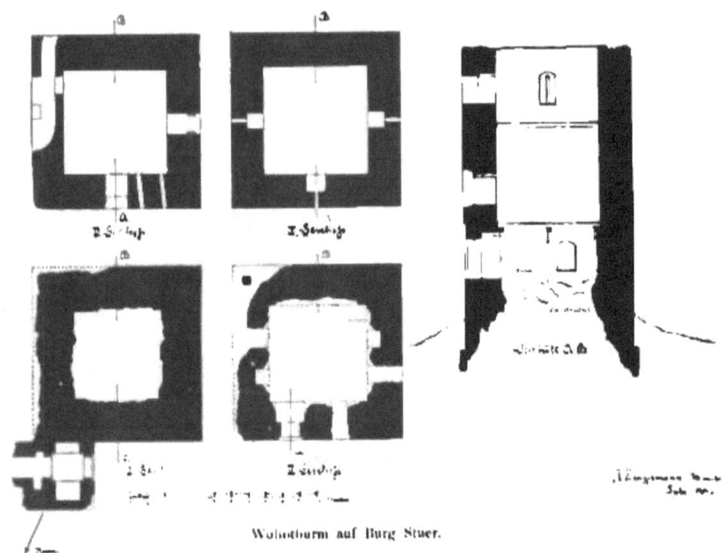

Wohnthurm auf Burg Stuer.

durch kleine Fenster mässig erhellt ist. Um diesen anscheinend dem XIII. Jahrhundert angehörenden Wohnthurm schlossen sich (wie ich durch Ausgrabungen feststellte) später ringsum die Wohngebäude f der vier Familien von Flotow, welche die Burg als Ganerben besassen. Der äussere Burgwall c, vor welchem südlich noch ein zweiter gelegen haben soll, hat bei e eine Ausbuchtung. Derselbe stand hier mit einem schmalen Rücken festeren Landes in Verbindung, welche letztere durch den Graben g aufgehoben werden musste. Das hier zum Schutze der Burg gegen einen Angriff errichtete Bauwerk lässt sich in seiner ursprünglichen Form nicht mehr feststellen.«

Die wichtigsten vorgeschichtlichen Stellen

in den Amtsgerichtsbezirken Penzlin, Waren und Malchow.

Amtsgerichtsbezirk Penzlin.

Amtsgerichtsbezirk Penzlin. Penzlin. Die Verwechslung von »Werder« und »Grapenwerder« im Meckl. Jahrb. XXXVII, S. 66, hat schon öfter zu Irrthümern geführt, denn es ist leicht zu übersehen, dass Lisch diesen Irrthum von Beyer bereits in demselben Bande des Jahrbuches auf S. 170 und 171 richtig gestellt hat.

Es mag hier deshalb das folgen, was der durch seine »Burgenkunde« bekannt gewordene Hofrath Dr. jur. Piper, früher Bürgermeister in Penzlin, über beide Plätze niedergeschrieben hat:

»Auf der Feldmark (der Stadt Penzlin, nördlich) findet sich eine rings von Wasser und jetzt Wiesen umgebene ca. 15000 Quadratruthen grosse Insel, der sog. »Grapenwerder«, so schon in einer Urkunde von 1309 genannt, und auf deren höchstem Theile eine kreisrunde, etwa 200 Schritte im Durchmesser haltende »motte« mit ca 3 bis 4 m hohen, nahezu senkrechten, mit Gestrüpp bewachsenen Rändern, während von einer Seite noch ein minder hoher Steilrand sich abzweigt. Auf Grund von Nachgrabungen ist der Beweis zu führen, dass diese »motte« nie einen wallartig erhöhten Rand hatte (also die Behauptung von Lisch, dass dies bei uns immer der Fall gewesen sei, nicht zutrifft) Nachgrabungen ergaben hier und in unmittelbarer Nähe ausser Thierknochen und verbrannten Lehmplatten Scherben von Henkelkrügen«[1])

Dies über den »**Grapenwerder**«.

Und nun über den »**Werder**«:

»Auf einem in den »Grossen Stadtsee« hineinragenden Landvorsprung, der vom übrigen Festlande durch einen alten Graben getrennt und so zur Insel gemacht ist, erhebt sich ein 450 Schritte im äusseren Umkreis messender, aussen etwa acht Meter, innen halb so hoher Ringwall. Innerhalb desselben habe ich vor einigen Jahren das Kellergeschoss zu einem ziemlich umfänglichen alten Burghause zum Theil ausgegraben. (Ansätze zu Tonnengewölben mit drei starken Mittelpfeilern. Die Bauweise die gewöhnliche: unbearbeitete Felsen, zumeist mit grossen Ziegeln verblendet. An den Ecken der Pfeiler sind diese abgefas't.) Daneben ein mit Felsen ausgesetzter Brunnen (vielleicht

[1]) Vgl. Lisch, M. Jahrb. XXV, S. 271. Nach Mittheilung des Herrn Dr. Beltz sind die hier gefundenen Scherben nicht germanischen, sondern wendischen Ursprungs.

auch das Verliess eines Berchfrits). An Fundstücken ist lediglich ein thönerner Spinnwirtel zu erwähnen. Nach Spuren weiterer Bauwerke habe ich vergebens auf der Insel gesucht. Dieselben werden also nebst Befestigungswerken (Pallisaden) aus Holz gewesen sein. Von der Burg, die vermuthlich in einen älteren Wall hineingebaut wurde (wie in Norddeutschland nicht selten) ist urkundlich oder durch Ueberlieferung nichts bekannt. Sie scheint zu Maltzan'scher Zeit (also 1404) nicht mehr erhalten gewesen zu sein. Der Rest ist offenbar sr. Zt. bis auf die Grundmauern abgetragen und der Platz geebnet worden. Der Name »Radegastinsel« ist dem Platz erst vor ca. 100 Jahren beigelegt worden.«

Vgl. Lisch, Meckl. Jahrb. XXXVII, S. 170. 171. Die von Piper genannten Mauerreste waren es, die auf Grotefend und den Verfasser bei einem

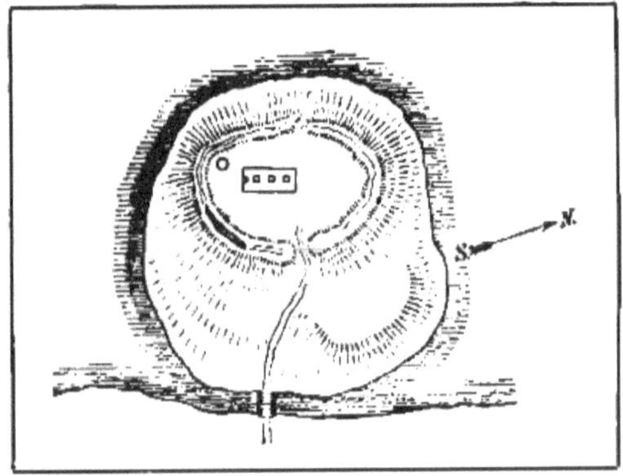

Grundplan der Burg auf dem »Werder«.

Besuche vor einigen Jahren den Eindruck machten, als ob sie den S. 249 genannten jüngeren Jahrhunderten angehören könnten. In dieser Beziehung verdient das, was Lisch über den im Jahre 1806 verstorbenen Phantasten Joseph Freiherrn von Maltzan bemerkt, einige Beachtung. Die »Abfasung« der Kanten freilich, wenn diese öfter vorkommen sollte, würde allerdings mehr zur Gothik des Mittelalters passen. Das Ziegelmass war 29 × 10 × 14 cm.

Zu der alten Werder-Anlage bemerkt Dr. Beltz: »Trotz mangelnder Funde ist der wendische Ursprung des Burgwalls, dessen neuerer Name Radegast Beyer zu so gewagten Kombinationen verführte, wahrscheinlich.«

Eine andere Umwallung liegt südwestlich vom Hofe Werder im See, vom festen Lande durch einen Ellernbruch geschieden; auch hier sind entscheidende Funde noch nicht gemacht.

Kalübbe. Funde aus römischen Skelettgräbern sind in das Neubrandenburger Museum gekommen.

Pieverstorf. Südlich vom Hofe ein wendischer Burgwall.

Lapitz. Zwischen den Seen von Lapitz und Mallin, am Sudende desselben, liegt ein grosser wendischer Burgwall, jetzt »Fischerwerder« genannt. In diese Wiese hinein erstreckt sich vom Gute Lapitz her eine flache Erhebung, anscheinend künstlicher Art, ungefähr 150 m lang und 100 m breit, in Form eines Vierecks. Eine ausführliche Beschreibung bei Lisch, M. Jahrb. XXV, S. 278—281. Der Burgwall wird jetzt abgetragen. Eine Untersuchung von Dr. Beltz 1901 ergab, dass die unregelmässige Form, die Lisch so auffiel, dass er den Namen »Burgwall« vermied und dafür »Stadt« einsetzte, sich so erklärt, dass die ursprüngliche Anlage, die auf einer natürlichen Insel lag, später erweitert wurde. Von dem Lapitzer Walle führte eine Brücke durch die sumpfige Niederung in der Richtung auf den »Grapenwerder«. Die Zusammengehörigkeit der drei starken, nahe bei einander gelegenen Befestigungswerke (Penzlin 2 km, Grapenwerder 1 km) ist kaum abzuweisen. Ueber die Bedeutung dieser Befestigungslinie, der stärksten im Lande, vgl. Beltz, Vorgeschichte, S. 162.

Puchow. Auf der Feldmark Puchow, an der Landstrasse von Penzlin nach Stavenhagen, erhebt sich ein natürlicher Bergkamm einige zwanzig Meter hoch. Am nördlichen Ende dieses Rückens, welcher »Räuberberg« heisst, soll die »Burg Lapitz« gestanden haben. Ueberreste sind freilich bis jetzt nicht entdeckt. Lisch, M. Jahrb. XXV, S. 271.

Auf der Feldmark Puchow sind 1894 zahlreiche und gut charakterisierte wendische Wohngruben gefunden und von Dr. Beltz untersucht; ebenso ergab sich, dass der »Heuwerder« bei dem Vorwerk Rahnenfelde eine wendische Ansiedlung barg.

Mallin. Ueber Kegelgrabfunde s. Lisch, M. Jahrb. XII, S. 413.

Passentin. Neben dem Gutshofe sind die Gräben einer Wasserburg nebst Vorburg (in runder Form) erkennbar. Die vorhanden gewesenen Erderhöhungen sind vor Jahrzehnten zur Wiesenauffüllung abgetragen. Nach Bericht eines älteren Tagelöhners ist dabei u. A. »allerhand Eisenzeug« ausgegraben, jedoch unbeachtet bei Seite geworfen worden.

Mölln. Ueber eine Burgwall-Anlage s. Lisch, M. Jahrb. XXV, S. 270. Lisch sah darin die Hauptburg des Gaues Gotebant (Gadebehn).

In den Tannen ist 1893 ein ausgedehntes Urnenfeld der älteren Eisenzeit von Dr. Beltz ausgegraben.

Gädebehn. Im nordöstlichen Ende des Möllnschen Sees, unmittelbar neben dem Hofe Gädebehn, liegt ein runder Burgwall von unbedeutender Höhe und Grösse. Lisch, M. Jahrb. XXV, S. 272.

Gross-Flotow. Auf der Feldmark des Gutes nach früheren Angaben mehrere durch Einfassung mit grossen Steinen kenntlich gemachte Hünengräber. Ambr. Eberhard, M. Jahrb. IV B, S. 70, und VI, S. 35—41. Doch giebt der Bericht kein ausreichendes Bild; die Hügel machen vielmehr den Eindruck natürlicher Bildungen; die Funde sind anscheinend wendisch. (Beltz.)

Mollenstorf. Zwischen dem Dorfe und den dazu gehörigen Bauerhöfen liegen drei grössere Hügelgräber. Die an Ort und Stelle herrschende Meinung, dass die Gräber schon untersucht seien, ist nicht recht anzunehmen, da die Gräber sich gleichmässig unter der Oberfläche halten.

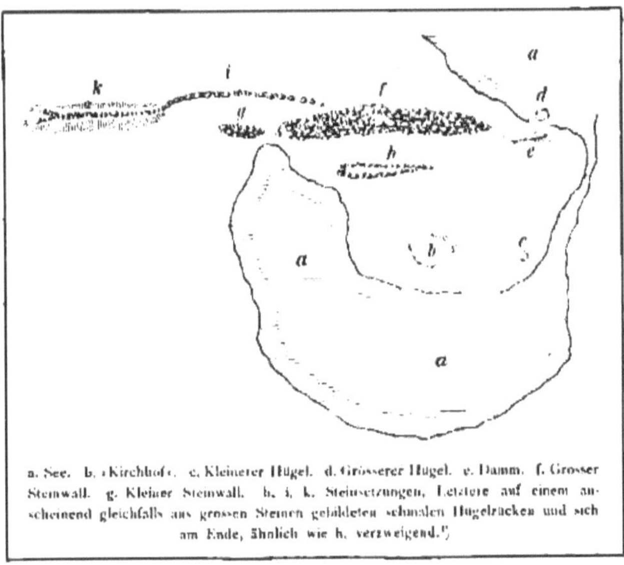

a. See. b. »Kirchhof«. c. Kleinerer Hügel. d. Grösserer Hügel. e. Damm. f. Grosser Steinwall. g. Kleiner Steinwall. h, i, k. Steinsetzungen, Letztere auf einem anscheinend gleichfalls aus grossen Steinen gebildeten schmalen Hügelrücken und sich am Ende, ähnlich wie h, verzweigend.[1])

Grundplan der alten Befestigung zu Freidorf.

Freidorf. Wörtlich nach Piper: »Auf der ungewöhnlich steinereichen Feldmark ist eine von Seen und Sumpf umgebene Halbinsel von etwa 200 Schritt Durchmesser auf der Landseite durch einen mächtigen, ca. 200 Schritt langen, 20 Schritt breiten und 3 Meter hohen Wall von grossen Findlingsblöcken geschützt, an welchen Wall sich landeinwärts noch weitere mauerartige Steinsetzungen anschliessen. Auf der Halbinsel liegt parallel dem Steinwall

[1]) Vgl. auch von Buchwald, Protokolle der Generalversammlung der Deutschen Geschichtsvereine in Schwerin 1890, S. 119.

ein zweites Vertheidigungswerk in Form einer 90 Schritte langen Doppelreihe sehr grosser (jetzt zumeist in das weiche Erdreich eingesunkener) Steine. Gegenüber am äussersten Rande der Halbinsel findet sich eine kreisrunde Erhohung, deren etwa manneshoher steiler Rand mit einer Trockenmauer von Feldsteinen ausgesetzt ist, der »Kirchhof« genannt. Seitwärts von demselben, gleichfalls am Rande der Halbinsel, liegt ein winziger künstlicher Hügel, aus welchem 1889 verbrannte Klehmstaken und Urnenscherben ausgegraben wurden. Ein zweiter, etwas grösserer künstlicher Hügel liegt an einer anderen Stelle, der Halbinsel gegenüber, im Wasser. Derselbe war nur durch einen noch vorhandenen kurzen Erddamm und eine Brücke zu erreichen. Auch bei diesem Hügel ergab die Ausgrabung viele rothgebrannte Klehmstaken und Scherben, ausserdem einen alten Sporn. Früher vorgenommene Nachforschungen sollen auf der Halbinsel mancherlei Funde wie Wendenkämme, Pfeilspitzen u. dergl. ergeben haben, die in das Neustrelitzer Museum gekommen sind. Verglaste Steine etwa bis zur Kopfgrösse finden sich auf dem befestigten Terrain ziemlich zahlreich, ohne dass jedoch anscheinend ein eigentlicher »Schlackenwall« vorhanden gewesen wäre. Nach Versicherung des Besitzers, Herrn Rittmeisters von Bülow-Wendorf, hat hier nie eine Glashütte gestanden.

(Ein ähnlicher grosser Steinwall findet sich meines Wissens im Mecklenburgischen noch am Feldberger See.)·

Peccatel. Auf der Feldmark, da wo die Grenzen von Adamsdorf und Klein-Vielen zusammenstossen, liegt auf dem Hügelrücken der »grosse Geldberg«, d. i. ein Kegelgrab von fast 8 m Höhe und ungefähr 36 m Durchmesser; ausgegraben 1844. Funde im Grossh. Museum. Lisch, M. Jahrb. X, Seite 274.

Liepen. Nördlich vom Dorfe ein Begräbnissplatz aus der Zeit der Bronzeperiode. J. Ritter, M. Jahrb. X, S. 294. Lisch, M. Jahrb. XI, S. 395.

Adamsdorf. Bei dem früher Kostel (Kuhstall) genannten Gute liegt ein grosser Steinwall von fast $^1/_4$ Meile Länge; in dessen Nähe ein heidnischer und ein christlicher Friedhof. Lisch, M. Jahrb. XXIII, S. 31.

* * *

Amtsgerichtsbezirk Waren. Waren. Die Umgegend der Stadt Waren enthält eine ausserordentliche Fülle von Resten vorgeschichtlicher Besiedlung, die im folgenden nach den verschiedenen Oertlichkeiten aufgeführt werden sollen. Zu Grunde gelegt ist eine Untersuchung der betreffenden Vorkommnisse durch Dr. Beltz im Sommer 1899. Amtsgerichtsbezirk Waren.

In den »Warener Tannen« südlich vom Orte an der Müritz ist man am Rederang-See auf die Spuren eines Pfahlbaues gestossen; am Rande des

Teufelsbruchs sind alteisenzeitliche Gräber und Wohngruben nachgewiesen, während ein bei dem Försterhause vermuthetes Urnenfeld noch seiner Untersuchung harrt. Einige auffallende Hügel in den Ecktannen (Schlag 2) und nahe dem Wienpietschsee (Schlag 25 und 26) haben sich dagegen bei der Untersuchung als Dünenbildungen erwiesen. — In einer Insel des Feisnecksees liegt ein wendischer Burgwall mit noch deutlich erkennbarer Umwallung.

An der Müritz und Reke sind seit Jahren zahllose Feuersteingeräthe, zum Theil in unfertigem Zustande, gefunden, offenbar die Abfälle einer sog. Feuersteinmanufaktur, wie sie in dieser Gegend häufig sind (vgl. Klink und Eldenburg). — Nördlich von Bellevue, in einer sumpfigen Niederung, eine wallartige Erhöhung »Alt-Waren«, ganz im Charakter wendischer Burgwälle, aber durch Funde bisher nicht gesichert.

Im Werder liegen eine grosse Anzahl grösserer und kleinerer Hügel, deren künstlicher Ursprung zweifellos ist. Eine Ausgrabung von Dr. Beltz ergab darin Brandstellen und Gebeinreste, welche aber zu einer zeitlichen Bestimmung nicht ausreichen. — Ein schöner hier gemachter Depotfund der älteren Bronzezeit ist 1899 als Schenkung des Senators Geist in Waren an das Grossh. Museum gekommen.

In den »Seeblänken« liegen im südöstlichen Theile drei Hünengräber, die sog. Heistersteine, alle schon zerstört, aber in ihrer Form und Anlage (Kammern aus mächtigen Granitblöcken mit Umfassungssteinen auf ovalen Hügeln) deutlich erkennbar. — Links von der Chaussee zwischen einer Schneise und der Scheide liegen vier stattliche und regelmässige Hügel in der Form von Kegelgräbern. — Nahe der Torgelower Scheide ist ein langgestreckter Hügel, dem Steinkisten mit Urnen in der Art der jüngeren Bronzezeit entnommen sein sollen; eine Untersuchung von Dr. Beltz ergab hier wendische Wohngruben.

Eldenburg. An der Elde, zwischen dem Müritz- und Kölpin-See, stand eine Steingeräth-Fabrik, was aus vielen dort gefundenen Massen von Abfall und verunglückten Steingeräthen hervorgeht. Lisch, M. Jahrb. XXXVIII, S. 105.

Klink. Die Feldmark Klink war früher sehr reich an vorgeschichtlichen Fundstellen der verschiedensten Art, die eine grosse Anzahl von Gegenständen, besonders aus der Stein- und Bronzezeit, für das Grossh. Museum ergeben haben. Jetzt ist das meiste zerstört. Lisch, M. Jahrb. III B, S. 41. 64; VII B, S. 46; XIII, S. 361. 382. Seidel, M. Jahrb. XIV, S. 309.

Steinzeitlich waren mehrere Hünengräber (vgl. Beltz, M. Jahrb. LXIV, S. 109, wo die ältere Litteratur angegeben ist) und eine »Feuersteinmanufaktur« (vgl. ebenda S. 135); bronzezeitlich Kegelgräber, ein Urnenfeld (vgl. Beltz, M. Jahrb. XLVII, S. 294) und ein Moorfund (vgl. Lisch, M. Jahrb. XIX, S. 316).

Sommerstorf und **Vielist.** Einstmals zahlreiche Kegelgräber, von denen viele eingegangen sind. Lisch, M. Jahrb. VIII B, S. 93. Ueber einen Moorfund von Vielist vgl. Beltz, M. Jahrb. LII, S. 4.

Sophienhof. »Blocksberg«. M. Jahrb. II B, S. 114. Im Moor daselbst wurden 1842 verschiedene Bronze-Schmucksachen gefunden: zwei Diademe, zwei cylindrisch gewundene Armschienen und ein Paar brillenförmige Haarspangen. Lisch, M. Jahrb. VIII B, S. 53 54.

Molzow. Auf der Feldmark viele heidnische Kegelgräber und am Südostrande des Begräbnissplatzes ein Steinkreis von dreizehn grossen Granitpfeilern. Der Kreis hat fast 8 m Durchmesser, die Pfeiler etwas über 1 m Höhe. In der Wiese ein lang gestreckter Hügel, ein Hünengrab von fast 30 m Länge, gut 6 m Breite und ³/₄ m Höhe. Das Grab war der Länge nach mit grossen Steinkisten gefüllt, in denen man eine Menge Urnen, darunter mehrere vollständig erhaltene fand. Lisch, M. Jahrb. VI B, S. 70. 134—138.

Levenstorf. Niedrige Gräber jüngerer Bronzezeit, in denen u. a. eine kleine Urne mit Asche und einigen zerbrannten Knochen gefunden wurde. Lisch, M. Jahrb. XIII, S. 375.

Gross- und **Klein-Dratow.** Mehrere Gräber werden erwähnt von Lisch, M. Jahrb. VIII B, S. 93. Ein grösserer Moorfund aus der Bronzezeit ist M. Jahrb. LIV, S. 102, besprochen.

Klein-Plasten. Auf der Feldmark, ca. ½ Viertelmeile vom Hofe entfernt, wurde im Jahre 1847 ein grosses Gräberfeld aufgedeckt. Es gab Urnen von schwarzer und brauner Farbe, darin Schmuck- und Gebrauchs-Gegenstände von Bronze und Eisen, ferner Lanzenspitzen, Schildbuckel und Messer aus Eisen, und einen Spindelstein. Lisch, M. Jahrb. XIV, S. 334.

* * *

Amtsgerichtsbezirk Malchow. Alt-Schwerin. In den Tannen zahlreiche niedrige Hügel mit Grabstätten der jüngeren Bronzezeit. Ritter und Lisch, M. Jahrb. XII, S. 413. Lisch, M. Jahrb. XVII, S. 367. Funde im Grossherzoglichen Museum. Vgl. Lisch, M. Jahrb. XVII, S. 367. Amtsgerichtsbezirk Malchow.

Sparow. In der Nähe des Drewitzer Sees und von Drewitz selbst ein schönes und grosses Hünengrab, benannt »Grab des Wendenkönigs«. Lorenz, M. Jahrb. IV B, S. 70. Kegelgrab und Urnenfeld. Lisch, M. Jahrb. VI B, S. 70, und s. Beltz, Karte II zur Vorgeschichte von Mecklenburg. Ueber die Deutung des Namens »Sparow« als »Kampfplatz« und die Möglichkeit seiner Beziehung auf die Schlacht an der Raxa (s. o. S. 416) vgl. Sass, M. Jahrb. LIII, Q.-B. IV, Seite 8.

Nossentin. Auf der Feldmark einige heidnische Gräber. M. Jahrb. VI B, S. 70. In der nördlichsten kleinen Bucht des Fleesen-Sees, hart am Ufer, befand sich eine Feuersteingeräth-Manufaktur, was aus zahlreich dort gefundenen Feuersteinsplittern, Blöcken und Werkzeugen hervorgeht. Lisch, M. Jahrb. XXXIII B, S. 120.

Damerow. Am nördlichen Ufer des Kölpin-Sees eine Feuerstein-Manufaktur und ein alter Begräbnissplatz. Lisch, M. Jahrb. VII B, S. 46. Ueber Gräber s. Ritter, M. Jahrb. XIII, S. 374.

Loppin. Bei dem Dorfe Loppin findet sich ein alter Wall in der Form eines Halbkreises.

Jabel. Kegelgrab und Feuerstein-Manufaktur. Lisch, M. Jahrb. VII B, S. 46. XIII, S. 375. Auf einer Halbinsel im See zahlreiche Hugel, die zum Theil natürliche Bildungen sein mögen, aber auch Bronzegegenstände ergeben haben, so dass ein Theil wenigstens als Kegelgräber anzusprechen ist. Vgl. Beltz, M. Jahrb. LXI, S. 216.

Blücherhof bei Vollrathsruhe. In der Mitte des sog. »Hünen-Keller-Schlages« wird noch im Jahre 1872 ein gewaltiges Hunengrab der Steinzeit erwähnt. Das Grab wird als frei auf einem Hügel, der nach Nord und Ost steil abfallt, während nach Sud und West der Zugang durch Beackerung geebnet ist, beschrieben von Bülow, M. Jahrb. XXXVIII, S. 111. Doch war darüber nichts zu erfahren (Beltz). Von den Hügelgräbern der Feldmark Lutgendorf weiss man, dass ihrer sechzehn bereits früher abgetragen und dass die darin gefundenen Altsachen an die Alterthümer-Sammlung in Schwerin abgeliefert sind. Beltz, M. Jahrb. LIV, S. 98.

Liepen. Aus hier zerstörten Kegelgräbern Funde im Grossh. Museum zu Schwerin und im Museum in Güstrow.

Cramon. Ein schönes Hünengrab mit wohlerhaltenem Grabinnern — welches erhalten bleiben soll — und interessantem Inhalt ist 1900 von Dr. Beltz ausgegraben. Vgl. M. Jahrb. LXVI, S. 115 ff.

Bei **Alt-Gaarz** liegt noch ein Hunengrab; über ein bei **Neu-Gaarz** ausgegrabenes berichtet Struck im M. Jahrb. XXXIV, S. 201.

Kölpin-See. Am südlichen Ufer des Kölpin-Sees, Damerow gegenüber, befanden sich, nach Funden an Feuersteinspänen, Eisensachen, Gefässscherben, Kohlen u. s. w. zu schliessen, eine Feuerstein-Manufaktur und ein Begräbnissplatz. Lisch, M. Jahrb. VII B, S. 46.

Laschendorf. Eine Gräberstätte: Lisch, M. Jahrb. XIII, S. 380. Am Seeufer ein grösserer Burgwall mit steilen Wällen, der sog. »Wiwerbarg« (missbräuchlich auch Werleburg genannt), in dem man mit gutem Grunde die civitas Malchow, gegen die sich der Kreuzzug von 1147 richtete, vermuthet hat. Vgl. Lisch, M. Jahrb. XXXII, S. 5.

Grüssow. Auf dem Felde, nicht weit vom Hofe, mehrere versunkene Steinkisten ältesten Datums und einige jüngere. In einer der letztgenannten

Reste einer nicht verbrannten Leiche und zahlreiche Glasscherben. Lisch, M. Jahrb. XVI, S. 252.

Lexow. Auf dem Studeberge ein verfallenes Hünengrab.

Woldzegarten. Ueber eine Anzahl im Jahre 1897 ausgegrabener und erhalten gebliebener Steinkisten berichtet Beltz, M. Jahrb. LXIV, S. 120.

Zislow. Nahe am östlichen Ufer des südlichen Theiles des Plauer Sees, auf einem mächtigen natürlichen, ungefähr 30 m hohen Plateau, liegt ein hoher Burgwall unbestimmten Ursprungs. Der Wall misst ungefähr 200 Schritt in der Länge und 100 Schritt in der Breite. Bei Nachgrabungen fanden sich zahlreiche Gefässscherben. Lisch, M. Jahrb. XVII, S. 5 ff.

Stuer. Sechs Hünengräber in geringer Entfernung von einander werden von Ritter, M. Jahrb. XIII, S. 360, beschrieben. Jetzt sind noch erkennbar zwei Gräber bei Bad Stuer, links von der Chaussee, eins bei Dorf Stuer in den Tannen und eins bei Stuer Vorwerk links von der Chaussee. Ueber niedrige Hügelgräber bei Neu-Stuer vgl. Beltz, M. Jahrb. LXI, S. 191. Ein Urnenfeld ältester Eisenzeit bei Dorf Stuer ist 1898 von Dr. Beltz untersucht.

Suckow. Vier Kegelgräber mit Urnen und vielen Werkzeugen aus Bronze sowie mit Knochenresten. Ritter, M. Jahrb. XIII, S. 367. Noch jetzt ist eine Anzahl niedriger Gräber hier erhalten.

Sembzin. Hügelgräber, theils mit Funden aus der Eisenzeit, theils mit Bronzefunden. Lisch, M. Jahrb. X, S. 290; XIX, S. 311. Beltz, M. Jahrb. LXI, Seite 212.

Sietow. Hünengrab und ein Hügelgrab der jüngeren Bronzeperiode. Beltz, vier Karten zur Vorgeschichte von Mecklenburg I. II. M. Jahrb. LXI, S. 188. Die Feldmark ist reich an vorgeschichtlichen Fundstätten, deren Ergebnisse auf dem Hofe Sietow aufbewahrt werden.

Amtsgerichtsbezirk Röbel.

Die Stadt Röbel.[1]

Geschichte der Stadt.

Geschichte der Stadt. Ohne Zweifel reicht die Gründung von Röbel, wie die der meisten Ortschaften in unseren mecklenburgischen Landen, tief in die vorgeschichtliche Zeit hinein. Wenn aber schon im Beginn des XVI. Jahrhunderts, nämlich in der 1519 zu Köln am Rhein gedruckten »Vandalia« des Hamburger Domherrn und Rostocker Professors Albert Krantz, die Vermuthung ausgesprochen wird, die Stätte von Röbel könne die im Lande der Riederer (auch Riaderi, auch Redares, wie sie schon im X. Jahrhundert in offenbarem Zusammenhange mit dem Namen ihrer

[1]) Die alten Formen des Namens im XIII. Jahrhundert, Robele, Robole, erklärt Kühnel als »Ort des Robola«: M. Jahrb. XLVI, S. 20. Andere leiten den Namen von dem slavischen Wortstamm row (böhmisch hrob — Graben, Gruft) ab und identificieren ihn auch mit dem der Stadt Rewal: Beyer, M. Jahrb. XXXII, S. 120. Noch wieder Andere erinnern an das slavische Wort robel = Sperling (s. Raabe-Quade, Vaterlandsk. I, S. 522). Endlich wurde auch bis ins XVII. und XVIII. Jahrhundert hinein ein altes Bildwerk draussen an der Marienkirche auf der Altstadt, welches angeblich den Götzen »Rabal« (in Wahrheit aber sicher einen sehr frühe vergessenen Heiligen, vielleicht den hl. Laurentius) darstellte und durch ein Gitterwerk geschützt wurde, mit dem Namen der Stadt in Verbindung gebracht. Vgl. Latomus, Genealochronicon megapolit. bei Westphalen, Mon. ined. IV, S. 234. Klüver, Beschr. Meckl. II, S. 340. Schröder, Pap. M., S. 641/47.

Tempelburg urkundlich genannt werden, während die gleichzeitigen und die späteren Annalisten und Chronisten daraus den Namen der Redarii, Rederarii und Retharii machen)[1] zu suchende Tempelburg Rethre sein, so beweist das nur, dass Krantz aus den durchaus ungenügenden alten Beschreibungen der im Anfange des XII. Jahrhunderts vom Erdboden spurlos verschwundenen Tempelburg als das allein Wesentliche jene Angabe von der durch Wald geschützten Lage des Ortes am Westufer eines grösseren Sees gleich Anderen richtig herausgefunden hat.[2] Dass diese Angabe aber für eine genauere und sichrere örtliche Bestimmung nicht ausreiche, scheint er besser eingesehen zu haben als Andere, die schon am Ende des XVI. Jahrhunderts für die Lage von Rethre am Westufer des Tollense-Sees mit Lebhaftigkeit eintreten. Denn er erspart sich jene langen Ausführungen und Beweisversuche, mit denen Viele bis in die neueste Zeit hinein das, was blosse Vermuthung ist und bleiben wird, mit unzureichenden Gründen als eine wissenschaftlich unbestreitbare Thatsache hinzustellen bemüht sind.[3] Dem gegenüber steht fest, dass zu Röbel schon in ältester Zeit eine landesherrliche Burg vorhanden ist, auf welcher z. B. im Jahre 1227 Unislav von Havelberg als Burgmann (castellanus de Robole) der das Land gemeinsam regierenden vier mecklenburgischen Fürsten Johann, Nikolaus, Heinrich und Pribislav urkundlich genannt wird, ein Mann, der auch sonst häufig vorkommt, und ausser dem im XIII. Jahrhundert eine grosse Zahl anderer Burgmänner bekannt geworden ist. Unter ihnen mehrere Mitglieder der Familie Pritzbuer.[4] Auch erfahren wir, freilich erst in späterer Zeit, wo diese alte Fürstenburg gelegen hat.[5] »Man sagt, dass für Röbel nordwestwärts, auf einem ziemlichen hohen Berge, die Herrn von Werle ein Haus gehabt, welches nach Anzeigung der nicht weit davon aufgeschossenen Hügel oder Schanzgruben durch Krieg ohne Zweifel von den Markgrafen von Brandenburg, weil sonsten des Orts Niemand mit den Herrn von Werle Krieg geführet, destruieret und verwüstet, und auf die wüste Stätte jetzo eine Windmühle gebawet ist«: — so erzählt Latomus in seinem Genealochronicon megapolitanum, das

[1]) M. U.-B. 13. 16. 18. 19. 20. Vgl. Wigger, Annalen, S. 57. 82. 86. 88. 119. 120.

[2]) Grotefend, M. Jahrb. LIV, S. 180. Wagner, Wendenzeit, S. 25. 177 (39).

[3]) M. Jahrb. III, S. 21. 22. XIX, S. 172. 203. 221. XXVIII, S. 6. 16. 37. XXXII, S. 134—146. XXXVII, S. 55. 63. 138. 182. LII, S. 29. 31. 320. LIV, S. 153—180. LV, S. 261. LVI, S. 245. LVII, S. 350.

[4]) M. U.-B. 334. S. das Personen-Register des meckl. Urkundenbuches unter Röbel. Ferner Gritzner, M. Jahrb. LXV, S. 311.

[5]) Bei Westphalen, Mon. ined IV, S. 235. Dass dieser nordwestwärts von der Altstadt Röbel gelegene Windmühlenberg nicht mit dem südwestlich von der Neustadt Röbel gelegenen Mühlenberge — worauf Lisch, M. Jahrb. XIII, S. 426, hinweist, und der ebenfalls schon im XV. Jahrhundert (1432 und 1454) urkundlich als Mühlenberg genannt wird — identisch ist, lehrt ein Blick auf das Messtischblatt. Aus der Urkunde von 1432 geht zwar an und für sich nicht hervor, dass die damals von den mecklenburgischen Herzögen der Stadt erlaubte Anlage einer Windmühle auf die der Neustadt gehörende Mühle geht, aber der Zusammenhang aller Verhältnisse lässt kaum andere Annahme zu; und die Urkunde von 1454 spricht nur von dieser. »Kalts-Windt-Molle« heisst sie in der späteren Aufschrift des Privilegiums von 1432.

er im Jahre 1610 verfasst hat. Die Annahme einer Zerstörung durch die Markgrafen steht in der Luft, aber dass dieser Berg ehemals Besitz des landesherrlichen Hauses war, geht unzweideutig aus einer Urkunde vom 11. November 1485 hervor, in welcher die auf der Neustadt (»in der stad to Nigen-Rabel«) wohnenden Dominikaner zu Röbel (der Prior, Subprior, Lesemeister und die gemeine Bruderschaft) den Windmuhlenberg vor der Altstadt Röbel (»den wintmolenberch, belegen vppe der olden stad«) mit allen Gärten auf ihm und um ihn herum der Stadt überlassen und dabei hervorheben, dass er ihnen einstmals vom seligen Herzog Heinrich von Stargard († 1466) überwiesen worden sei. Vom Schlosse aber ist keine Rede mehr, sondern, wie bemerkt, nur von Gärten auf und an dem Berge.[1]) Jenes wird somit durch die Herzöge von Stargard in der Zeit zwischen 1366 (in welchem Jahre es noch stand, vgl. M. U.-B. 9437) und 1466 aufgegeben und abgebrochen sein, wenn es, wie wir glauben möchten, mit der von Latomus aufgezeichneten mündlichen Ueberlieferung des XVI. Jahrhunderts seine Richtigkeit hatte.

Dass Stadt und Land Röbel bereits in der zweiten Hälfte des XIII. Jahrhunderts der Linie Werle angehören, die von 1235 an in der Geschichte auftritt, wird durch vier Urkunden dieser Zeit erwiesen, in denen Fürst Nikolaus I. Regierungshandlungen zu Röbel vollzieht.[2]) Zwar machen die brandenburger Markgrafen schon in dieser frühen Zeit Versuche, hier ebenso als Oberlehnsherrn aufzutreten wie nachher, bis zum Jahre 1347 hin, über das Land Stargard, die Lieze und die Ture.[3]) Doch verstehen es die Fürsten von Werle, sich dieser Ansprüche zu erwehren; nur bleiben Stadt und Land Röbel nicht länger als bis zum Jahre 1362 in ihrer Hand. Da gehen beide, worauf wir unten zurückkommen werden, als Pfand an die stammverwandten mecklenburgischen Herzöge über und werden vom Jahre 1376 an zusammen mit dem Schlosse Wredenhagen, der Herrschaft Stargard einverleibt, die, wenn auch von einer besonderen Linie des mecklenburgischen Hauses von 1352 bis zum Jahre 1471 regiert, als Territorial-Eigenthum während der ebengenannten Periode mit dem übrigen Herzogthum Mecklenburg ein gemeinschaftliches Ganzes ausmacht.[4])

Die wichtigsten Ereignisse in der Geschichte von Röbel während des XIII. Jahrhunderts sind: die Erhebung des Ortes Neu-Röbel zur Stadt und die Verleihung des Schweriner Statutar-Rechtes an diese durch Fürst Heinrich

---

[1]) »Myt allen garden vmme den berch vnde vppe den berch van deme stadtgrauen an bethe to der Dwerstrate (Querstrasse), dhar de prestere wanen, vnde der garden, de dar ligghen vmme de waninghen.« In den Visitations-Protokollen von 1577 und 1619 heisst diese zur Altstadt zählende und in St. Marien eingepfarrte Mühle »Hovedes- oder Hovet-Mühle« = Hauptmühle.

[2]) M. U.-B. 499. 557. 558. 636.

[3]) Rudloff, Hdb. I, S. 218. II, S. 41. 431. Vgl. M. U.-B. 6794 (Urk. vom 16. Oktober 1347, in welcher König Karl den Fürsten Albrecht und Johann von Mecklenburg das Land Stargard und alle sonstigen vormals brandenburgischen Lehen als Reichslehen verleiht).

[4]) Rudloff, a. a. O. II, S. 634. 638. 793. 800.

Borwin II. (1219—1226);[1]) die Gründung und Einrichtung eines Klosters der büssenden Schwestern in der Neustadt Röbel mit Genehmigung und Unterstützung des Fürsten Nikolaus I. von Werle, der von 1235 bis 1277 regiert;[2]) der Ankauf des »Düstern Wohld« (auf der anderen Seite der Müritz zwischen dieser und dem Specker See) sowie die Erwerbung von fünfzehn Hufen zu Stadtrecht in dem ehemals an den Grenzen der Feldmark Solzow und Zielow gelegenen und 1575 nachweislich nicht mehr vorhandenen Dorfe Küssekow (Kusskow) mit landesherrlichen Genehmigungen, deren eine von Fürst Nikolaus I. am 25. August 1274 und die andere von Fürst Nikolaus II. (1283 bis 1316) am 12. November 1284 ertheilt wird;[3]) die Stiftung eines zur sächsischen Provinz des Ordens zählenden Dominikaner-Klosters sowie die Bestimmung des Dorfes Pribom als Platz für das Landding des Landes Röbel im Jahre 1285;[4]) der weitere Erwerb der vier Kint'schen Hufen in Küssekow durch die Stadt mit Bestätigung von Fürst Nikolaus II. am 4. Juni 1288;[5]) die Einweihung des Hauptaltars in der St. Nikolai-Kirche der Neustadt Röbel durch Bischof Heinrich II. von Havelberg in der Zeit zwischen 1270 und 1290;[6]) die landesherrliche Bestätigung des schon der Zeit Nikolaus I. (✝ 1277)

[1]) M. U.-B. 911. Eine genauere Angabe über das Jahr der Erhebung des Ortes Röbel zur Stadt ist dieser Bestätigungs-Urkunde vom 21. Januar 1261 nicht zu entnehmen.

[2]) Ueber die Entwicklung dieses Klosters auf dem Grund und Boden von Malchow s. o. S. 394—401. Auch für die Klostergründung in Röbel fehlt ebenso wie für die Stadtgründung ein genaueres Datum. Aus der Schenkungsurkunde des Fürsten Nikolaus I. vom 25. August 1274 ist nur zu ersehen, dass das Kloster damals bereits besteht. Fürst Nikolaus überweist für den Wirthschaftsbetrieb der Nonnen dreizehn Hufen, die sich auf die benachbarten Dörfer Küssekow, Zilow, Pribom, Buchholz, Spitzkuhn und Bütow vertheilen. Davon kommen fünf auf Küssekow, drei auf Bütow und je zwei auf die anderen Dörfer. Was wir sonst noch von dem Büsserinnenkloster aus der Zeit seines Bestandes in Röbel erfahren, beschränkt sich auf eine Bestätigung der von Papst Gregor IX. am 23. Oktober 1232 ertheilten Ordensregel durch Papst Nikolaus IV. am 1. Januar 1291 von Orvieto aus. Es handelt sich hiebei für das innere Kloster um das Ordenskleid und die Regel des hl. Augustinus sowie um die Einrichtungen der Nonnen des hl. Sixtus zu Rom. Dass dagegen für den äusseren Wirthschaftsbetrieb ganz und gar die Art und Weise der Cistercienser-Klöster vorbildlich wurde, und zwar in solchem Grade, dass das Malchower Kloster in einer päpstlichen Bulle vom 18. März 1474 geradezu als Cistercienser-Kloster bezeichnet wird, ist oben S. 394 bereits erwähnt worden. Auch sonst giebt es Zeugnisse über den gelegentlichen Uebertritt der Büsserinnen-Klöster zu einem der grösseren Orden, wie den Franziskanern und Dominikanern. Dass aber für das Leben und die Wirthschaftsverhältnisse in einigen dieser Klöster schon frühe die Regel des hl. Benedikt und die Einrichtungen des Cistercienser-Ordens zur Geltung gelangten, beweist eine Bulle des Papstes Gregor IX. vom 10. Juni 1227, in welcher dies geradezu ausgesprochen ist: . . . . . inprimis siquidem statuentes ut ordo monasticus qui secundum deum et beati Benedicti regulam atque institucionem Cisterciensium fratrum in eodem monasterio institutus esse dinoscitur perpetuis ibidem temporibus inviolabiliter observetur . . . . . S. Grotefend, Die büssenden Schwestern der heiligen Maria Magdalena in Deutschland, Mitth. d. V. f. Gesch. u. Alt. i. Frankfurt, VI, S. 301 ff. Lisch, M. Jahrb. XXI, S. 293/94.

[3]) M. U.-B. 1342. 1757. Schildt, M. Jahrb. LVI, S. 217.

[4]) M. U.-B. 1771. 1781.

[5]) M. U.-B. 1962.

[6]) Lisch, M. Jahrb. XXXIII, S. 151—154. M. U.-B. 7188.

angehörenden Wollweber-Privilegiums vom 6. Januar 1291;[1]) eine Schenkung von Hebungen an das Heiligen-Geist-Hospital zu Röbel durch den Bürger Heinemann Kint am 19. Februar 1298,[2]) und die Uebersiedelung des genannten Nonnenklosters von Röbel nach Malchow im Mai oder Juni desselben Jahres sowie die Einweisung der bis dahin in Alt-Röbel angesiedelt gewesenen Dominikaner-Mönche in die verlassenen Wohnungen der Nonnen auf der Neustadt.[3])

Aus den wohlerhaltenen Urkunden, welche diese letztgenannte Sache betreffen, geht ferner mit Bestimmtheit hervor, dass das bis zum Jahre 1252 lange und heftig umstrittene Grenzverhältniss zwischen den Diöcesen Schwerin und Havelberg für das Röbeler Gebiet so geordnet war, dass die Neustadt Röbel dem Bischof von Havelberg, das Dorf Alt-Röbel aber dem Bischof von Schwerin unterstellt war und ausserdem jeder Bischof seinen Archidiakon dort hatte.[4]) Ferner mag bemerkt werden, dass in der zweiten Hälfte des XIII. Jahrhunderts auch eine Marien-Bruderschaft in Röbel bekannt wird, die ihre Mitglieder in beiden Theilen des Ortes hatte.[5]) Uebrigens findet sich die Bezeichnung »Altstadt« für Alt-Röbel schon bald nach dem Beginn des XIV. Jahrhunderts, doch nur als Sprachgebrauch, nicht auch als Folge einer besonderen amtlichen Erhebung, welche nachweislich nicht stattgehabt hat.[6]) Ein (wahrscheinlich jährlicher) Wechsel zwischen altem und neuem Rath, wie

[1]) M. U.-B. 2102. Eine neuere Zunftrolle des Amtes vom 30. Januar 1463 s. bei Lisch, M. Jahrb. XIII, S. 351/52: »Ok schal he (der Lehrling) van vnberuchteghen, eliken, fromen luden vtghekamen wesen vnde ghebaren van alle synen veer anen, de nicht Wendes, nicht lynenwefers, nicht pypers, nicht eghens synt ghewesen, szo syk dat behoret in en werk.«

[2]) M. U.-B. 2486.

[3]) M. U.-B. 2503–2508.

[4]) Vgl. M. U.-B. 2097. 3349. 9195. 9793.

[5]) M. U.-B. 1772. Von einer Bruderschaft S. Petri und Pauli hören wir zum ersten Mal im Jahre 1351 und von der Kalands-Gesellschaft im Jahre 1359: M. U.-B. 7458. 7473. 8300. 8628. Noch im Jahre 1780 — und zwar in einem Antwortschreiben der herzoglichen Regierung vom 1. November d. J. — findet eine Entscheidung dahin statt, dass die Einkünfte der Brüderschaft, mit Ausschluss der Altstadt Röbel, bloss an die Neustädter Consorten fallen sollen.

[6]) M. U.-B. 3953. Dazu Urk. 3349. 10988. Der Name »Altstadt« ist denn auch im XV. Jahrhundert üblich geblieben, wie die oben schon citierte Urkunde vom 11. November 1485 über den Windmühlenberg »vppe der alden stad« erweist. Ebenso im XVI. Jahrhundert (s. Visitationsprotokoll von 1534). Demgemäss urkunden auch noch im XVII. Jahrhundert (1631 und 1637) Bürgermeister und Rath in folgender Form: »Wir Bürgermeister, Rath, Aelterleute und Viertheilsmänner, auch allgemeine Bürgerschaft beider Städte Alten- und Neuen-Röbell.« Nichtsdestoweniger kommt Ende des XVII. Jahrhunderts durch den Brodneid der Bürger in der Neustadt ein Streit auf, der bis in die dreissiger Jahre des XVIII. Jahrhunderts hinein mit grosser Erbitterung von beiden Seiten geführt wird. Rath und Bürgerschaft der Neustadt sprechen der Altstadt das Recht zum Betriebe der Branntweinbrennerei und der Niederlassung von Handwerkern und allerhand sonstigen bürgerlichen »Kommerzien« ab und bemühen sich, die Altstadt wieder zum Dorf herabzudrücken, obwohl sich deren Einwohner darauf berufen, dass sie das Bürgerrecht haben und an allen publicis oneribus theilnehmen. Die Stadt-Akten von Röbel, soweit sie das Grossh. Archiv besitzt, enthalten keine endgültige Entscheidung. Es scheint vielmehr, als ob die Sache mit dem Absterben der Personen, die den Streit erregt haben, von selber zur Ruhe gekommen ist.

in anderen Städten des Landes, ist zum ersten Mal aus einer Urkunde vom 30. März 1334 zu erkennen.[1])

Wie die Entwickelungsmomente des XIII. Jahrhunderts, so lassen sich auch die des XIV. Jahrhunderts für die Ortsgeschichte kurz zusammenfassen, zumal es bis zum Jahre 1362 an grösseren politischen Ereignissen fehlt. Als Dinge von geringerer Bedeutung mögen erwähnt werden: die Belehnung des Ritters Konrad Büne mit dem von dem Lübecker Bürger Gödeke Vretup gekauften Zoll zu Röbel durch Fürst Nikolaus II. von Werle am 12. März 1303;[2]) die Bestimmung der Stadt als Einlager für die mecklenburgischen und werleschen Fürsten im Falle der Nichterfüllung des Jördenstorfer Vertrages vom 3. April 1305, an dem auch Brandenburg betheiligt war, und der seine Spitze gegen den König Erich von Dänemark kehrte;[3]) die Verbindung von Röbel unter Güstrow als Vorderstadt mit Waren, Penzlin, Kalen, Krakow und Plau im werleschen Theilungsvertrag vom 2 December 1316;[4]) die Abtretung des Patronats der Kirche zu Kambs durch die beiden Fürsten Johann II. und III. von Werle an den Bischof von Havelberg Heinrich III., und der dafür erfolgte Eintausch des Patronats über die Präpositur oder das Archidiakonat in der Neustadt am 22. Oktober 1320;[5]) die Theilnahme der Stadt Röbel an der Bürgschaft für Innehaltung des Vertrages zwischen Fürst Johann II. und Fürst Johann III. über den Pfandbesitz in der Prignitz am 5. Oktober 1332;[6]) die halbjährliche Abwechslung zwischen den Städten Güstrow und Röbel als Residenz während der gemeinschaftlichen Regierungszeit der Fürsten Nikolaus III. und Bernhard von Werle in der Zeit von 1341 bis 1347;[7]) die Verbindung von Röbel und Wredenhagen mit Waren und Penzlin in dem weiteren werleschen Theilungsvertrage vom 14. Juli 1347, und der Uebergang der Residenz von Röbel nach Waren;[8]) die Einschätzung der Stadt in das Landfriedens-Kontingent mit zehn Mann;[9]) die Fürsorge des Fürsten Bernhard für den Fischmarkt in Röbel bei Gelegenheit des Verkaufes der Vipperowschen Gewässer an die Johanniter-Komthurei in Mirow am 24. April 1361, eine Fürsorge, die in ähnlicher Weise auch später, als das Land Röbel bereits an Mecklenburg verpfändet ist, von den Fürsten Lorenz und Johann V. von Werle bewährt wird, als im Jahre 1375 ein Theil der Gewässer der Müritz, welche

[1]) M. U.-B. 5511. Wie es im Beginn des XVI. Jahrhunderts in Röbel mit dem Rath und mit anderen städtischen Dingen, z. B. bei Hochzeiten, Kindtaufen und in den Gilden und Aemtern der Kaufleute, Schuhmacher, Wollenweber, Bäcker, Schmiede, Schlächter und Schneider gehalten wurde, zeigt der Monnick'sche Bericht von 1516 bei Groth, M. Jahrb. LVII, S. 230 33.

[2]) M. U.-B. 2857.

[3]) M. U.-B. 2979. Für Brandenburg wurde die Wahl des Ortes als Einlager zum Einreiten auf Salzwedel, Spandau, Templin und Sandow beschränkt.

[4]) M. U.-B. 3860.

[5]) M. U.-B. 4222.

[6]) M. U.-B. 5338.

[7]) M. U.-B. 6169.

[8]) M. U.-B. 6779.

[9]) M. U.-B. 7524. 7717. 7734. 7771. 7911

bis dahin die von Krocher zu Waren besessen haben, an die Brüder Regendanz übergeht;[1]) und endlich eine Reihe von Vikareien-Stiftungen und anderer theils geistlicher, theils weltlicher Privat-Angelegenheiten.[2])

Das einschneidendste Ereigniss des XIV. Jahrhunderts ist, wie oben schon bemerkt worden, die durch die Erbverbruderung der beiden Häuser Mecklenburg und Werle vom 20 Juli 1344[3]) gleichsam vorbereitete oder doch wenigstens sehr erleichterte Verpfändung von Schloss, Stadt und Land Röbel durch den Fürsten Bernhard II. von Werle an den Herzog Albrecht II. von Mecklenburg am 10. März 1362.[4]) Dabei mag nicht übersehen werden, dass Albrecht's ältester Sohn, Herzog Heinrich III., fünfzehn Jahre später Bernhard's Schwiegersohn wird, indem er sich im Jahre 1377 in zweiter Ehe mit dessen Tochter Mechthild vermählt.[5]) Von dieser Staatsaktion zeugt eine ganze Reihe von Urkunden, in denen alles Nöthige über die Sicherung beider Häuser gegen einander, die Wahrung des Leibgedinges welches der Fürstin Elisabeth, Bernhard's Gemahlin (gest. nach 1391 und vor 1410), im Lande Röbel zugesagt war], über die Verpflichtungen beider Theile gegenüber den Schlössern und Burgmannen zu Röbel und Wredenhagen, über den Bau eines fürstlichen Hauses in der Stadt, über verschiedene Huldigungen und Privilegien-Bestätigungen, über die Rechte und die Stellung des mächtigen Geschlechts der Flotow auf Burg Stuer und über die Güter des Grafen Otto von Fürstenberg im Lande Röbel, die an dessen Schwiegersöhne aus den

[1]) M. U.-B. 8869. 10675.

[2]) M. U.-B. 2997. 3349. 3953. 5190. 5291. 5511. 5598. 6991. 7458. 7473. 7545. 8130. 8207. 8300. 8453. 8628. 8718. 8763. 8774. 8777. 8832. Unter den Stiftungen von Vikareien sind zu nennen: die des Neu-Röbelschen Bürgers Berthold von Zernow in St. Nikolai auf der Neustadt am 14. Mai 1305 ob reuerentiam et gloriam dei et sanctissime virginis Marie, sanctorum apostolorum Philippi et Jacobi et sancte virginis Catharine, mit der ausdrücklichen Bestimmung darüber, dass das Patronat nach dem Ableben des Stifters auf den Archidiakon und den Rath der Stadt übergehen soll, und mit dem charakteristischen Zusatze, dass der Inhaber immer ein Priester sein soll, kein Scholar, keine persona infamis, kein bibulus, kein tesserator, kein fornicator; die der Neu-Röbelschen Bürger Gerhard und Siegfried in derselben Kirche am 16. Januar 1318 ob reuerentiam dei omnipotentis, sanctissime virginis et matris ejus Marie sanctique Johannis evangeliste et sancti Johannis baptiste sanctorumque omnium, mit ähnlichen Bestimmungen und Einschränkungen wie die vorgenannte Vikarei; die vom Dorf und Gut Kelle her gestiftete Pritzbuer-Berne'sche Vikarei in St. Marien auf der Altstadt am Altar des hl. Johannes Evangelista am 11. Juni 1335; die Vikarei des Neu-Röbelschen Bürgers Nikolaus von Güstrow in St. Nikolai auf der Neustadt am 14. August 1349 zu Ehren des hl. Apostels Bartholomaeus; und die des Neu-Röbelschen Bürgermeisters Ludolf Wokers in derselben Kirche am 9. September 1355 ohne nähere Angaben. Ferner ist von der Stiftung eines Altars der Bruderschaft S. Petri et Pauli in Neu-Röbel im Jahre 1351 und sonst die Rede (in honorem Dei omnipotentis, beate Marie virginis, apostolorum Petri et Pauli omniumque aliorum apostolorum, trium Regum et Marie Magdalene), sowie von drei durch den Rath der Stadt im Flecken Mirow unterhaltenen Vikareien, die auf besondere Beziehungen, oder doch wenigstens auf ein gutes nachbarschaftliches Verhältniss zwischen Stadt und Johanniter-Komthurei in Nemerow und Mirow schliessen lassen.

[3]) M. U.-B. 6434.

[4]) M. U.-B. 9008.

[5]) M. U.-B. 10988.

Familien der Putlitz, Moltke und Maltzan übergegangen waren und deren Inhaber sich nun mit ihren Mannen dem Herzog verpflichten — zur Sprache kommt.[1]) Hieran schliesst sich dann in weiterer Folge ein zweiter Vertrag zwischen den beiden Kontrahenten vom 18. Oktober 1363 über entstandene Irrungen, sowie das Versprechen des Fürsten Bernhard, den Herzog Albrecht zu dessen geplantem Zuge über die See mit zwanzig Helmen zu unterstützen,[2]) ferner die Weiterverpfändung von Stadt und Land Röbel durch Herzog Albrecht an Andreas von Flotow am 6. Januar 1366, ausgenommen »herschop vnde manschep, orsedenest vnde kerkleen gheystlik vnde werlik«, und endlich — offenbar nach der im Uebrigen nicht urkundlich bezeugten Wiedereinlösung aus der Hand des Andreas von Flotow — die Ueberweisung von Stadt und Land Röbel durch Herzog Albrecht an seinen Bruder Johann, den ersten Herzog der Linie Stargard, welcher die Huldigung der Stadt am 19. Oktober 1376 entgegennimmt.[3]) Seitdem sind Stadt und Land Röbel zunächst beim Hause Mecklenburg-Stargard und dann beim Hause Mecklenburg-Schwerin für immer verblieben. Ja, es kommt noch vor dem Aussterben des werleschen Fürstenstammes so weit, dass, als die Fürsten Christoph und Balthasar von Werle mit ihren Vettern, den mecklenburgischen Herzögen beider Linien, im Jahre 1415 in Krieg gerathen und Fürst Christoph dabei gefangen genommen wird, Land und Stadt Röbel mit dem Schlosse Wredenhagen am 8. März 1416 ohne allen Vorbehalt erb- und eigenthümlich an die Herzöge Johann IV. und Albrecht V. von Mecklenburg sowie Johann II. und Ulrich I. von Stargard übergehen. Dennoch behält der Besitz den Charakter des Pfandbesitzes, wie sowohl aus der am 20. Februar 1418 urkundlich niedergelegten Aeusserung der Fürsten von Werle »vnde wy edder vnse eruen scholen noch willen en edder eren eruen desse vorscreuene stad vnde land Robele nummer afflozen« als auch daraus hervorgeht, dass die Fürsten Balthasar, Wilhelm und Christoph von Wenden am 25. November desselben Jahres von der Stadt Röbel mit Einwilligung der mecklenburgischen Herzöge eine Erbhuldigung entgegennehmen und dafür ihre Privilegien bestätigen.[4]) Eine praktische Bedeutung freilich hat dieses Verhältniss nie gewonnen, da sich die nach dem Aussterben des werleschen Mannesstammes im Jahre 1436 noch übrig gebliebene einzige werlesche Prinzessin Katharina im Jahre 1454 mit dem Herzog Ulrich II. von Stargard vermählt und somit die Verbindung beider Lande befestigt.[5]) Aber ohne Störungen des Besitzes geht es auch in Zukunft nicht

[1]) M. U.-B. 9007. 9009. 9010. 9054. 9055. 9056. 9057. 9175. Vgl. Rudloff, Hdb. II, S. 464 und 640ff. Lisch, Geschl. Maltzan II, S. 174. M. Jahrb. XIII, S. 188—196. Beyer, M. Jahrb. XXXII. S. 124.

[2]) Zu den Heerfahrten des Herzogs Albrecht über See in dieser Zeit (nach Dänemark und Schweden) vgl. Rudloff, Hdb. II, S. 461—463.

[3]) M. U.-B. 9207. 9437. 9768. 10853. 10904. 10934.

[4]) Rudloff, Hdb. II, S. 561—568. 575—578. — Lisch, M. Jahrb. XIII, S. 191/192. Dazu noch nicht gedruckte Urkunden im Grossh. Archiv.

[5]) Wigger, M. Jahrb. L, S. 216. 260. Vgl. dazu Lisch, Geschl. Maltzan III, S. 115 (Urkunde DVII).

ab, denn es braucht nur daran erinnert zu werden, dass, wie das Land Röbel am 6. Januar 1366 an die von Flotow und am 10. August 1391 ebenso vorübergehend an die von Grambow verpfändet war,[1]) so noch im XVIII. Jahrhundert das dazu gehörende Amt Wredenhagen mit Eldena, Plau und Marnitz zu jenen vier Aemtern zählt, die in Folge der Wirren unter Herzog Karl Leopold vierundfünfzig Jahre lang (von 1733 bis 1787) von Preussen mit Beschlag belegt waren und nur mit äusserster Mühe von Mecklenburg zurückerworben wurden.[2])

Was sonst noch an Urkunden des XV. und XVI. Jahrhunderts aufzufinden gewesen, ist nicht von solchem Belang, dass es sich verlohnte, auf den Inhalt ausführlicher einzugehen. Ein Blick in das »Ordelle Boeck der Stat Rabel« mit allerlei stadtgeschichtlichen Nachrichten aus der Zeit von 1479 bis 1643, auch über die grossen Stadtbrände von 1510, 1525 und 1536 und den Brand des Pfarrhauses auf der Neustadt im November 1539, zeigt das des Weiteren deutlich genug.[3]) Genannt aber mag werden eine Bruderschafts-Ordnung vom Jahre 1402, die von Mantzel mit einem ganz unsinnigen Titel und mit vielen Druck- und Lesefehlern veröffentlicht ist.[4]) Es ist die der Bruderschaft S. Petri und Pauli, die ihren Platz in St. Nikolai, der »Pfarrkirche«[5]) der Neustadt, hat, sich der Gunst des Probstes dieser Kirche, des Herrn Werner Babbetzin, erfreut und auch an dem Herrn Werner Morin in »Olden Rabel« ein besonders angesehenes Mitglied besitzt.

Ferner mag gesagt werden, dass gegen zweihundert, grösstentheils in Regesten vorhandene Urkunden aus dem XV. und XVI. Jahrhundert sich ausschliesslich auf die Verwaltung des kirchlichen Vermögens von St. Marien und St. Nikolai sowie auf das der »gemeinen Bruderschaft« S. S. Petri et Pauli beziehen. Es sind durchweg Schuldverschreibungen, aus denen nicht bloss das Wachsen des Vermögens, sondern auch die vielfache geschäftliche Verbindung der beiden Kirchen-Oekonomien mit den alten Vasallenfamilien auf den benachbarten Rittergütern zu ersehen ist, wie z. B. von 1443 bis 1454 mit den Wulf auf Zierzow, von 1450 bis 1582 mit den in ältester Zeit auf Ludorf und später überall bei und in Röbel reich begüterten Morin (Marin), von 1450 bis 1543 mit den Knuth auf Priborn und Leizen, von 1466 an mit den Grambow auf Lepzow (Marienfelde) und Wildkuhl, von 1467 bis 1567 mit den Retzow auf Retzow, Rechlin und Leppin, von 1468 bis 1569 mit den Ketelhodt auf Kambs, von 1471 bis 1567 mit den Hahn auf Ahrensberg, Melz und Solzow, von 1483 bis 1546 mit den Friberg (Freiberg) auf Karchow, 1483 mit den Below auf Loppin, von 1509 bis 1567 mit den Kerberg (Kerkberg)

[1]) Lisch, M. Jahrb. XIII, S. 333/335. Geschl. Maltzan II, S. 524-525 (Urk. CCCCIV).

[2]) Vgl. v. Schultz, M. Jahrb. LIX, S. 1—85.

[3]) Lisch, M. Jahrb. XXXII, S. 140—153.

[4]) Bützowsche Ruhestunden XXII, S. 16ff. Der Titel lautet: »Einrichtung eines Fraterklosters zu Neuen-Röbel von 1402.«

[5]) Als »Pfarrkirche« der Neustadt wird St. Nikolai auch in einem päpstlichen Erlass vom 10. December 1371 von Avignon aus bezeichnet: M. U. B. 10263.

zu Krummel und 1572 mit den Prignitz auf Finken. Von grösserer Bedeutung für die Oekonomie von St. Marien sind im XV. und XVI. Jahrhundert: die Schenkung von Holz jeder Art, Eichen, Eschen, Ellern, Birken, Buchen aus dem Gute Zierzow durch die Wulf im Jahre 1443, so oft und soviel die Kirche dessen benöthigt sei; eine Reihe von Erwerbungen an Grund und Boden in Wackstow von 1454 bis 1500; die Verbesserung der Vikareien an den Altären St. Catharinae und St. Philippi et Jacobi 1454 durch die schon genannten Wulf auf Zierzow und 1462 durch den Probst Hermann Latzeke; ein am 2. März 1493 ertheilter vierzigtägiger Ablass zu Gunsten der St. Georgs-Kapelle in der Altstadt Röbel; die Erwerbung des ganzen Hofes Lepzow (jetzt Marienfelde) von den Grambow auf Wildkuhl in der Zeit von 1512 bis 1516; die Schenkung eines (heute noch vorhandenen) goldenen Kelches für den Altar St. Antonii durch Laurentius Morin im Jahre 1533; und der Schuldbrief des Henning Morin vom Jahre 1582 auf zweihundert Gulden, welche die Vorsteher von St. Marien für gekauftes Silber gehoben und ihm angeliehen haben, nachdem Herzog Ulrich vier Jahre vorher dazu die Erlaubniss ertheilt hatte. Ebenso haben für die St. Nikolai-Pfarrkirche besondere Bedeutung: die Stiftung zweier Vikareien im Jahre 1410 durch den Probst Werner Babzin; die Ablösung der Dörfer Vipperow, Solzow und Zielow von der noch im Jahre 1454 durch Herzog Heinrich d. ä. von Stargard in ihren Einnahmen erheblich verbesserten Probstei im Jahre 1456;[1]) ein Beneficium der Herzöge Heinrich d. ä. und Heinrich d. J. an die »Tideherren« oder Priester zu den St. Marien-Zeiten im Jahre 1463; die demselben Zwecke dienenden Grambowschen Stiftungen von Einkünften aus Spitzkuhn, Vipperow und Nätebow in der Zeit von 1464 bis 1468; und der Fundationsbrief des Gregorius Kellermann vom Jahre 1484 zu einem Altar in St. Nikolai, mit Einkünften aus Katchow, Zielow, Karbow, Kambs, Ludorf und aus Röbel selber.

Endlich verdienen Erwähnung: die herzogliche Genehmigung zum Bau einer Windmühle vor der Stadt im Jahre 1432 (es kann dies nur diejenige sein, die vor der Neustadt liegt);[2]) die Vermehrung der Einkünfte der neustädtischen Probstei durch Herzog Heinrich d. ä. von der Stargarder Linie am 7. September 1454 mit den später sogenannten Vipperowschen Pfarrhufen; die Verpfändung des Dorfes Minzow durch ebendenselben im Jahre 1460 an die Stadt Röbel; die Privilegienbestätigung von 1467 durch Herzog Ulrich II.; die schon oben erwähnte Verlassung des Muhlenberges vor der Altstadt, der den Dominikanern geschenkt worden war, am 11. November 1485 an die Stadt; die Privilegienbestätigung des Herzogs Albrecht von 1526; die Genehmigung zur Verlegung eines Jahrmarktes von Wredenhagen nach Röbel im Jahre 1558 (am 13. August von Herzog Johann Albrecht und am 20. August von Herzog Ulrich ertheilt); die Privilegienbestätigung durch Herzog

[1]) Mantzel. Bütz. Ruhest. XXIII, S. 38/42.

[2]) 1550 wird die Hälfte des Berges dem herzoglichen Vogt zu Wredenhagen überwiesen. Noch nicht gedruckte Urkunden im Stadt-Archiv zu Röbel.

Johann vom 5. August 1588 und, als letzte dieser Art, die von Herzog Friedrich Wilhelm am 18. Januar 1703.

Ueber den in der Zeit seines Nachfolgers in der Regierung, des Herzogs Karl Leopold, bis über 1732 hinaus mit grosser Erbitterung geführten Streit zwischen Neustadt und Altstadt wegen der von der letztgenannten mit vieler Zähigkeit festgehaltenen Bürgerrechte ist oben S. 468, Anmkg. 6, bereits die Rede gewesen.

Dass der Stadt ebensowenig wie allen anderen Städten Mecklenburgs die bekannten Drangsale des XVII. und XVIII. Jahrhunderts erspart blieben, kann man sich denken. Wie der dreissigjährige Krieg das Land ringsum mitnahm, zeigt die mit Zahlen zu belegende furchtbare Entvölkerung der Kirchspiele im Jahre 1649, auf die wir im Einzelnen zurückkommen werden.[1]) 1640 erlebt die Stadt ganz in ihrer Nähe — auf dem altstädtischen Felde beim Schaus-See[2]) — ein Gefecht zwischen sieben Kompagnien schwedischen Volkes und den Brandenburgern unter dem Oberst Goldacker, wobei zweihundert Schweden auf dem Platze bleiben. 1670 giebt es einen grossen Brand in der Neustadt, bei dem auch das alte Rathhaus verloren geht. Auch 1727 findet ein grosser Brand statt, und abermals 1811: da brennen auf der Altstadt dreiundvierzig Häuser nieder.[3]) Im Uebrigen hat die Stadt bis in unsere Tage hinein, fern von allem Weltverkehr, in stiller Abgeschiedenheit verharrt und erst in allerjüngster Zeit den Schienenstrang einer Sekundär-Eisenbahn an ihre Mauern herangelassen.

Interessanter ist die Entwicklung der kirchlichen Verhältnisse. Die beiden Plebane von Röbel, der von St. Marien in Alt-Röbel und der von St. Nikolai in Neu-Röbel, sind zugleich Archidiakone ihrer Bischöfe, jener der des Bischofs von Schwerin, dieser der des Bischofs von Havelberg. Das erhellt schon aus den urkundlich bekannt gewordenen Verhältnissen der beiden ersten Archidiakone oder Pröbste, die oft als Zeugen bei geistlichen und weltlichen Akten genannt werden, des Johann von Gneve an St. Marien (1284 bis 1308) und des Johann Storm (1284—1318).[4]) So bleibt es denn auch unentwegt bis zur Reformation im XVI. Jahrhundert, wie es die beiden General-Protokolle von 1534 und 1541 geradezu aussprechen: »De prawestye mit der kercken vp der Oldenstadt is der furstenn lehen, besitter her Johannes Jaster, vorlennt dorch beide furstenn anno xxx (1530).« Aehnlich lautet es bei der Kirche auf der Neustadt, wo im Jahre 1534 Herr Heinrich Matthäi als Probst und Kirchherr genannt wird, eingesetzt durch beide Fürsten im Jahre 1512. Ferner geht aus einer Mittheilung im Visitationsprotokoll von 1534 hervor,

[1]) Groth, M. Jahrb. VI, S. 140/141.

[2]) Der Schaus-See existiert nicht mehr. Man findet ihn noch auf der Schmettau'schen Karte in der Mitte zwischen der Altstadt Röbel und dem Dorfe Gotthun.

[3]) Klüver, Beschr. Mecklenburgs II, S. 242. Raabe-Quade, M. Vaterlandsk. I, S. 523.

[4]) Unter den vielen Urkunden, die sich hierauf beziehen, sind besonders 2997 und 5598 für das Doppelverhältniss beider geistlicher Herren zu vergleichen. Vgl. auch Lisch, M. Jahrb. XIII, S. 427.

dass der Schweriner Archidiakon über sechs Kirchen, der Havelberger aber über dreiunddreissig Kirchen den Bann oder das jus synodale hat: »Item noch hefft de pravest (in der olden stath) auer VI parkerken buten Robell dat geistlyke rychte van olders her« und »Item noch hefft ock dysse prauest (yn der nygen stath) jurisdictionem synodalem auer XXXIII parkerken vnder em belegen.«[1]) Da nun in einer vom Bischof von Havelberg am 19. Februar 1298 ausgestellten Urkunde ausser dem Pleban von Melz auch die Plebane von Dambeck und Leizen als Zeugen aufgeführt werden, so dürfen wir mit Fug und Recht annehmen, dass die Grenze zwischen den Diöcesen Schwerin und Havelberg, soweit sie im Lande Röbel in Betracht kommt, in östlicher Richtung von Burg und Dorf Stuer (Schwerinschen Stiftes) auf die Mitte von Alt- und Neu-Röbel zulief und dabei das damals zur Parochie Dambeck gehörende Dorf Minzow auf der Havelbergschen Seite liegen liess.[2]) Somit waren die dreiunddreissig[3]) Kirchen des Havelbergers von dort nach Süden hin zu suchen, die sechs Schweriner aber (mit Einschluss des östlich übers Wasser weg gelegenen Dorfes Gneve)[4]) nordwärts von dieser Grenze.

Bezüglich der übrigen Archidiakone oder Pröbste in Röbel verweisen wir auf die Personen-Register des Urkundenbuches. Es können hier nicht alle Namen aufgezählt werden. Wohl aber wollen wir die Namen derjenigen vorreformatorischen Pröbste oder Archidiakone hierhersetzen, die uns im Röbeler Urkundenschatz des XV. und XVI. Jahrhunderts, so weit er uns bekannt geworden ist, entgegengetreten sind. Auf der Neustadt sind es: Werner Babzin (Babbetzin) in Urkunden von 1389 bis 1412; Otto Retzow, urkundlich bezeugt von 1454 bis 1484, und Hinricus Matthäi in Urkunden von 1512 bis 1534. Ebenso auf der Altstadt Johannes Morin († 1412), Hermann Lotzeke in der Zeit von 1454 bis 1462, und Johannes Jaster von 1530 bis 1534.

Ferner mag angeführt werden, was Lisch über die letzten Zeiten des Dominikanerklosters zusammengetragen hat: »Das Dominikanerkloster zu Röbel lag in der Neustadt an der Stadtmauer und »des Klosters Balken waren in die Stadtmauer gefasst.« Es bestand aus dem »Mönchhofe« mit Kirche, Kirchhof, Kloster und Baumgarten; vor dem Kloster hatte es eine »Stätte«, drei Buden, an der Ecke der Mühlenstrasse eine Bude und ausserdem in der Stadt noch drei Buden (von denen fünf Buden im Jahre 1620 abbrannten), einen Teich (Mönchteich) und mehrere Ländereien und Holzungen in der Gegend der Stadt. Wann das Kloster säkularisiert worden, ist ungewiss, wahrscheinlich zwischen 1530—40. Als im Jahre 1558 (nach Latomus in Westph. Mon. ined. IV, 234) der letzte Prior Thomas Lamberti

[1]) Lisch, M. Jahrb. VIII, S. 117.

[2]) M. U.-B. 2486. Vgl. auch Lisch, M. Jahrb. XIX, S. 403: er zieht die Grenze im Allgemeinen ebenso, spricht sich aber über die Dorfer Minzow, Leizen und Dambeck nicht weiter aus.

[3]) Nicht dreiundzwanzig, wie es versehentlich im M. Jahrb. XIII, S. 427, heisst.

[4]) Beyer, M. Jahrb. XXXII, S. 121.

gestorben war, ward das Kloster allmählich abgebrochen und die Steine wurden nach Wredenhagen zum Bau gefahren. Im Jahre 1568 stand (nach Archiv-Akten) das Kloster wüste, es wurden Steine davon verschenkt und verkauft; 1577 grenzte noch eine Scheuer an den Chor der Kirche, 1602 lag auf dem Platze, wo die Kirche gestanden hatte, noch Steingrus. In dieser Zeit werden die Chorstühle in die neustädter Kirche geschafft worden sein. Von Leichensteinen und anderen Alterthümern, da das Kloster auch ein fürstlich-werlesches Begräbniss war, ist wohl manches untergegangen; die Urkunden fehlen ganz. Am 17. Mai 1587 schenkte der Herzog Karl seinem Hofprediger Mag. Johannes Andreae zu Mirow aus Dank für seine gute Amtsführung »eine wüste Stätte auf dem Mönchhofe, wo zuvor das Kloster gestanden hatte,« zum erblichen Eigenthum. Am 15. April 1589 verkaufte Mag. Andreae das Haus, welches er auf dem Mönchhofe zu Röbel gebauet hatte, nebst der dazu gehörigen Stätte an den Amtmann Joachim Schröder zu Mirow, und am 24. Februar 1605 verkauften J. Schröder's Erben, zu Röbel wohnhaft, »die wüste Klosterstätte zu Röbel, so weit das ganze Gebäu des Mönchklosters in seiner Circumferenz begriffen gewesen und gestanden, mit aller Gerechtigkeit, ausgenommen den Theil, den der Zimmermann Berend bewohnte,« an Joachim von Below auf Hinrichsberg. Die von Below baueten hier einen Hof und besassen denselben mit alter klösterlicher Freiheit. Gegen die Mitte des XVII. Jahrhunderts war Hieronymus Gerlach Sandprobst des Klosters Dobbertin geworden; im dreissigjährigen Kriege war des Klosters Kornhaus ganz »heruntergerissen« und Below's Mönchhof »sehr ruinirt«. Weil nun die Below den Hof nicht benutzen konnten und Gerlach gerne seinen Verpflichtungen nachkommen wollte, so verkaufte am 16. April 1651 Ike von Below seinen »in Röbel belegenen Klosterhof mit dem Hause, mit Kirchstühlen und Begräbniss in der Altstadt und Neustadt, mit allen Freiheiten und Gerechtigkeiten, als eine unstreitige fürstliche Freiheit und Gerechtigkeit« an Hieronymus Gerlach zu einem Erbkaufe. So kam der Hof in bürgerlichen Besitz, wenn auch noch lange über die Freiheiten desselben gestritten ward. Im Jahre 1702 besass den Hof noch Gerlach's Sohn, der Burgemeister Hieronymus Christoff Gerlach, und die von Below machten einen vergeblichen Versuch, den Hof zu reluieren.«[1])

Als erster Prädikant im Sinne der neuen Lehre wirkt auf der Neustadt der von Herzog Heinrich berufene Nikolaus Francke. Er wird 1539 in Verbindung mit einem Brande seines Hauses in dem »Ordelle Boeck der Stat Rabel« genannt. Aber schon 1541 finden wir nach Ausweis des Visitationsprotokolles auf der Neustädter Probstei und Pfarre Ern Joachim Kunicke und neben ihm auf der Altstädter Probstei und Pfarre Ern Joachim Priepert (Pripert, Prieperde). Beide werden als fromme und gelehrte Leute gerühmt.

[1]) Einen Zusatz über die letzten Schicksale des letzten Dominikaner-Priors Thomas Lampertus findet man bei Lisch, M. Jahrb. XXXII, S. 153. — Die Angabe eines Franziskanerklosters in Röbel im Ortsregister des XX. Bandes beruht auf einem Irrthum; ein solches hat es in Röbel niemals gegeben.

Bleiben wir nun zunächst bei der Altstadt. Priepert stirbt 1557.[1]) Neben ihm wirkt als Diakonus seit 1551 Jakob Berg (Montanus), der als solcher auch unter dem auf Priepert folgenden Probst Laurentius Regedantz weiter wirkt und als zweiten Diakon einen Joachim Gabler zur Seite hat (s. Kelch in St. Marien), dann aber selber Probst wird und bis 1592 lebt.[2]) Auf Berg folgt an erster Stelle Augustin Raderecht von 1593 bis 1631. Als Diakonus neben Berg und Raderecht wirkt über vierzig Jahre lang Johann Möller, nämlich von 1568 bis 1610. Zugleich mit ihm wird in der Zeit von 1568 bis 1573 als Prädikant der Vikar oder Diakonus Paul Drewes genannt, der für die Altstadt wie auch für die Neustadt mitgewirkt zu haben scheint. An derselben zweiten Stelle, die Möller bis zu seinem Tode im Oktober 1610 innehat, finden wir nachher von 1612 an Ernst Schwichtenberg (gestorben 8. Februar 1622) und darauf Daniel von Ankum, der nach Berg's Tode 1631 in die erste Stelle einrückt, 1638 von der Pest weggerafft wird und von 1632 an als Diakon neben sich den Heinrich Burmeister hat, der im August 1638, nach Ankum's Tode, in die erste Stelle einrückt, aber schon vor dem Monat Oktober desselben Jahres ebenfalls von der Pest ereilt wird. Er scheint auch in der Neustadt als Diakon gedient zu haben (s. u.). Man sieht an diesen redenden Thatsachen die Noth der Zeit und das Elend des dreissigjährigen Krieges auch in der Stadt. 1639 wird M. Joachim Hase (Hasenius) aus Wesenberg berufen, er stirbt 1669. Neben ihm wirkt als Diakon für die Neustadt wie für die Altstadt Joh Hagemann seit dem 1. August 1657. Hagemann rückt nach Hase's Tode 1669 in die erste Stelle auf, neben ihm wirkt als Diakon Joh. Brallius, der als solcher in Aktenstücken von 1671 vorkommt und am 23. März 1681 stirbt. Der Nachfolger von Brallius ist Christian Albert Hink (Hincke) seit dem 8. Oktober 1682. Nach Hagemann's Tode (11. Mai 1685) wird Hink erster Pastor der Altstadt; seit 1705 Präpositus, stirbt er, 84 Jahre alt, am 7. Juni 1740. Da von 1685 kein Diakon neben ihm genannt wird, so mag der im November 1686 berufene und am 16. December 1717 verstorbene Diakon der Neustadt, Christian Pristaff, auch als Diakon der Altstadt fungiert haben. Von 1719 an aber finden wir wieder einen Diakon der Altstadt neben Hink, es ist Joh. Christoph Schertling, der den alten Hink um zwei Jahre überlebt und somit ganz kurze Zeit sein Nachfolger ist, nämlich bis zum 24. December 1742. Es folgt der Sohn Dietrich Christian Schertling, vom 10. März 1743 bis zum 14. Februar 1754. Ein besonderer Diakon der Altstadt wird nicht neben ihm genannt, ebenso nicht neben seinen Nachfolgern: Joh. Ehrenfried Schröder (vom August 1754 bis

[1]) Nicht 1551, auch nicht 1568, wie sonst angegeben wird.

[2]) Die Deutung des korrumpierten Namens REGDANTVP (vgl. den hier angezogenen Kelch in St. Marien) auf Regedantz gewinnt dadurch an Wahrscheinlichkeit, dass das Inventar von 1811 ein längst verschwundenes Epitaphium mit langer Inschrift beschreibt, in welchem die Gattin des Jakob Berg, der unter dem Probst Laurentius R. als Diakonus diente, den Namen Kunigunde Regedantz führt. Jakob Berg wird somit der Schwiegersohn seines Probstes gewesen sein.

zu seinem Tode am 9. März 1772), Joh. Jakob Becker (introduciert 22. August 1773 und gestorben 6. Juni 1777) und Johann Heinrich Behrens (von 1778 an, Präpositus seit 1804 und gestorben am 23. Juli 1813). Vgl. Walter a. a. O.

Jetzt zur Neustadt zurück. Nach Joachim Kunicke wird 1549 Ernst Rothmann als Prädikant genannt, der später Probst und Hofprediger des Herzogs Johann Albrecht wird. Nach ihm nimmt Bartholomaeus Sperling die Stelle des Probstes ein, wir finden ihn in den Kirchenakten von 1562 an und über 1581 hinaus. Neben ihm an zweiter Stelle wirken Jürgen Buchholz (nachzuweisen zwischen 1568 und 1577) sowie Thomas Schmidt (Faber, Fabritius), der 1579 bereits da ist, aber schon vor dem Advent von 1586 stirbt. Als Probst von St. Nikolai wirkt darauf Samuel Häseke (nachzuweisen von 1589 an, gestorben vor 1604). Um 1604 beruft Herzog Karl den Matthäus Kuno, der im Jahre 1617 stirbt. Neben ihm wird Mauritius Sadler (Sadeler) genannt, der aber schon am 5. März 1615 stirbt. Mit der schon im selben Jahre erfolgenden Berufung des Sohnes Andreas Sadeler († 1618) hat der Rath der Stadt kein Glück, da der Herzog Adolf Friedrich diesen Eingriff in sein Patronatsrecht Anfangs zurückweist und den M. Georg Kienast (Kenast) 1617 einsetzt, der ebenso wie seine Amtsbrüder auf der Altstadt entweder 1637 oder 1638 vom Tode hingerafft wird. Neben Kienast werden als Diakoni genannt Laurentius Dinte (berufen 1620, schon gestorben 1621), Christian Leomann (1621, 1636 noch im Amt) und ein Amsel, der 1630 gestorben sein soll.[1]) Von 1638 an aber hat die Neustadt wieder ihren eigenen Diakon in Joach. Baumann, der 1656, als wieder geordnetere Verhältnisse eintreten, erster Pastor wird und im Juni 1671 stirbt. Neben ihm von 1656 an, als Diakon für Alt- und Neustadt, der obengenannte Hagemann. Baumann's Nachfolger ist Friedr. Neander (seit 1672, aber schon todt im März 1673). Als Hauptpastoren folgen Friedrich Dörk (Dörkes, vom Oktober 1674 an, gestorben 24. Februar 1704, Präpositus seit 1688) und Joh. Christian Siggelkow (vom Januar 1705 an bis zu seinem Tode am 11. April 1747). Als Diakoni wirken neben beiden Christian Pristaff (1686—1717, s. o.), Gottfried Kruck (1719—1732) und vom December 1732 an Joh. Joachim Duncker, der 1748 Präpositus wird und am 19. December 1757 stirbt. Ihm folgt an erster Stelle mit dem Namen des Grossvaters (s. Altstadt) Joh. Christoph Schertling, der, am 26. März 1747 introduciert, 1759 Präpositus wird, 1797 sein Jubiläum feiert und am 15. Mai 1804 aus dem Leben scheidet. Als Diakoni wirken neben ihm Otto Heinr. Möhring (1759—1789), Ad. Gottlieb Susemihl (1789—1797, später in Kreien) und Gottlieb Theod. Zehlicke, der 1813 Präpositus wird und am 6. September 1834 stirbt. S. Walter a. a. O.

[1]) Wir finden den Namen des Amsel bei Schröder, Kirchengesch. M.'s I. S. 424, und darauf auch im Cleemann'schen Syllabus Gustroviensium, sind ihm aber in den uns zugänglichen Akten nirgends begegnet.

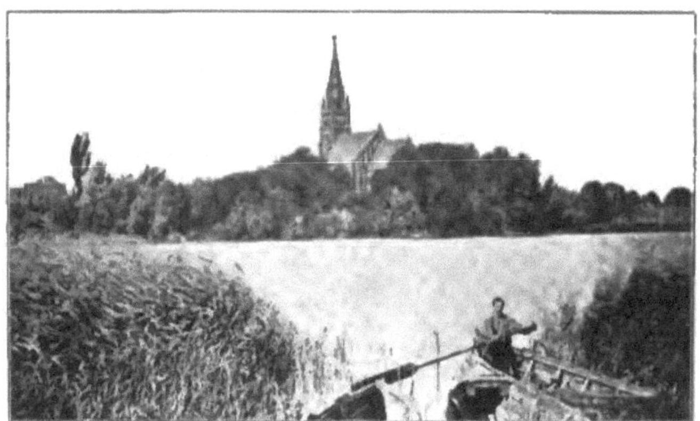

Blick auf die Marienkirche zu Röbel (von der Wasserseite her).

St. Marien auf der Altstadt.

Baubeschreibung. Die Kirche ist ein Hallenbau von Backstein mit drei gleich hohen Schiffen und mit einem platt abschliessenden einschiffigen Chor. Während dieser noch ganz den Eindruck eines Baues aus der ersten Hälfte des XIII. Jahrhunderts macht, sieht man dem Langhause sehr bald die Umgestaltung in späterer Zeit an, ja die Netz- und Sternwölbung kann sogar recht gut dem XV. Jahrhundert angehören, doch fehlt es darüber an Dokumenten. Der Thurm aber in seiner jetzigen neugothischen Gestalt ist von dem Baurath Krüger in der Zeit von 1849 bis 51 ausgeführt. Der alte Thurm ermangelte der Spitze, wie dies auf einer Abbildung bei Lisch, Mecklenburg in Bildern IV, S. 49 ff. zu sehen ist. Er war mit einem Satteldach versehen. Im Gemeindehause fehlen alte Kapitelle ganz und gar, dagegen finden sich solche im Chor. Hier entsprechen sie als runde Wulste den Bündel-Rundstäben unter den Schildbögen und den Diagonalrippen der Kreuzgewölbe. Das Langhaus ist mit sechs Gewölben eingedeckt. Es sollte deren ursprünglich neun haben, es sind jedoch nur die dem Chor zugewandten ersten sechs ausgeführt, die drei westlichen hat man sich gespart. Der so gebildete ungewölbte Raum ist durch eine Wand von der übrigen Kirche geschieden und dient jetzt als Vorhalle. Die älteren noch an die Backofenform erinnernden Kreuzgewölbe des Chors zeigen Rippen, die aus der Form des Rundstabes gebildet sind, die des Langhauses dagegen verrathen mit ihren birnförmig profilierten Rippen die spätere Gothik. Doch haben die unter ihnen stehenden Pfeiler ihren frühgothischen Charakter bewahrt, nur sind sie, wahrscheinlich bei Ein-

Beschreibung des Baues.

setzung der Gewölbe, ihrer Kapitelle verlustig gegangen, die sie einst gehabt haben werden. Die Fenster der Kirche sind sämmtlich Schlitzfenster mit leise gespitztem Bogenschluss aus der Zeit des Ueberganges vom romanischen zum gothischen Stil. Auch sonst hat die Kirche in ihrem Aeusseren sich den

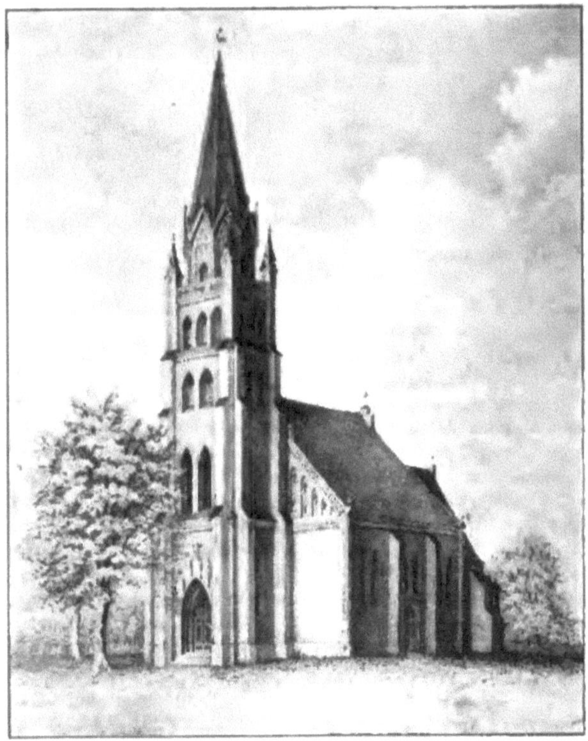

Marienkirche zu Röbel (nach Zeichnung von Krüger).

spätromanischen Charakter erhalten, wie Sockel, Lisenen, Reste von Rundbogen-Friesen und die schönen frühgothischen Portale auf der Nord- und Südseite beweisen. Auf der Nordseite des Chors liegt die Sakristei, die mit einem Kuppelgewölbe geschlossen ist.

Ob die Kirche auf einem heidnischen Burgwall oder gar auf einer heidnischen Tempelstätte erbaut sei, können wir dahingestellt sein lassen: Lisch, M. Jahrb. VIII, S. 114. XIII, S. 425. Beyer, M. Jahrb. XXXII, S. 119.

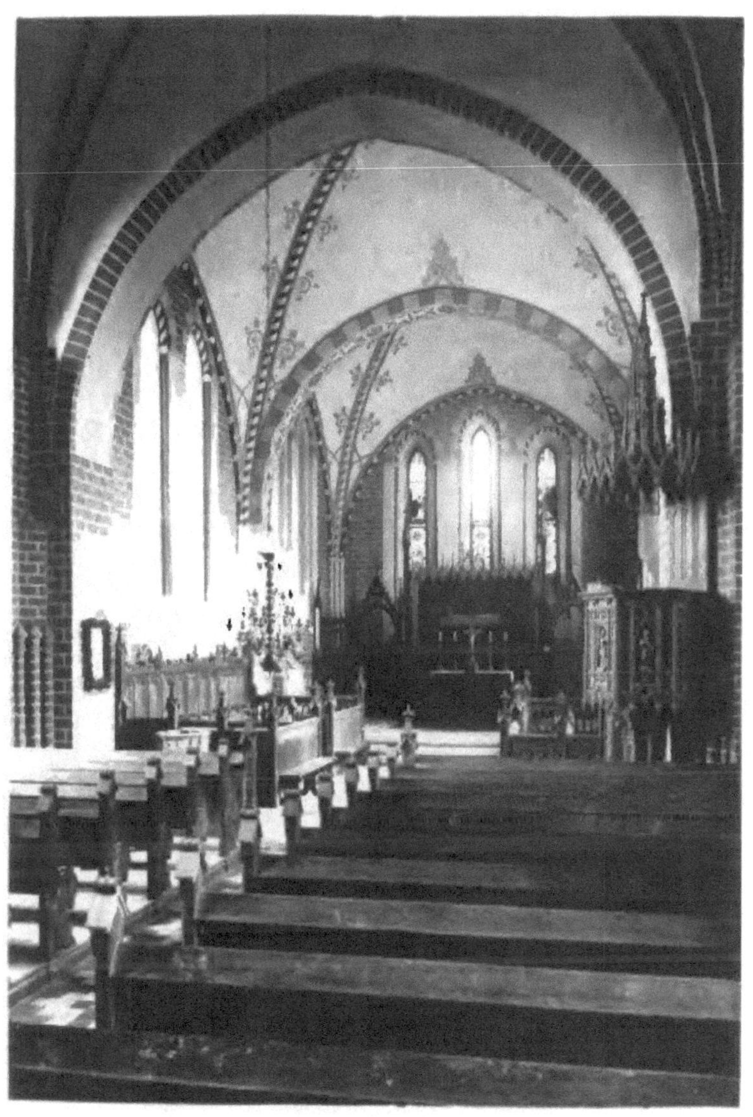

Inneres der Marienkirche zu Röbel. Blick auf den Altar.

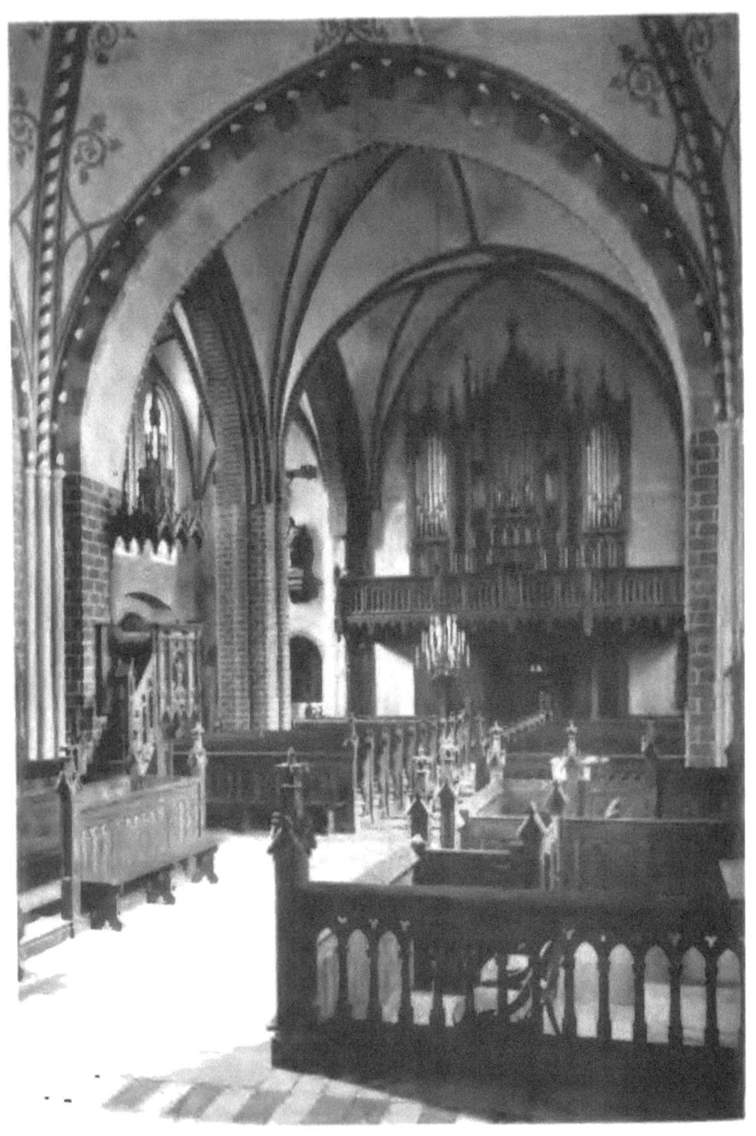

Inneres der Marienkirche zu Röbel. Blick auf die Orgel

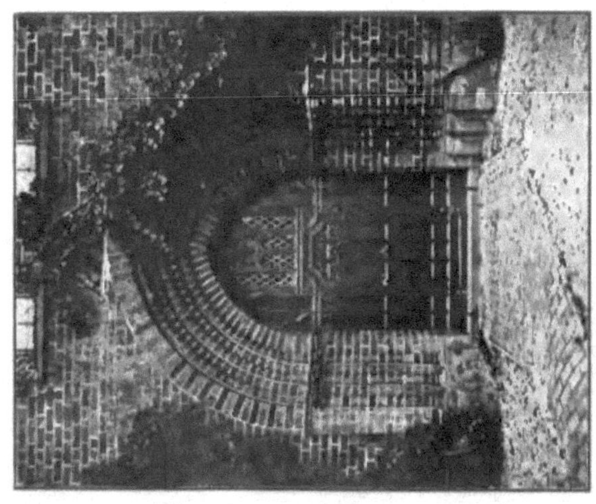

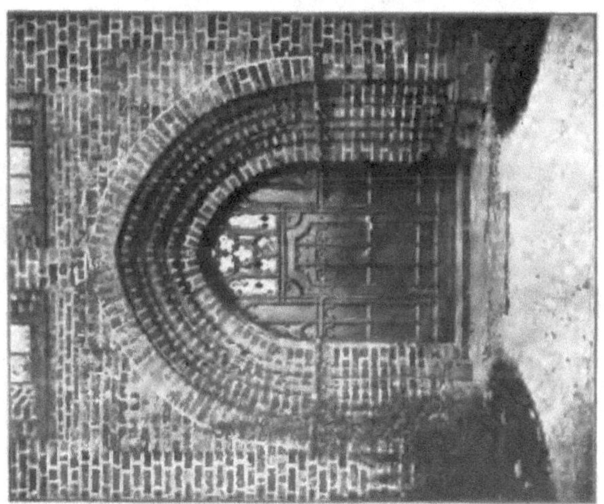

Frühgothische Portale.

Wandmalereien.

Wandmalereien. Als bei der Restaurierung der Kirche im Jahre 1850 auch die Dekorierung der Wände und Gewölbe in Ueberlegung gezogen und zu diesem Zweck der Kalkputz aus dem Jahre 1701 entfernt wurde, fanden sich alte Wandmalereien von höchstem Interesse. Doch glaubte man damals, auf ihre Wiederherstellung verzichten zu sollen, und begnügte sich deshalb mit der Anfertigung von Kopien durch den Hofmaler **C. Schumacher**. Die Malereien selber wurden daher wieder zugedeckt.[1] Von diesen Kopien, die im Grossh. Museum aufbewahrt werden, hat Lisch die wichtigsten in der Zeitschrift für Bauwesen, 1852, August, veröffentlicht und mit einem Text begleitet, den wir hier sammt den Zeichnungen wörtlich wiedergeben:

»Das Schiff hat vor der Uebertünchung mit Kalk im Rohbau gestanden. Der Chor ist dagegen ganz bemalt. Um diese Malereien gut aufnehmen zu können, ward der Chor zur Zeit der Erbauung mit einem ganz dünnen, festen, glatten Kalkputze bedeckt. Es ist gewiss irrig, wenn man glaubt, dass die alten Ziegelkirchen immer ganz im Rohbau und gefugt gestanden hätten; vielmehr ist überall, wo Malereien angebracht werden sollten, der Grund festgeputzt. Es sind schon Seitenkapellen entdeckt, welche ganz geputzt und bemalt sind. Die Malerei des Chores ist folgendermassen konstruiert. Auf dem Fussboden stehen ringsumher niedrige Rundbogen-Arkaden[2]) welche in den Putz leicht eingerissen und gemalt sind. Diese Arkaden stehen auf kurzen, mit einer dünnen Platte bedeckten Pilastern, auf denen Halbkreisbogen ruhen, welche aus abwechselnd rothen und blauen Quadern gemalt sind. Die Flächen unter diesen Arkaden sind nicht gemalt, sondern zeigen den ungefärbten, gelblichgrauen, festen Putz. Darüber sind die Wände bis zu den Gewölben ganz roth gemalt und gross quadriert, so dass Steine, von grösserem Format als Ziegel, nachgeahmt werden; diese übrigens einfache, jedoch sehr hübsche Malerei ist also ganz dekorativ. Das Roth ist äusserst schön und milde, und fast mehr orange als roth. Die beste Ansicht giebt die am vollständigsten dekorierte und erhaltene westlichste Hälfte der Südwand. Die Quadrierung ist durch Linien hervorgebracht, welche bald weiss sind, bald mehr ins Bläuliche, bald ins Graue spielen. Die Fensterlaibungen sind weiss. Die Wulste, welche die Fenster einfassen, sind rein dunkelziegelroth; in der Wölbung der Fenster sind diese rothen Wulste mit wechselnden halben Scheiben aus blauen und weissen koncentrischen Kreisen verziert: eine Verzierung, welche an eine sehr frühe Zeit erinnert. Mit eben solchen halben Scheiben sind die dunkelziegelrothen Gewölberippen oder Wulste, welche die Seitenwände von den Gewölben scheiden, verziert. Um aber die rothen Wandflächen etwas zu brechen, sind die Fenster mit breiten, weissen Pilastern auf den Wandflächen eingefasst; die Pilaster haben fein in Grau gezeichnete, jedoch schon sehr verwischte Kapitäle, welche weisse Bogen über den Fensterwölbungen tragen. Die schmalen Wandflächen oder Pfeiler zwischen je zwei also gekuppelten Fenstern werden von diesen Pilastern gerade gefüllt, und sind mit bläulichen, senkrechten, wellenförmigen Parallelbändern geschmückt. Eben so sind die Konsole, welche den Gurtbogen zwischen beiden Gewölben tragen, mit schuppenförmigen Verzierungen bedeckt, an der Südwand in Blau, an der Nordwand in Roth. Neben den Fenstern stehen auf weissen Scheiben die in Hochroth schön ausgemalten bischöflichen Weihkreuze

[1]) M. Jahrb. XVI, S. 290 91. XVII, S. 376—385.

[2]) Aehnliche Arkaden und Wandmalereien sind zu derselben Zeit in der auch im Uebergangs-Stile erbaueten Kirche zu Methler bei Dortmund entdeckt. Vgl. Deutsches Kunstblatt 1851, No. 39, S. 308.

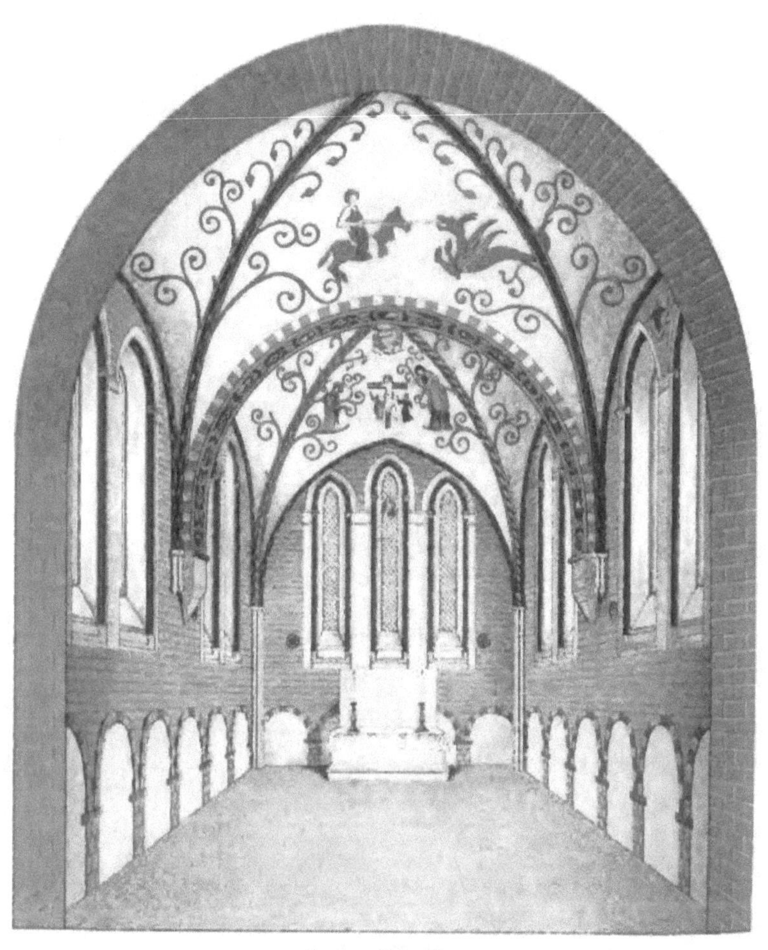

Hauptansicht des Chors.

ST. MARIEN ZU ALT-RÖBEL.

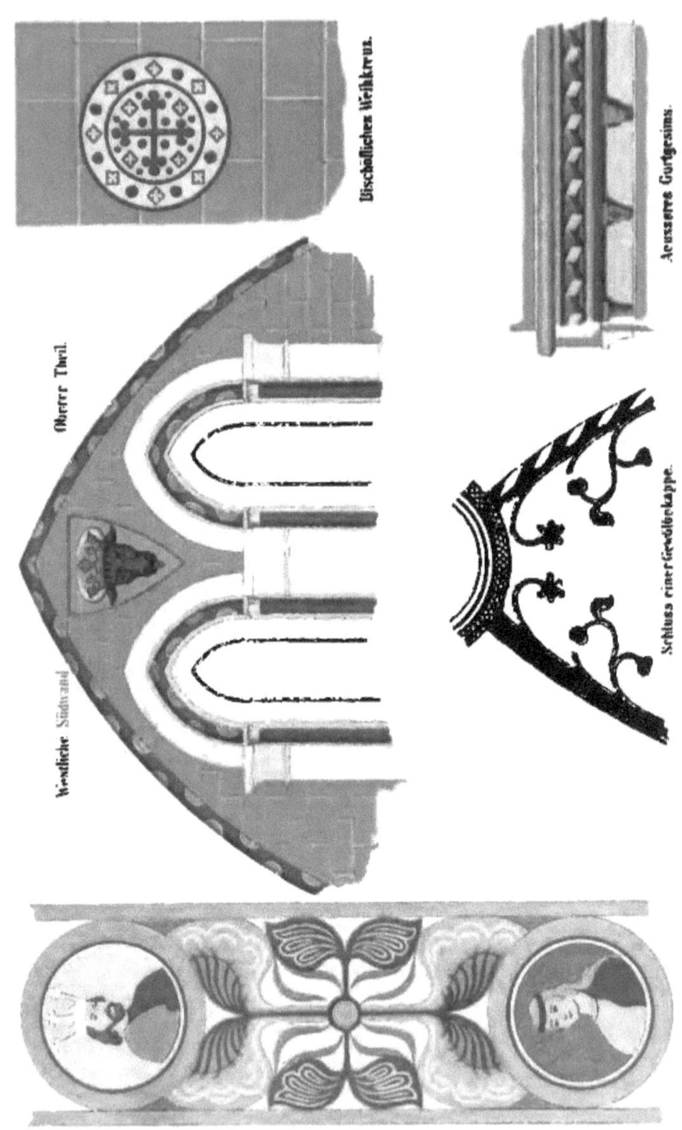
Bischöfliches Weihkreuz.
Aeusseres Gurtgesims.
Westliche Südwand
Oberer Theil.
Schluss einer Gewölbekappe.
Verzierung des östlichen Gurtbogens.

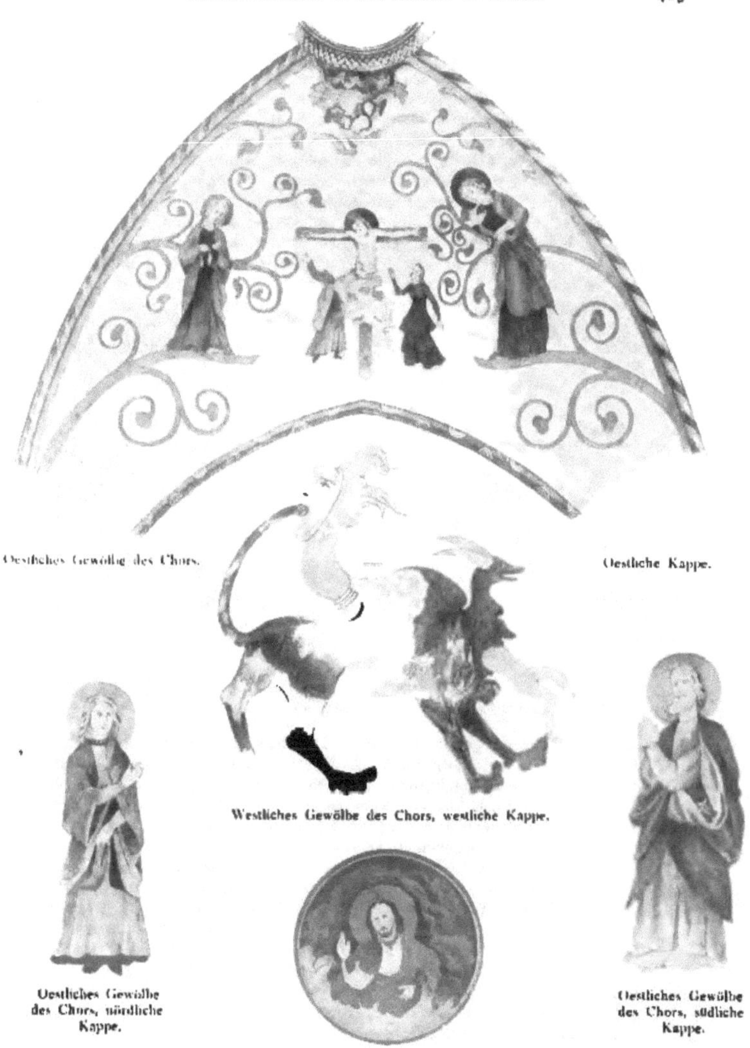

Oestliches Gewölbe des Chors.

Oestliche Kappe.

Westliches Gewölbe des Chors, westliche Kappe.

Oestliches Gewölbe des Chors, nördliche Kappe.

Oestliches Gewölbe des Chors, südliche Kappe.

Rundbild im Schluss des östlichen Chorgewölbes.

31*

mit rothen und blauen Blattverzierungen. Die Gewölberippen sind mit mehreren Bändern, abwechselnd in Blau und Gelb, Roth und Weiss, Blau und Roth, auch Roth mit halben Scheiben in Blau und Weiss bemalt. Die Gewölbekappen sind weiss geputzt, tragen aber auf dem weissen Grunde einen reichen Schmuck in Malereien von Arabesken und Figuren. Die Arabesken sind noch sehr natürlich gehalten. Unmittelbar an den Gewölberippen liegen nach oben sich verjüngende Baum-Aeste, von denen Zweige auslaufen, welche sich in Ranken und Blättern verlieren. Wo dieses Gezweige zu voll werden würde, sind Aeste als abgehauen dargestellt. In dem östlichen Gewölbe sind alle Arabesken nur gelb; in dem westlichen Gewölbe sind sie abwechselnd roth und blau. Das westliche Gewölbe hat einen Schlussstein. Das östliche Gewölbe hat statt dessen, wie viele Kirchen in der Mitte des Landes um die Stadt Güstrow aus derselben Bau-Periode, eine mit einem Wulst umfasste Scheibe, welche hier zu einem Medaillon benutzt ist. Der westliche Gurtbogen zwischen Chor und Schiff, der arcus triumphalis, unter welchem das grosse, aus Holz geschnitzte Krucifix mit Maria und Johannes

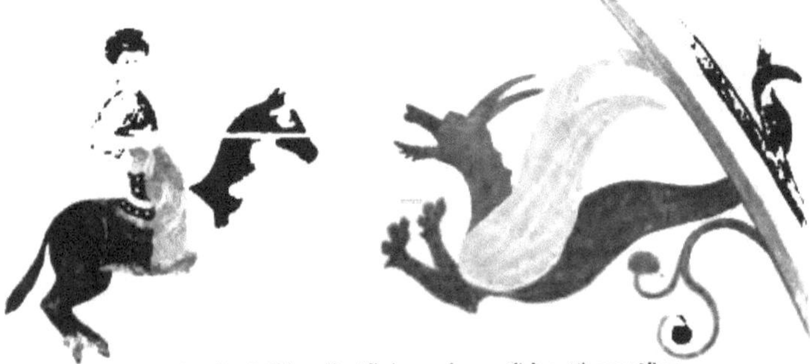

Aus des östlichen Gewölbekappe des westlichen Chorgewölbes.

steht, ist schlechtweg roth quadriert. Der östliche Gurtbogen zwischen dem ersten und zweiten Chorgewölbe ist aber sehr reich und eigenthümlich bemalt. Auf gelbem Grunde stehen neun Medaillons, welche in grauem, gelbem, blauem oder rothem Grunde eben so viele Brustbilder weltlicher, wie es scheint fürstlicher Personen tragen. Leider lassen sich die Personen wohl nicht ermitteln; wahrscheinlich sind sie aber aus der Familie der (unten zu nennenden) im Jahre 1283 verwittweten Fürstin Sophie von Werle. Zwischen je zwei Medaillons stehen auf dem gelben Grunde des Gurtbogens schöne Blätter-Arabesken in Rothbraun, mit weissen Rippen, und begleitenden Blätterformen in Blau und Weiss. Die Seitenflächen des Gurtbogens sind gelb und weiss quadriert. Eine höchst wichtige Verzierung steht über dem westlichen Fensterpaare der Südwand, der jetzt zugemauerten Rundbogenpforte des Chores gegenüber, nämlich ein grosses Wappen der Fürsten von Werle, im gelben Schilde ein schwarzer Stierkopf, ganz in den Formen, wie es die Siegel aus der zweiten Hälfte des XIII. Jahrhunderts zeigen.«

»Die Malereien an den Gewölben sind ebenso merkwürdig für die höhere Kunstgeschichte, als die Dekoration der Wände von Einfluss auf die Verzierung der Ziegelkirchen sein mag; diese Gemälde tragen den unverkennbaren Charakter des XIII. Jahrhunderts, sowohl in dem Geiste der Komposition, als in den Konturen der Ausführung.«

»Oestliches Chorgewölbe (über dem Altare). Die Arabesken dieses Gewölbes sind ganz, und nur gelb; die Farben der Figuren sind blau, roth, gelb; das Gelb ist vorherrschend. Auch die Heiligenscheine sind in Gelb oder Roth. 1. Oestliche Gewölbekappe. Die Kreuzigung Christi. In der Mitte Christus an einem T-förmigen Kreuze hängend, mit einem anliegenden Schurze von den Rippen bis gegen die Kniee bekleidet, mit einer rothen Scheibe um das Haupt, welches den Querbalken des Kreuzes überragt. Unter dem Kreuze sind zwei kleine Figuren ohne Heiligenschein, entweder die Donatoren, oder Maria Magdalena und Joseph von Arimathia. Ueber dem Kreuze schweben unter einer an die Schlussscheibe gelehnten Wolke Engel, von denen jedoch nicht viel mehr zu erkennen ist. An jeder Seite dieser Kreuzigungs-Darstellung steht eine Figur, welche fast noch ein Mal so gross ist, als die Figuren der Kreuzigungs-Gruppe: rechts vom Kreuze Maria, links Johannes Ev. - 2. Nördliche Gewölbekappe. Eine weibliche Heilige, die heil. Katharina (?), deren Verehrung im Mittelalter an einem Neben-Altare der Kirche vorkommt. — 3. Südliche Gewölbekappe. Ein anbetender männlicher Heiliger, wahrscheinlich der Apostel Andreas. — 4. Westliche Gewölbekappe. Ein anbetender kleiner, geflügelter Engel, mit über die Brust zusammengelegten Armen und gekreuzten Beinen. Das Medaillon auf der Schlussscheibe enthält das Brustbild des segnenden Christus in Wolken.«

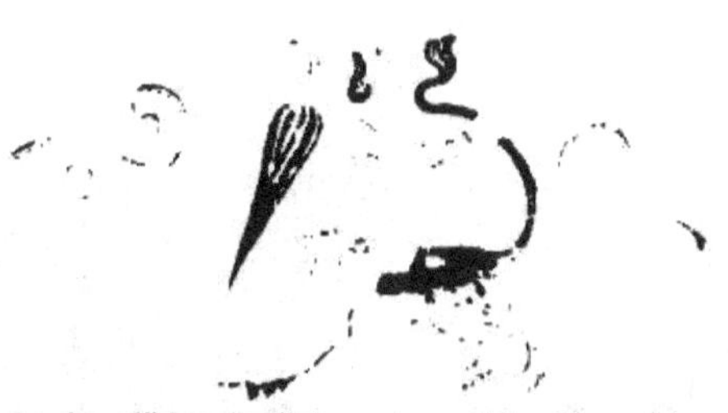
Aus der südlichen Gewölbekappe des westlichen Chorgewölbes.

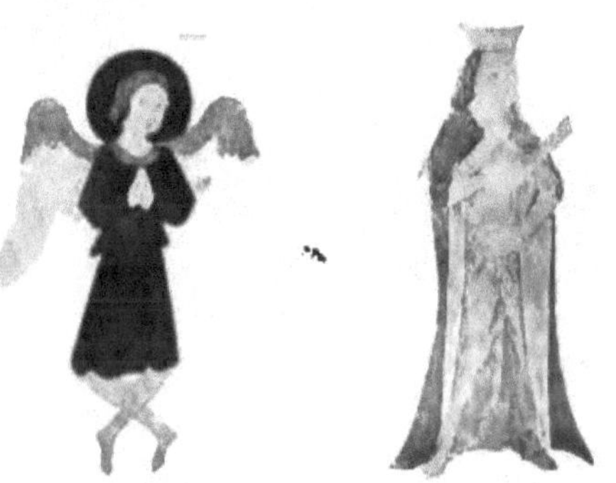
Aus der westlichen Gewölbekappe des östlichen Chorgewölbes.

Aus der nördlichen Gewölbekappe des westlichen Chorgewölbes.

»Westliches Chorgewölbe. Die weniger reichen Arabesken haben rothe oder blaue Zweige und Blätter. Auch in den Figuren sind Roth und

Blau vorherrschend. 5. Oestliche Gewölbekappe. Der heilige Georg, den Lindwurm tödtend. — 6. Nördliche Gewölbekappe. Ein männlicher Heiliger in Ritterrüstung, mit einem Schwerte in der Hand: der heilige Heinrich oder der heilige Alexander? — 7. Südliche Gewölbekappe. Simson, den Löwen zerreissend. — 8. Westliche Gewölbekappe, zunächst am Schiffe. Das Thier der Apokalypse mit zwei Hörnern (Apokal. XIII, 11).«

»Nicht minder interessant ist eine alte Malerei auf der der Stadt zugekehrten südlichen Aussenwand des Chores, eine Verzierung, welche ohne Zweifel aus der Zeit der Erbauung der Kirche stammt, jedoch im Jahre 1850 so verfallen war, dass sie nicht mehr erhalten werden konnte. Unter den

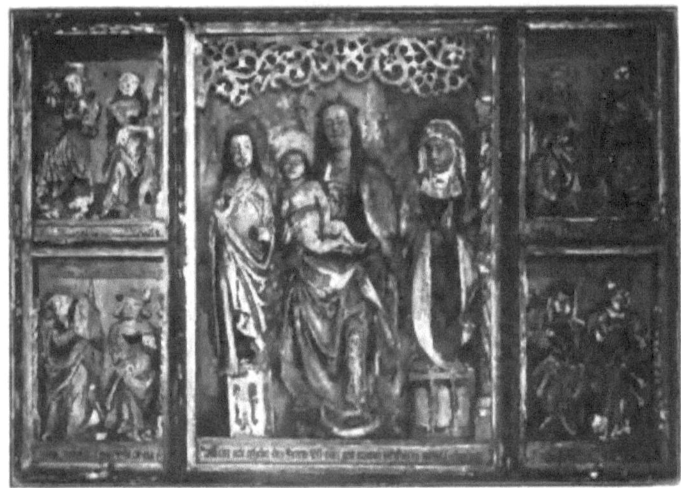

Spätgothisches Triptychon.

Fenstern steht ein Gurtgesims, welches geputzt ist und auf hübschen, kleinen Ziegelkonsolen ruhet, welche alle verschieden sind. Dieses Gesims hatte auf bläulichem Grunde ein gemaltes vielfarbiges Zickzackband, welches eine Stromschicht von Ziegeln darstellt.«

»Alle diese Malereien stammen ohne Zweifel aus dem XIII. Jahrhundert. Der ernste, tiefe Stil der Malerei, die hohe, schlanke Gestalt der Figuren, die Einfachheit in den Konturen und Farben, die Rundbogen-Arkaden, die bischöflichen Weihekreuze, ohne Zweifel die Weihkreuze aus der ersten Weihung der Kirche u. a. m., reden für eine sehr frühe Zeit, die Zeit der Erbauung des Chores 1220—1230. — Dagegen spricht das werlesche Wappen, welches in jener frühen Zeit noch gar nicht so ausgebildet war, für die zweite Hälfte des XIII. Jahrhunderts, als die Fürstin Sophie hier einen ungewöhnlich grossen geistlichen Hofstaat um sich versammelte und eine zahlreiche Familie hatte, welche in den Porträts dargestellt zu sein scheint. Dies würde zu der Zeit stimmen, in welcher das Schiff der Kirche neu gebaut ward. — Für die erste Zeit der Erbauung der Stadt und der Kirche ist die Malerei an einem kleinen, entlegenen Orte auch viel zu kunstreich, da sie schon einen hohen Bildungsgang in mehreren Gewerben voraussetzt, den Röbel um 1230 noch nicht hatte. Auch scheint die Malerei nicht mit einem Male fertig geworden zu sein. Die Malerei an dem eigenthümlich konstruierten Gewölbe über dem Altare, welche sich mehr in sanftern Farben (vorherrschend gelb) und in einem reinern, edlern Stile hält, scheint älter zu sein, als die Malerei des westlichen Gewölbes, welche mehr in härtern Farben (roth und blau) gehalten ist, und mehr zu der Dekoration der Wände stimmt, welche das werlesche Wappen aus der zweiten Hälfte des XIII. Jahrhunderts tragen. Das werlesche Fürstenhaus, welches im Jahre 1436 ausstarb, war in Röbel nur in der zweiten Hälfte des XIII. Jahrhunderts blühend. So viel ist gewiss, dass die Bemalung des Chores in der Zeit zwischen 1230 und

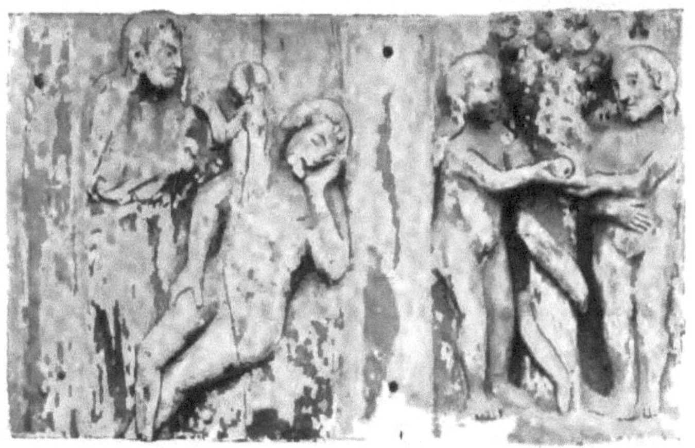

Die Erschaffung der Eva. (S. S. 488.) Der Sündenfall.

1260 angefangen und sicher noch im XIII. Jahrhundert vollendet ist. Dass die Malerei vor der Mitte des XIV. Jahrhunderts vollendet sei, beweisen einige jetzt nicht mehr klar zu erkennende alte Wappen und Inschriften, welche auf die erste Malerei aufgetragen waren.«

Als **Altaraufsatz** ein grosses Oelgemälde mit der Darstellung des hl. Abendmahls, das 1852 vom Hofmaler G. Lenthe-Schwerin ausgeführt ist. Altaraufsatz.

Der ehemalige Altarschrein, ein spätgothisches **Triptychon** mit Werken der Plastik und Malerei des XIV. Jahrhunderts, aber von geringer Bedeutung, steht zur Zeit in der Sakristei der Kirche. Eine eingehende Beschreibung findet sich bei Lisch, M. Jahrb. XXI, S. 289, auf die wir hier ebenso verweisen wie auf die beigegebene Abbildung. Triptychon

Der alte Altar zeigt in der Mitte die hl. Maria, mit dem Kinde auf dem Arm und auf dem Halbmond stehend, und daneben zwei Figuren von kleineren Dimensionen, aber anscheinend nicht von derselben Schnitzerhand.

Die eine mag den hl. Johannes Baptista darstellen sollen; die andere aber, eine besser gearbeitete weibliche Heilige, muss zweifelhaft bleiben. In den Flügeln oben links der hl. Georg und die hl. Barbara, oben rechts die hl. Katharina und der hl. Jakobus major; unten links der hl. Justus und die hl. Apollonia (so nach den Unterschriften, die aber in späterer Zeit erneuert sind), unten rechts die hl. Gertrud und der hl. Nikolaus. Bezüglich der eigenthümlichen Zusätze aus anderen Altären, womit dieser kleine Altar umkleidet und zu einem grösseren gemacht war, verweisen wir auf die Beschreibung bei Lisch, in welcher auch die Gemäldetafeln ausführlich zur Geltung kommen. Von den plastischen Werken, die diesem Altar hinzugefügt waren, sind einzelne schon zu Lisch's Zeit ins Grossherzogliche Museum gekommen, unter ihnen als älteste Stücke der Frühgothik zwei Hoch-Reliefs mit den Darstellungen der Erschaffung der Eva und des Sündenfalles, und als Stücke der Hoch- und Spätgothik eine Annaselbdritt-Gruppe, ein St. Vitus u. a. m.

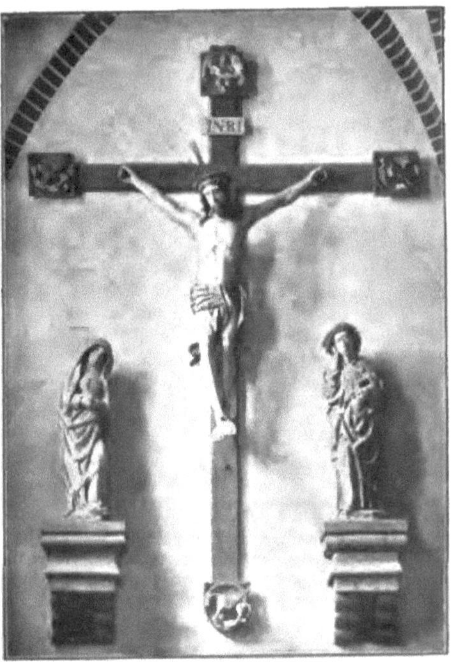

Ehemalige Triumphbogen-Gruppe.

Triumph-bogen-Gruppe. An der Westwand der südlichen Abseite des Langhauses ist zur Zeit die lebensgrosse **Gruppe des ehemaligen Triumphbogens** aufgestellt, ein ungleich trefflicheres Werk als der ehemalige Schnitzaltar.

Kanzel. Die **Kanzel** mit den geschnitzten Figuren der vier Evangelisten ist neu.[1])

Taufstein. Der **Taufstein** ist neu. Am Fuss die Statuetten der vier Evangelisten.

Granit-block. Auf dem Kirchenplatze liegt ein ausgehöhlter **Granitblock**, der als **Weihwasserbecken** gedient haben wird.

[1]) Die alte Kanzel war ein Werk des Barockstils ohne Datum. S. Inventar 1811.

Glasmalerei.

Die drei Fenster des Chorgiebels sind mit neuer **Glasmalerei** von **E. Gillmeister** versehen. In der Mitte die Himmelfahrt, rechts und links davon je zwei Evangelisten. Unter der Figur im Mittelfenster ein Rundbild mit dem Bilde der hl. Maria, unter den Figuren der andern beiden Fenster in derselben Weise die Bilder des Moses und des hl. Johannes Baptista.

Wandmalerei.

Als **Wandmalerei** zwischen den beiden Fensterschlitzen des dem Triumphbogen zunächst liegenden Gewölbejoches auf der Südseite der werlesche Stierkopf: der einzige Rest der oben geschilderten Wandmalereien. S. S. 484.

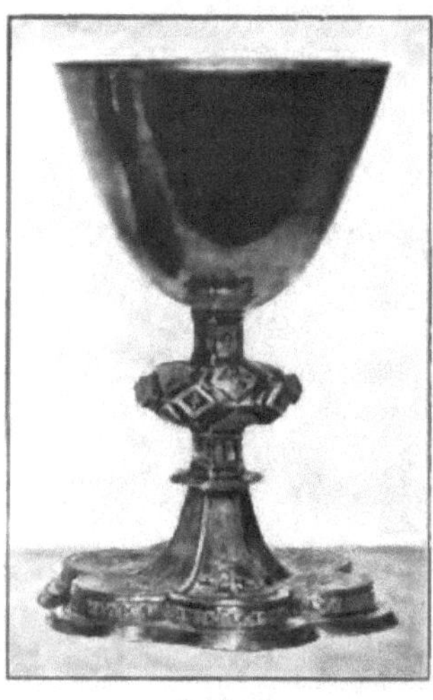

Kelch I.

Hölzerne Tafeln.

In der Sakristei zwei **hölzerne Tafeln** mit den Namen der an St. Marien angestellt gewesenen evangelischen Geistlichen, von **JOACHIM PRIPERT**, gest. 1557, an bis **HEINRICH FRIEDRICH FRANZ PASSOW**, gest. 1880.

Grabsteine.

Hinter dem Altar zwei dem XV. Jahrhundert, und zwar demselben Jahre 1412 angehörende **Grabsteine**, auf jedem die Figur eines konsekrierenden Priesters und ein Wappen. Der eine Stein ist leider überbaut. Die Umschrift des einen lautet voll ausgeschrieben und ergänzt: **Anno domini mccccxii [in die .....] obiit dominus [reverendus] yio de moryn [prepositus in an]tiqua robele · iohannes de moryn pater eius et yda mater eius · orate pro eis.** Zu den Füssen der Marin'sche Wappenschild mit zwei aufgerichteten, von einander gekehrten Angelhaken. — Die Aufschrift des anderen Steines lautet: **Anno domini mccccxii [in die ..... obiit dominus petrus rob[emolner] perpetuus vicarius in antiqua robele · eius anima requiescat in pace.** Zu den Füssen ein Wappenschild mit zwei koncentrischen Drittheilkreisen, die mit der Oeffnung nach aussen gekehrt sind.[1])

Glocken.

Im Thurm hängen drei **Glocken** (Dm. 1,40 m, 1,12 m und 0,92 m). Alle drei sind laut Inschrift Umgüsse von **C. Jllies** in Waren aus dem Jahre 1851.[2])

[1]) Lisch, M. Jahrb. VIII B, S. 113. Auf dem ersten Stein liest Lisch »plebanus« für das den Röbeler kirchlichen Verhältnissen besser entsprechende »prepositus«, welches Crull vorgeschlagen hat.

[2]) Eine von den vier Vorgängerinnen stammte, nach Lisch a. a. O., aus dem Jahre 1577. Aber Lisch theilt nur den Anfang ihrer Inschrift mit: **anno · domini · m · d · lxxvii · help · got.** Die Fortsetzung giebt das Inventar von 1811, nämlich: **help got vt not · afgunst is grot · den dat ick mi vp vorlet dat is beienne de mi vorret.** Von den übrigen Glocken

Kleinkunstwerke.

Kleinkunstwerke. 1. 2. Silbervergoldeter Kelch auf sechspassigem Fuss und sehr reich verziert. Auf einer der Fussflächen ein plastischer Krucifixus, auf einer andern die eingravierte Figur des hl. Antonius mit Schwein und Kreuz, auf der gegenüberliegenden Fläche ein Band mit der Inschrift **lorentz marin.** In den Rotuli des Knaufes die in blaues Email eingelassenen Buchstaben des Namens **i h e f u s**, oberhalb des Knaufes sind in die sechs Seiten des Griffes dieselben Buchstaben eingelassen, unterhalb in derselben Weise **maria.** Patene einfach silbervergoldet.[1]) — 3. 4. Silbervergoldeter Kelch auf sechspassigem Fuss, mit einem plastischen Krucifixus als Signaculum. Im Uebrigen nur spätgothische eingravierte Verzierungen am Schaft wie am Knauf. Ebenso an der Patene. Auf der Unterseite des Fusses die eingravierten Namen **PREPOSITUS LORENTZ REGDANTVP**(!) [2]) **DOMINE**(!) **JACOBUS BERCH JOACHIM GABEL DIACONI**, deren Schrift-Charaktere auf die zweite Hälfte des XVI. Jahrhunderts weisen. Keine Werkzeichen. Am Knauf sechsmal der Buchstabe **M** (Maria). — 5. 6. Grosser silbervergoldeter Kelch mit Patene. Von 1736. Keine Werkzeichen. — 7. Silberne

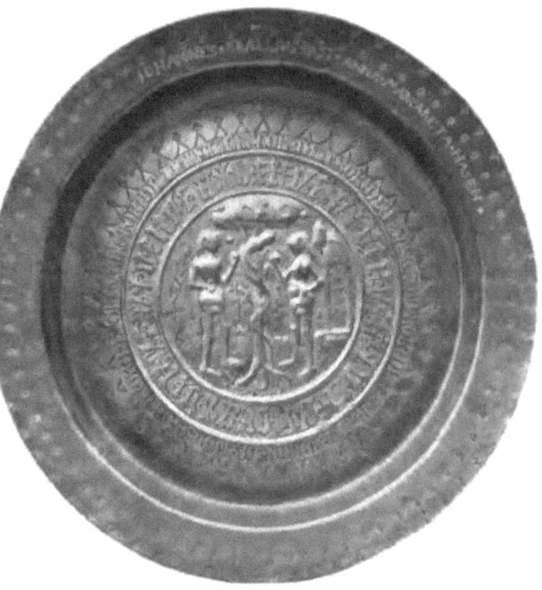

Altes Taufbecken.

waren zwei im Jahre 1706 von Caspar Heinr. Castel aus Frankfurt a. M. gegossen worden. Ueber die vierte wird im Inventar von 1811 nichts gesagt.

[1]) Ueber den Kelch hat sich eine Urkunde erhalten (s. o.), welche sagt, dass er eine Schenkung des Laurentius Marin vom Jahre 1533 für den ehemaligen St. Antonius-Altar in St. Marien sei.

[2]) Der Name ist offenbar verstümmelt. Regedantz soll er heissen. S. o. S. 477.

Abendmahlskanne mit Elfenbeingriff, gestiftet vom Pastor **H. F. F. PASSOW** zu Alt-Röbel am 13. März 1853. — 8. Ovale silberne Oblatendose mit einem **BÜLOW**'schen Allianzwappen aus der Rokokozeit. Auf dem Schilde der Frau oben, nach rechts, zwei Pferdeköpfe; darunter nach rechts ein springender Löwe und unten nach rechts wieder ein Pferdekopf. Endlich als Helmzier der Leib einer Jungfrau. Undeutliches Stadtzeichen. Meister-Stempel **G. E.** — 9. Taufkanne, neu. — 10. Silbernes Taufbecken, neu. — 11. Altes Taufbecken von Messing, mit Darstellung des Sündenfalles in Treibarbeit. Als Umschriften jene viel umstrittene Legenden, die uns schon öfter begegnet sind. Auf dem Rande in lateinischer Kursivschrift der Name des Stifters: es ist der des Pastors **JOH. BRALLIUS** und seiner Gattin **ANNA MARGARETA HASE**. — 12—15. Vier neugothische Altarleuchter von Messing. — 16. Kronleuchter von Messing, neu.

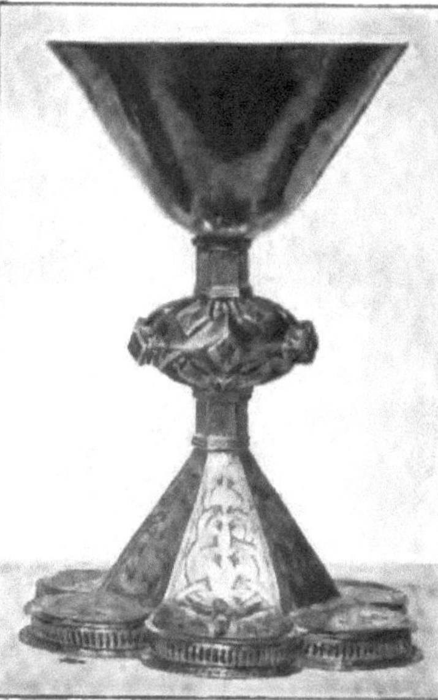

Kelch (3).

St. Nikolai auf der Neustadt.

Baubeschreibung. Die in der zweiten Hälfte des XIII. Jahrhunderts erbaute St. Nikolai-Kirche auf der Neustadt ist gleich der dem Anfange des XIII. Jahrhunderts angehörenden Marien-Kirche ein dreischiffiger Hallenbau von Backstein mit einem einschiffigen schmäleren und niedrigeren Chor, dessen Ostwand platt abschliesst. Im Langhause gewahrt man noch die alten Bündelpfeiler mit ihren romanischen Würfelkapitellen, nimmt aber auch hier gleich wahr, dass die Kreuzgewölbe mit ihren Rippen der späteren Gothik angehören, während die des Chors die Form von flachgespannten ovalen Backofen-

Beschreibung des Baues.

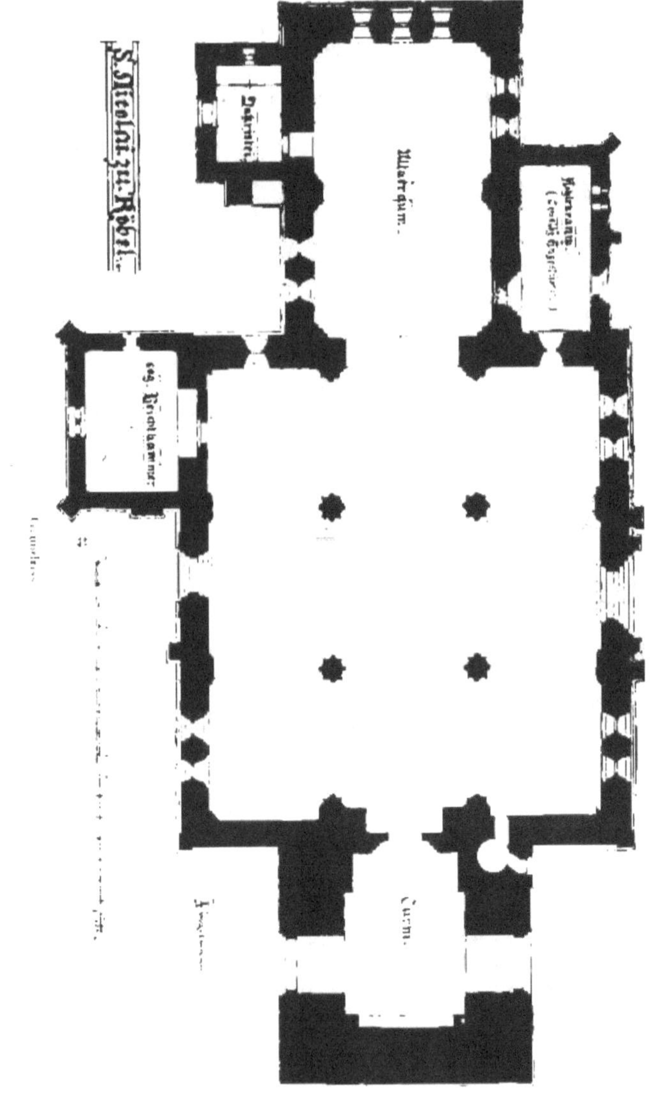
S. Nicolai zu Röbel.

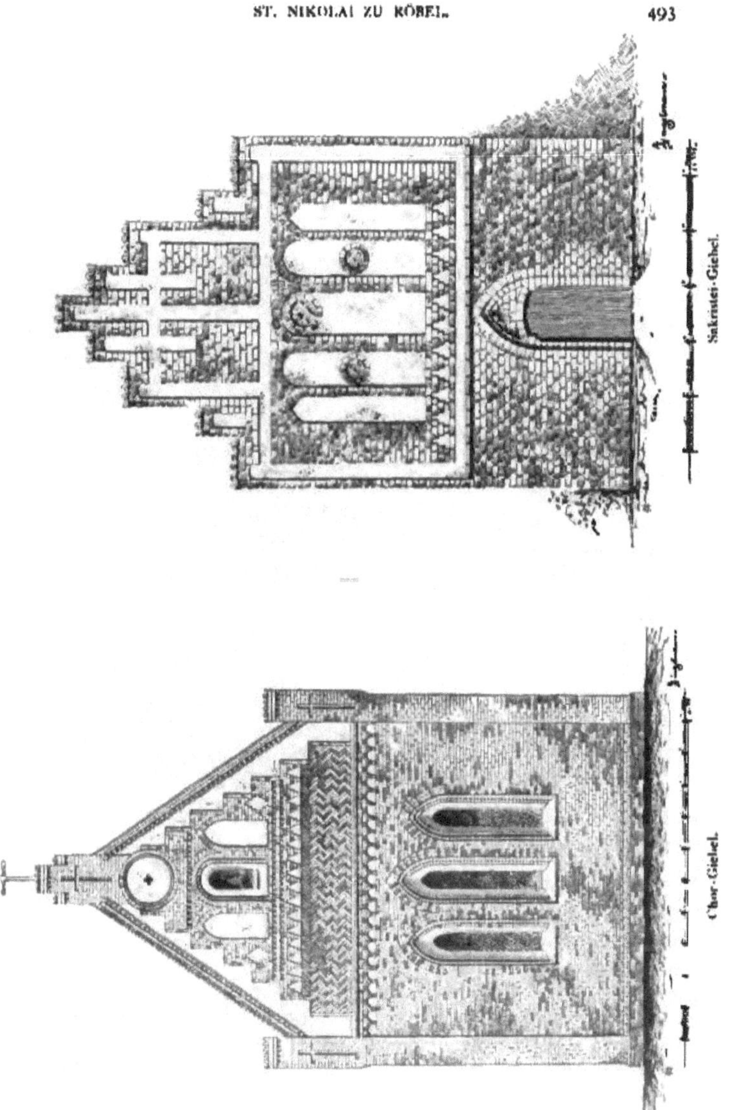

Sakristei-Giebel.

Chor-Giebel.

Gewölben haben und gar keine Rippen aufweisen.[1]) Neun gothische Kreuzgewölbe sind es, womit die drei gleich hohen Schiffe des Langhauses eingedeckt sind. Ueberall sieht man die bekannten Schlitzfensterformen aus der Zeit des Ueberganges vom romanischen zum gothischen Stil. Alle haben leise gespitzten Bogenschluss und glatt eingehende Schmiegen, die von einem Rundstab eingefasst sind. Der Rundstab ist auch angewandt bei der Einfassung der Schildwände und Schildbögen, sowie an der Chorseite des Triumphbogens und beiden Seiten des Scheidbogens der beiden Chorhälften. Auf der Nordseite ein treffliches frühgothisches Portal, niedrig, mit Kapitellglied in der Kämpferlinie. Das Portal auf der Südseite ist ebenfalls frühgothisch, desgleichen das eigenartige Portal zwischen Thurm und Kirche. Durch den Anbau auf der Südseite wird leider die alte Priesterpforte verdeckt. (Siehe das zugesetzte romanische Portal im Chor auf S. 496.) Das Dachgesimse des Chors ist geschmückt mit einem Bogenfries, abgetrepptem Fries und mit Stromschichtfriesen, ebenso der Giebel, welcher ausserdem ein breites Band des »Opus spicatum« und allerlei Blenden von verschiedener Art aufzuweisen hat. Die Langhauswände sind ebenfalls mit Friesen geschmückt, ausserdem finden sich auch noch Stromschichtfriese an der Sakristei und an den bei Gelegenheit der Einwölbung der Schiffe angesetzten späteren Strebepfeilern. Die Sakristei

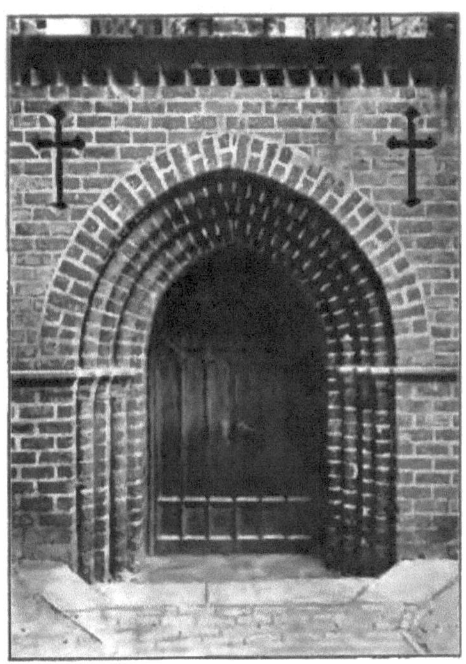

Portal auf der Nordseite.

[1]) Ueber die im Chor beliebte Erleichterung des Mauerwerkes durch Einsetzung von Töpfen s. Lisch, M. Jahrb. XXXIII, S. 162.

ist ein Bau aus ältester Zeit. Sie liegt auf der Nordseite der Kirche und hat ein flachgespanntes Backofengewölbe. Auch auf der Südwand des Chors noch ein Raum, der gegenwärtig als Geräthekammer dient. Als dritter Anbau ist endlich ein rechteckiger Raum zu nennen, den man auf der Nordseite des Langhauses findet.

Der vierseitige Thurm im Westen, ebenfalls ein Bau des Mittelalters, aber anscheinend jünger als Chor und Langhaus, trägt eine achtseitige Helmpyramide, die aus vier gothischen Giebeln des Thurmmauerwerks entwickelt ist. An der Südwand des Langhauses befinden sich in Kniehöhe zahlreiche Rundmarken und Längsrillen.[1])

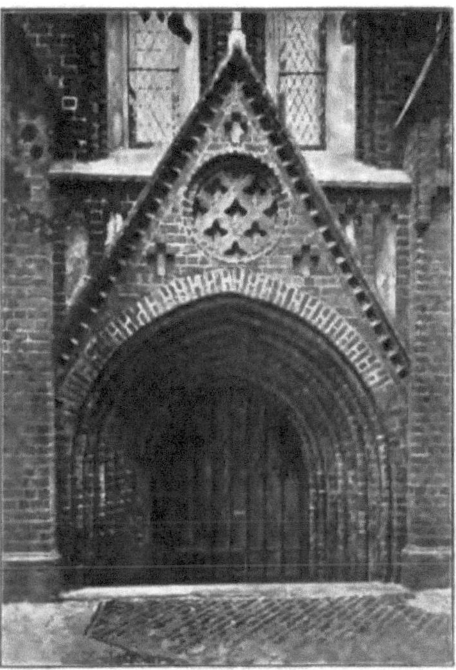

Portal auf der Südseite.

[1]) Herr Pastor Karsten (früher in Röbel, jetzt in Vellahn) theilt darüber Folgendes mit:

»In dem Aufsatze des Herrn Pastor Dr. Krüger in Lübz »Längsrillen und Rundmarken an mecklenburgischen Kirchen« (cf. M. Jahrb. XLVI, p. 315) findet sich die Bemerkung: »Die Neustädtische Kirche in Röbel hat an der Südseite, an der Ostseite und am Westportale etwa 30 bis 40 Rundmarken, aber keine Längsrillen.« Diese entschieden nicht auf Autopsie, sondern auf irgend einem ungenauen Bericht beruhende Notiz möchte ich berichtigen: in Wirklichkeit befinden sich an der genannten Kirche die Längsrillen in grösserer Zahl als die Rundmarken, und zwar sind die meisten unter ihnen so deutlich, dass sie schwer zu übersehen sind. An der ganzen Südseite des Langhauses bemerkt man Rundmarken und Längsrillen bunt durcheinander, ohne eine erkennbare Ordnung; an manchen Stellen drängen sie sich, an andern sind sie spärlicher. An der Ostwand des Chors sind einige vereinzelte Rundmarken sichtbar, allerdings keine Längsrillen; doch sind hier gerade bei der Restauration viele neue Steine eingefügt worden, sodass nicht ausgeschlossen ist, dass auf den weggenommenen alten Steinen sich auch Längsrillen können befunden haben. An der Westwand, rechts vom Thurme (nicht am »Westportale«, wie es in der

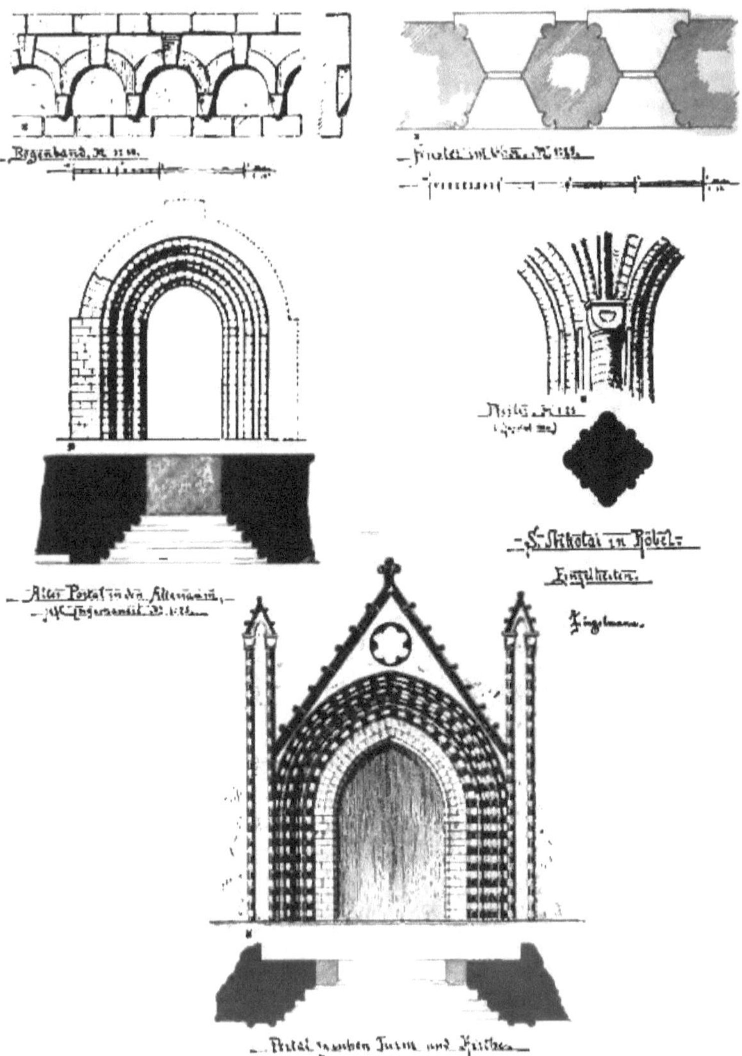
Bogenband
S. Nikolai in Röbel.

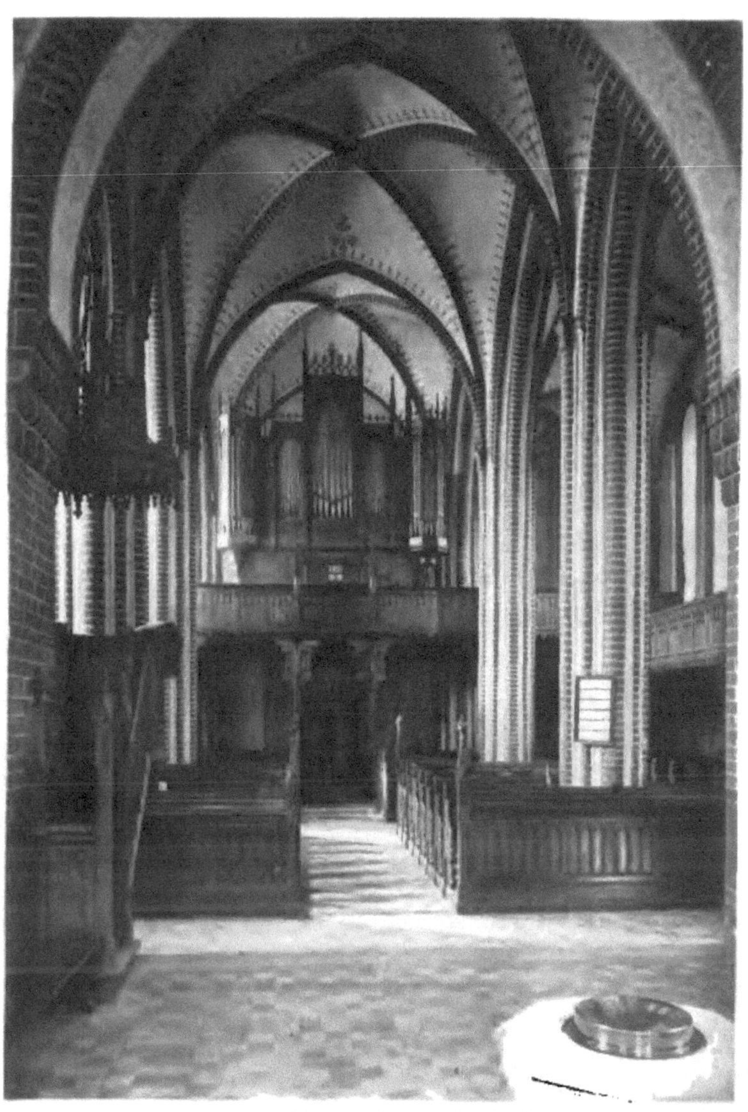

Inneres der Nikolaikirche zu Röbel. Blick auf die Orgel.

Wandmalereien. Ein gleiches Geschick wie die in St. Marien gefundenen Wandmalereien haben auch die gehabt, welche 1867 bei Gelegenheit der Wiederherstellung der Nikolai-Kirche entdeckt wurden: sie sind noch im selben Jahre wieder zugedeckt worden, und wir müssen uns daher mit der Beschreibung begnügen, welche Lisch im M. Jahrb. XXXIII, S. 155—159, davon hinterlassen hat. Wandmalereien.

Am Triumphbogen an der dem Schiffe zugekehrten Seite:

»In der Mitte thront auf einem Sessel ein Bischof, von unten in Lebensgrösse erscheinend, mit Bischofsmütze und Bischofsstab, die rechte Hand zum Segen erhebend, wie es scheint; es sind von der Hand, welche zum Schwören(!) gegen das Gesicht aufgerichtet scheint, nur drei Finger zu sehen. Die Kleidung ist sehr reich in glänzenden Farben. Nach allen Andeutungen scheint dies der hl. Nikolaus zu sein, der Schutzpatron der Kirche. Rechts neben ihm kniet eine weibliche Gestalt in dunklem Gewande mit Kopftuch, etwas darreichend oder empfangend. Hinter dieser Figur steht ein Knabe mit wenig gebogenen Knieen. Links hinter dem Bischofe steht ein Werk mit Thürmchen und andern Verzierungen, jedoch etwas unklar, wie eine Monstranz oder eine Kirche. Dahinter, also im Zwickel rechts in der Ansicht, ist rechts gelehnt der hierneben abgebildete Wappenschild von alten, grossen Formen, 33" hoch und 25" im Schildeshaupt breit: in goldenem Felde zwei gekreuzte schwarze Lilienstäbe und in dem dadurch gebildeten Winkel drei schwarze Sterne enthaltend.«

Dieser Wappenschild ist der des Probstes Werner Babzin, der, wie oben S. 475 bereits bemerkt worden ist, von 1389 bis 1412 urkundlich nachgewiesen werden kann. Wir finden ihn ganz so an einer Urkunde aus dem Jahre 1390.[1]) Damit fallen natürlich alle Auseinandersetzungen über dieses Wappen im M. Jahrb. XXXIII, S. 156, und alle Schlussfolgerungen über die Zeit dieser Malereien, die Lisch in das XIII. Jahrhundert verweisen wollte.

Gewölbemalereien.

»Bei der Abnahme der Kalktünche während der Restauration ergab es sich, dass auch die Gewölbe mit Malereien geschmückt waren, welche ohne Zweifel bei der Vollendung der einzelnen Theile aufgetragen wurden.«

Gewölbemalereien im Chor.

»In dem Kuppelgewölbe im Osten, über dem Altare, war an der Ostseite Christus mit zwei Schwertern am Munde, nach Offenb. Joh. I, 16: »Und

obigen Bemerkung heisst, denn dieses befindet sich im Thurmgebäude) zeigt sich noch eine Reihe von Längsrillen und endlich an der Nordwand des Thurmes selbst vereinzelte Rundmarken (3 oder 4) und hie und da eine schwache Spur von Längsrillen. Die Marken liegen alle in der Zone zwischen ½ und 1 m über dem Boden; nur die Rundmarken am Thurm liegen etwas höher. Die Längsrillen stehen sämmtlich senkrecht, nur eine einzige wagerechte habe ich gefunden. Sie haben alle dieselbe Länge: 10 cm, Steinhöhe, niemals reichen sie über die Fuge hinaus. Ihre Tiefe ist verschieden. Die Ränder sind sehr verwaschen, sie machen den Eindruck hohen Alters. Die Rundmarken haben 2—3 cm Durchmesser, sind ganz cirkelrund und bilden eine regelmässige Schaale; Bohrspitzen sind nicht erkennbar. An der Altstädter Kirche habe ich keine solche Marken gefunden.«

[1]) M. U.-B. 12182.

aus seinem Munde ging ein scharfes zweischneidiges Schwert.« Jedoch thronte Christus nicht in der Mandorla (Osterei), einer Ellipse in den Regenbogenfarben. Aber die Gestalt war an vier Ecken von den vier Evangelisten-Symbolen umgeben. Ueber Christus schwebt ein Engel; beide haben das Gesicht gegen Westen gewandt. An jeder Seite Christi sitzen zwei Apostel auf Bänken. Die übrigen acht Apostel sitzen auf Bänken, je vier zusammen, an den beiden Hauptseiten des Gewölbes rechts und links. Das westliche Chorgewölbe enthielt in der Kuppel nur Linien-Ornamente. Jedoch schwebten in den Zwickeln oder Pendentifs Engel mit Posaunen. Alle diese Malereien

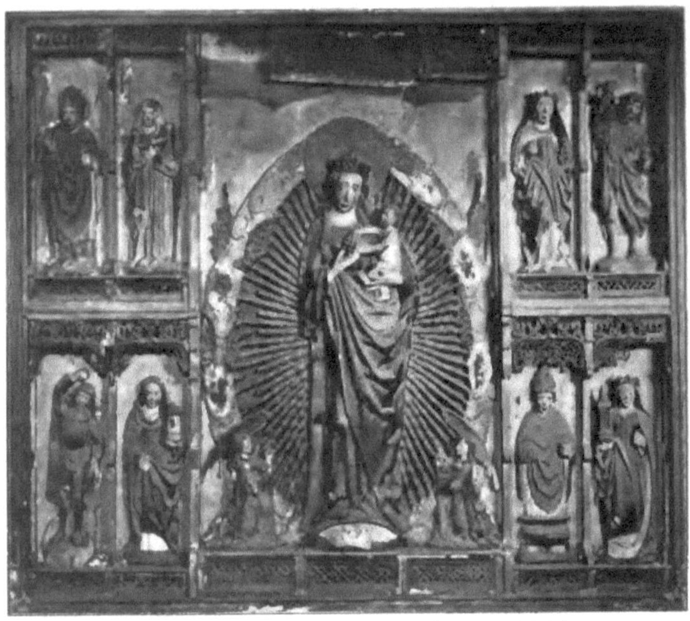

S. S. 500. Ehemaliger Altaraufsatz. Jetzt im Museum zu Schwerin.

haben nicht erhalten werden können, theils weil der alte Putz oft bei der leisesten Berührung abfiel, theils weil zur Restaurierung der Gemälde die Mittel fehlten.«

Gewölbemalereien im Schiff.

»Von jedem Schlussstein aus wächst eine grosse, verschiedenfarbige heraldische Lilie in jede der vier Kappen eines jeden Gewölbes hinein. Gegenüber wächst von jeder breiten Seite der Gewölbekappen von den Schildbogen eine gleiche Lilie gegen die vom Mittelpunkte kommende Lilie hinan. Unten in den Zwickeln sitzen grosse, groteske Köpfe allerlei Art, welche jedoch meistentheils nicht mehr zu erkennen sind. Die Gewölberippen werden von Linien begleitet, auf denen kleine, nach den Gewölbekappen hin geöffnete Halbkreise stehen, auf deren Verbindungspunkten Kleeblätter stehen, wie die Verzierungen geschnitzter Baldachinbogen. Alle diese Rippen-Verzierungen sind roth. Alle diese Ornamente sind gut erfunden, jedoch etwas leicht ausgeführt. Von den Köpfen in den Zwickeln sind zwei besonders bemerkenswerth. In dem Gewölbezwickel links zunächst über der nördlichen Mittelthür des Schiffes ist ein gekrönter Stierkopf mit weit auseinander stehenden, sehr kräftigen, halbmondförmigen Hörnern, welche lebhaft an die Siegel der Fürsten von Werle aus der zweiten Hälfte des XIII. Jahrhunderts erinnern.

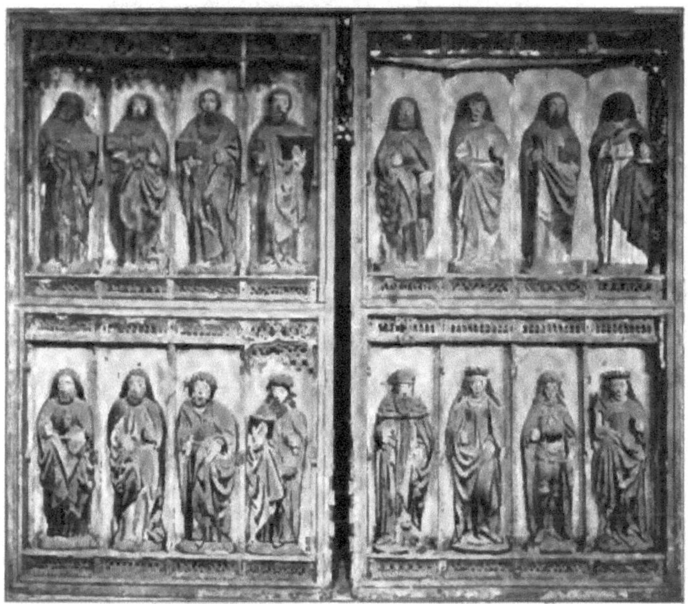

S. S. 500. Flügel vom ehemaligen Altaraufsatz. Im Museum zu Schwerin.

In dem schräge gegenüberstehenden Gewölbezwickel links zunächst über der südlichen Mittelthür des Schiffes ist ein ungekrönter Stierkopf mit kräftigen, aber mehr gebogenen, mit den Spitzen fast zusammenstossenden Hörnern und einem starken Haarwulst auf der Stirne zwischen den Hörnern.«

Wandmalereien.

»Alle Seitenwände der Kirche haben nach sichern Zeichen in alten Zeiten im Rohbau gestanden und keine oder nur wenig Verzierungen in Malerei gehabt. Im Chor waren die Steine der Schildbogen abwechselnd blau und weiss bemalt. Im Chor war zwischen je zwei Fenstern eine kleine geputzte Fläche, auf denen ein Weihkreuz stand. Nur auf der Wand des

32*

südlichen Seitenschiffes links neben der Eingangsthür gerade unter dem westlichsten Fensterpaar war eine Fläche mit Kalk geputzt und mit figürlichen Darstellungen bemalt. Wahrscheinlich hat dieser Schmuck früher neben einem Nebenaltar gestanden. Die Darstellung enthält drei fast lebensgrosse weibliche Heiligenfiguren. In der Mitte war eine weibliche Figur im Kopftuch mit einer kindlichen Figur auf jedem Arme, also ohne Zweifel die hl. Anna mit der Jungfrau Maria und dem Christkinde (»sulfdrudde«). Zur rechten Hand derselben ist eine weibliche Figur, welche auf dem linken Arme ein Kind hält und mit der rechten Hand etwas (einen Apfel?) hinreicht, also ohne Zweifel wohl Maria mit dem Christkinde. Zur linken Hand der hl. Anna stand eine schöne, gekrönte Jungfrau mit langem, wallendem Haar, mit einem Stabe oder Schwerte in der linken Hand und etwas (einem Rade?) auf dem rechten Arme, mehr als wahrscheinlich die hl. Katharina, die »Braut des Christkindes«. Die Figuren und Attribute waren nicht mehr ganz zu erkennen, jedoch die Gesichter noch ziemlich gut erhalten und sehr fein und lieblich gezeichnet. Es wird also neben diesem Bilde ein Annen-Altar gestanden haben. Ueber dem Bilde hatte eine Inschrift in zwei Reihen in kräftiger gothischer Minuskel gestanden, von der jedoch leider nichts mehr zu erkennen war, als höchstens m oder nn. Rechts neben derselben Thür unter dem östlichen Fenster ward auch ein bischöfliches Weihkreuz bloss gelegt: auf einem weissen, runden Schilde mit rother Einfassung ein einfaches rothes Kreuz, wie häufig.«

Altar. Die **Altarwand** besteht aus einem neugothischen **Aufsatz** von Eichenholz, welcher einen aus Holz geschnitzten grossen **Krucifixus** trägt. Letzterer ist von einem Bildschnitzer in Paderborn gemacht worden.

Der alte, jetzt im Museum stehende Altaraufsatz ist ein grosses, dem Ende des XV. Jahrhunderts angehörendes Triptychon mit Doppelflügeln, also eigentlich ein Pentaptychon, mit Schnitzwerken und mit Malereien, nicht gerade ein Werk höchster Kunst, immer aber noch beachtenswerth. Im Mittelschrein die hl. Maria mit dem Kinde, in einer Strahlenmandorla und auf dem Monde stehend, umgeben von Wolken mit musicierenden und anbetenden Engeln, von denen aber nur noch die beiden untersten vorhanden sind. Neben ihr in zwei Reihen nebeneinander (aber noch im Mittelschrein untergebracht) acht Heilige, links oben die hl. Annaselbdritt (Mettertia) und der hl. Nikolaus, rechts oben der hl. Christophorus und die hl. Katharina mit dem Rade; links unten aber die hl. Magdalena und der hl. Georg, und rechts unten der hl. Erasmus und die hl. Barbara. In den Flügeln im Ganzen sechzehn plastische Figuren: die zwölf Apostel und ausserdem unten rechts der hl. Antonius, ein Ritter (der hl. Mauritius?) und zwei weibliche Heilige, von denen die mit der Kirche die hl. Gertrud oder auch die hl. Hedwig (?) sein kann, die andere aber unbestimmt bleiben muss. Auf den Aussenseiten dieser Flügel und auf den andern beiden Flügeln giebt es ausserdem sechzehn neutestamentliche Bilder: Verkündigung, Heimsuchung, Geburt des hl. Kindes, Beschneidung, Anbetung der hl. drei Könige, Darstellung im Tempel, die Flucht nach Aegypten, Christus als Knabe im Tempel, Gebet am Oelberge, Gefangennehmung Christi, Ecce homo, Kreuztragung, Verspottung, Geisselung, Kreuzigung und Dornenkrönung. Eine Fortsetzung dieser Bilderreihe bis zur Himmelfahrt oder auch Ausgiessung des hl. Geistes werden wir auf den Aussenseiten der Aussenflügel anzunehmen haben, doch sind hier alle Spuren ehemaliger Malerei verschwunden.

Ueber den Fund einer Weih-Urkunde des Altars in einem grünlichen kleinen Glase bei Gelegenheit des Abbruches der alten steinernen Mensa im Jahre 1867 vgl. Lisch, M. Jahrb. XXXIII, Seite 151/54 und Seite 163. Nach dieser Urkunde weihte der Generalvikar des Bischofs Busso I von Havelberg, der Weihbischof Johannes von Adramytium in partibus infidelium, am 10. August 1490 aufs Neue den Kirchhof, die Kirche und den Altar der Kirche zu Ehren der hl. Jungfrau Maria und des hl. Nikolaus. Dabei wurde, wie Lisch es (durch Vergleichung eines Siegelrestes mit erhaltenen Siegeln desselben Stempels) mit grösster Wahrscheinlichkeit dargethan hat, das Siegel des Bischofs Heinrich II. von Havelberg (1270—90), welches der ersten Weihurkunde der Kirche und ihres Hauptaltars angehörte, in dasselbe Glas hineingethan. Es ist damit natürlich annähernd zugleich die Zeit angegeben, in welcher die Nikolai-Kirche in der Neustadt Röbel vollendet dastand, nämlich zwischen 1270 und 1290.

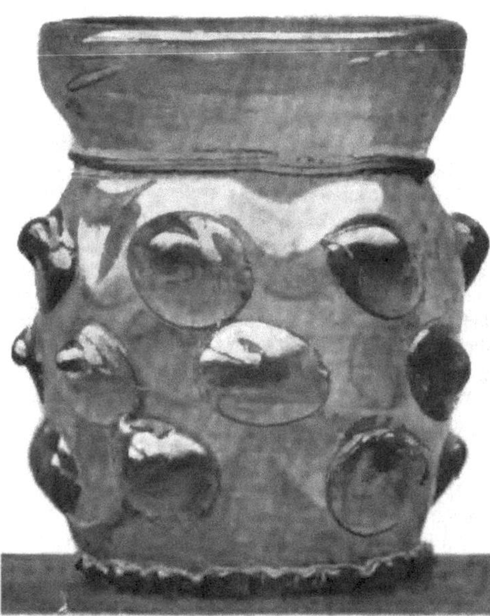

Glas des XV. Jahrhunderts, in natürlicher Grösse.

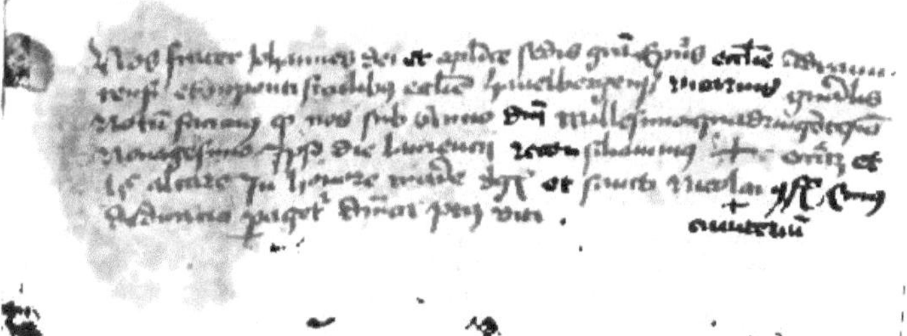

Weih-Urkunde des Altars vom 10. August 1490.

Kanzel. Die **Kanzel** ist neu. Die alte war ein Werk des Barockstils von 1667.

Gestühl. **Gestühl.** An den beiden Längswänden des Chors sieht man eine Anzahl hochgothischer, dem ehemaligen Kirchenraum des Dominikaner-Klosters entnommener Chorstühle aus Eichenholz mit reichem Schnitzwerk und mit Inschriften. Eine fortlaufende Inschriftenreihe zieht sich über das ganze Gestühl hin, ausserdem ist die Rückwand jedes einzelnen Stuhles mit einer besonderen Inschrift versehen. Doch ist die Reihenfolge in der oberen Inschrift von Anfang an in keinem Zusammenhange mit der in der unteren der Stühle gewesen. Jene enthält die Namen der Ordensprovinz Sachsen, diese erstreckte sich auf alle übrigen Ordensprovinzen der alten Welt. Jetzt ist das ganze Stuhlwerk dunkelbraun getönt, vor der Restauration aber sollen die Buchstaben mit bunten Farben bemalt gewesen sein. Auch fehlen seit der letzten Restauration mehrere Stühle, über deren Verbleib Niemand Auskunft geben kann! Statt ihrer dreissig, die Lisch noch zählte, sind es heute nur sechsundzwanzig. Wo sind die anderen vier mit ihren Schrifturkunden geblieben? Sollten sie wiedergefunden werden, so wäre es am zweckmässigsten, sie unter sachkundiger Leitung dem alten Gestühl wieder einzufügen, oder aber dem Grossh. Museum zur Aufbewahrung anzuvertrauen.

Fortlaufende Inschrift in der Bekrönung des Gestühls:[1])

BREMENSIS 1225. ERFFORDENSIS 1229. hALBERSTADENSIS [..... SORACIENSIS][2]) 1241. RVPINENSIS 1246. hADERSLAVENSIS 1251 STRVSBERGENSIS 1254 [ROSTOCHCENSIS 1256. PRENSLAVIENSIS 1275. POSWALKENSIS 1277. BRANDENBVRGENSIS 1292. WISMARIENSIS 1293. BARLINENSIS 1297. MOLDORPENSIS 1389. BRVSWICKENSIS 1310. TARBATENSIS 1300 ROBOLENSIS 1285. hALLENSIS 1271. SEhVSENSIS 1255. GRIPSWALDENSIS 1254. SVNDENSIS 1251. RIGENSIS 1244 hAMBVRGENSIS .... LIPZENSIS 12|29 LVBICENSIS 1229. MAGDEBVRGENSIS 1224.

Die übrigen Inschriften an den Rückwänden der einzelnen Stuhle:

1. **Prouincia germanie inferioris habet conuentus in hollandia et in epiſcopatu traiectenſi inferioris in ducatu gelrie.**
2. **Prouincia tholoſana habet ſuos conuentus in ipſo ducatu magno vaſtonis.**[3])
3. **Prouincia iheroſolimitana perpaucos habet conuentus in regnis.**

[4. **Anno domini 1519 per me fratrem Urbanum Schuman.**]

[1]) Die eingeklammerten Inschriften waren im Jahre 1843 noch vorhanden und können daher erst bei der letzten Restauration der Verständnisslosigkeit zum Opfer gefallen sein.

[2]) Lisch liest SORACIENSIS, Schröder und Inventar 1811 haben SEZAZIENSIS. Das alte Majuskel-U ist dem C allzu ähnlich geworden.

[3]) Der Schnitzer hat verkehrterweise **vaſtonie** statt **vaſconie** gesetzt. Eigentlich sollte **vaſconie** dastehen.

5. Prouincia terre sancte habet suos conuentus in iherusalem et in regno cipri vsque ad partes armenie.

6. Prouincia lombardie habet suos conuentus in dominio bononiensi veronensi paduensi ferrariensi venecensi.

7. Prouincia bohemie habet suos conuentus in ipso regno et in morauia.

8. Hic est Locus ebdomadarii.

9. Prouincia vngarie habet suos conuentus in vngaria in pannonia in slauonia et in dalmacia.

10. Prouincia saxonie habet suos conuentus non in regnis, sed in diuersis marchionatibus ducatibus et dominijs diuersis.

[11. Chorus · Sedes succentoris.]

12. Prouincia anglie habet suos conuentus per totum istud regnum et per totam walliam et hibernie partem.

13. Prouincia dacie habet conuentus suos in ipso regno in swecia et in regno norwegie.

14. Prouincia hibernie habet suos conuentus per ipsam hiberniam et per totum regnum schotie.

15. Prouincia hispanie habet suos conuentus in tribus regnis videlicet compostelle portugalie nauerie in gallicia.

16. Prouincia francie habet suos conuentus in ipso regno et in burgundia in bicardia per lotthoringiam flandriam et brabanciam.

17. Prouincia romana habet suos conuentus per partes florencie in romandiola in thuscania et in partibus campanie.

18. Prouincia cicilie habet suos conuentus in ipsa insula cicilia in terra laboris et (Fortsetzung im Stuhl 19)

19. Bauaria et in franconia et in alsacia et per totum regnum a basilea per coloniam vsque buscoducis.[1])

20. Prouincia polonie habet suos conuentus in prucia in surda in polonia in pomerania in slesia et in cassubia.

21. Hic est Sedes cantoris.

22. Chorus · Locus ebdomadarij. (S. Zeichnung).

23. Prouincia grecie habet suos conuentus in constantinopoli in allexandria in egipto et illic vbique dilatata.

24. Prouincia arrogonie habet suos conuentus in ipso regno et in cathalonia et in regno aquitanie.

25. Prouincia lombardie superioris habet suos conuentus per mediolanum per anauium per papiam et per dominium iannensium.[2])

[26. Non clamor sed amor sonat in aure Dei · Bernardus.]

27. Multa quoque alia monasteria monialium sunt sub cura ordinis et diuersis ciuitatibus.

[1]) Herzogenbusch.

[2]) Genua.

28. Prouincia prouincie habet suos conuentus in dominio montis pessolani et in partibus auinionis in regno marcarum.
29. Locus reuerendi patris prouincialis. (S. Zeichnung.)
[30. Prouincia Apulie habet suos conuentus per ipsam . . . . .]

Schon in älterer Zeit waren, wie Wigger im M. U.-B. zu 761 angiebt, durch Verschneidung des Gestühls bei dem Conventus Halberstadensis und dem Conventus Hamburgensis die Jahreszahlen der Gründung verloren gegangen. Das bestätigt sich, wenn man die Aufzeichnung in Schröder's Pap. Meckl. I, S. 644—647, vor dem Jahre 1741 mit der von Lisch im Jahre 1841 vergleicht. Inzwischen, d. h. zwischen 1741 und 1841, hatten aber auch Umwechslungen der Rücklehnen, worauf es weniger ankam, und Umsetzungen in der langen Ueberschrift des Kloster-Verzeichnisses der sächsischen Ordensprovinz stattgehabt, bei denen es einer grösseren Vorsicht bedurfte. Auch dies ergiebt sich aus dem Vergleich von Schröder und Lisch, sowie aus der schriftlichen Aufzeichnung im Inventar von 1811, die Abweichungen von beiden enthält. Indessen alles das ist nicht so schlimm wie der oben bereits angedeutete Verlust der vier Dominikaner-Stühle, welche erst bei Gelegenheit der letzten Restauration der Kirche in der Zeit von 1867 bis 1869 auf die Seite gebracht wurden. Es sind dies diejenigen, welche in dem vorstehenden Verzeichniss eingeklammert sind: erstens jener Sitz mit dem Namen des Urban Schumann, der das Gestühl im Jahre 1519 herstellte und mit dessen Namen zugleich der Titel SORAVIENSIS verloren wurde, dessen Jahreszahl 1241 nun fälschlich zu Halberstadt gesetzt ist; zweitens der Stuhl des Succentors und drittens der der Provinz Apulia, womit zugleich in der Ueberschrift die Titel des Rostocker und des Prenzlauer Konventes verloren gingen; viertens der Stuhl mit dem Spruch:

Einzel-Zeichnungen vom Dominikaner-Gestühl, von Herrn Pastor Karsten. (früher in Röbel, jetzt in Vellahn).

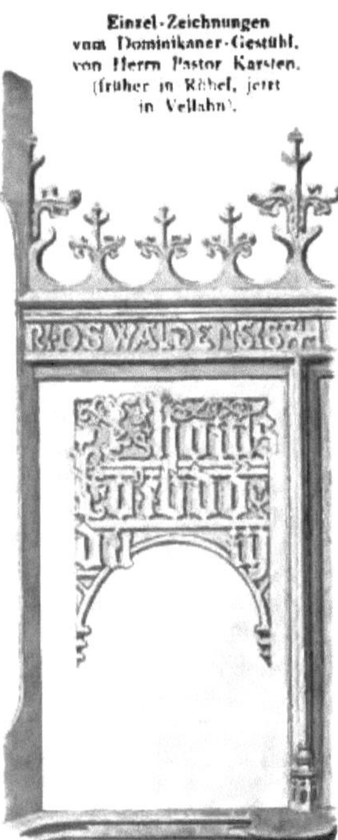

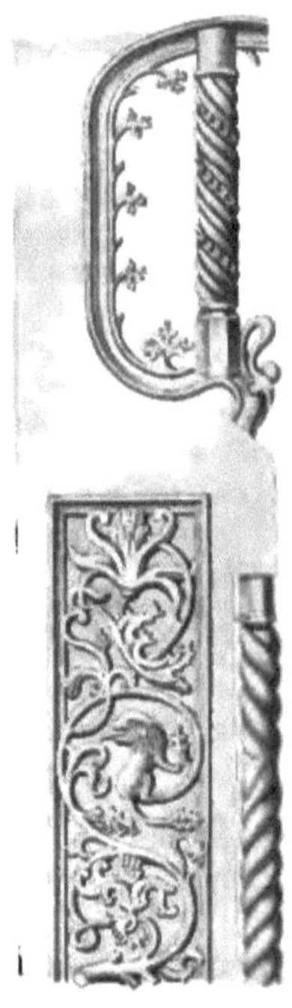

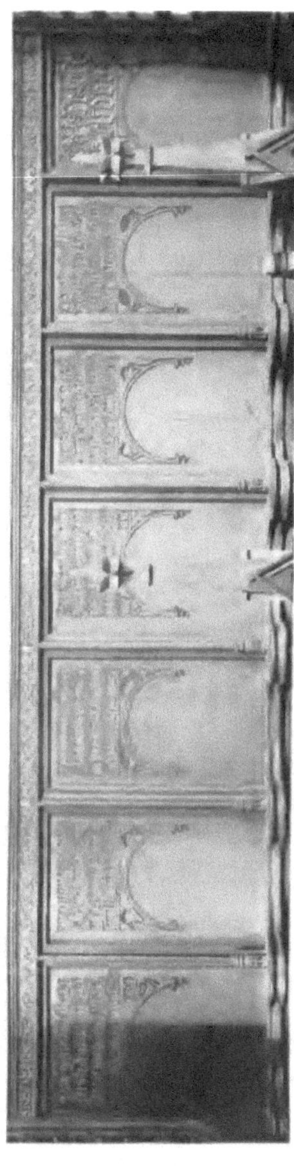

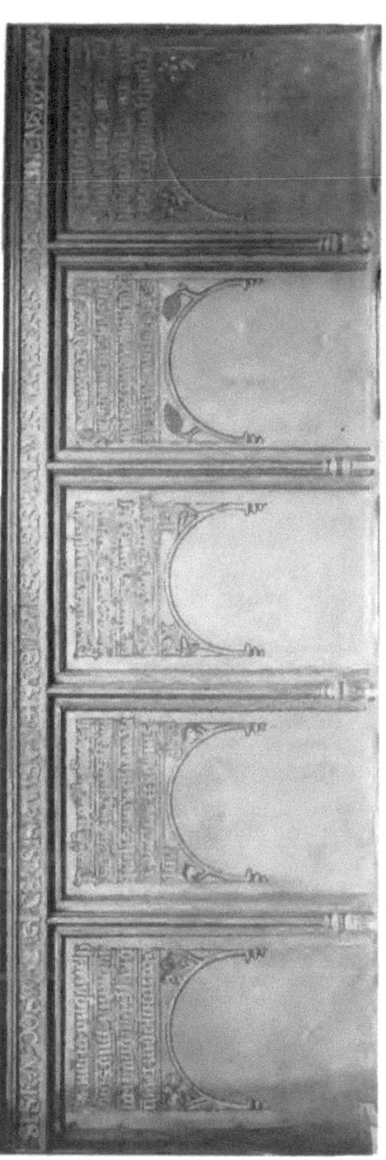

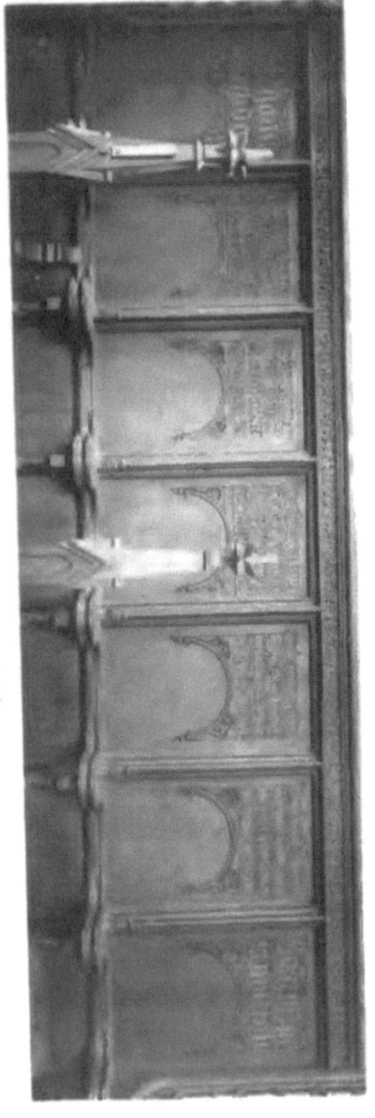

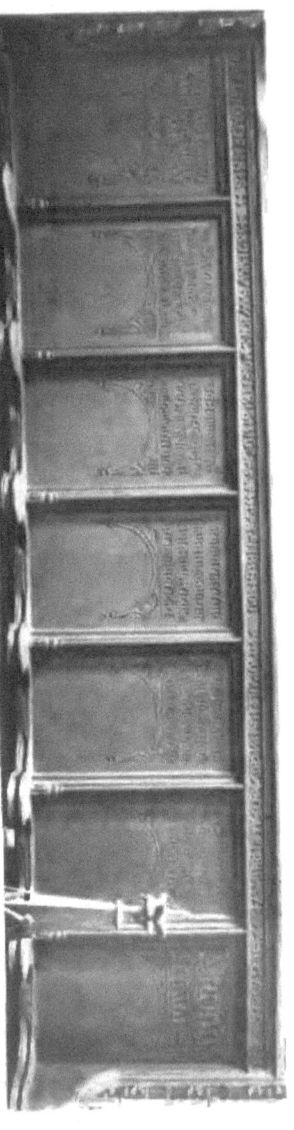

Dominikaner-Gestühl in St. Nikolai in Röbel.

»Non clamor cet.«, mit dem, wie die frühere Reihenfolge bei Schröder erkennen lässt, die Ueberschrift des Leipziger Konventes sammt der ersten Hälfte seiner Jahreszahl 1229 verloren wurde. Auch fand wiederum eine Verschiebung der Rücklehnen statt. Unter der Ueberschrift Prinslauiensis stand z. B. bis dahin der Stuhl der Provincia Hungariae. Diesen wollte man behalten und verzichtete deshalb auf den Stuhl der Provincia Apuliae, der verhältnissmässig den geringsten geographischen Inhalt hatte und unter der Ueberschrift des Conventus Brandenburgensis stand. Endlich sei noch bemerkt, dass die Jahreszahlen, welche von Lisch noch vor dieser letzten gewaltthätigen Umänderung festgestellt wurden, von Schröder nicht immer richtig gelesen worden sind. Besonders oft verwechselt er 2 und 4 und 5 mit 8. — Dem Dominikaner-Orden waren einstmals die Fürsten Heinrich und Bernhard von Werle beigetreten, die Söhne des Fürsten Johann I. und der Fürstin Sophie, einer geborenen Gräfin von Lindow-Ruppin, welche, anfänglich zu Plau als Wittwe wohnend, von 1291 an in Röbel ihren Aufenthalt nahm und 1301 noch am Leben, aber 1304 bereits verstorben war. Vgl. Wigger, M. Jahrb. I., S. 225 und 233. Vgl. o. S. 484/85.

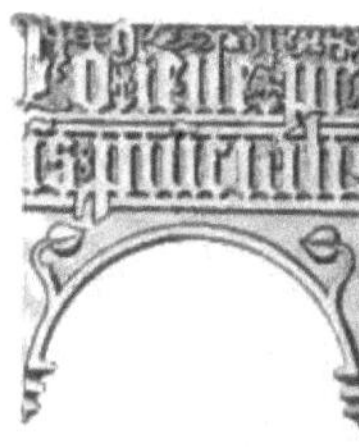

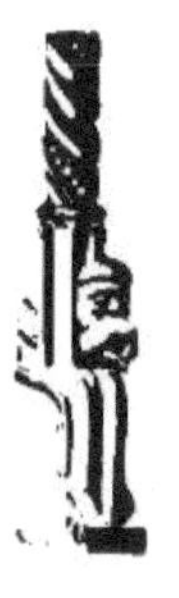

Von anderem Gestühl mögen vier im Grossh. Museum aufbewahrte, der Hochgothik angehörende Wangen genannt werden, die eine ganz vortreffliche,

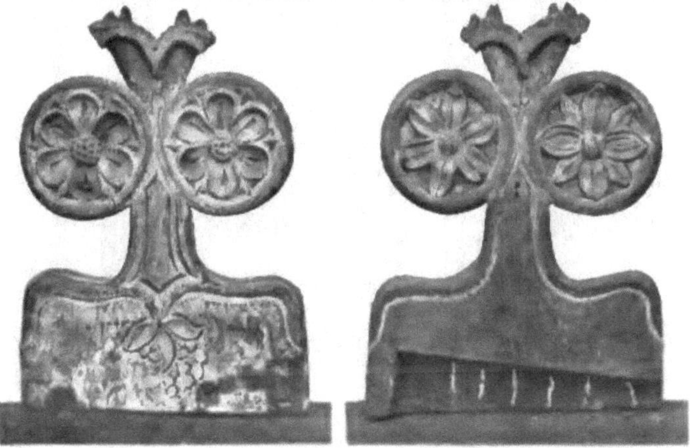

Aussenseite. Innenseite.
Stuhlbekrönung aus St. Nikolai, im Museum zu Schwerin. XV. Jahrhundert.

in grossem Stil ebenso geschickt wie kräftig und wirkungsvoll ausgeführte Schnitzerei aufweisen, welche würdig ist, mit den besten Arbeiten dieser Art in Doberan und Wismar auf gleiche Stufe gestellt zu werden. Von Interesse sind auch die Spuren ursprünglicher Bemalung in Grün und Roth. Hier mögen auch die vier Wangen mit der Darstellung der hl. drei Könige im Museum zu Schwerin erwähnt werden. S. S. 508.

Im Schweriner Museum ausserdem noch ein aus St. Nikolai in Röbel gekommener **Belt**, dessen aus Holz geschnitzte Gruppe zwei knieende Engel darstellt, die eine Monstranz emporhalten.

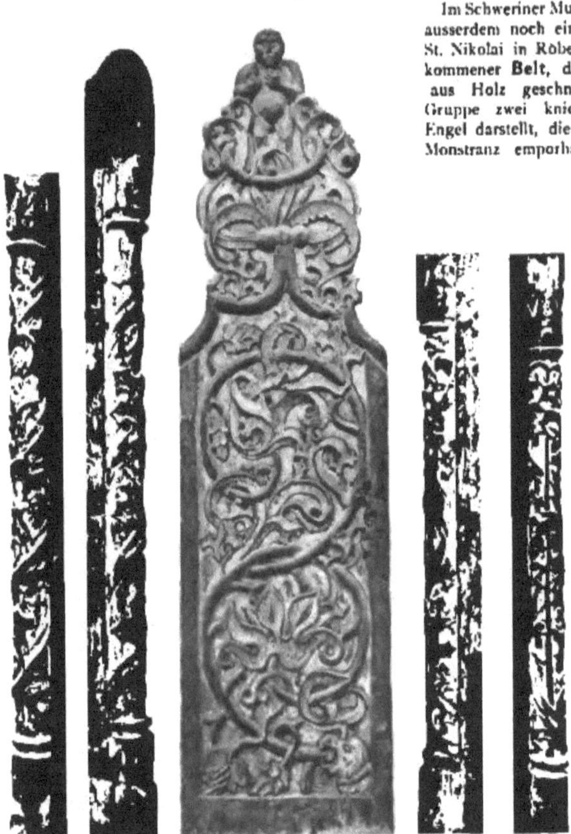

Vom ehemaligen Gestühl in St. Nikolai; jetzt im Museum zu Schwerin.
Anfang des XVI. Jahrhunderts.

Holzkoffer. Im Anbau auf der Südseite des Chors befindet sich ein alter mit Eisen beschlagener **Holzkoffer**, welcher die Habseligkeiten der einst auf dem Markte in Röbel hingerichteten **KATARINA VON KETELHODT** enthalten hat. — Ebendaselbst eine aus Holz geschnitzte **Annaselbdritt-Gruppe**, die fast lebensgross ist, ferner gleichfalls aus Holz geschnitzt, aber etwas kleiner, der Torso eines hl. Georg zu Pferde. Schnitzwerke.

Der **Taufstein** ist neu. Als **Taufschale** dient ein schlichtes kupfernes Becken. Taufstein.

In der Kirche findet sich auch noch die **Schale** einer alten Fünte aus Kalkstein mit schönen romanischen Verzierungen.[1]) — An der Nordseite des Thurmes liegt ein mit einer tiefen runden Höhlung versehener **Granitblock**, der vielleicht eine noch ältere Fünte war. Schale, Granitblock.

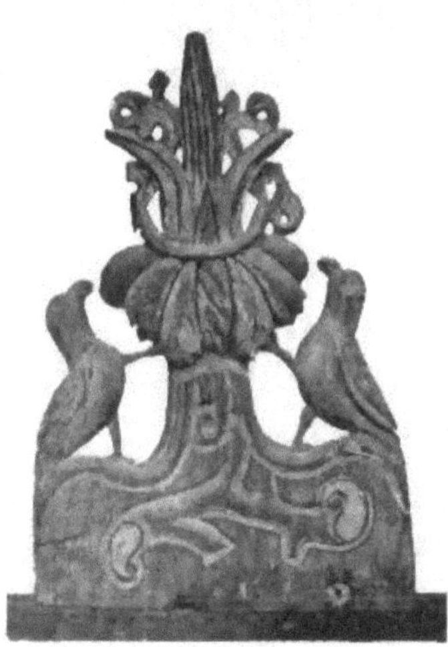

Stuhlbekrönung aus St. Nikolai; jetzt im Museum zu Schwerin. XV. Jahrhundert.

In der Blendnische an der Nordseite des Chors ein **Gemälde** mit den drei Frauen und dem Engel am heiligen Grabe. Von ALBERT NIEDERHÖFFER, dem Sohn des früheren Pastors NIEDERHÖFFER zu Alt-Röbel. Gemälde.

Hinter dem Altar drei **Grabsteine**, von denen der mittlere die Ruhestätte des Rathmannes ADAM FRIEDRICH SCHRÖDER, des Stifters der Röbeler Freischule (gestorben 1779), und die seiner Ehefrau ELISABETH (Todesjahr undeutlich) deckt. Die Inschriften der beiden andern Steine sind nicht mehr zu entziffern. — Ferner ist in die Wand des südlichen Seitenschiffes eine eiserne **Grabplatte** mit Inschrift und Wappen eingelassen, die früher im Hauptgange der Kirche lag und die Ruhestätte des LAURENTIUS KASSUBIUS deckte, welcher, nachdem er dreissig Jahre lang Pastor zu Meltz und Buchholz gewesen, im unheilvollen Kriegs- und Pestjahr 1638 zu Röbel starb. Neben der Inschrift vier einzelne Gestalten. Aus der langen Inschrift, die den ehemaligen Platz als Begräbniss mehrerer Mitglieder der Familie kennzeichnet, ist ferner zu entnehmen, dass die Grabplatte von seinem letzten Sohn erster Ehe, CHRISTIAN KASSUBE, sr. Zt. Buchhändler in Dänemark und Norwegen, 1673 gestiftet worden ist.[2]) Grabsteine.

[1]) M. Jahrb. XIX, S. 407.

[2]) Lisch, M. Jahrb. XXXIII, S. 162.

Glocken. Im Thurm hängen vier **Glocken**. Die grösste (Dm. 1,36 m) hat die Inschrift: **✠ o rex glorie veni cum pace.** Ausserdem in Flachrelief die etwa 10 cm hohe Figur eines thronenden Bischofs, gerade darüber eine andere Figur, welche durch Beschädigung unkenntlich geworden ist, vielleicht ein Krucifixus. Links neben der fraglichen Figur in ganz kleinen Minuskeln der Name **hans dolberch**, rechts von der Bischofsfigur **anno dn̄i** (die Jahreszahl bis auf zwei **x** ganz verwischt). Auf der entgegengesetzten Seite mitten im Felde das bekannte Giesserzeichen des **Rickert von Mönkehagen** vom Ende des XIV. und Anfang des XV.

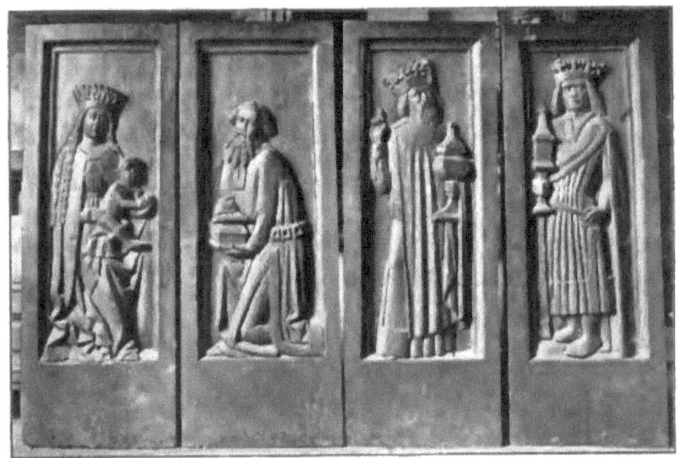

Anbetung der hl. drei Könige. (Stuhlwangen des XV. Jahrhunderts, im Grossh. Museum.) S. S. 506.

Jahrhunderts [1]) — Der Durchmesser der zweiten Glocke beträgt 1,30 m. Die Inschrift lautet: **xpe tue laudi quos vox mea consonat audi** in unregelmässig stehenden Buchstaben. Am Anfang und Abschluss der Inschrift das nebenstehende Zeichen. — Dritte Glocke (Dm. 1,27 m). Inschrift: **o rex glorie xpe veni cum pace**, ganz im Charakter der zweiten Glocke, doch steht hier das nebenstehende Zeichen über der Schriftreihe und ist kleiner als die Buchstaben der Inschrift. — Durchmesser der vierten Glocke 0,96 m. Inschrift: **CHRISTE LAUDI TUAE QUOS VOX MEA CONSONAT AUDI A • D • 1408** [2]) • **UNTER DER REGIERUNG DES GROSSHERZOGS FRIEDRICH FRANZ**

[1]) Vgl. St. Marien und St. Nikolai in Rostock.

[2]) Das Inventar von 1811 hat hier den Zusatz: in die beati Augustini. Auch nennt es noch

PATRONS DER ST • NICOLAI KIRCHE AUF KOSTEN DES FROMMEN BÜRGERS JOHANN CHRISTIAN HÖNECKE IM JAHRE 1863 UMGEGOSSEN VON C • JLLIES, HOF-GLOCKENGIESSER IN WAREN.

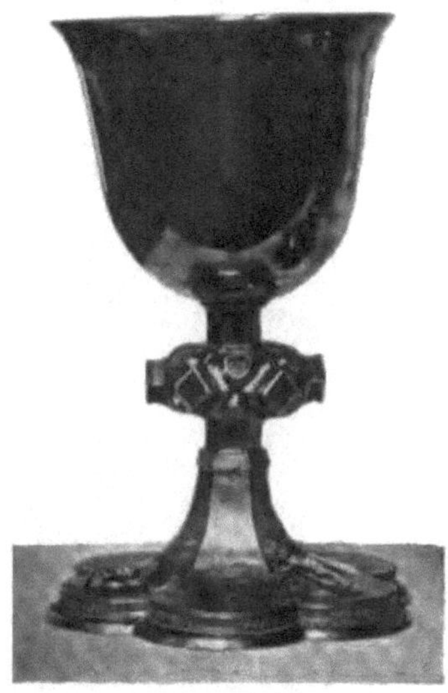

Kelch (1).

Kleinkunstwerke.

Kleinkunstwerke. 1. Silbervergoldeter Kelch auf sechspassigem Fuss und mit dem Namen **ihesus** auf den Rotuli des Knaufes. Auf dreien der sechs halbkreisförmig auslaufenden Flächen des Fusses sind vollrunde Figuren befestigt: ein Krucifixus, ein Engel, der eine Leiter und eine Lanze trägt, und ein anderer Engel, der auch einen Gegenstand in den Händen gehalten hat, der aber sammt den Händen abgebrochen und verloren gegangen ist (jetzt als Buch und Schwert ergänzt). Die Kupa ist neu. Keine Werkzeichen. — 2. Silbervergoldeter Kelch auf sechspassigem Fuss. In den Rotuli des Knaufes in hellblauem Email der Name IESUS und ein stehendes Kreuz. Unter dem Fuss der Stempel (NG). — 3. Silbervergoldete alte Patene. Ohne Werkzeichen. — 4. 5. Abendmahlskanne und Oblatendose, neu. 6. Taufkanne, gestiftet 1884 von J. F. HACKBUSCH. — 7. Alte zinnerne Abendmahlskanne mit Deckel in Humpenform. Vom Güstrower Zinngiesser V. G. L. (16)85. — 8. Zinnerne Taufkanne, gestiftet von J • C • HINSCKY • S • D • RÖNFELDEN 1771. Englisches Zinn mit undeutlichen Stempeln. — 9—12. Vier messingene Kollektenbecken mit Randverzierungen in getriebener Arbeit, laut Inschrift von ADAM STEIN 1730 gestiftet. — 13. Neues Taufbecken, von Lippold-Malchin. — 14—17. Vier neugothische Altarleuchter aus Zink, zwei grössere und zwei kleinere. — 18—22. Fünf alte ungleich bessere runde Leuchter von Messing, der kleinste von 1604. Gewidmet von KLOCKENGETTERS KINDERN. — 23. Die Altar- und Kanzelgewänder: ein Antependium, zwei Altartücher, Velum, Korporale und eine Kanzelpultdecke sind neu und vom mecklenburgischen Paramentenverein geliefert.

* * *

eine fünfte Glocke ohne Inschrift (vielleicht die, welche jetzt im Giebelaufsatze des Chores hängt und von draussen sichtbar ist).

Stadtmauer. Die **Stadtmauer** um die Neustadt ist zum grössten Theil erhalten. An den Strecken aber, wo sie niedergelegt ist, sind noch die Fundamente sichtbar. Indessen sind diese in einem mangelhaften Zustand. Mauerthürme sind nirgends mehr da, wohl aber lässt sich hin und wieder auf das frühere Vorhandensein eines Thurmes schliessen. An einer solchen Stelle (z. B. an der westlichen Mauer, jetzt Umfassung des ersten Pfarrgrundstücks) befindet sich ein Stromschicht-Fries. Das Material der Mauer ist ein grosser schwerer Backstein, doch sind nach Art des Mittelalters als innere Füllung mehrfach Felsen verwendet. Die Altstadt weist keine Spur von Befestigungen auf.

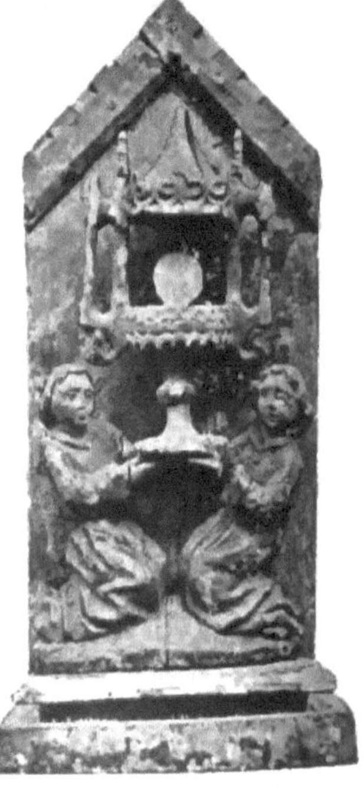
Hele (s. S. 506) in halber Grösse.

Mühlenberg. Der **Mühlenberg** der Altstadt, die Stätte der früheren fürstlichen Burg (s. o.), stellt sich als ein kreisrunder, oben abgeflachter Kegel von ziemlich bedeutender Höhe dar und ist jedenfalls künstlich aufgetragen. Irgendwelche Spuren von Gemäuer sind nicht mehr sichtbar.[1])

Landwehr. Dagegen ist von der **Landwehr**, die sich von der Wackstower Scheide bis zum Glien-See hinzieht, noch ein ganzes Stück erhalten. Sie scheidet die Röbeler Feldmark von dem Wackstower und Dambecker Gebiet und hat stellenweise eine beträchtliche Erhöhung, sowie an jeder Seite einen Graben.

* * *

Altes Schulhaus. Auf einem Balken über der Thür des **alten Schulhauses** ist eingeschnitten: EXTRUCTUM PUBLICUM HOCCE SCHOLAE AEDIFICIUM 1709 REPARATUM 1757.

Kleinkunst und Kunstgewerbe. Gemälde. Im Besitz des Maurermeisters Wolter zu Röbel befindet sich ein altes **Gemälde** auf Leinewand, das jüngste Gericht darstellend. Es hat sich früher in der St. Nikolai-Kirche befunden und ist bei der letzten Restauration aus der Kirche entfernt worden.

Altes Zunftgeräth der Maurer. Das alte **Zunftgeräth der Maurer**, bestehend in einer grossen Zahl von Zinngefässen, einem Zunftschild, zwei Laden (von 1751 und 1789), zwei

[1]) Lisch, M. Jahrb. XIII, S. 425/26.

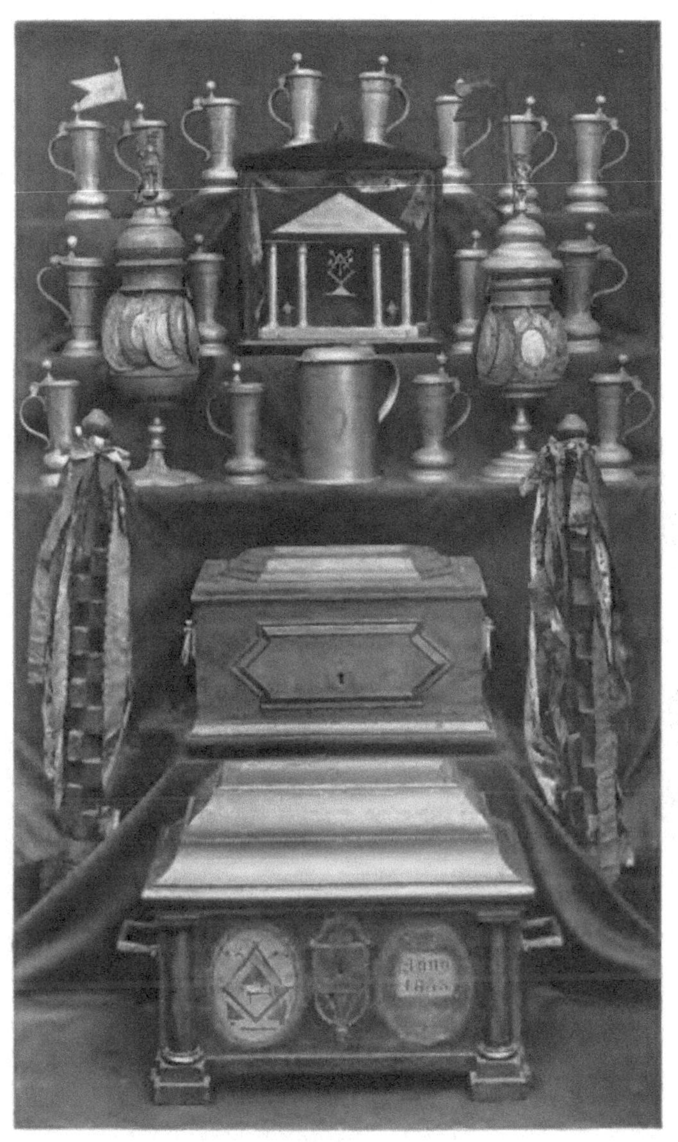

Geräthschaften des Amtes der Maurer zu Röbel.

Schafferstäben und einer Sammelbüchse, hat das Grossh. Museum zu Schwerin käuflich erworben.

Altes Pulverhorn.

Ueber ein in Röbel gefundenes **altes Pulverhorn** aus Hirschhorn, aus dem XVI. Jahrhundert, s. M. Jahrb. XIV, S. 350. Zu beachten sind die Kostüme der aus der Fläche herausgearbeiteten Figuren (Mann

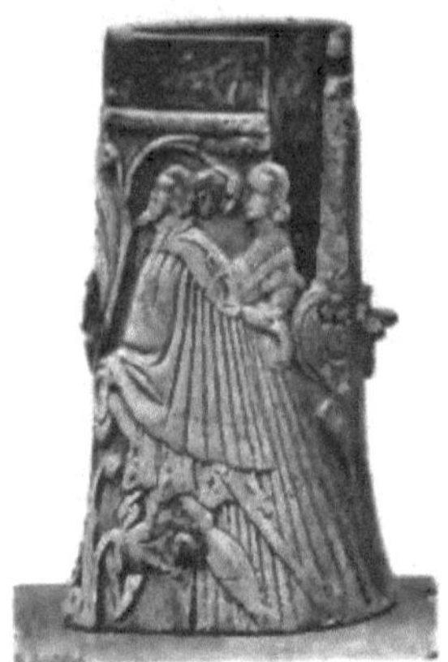

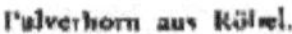

Pulverhorn aus Röbel.

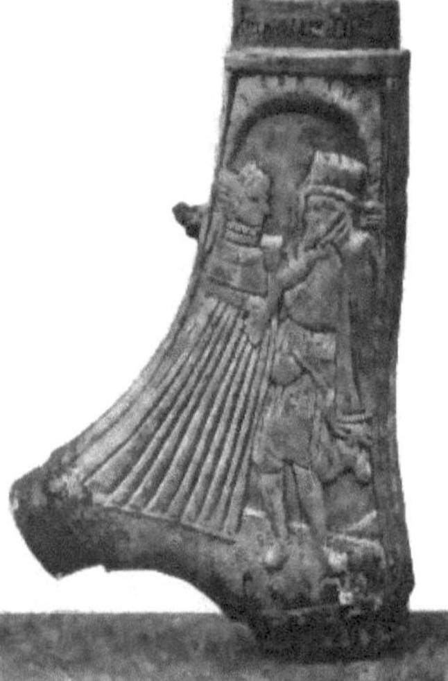

Pulverhorn aus Krakow.

und Frau.) Wir reihen hier ein ähnliches an, das in Krakow beim Ausgraben eines Kellers gefunden ist und derselben Zeit angehört, s. M. Jahrb. XXXV, Q.-B. I, S. 7. Ferner ein aus dem Jahre 1581 stammendes und aus Boizenburg gekommenes Hifthorn von Büffelhorn mit Figuren und dem italienischen Spruch: NON PENSA LHVON[1]) CHE GODE IN FESTA ET CANTO CHE AL FIN IL RISO SI CONVERTI IN PIANTO·AÑO 1581: M. Jahrb. XII, S. 449.

[1]) LHVON = l'huomo.

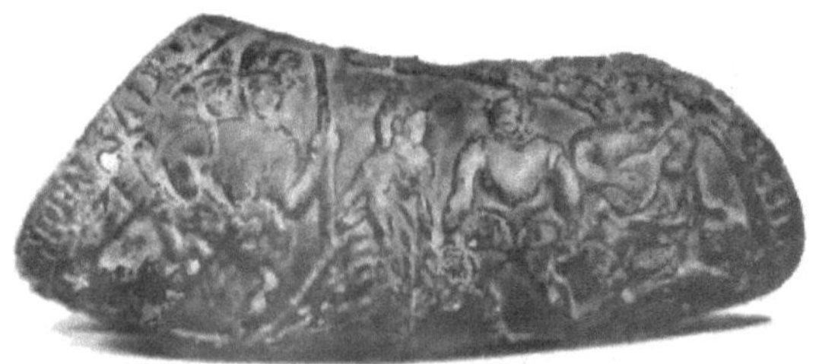

Hifthorn aus Boizenburg.

Das Gut und Kirchdorf Ludorf.[1])

Geschichte des Dorfes.

Die Einweihung der als ein frühgothisches Oktogon erbauten Kirche zu Ludorf am 8. Mai 1346 durch den Bischof Burchard von Havelberg zu Ehren der hl. Jungfrau Maria und des hl. Märtyrers Laurentius und die Bewidmung der Kirche mit zwei Hufen in Ludorf, drei Hufen in Priborn, sowie mit den Einkünften von zwei Mark Silbers aus Zielow: das ist die erste urkundliche Ueberlieferung über das Dorf und Gut Ludorf im XIV. Jahrhundert, zugleich bis jetzt die einzige aus diesem Jahrhundert.[2])

Mit dieser Thatsache fallen alle früheren Vermuthungen über diesen einzig in seiner Art in Mecklenburg dastehenden Bau. Dass die Oktogonal-Anlagen häufiger in Italien als in Deutschland gefunden werden, ist bekannt.[3]) Unbekannt aber bleibt, welchen Anlass es gab, um in dem kleinen Dorfe Ludorf an der Müritz Gebrauch davon zu machen. Ebenso wird es wahrscheinlich niemals aufgehellt werden, ob, wie Beyer in bedenklicher Weise vermuthet hat, die im Jahre 1341 mit Fürst Bernhard von Werle vermählte Gräfin Elisabeth von Holstein-Plön, welcher gewisse Dörfer und Güter im Lande Röbel als Leibgedinge verschrieben waren, die Gründerin des Ortes und der Kirche zu Ludorf war, oder ein anderer, z. B. einer der Herren von Marin (Morin), die im Anfange des XV. Jahrhunderts als Besitzer des Gutes Marin mit dem zugehörenden Ludorf und zugleich als Patronatsherren der Kirche auftreten.[4]) Diese behalten die Nachbardörfer Marin und Ludorf,

[1]) 5 km östlich von Röbel.

[2]) M. U.-B. 6649. Vgl. Lisch, M. Jahrb. XVI, S. 294—299. XXV, S. 308.

[3]) Die nächsten Analogien zu dem Oktogonalbau in Ludorf bieten wohl die romanischen Centralbauten in Franken, z. B. die Kapellen und Kirchen in Oberwittighausen, Standorf, besonders die in Grünsfeldhausen, Akenforth und die Kapelle U. L. Frau in Würzburg. Vgl. Schulz, Denkmalpflege III, Nr. 14, S. 105 ff.

[4]) Beyer, M. Jahrb. XXXII, S. 125/27. v. Bülow, M. Jahrb. XXXIV, S. 192/93. Das Leibgedinge der Herzogin Elisabeth bildete keineswegs einen zusammenhängenden Güter-Komplex, sodass man etwa die Behauptung aufstellen könnte, Ludorf müsse miteingeschlossen gewesen sein. Deshalb giebt es auch gar keinen Grund zu der Annahme, dass, als im Jahre 1410 die Güter dieses Leibgedinges (vgl. Lisch, M. Jahrb. XIII, S. 192—94) an die in diesem Jahre neu gegründete Linie der Hahn-Solzow übergingen, das Dorf und Gut Ludorf in Hahn'schen Besitz gekommen sein müsse, wie Beyer bei Ausdehnung seiner Hypothese glauben machen will. Im Gegentheil weisen alle Verhältnisse und Umstände darauf hin, dass die schon im XIII. Jahrhundert als werlesche Vasallen in Röbel und Umgegend auftretenden und im XIV. Jahrhundert u. a. mit Besitz in Kressin, Zielow, Vipperow, Buchholz, Schwarz u. s. w. nachzuweisenden Herren von Marin oder Morin, die zwei Angelhaken im Wappen führen und thatsächlich mit dem alten grossen Hofe Marin oder Morin, bei dem Ludorf noch im Jahre 1614 als zugehörender kleinerer Hof aufgeführt wird, im engsten Zusammenhange stehen und daher schon viel früher zu Ludorf und seiner Kirche als Gutsherren in Beziehung gesetzt werden müssen als dies bis jetzt durch Urkunden fest

wenn auch nicht ganz, so doch theilweise, bis zum Jahre 1659, dem Todesjahr des Levin Ludwig von Marin. Doch scheint es, als ob der Name Marin schon damals vor dem Namen Ludorf im Schwinden begriffen gewesen. Denn

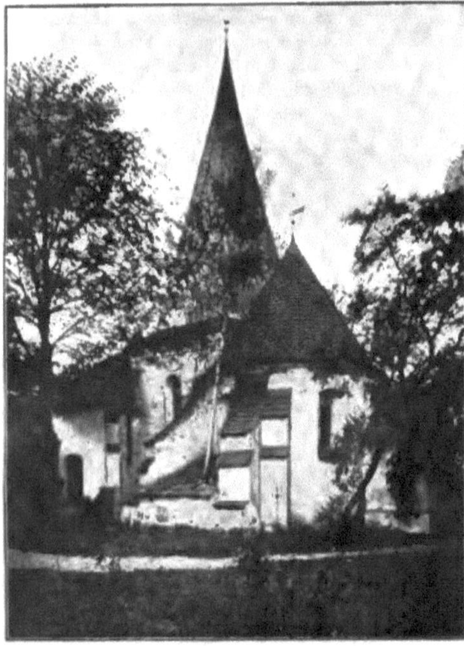

Kirche zu Ludorf.

zustellen gewesen ist. Thatsache ist, dass die von Marin im Jahre 1427 anscheinend seit langer Zeit im Besitz von Ludorf sind. Denn das Regest einer am Abend des 10. November d. J. ausgefertigten Urkunde lautet: »Otto vnde Heinrich Moryn, dede wonhaftig sint tho Moryn in deme haue, dede licht in deme lande tho Robele, verkaufen den von Blücher das halbe dorf Moryn, dat dar licht in deme lande tho Penzlin.« 1541 heisst es in Akten, welche sich auf Streitigkeiten über die Fischerei zwischen der Komthurei zu Nemerow und denen von Marin beziehen, »Peter, Curt und Ige die Marinen auf Ludorf,« und den 26. Juni 1614 spricht Henning Marin d. Ä. von seinem »Stammlehn Marin oder Ludorf.« 1616 giebt es Akten über eine Theilung der Güter Ludorf und Marin zwischen Henneke Marin und Balthasar Lepel. 1618 adressiert Herzog Adolf Friedrich ein Schreiben an Henning Morin zu Marin. 1643 muthet Klaus von Lepel nach dem Absterben seiner Vettern, der Brüder Balthasar und Klaus von Lepel das Gut Ludorf. Aber es scheint nicht, als wenn die Muthung einen praktischen Erfolg gehabt habe, denn das Visitationsprotokoll von 1649 nennt unter den Eingepfarrten vom Adel nur den Patronus Henneke Marin und Friedrich Kerberg's Wittwe und beschreibt den traurigen Tod des älteren Henneke Marin zu Röbel im Jahre 1638: »Der Thurmb ist niedergefallen und sint die glocken daraus wegk, welche der Patronus Henneke Marin dem Bericht nach verkaufft vnd dafür ein pferd gekauft haben soll. Es ist aber dabey glaubwürdig berichtet, dass Henneke Marin mit Verkaufung der glocken weinigs glücks oder segens gehabt, bevorab er bald darauff im elende Ao. 1638 an der roten Ruhr zu Röbel gestorben und nicht so viel nachgelassen, dass er ehrlich zur Erden bestattet worden, sondern es hat ihn das gekauffte pferdt auff einer Schlöpe im Sarcke zum grabe trecken müssen, vnd ist also ohne Ceremonien begraben worden. Inmassen auch erwehntes pferd nicht lange darnach in einen brunnen gefallen und gestorben.« -- 1662 aber, als es keinen Marin mehr giebt, nennt das Visitationsprotokoll als Patrone den Jakob Ernst Knuth und den Detlof Kerberg. — Alle diese Verhältnisse sind in früherer Zeit nicht genügend berücksichtigt worden, vor allen Dingen

während im Jahre 1614, als die Begüterung nahe daran ist, der alten erbgesessenen Familie verloren zu gehen, Ludorf nur als kleine Pertinenz von Marin genannt wird, reden die Visitationsprotokolle von 1649 und 1662 nicht mehr von Marin, sondern nur noch von Ludorf, das bis zum Jahre 1659 drei Adelsfamilien zu Besitzern hat, die von Marin, von Knuth und von Kerberg

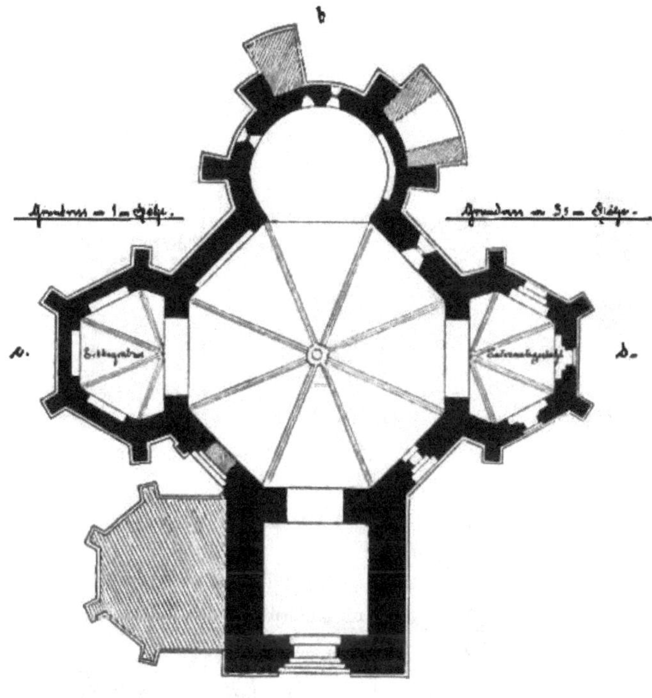

Grundriss der Kirche zu Ludorf (nach Zingelmann).

(Kerkberg). Nach dem Tode des oben genannten Levin Ludwig von Marin theilen sich die beiden letztgenannten Familien in die Herrschaft, und erst

hat man die beiden Güter Marin, das zur Ritterschaft des Amtes Neustadt zählende Marin bei Penzlin und das mit Ludorf zu einer Feldmark verbundene Marin an der Müritz bei Röbel, beide die Stammsitze der alten Adelsfamilie Marin, nicht immer scharf genug geschieden und die ehemalige Bedeutung dieses letztgenannten allzusehr übersehen.

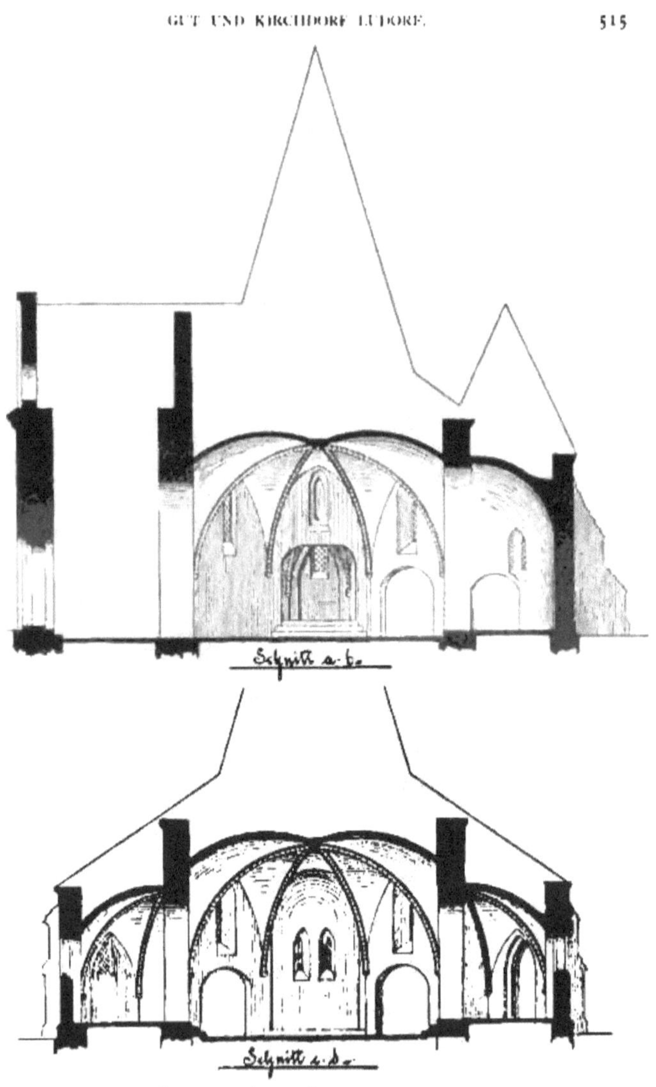

Kirche zu Ludorf (nach Zingelmann'schen Zeichnungen).

1686 kommen die von Knuth in den Alleinbesitz der Begüterung, die von nun an unter dem Namen Ludorf zu einem einzigen Lehngute konsolidiert wird, über welches der Oberkammerjunker Adam Levin von Knuth am 14. Juli 1688 den Lehnbrief erhält.[1]) Der Ludorfer Mannesstamm der Herren von Knuth ist mit dem Vater der bisherigen Besitzerin B. von Schulse erloschen, welcher als Erbtochter des J. E. von Knuth auf Ludorf bei der im Jahre 1851 erfolgten Umwandlung des Lehns in ein Allod das Erbjungfernrecht vorbehalten wurde.[2])

Was nun die geistlichen Verhältnisse betrifft, so scheint es, als ob die Kirche zu Ludorf, obwohl ihr Charakter als Mutterkirche bis auf den heutigen Tag unentwegt aufrecht erhalten worden ist, niemals einen eigenen Pfarrer und eine eigene Wedem gehabt hat, wenigstens nicht vom XVI. Jahrhundert her. Den beiden grossen General-Visitationsprotokollen von 1534 und 1541 ist zu entnehmen, dass damals die Cura von den Geistlichen zu Röbel besorgt wurde. Später aber (um 1571) ist Ludorf eine Zeit lang mit Vipperow verbunden, doch Ende des XVI. Jahrhunderts finden wir es schon wieder bei Röbel. So sagt z. B. der Diakonus Johann Möller zu Röbel in einem Schreiben aus dem Jahre 1606, dass er seit acht Jahren in der Kirche zu Ludorf predige und die Sakramente reiche. Nach ihm, bis in die Zeit des dreissigjährigen Krieges hinein, ist es Er Joachim Warneke, der sowohl in Ludorf als auch in der früher (um 1570) mit Kambs verbundenen Kirche zu Nätebow den Dienst hat und gleich seinem Vorgänger in Röbel wohnt. Wie die Ludorfer, hat auch die Nätebower Kirche den Charakter als Mater festgehalten. Sie steht damals von alter Zeit her unter dem Patronat der Herren von Prignitz auf Nätebow, Bollewick und Below. Nach dem dreissigjährigen Kriege folgt aber eine lange Zeit völliger Verödung. 1649 wohnt in Ludorf nur die obengenannte Wittwe von Kerberg, die übrigen Gehöfte aber, die von zwei Bauern und zwei Schäfern, stehen leer oder sind verwüstet. Ebenso wohnt in Nätebow, wo ehedem elf Bauern und zwei Kossaten den Bestand des Dorfes gebildet haben, kein Mensch mehr. Von Nätebow heisst es ferner, dass der Patron der Kirche, Otto Prignitz, die bisherige Verbindung mit Kambs — die ja nur von kurzer Dauer gewesen sein kann — aufgehoben und seine Kirche als Filia zu der in Ludorf gelegt habe. Indessen 1662 gehen die paar Leute zu Ludorf, die sich inzwischen wieder angefunden haben, nach Zielow zur Kirche, wo der Pastor von Vipperow predigt; die von Nätebow aber, wo es wieder vier Bauern giebt, suchen ihr geistliches Brod zu Röbel. Endlich folgen von 1667 an wieder eigene Pastoren für Ludorf und Nätebow: es sind Christian Moltmann bis 1678 und Andreas Willebrand bis 1687. Beide wohnen wie ihre Vorgänger in Röbel. Als aber Willebrand im Jahre 1687 Pastor zu Dambeck wird, gehen Ludorf und Nätebow zur Dambecker Kirche über, und zwar als kombinierte Mutterkirchen, nicht als Filiae. In diesem Verhältniss bleiben sie

[1]) Rittmeister Jakob Ernst von Knuth auf Leizen und Priborn war 1640 mit Elisabeth von Marin vermählt: M. Jahrb. XVI, S. 298. XVII, S. 222.

[2]) Im November des Jahres 1901 ist auch die Frau von Schulse verstorben.

auch unter dem Pastor Christian Willebrand, der seinem Vater im Jahre 1710 substituiert wird. Aber 1732 tritt abermals eine Aenderung ein: da werden beide Kirchen wieder von Dambeck getrennt, Ludorf wird auf Betreiben des Geh. Raths von Knuth mit Vipperow verbunden, Nätebow aber, das damals bereits in Langermann'schem Besitze ist, geht wieder einmal zur Pfarre von Kambs über. Jetzt sind beide Parochiae ambulatoriae aufs Neue bei Röbel, Ludorf seit 1776, Nätebow seit 1793.[1])

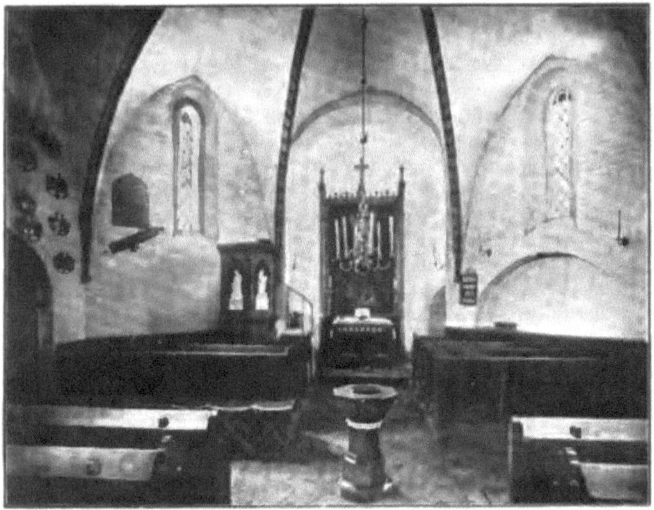

Inneres der Kirche zu Ludorf.

Kirche. Die beigegebenen Zeichnungen und Photographien, der Grundriss, Quer- und Längsschnitt, die Ansichten vom Inneren und Aeusseren, überheben uns einer ausführlichen Beschreibung. Wir wollen daher nur darauf hinweisen, wie sehr der Bau, trotz seiner Anlehnung an eine ungewöhnliche Grundform, vom Charakter jener Kirchenbauten des Ueberganges vom romanischen zum gothischen Stil beeinflusst worden ist. Dahin gehört vor allen Dingen der niedrige Ansatz und das verhältnissmässige steile Aufsteigen des kugelförmigen achtkappigen Gewölbes im Mittelbau, die Dicke und Schwere der Mauern und die vorherrschende Schlitzform der Fenster, während die Gewölberippen mit ihrem birnförmigen Durchschnitts-Profil, die äusseren Strebepfeiler und der Stromschicht-Fries den jüngeren Stil der mittlerweile überall Kirche.

[1]) Vgl. Kirchen- und Konsistorialakten im Grossherzogl. Archiv. Dazu Groth, M. Jahrb. VI, S. 140 141. Lisch, M. Jahrb. XVI, S. 299. Stuhr, M. Jahrb. LX, S. 58 und 65.

massgebend gewordenen Gothik zeigen.[1]) Was aber neuerer Zusatz ist, das sieht man an der Schraffierung in der Zeichnung. Am Chor sind ausser Backsteinen auch Felsen verwendet. Der Mittelbau sowie auch der Chor tragen thurmartige Bedachungen, die des erstgenannten Theiles ist von ansehnlicher Höhe, achtseitig, und läuft in eine schlanke Spitze aus, die des letztgenannten Theiles ist rund und bedeutend niedriger. Im Westen eine Vorhalle von verhältnissmässig beträchtlicher Höhe, in deren Obergeschoss die Orgel steht. Unter dem Dache hängt die Glocke. An der Nord- und Südseite zwei gleiche dreiseitige Abseiten, die aus einem Sechseck konstruiert sind. Die südliche Abseite dient als herrschaftlicher Stuhl, die nördliche als Gruftgewölbe. Ein zweites Grabgewölbe ist in neuerer Zeit an die Nordwestseite angesetzt. Auf einem Ziegel des Einganges zu der Vorhalle liest man die eingekratzte, an sich ziemlich bedeutungslose Inschrift: **ANNO 1577 X 8 CLA' RIEK**, die wir hier nur deshalb aufführen, weil sie im M. Jahrb. XVI, S. 296, ausführlicher behandelt ist.[2])

Nicht ohne Interesse ist die Beschreibung der Kirche in den beiden Visitationsprotokollen von 1649 und 1662. In jenem heisst es: »Die Kirche ist in vier Creutzen vnd 4 Arkenern vnd oben rund gebawet, auf der Italiäner arth, gantz gewelbet, inwendig sehr verwustet, die gräber geöffnet, die Fenster weg. Beim altar ein gemauert predigstuell. In diesem: »Ludorff eine Mater-Kirche, vaciret anjetzo. Ist nach der Italiäner art in vier Rundehlen gebawet, oben rundt gewelbet, inwendig sehr verwüstet, die Fenster darauss. Beim altar ist ein gemauerter Predigstuel.«

Innere Einrichtung der Kirche. Im **Altaraufsatz** das Gemälde der Kreuzigung. Nach **Ary Scheffers**. — In den Füllungen der **Kanzel** die Figuren der vier Evangelisten. — Der **Taufstein** aus schwarzem Marmor ist neu. — In der Apsis ein kleiner viereckiger **Eucharistie-Schrank**. — Ueber dem Eingang zu dem Gruftgewölbe befinden sich drei messingene **Votivtafeln** mit Inschriften, die sich auf verstorbene Mitglieder der Familie **VON KNUTH** beziehen. Endlich auch an der Thür zur Gruft, sowie über dem herrschaftlichen Stuhl, zahlreiche zinnerne **Wappen** von **KNUTH**'schen Familienmitgliedern.[3])

Glasmalereien. In dem nordöstlichen und nordwestlichen Fenster allerlei kleine **Glasmalereien**, die aus der alten Kirche zu Priborn hierher gebracht worden sind. Einige enthalten bildliche Darstellungen wie z. B. Eva's Erschaffung, Christi Verkündigung, Christi Taufe im Jordan, den guten Hirten u. a. m.

Gitterthür. Vor der eichenen Flügelthür, welche den Eingang zum Gruftgewölbe verschliesst, ist eine zweiflügelige **Gitterthür** aus Schmiedeeisen angebracht.

[1]) Alles ist alt und ursprünglich. Von einer erst später und etwa wider den anfänglichen Plan geschehenen Einwölbung kann unseres Bedünkens keine Rede sein. In dieser Beziehung theilen wir nicht die von Lisch im M. Jahrb. XVI, S. 293, ausgesprochene Ansicht, auf die er übrigens neun Jahre später (M. Jahrb. XXV, S. 308 ff.) nicht wieder zurückkommt.

[2]) Nur ist dort nicht 1477, sondern 1577 zu lesen. Vgl. ferner M. Jahrb. XXV, S. 308 ff. XI, S. 102.

[3]) Eine genauere Beschreibung aller dieser Stücke im Inventar von 1811.

Hier findet man eine Inschrift, welche besagt, dass im Augustmonat des Jahres 1736 **ADAM LEVIN VON KNUTH**, Erbherr auf Ludorf und Gneve, diese Ruhestätte für sich und seine Ehegattin, Frau **CORNELIA VON KNUTH**, habe herstellen lassen.

Von diesem Ehepaar stammt auch die einzige **Glocke**, welche die Kirche hat (Dm. 0,50 m). Ihre Inschrift lautet: **SOLI DEO GLORIA • HERR ADAM LEVIN V • KNUTH FRAU CORNELIA V • KNUTH • ANNO 1709 • PATRON DER KIRCHE ZU LUDORF • HABE ZU GOTTES EHREN DIESE GLOCKE UMGIESSEN LASSEN.** Glocke.

Kleinkunstwerke. 1—3. Silbervergoldeter Kelch mit Patene und runder Oblatenschachtel, alle drei mit dem eingravierten Knuth'schen Wappen und den Initialen **A • L • K •** Vgl. die Glocken-Inschrift. — 4. 5. Silbervergoldete Abendmahlskanne, ebenfalls mit dem Knuth'schen Wappen, laut Aufschrift im September 1854 von **MARIANNE V • KNUTH, JOSEF ERNST V • KNUTH'S WITTWE**, gestiftet. Von ebenderselben eine Taufkanne. — 6. Zinnkelch, von **JOACHIM SINNIKE** und seiner Frau **KATHARINA PAROW** 1669 gestiftet. Zinnzeichen undeutlich. — 7. Kleiner Zinnkelch, 1762 gestiftet von einer Wittwe **BURMEISTER**. Englisches Zinn. — 8. Noch eine Patene von Zinn. — 9. 10. Neben dem Altar stehen auf steinernen Postamenten zwei sehr schwere Bronze-Leuchter mit Stifterwappen und der Inschrift: **HER ADAM LEVIN KNUT ZV GIESELFELT LUDORF UNT ASENDRUP RITTER 1698.**[1] — 11. Mitten in der Kirche ein vom Gewölbe herunterhängender Kronleuchter von Messing. Kleinkunstwerke.

Ueber der Hausthür des **Herrenhauses** befindet sich folgende Inschrift mit Goldbuchstaben auf einer schwarzen Tafel: **ANNO 1693 HAT H • ADAM LEVIN VON KNUTH RITTER DEN UHRALTEN ADELSCHEN HOFF LUDORFF ANHERO TRANSPORTIREN UND NEU BAUEN LASSEN • GOTT LASSE DIESES HAUS WOHLBEGLÜCKT BESTEHEN UND EHE NICHT ALS MIT DER WELT VERGEHEN.** Darüber das von Knuth'sche Wappen. Ferner sieht man in dem oberen Thürbalken eine Inschrift: **MORITZ JAKOP JOCHIM GEBRODERE DE KNUTH ANNO DOMINI 1576.** Dazu dreimal das Knuth'sche Wappen. Das Stück sass aber früher an dem Herrenhause zu Leizen. Herrenhaus zu Ludorf.

* * *

Nicht weit von dem jetzigen Hofe sieht man in einer Wiese einen künstlich aufgeworfenen runden, jetzt mit Busch und Bäumen bestandenen und von einem Graben umgebenen Hügel. Auf diesem Hugel hat nachweislich die **alte Ludorfer Burg** gestanden, welche erst um das Jahr 1693 (vgl. die Inschrift am jetzigen Herrenhaus) eingegangen ist. Es ist dies die alte Burgstatte von Marin, welche C. Ch. von Bulow im M. Jahrb. XXXIV, S. 192, mit Alte Ludorfer Burg.

[1] Die ausser Ludorf genannten Ortschaften liegen beide auf Seeland (Trap. Danmark III, S. 447 und 514.

folgenden Worten beschreibt: »Die Reste der mittelalterlichen Burg des Geschlechts von Morin finden sich noch einige hundert Schritte nordwestlich von Ludorf entfernt am Saume des sog. Altenhöfer Bruchs. Ein umwallter, waldbedeckter Hügel von etwa 50 □Ruthen Grundfläche, wird ringsum von einem ziemlich tiefen Graben und auch von Teichen und Wiesen umschlossen und noch der »Schlossberg« genannt. Das Material des alten Schlosses soll nach dem dreissigjährigen Kriege zum Bau des jetzigen Herrenhauses in Ludorf verwandt sein. Doch sieht man noch im Innern der Umwallung mehrere grosse Steine, Bauschutt u. dergl. Auf der Direktorial-Karte ist auf der diese Umwallung zunächst begrenzenden Ackerfläche der »alte Hof« verzeichnet.«

* * *

»Der Steinhorn.« Der nördliche Vorsprung der Halbinsel, welche die Ludorfer Feldmark bildet, heisst **»der Steinhorn«**. Er stellt sich als ein ziemlich hohes, zur Müritz steil abfallendes Vorgebirge dar. Oben eine fast quadratische Fläche, an den drei der Müritz zugekehrten Seiten aber erkennt man noch mit ziemlicher Deutlichkeit ehemalige wallartige Erhöhungen.[1])

Das Gut und Kirchdorf Nätebow.[2])

Geschichte des Dorfes. Der Dorfname Nedebuh wird am 21. Januar 1261 bei Gelegenheit der Festsetzung der Feldmark von Röbel zum ersten Mal urkundlich genannt.[3]) 1305 werden Einkünfte aus Nätebow bei der von dem Röbelschen Bürger Berthold von Zernow in St. Nikolai auf der Neustadt gestifteten Vikarei erwähnt.[4]) 1331 aber hat Nätebow bereits seine eigene Kirche, eine »Ecclesia beate Marie virginis« mit drei Altären, welche sämmtlich von dem Ritter Konrad Büne mit Einkünften aus den Dörfern Nätebow, Bollewick und Finken bewidmet werden. Es sind die Altäre der hl. Jungfrau Maria, der hl. Katharina und der der Apostel Matthaeus und Andreas.[5]) Bischof Dietrich von Havelberg bestätigt diese Stiftungen neunzehn Jahre später, als der Ritter, in dem wir auch den Gründer und Erbauer der Kirche zu erkennen haben werden, schon todt ist. Ferner lernen wir drei Vikare kennen, die sich der eben genannten Einkünfte zu erfreuen haben. Es sind Johann von Cessin, Johann Rodepape und Arnold Ferber. Ausser denen von Bune finden wir am Ende des XIV. Jahrhunderts

[1]) Beyer, M. Jahrb. XXXII, S. 128. v. Bülow, M. Jahrb. XXXIV, S. 192.

[2]) 3 km südwestlich von Röbel. Die alten Formen des Namens, Nedebuh, Nedebow, verbindet Kühnel, M. Jahrb. XLVI, S. 98, mit der altslavischen Negation ne- und dem Wort dybati = schleichen und deutet ihn als »Ort des Nedyba«. Das wäre denn ungefähr das deutsche »Laufen« oder »Rennerdorf«.

[3]) M. U.-B. 911.

[4]) M. U.-B. 2997.

[5]) M. U.-B. 5218. 7072.

die von Rostke und Freiberg mit Besitz und Rechten in Nätebow,[1]) im XV. und XVI. Jahrhundert auch die von Wardenberg und Prignitz, und im XVII. die von Arenstorff, Grambow, Pauli und Schmiede. Aber 1682 kommt der Schmiede'sche Schwiegersohn, Rittmeister Kaspar Christoph von Langermann, in die Schmiede-Prignitz'schen und 1702 auch in die Grambow-Powisch'schen und Freiberg'schen Antheile, und noch heute sind seine Nachkommen im Besitz einer ansehnlichen Begüterung, welche ausser Nätebow die benachbarten Dörfer und Höfe Carlshof, Dambeck, Karchow, Erlenkamp, Bollewick und Spitzkuhn umfasst.

Ueber die kirchlichen Verhältnisse s. o. bei Ludorf sowie bei Leizen und Kambs.[2])

Kirche. Die Kirche, ein alter Backsteinbau aus der Zeit des Ueberganges vom romanischen zum gothischen Stil, hat die Form eines länglichen Vierecks und verdankt ihre jetzige Gestaltung einer Restauration vom Jahre 1682. Doch macht sich noch an den Aussenwänden das alte romanische Lisenen-System bemerkbar. Auch giebt es hier keine Strebepfeiler. Der Innenraum ist mit zwei gothischen Kreuzgewölben überspannt. In der Ostwand ein grösseres dreitheiliges gothisches Fenster, in der Nord- und Südwand der nach Osten gelegenen Hälfte je ein zweitheiliges Fenster, während in der westlichen Hälfte jederseits noch die Form eines älteren Schlitzfensters sichtbar wird, das jetzt vermauert und daher nur noch als Blende vorhanden ist. An sämmtlichen vier Innen-Wänden sieht man unten Rundbogen-Nischen, die bis auf den Fussboden reichen. Von den ehemaligen Portalen der Kirche ist das auf der Südseite noch im Gebrauch. Es hat eine frühgothische Wandung und Bogenlaibung. Von dem im Westen angebauten Thurm ist nur noch das Untergeschoss vorhanden, der obere Theil ist im XVIII. Jahrhundert durch Brand zerstört und steht als Ruine da. Kirche.

Als **Altaraufsatz** dient ein spätgothischer doppelflügeliger Schrein mit gut ausgeführten Schnitzwerken. Im Mittelstück die geschnitzten Figuren der hl. Maria mit dem Kinde, zu den Seiten der hl. Johannes Bapt. und der hl. Johannes Evang. In den geöffneten Vorderflügeln je vier Heilige, zu zweien übereinander. Links (vom Beschauer) der hl. Andreas, die hl. Katharina, der hl. Jakobus, die hl. Gertrud; rechts: die hl. Magdalena, der hl. Bartholomaeus, die hl. Margarethe, der hl. Thomas. Die äusseren Seiten der vorderen Altarflügel, sowie beide Seiten der hinteren Flügel sind mit je einer grossen Heiligenfigur bemalt, zum Theil vergangen, zum Theil noch erhalten. Auch hier ist die Ausführung gut und sorgfältig. Zu erkennen sind noch die Altaraufsatz.

[1]) M. U.-B. 11419.

[2]) Im Visitationsprotokoll von 1534 steht, dass das Kirchlein vom Ritter Konrad von Bune an die Fürsten gefallen sei. Man wisse aber nicht, wie es von diesen an die von Prignitz gekommen sei, die es u. a. dem Dominikaner-Prior Thomas Lamperti verliehen haben. S. Visitations-Protokoll von 1541. Die von Prignitz besitzen es noch 1662. Nachher haben es die von Langermann.

hl. Margaretha, der hl. Antonius und der hl. Bartholomaeus. In der Ecke bei dem hl. Bartholomaeus befindet sich das Grambow-Prignitz'sche Wappen (gekrönter Eberkopf mit blutigem Halse) und daneben die Inschrift: **Daniel 1522 prignits.**[1] An der Predella des Altars Namen und Wappen des **CASPAR CHRISTOFF LANGERMANN**, Churfürstl. Brandenb. Rittmeisters, und der **ELEONORE MARGARETHE LANGERMANN**, geb. **SCHMIDEN**. Auf der Fläche des kleinen hölzernen Altarpultes steht eingeschnitten **ILSEBE BERKEN 1729.**

Kanzel. An der Nordwand die **Kanzel**, eine gute Tischlerarbeit im Renaissance-Stil.

Taufengel. Neben der Kanzel ein hölzerner **Taufengel** mit einem zinnernen Becken in Muschelform.

Gedenktafel. In der Kirche eine **Gedenktafel** über die Restauration von 1682 mit der Inschrift: **ANNO 1682 HAT HERR LEUTTENAND BERNHARDT CHRISTIAN SCHMIDT UND HERR RITHMEISTER CASPAR CHRISTOPH LANGERMANN DIESE BAUFELLIGE NÄHTBOER KIRCHE ANGEFANGEN ZU REPARIREN.**

Kronleuchter. Vor dem Altar hängt ein kleiner messingener **Kronleuchter** mit der Inschrift: **BERENT FOLRAT TELLER 1682.**

Glocke. In dem hölzernen Glockenstuhl ausserhalb der Kirche hängt eine **Glocke** mit der Inschrift: **CLAUS HINRICH VIERECK MARGARETHA LUCIA BROCKTORFF ANNO 1699 M · E · S · B · R ·**[2]

Kleinkunstwerke. **Kleinkunstwerke.** 1. Silbervergoldeter gothischer Kelch auf sechspassigem Fuss, auf jedem Felde des Fusses eins oder mehrere der Marterwerkzeuge Christi eingraviert. An den sechs Rotuli des Knaufes die fünf Buchstaben des Namens **maria** und eine Lilie. Am Schaft oben noch einmal der Name **maria**, darunter der Name **ihesus**. Keine Werkzeichen. — 2. Silbervergoldete Patene mit einem Agnus Dei auf dem Rande. Inschrift: **ANNA MARGARETHA PAVLIN GEBORNE SCHVTZENREICHINN.** Keine Werkzeichen. — 3. Länglichrunde silberne Oblatenschachtel. Auf dem Deckel das Langermann'sche Wappen mit der Umschrift: **CASPAR CHRISTOF LANGERMAN RITMEISTER SCHENKET DISES ALS PATRONVS DER NACHTBOER KIRCHEN ZVHR EHRE GOTTES ANNO 1687.** — 4. 5. Zwei messingene Altarleuchter.

[1] Dieser aus Finken stammende Zweig der Familie Grambow, welcher später die Güter Below, Nätebow und Bollewick besitzt, führt von alter Zeit her den Namen Prignitz (Priegnitz), wie eine Urkunde vom 1. März 1300 erweist: ick olde Philyps Grambowe vnde ik olde Hans Grambowe, Danneles sone, anders ghenomet de Pryggenytzen, wonaftych to den Vynken, bekennen vnde betughen u. s. w. Auch hier zweimal das Wappen mit dem Eberkopf. Ferner der Name Daniel.

[2] Aus Kritzkow erworben, nach 1811. Das Inventar von 1811 erwähnt auch nur eine Glocke, giebt aber an, dass keine Inschrift darauf sei. Ein Zweig der von Vieregge (Viereck) hatte in der zweiten Hälfte des XVII. Jahrhunderts Rechtsansprüche an Dammwolde: M. Kunst- u. Gesch.-Denkm. IV, S. 627. Das hier genannte Ehepaar hatte die Güter Subsin und Lantow bei Laage. Vgl. Band I der M. Kunst- u. Gesch.-Denkm. bei Kritzkow S. 460 (473).

Das Gut und Kirchdorf Leizen.[1]

Schon im Jahre 1298 giebt es einen Plebanus Segelke in Leizen und also auch eine Kirche.[2] Der Pleban ist zugleich mit denen zu Dambeck und Melz der zur Havelberger Diöcese gehörenden Probstei oder, was dasselbe ist, dem Archidiakonat der Neustadt Röbel unterstellt. Diesem Verhältniss widerspricht es nicht, wenn wir im Visitationsprotokoll von 1541 die Nachricht finden, dass der Dominikaner-Prior Thomas Lamperti der Inhaber der Kirchlehne oder Pfründen aus Nätebow und Leizen ist. Wie in Nätebow die von Prignitz, so sind in Leizen die von Knuth im XVI. Jahrhundert (und wahrscheinlich schon von älterer Zeit her) die Patrone der Kirche, die es ohne Zweifel dem Prior des Klosters gestattet haben werden, einen Vikar als Miethpriester für Leizen einzusetzen. Es wird aber 1541 keiner genannt. Die von Knuth haben das Patronat bis zur Mitte des XVIII. Jahrhunderts. Doch sind sie nicht diese ganze Zeit hindurch die alleinigen Besitzer des Gutes. Im XVI. Jahrhundert finden wir dort z. B. neben ihnen die von Rostke und Freiberg, wenn auch nur als Pfandberechtigte. Im Jahre 1700 vermählt sich Jakob Ernst von Knuth auf Leizen mit Anna Marie Schröder. Dieser Ehe entspriesst ein einziger Sohn Gottfried Ernst. Doch der Vater stirbt schon am 22. September 1704, als der Sohn erst ein Kind von vier Jahren ist. Die Mutter vermählt sich nun zum zweiten Mal mit jenem Kapitän Holly, der in einer der früheren Glocken-Inschriften genannt wird (s. u.); seit 1709 ist sie mit ihm verheirathet Aber 1721 ist sie bereits wieder Wittwe. Sie vermählt sich in diesem Jahre zum dritten Mal mit Joachim Detlev Warneke, wird aber zum dritten Mal Wittwe. Als solche nennt sie sich 1723 in einem Brief als »Anna Marie Warneke Possessorin« des Gutes Leizen, bezeichnet aber ihren Sohn erster Ehe, Gottfried Ernst von Knuth, als Lehnsnachfolger. Dieser muthet das väterliche Erbe im December 1722. Ob er das Gut übernommen hat, war aus den Akten, soweit sie dem Verfasser zugänglich waren, nicht zu ersehen. Gewiss ist, dass Leizen sich schon vor 1753 in Gundlach'schen Händen befindet. So auch heute noch.

Geschichte des Dorfes.

Wie sich die geistlichen Verhältnisse gleich nach 1541 gestalten, wissen wir nicht des Näheren. Das Visitationsprotokoll von 1649 giebt an, dass vorher ein eigener Pastor in Leizen mit Namen Vitus Obsalpicus gewesen sei, auch sei Leizen zeitweise von Röbel und von Finken versorgt worden, nun aber (1649) sei es mit der Kirche in Dambeck verbunden. Von zwölf Bauern vor

[1]) 10 km westlich von Röbel entfernt. »Haselstrauchort« übersetzt Kühnel, M. Jahrb. XLVI, S. 82, den Namen, indem er ihn mit dem altslavischen Stamm lěska, polnisch leszczyna, tschechisch lešina, verbindet.

[2]) M. U.-B. 2486.

dem Kriege seien nur noch drei vorhanden.[1]) 1650 wird Leizen mit Finken (od. Finken-Dammwolde) verbunden, wo Heinrich Sibeth (bis 1659) Pastor geworden.[2]) So bleibt es dann unter dessen Nachfolgern, den Pastoren Jakobus Riebe und Georg Pagenkopf (Pagenkopp) bis über 1713 hinaus.[3]) 1723 aber wird Leizen als parochia ambulatoria zu Karchow gelegt, doch erscheint es schon 1728 wieder, wie einstmals im XVI. Jahrhundert, in Verbindung mit Röbel, von wo es noch heute seine Cura empfängt.[4])

Kirche.

Kirche. Die einschiffige Kirche hat die Form eines länglichen Vierecks und ist zum grössten Theil aus Felsen aufgeführt, nur im westlichen Theil finden sich Backsteine und Felsen durcheinander gemischt. Im Innern eine flache Bretterdecke. An der Ostwand drei romanische Schlitzfenster mit glatt eingehender Wandung und Laibung. Die gleiche Anordnung dreier Schlitzöffnungen auf der Südseite des Chors. Im Langhaus auf jeder Seite zwei Fenster mit Stichbogenschluss. Das Thurmportal hat eine neuere Gestaltung im Barockstil und ist mit dem Gundlach'schen Wappen geschmückt. Auf dem Westende des Firstes ein hölzernes Dachreiterthürmchen. Auf der Nordseite eine unverhältnissmässig grosse Gruftkapelle aus jüngerer Zeit.[5])

Altaraufsatz.

Den **Altaraufsatz** bildet ein restaurationsbedürftiges spätgothisches Triptychon. Im Mittelstück der Vorderseite die Krönung der Mariä. Auf den Flügeln zu beiden Seiten in zwei Reihen übereinander je drei Heiligenfiguren. Links oben der hl. Jakobus major, die hl. Elisabeth, der hl. Johannes Baptista; unten die hl. Maria Magdalena, ein unbekannter Apostel und die hl. Annaselbdritt-Gruppe. Rechts oben der hl. Johannes Evang., der Apostel Petrus (?), die hl. Barbara; unten die hl. Katharina, der Apostel Paulus (?) und die hl. Gertrud. Die Malereien auf der Rückseite der Flügel sind sehr vergangen; im Allgemeinen ist nur soviel zu erkennen, dass es sich um legendarische und nicht um biblische Scenen handelt.

Malerei.

An der Decke der Kirche handwerksmässige **Barockmalerei.**

Grabstein.

Neben dem Altar liegt ein gut erhaltener mittelalterlicher **Grabstein** mit dem Knuth'schen Wappen in der Mitte und den vier Evangelisten-Symbolen in den Ecken. Dazu die Umschrift: **Anno : dñi : m : ccc · lxx f'ia · ii p' · festū · mich · ⊕ hinric' knut · de · pryborn ꝛ uxor · ei' marga'eta spegelb'g' · or · p · ei' ·** Der Stein verdient aufgerichtet zu werden.[6])

Waffen, Votivtafel.

An der Nordwand verschiedene **Waffen,** und unter einem Degen eine **Votivtafel,** welche besagt, dass die trauernde Gattin des Majors **THEODOR WILH. VON ORIGALSKI** den Degen ihres Ehemannes, der an seinen in der

[1]) M. Jahrb. VI, S. 141.
[2]) S. Finken.
[3]) Vgl. M. Kunst- u. Gesch.-Denkm. IV, S. 628.
[4]) Akten im Archiv. Für 1728 vgl. Stuhr, M. Jahrb. LX, S. 54.
[5]) Lisch, M. Jahrb. XV, S. 286. XXXII, S. 153 (Klessen). XL, S. 192.
[6]) Lisch, M. Jahrb. XXV, S. 311. Mit Lithographie. Fehlt im M. U.-B.

Schlacht bei Dennewitz am 6. September 1813 erhaltenen Wunden starb, in der Kirche zu Leizen, ihrem Geburtsorte, zu ewigem Andenken habe aufhängen lassen.

Glocken.

Im Thurm zwei **Glocken** (Dm. 1,00 m und 0,80 m). Beide sind aus den alten Glocken von 1527 und 1711 (so steht im Umguss, nicht 1700 wie im Inventar von 1811, und auch nicht 1709, wie bei Lisch, M. Jahrb. XXVII, S. 233) im Jahre 1860 auf Anweisung des Patrons, **MAX LUDWIG VON GUNDLACH** auf Leizen, von **C. Jllies** in Waren umgegossen worden.[1])

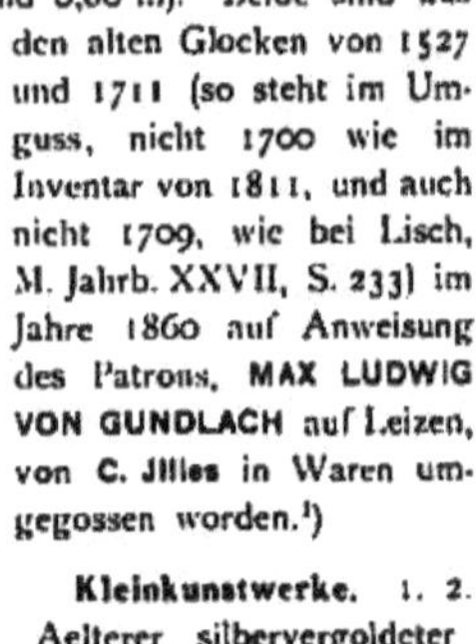

Knuth'scher Grabstein (nach Zeichnung im M. Jahrb.).

Kleinkunstwerke.

Kleinkunstwerke. 1. 2. Aelterer silbervergoldeter kleiner Kelch auf sechspassigem Fuss mit einem plastischen Krucifixus, daneben eingraviert Johannes und Maria. Auf den sechs Rotuli des Knaufes in gothischen Minuskeln die Buchstaben des Namens ihesus. Dieselben Buchstaben an den sechs Seiten des Griffes oberhalb des Knaufes, aber unterhalb des Knaufes die Buchstaben maria. Am Fuss die Inschrift: **Dies : kalc : hort : in : Gothhvst to : Liesten : Tomas : Visher Driebes Dauniel 1591 · wi xxv lo.**[2]) Keine Werkzeichen, auch nicht an der zugehörigen Patene. — 3. 4. Grösserer silber-

[1]) Das Inventar nennt vier Glocken, zwei von 1527 und eine von 1709 (oder 1711?). Die beiden ältesten hatten den Namen des Meisters Peter; was sonst auf ihnen stand, ist aus der verdorbenen Abschrift nicht zu erkennen. Die dritte Glocke trug den Namen des zeitweiligen Gutsinhabers Franz Leopold Holly (s. o.), den des Pastors Jakobus Riebe (Reibe) und die der Vorsteher Jakob Seedorf und Michael Hacker. Sie war gegossen von M. Christian Siegmund Mebert. Die vierte Glocke war ohne Inschrift. Im M. Jahrb. XXVII, S. 233, ist aus Holly verkehrter Weise der Name Köln gemacht

[2]) — wiegt 25 Loth.

vergoldeter Kelch mit dem von Gundlach'schen Wappen und der Inschrift: **ERNST FRIEDRICH VON GUNDLACH 1756.** Als Stempel auf der Unterseite des Kelches der werlesche Stierkopf und **C E S**, ebenso auf der Patene. — 5. Zinnerne Patene, nicht mehr im Gebrauch. Inschrift: **JACOB 1665 RUMP · ANNA SCHROEDERN.** Undeutlicher Stadtstempel und Meisterstempel **H P L.** — 6. 7. Zwei zinnerne Altarleuchter, einer davon mit dem Monogramm **C·W·W· V·K·1688.** Keine Werkzeichen. — 8. Klingelbeutel mit silbernem Teller, darauf das von Gundlach'sche Wappen. Inschrift: **C · S · F · V · G · 1756.**

Das Kirchdorf Minzow.[1])

Geschichte des Dorfes.

Von Minzow wissen wir aus alter Zeit nur, dass dort die von Below im Jahre 1412 zwölf Hufen besitzen und dass es im Jahre 1460 vom Herzog Heinrich von Mecklenburg eine Zeit lang an die Stadt Röbel verpfändet ist. Im Uebrigen bleibt es landesherrliches Eigenthum, bis es 1667 dem Andreas Pritzbuer überlassen wird. Indessen im Jahre 1704 erwirbt die Lehnkammer das Dorf zurück. Zwar entspinnt sich ein langjähriger Reluitionsprozess der Pritzbuer'schen Erben gegen den Lehnsherrn. Doch wird dieser Prozess im Jahre 1756 durch einen Vergleich erledigt, indem sich der klägerische Theil mit einer namhaften Summe Geldes abfinden lässt.[2]) Minzow ist vor dem dreissigjährigen Kriege ein blühendes Dorf. Denn es besitzt vor dem Kriege nicht weniger als vierundzwanzig Bauern und sechs Kossaten, am Schluss desselben allerdings nur acht Personen.[3]) Seit dem Jahre 1863 ist es ein Kirchdorf, während es bis dahin nach Dambeck eingepfarrt war.

Kirche.

Kirche. Die neu erbaute Kirche ist ein einschiffiges Gebäude in Form eines länglichen Vierecks mit einer Chornische im Osten. Im Innern decken vier schmale Kreuzgewölbe den Raum. Im Westen ein mit einem Pyramidenhelm versehener Thurm. An der Nordseite des Chors eine Sakristei.

Inneres.

Die **innere Einrichtung** ist neu.

Glocken.

Im Thurm zwei kleinere **Glocken**, die laut kurzer Inschrift aus den Jahren 1703 und 1704 stammen und nur den Spruch **SOLI DEO GLORIA** haben.[4])

Vasa sacra.

Vasa sacra. 1. Silbervergoldeter Kelch auf sechspassigem Fuss. Als Stadtstempel **S**, als Meisterstempel **SCHMIDT**, dazu die Jahreszahl **1862**. —

[1]) 8 km westlich von Röbel. Nach Kühnel, M. Jahrb. XLVI, S. 94 »Ort des Minc«.

[2]) Akten im Grossh. Archiv.

[3]) Groth, M. Jahrb. VI, S. 141.

[4]) Nach dem Inventar von 1811 zu urtheilen, wird die eine der alten Dambecker Kirche entnommen sein. Vielleicht auch die andere, wenngleich das Inventar von 1811 (Dambeck, Bütow und Karchow kommen dabei besonders in Betracht) keinen Anhalt bietet.

2. Silberne Patene. — 3. Neues messingenes Taufbecken, ohne Bedeutung. — 4. Neusilbernes Taufbecken. — 5. 6. Alter Zinnkelch mit Patene.

* * *

Zwischen den Wiesen des Dambecker Sees und den Wiesen des Glien-Sees, auf Minzowscher Feldmark, ein fast einen Kilometer langer Erdwall, der stellenweise zwei bis drei Mannshöhen hat und im Volke die **Schwedenschanze** genannt wird. Indessen eine geschichtliche Begründung für diesen Namen giebt es nicht. Vielleicht diente der Wall zur Absperrung. S. die Plan-Skizze von Herrn Pastor Karsten-Vellahn (früher in Röbel). Schwedenschanze.

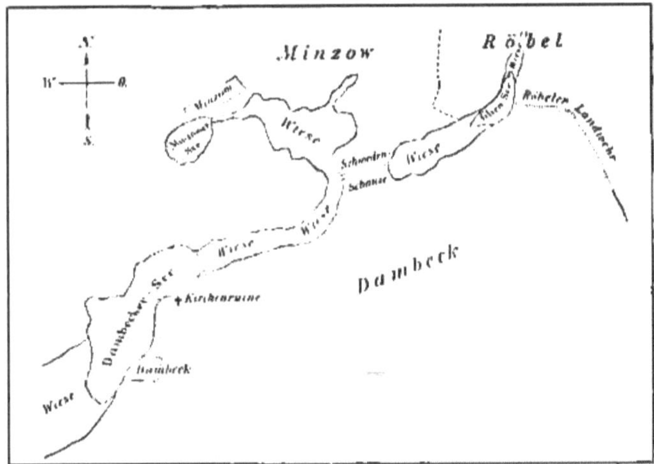

Das Gut und Kirchdorf Dambeck.[1]

Urkundlich im Jahre 1261 zum ersten Mal genannt, tritt uns Dambeck ebenso wie Leizen und Melz als fertiges, zur Diöcese Havelberg und zum Archidiakonat der Neustadt Röbel gehörendes Kirchdorf mit einem eigenen Pleban Henricus noch im selben Jahrhundert entgegen.[2]) Die alte Kirche aber, Geschichte des Dorfes.

[1]) 8 km westlich von Röbel. Altslavisch dąbŭ = Eiche. Eichwaldort, Eichendorf, Ekendörp, Ikendörp. Kühnel, M. Jahrb. XLVI, S. 36.

[2]) M. U.-B. 914. 2186.

welche damals vielleicht schon zwei oder drei Menschengenerationen hindurch gedient hatte, steht heute, unter Bäumen versteckt, als eine Ruine einsam und verlassen eine ziemliche Strecke von den Gebäuden des Hofes und Dorfes entfernt. In der ersten Hälfte des XIV. Jahrhunderts sitzt der werlesche Knappe Otto von Roggentin auf Dambeck, wahrscheinlich aber nicht als einziger Vasall, sondern nach dem Herkommen jener Zeiten mit Andern seines Standes zusammen. Ob aber dazu auch die von Gamm zu rechnen, deren einer am 30. November 1380 als Knappe zu Dambeck genannt wird, muss im Dunkeln bleiben, denn dieser könnte auch zu jenem Dambeck gezogen werden, das südlich von Parchim liegt.[1]) Später finden wir dort, nachweislich vom XV. Jahrhundert her (s. o. S. 472), die von Freiberg, welche zugleich das Gut Karchow haben. Doch die Akten berichten schon während des dreissigjährigen Krieges von einem grossen Konkurse, der 1642 ausbricht. Dabei geht Dambeck verloren und kommt an die von der Luhe auf Schulenberg. Den 25. November 1653 erhält darüber Volrath Friedrich von der Luhe den landesherrlichen Konsens und Lehnbrief. In Luhe'schen Händen bleibt Dambeck bis zum Jahre 1743, wenngleich das Gut zwanzig Jahre lang, von 1692 bis 1712, an den Oberst Kaspar Christoph von Langermann auf Nätebow, Bollewick und Spitzkuhn, verpfändet ist. 1743 aber wird Hauptmann Georg Friedrich von Bassewitz auf Klocksin, der, nach dem Erlöschen des Mannesstammes der von Freiberg im Jahre 1721,[2]) in den Besitz von Karchow gekommen ist, durch Kauf auch Herr des Gutes Dambeck. In Bassewitz'schem Besitz bleiben Dambeck und Karchow bis 1791. Nachdem darauf der schon oft genannte Kammerrath Otto Konrad von Hahn ein Jahr lang beide Güter besessen hat, gehen sie an Ludwig Christoph Baron von Langermann-Erlenkamp über, dessen Familie sich ihrer noch heute erfreut.

Seit 1528 ist Joachim Berg unter landesherrlichem Patronat und Freiberg-schem Kompatronat Kirchherr von Dambeck, Karchow, Bütow und Minzow. Das Visitationsprotokoll von 1541/42 nennt ihn einen Papisten. 1587 wird Er Blasius Böttcher (Boddeker) genannt, der zu Karchow wohnt. Zwischen 1593 (vielleicht schon etwas früher) und 1636 hat Christoph Strieger die Cura der drei Kirchen zu Karchow, Dambeck und Butow.[3]) Nach seinem Tode wird Wilhelm von Ankum berufen. Aber schon 1644 tritt Joachim Hausmann für ihn ein, der, obwohl öfter viel Klagens über ihn ist, er auch einmal (um 1662) eine Zeitlang suspendiert wird, dennoch bis zu seinem Tode im Jahre 1687 im Amte bleibt. Ihm folgt jener Andreas Willebrand, Pastor zu Ludorf und Nätebow, der diese Pfarren beibehält und der Gründer einer grossen Pastoren-Familie wird, welcher auch der ehemalige Doberaner Superintendent Willebrand angehört. Dem Andreas Willebrand wird 1710 der Sohn Christian substituiert, diesem wieder 1747 der Sohn Jonas Christian, und dem letztgenannten

[1]) M. U.-B. 5386. Vgl. 6191. 6761. 11295.

[2]) S. das Gamm'sche Verzeichniss bei Lisch, M. Jahrb. XI, S. 440.

[3]) Im Pastoren-Verzeichniss zu Bütow irrthümlich Christoph Steigerus genannt.

abermals im Jahre 1794 der Sohn Karl Friedrich Willebrand, welcher sich 1802 mit der Baronesse Christiane von Langermann vermählt und bis zum Jahre 1814 am Leben und im Amte bleibt. S. Walter a. a. O.

Beschreibung des alten Kirchenbaues.

Wir geben hier die Beschreibung des **alten Kirchenbaues** von Dambeck so, wie er bei Lisch, M. Jahrb. XV, S. 283 bis 286, zu finden ist, d. i. im Jahre 1850, als noch Gottesdienst in ihm gehalten wird:

»Auf dem Felde des ritterschaftlichen Hofes Dambek bei Röbel zwischen Minzow und Dambek, auf den Ufern eines Sees, steht im freien Felde unter Bäumen und dichtem Gestrüpp ein wundersames Gebäude, die Kirche von Dambek, jetzt auch die »Kirche von Minzow« genannt, von der Dorfschaft Minzow allein in dem noch erhaltenen Theile als Gotteshaus benutzt, in dem andern als Ruine; während das ehemalige Schiff in den offenen Trümmern der Ringmauern sich in die Luft erhebt, ist der Chor der Kirche mit einem Strohdache bedeckt. Die Merkwürdigkeit dieser Erscheinung wird aber noch bedeutend durch die Bauweise erhöhet, in welcher das Gebäude aufgeführt ist. Die ganze Kirche ist nämlich von Feldsteinen, d. h. von Granitgeschiebe, gebaut, und zwar nicht allein in den Ringmauern, sondern auch in allen Wölbungen, im Bodenpflaster u. s. w. Es ist kein einziges Stück Ziegelstein in und bei der Kirche zu entdecken. Die Aussenfläche der Mauern ist von behauenen Granitsteinen; das Innere der Mauern ist mit kleinen Feldsteinen von gewöhnlicher, verschiedener Form in Kalk gefüllt. Der ganze Sockel der Kirche besteht aus sorgfältig behauenen, gegliederten Granitblöcken. Alle Wölbungen, in Thüren, Fenstern, Bögen und Deckengewölben, sind im Rundbogen ausgeführt; von Spitzbogen ist nirgends eine Spur zu finden. Die Kirche ist daher ohne Zweifel die alleräIteste in ihrer Gegend und eine der ältesten im ganzen Lande: sie stammt wahrscheinlich noch aus dem XII. Jahrhundert, höchstens aus dem Anfange des XIII. Jahrhunderts, immer aber aus den allerersten Zeiten des Christenthums im südöstlichen Meklenburg. Daher ist an der Kirche auch noch kein Ziegel zu finden; als sie gebaut ward, hatte man hier noch keine Ziegelöfen, wenn auch der Baumeister schon Ziegel gesehen haben konnte.«

»Der Chor der Kirche ist ein Quadrat; er hat an jeder Seite, auch hinter dem Altare, zwei schmale, mit glatter Wandung schräge eingehende, rund gewölbte Fenster, von denen jedoch die beiden an der Nordseite, ohne Zweifel wegen des Anbaues der Sakristei, vermauert sind. Die Pforte in der Südwand ist aus behauenen Granitquadern im Rundbogen gewölbt und sehr wohl erhalten; die Gesimse sind mit Linien verziert. Selbst der alte Unterbau des Altars ist von behauenen Granitquadern. Der Chor ist jetzt mit einer Balkendecke bedeckt; jedoch stehen noch in den vier Ecken die glatten, abgerundeten Widerlager aus Feldsteinen, welche früher ohne Zweifel ein halbkugelförmiges Feldsteingewölbe trugen, das den ganzen Raum überdeckte, wie man es noch oben an den Ringmauern bemerken kann, welche sich mehr zu Rundung neigen. Der Scheidebogen zwischen Chor und Schiff ist im Rundbogen gewölbt.«

»An die Nordwand des Chors ist die mit demselben zu gleicher Zeit gebauete Sakristei angelehnt, ein fast ganz dunkles, in seiner Art einziges Gebäude, welches noch jetzt als Beichtstuhl benutzt wird. Sie ist ebenfalls ganz und gar aus Feldsteinen gebauet: die Wände sind aus Feldsteinen, das halbkugelförmige Gewölbe ist aus Feldsteinen, selbst der Fussboden ist mit Feldsteinen gepflastert. Merkwürdig sind die Reste einer uralten Wandmalerei, welche mit dem Bau von gleichem Alter zu sein scheint. Unter den Gewölbe-

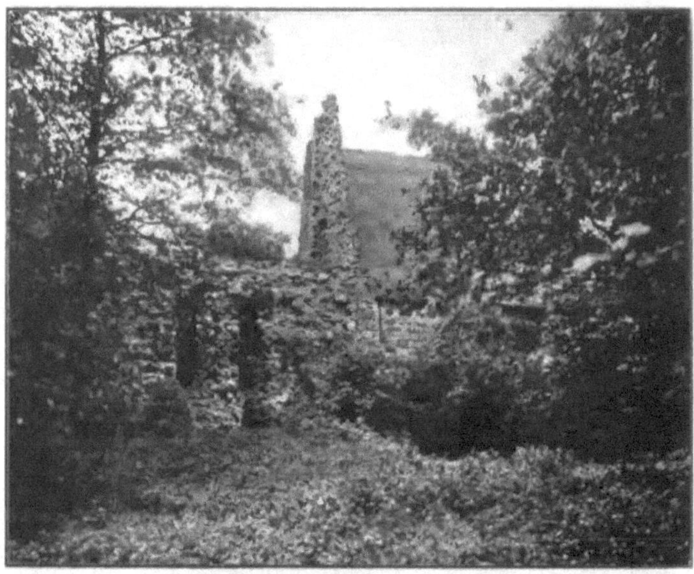

Kirchenruine zu Dambeck.

kappen sind die Seitenwände im regelmässigen Halbkreise oder Rundbogen abgeschnitten. Dieser die Seitenwände unter den Gewölbekappen begrenzende Rundbogen ist auf einem uralten, sehr dünnen, groben Kalkputz mit einer Borde verziert, welche ungefähr $^3/_4$ Fuss breit ist. Sie besteht aus einer doppelten Reihe rechts hin laufender Rauten, welche abwechselnd und entgegengesetzt dunkelroth und hellgelb (oder weisslich) sind. Diese Borde ist in allen Linien durch nicht tiefe, aber scharfe Fugen abgegrenzt. Zu beiden Seiten läuft eine dicke rothe Linie parallel. Es sind ausserdem noch mehr Spuren von Wandmalerei vorhanden, so z. B. unter den Widerlagern der Gewölbe, jedoch nicht mehr klar zu erkennen.«

»Chor und Sakristei sind mit Stroh gedeckt, auch wohl noch das einzige Beispiel im Lande.«

»An den Chor schliesst sich das Schiff, ein nicht unbedeutender Raum, dessen Höhe auch ziemlich gross gewesen ist, wie der noch stehende östliche Giebel beweiset. Dieser Theil der Kirche ist jetzt Ruine und umher mit dichtem Gebüsche bewachsen. Die Seitenmauern stehen zum Theile wohl noch in ²/₃ ihrer Höhe und sind eben so gebauet, wie der Chor und die Sakristei; die ehemaligen Abtheilungen und Oeffnungen lassen sich nicht mehr klar erkennen. Wahrscheinlich hat man beim Bau die Wölbung mit Feldsteinen gewagt, aber die Gewölbe sind späterhin eingestürzt, und man hat weder Muth noch Mittel gehabt, die Kirche herzustellen; und so ist das Schiff als Ruine stehen geblieben, nachdem man den Bogen zwischen Chor und Schiff vermauert hatte.«

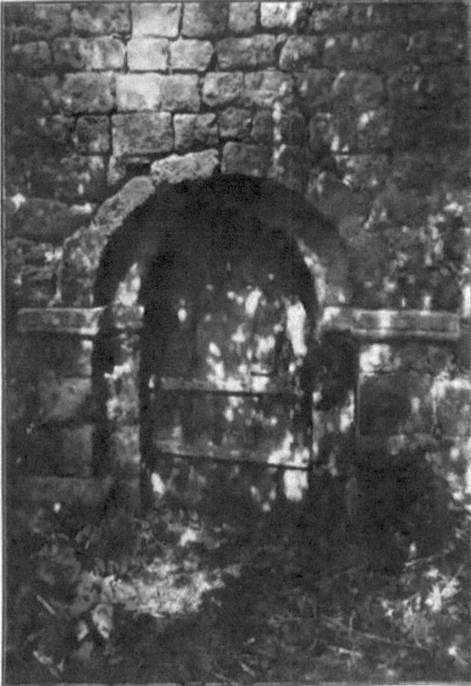

Priesterpforte auf der Südseite des Chors.

»Diese Kirchenruine von Dambek oder Minzow ist der Kirchenruine von Papenhagen oder Rambow an Baumaterial und Baustil sehr ähnlich und beide mögen wohl die ältesten Feldsteinbauten im Lande sein (vgl. o. S. 376). — Die Geschichte und der Verfall der Kirche lassen sich noch klar genug verfolgen.«

»Dass die Sage schon an der Geschichte eines so seltsamen Gebäudes umgestaltend arbeitet, ist nicht zu verwundern. In Minzow erzählt man: die Kirche habe einst zu einer »Stadt Gellin« gehört, von welcher noch ein nahes Holz den Namen Gellin führe. Die ganze Sage ist aber grundlos, da an dieser Stelle und überhaupt in der Pfarre kein Dorf Gellin existierte.«

34*

»Die Geschichte redet dagegen ganz klar und verständlich. Nach den Akten und Kirchen-Visitationsprotokollen gehörte die Kirche immer zu dem ritterschaftlichen Hofe Dambek, welcher bis in das XVII. Jahrhundert ein altes Lehn der von Freiberg war; die Pfarre war früher auch in dem zu dem Hofe gehörenden Dorfe Dambek, in welchem auch die Kirche stand. Eingepfarrt waren die Dörfer Dambek mit dem Hofe, Minzow, Karchow und Bütow.«

»Karchow und Bütow hatten eigene Filialkirchen; die Dorfschaft Minzow ging nach Dambek zur Kirche. In neueren Zeiten ward der Hof Dambek an

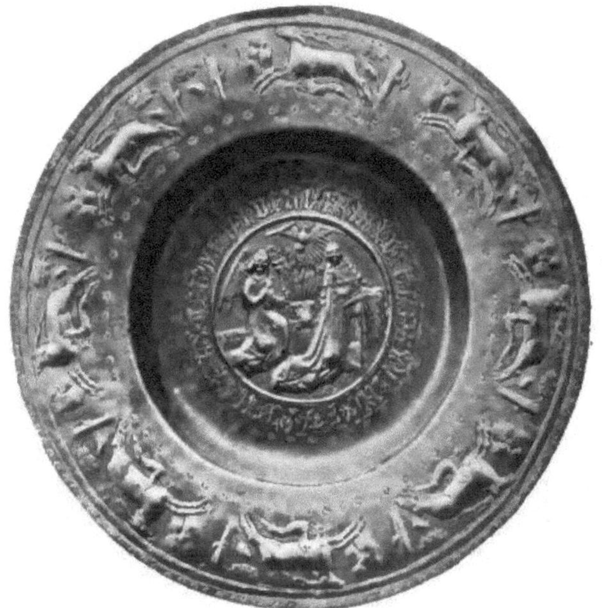

Messingschüssel (s. S. 534).

eine andere Stelle verlegt und das dazu gehörige Dorf ging ein; die Herrschaft des Hofes Dambek wandte sich nach dem Filial Karchow zur Kirche, da die Kirche zu Dambek verfiel. Und so kam es, dass die Pfarre nach Karchow verlegt ward, und nur die Dorfschaft Minzow an ihrem Rechte fest hielt und die allein stehende Kirche zu Minzow besuchte.«

»Die Kirche ward während des dreissigjährigen Krieges baufällig und gleich nach demselben absichtlich in den jetzigen Zustand versetzt. Es heisst bei der Kirchenvisitation vom Jahre 1649: »Dambeck. Die Kirche und das Chor ist von alten Feltsteinen gebawet, ist von 8 gebind mit einem gantz vnduchtigen strohtache, vnd ist das tach über 5 gebinde gantz weg. Ueberm Chor sint auch grosse Lecken. Vorsteher sollen das übrige tach von der Kirchen wegnehmen vnd das Chor damit aussbessern. Vom Thurm negst an der Kirchen von Holtzwerck gebawet ist die spitze abgefallen vnd ist darin eine glocke. Pfarhauss ist nicht alhir zu Dambeck, sondern zu Karchow.««

»Diese Anordnung ward auch ausgeführt, denn im Jahre 1662 war die Kirche schon wüst. Es heisst in dem Protokolle der Kirchenvisitation vom Jahre 1662: »Dambeck. Diese Kirche ist biss ans Chor niedergefallen biss

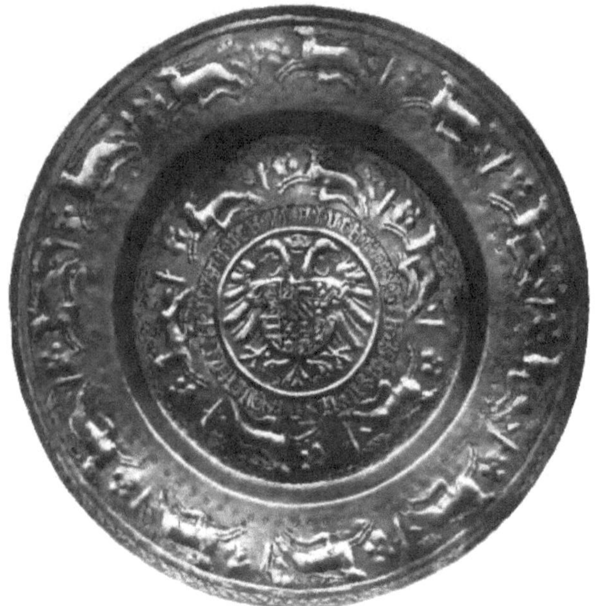

Messingschüssel (s. S. 534).

vfs Mauerwerck vnd wirt itzo nicht darin gepredigt, weilen Jochimus Haussmann wegen seines ärgerlichen lebenss ab officio suspendieret worden.««

»Endlich heisst es in einem Zeugenverhöre vom Jahre 1687: »Interr. Wo die Minsower in die Kirche gehen? Resp. Sie gingen in die sogenandte Dambecker Kirche, so im wüsten Felde und 1/4 Meile von ihnen belegen, worin der Karchowsche Prediger predige.««

»Im 18. Jahrhundert wird wiederholt gesagt, die Dambecker Kirche liege mit drei Seiten im Dambecker Hofacker und mit der vierten Seite am Dambecker See.«

Jetzige Ausstattung der Kirche.

Die **jetzige Ausstattung** des Chorraumes, soweit sie noch vorhanden ist, lässt den Renaissancestil erkennen, namentlich im Altaraufsatz und in der Kanzel. Der hohe **Altaraufsatz** enthält acht von Säulen und Pilastern eingefasste Tafeln, auf denen sich ältere bemalte Holzfiguren abheben, die ohne Zweifel einem gothischen Triptychon entnommen sind. (Vgl. die Altaraufsätze in Gnoien und Prestin.) Die **Kanzel** ist mit den Bildern der vier Evangelisten bemalt.

Messingschüsseln.

Von besonderem Interesse sind zwei im Grossh. Museum sich befindende, der zweiten Hälfte des XVII. Jahrhunderts angehörende **Messingschüsseln**, die im Torfmoor bei Dambeck gefunden wurden, und über deren Fund und Erwerbung im Jahre 1857 Lisch im M. Jahrb. XXIII, S. 289, einen ausführlichen Bericht veröffentlicht hat, auf den wir hier verweisen. Das Becken mit dem Gruss des Engels misst 53 cm, das andere mit einem Phantasie-Wappen 63 cm. Hier soll nur bemerkt werden, dass beide als Prachtschüsseln in ihrer Art zu beurtheilen und demgemäss sehr viel höher einzuschätzen sind und heute auch eingeschätzt werden, als es sr. Zt. a. a. O. geschehen ist. Auch ist zu beachten, dass beide Schüsseln denselben Stempel haben: R S.

* * *

Burgstelle.

Westlich vom Dambecker Herrenhause befindet sich hart am See gelegen noch ein Ueberrest einer alten **Burgstelle** (wallartige Erhöhungen).

Das Gut und Filial-Kirchdorf Karchow.[1]

Geschichte des Dorfes.

Im XIV. Jahrhundert sitzt ein Pritzbuer auf Karchow (Priscebur de Karghow).[2] Vom XV. Jahrhundert her aber ist Karchow ein Gut der von Freiberg, die es später als ihren Stammsitz ansehen und bezeichnen und möglicherweise dort schon neben oder vor dem erstgenannten Pritzbuer erbgesessen gewesen sein können. Auf Karchow bleiben sie bis ins XVIII. Jahrhundert hinein. Neben ihnen aber gewinnen die von der Lühe-Schulenberg, von Rapp-Necheln und Daniel Koch zu Karchow zeitweise gewisse Antheile am Gute. Nachdem die Freiberg im Mannesstamm 1721 erloschen sind, wird Karchow Besitz des Hauptmannes Georg Friedrich von Bassewitz, der später auch das Gut Dambeck kauft. Dieser Bassewitz'sche Besitz geht 1791 auf den Kammerrath Otto Konrad von Hahn und 1792 auf den Baron Ludwig Christoph von Langermann-Erlenkamp über, dessen Erben ihn noch heute in Händen haben.

[1] Fast 7 km südwestlich von Röbel. Vielleicht soviel wie »Habichtsdorf«. Kühnel erinnert an den altslavischen Stamm »krag-, karg- und das Wort kraguj = Habicht« und deutet den Namen als »Ort des Karga« M. Jahrb. XLVI, S. 65. Anders in den Nachträgen, S. 178, wo (nach Courtenay) die Stämme krŭh- und krŭg- und die Wörter krŭhovo (karchowo) herangezogen werden.

[2] M. U.-B. 5386.

Ueber die geistlichen Verhältnisse s. bei Dambeck. Vor dem dreissigjährigen Kriege zählte Karchow fünfzehn Bauern und fünf Kossaten, von denen 1649 nur noch zwei Kossaten übrig waren.[1])

Kirche. Die im Jahre 1688 erbaute Kirche ist ein schlichter vierseitiger Fachwerkbau ohne Thurm und Vorhallen.[2]) Im Innern eine flache Decke. Neben der Kirche ein Glockenstuhl. Kirche.

Als **Altaraufsatz** dient ein Rahmen aus der Zeit der Spätrenaissance mit einem hineingesteckten gothischen Triptychon in Farben und Vergoldung. Im Altaraufsatz.

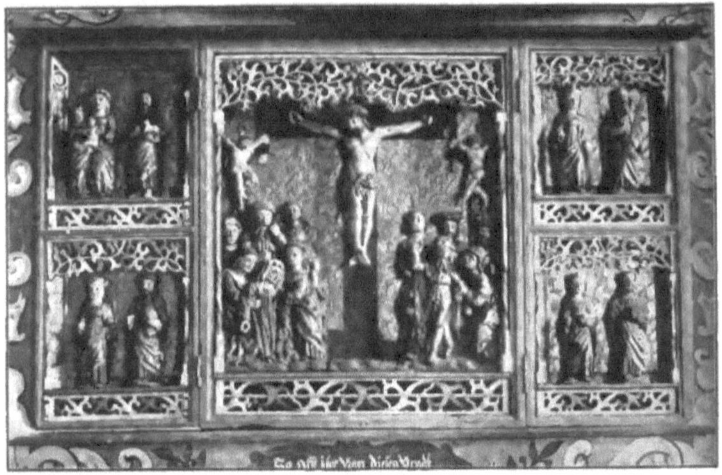

Altaraufsatz.

Mittelstück die Kreuzigungsgruppe mit vielen Figuren und den Kreuzen der Schächer. In den Seitenflügeln acht Heiligenfiguren, in jedem Flügel vier. Links: die hl. Annaselbdritt-Gruppe, der hl. Johannes Bapt., eine weibliche Heilige und der Apostel St. Jakobus maj. Rechts: die hl. Katharina, der hl. Andreas, die hl. Agnes und ein nicht zu bestimmender Apostel. Auf den Rückseiten der Flügel finden sich Spuren von Malereien.

An der **Kanzel** der Name der Stifterin: **JUNGFRAU ANNA MARIA V · D · LÜHE DEDIT ME 1692.** Ferner die Inschrift: **GOTT ZU EHREN IST DIESE KIRCHE VON GRUNDT AUSS NEU GEBAUET ANNO 1688 ET 89 · PATRONEN: H · HINRICH ANDREAS VON FREIBERG · H · ADOLF ANDREAS V · D · LÜHE ·** Kanzel.

[1]) Groth, M. Jahrb. VI, S. 141.
[2]) Lisch, M. Jahrb. XI., S. 190.

H · HANS ERNST VON FREIBERG · H · ANDREAS WILLEBRANDT PASTOR · ACH HR ERHALT UNS DEIN WORT.

Altarschranken. An den **Altarschranken** und an dem **herrschaftlichen Stuhl** findet sich die Inschrift: H · HINRICH ANDREAS V · FREIBACH · (!) — F · SOPHIA HEDEWIG V · BLÜCHER 1692.

Glocken. Im Glockenstuhl zwei **Glocken**, die eine von 0,73, die andere von 0,60 m Durchmesser. Beide haben die Inschrift: DIE VON DER LÜHE · DIE VON FREIBERGE · DANIEL JANUS SUPERINT · JOACHIMUS HAUSMANN PASTOR · MARTIN HEINTZE AUS PERLEBERG ME FECIT ANNO 1670.

Kleinkunstwerke. **Kleinkunstwerke.** 1. Silbervergoldeter Kelch mit Spätrenaissance-Verzierungen um die Kupa. Der Knauf des Griffes sowie der Fuss sind mit getriebenen Engelsköpfen und Früchten verziert. Inschrift: CASPAR CHRISTOFF VON LANGERMANN, OBRISTLIEUTNANT ANNO 1694 · ELISABETH KATHARINA VON LANGERMANNIN GEBOHRENE FREYFREWLEIN VON ERLENCAMP. — 2. Silbervergoldeter Kelch, schlichte Arbeit ohne Verzierungen. Am Fuss das nebenstehende Familienwappen der DUPUITS (du Puits) und an der Unterseite desselben die Inschrift: DIESER KELCH IST ZUM GEDECHTNIS VEREHRET DER KIRCHE ZU KARCHOW 1723 · Gustrower Arbeit von **Lenhard Mestlin.**[1] — 3. Silbervergoldete Patene. Von demselben Goldschmied. — 4. Silbervergoldete, kreisrunde Oblatenschachtel mit getriebener Randverzierung wie am Kelch Nr. 1. — 5. Silbervergoldete Abendmahlskanne mit Verzierungen wie am Kelch Nr. 1, gestiftet laut Inschrift von WILHELM BARON VON LANGERMANN-ERLENCAMP, BERTHA BARONIN VON LANGERMANN-ERLENCAMP, GEB · LÜBBE 25 · MÄRZ 1866. — 6. 7. Zwei Messingleuchter, gestiftet 1866 von demselben Ehepaar.

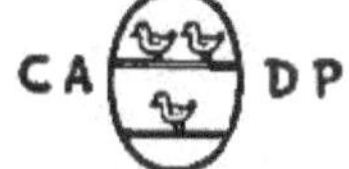

* * *

Granitblöcke. Im **Pfarrgarten** befinden sich zwei muldenförmig ausgehöhlte **Granitblöcke.** (Quetschmühlen?)

[1] Charlotte Amalie Dupuits, Tochter des Gideon Dupuits auf Vietow und Wehnendorf und der Katharina Dorothea von Preen, vermählte sich mit Dietrich Otto von der Lühe auf Dambeck, wurde aber schon 1712 Wittwe. Vgl. geneal. Tabellen von Pentz im Grossh. Archiv. Dazu Petschow in Band I der M. Kunst u. Gesch. Denkm.

Das Gut und Filial-Kirchdorf Bütow.[1])

Geschichte des Dorfes.

Schon im Jahre 1273 gewinnt das Nonnenkloster zu Röbel drei Hufen zu Bütow. Andere elftehalb Hufen verpfändet dort Vicke Bune am 23. December 1366 dem Heinrich Knuth und dessen Bruderkindern.[2]) Später sitzen die einen Zweig der alten Adelsfamilie Grambow bildenden Prignitz auf Finken und Bütow. Und zwar bis zum Jahre 1620 hin. Da geht das Dorf Bütow zugleich mit Finken und Dammwolde an Vicko Ludwig von Lepel über. Nach dem grossen Lepel'schen Konkurse des Jahres 1650 haben eine Zeit lang die Gläubiger, besonders Johann Sibrand von Secheln und die Wittwe des Generalmajors von Vieregge, sowie deren Pensionarius Kurt Twochtmann, ihre Hände in Bütow. Nach der Mitte der siebenziger Jahre des XVII. Jahrhunderts aber kommen die von Pritzbuer in den Besitz von Finken sammt den dazu gehörenden Gütern und Dörfern. Sie erwirken und erhalten, nach Abfindung der Anrechte des Rittmeisters Hartwig Ernst von Bülow, am 4. März 1692 den Allodialbrief über Finken, Bütow, Dammwolde und die Schäferei Knüppeldamm.[3]) In den Pritzbuer'schen Besitz aber tritt schon 1720 der Kammerjunker Julius Ludwig von Pederstorf ein, und den Pederstorfen folgt 1760 der im Jahre 1814 in den Grafenstand erhobene Zweig der Familie Blücher, der das Gut heute noch hat, während das Patronat der als Filia von jeher mit Dambeck-Minzow verbundenen Kirche landesherrlich geblieben ist. Vor dem dreissigjährigen Kriege hatte Bütow sechzehn Bauern und vier Kossaten. Davon waren 1649 nur noch drei Kossaten vorhanden.[4])

Kirche.

Kirche. Die Kirche ist zum Theil massiv in Backstein, zum Theil in Fachwerk aufgeführt und bildet ein längliches, im Innern flachgedecktes Viereck. Die Fenster auf der Nordseite sind viereckig, in der Stirnwand auf der Südseite spitzbogig. Im Westen ein aus Felsen gemauerter Thurm mit einem niedrigen vierseitigen Pyramidenhelm.

Altaraufsatz.

Der **Altaraufsatz** ist ein Kompositwerk,[5]) d. h. ein Renaissancegehäuse mit einzelnen Figuren, die einem älteren gothischen Triptychon entnommen sind; alles mit Oelfarbe übermalt. Auf der Rückseite zwei Inschriften, von denen die eine die Namen der lutherischen Prediger angiebt, die von 1548 bis 1748 an der Kirche amtiert haben, während die zweite meldet, dass Herr

[1]) 10 km westsüdwestlich von Röbel. Die alte Form Butecowe des XIII. Jahrhunderts übersetzt Kühnel als »Ort des Budek« und erinnert im Nachtrag an die serbischen Formen Buta, Butko, Butovic: M. Jahrb. XLVI, S. 32 u. 175.

[2]) M. U.-B. 1283. 9578.

[3]) M. Kunst- u. Gesch.-Denkm. IV, S. 626/27.

[4]) Groth, M. Jahrb. VI, S. 141.

[5]) Vgl. Gnoien, Prestin und Dambeck bei Röbel.

HINRICH VALENTIN VITZENHUSEN als Administrator der beiden Güter Finken und Knüppeldamm den Altar im Jahre 1734 habe renovieren und bemalen lassen.

Glocken. Im Thurm hängen zwei **Glocken**. Nach den Inschriften ist die älteste 1708 von **M. Ernst Siebenbaum**, die zweite aber 1750 zur Zeit des Pastors **JONAS CHRISTIAN WILLEBRANDT** von **C. D. Heintze** gegossen worden.

Kleinkunstwerke. **Kleinkunstwerke**. 1. 2. 3. Neugothischer silberner Kelch, desgl. Patene und Ciborium, von **Heinersdorff**-Berlin. — 4. Messingenes Becken mit der Inschrift **MATIHS EHRKE** aus Bitau (!) 1720.

Das Gut und Kirchdorf Finken.[1]

Geschichte des Dorfes. Im Templiner Landfriedens-Vertrage zwischen Werle und Brandenburg am 25. Oktober 1310 wird beschlossen, dass die Garanten des Vertrages, Herr Grube von Grubenhagen, Herr Berthold von der Osten, Herr Klaus von Buck und Herr Droiseke von Kröcher, zweimal des Jahres zur Besprechung aller Interessen auf beiden Seiten in Finken (ton Finken) zusammenkommen sollen, und etwas über zwanzig Jahre später hören wir zum zweiten Male urkundlich von Finken, als es sich um Festsetzung von Einkünften für die Vikareien in der Kirche zu Nätebow handelt. Es ist das am 24. Februar 1331. Da giebt es auch aus Finken drei Mark Silbers zum St. Marien-Altar.[2]) Aber wer die Herren von Finken sind, erfahren wir erst am 1. März 1399.[3]) Um diese Zeit wohnt dort ein Zweig der alten Familie Grambow mit dem Beinamen »de Pryggenytzen«, also jene erst am Ende des XVII. Jahrhunderts erloschene Adelsfamilie, welche später nur den Namen Prignitz (Priegnitz) führt, aber, wie erklärlich ist, unverändert den Eberkopf des Grambow'schen Wappens beibehält. Auf Finken bleiben die Prignitz bis 1620. Wie dann die von Lepel, Secheln, Vieregge, Pritzbuer, Pederstorf und Blücher im Besitze folgen, ist schon im IV. Bande der M. Kunst- u. Gesch.-Denkm. S. 626/27 bei der Ortsgeschichte von Dammwolde und oben S. 537 bei der von Butow gesagt worden. Ebenso ist, da der Pfarrsitz im Jahre 1708 von Finken nach Dammwolde verlegt worden, die Darstellung der kirchlichen Verhältnisse in Finken schon bei Dammwolde (a. a. O. IV, S. 627/28) erfolgt. Indem wir hierauf verweisen, haben wir nur noch hinzuzufügen, dass sich aus den inzwischen eingeordneten Konsistorial-Akten des Grossherzoglichen Archivs noch zwei Geistliche gefunden haben, die in die Lücken des Dammwolder Verzeichnisses einzutragen sind, nämlich (vor dem 1605 berufenen Pastor Paul Vettingk) der zwischen

[1]) 14 km westsüdwestlich von Röbel.

[2]) M. U.-B. 5424 5218.

[3]) S. o. S. 522, Anmkg. 1 (Altaraufsatz in Nätebow). Vgl. M. Jahrb. XIII, S. 333 (Urk. XLIV).

1599 und 1605 nachzuweisende Pastor Baltzer Wege, der möglicherweise schon lange vor 1599 da war; ferner zwischen 1650 und 1659 der Pastor Heinrich Sibeth, für dessen Zeitbestimmung in Finken drei Momente zu beachten sind: im Visitationsprotokoll von 1649 heisst es nämlich, dass kein Pastor in Finken sei, der letzte (Pinnow) sei 1638 gestorben. Und in einem Briefe des Jahres 1661, also ein Jahr vor der Berufung des Nikolaus Thomaeus, wird darüber geklagt, dass Finken schon wieder zwei Jahre lang verwaist sei. Endlich giebt es Akten vom Jahre 1656 und 1657 aus der Zeit der Amtsführung des Pastors Heinrich Sibeth.[1])

Mit den beiden kombinierten Mutterkirchen Finken und Dammwolde ist seit dem Jahre 1619 auch die Lücken'sche Patronatkirche zu Massow als vagierende Mutterkirche verbunden. Vorher war sie, wie nunmehr den Akten zu entnehmen ist, mit der Kirche zu Kambs verbunden.

Kirche. Die Kirche ist ein Backsteinbau des XVIII. Jahrhunderts (von 1735?) in Form eines Vierecks. Auf der Mitte des Daches ein hölzernes mit Holzschindeln gedecktes Dachreiterthürmchen. Einige Schritte von der Kirche entfernt steht eine anscheinend derselben Zeit wie die Kirche angehörende Gruftkapelle. Kirche.

Altar und **Kanzel** sind Werke des Barockstils. Altar und Kanzel, Taufbehälter.

Von Interesse ist der dem Geschmack der Renaissance am Ende des XVI. und am Anfange des XVII. Jahrhunderts angehörende **Taufbehälter** aus Sandstein. Auf einer runden Säule mit achteckigem Sockel ruht ein achtseitiger Beckenbehälter, dessen Seitenflächen unten abgerundet sind. Jede Seite zeigt eine Reliefdarstellung mit einzelnen Buchstaben darüber und auch zum Theil darunter. Die Reliefbilder zeigen: Philipp Melanchton, Dr. Martin Luther, den Eberkopf des **GRAMBOW-PRIGNITZ**'schen Wappens, das **V. D. LÜHE**'sche Wappen, Christi Taufe im Jordan, Jesus und Nikodemus, Jesus segnet die Kinder, Christi Auferstehung, aber die Jahreszahl fehlt.[2]) Der Beckeneinsatz mit dem Gräflich **BLÜCHER**'schen Wappen ist neu.

Kleinerer **Grabstein** aus Sandstein, in der Mitte durchgebrochen. Inschrift: **ANNO 1599 24 DIE JANUARY OBIIT ILSECKE WEGEN J • W • D • M • E • L.**[3]) Grabstein.

Im Thurm eine kleine **Glocke**, am oberen Rande derselben die Buchstaben **maria**, auf der anderen Seite **b mf.** Auf dem Rande selbst das Giesserzeichen.[4]) Glocke.

Kleinkunstwerke. 1. 2. Silbervergoldeter Kelch von 1727, vom Rostocker Goldschmied **Lorenz Johann Röper.** Patene von ebendemselben. - Kleinkunstwerke.

[1]) S. o. S. 524 bei Leizen.

[2]) Zu vergleichen sind die Taufbehälter in St. Georgen zu Parchim und in Bellin bei Krakow.

[3]) S. o. die Folge der Pastoren bei Dambeck mit dem Nachtrag bei Finken. Die Sigla bedeuten: Ich weiss, dass mein Erlöser lebt.

[4]) Das Inventar von 1811 behauptet, die Glocke sei ohne Inschrift.

3. Zinnerner Kelch ohne Inschrift. Englisches Zinn von dem Röbeler Zinngiesser **J. C. Henecky**. — 4. Längliche silberne Oblatendose mit anscheinend Nürnberger Stempeln des XVIII. Jahrhunderts, aber ohne künstlerische Bedeutung. — 5. 6. Zwei zinnerne Altarleuchter mit der Jahreszahl 1735. Von dem Malchower Zinngiesser **C. G. D.**

Das Gut und Kirchdorf Massow.[1])

Geschichte des Dorfes.

In der ersten Hälfte des XIV. Jahrhunderts giebt es noch ein wendisches Dorf des Namens Massow, das als »Wendisch Marsowe« seit 1344 zur Flotow'schen Begüterung gehört, südöstlich von dem andern Massow liegt, welches somit den Beinamen »Deutsch« geführt haben wird, und Ende des XVI. Jahrhunderts bereits verlassen ist.[2]) Wenn wir dann aus einem Regest einer Urkunde des Jahres 1367 ersehen, dass um diese Zeit die von Below auf Massow (»tho Marschow«) wohnen, so kann dies nicht gut ein anderes als dasjenige sein, welches heute noch im Amte Wredenhagen liegt.[3]) Aber die von Below behalten es nicht. Schon 1502 hören wir von einem Ernst von Lücken auf Massow, und von dieser Zeit an ist die Familie dieses Namens (Lücke, Lucka) nicht wieder vom Gute gewichen, wenngleich es ihr im XVI. und XVII. Jahrhundert durch die von Pahlen, von Weltzien, von Rohr, von der Lanken und von Preen, welche zeitweise in den Besitz einzelner Antheile gelangen, schwer gemacht wird, sich darin zu behaupten. Auch gelingt es ihr erst im Jahre 1593, drei Bauerngehöfte zu erwerben, die bis dahin landesherrlich waren.

Die Kirche zu Massow finden wir unter Lücken'schem Patronat 1541 mit Finken und Dammwolde verbunden, sie wird aber nach der Reformation eine Mater vagans und ist später mit Kambs vereinigt. 1619 geht sie wieder zu Finken-Dammwolde zurück und bleibt nun bei diesen beiden Kirchen bis zum Ende des XVII. Jahrhunderts. Von 1701 an aber ist sie wieder bei Kambs. Auch im XVIII. Jahrhundert findet wieder mehrfacher Wechsel nach Dammwolde und Kiewe, sowie im XIX. Jahrhundert (1810) auch ein Wechsel nach Satow hinüber statt. Seit 1844 ist sie wieder bei Dammwolde. S. Walter a. a. O.

Kirche.

Kirche. Die im Jahre 1843 in Form eines länglichen Vierecks erbaute Kirche ist ein schlichter Bau mit einem Chorschluss aus dem Achteck. Als Hauptbaumaterial sind Felsen verwandt, nur die Einfassungen der Thüren und Fenster sowie die Ecken sind aus Backsteinen gemauert.

[1]) In der Luftlinie 14 km südwestlich von Röbel entfernt, aber über Zepkow und Wildkuhl gegen 18 km. Die alte Form Marsowe deutet Kühnel, M. Jahrb. XLVI, S. 92, als »Ort des Mareš.«

[2]) M. U.-B. 6401. Schildt, M. Jahrb. LVI, S. 217.

[3]) M. U.-B. 9579.

Kanzel und **Altar** sind zu einem Körper vereinigt. Kanzel und Altar, Glocke.

Im Thurm eine **Glocke** von 0,67 m Durchmesser mit der Inschrift: **ANNO 1722 GOS MICH CHRISTIAN HEINZE VON BERLIN • GVRGEN HEINRICH VON LVCK MAGDALENA CHRISTIANA VON FLOTOW** (Lücken'sches Wappen, Flotow'sches Wappen) **CAROLUS SIMON PAST • CHIRCHEN VORSTEHER JOHAN NELS.**

Vier zinnerne **Altarleuchter.** Der erste hat die Initialen **H • V • L• M • V • V•** Dazu das Lücken'sche und Vieregge'sche Wappen mit der Jahreszahl 1596, sowie die Inschrift: **GOTT VATER•** Der zweite hat die gleichen Initialen und Wappen, sowie die Inschrift: **GOTT SOHN•** Der dritte ebenfalls die Initialen und Wappen und die Inschrift: **GOTT HEILIGER GEIST•** Alle drei haben den Stempel des späteren Güstrower Giessers **I•H•D(egener)**, der anscheinend erst bei einer Reparatur im XVIII. Jahrhundert zur Verwendung kam. Der vierte Leuchter, ohne Giesserzeichen, hat eine lange Inschrift, aus der hervorgeht, dass er eine Stiftung der Konventualin des Stiftes zum heiligen Grabe **ALBERTINE VON L'ESTOCQ** vom Jahre 1843 ist. Altarleuchter.

Das Gut und Kirchdorf Kambs. [1])

Das Erste, was wir von Kambs urkundlich erfahren, ist die Bestätigung eines Patronatstausches am 22. Oktober 1320.[2]) Die Fürsten Johann II. und Johann III. von Werle nehmen das Patronat der Probstei in der Neustadt Röbel und geben dafür dem Bischof Heinrich von Havelberg das Patronat der Kirche zu Kambs. Das Zweite ist dann eine am 7. Mai 1350 vollzogene Stiftung zum Besten der Kambser Pfarre durch die Brüder Gerhard und Ludolf Ketelhodt mit der Verpflichtung der Kambser Plebane zu Seelenmessen für das Ketelhodt'sche Geschlecht. Die Gabe besteht in einem am Kirchhof zu Kambs gelegenen Kathen mit der jährlichen Abgabe von acht Hühnern und allen darauf ruhenden Diensten und Gerechtsamen.[3]) Ein nur mit seinem Anfangsbuchstaben H. genannter Pleban von Kambs kommt übrigens schon 1270 vor, sodass wir das, was heute noch an ältesten Bautheilen der Kambser Kirche erhalten ist, noch vor diese Zeit setzen dürfen, besonders den Feldsteinbau und das romanische Portal.[4]) Die von Ketelhodt können recht wohl schon um diese Zeit hier angesessen gewesen sein, denn sie werden im XIII. Jahrhundert als werlesche und auch als mecklenburgische Vasallen häufig Geschichte des Dorfes.

[1]) 8 km südlich von Röbel. Kühnel, M. Jahrb. XLVI, S. 64, erinnert an das altslavische Wort kapa (polnisch kępa) = Flussinsel und deutet den Namen: »Auf der Fluss-Insel.«

[2]) M. U.-B. 4222.

[3]) M. U.-B. 7075.

[4]) M. U.-B. 1199.

genannt. Urkundlich nachweisbar sind sie freilich im Besondern zu Kambs erst von 1350 an. Aber sie sind, wie es in dieser frühen Zeit die Regel ist, nicht die einzigen Vasallen im Dorfe. Mit ihnen haben hier im XV. Jahrhundert z. B. die Moltke, Maltzan, und im XVI. auch die Gamm Höfe, Hufen und Gerechtsame. Auch hören wir hier, wie öfter im südlichen Mecklenburg und besonders im Lande Röbel,[1]) im Jahre 1586 von einem Lehnschulzen. Es ist Kaspar Holm, dem ebenso wie seinem Sohne Jochim Holm der Herzog Karl von Mecklenburg das von den Piritzen her ererbte Schulzengericht in Kambs bestätigt und neu verleiht. Ferner gewinnen im XVII. Jahrhundert auch die von Rohr, Knuth, Reichknecht u. a. m. theils durch Erbgang, theils durch Kauferwerb grössere und kleinere Antheile, sodass das Dorf mit seiner Feldmark, wenn auch zum grossen Theile bis 1790 hin in Ketelhodt'schem Besitz bleibend, dennoch ein »Kommuniondorf« ist und als solches in Akten der siebenziger Jahre des XVIII. Jahrhunderts oft genannt wird. Nachdem der Ketelhodt'sche Antheil 1790 auf Adolf Albrecht Wilhelm von Flotow zu Wildkuhl übergegangen ist, erwirbt ihn 1792 die herzogliche Kammer, um ihn dem landesherrlichen Domanium einzuverleiben. Zugleich übernimmt sie für den Landesherrn das Kirchen-Patronat, welches in der Zeit der Reformation nach Ausweis des Visitationsprotokolles von 1541/42 vom Havelberger Bischof auf den Landesherrn übergegangen war, später aber von den Ketelhodten festgehalten wurde, indem sie 1618 dem Herzog Hans Albrecht II. und 1651 dem Herzog Adolf Friedrich gegenüber die Behauptung aufstellten, es sei ihnen am 14. Juni 1607 vom Herzog Karl auf Grund eines Vergleiches förmlich abgetreten worden. Thatsache ist, dass die von Ketelhodt nach Herzog Adolf Friedrich's Tode das Kirchen-Patronat haben und ausüben, bis es 1791 wieder von der herzoglichen Kammer zur Superintendentur in Güstrow gelegt wird.

Als evangelischen Geistlichen in Kambs lernen wir zwischen 1539 und 1569 Paul Drewes kennen. Er hat auch, ebenso wie seine Nachfolger, Karbow zu bedienen, wo es über den dreissigjährigen Krieg hinaus eine Kirche oder Kapelle giebt, die 1671 (oder etwas früher) durch Brand vernichtet wird. Auf Drewes, gegen den Jürgen Ketelhodt als Patron mit grosser Eigenmächtigkeit vorzugehen versucht, folgt 1569 Blasius Böttcher (Boldeker), den wir 1587 in Dambeck finden. Er unterschreibt 1577 die Konkordien-Formel, ob er das aber als Pastor in Kambs oder in Dambeck gethan, ist nicht nachzuweisen. Ihm mag Valentin Sadler gefolgt sein, dessen Tochter in erster Ehe bis 1604 mit dem Pastor Stephan Runge zu Kambs und nachher in zweiter Ehe mit dem 1606 berufenen Michael Grosche (Krosche, Groschius, Kroschius) verheirathet ist, welcher 1615 wegen unsittlicher Handlungen die Pfarre verliert und des Landes verwiesen wird. An seine Stelle tritt Jakob Reppentin, der 1624 durch einen Sturz ums Leben kommt. Darauf folgt Joh Neumann (Neomann), er ist noch nach 1635 im Dienst, flüchtet aber in der Kriegsnoth nach Röbel und stirbt hier mit allen Seinigen an der Pest. 1649, als in Kambs, wo früher

[1]) Lisch, M. Jahrb. XIII. S. 194/96.

zwölf Bauern gewohnt haben, nur noch drei Personen am Leben sind, heisst es im Visitationsprotokoll, dass Neumann der letzte Pastor gewesen. Die Kirche sei bis auf das Mauerwerk eingefallen. Der nächste ist nun von 1661

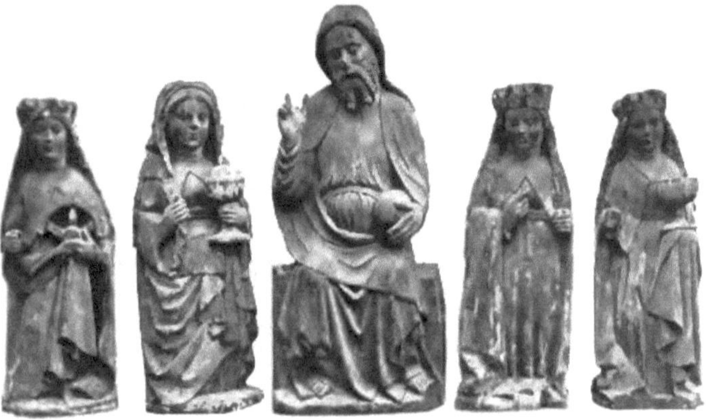

an Joachim Stoppel (Stoppelius), der bis 1667 lebt. Es folgen weiter: Joh. Kasp. Hornemann (1668—1695), Karl Simon Simonis (1699—1729, auch als Pastor für Massow, s. o. 540), Gottfried Lohmann (1730—1739, auch für Näte-

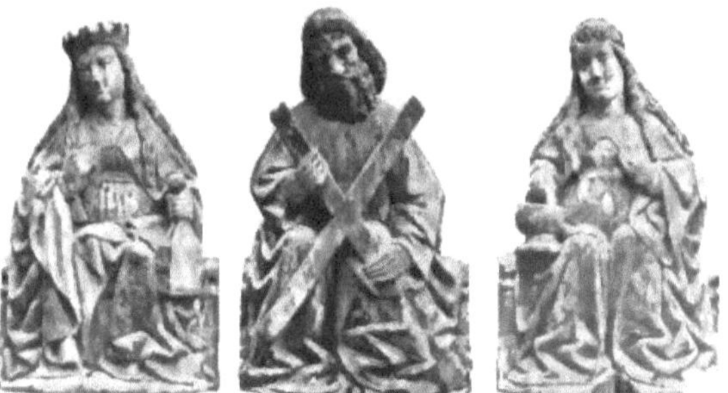

Schnitzwerke aus der Kirche zu Kambs (im Grossh. Museum).

bow), Andreas Nikolaus Willebrand (1742—1778), Joh. Bernh. Susemihl (1779—1783) und Joachim Christian Hübener (1784—1827). S. Walter a. a. O.

Kirche. Die Kirche ist ein Feldsteinbau in Form eines länglichen Vierecks, mit wohl behauenen Ecken, nur der östliche Giebel ist vom Dachansatz Kirche.

an aus Backsteinen aufgeführt. Der untere Thurmraum, welcher gleiche Breite mit dem Langhause hat, dient zur Vergrösserung des Innern der Kirche und öffnet sich nach dieser hin mit einem verhältnissmässig breiten und hohen Spitzbogen. Es fehlen aber die Gewölbe. Der ganze Innenraum ist mit einer flachen Balken- und Bretterdecke überspannt. Die Fenster haben alle mit einander ihre Ursprünglichkeit verloren, sie stellen sich als stillose viereckige Lichtöffnungen dar. Das Aeussere des überall stark erneuerten Feldsteinbaues weist auf das XIII. Jahrhundert, besonders das hübsche rundbogige romanische Portal auf der Südseite, das mit einem schlichten Kapitellgliede verziert ist, aber nach aussen hin durch einen späteren gothischen Ueberbau verdeckt wird. Der Thurm trägt ein Satteldach, aus welchem ein hölzerner Dachreiter heraussteigt. An der Nordseite der Kirche eine Feldsteinkapelle.[1])

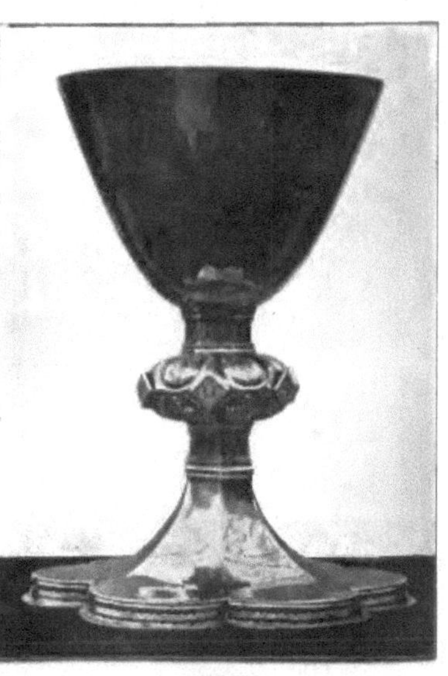

Kelch (1).

Innere Einrichtung. Figuren vom ehemaligen Triptychon.

Die ganze **innere Einrichtung** gehört dem XIX. Jahrhundert an. Von dem früheren, noch von Lisch im Jahre 1877 (M. Jahrb. XLII, S. 186/87) erwähnten **Triptychon** des Altars sind die besser erhaltenen Figuren dem Grossherzoglichen Museum in Schwerin überwiesen worden.

Glocken.

Im Thurm drei **Glocken**, eine grosse ohne Inschrift und Giesserzeichen und zwei kleinere. Von diesen ist die eine laut Inschrift 1708 vom Pastor **CAROLUS SIMON** und seiner Ehefrau gestiftet und von **Ernst Siebenbaum** gegossen worden, während die andere erst in neuerer Zeit umgegossen ist. Sie zeigte angeblich einstmals das Jahr 1529[2]) und den Namen des Giessers **Peter** in Kamptze.

Kleinkunstwerke.

Kleinkunstwerke. 1. Silbervergoldeter gothischer Kelch auf sechspassigem Fuss. Am Knauf in hellblauem Email der Name **IHESUS**, auf der Unterseite des Fusses die Inschrift: **KAROLUS · SIMON · PASTOR · KAMPZENSIS · EIUS · UXOR · ELISABETH · ZACHOWEN · ET · PRIVIGNA · DOROTHEA**

[1]) Lisch, M. Jahrb. XLII, S. 186.

[2]) Nach dem Inventar von 1811 nicht das Jahr 1529, sondern 1518.

ELISABETH • HAHNEN • DEDERUNT • HUNC • CALICEM • IN • HONOREM • DEI • ANNO • 1706 • DIE 25 MARTII • Werkzeichen (NG). — 2. Eine Patene mit der Inschrift: **DIESES HAT ZU GOTTES EHREN GEGEBEN LUCRETIA V • KETTELHOT 1705 •** Dazu ein eingraviertes Wappen, welches im Felde und ebenso in der Helmzier einen einzigen Kesselhut mit Flügeln zeigt. Keine Werkzeichen. — 3–5. Kanne, Oblatenschachtel und Taufbecken sind neu, das letztgenannte von 1856, die Oblatenschachtel von 1877. Keine Werkzeichen. — 6. Noch ein Taufbecken von 1858. — 7—10 Zwei Paare zinnerner Leuchter, ein grösseres und ein kleineres. Der eine der beiden kleineren Leuchter ist 1800 von **MARIE ELISABETH KNUTH** geb. **PRAHLOWEN** gestiftet und von einem Röbeler Zinngiesser gefertigt, dessen Doppelmonogramm anscheinend in **J. H.**[1]) aufzulösen ist, während der andere ohne Inschrift und Werkzeichen ist. Ebenso ist das grössere und ältere Paar (mit Fuss und Schaft im Barockstil) ohne Inschrift und Werkzeichen. — 11. Endlich eine aus der vorreformatorischen Zeit stammende leere Monstranz in gothischen Formen, von Bronze. Glas und »Möndchen« (Hostien-Halter) fehlen.

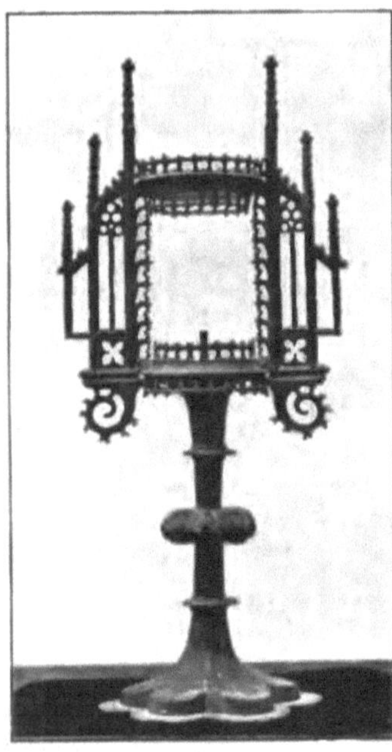

Monstranz.

Das Filial-Kirchdorf Grabow.[2])

Im Jahre 1344 gehört Grabow zu jenen Dörfern, mit denen die von Flotow belehnt werden. Sie erhalten das ganze Dorf (villam Grabowe totaliter).[3]) 1516 aber finden wir an ihrer Stelle die durch Verwandtschaft und Güterbesitz mit ihnen verbundenen Herren von Rohr. Als 1619 ein Zusammen- Geschichte des Dorfes.

[1]) Also wohl kein Anderer als Joachim Hensky.

[2]) 19 km südwestlich von Röbel. Grabow von grabŭ = Buche, also »Buchendorf« oder »Buchen, Böken.« Vgl. Kühnel, M. Jahrb. XLVI, S. 55.

[3]) M. U.-B. 6401.

bruch des Rohr'schen Vermögens erfolgt, kauft Hans von Holstein, mit dem Gute Schönberg als Hauptgut, die dazu gehörenden Dörfer Rossow, Buchholz, Roggentin und Grabow und erhält darauf am 16. Mai 1629 den landesherrlichen Konsens. Von den Pflugdiensten, welche die Grabower Bauern zu leisten haben, gehen 1630 durch Kauf sieben an Jurgen von Quitzow und 1669 zwei an Volrath Levin von Maltzan über. Gegen Ende des Jahrhunderts aber (1689) kommt Eggert Christoph von Knuth in den Alleinbesitz des Dorfes und auch des Kirchenpatronats. Er lässt 1695 seinen ganzen Besitz, bestehend in den Dörfern und Gütern Below, Grabow, Buchholz, Melz, Karbow, Solzow, Priborn und in einigen Hufen in den Feldmarken von Karchow und Küsskow[1]) (Küssow) allodificieren. Von 1701 an ist seine Wittwe die Herrin dieser Begüterung (s. Glocke von 1711). Aber 1720 kommt die Ehefrau des Amtmannes Seitz für 7700 Thaler in den Besitz der ihr vom Grafen Knuth verkauften Dörfer Below und Grabow und auch in den des Kirchenpatronates zu Grabow. Allein die Bauernschaft des Dorfes, welche schon von 1716 und 1717 her durch russische Einquartierungen und Kriegskontributionen schwer zu leiden gehabt hat und auch darüber klagbar geworden ist, dass sie der Reihe der fürstlichen leibeigenen Bauernschaften zugerechnet worden, macht der Familie Seitz viel zu schaffen. Daher kommt es, dass im Jahre 1776 der auf Below erbgesessene Stallmeister K. L. von Seitz das Dorf Grabow als Allodialgut für 5000 Thaler N⅔ an die sechzehn Hausleute des Dorfes zu freiem Eigenthum verkauft. Somit gehört die Dorfschaft Grabow als Allodial-Bauerschaft seit dieser Zeit zu jenen sechs ausserdomanialen bäuerlichen Gutskommünen, von denen drei im Amte Wredenhagen (Buchholz, Grabow und Zielow), eine im Amte Plau (Rossow), eine im Amte Lübz (Wendisch-Priborn) und eine im Amte Boizenburg (Niendorf) belegen sind.[2])

Kirche. **Kirche.** Die Kirche ist ein Neubau vom Geh. Hofbaurath Möckel. Sie hat einen aus dem Achteck gebildeten Chorschluss mit drei Rundfenstern.

Im **Innern** eine neue Einrichtung.

Glocken. Im Thurm zwei **Glocken**, eine grössere, umgegossen 1877 von **Ed. Albrecht** in Wismar, und eine kleinere, gegossen 1844 von **C. Jllies** in Waren.[3])

Kleinkunstwerke. **Kleinkunstwerke.** 1—3. Silbervergoldeter Kelch, Patene und runde Oblatendose, alle drei nach den beiden Stempeln **W** und **LÖ** von dem Goldschmied **Östen** in Waren. — 4. Silberne Kanne mit Henkel und Deckel von 1878, von dem Röbeler Goldschmied **Ludewig**.

[1]) Untergegangen; s. Schildt, M. Jahrb. LVI, S. 217.

[2]) Böhlau, M. Landrecht III, S. 277/278.

[3]) Von den Vorgängerinnen war die grössere 1711 unter dem Patronat der Frau Geheimräthin von Knuth vom Glockengiesser Christian Siegmund Meheit gegossen worden. Die kleinere hatte keine Inschrift.

Das Kirchdorf Kieve.[1])

Die mittelalterlichen Nachrichten über das Bauerndorf Kieve sind spärlich, für seine Ortsgeschichte aber bedeutsam genug. Im Jahre 1311 nämlich, das jener kurzen Zeit angehört, in welcher der Markgraf von Brandenburg über einen Theil des südlichen Mecklenburg bis zum festen Thurm von Lübz hinauf gebietet, wird das ganze Dorf Kieve Eigenthum des weit davon entfernten, am Rhein gelegenen und der Diöcese von Köln angehörenden Cistercienserklosters Altenkamp, des Mutterklosters von Amelungsborn.[2]) Markgraf Waldemar schenkt das Dorf Kieve dem Kloster Altenkamp als Entgelt für allerlei Unbill, die es von ihm erlitten hat (villam Kiewen et eiusdem uille fundum, proprietatem, possessionem et libertatem, cum omni iure, iurisdictione, iudicio capitali et manuali, cum iure patronatus, cum distinctione terminorum quos ab antiquo habuit et in presens habet). Doch müssen die Mönche dafür 100 Mark brandenburgischen Silbers und Gewichtes an ihn, den Markgrafen Waldemar, entrichten. Die Sache wird übrigens erklärlicher, wenn wir uns vorstellen, dass das rheinische Cistercienserkloster schon seit fast achtzig Jahren in der Nachbarschaft von Kieve einen grösseren Wirthschaftsbetrieb errichtet hatte, dem, wie es im Mittelalter üblich war, ein »Rector bonorum« vorgestanden haben wird. Den Mittelpunkt dieses Betriebes bildet nämlich der anscheinend erst von den Mönchen errichtete Kotzer Hof[3]) am See gleichen Namens mit fünfzig Hufen Landes, die schon am 30. December 1232 als Geschenk des Fürsten Nikolaus von Rostock an das Kloster gekommen waren. Diesen Besitz nun mit den dazu gehörenden auf der Kotzer (oder Mönch-, jetzt Wittstocker) Heide gelegenen Dörfern Glawe, Wüsterade, Gross-Berlin, Schönfeld und Winterfeld bestätigt der Markgraf den Mönchen zugleich mit der Ausfertigung des Kaufbriefes über Kieve, dessen Bauern damit unter den milden Krummstab des Abtes getreten sind.[4]) Unter geistlichem Regiment, in erster Instanz unter einem vom Kloster Altenkamp entsendeten Rector bonorum, bleibt Kieve mit den eben genannten Dörfern der Kotzer Heide zusammen bis zur Mitte des XV. Jahrhunderts. Zeitweise Verpfändungen dieses ihres Besitzes im Wendenlande durch die Altenkamper Mönche an die von Ame-

Geschichte des Dorfes.

---

[1]) 14 km südlich von Röbel. Altslavisch kyj = Knuttel, Keule. Also vielleicht soviel wie »Keulendorf«: Kuhnel, M. Jahrb. XLVI, S. 68. Oder »Knütteln, Knüppeln«?

[2]) Altenkamp, das 1122 vom Kloster Morimund in Lothringen gegründet worden war, errichtet 1125 das Kloster Amelungsborn, unweit Holzminden, noch näher bei Stadtoldendorf. Amelungsborn aber wird 1170 Mutterkloster von Doberan, und Doberan 1209 Mutterkloster von Dargun, nachdem der erste von Esrom geschickte dänische Konvent dieses verlassen hatte.

[3]) Jetzt der Mönchshof südlich von Wredenhagen, gleich jenseits des Mönchsees.

[4]) M. U.-B. 410. 3475. Lisch, M. Jahrb. II, S. 94. XIII, S. 312.

lungsborn und Walkenried, wovon wir bald nachher im XIV. Jahrhundert hören, werden auf das durch die Herrscher von Werle-Brandenburg geschaffene und der Dankbarkeit für die Verdienste des Cistercienser-Ordens entsprungene Verhältniss keinen wesentlichen Einfluss gehabt haben.[1]) Doch um die Mitte des XV. Jahrhunderts wird das anders. Die weite Entfernung des Klosters Altenkamp von der Kotzer Heide, die immerfort zunehmende Unsicherheit aller Verhältnisse in diesem raubfehdelustigen Jahrhundert, und diese und andere Gründe mehr, werden Anlass, dass das Kloster seinen gesammten Besitz im Jahre 1436 vertragsmässig an die Stadt Wittstock abgiebt. Aber die Hoheitsrechte, die Fragen über die Dienste, Bede, oberste Gerichtsbarkeit, den Zoll u. a. m., soweit sie für diese Güter in Betracht kommen, verursachen zahlreiche Streitigkeiten zwischen den mecklenburgischen Herzögen und der Stadt Wittstock, »Streitigkeiten, deren Verhandlung ganz ungewöhnliche Massen von Papier verlangte, und welche endgültig erst im Jahre 1841 beigelegt wurden,« wenngleich die förmliche Abtretung der beiden Dörfer Kieve und Mönchhof durch die Stadt Wittstock an die Herzöge schon 1445 erfolgt war.[2]) Aus der Zeit des Streites im XVI. Jahrhundert (1556) stammt eine Plan-Skizze von der Hand des Kanzlers Johann von Lucka, die Lisch im M. Jahrb. XIII, S. 312, veröffentlicht hat, und die wir hier ebenso wiedergeben.[3]) Das Dorf Kieve aber wird im XVI. Jahrhundert aus einem Klosterdorf wieder zu einem herzoglichen Domanialdorf, wie es das vor Zeiten im XIII. Jahrhundert gewesen war.

Wie heute, so sind schon in ältester Zeit die drei Kirchen zu Kieve, Wredenhagen und Zepkow zu einer Parochie mit einander verbunden. Die Kirchen zu Kieve und Wredenhagen sind Mutterkirchen, die zu Zepkow ist Filia. Zwar dreht sich das Verhältniss im XVII. Jahrhundert eine Zeitlang um, da wird in den Visitationsprotokollen von 1649 und 1662 Wredenhagen zur alleinigen Mutterkirche, und Kieve und Zepkow werden beide als Filiae bezeichnet. Die Wedem in Kieve ist nämlich niedergebrannt, und der Pastor wohnt in Wredenhagen. Aber mit dem XVIII. Jahrhundert tritt das alte Verhältniss, in welchem Kieve als Mutterkirche den Vorrang hat, wieder ein. Um 1534 und bis 1545 hin ist Pancratius Schwefer Kirchherr, über den es allerlei Klagen giebt. Nach ihm (ob schon gleich, oder ob noch erst ein anderer kommt, können wir nicht nachweisen) ist Joh. Hanck Pastor; er unterschreibt 1577 die Konkordienformel, stirbt aber noch vor dem 27. April 1596. Von 1596 bis 1604 folgt David Suderow, und nach dessen Tode 1604 Petrus Franck, der das ganze Unglück des dreissigjährigen Krieges erlebt und 1638 in Wittstock stirbt, wohin er geflüchtet war. Zwar wird schon 1645 in

[1]) M. U.-B. 3981. 4262.

[2]) Lisch, M. Jahrb. XIII, S. 139. 141/42. Vgl. v. Schultz, M. Jahrb. LIX, S. 75. 77. Das mecklenburgische Recht der Jagd, Mast, Holzung, Hütung und Schafabtrift in der Wittstocker Heide wurde erst 1841 durch die Stadt Wittstock für die Summe von 192000 Mark abgelöst: Raabe-Quade, Vaterlandskunde I, S. 825.

[3]) S. nebenstehend.

Erdmann Zinnobius wieder ein Nachfolger bestellt, aber wo ist seine Gemeinde geblieben? Als er 1649 die erste Visitation nach dem furchtbaren Kriege erlebt, da giebt es in Kieve, wo einst dreissig Bauern, ein Schulze, ein Pfarrbauer und acht Kossaten gewohnt haben, nur noch fünf Personen, ferner in Wredenhagen, wo vordem zehn Bauern und drei Kossaten ansässig gewesen sind, nur noch einen Bauern und einen Kossaten, und in Zepkow, wo der Zustand verhältnissmässig am günstigsten ist, statt dreizehn bewohnter Gehöfte nur noch sechs. Wie lange Zinnobius nach 1649 gewirkt hat, wissen wir nicht. Um 1661 wird Joachim Grantzow berufen. Zu dessen Zeit haben sich die Verhältnisse soweit gebessert, dass in Kieve wieder neun Gehöfte von sechs Bauern und drei Kossaten bewohnt werden, während in Wredenhagen und Zepkow noch dieselben Zahlen gelten wie 1649. Grantzow lässt sich 1698 seinen Schwiegersohn Friedr. Klähn substituieren, aber Klähn stirbt

Note 3 zu Seite 548:

Bericht der Grenitz mit denen von Wystock (1556):

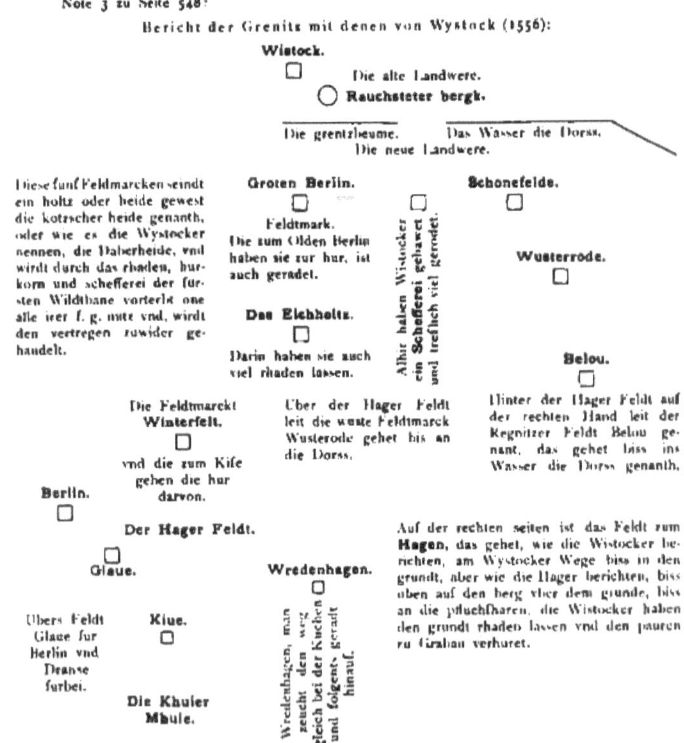

noch im selben Jahre. Und nun folgt von 1701 an, Anfangs als Substitut, Christian Joachim Behm. An dessen Stelle tritt 1731 der Sohn Andreas Christian Behm († 23. December 1780), und diesem folgt 1781 Joh. Gottfried Stryck, der die Cura von Massow mitübernimmt, in Wredenhagen den Brand der Kirche erlebt und am 16. Juli 1809 stirbt. S. Walter a. a. O.

Kirche. **Kirche.** Die Kirche ist ein frühgothischer, in gemischter Weise aus Felsen und Backsteinen aufgeführter Bau, den man in späteren Zeiten vielfach umgeändert hat. Der ungetheilte Innenraum ist mit einer flachen Bretterdecke überspannt. Im Westen ein hölzerner Glockenstuhl in Form eines Thurmes.[1])

Altar. Der **Altar** ist ein Werk des Barockstils. Oben die Krucifixus-Gruppe, darunter als Mittelstück das Gemälde der Auferstehung (auf Holz), und an der Predella die Abendmahlseinsetzung. Laut Inschrift hat den grössten Theil des Altars 1682 der Schneidergesell **HANS LEUSSOW** verehret. Links und rechts vom Altar zwei kleine Seitenbilder mit Unterschriften. Links: **DER PASTOR LOCI H · JOACHIM GRANTZOW PAST · AET · 50 · MINIST · 21 · SERVA DEUS VERBUM TUUM.** Rechts der Stifter: **HANS LEUSSOW SEINES ALTERS 52**, auf einem rothen Tisch seine Schneidergeräthschaften neben sich liegen habend.

Glocken. Im Thurm drei **Glocken**, zwei grössere und eine kleinere. Von den grösseren ist die eine 1837, die andere aber 1860 von **J. C. Haack** in Rostock umgegossen worden; von **Haack** auch die kleinere Glocke.[2])

Kleinkunstwerke. **Kleinkunstwerke.** 1. 2. Silbervergoldeter Kelch von 1703, mit dem Meisterstempel (NG). Patene desgleichen. — 3. 4. Silbervergoldeter Kelch, 1735 von **PETER MÖLLER** gestiftet, mit den Stempeln des Güstrower Goldschmiedes **Joh. Heinrich Klähn** (IHK). Patene desgleichen. — 5. 6. Zinnerner Kelch, gestiftet von **JOCHIM KOPP** 1659. Stadtzeichen: zwei gekreuzte Bischofstäbe, dazu der Stempel des Meisters **I L** mit einem Zweig. Patene desgleichen. — 7. Abendmahlskanne, neu. — 8. Runde silberne Oblatenschachtel, gestiftet 1719 von **ANNA CATHARINA BÖTTEKERS**, »Ausgäberin« auf dem Mönchshof.[3]) Von demselben Goldschmied wie Kelch 1. — 9. Geräth für Krankenkommunion, neu, Berliner Arbeit.

[1]) Lisch, M. Jahrb. XL, S. 192.

[2]) Von den Vorgängerinnen waren zwei von Joh. Valentin Schulz zu Rostock gegossen worden, die eine 1761 und die andere 1785. Die dritte war, soweit die mangelhaften Nachrichten des Inventars von 1811 erkennen lassen, eine mittelalterliche Glocke.

[3]) Jenseits des Mönchsees, Wredenhagen gegenüber. Der Mönchsee hiess im XIII. und XIV. Jahrhundert Kotzer See und der Mönchshof Hof Kotze. Vgl. M. U.-B. 410, Anmkg. 3475. 3982.

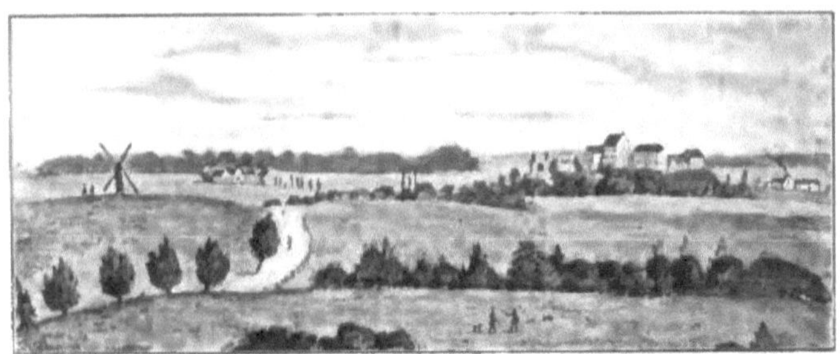

Blick auf Wredenhagen (nach einer Zeichnung von 1827).

Das Kirchdorf Wredenhagen.[1])

In den achtziger Jahren des XIII. Jahrhunderts ist wiederholt von der »neuen Burg Wenden« (novum castrum Wenedhen, Wenden) die Rede, von der aus die Fürsten von Werle Urkunden erlassen.[2]) Als ihre Vasallen wohnen dort u. a. die von Pritzebuer, auch wird man einen Ritter Bruno, der im Jahre 1296 »Castellanus in Novo Castro« genannt wird, ohne Zweifel als werleschen Burgmann in Wredenhagen anzusehen haben.[3]) Dass aber eine ins Grenzland gesetzte Feste wie diese in den fehdelustigen Jahrhunderten des Mittelalters für den Nachbar, sobald er den Kriegspfad beschritt, eine grosse Verlockung bieten musste, scheint Jedem begreiflich, der noch heute die hohe Anlage der Burg besieht und von da nach Süden hin ins Land schaut. So finden wir denn auch, dass die Burg Wredenhagen schon im zweiten Jahrzehnt des XIV. Jahrhunderts in die Hände der Markgrafen Waldemar und Johann gerathen war. Denn im Rendsburger Vertrage vom 23. März 1316, in welchem sich unter dem Vortritt des dänischen Königs Erich eine Anzahl norddeutscher Herren zu einem Bündniss gegen die Brandenburger zusammenthut, heisst es in der Uebersetzung des Urkundenbuches: »Ferner sollen wir vorgenannten Herren alle nimmer Frieden schliessen mit dem Markgrafen Waldemar und dem Markgrafen Johann, bevor wir den Herren von Werle wieder verholfen haben zu dem Neuen Hause zu Wredenhagen, mit allen Grenzen, mit Jagd, Seen, mit Mannen und Dienern, welche dazu liegen, mit aller Nutzung.«[4]) So erklärt es sich weiterhin, dass es im werleschen Thei-

Geschichte des Dorfes.

[1]) 13 km südlich von Röbel.

[2]) M. U.-B. 1754. 1757. 1781. Vgl. 2228. 2618. Lisch, M. Jahrb. XVII, S. 100. XXXII, S. 38.

[3]) M. U.-B. 1772. 2388. Vgl. 6761. Vgl. Boll, M. Jahrb. XIII, S. 111.

[4]) M. U.-B. 3818. Ausser dem dänischen König sind es Herzog Wizlav von Rügen, Herzog Erich von Sachsen, Bischof Hermann von Schwerin, Heinrich, Herr von Mecklenburg, Nikolaus und Heinrich, Grafen von Schwerin, sowie Nikolaus, Johann und Henneke, die Herren von Werle.

lungs-Vertrage vom 2. December 1316 heisst: »Wert vns dat lant vnde dat hus tho deme Nygenhus wedder in vnse hant mit rechte, mit denste, mit welde, dat scal vnser beyder wesen, hus, man, vnde lant.«[1]) Nun hätte man nach dem heftigen und für die Mecklenburger siegreich verlaufenen grossen Kampfe, der inzwischen an einem der Tage des Augustmonats desselben Jahres 1316 bei Schultendorf unweit Gransee ausgefochten war, annehmen sollen, dass es dem Rendsburger Vertrage gemäss dazu gekommen wäre, das Haus Werle in Wredenhagen wieder einzusetzen. Statt dessen lesen wir darüber im Templiner Friedens-Instrument vom 24. November 1317 eine Bekundung des Markgrafen Waldemar wie folgt: »Nos quoque dicto nostro genero contulimus dictum castrum Eldenborch et castrum Wredenhagen cum vasallis et terris attinentibus, et ipsos castellanos predictorum castrorum et vasallos terrarum homagium facere iussimus ipsi domino Magnopolensi, ita, si sine herede filio decesserimus, quod absit, quod dicta castra Eldenborch et Wredenhagen cum vasallis et terris ad ea spectantibus ad ipsum generum nostrum et suos heredes legitimos debent deuolui et eorum iusta bona perpetuo permanere.«[2]) Markgraf Waldemar überweist somit die Eldenburg bei Lübz und die Burg Wredenhagen mit Vorbehalt der Oberlehnsherrlichkeit einstweilen seinem Schwager, dem Fürsten Heinrich von Mecklenburg. Doch erhält diese Abmachung in der am Tage darauf, den 25. November 1317, erfolgenden Bestätigung des dänischen Königs einen Zusatz, in welchem andererseits die Oberlehnsherrlichkeit des Königs zu ihrem Rechte gelangt: »Et econtra dominus marchio pro se ipso solo castrum Eldeneborg et Vredenhagen et Meyenburg ciuitatem cum castro cum suis attinenciis nobis et domino Magnopolensi etiam titulo pignoris obligauit.« Auch werden alle drei Festungen zunächst noch den beiden brandenburgischen Vasallenfamilien von Reder und von Kröcher zur Bewahrung anvertraut, nachdem sie, wie aus der Urkunde vom 24. November hervorgeht, dem Fürsten Heinrich von Mecklenburg als Burgmannen gehuldigt haben.[3]) Das Haus Werle aber behält bei diesen und den nachfolgenden Verpflichtungen der drei genannten Machthaber unter sich vorläufig das Zusehen, es wird gar nicht dabei erwähnt.[4]) Erst am 23. Mai 1329, als zwölf Jahre vergangen sind und Fürst Heinrich der Löwe von Mecklenburg kurz vorher, am 22. Januar 1329, die Augen geschlossen hatte, finden wir die Fürsten von Werle wieder auf ihrer Burg Wredenhagen.[5]) Und von nun an wissen sie, wie die Verträge mit Mecklenburg und Brandenburg und unter sich von 1344, 1345, 1347 und 1359 erweisen, ihren alten Besitz sich zu erhalten und verweilen oft und lange auf der Burg, wie zahlreiche Urkunden erweisen.[6]) Zwar blickt immer noch die

[1]) M. U. B. 3860. Nygenhus gleich Wredenhagen.

[2]) M. U. B. 3942.

[3]) M. U. B. 3943.

[4]) M. U. B. 3944.

[5]) M. U. B. 5057. Vgl. 5086.

[6]) M. U. B. 6434. 6503. 6761. 6808. 7573. 7771. 7772. 7840. 9304. 10675. Vgl. Rudloff, Hdb. II, S. 271. 286. 348.

brandenburgische Oberlehnsherrlichkeit hie und da zwischen den Zeilen hindurch, allein sie gewinnt keine rechte praktische Bedeutung.[1]) Doch mit der oben S. 470ff. schon berührten Verpfändung des Landes Röbel durch Fürst Bernhard von Werle an den Herzog Albrecht von Mecklenburg in den ersten Märztagen des Jahres 1362 wird die Sache wieder anders. Da tritt das Haus Mecklenburg aufs Neue, aber nicht allein, sondern mit dem Hause Werle zusammen in den Besitz der Burg Wredenhagen ein, die vorher schon sammt dem Schloss zu Röbel an die von Flotow auf Stuer verpfändet gewesen war.[2]) Zugleich verspricht Herzog Albrecht, dem Fürsten ein Wohnhaus in Röbel zu erbauen. Alles das und weiter, wie ungefähr fünfzig Jahre später, noch vor dem Aussterben des werleschen Mannesstammes, Land und Stadt Röbel mit dem Schloss zu Wredenhagen am 8. März 1416 ohne jeden Vorbehalt erb- und eigenthümlich an die Herzöge Johann IV. und Albrecht V. sowie Johann II. und Ulrich I. von Stargard abgetreten werden und (seit 1376) an die letztgenannte Linie des Hauses kommen und bis 1471 verbleiben: alles das ist oben S 470 und 471 bereits auseinandergesetzt worden. Zwar hören wir von neuen Verpfändungen des Schlosses an einzelne Vasallen des Landes, so ist z. B., noch zur Zeit der gemeinsamen Oberherrschaft der Häuser Mecklenburg und Werle, Eckhard von Dewitz um 1384 im Pfandbesitz des Schlosses von Wredenhagen.[3]) Anscheinend von langer Zeit her. Denn er ist der älteste Sohn jenes Grafen Otto von Fürstenberg, dessen Erben am 12. Juli 1363 dem Herzog Albrecht ihre Güter im Lande Röbel auflassen, wahrscheinlich in keiner anderen Absicht, als um sie von ihm als Lehn zurückzuerhalten.[4]) So erklärt es sich, dass Eckhard von Dewitz, der sich in der Urkunde vom 27. April 1384, welche für die damaligen Zeiten und Verhältnisse ausserordentlich charakteristisch ist, mit dem Schloss Wredenhagen dem Erzbischof Albrecht von Magdeburg in dem bevorstehenden Kriege gegen die Mark Brandenburg und gegen Wedige von Plote und ihre Helfer für eine Summe von 200 Mark brandenburgischen Silbers und magdeburgischen Gewichtes voll und ganz zur Verfügung stellt, die Herren von Wenden als Grundherren und den Herzog Johann von Mecklenburg-Stargard als Pfandherrn der Burg Wredenhagen von den Feinden, gegen die er im Dienst des Magdeburgers den Kampf aufzunehmen unweigerlich bereit ist, ausdrücklich ausnimmt.[5])

1391 findet eine Verpfändung des Landes Röbel an die von Grambow statt.[6])

Als im Jahre 1438 die damals regierenden Herzöge von Mecklenburg, Johann III. und Heinrich d. ä. von der Linie Stargard an einem Theil und

[1]) M. U.-B. 8006.

[2]) M. U.-B. 9007. 9008. 9010. 9054. 9207. 10989. Vgl. Lisch, M. Jahrb. XIII, S. 188 bis 192. Beyer, M. Jahrb. XXXII, S. 124.

[3]) M. U.-B. 11588.

[4]) M. U.-B. 9175. Vgl. Lisch, Geschl. Maltzan II, S 172—175. M. Jahrb. XXXVIII, S. 87—91.

[5]) Vgl. den gleichlautenden Vertrag der Herren zu Putlitz vom selben Tage im M. U.-B. 11580.

[6]) Beyer, M. Jahrb. XXXII, S. 124.

Heinrich IV. (der Dicke) und Johann V. von der Linie Mecklenburg am andern Theil, das Schloss Wredenhagen von jeder Verpfändung frei wieder in ihren Händen haben,[1]) da wird ausgemacht, dass Herzog Heinrich d. ä. es mit allen seinen Einkünften drei Jahre lang für sich allein innehaben und gebrauchen soll. Derselbe Herzog Heinrich d. ä. gewährt fünfundzwanzig Jahre später, im Johannistermin 1463, zusammen mit seinem Sohne Herzog Ulrich II. (dem letzten Herzog der Linie Stargard) seinem Vasallen Heinrich von Ketelhodt einen Hof, welcher vor dem Schloss Wredenhagen gelegen ist, um davon jährlich eine Abgabe von sechzehn Hühnern erheben zu können.[2])

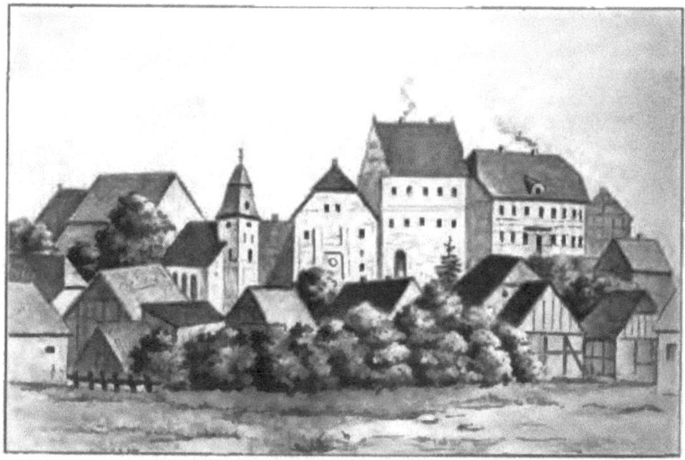

Wredenhagen im Jahre 1827 (nach einer Zeichnung).

Im Jahre 1505 überlassen die mecklenburgischen Herzöge Balthasar und Heinrich V. dem Dietrich von Bevernest, der schon längere Zeit im Pfandbesitz des Amtes Wredenhagen und damit auch im Niessbrauch des Schlosses gewesen ist, diesen ganzen Pfandbesitz von Neuem auf sieben Jahre.[3]) Ihm folgt unter Herzog Heinrich V. und Herzog Albrecht VII. in gleichem Besitz von 1514 an Nikolaus von Pentz, den wir noch 1525 dort finden, von da an aber nicht mehr. 1530 ist Hans Falke der Vogt des Herzogs Heinrich zu Wredenhagen, 1539 aber werden Johann Andresen und Asmus Schröder als herzogliche Hauptleute (houethlude tome Wredenhagen) genannt.[4])

[1]) Aus wessen Händen, wird nicht mitgetheilt.

[2]) Akten im Grossh. Archiv.

[3]) Lisch, M. Jahrb. XXIII, S. 53. Die Herzöge Balthasar und Heinrich urkunden in Wredenhagen bei Gelegenheit eines Aufenthaltes daselbst am 25. September 1482. M. Jahrb. II, S. 279/80.

[4]) Lisch, M. Jahrb. XXXII, S. 152. Dazu schriftliches Verzeichniss der Vögte und Amtleute im Grossh. Archiv.

Von 1571 an residiert Herzog Karl auf dem Schloss zu Wredenhagen, nachdem ihm von seinen Brüdern die Aemter Neukalden und Wredenhagen abgetreten und die Güter der Komthurei Mirow zur Hälfte bereits 1569 in seine Hände gelangt waren. Sein Interesse für Wredenhagen aber hatte er schon 1568 damit bekundet, dass er seinen Entschluss erklärte, den begonnenen Neubau der Kirche zu vollenden. Im Jahre 1586 tritt in Folge eines Vergleiches Herzog Ulrich an seine Stelle.[1]) Nach Herzog Ulrich's Zeit aber hat Wredenhagen aufgehört, als Fürstensitz benutzt zu werden. Was für Einkünfte

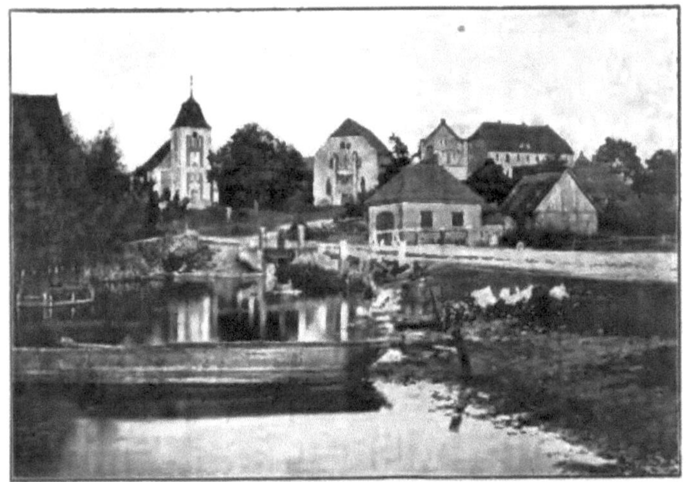

Wredenhagen im XIX. Jahrhundert.

damals zum Schlosse Wredenhagen gerechnet wurden, besonders auch aus verschiedenen, dem Kloster Amelungsborn von alter Zeit her zuständigen Dörfern der Lieze, die Mecklenburg langsam verloren gegangen sind, ersieht man aus mehreren Verzeichnissen der Jahre 1556 und 1557. Als Bestätigung kommt ein Verzeichniss solcher Einkünfte von 1654 hinzu.[2])

Weitere Verpfändungen, die aber allmählich den Charakter von Verpachtungen im Sinne unserer heutigen Zeit annehmen, weil es mit dem Erstarken der landesherrlichen Macht nach der Reformation immer mehr aufhörte, jene weitgehenden Rechte aller Art mitzuverpfänden, deren Verlust dem Landesherrn häufig lästig und widerwärtig werden musste, finden auch im XVII. und XVIII. Jahrhundert statt. So hören wir 1673 von einem Pfandkontrakt über Wredenhagen, der mit einem gewissen Spreckel abgeschlossen ist und in

[1]) Lisch, M. Jahrb. IX, S. 105. 106. XX, S. 52.
[2]) Lisch, M. Jahrb. XIII, S. 135—142. 297—312.

den zu Beginn des XVIII. Jahrhunderts ein Graf Bielke eintritt. Graf Bielke hat auch das Patronat der Kirche zu Wredenhagen, wie es heutzutage in Pachtkontrakte nicht mehr eingeschlossen zu werden pflegt.[1]) Um 1712 folgt in ähnlichem Verhältniss der spätere Geheime Kammerrath Joachim Heinr. Brandt, der 1749 (also während der preussischen Pfandherrschaft über das Amt Wredenhagen von 1734 bis 1787) in den Adelsstand erhoben wird und dessen Sohn Gottlieb Heinrich bis zu seinem Tode 1770 im Pfandbesitz der Aemter Plau und Wredenhagen bleibt.[2]) Aber an Stelle des ehemaligen Burgsitzes

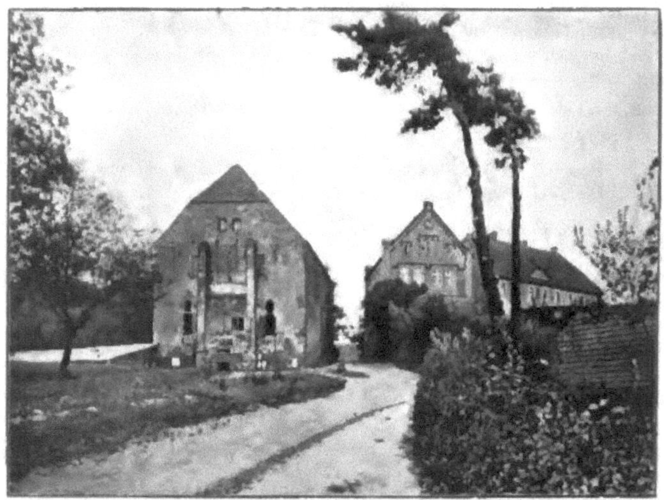

Aufgang zur Burg Wredenhagen.

mit seinen Burglehnen ist inzwischen ein mit seinen Wirthschaftsgebäuden, Scheunen und Stallungen malerisch hineingeklemmter Pachthof getreten, zu dem Hinrichshof und Mönchshof als Nebenhöfe hinzugelegt sind.

Ueber die geistlichen Verhältnisse s. bei Kieve. Von den Namen mittelalterlicher Geistlicher ist nur einer auf uns gekommen, der des Pfarrers Johannes zwischen 1354 und 1361, welcher als Rector ecclesie in Wredenhagen oder auch als Pastor tom Wredenhagen bezeichnet wird. Aber er genügt, um zu erkennen, dass in Wredenhagen während des Mittelalters eine eigene Plebanie war, die den Anlass dazu zu geben vermochte, dass der Kirche bei ihrer schon früh erfolgten Kombinierung mit Kieve-Zepkow der Charakter einer

[1]) S. Kirchenakten von Wredenhagen.

[2]) Lisch, M. Jahrb. XVII, S. 238. v. Schultz, M. Jahrb. LIX, S. 13. 49. 58—60. 71. 75. 80.

»Mater« gewahrt blieb. Auch ersieht man aus der Urkunde von 1361 [1]) die enge Verbindung der Kirche mit der Probstei in Neustadt Röbel und der Diöcese Havelberg.

Kirche.

Kirche. Die Kirche ist ein etwas nüchterner Bau vom Ende des XVIII. Jahrhunderts in Form eines länglichen Vierecks, mit flacher Decke im Innern. An Stelle des am Ende der achtziger Jahre des XIX. Jahrhunderts abgebrannten Thurmes steht jetzt ein neuer Thurm, welcher der Kirche entsprechend im gleichen Geschmack des klassicierenden Zopfes wie der vorige errichtet ist.[2])

Innere Einrichtung.

Die **innere Einrichtung** bietet nichts Bemerkenswerthes. **Altar** und **Kanzel** sind zu einem Körper verbunden.

Glocken.

Die früheren **Glocken** sind beim Brande des Thurmes vernichtet, jetzt hat die Kirche zwei neue Glocken von **H. Collier**-Berlin 1890.[3])

Kleinkunstwerke.

Kleinkunstwerke. 1. 2. Silbervergoldeter gothischer Kelch auf sechspassigem Fuss, in der Form ganz gleich dem der Kirche zu Kambs. Auf den Rauten des Knaufes in hellblauem Email der Name **IESUS** und ein Kreuz. Unter dem Fusse eingraviert: **AÑO 1709 WAHR · PAST · H · CHRISTIAN JOACHIM BEHM ZU WREDENHAGEN**. Stempel (NG). Derselbe Stempel auf der Patene. — 3. Silbervergoldeter spätgothischer Kelch, auf sechspassigem Fuss, mit spätgothischen Masswerkformen. Ausserdem als Signaculum ein plastischer Kruzifixus. An den Rauten des Knaufes, die theilweise verletzt sind, der Jesus-Name. Zwischen den Rauten kleine Türkisen (nicht mehr alle da). — 4. Neues Krankenkommunionsgeräth (Kelch, Patene, Oblatendose). — 5. Zinnerne Weinkanne, neu. — 6. 7. Zwei Taufbecken, ein älteres von Zinn, 1677 gestiftet von **JAKOB WEISE** und **MARIE HARNEISCH**, und ein jüngeres von Messing von 1857. Das zinnerne von einem Güstrower Giesser **M. V. B.** 8. 9. Zwei treffliche Altarleuchter von Messing in Treibarbeit, mit dem Stifternamen **ANDREAS HES 1708**.

[1]) M. U.-B. 8832.

[2]) Die Vorgängerin dieser Kirche war die von Herzog Karl erbaute, welche wir uns ähnlich wie die zu Kambow im Geschmack der Renaissance ausgeführt denken müssen. Vgl. o. S. 378. Sie wurde im Anfange der achtziger Jahre des XVIII. Jahrhunderts durch Feuer zerstört, und es währte lange, bis Pastor Stryck einen Neubau durchsetzte.

[3]) Von ihren Vorgängerinnen war die eine von 1695, die andere von 1785. Die letztgenannte war von Joh. Val. Schultz Rostock z. Zt. des Pastors Stryck gegossen worden. Von der anderen wird der Giesser im Inventar von 1811 nicht genannt.

Burg Wredenhagen.

Burg Wredenhagen.

Von der **ehemaligen Burg** sind bedeutende Reste vorhanden, zunächst zwei alte Bauten, die eine rechts, die andere links vom Aufgange, mit meterdicken Mauern aus Backsteinen. Von ihnen scheint der grössere Bau zur

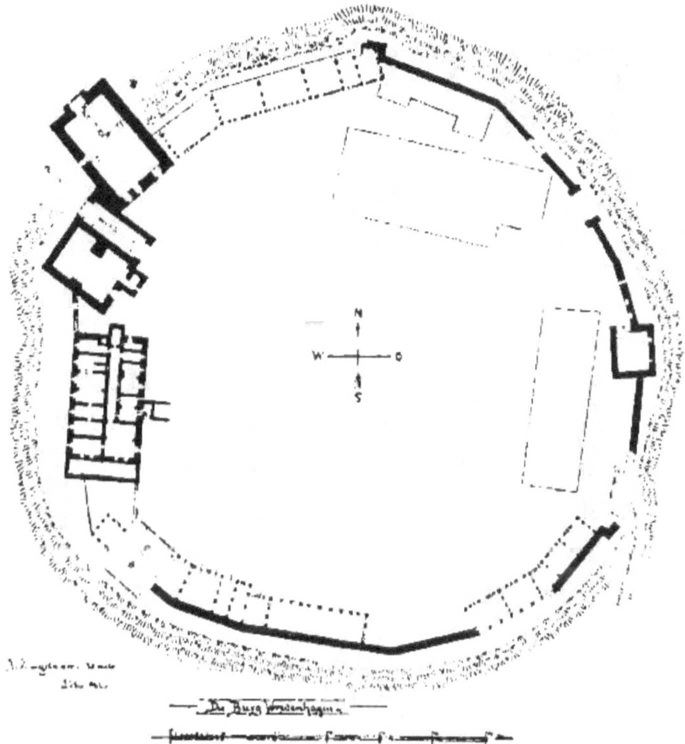

Linken der ehemalige Bergfrit gewesen zu sein, während der andere als eine Art »Wohnthurm« daneben wird verwandt worden sein. Ferner zieht sich um den ganzen Burghügel eine zum grossen Theil noch erhaltene Umfassungsmauer, in die (ausser dem jungeren Herrenhaus) mehrere der alten Wirthschafts-

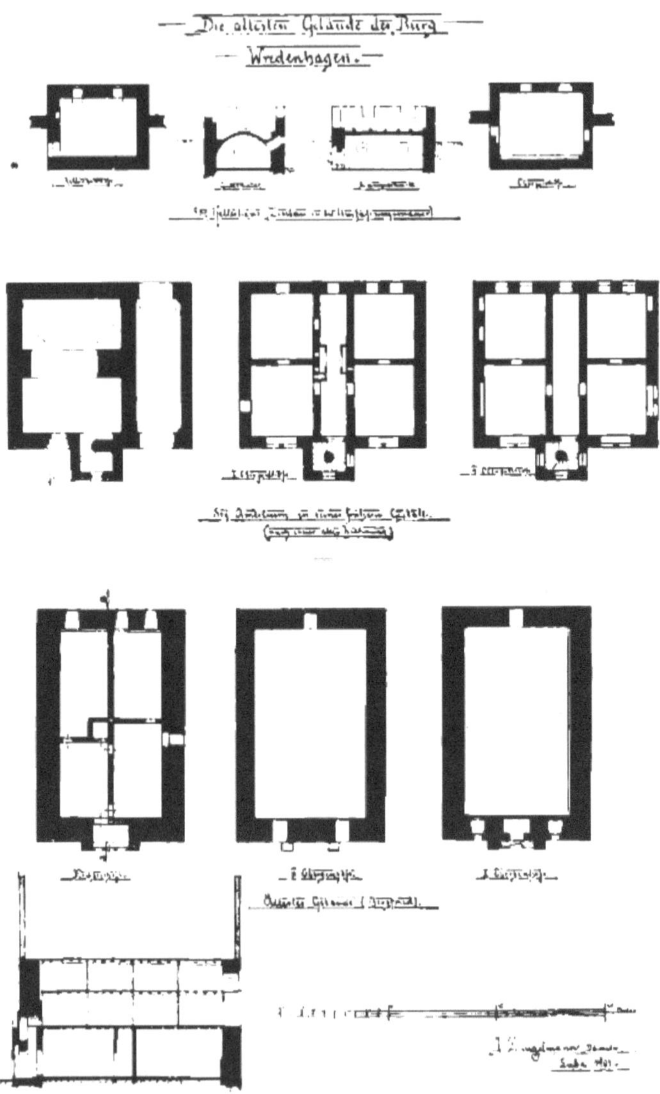
Die ältesten Gebäude der Burg
Wredenhagen.

gebäude hineinspringen.[1]) Zu beachten ist auch ein kellerartiges Gewölbe, in das man von aussen hinein steigt, mit zwei Oeffnungen, die durch die Ringmauer gebrochen sind, mit der es gleichfalls in Verbindung steht. Die Oeffnungen will man für Schiessscharten halten. Der Hügel selbst, auf dem der

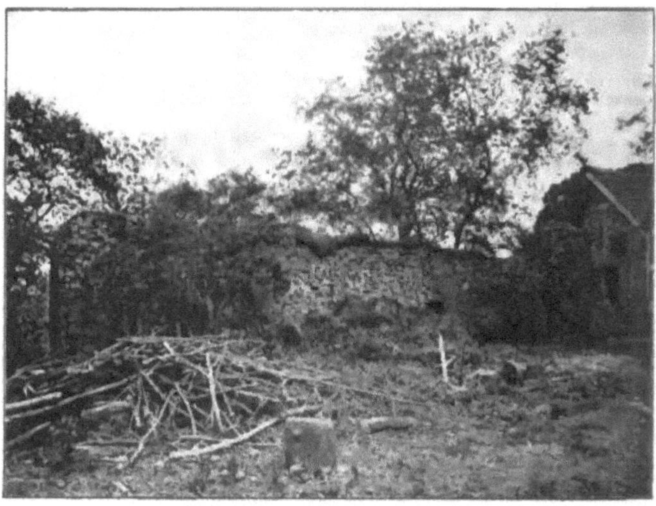

Theile der alten Umfassungsmauer der Burg.

Burghof steht, scheint künstlich aufgetragen zu sein. Ihn umgab seiner Zeit ein tiefer Wallgraben. Ein altes Bild auf der Burg zeigt den einst über alle Gebäude hinwegragenden Thurm am Thor in seiner Verbindung mit der Burgmauer.

Das Kirchdorf Zepkow.[2])

Geschichte des Dorfes.

Das Bauerndorf Zepkow muss schon im XIII. Jahrhundert zu den angeseheneren Dörfern im Lande Wenden gehört haben, denn sonst wäre nicht von Fürst Nikolaus von Werle im Jahre 1285 bestimmt worden, dass hier die Ding-Tage des Landes Wenden (terminorum castri dicti Wenden)

[1]) Angeblich zum Theil aus den Steinen des abgebrochenen Dominikanerklosters in Röbel erbaut. S. o. S. 476.

[2]) 13 km südwestlich von Röbel. Cepekowe um 1285 geheissen = »Ort des Cêpik«. Altslavisch cêp = Spross: Kuhnel, M. Jahrb. XLVI, S. 165.

oder des Amtes Wredenhagen in Zukunft abgehalten werden sollten [1]) Das ist Alles, was wir aus dem Mittelalter über Zepkow erfahren. Dass es bereits im XIII. Jahrhundert ein Kirchdorf war, lässt sich sowohl aus dieser Bedeutung als auch aus den Fundamenten der Kirche selber schliessen, welche an die Bauweise dieses Jahrhunderts erinnern. Und dass alle Kirchenvisitationsprotokolle des XVI. und XVII. Jahrhunderts Zepkow in engstem Parochialverbande mit Kieve und Wredenhagen und die Kirche als Filia der Kirche zu Kieve vorführen, sowie dass die Jahr aus Jahr ein ihr Korn und ihren Kohl bauenden Bauern des Dorfes in den Zeiten des dreissigjährigen Krieges glimpflicher davon kommen als alle ihre Nachbarn, ist schon bei Kieve gesagt worden.

Kirche. Die Kirche ist ein Ziegelneubau in Form eines länglichen Vierecks und auf einer alten Feldsteingrundlage des XIII. Jahrhunderts erbaut. Der Innenraum ist flach gedeckt. Im Westen ein thurmartiger, mit Holz verkleideter Glockenstuhl. Kirche.

Die **innere Einrichtung** ist neugothischen Stils und ohne Bedeutung. **Altar** und **Kanzel** sind zu einem Körper vereinigt. Innere Einrichtung.

Im Glockenstuhl zwei **Glocken.** Die grösste ist 1873 von **Ed. Albrecht** in Wismar gegossen,[2]) die kleinste, ohne Jahreszahl und ohne Giesserzeichen, zeigt als Inschrift die Namen **JOCHIM PREN, JOCHIM ZELIKE** und **PAGEL ARENDT.** Glocken.

Kleinkunstwerke. 1. 2. Zinnerner Kelch mit der Inschrift **DANIEL LAMP DOROTHEA LEMKEN 1730.** Englisches Zinn vom Zinngiesser **J. C. Polchow.** Patene ebenso. — 3. Zinnkelch mit dem Namen der Stifterin **MARIE PREHNS 1658.** Stadtzeichen: zwei gekreuzte Bischofsstäbe, als Meisterzeichen eine Blume und die Buchstaben **I L.** — 4. Zinnpatene ohne Meisterzeichen, mit den beiden Stifternamen **CHRISTIAN KLUGGE** und **CATHARINA PREHNS 1729.** Englisches Zinn. — 5. Zinnerne achtseitige Kanne mit Deckelverschluss, von 1766, mit dem Stifternamen **JOH. CHR. SEGBUSCH 1766.** Von dem Röbeler Zinngiesser **I. H(ansky?).** — 6. Neue zinnerne Weinkanne mit Griff und Deckel. — 7. Zinnernes Taufbecken, gestiftet 1675 von **MARTINS OTTE 1675.** Stadtzeichen: werlescher Stierkopf in stehendem Oval, Meisterzeichen: — 8—11. Vier zinnerne Leuchter. Der erste, gestiftet 1739 von **H. J. KÄHTER,** hat undeutliche Stempel; der zweite, gestiftet 1695 von **ERDMANN LEMM,** hat als Stadtzeichen zwei gekreuzte Bischofsstäbe mit der Jahreszahl 1693, Meisterzeichen undeutlich; der dritte, ohne Stempel, hat die Namen **ELISABETH SCHOOF, CHRISTIAN LEMMEN WITWE 1711 ILSE LEMMEN WITWE;** der vierte, mit den Stempeln des Kelches unter Nr. 3, trägt die Stifternamen: **DANIEL LAMB 1663** und **MARIE HENNINGS 1662.** Kleinkunstwerke.

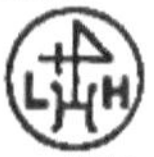

[1]) M. U.-B. 1781. Vgl. Beyer, Gesch. d. Volksgerichte, M. Jahrb. XIV, S. 114. XXXII, S. 16. 34.

[2]) Ihre Vorgängerin war 1785 von Joh. Valentin Schultz in Rostock gegossen worden.

396

Das Gut und Kirchdorf Melz.[1])

Geschichte des Dorfes.

Aus dem Vorkommen eines Plebans Heidenreich zu Melz im Jahre 1298 als Zeuge in einer Beurkundung durch den Landesherrn, den Bischof von Havelberg und seinen Archidiakon in der Neustadt Röbel haben wir den Schluss zu ziehen, dass Melz damals schon ein Kirchdorf und jenen dreiunddreissig Kirchen beizuzählen ist, welche im Jahre 1534 den Archidiakonatssprengel des Probstes auf der Neustadt Röbel ausmachen.[2]) Als Fürst Bernhard von Werle 1362 das Land Röbel an Herzog Albrecht von Mecklenburg verpfändet, da gehört Melz zu jenen Dörfern des Leibgedinges der Fürstin Elisabeth, welche von dieser Verpfändung ausgenommen sind und bleiben, so lange die Fürstin lebt.[3]) Beide, Fürst Bernhard und Fürstin Elisabeth, verleihen daher ohne Zuziehung des Herzogs Albrecht dem Schulzen Arnd Boseke im Dorf sein Schulzenamt sammt den dazu gehörenden Einkünften als ein erbliches Lehn: . . . . »twe houen in deme sulnygen dorpe Meltze: dey eyne houen scal he vnde syne eruen hebben fry myt pacht, bede, hundekorne, weyde, grasz vnde myt aller fryheyth, alsze se licht bynnen erer scheyde, men daran beholden wy vnsz dat hogeste richte, water vnde holt; de andern houen scal he vnde syne eruen hebben myt bede, hundekorne, deynste, weyde, grasz vnde myt aller fryheyth, hyranne beholden wy vns dat hogeste rychte, water vnde holt, an desser sulnygen eynen houen lathe wy em nyne pacht.«[4]) Aus dem Hof des Bauern Tideke Schmidt in Melz kommen 1379 Einkünfte zur Baukasse und zu Memorien an St. Marien zu Alt-Röbel und an deren Probst.[5])

Dass die Güter des Leibgedinges der Fürstin Elisabeth nach deren Tode an den Ritter Klaus Hahn am 14. August 1410 als erbliches Lehn übergehen, ist oben S. 512 bereits gesagt worden. In der Solzow'schen Linie der von Hahn, die damit begründet wird, bleiben diese Güter über zweihundert Jahre. Doch haben in Melz auch die von Marin im XVI. Jahrhundert ihre Unterthanen, und seit 1644 besonders auch Jakob Ernst von Knuth, der im Jahre 1654 den Meierhof Melz von Joachim von Hahn auf Solzow für die Summe von 14342 Thalern an sich bringt. Indessen das Dorf ist damals

[1]) 9 km südlich von Röbel. Den Namen verbindet Kühnel gleich denen von Melitz und Mellen mit dem altslavischen Wort mělĭ = Untiefe. Es wäre demnach nach einem Namen zu suchen, der ungefähr das ausdrückte, was »Ort an einer Untiefe« ist: M. Jahrb. XLVI, S. 93.

[2]) M. U.-B. 2486. M. Jahrb. VIII B, S. 117.

[3]) M. U.-B. 9008. 9054. Vgl. Lisch, M. Jahrb. XIII, S. 192—194. 333—337. Beyer, Meckl. Jahrb. XXXII, S. 124.

[4]) M. U.-B. 11193 A u. B. Ueber die Lehnschulzen im Amte Röbel vgl. Lisch, M. Jahrb. XIII, S. 194—196. Vgl. Kamba, S. 542.

[5]) M. U.-B. 11211.

entvölkert. Von zwanzig Bauern und acht Kossaten, die es vor dem Kriege zählte, sind nur noch zwei Bauern und ein Kossat übrig geblieben. Doch werden 1662 schon wieder fünf Vollbauern und im Jahre 1703 im Ganzen sechsundsiebenzig Seelen zu Melz gezählt. Der Knuth'sche Besitz wächst. 1695 erhält Eggerd Christoph von Knuth den Allodialbrief über die Dörfer und Güter Melz, Below, Karbow, Buchholz, Grabow, Solzow, Priborn und einige Hufen in Küssow und Karchow. Melz bleibt bis 1732 ein Knuthsches Gut, da geht es an die Herren von Ferber über, die noch heute im Besitz sind.

Andere mittelalterliche Geistliche als der obengenannte Heidenreich sind bis jetzt nicht bekannt geworden. Aus einem Verzeichniss des Pastors Georgius Gategast vom Jahre 1602, in welchem er sechs seiner Vorgänger im XVI. Jahrhundert aufzählt, von denen noch die Leute im Dorf wissen, dass sie alle auch in Buchholz die Cura gehabt haben, ersehen wir, dass aus der Zeit vor der Reformation (»in papatu«) noch zwei in Erinnerung waren: Henricus Gryse und Nikolaus Rower. An Rower schliesst sich der im Visitationsprotokoll von 1541/42 genannte Joachim Seedorf an, der erste evangelische Pastor, welcher nach einer Amtshandlung in Buchholz plötzlich auf dem dortigen Kirchhofe stirbt. Ihm folgt Johann Suderow, der auf dem Heimwege von Buchholz nach Melz über das Eis des Melzer Sees geht, einbricht und ertrinkt. Jakobus Goldschmidt aber, der nach ihm ins Amt kommt, wird erstochen; von wem und bei welcher Gelegenheit, wird nicht gesagt. Nach ihm ist Herr Paulus Quast dreizehn Jahre lang Pastor in Melz, »ist nach Schorrentin gezogen und lebet noch« (1602).[1] Dann sagte Gategast von sich selber: »ist 29 Jahre zu Melz gewesen, ist im 17. Jahr in seinem abwesende abgebrannt, und hat 18 Jahre zu Buchholz geprediget. Aber weil die Buchholzer die abgebrannten Wedem-Gebew nicht haben wollen helfen wieder aufbawen, wie zu vorn geschehen, hat er Buchholz aus Befehl seines Junkern und Kirchenpatroni E. H.[2]) müssen verlassen und nicht aus Muthwillen, wie der Junker Hans Rohr schreibet.« Von 1608 bis 1638 ist Laurentius Kassube Pastor zu Melz und Buchholz, den die Kriegsnoth nach Röbel hin in den Tod treibt (s. o. S. 507). Es folgen nun die Jahre, in welchen die Dörfer von Menschen leer geworden sind. Wie in Melz (s. o.), so leben auch in Buchholz nur wenige Personen, das Visitationsprotokoll von 1649 giebt deren acht an, während vorher neunundzwanzig Bauerngehöfte im Dorfe sind. Da übernehmen die Pastoren in Kambs die Cura, Stoppel und Hornemann (s. o. S. 543). Aber 1669 werden Melz und Buchholz von Kambs wieder abgesondert, und die Reihenfolge der Pastoren für beide Dörfer ist nun: Heinrich Schmidt (1669—1673), Urban Fleischer (1674—1712), Helmuth Heinrich Schulz (1712—1749), Joachim Urban Schulz (1752—1797) und Heinr. Andreas Ludwig Willebrand (1798—1845). S. Walter a. a. O.

[1]) Vgl. M. Kunst- u. Gesch.-Denkm. I (2. Aufl.), S. 616, Anmkg. 3.

[2]) Eggerd von Hahn auf Melz.

Seit 1872 ist auch Krümmel, das von 1842 an, wie auch schon früher (1712—14 und 1756—83), mit Laerz, sonst aber von alter Zeit her immer mit Gaarz vereinigt gewesen war, mit der Kirche zu Melz verbunden.[1])

Kirche. **Kirche.** An Stelle der im Jahre 1816 abgebrochenen alten Kirche aus dem Jahre 1552 ist eine neue entstanden, die uns als eine schlichte Backstein-

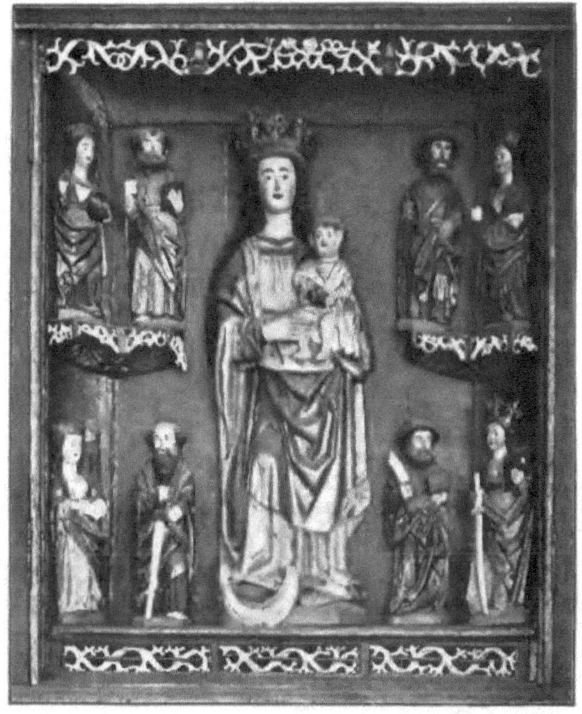

Gothisches Triptychon.

kirche in Form eines länglichen Vierecks entgegentritt. Der Innenraum ist mit einer flachen Decke überspannt. Im Westen ein Thurm, der mit einem niedrigen Pyramidendach versehen ist. Im Osten eine Gruftkapelle. Im Innern über der Eingangsthür liest man die Inschrift: DIESE KIRCHE IST IN DEM TRAURIGEN REGEN UND UEBERSCHWEMMUNGSJAHR 1816 VOM DERZEI-

[1]) S. Stuhr, M. Jahrb. LX, S. 51. Walter, Geistliche des XIX. Jahrhunderts (unter Krümmel).

TIGEN PATRON DER KIRCHE UND GUTHS-BESITZER ZU MELZ HERRN FRIEDRICH AUGUST VON FERBER IM 63 JAHRE SEINES WOHNSITZES DASELBST UND DEM 83 JAHRE SEINES ALTERS ERBAUET WORDEN • SOLI DEO GLORIA.[1])

Altaraufsatz.

Als **Altaraufsatz** ein gothisches **Triptychon**. Im Mittelstück die hl. Maria mit dem Christuskinde auf einem Halbmond stehend. In den vier Ecken, halb so gross wie die Mittelfigur, je zwei Figuren und zwar oben links der hl. Petrus und die hl. Elisabeth, oben rechts der hl. Jakobus major und eine nicht zu bestimmende weibliche Heilige, unten links der hl. Apostel Paulus und die hl. Barbara, unten rechts der hl. Bartholomäus und die hl. Katharina. Sämmtliche Figuren sind aus Holz geschnitzt und bemalt. Die beiden Flügel sind innen und aussen mit Malereien bedeckt. Werden sie geöffnet, so sieht man links oben die Beschneidung und unten die Heimsuchung, rechts oben die Geburt des hl. Kindes und unten die Anbetung der heiligen drei Könige. Die Rückseiten der Flügel zeigen in vier grossen Bildern den Gruss des Engels an die hl. Maria und die Apostel Paulus und Petrus in Dreiviertel-Lebensgrösse.

Wappen.

An der Empore zur Rechten des Altars (herrschaftliche Loge) mehrere gemalte **Wappen** der Familie VON FERBER und ihrer Frauen mit Unterschriften aus den Jahren 1750—1881.

Glocken.

Im Thurm zwei grosse mittelalterliche **Glocken** mit der Inschrift: O REX GLORIE CHRISTE VENI CVM PACE, aber ohne Giesserzeichen und ohne Datum.

Kleinkunstwerke.

Kleinkunstwerke. 1—4. Zwei Kelche neuerer Zeit in klassicierendem Geschmack, mit drei Stempeln (J K (?), A und S); dazu zwei Patenen. Anscheinend den vierziger Jahren des XIX. Jahrhunderts angehörig. — 5. 6. Eine kreisrunde Oblatenschachtel und eine Kanne mit Henkel und Deckel, welche 1868 von FRIEDRICH AUGUST V. FERBER zum Andenken an eine verstorbene Tochter gestiftet ist, vom Goldschmied L. Giese-Schwerin. — 7. Zinnkelch, gestiftet von DREWES WENT 1671. Als Stempel das Malchowsche Stadtwappen und eine Blume mit I L. — 8. Silberner Klingbeutel, gestiftet von WILHELM V. FERBER, CHARLOTTE V. FERBER, ANTONIE V. BLÜCHER, GEB. V. FERBER und FRIEDERIKA V. FERBER. Ohne Datum, anscheinend den letzten Decennien des XIX. Jahrhunderts angehörig. — 9. 10. Zwei Zinnleuchter, gestiftet 1747 von J • F • V • F • und A • M • V • B • Englisches Zinn, vom Meister I H S. — 11. 12. Zwei Zinnleuchter, als Meisterstempel eine Topfblume mit den Initialen I B, der Stadtstempel ist nicht deutlich.

Das Inventar von 1811 erwähnt ein Bildniss des Pastors Urban Fleischer (geb. zu Ruppin 1645 am Tage Martini, gest. 16. April 1716, nachdem er 42 Jahre lang Prediger zu Melz und Buchholz gewesen) und ein Epitaph des Pastors Henricus Schmidius (geb. zu Wernigerode im August 1621, seit 1669 Pastor in Melz und Buchholz, gest. 29. Nov. 1673, begraben in St. Nikolai zu Röbel).

[1]) Lisch, M. Jahrb. XL, S. 166.

Das Kirchdorf Buchholz.[1])

Geschichte des Dorfes.

Buchholz kommt urkundlich schon im Jahre 1273 vor, als am 16. April desselben Jahres Nikolaus von Werle dem Nonnenkloster zu Röbel dreizehn Hufen verleiht, von denen zwei »in Bocholte« liegen.[2]) Bis zur nächsten Nachricht aber vergehen sechsundachtzig Jahre. Da verkauft Bernhard von Werle am 14. August 1349 dem Bürger Nikolaus von Güstrow zu Röbel sechs Hufen in »Buchholte«, die von den Bauern Walow, Croger, Godtschalk, Ryke und Butekow bebaut werden und vom Käufer zur Bewidmung einer Vikarei in der Kirche zu Neu-Röbel verwandt werden sollen. Das Patronat dieser Vikarei hat die Familie Güstrow inne, nach deren Aussterben aber soll es an den Probst und den Magistrat von Neustadt Röbel fallen.[3])

Später gehört das Dorf zum Leibgedinge der Fürstin Elisabeth von Werle. Als deren Gemahl, Fürst Bernhard, dem Herzog Albrecht von Mecklenburg Schloss, Stadt und Land Röbel am 10. März 1362 verpfandet und die Dörfer namentlich aufgeführt werden, die zum Leibgedinge der Fürstin gehören und während ihrer Lebenszeit von der Verpfändung ausgeschlossen sein sollen, wird unter ihnen auch »Bokholte« genannt.[4]) Beim wirklichen Antritt des Pfandbesitzes aber durch den Herzog, am 30. Juni 1362, werden die Dörfer Buchholz und Semzin nicht mehr unter den Leibgedingsgütern aufgeführt, sie werden also auf irgend eine Weise der Fürstin abgelöst und vergütet sein. Ob sie von dem zusammenhängenden Hauptverbande der Güter zu entfernt waren, oder ob sie wegen der Strassenzüge eine gewisse militärische Wichtigkeit für den Herzog hatten, oder ob noch ein anderer Grund vorhanden war, müssen wir dahingestellt sein lassen.[5]) Daher gelangen auch beide Güter nicht an die Hahn, während die andern Leibgedingsgüter, die »von der edlen Frau Elzeben, Herrn Bernds ehelichen Frau angestorbnen Güter«, dem Klaus Hahn auf Damerow am 14 August 1410 erblich verliehen werden. Dagegen wird Buchholz im Jahre 1455 ein Rohr'sches Lehen, welches Herzog Heinrich der Aeltere dem Bernd Rohr verleiht. Es bleibt diesem Geschlecht bis 1629 erhalten. Da geräth es in Konkurs und geht aus diesem nebst dem Rohr'schen Gut Schönberg an Hans Holstein über.[6]) Und nun beginnen, den Zeitläufen entsprechend, zahlreiche Verpfändungen und Adjudikationen einzelner Theile des Dorfes bald an diesen, bald an jenen. Ausser den Holstein finden wir

[1]) 14 km südlich von Röbel

[2]) M. U.-B. 1283. M. Jahrb. XVI, S. 213.

[3]) M. U.-B. 6991. 7055.

[4]) M. U.-B. 9008.

[5]) M. U.-B. 9054. 9055. 9056. 9057. Lisch, Geschlecht Hahn II, S. 271 ff.

[6]) Akten im Grossh. Archiv. Vgl. Lisch a. a. O.

die Quitzow, Koch, Schroeder, Kamptz und Konow als Antheils-Inhaber, bis das vielbegüterte Geschlecht der Knuth im Jahre 1689 die Hand auf Buchholz legt und dessen Antheile zusammenkauft. Am 20. August 1695 empfängt Eggerd Christoph Knuth den Allodialbrief über ganz Buchholz. Aber zu Anfang des XVIII. Jahrhunderts haben es schon wieder die von Ferber auf Melz, und von diesen kommt es an die von Raven auf Boek. Eigenthümliche Verhältnisse der Buchholzer Bauern und daraus folgende unaufhörliche Streitigkeiten und Prozesse mit der Grundherrschaft veranlassen im Jahre 1764 den Kammerherrn O. Ch. von Raven, das Dorf an die damals »zweiundzwanzig freien Bauersleute,« die in ihm wohnen, als Allodialgut, einschliesslich der hohen Jagd, für einen Preis von 10500 Thlr. N²/₃ zu verkaufen. Die Bauern hatten nämlich von jeher ihren Gutsherrschaften die Dienste verweigert, sich auch über falsche Veranlagung zu den Landessteuern beklagt und immerfort behauptet, »freie Bauern« zu sein: »Es sei ihnen wohl bewusst, dass sie zwar als Einwohner des Dorfes Buchholz, dem Eigenthümer desselben ratione jurisdictionis mit Schirmpflicht, keineswegs aber mit Leibeigenschaft verwandt seien. Denn »wir frei und Niemand unterthänige Leute sind, welche theils unsere Väter und Grossväter aus Sachsen und der Mark Brandenburg etc. als freie Leute sich in Mecklenburg und in dies Dorf begeben, und auf einem grünen Brink aus unseren eigenen Mitteln ohne des Ortes Obrigkeit Hülfe nicht allein gebaut, sondern auch Vieh und Saat und was sonsten zu einer Landwirthschaft gehöret, auf unsere Kosten sich angeschafft, also, dass ausser Grund und Boden, unsere Höfe, Vieh und Fahrniss und alle Habseligkeiten uns eigenthümlich gehören. Nun haben weder wir, noch unsere Vorfahren, jemals Hofdienste geleistet.« Da nun aus der Zeit vor dem grossen Kriege aktenmässig niemals von Freibauern die Rede ist, so handelt es sich hier unzweifelhaft um eine neue Kolonisation nach dem dreissigjährigen Kriege, an dessen Ende sich im ganzen Dorfe, wie oben schon gesagt worden ist (S. 563), nur acht Personen auffinden lassen, während dort vorher vierundzwanzig Bauern wohnen. Für den tüchtigen Sinn der Bauern spricht es, dass sie 1777 selbst eine »Kommunalordnung für das Gut Buchholz« aufstellen, welche zwar niemals regiminell bestätigt, aber trotzdem immer in Geltung gewesen ist. Später tritt eine Vereinigung über die Dorfarmenpflege hinzu, welche die Armenlast im Wesentlichen den einzelnen Gehöften als Naturallast zutheilt. Am 28. November 1861 endlich wird regierungsseitig eine neue Dorfordnung und ein Statut über die Intestaterbfolge gegeben, nachdem schon 1856 die Separation der Feldmark, welche ursprunglich der gemeinsamen Dreifelderwirthschaft unterworfen ist, vorgenommen worden war.[1])

Ueber die kirchlichen Verhältnisse und im Besonderen über die Zwistigkeiten zwischen dem Patronatsherrn Eggerd Hahn zu Melz zur Zeit des Pastors Gregorius Gategast und den Bauern zu Buchholz, die, von jeher dem Melzer Parochial-Verbande angehörend, gewisse kirchliche Baulasten ablehnen, ist bei Melz die Rede gewesen.

[1]) Böhlau, Mecklb. Landrecht III, S. 274 ff.

Kirche. **Kirche.** Die Kirche ist ein frühgothischer Backsteinbau auf einem Granitsockel in Form eines länglichen Vierecks. Auf der Nord- und Südseite je ein charakteristisches spitzbogiges Portal, in welchen Rundstäbe und abgefas'te Ecken abwechseln, ohne dass dabei Kapitellglieder angewandt worden wären. Alle Fenster sind gleichmässig im Spitzbogen geschlossen. Im Innern eine flache Decke. Im Westen ein massiver Backsteinthurm mit einem aus dem Viereck ins Achteck umsetzenden Helm. Der Thurm hat von Norden nach Süden einen offenen Durchgang, welcher durch mächtige Spitzbogenöffnungen gebildet wird. An der Nordseite des Langhauses eine Vorhalle, welche das genannte frühgothische Portal verdeckt.

Altaraufsatz. Der **Altaraufsatz** ist ein Renaissancegehäuse mit geschnitzten Figuren, in der Mitte der Krucifixus mit Johannes und Maria, zu jeder Seite als kleinere Figuren (die eine über der anderen) je zwei Evangelisten. Die Figuren stammen nicht aus einem älteren gothischen Triptychon, sondern sind zugleich mit dem Holzgehäuse angefertigt worden.

Glocken. Im Thurm zwei **Glocken**, beide von **C. Jllies**-Waren gegossen, 1855 und 1867.[1])

Kleinkunstwerke. **Kleinkunstwerke.** 1. 2. Silberner Kelch auf sechspassigem Fuss, dem XVIII. Jahrhundert angehörig. Als Stadtzeichen eine heraldische Lilie, und als Meisterzeichen die Buchstaben **F C M**. Dazu eine Patene. — 3. 4. Oblatenschachtel von Neusilber, desgleichen eine Kanne mit Deckel und Henkel.
5. 6. Zwei zinnerne Kelche, von denen der eine das Zeichen des englischen Zinns mit den Meisterinitialen **H K** und der Jahreszahl 1808 aufweist. — 7—10. Vier Zinnleuchter, alle von verschiedener Form, der eine gestiftet 1670 von **HANS ZABEL** und **ANNA ROSYNS**, der andere 1662 von **ELISABETH STHALBERGS. C · V · F · H ·**, der dritte 1705 von **M. MATTHIAS PIHEL** und **MARIA BOLTEN** und der vierte 1815 von **H. C. H. KUGEL**. Der von 1670 hat als Stadtzeichen gekreuzte Bischofsstäbe und als Meisterstempel die Initialen **I L** mit der Blume, der von 1662 ebenso; der von 1705 hat auch die gekreuzten Bischofsstäbe, aber die Meisterinitialen **I M** mit der Topfblume, der von 1815 aber stammt von dem Röbeler Meister **Krummbügel** (**H K** mit der Jahreszahl 1806).

Das Gut und Kirchdorf Krümmel.[2])

Geschichte des Dorfes. Am 23. November 1237 beurkundet Fürst Nikolaus von Rostock die Grenzen und Scheiden des Dobbertiner Klosterbezirks. Da heisst es: Im Lande Turne das Dorff Lositz (Lärz) mit vierzig Hufen und dreissig Hufen zwischen

[1]) Im Inventar von 1811 ist nur eine Glocke mit der Jahreszahl 1473 genannt.

[2]) Südöstlich von Röbel, über Vipperow 17 km, über Buchholz 20 km. Die alten Formen des Namens Crumenin und Crummere verbindet Kühnel mit dem altslavischen Wort kromě =

Crumenir und Zwertitz (Schwartz). Und als am 15. December 1274 Nikolaus von Werle und seine Söhne Heinrich und Johann dieses Privileg des Klosters Dobbertin erneuern, bestimmen sie dessen Grenzen »usque ad terminos Crummere«.[1]) Ueber die Besitzverhältnisse von Krümmel in ältester Zeit wissen wir nichts Bestimmtes. Es deutet aber Vieles darauf hin, dass schon früh die Kerkberge auf dem Gute sitzen, eine märkische Vasallenfamilie, welche ihre Stammgüter, u. a. das Gut Kehrberg, in der Nähe von Pritzwalk hatte. Am 12. Mai 1370 verkaufen Otto und Hartmut Römer dem Betcke von Kerkberghe und dem Otto Retzow das Recht der Einlösung ihres Gutes zu Leussow, und am 29. August 1370 verkauft derselbe Retzow dem Betcke Kerkberghe seine Besitzungen in demselben Dorfe.[2]) Die Kerkberg (auch Kerberg, Kercberg geschrieben) breiten sich allmählich weiter aus und erwerben z. B. Besitz in Rechlin und Retzow, verschwinden dann aber auf einige Zeit in der Geschichte, um im Jahre 1497 als erbgesessene Besitzer in Krümmel wieder aufzutauchen. Dieser Besitz scheint aber schon länger der ihrige zu sein, denn es unterscheiden sich bereits zwei nach ihren Hauptgütern bezeichnete Linien, nämlich die Kerkberg auf Kehrberg und die auf Krümmel. Die letztgenannten sind damals bereits so mächtig, dass sie ihre Vettern wegen Besitzstreitigkeiten mit Fehde überziehen und ihnen einen Schaden von 800 Gulden zufügen.[3]) Im Anfang des XVI. Jahrhunderts sind die Hauptgüter der Krümmeler Linie Krümmel, Retzow und Klopzow. Darnach theilt sich dieser Zweig abermals, und zwar in die schwarze Linie auf Krümmel und in die weisse auf Retzow und Klopzow. Jene stirbt 1673 im männlichen Stamme mit Henning von Kerkberg aus. Ueber Krümmel ist inzwischen der grosse Krieg mit allen seinen Schrecken dahergezogen. Noch am 17. März 1674 heisst es in einem gerichtlichen Aktenstück: »Actum Krümmel auff sehl. Henning Kerberges ganz wüsten Hoeffe, woselbst nichts zu finden, alss die rudera des Hoeffs und ein alter bauwfelliger Stall.«[4]) Ausser den Kerkberg's sitzen aber nicht blos auf Krümmel sondern auch auf anderen Kerkberg'schen Gütern schon im Anfang des XVI. Jahrhunderts die Rohr auf Neuhaus, aber die Veranlassung dieses Gemeinschaftsverhältnisses ist nicht bekannt. Daher wird in dem Lehnsrevers der Rohr vom Jahre 1516 über ihre gesammten Güter auch Krümmel aufgeführt. Sie muthen wiederholt ihren halben Antheil an dem Gute und werden damit belehnt, bis Martin Rohr am 10. Januar 1583 den Konsens zum Verkauf der Hälfte der Feldmark nebst der halben Feldmark Göhren für 10000 Gulden an Levin Marin erhält. Ein gegen Ende des Jahrhunderts vom Herzog Karl unternommener Versuch, das Gut zu kaufen, kommt über einen kurzen Pfandbesitz nicht hinaus. In den Jahren 1606—1609 aber

draussen, fern, weit, draussen berühmt, und deutet sie als »Ort des kromémér« = »Fernruhm«: M. Jahrb. XLVI, S. 17.

[1]) M. U. B. 469. 1347.

[2]) M. U.-B. 10054. 10092. 10616. Vgl. Lisch, M. Jahrb. XII, S. 43.

[3]) Lisch, M. Jahrb. XII, S. 47.

[4]) Lisch, a. a. O., S. 49.

verkaufen die Marin ihren halben Antheil an Christoph Arenstorff für 11500 Gulden. Der landesherrliche Konsens und der Lehnbrief werden darüber am 20. Oktober 1612 ertheilt. Auch erwirbt Arenstorff 1625 die Schäferei zu Göhren. Der letzte Kerkberg'sche Antheil, der durch Heirath an Hans Heinrich von Oldenburg gekommen war, gelangt im Jahre 1705 für 700 Thaler an den Leutnant Georg Otto von Arenstorff, so dass von da an ganz Krümmel in den Besitz dieses Geschlechtes kommt.[1] Seit 1896 aber ist das Gut Eigenthum des Fürsten Georg von Schaumburg-Lippe.

Ueber die kirchlichen Verhältnisse s. bei Melz.

Kirche. **Kirche.** Die in Fachwerk ausgeführte kleine Kirche stellt einen ungetheilten Raum in Form eines länglichen Vierecks dar und ist im Innern mit flacher Bretterdecke geschlossen. In der Wetterfahne der achteckigen Thurmspitze die Jahreszahl 1734.

Innere Einrichtung. Die **innere Einrichtung** entstammt der Zeit des Barockstils aus dem XVIII. Jahrhundert. **Kanzel** und **Altar** sind zu einem Körper verbunden.

Empore. An der **Empore** auf der Nordseite eine Anzahl ARENSTORFF'scher **Familien-Wappen** in Zinn. Ausserdem in den Fenstern einige auf Glas gemalte Wappen der Familie.

Glocken. Im Thurm zwei alte **Glocken**, eine grosse ohne Inschrift und Giesserzeichen, eine kleine, ebenfalls ohne Inschrift, aber mit dem nebenstehenden Giesserzeichen.

Kleinkunstwerke. **Kleinkunstwerke.** 1. 2. Silbervergoldeter Kelch auf rundem Fuss, laut Inschrift 1852 von A. V. ARENSTORFF gestiftet. Dazu eine Patene. Von dem Röbeler Goldschmied F. Ludewig. — 3. 4. Zinnkelch mit Patene, ohne Stempel und Inschrift. — 5. Eine ältere Taufschüssel von Messing, in der Mitte die Verkündigung des Engels an die Maria, um welche die vielfach gedeutete bekannte Legende herumläuft. — 6. 7. Zwei Zinnleuchter von 1735, von dem Rostocker Zinngiesser I V (Jochim Voss), der in seinem Stempel die Jahreszahl 17(18) führt.

Das Kirchdorf Vipperow.[2]

Geschichte des Dorfes. Vipperow ist schon sehr früh ein bedeutender Ort, nach welchem ein ganzer Landstrich »Land Vipperow« genannt wird, und kommt urkundlich zuerst im Jahre 1178 vor, als Papst Alexander III. das Bisthom

[1] Der weithin bekannt gewordene Kriegs- und Raubzug eines der Arenstorff auf Krümmel gegen den Flecken Mirow in den vierziger Jahren des XIX. Jahrhunderts — wohl die letzte Explosion ritterlicher Raub- und Fehdelust in Deutschland — mag hier nur mit diesen wenigen Worten Erwähnung finden.

[2] 8 km südsüdöstlich von Röbel. Die alten Formen des Namens Veprowe und Vipperowe

Schwerin bestätigt. In der früheren Stiftungsurkunde Heinrich's des Löwen vom Jahre 1170 wird der Ort zwar nicht genannt. Aber nach der vorgenannten Urkunde vom März 1178 gehen die Grenzen des Sprengels: »a Zuerin ex una parte usque Vepro«, und die Bestätigungsurkunden der Päpste Urban III., Clemens III. und Cölestin IV. stimmen damit überein.[1]) Freilich gehört das westlich von der südlichen Müritz, den Vipperowschen Gewässern, gelegene Land Vipperow selber nicht zur Schweriner Diöcese, es bildet vielmehr das Archidiakonat Röbel im Bisthum Havelberg. Wie Alles das erst nach langem Streit zwischen beiden Diöcesen festgestellt wird, weil nach der Urkunde Kaiser Otto's vom Jahre 946 die Elde die Grenze des Bisthums Havelberg bilden sollte, die obere Elde aber westlich von der Müritz an verschiedenen Stellen gesucht wurde, ist schon öfter beruhrt worden.[2]) Erst am 16. December 1252 kommt hierüber ein Vergleich zu Stande, durch den das Land Röbel oder Vipperow dauernd an Havelberg abgetreten wird.[3]) Obwohl nun Vipperow als ein grosser Ort von neunundvierzig Bauerhufen und als Sitz einer Burg erscheint, deren Spuren noch in unserer Zeit sichtbar geblieben sind, so wird es doch sehr bald von der Burg Wenden (Wenedhen) zu Wredenhagen an Bedeutung überflügelt, welche nach Malchows Niedergang neu erbaut ist und die alte grosse Strasse von Havelberg über Wittstock zur Eldenburg und weiter nach Demmin — die Verbindung zwischen Elbe und Demmin — beherrscht. Die Bezeichnung »Land Vipperow« verschwindet daher mit dem XIII. Jahrhundert.

Auch tragen die späteren Besitzverhältnisse zur Verminderung der Bedeutung von Vipperow bei. Nach dem einige Jahre vor 1410 erfolgten Tode der Fürstin Elisabeth, der Gemahlin des Fürsten Bernhard, zu deren Leibgedinge ein Theil von Vipperow gehört hat, finden wir dort zwei grössere Antheile in den Händen werlescher Vasallen, den einen in denen der Quitzow schon gleich beim Beginn des XV. Jahrhunderts, den andern aber in denen der Knuth auf Leizen. Dieser letztgenannte Antheil ist zwar erst von 1488 an als Knuth'scher Besitz nachzuweisen, gehört aber der Familie ohne Zweifel schon viel früher. Ausserdem hat das Kloster Amelungsborn, dem der Dank für die erste christliche Civilisierung des Landes nie vergessen worden ist, seit dem 17. März 1291 eine Hufe in Vipperow, und von dem, was noch im Besitz des Landesherrn geblieben ist, gehen drei Höfe mit Hufen im Jahre 1454 als Geschenk Herzog Heinrich's d. ä. an die Probstei der Neustadt Röbel, es sind dies die oft genannten »Vipperowschen Pfarrhufen«. Weiterhin kommt ein Grambow mit Besitz und Rechten in Vipperow vor, doch mag er nur Pfandbesitzer gewesen sein Endlich erwerben auch die von Hahn auf Solzow im Jahre 1477 die Pächte aus sieben Hufen, doch werden diese Hufen kein Privat-

im XII. und XIII. Jahrhundert leitet Kühnel von dem altslavischen Wort vepri = Eber ab und deutet sie als »Eberort«; M. Jahrb. XLVI, S. 152.

[1]) M. U.-B. 100. 124. 141. 149. 162.

[2]) M. U.-B. 14. Ueber die »Vipperowschen Gewässer« vgl. Lisch, M. Jahrb. II. S. 102.

[3]) M. U.-B. 710. Lisch, M. Jahrb. II. S. 100. XIX, S. 403.

eigenthum, sondern bleiben in landesherrlichem Besitz. Der Quitzow'sche Antheil geht durch Kauf im Jahre 1515 an die Kerkberg zu Krümmel über. Als ihn 1525 die Komthurei zu Mirow als Lehn begehrt, wird der landesherrliche Konsens versagt. Dreizehn Jahre später, 1558, ist er wieder in landesherrlichem Besitz und vergrössert somit in erheblicher Weise den Domanialantheil des Dorfes, wie dies auch der schon vor der Reformationszeit verschwindende Amelungsborner Klosterantheil thut. Der Knuth'sche Antheil aber geht im Beginn des XVIII. Jahrhunderts auf die von Ferber-Melz über und wird von diesen erst im Jahre 1804 an die herzogliche Kammer abgetreten.[1]) Seitdem ist wieder das ganze Dorf Vipperow beim Domanium und gehört als solches zum Amte Wredenhagen.

Mittelalterliche Geistliche sind, soweit wir den Urkundenschatz bis jetzt kennen, mit Namen nicht auf uns gekommen. Von 1505 an und noch 1534 ist Simon Gerardi der Kirchherr von Vipperow, Priborn und Zielow, 1541 aber finden wir an seiner Stelle als ersten evangelischen Geistlichen den Joachim Warnke, ohne dass ihm freilich ein völlig befriedigendes Zeugniss von den Visitatoren ausgestellt würde. Wie lange er im Amte geblieben, lässt sich nicht feststellen. Zwischen 1594 (vielleicht schon früher) und 1609 ist Johann Salius Pastor der genannten drei Kirchen. Ihm folgt 1609 Nikolaus Schmidt (Schmidius), der die Zeiten des dreissigjährigen Krieges überdauert und noch über 1654 hinaus (anscheinend bis 1659) im Amte ist. Er sieht die Bevölkerung seiner Dörfer um sich wegsterben: in Vipperow giebt es im Jahre 1649 von sechsundzwanzig Bauern und neun Kossaten nur noch acht Bauern und zwei Kossaten,[2]) in Priborn von ehemals vierzehn Bauern und drei Kossaten nur noch sechs Bauern, und in Zielow von zwölf Bauerfamilien nur noch vier Personen. Das Pfarrhaus ist 1639 niedergebrannt, und der Pastor wohnt in einem Katen. Es folgen: Joh. Christoph Baumann (1659—72), Nikolaus Stechow (1674—1704), Martin Wendt (1705—21), Joachim Oertling (1721—47), Joh. Friedr. Christoph Senst (1749—75), Jakob Peter Unger (1776—88) und Christoph Karl Joh. Passow (1789—1821). S. Walter a. a. O.

Ausser den von jeher gleich der Mutterkirche unter landesherrlichem Patronat gewesenen Filialkirchen zu Klein-Priborn und Zielow ist auch die vagierende Mutterkirche adeligen Patronats zu Ludorf mehrfach im XVI., XVII. und XVIII. Jahrhundert bald kürzere, bald längere Zeit mit der Kirche in Vipperow verbunden gewesen.

Kirche.

Kirche. Die Kirche ist ein Feldsteinbau aus dem XIII. Jahrhundert in Form eines länglichen Vierecks, mit flacher Decke im Innern. Die oberen Theile beider Giebelwände und die Einfassungen der Fenster und Portale sind in Backstein ausgeführt. Im Osten ein spätromanisches »Dreieinigkeitsfenster«,

[1]) M. U.-B. 2110. Akten im Grossh. Archiv, besonders Wigger, Bericht vom 9. Juli 1885. Mantzel, Bütz. Ruhest. XXIII, S. 38 ff. Lisch, Geschl. Hahn II, S. 270 ff. M. Jahrb. XIII, S. 137.

[2]) 1662 werden im Visitationsprotokoll in Vipperow aufgeführt: zwei Herrenbauern, zwei Pfarrbauern und drei Kossaten, also im Ganzen nur sieben Hofbesitzer.

die übrigen Lichtöffnungen sind in gleicher Weise Schlitzfenster mit leise gespitztem Bogenschluss. Die Portaleinfassung auf der Südseite zeigt Spitzbogenschluss. Ein Thurm ist nicht vorhanden. Dafür wächst aus dem mittleren Theil des Westgiebels ein kleiner Dachreiter in Fachwerkbau hervor, der ein achtseitiges Pyramidendach hat. An der Nordseite, neben einander und unter einem Dache, eine Sakristei und eine Vorhalle. Die Sakristei ist gewölbt, die Vorhalle aber hat nichts weiter als den Dachstuhl über sich.

Altaraufsatz.

Als **Altaraufsatz** dient der Mittelschrein eines gothischen Triptychons mit Schnitzwerken. In der Mitte die hl. Maria mit dem Kinde auf dem Halbmond stehend. Links und rechts daneben, in zwei Reihen übereinander, Apostel und weibliche Heilige. Links der hl. Petrus, die hl. Magdalena, der hl. Jakobus, die hl. Katharina, rechts die hl. Barbara, der hl. Johannes, die hl. Elisabeth und der hl. Matthäus.

Altes Gestühl.

In der Vorhalle noch einige Seitentheile des ehemaligen alten **Kirchengestühls**, welche mit allegorischen Figuren bemalt sind.

Glocken.

Im Thürmchen zwei **Glocken**. Die grössere (Dm 0,88 m) ist von **C. D. Heintze** im Jahre 1747 zur Zeit des Pastors **JOACHIM OERTLING** gegossen. Die zweite, jüngere (Dm. 0,76 m), ist 1838 von **Hackenschmidt** in Berlin z. Zt. des Pastors **B. C. F. WACHENHUSEN** gegossen.[1])

Kleinkunstwerke.

Kleinkunstwerke. 1. 2. Silbervergoldeter Kelch auf achtpassigem Fuss. Am Knauf aber nicht acht, sondern nur sechs Rotuli, und auf jedem Rotulus das IHS-Monogramm. Die Inschrift am Kelch lautet: **DISER KELCH IST GE MACHT IM JAHRE 1606 UNDT IST ZU DEN ZEITEN PFARR GEWESEN H. JOHANN SALLIUS + PALM REDENTZ ACHIM VÖLKER BEIDE VORSTEHER DES GOTTESHAUSES ZU VIPPEROW. 52 LOTT.** Keine Werkzeichen, auch nicht an der zugehörigen Patene. — 3. 4. Silbervergoldeter Kelch mit einem kleinen vergoldeten Krucifixus auf dem Fusse. Inschrift: **IN HON · DEI ET IN USUM HUJS (!) ECCLESIAE VIPP · HUNC CALICEM CUM PATENA DEDIT MART · WENDT H · T · PAST · 1719.** Von dem Gustrower Goldschmied **Lenhard Mestlin.** Dazu eine Patene. — 5. Zinnerner Krankenkelch, englisches Zinn mit den Initialen **C H**. Dazu Patene und Oblatendose. — 6. Neuer silbervergoldeter kleinerer Krankenkelch. — 7. Neue Abendmahlskanne mit Deckel und Henkel. — 8. Zinnerne Taufschüssel, als Stadtzeichen zwei gekreuzte Bischofsstäbe, als Meisterzeichen die schon öfter genannte Blume mit **I L**. — 9. Ein Messingbecken von 1854. — 10. Eine ausser Gebrauch gesetzte getriebene Taufschale von Messing, ohne Inschrift. Auf dem Boden die Darstellung von Mariae Verkündigung. — 11—14. Vier ausser Gebrauch gesetzte zinnerne Altarleuchter, alle von verschiedener Form und Grösse. Stifternamen: am ersten **JACOB DREWES 1662**; am zweiten **MARIE BRUNS · GRETH . . . . VEREHREN DIESEN LEUCHTER DER VIPPEROWSCHEN KIRCHEN ZU GOTTES EHREN 1682**; am dritten **CLAUS KAECKER 1700**; am vierten **M · E · K · 1790.**

[1]) Ihre Vorgängerin war 1692 von M. Vites Siebenbaum und M. Ernst Siebenbaum, Glockengiessern in Schwerin, gegossen worden. Inventar 1811.

Das Filial-Kirchdorf Priborn.[1])

Geschichte des Dorfes.

Das Erste, was wir von Priborn urkundlich erfahren, ist dies, dass das ferne von Mecklenburg in den braunschweigischen Landen gelegene Cistercienserkloster Amelungsborn einen Antheil am Dorfe gewinnt. Am 26. Mai 1239 giebt nämlich Fürst Nikolaus I. von Werle dem Kloster die Mühle zu Priborn in eine Art Erbpacht.[2]) Auch das Nonnenkloster zu Röbel, das Ende des XIII. Jahrhunderts nach Malchow verlegt wird, gewinnt dort vierunddreissig Jahre später, den 16. April 1273, durch denselben Fürsten Besitz und Rechte an zwei Hufen, die er zusammen mit elf anderen auf die benachbarten Dörfer vertheilten Hufen den Büsserinnen der hl. Magdalena als Geschenk überweist.[3]) Weiterhin wird das Dorf Priborn durch eine gemeinsame Verfügung der Söhne des Fürsten im Jahre 1285 zum Ort der Landding-Tage im Lande Röbel bestimmt.[4]) Der Amelungsborner Mühlenbetrieb aber geht am 17. März 1291 wieder in die Hände des Landesherrn zurück, indem das Kloster dafür und für eine hinzugelegte Summe von 220 Mark Pfennig-Geldes verschiedene Hufen ausser in Priborn selber auch in Solzow und Vipperow (s. o. S. 571) sowie einen Antheil an der Fischerei-Gerechtigkeit in der Müritz und endlich auch das Eigenthum der oberen Schilder Mühle erwirbt.[5]) Die Priborner Mühle aber finden wir elf Jahre später als Eigenthum in den Händen der Grafen Burchard und Ulrich von Lindow, welche die Oheime der jungen werleschen Fürsten waren, und in denen der beiden Ritter Konrad Büne und Nikolaus von Malin.[6]) Als, wieder über vierzig Jahre später, am 8. Mai 1346, die Kirche von Ludorf eingeweiht und dotiert wird, da gehören zu dieser Dotation auch drei Hufen in Priborn mit allen Rechten und Privilegien.[7]) Und als ungefähr um dieselbe Zeit, oder auch ein paar Jahre früher, der Fürst Bernhard von Werle seiner Gemahlin, der Fürstin Elisabeth, ihr Leibgedinge festsetzt, da gehören u. a. auch sieben Hufen in Priborn dazu.[8]) Wie dann nach dem noch vor 1410 erfolgten Tode der Fürstin ihre Leibgedingsgüter mit wenigen Ausnahmen an die Hahn-Damerow übergehen und durch diesen Besitz die Linie Hahn-Solzow begründet wird, ist oben schon mehrfach

[1]) 10 km südsüdöstlich von Röbel. Ueber die Ableitung und Deutung des Namens vgl. M. Kunst- u. Gesch.-Denkm. IV, S. 623, Anmkg. 1.

[2]) M. U.-B. 499.

[3]) M. U.-B. 1283.

[4]) M. U.-B. 1781. Vgl. Beyer, z. Gesch. d. Volksgerichte, M. Jahrb. XIV, S. 108—190.

[5]) M. U.-B. 2110. Schilde, nordöstlich von Wittstock.

[6]) M. U.-B. 2825.

[7]) M. U.-B. 6649.

[8]) M. U.-B. 9068. 9054. Vgl. Beyer, M. Jahrb. XXXII, S. 124.

berührt worden.[1]) Der Amelungsborner Besitz in Priborn scheint schon vor 1410 vom Kloster wieder aufgegeben zu sein, da er nie wieder als noch bestehend erwähnt wird.[2]) Ausser den Hahn, die ihren Besitz in den Jahren 1470 und 1474 durch Erwerbung weiterer Hufen in Priborn zu vergrössern suchen, kommen dort die von Knuth mit Besitz und Rechten vor, und zwar nachweislich schon vor 1370.[3]) Diese scheinen schon damals bedeutenden Besitz in Priborn gehabt zu haben. Denn sonst hätte sich jener Henricus Knuth auf seinem Grabstein gewiss nicht mit dem Zusatze »de Pryborn« bezeichnet. Die Hahn-Solzow dagegen verlegen von 1461 an, wie es scheint, ihren Schwerpunkt nach dem in diesem Jahre erworbenen Schloss und Städtchen Ahrensberg und haben von Priborn zuletzt anscheinend kaum mehr als blosse Pächte und Dienste gehabt.[4]) Doch werden noch 1614 Unterthanen von ihnen in Priborn genannt. Dagegen gewinnen neben den von Knuth die von Marin auf Ludorf am Ende des XVI. Jahrhunderts erhebliche Antheile an Priborn. Den Marin'schen Meierhof zu Priborn kauft aber Wenzel Knuth auf Leizen für die Summe von 2200 Gulden und erhält darüber im Jahre 1637 den landesherrlichen Konsens und Lehnbrief.[5]) Zwar hören wir in den fünfziger Jahren, als in Priborn von ehemals siebenzehn Gehöften nur noch sechs bewohnt werden, von Antheilen, die vorübergehend dem einen und dem andern Gläubiger adjudiciert sind.[6]) Aber die von Knuth bleiben die Hauptherren im Dorfe. Sie erwerben 1695 den Allodialbrief ausser über andere Güter auch über ihren Besitz in Priborn und tauschen 1702 zwei dort noch vorhandene Domanialbauern gegen Besitz in Grabow und Below um. Aber dreissig Jahre später geht ihr Besitz an die Herren von Ferber über, die seitdem das Dorf als Pertinenz zu Melz ihr Eigen nennen.[7])

Ueber die kirchlichen Verhältnisse s. bei Vipperow.

Kirche. Die Kirche ist ein vollständig neues Gebäude aus den sechziger Jahren des XIX. Jahrhunderts mit einem polygonalen Chorschluss. Kirche.

Auch die **innere Einrichtung** ist neu. **Altargemälde** von **Fischer-Poisson 1869.** Innere Einrichtung.

Aus der alten Kirche ist ein **Glasfenster** mit dem Wappen des Herzogs **CARL** von 1591 herübergenommen.[8]) Glasfenster.

Im Thurm drei **Glocken**, eine grössere und zwei kleinere. Davon ist nur eine der beiden kleineren mit einer Inschrift und auch mit Glockenzeichen Glocken.

---

[1]) S. o. S. 512. 562.

[2]) Lisch, M. Jahrb. XIII, S. 137.

[3]) Lisch, M. Jahrb. XXV, S. 311.

[4]) Lisch, Geschl. Hahn II, S. 273.

[5]) Ueber verwandtschaftliche Verbindungen der Knuth, Hahn und Marin s. Lisch, M. Jahrb. XVI, S. 298.

[6]) An die von Than, Grambow und Lühe.

[7]) S. bei Melz, S. 563.

[8]) S. o. S. 355.

versehen: **anno : domini · mille : ccccxxxv · f · k · patrona · bidde · vor · uns · ihs · chrs · unse' · salichmaker** (nebenstehendes Glockenzeichen) **help ihs ·** Dazu der Name des Giessers: **peter maths ·**[1])

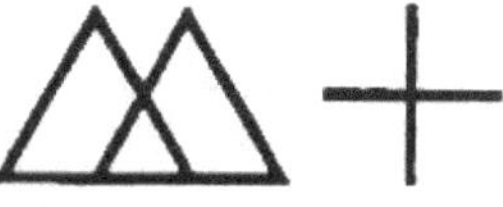

Kleinkunstwerke.

Kleinkunstwerke. 1. 2. Zinnerner Kelch, dazu eine Patene, gestiftet 1719 von **JOACHIM SCHUMACHER** und **MARIA QUACKES**, beide ohne Werkzeichen. — 3. 4. Kleiner zinnerner Kelch, offenbar gleichfalls aus dem XVIII. Jahrhundert. An der zugehörigen Patene erkennt man noch die Werkzeichen **H L 1716.** — 5—8. Vier zinnerne Leuchter, alle von verschiedener Form und dem XVII. Jahrhundert angehörig (1663 von **PETER** und **FRANZ KOEP** zu Priborn, 1685 einer von **V. A. WOLTERS** und ein anderer von **FRIEDRICH ZANDER**, 1694 von **JAKOB SCHUMACHER** und **MARGARETHE GAULEN.**

Das Filial-Kirchdorf Zielow.[2])

Geschichte des Dorfes.

Das Dorf Zielow wird im Jahre 1237 zum ersten Mal bei einer Bestimmung über das Dobbertiner Klostergebiet genannt. Das Kloster hat hier Einkünfte aus sechs Hufen. Doch behält es sie nur bis zum Jahre 1274. Da tauscht es sie gegen das Dorf Grobe im Lande Malchin (wohl Grube bei Teterow) wieder um.[3]) Dagegen erhält gut anderthalb Jahre vorher, nämlich den 16. April 1273, das Nonnenkloster in Röbel zwei Hufen in Zielow.[4]) Dazu kommen fünf Jahre nach der Uebersiedelung dieses Klosters nach Malchow, am 7. Januar 1303, zwei Hufen hinzu, die Ritter Dietrich Pape bei Gelegenheit der Aufnahme seiner Tochter ins Kloster dem Probst und den Nonnen als Geschenk überweist.[5]) Als dritten Interessenten an Zielow lernen wir am 8. Mai 1346 die an diesem Tage eingeweihte Kirche zu Ludorf kennen, die eine Hebung von zwei Mark Geldes aus Zielow erhält. Von wem, wird nicht gesagt, vielleicht von einem Mitgliede der Familie Marin, die uns hier wie anderswo im Lande Röbel schon im XIV. Jahrhundert, im Besondern am 23. Juni 1358, als werlesche Vasallen mit Besitz und Rechten entgegentritt.[6]) Marin'sche Antheile giebt es noch im XVII. Jahrhundert in Zielow, wo wir in dieser Zeit auch die mit ihnen verwandten alten Vasallen-Familien der Kerk-

[1]) f · k · = sancta Katharina.

[2]) 6 km südöstlich von Röbel. Sylowe im XIII., Silow im XIV. und Zielow im XVII. Jahrhundert. (Ort des Zilar, von žilŭ = lebend? Vgl. Kühnel, M. Jahrb. XLVI, S. 166.

[3]) M. U.-B. 469. 1347. M. Kunst- u. Gesch.-Denkm. IV, S. 352, Anmerkung 1.

[4]) M. U.-B. 1283.

[5]) M. U.-B. 2845.

[6]) M. U.-B. 6649. 8193. 8869. Vgl. o. S. 512 13.

berg, Rostke, Knuth, Lepel und Pogwisch finden. Von ihnen gewinnen die von Knuth am Ende des XVII. Jahrhunderts den Vorrang. 1649 war die vor dem dreissigjährigen Kriege auf zwölf Gehöfte vertheilte Bauernschaft auf vier Personen zusammengeschmolzen, 1662 aber sind schon wieder fünf Bauern da, die sich im Laufe des XVIII. Jahrhunderts bis zur Zahl acht vermehren. Aber vielen Streit giebt es zwischen ihnen und den von Knuth auf Ludorf wegen angeblich allzuharter Bedrückung mit Hofdiensten. Da entschliesst sich im Jahre 1821 der damalige Besitzer von Ludorf und Gneve, der Oberhauptmann A. E. von Knuth, sein »altväterliches Lehn«, wie er es nennt, den acht Hauswirthen in Zielow für die Summe von 9100 Thalern zu verkaufen. Der Grossherzog giebt die Genehmigung, und seitdem sind nun der Schulze und die sieben Bauern in Zielow »Eigenthümer des Gutes« und bilden als solche eine »Lehnbauernschaft« im Amte Wredenhagen.[1])

Ueber die kirchlichen Verhältnisse s. bei Vipperow.

Kirche.

Kirche. Die im Jahre 1834 neu erbaute Kirche ist ein kleines unansehnliches Fachwerkgebäude, welches in seinem Westende ein Dachreiterthurmchen trägt, das gleichfalls in Fachwerk ausgeführt ist.

Altaraufsatz.

Als **Altaraufsatz** ein roh gemaltes Oelgemälde, das den gekreuzigten Heiland darstellt. In der Ecke rechts die Inschrift: ZUM CHRISTLICHEN ANDENKEN IST VOM HOCHADLICHEN HAUS LUDORFF VON DER HOCHWOHLGEBORNEN FAMILIE VON KNUTHEN DIESES BILD AO 1728 ALHIER IN DER ZIELOWSCHEN KIRCHE VOREHRET WORDEN.

Wappenschilder.

Ferner zwei zinnerne **Wappenschilder** mit dem von Knuth'schen Wappen und dem Namen H · A · E · VON KNUTH.

Glocken.

Im Thurm zwei **Glocken.** Die eine hat die Inschrift: tho + stevens + hagen + hort + desse + clocke + her + Jacop + gotemek + help ihs anno d · mccccxlvi kersten rusch hin kersten jorge gramert.[2]) Kein Giesserzeichen. Die andere Glocke ist ohne Inschrift und Zeichen.

[1]) Vgl. Böhlau, M. Landrecht III, S. 279/80.

[2]) Vgl. M. Jahrb. XXVII, S. 234. Wann diese Glocke aus Steffenshagen nach Zielow versetzt ist, haben wir nicht ermitteln können. Das Inventar von 1811 enthält sie bereits. Lisch will »goss mich« an Stelle von gotemek lesen, ebenso Grotefend, mit Hinweis auf das westelbische »mek« für »mich«. Aber in diesem Falle bleibt das nicht zu beseitigende »her« vor dem Namen »Jakop« eine sehr auffällige Bezeichnung für den Glockengiesser. Und andererseits kann der Kirchherr nicht gut mit dem ihm zukommenden Titel »her« an einer Stelle fehlen, wo drei Kirchgeschworene — andere können es nicht wohl sein — mit Namen genannt werden. Ist aber »her jacop« der Kirchherr, dann hat es keinen Sinn, gotemek (Lisch liest gothmek) mit »goss mich« zu übersetzen. In diesem Falle wäre es besser, »gotemek« als Namen zu nehmen, der mit der bekannteren Form Gotgemak (oder Gotgemakede, Gotghemakede, Godghemakede, Ghotghemakede u. s. w.) identisch sein könnte. Oder aber man müsste den Kirchherrn selbst zum Glockengiesser machen. Etwas durchaus Sicheres ist somit durchaus nicht zu sagen. Auch nicht darüber, ob es das entferntere mecklenburgische Steffenshagen ist, um das es sich handelt, oder, wie man glauben möchte, das näher gelegene märkische Steffenshagen, oder noch ein anderes, z. B. das bei Greifswald gelegene pommersche Steffenshagen.

37

Kleinkunstwerke.

Kleinkunstwerke. 1. 2. Zinnkelch und Patene, ohne Inschrift; die Patene hat den Meisterstempel: **F. L.** — 3. Zinnkelch mit dem Namen der **TRINNA WATOWES ANNO 1662 DEN 4 · SEPTEMBER.** — 4. Kleine mit zwei Griffen versehene Zinnschale (früher Taufbecken) mit dem Stifternamen **J. CHRISTIAN MAHNCKE 1756.** Mit dem Stadtstempel von Waren und dem Meisterstempel **I D B 1749.** — 5. Messingtaufbecken, neu. — 6. Viereckiges Zinngefäss mit dem Stifternamen **HANS JACOB HACKELBUSCH** 1679. Es hat früher als Weinbehälter bei Krankenkommunionen gedient. — 7—9. Drei zinnerne Altarleuchter von verschiedener Form, jeder mit einer Inschrift: **JOHANN ZURBIER 1688; JOHANN JOCHEN BUCKMANN 1699; JOHANN RÜSCK 1718.** Dazu der ganze Vers 5 des II. Kapitels aus der Apokalypsis.

* * *

Alter Granitstein.

Am Hintergebäude des **Lehrerhauses** ein alter **Granitstein,** der einst als Quetschmühle diente.

Das Gut und Kirchdorf Rechlin.[1]

Geschichte des Dorfes.

Als ein Bauerndorf, in welchem Beteke von Kerkberg (Kerberg) drei Hufen besitzt, die er am 24. August 1374 an den Knappen Jakob Zartwitz verkauft, tritt uns Rechlin in der zweiten Hälfte des XIV. Jahrhunderts urkundlich entgegen.[2] Die von Kerkberg, deren Hauptgut später das Dorf Krümmel ist, halten sich mit Besitz und Rechten in Rechlin bis zum Aussterben ihres Mannesstammes im Anfange des XVIII Jahrhunderts. Mit ihnen haben aber auch die in Retzow, Leppin, Roggentin und Klopzow angesessenen von Retzow erhebliche Antheile am Dorfe bis ins XVII. Jahrhundert hinein. Ihnen gehört z. B. das Kirchlehn. Der Besitz beider Familien geht nun im Anfange des XVIII. Jahrhunderts auf die von Barnewitz und 1710 auf den Oberst Kaspar Christoph von Langermann über, aber 1729 für die Summe von 28000 Thalern wieder an Friedrich von Barnewitz zurück. Als darauf mit dem Tode des zweijährigen Karl Friedr. August von Barnewitz im Jahre 1741 der Mannesstamm der Barnewitz in Mecklenburg erlischt,[3] da tritt eine vormundschaftliche Verwaltung dieser Güter ein. Doch kommen sie schon 1754 an die von Lowtzow und von diesen 1787 an die von Hammerstein, welche sie heute noch haben.

1541 besitzt Matthaeus von Retzow zu Leppin das Kirchenpatronat. Kirchherr aber ist Johannes Kutze, der auch die Filialen zu Roggentin und

[1] In der Luftlinie und übers Wasser 9 km südöstlich von Röbel entfernt; auf dem Landwege über Vipperow aber 15 km entfernt. Die alte Form des Namens im XIV. Jahrhundert Reddechlyn deutet Kühnel, mit Hinweis auf den altslavischen Stamm radŭ = flink, bereit, froh, als »Ort des Radechla«: M. Jahrb. XLVI, S. 116.

[2] M. U.-B. 10616.

[3] Gamm'sches Verzeichniss bei Lisch, M. Jahrb. XI, S. 423.

Klopzow versorgt. Nach ihm klafft eine mehr als hundertjährige Lücke in den kirchlichen Nachrichten. Um 1662 ist Simon Riaeus Pastor zu Rechlin. Er hat auch die Kura in den Kirchen zu Roggentin, Retzow und Leppin, und seine Patrone sind: für Roggentin und Rechlin Joachim Ernst von Retzow zu Retzow, Kaspar von Gadow zu Leppin und Hans Kaspar von Reckentin zu Leppin; für Retzow aber der genannte Joachim Ernst von Retzow und Christoph von Barnewitz; sowie endlich für Leppin die Jungfrau Anna von Kerkberg. Aber die Kapelle zu Leppin steht nicht mehr, sie ist eingestürzt. 1676 brennt auch die Kirche in Rechlin ab, 1689 aber ist sie wieder hergerichtet. Von 1685 bis 1723 ist Joachim Röring Pastor. Dann folgt eine lange Vakanz bis 1731. Da heisst es, alle drei Kirchen (Rechlin, Roggentin, Retzow) seien baufällig. Die nachfolgenden Pastoren sind: von 1731—1748 Andreas Christian Behrens, von 1751—1783 Joh. Ad. Heyden, und von 1785 bis 1808 Friedr. Samuel Latzke. Vgl. Walter a. a. O.

Nachdem im Jahre 1787 die Kirchen in Rechlin und in Retzow baufällig geworden, kommt es 1791 zu einem Vertrage, nach welchem beide abgebrochen werden sollen. Als Kirche für die ganze Parochie soll entweder Roggentin dienen, oder es soll anderswo eine ganz neue Kirche gebaut werden. In der That werden die Kirchen zu Rechlin und Retzow abgebrochen, und die in Roggentin dient darauf als einzige Kirche. Da kommt es 1802 zu einem neuen Vertrage: in Rechlin soll eine neue Kirche gebaut werden. Aber die Kriegszeiten sind der Ausführung im Wege. Erst im Jahre 1816 beginnt der Neubau, und dieser Neubau dauert volle sechzehn Jahre. Endlich ist man 1832 so weit, dass der Bau geweiht werden kann. Und nun kommt die Reihe des Abbrechens an die Kirche in Roggentin. Die Wedem aber ist diese ganze Zeit über an ihrer alten Stelle in Rechlin verblieben, auf der sie heute noch steht.[1])

Kirche. Die Kirche stammt, wie oben schon bemerkt worden, aus dem Jahre 1816 und athmet daher den nüchternen klassicierenden Stil jener Zeit. Das Langhaus hat ein Satteldach, das nach Osten hin abgewalmt ist. Im Westen ein schmälerer Thurm mit niedrigem vierseitigen Pyramidenhelm. Im Innern eine flache Decke. Kirche.

Kanzel und **Altar** sind zu einem Körper verbunden. Am Altar die Flügel[2]) eines spätgothischen Triptychons (Gruss des Engels, Heimsuchung, Anbetung des Kindes durch Joseph und Maria, Anbetung der heiligen drei Könige, ausserdem noch vier Einzelheilige). Am Untersatz die Wappen des auf der ovalen Oblatendose der Kirche (s. u.) genannten **LANGERMANN**'schen Ehepaares. Kanzel und Altar.

An der **Empore** auf der Südseite das **HAMMERSTEIN**'sche Wappen. Empore.

[1]) Aus den Akten der oberkirchenräthlichen Registratur. Die Angaben in den Staatskalendern dieser Jahre stimmen nicht damit überein, sie sind irrig.

[2]) Angeblich aus einer der beiden abgebrochenen Kirchen zu Retzow und Roggentin.

Krucifixus.

An der Orgelempore hängt ein sehr kleiner **Krucifixus**, welcher zu einem früheren Altaraufsatz gehört haben mag. Am Fusse des Kreuzes Maria, Johannes und Magdalena. Unten am Kreuz ein Todtenkopf.

Glocken.

Im Thurm drei **Glocken**. Die grösste (Dm. 0,93 m), hat eine sie in zwei Reihen umziehende Inschrift. Zuerst, und zwar theilweise in Spiegelschrift und auf den Kopf gestellt, zwei unverständliche Worte in gothischen Majuskeln:

AGLA 9 SN3DIQDQDE

Dazu nebenstehendes Glockenzeichen. Zweite Reihe: **Ave Maria gracia plena dns tecum benedicta tu in mulieribus et benedcus frs vris tui.**[1]) Am oberen Rande abwechselnd vier grössere und vier kleinere Rundbildchen. Die kleineren enthalten die symbolischen Attribute der Evangelisten, die grösseren stellen, wie es scheint, Scenen aus der Marien-Legende dar. Die zweite Glocke (Dm. 0,64 m) ist ohne Inschrift und Zeichen, die dritte (Dm. 0,44 m) hat als Inschrift in gothischen Minuskeln: **O + rex + glorie + xpe + veni cum pace**

Kleinkunstwerke.

Kleinkunstwerke. 1. 2. Silbervergoldeter Kelch auf rundem Fuss, mit der Inschrift: **DIESER KELCH IST IN DER KIRCHEN ZU RETZOW VOREHRET 1655.** Dazu ein eingraviertes, in einem einzigen gespaltenen Schilde vereinigtes **BARNEWITZ–PENTZ**'sches Ehewappen.[2]) Patene silbervergoldet. — 3. Silberne Abendmahlskanne, neu, gestiftet 1882 von **HELENE V. HAMMERSTEIN**. — 4. Ovale silberne Oblatendose mit der Inschrift: **FRAU ELISABETH CATRINA GEBOHRENE BARONESSE VON ERLENCAMSEN DES HERRN OBRISTEN VON LANGERMANN EHELIEBSTE SCHENKT DIESE SCHACHTEL ZUR EHRE GOTTES DER ROGGENTINSCHEN KIRCHEN • ANNO 1707.** Auf der Unterseite der Stempel (CS). — 5. 6. Zwei silberne Altarleuchter, beide mit der Inschrift: **M. V. H.**(ammerstein), **GEB. V. A.**(renstorff), **D. 13. MAI 1864.**

Das Kirchdorf Laerz.[3])

Geschichte des Dorfes.

Seit dem 23. November 1237, also schon weit ins siebente Jahrhundert hinein, gehört das im Lande Turne gelegene Bauerndorf Laerz mit vierzig Hufen als Schenkung des Fürsten Nikolaus I. von Werle und als Kern

[1]) Benedictus fructus ventris tui.

[2]) Christoph von Barnewitz auf Gross-Zieten und Retzow, war in erster Ehe mit Ilsabe Sophie, einer Tochter des Adam von Pentz auf Warlitz und in zweiter Ehe (seit 1669) mit Anna von Lepel, einer Tochter des Klaus Ernst von Lepel auf Finken vermählt.

[3]) Ueber Vipperow 14 km südöstlich von Röbel. Die alten Formen des Namens wie Lositz, Lasiz, Lotiz, Lozit, Losetz, Laseitz, Lozitce im XIII. Jahrhundert und endlich Loretze, Lortze im XIV. Jahrhundert verbindet Kühnel mit dem altslavischen Wort losi = Elenthier und übersetzt daher Laerz als »Elenthierort«: M. Jahrb. XLVI, S. 81.

der oft genannten Sandprobstei zum Kloster Dobbertin.[1]) Gewisse Ansprüche freilich, welche in dieser frühen Zeit das Kloster Krevese in der Altmark daran zu haben glaubt, werden in Folge Schiedsspruches im Jahre 1249 mit Geld abgefunden.[2]) Einen Theil der Laerzer Bauern lernen wir gelegentlich eines Streites zwischen Junkern und Bauern im Jahre 1385 mit theils wendischen, theils deutschen Namen kennen: es sind Wotenow, Bukghelmast, Bomgarden, Rump und Arnsberg.[3]) Und wie Laerz, so gehören auch die etwas südlicher gelegenen Dörfer Schwarz und Diemitz mit ihren Zehnten, die der Bischof von Havelberg dem Konvent überweist, zum Kloster Dobbertin, jenes mit dreissig Hufen gleichfalls schon seit 1237 und dieses durch Kauf vom Ritter Wolter von Malchow seit dem Jahre 1282. Auch schenkt Markgraf Albrecht von Brandenburg, zum Zeichen der angenommenen Oberlehnsherrlichkeit über die werleschen Lande, dem Kloster in diesem Jahre das Patronat der Kirche zu Schwarz.[4]) Die markgräflichen Privilegien des Klosters Dobbertin erneuert dann einundvierzig Jahre später, als sich die politischen Verhältnisse wieder vortheilhafter für Mecklenburg gestaltet haben, Fürst Heinrich der Löwe am 2. März 1323 von Sternberg aus.[5]) Dass die dem Kloster gehörenden dreissig Hufen in Schwarz im Uebrigen nicht den ganzen Bestand des Dorfes ausmachen, ersieht man daraus, dass vierundzwanzig Hufen daselbst im Jahre 1358 aus dem Besitz der Komthurei Mirow als Pfand an die von Marin übergehen.[6])

Weitere kirchliche Nachrichten als die vorstehenden giebt es nicht aus dem Mittelalter. 1524 wird Thomas Zander Kirchherr von Laerz und dessen Filialen in Schwarz und Diemitz. Er ist auch 1557 noch da, als in den ersten Tagen des Oktobers, mit vielem Widerstreben von Seiten des Klosterkonvents, eine evangelische Visitation stattfindet.[7]) Wie lange er diese Visitation, in der er anscheinend glimpflich genug wegkommt, noch überdauert, erfahren wir nicht. Aber 1569 wird Israel Rhodius sein Nachfolger, der auch 1584, und vielleicht noch ins XVII. Jahrhundert hinein, im Amte ist. Nach ihm hören wir bis 1639 nichts mehr. Da aber wird Nikolaus Reppentin berufen, welcher bei der Visitation von 1649 sechsundvierzig Jahre zählt. 1649 giebt es in Laerz von vormals sechsundzwanzig Bauern und sechs Kossaten nur noch vierzehn Bauern, in Schwarz von zweiunddreissig Bauern noch zwölf und in Diemitz von zehn Bauern noch sieben. Man sieht, dass diese Dörfer, die hinten im schwer passierbaren, von Seen und Wäldern durchzogenen Lande Turne gelegen sind, trotz dieser starken Verminderung ihrer Bevölkerung immer noch besser davon gekommen sind als die meisten anderen in der

[1]) M. U.-B. 469. 790. 983. 1347. 1963. 6390.
[2]) M. U.-B. 634.
[3]) M. U.-B. 11684.
[4]) M. U.-B. 469. 790. 1610. 1963. Vgl. dazu 1513.
[5]) M. U.-B. 4418.
[6]) M. U.-B. 8493.
[7]) Lisch, M. Jahrb. XXII. S. 117.

Nachbarschaft. Die Kirche in Laerz war 1626 neu gebaut worden, aber ihren Thurm hatte der Wind umgeweht, dagegen waren die Kapellen in Schwarz und Diemitz um 1649/50 in ziemlich gutem Zustande. Nachdem Pastor Reppentin im Jahre 1671 wegen schwerer Vergehungen seines Amtes entsetzt worden, wird 1673 Christoph Permin berufen. Ihm folgt 1710 Christoph Lohmann, und diesem 1747 Joh. Heinrich Heerder, welcher den 23. Januar 1798 im Alter von 88 Jahren aus dem Amt und dem Leben scheidet. Ueber seinen 1799 berufenen Nachfolger Friedr. Ludwig Eichmann († 1835) und die übrigen Geistlichen des XIX. Jahrhunderts s. Walter a. a. O.

Bis zum Jahre 1867 sind die Kirchen zu Schwarz und Diemitz Filialen von Laerz gewesen. Seitdem aber ist ein eignes Pastorat in Schwarz errichtet und Diemitz diesem als Filialkirchdorf zugelegt worden S. Walter a. a. O.

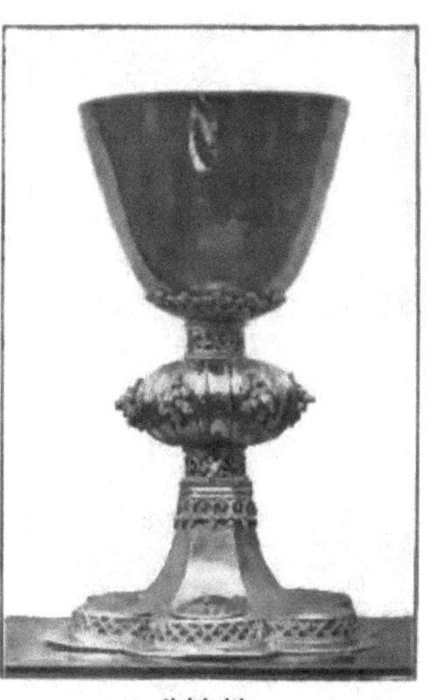

Kelch (1).

Kirche.

Kirche. Die im Jahre 1724 neu erbaute Kirche ist ein Fachwerkbau in Form eines länglichen Vierecks mit flacher Decke im Innern. Im Westen ein kleiner Thurm, der ebenfalls ein Fachwerkbau ist.

Altar und Kanzel.

Altar und **Kanzel**, Schnitzwerke des Barockstils, sind zu einem Körper vereinigt. Oben eine strahlenwerfende Sonne in blauem Felde. Auf jeder Seite der Sonne eine aus Holz geschnitzte Evangelistenfigur. Es sind Matthaeus und Lukas. Die beiden andern Evangelisten, Markus und Johannes, stehen unten zu jeder Seite der Kanzel. Auf der Rückwand die Inschrift: **DIESES ALTAR IST GESCHENKET VON JOHANN PERMIN · GEMAHLT VON G · FRIEDR · HERTZOG ANNO 1739.** Weiter noch die Namen des Herzogs **CARL LEOPOLD** als Episcopus, des Klosterhauptmanns **JOACHIM VON BASSEWITZ**, Erbherrn auf Lütten-Walmstorf und Wendorf, des Sandprobstes **JOACHIM JAKOBSEN**, des Küchenmeisters **GOTTL. KRULL** und der Kirchenvorsteher **MICH. SCHOMAKER** und **ANDR. DEMOHN.** Vor dem Altar mehrere Holzrahmen als Einfassung von Grabstätten mit Inschriften, von denen die des Pastors **JOHANN HEINRICH HEERDER** (geb. 1710, gest. 1798) und seiner Gattin, sowie die der Pastorin **MARIE CHARLOTTE CAROLINE EICHMANN** (geb. 1775, gest. 1821) erwähnt sein mögen.

In der Kirche ein hölzerner **Taufbehälter** mit einem eingesetzten Taufbecken, das von einem helmartigen Aufsatz bedeckt wird. Daran der Name des Stifters J. LOHMANN P. L. (s. o.). Taufbehälter.

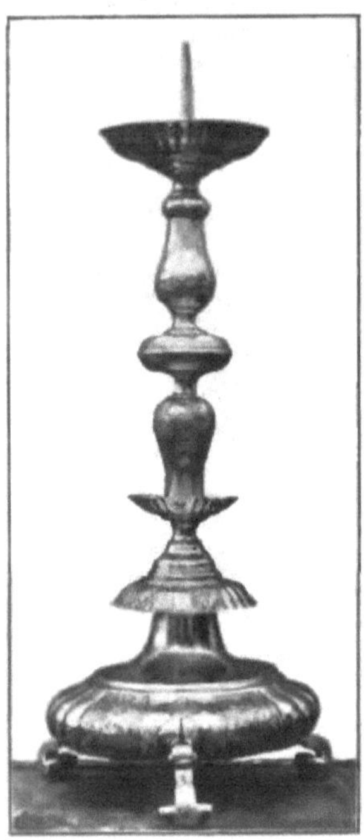
Leuchter.

In der Kirche zwei **Kronleuchter**, der eine besteht aus aufgereihten Glasprismen, der andere, dessen oberer Theil einen Doppeladler darstellt, ist von Holz. Kronleuchter.

Rechts vom Altar hängt an der Ostwand das lebensgrosse **Oelbild** des Pastors JOHANN LOHMANN in Amtstracht (s. o.). Oelbild.

Im Thurm zwei **Glocken.** Die grössere (Dm. 0,85 m) hat die Inschrift: DIR JESU ZU EHREN ICH ZEICHEN MUS GEBEN ICH RUFE ZUR KIRCHEN ZUM BETEN ZUR BUSS ICH DIENE DEN MENSCHEN IM STERBEN UND LEBEN WER SEELIG WILL WERDEN EINSTELLEN SICH MUSS • Weiter: SOLI DEO GLORIA • JOCH • VON BASSEWITZ KLOSTER-HAUPTMANN • F• MUNDHEIM SAND-PROBST • JOH • LOHMANN PASTOR • H • ZILLMANN DER SCHULTZ • J • RECHLIN UND C. DOHMS VORSTEHER • C • S • MEBERT GOSS MICH ANNO 1724. — Die kleinere Glocke (Dm. 0,67 m) hat die gleiche Inschrift wie die grössere, nur fehlen hier die Verse. Glocken.

Kleinkunstwerke. 1. 2. Silbervergoldeter spätgothischer Kelch, auf sechspassigem Fuss, mit stark entwickeltem Faltenknauf, welcher statt der sonst üblichen Rotuli sechs plastische gothische Sternblumen enthält. Oberhalb und unterhalb des Knaufes je ein durchbrochen gearbeiteter Annulus. Ueber dem oberen Annulus eine plastische gothische Blattverzierung, in welcher die Cupa sitzt. Unterhalb des unteren Annulus eine um des Fusses willen ins Sechseck übergehende gleichartige gothische Blattverzierung. Auf einem der Felder des Fusses ein aufgenietetes Rundbild, das mit schwarzem Email gefüllt ist, aus welchem das Jesus-Monogramm in gothischen Minuskeln hervorsieht. Zum Kelche eine alte Patene. Beide ohne Stempel. — 3—6. Zwei gute zinnerne Kelche mit Patenen, beide ohne Stempel. — 7. Getriebene achtseitige Messingschüssel, auf der Rückseite die Inschrift: GESTIFTET 1672 VON Kleinkunstwerke.

MARGRETA DOROTHEA und **ADAM BEIER**. — 8. Kleine zinnerne Taufschale mit dem Namen **M. E. PERMIN**. Als Zinnstempel ein Adler und als Meisterstempel die Initialen **E. K.** (17)**40**. — 9. 10. Zwei grosse silberne Altarleuchter, 60 cm hoch, mit der Inschrift: **ZUM GEDECHTNIS GESCHENKT DER KIRCHE ZU LAERTZ AO 1723 VON JOHANN PERMIN**. Von dem Rostocker Goldschmied **Daniel Halbeck**.[1]) — 11. 12. Zwei zinnerne Altarleuchter mit den Namen **JOCHIM ZILMER • M • WESKEN • M • SCHUMACHER • M • C • ZILMERS** (auf dem einen), und mit dem Datum **LÄRTZ DEN 12 • AUGUST 1739** (auf dem andern).

* * *

Denkmal. Vor der Brücke, welche über den die Grenze zwischen Laertz und Vietzen bildenden Scheidegraben führt, steht ein **Denkmal**, ein einfacher Granitpfeiler mit der Bezeichnung:

J. K. † 1863.

Hier ward ein Bauer J. Koeppen von seinem Knecht erschlagen, die Gemeinde hat ihm den Denkstein gesetzt.

Das Kirchdorf Schwarz.[2])

Ueber alles Geschichtliche s. bei Laerz.

Kirche. **Kirche.** Die im Jahre 1767 in Form eines länglichen Vierecks erbaute Backsteinkirche ist ein solide ausgeführter Bau im Geschmack des damals beginnenden klassicierenden Stils. Am Aeussern beachte man die dorisch-toskanische Pfeiler- und Gesimsordnung. Im Innern eine flache Decke und Erleuchtung des ganzen Raumes durch grosse Lichtöffnungen mit Stichbogenschluss. In der Wetterfahne der Thurmspitze die Jahreszahl 1767.

Altaraufsatz, Kanzel. Der **Altaraufsatz** ist in massvoll gehaltenem Rokokostil ausgeführt und enthält in seiner Mitte die **Kanzel**. An der Hinterseite des Altars die Inschriften: **JOHANN JAKOB RIBE KÜSTER CHRISTIAN NITZEL SCHULMEISTER 1769 • HANNS SEELIG LEHN-SCHULTZ • HANS STEHLMANN ALS KIRCHEN-VORSTEHER 1769.**[3])

[1]) Die besten Arbeiten, die bisher von ihm gesehen sind.

[2]) Ueber Vipperow und Laerz 23 km südsüdöstlich von Röbel. Die alten Formen des Namens wie Zwertitz, Swertz, Suirtitz, Suertitce, Swertze, Zwerze im XIII. Jahrhundert und Swertze im XIV. Jahrhundert verbindet Kühnel mit dem altslavischen Stamm svrčĭ = Grill und übersetzt daher Schwarz mit »Grillenort«, oder »Ort des Svrč«: M. Jahrb. XLVI, S. 131.

[3]) Auch der heutige Lehnschulze ist ein Seelig. Wie sich hier und ebenso in Laerz und Diemitz die Lehnverhältnisse bei einzelnen Gehöften (von Lehnbauern, Lehnkossaten, Lehnbüdnern und Lehnhäuslern) gebildet haben, lässt sich heute nicht mehr urkundlich nachweisen. Die Annahme

Am **Klosterstuhl** die Namen der im Jahre 1769 amtierenden beiden Klosterprovisoren **BERTHOLD FRIEDRICH VON BERNSTORFF, HANS FRIEDRICH CHRISTIAN VON KRACKEWITZ** und des Klosterhauptmanns **AUGUST FRIEDRICH VON STRAHLENDORFF.** Im Stuhl selbst der Name des Küchenmeisters **ENGEL PASCHEN FRIESE.** Im Predigerstuhl der Name des Pastors **JOHANN HENRICH HEERDER** (s. b. Laerz). Gestühl.

In der Kirche ein hölzerner **Taufbehälter** mit helmartigem Deckel und eingesetztem Taufbecken. Taufbehälter.

Im Thurm zwei **Glocken.** Die grössere (Dm. 1,00 m) ist im Jahre 1827 von **Hackenschmidt** in Berlin gegossen.[1]) — Die zweite, ältere, mit einem Durchmesser von 0,75 m, ist ohne Inschrift. Glocken.

Die **Vasa sacra** sind sämmtlich neu. Die beiden Altarleuchter zeigen Nachahmungen altromanischer Formen, in neuer Metalllegierung. Vasa sacra.

Das Filial-Kirchdorf Diemitz.[2])

Ueber alles Geschichtliche s. bei Laerz.

Kirche. Die im Jahre 1765 in Form eines länglichen Vierecks erbaute Backsteinkirche hat denselben klassicierenden Stil wie die zu Schwarz, auch ist die Ausführung ebenso tüchtig und gut, aber nicht von derselben Ausprägung des Stils, es fehlen z. B. die dorisch-toskanischen Pilaster. Dagegen ist die innere Einrichtung der in Schwarz ausserordentlich ähnlich. Kirche.

Altar und **Kanzel**, beide im Rokokostil, sind zu einem Körper vereinigt. Zu beiden Seiten der Kanzel, oben und unten, je zwei hölzerne Evangelistenfiguren. Altar und Kanzel.

Hinter dem Altar als Reste aus der älteren Kirche eine aus Holz geschnitzte **Kreuzigungs-Gruppe** von minderwerthiger Arbeit. Ebenda auch eine **Pietas-Gruppe.** Schnitzwerke.

von Kamptz (Beitr. z. Meckl. Staats- und Privatrecht II, S. 3 ff.), dass die Schulzen-Lehne aus den Zeiten der märkischen Landeshoheit herstammen, mag vielfach zutreffen, aber nicht in jedem Falle. Man denke nur an die aus Urkunden bekannt gewordene Verleihung eines erblichen Schulzen-Lehns durch Fürst Bernhard und Fürstin Elisabeth von Werle im Jahre 1379 an Arnd Boseke in Melz und an die ähnliche Verleihung oder richtiger Bestätigung eines ererbten Lehnschulzenamtes durch Herzog Karl im Jahre 1586 an Kaspar Holm und dessen Sohn Jochim Holm in Kambs, S. o. S. 542 und 562.

[1]) Ihre Vorgängerin war ohne Inschrift.

[2]) 20 km südöstlich von Röbel. Dimitz = »Nachkommen des Dima«: Kühnel, M. Jahrbuch XLVI, S. 40.

Tauf-behälter.

Hölzerner **Taufbehälter** mit eingesetztem Becken und mit einem helmartigen Aufsatz. Inschrift: **DIES IST EIN GESCHENK DES HANSZ CHRISTOFFEL LANGE 1805.**

Leuchter.

Hölzerner **Kronleuchter**, ohne Bedeutung.

Glocken.

Im Thurm zwei **Glocken.** Die grössere ist neu, von **Oberg**-Wismar gegossen.[1]) Die kleinere (Dm. 0,48 m) hat die Inschrift: **SOLI DEO GLORIA• J • V • SCHULTZ ME FECIT ROSTOCHII** • Dazu das Datum 1765 und die Namen des Klosterhauptmanns **DIETRICH VON DER OSTEN**, Erbherrn auf Karstorf und Hohen-Demzin, der beiden Kloster-Provisoren **FRIEDR • LUDWIG VON VIEREGGE**, Herrn auf Subzin und Kronskamp, und **AUGUST VON STRALENDORFF**, Herrn auf Gamehl und Pätow, sowie des Pastors **JOH• HEINR • HEERDER** und des Küchenmeisters **ENGELKE PASCHEN FRIESE•**

Kleinkunst-werke.

Kleinkunstwerke. 1. 2. Silbervergoldeter Kelch mit Patene aus der ersten Hälfte des XVIII. Jahrhunderts, von dem Rostocker Goldschmied **Hans Steffen Bornemann.** — 3 Zinnerner Kelch (ausser Gebrauch), ohne Werkzeichen, aber mit dem Namen **J • STERK 1769**. — 4. 5. Zwei kleine zinnerne Taufschalen, eine mit der Inschrift: **JOCHIM FRIEDRICH KNÜTTEL 1814**, die andere 1766 gestiftet von **M. S. P.** Die Stempel sind verquetscht. — 6. Sechsseitige zinnerne Flasche mit aufgeschrobenem Deckel-Verschluss, als Behälter für den Wein bei Kranken-Kommunionen,[2]) mit dem Namen: **HINRICH LANG 1721**. — 7. 8. Zwei zinnerne Altarleuchter, der eine von **JOCHIM TEDRAN** und **SUSANNA FINKEN 1665**, der andere gestiftet von **ASMUS LANGE** und **MARGARETA TITENS 1665**. Beide von einem Rostocker Zinngiesser, aber der Meisterstempel ist undeutlich.

Das Gut und Kirchdorf Ahrensberg.[3])

Geschichte des Dorfes.

Schloss Ahrensberg ist in alten Zeiten eine wichtige Feste. Es bildet mit diesem Namen und dem dazu gehörenden Landgebiet ein eigenes Ländchen, »territorium«, zu welchem damals anscheinend auch das Dorf Strelitz gehört, und ist Eigenthum des Bisthums Havelberg.[4]) Von diesem tragen es die Grafen von Lindow zu Lehn, welche die Burg gründen. Im Jahre 1305 aber haben die Markgrafen von Brandenburg das Ländchen mit Gewalt eingenommen und besitzen es nun mit mehreren anderen Schlössern im südlichen Theile des Stargarder Landes. Zwölf Jahre später, im Templiner Frieden von

[1]) Ihre Vorgängerin hatte dieselbe Inschrift, welche noch heute die kleine Glocke hat.

[2]) S. Zielow.

[3]) 5 km südöstlich von Wesenberg im Grossherzogthum Mecklenburg-Strelitz. 36 km südöstlich von Röbel (über Vipperow, Laerz und Mirow).

[4]) M. U.-B. 2980. 2983. 8049. Lisch, Geschl. Hahn II, S. 249 ff.

1317, welcher den zwischen Mecklenburg und Brandenburg um das Land Stargard geführten Krieg beendet, wird bestimmt, dass die Schlösser Ahrensberg, Konow u. a. m. gebrochen und nicht wieder aufgebaut werden sollen.[1]) In dem Vertrage vom 24. September 1329 aber (auf der Görneschen Brücke bei Wittstock zwischen Markgraf Ludwig von Brandenburg und der Vormundschaft der Herzöge Albrecht und Johann von Mecklenburg) erhalten die letztgenannten vom Markgrafen nicht blos das Land Stargard zu Lehn, sondern auch Lychen, Eldenburg mit der Turc, Wesenberg, Haus und Stadt mit der Lieze, Ahrensberg und Strelitz.[2]) Ahrensberg ist damals wahrscheinlich bereits im Besitz des Ritters Otto von Dewitz, der im Jahre 1348 vom Kaiser Karl IV. in den Grafenstand erhoben und am 25. Januar 1349 mit Schloss, Land und Mannschaft Fürstenberg, Schloss und Stadt Strelitz, Schloss und Stadt Ahrensberg u. a. m., sammt den zugehörigen Landen und Mannschaften von den Herzögen belehnt wird.[3]) Aber lange haben die von Dewitz Ahrensberg nicht behalten. Am 20. Januar 1351 sitzt dort schon das Geschlecht der Busse von der Dolle, auch die von Schwerin haben dort Anrechte, wie denn seitdem der Besitz dort sehr wechselt.[4]) In der ersten Hälfte des XV. Jahrhunderts (1438) haben es die Osterwald, den 18. März 1449 Martin Döhren und Klaus Falkenberg, 1454 Marschall Achim Plate zu Wesenberg und Busse von Dörnen. Endlich kommt Ahrensberg an die Linie der Hahn-Solzow.

Achim Plate nämlich, der Letzte seines Stammes und Inhaber der Erblandmarschallwürde im Lande Stargard, verkauft Ahrensberg 1461 an Eckhard Hahn, den Sohn des Nikolaus Hahn auf Solzow. Dieser Zweig des Geschlechtes Hahn erhebt nun Ahrensberg zu seinem Hauptsitz, und von dieser engen Verbindung des Schlosses Ahrensberg mit dem im Amte Wredenhagen liegenden Hause Solzow ist es gekommen, dass Ahrensberg, welches nach dem Aussterben der Linie Solzow an die Linie Basedow übergeht, stets bei dem Herzogthum Mecklenburg-Schwerin geblieben ist und noch heute zum Lande Röbel oder zum Amt Wredenhagen gerechnet wird, mithin eine Enklave im Lande Mecklenburg-Strelitz bildet.[5]) Nach Achim von Plate's im Jahre 1464 erfolgenden Tode geht auch die Erblandmarschallwürde an die Hahn auf Kuchelmiss über, indem sie von den Herzögen im Jahre 1469 auf Schloss Pleetz gelegt wird. Zwar erleidet der Hahn'sche Besitz 1645 eine Unterbrechung, indem Adam von Holstein, der eine Tochter des Lüdeke Hahn auf Ahrensberg geehelicht hat, das Gut auf Grund der Forderungen seiner Gattin aus ihren Ehe- und Erbgeldern erwirbt. Es ruhen aber im Uebrigen so viele Schulden auf dem Gut, dass eine grosse Zerstückelung desselben und eine allmähliche Adjudicierung an viele Gläubiger stattfindet. Diese kauft nach und nach in den Jahren 1647--1649 der schwedische Oberst Tobias Mac Duwalt

[1]) M. U.-B. 3943. Vgl. 3942.
[2]) M. U.-B. 5081. 5082.
[3]) M. U.-B. 6915.
[4]) M. U.-B. 7409. 8153. 8207.
[5]) Lisch, Geschl. Hahn II, S. 274.

zusammen, welcher darüber am 11. Oktober 1653 den landesherrlichen Konsens und Lehnbrief empfängt.[1]) Doch ist das Gut durch den dreissigjährigen Krieg so entwerthet, dass dessen Wiedererwerb der Linie der Hahn-Basedow (einige Zeit nach dem Aussterben der Linie Solzow) keine Mühe macht. Ahrensberg bleibt bis 1856 in Hahn'schen Händen, dann aber kommt es an den Oberjägermeister Friedrich von Voss, 1876 an Ferdinand Saran und 1878 an den regierenden Fürsten von Schaumburg-Lippe.[2])

Die Ahrensberger Geistlichen lernen wir erst von der zweiten Hälfte des XVI. Jahrhunderts an kennen. Damals ist noch das südlich davon gelegene Dorf Priepert als Filial-Kirchdorf mit Ahrensberg verbunden. In den siebenziger Jahren des XVI. Jahrhunderts ist Johannes Küster (Custerus) Pastor, er unterschreibt die Konkordienformel. Ihm folgt 1581 Johann Gantzkow (Gantschow) aus Wesenberg, und diesem 1608 der gleichnamige Sohn, von welchem der Vater gehofft hatte, er werde der »Baculus senectutis suae« sein. Doch stirbt der Vater vorher. Den Sohn treffen wir noch 1629 im Amte, aber er überdauert nicht den dreissigjährigen Krieg. Denn in den vierziger Jahren ist bereits Johann Vetter an seiner Stelle. Diesen ersetzt 1653 der unter dem Patronat des Tobias Mac Duwalt berufene Andreas Wöldeke, der über fünfzig Jahre Pastor zu Ahrensberg ist und am 12. Februar 1707 stirbt. Es folgen: von 1707 bis 1748 Justus Andreas Schenk, von 1747 bis zu seinem am 12. Mai 1792 erfolgten Tode der Sohn Friedr. Christoph Schenk, und seit 1793 Karl Christian Budler († 1833). Vgl. Walter a. a. O.

Kirche. **Kirche.** Die Kirche ist ein schlichter Fachwerkbau in Form eines länglichen Vierecks. Mit ihrem klassicierenden Stil aus der zweiten Hälfte des XVIII. Jahrhunderts erinnert sie an die Kirchen zu Diemitz und Schwarz, zeigt aber, entsprechend dem Holzverband, eine leichtere Bauweise. Im Innern eine flache Balken- und Bretterdecke. Im Westen ein Thurm, dessen Helm glockenförmig aufsetzt, in seiner Verjüngung aber noch einmal zwiebelförmig ausladet.

Grabkapelle. Auf dem Kirchhofe eine von dem Kammerpräsidenten und Oberjägermeister **VON VOSS** (s. o.) erbaute **Grabkapelle.** Ueber dem Portal das Wappen des Erbauers, an dem Vordergiebel eine Kopie des Christuskopfes von Thorwaldsen.

Altar. Kanzel. Im Altaraufsatz ein **Gemälde** mit der Darstellung des Gebets in Gethsemane. — Die **Kanzel** ruht auf einer aus Holz geschnitzten Engelfigur.

Empore. Auf der Südseite eine **Hahn**'sche **Empore**, aber ohne nähere geschichtliche Andeutungen.

Wappen. Am Orgelchor hangen zwei kleine zinnerne **Wappen**, ein Hahn'sches mit dem Namen des **KLAUS LÜDECKE VON HAHN**, und ein Doppelwappen

[1]) Lisch, Geschl. Hahn II, S. 355 ff. Es sind zum Theil völlig verödete Gehöfte und Hufen.
[2]) Lisch, Geschl. Hahn IV, S. 175 ff.

Hahn-Hammerstein mit den Namen der **CHARLOTTE ANGELIKA BARONIN VON HAMMERSTEIN** und des **LEVIN LUDEWIG VON HAHN.** Ferner ein grosses **Doppelwappen** aus Holz mit den beiden Namen: **CASPAR · VALENTIN : V : BUCH** und **MARIA : MAC : DVWALL**. Oberhalb und unterhalb des Wappens eine längere Inschrift über das Leben, den Ehestand und den Tod der Frau, zum Theil in Versen.

Im Thurm zwei **Glocken**. Die grössere ist 1899 von **M. & O. Ohlson** in Lübeck gegossen,[1]) die kleinere hat in gothischen Minuskeln die Inschrift: **verbum domini manet in eternum anno mcccclxxviii.** Glocken.

Kleinkunstwerke. 1. 2. Silbervergoldeter Kelch mit Patene, ohne Inschrift. Beide mit dem Güstrower Stadtzeichen und dem Stempel des Meisters **Andreas Rathke** — 3. Silbervergoldete Oblatenschachtel in länglich runder Form, ohne Inschrift. Von demselben Meister wie Kelch und Patene. — 4. Silberne Weinkanne in neugothischem Stil, 1875/77 gestiftet von **FERDINAND SARAN,** Patron der Kirche zu Ahrensberg. — 5. Zinnerner Kelch vom Güstrower Zinngiesser **H. I. D.** — 6. In Messing getriebene achtseitige Schüssel mit der eingeritzten Darstellung der Taufe im Jordan und der Umschrift am Rande: **DIESES TAUFBECKEN HAT MACHEN LASSEN HERR ANDREAS WÖLDKE PASTOR ZUM ARRENSBERGK ANNO 1687 IM MAY GOTT UND DER KIRCHE ZU EHREN.** — 7. 8. Zwei neuere Leuchter. Kleinkunstwerke.

Das Kirchdorf Rossow.[2])

Das Kirchdorf Rossow gehört zum alten Lande Lieze im Südosten Mecklenburgs und ist neben dem anderen Theil, in welchem das Dorf Netzeband liegt, der einzige Ueberrest, welchen Mecklenburg von der Lieze behalten hat. Die Gegend südlich von Wredenhagen nämlich, ungefähr zwischen Wredenhagen, Wittstock, Ruppin, Reinsberg und Zechlin bildet das alte Land Lieze, welches vom XIII. Jahrhundert her zu Mecklenburg gehört und 1274 zum ersten Mal in einer Urkunde erwähnt wird, nach welcher die Dosse das Havelberger Stiftsland vom Gebiet der Herren von Werle, der »terra dicta Liza« scheidet.[3]) Im XIV.—XVI. Jahrhundert werden die Dörfer Schweinrich, Berlin, Sewekow und Dranse Dörfer auf »der Lieze« genannt. Sie sind dem Kloster Amelungsborn schon vor 1256 überwiesen, wie denn fast sämmt- Geschichte des Dorfes.

[1]) Die Vorgängerin war 1723 von M. Begun gegossen worden: Inventar 1811.

[2]) 15 km südsüdöstlich von Wittstock, 42 km südlich von Röbel. Rossow, Rossow = Ort des Rosa: M. Jahrb. XLVI, S. 122. Im Jahre 1421 heisst es: »Hauptdorff Rossow im Ober-Liezlendeken.«

[3]) M. U. B. 1327. Vgl. M. Jahrb. II, S. 93. XXIX, S. 7.

liche Ortschaften dieses Ländchens in geistlichen Händen sind. So haben hier z. B. auch die Klöster Arendsee in der Altmark, Altenkamp a./Rh. und das entfernte Dünamünde bei Riga ausgedehnte Besitzungen.[1]) Aber alle diese Klostergüter gelangen wegen der Schwierigkeit ihrer Bewirthschaftung schon im XIV. Jahrhundert in andere Hände. Besonders sind es die Bischöfe von Havelberg und die Stadt Wittstock, die diese Gelegenheit zur Vergrösserung ihrer Territorien benutzen. Doch giebt es über die Grenzverhältnisse sowie über Episkopalrechte und die landesherrlichen Hoheitsrechte vielen Streit, wenngleich die Oberhoheit Mecklenburgs über die Lieze im Ganzen nie angezweifelt wird. Zwar geht sie im Jahre 1276 von Werle an Brandenburg verloren, aber seit dem Templiner Frieden ist sie wieder in den Händen der Linie Mecklenburg und wird von dieser in einem Vertrage vom 24. September 1329 nebst dem Lande Stargard aufs Neue von Brandenburg zu Lehn genommen.[2]) Dem entsprechend, verleiht denn auch Herzog Johann von Mecklenburg-Stargard am 20. December 1353 dem Henning Behr das Marschallamt des Landes Stargard mit allen Gefällen aus der Lieze, die Netzebander Güter mit eingeschlossen.[3]) Allein im XV. und XVI. Jahrhundert gehen den Herzögen von Mecklenburg ihre Rechte an der Lieze schrittweise verloren. Nur Rossow und Netzeband c. p. verbleiben ihnen dadurch, dass sie damals Lehen der mächtigen Herren von Rohr sind, die man nicht ohne Weiteres zu übersehen wagt. Auf die ebengenannten von Behr waren nämlich zuerst die von Gadow und seit 1418 die von Rohr als Lehnsträger gefolgt. Diese sitzen noch zu Anfang des XVII. Jahrhunderts auf Rossow. Doch gewinnen schon in den ersten Jahrzehnten die mit ihnen verschwägerten von Quitzow Antheile am Gute und haben u. a. auch das Kirchenpatronat, das sie im Jahre 1619 bei der Einsetzung des Pastors Ottomann (s. u.) bethätigen. Eine grössere Verkehrung der Besitzverhältnisse tritt im Jahre 1629 ein, als Wallenstein in seiner Eigenschaft als vom Kaiser eingesetzter Landesherr und unter dem Titel des Herzogs von Friedland am 19. December d. Js. den Hans Holstein mit Rossow belehnt, dessen Nachkommen sich hier bis ans Ende des XVII. Jahrhunderts halten. Aber neben ihnen gewinnen auch andere ritterbürtige Familien Antheile verschiedener Art, wie z. B. die von Lüderitz, von der Weyden, von Schlieben, von Barnewitz u. A. m., bis endlich von 1689 an der brandenburgische Geh. Rath Konrad von Stillen allmählich sämmtliche Antheilhaber auskauft und 1695 vom Herzog Gustav Adolf mit ganz Rossow belehnt wird. Konrad von Stillen stirbt 1699. Ihm folgt sein Sohn, diesem aber sehr bald der Generalmajor von Stillen, welchem Herzog Friedrich Wilhelm 1712 Hof und Dorf Rossow abkauft. Beide werden nun dem Domanium einverleibt und zum Amt Wredenhagen gelegt. Die Grossherzogliche Kammer aber verkauft das Dorf am 27. Oktober 1836 als selbstständiges ritterschaftliches Allodialgut für

[1]) Lisch, M. Jahrb. II, S. 92. XIII, S. 135. XIV, S. 70. XV, S. 15 ff. XXIX, S. 7 ff.

[2]) M. U.-B. 4358. 5081. 6860 A. B. Vgl. Boll, Gesch. d. L. Stargard I, S. 81 ff.

[3]) M. U.-B. 7859. 8456. S. die Ortsgeschichte von Netzeband. Ferner Lisch, Geschlecht Behr I, S. 47.

27777 Rthlr. an die dortigen achtundzwanzig Hauswirthe und reserviert der Landesherrschaft nur das Kirchenpatronat, die Schule, die Aufkünfte aus dem Zollverein und das Judenregal.[1]) Der Hof Rossow aber wird ebenfalls als Allodial-Rittergut verkauft, ihn erwirbt der Gutsbesitzer von Lücken auf Zahrensdorf, doch nur auf kurze Zeit. Denn schon seit 1846 sitzt auf dem Gut das Geschlecht der Karstedt, welches daraus ein Fideikommiss gemacht hat.

Der erste lutherische Geistliche, welcher genannt wird, ist Er Nikolaus Runge, er ist um 1619 ein alter Mann. Er hat auch in Rägelin gepredigt, die Kura im Filial Netzeband aber einem Geistlichen aus der Mark über-

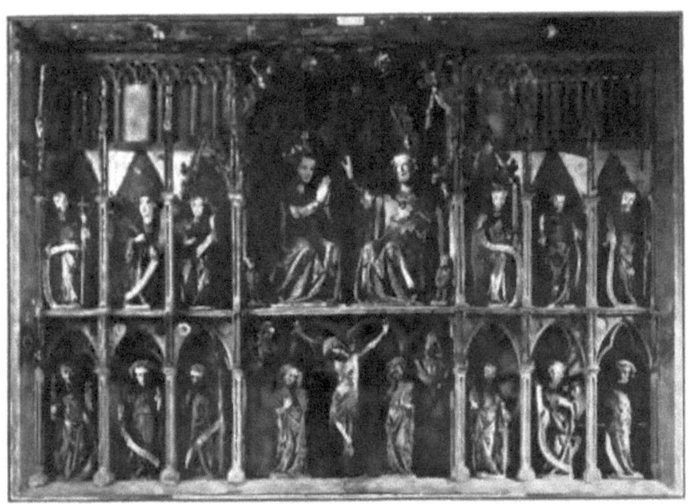

Gothisches Triptychon.

lassen. An Runge's Stelle tritt Kaspar Ottomann, der schon nach wenigen Jahren durch einen Raubmord auf der Landstrasse ums Leben kommt. 1624 wird in Folge dessen unter Quitzow'schem Patronat der Kaplan Joachim Bittorf aus Wittstock berufen. Wie lange er im Dienst bleibt, haben wir nicht ermittelt. 1648 folgt Nikolaus Weissensee als Pastor, der bis zum Ende der siebenziger Jahre Pastor ist, zu Rossow unter Holstein'schem und Lüderitz'schem Patronat, zu Netzeband unter Holstein'schem Patronat und zu Schönberg unter Lüderitz'schem und von der Jahne'schem Patronat. 1681 folgt Georg Karchow († 1707), 1707 Nikolaus Schulz († 1714), 1715 Georg Karl Wolf (emeritiert 1747), 1747 Christoph Karl Wolf († 1798), und 1798 Joh. Christoph Jak. Fromm, der sich 1805 nach Ribnitz berufen lässt. S. Walter a. a. O.

[1]) Böhlau, M. Landrecht III. S. 280/81.

Kirche.

Kirche. Die in Form eines länglichen Vierecks erbaute Kirche ist ein mittelalterlicher Feldsteinbau mit flacher Decke im Innern. Der Ostgiebel ist mit Blenden verziert, im Uebrigen aber stark erneuert. Auf jeder der beiden Langseiten befinden sich drei mit flachem Stichbogen geschlossene Fenster. Vor dem Eingang auf der Südseite eine Vorhalle. Im Westen, etwa einen halben Meter von der Kirche entfernt, ein hoher hölzerner Glockenstuhl.

Altaraufsatz.

Der **Altaraufsatz** wird gebildet aus dem Mittelstück eines mit Schnitzwerken gefüllten gothischen **Triptychons**, das sich als ein treffliches Werk des XIV. Jahrhunderts darstellt. Jedoch hat dieses nicht mehr seine ursprüngliche Gestalt. Einfassung und Bekrönung sind fremdartige Zuthaten, theils im Barock- und Rokokostil, theils in neugothischem Geschmack. In der Mitte die Krönung Mariae. Hierunter der Krucifixus mit Maria und Johannes; dazu jederseits oben die Halbfigur eines Propheten: Jesaias und Jeremias. Rechts und links von der Hauptgruppe die zwölf Apostel mit Attributen, die nicht immer stimmen, jeder mit einem Spruchband, auf dem der Name steht. An Stelle der Predella eine spätere Inschrift: **DEN 20 • MAJUS ANNO 1607** (1667?) **RENOV • 1737.** Besondere Beachtung verdienen der frühgothische Krucifixus in der Mitte unter der Krönung Mariae und die Spruchbänder der Apostel. Von den Flügeln, welche wahrscheinlich nur Malereien enthielten, ist keine Spur mehr vorhanden.

Glocken.

Im Glockenstuhl zwei **Glocken**. Die grosse hat 1,10 m Durchmesser, ist schmucklos und trägt nur am oberen Rande eine mittelalterliche Inschrift, die aber der ungünstigen Lage wegen nicht zu entziffern war. — Die zweite Glocke (Dm. 0,75 m) ist laut Inschrift im Jahre **1717** zur Zeit des Pastors **G. C. WOLF** von **M. C. S. Mebert** in Neu-Ruppin gegossen.[1]

Kleinkunstwerke.

Kleinkunstwerke. 1. Zinnkelch mit der Inschrift: **A • M • GROTEN, VEREHELICHTE TILSEN 1762** Keine Zeichen. — 2. Zinnpatene, gestiftet von **ANNA MARIA MOSOLS 1688**. Von einem Zinngiesser **I. B.**, der einen Blumentopf mit drei Blumen als Zeichen hat. — 3 4. Zwei zinnerne Altarleuchter, der eine mit der Inschrift: **PETER TYE VEREHRET ZU ROSSOW 1649**, der andere mit der Inschrift: **HANS KRÖGER LEINWEBER 1650**. Als Stadtstempel bei beiden zwei gekreuzte Bischofstäbe, als Meisterzeichen ein Zweig mit drei Blüthen und den Initialen **I. L.** — 5. Taufbecken von Messing, neu.

[1] Bei den Visitationen von 1661, 1663, 1666, 1667, werden bereits zwei Glocken, eine grosse und eine kleine, erwähnt. Die kleine ist 1717 umgegossen worden. Die grosse ist jedenfalls die noch vorhandene.

Das Gut und Filial-Kirchdorf Netzeband.[1])

Des Ortes Netzeband geschieht zuerst in einer Urkunde vom 9. Mai 1232 Erwähnung, in welcher die Ritter Johann und Gerhard von Ploto dem Kloster Arendsee zweiundvierzig Hufen Landes schenken, »inter Nyzzebant et dominum abbatem de Dunemunde super Tymanize fluuium.«[2]) Eine weitere Erwähnung des Ortes führt uns in die wilde Zeit des mittelalterlichen Faustrechtes. Um die Mitte des XIV. Jahrhunderts ist nämlich der Marschall von Behr Herr auf Netzeband und den dazu gehörenden Gütern Drusedow, Grüneberg, Rägelin, Dargitz, Rotstil[3]) u. s. w. Da erhebt er Klage bei seinem Lehnherrn, dem Herzog Albrecht von Mecklenburg, gegen den Grafen von Lindow und die von Rohr, und zwar über Gewaltthätigkeiten, welche sie ihm, seinem Sohne sowie seinen Gütern und Bauern angethan. Sie haben ihm zu Netzeband Haus und Hof abgenommen und für tausend Mark Silbers Schaden daran zugefügt, sie haben seinen Sohn erschossen, obwohl ihnen dieser niemals etwas zu Leide gethan; sie haben das Dorf Netzeband abgebrannt, so dass er drei Jahre hindurch keine Pacht erheben konnte; sie haben Kirche, Kirchhof und Speicher verwüstet, das Glockenhaus erbrochen, die Kirchenglocken fortgeführt, die Scheunen im Dorfe niedergebrannt und überhaupt das ganze Dorf arg behandelt, was auf achtzig Mark Schaden zu rechnen. Die Bauern zu Netzeband fangen sie und lassen sie nur gegen dreissig Pfund Brandenburgsch wieder frei, auch das Holz hauen sie ab, was ein Schade von anderthalb hundert Mark Silbers geworden. Sein Korn haben sie abgemäht und fortgefahren: dreierlei Saat, Roggen, Gerste und Hafer, wohl an hundert Mark Silbers werth, ausserdem haben sie an Schaffleisch und Kuhfleisch, an allerlei Geräth, an Pfannen und Grapen und sonstigen Dingen, wie sie ein ehrbarer Mann in seinem Hause zu halten pflegt, im Werthe von hundert Mark Silbers geraubt, sie haben seinen Teich ausgestochen und ausgefischt, was auf fünfzig Mark Silber zu rechnen. U. s. w., u. s. w.[4]) Ebenso ist auf den anderen Gütern gehaust worden. Wir können aber annehmen, dass der beschädigte Ritter nicht ermangelt haben wird, Gleiches mit Gleichem zu vergelten, und dürfen nicht vergessen, dass es damals nach dem Grundsatz ging: »Stehlen und Rauben ist keine Schande, das thun die Besten im Lande.« Netzeband gehört wie Rossow zur Lieze und gilt als einer von deren Hauptplätzen.

Geschichte des Dorfes.

[1]) 6 km südlicher als Rossow, 48 km südlich von Röbel. Nach Kühnel soviel wie »die Nĕcebadь« vom nět- = anzünden, anfachen: M. Jahrb. XLVI, S. 99.

[2]) M. U.-B. 403.

[3]) Rotstil, untergegangen bei Neu-Ruppin.

[4]) M. U.-B. 8456.

Aber die Herzoge von Mecklenburg kommen, wie oben bei Rossow erwähnt worden, im Laufe des XVI. und XVII. Jahrhunderts durch fremdnachbarliche Vergewaltigung um den grössten Theil dieses Landes, und nur die dortigen Lehngüter bleiben ihnen erhalten.

Im Jahre 1418 werden Otto und Meinecke Rohr mit Netzeband belehnt, welches nun über zweihundert Jahre in ihrer Familie bleibt. 1620 fällt Netzeband wieder an den Landesherrn zurück und wird in Administration genommen. Am 9. Mai 1647 bittet der Kammerjunker und Kapitän Jürgen von Mecklenburg um Belehnung mit dem Gute, und Herzog Adolf Friedrich hat auch Anfangs Neigung, es ihm zuzusagen. Indessen kommt es nicht dazu. Denn auf dem Nachlass des verstorbenen Herzogs Hans Albrecht ruht eine so grosse Schuldenlast, dass zu deren Deckung das Gut verpfändet werden muss. Das geschieht 1649 an die von Holstein. Aber die von Holstein verfallen dem Konkurs, und aus diesem erwirbt es Friedrich von Barnewitz, der darüber am 27. März 1691 den Allodialbrief empfängt, später aber, am 14. Januar 1702, das Gut auf Begehren des Herzogs Friedrich Wilhelm wieder als Lehn übernimmt. Im Jahre 1741, mit dem Tode des letzten männlichen Nachkommen des Friedrich von Barnewitz, fällt das Lehn heim. Es entstehen nun langwierige Prozesse mit den Erbtöchtern, welche sich auf eine Allodialitätserklärung des Herzogs Karl Leopold berufen. In Folge davon wird das Gut dem Gatten der einen, dem Generalmajor von Wrangel, im Jahre 1762 überlassen. Von diesem kauft es 1773 der Generalmajor von Königsmark, dessen Familie es mit den dazu gehörigen Lieze-Dörfern noch heute als Fideikommiss in Händen hat.

Ueber die kirchlichen Verhältnisse s. oben bei Rossow.

Kirche.

Kirche. Die im Jahre 1834 in Form eines länglichen Vierecks erbaute Kirche folgt dem klassicierenden Stil jener Zeit und hat im Innern eine flache Decke. Zwei Reihen von toskanisierenden Säulen theilen das Innere bis zum Chorraum hin gleichsam in drei Schiffe. Im Westen der Kirche ein schmälerer Thurm gleichen Stils.

Altar und Kanzel, Empore.

Die innere Einrichtung ist überaus einfach und nüchtern. **Altar** und **Kanzel** sind zu einem Körper vereinigt. An der **Empore** das Gräflich **KÖNIGSMARK**'sche Wappen.

Glocken.

Im Thurm zwei **Glocken**, eine grössere und eine kleinere. Jene ist 1728 von **Christian Heintze** in Berlin gegossen und zeigt Wappen und Namen des **FRIEDRICH VON BARNEWITZ**, sowie den Namen seiner Gattin **DOROTHA MARGARETHA VON DER LÜHE** und den des Pastors **GEORG KARL WOLFF**. — Die zweite Glocke ist 1780 von **J. C. Meyer** gegossen und trägt den Namen der Frau Generalin **VON KÖNIGSMARK** und den des **CARL CHRISTOPH WOLFF**, Predigers in Rossow, Netzband und Schönberg.[1])

[1]) Das Inventar von 1811 erwähnt fünf grosse figurierte Grabsteine der Familie von Rohr, darunter zwei ältere ohne Data und drei jüngere mit Daten (1560, 1560, 1596).

Kleinkunstwerke. 1. 2. Silbervergoldeter Kelch vom Jahre 1703, auf dem Fuss ein eingraviertes Barnewitz-Lühe'sches Ehewappen mit den Initialen **F • V • B •** (des Mannes) und **D • M • V • D • L •** (der Frau). S. o. Am Kelch ein Stadtzeichen,' welches zwei gekreuzte Bischofsstäbe darstellt, und ein Meisterstempel mit den Initialen **G W**; an der zugehörigen Patene nichts. Die Jahreszahl **1703** steht unter dem Ehewappen des Kelches. — 3. Getriebenes Taufbecken von Messing mit der Verkündigung Mariä und der bekannten und vielfach gedeuteten Legende. Inschrift auf dem Rande: **DIESES BECKEN VEREHRET HANS MASSE VND ANNA WITKOPFS INS GOTTESHAUS ZU NIETZEBANDT DEN 20 • OCTOBER ANNO 1674.** Kleinkunstwerke.

Das Gut und Filial-Kirchdorf Schönberg.[1])

Das gleich Rossow und Netzeband zur Lieze zählende Gut und Dorf Schönberg tritt uns im XVI. Jahrhundert als eine blosse Feldmark entgegen, die zu dem in Rohr'schen Händen befindlichen Netzeband-Rossower Güterkomplex gehört. Am Ende des XVI. Jahrhunderts wird das Dorf neu aufgebaut und zu einer selbstständigen Ortschaft erhoben. In Rohr'schen Händen bleibt das Gut, bis es im Jahre 1629 ebenso wie Rossow von Hans Holstein erworben wird, den Wallenstein damit belehnt. Holstein verkauft davon einen Antheil an Daniel von Lüderitz, welcher 1633 um Belehnung bittet. Aber auch ein von der Jahne hat Antheil am Gut, den er 1676 an den Rittmeister Joachim Hans von Joergass verkauft. So gehen beide Antheile, der Lüderitz'sche und der Joergass'sche, eine Zeit lang neben einander her. Der letztgenannte kommt 1701 an Otto Friedrich von Barner. Am 26. April 1718 vereinigt endlich der Oberforstmeister von Joergass beide mit einander. Aber das Gut bleibt dieser Familie nur kurze Zeit erhalten. Unter dem Leutnant von Joergass bricht ein Konkurs aus, aus welchem es 1752 von Moritz Joachim von Arenstorff erworben wird. Arenstorff erhält am 10. Februar 1757 den Lehnbrief über Schönberg, überlässt es aber bald darauf dem Hauptmann Joachim Gustav von Ferber, welcher damit am 23. Februar 1769 belehnt wird. Später tritt häufiger Besitzwechsel ein; 1790 hat es der Generalmajor Wilhelm von Romberg, 1795 Peter Georg Krell, dessen Familie es bis 1865 festhält. 1866 sitzt Wilh. Karl Risselmann auf Schönberg, 1874 Julius Gustav Arendt, und seit 1882 der Erblandhofmeister Kammerherr Karl Hans Konstantin Graf von Königsmark. Geschichte des Dorfes.

Ueber die kirchlichen Verhältnisse s. bei Rossow.

Kirche. Die Kirche ist ein schlichter Fachwerkbau in der Form eines länglichen Vierecks mit polygonalem Chorschluss. An der Westseite ein Fachwerkthurm mit Holzverschalung. Kirche.

[1]) 9 km südlicher als Rossow, 51 km südlich von Röbel.

Altar und Kanzel.

Altar und **Kanzel** sind Werke des Barockstils vom Jahre 1702, mit unschönen Malereien auf gekalkten Brettern. Der Altar ist von **C · S · VON JORGAS** und **M · E · VON WARTENBERGEN** sowie von **F · O · VON BERNER** (Barner) und **M · R · V · JORGASSEN** gestiftet. An der Vorderseite der Altarkanzellen steht der Name **Christopfer Krusemark** (vermuthlich der des Verfertigers von Altar und Kanzel).

Glocke.

Die kleine **Glocke** ist 1896 von **C. Oberg** in Wismar umgegossen.[1]

Kleinkunstwerke.

Kleinkunstwerke. 1. 2. Silbervergoldeter Kelch auf sechspassigem Fuss, im Charakter des XVIII. Jahrhunderts. Nach der Inschrift gestiftet von **HANS ALBRECHT V · JÖRGAS** und **HELENE ELISABETH V · WACKENITZ ANNO MDCCXXV**. Auf der Unterseite des Fusses undeutliche Stempel. Dazu eine Patene, welche ebenso wie der Kelch mit dem eingravierten Ehewappen des Stifterpaares versehen ist. — 3. 4. Zwei zinnerne Leuchter mit den Namen: **JOACHIM GUSTAV VON FERBER 1786** und **ANNA SOVIA LEOPOLDINA VON KLITZING 1786**. Englisches Zinn mit dem Stempel **I S 1785**.

Die wichtigsten vorgeschichtlichen Stellen

in dem Amtsgerichtsbezirk Röbel.

Röbel. Heidnischer Burgwall, ein ziemlich hohes Plateau mit schroffen Abfällen, am Nordende der Stadt. Jetzt steht auf demselben die altstädter Kirche (Marienkirche). Lisch, M. Jahrb. VIII B, S. 114. Beyer, M. Jahrb. XXXII, S. 119. – Auf dem Mühlenberg in der Alt-Stadt wird ein wendischer Burgwall vermuthet. — Im Alt-Röbelschen Kirchenholze sind schon vor langer Zeit Urnen mit Eisensachen gefunden, die auf ein alteisenzeitliches Urnenfeld schliessen lassen. Vgl. Friderico-Franciscеum S. 94. M. Jahrb. II B, S. 76.

Gr.-Kelle. Nahe der Schamper-Mühle einige Erdhügel, anscheinend bronzezeitliche Gräber, bereits erwähnt im M. Jahrb. VIII B, S. 228. — Im Jahre 1837 wurde einem Grabhügel ein sehr interessanter Fund römischer Alterthümer entnommen, unter denen besonders eine silberne Schale hervorragt. Vgl. M. Jahrb. III B, S. 42. V B, Anhang. VIII B, S. 93. Beltz, Vorgeschichte, Seite 117.

Dambeck. Im Park ein erhaltenes Hünengrab.

Ludorf. Auf der Halbinsel Steinhorn ein anscheinend wendischer Burgwall; vgl. M. Jahrb. XXXIV, S. 191.

Wildkuhl. Bronzezeitliche Flachgräber (mit Leichenbrand). Beltz, M. Jahrb. LXI, S. 219.

[1] Die Vorgängerin stammte aus dem Jahre 1728 und war von M. F. C. Heintze in Berlin gegossen.

Vipperow. Dem Dorfe gegenüber auf einer kleinen Insel in der Müritz ein wendischer Burgwall, benannt der »Borgwall«. Lisch, M. Jahrb. XIX, S. 335.

Klopzow. Eine Steinsetzung in Form der sog. Steintänze wird beschrieben und als »Dingstätte« gedeutet von Fromm, Arch. f. Landesk. XIV, S. 36.

Retzow. Auf einem Hügel grosse Steinsetzungen im Charakter der Hünengräber. Beltz, vier Karten zur Vorgeschichte Meckl. I.

Laerz. Erwähnt werden Flachgräber, die aber noch nicht untersucht sind. Beltz, vier Karten zur Vorgeschichte Mecklenburgs III.

Ahrensberg. Der Gutshof ist eine alte Burgstätte, er war ehemals vom Drewen-See umgeben (daher der Name Hofwerder) und nur durch eine Zugbrücke zugänglich, jetzt aber ist er durch einen Damm mit dem Dorfe verbunden, und die Spuren der Burg sowohl wie des alten Wartthurms neben der Zugbrücke sind verschwunden.

Bei der Planierung des Gutshofes sind Menschengebeine in grosser Anzahl gefunden, die auf eine alte Grabstätte schliessen lassen, welche wendisch sein kann. Auch ist vor einigen Jahren eine grosse, sehr roh gearbeitete Urne ausgegraben, die aber in viele Stücke zerfallen ist. Desgleichen sollen auch Waffen gefunden sein. Eine wissenschaftliche Untersuchung dieser Stätte hat bis jetzt nicht stattgefunden.

Rossow. Seit Jahren sind hier auf einem ausgedehnten Felde Urnen zerstört, die, nach den im Grossh. Museum zu Schwerin befindlichen Resten zu urtheilen, einem bronzezeitlichen Urnenfelde entstammen. Eine sachgemässe Untersuchung ist noch nicht erfolgt.

Netzeband. Von der früheren Feste Netzeband ist nichts mehr vorhanden. Der Burgwall ist in neuerer Zeit abgetragen. Die an der Netzebander und Drusedower Grenze vorhanden gewesenen Hünengräber sollen in den fünfziger Jahren auf Veranlassung des Grafen von Königsmark geöffnet und die gefundenen Alterthümer nach Berlin gesandt worden sein.

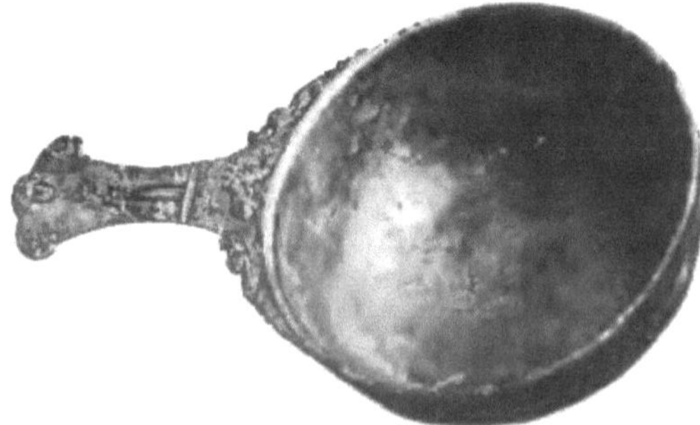

Silberne Schale aus der römischen Kaiserzeit, gefunden bei Gross-Kelle.

ANHANG I.

Ueber einzelne ältere mecklenburgische

Kunst- und Geschichtsdenkmäler

ausserhalb Landes.

I. Das Kloster Amelungsborn und der Schild des Hauses Werle im Chorgewölbe der Klosterkirche.

II. Der Schild des Hauses Werle auf dem Grabstein des Bischofs Johannes († 1292) im Dom zu Havelberg.

III. Der Schild des Herzogs Erich von Mecklenburg († 1397) in den Ruinen der Dominikanerkirche zu Wisby.

IV. Die Messingplatte der Herzogin Katharina von Mecklenburg († 1561), Gemahlin Herzog Heinrich's von Sachsen-Meissen, im Dom zu Freiberg.

V. Das Denkmal der beiden Herzoginnen Christine († 1693) und Marie Elisabeth († 1712) von Mecklenburg als Aebtissinnen zu Gandersheim in der Kirche SS. Anastasii et Innocentii daselbst.

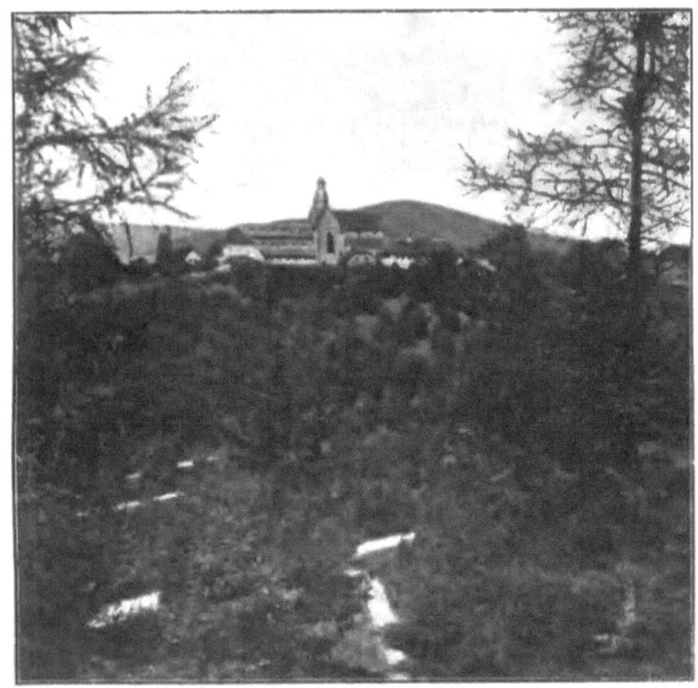

Kloster Amelungsborn auf dem Auersberge.

I.

Das Kloster Amelungsborn und der Schild des Hauses Werle im Chorgewölbe der Klosterkirche.

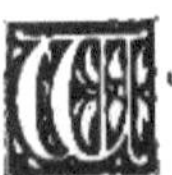er von Kreiensen nach Holzminden fährt, der sieht gleich hinter der Station Stadtoldendorf auf einen kurzen Augenblick zwischen zwei hohen Waldbergen mit Nadelholz einen etwas niedrigeren Hügel mit einer Klosteranlage auftauchen, welche als schönes landschaftliches Bild die Blicke auf sich zieht. Das ist die im Jahre 1135 [1]) vom Kloster Altenkamp a. Rh. her bezogene Cistercienser-Abtei Amelungsborn auf dem Auersberge, eine der drei

[1]) Dürre, Beitr. z. Gesch. d. Cist.-Abtei in Amelungsborn in der Zeitschrift des Vereins für Niedersachsen 1876, S. 184/185.

Enkelinnen des lothringischen Klosters Morimond und eine der Urenkelinnen von Cisterz oder Citeaux in Frankreich.[1]) Seit langen Zeiten ist nun die ehemalige Abtei ein Wirthschaftshof, eine herzoglich-braunschweigische Domäne, die früheren Klosterbauten sind verschwunden, und nur die langgestreckte Kirche mit einem Thurm auf der Vierung, die in ihrer Anlage lebhaft an die Darguner Kirche erinnert, sowie die wohlerhaltene, einen verhältnissmässig grossen Raum umspannende Klostermauer, bei der dem Mecklenburger auch wieder sofort die Klostermauern von Doberan und Dargun ins Gedächtniss kommen, sind die letzten kräftigen Spuren des Mittelalters. Aber seine grosse geschichtliche Bedeutung hat dieses Kloster des Weserlandes als Mutterkloster von Doberan und Dargun für die mecklenburgische Kultur- und Kirchengeschichte nicht verloren. Die muss ihm bleiben.

In diesen Kirchen- und Klostermauern von Amelungsborn, deren Gründung einstmals der heilige Bernhard selber im Jahre 1129 mit Worten flammender Begeisterung in einem Briefe begrüsst hatte, der noch erhalten ist,[2]) in diesen Mauern war es, wo Bischof Berno bald nachher zu seinem schweren Beruf im Wendenlande jenseits der Elbe erstarkte. Von hier rief er später den ersten Konvent nach Althof, und als diesem die Märtyrerpalme zu Theil geworden, den zweiten nach Doberan. Von hier aus pilgerten später die Vater-Aebte gen Norden, um die ihnen obliegenden Visitationen in Doberan und Dargun vorzunehmen. Von hier aus erhielten auch die Rectores bonorum auf den Haupthöfen des Klosters zu Satow in der Vogtei Schwaan und zu Dranse auf der Lieze[3]) ihre Weisungen, und alle wichtigeren Todesfälle, die auf den Klostergütern vorkamen, wurden in die Anniversarien auf dem Auersberge eingetragen.[4]) Wie sich aber der werlesche Landbesitz des Klosters Amelungsborn vom XIII. bis zum XV. Jahrhundert hin von der Lieze herauf über Kieve, Priborn und Solzow bis nach Vipperow mit Einschluss des Fischfanges in den Gewässern der Müritz erstreckte, ist uns gerade in den letzten Ortsgeschichten des Landes Röbel mehrfach entgegengetreten. Und wie das Bewusstsein dieser vielfachen engen und werthvollen Verbindung zwischen Amelungsborn und Land Mecklenburg auch dann noch in lebhaftem Gedächtniss war, als die Aebte des Klosters wegen der grossen Entfernung und besonders wegen der immer mehr einreissenden Unsicherheit aller Verhältnisse im XV. Jahrhundert ihren letzten Landbesitz auf der Lieze aufgegeben und veräussert hatten,[5]) beweist nichts

[1]) Vgl. Lisch, M. Jahrb. XIII, S. 210. Ueber die Quellen zur Geschichte von Amelungsborn s. Dürre a. a. O., S. 180. Vgl. M. U. B. X. S. 619 und 620, aus den Verzeichnissen des Klosters Ebrach: Abbatia de Doberan in Sclavia prope Rodestock, Mor'mundi proneptis, neptis Campi, filia Amelsbrunne . . . . . Abbatia de Dargun in Sclavia, Mor'mundi abneptis, proneptis Campensis, neptis Amelsbrunne, filia Doberan.

[2]) Wigger, M. Jahrb. XXVIII, S. 97/98.

[3]) Ehemals werlesches Gebiet, die Vogtei Schwaan freilich nur bis 1301. S. Meckl. Kunst- und Gesch.-Denkm. IV, S. 2.

[4]) Schmidt, M. Jahrb. III, S. 36: ein ungenügender Auszug aus den »Anniversaria fratrum et benefactorum ecclesiae Amelungsbornensis« (mit kritischen und exegetischen Noten herausgegeben von Dürre in der Zeitschrift des historischen Vereins für Niedersachsen 1877, S. 1—106). Dieses Nekrologium enthält mehrere Eintragungen, die sich auf den nicht weit von Wittstock belegenen Wirthschaftsbezirk zu Dranse beziehen, die aber weder von Schmidt in seinem Auszuge, noch von Dürre in seinen kritischen und exegetischen Noten berücksichtigt worden sind, z. B. zu Januar 5, 6, 22; Februar 21, 23; März 1; Mai 15, 26.

Von diesen übergangenen Eintragungen ist die zum 23. Februar am meisten zu beachten: VII Kal. Mart. obiit Christina ducissa Polonie familiaris. Vgl. dazu M. U.-B. 306 und Wigger (Meckl. Jahrb. I, S. 148) der Christina, die Gemahlin Heinrich Borwins II., zu einer Tochter König Wilhelms I. von Schottland macht. Dürre, a. a. O. (1877), S. 73, setzt ihren Tod (aus Gründen der Amelungsborner Handschrift) vor 1291/92. — Zu der übersehenen Eintragung vom 6. Januar und der nicht übersehenen Eintragung zum 20. Oktober sind M. U.-B. 556 und 557 zu vergleichen.

[5]) Ausführliche Darstellung aller dieser Verhältnisse bei Lisch, M. Jahrb. XIII, S. 116—142. Dazu Urkunden ebendaselbst S. 269—312.

mehr als das bekannte ausführliche Schreiben des Abtes Eberhard vom 21. Juni 1502 an die Herzöge Magnus und Balthasar von Mecklenburg, womit er sich das nach alter Ueberlieferung ihm allein zustehende Visitationsrecht über Doberan zu erhalten suchte.[1])

Deshalb scheint es uns nicht unangemessen, am Schluss des fünften Bandes, mit dem unsere Aufgabe erledigt ist, drei Bilder der Abtei Amelungsborn zuzufügen, welche besser als alle Beschreibungen eine Anschauung von dem Kloster geben.[2])

Wie schon erwähnt, fällt in dem Landschaftsbilde die Aehnlichkeit der Anlage mit Dargun auf. Hier wie dort ein älteres romanisches Langhaus mit dem Princip des Stützenwechsels, anders freilich im Hausteinbau als im Ziegelbau. Hier wie dort ein jüngerer und höherer gothischer Bau des Querschiffes und des Chores, in Amelungsborn freilich nach dem älteren Herkommen des Ordens mit plattem Abschluss, in Dargun aber (ebenso wie in Doberan) mit dem reicher und malerischer wirkenden Schluss eines polygonalen Kapellenkranz nach Art und Weise französischer Kathedralen.[3]) Hier wie dort ein Glockenthürmchen späterer Zeit als Dachreiter auf der Vierung. Das Amelungsborner Thürmchen wurde zwischen 1588 und 1598 vom Abte Vitus Buch erbaut,[4]) das Darguner ist früher errichtet worden, denn es wird bereits auf der Darguner Denktafel (1464—1479) genannt.

Wer dann ins Innere der Kirche tritt, den erfreut zunächst der schlichte dreischiffige Bau des romanischen Langhauses aus dem XII. Jahrhundert mit seinen wechselnden Pfeilern und Säulen, deren Würfelkapitelle zwar keine besonders reiche Formen-Entwickelung aufweisen, aber dennoch sehr anziehend wirken. Besonders reizend erscheinen die Kapitelle der kleineren Säulen unter der Orgelempore, und von hübscher Wirkung ist auch das »Rosenfenster« der Westwand. Wer aber weiter aus dem Langhause zur Betrachtung der gothischen Theile der Kirche aus dem XIV. Jahrhundert übergeht, dem drängen sich stilistische Unterschiede zwischen dem Querschiff und seiner Vierung einerseits und dem verhältnissmässig langen Chorende andererseits auf, bei welchem die basilikale Anlage des Langhauses mit drei Schiffen, einem Mittelschiff mit Obergaden und zwei niedrigeren Seitenschiffen, beibehalten worden ist. Vor allen sind es die breiten schweren und am unteren Ende mit Vorschiebung kleiner horizontaler Stäbchen schräge abgetreppten Dienste unter den breiten Quergurtbögen der Vierung, die durch ihre Plumpheit auffallen, und ebenso die mächtigen vierseitigen Pfeiler der Vierung, welche, wenn sie auch vom statisch-dynamischen Gesichtspunkte aus als wohlbegründete Stützen erscheinen und an ihren Kanten durch Ausschneidung zu gothischen Stäben mit birnförmigem Durchschnittsprofil gelangt sind, dennoch zu der Fortsetzung des Chores mit achtseitigen Pfeilern, deren Kapitelle den Blatt- und Figurenschmuck der Hochgothik aufweisen, in einem Gegensatze stehen, wie er nur aus wenigstens zwei verschiedenen Bauplänen von zwei verschiedenen Architekten zu zwei verschiedenen Zeitläuften zu erklären ist. Kurzum, in der Vierung treten Erscheinungsformen aus der Zeit des Uebergangs vom romanischen zum gothischen Stil oder Zeichen der Frühgothik vom Ende des XIII. oder Anfang des XIV. Jahrhunderts auf, während der weitere Choransatz selber auf eine spätere Zeit um die Mitte des XIV. Jahrhunderts oder bald nachher hinweist.[5])

[1]) M. Jahrb. VI, S. 177 ff.

[2]) Wir verdanken diese Bilder der trefflichen Anstalt des Herrn Otto Liebert in Holzminden.

[3]) Dieser Unterschied ist von Dürre, a. a. O. (1876), S. 105, übersehen worden.

[4]) Dürre, a. a. O. (1876), S. 199. (1877), S. 32 und 85. Vitus Buch ist der letzte Abt, der in das Nekrologium des Klosters eingetragen ist.

[5]) Auch in unserm mecklenburgischen Ziegelbau frühgothischer Zeit, oder, was dasselbe sagt, aus der Zeit des Ueberganges vom romanischen zum gothischen Stil, giebt es verwandte

Damit stimmen denn auch die urkundlichen Nachrichten aus Amelungsborn, die den Abt Bertram in den Jahren 1303 und 1304 allerlei Erweiterungs- und Ausdehnungsarbeiten vornehmen lassen, von denen u. a. recht wohl auch die Kirche

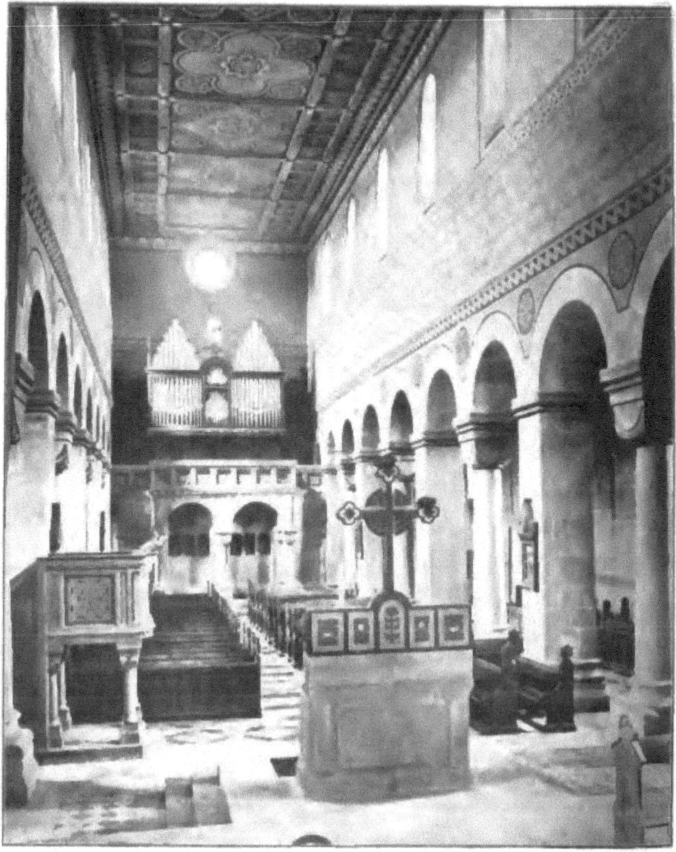

Westliches Langhaus der Klosterkirche.

selber in ihrem Querhause betroffen sein kann. Dazu stimmen ferner, soweit es den jüngeren östlichen Theil angeht, die Nachrichten vom Abt Engelhard (seit 1354)

Formen abgeschrägter breiter Dienste unter entsprechenden schwereren Gurtbögen, so z. B. im Dom zu Güstrow (IV, S. 201), in der Kirche zu Reinshagen (IV, S. 302), im Chor von St. Marien zu Röbel (V, S. 479) und anderswo.

als Erbauer und Vollender des neuen Chores, von der Stiftung einer bedeutenden Summe, welche um diese Zeit der Bürger Johannes Bole in Stadtoldendorf zum Bau des neuen Chores spendete (L marcas puri argenti ad nostrum novum chorum),

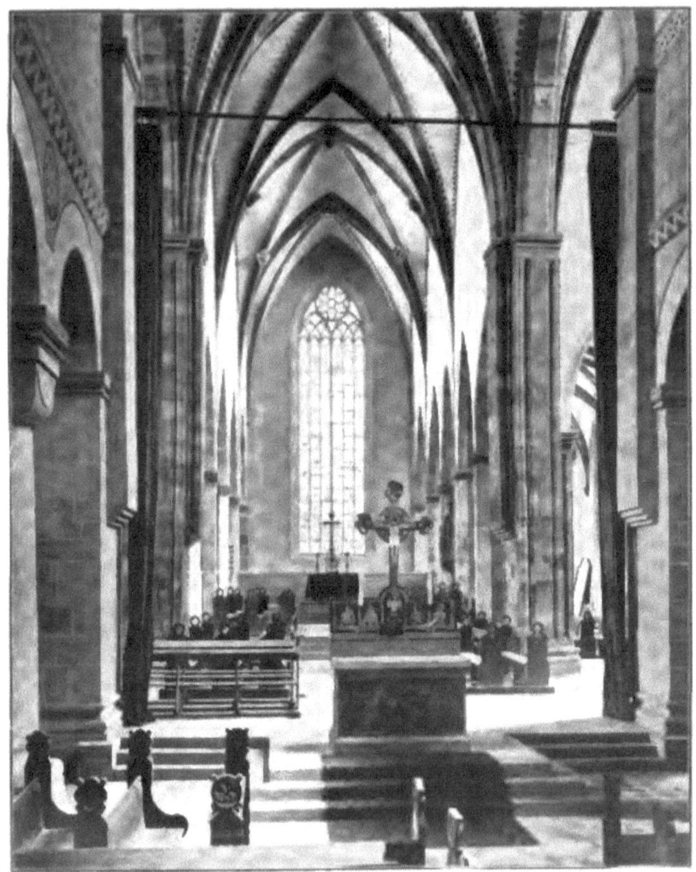

Querschiff und Chor der Klosterkirche.

und die von einer Gustedt'schen Memorienstiftung am 25. April 1363 »in dem nygen Kore.«[1]) Nicht aber vermögen wir den vier Wappenschilden im Hauptgewölbe des Chores, die als lehnende Schilde, wie die Abbildung zeigt und wie

[1]) Dürre, a. a. O. (1876), S. 198/99. (1877), S. 21 (z. 5. April).

Lisch richtig angegeben hat,[1]) auf den Rippen des Gewölbes sitzen und daher nicht als Schlusssteinscheiben bezeichnet werden können, eine besondere baugeschichtliche Bedeutung beizulegen, wenigstens nicht in dem Sinne, in welchem es von Grotefend im M. Jahrb. LXIV, S. 263 ff., versucht worden ist. Es sind die Wappen der Häuser Braunschweig, Werle, Homburg und Eberstein. Sollten die Wappen von Werle und Braunschweig, wie Grotefend annimmt, wirklich Ehewappen sein, so würde nach der Art ihrer Anbringung, Werle den männlichen und Braunschweig den weiblichen Theil zu bedeuten haben, es sei denn, dass man sich in Bezug auf die Stellung nicht auf die Regel, sondern auf Ausnahmen von der Regel berufen wollte, wie sie hie und da, z. B. in einzelnen Siegeln fürstlicher Frauen des XIII. und XIV. Jahrhunderts und bei der Darstellung von Eltern-Wappen auf Grabsteinen geistlicher Herren gefunden werden. Diese beiden Wappen können daher nicht als Wappen Heinrichs des Fetten von Braunschweig und der Fürstin Rixa von Werle gedeutet werden. Es kommt hinzu, dass kein einziges urkundliches Zeugniss über eine Bethätigung dieses Ehepaares am Bau der Kirche vorhanden ist, und dass die Annahme, als ob die Fürstin Rixa, von Gedanken an den ungesühnt gebliebenen Mord des Vaters durch ihre Brüder gequält, in Wohlthaten, die sie dem Kloster Amelungsborn erwiesen, Beruhigung gesucht haben könne, und als ob das dankbare Kloster in Folge davon noch in späterer Zeit, in welcher der Sohn dieses Ehepaares als Bischof von Hildesheim auch Ordinarius loci von Amelungsborn gewesen, diesem und den Eltern zu Ehren die Wappen von Werle und Mecklenburg habe anbringen lassen, ebenfalls jener dokumentarischen Begründung entbehrt, welche nothwendig ist, wenn Hypothesen und Kombinationen dauernden Werth bekommen sollen. Aber auch auf einen werleschen Fürsten und eine braunschweigische Herzogin die gedachten beiden Wappen zu beziehen, fehlt es an Anlass, wenigstens an einem zwingenden Anlass, obwohl solche Verbindungen zwischen beiden Häusern mehrmals stattgefunden haben.[2])

Dagegen könnte bei den anderen beiden Wappen, den Wappen der gräflichen Geschlechter Homburg und Eberstein, die vorgeschlagene Verbindung und ihre Beziehung auf den Grafen Otto von Eberstein und die Gräfin Agnes von Homburg angenommen werden, wenn nur nicht auch für dieses Ehepaar wiederum die urkundlichen Dokumente über engere Beziehungen zum Bau des Chores fehlten. Nach dem ganzen Charakter aber, welchen die Anniversaria des Klosters haben, müssen wir annehmen, dass, wenn sich dieses Ehepaar um den Bau des Chores so verdient gemacht hätte, dass ihm vor allen anderen Mitgliedern des Geschlechts die hohe Ehre zu Theil geworden wäre, den Häusern Braunschweig und Werle gegenüber mit einem Wappenpaar bedacht zu werden, dann auch das besondere Verdienst um den Bau des Chores, ebenso in den Anniversarien irgend wie zum Ausdruck gebracht worden wäre wie das des Abtes Engelhard und das des Stadtoldendorfer Bürgers Johannes Bole.

Unserer Meinung nach darf nicht übersehen werden, dass die vier Schilde, in halber Höhe des Gewölbes auf den Rippen stehend, einen Kreis bilden, alle vier als lehnende Schilde in gleicher Richtung. Somit könnten ja, wenn es Ehewappen sein sollten, nicht weniger als vier Verbindungen erdacht werden, und jede dieser vier Verbindungen liesse sich möglicherweise auf mehrere geschichtliche Fälle beziehen. Das aber gäbe zuletzt einen historischen Rattenkönig, den Niemand zu untersuchen Lust haben würde. Deshalb möchten wir glauben, dass diese Amelungsborner Schilde gar keine Ehewappen sein sollen. Wer die eine grosse Fülle lokalgeschichtlicher Thatsachen enthaltenden Anniversaria durchsieht, der findet bald,

[1]) M. Jahrb. XXII, S. 222.

[2]) Vgl. Lisch, M. Jahrb. XVIII, S. 189—223 (Verbindungen des fürstl. Hauses Werle mit dem herzogl. Hause Braunschweig-Lüneburg).

dass unter den vielen Benefactores des Klosters vier Geschlechter als meist genannte über alle anderen thurmhoch hinausragen: es sind erstens die Herzöge von Braunschweig als Landesherren, zweitens die vom alten Borwin her stets dankbar gebliebenen Fürsten von Werle im Wendenlande,[1]) drittens die Grafen von Homburg, deren einer als Stifter des Klosters gefeiert wird, und viertens die Grafen von Eberstein, deren »etwa zwanzig« im Nekrologium des Klosters als Benefactores gezählt werden. Was Wunders also, wenn die Wappen dieser vier Geschlechter im Kreise herum das Hauptgewölbe des Chores zieren, dessen Steine im Uebrigen eine so deutliche Formensprache reden, dass ihre geschichtliche Behandlung durch weitere Dokumente kaum noch gestützt zu werden braucht.[2])

[1]) Im mecklenburgischen Urkundenbuch, soweit es jetzt erschienen ist, finden wir ein Viertelhundert Urkunden, die sich auf Amelungsborn beziehen. Und zwar sind die wichtigsten Verleihungen an das Kloster die der Dörfer und Höfe Satow und Dranse, von denen jene ins Jahr 1219 und diese (mit verschiedenen Erweiterungen) in das Jahr 1233 fällt. M. U.-B. 257, 414, 418, 537, 556, 557 und 558. Dazu kommen dann die späteren werleschen Bestätigungsurkunden, unter denen die aus den Jahren 1274, 1287 und 1291 die wichtigsten sind. M. U.-B. 1314, 1893 und 2110. Aber den Wirthschaftsbetrieb in Satow giebt Amelungsborn mit Zustimmung des Vaterabtes in Altenkamp schon am 2. Februar 1301 wieder auf (propter nimiam distanciam). Das Tochterkloster Doberan übernimmt diesen Betrieb und giebt dafür an das Mutterkloster Amelungsborn zwei seiner Salzpfannen in der Saline zu Lüneburg: M. U.-B. 2729. Man hat dabei den Eindruck, als ob die politischen Veränderungen dieses Jahres, im besonderen der Uebergang der Vogtei Schwaan vom Hause Werle an das Haus Mecklenburg (das zu Amelungsborn in einem kühleren Verhältniss steht, wie dies besonders in dem bekannten späteren Paternitäts- und Visitationsstreit zum Ausdruck kommt) recht wohl mitgewirkt haben könne. Vgl. Lisch, M. Jahrb. XIII, S. 116—134. Mit Urkunden ebendaselbst S. 269—296 Am 13. Januar 1350 bestätigen die Herzöge Albrecht und Johann von Mecklenburg dem Kloster Doberan den Besitz von Satow als Amelungsborner Schenkung, die auf werleschen Privilegien beruhe (in priuilegiis dominorum de Werle): M. U.-B. 7037. Der erwähnte Streit zwischen beiden Klöstern wird am 1. Mai 1362 beigelegt: M. U.-B. 9030. Und so fehlt denn auch nicht der Amelungsborner Abt auf dem grossen Kirchweihfeste in Doberan am 4. Juni 1368: M. U.-B. 9794. Der grosse Wirthschaftsbetrieb im südöstlichen Mecklenburg, den das Kloster Amelungsborn vom Hofe Dranse auf der Lieze ausführen lässt, erlischt erst in der Mitte des XV. Jahrhunderts, wie bereits in der Ortsgeschichte des Dorfes Kossow o. S. 590 erwähnt worden ist. Vgl. Lisch, M. Jahrb. XIII, S. 135—142. Mit Urkunden ebendaselbst von S. 302—312.

[2]) Dürre lässt diese Wappen merkwürdigerweise in seiner Geschichte des Klosters ganz unberücksichtigt, er erwähnt sie gar nicht einmal. Dem gegenüber bleibt es das Verdienst von Lisch, in seiner vortrefflichen Beschreibung der Kirche (M. Jahrb. XXII, S. 213 bis 223) zuerst die Aufmerksamkeit auf sie hingelenkt zu haben. Wenn er es aber unterlässt, irgend welche umständlicheren Geschichtshypothesen anzuknüpfen, so mag es davon gekommen sein, dass ihm das Nekrologium des Klosters nur in jenem dürftigen Auszuge vorlag, welchen ihm der Archivar Schmidt für das dritte Mecklenburgische Jahrbuch (S. 36) übersandt hatte. Doch einerlei, warum und wie es geschah, wir sind auch heute noch, wo das Nekrologium in der Dürre'schen Ausgabe ganz und gar vor uns liegt, mit Lisch in diesem Punkte einverstanden, geben aber Grotefend Recht, wenn er das Wappen von Werle als solches bestimmt bezeichnet und von dem ihm beigelegten »allgemeinen Typus des mecklenburgischen Wappens« befreit wissen will.

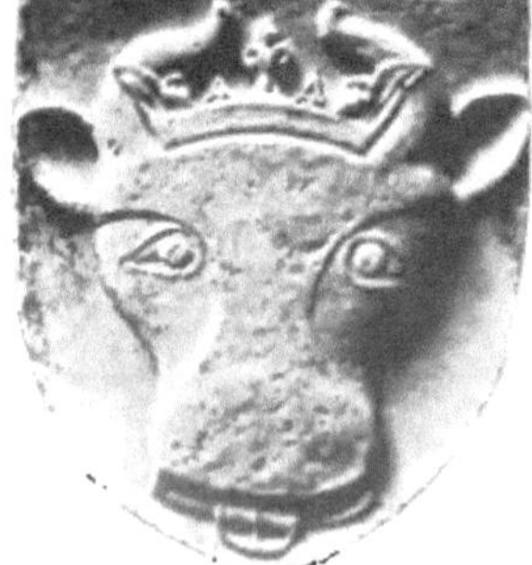

II.

Der Schild des Hauses Werle auf dem Grabstein des Bischofes Johannes I. von Havelberg im Dom zu Havelberg.

Der Bischof Johannes von Havelberg, dessen Erinnerung der zweitalteste Grabstein des Havelberger Domes aufbewahrt, war der Sohn des Markgrafen Johann's II. von Brandenburg und der Fürstin Hedwig, Tochter des Fürsten Nikolaus I. von Werle. Er starb nach kaum einjähriger Regierung als postulierter Bischof im Jahre 1292 Auf seinem Grabstein sehen wir den Schild des Vaters unten neben dem linken Bein der dargestellten Bischofsfigur, also heraldisch links, den der Mutter aber unten heraldisch rechts.[1])

[1]) Grotefend verweist in seiner Besprechung dieses Grabsteines (M. Jahrb. LXIV, S. 261/262) auf zwei andere Grabsteine geistlicher Herren, welche die Wappenschilde der Eltern in gleicher Stellung zu einander zeigen und von denen der eine (der des Priesters Ludolf Nygendorp im Kloster zum hl. Kreuz in Rostock, † 1406, im ersten Bande der Mecklenb. Kunst- und Geschichts-Denkmäler, S. 214 (215) abgebildet ist. Vgl. Wigger, M. Jahrb. L., S. 225. Lotz, Kunsttopogr. I, Seite 284.

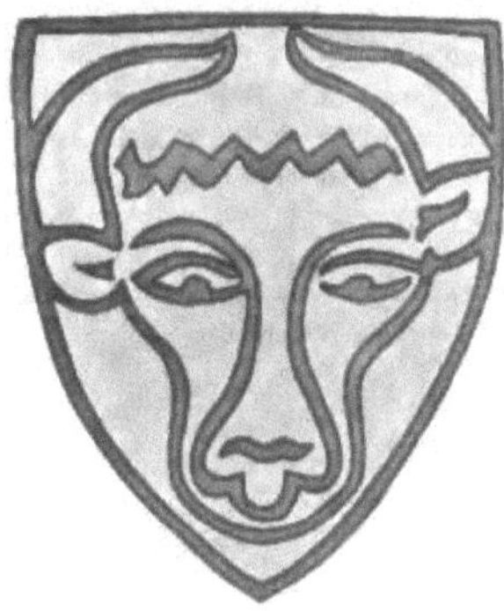

III.

Der Wappenschild des Herzogs Erich von Mecklenburg († 1397) in der Ruine der Dominikanerkirche zu Wisby.

Herr Reichsantiquar Hans Hildebrand schreibt dem Verfasser in einem Briefe, datiert aus Borgholm, 19. VIII. 96: »Vor wenigen Jahren habe ich innerhalb des Friedhofes der Marienkirche zu Wisby ein Stück vom Grabdenkmale des Herzogs Erich von Mecklenburg ausgegraben. Das Denkmal bestand offenbar aus einem sargähnlichen Deckstein mit zwei erhabenen Giebelstücken. Was ich ausgegraben habe, ist das eine Giebelstück mit dem mecklenburgischen Wappen, von nebenstehender Form. Das Stück ist gegenwärtig in der Ruine der dem hl. Nikolaus gewidmeten Dominikanerkirche zu Wisby aufgehoben.« . . . . . »Im vorigen Jahrhundert war auch das zweite Giebelstück noch vorhanden, ist aber jetzt leider verschollen.«

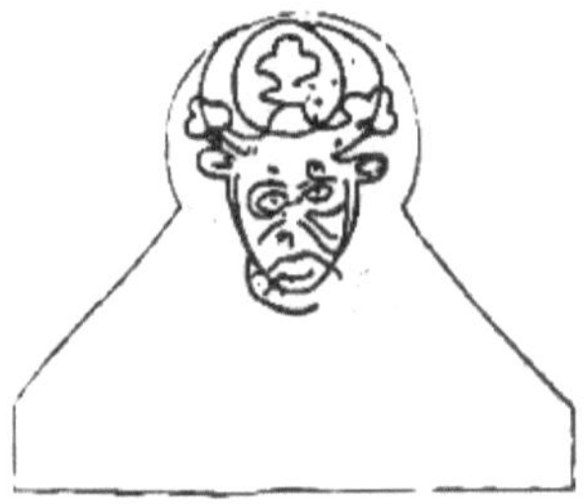

Herzog Erich ist der älteste Sohn des Schwedenkönigs und Herzogs Albrecht III. von Mecklenburg, von dem die Doberaner Genealogie erzählt, dass er, nachdem der Vater das Reich verloren, sich zur Wiedereroberung desselben aufgemacht, die Insel Gothland mit der Stadt Wisby glücklich eingenommen und besetzt habe, aber schon nach kurzer Zeit gestorben sei. Das wird durch andere Nachrichten, besonders durch die Chronik der Minoriten zu Wisby, bestätigt, welche hinzufugt, dass Herzog Erich am 26. Juli des Jahres 1397 gestorben sei und sein Grab in St. Marien zu Wisby erhalten habe.[1]) Zur Bestätigung dieser Angabe dient nun wieder, wie man sieht, der Fundbericht des Herrn Reichsantiquars Hildebrand, dem wir ausserdem auch die hier wiedergegebene Zeichnung zu verdanken haben.

[1]) Vgl. Lisch, M. Jahrb. XI, S. 24. Wigger, M. Jahrb. L, S. 184.

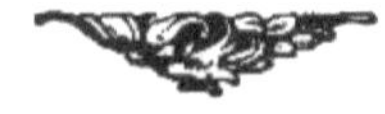

IV.

Die Grabplatte der Herzogin Katharina im Dom zu Freiberg.

Die Herzogin Katharina, um die es sich hier handelt, war eine Tochter des Herzogs Magnus II. (Meckl. Kunst- und Gesch.-Denkm. III, S. 645/47) und der Herzogin Sophie (deren schöne Bronzeplatte jetzt in der St. Marienkirche zu Wismar liegt, M. Kunst- u. Gesch.-Denkm. II, S 54) und das sechste Kind dieser Ehe. Vgl. Wigger, M. Jahrb. L., S. 278. Bei Gelegenheit des grossen Turniers zu Ruppin im Jahre 1512 wurde sie „vp den vastelauend (24. Februar) . . . deme eddelen heren hertich Heinrichen tho Missen . . . . thogesecht vnde thosamen dar ock vortruwet van dem biscop Jheronimo des stiftes tho Brandenborch. Vnde vp den somer sint se thosamen kamen tho Dreszden vnde de koste gheholden dar sulues t[1]) Nach Nachrichten in den Archiven langte Herzog Heinrich V. mit dem Braut-

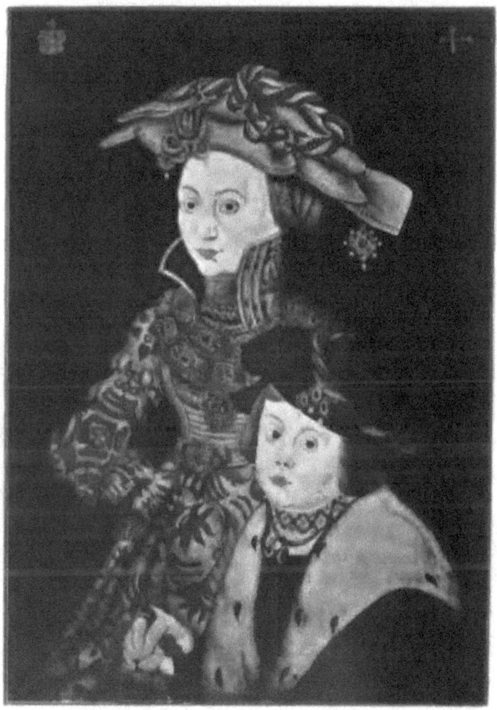

Herzogin Katharina mit ihrem Sohne, dem Prinzen Moritz. (Nach Lukas Kranach.)

[1]) Slaggert in seiner Chronik: M. Jahrb. III, S. 110. Vgl. Wigger, M. Jahrb. L., S. 282.

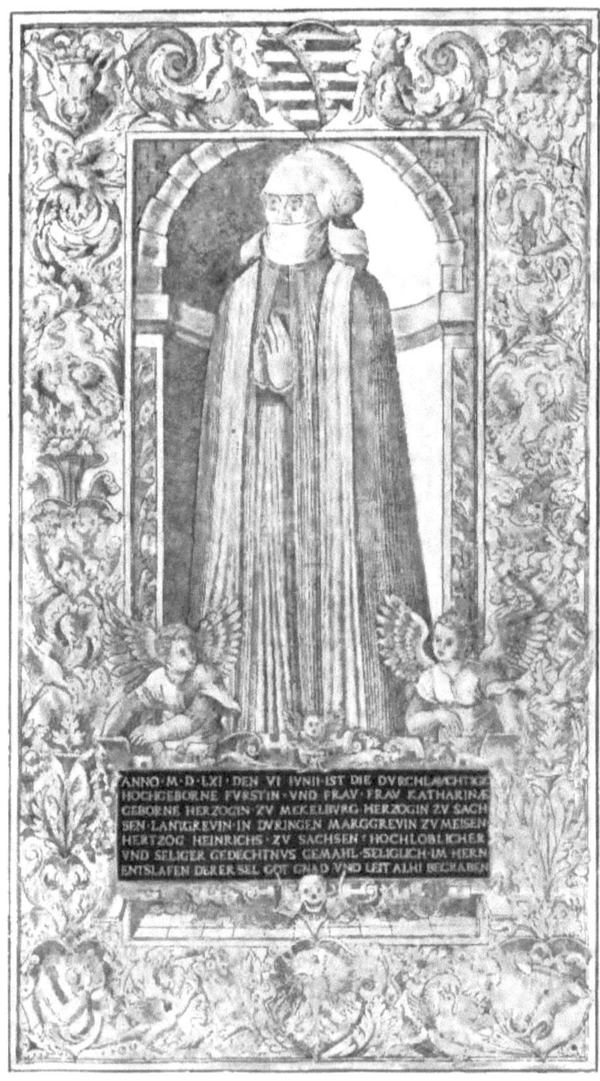

Grabplatte der Herzogin Katharina im Dom zu Freiberg

zuge zu Freiberg am 5. Juli an und dauerte die Hochzeit vom 6. bis zum 9. Juli. Katharina ward die Mutter des späteren Kurfürsten Moritz von Sachsen, verlor aber ihren Gemahl schon am 18. August 1541 und starb nach der Inschrift auf der vorstehenden Platte am 6. Juni 1561. Von ihrer Schönheit sprachen die Zeitgenossen.[1]) Als im Januar 1547 ihr jüngerer Bruder, Herzog Albrecht VII., in der Kirche zu Doberan beigesetzt wurde, war sie mit ihren unvermählten Töchtern zugegen. Weltbekannt ist das oft kopierte Bild von der Hand des Lukas Kranach, das sie mit ihrem Sohne, dem Prinzen Moritz, darstellt: Kat. d. Grossh. Gemäldegalerie Nr. 880, S. 532. Vgl. Distel, Kunstchronik XXIII (1887/88), S. 246. 515. Derselbe: Bilder aus Freibergs Vergangenheit 8 (Mitth. d. Fr. A.-V., Heft 25).

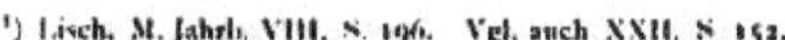

[1]) Lisch, M. Jahrb. VIII, S. 196. Vgl. auch XXII, S. 152.

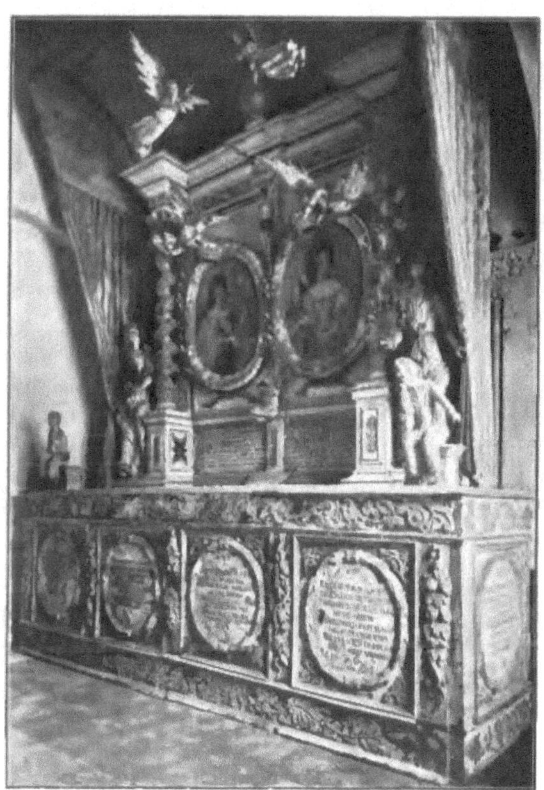

Denkmal der Herzoginnen Christine und Marie Elisabeth in der Kirche SS. Anastasii et Innocentii zu Gandersheim.

V.

Das Denkmal der beiden Herzoginnen Christine († 1693) und Marie Elisabeth († 1712) von Mecklenburg in der Kirche SS. Anastasii et Innocentii zu Gandersheim.

Beide Herzoginnen sind Töchter des Herzogs Adolf Friedrich I. aus zweiter Ehe mit Maria Katharina, Tochter des Herzogs Julius Ernst von Braunschweig zu Dannenberg. Die Herzogin Christine wurde am 8. August 1639 geboren.[1]) Am 9. August 1681 wurde sie Aebtissin zu Gandersheim und starb als solche den 30. Juni 1693.[2])

Die Herzogin Marie Elisabeth hatte 1701 auf Grund einer väterlichen Verfügung sich mit List in den Besitz des durch den Tod ihrer Schwester Juliane Sibylle erledigten Klosters Ruhn gesetzt, war zwar daraus entfernt, erlangte es aber doch am 15. September 1705 durch einen Vergleich auf Grund eines Spruches des Reichskammergerichtes wieder. Nach ihrem Tode soll sie nicht zu Gandersheim, wo sie Aebtissin geworden war, sondern im Fürstl. Begräbniss zu Rühn beigesetzt worden sein.[3]) Wigger, M. Jahrb. L., S. 299.

Im Aufbau erinnert das Denkmal zu Gandersheim in mancher Beziehung an das in ähnlichem Stil ausgeführte Denkmal der Herzogin-Aebtissin Sophie Agnes zu Ruhn, die eine Tochter erster Ehe des Herzogs Adolf Friedrich I. mit der Gräfin Anna Marie von Ostfriesland und somit eine Halbschwester der gen. beiden Aebtissinnen zu Gandersheim war: M. Kunst- u. Gesch.-Denkm. IV, S. 88.[4])

[1]) S. Tagebuch des Herzogs Adolf Friedrich, M. Jahrb. XII, S. 110.

[2]) Vgl. J. v. Klein, Fortsetzung des Joh. Friedr. v. Chemnitz hist.-geneal. Nachr. aller mecklenburgischen Regenten bis aufs Jahr 1722. S. 70. Dazu Wigger, M. Jahrb. L., S. 299.

[3]) Klein. a. a. O., S. 71.

[4]) Mit Hülfe einer Spende durch den hochseligen Grossherzog Friedrich Franz III. wurde das Denkmal im Jahre 1895 einer Erneuerung unterzogen. Die zu der beigegebenen Abbildung benutzte Photographie ist der Güte des Herrn Rektors Dr. F. Brackebusch zu verdanken.

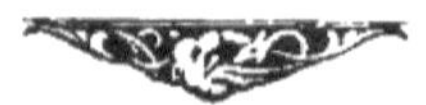

ANHANG II.

Orts-, Personen-, Künstler- und Kunsthandwerker-Register

über alle fünf Bände.

Verzeichniss

derjenigen Ortschaften, welche in der Reihe der Städte, Kirchdörfer und vorgeschichtlichen Plätze ausführlicher behandelt sind.

(Die eingeklammerten Zahlen [nur bei dem ersten Bande] beziehen sich auf die Seiten der zweiten Auflage.)

A.

Adamsdorf V, 459.
Admannshagen III, 724.
Ahrensberg V, 586—589. 597.
Althagen I, 380. (389).
Althof III, 682—692.
Altkalen s. Kalen.
Ankershagen V, 290—303.

B.

Badegow III, 384.
Badendiek IV, 267.
Badow III, 73—74.
Baebelin III, 465—467.
Bakendorf III, 13—14.
Balow III, 213—215.
Bandekow III, 122.
Bandow IV, 182.
Bantin III, 153.
Banzin III, 93.
Banzkow II, 666—668.
Barkow IV, 612—614.
Barnekow II, 336.
Barnin III, 331—332. 382.
Bartelstorf I, 341. (347).
Basedow V, 119—135. 225.
Basepohl V, 226.
Basse I, 492—502. (509—519). 514 (532).
Bauhof, Neu- b. Stavenhagen V, 226.
Baumgarten IV, 119—121.
Behren-Lübchin I, 503—506. (520—524). 514. (532).
Beidendorf II, 295—301.
Belitz I, 473—479. (489—496).
Bellin IV, 320—326. 417.
Below IV, 408—411.
Bennin III, 136—137.
Benthen IV, 543—546.
Bentwisch I, 320—324. (324—329).
Benzin b. Kehna II, 520.
Benzin b. Lübz IV, 539—541.
Berendshagen IV, 112—114.
Bergrade IV, 475—477.
Bernitt IV, 108—112.
Besitz III, 155.
Biendorf III, 533—536.
Bietow I, 303—307. (306—310).
Bibow III, 472—474. 478.
Blankenhagen I, 371—374. (380—384).
Blengow III, 722.
Blievenstorf III, 300—301.
Blücher III 140—142.
Blücherhof V, 462.
Bobzin IV, 632.
Boddin I, 510—513. (528—531).
Bock V, 353—355.
Boitin IV, 129—132. 184.
Boizenburg III, 111—122. 154.
Bölkow IV, 415.
Bollbrücke III, 724.
Bolz IV, 186.
Borg I, 381. (390).
Borgfeld V, 185—187. 227.
Borkow IV, 174—176. 186.
Börzow II, 409—412. 420.
Bössow II, 351—356.
Brahlstorf III, 155.
Braunsberg IV, 416.
Bredenfelde V, 219—220.
Breesen V, 260—263.
Brenz III, 297—300. 315.
Briggow V, 220—222.
Bristow V, 71—79.
Broda III, 312.
Broock IV, 541—542.
Brudersdorf I, 568—573. (588—593). 586. (608).
Brüel III, 386—395. 478.
Brunow III, 215—217. 314.
Brunshaupten III, 530—533. 723.
Brunstorf I, 308. (408).
Brütz IV, 400—404.
Brütz, Gross- II, 505—509.

Brütz, Langen- II, 658—659. 685.
Brüsewitz II, 687.
Buchholz b. Gadebusch II, 520.
Buchholz b. Brüel III, 430—432.
Buchholz b. Schwaan IV, 26—27.
Buchholz b. Röbel V, 560—568.
Bukow, Alt- III, 488—490. 721.
Bukow, Neu- III, 480—488. 721.
Bülow b. Rehna II, 519.
Bülow b. Crivitz III, 363—366.
Bülow b. Malchin V, 66—70. 224.
Burg, Hohe IV, 185.
Burow IV, 560—561.
Bütow V, 537—538.
Bützow IV, 41—74. 183.

C.

Cambs II, 657.
Cammin b. Laage I, 446—454. (461—469) (497).
Camin b. Wittenburg III, 94—96. 153.
Chemnitz V, 265—268.
Christiansnhof (b. Tessin) I, 438. (453).
Clausdorf V, 227.
Conow III, 167—171.
Consrade II, 664—665. 686.
Cramon II, 645—648 V, 462.
Crivitz III, 317—331. 382.

D.

Dabel IV, 172—174. 185. 186.
Dahmen V, 138—139. 226.
Dambeck b. Schwerin II, 641—645.
Dambeck b. Bülow III, 210—213. 314.
Dambeck b. Wredenhagen V, 527—534. 596.
Damerow b. Goldberg IV, 419.
Damerow b. Domsühl IV, 470—471. 633.
Damerow V, 462.
Damm b. Dargun I, 585. (606).
Damm b. Parchim IV, 491—494.
Dammerstorf I, 398. (408).
Dammwolde IV, 626—629.
Damshagen II, 357—361.
Dänschenburg I, 374—376. (384—386).
Dargelütz IV, 488—490.
Dargun I, 516—563. (534—582). 585. (606).
Darze IV, 571—572.
Dassow II, 392—401. 420.
Demen III, 344—347.
Demzin V, 225.
Demzin, Hohen- V, 79—81.
Depersdorf I, (497).
Dersenow III, 143.
Deven V, 364—365.
Diedrichshagen II, 412—416.
Diemitz V, 585—586.
Dierhagen I, (372—373). 379—380.
Dierkow I, 341. (347).
Döbbersen III, 69—73.
Dobbertin IV, 349—371. 418.
Dobbin IV, 338—341. 417. 418.
Doberan III, 551—681. 724.
Dömitz III, 156—167.
Domsühl IV, 473—475. 630.
Dratow, Gross- V, 362—363. 461.
Dratow, Klein- V, 461.
Drefahl III, 218.
Dreilützow III, 79—81.
Dreveskirchen III, 491—496. 723.
Drüsewitz I, 438. (453).
Dudinghausen I, 480. (497).
Dümmer III, 153.
Dummerstorf I, 341. (347).
Düssin III, 155.
Dütschow III, 305—306.

E.

Eichsen, Gross- II, 493—502.
Eichsen, Mühlen- II, 503—504.
Eickelberg IV, 148—153. 185.
Eickhof IV, 185. 186.
Eldena III, 192—200.
Eldenburg V, 460.
Elmenhorst II, 375—379.

F.

Fahrenhaupt I, 398. (408).
Fahrenholz b. Schwaan IV, 182.
Fahrenholz b. Ivenack V, 226.
Farpen, Neu- II, 334.
Faulenrost V, 136.
Feldhusen II, 420.
Federow V, 346—350.
Finken V, 538—540.
Finkenthal I, 583—584. (603—605). 585. (606).
Flessenow II, 685.
Flotow, Gross- V, 287—288. 458.
Franzenberg I, 598. (619).
Frauenmark IV, 477—482.
Freidorf V, 458.
Fresendorf I, 341. (347).
Friedrichsdorf III, 723.
Friedrichshagen II, 416—419.
Friedrichshöhe I, 341. (347).
Friedrichsruh III, 383.

G.

Gaarz, Alt- b. Neubukow III, 507—513. 722.
Gaarz, Alt- b. Vollrathsruhe V, 462.
Gaarz, Neu- b. Neubukow III, 721.
Gädebehn b. Crivitz III, 385.
Gädebehn b. Stavenhagen V, 457.
Gaegelow b. Wismar II, 337.
Gaegelow b. Sternberg IV, 167—172. 186.
Gadebusch II, 456—487.
Gallin III, 135—136.
Gagzow II, 334.
Gallentin II, 685.
Gamehl II, 335.
Gammelin III, 9—13. 152.
Ganzlin IV, 618—620. 633.
Garwitz IV, 465—469.
Gehlsdorf I, 341. (347).
Gehmkendorf I, 598. (619).
Gerdshagen III, 723.
Gersdorf III, 724.
Gessin V, 137.
Gielow V, 148—152.

Gievitz, Gross- V, 365—371.
Gischow IV, 558—559.
Glaisin III, 315.
Glashagen III, 724.
Gnemern IV, 185.
Gnevsdorf IV, 615—617.
Gnoien I, 482—492. (499—509). 514. (532).
Godems, Gross- III, 309—310.
Goethen III, 383.
Golchen b. Brüel III, 478.
Goldbeck II, 419.
Goldberg IV, 342—349. 418.
Goldebee II, 251—254.
Goldenbow (A. Wittenburg) III, 154.
Goldenbow (A. Crivitz) III, 384.
Goldenitz III, 155.
Göldenitz IV, 19—20.
Goldenstädt II, 670—671.
Gorlosen III, 201—204. 314.
Göritz I, 481. (498).
Görnow, Gross- IV, 185. 186.
Görnow, Klein- IV, 185.
Gorschendorf V, 111—114. 225.
Görslow II, 660—661. 685.
Gottmannsförde II, 687.
Grabow III, 176—191. 313.
Grabow b. Wredenhagen V, 545—546.
Grambow II, 451—455.
Gramnitz III, 152.
Granzin b. Hagenow III, 132—133. 152.
Granzin b. Boizenburg III, 155.
Granzin b. Lübz IV, 549—551.
Grebbin IV, 484—486. 630.
Grenz, Gross- IV, 24—26.
Gresse III, 125—128.
Gressow II, 302—311.
Greven b. Boizenburg III, 134—135.
Greven b. Lübz IV, 556—558.
Grevesmühlen II, 339—351.
Grünenhagen IV, 186.
Grünenhof III, 152.
Grüssow V, 432—436. 462.
Grubenhagen V, 53—63. 224.
Gülze III, 123—124.
Güstow II, 520.
Güstrow IV, 187—265. 413.
Gutendorf, Alt- I, 198 (408).
Gutendorf, Neu- I, 198 (408).

H.

Haaven III, 478.
Hagenow III, 1—6.
Hallalit V, 224.
Hanstorf III, 717—721.
Heiligenhagen III, 543—546. 723.
Helle, Gross- V, 254.
Helle, Klein- V, 277—279.
Helm III, 153.
Hermannshagen IV, 183.
Herzfeld III, 306—308. 315.
Herzberg IV, 411—413.
Hinzenhagen IV, 417.
Hohenfelde III, 724.
Hohenkirchen II, 312—318.
Holdorf II, 520.
Holzendorf b. Brüel III, 421—424.
Holzendorf b. Sternberg IV, 186.
Hornstorf II, 235—240.
Horst IV, 183.
Hundshagen III, 723.
Hundorf II, 685.
Hundorf, Gross- II, 520.
Hundorf, Klein- II, 520.

I. J.

Jabel b. Dömitz III, 171—175.
Jabel b. Malchow V, 422—424. 462.
Jamel II, 422.
Jassewitz, Alt- II, 336.
Jesar, Kirch- III, 18—19.
Jesendorf III, 474—477.
Ilow II, 334.
Jördensdorf V, 35—41.
Jörnstorf III, 722.
Jürgenshagen IV, 106—107.
Jürgenstorf V, 164—168.
Ivenack V, 169—184.
Ivendorf III, 724.

K.

Kägsdorf III, 723.
Kalen, Alt- I, 577—583. (597—603). 585. (606). S. Neu-Kalen.
Kalkhorst II, 379—392.
Kalübbe V, 457.
Kambs b. Schwaan IV, 20—24.
Kambs b. Röbel V, 541—545.
Kämmerich I, 585. (606).
Karbow IV, 569—570.
Karcheez (Kirch-Geez) IV, 279—281.
Karchow V, 534—536.
Kargow V, 350—351.
Karin, Alt- III, 536—539.
Karow IV, 599—603. 633.
Karrenzin III, 308—309.
Karstädt III, 191—192.
Kastahn II, 421.
Katelbogen IV, 183.
Kastorf V, 198—200. 226.
Kavelstorf IV, 28—34.
Kelle, Gross- V, 596.
Kessin I, 291—298. (294—301). 341. (347).
Kieth V, 424—427.
Kieve V, 547—550.
Kirchdorf auf Poel II, 222—234.
Kittendorf V, 203—209. 227.
Klaber V, 48—51.
Kläden IV, 418.
Kladow III, 339—342.
Kladrum III, 357—360.
Klingendorf IV, 182.
Klink V, 389—390. 460.
Klinken III, 374—379. 383.
Klopzow V, 597.
Kluess IV, 414.
Klüss III, 219—220.
Klütz II, 361—374.
Kneese I, 400. (410).
Kobrow IV, 185.

Köchelstorf II, 336.
Kirch-Kogel IV, 388—391.
Kolbow III, 313.
Kölpin-See V, 462.
Kölzin III, 153.
Kölzow I, 394—397 (404—407) 398. (408).
Körchow III, 81—84. 153.
Kossebade IV, 487—488.
Krank III, 20—25.
Kraase V, 324—325.
Krakow IV, 314—319. 416.
Krebsförden II, 686.
Kreien IV, 565—567. 632.
Kritzkow b. Laage I, 457—460. (472—475). 480. (497).
Kritzow b. Crivitz III, 385.
Kronskamp I, 480. (497).
Kröpelin III, 514—522. 723.
Krukow V, 257 ff.
Krümmel V, 568—570.
Krusenhagen II, 334.
Kuchelmiss IV, 417.
Kucksdorf I, 399. (409).
Kühlenstein II, 419.
Kuhlrade I, 365—367. (373—376).
Kuhs IV, 414.
Kuppentin IV, 603—610. 633.

L.

Laage I, 439—445. (454—460). 480. (497)
Laase III, 470—472.
Laasch, Gross- III, 270—272. 314.
Labenz, Gross- III, 478.
Lambrechtshagen III, 706—709.
Langhagen V, 51—53.
Lanken IV, 552—555.
Lankow II, 687.
Lansen V, 375—377.
Lantow, Klein- I, 479. (497).
Lapitz V, 250—251. 457.
Lärz V, 580—585. 597.
Laschendorf V, 462.
Leezen II, 685.
Leisten IV, 633.
Lelzen V, 523—526.
Letschow IV, 182.
Leussow III, 272—275. 315.
Levenstorf V, 461.
Levitzow V, 32—34. 224.
Lexow V, 414—415. 463.
Lichtenhagen III, 698—706.
Liepen b. Tessin I, 435. (451).
Liepen b. Malchin V, 322—323. 459.
Liepen b. Penzlin V, 462.
Lelkendorf I, 597. (619).
Levin I, 564—568. (583—587).
Lohmen IV, 382—387. 419.
Loiz IV, 186
Loppin V, 462.
Lübberstorf III, 479.
Lübkow V, 249—250
Lüblow III, 295—296.
Lübow II, 265—275.
Lübsee b. Rehna II, 447—451.
Lübsee b. Krakow IV, 331—334.
Lübstorf II. 685.
Lübtheen III, 145—147. 155.
Lübz IV, 512—538. 631.
Lüdershagen IV, 327—331. 417.
Ludorf V, 512—520. 596.
Ludwigslust III, 229—269. 314.
Lukow, Hohen- IV, 103—105. 183.
Lukow, Gross- b. Penzlin V, 283—285.
Luckow, Klein- b. Vollrathsruhe V, 224.
Lupendorf V, 225.
Luplow V, 288—290.
Lüssewitz, Gross- I, 437. (453).
Lüssow IV, 286—291. 414.
Lütgendorf V, 429—432.
Lutheran IV, 538—539.
Lüttenmark III, 128—129.

M.

Malchin V, 84—111. 225.
Malchow V, 391—414.
Mallin V, 258—260. 457.
Malow IV, 630.
Manderow II, 337.
Marin V, 285—287.
Markow, Gross- I, 597. (618—619).
Marlow I, 388—394. (398—404)
Marnitz IV, 502—506. 631.
Marsow III, 90—93.
Martensdorf II, 336.
Massow V, 540—541.
Matzlow IV, 494—496.
Mechelstorf III, 722.
Mecklenburg II, 276—286. 336.
Meetzen II, 488.
Meierstorf IV, 506—507.
Melkof III, 151.
Melz V, 563—565.
Menkendorf III, 312.
Meschendorf III, 723.
Mestlin IV, 371—376. 419.
Meteln II, 685.
Meteln, Alt- II, 638—640.
Methling, Gross- I, 574—577. (593—597). 586 (607).
Methling, Klein- I, 586. (608).
Minzow V, 526—527.
Mirow II, 668—669.
Mistorf IV, 17—18.
Mistorf, Hohen- V, 24—29.
Moisall IV, 114—116.
Möllenbeck III, 221—224. 313.
Möllenhagen V, 303—304.
Mollenstorf V, 315—317. 458.
Möllin II, 520.
Mölln V, 270—276. 457.
Moltenow IV, 183.
Moltzow V, 224. 461.
Muchow III, 225—226. 313.
Muess II, 685.
Mulsow III, 496—498.
Mummendorf II, 402—405.
Müsselmow III, 424—427.

N.

Nätebow V, 520—522.
Nesse III, 204—207.
Nesow II, 519.
Netzeband V, 593—595. 597.
Neuburg II, 241—250. 334.
Neuenkirchen b. Wittenburg III, 65—68.
Neukirchen b. Schwaan IV, 96—103. 183.
Neuhof III, 68—69.
Neukalen I, 587—593. (610—615). 598. (619).
Neukloster (Sonnenkamp) III, 445—464. 479.
Neustadt III, 276—295.
Niehagen I, 380. (389).
Niehusen I, 380. (389).
Nieköhr, Gross- I, 515. (533).
Nieköhr, Neu- I, 515. (533).
Niendorf III, 144.
Niendorf, Gross- III, 354—356.
Niendorf, Klein- IV, 562.
Nossentin V, 420—421. 461.
Nostorf III, 131—132.

O.

Oettelin IV, 133—134.

P.

Paarsch IV, 465.
Pampow b. Schwerin II, 677—678. 686.
Pampow (A.-G. Teterow) V, 224.
Pankow, Gross- IV, 562—564.
Parchim IV, 420—464. 629.
Parkentin III, 710—717.
Parkow IV, 183.
Parum b. Wittenburg III, 77—78.
Parum b. Güstrow IV, 282—286.
Passee III, 498—499.
Passentin V, 280—283. 457.
Passin IV, 77—78.
Passow IV, 548.
Peckatel b. Crivitz II, 665—666. 686.
Peckatel b. Penzlin V, 318—321. 459.
Penzin III, 395—397.
Penzlin V, 228—249. 455.
Perlin III, 74—76. 153.
Petschow I, 418—424. (431—439). 437. (452).
Picher III, 27—31.
Pieverstorf V, 457.
Pinnow b. Crivitz III, 332—337.
Pinnow (bei Penzlin) V, 263—264.
Pisede V, 225.
Plaaz IV, 414.
Plasten, Klein- V, 361. 461.
Plüschower Mühle II, 322.
Plate II, 661—663. 686.
Plau IV, 571—590. 632.
Plauerhagen IV, 610—611.
Pokrent II, 510—512.
Polchow I, 468—472. (483—488).
Poltnitz, Adelig III, 316.
Poltnitz, Fürstlich III, 316.
Poppentin V, 441—442.
Porep IV, 509—511.
Poserin, Gross- IV, 392—395.
Pravtshagen, Gross- II, 421.
Preensberg II, 336.
Prestin III, 348—354.
Pribbenow V, 168—169.
Priborn b. Röbel V, 574—576.
Priborn, Wendisch- IV, 623—626.
Prisannewitz IV, 182.
Pritz, Hohen- IV, 176—178. 186.
Pritzier III, 148—150. 155.
Prokent, Alt- II, 520.
Proseken II, 319—330. 336.
Präzen IV, 281—282.
Puchow V, 252—253. 457.

Q.

Qualitz IV, 117—119.
Quetzin IV, 633.

R.

Radelübbe III, 152.
Raden, Gross- IV, 156—159. 186.
Radepohl III, 384.
Raduhn III, 380—382. 384.
Rakow III, 722.
Rambow V, 377—380.
Rankendorf II, 419.
Rechlin V, 578—580.
Recknitz IV, 292—298.
Reddershof I, 433. (448).
Redefin III, 31—35.
Redentin II, 334.
Rederank III, 723.
Reez IV, 34—35. 182.
Rehna II, 423—446. 519.
Rehse, Alt- V, 255—257.
Reinshagen IV, 298—304. 414.
Reinstorf IV, 183.
Remplin V, 114—116.
Rensdorf III, 124—125.
Retgendorf II, 649—652. 685.
Rethwisch III, 692—697. 724.
Retschow III, 546—550. 723.
Retzow IV, 620—622. 633. V, 597.
Reutershof V, 226.
Ribnitz I, 343—363. (348—371). 380. (389).
Ridsenow, Gross- I, 472—473. (489). 481. (498).
Rittermannshagen V, 145—147.
Ritzerow V, 162—163.
Röbel V, 464—511. 596.
Röckwitz V, 187—191.
Roggendorf II, 517—519.
Roggenstorf II, 405—409. 420.
Roggow III, 722.
Rom IV, 490—491.
Rosenberg II, 687.
Rosenow V, 200—202.
Rosin, Kirch- IV, 270—271.
Rossewitz I, 465—468. (480—483).
Rossow V, 589 ff. 597.
Rostock I, 1—280. (1—283).
Rothenmoor V, 226.
Rövershagen I, 315—319. (319—324).
Ruchow IV, 163—167. 185. 186.

Ruest IV, 376—378.
Rühn IV, 78—96.
Rumpshagen V, 304—306.
Russow III, 503—506. 723.
Ruthenbeck III, 369—372. 382.
Ruthenbeck, Neu- III, 382.

S.

Sagel V, 226.
Salitz, Gross- II, 513—516.
Sammit, Alt- IV, 319—320. 416.
Sanitz I, 425—432. (440—447).
Sarmstorf IV, 291—292. 414.
Satow b. Schwaan III, 540—542. 723.
Satow b. Plau V, 442—444.
Schaliss III, 153.
Scharstorf IV, 182.
Schlemmin IV, 183.
Schlieffenberg IV, 304—307.
Schlieven IV, 629.
Schlitz, Burg V, 82.
Schlön V, 356—361.
Schlutow I, 585. (606).
Schönau, Alt- V, 371—375.
Schönberg V, 595—596.
Schorrentin I, 594—596. (615—618).
Schwarz V, 584—585.
Schorssow V, 63—66.
Schulenberg I, 398. (408).
Schwaan IV, 1—15. 181.
Schwandt V, 279—280.
Schwerin II, 521—630. 684.
Schwerin, Alt- V, 417—419. 461.
Schwinkendorf V, 140—144. 225.
Selpin I, 438. (453).
Sembzin V, 463.
Serrahn IV, 334—337. 417.
Severin IV, 482—484. 629.
Siemen, Gross- III, 724.
Sietow V, 437—440. 463.
Siggelkow IV, 501—502. 630.
Slate IV, 497—500. 630.
Sommerstorf V, 387—389. 460.
Sonnenkamp (Neukloster) III, 445—464.
Sophienhof V, 461.
Speck V, 351—352.
Spornitz III, 302—305. 315.
Spronz, Hohen- IV, 35—40.
Stäbelow I, 298—302. (302—306).
Stassow I (453).
Stavenhagen V, 153—162. 226.
Steffenshagen III, 523—530. 723.
Steinbeck II, 520.
Steinhagen IV, 184.
Steinfeld, Raben- III, 385.
Sternberg IV, 134—148. 185. 186.
Sternkrug (zu Meierstorf) II, 422.
Stieten, Neu- II, 336.
Stolpe III, 301—302.
Stormstorf I, 434. (450).
Stralendorf II, 679—681. 686.
Strameuss III, 479.
Stubbendorf I, (410). 586. (607).
Stück, Kirch- II, 631—635.
Stuer V, 445—454. 463.
Stülow III, 724.
Suckow b. Güstrow IV, 266—267. 414.
Suckow b. Parchim IV, 507—509.
Suckow b. Malchow V, 463.
Sukow b. Crivitz III, 338—339.
Sülstorf II, 672—677.
Sülte II, 671—672.
Sülten b. Brüel III, 419—421.
Sülten b. Stavenhagen V, 210—211.
Sülze I, 382—386. (391—398).

T.

Tarnow b. Bützow IV, 124—128. 183. 184.
Tarnow b. Stavenhagen V, 222—223.
Tarzow III, 479.
Taschow IV, 182.
Tatow II, 335.
Techentin IV, 405—407.
Tempzin III, 397—418.
Tessenow IV, 630.
Tessin I, 401—405. (411—416).
Tessin b. Brüel III, 478.
Tessin, Gross- b. Warin III, 467—469.
Tessin, Gross- und **Klein-** IV, 416.
Teterow V, 1—23. 224.
Teutendorf I, 434. (450).
Teutenwinkel I, 325—341. (329—346). 342. 347.
Thelkow I, 410—414. (421—426). 435. (450).
Thulendorf I, 307—310. (311—314).
Thürkow V, 29—31.
Toddin III, 7—9. 152.
Tramm III, 372—374. 383.
Trebbow, Gross- II, 636—637.
Trechow, Langen-, Kapelle IV, 75—77. 184.
Tressow II, 336.
Triwalk II, 336.

U.

Uelitz III, 26—28.
Ulrichshusen V, 380—383.
Upahl b. Grevesmühlen II, 421.
Upahl, Gross- IV, 276—278. 416.

V.

Valluhn III, 109—110. 153.
Varchentin V, 211—216. 227.
Varchow V, 216—219.
Vellahn III, 84—90.
Viecheln, Hohen- II, 287—295. 336.
Vielen, Gross- V, 306—310.
Vielitz V, 383—387. 460.
Vietlübbe b. Gadebusch II, 489—493.
Vietlübbe b. Lübz IV, 572—573. 632.
Vilz I, 405—410. (416—421). 432. (447). 433. (448).
Vimfow IV, 419.
Vipperow V, 570—573. 597.
Vitense II, 519.
Vogelsang I, 433. (448).
Vogtshagen I, 342. (347).
Vollrathsruhe V, 224.
Volkenshagen I, 310—314. (314—319).
Vorbeck III, 342—344. 385.

W.

Walkendorf I, 415—418. (426—430). 436. (451).
Walow V, 436—437.
Wamckow IV, 178—181.
Walsmühlen III, 153.
Wangelin IV, 633.
Wangelin V, 427—429.
Waren V, 326—345. 459.
Warin III, 432—444. 478.
Warin, Klein- III, 478.
Warnemünde I, 281—290. (284—294).
Warnkenhagen b. Bützow IV, 183.
Warnkenhagen b. Teterow V, 41—44.
Warlitz III, 35—37. 152.
Warnow IV, 123—124.
Warsow III, 14—17.
Wasdow I, 507—510. (524—528). 515. (533).
Wattmannshagen IV, 307—313.
Weberin III, 385.
Weisin IV, 546—547.
Weitendorf b. Tessin I, 455—457. (470—472).
Weitendorf b. Laage I, 460—464. (475—480).
Weitendorf b. Wismar II, 331—332.
Wendorf III, 384.
Wendorf, Neu- I, 438. (453).
Werle b. Grabow III, 207—210.
Werle, Burg, b. Schwaan IV, 181.
Wessin III, 360—362
Westenbrügge III, 499—503.
Westhof III, 723.
Wiechmannsdorf III, 723.
Wiek IV, 181. 182.
Wiendorf IV, 15—16.
Wildkuhl V, 596.
Wilsen b. Lübz IV, 568. 632.
Wilsen u. Wilser Hütte b. Krakow IV, 417.
Wismar II, 1—221. 333.
Wittenburg III, 38—64.
Wittenförden II, 682—683. 686.
Witzin IV, 159—163. 185.
Wöbbelin III, 296—297.
Woggersin V, 268—270.
Wokern, Gross- V, 45—48.
Wokrent IV, 183.
Wolde V, 193—198. 226.
Woldzegarten V, 463.
Wolkow I, 588. (609).
Woltersdorf, Gross- II, 337.
Woosten IV, 396—400.
Woserin IV, 378—381. 418.
Wotenitz II, 420.
Wredenhagen V, 551—560.
Wrodow V, 253—254.
Wulfsahl III, 311—312. 316.
Wulfshagen I, 367—370. (376—380).
Wustrow I, 376—378. (386—389). 380. (389).

Z.

Zahren V, 310—315.
Zahrensdorf III, 137—140.
Zapel III, 367—369. 382.
Zarchin IV, 633.
Zarnekow I, 588. (609).
Zarnewanz I, 433. (449).
Zarrentin III, 97—109.
Zaschendorf III, 427—430.
Zeez IV, 182.
Zehna IV, 272—275.
Zepelin IV, 74—75.
Zepkow V, 560—561.
Zernin IV, 121—123.
Zickhusen II, 640—641. 685.
Ziegendorf III, 220—221.
Zielow V, 576—578.
Zierzow III, 226—228.
Zieslübbe IV, 471—473.
Zislow V, 444—445. 463.
Zittow II, 652—656.
Zwiedorf V, 191—193.
Zülow II, 686.
Zülow IV, 186.
Züsow III, 479.
Zurow II, 255—264.
Zweedorf (A. Boizenburg) III, 129—131. 155.
Zweedorf (A. Neubukow) III, 722.

Verzeichniss

derjenigen Familien und Einzelpersonen, welche mit Denkmälern verschiedener Art, sowie mit Stiftungen und Schenkungen von Kunstgegenständen vertreten sind.

(Die eingeklammerten Zahlen [nur bei dem ersten Bande] beziehen sich auf die Seiten der zweiten Auflage.)

A.

Abbe III, 142.
Abjörnsson III, 247.
Acidalius IV, 458.
Adam II, 102.
Adeler V, 19.
Adrum v. I, 553 (572). V, 43.
Aepinus IV, 404.
Agricola III, 341.
Ahlefeld v. II. 355. 309.
Ahrens (Arendt, Arens, Arns) I (373). 380. III, 147. 347. V, 561.
Albinus I. 290 (293).
Alen v. I. 208 (209).
Algrim V, 321.
Alheydis I. 213 (214).
Alkenius IV, 297.
Allem I. 366 (375).
Altrock v. I, 53 (52).
Andreae III, 105. V, 321.
Anthony I. 576 (596). 580 (601). 584 (605).
Aquarius III, 460.
Arendt (Arens, Arns) s. Ahrens.
Arenstorff v. V, 202. 315. 413. 570.
Arnim v. V, 77. 78. 122. 310. 361. 431.
Arnswaldt v. III, 432.
Aschersleben v. V, 268.
Attendorn v. I, 543 (563).
Atzmann V, 285.
Augustin III, 381.
Ave II. 419.
Averberg v. III, 497. 539. 725.
Axekow v. III, 672—674.

B.

Bachauw I, 454 (469).
Bäcker V, 279.
Baemeister I, (58) 603.
Bade II, 671. IV, 570.
Bademöller V, 52.
Badinck IV, 244.
Bahlmann (Halemann) IV, 15. 331. 610. V 197. 432.
Bahrenfleth V, 424.
Balk v. II, 317.
Balrüss I, 378 (389).
Bambam IV, 246. V, 43.
Banzkow II. 55.
Bapsien IV, 209.
Bärcholtz IV, 305.
Bardenfleth I. 552 (571).
Bardmann V, 288.
Barenbruge (Barenbrughe, Barenbrügge) I. 221 (222).
Barg II, 644. V, 349. 363.
Barken v. III, 341.
Barkentin (Berkentin) s. Parkentin.
Barnekow v. I, 201 (202). 210 (211). IV, 14. 89.
Barner v. (Berner) I (58). 604. II, 366. 373 656. III, 76. 359. 364. 366. 430. 476. 477. 542. 721. IV, 157. 222. V, 39. 596
Barnewitz v. I. 453 (468). 456 (471). III. 476. IV, 528. 529. 922. V, 580.
Barold v. I. 459 (474). IV, 339. 340. 341.
Barsse v. II, 298. 299. 442. 492.
Barsow (s. Passow).
Bart I (58).
Bartels v. II. 252.
Bärttling I (58) 604.
Bärtram III, 495.
Bassewitz v. I, 88 (90). 194 (195). 297 (300). 354 (360). 355 (361). 417 (430). 453 (468). 456 (471). 471 (486). 477 (494). 494 (513) bis 497 (515). 499 (517). 501 (517). II, 259. 271. 273. 355. 441. 511. III, 76. 473. 476. IV, 104. 105. 288. 368. 370. 371. V, 79. 81.
Bastian I, 563 (582).
Bauer III. 212. 213. 214.
Baumann (Buwmann) II, 97. 355. V, 258.
Baumgarten I, 217 (218).
Bavendererden III, 216.
Beckendorf v. III, 431.

Becker I, 30. 149 (151). 262 (264). 553 (572). II, 516. III, 59. 330. IV, 551.
Beckmann II, 628.
Beerling s. Behrling.
Beermann s. Behrmann.
Beese (Bese) I. 302 (305). IV, 27.
Behm V, 290. 557.
Behn (Behen) I. 376 (386). IV, 620.
Behnke (Behncke, Beneke) II. 644. 656. III, 137. V. 102.
Behr v. (Behr-Negendank) I. 354 (360). 409 (420). 429 (444). 471 (488). 498 (515). 499 (516). 502 (518). 505 (523). 513 (531). 552 (571). II, 285. 318. 327. 332. 453. 508. 515. 661. III, 474. 476. 477. 659. 701. 720. IV. 296. 325. 362. 369. 370. 371. 386. 545. 546. 548. V, 290. 315. 360.
Behrbom I. 405. 416.
Behrend IV, 616.
Behrens (Berens, Bärens, Bärends) I, 116 (119). 123 (125). 370 (379). 405 (416). III, 226. 360. 503. 542. 706. 716. IV, 391. V, 361.
Behrling (Beerling) III, 170.
Behrmann I. 369 (378). II. 567.
Beier s. Beyer.
Belloc de IV, 71.
Below v. II, 598. 644. IV, 275. 325. 380. 609. V, 15. 365.
Bennit IV. 386.
Benthien I. 306 (309).
Berg (Berch) I. 306 (309). IV, 568. V, 375. 490.
Berg v. I. 53 (52). 313 (317).
Berge v. dem V, 60.
Bergen zum I. 96 (97).
Bergk v. I. 46 (48).
Berken v. V, 522.
Berkholtz (Berckholz, Bergholz) **v.** II, 131.
Berndes III. 120.
Berner III. 28.
Bernewin I. 218 (219).
Bernhard III. 669.
Bernstorff v. II. 386. 387. 410. 411. 453. 455. 504. III, 80. IV, 92. 93. 100. 101. 481. V, 440. 585.
Bertekow v. I. 547 (566).
Berteke (Hertha) III, 105.
Berthold IV, 222.
Beselin I (58). 97 (98). 118 (121). 603.
Beste III. 512.
Beust I. 58 (56).
Beutvür II, 666.
Bevernest v. I. 428 (443). 429 (445). IV, 520.
Beyer (Beier) I. 306 (309). V, 584.
Beytin (Beythen) IV, 150.
Bibow v. I. 463 (479). 506 (523 524). III. 502. 503. 510. 511. 512. 535. 539. 672. IV, 102. 113. 146. V, 317.
Bidermoller V, 102.
Biel v. II. 326. 332. 388.
Bielke v. IV, 404.
Bierstedt III. 370.
Bilderbeck v. III. 332.
Billerbeck I. 541 (560).
Bims (Binsse) I. 200 (203). II, 412. III. 460.
Birkenstädt IV, 550.
Birnith III. 715.
Bischofshausen v. II. 504.
Blaffert II. 385.
Blanchert I. 477 (494).
Blanck (Blank) I. 354 (360). 377 (388). 424 (439). 444 (459). II. 327. IV, 555.
Blankenburg I. 505 (523).
Blecker II, 97.
Blifferniecht I. 64 (65). 98 (99).
Block I. 214 (215).
Blome v. IV, 39.
Blücher v. I, 269 (271). II, 273. III, 476. IV, 362. 369. 371. 609. V, 28. 29. 39. 40. 41. 113. 166. 167. 202. 208. 278. 360. 431. 437. 442. 536. 539. 550. 565.
Bock II. 286. III. 76. 342.
Böck III. 347.
Bockholdt I. 370 (379). 453 (468). III. 666.
Böckler (Böcler) I. 373 (383). 429 (445). IV, 172.
Böckmann v. I. 431 (446).
Bockwoldt v. s. Buchwald.
Böddeker II, 48. 75. 105. III, 437. IV, 72.
Boddin v. I. 53 (52). III. 539. V, 167. 361.
Bodeyn III. 228.
Böhl v. II, 648.
Bohnsack II. 165.
Boie IV. 244.
Bökholdt II. 102.
Bolbuck IV, 486.
Boldewin II. 479.
Boldt I. 297 (301). II. 239.
Bölckow V. 211.
Bole I. 318 (322). II. 240.
Bolkebar II. 216.
Bollbrügge III, 191. IV, 562.
Bolte III. 203. V, 163.
Bolten II. 630. V, 163. 568.
Boltzendahl IV. 334.
Bonhorst III. 285.
Bömer I. 187 (197).
Boochmann V, 223.
Borch II, 412.
Bording I. 124 (126).
Borger III, 271.
Borgert IV. 469.
Borghes (Borges) I. 219 (220).
Borke v. I. 208 (209).
Bormetten IV. 92.
Bornemann III, 472.
Bornfeldt v. II. 252. III. 206.
Borenstedt v. III. 228.
Bosselmann II. 361.
Both v. I. 356 (362). 445 (460). II. 366. III, 6. 223. 476. IV, 291. 481. V, 411.
Bothmer v. II, 374.
Bötteker V, 550.
Botticher (Bötticher) I, 123 (125). III, 499.
Boyen v. III. 171.
Bracke II, 250. IV, 571.
Brallies V, 491.
Brambegue III. 332.
Brand (Brandt) I, 138 (140). 168 (170). III. 381. IV, 118. 374. 375. 378. 391. 442. 496.

Brandenstein II, 209. V, 321.
Brandes I, 421 (437).
Brauer III, 13. V, 363.
Braun III, 417.
Brasch (Brasche) IV, 458. 564. 566. 568.
Breddin V, 218. 219.
Bredow v. III, 271. V, 39.
Breide I, 553 (571). V, 103.
Breidenbach v. IV, 222.
Breitenstern v. I, 51 (52).
Breithor II, 106.
Bremer IV, 561. V, 325.
Brenke III, 312.
Brense II, 286.
Brenner IV, 376.
Breuil du I, 58 (56. 58). 603.
Brock v. II, 386.
Brockdorff v. II, 368. 575. V, 262.
Brocken v. IV, 105. 111.
Brookes II, 509.
Brockmann I, 323 (328). V, 363.
Broker I, 113 (115).
Brömse v. II, 384. IV, 330.
Bronsart von Schellendorff IV, 326.
Bruche v. IV, 80.
Brüdigam I, 370 (379).
Brügge II, 176.
Brüggmann v. V, 41.
Bruhsaber III, 408.
Brüjer IV, 244.
Brümmer I, 306 (308). II, 52.
Brummerstädt V, 55.
Brun (Brün) I, 370 (379). II, 451. 573.
Brüning (Bruning) II, 284. 286. III, 204.
Brunswick I, 207 (208).
Brüsehaber v. IV, 166.
Brüseke II, 216.
Buch v. V, 200. 321. 580.
Buchholz I, 562 (581). II, 230. IV, 481.
Buchien I, 575 (596).
Buchow II, 242.
Buchs-Schwobach I, 212 (213).
Buchwald (Bockwoldt) **v.** II, 398. 400. IV, 27. 89. 158. 325. 326. 341. V, 50.
Buck II, 361.
Buckmann V, 578.
Buggenhagen I, 553 (571).
Budda IV, 104.
Bühring II, 635. IV, 614.
Bük II, 479.
Bukow (Bucow) I, 221 (222).
Bulle (Bülle) I, 150 (151). II, 442.
Bülow v. I, 88 (91). 296 (300). 357 (362). 386 (396). 413 (423). 445 (460). 453 (468). 456 (471). 501 (518). 552 (571). II, 418. 419. 453. 455. 460. 478. 501. 502. 508. 515. 562. 563. 644. 648. 650. 651. III, 89. 90. 92. 123. 147. 341. 344. 426. 429. 431. 437. 459. 476. 487. 490. 502. 510. 545. 549. 550. 659 bis 662. IV, 27. 68. 116. 145. 157. 158. 171. 180. 181. 282. 318. 325. 326. 334. 369. 370. 371. 380. 528. 529. 535. 609. V, 39. 50. 81. 262. 317. 321. 378. 390. 413. 440. 451. 490.
Bulten I, 370 (379).
Bulsz V, 114.
Bung II, 379.
Burchard (Borchard) III, 381. V, 309.
Burder I, 462 (478).
Burenius I, 40 (39).
Burgmann I, 59. 165 (167).
Bürkholz v. V, 62.
Burmeister (Burmester) I, 430 (446). II, 97. 154. 209. III, 19. 106. 123. 144. IV, 68. V, 361. 519.
Burow II, 97.
Burr IV, 567.
Burschaper I, 171 (172).
Busacker III, 171.
Busch III, 708. IV, 246.
Busse (Buss) I, 310 (314). IV, 494.
Büter IV, 269.
Butz II, 379.
Butzer IV, 247.
Bützow v. I, 194 (195). 313 (317).

C.

Caland s. Kaland.
Calander s. Kalander.
Calsow s. Kalsow.
Camen I, 217 (218).
Camerarius I, 78 (80). 80 (82). 98 (99).
Campe v. III, 11.
Camptz v. s. Kamptz.
Capellen v. V, 62.
Carel V, 169.
Carow s. Karow.
Carstens s. Karstens.
Cassubius s. Kassubius.
Celichius IV, 385.
Cempe II, 560.
Chradeder (?) III, 142.
Christiani I, 62.
Clandrian II, 65.
Clasen (Classen) I, 349 (354). 444 (459). II, 407. III, 67.
Clatt I, 387 (397).
Claus (Clausen, Claves) I, 378 (380). IV, 174. 457.
Clausenheim v. I, 477 (494). III, 83. 84. 89.
Clausing IV, 244. 347.
Clevohen II, 647.
Clevena IV, 244.
Cling (Clinge) I, (58). 604. 370 (379).
Clinthen (Clinthius) II, 109. 148. 156.
Coberow I, 150 (151).
Cohen II, 630.
Colberg II, 148.
Cölle II, 488.
Collen s. Köllen.
Conradi II, 328.
Cordeshagen III, 328.
Cossebade v. s. Kosboth.
Cothmann (Kothmann) I, 43. IV, 222. 337. V, 53.
Cramon v. I, 452 (468). III, 423. 424. IV, 157. 175. 380.
Crotogino IV, 223.
Crudopius II, 148. 153.
Cruger (Crüger) s. Kruger.
Crull s. Krull.
Curland I, 221 (222).

D.

Dabeler III. 373.
Dabelow IV, 568. Vgl. Dubau.
Daberstein (Dabelstein) s. Daversten.
Dade I. 378 (389).
Dahse III. 415.
Dale II. 567.
Dalheim III. 25.
Dalvitz IV. 296.
Damcke III. 147.
Danckwardt IV. 75.
Danek IV. 572.
Dänemark, Mitglieder des regierenden Hauses, I. 234 (235). III. 645. IV. 62. 66.
Daniel III. 217.
Dankver (Danckwardt) II. 216.
Danneel (Derneil) I. 370 ff. (379 ff.). III. 59. 140. 251.
Dannenberg v. II. 453.
Dannenberg III. 204.
Dargun II. 140. 214.
Darm IV. 567.
Darn IV. 571.
Darzow II. 442.
Dattenberg IV. 442.
Daversten I. 94 (96).
Dechow v. I. 372 (382). III. 476.
Decken v. der II. 509.
Dedewich I. 263 (265).
Degingk v. III. 429.
Dehn v. III. 128. 142.
Delien III. 25.
Dementroadt V. 200.
Dessow IV. 25.
Derneil s. Danneel.
Desborch II. 349.
Dessin v. IV. 370. 607.
Detert I. 452 (467).
Detlof (Dethloff, Detleff) I. 124 (126). 149 (151). 290 (293). III. 533. IV. 159.
Detmer II. 519.
Dewerth III. 274.
Deutsch I. 89 (91).
Dieckman IV. 378.
Dien (Dine) III. 31. 228.
Diessenbruch I (373) 380.
Diestel II. 443. 655. 656. 657. 659.
Dinners III. 228.
Dinggrav II. 49. 98. IV. 348.
Dippel IV. 70.
Ditmar IV. 616. 617.
Ditten v. III. 208. 209. 212. 214. 362.
Ditze II. 116. 117.
Dobau vgl. Dabelow.
Dobberlin III. 6.
Dobbin I. 218 (219).
Dober I. 98 (99).
Doberan IV. 296.
Dohse III. 274.
Dolch III. 25.
Dolge IV. 555.
Doll IV. 407.
Dömelow III. 702.
Donaht II. 314.
Depp IV. 102.
Döpke II. 516.
Döring v. I. 85 (87). III. 72. 74.
Dorne v. II. 383. 384. 385. 392. V. 431.
Desebeck III. 702.
Dreps v. V. 427.
Drevenstede I. 123 (125). 274 (277).
Drewes I. 123 (125). II. 405. V. 573.
Dreyer III. 285. 417.
Driberg (Drieberg) II. 648. IV. 38. 39. 40.
Drigalski V. 524.
Driver III. 362.
Droishagen (Drulshagen) II. 209.
Drühl V. 251.
Dücht IV. 491.
Duncker III. 207. IV. 159. 488. 561.
Dunkelmann IV. 622.
Duriar II. 156.
Düring (Dühring, Düringk) I. 116 (119). II. 350. 387.
Dupuits (du Puits) I. 421 (434). 422 (437). 423 (438). V. 536.
Dave III. 106.
Dewall V. 589.

E.

Eddelandis I. 191 (192).
Eckhorst (Eckorst) II. 663.
Efert s. Evers.
Eggebrecht I. 305 (308). 306 (309). II. 49. 154. 208.
Eggers I. 370 (379). IV. 176.
Ehlers (Elers) I. 114 (116). II. 640. III. 165. 342. IV. 539. 542.
Ehrke V. 538.
Eichholz III. 106.
Eichmann V. 582.
Eixen II. 97.
Eksen II. 62.
Elderhorst v. I. 53 (52). IV. 387.
Eler I. 242 (244).
Elern (Ehlern) v. I. 414 (426).
Elers s. Ehlers.
Elich I. 372 (382).
Elmhof II. 97. 209.
Emme II. 575.
Engel II. 68. 328. IV. 118. 542. V. 105.
Engel v. III. 429. V. 262. 263. 280.
Engelbrecht I. 150 (151).
Engelke IV. 438. 542.
Enghart II. 61. 148.
Elsner III. 59.
Elvern III. 344.
Erasmus I. 444 (459).
Erlenkamp v. V. 315. 536. 580.
Ertmann (Erthmann) II. 419. III. 217.
Eschembe IV. 622.
Eschenburg IV. 275. 320.
l'Estocq s. Lestocq.
Eter IV. 347.
Evermann II. 355.
Evers (Ewers, Ewert, Efert, Everdes) I. 274 (277). 444 (459). II. 234. III. 356. IV. 128. V. 304.

F.

Faber III, 189.
Fabrice v. II, 512, 518, 519. V, 193, 198.
Fabricius I, 373 (382), 561 (581). IV, 559.
Faget I, 510 (528).
Fahrenhorst I, 336 (341).
Falk (Falke) IV, 348.
Falkenhan III, 459.
Faster I, 366 (375). IV, 570.
Fehr v. d. II, 97.
Fehland (Feland) III, 6.
Feldt II, 361.
Felhering II, 240.
Ferber v. I, 471 (487). III, 431. V, 215, 278 565, 596.
Fertese II, 419.
Ficke (Ficke) III, 506. IV, 252.
Fidler I, 59.
Finck (Fincke, Finke) I, 124 (126). II, 350. IV, 69, 112, 303. V, 586.
Finecke (Finecke) v. II, 271. III, 720. IV, 30, 222, 275, 289. V, 129.
Finmann IV, 70.
Fischer III, 415, 422.
Flege II, 386.
Fleisten V, 130.
Flotow v. I, 431 (446), 543 (563), 552 (571). III, 215, 534, 720. IV, 32, 35, 362, 362. V, 412, 435, 437, 444, 450, 451, 541.
Flotow IV, 347.
Fluge I, 56, 55.
Fohe (Fos) I, 124 126) (373) 380. Vgl. Voss.
Foht IV, 75.
Folcher v. I, 506 (524).
Földtner III, 203.
Folschen I, 348 (354).
Frätwurst (Frebtwurst) I, (373) 380.
Frahm (Fram, Framm) II, 443, 518. III, 147. IV, 375.
Franck v. III, 13.
Franck (Frank) III, 106, 190. IV, 145. V, 179, 181, 321.
Franz Caspar III, 264.
Fratscher II, 261.
Fredenhagen V, 62.
Frederus I, 98 (99).
Freiberg v. IV, 176. V, 536.
Freiburg v. I, 83 (84). IV, 609.
Frentzke IV, 407.
Frese I, 510 (528). III, 55, 347. V, 211.
Fretwurst s. Frätwurst.
Freundt (Fründt) I, 510 (528). V, 187.
Fridag V, 50.
Friederici II, 292, 294.
Friedrich III, 171.
Frielingen II, 617.
Friese V, 585.
Frisch v. V, 431.
Frod IV, 475.
Fromm I, 349 (354).
Frolike V, 98.
Fröwke (Fröveke) II, 650.
Fründt s. Freundt.
Fuchs II, 681.
Fuhrmann I, 562 (581).

G.

Gabel V, 490.
Gade II, 361.
Gamm v. IV, 289.
Gans IV, 120, 222, 390.
Gardelin IV, 24.
Garnatz II, 209.
Garves IV, 564.
Gätcke V, 114.
Gaul V, 576.
Gebhardt V, 244.
Geismar v. II, 379.
Gelenhausen v. III, 11, 80.
Gerdes (Gherdes, Gherardus) I, (58), 210 (211), 305 (309), 604. II, 61, 109.
Gerke I, 63, 274 (277). IV, 481.
Gerling I, 513 (531).
Gerloff I, 408 (419).
Gerrahn IV, 376.
Gertrud (Gheseke) III, 105.
Geyersperger III, 165.
Ghnemer I, 62 (61).
Gielow (Gilow, Gilauw) II, 379. V, 50, 180.
Gierke III, 302.
Giertz IV, 292.
Giese III, 30, 204. IV, 438. V, 280.
Giesenhagen IV, 523.
Gilhof IV, 494, 495, 496.
Giwertze v. III, 670.
Glasow V, 52.
Glöde III, 512.
Glöwe IV, 370.
Gluck IV, 220.
Glüer v. I, 313 (317).
Gnoien (Gnouen) v. I, 202 (203).
Godhan (Gode, Godt) III, 200, 347.
Goeben v. I, 506 (523). III, 208.
Goeden v. III, 495.
Goegener (Goedner) III, 374.
Gode, Godt s. Godhan.
Göhren v. III, 150.
Golcen v. II, 644.
Goldenise (Golnitz) I, 171 (172). IV, 75.
Goldensee v. III, 57.
Goldstädt (Goldstede) I, 264 (266). II, 154.
Goldstein v. I, 148 (150).
Gorrissen v. IV, 159.
Göres II, 605.
Gösch IV, 275.
Goslik I, 452 (467).
Gösman IV, 610.
Gottfried II, 561.
Gottschalk (Gosschalk, Goschalk) I, 210 (211), 307 (310), 457 (472). III, 666. IV, 488.
Götze II, 109.
Graber IV, 133.
Grabow v. I, 310 (314), 427 (443), 428 (444), 538 (557), 552 (571). II, 254. III, 362. IV, 340, 371, 391, 399, 400, 481, 489, 545. V, 161.
Grabow (Grabau) IV, 292.
Gradner I, 378 (389).
Grambow v. V, 539.
Grambow IV, 602.
Grampe I, 218 (219).

Grastzin IV, 435.
Grantzow V, 550.
Grape v. I, 349 (354).
Grape (Grapius) IV, 252. V, 40.
Grapengiesser IV, 550.
Gräve IV, 617.
Grävenitz v. I, (52) 53. III, 84. 228.
Greff (Greffe) III, 144.
Greffrath (Greferaht) V, 152. 290.
Gregorius V, 257.
Grenlze (Grensce) **v.** I, 88 (90).
Gretmann IV. 228.
Grieben v. V. 418.
Grieffenhagen II, 509.
Grimm III, 59.
Griper V, 102.
Grisebach V, 270.
Grisen V, 102.
Gristow v. I 373 (382).
Gröben von der IV, 337.
Grogen IV, 523.
Gromann III. 305.
Gronewoldt II. 479.
Groningk (Groninch) III. 332.
Grot (Grote, Groth) I. 52 (50). 65. III. 476. IV, 133. 159. 391. V, 592.
Grött I. 387 (397).
Grove III. 131.
Grube v. IV, 622.
Grube I. 76 (78).
Grüenberg III. 142.
Grundgrieper IV, 25.
Grützmacher V, 52.
Gudejohann III. 546. IV, 243.
Gudeknecht II, 350. III. 19.
Guhike III, 226.
Gule I. 52 (50). 65. 170 (171).
Güldener v. I. 297 (300).
Gülen v. III. 80. IV. 527.
Gundlach III. 6. 9. 25.
Gundlach v. V. 306. 317. 323. 440. 526. 527.
Gunnibertus IV. 545.
Gusemann v. I. 396 (406).
Gysoow I. 208 (209).

H.

Haacke (Hacke, Haacker) II. 274. 379.
Haalwart III. 59.
Haas (Hasse, Hase) II. 240. IV, 12. 407. 491. 568. V, 491.
Habant III. 30.
Habiach III, 417.
Hackbusch V, 509.
Hacke v. II. 263.
Hackelbusch V, 578.
Hackert V, 137.
Hadeler (Hadler) I. 96 (97). II. 68. III. 400.
Hafemann (Havemann) I. 77 (79). 97 (98). II. 240. 568. III, 503. IV, 407.
Hagdorn V. 415.
Hagemann II. 519.
Hagemeister III. 530. 532. IV. 242. 244.
Hagen v. I. 553 (572). IV. 132. 137.
Hagen V, 390.
Hagenow v. I. 88 (91). 552 (571). III. 476.
Hager II. 109.
Häger IV. 500.
Hägert III. 310.
Hahn v. I. 116 (119). 337 (342). 392 (402). 396 (406). 498 (515). 538 (557). 547 (566/567). 551 (570). 553 (572). II. 634. IV. 223. 227. 337. V. 44. 73. 76. 77. 78. 122. 123. 124. 125. 126. 127. 129. 130. 142. 147. 376. 389. 418. 419. 545. 588. 589.
Hahn v. IV, 330.
Hahm II. 109. III. 17.
Haker V. 139.
Halberstadt v. II. 453. 502. 508. 655. 659. 661. III. 18. 19. 30. 95. 336. 423. 427. 431. 720. IV, 172. V, 77.
Hallervord I. 42.
Hamann III. 717.
Hamberg II, 286.
Hammerstein v. III. 67. 292. V, 579. 580. 589.
Han (Hane) I. 477 (494). 478 (494). IV, 385.
Hancke III. 421.
Haneke I. 209 (210).
Hannemann II. 479.
Hannotsau I. 42 (40).
Hansen II. 240. 560.
Harbrech (Harbrecht) II. 118. IV, 469. 475.
Hardenberg v. III. 67.
Harder I. 302 (305). 324 (328). III. 495. IV, 25.
Hardt v. d. I. 420 (433). 423 (438). 424 (439).
Hardt IV. 18.
Hardtwich s. Hartwig.
Haren v. II. 55.
Harm IV. 471.
Harmsen IV. 564.
Harnack III. 459. 499.
Harneisch V. 57.
Hartig II. 390.
Hartmann I. 459 (474). 464 (479). II. 677
Hartwig v. IV, 609.
Hartwig (Hartvicus, Hardtwich) I. 122 (124). 545 (565). III. 167. IV. 531.
Hasberg v. III 150.
Hase s. Haas.
Häseler v. I. 596 (618). II. 630.
Hass (Hasse) II, 327. III. 510. IV, 385. 386. V, 304.
Hattenbach II. 454.
Hauer I. 351 (357).
Hauff v. V. 259.
Haugwitz v. V, 352.
Haupt II. 61.
Hausbrandt IV. 375.
Hauschildt (Hausschildt) II. 677. III. 25.
Hausen v. I. 444 (459).
Hausmann I. 459 (475).
Hauswedel I. 421 (433).
Have vom II. 209.
Havesch V, 197.
Hecht V. 451.
Heerder V, 582.
Heide v. III. 461.
Heidemann I. 561 (581).
Heidensleben II. 677.

Heidtmann (Heitmann) I, 57, 562 (581). II, 450. V, 149, 440.
Heimburg v. I (57). 603.
Heincke (Heineke) III, 549. 550.
Hein v. V, 43. 44.
Hein (Heyn) IV, 469.
Heine II, 97.
Heinen v. I, 54.
Heinrich I, 289 (293). III, 64.
Heise IV, 246. V, 424.
Held (Heldt) III, 506. V, 20. 39.
Helms I, 576 (596). II, 665.
Helmstede II, 324. 326.
Helpte v. V, 179.
Henk (Henck, Henke, Hencke) III, 11. 28. 417. IV, 496.
Hengfoss II, 648.
Henig IV, 496.
Hennemann II, 311. III, 204.
Henning (Hennings) I, 351 (357). 370 (379). 380. II, 407. III, 300. IV, 494. V, 561.
Hentzen I, 290 (293).
Hermann (Hermans) I, 543 (563). III, 381. IV, 228. 442.
Hermes II, 150. 160. 688. III, 217.
Hersen III, 503.
Hertzberg (Herzberg) II, 61. 148.
Hess III, 347. V, 557.
Hetschack V, 40.
Heuckendorf II, 316.
Heyde v. d. II, 519.
Heyn I, 575 (596).
Hilbrant III, 308.
Hilgendorff (Hiljendorf) I, 490 (497). IV, 570.
Hill I, 76 (78).
Hillmann (Hildemann) II, 260. V, 144. 168.
Hiltermann I, 214 (215).
Hincke I, 296 (299). IV, 246.
Hindt I, 513 (531).
Hinrichs I, 348 (354). 491 (508). 567 (587).
Hinsky V, 500.
Hintze (Hinze) I, 477 (494). III, 379. V, 202.
Hintzenstern v. V, 431. 432.
Hinzmann I, 378 (389).
Hinzpeter (Hinterpeter) I, 444 (459). IV, 441. 442.
Hobe v. I, (52) 53. 506 (523). 508 (526). 509 (526). 538 (557). 565 (583). 566 (586). 567 (586). 576 (596). IV, 89. 303. 520. V, 166. 167. 168.
Hoff V, 151.
Hofmann II, 272.
Höfner I, 459 (475).
Hogreve III, 59.
Hoieckhusen v. V, 263.
Holdorp (Holdorf) II, 144. 645.
Holloger I, 56 (58). 604.
Holst (Holstnis) III, 339. IV, 126.
Holstein (Holste, Holsten) v. I, 53 (52). 191 (192). 355 (361). 552 (571). II, 655. III, 59. 529. IV, 165. 370. 529. V, 104. 287. 298. 340. 387. 390.
Holsten III, 702.
Holtz II, 285.
Holtzendorff v. V, 379.
Homeyer V, 163.
Homoth IV, 491.
Hoofein II, 443.
Hopfgarten v. II, 263.
Höpener (Höpner) IV, 171. 292.
Hoppe (Hoppe) I, 30. 61. 63. 64. 95 (96). 121 (123). III, 156.
Horfer I, 119 (122).
Horn I, 216 (217). 221 (222). V, 215.
Hornemann II, 419. III, 56.
Hortz s. v. Oertzen.
Hoth V, 321.
Hovel III, 105.
Hovier II, 118.
Hovisch II, 442.
Hübner II, 553.
Huchmeister II, 450.
Huddelbeck V, 303.
Hühn V, 285.
Hünemörder v. (Hunenmörder, Hunmörder, Hulmmörder) I, 309 (313). 310 (314). 323 (328). II, 254.
Hunemorder I, 302 (305).
Hugk III, 120.
Hundt v. II, 492.
Hüniken III, 342.
Husfeit IV, 561.
Huth (Hueth) v. III, 397. V, 276.
Huther II, 683.

I. J.

Iacobi (Jacobus, Jacob, Jakobs) I, 148. 150. 356 (362). III, 666. IV, 486.
Jagow v. IV, 313.
Jäger IV, 331.
Jahn v. d. III, 206. 207. IV, 104.
Jahnke (Janeck) I, (373) 380. III, 475.
Jalles III, 175.
Janentzky III, 209.
Iantzen I, 200 (203).
Janus IV, 277.
Jarchow II, 60.
Jasmund v. II, 283. IV, 385. 390.
Jaster II, 253.
Javort III, 275.
Ibendorff V, 163.
Ide II, 672. Vgl. Jiden.
Jeger IV, 437.
Jenderick I, 85 (88).
Jengel III, 217.
Jenisch V, 216. 219.
Jensen (Jensren) V, 258. 290.
Jeppe I, 580 (601).
Jeseke III, 417.
Jiden III, 532. Vgl. Ide.
Johann II, 567.
Johannsen IV, 617.
Jorck (Jorke) v. I, 201 (202). III, 530.
Jordan I, 116 (119). III, 417.
Jörgass (Jürgass) v. V, 596.
Jörn (Jörns) II, 683. IV, 292.
Joseph I, 255 (256).
Iserlohn (Iserenlo) v. III, 460.

Judelius II. 68.
Juhl II, 155 (271).
Junge II, 232. 284.
Jürges I. 457 (472).

K.

Käcker V. 573.
Kafen (Kaven) II. 479. IV. 494.
Kahl III. 536.
Kähler II. 471.
Kahte I. 369 (378).
Kähter V. 561.
Kaland (Kalant, Kalden, Kahlden) v. I. 205 (206). 538 (557). 552 (571). V. 114.
Kalander I, 451 (467).
Kalff I, 552 (571).
Kalsow (Calsow) II, 316. III, 142. IV, 376. 385.
Kämmerer IV, 244.
Kamptz v. I, 387 (397). IV. 337. 360. V, 263. 363. 431.
Kanzler I, 118 (121).
Karbarch v. s. Kerkberg, Kerberg.
Kardorff v. (Kerkdorp, Kerkdorf) I. 53 (52). 217 (218). 404 (415). 409 (420). 508 (526). 538 (557). 551 (571). 552 (571). 566 (585). IV. 35. V, 39. 435.
Karkhof s. Kirchhof.
Karnatz IV, 244. 320. 390.
Karow II. 46.
Karsten V, 451.
Karstens (Carstens, Kastens) I. 576 (596). 580 (601). II, 683. III, 550. IV, 620.
Kasau I, 418 (430).
Kasten s. Karsten.
Kassubius (Cassubius) V, 507.
Katt (Katte) I. 444 (459). IV. 457.
Kaufeldt (Kaufeldt) II, 372. III. 336. 337.
Kaysel V, 61.
Keding (Käding) I. 323 (328). 324 (329). 370 (379). 387 (397). II, 275.
Kegel I, 116 (119).
Keibel V. 262.
Keil I. 502 (519).
Kelpin I, 116 (119).
Kempe I, 306 (309). III, 550.
Kerkberg v. (Kerberg, Kirchberg) IV. 158. 228.
Kerkdorf s. Kardorff.
Kerkhof s. Kirchhof.
Kessler III, 717.
Ketelhodt v. III. 57. V, 506. 545.
Kettenburg v. d. I. 355 (361). 477 (494). III. 510. 721. IV. 242. V, 39.
Ketzedorp v. II. 567.
Kielmann V, 113.
Kieselbach IV. 285.
Kindler II. 311.
Kiepen III. 11.
Kirchberg v. s. Kerkberg.
Kirchhof I. 56 (55). (58) 603. 89 (91). 97 (98). II. 353.
Kirchringen (Kerkring) v. IV. 609.
Kisbach V. 187.
Kiser III. 475.
Kistenmaker I. 221 (222).
Kladow II, 97. 330.
Kläfsath s. Klevesath.
Klähn (Klehenius) I, 458 (474). 459 (475). III, 25.
Klankow IV, 469.
Klapprode I. 296 (299).
Klebsahl (Klevesal, Klevesadel) III. 487. 488. 522.
Klehenius s. Klähn.
Kleimann III, 136.
Klein v. I, 54 (53). III, 93.
Kleinow (Klenow) v. I. 88 (91). II, 286. III, 246. 331.
Klenz (Klentz) II, 677. III, 25.
Klepper III, 121.
Klessen V, 257.
Klevcheu (?) II, 647.
Klevenow IV, 386.
Klevesath V. 202.
Klinge I. 98 (99).
Klinggräff v. V. 264. 267.
Klingmann IV, 292.
Klitzing v. V. 113. 596.
Klockmann III, 106.
Klockner V, 191.
Klotze I. 123 (125).
Kluth (Kludt) II, 671.
Klugge V. 561.
Kläver II, 415.
Knacke IV. 561.
Knaustorff v. III. 12.
Knebusch IV, 551.
Knesebeck v. d. I, (58). 63. 64. 223 (224). III, 73. 127. 292. 427.
Knevel III. 132.
Knickenberg I, 96 (97). 167 (169).
Knipphausen v. II. 453.
Knull I, 298 (301).
Knuth v. V. 41. 518. 519. 524. 577.
Knuth (Knuht) IV. 471. V, 545.
Knüttel V. 586.
Koch (Kock, Kog) I, 123 (125). 513 (531). II, 97. 573. 644. IV, 475. V, 351.
Köckert II. 109.
Kohlhans-Strelendorff v. III. 423.
Köhn (Kohne) I. 296 (299). III, 444. IV, 292.
Koite V. 52.
Köke II, 286.
Kolbach I. 369 (378).
Köllen (Cöllen, Köln) v. I, 318 (322). 582 (602). IV, 312. 330.
Kollinck I. 456 (471).
Kollmann V. 435.
Kolmorgen IV. 561.
Kolsovy I. 457 (472).
Kolzow I. 452 (467).
Koneke IV. 614.
Könemann v. III. 150.
Königsmark v. V. 594.
Könike IV. 491.
Konow IV. 348.
Konrad III, 560.
Koop III. 131.
Köp V. 576.
Kopmann I. 62.

Kopp (Koppe) III, 475. V, 268. 550.
Koppelmann II, 470.
Koppelow v. I, 149 (151). 427 (443). 428 (443). 431 (446). II, 655. III, 212. 223. 224. IV, 291. 489. 563. 591. V, 180. 290.
Köppen V, 584.
Korckwitz v. V, 349.
Kordes I, 171 (172). IV, 176.
Körner III, 297.
Kortüm I, 221 (222). IV, 275.
Kosboth (Kossebade, Cossebode) v. I, 220 (221). IV, 33. 320.
Koss v. I, 409 (420). 449 (464). 450 (466). 451 (468). 452 (468). 567 (587). III, 56.
Kosse I, 50.
Köster (Koster) II, 216. 261. III, 536. IV, 407. 411.
Kothmann s. Cothmann.
Kraaz (Crace) I, 213 (214).
Krackewitz (Krakevitz, Crakevitz) v. I, 213 (214). 356 (362). 499 (516). IV, 371. V, 222. 585.
Krage II, 116.
Krakow V, 161.
Krahe III, 410. 415. IV, 531.
Krampe I, 218 (219).
Kras (Krass) I, 584 (605). II, 111.
Krassmann V, 163
Krauel (Krouwel) I, 76 (78). 150 (151). 169 (170).
Krause III, 536.
Krauthoff v. V, 257. 262. 263.
Kree s. Krey.
Kreitz III, 96.
Kremer I, 274 (277). 513 (531).
Krempien IV, 15.
Krey (Kree) III, 373. 374.
Kriegsheim v. I, 53 (52).
Krisow I, 296 (300).
Krivitz I, 453 (468). IV, 458.
Kröger s. Krüger.
Kröpelin III, 495.
Krosse III, 695.
Krouwel s. Krauel.
Krüger (Kröger, Kruger, Cruger) II, 97. 300. III, 135. 308. 332. 495. 721. IV, 101. 243. 265. V, 163. 197. 444. 591.
Krull (Krolle, Crull) I, 116 (118). 121 (124). 125 (127). 274 (277). II, 316. 317. IV, 437. V, 102.
Kremling IV, 269.
Krumsee V, 251.
Kruse v. IV, 370. 371.
Kruse I, 205 (206). 288 (292). II, 97. 112. 134. III, 213. 415. 417. 670. IV, 15. 626. V, 101. 102.
Krusemarck v. IV, 609.
Kugel V, 568.
Kühl II, 61.
Kühne III, 302.
Kulemann I, 210 (211).
Kulicke I, 296 (300).
Kummerow II, 355.
Kupas III, 217.
Kurzrock v. II, 598.
Kütemeyer II, 568.

L.

Lachmund IV, 15.
Ladendorf (Ladendörp) V, 161. 288.
Ladewiges v. I, 566 (585).
Laffert v. III, 64.
Lafrentz I, (58).
Lagemann V, 390.
Lale IV, 390.
Lamb (Lambius, Lamp) IV, 490. V, 501.
Lamm III, 19.
Lammeshovet IV, 107.
Lamprecht I, 562 (581).
Lancken v. d. I, 421 (434). 423 (438).
Lanckhof s. Langhof.
Landsberg v. IV, 341.
Lang (Lange) I, 196 (197). II, 262. III, 147. IV, 49. 292. 334. 629. V, 276. 323. 586.
Langefeld I, 124 (126). 314 (318).
Langen v. IV, 102.
Langen-Steinkeller v. II, 499.
Langermann v. I, 53 (52). V, 310. 363. 522. 536. 579. 580.
Langgut III, 330.
Langhof (Langhoff, Lanckhof) IV, 390. V, 325.
Lans s. Lanz.
Lantau I, 370 (379).
Lanz V, 375. 379.
Lauck III, 207.
Laurentz IV, 347.
Lauw (Louwe) I, 324 (329). III, 332.
Ledebur v. IV, 548.
Leddeghe II, 330.
Leers v. II, 493. 499. 501. 502. 504.
Lefers III, 444.
Lefort (Le Fort) v. IV, 371. V, 355.
Lehmann v. I, 410 (421).
Lehmann (Lemann) I, (52) 53. III, 506. IV, 147.
Lehmkuhl II, 502.
Lehsten (Lesten, Leisten) v. I, 50. 355 (361). 356 (362). 445 (460). 459 (474). 477 (494). 513 (531). 538 (557). 552 (571). 553 (572). III, 497. IV, 303. 486. 528. 622. V, 39.
Leiszow s. Leussow.
Lem III, 135.
Lembke (Lembcke, Lemcke, Lemke) I, 53 (52). 370 (379). II, 233. III, 120. 165. 166. IV, 494. 617. 626. V, 363. 561.
Lemm V, 561.
Lemmeier (Lemmeider) I, 65. 97 (99).
Lenthe (Lente) III, 190. 217.
Lentz I, 302 (306). II, 118. III, 717.
Lepel v. I, 498 (515). II, 350. 370. 508. 655. 656. IV, 89. 145.
Lepper I, 350 (356).
Leschebrand v. I, 464 (479).
Lesemann III, 167.
Lestocq (L'Estocq) v. V, 541.
Leue IV, 626.
Leussow II, 663. V, 550.
Levers II, 519.
Levetzow v. I, (57) 603. 194 (195). 309 (313). 313 (317). 323 (328). 499 (516). 552 (571). 595 (617). 596 (618). III, 90. 549. 650. 721. IV, 296. 318. 330. 337. 609. V, 30. 39.

Liebeherr v. III, 497.
Lievens v. II, 272. 274.
Liliensparre II, 68.
Linck (Lincke) IV, 561. 568.
Lindemann I, 66. III, 488. IV, 40. V, 241.
Lindenberg I (58).
Lindener III, 126.
Linsen IV, 608.
Linsing I, 171 (172).
Linstow v. II, 648. III, 720. IV, 325. 326. 334. 339. 380. 381. 394. 399. 602. V, 351. 431. 432.
Lippe-Weissenfels v. IV, 70.
Liphard V, 363.
Liseberg II, 407.
Liskow III, 510.
Livonius IV, 269.
Lobes II, 677.
Lockevitz I, 126 (128).
Lohe v. III, 352.
Lohmann V, 583.
Lopper I, 318 (323).
Lorentzen V, 304.
Lormann I, 370 (379).
Loseband V, 260.
Loste I, 301 (305). II, 552. 567. IV, 56. 59.
Löwe I, 348 (354).
Löwen v. V, 62.
Lowtzow v. I, 552 (571). 553 (572). II, 354. III, 720. IV, 529. V, 33. 34. 431.
Lubahn II, 669.
Lübbecke II, 516. III, 226.
Lubcke s. Lübke.
Lübeck v. IV, 33.
Lübke (Lubcke) III, 311. 467. 469.
Lucas II, 479.
Lucht V, 276.
Lücken v. V, 413. 442. 541.
Luckner v. V, 241.
Lucius V, 257.
Lucow s. Lukow.
Ludecus (Ludeke, Ludken) I, 222 (224). 323 (327).
Lüderitz v. V, 268. 450.
Lüders (Luders) I, 603 (57). 96 (97). 167 (169). II, 414. III, 131. 165. 217. 417. IV, 55. V, 105.
Luffe II, 479.
Lühe v. d. I, 350 (356). 355 (361). 360 (366). 387 (397). 391 (402). 392 (402). 396 (406). 397 (407). 404 (415). 408 (420). 413 (425). 414 (425). 424 (439). 428 (443). 429 (444). II, 285. 384. 398. 399. 553. 634. III, 487. 510. 512. 534. 535. 545. 677. 720. IV, 210. 366. 370. 386. 400. 484. 507. 529. V, 70. 114. 122. 123. 161. 167. 310. 535. 539.
Lühne v. d. s. Müller.
Lukow IV, 147. 386.
Lüneburg (Luneborch) III, 131. IV, 375.
Lüning V, 61.
Lunow I, 310 (314).
Luntz III, 466.
Lürr III, 131.
Lütens III, 226.
Luthe v. d. II, 118.
Lütkehennecke II, 97.
Luttermann I, 255 (256). 370 (379).
Lützow v. I, 356 (361). II, 488. 508. 509. 515. 516. 518. 572. III, 8. 59. 60. 72. 89. 90. 93. 125. 149. 150. 250. 359. 393. 505. 506. IV, 151. 152. 153. 289. 370. 607. 609. V, 40. 267. 431. 437.

M.

Maass (Mahs) I, 392 (403). II, 412. III, 717.
Madaus III, 224.
Mahncke (Manke, Mannke) II, 317. IV, 564. V, 578.
Make II, 240.
Malchien IV, 628. 629.
Malchow II, 97.
Maltzan (Maltzahn) v. I, 497 (515). 539 (557). 551 (570). 552 (571). II, 453. III, 364. 510. 512. IV, 89. 114. 341. 362. 366. 413. 529. V, 50. 57. 58. 60. 61. 62. 81. 125. 139. 144. 207. 243. 244. 245. 256. 258. 320. 349. 378. 379. 380. 381. 382.
Mandelsloke v. I, 340 (346).
Manderow III, 417.
Manegolt I, 221 (222).
Mann I, 265 (267). 604 (58). 76 (78).
Mantzel I, 288 (292).
Marci IV, 244. 246.
Markward (Marckwardt, Marquardus) I, 541 (560). IV, 473. 494.
Marien IV, 341.
Marin (Morin) v. V, 489.
Marten (Martens, Merten, Mertens) I, 370 (379). 454 (469). II, 216. IV, 625.
Martin III, 666.
Marwaf I, 380 (373).
Masius IV, 124.
Maurin IV, 561.
Maximilian I, 255 (256).
Mecklenburg v., Mitglieder des regierenden Hauses (Mecklenburg und Werle) I, 25. 119 (121). 164 (166). 171 (172). 255 (256). 274 (277). 276 (279). 348 (354). 349 (355). 350 (355). 353 (359). 355 (361). 393 (403). 538 (557). 551 (570). 555 (574). 556 (575). 567 (586). II, 54. 272. 273. 275. 280. 293. 348. 442. 473. 474. 478. 555. 556. 557. 560. 574. 577. 583. 584. 594. 599. 625. 663. 681. III, 121. 166. 171. 200. 218. 246. 249. 250. 251. 263. 264. 265. 266. 267. 268. 271. 273. 283. 378. 458. 466. 624. 625. 626. 628. 633. 634. 636. 640. 641. 643. 645. 647. 649. 655. 678. 684. 691. 717. IV, 17. 66. 68. 85. 87. 88. 92. 93. 96. 112. 148. 203. 204. 208. 210. 212. 213. 215. 216. 218. 223. 224. 226. 229. 267. 370. 404. 441. 523. 529. 531. 533. 535. 541. 570. 622. V, 20. 43. 116. 152. 160. 183. 575.
Mecklenburg v. I, 428 (443). IV, 281.
Medem v. V, 444.
Meding v. III, 149.
Medling (Meidling) I, 370 (379). 370 (380).
Meerheimb v. I, 54. IV, 31. 101. 112. 113. 114. 370.

Messe II, 109.
Meiden II, 480.
Meier (Meiger) II, 216.
Mein (Meyne) III, 144. 306. 660.
Meincke (Meineke) I, 370 (379). II, 118.
Meinshausen III, 367.
Meiborg III, 312.
Meitzer III, 330. 331.
Mense II, 216.
Mentzel V, 268.
Merten s. Marten.
Meschede v. I, 207 (208).
Mesmann V, 257.
Meteleke I, 370 (380).
Metterhausen I, 461 (477).
Mevius II, 50. IV, 153.
Mewes III, 217.
Meybom v. I, 203 (204).
Meyenn v. I, 579 (600). V, 387.
Meyer I, 169 (170). 290 (294). 323 (328). III, 123. IV, 334. 442.
Meylan V, 19.
Meyne s. Mein.
Michael (Michaelis, Micheli) I, 374 (384). III, 204. IV, 500. 617. 619. V, 414.
Michelstorf v. I, 334 (340).
Middendorf II, 114.
Mietz III, 214.
Milhan I, 374 (384). III, 17.
Mirow II, 663.
Missfeldt II, 663.
Mochov II, 216.
Molenwolt I, 149 (151).
Möllendorf v. II, 285. 659. III, 427. IV, 489. 490. 529.
Möller-Lilienstern v. V, 51.
Möller v. d. **Lühne** III, 502.
Möller s. Müller.
Molner I, 219 (220).
Molre s. Müller.
Moltke v. I, 53 (52). 94 (95). 143 (145). 150 (151). 330 (336). 331 (337). 335 (340). 336 (341). 337 (342. 343). 338 (343). 339 (345). 349 (354). 354 (360). 355 (361). 368 (378). 369 (378). 372 (382). 391 (402). 399 (409). 408 (419). 409 (420). 410 (421). 470 (486). 471 (488). 495 (513). 497 (515). 498 (515). 499 (516). 501 (517). 502 (519). 506 (523. 524). 551 (571). II, 359. III, 675. 676. IV, 89. 402. V, 52. 70. 113. 179. 191.
Moltkow I, 58. 603 (56).
Monich (Münnich, Munnik) II, 208. 404. IV, 356.
Morand III, 121.
Mörder v. I, 414 (426). IV, 318. 320. V, 215.
Möring I, 47 (48).
Morym v. s. Marin.
Mosol V, 592.
Mowe II, 240.
Moyelke II, 165.
Mozellenburch II, 356.
Mülbe v. d. III, 72. 73.
Muchow IV, 409.
Müller v. II, 441.
Müller (Molle, Molle, Möller, Molre) I, 54 (53). 58. 62 (61). 65 (66). 86 (88). 97 (99). 149 (151). 165 (166). 297 (301). 378 (389). 387 (397). 431 (446). 562 (581). II, 148. 294. 330. 369. III, 13. 58. 76. 140. 226. 330. 339. 356. 372. 443. 458. 510. 522. 536. 697. IV, 27. 159. 285. 292. 381. 386. 472. 620. V, 78. 102. 105. 144. 147. 285. 379. 550.
Mulsow IV, 89. 496.
Mummendorp II, 165.
Mundt III, 129.
Münster (Munster) v. I, 64 (65). 88 (90). 168 (170).
Münster (Munster) V, 187. 365. 444.
Murr IV, 75.
Muss IV, 121.
Mützel III, 670.

N.

Nacke I, 187 (189). 222 (223).
Nagel v. III, 56.
Nann II, 272.
Nasau III, 219. 220.
Naue IV, 628.
Nedden zur II, 568. III, 30. 31.
Nedden III, 105.
Negendank v. (vgl. Behr) I, 313 (317). 430 (445). 477 (493). II, 294. 318. 325. 326. 327. 328. 332. 372. 401. IV, 132. 158.
Nehls V, 390.
Neiman III, 550.
Nekel V, 419.
Nemzowius I, 306 (309).
Nenthow I, 107 (110).
Nese IV, 243. 555.
Nettelbladt v. I, (58). 97 (98). 168 (170).
Neubauer IV, 441.
Neuenkirchen v. s. Nienkirchen.
Neukrantz I, 84 (85).
Neulich v. I, 376 (386).
Neumann II, 451.
Neumeier III, 417.
Neutmann II, 274.
Nevendorf V, 163.
Niebuhr (Niebur) II, 97. 240.
Niederhöffer V, 507.
Niehenck I, 59. 165 (166).
Nielsen I, 567 (587).
Niemann (Niman) I, 378 (389). III, 226. 539. IV, 496. V, 197.
Niendorf (Nyendorp, Nygendorp) I, 214 (215). 219 (220). IV, 475.
Nienkirchen v. I, 414 (426).
Nikolaus III, 527.
Normann v. IV, 404.
Nortmann v. IV, 299.
Nurenberg V, 268.
Nüsch (Nüsche) III, 374. IV, 622.
Nygendorp s. Niendorf.

O.

Ockel II, 65. 154.
Ode I, 213 (214).
Odeslo I, 220 (221).
Oehlerking II, 488.

Oerkewitz I. 567 (587).
Offliger IV. 320
Ohlendorff v. III. 127.
Öhmke (Öhmken, Ohmke, Ohmken) II. 401. IV. 242.
Ohrtmann (Ortmann) I. 573 (592). IV. 411.
Oldenburg v. I. 368 (378). 538 (557). 552 (571). 565 (585) II. 271. 492. III. 519. IV. 106. 303. 304. 312. 318. 319. 339. 400. V. 14. 19. 413.
Oldenburg II. 666
Oldewelt I. 405 (416).
Oertzen v. I. 396 (406). 462 (477). 513 (531). II. 572. 631. 655. III. 11. 223. 490. 494. 505. 506. 511. 676. 720. IV. 12. 113. 114. 146. 609. 622. V. 19. 167. 222. 309. 413.
Olearius I. 421 (437).
Ortmann s. Ohrtmann.
Osten v. d. I 538 (557). 551 (570). V. 81.
Osten-Sacken v. IV. 325.
Otte V. 561.
Otto II. 147. 148.
Oeynhausen v. III, 90.

P.

Pagel IV. 147.
Pans II. 668.
Panneke (Panneken). III. 170. 171.
Papenhagen I. 113 (115). V. 197.
Parkentin (Barkentin, Perkentin, Berkentin) v. I. 355 (361). 428 (444) II. 146. 384. 386. 387. 397. 398. 401. 501. 560. 572. III. 123. 273. IV. 166. 178. V. 208.
Parkow I. 169 (171).
Parow V. 519.
Parsow s. Passow.
Paschen II. 677.
Paschetag (Paschedach) I. 458 (174).
Passau (Passow) V. 480. 491.
Passow (Parsow, Barsow) v. II. 568. III. 362. IV. 218. 219. 274. 275. 386. 404. 528. 529. 545. 622.
Paulsen v. II. 508.
Pawels (Paul) I. 50. 603 (58). V. 522.
Peccatel v. II. 47. 285. III. 427. V. 179.
Pederstorf v. III. 336. 393. IV. 162. 381. 628. V. 52.
Pegel II. 208.
Petersdorff v. IV. 171. V. 287.
Peitzmer II. 119
Pele II. 637.
Pemann V. 276.
Pensin (Penzin) IV. 121. V. 116 (?).
Pentz v. II. 271. 324. 366. 367. III. 6. 8. 9. 72. 92. 95. 147. 149. 174. 175. 426. 505. 506. IV. 391. 527. 529. 622. V. 317. 580.
Pentz III. 271. V. 414.
Permin (Permien) I. 351 (357). V. 582. 584.
Perow I. 218 (210).
Persewale II. 103.
Peters (Petersen, Peterson) I. 603 (57). 339 (344). 370 (379) 417 (430) II. 97. 250. 644. 670. IV. 391. 407. V. 317. 375.
Petraeus I. 370 (379).
Petri IV. 375.
Pfitzner IV. 442.
Piel (Piehel, Pil) I. 65 (66). IV. 13. V. 568.
Pinckpanck III. 356.
Pingel II. 209. III. 379. IV. 471. 472. 475. 488. 496. 555.
Pinnow II. 516.
Pipeloch I. 370 (380).
Piper I. 351 (356).
Pistorius II. 349.
Pita IV. 222.
Pladecius II. 61.
Plagemann I. 116 (119). II. 148. III. 306. IV. 407.
Plat le IV. 71.
Plate (Plahte, Pladt) I. 318 (323). II. 325. III. 487. 666.
Platen v. I. 421 (434). V. 268.
Plessen (Pless) v. I. 356 (361). 424 (439). 429 (444). 552 (571). II. 42. 247. 249. 250. 288. 292. 306. 307. 308. 309. 310. 317. 350. 353. 355. 359. 366. 367. 369. 370. 372. 373. 384. 387. 389. 498. 499. 501. 504. 508. 509. 567. 572. 650. 655. 656. 657. III. 9. 80. 391. 417. 423. 424. 426. 427. 429. 431. 476. 505. 510. 549. IV. 32. 89. 143. 165. 166. 318. 413. 520. 558. V. 179. 181. 121.
Plönnies (Plonnius) II. 374. III. 421.
Plovkov II. 112.
Plüskow v. I. 356 (362). III. 510. 511. 512. IV. 93. 100. 101. 370. 371.
Podewils v. I. 477 (493).
Podein I. 350 (356).
Poggenberg IV. 566.
Pogwisch (Powisch) v. IV. 220. 221. V. 168.
Pöhl IV. 475.
Pohley I. 55 (54).
Polchow IV. 442.
Poll (Pollius) IV. 162. 246.
Pollandt v. I. 53 (52).
Pollow V. 279.
Pommern (Herzöge Jürgen und Ulrich von) III. 224.
Ponink III. 417.
Posse II. 232.
Porthen III. 120.
Possel (Possil) IV. 174. V. 310.
Praget s. Prahst.
Pragstorf I. 116 (119).
Prahlow (Pralow) IV. 620. 626.
Prahst (Pragst) I. 306 (309). V. 321.
Prange (Pranger, Prank) IV. 391. V. 52. 361. 419.
Preen v. I. 88 (91). 150 (151). 194 (195). 313 (317). 420 (434). 421 (434). 422 (437). 423 (438). 424 (439). 429 (444). 450 (466). 452 (468). 464 (479). 547 (567). 548 (567). 552 (572). II. 644. III. 12. 431. 477. 542. 545. IV. 30. 33. 80. 105. 131. 158. 170. 529. V. 39. 40.
Prehn V. 561.
Prenger II. 239.
Pressentin v. II. 263. 659. III. 351. 352. 353. 362. IV. 145. 147. 318. 609.
Prestin IV. 407.
Pretorius III. 369.

Priestaf I. 491 (508).
Prignitz (Priegnitz) v. V, 522. 539.
Pripert V. 489.
Pritzbuer v. IV. 221. V. 377.
Prizelius II. 316.
Probst I. 491 (508).
Proel II. 440.
Prösch (Prösche) III. 25. 337.
Proyte I. 120 (122).
Puits du s. Dupuits.
Putlitz v. V. 122. 129.
Pütter I. 386 (396). 387 (397).

Q.

Quacke V. 576.
Quilitz V. 231.
Quistorp I. 58. 59. 93 (94). 165 (166). 370 (379).
Quitzke II. 400.
Quitzow v. I. 497 (515). IV. 362. 371. 483. 484.

R.

Rabe IV. 561.
Radem v. III. 705.
Radloff III. 76.
Radow (Radovius) I. 82 (83). 89 (91).
Räht IV. 626.
Ramin v. V. 352.
Ramp (Rampe) I. 604 (58). II. 103. 104.
Randow v. IV. 457.
Randt II. 677.
Ranitz II. 98. 203.
Rantzau v. II. 348. 518. 665. III. 9. 227. IV. 38. 163. 247.
Rase V. 162.
Rassow II. 472.
Rastorff v. s. Restorff.
Rathke (Ratheke) II. 97. V. 102.
Ratheack II. 667. 668. 670.
Ratnack III. 67.
Raven v. I. 463 (478). II. 262. 366.
Rausch II. 453.
Rebarch I. 366 (375).
Redelin IV. 564.
Reding II. 443.
Rehden v. IV. 318.
Rehwoldt IV. 128.
Regedantz V. 490.
Regentrogk III. 542.
Reiche III. 341.
Reichenbach-Lessonitz v. V. 193. 198.
Reimers (Remers) I. 567 (587). II. 659. IV. 304.
Reinecke (Reincke, Reincke, Reinke) III. 177. V. 349. 432.
Remmin v. V. 418.
Rehse V. 62.
Rentner V. 342.
Resing V. 79.
Restorff (Rastorff) v. I. 552 (571. 572). II. 386. 454. III. 167. 208. 222. IV. 92. 165. 166. 296. 391. 602. V. 161. 387.
Retzekow I. 212 (213).
Rewsch IV. 244.
Reuter I. 81 (82). 98 (99). II. 648. III. 171. IV. 387. V. 161.
Reventlow v. II. 261. 332. 348. 378. 643. III. 549. 675. 720. IV. 30. 31.
Rheder I. 46.
Richardi IV. 89.
Richartz I. 124 (126).
Richter I. 85 (87). III. 140. IV. 172. 218. 318. 387. 573. 595. V. 222.
Ridde V. 321.
Rieben v. I. 509 (527). IV. 609. V. 167. 310.
Ribow II. 48.
Riedel II. 441.
Riedemann I. 65.
Riesenberg III. 192. 271.
Riewe III. 716.
Riewolt III. 532.
Riga s. Heumann.
Ringkwicht (Ringwigt) I. 459 (475). V. 263.
Rike I. (58).
Risch IV. 568.
Ritzerow V. 147.
Ritzmann III. 147.
Röbcke (Röhpke) I. 316 (341). II. 668.
Rodde v. IV. 128.
Rode (Rohde) I. 270 (271). III. 338. 339. IV. 406.
Rodeier II. 317.
Rodemolner V. 489.
Rodolph I. 544 (564).
Rogge IV. 561.
Rogmann III. 305.
Rohck III. 6.
Röhpke s. Röbcke.
Rohr v. III. 147. IV. 609. V. 352.
Rohr III. 342.
Röhrdanz (Rohrdantz, Rohrdans) III. 466. IV. 441. 530.
Roloff I. 119 (121). IV. 385.
Rönckendorff II. 668. 670.
Rönfelden V. 509.
Röper III. 539.
Röring II. 102.
Rosengard I. 220 (221).
Rosenow IV. 123.
Rosin (Rosyn) V. 568.
Ross I. 370 (379).
Rossovius IV. 390.
Rostock (Rostke) v. I. 540 (559). 546 (566). V. 215.
Roste V. 50.
Rostke s. Rostock.
Rot (Rott) s. Ruth.
Rotermund v. I. 338 (343). 372 (382). IV. 223. 557.
Rothe II. 252.
Rother III. 557.
Röver I. 418 (430).
Rübe IV. 348.
Rubien II. 385.
Rude I. 451 (467).
Rüdiger v. V. 270.
Rudolph II. 560.

Ruge I, 64 (65). II, 154.
Ruger II, 114.
Ruilmann I, 429 (444).
Rümcker V, 161.
Rump (Rumpff) IV, 567. 568. 572. V, 526.
Runge (Runghe) I, 80 (81). II, 143. III, 443. 486.
Rünitz V, 379.
Rusch IV, 561.
Rüsck V, 578.
Rusenberg III, 147.
Russland (Kaiserin Katharina von) III, 166.
Rust I, 352 (357).
Ruth v. V, 379.
Ruth (Roth, Rott, Rot) III, 421.
Ruting II, 519.
Rütze v. IV, 32.

S.

Sachgow s. Zachow.
Sachse I, 297 (300).
Sachsen (Herzog Joh. Friedrich von) I, 119 (121). 164 (166).
Sahlmann IV, 133.
Sala v. IV, 274. 325. 326.
Salamon V, 415.
Sandberg II, 516.
Sandow IV, 242.
Sanitz v. V, 208.
Saran V, 580.
Sarkander I, 580 (601). 584 (603).
Sasse I, 603 (58). 222 (224). 370 (379). 544 (565). 561 (580). II, 203. V, 197.
Sauerbirn III, 6.
Säwekauw (Sevekow) IV, 124.
Schabbelius II, 140. 209.
Schachschneider III, 329.
Schacht II, 325.
Schack v. I, 451 (467). 502 (519). 579 (600). 581 (601). II, 263. 271. 274. 400. 401. 454. 455. 508. 553. 659. 680. 681. III, 11. 59. 80. 125. 342. 424. IV, 157. 158. 163. 481. V, 41.
Schade v. I, 53 (52).
Schademöller III, 527.
Schalburg IV, 551.
Schaller III, 56.
Schänick I, 376 (386).
Scharenberg III, 265.
Scharffenberg (Scharffenbergk) v. II, 284. III, 150. 227.
Scharrenhorst v. IV, 494.
Scharping (Scharpinck) I, 567 (587). IV, 390.
Schartow III, 329.
Schatelia IV, 376.
Schauenburg IV, 265.
Schaumburg-Lippe IV, 165.
Scheel v. IV, 171.
Scheffel II, 97.
Scheffer IV, 247.
Schell I, 318 (323).
Schenck v. IV, 308.
Scher III, 535.
Schermer I, 150 (151).
Schertling I, 431 (446).
Schilden v. III, 92. 93.
Schimmelmann I, 63.
Schipman IV, 292.
Schirlentius I, 421 (437).
Schlavcke IV, 391.
Schlecher III, 275.
Schled (Schlede) IV, 542. 620.
Schlee IV, 376.
Schlie (Schlije) I, 562 (581).
Schlieffen v. IV, 304. 313. V, 280.
Schliemann (Zliemann) IV, 386. 407. 411.
Schlippenbach v. V, 130.
Schlitz v. V, 81.
Schlowe II, 656.
Schlüter (Slüter) I, 118 (119).
Schmaggyl III, 59.
Schmal III, 165.
Schmecker (Smecker, Smeker) v. I, 201 (202). 476 (493). 552 (571). 553 (572). II, 648. V, 39.
Schmersaal III, 495.
Schmettau v. II, 635.
Schmidt (Schmid, Schmidius, Smidt, Smit, Smitt) I, 306 (309). 414 (426). 536 (555). 549 (568). 562 (581). 580 (601). 584 (603). II, 68. 148. 283. III, 217. 226. 379. 490. IV, 241. 292. 341. 622. 629. V, 19. 29. 50. 52. 137. 244. 290. 379. 522.
Schmitt v. IV, 609.
Schmill II, 669.
Schnehen v. III, 150. (nicht v. Schuchen).
Schneider II, 671.
Schnepel IV, 374. 403.
Schnittler I, 95 (96). 96 (98).
Schnobel III, 203.
Schnohr (Schnur) II, 49. 50. 66.
Schofelt III, 494.
Schoknecht I, 567 (587).
Schomaker (Schumacher) I, 603 (58). 223 (224). 457 (472). 510 (528). II, 118. III, 549. V, 576.
Schomann II, 240.
Schone I, 191 (192).
Schöneich v. II, 45. 64. 65. 500. 553.
Schonermarck I, 44 (45).
Schondorff IV, 561.
Schönemann IV, 628.
Schönfeld (Schönfeldt, Schonvelt, Schonevelt) I, 552 (571). II, 102. 274. V, 50.
Schoppingk (Schöpping) v. III, 697.
Schonow V, 31.
Schoof V, 561.
Schöpffer v. IV, 241.
Schorler I, 340 (355).
Schosse v. II, 380.
Schrader I, 233 (234).
Schröder (Schroder) I, 55. 213 (214). 357 (362). 567 (587). II, 61. 114. 284. 473. 516. III, 209. 212. 539. IV, 244. 378. 361. 550. 617. 620. V, 31. 39. 139. 161. 412. 507. 526. S. Skreder.
Schuchen s. Schnehen.
Schuckmann v. II, 508. V, 276. 349. 351.
Schulenburg v. d. V, 60. 76. 79. 122. 124. 125. 129.

Schulte (Schult, Schuldt, Schulz, Schultz, Schultze, Schulze) I, 53. 366 (375). 370 (379). 567 (587). 603 (58). II, 681. III, 217. 469. IV, 320. 411. 494. 607. 608. 628. V, 105 179.
Schultetus I, 65. 336 (341).
Schumacher s. Schomaker.
Schuslow III, 719.
Schuref v. I, 53 (52).
Schutte II, 144.
Schütz v. III, 37.
Schütz (Schutze, Schutz, Schutzen) II, 511. III, 76. 530. IV, 39. 252. 339.
Schwansee II, 185.
Schwarck III, 697.
Schwartz v. II, 503. 504.
Schwartz (Schwardt) II, 240. IV, 150. S. Swarte.
Schwarzkopf (Swartekop) II, 51. 97. 112. 146. V, 371.
Schwass (Schwertze, Swertze) v. III, 700.
Schwassmann (Schwasmann) IV, 438.
Schweder s. Sweder.
Schweinsteiner I, 362 (382).
Schwenn (Sven) II, 681.
Schwepre V, 208.
Schwerin v. I, 331 (336). IV, 206.
Schwert I, 567 (587).
Schwulges IV, 180.
Sconebom I, 98 (99).
Seberow v. III, 89.
Sebes I, 30 (58).
See v. II, 350.
Seedorf I, 387 (397).
Seehase II, 637. III, 6. 170. IV, 132.
Seehusen IV, 570.
Seeger I, 380 (373).
Seeler II, 200.
Seemann I, 302 (305).
Sehe v. I, 428 (443).
Sehestädt v. III, 150.
Segbusch V, 561.
Seiher (Seyer) III, 421. IV, 508.
Seitz v. IV, 176.
Sele II, 209.
Seliger I, 409 (420).
Selmers I, 370 (379).
Sellin V, 102.
Sellschopp V, 144.
Sengbusch (Sengebusch) I, 296 (300). IV, 391.
Senske I, 418 (430).
Sesemann III, 105.
Settegast II, 117.
Sever I, 575 (597). III, 545.
Severin III, 12.
Seyer s. Seiher.
Sibeth I, 393 (403).
Sibrand I, 89 (91). 97 (98). 168 (169).
Sickel III, 208.
Siedelmann IV, 247.
Siefried II, 239.
Sieghod III, 559.
Siems I, 376 (386).
Sienknecht II, 443.
Sievert II, 663.
Siggelkow (Sichelkow) II, 272 (?). 292. 294. 656. III, 421.
Sildekow (?) s. Zittow.
Silkendal II, 479.
Siller I, 603 (58).
Simon (Simonis) IV, 375. V, 544.
Sinnike V, 519.
Sittmann v. II, 401. 406. 407. 408.
Skeppenche II, 480.
Skreder (s. Schröder) III, 213.
Slede (Sledanus) I, 170 (171). II, 285. IV, 571.
Slesius IV, 616. 617.
Slois II, 165.
Slone II, 582.
Smedes I, 603 (58).
Söger I, 380 (373).
Sohst I, 593 (615).
Söllner V, 365.
Soltau IV, 378.
Soltwedel IV, 376.
Soltz V, 162.
Sommer IV, 145.
Sondershausen II, 441.
Sossenheim (Sossenheme) III, 476.
Spalding IV, 244.
Specktin IV, 334.
Sperling v. I, 200 (202). 335 (341). 423 (437). 509 (527). 604 (58). II, 47. 294. 389. 415. 650. 651. III, 171. 362. 395. 417. 430. 431. IV, 145. 157. 158. 296. 413. 591.
Spitznas v. I, 53 (52).
Sponholz II, 234.
Spörke v. II, 393.
Sprengel v. III, 127.
Sprengel II, 109. 656.
Springinsguth II, 61.
Stack IV, 310.
Stademann II, 240.
Staffeld v. V, 167.
Staffhorst v. III, 11. V, 379. 381. 382.
Stalberg (Sthalberg) V, 568.
Stalkopff II, 61.
Stall I, 552 (571).
Stallknecht II, 440.
Stang (Stange) II, 233. 644. 645. III, 409.
Stark (Starck) I, 568 (587). IV, 591 (625).
Staudinger IV, 334.
Stavenhagen III, 472.
Stavenow I, 200 (203).
Steffen III, 147.
Stegmeister III, 96.
Stein (Sten) I, 150 (151). IV, 291. 542. 561. V, 79. 340. 509.
Steinbeck (Stenbek) I, 392 (403).
Steinkopff I, 576 (596).
Steinmann II, 504.
Stelmann IV, 247.
Stenbek s. Steinbeck.
Stenbringh I, 203 (204).
Stenfeld II, 97.
Stenhagen (Steinhagen) IV, 320.
Stenglin v. IV, 113.
Stenmetzer I, 123 (125).
Stenvord II, 301.
Sterk V, 586.

Stern v. III, 133.
Sternberg (Sterneberch) I, 405 (416). IV, 541. 567.
Sternhagen V, 218. 219.
Stever III, 512.
Sthalberg s. Stalberg.
Stieber I. 575 (596).
Stier (Stir) III. 135.
Stieten v. II. 114. 209.
Stilmacher III. 129.
Stindtmann V. 361.
Stir s. Stier.
Stoffer IV. 128.
Stoll V, 245.
Stolp II. 144
Stolt (Stolte) III. 213. IV, 292.
Stolzenburg V. 414.
Storch v. III. 431. IV. 243.
Storch V. 424.
Storm v. II. 353. 354.
Stormer III, 17.
Stralendorff v. I. 331 (337). 430 (445). 510 (527). 579 (600). 581 (601). II. 64. 65. 86. 252. 254. 259. 262. 263. 353. 415. 498. 499. 501. 502. 643. III, 364. 395. 432. 475. 476. 511. IV, 158. 219. 318. 371. 399. 526. 529. 557. 602. V, 34. 70. 179. 379. 585.
Strassburg (Strasburg) II, 61.
Stralfelt V. 260.
Striberit (Striberich) III, 170. 171.
Ströfen v. I, 409 (420).
Strübing I. 53 (52).
Struck II. 659.
Strunkede v. IV. 318.
Stüdemann (Studmann) I. (496). IV, 442. V. 377.
Studemund V, 60.
Stuhr (Stouhr) III. 717.
Sturz (Sturtz) I. 373 (382). V. 29.
Stüve (Stüff) II. 97. 144. 214. V, 51.
Svanlenius I. 93 (94).
Suchting I, 64. 65.
Suckow v. I, 200 (201). 552 (571).
Suderow IV, 411.
Suhm v. II. 503. 504.
Suhr IV, 500.
Suhrbier (Zurbier) I, 370 (379). V. 578.
Sülver V, 151.
Susemihl (Susemiel) II, 109. IV, 617.
Süsskind II, 399.
Sugel (Suwgel) I. 149 (151).
Sweder IV. 25.
Sylveke IV. 246.

T.

Tadewoldes I. 454 (469).
Tamm (Tam) IV, 390.
Tank I. 255 (256).
Tarnewitz (Tarnevitz) v. II, 263. 368.
Tarnow I. 306 (309). II, 398. III, 550. IV, 244.
Tschentin II, 668.
Tede II, 97.
Tedran V, 586.
Teides IV, 386.
Teissen II, 68.
Teller V, 522.
Templin I, 584 (605).
Tessien I. 370 (379).
Testmann IV, 561.
Thier III, 417.
Thieme (Thime) III. 466.
Thien (Tien) v. II. 373. 690.
Thome I, 459 (474).
Thormann II. 65. 115. 117.
Thudenderp (Thoutendorp) v. I. 196. 408 (419).
Thun v. II. 661. IV. 59. 529.
Thurecow (Turekow) I. 56 (55). 603 (57).
Tibertius I. 500 (523).
Tidemann II, 479.
Tiede (Tide) II. 443. III. 274.
Tielke III. 56. 59.
Tiesenhusen v. I, 273 (276). III, 697.
Tilse IV. 495. 561. V. 592.
Timm (Timme) IV, 124. V. 70. 102.
Tienen (s. Thien) v.
Titen V, 586.
Todde II, 272.
Toll (Tolle) I, 290 (293). V, 279.
Töllner v. I, 89 (91).
Töllner I, 405 (416).
Tolzien (Tolzihn) IV, 75.
Toms III. 25.
Töppel (Toppelins) I. 370 (379). 576 (596). V, 48. 51.
Trallow IV, 541.
Trapman IV, 400.
Trechow (Trächo) V. 290.
Tregardt V, 387.
Treskow v. I, 461 (477).
Tretow II. 361. III, 506.
Trendelburg II. 97.
Treuenfels v. III, 67. IV. 413. V. 39. 62.
Treg V. 50.
Trotha v. V. 142.
Türck III, 474.
Twestreng v. IV, 406.
Twist I, 306 (309).
Tye V. 592.
Tzolkow IV, 456.

U.

Uhle III, 341.
Ulrich (Ullerich) III, 417. IV. 275.
Upahl IV, 319.
Uaeresle (Iserlohn) v. III. 460.
Uterharck I. 491 (508).
Urne I, 566 (585).

V.

Varnsholt II, 143.
Velthusen II. 37. 135. 209. 264.
Vendt V, 144.
Vermehren III. 203.
Vick (Vicke) I, 212 (213). III, 167. IV, 291. V, 321.

Vieregge (Vehregge, Viereck) v. I. 296 (300). 322 (327). 393 (403). 420 (441). 450 (474). 461 (477). 462 (477). 463 (478). 464 (480). 466 (481). II, 271. 442. III, 545. IV, 30. 153. 221. 223. 206. 207. 303. 313. V, 541.
Vieth III, 310.
Vietinghoff v. III, 429. IV, 31.
Vincke v. IV, 395.
Vinke III, 477.
Virck V, 414.
Visschahl III, 228.
Vitzenhusen V, 538.
Vleghe I, 209 (210).
Vogel IV, 319. V, 427.
Vogelsang v. III, 512. IV, 289. 290. V, 15. 19. 442.
Voisan I, 366 (375).
Völcker (Volckers, Volcker), II, 412. III, 6. IV, 101.
Volsche I, 351 (357).
Vonneilich s. Neulich.
Vooght II, 102.
Voss v. III, 206. 207. IV, 89. 221. 222. V, 114. 280. 289. 370. 371. 375. 588.
Voss (Vos) I, 150 (151). 169 (170). 378 (389). 380 (374). 593 (615). III, 341. V, 43. 44. 52. 169. 444.
Vrame II, 209.
Vreyholt I, 150 (151).
Vot V, 268.
Vughe I, 218 (219).

W.

Wachenhusen II. 680.
Wackenitz V, 596.
Wackerbart (Wackerbarth) v. II, 553. 575. III, 431. 535. 720. IV, 116. 103. 288. 289.
Wäde (Wede) V, 321.
Wädekin II, 688.
Wahnschafft IV, 234.
Wag nknecht V, 132. 163.
Wahnke v. V, 114.
Wake I, 370 (380).
Wale I, 540 (559).
Wallis III, 342.
Walsleben v. I, 295 (299). 297 (301). 331 (337). 338 (343). 424 (439). 427 (442). II, 325. 330. 332. IV, 341. 394. 395.
Walther (Walter) II, 232. IV, 92. V, 53.
Walton I, 98 (99).
Wangelin v. III, 720. IV, 152. V, 418. 419.
Wandtschneider IV, 555.
Warburg v. V, 290.
Wardenberg (Wardenburg) v. IV, 489. V, 202.
Wardmünd (Wardmunde) II, 300. 301.
Warendorp (Warendorff, Warenstorp) v. I, 213 (214). 552 (571). IV, 171.
Warmer II, 519.
Warneke (Warnecke, Warncke, Warnke) II, 68. 644. III, 373.
Warne I, 150 (151).
Warning IV, 542.
Warnow III, 477.
Warnstädt (Warnstedt) v. I, 471 (488). 567 (587). 580 (600). III, 393. 400. IV, 288. 486. 545. V, 41. 50.
Wartenberg v. V, 596.
Wascher V, 162.
Wassermann II, 330.
Watow V, 578.
Weber I, 53 (52). IV, 375.
Wedege (Wedige) I, 96 (98). 124 (127).
Wedel v. III, 341.
Wedow I, 149 (151).
Wege V, 539.
Wegener III, 285. IV, 625.
Weide v. d. III, 215.
Weiger I, 563 (582).
Weinhagen v. III, 429.
Weise V, 557.
Welder I, 262 (264).
Welle I, 123 (125).
Weltzien (Welzim, Welzien, Welzin) I, 322 (327). 499 (516). II, 263. 366. 508. IV, 318. 320. 370. 375. 545. 561. V, 412.
Wendhausen v. V, 418. 419.
Wendland v. III, 341.
Wendt (Went, Wente) I, 297 (301). 424 (439). 567 (587). II, 635. IV, 533. V, 61. 435. 565. 573.
Wenkstern v. II, 307. III, 175. 362. V, 317.
Werder v. (v. dem, zum) III, 140. V, 143. 250.
Werkmann II, 102. 165.
Werle s. Mecklenburg.
Wesebom II, 294.
Weser v. III, 671.
Wesken V, 584.
Wessel I, 454 (469). 457 (472). IV, 244.
Wetmer I, 218 (219).
Westphalen v. III, 11.
Westphal (Westpfahl, Westfahl u. s. w.) I, 298 (301). 370 (380). 581 (601). III, 532. IV, 128. V, 161.
Wesiendorp III, 533.
Wetstein (Wetzstein) II, 652. III, 30.
We tering v. III, 417.
Wettering II, 292.
Weyhe v. d. II, 553.
Weylandt V, 250.
Wickede v. I, 357 (362). II, 386. IV, 600. V, 113.
Wiechmann (Wichmann) II, 470. 519. III, 369.
Wien I, 53 (52).
Wiencke II, 681.
Wiese I, 368 (378). 369 (378). III, 228. IV, 378.
Wielze III, 203.
Wieger (Wiegert) I, 567 (587). II, 404.
Wiese (Wise) III, 561. 608. 671. 678.
Wiggers I, 306 (309). II, 405.
Wilcke (Wilcken, Wilckens, Wilkinus) II, 109. III, 55. 669. IV, 16.
Wilde I, 201 (202).
Wilgohs I, 380 (371).
Wilhelmi I, 297 (301).
Willebrand (Willwant) I, 82 (84). 409 (420). V, 43.
Willrath III, 362.
Wilsnack I, 593 (615).
Windt II, 144.

Winkelmann III, 106. IV, 114.
Winkler I, 445 (460).
Winter I, 376 (386). II, 143. III, 120. 549
Winterfeld v. II, 661. III, 212. 512. IV, 558. 609. V, 33. 34.
Wippert III, 477.
Wirkes II, 209.
Wise s. Wiese.
Wische v. d. I, 414 426). 562 (581). 584 (605).
Wischmann IV, 16.
Witman V, 51.
Witt (Witte) I, 201 (202). 208 (209). 374 (384). II, 451. IV, 69. 147. 500. V, 208.
Wittenburg (Wittenborch) I, 567 (587). II, 671. III, 347.
Wittling III, 697.
Witzendorff II, 511. V, 371.
Wöhler III, 706.
Wohnsfleth (Wohnsfloht) III, 128. 141
Wölcke (Wöldke) III, 140. V, 589
Wolde v. I, 335 (340). II, 553
Woldenbarch IV, 300
Wolf (Wolff, Wulf, Wulff) I, 150 (151). II, 264. 498. 516. III, 56. 59. 129. IV, 66. 391 496. 568. V, 79. 223. 435.
Wolfradt v. V, 202.
Wolfloff I, 264 (266).
Wollenberg I, 302 (306).
Wollenweber v. II, 102.
Woller I, 491 (508).
Wolters V, 576.
Wolzow v. III, 56.
Wopersnow v. II, 153.
Wordenhoff III, 550.
Woserin II, 317.
Wöstenberg II, 668.
Wotinneke I, 567 (587).
Wotzenitz V, 15.
Wrangel v. II, 53. 400.
Wrede (Wreede) v. V, 376.
Wrisberg v. II, 512.
Wrost I, 98. 99.
Wübbernitz III, 488.
Wunsen IV, 567.
Wurzbach V, 81.
Würzburg v. III, 120.
Wüsthof III, 165. 167.
Wutsoelze I, 209 (210).

Y.

Yde I, 213 (214).

Z.

Zabel V, 568.
Zachariae I, 562 (581).
Zachow (Sachgow) IV, 475. 494. V, 544.
Zander III, 490. 521. IV, 375. 614. V, 576.
Zarncke III, 473.
Zecherien I, 471 (487).
Zeilke V, 561.
Zeller V, 426. 427.
Zencker V, 52.
Zepelin (Zeplin) v. I, 396 (406). II, 644. V, 14. 30. 31. 144.
Zeplin I, 378 (389).
Zernotitzky IV, 102.
Zerrann IV, 611.
Ziel V, 114.
Zilmer V, 584.
Zimmermann V, 101.
Zittow (Tzultkow) II, 272.
Zitzow V, 349.
Zliemann s. Schliemann.
Züle v. III, 84. 92.
Zülow v. I, 55. II, 310. 680. 681. III, 550. 720. IV, 172. 381. 399.
Zurbier s. Suhrbier.

Verzeichniss
der mit Werken vertretenen Künstler.

(A. = Architekt, B. = Bildhauer, Ing. = Ingenieur, M. = Maler, Mn. = Malerin. Wo unter einem Namen mehrere Mitglieder einer Künstler-Familie zusammengefasst sind, tritt der Zusatz Fam. [= Familie] ein.)

(Die eingeklammerten Zahlen [nur bei dem ersten Bande] beziehen sich auf die Seiten der zweiten Auflage.)

A.

Albin, Mn., II, 639. III, 301. V, 150.
Andreae, M., I, 475 (492). III, 423. 494. 661. 665. IV, 31. 383. V, 409. 440.

B.

Barka, A., II, 170. III, 262. 268.
Berwald, B., II, 626.
Block, M.-Fam., I, 60. 84. 86. 93 (94). 94 (95). 118 (121). 214 (215). 235 (236). 323 (327). II, 131. III, 678.
Böckel (Bökel), M., II, 586. IV, 86. 213. V, 100.
Bormann, B., IV, 234. 236.
Brandin, A. u. B., I, 353 (359). II, 202. 203. IV, 213. 214. 217. 254. 366. 399.
Bremen, Hinrik van, A., II, 74. 127.
Brunow, B., II, 625. 626. IV, 462.
Brauswig, A., II, 164.
Bülle, B., III, 72. 104. V, 179.
Busch, Joh. Joach., A., III, 242. 255.
Busch, Joh. Georg, B., III, 269.

C.

Canow, M., III, 95.
Cauer, B., II, 595.
Chiaramela, A., II, 586.
Coppens, B., II, 559.
Cornelius v., M., II, 572.
Cranach, M., V, 371.

D.

Daniel, A., III, 267. V, 115.
Demmler, A., II, 617—624.
Dieussart, A. u. B., I, 535 (554). IV, 218.
Döteber, B., III, 656. 659. IV, 524.
Düssler, Mn., IV, 628

E.

Eckstein, B., III, 242. 243.

F.

Findorff, M., III, 243—246.
Fischer-Poisson, M. Fam., II, 292. 348. 404. 448. 593. 672. III, 164. 296. 332. 526. IV, 121. 169. 509. 550. V, 81. 414. 424. 429. 575.
Flohr, M., III, 335.
Floris, B., II, 586.
Frey, A., IV, 493.

G.

Georg, A., II, 186.
Genschow, B., II, 620.
Gillmeister, Glasmaler, II, 572. 582. 592. 596. IV, 367. V, 339. 488.
Grote, A., II, 34. 35.

H.

Hammerstein v., Ing., III, 292.
Hamilton de, M., IV, 251.
Haubitz, A., II, 481. 585. 603. 606.
Haupt, A., V, 135.
Heideloff, A., IV, 306.
Hertzog, M., I, 165 (166). V, 582.
Hille, M., III, 338.
Houdon, B., III, 257.

K.

Kaplunger, B., III, 255. 256. 257. 268.
Knesebeck v. d., Ing., III, 292.
Krommeny (Krummeney), M., III, 637. 678. IV, 213.
Krüger, A., II, 581. 595. III, 310. 612. IV, 548. V, 340. 479.

L.

Lange, M., I, 536 (555). II, 681. III, 272. 431. 457. IV, 561. 590.
Lenthe, M., I, 372 (382). 386 (396). 391 (402). 579 (600). II, 551. 573. 582. 592. 596. III, 251. 443. 466. 519. IV, 131. 295. 365. 367. 374. 380. 522. 614. V, 340. 487.
Luckow, A., II, 194.

M.

Martens (Mertens), A., II, 75. 128.
Möckel, A., III, 300. 659. 665. 691. 700. 702. IV, 433.
Münster v., A., II, 128.

O.

Oesicke, Mn., III, 297.
Orley van, M., IV, 234.
Oesterreich, M., V, 30.
Overbeck, M., II, 388.

P.

Parr, A.-Fam., II, 553. 585. 586. IV, 254. 257. 353.
Pfannschmidt, Karl Gottfr., M., II, 587. 591. IV, 337.
Pfannschmidt, Ernst, M., III, 225.
Piloot, Gerd Evert, Ing. u. A., II, 224. 608. 617 ff. III, 22. 659.
Pommerencke, M., I, 595 (617). II, 663.

Q.

Quellinus, Thomas, B., IV, 220.

R.

Ramp, A., I, 135 (137).
Rauch, Christian, B., II, 625.
Reutz, Ing., II, 578.
Rietschel, E., B., V, 196.
Rode, M., I, 76 (78).
Rodtschilder, A., IV, 259.
Rouw, B., III, 265.
Rumeschotel (Rumescotel), A., I, 17.

S.

Schadelock, A. u. B., I, 76 (78).
Schadow, B., I, 269 (271).
Schalcken, M., I (84).
Schinkel, A., IV, 360.
Schmidt, Mn., II, 508.
Schröder, B.-Fam., II, 586. 587. 589.
Schubert, M., V, 179.
Schumacher, M., V, 482.
Semper, A., II, 618.
Seydewitz v., Ing., III, 260.
Steinhäuser, B., II, 587.
Stever, M., II, 61. 596. III, 343. IV, 366. 367.
Stockmann, B., I (80). 106 (108).
Strempel, M., IV, 26.
Stüler, A., II, 619. V, 134.
Sturm, A., II, 578. III, 292.
Suhrlandt, M.-Fam., I, 348 (354). 427 (442). II, 640. III, 146. 216. 245. 246. 262. 265. 299. 328. V, 160.

T.

Techel, A., II, 585. IV, 533.
Thormann, A., II, 38.

V.

Vischer, B., II, 556.
Voss, A., II, 581.

W.

Werner, B., III, 656. 659. IV, 525.
Wilck, M., II, 621.
Wilde, M., II, 306. 383. 637.
Willebrand, A., II, 551. 618.
Wilgohs, B., II, 586. 625. IV, 366.
Wolff, B., III, 257.
Wünsch, A., II, 622.

Verzeichniss
der mit Werken vertretenen Kunsthandwerker.

(B. = Bildhauer. G. = Goldschmied. Gg. = Glockengiesser. Gl. = Glaser. M. = Maler. Mm. = Maurermeister. T. = Tischler. Zg. = Zinngiesser. Zm. = Zimmermeister. Wo unter einem Namen mehrere Mitglieder einer Künstler-Familie zusammengefasst sind, tritt der Zusatz Fam. [= Familie] ein.)

(Die eingeklammerten Zahlen [nur bei dem ersten Bande] beziehen sich auf die Seiten der zweiten Auflage.)

A.

Adam, G., I, 405 (416). 410 (421).
Ahlstorff, Zg., IV, 341.
Albrecht, Ed., Gg., I, 296 (299). 338 (344). 348 (354). 377 (388). 450 (460). II, 238. 272. 516. 555. 663. 666. III, 5. 105. 146. 170. 219. 226. 297. 310. 360. 379. 431. 502. 691. IV, 118. 124. 347. 484. 494. 511. 561. 573. 609. V, 14. 147. 190. 288. 349. 414. 427. 442. 546. 561.
Albrecht, Th., Mm., I, 133 (135).
Altrichter, Gg., V, 243.
Appelstädt, Kunsttöpfer, II, 630.
Armovitz (versehentlich einmal Witz gelesen), Gg., II, 407. 441. 511. III, 37. 67. 80. IV, 470.
Assmann, G., III, 191. 382. IV, 118. 617. V, 44. 352.

B.

Baasz, Zg., V, 345. 352. 375.
Bachmann, B., III, 255. 269.
Badino, Ziegler, III, 243.
Bauer, Kunstgärtner, III, 204.
Bauerfelt, M., I, 317 (322).
Baumann, Orgelbauer, I, 404 (415).
Becker, G., I, 62. 373 (384). 405 (416). IV, 331.
Bechlin, Zg., IV, 71. 128. 132. 286. 320. 381.
Beckmann (Beeckmann), B., II, 37. III, 468. 473.
Begun, Gg.-Fam., I, 561 (581). II, 203. III, 190. 353. 362. 415. 431. 466. IV, 171. 318. 325. 395. 475. 495. 559. V, 62. 144. 191. 200. 221. 262. 298. 317. 323.
Behmen, G., V, 116. 317.
Behnke, Uhrmacher, III, 243.
Behrens, Friedr., B., III, 269.
Behrens, G., IV, 15. 285.
Beitz, G., II, 212.
Belitz, G., IV, 112.
Beleen, Gl., IV, 306.
Bergmann, B., I, 25.
Bermann, B., II, 188.
Berner, G., II, 233.
Berninger, B., IV, 217.
Beumers, G., V, 204.
Beusemann, Zg., IV, 103. 551.
Biber (Bieber), Gg.-Fam., III, 84. 123.
Bilenberg, G., II, 210.
Binke (Bincke, Binge), Gg., II, 404. III, 5. IV, 242. V, 78.
Bitterlich, G., III, 308. IV, 501.
Blaukogel (Blawkogel!), Zg.-Fam., I, 454 (469). 510 (528). III, 706. IV, 121. V, 436.
Blieffert, T., III, 243.
Bock, M., III, 246.
Böckenhagen, Kupferschmied, IV, 306.
Böhle, T., II, 87.
Bohn, G., IV, 407.
Boie, Gg., I, 417 (430).
Boldt, T., III, 256.
Bomgard, G., II, 154.
Borchert, Zg., III, 215.
Börger, Orgelbauer, I, 30.
Bornau, Mm., II, 586.
Bornemann, G., I, 62. 95 (96). 121 (123). 167 (169). 397 (407). 405 (416). 409 (421). 410 (421). 423 (439). 431 (446). 453 (468). 471 (487). 477 (494). 502 (519). 510 (527). 513 (531). 575 (596). II, 210. 211. V, 114. 299. 586.
Boeth (Bot), Mm., II, 186.
Borstelmann, Gg., III, 214. 215. 223.

Both, B., III, 243.
Böttcher, Heinr., G., II, 213. III, 490.
Böttcher, J., M., III, 75.
Boyse, Zg., I, 478 (495). III, 706.
Brandenburg, B., I, 30.
Brandner, G., I, 373 (384).
Brandt, Gg., II, 294. IV, 566.
Brentelin, Gg., IV, 37.
Brockmann, G., II, 318. III, 461. 467.
Bromann, M., I, 25.
Bruhn, T., I, 140 (142).
Brun, Gg., III, 285.
Brunswig (Brunswick), G., I, 339 (344). 378 (388). III, 680. IV, 25.
Burchard, Uhrm., I, 30.
Busch, C., G., II, 330. III, 467.
Busch, J. J., B., III, 269.
Busch, J. G., T., IV, 306.
Busgl (?), Zg., IV, 620.

C.

Calame, Mm., III, 266.
Campen, van, s. Kampen.
Castel, Gg., I, 476 (492). 572 (592). III, 119. 128. 139. IV, 211.
Cato, G., II, 114. 166. 233. 240. 294. 299. 350. III, 444. 469. 476. 512.
Christian, T., II, 586.
Christiansen, T., II, 551. 581. III, 612. IV, 365. 366.
Clement, Dachdecker, IV, 306.
Cohn, G., IV, 15.
Colhws, Gg., IV, 87.
Collier, Gg.-Familie, I, 400 (420). III, 130. 139. 490. IV, 367. V, 43. 112. 360. 557.
Conradi, G., IV, 166.
Cuny, G., I, 513 (531).

D.

Dabelstein, B.-Fam., II, 559.
Däge, M., I, 353 (350).
Dam van, Gg., II, 637. 641. III, 217. 337. IV, 486.
Danckwardt, Gg., II, 348. 378. III, 55. 166. IV, 441.
Degener, Zg., I, 510 (528). 513 (531). V, 541.
Deglow, Schmied, II, 559.
Dehn, Drechsler, III, 243.
Deichert, Zm., V, 100.
Denitz, G., IV, 24. 71. 153.
Denker, G., II, 65.
Depner, Zg., I, 373 (380).
Dewitz, G., III, 226.
Dingelstädt, M., III, 243.
Dittberg (D L), G.-Fam., II, 350. 401. 650.
Dixon, Zg.-Fam., III, 495.
Drebing, Zg.-Fam., III, 379. IV, 486.
Dreyer, Töpfer, III, 243.
Dribhagen, M., I, 458 (474).
Drümmer, G., III, 73.
Dunitz, G., III, 397.
Düren van, Ziegler, II, 188. 586. 603.
Düsing, G., III, 539.

E.

Ebel, G., IV, 442.
Eggeler, G., II, 209. 286.
Eggers, Gg., III, 697.
Ehlers, Zg., V, 363.
Eichner, M., I, 165 (166).
Emmerich, G., II, 65. 116. 285.
Enderlein, G., III, 93.
Engel, Orgelb., II, 137.
Einsiedel, Steinmetz, IV, 307.
Engelbrecht, G., II, 390.
Erdmann, G., II, 407.
Ernestin, Gg., II, 285.
Ernst, G., II, 637. IV, 15. 614. V, 44.
Evers, G., I, 64.
Evers, B. u. T., III, 284. IV, 453.

F.

Falk, G., II, 350.
Fehmer, G., V, 264.
Fick, G., II, 527. 583. III, 72. 76. 106. 120. 265. IV, 112.
Finck, G., II, 414. 493. 504. 516. 683. III, 63. IV, 102. 603.
Fischer, B., IV, 566.
Floris, G.-Fam., III, 512. 542. IV, 13.
Fortdran, G., IV, 18.
Fowtchen (Fowteke, Fontege), Gg., I, 92 (93). 92 (94). III, 362. IV, 469.
Frehse, G., V, 255.
Frese, G., II, 299.
Friedeberg, G., II, 405. IV, 128.
Friese, Orgelb., I, 348 (354). 417 (429). 443 (458). II, 667. 669. III, 271. 272. 347. 364. 612. IV, 608.
Funck, G., IV, 116.
Fungk, Steinmetz, II, 586.
Fues, Steinmetz, II, 586.
Fycke s. Vicke.

G.

Gade, G.-Fam., II, 111. 213. 250. 254. 294. 318. 374. 419. III, 469. 498. 499. V, 411.
Gade, Orgelb., I, 78 (80).
Gage, Gg., II, 414. 441. 516. III, 164.
Gehrhardt, G., III, 165.
Geiger, Mm., IV, 306.
Geitner, Kupferschmied, III, 243.
Gerber, Seidenwirker, III, 251.
Gerke (Gercke), G., I, 62. 96 (97).
Gerdt, M., I, 107 (110).
Gerdt, Glaser, II, 186.
Gerike, G., IV, 118. 546. V, 412. 413.
Giese, G.-Fam., I, 376 (386). 388 (395). II, 250. 285. 361. 379. 407. 411. 479. 512. 663. 665. 668. 678. III, 200. 207. 226. 305. 306. 317. 371. 424. 495. IV, 15. 102. 172. V, 565.
Giese, Zm., III, 243.
Glavatz (nicht Glanatz), Orgelb., I, 78 (80).
Gottespfennig, Zg.-Fam., I, 290 (294). 297 (301). 298 (301). 314 (319). 339 (345). 374 (384). 378 (389). 388 (398). 424 (439). III, 542. 550. 709. 717. 721.

Gotthardt, G.-Fam., V, 152. 244.
Grafe, Gl., III, 243.
Grameladorff, Kupferschmied, III, 267.
Grawert (Gravert), Gg.-Fam., II, 508. IV, 116. 120.
Greve, M., IV, 143.
Griebe, M., II, 396.
Grot, Gg., II, 90.
Grote, T., I, 30.
Groth, T., I, 108 (110).
Grundigrieper, Zg., I, 369 (378). (376) 380 (373).
Graneberg, M., II, 442
Grätzmacher, Gg., V, 161.
Gudehus, M., I, 476 (492)
Gudejohann, G., I, 306 (310). V, 70.
Guglielmi, M., V, 39.

H.

Haack, M., I, 30.
Haack, Gg. u. Eisengiesser, I, 91 (93). 372 (382). II, 657. III, 221. 708. IV, 113 285. 334. 390. 400. 509. 611. V, 550.
Haack, Schmied, III, 243.
Haase, Klempner, IV, 306.
Hackenschmidt, Gg., V, 360. 573. 585.
Hahn, Schmied, III, 243.
Halbeck, G., I, 95 (96). 96 (97). 121 (123). 274 (277). 290 (293). 297 (300). 314 (318). 323 (328). 366 (375). 387 (397). 490 (507). 491 (508). 506 (523). 513 (531). III, 487. 495. 506. 530. 708. IV, 14. 16. 27. 123. V, 41. 584.
Händler, M., I, 490 (507).
Hase, B. u. T., I, 107 (110).
Hastelmann, Orgelb., II, 136.
Harck, G., V, 130. 187.
Hartigh (Hartig), B., I. 25. 78 (80). 108 (110).
Hassenberg, B. u. T., II, 359.
Hausbrandt, Gg.-Fam., I, 338 (343). 348 (354). 396 (407). 496 (514). 561 (580). II, 99. 232. 249. 261. 285. 298. 378. 411. 418. 450. 471. 504. 518. 596. 648. 651. 659. 665. 669. III, 16. 19. 25. 35. 80. 130. 142. 170. 174. 200. 218. 273. 308. 329. 369. 374. 472. 473. 476. 490. 532. 549. IV, 16. 23. 33. 171. 267. 274. 278. 280. 290. 297. 304. 320. 407. 413. 465. 489. 542. 570. 617. 622. V, 40.
Hecht, Zg., I, 318 (323).
Hecht, Töpfer, III, 243.
Helberg, M., V, 100.
Heide v. d., Gg., III, 88. 133.
Heiden, G., III, 421. IV, 66. 102. 118. 457. 458. 482. 506.
Heincke, G., IV, 626.
Heine, G., II, 64.
Heinersdorff, G., I, 373 (384). 510 (528). II, 512. 670. III, 142. 170. 191. 212. 218. 224. 297. 424. IV, 348. V, 538.
Heintze (Heinze), Gg.-Fam., III, 206. 212. 217. IV, 509. 511. 564. 626. V, 61. 278. 321. 421. 536. 538. 541. 573. 594.
Heitmann, B., II, 559.
Hemminghusen (Hemminckhusen), Gg., II, 516. III, 415.
Henninger, G., IV, 271. 610. 617. V, 419.
Henningk, Orgelb., II, 470.
Henszky, Zg., V, 387. 390. 413. 444. 540. 545. 561.
Herbert, G., II, 678.
Hermann (Herm), Erzgiesser, IV, 451.
Hermen s. Munster.
Heyden, Mm., IV, 306.
Heylandt, G., IV, 337.
Hinrich s. Bremen
Hirt, Gg., II, 643. 648. III, 251. 301. IV 666.
Hoffgaard, M., I, 76 (78).
Hoffmann, Zg., III, 312. 382.
Hohenschild (Hohenschildt), M., I, 25. 105 (108). 108 (110). IV, 312.
Hogehus, Gg., I, 313 (318).
Hölscher, G., I, 596 (618). III, 709. IV, 40. 71. 166. 227. 252. 313. 326. 381. V, 19. 31. 41. 62. 298. 371.
Hornemann, G.-Fam., I, 63. 120 (123). 278 (282). 478 (494). II, 628.
Hossauer, G., I, 464 (479). III, 92. IV, 168. 477. V, 355.
Hoyer, G., I, 274 (277).
Hulsemann, Zg., I, 324 (329).
Humbert, G., IV, 114. 307. V, 263.

I. J.

Jakob, B., II, 559.
Jenssen, M., I, 30 (31).
Igel, G., III, 96.
Jheger, Gg., III, 505.
Illies, Gg., I, 450 (466). 580 (600). 584 (604). II, 500. 596. III, 217. 263. 304. 337. IV, 180. 242. 269. 278. 290. 307. 313. 337. 495. 533. 541. 548. 592. V, 43. 52. 130. 152. 161. 264. 284. 287. 290. 325. 340. 351. 352. 355. 363. 365. 375. 376. 387. 388. 411. 421. 424. 432. 435. 440. 442. 489. 500. 525. 546. 568.
Joost, G., II, 153.
Jürst, G., III, 81. 353. IV, 123. 407. 477. 567.

K.

Kahl, G., III, 67. 106.
Kahle, Mm., I, 104 (106).
Kählert, T., I, 25.
Kampen v., Gg., II, 582. III, 133. IV, 378.
Kania, T., II, 551.
Kannengiesser, M., V, 242.
Kaselowsky, M., V, 58.
Kass, G., V, 285.
Kassuba, T., II, 551.
Kempener, M., I, 46.
Kerfack, G., I, 95 (97). 506 (524). IV, 24. V, 349.
Kersten, Orgelb., I, 476 (492).
Keymann, Gg., II, 407.
Kielmann, G., IV, 347. V, 451.
Kindt, M., I, 165 (166).
Kitzrow, Kunstschlosser, III, 267.
Klähn, G., IV, 159. V, 350.

Klein, G., I, 167 (169). 168 (170). 424 (439). 430 (446). 562 (581).
Kleymann, Gg., III, 487.
Klingmann (Klinckmann, Klinkmann), B., I, 25. 76 (78). IV, 366.
Knuppel, Gg., V, 139.
Koch = (H P K), G., II, 450.
Koch, M., III, 243. V, 100.
Koch, Zm., III, 267.
Könecke, Mm., II, 560.
Könemann, B., II, 559.
König, Zg., III, 469.
Konow = (A L K), G., I, 275 (278). II, 635. 637. 648. III, 347. V, 70.
Koop, Gl., III, 267.
Köppen, G., III, 503. IV, 391.
Kossel, B., II, 317.
Köster, M., IV, 217.
Kramer, G., I, 357 (363). 370 (380).
Krause, G., IV, 227.
Krause, M., I, 475 (492). III, 659. IV, 131. 410.
Kreiten, G., IV, 242.
Kremer, Mm., II, 162.
Krieche, Gg., III, 95.
Kröger, Orgelb., II, 136.
Krüger, G., III, 680. 697.
Krüger, G., IV, 219.
Krüger, M., III, 243. 468. 473. 678.
Krüger, M., V, 97.
Krummbügel, Zg., V, 414. 424. 436. 440. 568.
Krummstroh, G., III, 142.
Krus, B., III, 83.
Krusemark, B., V, 596.
Kuchmeister, Gg., V, 409.
Kühl, Gg., III, 68.
Kurtz, G., III, 151. 175. IV, 27. 407. 614. V, 251. 264. 268. 270.
Kurz, G., III, 63.

L.

Ladegast, Orgelb., II, 551.
Lampert, B., III, 266.
Landre, Gg., II, 360. 518. 555. 598. 667. III, 302. 487. IV, 506.
Langberg, M., III, 475.
Lange, Kunstschmied, III, 243.
Lau, M., III, 218.
Lauterbeck, M., III, 659.
Lavenpries, Gg., I, 34.
Lehmann, G.-Fam., I, 63. 95 (97). 96 (97). 414 (426). 424 (439). 478 (494). 584 (604). III, 546. 716. V, 218.
Lehsten, Gelbgiesser, II, 65. 150. 160.
Lelimann, G., IV, 286.
Lembke, G., I, 563 (582). V, 70.
Lenthe, Graveur, II, 355. 412. 501. III, 490. 495. 503. IV, 551.
Leonhardt, G., I, 318 (323).
Lenz, Erzgiesser, IV, 307.
Lepzow, M., IV, 434.
Lilie, Mm., III, 266.
Lippert, Gelbgiesser, IV, 506.
Lippold, G.-Fam., V, 62. 130. 144. 258. 412. 509.
Livonius, G., IV, 226. 269. 391. V, 20. 62. 263.
Lofberg (Löfberg) Gg., III, 344. IV, 128.
Lohe v., G., V, 31.
Löhr, Steinmetz, III, 256.
Lomberg, G., IV, 275.
Lübeke, G., I, 274 (277).
Lüdeke, Mm., V, 131. 132.
Ludewig, G., V, 570.
Lyra v., Mm., II, 188.

M.

Madaus, G., II, 583.
Magnus = (P M), G., II, 454.
Malm, Töpfer, II, 630.
Mancke, Gg., V, 368.
Marggraf, M., I, 25.
Marne de, Drechsler, III, 243.
Marx, Orgelb., I, 25.
Maschmann, M., III, 104.
Matthes (Maths, Matze), Gg.-Fam., I, 111 (114). V, 102. 576.
Mebert, Gg., V, 440. 583. 592.
Mehler, Gg., II, 272. 293. 499. 676. III, 203. IV, 148. 572.
Mehlmann, Zg., IV, 132.
Meier, T., II, 551.
Menckin, G., II, 309.
Mestlin, G., IV, 15. 40. 181. 226. 227. 291. 341. 348. 381. V, 19. 34. 48. 78. 79. 81. 105. 161. 222. 290. 390. 414. 415. 536. 573.
Meyer, B., I, 108 (110). 140 (142).
Meyer, Otto Gerh., Gg., I, 110 (112). 153 (155). 356 (362). 370 (379). 377 (388). 512 (531). II, 471. 583. 630. III, 55. 330. 364. 444. 459. 487. 499. 527. 539. 702. IV, 16. 101. 456. 611. V, 14. 40. 48. 262. 298.
Meyer, Joh. Chr., Gg., V, 70. 169. 200. 215. 243. 250. 310. 325. 361. 387.
Meyer, Joh. Chr. Friedr., Gg., V, 306.
Meyer, Joh. Casp., Gg., III, 30. 219.
Meyer, T., IV, 337.
Meyfeld, Gg., III, 135.
Meyne, Kupferschmied, IV, 561.
Michael, G., I, 369 (378). III, 528. 530.
Michael, G., IV, 413. 458.
Michaelsen (Michelsen), M., II, 104. 133. 150. 328. IV, 410. V, 16. 18.
Michel, Mm., II, 188. 603.
Michel, M., I, 107 (110).
Midow, B., IV, 217.
Miltzow, Gg., V, 290.
Möhrer, T., II, 581.
Moll, G., I, 405 (416).
Möller, B., II, 49. 50.
Möller, Hans, G., II, 298.
Möller, Joh. Christoph, G., I, 506 (523).
Möller, T., I, 25.
Möller, T., IV, 307.
Molstorf, G., I, 576 (596). IV, 313. 387. V, 116. 147. 244.
Mönkehagen, Gg., I, 34. 152 (154). 189 (190). 289 (293). 305 (309). 356 (362). 375 (385). III, 330. 534. 542. 550. 704. IV, 27. 111. 120. 127. 404. V, 50. 102. 508.

Mors, Orgelb., II, 553.
Mowitz, B., III, 166.
Mowitz, Klempner, I, 302 (306).
Mull, Gg., III, 68.
Müller, G.-Fam., I, 121 (124). 122 (124). 169 (170). 297 (300) 310 (314) 318 (323). 349 (355). 366 (375). 393 (403). 409 (421). 414 (426). 431 (446). 491 (508). 506 (524). 510 (527). 513 (531) 567 (587). 580 (601). III. 209. 487. 550. 607. IV, 105. 121. 132. 441. V, 41. 208. 262. 288. 415.
Müller, Gelbgiesser, III, 220.
Müller, Schmied, IV, 307.
Müller, Steinmetz, IV, 306.
Müller, T., I, 105 (108).
Müller, Uhrmacher, IV, 307.
Mumm (Mum), G., II, 583. 652.
Münster v., B., II, 559.

N.

Nehls, Zieglerm., IV, 306.
Niemeyer, T., III, 243.
Niens, Kunstschlösser-Fam., III, 190. 203. 243 245. 267. 271. IV, 271.

O.

Oberg, Gg., I, 606 (93). II, 309. III, 301. 473. 511. IV, 113. 481. V, 52. 143. 144. 388. 436. 596.
Ohlson, Gg., V, 589.
Oldendorf, Gg., II, 442.
Olfen, M., III, 267.
Oelmann, Gg., III, 147.
Oesten, G., V, 340. 352. 546.
Orbach, M., II, 586.
Othbrech, Gg., II, 665.

P.

Paepcke, Gelbgiesser, III, 220.
Pauli, Zm., II, 559.
Pawel, T., III, 213.
Pawlowsky, B., IV, 307.
Percham, Mm., I, 267 (270).
Peter, Gg., V, 544.
Peters, G., III. 395.
Peters, Orgelb., V, 100.
Peters, T., II. 551.
Petersen, T., II, 398.
Petschler, G., V, 270.
Petters, B., II, 551. 581.
Pfreeger, T., III, 243.
Philippi, M., IV, 548.
Pisani, B., III, 266.
Pitschner, G., III. 19.
Plaser, Gg., II, 399.
Polchow, Zg., III. 204. V, 561.
Pommer, Kunstschlosser, IV, 306.
Poreibe, G.-Fam., II, 151. 263. III, 175. 490. 497.
Poreibe, B., IV, 625.
Porope, Zg., III, 217.
Press, Zg., I, 581 (601). 584 (605).
Pressler, Mm., III, 243.
Preu, B., III. 128.
Pribbenow, Töpfer, II, 630.
Prietz, G., II, 264. 286. 329.
Pristaff, Mm., III, 547.
Prüfer, G., I, 310 (314). 593 (615). III. 204. 305. IV. 112. 307. 376. 378. 564. V, 103. 200. 202.

Q.

Quade, B. u. T., II, 45. 87. 88.
Quirling, G., III, 35. 304. 306. 308. 362. IV, 442.
Quistorp, G.-Fam., I, 64. 318 (323). 434 (460). IV, 102. V, 34.

R.

Rabe, M., IV, 307.
Radchen, G., I, 562 (582).
Rahm, G.-Fam., I, 276 (279). 323 (328). 369 (378). II. 213. 310. 373. III, 506. 721. V, 44.
Rathke (Ratke), **Andreas**, G., I, 296 (300) 302 (305).
Rathke (Rathken), **Abrah.**, G., I, 502 (519). IV, 171. 226. 337. 387. V, 62. 276. 442. 589.
Regenfart, B., II, 86. 87. 88.
Reimers, G., II, 113. 114. 329. III, 535. IV, 158.
Reincke, Zg., I, 297 (301). IV, 16. 24. 26.
Reinecke, Gelbg., V, 355.
Reinhold, Kunsttischler, II, 551.
Remmler, Orgelb., IV, 307.
Reppien, M., III, 475.
Reuss, G., I, 387 (397). 423 (438). IV, 123.
Ribe, Gg., I. 109 (112). 153 (155). 567 (586). III, 520.
Richter, Kupferschmiedefam., IV, 247. 348. 596.
Richter, T., II, 581.
Riebow (Ribow), G.-Fam., I, 123 (125). 169 (170). 366 (375). III, 506.
Rieck, Mm., III, 547.
Riedeweg, Gg., II, 138.
Rit van der, Gg., III, 88.
Rohde, B., IV, 385.
Röhrdantz (Röhrdanz), Zg., I, 405 (416). III, 697. 717.
Röper, G., I, (279). 387 (397). 397 (407). 423 (438). 424 (439). 453 (468). 471 (487). 562 (581). 572 (592). 593 (614). III, 529. 535. IV, 102. 105. 174. 282. V, 413. 539.
Rose, G., II, 451. 516. 593. III, 67. 120. 250. 337.
Rotermund, B., IV, 306.
Runge, Orgelb., III, 174.
Rusch, Steinmetz, III, 659.
Rust, G., IV, 226. 319. 387.

S.

Sabelmann, Zm., IV, 306.
Sager, G., III, 67.
Schacht, Zg., III, 721.
Schäffer, T., I, 140 (142).

Scheel, Gg., V. 222.
Scheele, G., II, 318. III. 462. IV. 118. 121. 506.
Scheft, T., II. 582.
Schele, Gg., I. 89 (91).
Schlegel = (I H S), G., II, 361.
Schleicher, Steinmetz, IV, 307.
Schlick, G. III. 552.
Schlüter (Sluter), Zg.-Fam., I. 310 (314). 324 (329). 367 (376). 457 (472). 510 (528). III. 546. V, 202. 270. 290.
Schmahl, M., I. 354 (360).
Schmidt, Gg., I. 392 (402).
Schmidt = (C S). G., II, 311. 442. IV. 227. 331. V, 526.
Schmidt, Hofgärtner, III. 266.
Schmidt, Orgelb., I, 25. III. 243. V, 100.
Schmidt, Zg., III, 469.
Schmit, B., IV, 622.
Schmittinger, Orgelb., I. 537 (555).
Scholinus, B., II. 582.
Schomaker, Mm., I. 105 (107).
Schönfeld, Uhrm., I. 30.
Schönfeldt, G., II. 379.
Schorler, G., I. 409 (421). 453 (468). 510 (527). 593 (615). IV, 40. 114.
Schröder, G., I. 307 (310).
Schultz, Gg.-Fam., I. 153 (154). 206 (290). 301 (305). 313 (318). 317 (322). 322 (327). 377 (388). 386 (396). 392 (402). 397 (407). 421 (433). 428 (443). 476 (492). 490 (507). 497 (514). 513 (531). II. 249. 273. 309. 324. 418. 678. III, 5. 307. 311. 329. 394. 397. 420. 487. 499. 502. 520. 542. 549. 721. IV. 13. 18. 25. 27. 37. 78. 104. 123. 147. 291. 297. 313. 318. 347. 375. 394. 486. 491. 502. 507. 614. V. 30. 43. 52. 152. 223. 243. 268. 304. 340. 411. 429. 450. 586.
Schumacher, Schmied, III. 243.
Schünemann, Gg.-Fam., I, 413 (424). 428 (443). 470 (486). 508 (526). 572 (592). 575 (595). 592 (614). 595 (617). V, 28. 50. 61. 113. 163.
Schuster, Gg., I. 366 (375).
Schütz, G., II. 355. 419.
Schütz, T., III, 473.
Schwant, T., III. 715.
Schwarz, T., II. 551.
Schwenn, Gg.-Fam., V, 102.
Seger, Zg.-Fam., I. (373).
Segewetz, Schmied, II, 559.
Seiler, Gl., IV, 306.
Sellin, M., I, 11. 60 (61).
Serrius, T., I. 76 (78).
Siebenbaum, Gg.-Fam. I. 314 (318). 392 (402). 497 (514). 572 (592). II. 43. 254. 324. 371. 670. III. 84. 92. 95. 144. 271. 309. 381. 423. 545. 607. IV, 211. 241. 375. 404. 477. 594. 622. V, 116. 222. 310. 376. 538. 544.
Siegfried, B., III. 27. IV, 366. 406. V, 440.
Sievert, B., III. 243. 255.
Sperling, Orgelb., I. 108 (110). 140 (142).
Sponholz, T., V. 102.
Stahl, Zm., II, 666.
Steffen, G., I, 306 (310). 387 (397). IV, 27. 105.
Stein, Orgelb., I, 140 (142).
Sternberg, Gg., II, 41.
Steusloff, G., I, 410 (421). IV, 20. 166. 271. V, 427.
Stichmann, G., I, 471 (487).
Stoll, M., IV, 493.
Stolp, Werkmeister, II. 128.
Strahlborn, Gg.-Fam., I, 39. 91 (93). 153 (155). 317 (322). 404 (413). 443 (458). 470 (486). II, 139. 273. 324. 378. 404. 418. 450. 454. 555. III. 12. 14. 30. 72. 75. 105. 190. 285. 304. 347. 476. 495. IV, 570. V, 34. 414.
Strasburg (Strassburg), G., II, 210. 374. III. 395. IV, 114. 123.
Straube = (S F S), G., II, 361.
Strauss, M., II. 188.
Stümer, G., V. 250.
Sudrow, Gg., I, 366 (375).
Sy & Wagner, G., I, 314 (318). II, 574. 681. 683. III, 200. 207. 431. 462. 490. 495. 542. IV, 34. 102. 123. 128. 348. 407. 533. 546. 551. 595. 617. V, 144. 182. 187. 288. 340. 355. 377. 424.

T.

Taddei, B., III. 266.
Tempel, M., IV, 118.
Tesche, M., II, 88. 110.
Thies, Zg., III. 84.
Thiesenhusen, G., I, 572 (592). III. 28. V. 193.
Torfstecher, G., II, 212. 360.

V.

Vaal, T., II, 582.
Vanino, Mm., III. 243.
Vanoni, B.-Fam., III. 243.
Velthofen, B., II. 586.
Vicke (Fycke, Vycke), Zg.-Fam., I, 302 (305). 324 (328). 414 (426). 454 (469). III. 469. 536. IV, 121.
Vitus, G., I. 431 (446).
Vogt, M., I. 93 (95).
Vogt = (H V), G., II, 250.
Vollgold, G., V. 413.
Vorbeck, Gg., IV, 195.
Voringk, Mm., II. 603.
Vos, Gg., III. 226. IV, 566. V, 363.
Voss, Gg.-Fam., V. 250.
Voss, G., IV, 546.
Voss, Zg.-Fam., I, 95 (97). 298 (301). 307 (310). 376 (386). 424 (439). III. 359. IV, 73. 482. V. 570.

W.

Waage, Zg., IV, 568.
Wagener, M., I, 30.
Wagner s. Sy.
Walter, B., II 586.

Warkentin, Gg., III, 106.
Wegener, B., I, 289 (292).
Weihnacht, M., IV, 306.
Weis, G., III, 226.
Wellmann, Zg., I, 502 (519).
Westen, Gelbgiesser, IV, 159, 387.
Westphal, Gg., IV, 211, 441.
Westphal, G., V, 363, 377.
Wichmann — (I W), G., II, 389.
Wichtenthal, Erzgiesser, IV, 591.
Wiechmann, M., I, 94 (95).
Wiese, Gg.-Fam., III, 149, IV, 626.
Wilbrandt, M., I, 30.
Wilde, M., III, 208.
Willers, G., II, 116.
Wilw, G., II, 574.
Winckler, T., III, 243.
Winckelmann, B., II, 559.
Winckelmann, G., V, 215.
Winzer, Orgelb., I, 140 (142).
Witt, T., III, 468.
Witz s. Arnowitz.
Wollo (Wollo), Gg., II, 414, 441, 516, III, 164.
Woltersdorf, B., I, 77 (78).
Wosack, Gg., V, 62, 361.
Wösthoff, Zg., I, 457 (472), 568 (587), 576 (596), 596 (618), III, 539, V, 202.
Wulf, Gg.-Fam., II, 639, III, 119, 460.

Z.

Zach, Gg., I, 348 (354), III, 624.
Zeller (P G Z), G.-Fam., II, 214, 404, 691.
Zepplin, G., II, 648.
Ziegner, Gg., III, 209.
Zimmer, B., I, 11.

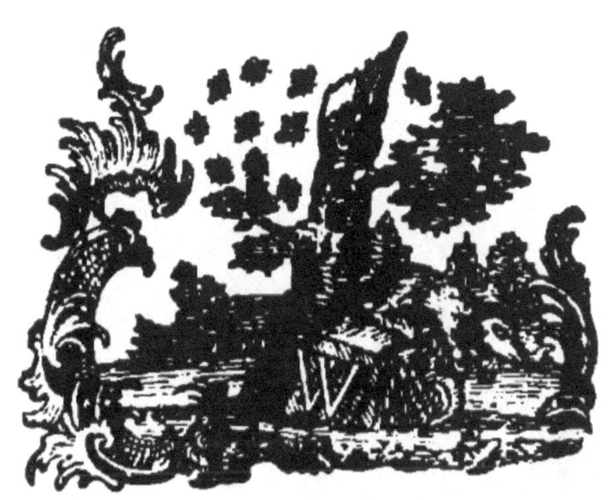

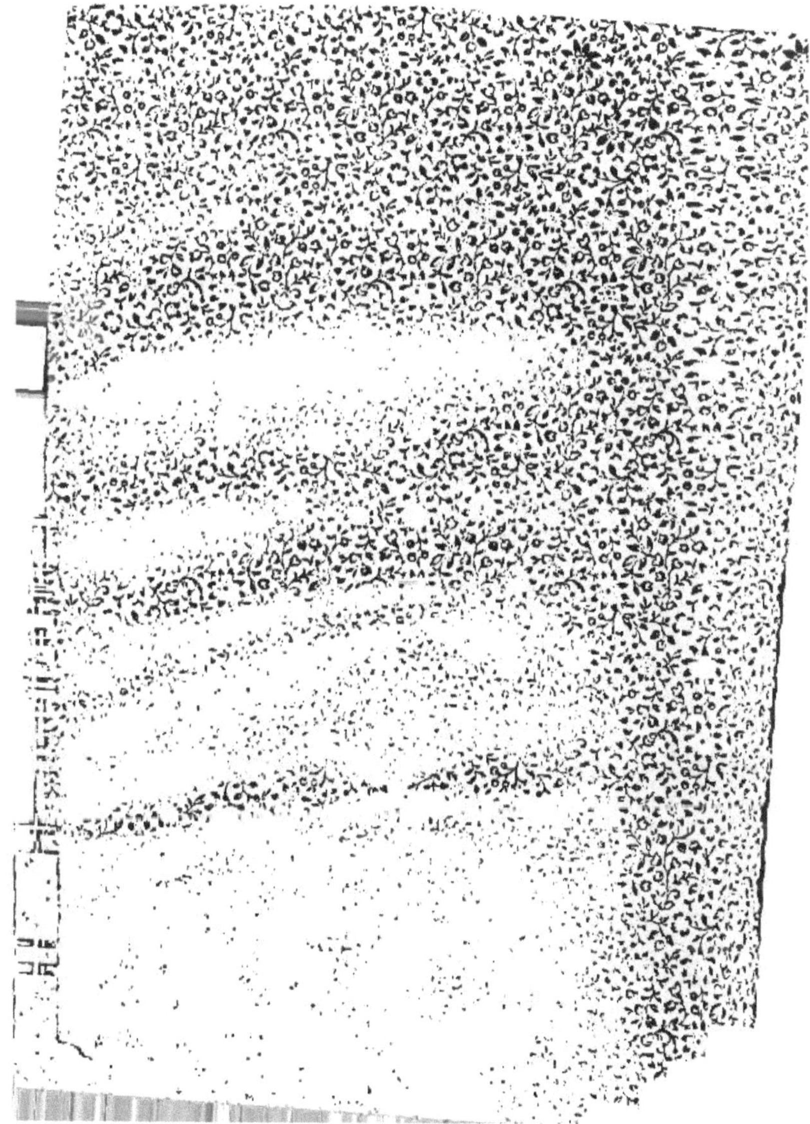

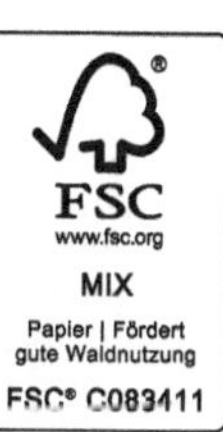

Zeitfracht Medien GmbH
Ferdinand-Jühlke-Straße 7
99095 Erfurt, Deutschland
produktsicherheit@kolibri360.de